Thorsten Holzhauser
Die „Nachfolgepartei"

Quellen und Darstellungen zur Zeitgeschichte

Herausgegeben vom Institut für Zeitgeschichte

Band 122

Thorsten Holzhauser

Die „Nachfolgepartei"

Die Integration der PDS
in das politische System
der Bundesrepublik Deutschland
1990–2005

DE GRUYTER
OLDENBOURG

ISBN 978-3-11-076341-6
E-ISBN (PDF) 978-3-11-063755-7
E-ISBN (EPUB) 978-3-11-063349-8
ISSN 0481-3545

Library of Congress Control Number: 2019944944

Bibliografische Information der Deutschen Nationalbibliothek
Die Deutsche Nationalbibliothek verzeichnet diese Publikation in der Deutschen
Nationalbibliografie; detaillierte bibliografische Daten sind im Internet
über http://dnb.dnb.de abrufbar.

© 2021 Walter de Gruyter GmbH, Berlin/Boston
Dieser Band ist text- und seitenidentisch mit der 2019 erschienenen gebundenen Ausgabe.
Titelbild: Gregor Gysi, der Vorsitzende der Partei PDS/Linke Liste im Bundestag, spricht
am 27. 05. 1994 anlässlich einer Wahlkampfveranstaltung seiner Partei vor dem Karl-
Marx-Monument im sächsischen Chemnitz. Foto: Wolfgang Thieme +++(c) dpa – Report
+++ Rechtevermerk: picture-alliance/dpa
Satz: Meta Systems Publishing & Printservices GmbH, Wustermark
Druck und Bindung: CPI books GmbH, Leck

www.degruyter.com

Inhalt

Vorwort

Die vorliegende Studie wurde im Juni 2017 vom Fachbereich Geschichts- und Kulturwissenschaften der Johannes Gutenberg-Universität Mainz als Inaugural-Dissertation angenommen und für die Drucklegung leicht überarbeitet. Sie wäre ohne die Unterstützung und Hilfe einer ganzen Reihe von Personen nicht entstanden, bei denen ich mich an dieser Stelle bedanken möchte.

Mein besonderer Dank gilt meinem Betreuer Andreas Rödder, mit dem ich während der Entstehung dieser Arbeit zusammenarbeiten durfte und der das Projekt stets offen, ehrlich und unvoreingenommen begleitet hat. Sein Rat ist mir dabei ebenso wertvolle Unterstützung gewesen wie die Freiheit, die ich bei der Konzeption und Ausarbeitung dieses Buches genießen durfte. Danken möchte ich zudem meinen beiden Mitgutachtern Michael Kißener und Jan Kusber für ihre hilfreichen Anregungen und ihre Bereitschaft, sich auf dieses Stück jüngste Zeitgeschichte einzulassen. Dafür, dass dieses Buch in der Reihe „Quellen und Darstellungen zur Zeitgeschichte" erscheint, danke ich dem Institut für Zeitgeschichte, insbesondere Christian Hartmann, Angelika Reizle und Katja Klee für ihre kompetente Unterstützung im Publikationsprozess sowie Gabriele Jaroschka und Monika Pfleghar für die Drucklegung im Verlag De Gruyter Oldenbourg.

Während meiner Recherchen für diese Arbeit war ich auf die freundliche Hilfe der Mitarbeiterinnen und Mitarbeiter einiger Archive und Bibliotheken angewiesen. Ihnen bin ich ebenso verbunden wie den Parteiorganisationen und Einzelpersonen, die mir Zugang zu ihren Akten gewährt haben. Mein Dank gilt zudem den Aktiven und Ehemaligen der Politik, die sich mit mir zu Interviews und Hintergrundgesprächen getroffen haben.

In den vergangenen Jahren hatte ich zudem die Gelegenheit, mein Vorhaben auf mehreren Konferenzen und in zahlreichen Kolloquien zur Diskussion zu stellen. Mein besonderer Dank gilt in diesem Zusammenhang Edgar Wolfrum und Jürgen W. Falter für ihre Anregungen und kritischen Hinweise, sowie dem Mainzer Oberseminar „Probleme historischer Forschung", das in vielfacher Weise dazu beigetragen hat, dass zu den Problemen auch die ein oder andere Lösung gefunden wurde. Nicht vergessen möchte ich Gerd Mielke, in dessen Seminar vor vielen Jahren die Idee zu diesem Dissertationsprojekt entstanden ist.

Für die Förderung und Unterstützung während der letzten Jahre danke ich der Gutenberg-Akademie und allen Angehörigen des Arbeitsbereichs Neueste Geschichte an der Universität Mainz, auf deren Hilfe ich angewiesen war, namentlich Rosa Öfinger, Ronja Kieffer, Manuel Dittrich, Alessandro Leto und Paul Treffenfeldt. Mein besonderer Dank gilt allen Kolleginnen und Freunden, die Teile des Manuskripts gelesen und kommentiert haben, insbesondere Peter Merg, Laura Neuhaus, Jonas Theisen, Johannes Lauxen und Stanislav Holubec. In diese Reihe gehören auch Bernhard Dietz und Anna Kranzdorf, auf deren Freundschaft und kollegialen Rat ich in den letzten Jahren besonders oft angewiesen war, sowie Christian Hofstadt, der mir seit vielen Jahren ein enger Freund ist.

Zuletzt danke ich Caroline für ihre Liebe, Geduld und ehrliche Unterstützung, meinem Bruder sowie meinen Eltern. Weil ich ihnen so vieles zu verdanken habe, ist ihnen dieses Buch gewidmet.

Mainz, im März 2019   Thorsten Holzhauser

I. Einleitung

Keine fünf Jahre nach dem Fall der Berliner Mauer ging sie in Deutschland wieder um – die alte Angst vor dem Kommunismus. Glaubte man den Schlagzeilen der Presse, dann war im Sommer 1994 die bundesdeutsche Demokratie in Gefahr. Es ging um die „Gemeinsamkeit der Demokraten",[1] um das Wohl des Staates,[2] ja um einen „historischen Augenblick in der deutschen Politik", wie es Bundeskanzler Helmut Kohl formulierte: „Und wer die Geschichte der Weimarer Republik kennt, muß wissen, es gibt Momente, wo man aufstehen muß und den Dingen wehren muß."[3]

Was Politik und Medien umtrieb, war die „Partei des Demokratischen Sozialismus" (PDS) und ihre Rolle in der Bundesrepublik. Kein halbes Jahrzehnt nach dem Sturz der SED war ihre „Nachfolgepartei" noch immer nicht von der Bildfläche verschwunden. Im Gegenteil: Sie feierte Wahlerfolge in Ostdeutschland, provozierte politische Gegner im Bundestag und sollte nun sogar einer rot-grünen Minderheitsregierung in Sachsen-Anhalt ins Amt verhelfen. Der „Tabubruch von Magdeburg" war ein erster Höhepunkt in einer jahrelangen Debatte über die Frage, wie man mit jener Partei umgehen sollte, die das Erbe von vierzig Jahren sozialistischer Diktatur und siebzig Jahren Parteikommunismus in Deutschland repräsentierte. Während die einen vor einer Gefahr für die Demokratie und den Wirtschaftsstandort Deutschland warnten, falls die frühere SED wieder politischen Einfluss gewinnen sollte, glaubten andere, die PDS einbinden, entzaubern und domestizieren zu können. Die DDR-Nostalgischen in und außerhalb der Partei müssten politisch integriert werden, um in der Bundesrepublik „anzukommen".[4] Aus zeitgenössischer Sicht war die PDS-Frage daher mehr als nur eine Frage der Machtarithmetik. An ihr entzündeten sich Debatten über das Selbstverständnis der Republik, über ihr Verhältnis zu Diktatur, Demokratie, Marktwirtschaft und Sozialismus, über die außenpolitische Zuverlässigkeit und den Umgang mit der Vergangenheit. Sie war „in ganz hohem Maße eine Frage der politischen Kultur der Bundesrepublik insgesamt", so der Historiker Dieter Dowe im Jahr 1995.[5]

Seither kehrte die PDS-Frage immer wieder in die politische Diskussion zurück, nicht zuletzt wenn es um mögliche Kooperationen und Koalitionen mit der Partei ging.[6] Ganz offenbar war sie kein „Auslaufmodell".[7] Vielmehr gelang es ihr zu-

---

[1] Einheitsfront de luxe. In: Frankfurter Allgemeine Zeitung, 29. 6. 1994.
[2] Rot-Grün von Gnaden der PDS? In: Süddeutsche Zeitung, 29. 6. 1994.
[3] ACDP, CDU/CSU-Fraktion, 12. WP, 08-012-127/2: Protokoll der Sondersitzung der Fraktion am 22. 7. 1994, S. 18 (Wortbeitrag Helmut Kohl).
[4] Vgl. beispielsweise A. Brie, Ankommen in der Bundesrepublik; Neugebauer/Stöss, Die PDS, S. 286; Neller/Thaidigsmann, Das Vertretenheitsgefühl, S. 423.
[5] Dowe, Einführung in die Thematik, S. 7.
[6] Siehe dazu auch: Holzhauser, „Niemals mit der PDS"?; ders., Extremisten von gestern.
[7] Vgl. Gerner, Partei ohne Zukunft?; dazu auch Bortfeldt, Die Ostdeutschen und die PDS, S. 1283; Hough, The Fall and Rise of the PDS, S. 32; Bielicki, Die PDS – immer noch ein Auslaufmodell?; Armanski/Graf, Die PDS.

nächst, sich als regionale Kraft in den neuen Bundesländern zu behaupten, um schließlich in Regierungsverantwortung zurückzukehren: zunächst 1998 in Mecklenburg-Vorpommern, 2002 dann in Berlin, ehe sie sich seit 2005 mithilfe westdeutscher Bündnispartner auf die „alten Bundesländer" ausdehnte. Nachdem sie 2007 in der gesamtdeutschen Partei „Die Linke" aufgegangen war, stellte sie zuletzt eine Vizepräsidentin und mehrere Ausschussvorsitzende im Bundestag, Ministerinnen und Minister in mehreren Landesregierungen sowie seit Dezember 2014 mit Bodo Ramelow erstmals einen Ministerpräsidenten. Sie war nur noch selten das Objekt offener Ausgrenzung und ihr Führungspersonal gehörte zweifellos zum politisch-medialen „Establishment",[8] eine Entwicklung, die zu Beginn der neunziger Jahre nur wenige erwartet hätten.

Die vorliegende Arbeit möchte diesen Integrationsprozess der PDS in das politische System der Bundesrepublik nachzeichnen und nach seinen Ursachen, Umständen und Grenzen fragen: Wie, warum und inwieweit konnte sich die PDS im politischen System der Bundesrepublik etablieren und integrieren? Die Studie richtet damit den Blick auf die PDS selbst, aber auch auf ihre Konkurrenten sowie auf die Debatten in der politischen Öffentlichkeit. Nur durch einen Blick auf die PDS als Akteur und als Diskursobjekt, so der Ansatz dieser Arbeit, kann deren Entwicklung in der Bundesrepublik verstanden werden. Die Integration der PDS ist somit nicht nur ein Phänomen der postsozialistischen Transformation, und auch nicht nur ein Stück Parteiengeschichte. Vielmehr können an ihr übergeordnete politisch-kulturelle Entwicklungen am Ende des Ost-West-Konflikts und darüber hinaus identifiziert und dargestellt werden.

Verortung der Arbeit im Forschungskontext

Die Zeit nach der globalen Zäsur des Jahres 1989 ist noch nicht lange Geschichte. Erst in den vergangenen Jahren wurde sie von der geschichtswissenschaftlichen Forschung als Thema entdeckt.[9] In diesen neueren Forschungen galt sie vielfach als „Scharnierzeit",[10] die das Ende des Ost-West-Konflikts und in Deutschland den Übergang von der „Bonner" zur „Berliner Republik" markiert.[11] Bisher be-

---

[8] Als ihr langjähriger Frontmann Gregor Gysi im November 2015 seinen (bereits zweiten) Rücktritt vom Fraktionsvorsitz bekanntgab, erhielt er in der öffentlich-rechtlichen ARD eine eigene, „Goodbye Gysi" betitelte Abschiedssendung zur besten Sendezeit (vgl. Alexander Jürgs, Die große Stunde der Gysi-Versteher im Ersten. In: welt.de, 14. 10. 2015, URL <https://www.welt.de/vermischtes/article147573898/Die-grosse-Stunde-der-Gysi-Versteher-im-Ersten.html> [abgerufen am 11. 3. 2019]).

[9] Vgl. exemplarisch Wirsching, Preis der Freiheit; Wolfrum, Rot-Grün an der Macht; Bienert u. a. (Hrsg.), Die Berliner Republik; Ther, Die neue Ordnung; Winkler, Geschichte des Westens, Teil 4; von der Gegenwart ausgehend und dies historisch erklärend Rödder, 21.0; daneben die Kapitel zum wiedervereinigten Deutschland in Conze, Die Suche nach Sicherheit (Teil VIII); Wolfrum, Die geglückte Demokratie (Kap. 13 und Kap. 14); Herbert, Geschichte Deutschlands (Kap. 21 und Kap. 22).

[10] Zuletzt Wolfrum, Rot-Grün an der Macht, S. 11.

[11] Siehe dazu Bienert u. a. (Hrsg.), Die Berliner Republik; Görtemaker, Die Berliner Republik.

steht in der Geschichtswissenschaft aber noch keine Einigkeit darüber, wie einschneidend die Zäsur dieses Jahres zu bewerten ist. Für Heinrich August Winkler bedeuteten die Revolutionen in Mittel- und Osteuropa und die folgenden Demokratisierungsprozesse den vorläufigen Abschluss einer säkularen Auseinandersetzung in Europa und Nordamerika um die liberalen Freiheitswerte, die von den atlantischen Revolutionen des späten 18. Jahrhunderts ausgegangen waren. Die normativen Ideen von 1776 und 1789 hätten sich durchgesetzt, und auch Deutschland hätte seine Sonderwege hinter sich gelassen und den „Weg nach Westen" erfolgreich abgeschlossen.[12] Diese Deutung schloss an die zeitgenössischen Erwartungen in Politik, Medien und sozialwissenschaftlicher Transitionsforschung an, dass mit der Einführung marktwirtschaftlich-demokratischer Basisinstitutionen das Erfolgsmodell des Westens auf den Osten übertragen werden könne. Der Osten werde sich über kurz oder lang dem Westen anpassen.[13]

Dieser Deutung sind zuletzt Alternativinterpretationen gegenübergestellt worden, die stärker auf Binnenentwicklungen innerhalb der westlichen Gesellschaften verweisen. So haben Anselm Doering-Manteuffel und Lutz Raphael den Zeitraum seit den 1970er Jahren als zusammengehörige Periode des Übergangs „nach dem Boom" interpretiert und damit eine intensive Forschungsdiskussion zu den „Strukturbrüchen" in den westlichen Gesellschaften angestoßen.[14] Demzufolge wurde bereits seit den 1970er Jahren der westliche „Konsensliberalismus" abgelöst durch einen Zeitbogen des „Neoliberalismus", geprägt von Globalisierung, Individualisierung und Vermarktlichung der Gesellschaft. Dieser habe in den 1990er Jahren keine gänzlich neue, aber eine verstärkte Dynamik erhalten.[15] Daran knüpfte zuletzt Philipp Ther an, der die Zeit nach dem Ende des Realsozialismus als Periode einer neoliberalen „Ko-Transformation" Ost- und Westeuropas deutete, wobei den Umbaumaßnahmen in den postsozialistischen Staaten Vorbild- und Experimentcharakter für die Wandlungen im Westen zugekommen sei.[16]

Die Integration der PDS hat dagegen in der bisherigen historischen Forschung eine untergeordnete Rolle gespielt. Wenn überhaupt dann fragte die Geschichts-

---

[12] Winkler, Geschichte des Westens, Teil 4, S. 17 f.; ders., Der lange Weg nach Westen, Bd. 2, S. 655.

[13] Siehe zu dieser Diskussion Stykow, Postsozialismus. Auch die Geschichtswissenschaft war in den 1990er Jahren in starkem Maße am Modell des Westens orientiert und fragte nach der „Westernisierung" der Bundesrepublik – ein Modell, das sich als Erwartung auch auf den Osten des Landes übertrug (vgl. Doering-Manteuffel, Wie westlich sind die Deutschen?; dazu auch Leendertz, Zeitbögen, S. 197 f.).

[14] Doering-Manteuffel/Raphael, Nach dem Boom. Perspektiven, S. 8; Doering-Manteuffel, Die deutsche Geschichte. Das entspricht auch der Gliederung bei Herbert, Geschichte Deutschlands (dort Fünfter Teil: 1973–2000).

[15] Doering-Manteuffel/Raphael, Nach dem Boom. Neue Einsichten; dazu kritisch: Hoeres, Gefangen, v. a. S. 429 f.; Leendertz, Zeitbögen, S. 208. Andreas Rödder kritisierte zwar die Zweiteilung in einen „guten" Nachkriegskonsens und einen „bösen" Neoliberalismus, sprach für die 1990er Jahre aber von einer „neoliberalen Modernisierungsideologie", die das marktökonomische Denken verabsolutiert habe (Rödder, 21.0, S. 53 und S. 109).

[16] Ther, Die neue Ordnung, S. 97.

wissenschaft in erster Linie nach dem Geschichtsbild und der Geschichtspolitik der PDS, nicht aber nach den Umständen ihrer Etablierung.[17] Diese passt auf den ersten Blick auch zu keinem der beiden skizzierten Großnarrative, weder zur Erzählung von der stetigen Verwestlichung Deutschlands und vom „Nachbau West" noch zur vermeintlich absoluten Hegemonie des Neoliberalismus seit den 1970er Jahren.[18] Zwar erscheint es plausibel, die Erfolge der PDS als Gegenreaktion zu eben diesen beiden Prozessen zu verstehen. Das kann aber noch nicht die Integration der Partei in das politische System der Bundesrepublik erklären. Ebenso wenig überzeugen die bisherigen Versuche, die Zeit nach 1990 in der Tradition der antitotalitären und antiextremistischen politischen Kultur der Bundesrepublik zu verorten. Zu sehr unterschieden sich diese Interpretationen in ihrem Urteil: Während die einen in den 1990er Jahren die Geburt eines neuen antitotalitären Konsenses und eines neuen Antikommunismus sahen,[19] meinten andere dessen Erosion erkennen zu können: „Der antiextremistische Konsens wird geschleift", so Eckhard Jesse mit Blick auf die Integration der Linkspartei.[20] Die politikwissenschaftliche, international vergleichende Parteien- und Postkommunismusforschung wiederum hat im Hinblick auf die Entwicklung *postkommunistischer* Parteien und *postsozialistischer* Parteiensysteme[21] differenzierte Ergebnisse zutage befördert,[22] die sich aber nur bedingt auf die Bundesrepublik anwenden lassen:

---

[17] Vgl. Eckert/Faulenbach (Hrsg.), Halbherziger Revisionismus; Eckert, Demokratischer Sozialismus; Schmeitzner, Postkommunistische Geschichtsinterpretationen; Lannert, „Vorwärts und nicht vergessen"?; Schönhoven, Gemeinsame Wurzeln; dazu aus politikwissenschaftlicher Sicht Pfahl-Traughber, Vergangenheitsbewältigung à la PDS; FES [Friedrich-Ebert-Stiftung] Brandenburg/Thumser (Hrsg.), Die PDS; Holzhauser/Kalashnikov, Communist Successors.

[18] Vgl. Hoeres, Gefangen, S. 432; dazu ausführlich Holzhauser, Neoliberalismus und Nostalgie.

[19] Beattie, Playing Politics; ders., A 1950s Revival; Wippermann, Heilige Hetzjagd, S. 36. Vgl. auch Körner, Die Rote Gefahr, Kap. VI.; zu den Begriffen siehe Kapitel II dieser Arbeit.

[20] Jesse, Die LINKE – demokratietheoretische, parteiensystematische und koalitionsstrategische Überlegungen, S. 135; vgl. ders., Der antiextremistische Grundkonsens, S. 254.

[21] Unter „postkommunistisch" wird in Anschluss an die internationale Forschung eine Organisation verstanden, die aus einer kommunistischen Organisation hervorgegangen ist. In Abgrenzung dazu sollen mit „postsozialistisch" im Folgenden die Gesellschaften des ehemaligen Realsozialismus bezeichnet werden. Mit beiden analytischen Kategorien ist kein Werturteil intendiert.

[22] Vgl. für länderübergreifende Studien Bozóki/Ishiyama (Hrsg.), The Communist Successor Parties; Curry/Urban (Hrsg.), The Left Transformed; Botella/Ramiro (Hrsg.), The Crisis of Communism; Bukowski/Racz (Hrsg.), The Return of the Left; Gowan, The Post-Communist Socialists; Grzymała-Busse, Redeeming the Communist Past; Hudson, The New European Left; Keith, Party Organisation and Party Adaptation; außerdem Einzelbeiträge von Ishiyama und March; deutschprachig auch M. Brie/Hildebrandt (Hrsg.), Für ein anderes Europa; dies. (Hrsg.), Parteien und Bewegungen; Hirscher (Hrsg.), Kommunistische und postkommunistische Parteien; K.-O. Lang, Postkommunistische Nachfolgeparteien; Mannewitz, Linksextremistische Parteien; zum Transformationsvergleich Cox, 1989 and the Transformations; zu Einzelphänomenen Druckman/Roberts, Communist Successor Parties; Elkman/Linde, Communist Nostalgia; Evans/Whitefield, Economic Ideology; dies., The Structuring of Political Cleavages; Holzhauser/Kalashnikov, Communist Successors; Hough/Handl, The Post-Communist Left; für Studien zu Parteiensystemen vgl. Kitschelt u. a., Post-Communist Party Systems.

verbanden sich doch im deutschen Fall postsozialistische Entwicklungen und westliche Traditionen zu einem in dieser Hinsicht einzigartigen Fall. Aus historischer Perspektive blieb daher bislang offen, wie sich der Integrationsprozess der PDS tatsächlich einordnen und erklären lässt und welche Rolle dabei postsozialistische, „neoliberale" und andere Entwicklungen spielten.

Mit Blick auf die Gesellschaften des östlichen Europas erscheint die Integrationsgeschichte der PDS als Teil der umfassenden gesellschaftlichen Transformationsprozesse, die den postsozialistischen Raum nach dem Ende des Realsozialismus prägten. In einer westeuropäischen Perspektive wiederum ist die Etablierung der PDS im Zusammenhang mit einer allgemeineren Entwicklung zu sehen, die als Pluralisierung des politischen Wettbewerbs seit den 1970er Jahren beschrieben werden kann. Diese ging mit der Herausbildung neuer Konfliktlinien einher. Es entstanden neue Parteien, die dem jeweiligen politisch-kulturellen Konsens ihrer Länder ausgesprochen kritisch gegenüberstanden. Die Folge war vielfach eine Neubewertung der Frage, wer als politisch legitim und koalitionsfähig angesehen werden sollte und wer als Gefahr für die Demokratie galt.[23] Nicht nur Politik und Medien, auch die Politikwissenschaft diskutierte die Frage, wie mit den neuen Parteien umzugehen sei. Unter demokratietheoretischen und systemerhaltenden Gesichtspunkten konkurrierten dabei zwei unterschiedliche Antworten: Während die einen dazu aufriefen, die neuen Kräfte durch einen „Cordon sanitaire" von politischer Verantwortung fernzuhalten,[24] argumentierten andere, dass eine Integration zu einer wünschenswerten Deradikalisierung beitragen und damit systemstabilisierende Wirkungen entfalten könne.[25] In der Bundesrepublik hat sich, wie die Politikwissenschaft herausgestrichen hat, zwischen den 1980er und 2000er Jahren das stabile „Zweieinhalbparteiensystem"[26] der 1960er und 1970er Jahre schrittweise zu einem Fünfparteiensystem erweitert, das zuletzt durch eine sechste Partei ergänzt worden ist.[27] Diese neuen Parteien bildeten sich typischerweise an den Rändern des dominanten politisch-kulturellen Rahmens einer Gesellschaft.[28] Dennoch blieb die Situation offen für Entwicklungen: Mit den Grünen hat zumindest eine dieser Formationen den Wandel von einer Antisystempartei[29] in den

---

[23] Vgl. etwa die Regierungsbeteiligungen der Jahrzehnte lang isolierten MSI in Italien, der postfranquistischen Volkspartei in Spanien, der italienischen Kommunisten und Postkommunisten oder der Fortschrittspartei in Norwegen.

[24] Vgl. aus politikwissenschaftlicher Sicht Rummens/Abts, Defending Democracy; Capoccia, Defending Democracy; differenziert: Downs, How Effective ist The Cordon Sanitaire?.

[25] Vgl. Van Spanje/Van der Brug, The Party as Pariah; Van der Brug/Fennema, Est-ce que le Cordon Sanitaire est Salutaire?.

[26] Decker, Parteiendemokratie im Wandel, S. 27.

[27] Vgl. Niedermayer, Das fluide Fünfparteiensystem; ders., Von der Zweiparteiendominanz; ders., Die Entwicklung.

[28] Vgl. Rödder, 21.0, S. 246.

[29] Unter einer Anti-System-Partei wird nach Giovanni Sartori eine Partei verstanden, die das politische System, in dem sie agiert, ablehnt und darauf abzielt, es zu unterminieren (vgl. Sartori, Parties and Party Systems, S. 117 f.; für einen differenzierten Ansatz siehe Capoccia, Anti-System Parties).

politischen Mainstream vollzogen, anderen Parteien ist dies nicht gelungen.[30] Wie weit aber – so eine der zentralen Fragen dieses Buchs – gilt dies für die PDS?

Vor diesem Hintergrund liegt es nahe, dass die PDS ein häufiges Forschungsobjekt der zeitgenössischen Politik- und Sozialwissenschaften – sowie in geringerem Maße auch der Medienwissenschaften[31] – darstellte. Die politik- und sozialwissenschaftlichen Untersuchungen konzentrieren sich dabei auf mehrere Fragekomplexe:[32] (1) Woher kommt die PDS und wie ist sie entstanden?[33] (2) Warum und von wem wird die Partei gewählt?[34] (3) Was will sie und wie steht sie zur bundesrepublikanischen Demokratie?[35] (4) Wie verhält sich die Partei dort, wo sie politische Verantwortung übernimmt?[36] (5) Wie verlief ihr Expansionsprozess nach Westen und wodurch war ihre Transformation zur bundesweiten Partei „Die Linke" geprägt.[37] Darüber hinaus entstanden mehrere Gesamtdarstel-

---

[30] Vgl. Holzhauser, Extremisten von gestern; zur Geschichte der Grünen siehe Falter/Klein, Der lange Weg der Grünen; Kraatz/Peters, Zwischen Abgrenzung und Annäherung; Markovits/ Gorski, Grün schlägt Rot; Raschke, Die Grünen; Dittmar, Das Realo-Fundi-Dispositiv; Probst, Bündnis 90/Die Grünen; Mende, Nicht rechts, nicht links, sondern vorn.

[31] Vgl. Eilders, Bilder der Parteien in den Medien; dies., Von Links bis Rechts; dies. u. a., Themenprofile der Parteien; Friedrichsen, Im Zweifel für die Angeklagten; Jandura, Politische Chancengleichheit; ders., Publizistische Chancengleichheit in der Wahlkampfberichterstattung?; Jarren/Bode, Ereignis- und Medienmanagement; Lüters, Politische Profilbildung jenseits der Parteien?; Hansen/Schmid/Scherer, Erstens: ignorieren, zweitens: diffamieren, drittens: umarmen?; Schönbach/Semetko, Medienberichterstattung und Parteienwerbung; Stiehler/Marr, Totgesagte leben länger.

[32] Für einen Forschungsüberblick siehe Pfahl-Traughber, Die Partei des Demokratischen Sozialismus.

[33] Vgl. Gerner, Partei ohne Zukunft?; Bortfeldt, Von der SED zur PDS; Moreau, PDS. Anatomie; Fraude, „Reformsozialismus" statt „Realsozialismus"?; Welzel, Von der SED zur PDS; vgl. auch das Kapitel zur PDS bei Malycha/Winters, Geschichte der SED, Kap. 8; Philipps, Transformation.

[34] Vgl. Falter/Klein, Zwischen Ideologie, Nostalgie und Protest; Schoen/Falter, Die Linkspartei und ihre Wähler; Dassen, Alter Wein in neuen Schläuchen; T. Koch, Soziokulturelle Anker; Neu, Das Janusgesicht der PDS; Niedermayer, Die Wählerschaft der Linkspartei.PDS; F. Walter, Eliten oder Unterschichten?; Doerschler/Banaszak, Voter Support; Niedermayer, Die Wählerschaft; Schoon, Zwischen Ostkompetenz und Entzauberung; Zettl, Die Wähler der Linkspartei; siehe auch Falter, Wahlen 1990; ders., Das Wahlverhalten; ders./Arzheimer, Annäherung durch Wandel?; Falter u. a. (Hrsg.), Wirklich ein Volk?; dies. (Hrsg.), Sind wir ein Volk?.

[35] Vgl. Prinz, Die programmatische Entwicklung; ders., Kontinuität und Wandel; J. P. Lang, Ist die PDS eine demokratische Partei?; Dürr, Die Linke nach dem Sog der Mitte; Neu, Der neue Programmentwurf; dies., Von Gysi geeint; Pfahl-Traughber, Wandlung zur Demokratie?; ders., Linksextremismus in Deutschland, S. 111–123; Moreau, Politische Positionierung; E. Sturm, „Und der Zukunft zugewandt"?.

[36] Vgl. Koniczek, Strategische Interaktionen; Thomas, Regierungspraxis von Minderheitsregierungen; Berg/Koch, Politikwechsel in Mecklenburg-Vorpommern?; dies., Die Mitte-Links-Koalition; Reißig, Mitregieren in Berlin; ders., The PDS in the Red-Red Coalition.

[37] Vgl. Spier u. a. (Hrsg.), Die Linkspartei; Heunemann, Die Erfindung; Hiller, WAS Gelingt der PDS?; Olsen, The Merger of the PDS and WASG; Vollmer, Arbeit und soziale Gerechtigkeit; Weichold, Von der Gründung; Hübner/Strohschneider, Lafontaines Linke.

lungen der PDS-Geschichte,[38] die zum Teil aber dezidiert normativen Gesichtspunkten folgen.[39]

Eine solche Normativität war ein typisches Merkmal der zeitgenössischen PDS-Forschung in Deutschland, die deutlich stärker als die englischsprachige Forschung[40] durch einen Gegensatz von Anhängern und Gegnern der normativen Extremismustheorie geprägt war.[41] Diese beiden Forschungsrichtungen entwickelten zwei sich diametral entgegenstehende Analysen der PDS mit sehr unterschiedlichen politischen Implikationen. Eine wichtige Rolle spielten die Publikationen aus dem Umfeld der Konrad-Adenauer-Stiftung, der Hanns-Seidel-Stiftung sowie der Schriftenreihe „Extremismus und Demokratie", in denen die Autorinnen und Autoren vor dem Hintergrund antitotalitärer und antiextremistischer Denktraditionen vor allem der Frage nachgingen, inwieweit die PDS eine extremistische Partei war.[42] Der dabei benutzte Extremismusbegriff[43] verstand das Adjektiv „extremistisch" als Gegensatz von „demokratisch"[44] und maß die PDS am „demokratischen Verfassungsstaat" und seinen „fundamentalen Werten und Spielregeln".[45] Schwerpunkte waren dabei das Verhältnis zur kommunistischen

---

[38] Vgl. Hough, The Fall and Rise of the PDS; Oswald, The Party That Came Out of the Cold War; Patton, Out of the East; Oppelland/Träger, Die Linke.

[39] So urteilt auch Pfahl-Traughber, Die Partei des Demokratischen Sozialismus, S. 545. Für Beispiele Bergsdorf, Die neue Linke (aus PDS-kritischer Sicht); Behrend, Eine Geschichte der PDS (aus marxistischer Sicht).

[40] Vgl. Oswald, The Party That Came Out of the Cold War; ders., The Party of Democratic Socialism; Philipps, Socialism with a New Face?; Patton, Germany's Party of Democratic Socialism; ders., Germany's Left Party; ders., Out of the East; Segert, The PDS; Hough, The Fall and Rise of the PDS; ders., SED to PDS; ders., Made in Eastern Germany; ders., Societal Transformation; ders., The PDS and the Concept; ders., Die Linke in Zentraleuropa; ders., From Pariah to Prospective Partner?; ders./Koß, A Regional(ist) Party in Denial?; dies./Olsen, The Left Party; Olsen, Germany's PDS; ders., Seeing Red; ders., The Dilemmas; ders./Hough, Don't Think Twice; Krisch, The Party of Democratic Socialism; W. C. Thompson, The Party of Democratic Socialism; Barker (Hrsg.), The Party of Democratic Socialism; Gapper, The Rise and Fall; Webb, The PDS.

[41] Siehe zu dieser Problematik Sigrid Koch-Baumgarten, Postkommunisten im Spagat; Oswald, The Party That Came Out of the Cold War, S. 31–33; Stöss, Backes/Jaschke, Streitgespräch zum Thema Linksextremismus; Stöss, Extremistische Parteien; Jesse, Extremistische Parteien.

[42] Vgl. Moreau, Die PDS. Anatomie; ders., Was will die PDS?; Moreau/Lang, Linksextremismus; Moreau u. a., Die PDS: Profil; Moreau/Schorpp-Grabiak, Man muss so radikal sein; J. P. Lang/ Moreau, PDS. Das Erbe der Diktatur; J. P. Lang, Ist die PDS eine demokratische Partei?; Neu, Das Janusgesicht der PDS; Everts, Politischer Extremismus; Jesse, DIE LINKE – demokratietheoretische, parteiensystematische und koalitionsstrategische Überlegungen; ders./Lang, DIE LINKE – der smarte Extremismus; mit speziellerer Fragestellung Peters, Der Antifaschismus der PDS.

[43] Vgl. Neu, Das Janusgesicht der PDS, S. 154.

[44] Vgl. Jesse/Thieme, Extremismus in den EU-Staaten, S. 15; Neu, Das Janusgesicht der PDS, S. 155.

[45] Backes/Jesse, Politischer Extremismus, S. 40; Moreau/Lang, Linksextremismus, S. 18; J. P. Lang, Ist die PDS eine demokratische Partei?, S. 43; Peters, Antifaschismus und Sozialismus, S. 301–303; Jesse/Thieme, Extremismus in den EU-Staaten, S. 15; Neu, Das Janusgesicht der PDS, S. 155. Dazu grundsätzlich kritisch: Stöss, Zum differenzierten Extremismusbegriff.

Geschichte,[46] zum parlamentarischen System,[47] zum ökonomischen System der sozialen Marktwirtschaft[48] wie auch zur außenpolitischen Westbindung in NATO und EU.[49] Aus dieser Sicht erschien die PDS als extremistische Kraft, von der eine Gefahr für das politische System der Bundesrepublik ausging.[50] Aus diesem Befund folgte, dass der Integrationsprozess der PDS nicht nur sehr genau verfolgt,[51] sondern auch offen kritisiert und stattdessen eine politische Isolation der PDS befürwortet wurde.[52]

Diese Richtung der PDS-Forschung wurde immer wieder kritisiert, insbesondere von den beiden Berliner Politologen Gero Neugebauer und Richard Stöss. Diese legten 1996 mit einer parteiensoziologischen Studie zur PDS eine Gegen-Interpretation vor: Die extremismustheoretische PDS-Forschung sei normativ überfrachtet, methodisch unterkomplex und empirisch dünn, so ihr Urteil.[53] Wesentliche Prämissen wie die Unvereinbarkeit von Antikapitalismus und Verfassungstreue wiesen sie zurück.[54] Damit verbunden waren auch andere Perspektiven und Fragestellungen: Neugebauer und Stöss hielten die Frage der Verfassungsfeindlichkeit der PDS für „nachrangig",[55] konzentrierten ihre Analyse auf die politisch-soziologischen Funktionen der Partei und attestierten ihr dabei eine bedeutende Integra-

---

[46] Vgl. Lang/Moreau, PDS. Das Erbe der Diktatur, S. 110–127; Neu, Das Janusgesicht der PDS, S. 191–216.

[47] Vgl. J. P. Lang, Ist die PDS eine demokratische Partei?, S. 69: „Die ‚Reformer' erachteten den Parlamentarismus in keinem Fall als demokratienotwendig"; Neu, Das Janusgesicht der PDS, S. 176 und S. 182–184.

[48] Vgl. Peters, Antifaschismus und Sozialismus, S. 315; ders., Der Antifaschismus der PDS, S. 147; Neu, Das Janusgesicht der PDS, S. 172 f.

[49] So leiten Freitag und Thieme in Bezug auf die Europaskepsis der schwedischen Linkspartei „antidemokratische Tendenzen" ab (Freitag/Thieme, Extremismus in Schweden, S. 338).

[50] Eine große Rolle spielte hierbei die Duldung offen verfassungsfeindlicher Gruppen in der Partei (vgl. J. P. Lang, Ist die PDS eine demokratische Partei?, S. 54; Stöss, Backes/Jaschke, Streitgespräch zum Thema Linksextremismus, S. 295).

[51] Vgl. Jesse, SPD and PDS Relationships; ders., Die koalitionspolitische Haltung; Hirscher, Das Verhältnis von SPD, PDS und Bündnis 90/Die Grünen; ders., Das Verhältnis von SPD und Bündnis 90 zur PDS; ders., Kooperationsformen der Oppositionsparteien; ders., Jenseits der Neuen Mitte; Hoffmann, Auf dem Weg in ein neues Bündnis?; ders./Neu, Getrennt agieren, vereint maschieren?; Brückom, Jenseits des Magdeburger Modells; Dambroth, Parlamentarische Bündnisbestrebungen.

[52] Jürgen P. Lang beispielsweise sprach von „Ignoranz demokratischer Kräfte gegenüber der extremistischen Orientierung der Partei" (J. P. Lang, Ist die PDS eine demokratische Partei?, S. 162).

[53] Vgl. Neugebauer/Stöss, Die PDS, S. 13 und S. 17; siehe außerdem dies., Die PDS in Not; Neugebauer, Hat die PDS bundesweit eine Chance?; ders., Die PDS zwischen Kontinuität und Aufbruch; ders., Die PDS im Reformschwung?; ders., Die PDS in Brandenburg – wohin des Wegs?; ders., The Party of Democratic Socialism; ders., Von der SED zur PDS; ders., Von der SED/PDS; ders./Reister, PDS und Gewerkschaften; Stöss, Wie konnten Postkommunisten erfolgreich bleiben?; für weitere Kritik siehe auch Jörs, Postsozialistische Parteien, S. 72–75.

[54] Vgl. Stöss/Backes/Jaschke, Streitgespräch zum Thema Linksextremismus, S. 301 (Richard Stöss); für Kritik siehe auch Hough, The Fall and Rise of the PDS, S. 30 f.; Neugebauer, Extremismus; ders., Der Fächer des Bösen; Stöss, Extremistische Parteien; ders., Zum differenzierten Extremismusbegriff; Wiegel, Total extrem?.

[55] Neugebauer/Stöss, Die PDS, S. 13.

tionsleistung im Transformationsprozess der neuen Bundesländer: Die Partei binde jene, die der DDR nachhingen, in die neue demokratische Ordnung ein und arbeite zugleich „selbst an der Ausgestaltung dieser neuen Ordnung konstruktiv mit, wenn auch nur als Opposition. [...] Wenn es sie nicht gäbe, hätte man sie erfinden müssen", so das pointierte Resümee von Richard Stöss.[56] Damit schufen sie Anknüpfungspunkte zur PDS-nahen Forschung, insbesondere im Umfeld der Rosa-Luxemburg-Stiftung und des Berlin-Brandenburger Instituts für Sozialwissenschaftliche Studien (BISS).[57] Diese zeichnete sich durch enge Verbindungen zum „Reformflügel" der Partei, eine kritisch-wohlwollende Grundhaltung zur PDS und wertvolles Insiderwissen aus.[58]

Die hier skizzierten Auseinandersetzungen in der zeitgenössischen PDS-Forschung können – gerade das macht die historische Perspektive deutlich – nicht losgelöst von den politischen Debatten um die Partei verstanden werden: Indem sie konkurrierende Deutungen, aber auch unterschiedliche Empfehlungen zum „richtigen" Umgang mit der PDS produzierten, wurden wissenschaftliche Experten zu historischen Akteuren und ihre Einschätzungen von den Parteien aufmerksam verfolgt, zum Teil sogar befolgt. Aus Sicht des Historikers verschwimmt bei vielen der genannten Forschungsbeiträge, ähnlich wie bei der Vielzahl publizistisch-journalistischer Betrachtungen,[59] die Grenze zwischen Forschung und Quelle. Oder besser: Sie sind beides zugleich – wertvolle und oft hellsichtige Expertise und doch auch Quelle zur zeitgenössischen Diskussion.[60]

Integrationsbegriff und theoretischer Ansatz

An dieser Stelle setzt die vorliegende Studie an. Sie erhebt nicht den Anspruch einer vollständigen Organisationsgeschichte, und es geht ihr auch nicht darum, den Wahlerfolg der Partei zu erklären oder die Einstellungen ihrer Wählerinnen und Wähler nachzuzeichnen. Ebenso wenig soll eine Mikrostudie des sozialkultu-

---

[56] Stöss/Backes/Jaschke, Streitgespräch zum Thema Linksextremismus, S. 301 (Richard Stöss). Von Seiten der Extremismustheoretiker wurde ihnen daher Leichtfertigkeit im Umgang mit der PDS vorgeworfen, deren Beteuerungen allzu unkritisch Glauben geschenkt werde (J. P. Lang, Ist die PDS eine demokratische Partei?, S. 20 f.).

[57] Vgl. auch die Beiträge in Veröffentlichungen der Rosa-Luxemburg-Stiftung: Neugebauer, Hat die PDS bundesweit im Parteiensystem eine Chance?; ders., Zur Akzeptanz der PDS; Fichter/Stöss/Zeuner, Das Forschungsprojekt Gewerkschaften und Rechtsextremismus.

[58] Vgl. Berg/Koch, Politikwechsel in Mecklenburg-Vorpommern?; dies., Die Mitte-Links-Koalition; Berg/Kirschner (Hrsg.), PDS am Scheideweg; M. Brie/Herzig/Koch (Hrsg.), Die PDS; M. Brie (Hrsg.), Die Linkspartei; M. Brie/Woderich (Hrsg.), Die PDS im Parteiensystem; Meuche-Mäker, Die PDS im Westen; Reißig, Mitregieren in Berlin; Falkner/Huber, Aufschwung PDS; M. Brie, PDS ante portas.

[59] Exemplarisch Ditfurth, Ostalgie oder linke Alternative; Hübner/Strohschneider, Lafontaines Linke; Strohschneider, Linke Mehrheit?.

[60] Zum Verhältnis Geschichts-/Sozialwissenschaft siehe Dietz/Neumaier, Vom Nutzen der Sozialwissenschaften, v. a. S. 296 und S. 304; Doering-Manteuffel/Raphael, Nach dem Boom. Perspektiven, S. 58 f.; für einen dezidiert dekonstruktivistischen Ansatz siehe Graf/Priemel, Zeitgeschichte, S. 508.

rellen Milieus vorgelegt werden, in dem die PDS gedeihen konnte. Vielmehr versteht sich die Arbeit als *politisch-kulturelle Integrationsgeschichte*, die sich dem Einbezug der Gesamtpartei in das politische System der Bundesrepublik als politischem Problem und als deutungskulturellem Konflikt widmet.[61] Integration wird dabei als Verhältnis- und Aushandlungsprozess aufgefasst, in dessen Verlauf sich Akteure gegenseitig anerkennen, um dann auf dieser Grundlage miteinander zu interagieren.[62] Kurz: Eine Partei integriert sich und wird integriert.[63] Integration beschreibt demnach auch keinen fest definierten Zielzustand, sondern meint einen ergebnisoffenen Prozess; er vollzieht sich in verschiedenen Formen und Dimensionen.[64] Für parteipolitische Integrationsprozesse können vier Formen unterschieden werden, die sich je nach Kontext gegenseitig bedingen, verstärken oder auch behindern können.[65] Sie sollen dieser Arbeit als heuristische Hilfsmittel dienen, um den Integrationsprozess der PDS in das politische System der Bundesrepublik fassen und differenzierter beschreiben zu können.

Als *kommunikative* Integration wird demnach die Herausbildung politischer Netzwerke, auf einer persönlichen Ebene oder auf Ebene der politischen Parteien verstanden. Davon zu unterscheiden sind Formen der *machtpolitischen* Integration. Sie beginnen beim Einbezug in machtstrategische Kalküle und reichen bis zu formellen Regierungskoalitionen. Die politikwissenschaftliche Extremismusforschung hat im Hinblick auf die PDS ihr Hauptaugenmerk auf eine dritte Form, die *normative* Integration, gerichtet, wobei zwischen aktiver Systemunterstützung und passiver Systemhinnahme unterschieden werden kann.[66] Eine vierte Integrations-

---

61 Unter politischer Kultur werden in dieser Studie die Denkweisen, Perzeptionsmuster und normativen Voraussetzungen verstanden, die von einem Gemeinwesen geteilt werden und anhand derer Politik wahrgenommen, interpretiert und beurteilt wird (vgl. Rohe, Politische Kultur. Zum Verständnis, S. 1; ders., Politische Kultur und ihre Analyse, S. 111; Dörner, Politische Kulturforschung, S. 95); zum Konzept politischer Kultur siehe auch Berg-Schlosser/Schissler, Politische Kultur in Deutschland. Dieses Konzept unterscheidet sich vom Konzept der *Civic Culture* nach Almond/Verba, dem der Großteil der empirischen Politikwissenschaft folgt; siehe hierzu auch Dörner, Politische Kulturforschung; Lipp, Politische Kultur; Almond, Politische Kultur-Forschung.

62 Zum Integrationsbegriff siehe Imbusch/Rucht, Integration und Desintegration, S. 20 f.; Anhut/Heitmeyer, Desintegration, Konflikt und Ethnisierung, S. 48; Giddens, The Constitution of Society, S. 28; Esser, Soziologie. Spezielle Grundlagen, Bd. 2, S. 271–279; N. Leonhard, Integration und Gedächtnis, S. 47. Integration umfasst demnach die Entwicklung der Beziehungen verschiedener Akteure zueinander sowie zum Gesamt-System (Esser, Soziologie. Spezielle Grundlagen, Bd. 2, S. 271).

63 Vgl. Neugebauer, Zur Akzeptanz der PDS.

64 Siehe zum Folgenden: Esser, Soziologie. Spezielle Grundlagen, Bd. 2, S. 271–279; Neugebauer, Zur Akzeptanz der PDS, S. 141 f.; Anhut/Heitmeyer, Desintegration, Konflikt und Ethnisierung, S. 48.

65 Beispielsweise kann angenommen werden, dass Systemunterstützung mit dem Erreichen zufriedenstellender Positionen und mit der Einbettung in Interaktionen und soziale Beziehungen innerhalb des Systems steigt (Esser, Soziologie. Spezielle Grundlagen, Bd. 2, S. 277). Umgekehrt wird in der politischen Praxis oftmals ein Mindestmaß an Systemunterstützung auch als Voraussetzung für die Überantwortung politischer Positionen angesehen, was wiederum durch kommunikative und kulturelle Gegensätze erschwert werden kann.

66 Vgl. Esser, Soziologie. Spezielle Grundlagen, Bd. 2, S. 275–277.

form ergibt sich schließlich aus dem zweiseitigen Charakter von Integrationsprozessen: In einer *symbolisch-diskursiven* Dimension sind politische Integrationsprozesse nicht nur davon abhängig, dass sich eine Partei selbst integrationsfähig macht, indem sie das System, seine Spielregeln und Mitspieler anerkennt. Sie muss auch von den anderen Akteuren des politischen Systems als grundsätzlich legitim angesehen und damit „für den Wettbewerb zugelassen" werden.[67] Etwas verkürzt gesagt, braucht es „objektive" Gewährleistung von Teilnahmechancen bei „subjektiv" bestehender Teilnahmebereitschaft.[68]

In politischen Gemeinwesen ist es daher kein Ausnahmefall, dass bestimmte politische Vorstellungen als illegitim markiert werden: Galt im Kaiserreich noch die Sozialdemokratie als Staatsfeindin, so waren es in der Bundesrepublik jene Parteien auf der rechten und linken Seite des politischen Spektrums, die als „totalitär", „undemokratisch" oder „extremistisch" klassifiziert wurden.[69] Die Auseinandersetzung mit dem „Anderen" und die Markierung des „Extremen" dient dabei stets der Selbstvergewisserung des „Eigenen" wie „Normalen" und damit dem Zusammenhalt des politischen Systems, in dem der Rahmen zulässiger Denk- und Verhaltensweisen bestimmt wird.[70] Sichtbar wird dieser Rahmen durch die Rekonstruktion politischer *Diskurse*, die das Denkbare, Sagbare und Machbare organisieren und darüber Aufschluss geben, „was in einem Gesellschaftssystem politisch möglich ist, was tabuisiert wird, welche normativen Strukturen gelten und nach welchen Schemata die Realität interpretiert wird".[71] Politische Integrationsprozesse bewegen sich also stets in einem Spannungsverhältnis zwischen der demokratischen Zielvorstellung, gesellschaftliche Interessen und Gruppen möglichst umfassend zu integrieren, und der Notwendigkeit, gewisse abweichende Einstellungen und Normalitätsvorstellungen, die als systemgefährdend eingeschätzt werden, als nicht „integrierbar, tolerierbar und sagbar" auszuschließen.[72] Damit vollziehen sie sich auf der Ebene der *politischen Deutungskultur* eines Gemeinwesens, auf der verschiedene „Sinnproduzenten" ihre jeweiligen Deutungsmuster anbieten, um politisch-kulturelle Hegemonie ringen und versuchen, eigene Deutungsangebote als verbindlich durchzusetzen, gegebenenfalls auch alternative Vorstellungen zu tabuisieren.[73]

Aus dieser Konzeption ergibt sich eine doppelte Perspektive: Zum einen erscheint die PDS *als Akteur*, dessen Wahrnehmungen, Handlungen und Äußerun

---

[67] Neugebauer, Zur Akzeptanz der PDS, S. 142.

[68] Vgl. Anhut/Heitmeyer, Desintegration, Konflikt und Ethnisierung, S. 48.

[69] Siehe dazu Kap. II dieser Arbeit.

[70] Vgl. Küstner, Linker Terror und rechte Gesinnung, S. 214; Funke, Extremismus, S. 133.

[71] Küstner, Linker Terror und rechte Gesinnung, S. 213; vgl. Landwehr, Historische Diskursanalyse, S. 21; Classen, Qualitative Diskuranalysen, S. 368 f.; Nonhoff, Diskurs, S. 66.

[72] Van Laak, Der widerspenstigen Deutschen Zivilisierung, S. 298.

[73] Siehe dazu ausführlich Kailitz, Die politische Deutungskultur im Spiegel des „Historikerstreits", S. 11–20; Rohe, Politische Kultur und ihre Analyse; ders., The State Tradition in Germany; Dörner, Politische Kulturforschung; Gerth, Die PDS und die ostdeutsche Gesellschaft, S. 23 f. Damit wird auch der symbolisch-semiotische Aspekt politischer Kultur in den Blick genommen (siehe dazu Dörner/Vogt, Einleitung).

gen im Hinblick auf die Position im politischen System untersucht werden sollen. Dabei ist auch auf Binnendifferenzierungen zwischen der strategischen Führungsgruppe und parteiinternen Gegengruppen zu achten. Zum anderen ist die PDS *Objekt* der Wahrnehmungen, Handlungen und Äußerungen von außen. Als Akteure erscheinen in diesem Zusammenhang jene Gruppen, die politische Sinndeutungen produzieren und insofern am politischen Diskurs partizipieren. Das umfasst zum einen die Konkurrenzparteien der PDS, deren Beziehungsgeflecht das Parteiensystem konstituiert.[74] Ihre Einstellungen zur PDS, ihre strategischen Handlungen und Interpretationsmuster sollen herausgearbeitet werden. Zum anderen wird der Blick auf jene „Deutungseliten" gerichtet, die zusammen die politische Öffentlichkeit bilden.[75] Vor allem die Medien dienen den Parteien nicht nur zur Vermittlung politischer Positionen und als Kommunikationsplattform. Sie nehmen auch, genauso wie die politische Wissenschaft, Einfluss auf den politischen Prozess, indem sie politische Probleme definieren, Deutungsmacht ausüben und Wirklichkeit mitkonstruieren.[76] Gleiches gilt für die Behörden des Verfassungsschutzes, deren Einschätzungen im Diskurs über die PDS große Bedeutung beigemessen wurde.[77] Dazu kommen schließlich gesellschaftliche Interessengruppen, hier insbesondere die Gewerkschaften, die von der PDS als potenzielle Alliierte angesehen wurden und deren Verhältnis zur Partei eine wichtige Rolle in deren Integrationsprozess spielte. Diese Studie verfolgt die Integrationsgeschichte der PDS also im Wesentlichen mit Bezug auf ihre Position innerhalb eines öffentlich-politischen Akteursnetzwerks und Diskurszusammenhangs.

Leitfragen und Vorgehensweise

Aus dieser theoretischen Konzeption und der übergeordneten Forschungsfrage nach den Ursachen, Umständen und Grenzen der Integration der PDS in das politische System der Bundesrepublik ergeben sich für diese Arbeit mehrere Leitfragen:

1) Welche Rolle spielte die Integration in das politische System der Bundesrepublik in den strategischen Überlegungen der Parteiführung und wie verhielten sich die einzelnen parteiinternen Gruppen dazu?
2) Veränderte sich im Untersuchungszeitraum die Wahrnehmung der PDS durch ihre Konkurrenten sowie durch andere „Deutungseliten" der Gesellschaft? Inwiefern und wodurch gelang es der PDS, die Akzeptanz für sich als Partei sowie

---

[74] Vgl. die klassischen Parteiensystemdefinitionen von Duverger, Political Parties, S. 203 ("the forms and modes of their coexistence define the 'party system'") und Sartori, Parties and Party Systems, S. 39 ("the system of interactions resulting from inter-party competition"), die jeweils auf den Aspekt der Interaktion zwischen Parteien abstellen.

[75] Van Laak, Der widerspenstigen Deutschen Zivilisierung, S. 298.

[76] Vgl. Eilders, Bilder der Parteien in den Medien, S. 154; Glaab, Politikvermittlung, S. 25–27.

[77] Siehe dazu Kapitel IV.3.3 dieser Arbeit.

für ihre politischen Inhalte zu erhöhen? Wie veränderte sich dabei der Diskurs um die Partei?

3) Inwiefern gelang es der PDS, kommunikative Kontakte und Netzwerke mit anderen relevanten Akteuren des politischen Systems auszubilden, insbesondere mit Konkurrenzparteien, aber auch mit gesellschaftlichen Eliten und Interessenverbänden?

4) Inwieweit gelang es ihr, machtpolitisch integriert zu werden und politisch relevante Positionen zu besetzen? Was waren die einzelnen Voraussetzungen für die Besetzung solcher Positionen und was folgte daraus?

5) Integrierte sich die PDS auch normativ in das politische System der Bundesrepublik? Wie positionierte sie sich zum Staat Bundesrepublik, seinem politischen System und dessen fundamentalen Normen und Werten? Hier ist zu fragen, welche Normen und Werte in der zeitgenössischen Bewertung als zentral angesehen wurden, d. h., welche Hürden, Grenzen und Bedingungen für die Integration der PDS aufgestellt wurden.

6) Inwiefern lassen sich aus der Integrationsgeschichte der PDS Rückschlüsse in Bezug auf die politisch-kulturelle Verfasstheit der Bundesrepublik und auf politisch-kulturelle Entwicklungen im vereinten Deutschland ableiten?

Die Frage, welche Kriterien die PDS erfüllen musste, um sich zu integrieren, gibt immer auch Aufschluss über die politische Deutungskultur der Bundesrepublik, auf deren Kontinuität und Wandel. Zugleich soll die Struktur dieser Deutungskultur herausgearbeitet werden, indem nach Konfliktlinien zwischen ihren Subgruppen, nach Machtverhältnissen, Allianzen und Formen der Auseinandersetzung gefragt wird.[78] Dabei ist auf vieles zu achten: die ideologischen Werte und Einstellungen, programmatische Zielvorstellungen, generationale, sozialisatorische und lebensweltliche Prägungen sowie auf kurz- und längerfristige politische Interessen, Opportunitäten und Machtkonstellationen.

Diesen Leitfragen nähert sich die Arbeit auf Basis einer hermeneutischen Quellenanalyse und verknüpft dabei die Rekonstruktion politischer Strategien und Entscheidungen mit einer Analyse der öffentlichen Debatten bzw. des übergeordneten politischen Diskurses um die PDS. Die Arbeit orientiert sich dabei an den Entwicklungen auf Bundesebene, die aber durch die landespolitische und kommunale Ebene stets mitgeprägt wurden. Das gilt insbesondere für Mecklenburg-Vorpommern und Berlin, wo sich die PDS erstmals 1998 bzw. 2002 an Regierungskoalitionen beteiligte.

Am Beginn und am Ende stehen zwei strukturelle und parteitypologische Zäsuren. Mit Beginn des Jahres 1990 ging die PDS aus der DDR-Staatspartei SED hervor, die sich eine neue Parteiführung, eine neue Organisationsstruktur und ein neues Programm gab. Mit den Volkskammer- und Kommunalwahlen im Frühjahr 1990 wandelte sich die bisherige Staatspartei zu einer Oppositionspartei innerhalb

---

[78] Vgl. Kailitz, Die politische Deutungskultur der Bundesrepublik, S. 15; ders., Die politische Deutungskultur im Spiegel des „Historikerstreits", S. 11.

einer Konkurrenzdemokratie, ehe sie mit der Vereinigung der beiden deutschen Staaten am 3. Oktober 1990 Teil des bundesdeutschen Parteiensystems wurde. Dieser typologische Wandel stellt den Startpunkt der Untersuchung dar. Am Ende dieses Buchs steht wieder eine Wandlung, die von einer Regionalpartei der neuen Bundesländer hin zu einer gesamtdeutschen Kraft. Dafür steht das Jahr 2005, in dem die PDS im Bündnis mit der westdeutschen WASG in den Bundestag zurückkehrte. Die sich daran anschließende Entwicklung hin zur heutigen Partei „Die Linke" werden schließlich in Form eines kurzen Ausblicks einbezogen.

Quellen

Die in diesem Buch behandelte Geschichte ist uns zeitlich noch sehr nah, sie ist Teil der Zeitgenossenschaft. Daraus ergeben sich eine Reihe methodischer und forschungspraktischer Herausforderungen. Ein erstes, heuristisches Problem ergibt sich daraus, dass Zeithistorikerinnen und Zeithistoriker in vielen Fällen mit denselben Begriffen, Kategorien und Denksystemen arbeiten wie die Zeitgenossen jener Epoche, die sie beschreiben. Dieser Herausforderung haben sich historisch Arbeitende zu allen Zeiten gestellt. Diese Arbeit versucht daher, wo möglich, die zeitgenössischen Beschreibungskategorien selbst zu thematisieren und in diesem Sinne zu historisieren. Das gilt insbesondere für Begriffe wie „extremistisch" oder „demokratisch", die den Gegenwartswissenschaften als Beschreibungs- und Analysekategorien dienen, aus zeithistorischer Sicht aber in erster Linie Quellenbegriffe darstellen. Sie geben Aufschluss darüber, was damals als legitim und illegitim angesehen wurde und was nicht, und sie müssen daher als Forschungsobjekte in die zeithistorische Analyse einbezogen und in ihrer historischen Bedingtheit und Wandelbarkeit untersucht werden.[79]

Ein zweites, forschungspraktisches Problem stellen Sperrfristen und Zugangsbeschränkungen dar, nach denen sich Historikerinnen und Historiker richten müssen, wenn sie mit Archivmaterial arbeiten wollen. Dieses Problem konnte dadurch eingegrenzt werden, dass dank Sperrfristverkürzungen und Einsichtgenehmigungen auch Archivmaterialien herangezogen werden konnten, die jünger als 30 Jahre sind. Zum Teil konnten dabei auch Bestände einbezogen werden, die zum Zeitraum der Einsichtnahme noch unerschlossen waren.[80] Darüber hinaus steht für den Untersuchungszeitraum eine Vielzahl öffentlich zugänglicher, zum Teil bereits digital vorliegender Quellen zur Verfügung.

---

[79] Ähnlich verhält es sich mit Gegenbegriffen wie „antitotalitär", „antiextremistisch" oder auch „antikommunistisch", die darauf beruhen, das, was jeweils mit „anti" präfigiert wird, zu negieren und als illegitim zu kennzeichnen, wobei der jeweilige Inhalt oft Auslegungssache bleibt (zum Begriff des Antikommunismus vgl. Faulenbach, Erscheinungsformen, S. 1; für Differenzierungen Oppelland, Der Kommunismus in der Geschichtskultur, S. 106 f.; Wirsching, Antikommunismus als Querschnittsphänomen, S. 18–24).

[80] Ein Verweis, wenn es sich um nicht erschlossene Bestände oder Altsignaturen handelt, befindet sich im Quellenverzeichnis, auf entsprechende Kennzeichnungen in den Anmerkungen wird verzichtet.

Als Fundus für das Interaktionsverhältnis der PDS mit den Konkurrenzparteien nutzt die Arbeit neben archivalischen Quellen zum Schriftverkehr der PDS insbesondere öffentliche Stellungnahmen in Parteiveröffentlichungen, Pressediensten, in publizierten Interviews und anderen Selbstzeugnissen sowie aus der Tages- und Wochenpresse. Für die Frage parlamentarischer Kooperation sind zudem die Plenarprotokolle und Drucksachen von Bundestag und Landtagen aufschlussreich. Über die Richtung der Diskussionen, wie sie innerhalb der Parteien geführt wurden, informieren archivalische Partei- und Fraktionsmaterialien von PDS, SPD, CDU/CSU, FDP, Bündnis 90/Die Grünen sowie (für das Jahr 1990) von DDR-Oppositionsparteien.[81] Dabei handelt es sich insbesondere um Gremienprotokolle, interne Diskussions- und Strategiepapiere sowie für das Fallbeispiel Mecklenburg-Vorpommern um Protokolle der regelmäßig stattfindenden Koalitionsgespräche zwischen SPD und PDS. Ergänzt wurden diese Archivrecherchen durch Gespräche des Autors mit Politikerinnen und Politikern der PDS und ihrer Konkurrenzparteien.[82]

Für Einschätzungen der Partei durch Verfassungsschutzbehörden und Wissenschaft sowie die Beziehungen zu den Gewerkschaften wurde auf die entsprechenden Publikationen aus dem Untersuchungszeitraum zurückgegriffen. Für die Frage medialer Perspektiven auf die PDS nutzt diese Arbeit zum einen die bestehende medienwissenschaftliche Forschung, zum anderen wurden eigene hermeneutische Medienanalysen erstellt. Dabei wurden für die Fallbeispiele systematisch Berichte und Kommentare in bundesdeutschen Leitmedien ausgewertet, namentlich aus den überregionalen Tageszeitungen „Frankfurter Allgemeine Zeitung", „Süddeutsche Zeitung", „Die Tageszeitung" (taz) und „Die Welt", aus der Wochenzeitung „Die Zeit", dem Nachrichtenmagazin „Der Spiegel" sowie der „Bild" als wichtigster deutscher Boulevard-Zeitung. Für das Ende des Untersuchungszeitraums wurden auch die jeweiligen Online-Angebote genutzt. Außerdem wurden punktuell ergänzend weitere Informationsquellen wie „Neues Deutschland", „Der Tagesspiegel" und „Berliner Zeitung" sowie einzelne Fernseh- und Rundfunkquellen herangezogen.

Inhaltlicher Abriss

Die Integrationsgeschichte der PDS lässt sich grob in vier Zeiträume gliedern. Dass diese in etwa mit den Legislaturperioden im Bund sowie in den meisten ost-

---

[81] Diese sind im Archiv Demokratischer Sozialismus (ADS) in Berlin, im Archiv der sozialen Demokratie (AdsD) in Bonn, dem Archiv für Christlich-Demokratische Politik (ACDP) in Sankt Augustin, im Archiv Grünes Gedächtnis (AGG) in Berlin, im Archiv des Liberalismus (ADL) in Gummersbach sowie im Archiv der DDR-Opposition der Robert-Havemann-Gesellschaft (RHG) in Berlin zugänglich.

[82] Gesprächspartner waren André Brie, Gregor Gysi, Helmut Holter und Petra Pau (alle PDS/LINKE), Rolf Schwanitz (SPD), Eberhard Diepgen (CDU) sowie Wolfgang Gerhardt (FDP). Die Gespräche entstanden alle zwischen Februar und April 2017. Zudem wird auf einen öffentlichen Vortrag verwiesen, den Dietmar Bartsch (PDS/LINKE) am 10.5.2017 an der Johannes Gutenberg-Universität Mainz gehalten hat und bei dem der Autor zugegen war.

deutschen Bundesländern korrespondieren, verweist auf die starke Ausrichtung politisch-strategischen Denkens auf Wahlperioden. Dieser chronologischen Einteilung folgt auch die Gliederung dieser Arbeit, die aber vereinzelt durch die Darstellung zusammenhängender Entwicklungen und Themenkomplexe überschritten oder erweitert wird. Nach diesem *ersten, einleitenden Kapitel* wirft die Arbeit in einem *zweiten Kapitel* einen Blick auf die unterschiedliche Entwicklung der politischen Deutungskulturen Deutschlands vor 1990 und führt den Begriff des *Bonner Konsenses* ein: Dieser beschreibt einen politisch-kulturellen Fundamentalkonsens der alten Bundesrepublik in Zeiten des Ost-West-Konflikts, auf dessen Bestandteile aber, wie zu zeigen sein wird, auch nach 1990 in den Debatten um die PDS regelmäßig Bezug genommen wurde.

In einem *dritten Kapitel* zum Zeitraum 1990–1994 widmet sich die Studie dem Ursprung der PDS in der DDR-Staatspartei SED, ihrer Neupositionierung im vereinten Deutschland und den Reaktionen von außen. In dieser Phase wurden wesentliche Wahrnehmungsmuster etabliert, die im weiteren Verlauf der 1990er und 2000er Jahre eine zentrale Rolle für die Integration der Partei spielten. Eine wichtige Funktion kam in diesem Zusammenhang dem Versuch politischer Eliten aus Ost und West zu, einen erneuerten *antitotalitären Konsens* als normative Grundlage der vereinigten Bundesrepublik zu begründen. Die PDS wiederum stellte sich in Opposition dazu und profilierte sich als Partei der DDR-Eliten und derjenigen, die sich als Verlierer der postsozialistischen Transformation empfanden.

Ein *viertes Kapitel* nimmt sodann die öffentlichen Debatten und parteipolitischen Entwicklungen in den Blick, die den Zeitraum von der Bildung des sogenannten Magdeburger Modells in Sachsen-Anhalt 1994 bis zur ersten „rot-roten" Regierungskoalition in Mecklenburg-Vorpommern 1998 prägten. In dieser Phase löste sich der relative Anti-PDS-Konsens der Vorjahre auf und der öffentliche Diskurs um die Partei polarisierte sich zwischen Gegnern und Befürwortern ihrer stärkeren Einbindung in politische Verantwortung. Dabei traten neben den politischen Parteien auch Medien, Verfassungsschutzbehörden und Gewerkschaften in Erscheinung, deren Perspektiven in diesem Zusammenhang nachgezeichnet werden sollen. Wie zu zeigen sein wird, trafen in der PDS-Frage sehr unterschiedliche politisch-kulturelle Prägungen aufeinander, sowohl zwischen Ost und West als auch innerhalb der beiden Teilgesellschaften. Nicht zuletzt spielte auch der Vergleich der PDS mit anderen kommunistischen und postkommunistischen Parteien Europas eine Rolle und beeinflusste sowohl die Außensicht auf die PDS als auch die Strategiedebatten innerhalb der Partei. Diese internationale Dimension wird daher in einem eigenen, *fünften Kapitel* untersucht.

Hieran schließt sich ein *sechstes Kapitel* an, das sich mit den Jahren der ersten rot-grünen Regierung im Bund und der ersten SPD-PDS-Koalition in Mecklenburg-Vorpommern (1998–2002) beschäftigt. In dieser Phase war eine signifikante Rollenverschiebung der PDS zu erkennen, die vor allem mit ihrer neuen Position als Regierungspartei auf Landesebene und als Verhandlungspartnerin der rot-grünen Koalition im Bundesrat zusammenhing. Diese Entwicklung fand ihren Höhepunkt mit dem Eintritt der PDS in den Berliner Senat im Januar 2002. Dieser

Integrationsdynamik standen wiederum neue Abgrenzungen in der Außen- und Sicherheitspolitik gegenüber, die in dieser Zeit verstärkt in den Mittelpunkt der Debatte geriet. Mit der Niederlage der PDS bei der Bundestagswahl 2002 endete die Phase der „Normalisierung" und ging in eine Neuordnungsphase über, die im *siebten Kapitel* der Arbeit dargestellt wird. Die Jahre nach 2002 waren geprägt von einer Repolarisierung der Debatte, die sich zugleich mit den Auseinandersetzungen um die Agenda 2010 überlagerte. Dies führte 2005 zur Gründung eines Wahlbündnisses mit der westdeutschen WASG, aus dem schließlich die heutige Partei „Die Linke" hervorging. Entgegen verbreiteter Deutungen, wonach der eigentliche Integrationsprozess der Linkspartei erst unter der Führung Oskar Lafontaines eingesetzt habe, sollen hier die deutlich älteren Wurzeln des Bündnisses herausgestrichen werden, das sowohl in programmatischer als auch in personeller Hinsicht an die Integrationsbemühungen der Vorjahre anknüpfte. Zugleich wird gezeigt, wie sich die öffentlichen Debatten um die Linkspartei im Zeichen des Reformdiskurses jener Jahre neu sortierten.

Diese Teilergebnisse werden schließlich im *Resümee* zu einer abschließenden Deutung zusammengeführt. In ihrem Mittelpunkt steht die *These*, dass die Etablierung der PDS, ihre Integration in das politische System der Bundesrepublik sowie die Debatten, die sich an ihr entzündeten, Ergebnis eines politisch-kulturellen Wandels auf zwei Seiten waren: Auf der einen Seite fand ein Anpassungsprozess der Partei selbst an die hegemoniale politische Deutungskultur der Bundesrepublik statt. Es wird gezeigt, wie die innerparteilichen Führungsgruppen das Ziel verfolgten, in der Bundesrepublik „anzukommen", dabei aber mit stetem innerparteilichen Widerstand zu kämpfen hatten. Die PDS nahm dabei sehr viel mehr von der „alten" Bundesrepubik in sich auf, als es den Zeitgenossen bewusst war – und deutlich mehr, als es vielen in der Partei lieb war. Auf der anderen Seite erlebte auch das vereinte Deutschland im Untersuchungszeitraum tiefgreifende Wandlungsprozesse, die sich mit zeitgenössischen Schlagworten wie der „Erosion des antiextremistischen Konsenses" oder der „neoliberalen Hegemonie" nur unzureichend fassen lassen. Während sich die PDS also der politischen Deutungskultur der (alten) Bundesrepublik annäherte, ohne jemals in dieser aufzugehen, entwickelte sich diese Deutungskultur im vereinten Deutschland weiter, ohne ihren starken Bezug zum Generalkonsens des Weststaats aufzugeben. Kurz: Die PDS hat sich verändert, der Westen aber auch – mit dem Ergebnis, dass der Integrationsprozess und der ihn begleitende Diskurs um die Integrationsfähigkeit der Partei „Die Linke" bis heute andauert.

II. Politische Deutungskulturen in Zeiten des Ost-West-Konflikts

> *„In der Zielsetzung ist sich die SED, die nun unter dem Namen PDS firmiert, also treu geblieben. Sie will eine andere Gesellschaft als den freiheitlichen, demokratischen Rechtsstaat, wie er in der Bundesrepublik Deutschland erfolgreich ist, sie lehnt die Soziale Marktwirtschaft ab und damit einen der Stützpfeiler der Demokratie in unserem Land. Die PDS will ganz konkret ‚gesellschaftspolitische Alternativen zur bestehenden Gesellschaftsordnung entwickeln.‘"* [1]

Mit diesen Worten untermauerte der Journalist Christoph Minhoff im August 1990 im CSU-eigenen „Bayernkurier" seine Kritik an der PDS. Dass sich der Autor auf Rechtsstaat, Marktwirtschaft und Demokratie bezog, war kein Zufall. Zum einen waren dies Politikbereiche, in denen die PDS Positionen vertrat, die von denen der Bayernkurier-Leserschaft maximal entfernt lagen. Zum anderen nannte Minhoff Zusammenhänge, die nicht nur in der bayerischen Volkspartei, sondern weit darüber hinaus als unverrückbare Grundlagen der bundesrepublikanischen Gesellschaftsordnung angesehen wurden. Wer diese ablehne, so der häufige Vorwurf, der strebe in eine „andere Republik".[2] Die PDS erschien vor diesem Hintergrund als Antithese zur bundesrepublikanischen Gesellschaft, und das nahm die Partei auch durchaus selbst für sich in Anspruch: Ihr galt die wiedervereinte Bundesrepublik als imperialistisches „viertes Reich"[3], als Hort neofaschistischer Strömungen[4] und als „Daimler-Benz-Republik", in der allein die Konzerne das Sagen hatten.[5]

Erkennbar kritisch stand die PDS des Jahres 1990 dem gegenüber, was sich in vier Jahrzehnten bundesrepublikanischer Geschichte als politischer Grundkonsens herausgebildet hatte. Wer die Debatten um die Integration der PDS verstehen will, muss daher einen Blick auf die Genese und Entwicklung jenes bundesrepublikanischen Generalkonsenses werfen, der in den Augen vieler die Erfolgsgeschichte der Bundesrepublik ausmachte.

---

[1] Christoph Minhoff: Neue Töne, alte Ziele. In: Bayernkurier, 4. 8. 1990.

[2] ACDP, CDU/CSU-Fraktion, 13. WP, 08-013-008/1: Protokoll der Fraktionssitzung am 18. 10. 1994, S. 24 (Redebeitrag H. Kohl); ACDP, CDU-LV ST, 03-058-009/2: Konferenz der Vorsitzenden der CDU-Fraktionen in den Landtagen der Neuen Länder. Wörlitz, 18. 3. 1996, S. 2; Wir brauchen keine andere Republik. Berliner Erklärung. Dokumentiert in: Die Tageszeitung, 20. 1. 1997; Bundesministerium des Innern (Hrsg.), Verfassungsschutzbericht 1998, S. 126; Glos: CDU gegenüber PDS wie „Kaninchen vor der Schlange". In: Welt am Sonntag, 28. 1. 1996; Mit der PDS koalieren? In: Die Woche, 22. 5. 1998; PDS will die Rentenreform zusammen mit der CDU verhindern. In: Die Welt, 7. 11. 2000.

[3] ADS, PDS-PV-050: Stenografische Niederschrift der Tagung des Parteivorstandes der SED-PDS am 6. 1. 1990 (unkorrigiert) (Rede Gregor Gysi); auszugsweise in: Wir sind auf dem Weg von der SED zur Partei des Demokratischen Sozialismus. In: Neues Deutschland, 8. 1. 1990.

[4] Ebenda.

[5] ADS, PDS-PV-157: Initiativgruppe PDS, Schritte zur PDS [undatiert], S. 1.

Der Bonner Konsens

„Bonn ist nicht Weimar".[6] Kein Satz brachte das Selbstverständnis der Bundesrepublik und ihre Hoffnung auf demokratische Stabilität so sehr auf den Punkt wie diese viel zitierte Feststellung des Schweizer Journalisten Fritz René Allemann aus dem Jahr 1956 – und auf kaum einem Feld stimmte das so sehr wie in politisch-kultureller Hinsicht: Denn im Gegensatz zur vielfach polarisierten und segmentierten politischen Kultur Weimars zeichnete sich die Bonner Republik über viele Jahrzehnte hinweg durch einen Grundkonsens aus, der spätestens seit den 1960er Jahren von allen relevanten politischen Parteien des Weststaats geteilt wurde. Dieser Generalkonsens der Bundesrepublik, der im Folgenden zu beschreiben sein wird, entstand wesentlich aus der Abgrenzung vom kommunistischen Oststaat. Bonn sollte nicht Weimar, noch weniger aber sollte es Ost-Berlin sein. Vielmehr war der Bonner Konsens, obwohl er in vielen Facetten durchaus an ältere Traditionen anknüpfte, die spezifisch westdeutsche Version jenes Einvernehmens, das sich nach dem Zweiten Weltkrieg in allen westlichen Gesellschaften in ganz ähnlicher Form herausbildete: überall beruhte der Nachkriegskonsens auf einer Verbindung von Marktwirtschaft, sozialem Konsensstreben, liberaler Demokratie westlichen Zuschnitts und antitotalitärer Abgrenzung.[7] Was aber hieß das im Fall der Bundesrepublik?

Erstens entwickelte sich in der Bundesrepublik die parlamentarisch-rechtsstaatliche Ordnung des Grundgesetzes nach und nach zum Inbegriff und Garanten politischer Freiheit und Demokratie. Nach dem Vorbild westlicher Demokratien und in Abgrenzung sowohl zum nationalsozialistischen Staat als auch zu den antipluralistischen Systemen der DDR und der Sowjetunion definierte das Bundesverfassungsgericht 1952 die „freiheitlich-demokratische Grundordnung" als Herrschaftssystem, das sich „mindestens" durch Achtung der Menschenrechte und der Volkssouveränität, Gewaltenteilung, Verantwortlichkeit der Regierung, Gesetzmäßigkeit der Verwaltung, Unabhängigkeit der Gerichte und das gleichberechtigte Mehrparteienprinzip auszeichnete.[8] Zwar war diese Ordnung zu Beginn der Bundesrepublik noch fragil und parlamentarismuskritische Vorstellungen waren in den 1950er Jahren noch in vielen politischen Kreisen ausgeprägt. Im Laufe der Jahrzehnte aber wurde das parlamentarische System zu einem weitgehenden Synonym für Demokratie und zur zentralen „Lehre aus Weimar", die rivalisierende, autoritäre, sozialistische oder plebiszitäre Demokratiekonzepte verdrängte.[9]

---

[6] Allemann, Bonn ist nicht Weimar.

[7] Vgl. Doering-Manteuffel, Wie westlich sind die Deutschen?, S. 75–77; Leendertz, Zeitbögen, S. 202–207.

[8] Bundesverfassungsgericht, Urteil, 23. 10. 1952 (1 BvB 1/51) [SRP-Verbot], BVerfGE 2, 1, 12 f. Zur „FdGO" siehe auch Gusy, Die freiheitliche demokratische Grundordnung; Denninger, Der Schutz der Verfassung; Backes/Jesse, Politischer Extremismus; aus kritischer Perspektive S. Schulz, Vom Werden der FdGO.

[9] Vgl. Wirsching, Konstruktion und Erosion; zur Entwicklung in der frühen Bundesrepublik Ulrich, Der Weimar-Komplex.

Zweitens beruhte der politisch-kulturelle Generalkonsens der Bundesrepublik auf dem ökonomischen Modell des „Wirschaftswunders", der sozialstaatlich regulierten Marktwirtschaft.[10] Auch das war nicht von Beginn an so: Antikapitalistische Tendenzen waren anfänglich auch in der West-CDU verbreitet, sie wurden aber schnell zugunsten des Konzepts der „sozialen Marktwirtschaft" zurückgedrängt. Diese wurde „im scharfen Gegensatz zum System der Planwirtschaft" als Garant von „Selbstbestimmung und Freiheit" verstanden.[11] Mit Verzögerung stellte sich ein ähnlicher Konsens auch in der SPD ein, die sich im Godesberger Programm von 1959 vom Marxismus lossagte und sich, wie Julia Angster herausgestrichen hat, auch programmatisch von einer Antisystempartei zu einer „konsensliberalen" Partei westlicher Prägung wandelte.[12] Zwar strebte die SPD weiterhin den „demokratischen Sozialismus" als „neue Wirtschafts- und Sozialordnung" an,[13] sie berief sich aber auf den „freien Markt"[14] und stellte sich faktisch auf den Boden einer keynesianischen Wirtschaftspolitik: „Der Markt sollte nicht mehr abgeschafft, sondern gesellschaftlich reguliert, die gesellschaftliche Konfliktlinie zwischen Kapital und Arbeit nicht mehr aufgelöst, sondern geformt werden."[15] Zugleich wandelte sich auch der Deutsche Gewerkschaftsbund in seinem Selbstverständnis von einer „antikapitalistischen Gegenmacht" zur Interessenvertretung innerhalb der marktwirtschaftlichen Ordnung.[16]

Drittens hatten Anfang der 1960er Jahre – nach den Auseinandersetzungen um Westbindung und Wiederbewaffnung – alle Parteien des Bundestages die Einbindung der Bundesrepublik in das westliche Bündnissystem akzeptiert. Auch die lange Zeit kritische Sozialdemokratie signalisierte 1960 ihre Akzeptanz der Adenauer'schen Westbindung in Form der europäischen und transatlantischen Bündnisintegration und trat damit in Vorleistung für die spätere „Große Koalition" aus CDU/CSU und SPD.[17] Multilateralismus, Atlantizismus und Europäismus wurden so zu festen Bestandteilen der politischen Kultur der Bundesrepublik. Sie wurden „Staatsräson".[18] Und doch blieben sie zu Zeiten des Ost-West-Konflikts in eine Kultur der militärischen Zurückhaltung eingebettet, die als Lehre aus der Vergangenheit begründet wurde: Von Deutschland sollte nie wieder Krieg ausgehen.[19]

---

10 Vgl. Wolfrum, Die geglückte Demokratie, S. 86; Conze, Die Suche nach Sicherheit, S. 167–169; Herbert, Geschichte Deutschlands, S. 646 f.

11 Christlich-Demokratische Union, Düsseldorfer Leitsätze, S. 7. Siehe auch Kleßmann, Die doppelte Staatsgründung, S. 144–146.

12 Vgl. Angster, Konsenskapitalismus, S. 11; Conze, Die Suche nach Sicherheit, S. 259–261.

13 Vorstand der SPD (Hrsg.), Godesberger Programm, S. 8.

14 Ebenda, S. 14.

15 Nachtwey/Spier, Günstige Gelegenheit?, S. 37 f.; vgl. auch Nachtwey, Marktsozialdemokratie, S. 97–104.

16 Angster, Konsenskapitalismus, S. 12 f.

17 Vgl. Wolfrum, Die geglückte Demokratie, S. 195; Conze, Die Suche nach Sicherheit, S. 307.

18 Vgl. Link, Die außenpolitische Staatsräson, S. 404; Kailitz, Die politische Deutungskultur der Bundesrepublik, S. 26.

19 Vgl. Wittlinger/Larose, No Future, S. 483 f.; Wagner/Schlotter, Zwischen Multilateralismus und militärischer Zurückhaltung, S. 447 f.

Viertens schließlich war der Bonner Konsens durch eine normative Abgrenzung von allen „totalitären" Ideologien geprägt, die als illegitim und als Gefahr für die demokratische Ordnung angesehen wurden.[20] Der *„antitotalitäre Konsens"* der Bundesrepublik war dabei facettenreich und konnte sehr unterschiedlich ausgelegt werden. Während ihn die einen primär als *antifaschistischen* Konsens in Abgrenzung zum totalitären Regime des Nationalsozialismus interpretierten, galt er den anderen als *antiextremistische* Ausrichtung[21], die sich gegen alle „Extreme" wendete und „Mut zur Intoleranz"[22] gegenüber den Feinden des Systems zeigte. Auch das galt als Lehre aus Weimar: Wer gegen die politische Grundordnung stand, gehörte nachweislich zu den potenziellen Bedrohungen und wurde auch so behandelt.[23] Im Kontext des „Kalten Kriegs" war die antitotalitäre „Gemeinsamkeit der Demokraten [...] nicht zuletzt eine Gemeinsamkeit der Antikommunisten", wie es Eckart Conze ausgedrückt hat.[24] Sie beruhte auf einer dezidierten Abgrenzung vom Kommunismus und fungierte damit als westliches „Bollwerk" gegen den kommunistischen Herrschafts- und Machtanspruch in Moskau und Ost-Berlin.[25]

Mit dieser Stoßrichtung stand der westliche Antitotalitarismus in einer längeren *antikommunistischen*[26] Tradition, deren (antimarxistische) Wurzeln bis weit ins 19. Jahrhundert zurückreichen. In der Weimarer Republik hatte der Antikommunismus bereits in sozialdemokratischen Kreisen eine demokratisch fundierte, antitotalitäre Begründung erfahren.[27] Außerhalb der SPD setzte sich dieser antitotalitäre Begründungszusammenhang des Antikommunismus erst nach dem Zweiten Weltkrieg gegenüber rassischen und antidemokratischen Begründungen durch.[28]

---

[20] Vgl. Glaeßner, Kommunismus, S. 18; Backes, Politische Extreme, S. 189–193.

[21] Zum Verhältnis Totalitarismus – Extremismus siehe Backes, Politische Extreme, S. 208 f.

[22] Schmid, Rede vor dem Parlamentarischen Rat, 8. 9. 1948, S. 36.

[23] Vgl. Winkler, Weimar, Bonn, Berlin; Flümann, Streitbare Demokratie, S. 120–124; Groh, Zwischen Skylla und Charybdis; Ulrich, Der Weimar-Komplex, S. 348–376; zur Begründung des Konzepts siehe Loewenstein, Militant Democracy and Fundamental Rights, I; ders., Militant Democracy and Fundamental Rights, II.

[24] Conze, Die Suche nach Sicherheit, S. 153; ähnlich auch Wolfrum, Die geglückte Demokratie, S. 174.

[25] Glaeßner, Kommunismus, S. 18; siehe dazu auch Creuzberger/Hoffmann (Hrsg.), Geistige Gefahr.

[26] Mit dem Begriff „Antikommunismus" werden solche politischen Denk- und Verhaltensweisen zusammengefasst, die auf der Nicht-Akzeptanz kommunistischer oder als kommunistisch bezeichneter Ideen, Organisationen und Systeme beruhen, wobei die Gründe für diese Nicht-Akzeptanz sehr unterschiedlich sein können (vgl. Faulenbach, Erscheinungsformen, S. 1; zu verschiedenen Differenzierungen siehe vor allem Wirsching, Antikommunismus als Querschnittsphänomen, S. 18–24).

[27] Zu den Traditionen des Antikommunismus siehe Frei/Rigoll (Hrsg.), Der Antikommunismus in seiner Epoche; Marko, Antikommunismus; Wirsching, Antikommunismus als Querschnittsphänomen; E. Nolte, Antikommunismus. Gestern – heute – morgen?; Schwan, Antikommunismus und Antiamerikanismus; Faulenbach, Erscheinungsformen; ders., Die demokratische Linke; Zarusky, Die deutschen Sozialdemokraten, S. 178; siehe auch Schmeitzner (Hrsg.), Totalitarismuskritik von links.

[28] Vgl. E. Nolte, Antikommunismus. Gestern – heute – morgen?, S. 79 f.; Wirsching, Antikommunismus als Querschnittsphänomen, S. 24–27; siehe dazu ausführlich Schildt, Antikommunismus von Hitler zu Adenauer.

Im Kontext des „Kalten Kriegs" wurde der Antikommunismus schließlich in den „antitotalitären Konsens" eingeschrieben und bildete dessen realpolitischen Kern. Als eine der „wichtigsten gesellschaftlichen und politischen Integrationsklammern"[29] des westdeutschen Staates verband er Regierung und Opposition gleichermaßen und erfüllte eine doppelte Funktion: Indem er an antibolschewistische Vorprägungen der Zwischenkriegszeit anknüpfte, stärkte er durch Abgrenzung vom Osten die Orientierung der Bundesrepublik nach Westen und die Akzeptanz seiner demokratisch-marktwirtschaftlichen Ordnung im Innern.[30] Zugleich half er in den fünfziger Jahren, frühere Antidemokraten und Nationalsozialisten in den neuen Staat zu integrieren, die nun mit den Demokraten das Feindbild des östlichen Kommunismus teilten.[31] Erst im Laufe der nächsten Jahrzehnte wurde diese Integrationsleistung grundlegend hinterfragt und die selbstkritische vergangenheitspolitische Auseinandersetzung mit dem Nationalsozialismus und seinen Verbrechen, oft mit dem nicht unproblematischen Begriff der „Vergangenheitsbewältigung" bezeichnet, entwickelte sich zu einer eigenen, nachhaltig prägenden Säule im Selbstverständnis der Bundesrepublik.[32]

Der Kommunismus als Feind und Gegenbild des westlichen Konsenses

In der dargestellten Form war der Bonner Generalkonsens ein deutliches Gegenmodell zur realsozialistischen Staatsdoktrin der DDR und zur kommunistischen Ideologie insgesamt.[33] Dem Parteikommunismus in beiden Teilen Deutschlands galt die bundesrepublikanische Orientierung auf Parlamentarismus, soziale Marktwirtschaft, Westbindung und Antitotalitarismus als Verbrämung ihres eigentlichen Charakters. Für die Kommunisten war der Weststaat in Wahrheit ein „Protektorat" und der „Hauptaufmarschplatz" der USA zur „Versklavung der Völker Europas". Seine Regierung galt als „Herrschaft der deutschen Monopolherren" und „Militaristen"[34] und das westliche Vorgehen gegen Kommunistinnen und Kommunisten überführte die antitotalitäre Doktrin als Spielart des kapitalistischen „Imperialismus" und „Antisozialismus".[35]

Anstelle der Bundesrepublik strebten die Kommunistische Partei Deutschlands und die SED ein wiedervereinigtes Deutschland an, das möglichst nach dem Mus-

---

[29] Conze, Die Suche nach Sicherheit, S. 152. Vgl. auch den Begriff der „Integrationsideologie" bei Kleßmann, Die doppelte Staatsgründung, S. 255.

[30] Vgl. Kleßmann, Die doppelte Staatsgründung, S. 256 f.; Conze, Die Suche nach Sicherheit, S. 147–154.

[31] Conze spricht in diesem Zusammenhang von einer „Bundesrepublikanisierung" früherer Nationalsozialisten (Conze, Die Suche nach Sicherheit, S. 154).

[32] Vgl. Frei, Vergangenheitspolitik in den fünfziger Jahren, S. 80; Schaarschmidt, Auf dem Weg zu einem neuen antitotalitären Grundkonsens?, S. 31 f.; Cornelißen, Vergangenheitsbewältigung, S. 23–30.

[33] Vgl. Gerth, Die PDS und die Ostdeutschen, S. 143.

[34] Kommunistische Partei Deutschlands, Programm zur nationalen Wiedervereinigung, S. 402.

[35] Vgl. Glaeßner, Kommunismus, S. 20.

ter der DDR verfasst sein sollte. Dort wurde auf dem Boden der sowjetischen Besatzungszone ein Parteiregime errichtet, das mit der westlichen Vorstellung freiheitlicher Demokratie nichts zu tun hatte. Stattdessen verstand sich die DDR selbst als „sozialistische Demokratie", aus der die „Diktatur des Proletariats" erwachsen sollte.[36] Faktisch bedeutete dies, dass politische Gegner innerhalb wie außerhalb der SED ausgeschaltet und die Macht beim SED-Apparat monopolisiert wurde.[37] In ökonomischer Hinsicht wurde in der DDR anstelle der Marktwirtschaft ein planwirtschaftliches System errichtet,[38] und was der Bundesrepublik die „Westernisierung" war, d. h. die kulturelle, politische und ökonomische Orientierung nach Westen,[39] das war im SED-Staat die „Sowjetisierung" von Politik, Wirtschaft und Gesellschaft.[40] Ausdruck der „Ostabhängigkeit und Westabgrenzung"[41] waren die propagierte „Freundschaft" zur Sowjetunion und der sogenannte „sozialistische Internationalismus".[42] Zwar war die Regierung in Ost-Berlin nach Stalins Tod keine reine Befehlsempfängerin Moskaus mehr, die DDR blieb aber politisch und ökonomisch fest in den Ostblock integriert.[43] Auch zum westlichen Antitotalitarismus bestand in der DDR ein Gegenmodell in Form des viel beschworenen „antifaschistisch-demokratischen" Grundkonsenses. Anfänglich Ausdruck eines demokratischen Neuanfangs, wurde der Antifaschismus bald schon von KPD und SED zur Ausschaltung ihrer Feinde instrumentalisiert und damit zum Werkzeug des kommunistischen Machterhalts.[44]

In Zeiten des Ost-West-Konflikts erhob die offizielle Staatsdoktrin der DDR einen ebenso universellen Geltungsanspruch wie die liberale Demokratie des Westens und beide Modelle sprachen dem jeweils anderen grundsätzlich das Existenzrecht ab.[45] Während die KPD im Westen, von der SED unterstützt, zum „revolutionäre[n] Kampf" und zum „Sturz des Adenauer-Regimes" aufrief,[46] reagierte der Weststaat mit harter Hand und ergriff Maßnahmen gegen Kommunistinnen und Kommunisten, die bis an die Grenze des rechtsstaatlich Vertretbaren gingen – und vielfach auch darüber hinaus.[47] Der Katalog reichte vom Ausschluss von KPD-

[36] Jarausch, Realer Sozialismus, S. 253; vgl. P. Nolte, Was ist Demokratie?, S. 318 f.; dazu auch W. Müller, Gab es in Deutschland einen demokratischen Kommunismus?, S. 365–369.

[37] Vgl. Scholtz, Die DDR, S. 263 und S. 358–363; Weber, Die DDR, S. 29 f.; zu verschiedenen Facetten der Diktatur siehe Eppelmann/Faulenbach/Mählert (Hrsg.), Bilanz und Perspektiven.

[38] Weber, Die DDR, S. 25; siehe dazu auch A. Steiner, Von Plan zu Plan.

[39] Vgl. Doering-Manteuffel, Wie westlich sind die Deutschen?.

[40] Vgl. Herbert, Geschichte Deutschlands, S. 704.

[41] Wentker, Außenpolitik in engen Grenzen, S. 8.

[42] Zur Freundschaft mit der DDR in der politischen Kultur der DDR siehe Satjukow, Die Freunde.

[43] Weber, Die DDR, S. 70.

[44] Vgl. ebenda, S. 8; Schaarschmidt, Auf dem Weg zu einem neuen antitotalitären Grundkonsens?, S. 32 f.

[45] Rödder, Deutschland einig Vaterland, S. 42.

[46] Kommunistische Partei Deutschlands, Programm zur nationalen Wiedervereinigung, S. 404; vgl. Kleinert, Geschichte des linken Radikalismus, S. 51–55.

[47] Vgl. Wentker, Antikommunismus, S. 362 f.; siehe dazu ausführlich Kössler, Die Grenzen der Demokratie.

Mitgliedern aus dem öffentlichen Dienst über die Kriminalisierung kommunistischer Meinungsäußerungen bis hin zum Parteiverbot 1956 und den folgenden Verurteilungen wegen „kommunistischer Tarntätigkeit".[48] Mit dem KPD-Verbot, dem einzigen einer kommunistischen Partei in Westeuropa, stützte das Bundesverfassungsgericht den sich festigenden Bonner Konsens: Indem es entschied, dass die Ziele der KPD „mit der freiheitlichen demokratischen Grundordnung unvereinbar" seien,[49] setzte das Gericht ein eigenes Zeichen der normativen Westintegration und lieferte eine juristische Begründung für die sich bereits vollziehende Ausgrenzung der Partei aus dem Spektrum legitimer politischer Organisationen.[50] Dies hatte nachhaltige Folgen für das Parteiensystem der Bundesrepublik: Die verbliebenen kommunistischen Organisationen verkümmerten in der Folge zu politischen Sekten und bis zum Herbst 1989 schaffte keine kommunistische Partei mehr in Bund oder Ländern den Sprung über die Fünf-Prozent-Hürde.[51] Zugleich war die Sozialdemokratie, ähnlich wie die Union am rechten Rand, gefordert, die potenzielle Wählerschaft am linken Rand anzusprechen und zu integrieren.[52]

Entwicklungen des bundesrepublikanischen Konsenses

Die Exklusion ging daher zwangsläufig mit Inklusion einher: Im Schatten des repressiven Antikommunismus, wie er in den 1950er Jahren in der Bundesrepublik dominierte, standen zur gleichen Zeit Versuche, die Feinde des Weststaats durch Einbindung in demokratische Parteien und gesellschaftliche Institutionen an die westliche Demokratie heranzuführen.[53] Auf kommunaler Ebene beispielsweise gab es schon während der Hochzeit des „Kalten Kriegs" in den 1950er Jahren nicht nur Formen der politischen Konfrontation, der Ab- und Ausgrenzung, sondern auch Formen der Kooperation und der Integration im öffentlichen Leben, sei es in Betrieben, Gewerkschaften oder Verbänden.[54] Wie Till Kössler nachgewiesen hat, führte dies in einigen Fällen zu einer wahrnehmbaren „Entradikalisierung der kommunistischen Gesinnungsgemeinschaft", lenkte sie „auf systemkonforme Bahnen"[55] und war „verbunden mit einer allmählichen Hinnahme der bundesrepublikanischen Ordnung" durch kommunistische Parteimitglieder.[56]

Dieses „Nebeneinander von demonstrativer Repression und partieller Integration"[57] bestimmte lange Zeit den Umgang der westdeutschen Mehrheitsgesell-

---

[48] Glaeßner, Kommunismus, S. 21 f.; Wentker, Antikommunismus, S. 362.
[49] Bundesverfassungsgericht, Urteil, 17. 8. 1956 (1 BvB 2/51) [KPD-Verbot], BVerfGE, 5, 14, 334 f.
[50] Vgl. Will, Ephorale Verfassung, S. 478–480 und S. 484.
[51] Vgl. Wentker, Antikommunismus, S. 366–368; dazu auch Hoebink, Intoleranz als Bestandsgarantie.
[52] Will, Ephorale Verfassung, S. 498 f.
[53] Für den rechten Rand siehe Bösch, Integration oder Isolierung; Will, Ephorale Verfassung.
[54] Siehe dazu ausführlich Kössler, Abschied von der Revolution; ders., Die Grenzen der Demokratie.
[55] Kössler, Abschied von der Revolution, S. 436.
[56] Ebenda, S. 445.
[57] Ebenda, S. 436.

schaft mit ihrer kommunistischen Minderheit und offenbarte die antitotalitäre Ordnung der Bundesrepublik als relativ offenes, unterschiedlich ausgestaltbares Konzept. Das Ziel war in beiden Fällen gleich: „die Überwindung systemkritischer Positionen innerhalb gesellschaftlicher Gruppen und politischer Parteien".[58] Das Mischungsverhältnis zwischen Repression und Integration wiederum veränderte sich immer wieder.[59] Vor allem nachdem der Höhepunkt des Kalten Kriegs Anfang der 1960er Jahre überschritten war, begann sich der repressive Antikommunismus im Westen abzumildern. Dabei spielten sich wandelnde internationale Rahmenbedingungen wie die *Détente* ebenso eine Rolle wie gesellschaftliche Liberalisierungstendenzen, die auch der Abgrenzung nach links ihren autoritativen Charakter nahmen.[60] Auch hatte sich der bundesrepublikanische Konsens so weit internalisiert, dass sich die westdeutsche Gesellschaft einen liberaleren Umgang mit ihren Kritikern glaubte leisten zu können.[61]

Dafür rückte die Auseinandersetzung mit dem „Faschismus" immer stärker in den Vordergrund und spielte gerade für die rebellierende Jugend der späten 1960er Jahre eine zentrale Rolle.[62] Diese entdeckte den tabuisierten Marxismus wieder und nutzte ihn als Mittel, um sich von der antikommunistisch orientierten Elterngeneration abzugrenzen. Auch wenn nur ein kleiner Teil jener Generation im Westen selbst kommunistisch orientiert war, so galten Antikommunismus und Antitotalitarismus, anders als der Antifaschismus, fortan in großen Teilen der bundesdeutschen Öffentlichkeit, vor allem in linksstudentischen Milieus als rückwärtsgewandt, restaurativ und demokratiefeindlich.[63] Mit der Zulassung der „Deutschen Kommunistischen Partei" (DKP) 1968 wurde das KPD-Verbot nach zwölf Jahren zwar nicht widerrufen, aber doch faktisch obsolet. Nennenswerte Wahlerfolge konnte diese kommunistische Wiedergründung ebenso wenig feiern wie die zahlreichen K-Gruppen, die sich in Konkurrenz dazu begründeten. Langfristig bedeutsamer waren die vielen jungen Marxistinnen und Marxisten, die nun in die SPD strömten, um dort den „Marsch durch die Institutionen" anzutreten, zu dem der sozialistische Studentenführer Rudi Dutschke aufgerufen hatte. Die SPD erhielt wieder einen starken systemkritischen Flügel, der in der bundesdeutschen Gesellschaft zuallererst ein kapitalistisches Ausbeutungssystem sah: „Die Demokratie bezeichneten die sozialdemokratischen Nachwuchstheoretiker seinerzeit mit Vorliebe als ‚formal'. Die Rechtsstaatlichkeit der bürgerlichen Demokratie hielten sie bestenfalls für einen Bluff der Bourgeoisie", wie Peter Lösche und Franz Walter es formulierten.[64]

---

[58] Doering-Manteuffel, Wie westlich sind die Deutschen?, S. 77.

[59] Vgl. Balz, Tagungsbericht, S. 1 (dort die Darstellung eines Beitrags Anselm Doering-Manteuffels).

[60] Vgl. Glaeßner, Kommunismus, S. 22.

[61] Vgl. Wentker, Antikommunismus, S. 367.

[62] Vgl. Schmeitzner, Thematische Relevanz, S. 17.

[63] Vgl. Faulenbach, Erscheinungsformen, S. 10; Glaeßner, Kommunismus, S. 25; Kraushaar, Denkmodelle, S. 15 f.

[64] Lösche/Walter, Die SPD, S. 117; vgl. auch Schultz, Sozialdemokratie und Kommunismus, S. 183 f.; Reinhardt, Aufstieg und Krise, S. 73–80; Faulenbach, Zum Selbstverständnis, S. 62.

Die Volksparteien wiederum reagierten mit einer Mischung aus Toleranz und Repression, um die wieder erstarkte Systemkritik einzuhegen. In diesem Zusammenhang muss auch der 1972 eingeführte „Radikalenerlass" gesehen werden: Die Bundes- und Länderregierungen führten die Regelanfrage bei den Verfassungsschutzbehörden für Bewerberinnen und Bewerber für den öffentlichen Dienst ein und lösten damit neue Diskussionen um „Berufsverbote" und politische „Einschüchterung" aus.[65] Auch wurden SPD-Mitglieder, die offen das Bündnis mit kommunistischen Organisationen propagierten, durch Parteiordnungsverfahren und Parteiausschlüsse sanktioniert.[66] Die Abgrenzung vom Kommunismus und die Stärkung des bundesrepublikanischen Konsenses blieben die Norm, die es zu schützen galt.[67]

Zugleich führte das konservative Bürgertum einen Kampf um die politisch-kulturelle Deutungshoheit und nahm für sich in Anspruch, den bundesrepublikanischen Grundkonsens vor den vielfach perzipierten Erosionserscheinungen auf der Linken zu schützen.[68] Zu diesem Deutungs- und Abwehrkampf gehörten auch die Debatten um die „neue Ostpolitik" der Regierung Brandt/Scheel[69] sowie die vieldiskutierte Kampagne der Unionsparteien „Freiheit oder Sozialismus" im Bundestagswahlkampf 1976. Letztere ist ein Musterbeispiel des antikommunistischen Wahlkampfs, unterstellte sie doch ein Bündnis der „Bonner Linkskoalition" aus SPD und FDP mit Moskau und brachte CDU/CSU immerhin das zweitbeste Ergebnis ein, das je bei einer Bundestagswahl erzielt worden war.[70] Zu den wahrgenommenen Erosionserscheinungen wiederum zählten die linken Aktionsbündnisse gegen den NATO-Doppelbeschluss, denen die Rede von der transatlantischen Allianz als Staatsräson der Bundesrepublik gegenübergestellt wurde.[71] Dass sich die DDR in den 1980er Jahren als Friedensmacht profilieren konnte und ihrem Ziel der Anerkennung durch die Bundesrepublik immer näher kam, bestärkte zusätzlich den Eindruck, dass sich der antitotalitäre Konsens der Bundesrepublik

---

[65] Vgl. Flümann, Streitbare Demokratie, S. 248 f. und S. 256; zur Vorgeschichte und zu Kontinuitätslinien siehe Rigoll, Staatsschutz.

[66] Vgl. Faulenbach, Erscheinungsformen, S. 11; ders., Zum Selbstverständnis, S. 63; Schultz, Sozialdemokratie und Kommunismus, S. 185–187; dazu auch Vorstand der SPD (Hrsg.), Zum Verhältnis von Sozialdemokratie und Kommunismus.

[67] Zugleich erhielt diese Norm eine semantische Ausweitung – vom „Totalitären" zum „Extremen": Während sich Antitotalitarismus auf das konkrete Gegenmodell des Totalitarismus bezog, den es zu bekämpfen galt, war Antiextremismus – ein Begriff aus dem Staatsschutzdiskurs – darauf ausgerichtet, alles politisch „Extreme" bzw. „Extremistische", definiert als Gegnerschaft zur Verfassungsordnung und ihren Normen, zu sanktionieren – wobei das Verhältnis beider Begriffe aber schillernd blieb. Zur Geschichte des Extremismusbegriffs siehe Backes, Politische Extreme, hier v. a. S. 189–232.

[68] Vgl. Rudzio, Die Erosion der Abgrenzung.

[69] Vgl. Faulenbach, Erscheinungsformen, S. 11.

[70] Holtz-Bacha, Wahlwerbung als politische Kultur, S. 122; Petersen, Helmut Kohls Wahlkämpfe, S. 202.

[71] Vgl. Glaeßner, Kommunismus, S. 29; Rudzio, Die Erosion der Abgrenzung, Kap. VI und Kap. VII.

endgültig aufgelöst habe.[72] Auf der anderen Seite befürchteten Linke und Links-liberale vom Bonner Machtwechsel 1982 hin zur christlich-liberalen Koalition eine „neokonservative" und nationalistische Wende gegen Sozialstaat und liberale Moderne.[73] Vor diesem Hintergrund gestaltete sich der Historikerstreit der 1980er Jahre nicht zuletzt als Kampf um die Deutungshoheit des antitotalitären Modells: von vielen linken Diskutanten als Gegenmodell zur kritischen Auseinanderset-zung mit der nationalsozialistischen Vergangenheit verstanden und kritisiert, wur-de es von liberal-konservativer Seite als Grundelement bundesrepublikanischer Demokratie und Kultur verteidigt.[74] Was im Deutungskampf der 1980er Jahre als „Erosion" erscheinen mochte, war in Wahrheit mehr: denn mit dem Ende des Nachkriegsbooms und den Wandlungserscheinungen der westdeutschen Indust-riegesellschaft war bereits vor dem Ende des Ost-West-Konflikts vieles in der Ge-sellschaft in Bewegung geraten. Wie zu zeigen sein wird, hatte dies weitreichende Folgen nicht nur für die Struktur des Parteiensystems – man denke an die Entste-hung der Grünen –, sondern auch für die soziokulturelle Verfasstheit der west-deutschen Gesellschaft. Die Bundesrepublik war im Wandel.

Deutungskulturen im vereinten Deutschland

In diesen Kampf um den Bonner Konsens brach das Jahr 1989. Mit dem Fall der kommunistischen Parteiregime Europas und dem Ende des Ost-West-Konflikts schien die „Erosion" des westlichen Konsenses aufgehalten. Das liberale Modell ging gestärkt hervor und erschien auf einmal als konkurrenzlose Richtschnur auch für die postsozialistischen Gesellschaften Europas.[75] Hatten im bundesdeutschen Historikerstreit noch viele in Antitotalitarismus und „Aufarbeitung" unvereinbare Gegensätze gesehen, so sollten sie nun zu einer Synthese zusammengeführt wer-den: Ein „neuer antitotalitärer Konsens" sollte die Erinnerung an Nationalsozialis-mus und SED-Diktatur miteinander verknüpfen, so die Hoffnung vieler.[76] Damit wurde, wie noch im Einzelnen zu zeigen sein wird, der deutungskulturelle Gene-ralkonsens der Bundesrepublik, bestehend aus liberaler Demokratie, sozialer Marktwirtschaft, Westbindung und Antitotalitarismus (inklusive einer „antitotali-tären" Geschichts- und Vergangenheitspolitik) im öffentlichen Diskurs der 1990er und 2000er Jahre zum zentralen Maßstab politischer Legitimität, an dem alle Par-teien der Bundesrepublik gemessen wurden.[77]

---

72 Vgl. Wentker, Außenpolitik in engen Grenzen, S. 562.

73 Vgl. Hoeres, Von der Tendenzwende, S. 113 f.

74 Vgl. Kailitz, Die politische Deutungskultur im Spiegel des „Historikerstreits"; ders., Die politi-sche Deutungskultur der Bundesrepublik.

75 Vgl. Fukuyama, Das Ende der Geschichte.

76 Vgl. Schaarschmidt, Auf dem Weg zu einem neuen antitotalitären Grundkonsens?.

77 Dafür spricht auch die Konjunktur des „Extremismus"-Begriffs, der sich im Kern als Verhält-nis zu den Grundlagen des bundesdeutschen Fundamentalkonsenses definierte, wobei die je-weilige Ausdeutung dieses Konsenses umstritten blieb (siehe dazu Neugebauer, Der Fächer des Bösen; Funke, Extremismus; ders., Totalitarismus; Wiegel, Total extrem?, S. 224 f.; Backes, Politische Extreme, Kap. VIII und Kap. IX).

Die offizielle politische Kultur der DDR dagegen, die durch Antiliberalismus, Antikapitalismus, Antiparlamentarismus und Antifaschismus ebenso geprägt war wie durch eine Orientierung nach Osten, verlor nachhaltig an Legitimität.[78] Daneben wiederum entstand in der Oppositionsbewegung der DDR eine ganz eigene politische Deutungskultur, die in ihrer Haltung zu Kommunismus und Sozialismus ambivalent blieb und die zwischen Kommunismuskritik und Reformsozialismus changierte.[79] Diese drei beschriebenen politisch-kulturellen Muster trafen mit der Vereinigung Deutschlands 1990 zusammen und sie beeinflussten die Integrationsgeschichte der PDS in unterschiedlicher Weise. Während das westliche Verständnis zum maßgeblichen Interpretationsrahmen auch des vereinten Deutschland wurde und die DDR-Bürgerbewegungen bald schon zerfielen, war es vor allem die PDS, die in den 1990er Jahren politisch-kulturell isoliert schien: Sie stand wie keine andere Partei in der Tradition der offiziellen DDR-Kultur und repräsentierte aus Sicht des Westens und der DDR-Opposition den „Totalitarismus" der DDR. Wollte sich die PDS aber im neuen Staat behaupten und eine gewichtigere Rolle spielen als die marginalisierten kommunistischen Organisationen Westdeutschlands, dann musste sie sich auf die politisch-kulturellen Traditionen des bundesdeutschen Staates einstellen. Das war das Spannungsfeld, in dem sich die Position der PDS im politischen Diskursraum des vereinten Deutschland bewegte.

---

[78] Vgl. Sontheimer, Deutschlands politische Kultur, S. 85 f.; Gerth, Die PDS und die Ostdeutschen, S. 143–153.
[79] Vgl. Trömmer, Der verhaltene Gang.

III. Entstehung und Konsolidierung der PDS (1989/90–1994)

Es ist nicht leicht, das genaue Gründungsdatum der PDS zu bestimmen. Es war stets umstritten. Das wusste auch ihr Vorsitzender Lothar Bisky, als er im Jahr 1994 verkündete, seine Partei habe „eine kurze Geschichte von fünf Jahren", aber eine „lange Vergangenheit von 43 Jahren SED, die sie nicht leugnet, die sie nicht loswerden wird und nicht loslassen will".[1] Laut Parteiprogramm des Jahres 1993 verstand sich die PDS als Produkt des revolutionären Herbstes 1989.[2] Auf dem Sonderparteitag der SED im Dezember 1989 hatte sich die Staatspartei der DDR in „SED – Partei des Demokratischen Sozialismus" umbenannt, ehe sie im Februar 1990 den endgültigen Verzicht auf das Kürzel SED erklärte: „Unsere Partei ist nicht mehr die SED. Unser Bruch mit der Vergangenheit, unsere demokratischen Initiativen und Ziele haben uns zu einer neuen Partei gemacht."[3] Für ihre Kritiker wiederum war das Anmaßung und Täuschung. Für sie war die PDS nicht nur die „Nachfolgeorganisation", sondern die „Fortsetzungspartei" der SED.[4]

Formal war diese Bezeichnung nicht falsch, war die PDS doch in organisatorischer Hinsicht die unmittelbare Fortführung der 1946 gegründeten SED mitsamt Mitgliedschaft, Apparat und (einem Teil ihrer) Finanzen.[5] Die SED wiederum setzte die Tradition der 1919 gegründeten Kommunistischen Partei Deutschlands fort, deren Funktionäre dann auch in der „Einheitspartei" dominierten und auf dem Boden der Sowjetischen Besatzungszone ein kommunistisches Parteiregime errichteten. Zugleich berief sich die PDS auf eine sozialistische Tradition, die weit über das Jahr 1919 hinausreichte und ihre Urväter in Karl Marx und Friedrich Engels sah.[6] Damit übernahm die PDS auch den ganzen historischen Ballast des „ideologischen" 20. Jahrhunderts und seiner Kämpfe und Auseinandersetzungen. Die Frage nach dem Gründungsdatum der Partei und die Frage der passenden Begrifflichkeiten – „neue Partei", „Nachfolgepartei", „Fortsetzungspartei" – war im Fall der PDS zu keiner Zeit eine akademische Spitzfindigkeit, sondern eine hochpolitische Frage der Eigenidentität und Fremdzuschreibung – und letztlich ihrer politischen Legitimität.

---

[1] Lothar Bisky, PDS '95: Solidarisch. Alternativ. Bundesweit. Fünf Jahre PDS: Aufgaben und Herausforderungen. Referat auf dem 4. Parteitag der PDS/1. Tagung. In: Disput, H. 3–4, 1995, S. 4–18, hier S. 5.

[2] PDS (Hrsg.), Parteiprogramm 1993, S. 1.

[3] Wir haben einen neuen Namen. Wortlaut des Beschlusses des Parteivorstandes. In: Neues Deutschland, 5. 2. 1990.

[4] Peter Hintze, zit. n. Peter Hintze zur Stellung der PDS im demokratischen Spektrum. SWF Tagesgespräch, 30. 1. 1995. In: Fernseh-/Hörfunkspiegel Inland II, 30. 1. 1995, S. 6 f.; CDU-Bundesgeschäftsstelle (Hrsg.), Die Partei des demokratischen Sozialismus, S. 3, 4 und 22; Herbert Fischer, Wahlweise verwandt. In: Bayern-Kurier, 18. 1. 1997; Vogel, Zur Gründung der Sozialdemokratischen Partei, S. 5.

[5] Siehe hierzu Kapitel III.2.4.

[6] Vgl. PDS (Hrsg.), Parteiprogramm 1993, S. 26.

1. „Nachfolgepartei": Die Entstehung der PDS aus der SED (1989/90)

So schwer die Frage nach dem Gründungsdatum der PDS auch zu beantworten ist, so unstrittig ist doch, dass ihre Entwicklung nach 1990 nicht zu verstehen ist, ohne die Spätphase der SED-Herrschaft in der DDR zu betrachten. In der politischen und ökonomischen Krise, in der sich die kommunistischen Regime in Europa Ende der 1980er Jahre befanden, boten sich den Staats- und Parteiführungen zwei Möglichkeiten: das eingeschlagene Entwicklungsmodell gegen alle Widrigkeiten der Zeit fortzuführen oder den Weg Michail Gorbatschows einzuschlagen und Reformen mit ungewissem Ausgang zu wagen, von denen man sich einen Erhalt der kommunistischen Herrschaft erhoffte. Anders als Gorbatschow und andere kommunistische Parteiführer in Europa lehnte die SED-Spitze um Erich Honecker eine solche Reformpolitik à la Glasnost und Perestroika ab, sei es weil sie problemblind war, sei es weil sie im Reformweg ihr sicheres Ende wähnte.[7] Die Folge war bekanntlich eine anwachsende revolutionäre Bewegung gegen die Partei, aber auch unter SED-Mitgliedern wuchs die Unzufriedenheit mit der Politik der Staats- und Parteiführung. Als beides zusammenkam, der Druck von außen und die Reaktion im Innern, war die SED-Führung schließlich am Ende und es begann die Neuerfindung der SED als PDS.

1.1 Parteikrise der SED und Aufstieg der „Reformer"

Für die SED-Führung war Kritik von innen noch ungewohnter als von außen, war doch seit den 1960er Jahren kein nennenswerter Widerspruch mehr aus der Partei gekommen.[8] In den revolutionären Monaten des Jahres 1989 aber wagte sich wieder ein kritischer Flügel an die Öffentlichkeit und rang um innerparteiliche Mitsprache.[9] Viele dieser sogenannten Reformer strebten Anpassungen des sozialistischen Politikmodells nach Vorbild der Perestroika und einen „demokratischen Sozialismus" an, ohne dass deutlich geworden wäre, was das hieß, wie weit die Demokratisierung gehen und was mit dem Machtmonopol der SED geschehen sollte.[10] Klar war für die Unzufriedenen in der SED, dass sie keine Revolution, sondern eine Reform anstrebten: Der Umbruch sollte von oben, nicht von unten erfolgen und die führende Rolle der Partei wurde nicht generell in Frage gestellt.[11]

---

[7] Vgl. Suckut/Staritz, Alte Heimat oder neue Linke?, S. 169 f.

[8] Vgl. W. Müller, Gab es in Deutschland einen demokratischen Kommunismus?, S. 376.

[9] Vgl. Suckut/Staritz, Alte Heimat oder neue Linke?, S. 170–177; M. Richter, Wie Phoenix aus der Asche, S. 64.

[10] Vgl. M. Richter, Wie Phoenix aus der Asche, S. 64; Land/Possekel, Fremde Welten, S. 95–97.

[11] Vgl. Land/Possekel, Fremde Welten, S. 101; Suckut/Staritz, Alte Heimat oder neue Linke?, S. 173.

Den Oppositionsgruppen sollte zwar ein „begrenzter legaler Raum" gewährt werden, einen Machtverlust der SED aber galt es zu verhindern.[12]

Zudem zögerte der Perestroika-Flügel der Partei lange, sich vorzuwagen. Es waren schließlich zwei Entwicklungen von unten und von oben, die den kritischen Gegengruppen in der Partei das Signal gaben, selbst aktiv zu werden: Zum einen der Beginn der Massendemonstrationen Anfang Oktober 1989 und zum anderen der „Putsch von Teilen des Parteiestablishments gegen die Honecker-Führung", der sich Mitte Oktober in Reaktion auf die Entwicklungen vollzog und der noch keineswegs die erhofften Reformen brachte.[13] Von nun an beteiligten sich auch die parteiinternen Kritikerinnen und Kritiker an Demonstrationen und setzten sich öffentlich für eine Erneuerung des Apparats ein, um den angestrebten Umbau des Sozialismus zu erreichen.[14] Damit liefen sie der Entwicklung aber hinterher, weil die SED bereits dabei war, ihre Macht im Staat zu verlieren.[15] Auch unter dem neuen Ministerpräsidenten Hans Modrow, der noch bei seiner Wahl am 13. November vielen als Hoffnungsträger für einen Wandel galt, dauerte die Krise des Parteiregimes an. Damit beschäftigt, Reformen einzuleiten und zugleich die Position der SED zu bewahren, konnte Modrow nicht verhindern, dass sich innerhalb der Partei weiter Verunsicherung, Verbitterung und Selbstmitleid breitmachten.[16]

Die Folge war eine Kaskade des Machtzerfalls. Unter Druck der Basis begannen die Bezirkssekretäre de facto die Führung der SED in die Hand zu nehmen.[17] Am 1. Dezember wurde die Führungsrolle der Partei aus der Verfassung gestrichen und nach dem folgenden Rücktritt von Egon Krenz als Generalsekretär wurde unter chaotischen Umständen ein 25-köpfiger Arbeitsausschuss eingesetzt, der einen Außerordentlichen Parteitag am 8./9. Dezember vorbereitete. Diesem gehörten erstmals frei gewählte Delegierte an.[18] Erst jetzt, im Zeichen der vollständigen Diskreditierung der alten Parteiführung und der zunehmenden Lethargie an der Basis, wurde der „Reformflügel" in der Partei an die Spitze gespült. Das neu gewählte Parteipräsidium repräsentierte im Wesentlichen eine Koalition aus zwei Gruppen: Die eine bestand aus Nomenklaturkadern, die in einer gewissen Distanz zur Honecker-Führung gestanden hatten. Zu dieser gehörten neben Hans Modrow unter anderem der Kulturfunktionär Klaus Höpcke, der langjährige Volkskammer-Abgeordnete und ZK-Kandidat Hans-Joachim Willerding und der Dresdner Oberbürgermeister Wolfgang Berghofer.[19] Die zweite Gruppe rekrutierte sich aus Parteimitgliedern ohne politisch-administrative Erfahrung im engeren Sinn. Zu

---

[12] A. Brie u. a., Elf Thesen zur Krise, S. 155; vgl. auch Trömmer, Der verhaltene Gang, S. 82.
[13] Suckut/Staritz, Alte Heimat oder neue Linke?, S. 177.
[14] Vgl. Land/Possekel, Fremde Welten, S. 104 f.; vgl. auch Koß, Von der SED zur PDS, S. 182.
[15] Vgl. Land/Possekel, Fremde Welten, S. 106 f.
[16] Vgl. M. Richter, Wie Phoenix aus der Asche, S. 65 f.
[17] Vgl. ebenda, S. 66 f.; Suckut/Staritz, Alte Heimat oder neue Linke?, S. 178; Koß, Von der SED zur PDS, S. 183.
[18] Vgl. M. Richter, Wie Phoenix aus der Asche, S. 68.
[19] Vgl. Thieme, Eliten und Systemwechsel, S. 198 f.; Fraude, „Reformsozialismus" statt „Realsozialismus"?, S. 48; M. Brie, Die PDS – Strategiebildung, S. 30.

ihnen gehörte der Kulturwissenschaftler Lothar Bisky ebenso wie der Anwalt Gregor Gysi, dem nach dem Verzicht Modrows und Berghofers auch der Parteivorsitz zufiel.[20] Gerade die von außerhalb des Parteiapparats kommenden Gysi und Bisky würden auf Jahre hin das Gesicht der Partei prägen. Eine wichtige Rolle in der Umbruchphase 1989/90 spielten zudem der Philosophieprofessor Michael Schumann, der auf dem Außerordentlichen Parteitag das zentrale programmatische Referat hielt,[21] sowie der Politikwissenschaftler André Brie von der Berliner Humboldt-Universität, der im Januar als Wahlkampfleiter zur Parteiführung stieß und später stellvertretender Parteivorsitzender und Leiter der Grundsatzkommission wurde.[22] Die alte Führungselite der SED dagegen verschwand aus der Parteiführung – aus dem Politbüro gehörte nur Modrow als stellvertretender Parteivorsitzender dem neuen Präsidium an.[23] Bis Ende Januar wurde schließlich der Großteil der alten Garde aus der Partei ausgeschlossen.[24] Damit wurde kein vollständiger Kontinuitätsbruch, aber doch ein personeller Umbruch vollzogen.[25]

Noch aber war unklar, ob die SED überhaupt fortexistieren sollte und, wenn ja, auf welchem programmatischen Fundament. Auf dem Außerordentlichen Parteitag im Dezember konnte die neue Parteiführung um Gregor Gysi und Hans Modrow eine Selbstauflösung verhindern.[26] Auch stand nicht zur Debatte, den für das Selbstverständnis der Partei so wichtigen Sozialismus als Leitmaxime aufzugeben. Wollte die SED aber als sozialistische Partei weiterbestehen, musste ein Weg gefunden werden, den offensichtlich gewordenen Ruin des Regimes zu rationalisieren und zu erklären, warum der Sozialismus dennoch weiter angestrebt werden sollte. Als Lösung bot die neue Parteiführung eine These an, die im Nachhinein als „antistalinistischer Gründungskonsens" der PDS interpretiert wurde.[27] In seinem vielbeachteten und oft zitierten Parteitagsreferat führte Michael Schumann die Krise von Staat und Partei im Wesentlichen auf Machtmissbrauch, Machtkonzentration und fehlende demokratische Strukturen innerhalb der SED zurück und rechnete mit den „Politbürokraten" um Erich Honecker ab, die sich von Volk und Parteibasis entfernt hätten. Als Konsequenz daraus gab Schumann den unwiderruflichen Bruch „mit dem Stalinismus als System" aus.[28]

---

[20] Vgl. Thieme, Eliten und Systemwechsel, S. 199 f.; Baylis, Political Adaptation, S. 145; Gerner, Partei ohne Zukunft?, S. 158 und S. 161 f.

[21] Schumann, Rede auf dem Außerordentlichen Parteitag der SED/PDS am 16. 12. 1989.

[22] Vgl. A. Brie, Ich tauche nicht ab, S. 161.

[23] Vgl. Thieme, Eliten und Systemwechsel, S. 196 f. Vgl. auch Ziblatt, Putting Humpty-Dumpty, S. 6.

[24] Vgl. Thieme, Vorreiter wider Willen?, S. 338.

[25] Vgl. Gerner, Partei ohne Zukunft?, S. 163; Oswald, The Party That Came Out of the Cold War, S. 4; Fraude, „Reformsozialismus" statt „Realsozialismus"?, S. 47.

[26] Vgl. Koß, Von der SED zur PDS, S. 184.

[27] Vgl. als ein Beispiel von vielen: Lothar Bisky, PDS '95: Solidarisch. Alternativ. Bundesweit. Fünf Jahre PDS: Aufgaben und Herausforderungen. Referat auf dem 4. Parteitag der PDS/ 1. Tagung. In: Disput, H. 3–4, 1995, S. 4–18, hier S. 5–7.

[28] Schumann, Rede auf dem Außerordentlichen Parteitag der SED/PDS am 16. 12. 1989, S. 179 f.

In seiner relativen Unbestimmtheit kam der Stalinismus-Begriff, der auch auf den „administrativ-zentralistische[n] Sozialismus"[29] der Honecker-Ära angewandt wurde, den meisten Delegierten gelegen: Indem ein „Widerspruch zwischen den wahren Werten des Sozialismus und der stalinistischen Wirklichkeit"[30] postuliert wurde, konnte der Sozialismus als ideologisches Leitbild bewahrt und zugleich ein Neuanfang mit und in der Partei versucht werden. Dies entsprach der sozialistischen Sichtweise, „die Wirklichkeit im Sinne der Ideale zu verändern", statt die Ideale aufzugeben.[31] Es perpetuierte aber auch die traditionell von Freund-Feind-Denken geprägte Kultur der SED, wonach nur solche Art der Kritik als legitim galt, die aus Sicht des sozialistischen Ideals geäußert wurde.[32] Auch erlaubte es den Delegierten, sich „im Namen der Partei gegenüber dem Volk aufrichtig dafür zu entschuldigen, daß die ehemalige Führung der SED unser Land in diese existenzgefährdende Krise geführt hat", wie es Lothar Bisky auf dem Parteitag am 9. Dezember formulierte.[33] Übernahme und Distanzierung von Verantwortung gingen Hand in Hand.

In dieser Projektion alles Schlechten auf den „Stalinismus" lag zugleich der Kern für eine Idealisierung einer prä-sowjetischen und in diesem Sinn nicht-stalinistischen Variante des Marxismus, die als authentischer und „demokratischer" Sozialismus re-interpretiert wurde.[34] Darauf berief sich die Partei auch mit ihrem neuen Parteinamen „SED–Partei des demokratischen Sozialismus". Als Vertreter dieses prä-sowjetischen „demokratischen Sozialismus" dienten nun so unterschiedliche Persönlichkeiten wie Rosa Luxemburg, Karl Liebknecht, Karl Kautsky und Eduard Bernstein (!), die neben Marx, Engels und Lenin in die offizielle Ahnengalerie der Partei aufgenommen wurden.[35] Dass der Revolutionär Lenin neben dem Revisionisten Bernstein erschien, verweist zudem auf eine ideologische Unbestimmtheit in dieser Umbruchphase, in der vor allem versucht wurde, die unterschiedlichen Gruppen in der Partei auf Basis eines vagen „antistalinistischen" Konsenses zusammenzuhalten und weitere Austritte zu verhindern.[36]

1.2 „Erneuerung" und Machtverlust: Januar bis März 1990

Im Rückblick wurde der improvisierte Parteitag vom Dezember 1989 zum Gründungsmoment einer neuen „modernen demokratischen linkssozialistischen Partei" stilisiert.[37] Im Winter 1989/90 aber stand für die neue Führung der SED-PDS

---

29 Gysi, Rede auf dem Außerordentlichen Parteitag der SED/PDS am 8. 12. 1989, S. 51.
30 Schumann, Rede auf dem Außerordentlichen Parteitag der SED/PDS am 16. 12. 1989, S. 185.
31 Land/Possekel, Fremde Welten, S. 49.
32 Vgl. ebenda, S. 29.
33 Bisky, Rede auf dem Außerordentlichen Parteitag der SED/PDS am 9. 12. 1989, S. 142.
34 Vgl. Ziblatt, Putting Humpty-Dumpty, S. 13 f.
35 PDS (Hrsg.), Parteiprogramm 1990, S. 4.
36 Vgl. Trömmer, Der verhaltene Gang, S. 92 f.
37 Lothar Bisky, PDS '95: Solidarisch. Alternativ. Bundesweit. Fünf Jahre PDS: Aufgaben und Herausforderungen. Referat auf dem 4. Parteitag der PDS/1. Tagung. In: Disput, H. 3–4, 1995, S. 4–18, hier S. 5.

die Aufgabe im Vordergrund, sich selbst als Ordnungsmacht an der Spitze zu behaupten und den weiteren Machtverlust der Partei im Staat aufzuhalten. Obwohl von außerhalb des Apparats kommend, waren auch Persönlichkeiten wie Gysi, Brie und Bisky fest im Milieu der Staatseliten verwurzelt.[38] Gregor Gysi war der Sohn eines früheren DDR-Kulturministers und als Vorsitzender des DDR-Rechtsanwaltskollegiums in einflussreicher Position. Lothar Bisky war Rektor der staatlichen Hochschule für Film und Fernsehen gewesen und André Bries Vater ein hochrangiger DDR-Diplomat.[39] Als „critical sons of the old regime"[40] repräsentierten sie Kontinuität und Wandel zugleich und versuchten den bestehenden Realsozialismus nicht gänzlich abzuschaffen, sondern in marktwirtschaftlicher, demokratischer und rechtsstaatlicher Richtung zu reformieren.[41]

Mit den Ansprüchen einer revolutionären Situation, wie sie in der DDR vorherrschte, war dieses Programm aber nur bedingt kompatibel.[42] Gysi sah in erster Linie die Gefahr der gesellschaftlichen Dynamik und griff zu einem altbewährten Instrument: Er warnte vor „Gesetzlosigkeit, Gewalt, Verunglimpfung", „Selbstjustiz" und „Pogrome[n]" und kündigte „notwendige Vorkehrungen […] zur Abwehr neofaschistischer Tendenzen" an.[43] Die Stimmung in der Bevölkerung aber blieb aufgeheizt und richtete sich immer mehr gegen die SED-PDS, der vorgeworfen wurde, mithilfe der Staatssicherheit eine weitere Demokratisierung mit aller Macht verhindern zu wollen.[44] Vor allem der Versuch, eine reformierte Staatssicherheit zu erhalten, stieß auf öffentliche Gegenwehr und kostete die neue Parteiführung erheblich an Vertrauen, von dem ohnehin nicht mehr viel da war.[45]

Die Krise ging daher im Januar weiter. Auf Kundgebungen wurde nun ein Verbot der SED-PDS gefordert, Funktionäre wurden beschimpft und andere versuchten, doch noch die Auflösung der Partei von innen heraus durchzusetzen.[46] Die Bildung innerparteilicher Plattformen seit Dezember 1989 dokumentiert zwar den innerparteilichen Demokratisierungsprozess, der an die Stelle des „Demokratischen Zentralismus" trat.[47] Sie drohte den Zerfall der Partei aber zu beschleunigen. So kam es auch zu Forderungen aus der SED-PDS selbst, sich aufzulösen, um ein Wiedererstarken der alten Führungskräfte zu verhindern.[48] Diesem Weg der

---

[38] Vgl. Ziblatt, Putting Humpty-Dumpty, S. 6 f.

[39] Vgl. ebenda, S. 7 f.

[40] Ebenda, S. 8; vgl. auch Koß, Von der SED zur PDS, S. 182.

[41] Vgl. Land/Possekel, Fremde Welten, S. 11; Land, Eine demokratische DDR?, S. 14; Trömmer, Der verhaltene Gang, S. 20 f.; siehe dazu auch E. Sturm, „Und der Zukunft zugewandt"?, S. 21–39.

[42] Vgl. Land, Eine demokratische DDR?, S. 16.

[43] Gysi, Rede auf dem Außerordentlichen Parteitag der SED/PDS am 17.12.1989, S. 317 und S. 320.

[44] Vgl. Gerner, Partei ohne Zukunft?, S. 32.

[45] Vgl. Ammer, Von der SED zur PDS, S. 104; Gerner, Partei ohne Zukunft?, S. 35 f.; Rödder, Deutschland einig Vaterland, S. 182–185; Thieme, Eliten und Systemwechsel, S. 222–224.

[46] M. Richter, Wie Phoenix aus der Asche, S. 69 f.

[47] Trömmer, Der verhaltene Gang, S. 91 f.

[48] Vgl. Wolfgang Hübner, Heftige Diskussionen um die Zukunft der Partei. In: Neues Deutschland, 20./21.1.1990.

Parteiauflösung und Neugründung stellten sich die von Gysi unterstützten „Initiativgruppen" entgegen. Sie verfolgten das Konzept, die SED-PDS als Rechtssubjekt zu erhalten, aber zugleich einen Bruch und Neuanfang zu postulieren.[49] Eine Auflösung barg das Risiko, das Maß an Kontrolle zu verlieren, das die Partei noch besaß.[50] Zudem bot eine Fortführung der Partei unter neuem Namen die Möglichkeit, größere Teile ihrer Vermögenswerte und ihres Apparats zu bewahren.[51]

In dieser Situation wurde deutlich, dass das Beharrungsvermögen der SED-PDS in ein Spannungsverhältnis mit ihrem Selbstanspruch geriet, sich umfassend zu erneuern. Diese „Erneuerung" der Partei war bereits seit dem Außerordentlichen Parteitag vom Dezember zum Schlüsselbegriff der parteiinternen Reformprozesse geworden: Eine „radikale Wende" im Staat sollte als „Chance zur revolutionären Erneuerung unserer Partei" begriffen werden,[52] denn nur eine „erneuerte, radikal demokratische, sozialistische Partei", so glaubte man, könne in einer demokratisierten DDR eine Rolle spielen.[53] Und dass die DDR als sozialistischer Staat erhalten bleiben sollte, stand außer Frage, schließlich galt es aus Parteisicht, deren „Errungenschaften" zu bewahren: „Sichere Arbeitsplätze, gesellschaftliche Leistungen für unsere Kinder, das erkämpfte Maß an sozialer Unabhängigkeit der Frauen, gleicher Zugang aller zu Kultur und Kunst, unsere international anerkannte Friedenspolitik", wie es die „Initiativgruppe PDS" formulierte.[54] Für die Mehrheit in der Parteiführung fungierte der inhaltlich unbestimmte Erneuerungsbegriff daher gleich in mehrfacher Hinsicht als Legitimationsinstrument: für die Reform und für das Fortbestehen sowohl der Partei als auch des Staates.

Aus der Sicht ihrer Kritikerinnen und Kritiker aber stand die Partei dieser Erneuerung selbst im Wege. Über die Frage der Selbstauflösung kam es schließlich zum Bruch innerhalb der neuen Führung: Als der Parteivorstand dieser Option am 20. Januar 1990 mit klarer Mehrheit eine Absage erteilte,[55] warf Gysis Stellvertreter Berghofer der Partei Unfähigkeit vor, sich zu erneuern, und erklärte mit 39 weiteren Mitgliedern seinen Austritt.[56] Mit ihm verließen nicht nur solche Mitglieder die SED, die ihr aus Karrieregründen angehört hatten, sondern auch solche, die sich zu einem sozialdemokratischen Kurs bekannten und der Führungsgruppe um Gysi vorwarfen, die Erneuerung nicht ernsthaft zu wollen.[57] Nachdem die Mitgliederzahl bereits zwischen Sommer 1989 und Januar 1990 von

---

[49] ADS, PDS-PV-157: Initiativgruppe PDS, Schritte zur PDS [undatiert], S. 2; vgl. Koß, Von der SED zur PDS, S. 185 f.; Bortfeldt, Von der SED zur PDS, S. 160 f.

[50] Der Parteivorstand sprach verklausuliert vom „Grad der erreichten Spannungen", die eine Parteiauflösung nicht abbauen könne (Erneuerung muß auch in jedem selbst stattfinden. Beschluß des Parteivorstandes der SED-PDS. In: Neues Deutschland, 22. 1. 1990).

[51] Vgl. M. Brie, Die PDS – Strategiebildung, S. 32; Barker, From the SED to the PDS, S. 2; Hough/Koß/Olsen, The Left Party, S. 15; Olsen, Germany's PDS, S. 45.

[52] Bisky, Rede auf dem Außerordentlichen Parteitag der SED/PDS am 9. 12. 1989, S. 142.

[53] ADS, PDS-PV-157: Initiativgruppe PDS, Schritte zur PDS [undatiert], S. 2.

[54] Ebenda, S. 1; vgl. auch PDS (Hrsg.), Parteiprogramm 1990, S. 3 f.

[55] Vgl. Gerner, Partei ohne Zukunft?, S. 84; Malycha/Winters, Die SED, S. 370.

[56] Vgl. M. Richter, Wie Phoenix aus der Asche, S. 72.

[57] Vgl. Land/Possekel, Fremde Welten, S. 115 f.

2,3 auf 1,4 Millionen gesunken war, gehörten der Partei Mitte Februar 1990 nur noch 700 000 Mitglieder an. Bis Ende 1990 würde diese Zahl weiter auf unter 300 000 und bis Ende 1991 auf unter 200 000 sinken.[58]

Die geschwächte SED-PDS verlor schließlich endgültig die Macht in der DDR. Das konnte auch ihre abermalige Umbenennung in PDS nicht verhindern, die der Vorstand am 4. Februar als Zeichen der Erneuerung beschloss.[59] Nicht nur musste sie nach massiven Protesten auf die Bildung eines DDR-Verfassungsschutzes verzichten.[60] Auch sah sie keine andere Möglichkeit, als die Oppositionsgruppen in die Verantwortung einzubinden, die am 5. Februar schließlich, wenn auch widerwillig, in eine gemeinsame „Regierung der Nationalen Verantwortung" unter Führung Modrows eintraten.[61] Vor allem aber musste sich die PDS von ihrem Ziel verabschieden, die DDR als Staat zu erhalten.[62] Nachdem Modrow seinen Plan „Deutschland einig Vaterland" vorgestellt hatte, bekannte sich die Partei in ihrem Programm vom 25. Februar 1990 zur „Einheit Deutschlands in einem Verbund freier und gleichberechtigter Völker und Nationen Europas".[63] Sie präsentierte sich aber zugleich als dezidierte Vertreterin einer DDR-Identität und als „Sachwahrer ostdeutscher Interessen" gegen jene, die eine rasche Wiedervereinigung befürworteten – ein Selbstbild, das bereits die Strategie der folgenden Jahre vorwegnahm.[64]

Mit diesem Programm gelang es der PDS zwar, bei der Volkskammerwahl am 18. März noch 16,4 Prozent der Stimmen auf sich zu vereinen. Die Perspektive einer erneuerten DDR aber war de facto verschwunden. Mit dem folgenden Regierungswechsel vom 12. April 1990 war die frühere SED nach mehr als vierzig Jahren in der Regierung der DDR abgelöst, und das auf demokratischem Wege. Nach 40 Jahren der Diktatur und der Unterdrückung jeder demokratischen Opposition übergab die Partei die Macht friedlich an eine neue „Große Koalition" aus Konservativen, Liberalen und Sozialdemokraten, die sich in den Folgemonaten daran machte, den Wählerauftrag umzusetzen und die DDR zugunsten einer staatlichen Vereinigung mit der Bundesrepublik abzuwickeln. Für alle Gruppierungen innerhalb der PDS war dies das genaue Gegenteil der eigenen Wünsche und Hoffnungen. Gysi sprach daher den Mitgliedern seiner Partei aus der Seele, als er im August 1990 davon sprach, mit der Einheit nicht das Gefühl zu haben, „wir gewinnen etwas dazu, sondern wir haben das Gefühl, uns geht etwas verloren".[65]

---

[58] Vgl. Gerner, Partei ohne Zukunft?, S. 113 f.; Ammer, Von der SED zur PDS, S. 103; Ziblatt, Putting Humpty-Dumpty, S. 5; Oswald, The Party That Came Out of the Cold War, S. 27; Neugebauer/Stöss, Die PDS, S. 147.

[59] Wir haben einen neuen Namen. Wortlaut des Beschlusses des Parteivorstandes. In: Neues Deutschland, 5. 2. 1990.

[60] Vgl. Rödder, Deutschland einig Vaterland, S. 184.

[61] Vgl. ebenda, S. 186.

[62] Vgl. Koß, Von der SED zur PDS, S. 187.

[63] PDS (Hrsg.), Parteiprogramm 1990, S. 3.

[64] Koß, Von der SED zur PDS, S. 187.

[65] ADS, PDS-PV-071: Gregor Gysi, Referat auf der Parteivorstandssitzung am 9. 8. 1990, S. 9.

1.3 Die „neue" PDS: Innerparteiliche Gruppierungen und Machtverhältnisse

Für die PDS stellte sich im Sommer 1990 die Frage nach der künftigen Rolle in einem vereinten Deutschland. Wollte die Partei weiterexistieren, und dieses Ziel war nach den Diskussionen vom Beginn des Jahres entschieden, blieb ihr nichts übrig, als sich auf die neue Situation eines vereinten Deutschland einzustellen, das „eindeutig und ganz klar kapitaldominiert sein wird", wie Gysi lakonisch konstatierte.[66] Welche Rolle die Partei dort spielen würde, blieb zunächst unklar und umstritten, war doch der von der Partei repräsentierte und angestrebte Sozialismus auch aus Sicht ihres Vorsitzenden „in breiten Teilen der Bevölkerung [...] diskreditiert" und die Strategie, den Sozialismus der DDR zu reformieren, hinfällig geworden.[67] Auf die Frage, was zukünftig Aufgabe und Ziel der Partei sein sollte, gaben die unterschiedlichen Strömungen sehr unterschiedliche Antworten.

„Reformer"

Die für die Integrationsgeschichte der PDS bedeutendste innerparteiliche Gruppe war ohne Zweifel das Lager der sogenannten Reformer, das von Außenstehenden auch verschiedentlich als „sozialdemokratischer" Flügel der Partei bezeichnet wurde.[68] Dazu gehörten jene Gruppen, die in der DDR in kritischer, aber meist stillschweigender Distanz zur Parteiführung um Honecker gestanden hatten und im Dezember 1989 als Gegenelite an die Spitze der Partei gerückt waren. Im weiteren Sinne wurden dazu aber auch die vielen Aktiven in Ländern und Kommunen gezählt, die einen eher pragmatischen, wenn nicht unideologischen Politikansatz vertraten und denen vor allem an konkreter Interessenpolitik gelegen war.[69] In ihrem Kern rekrutierten sich die „Reformer" aus der mittleren DDR-Generation der Mitte bis Ende der 1950er Jahre Geborenen.[70] Als solche waren sie in einem sich etablierenden sozialistischen Staat, in den „wenigen guten Jahren der DDR", aufgewachsen und waren der SED verbunden.[71] Andererseits hatten sie die Parteikrise der 1980er Jahre hautnah miterlebt und waren jung genug, um den politischen Umbruch als Chance auch für den eigenen politischen Werdegang zu begreifen.

---

[66] Ebenda, S. 5.

[67] Gysi, Rede auf einer Klausurtagung der PDS (12./13. 5. 1990), S. 76.

[68] Christine Weiske (Grüne), zit. n. ADS, PDS-PV-342: Jochen Weichold/Michael Herms, AG Bündnisarbeit, Information an das Präsidium über die Fortsetzung der 13. Ordentlichen Bundesversammlung der Grünen, 8. bis 9. 6. 1991 in Köln. Berlin, 12. 6. 1991, S. 7 (Auszug aus einem Interview mit der „Jungen Welt").

[69] Vgl. M. Brie, Die PDS – Strategiebildung, S. 34; Guentzel, Modernity Socialism, S. 709; Moreau/Lang, Linksextremismus, S. 189; Neugebauer/Stöss, Die PDS, S. 139. E. Sturm spricht von einem „linksliberalen Pragmatismus" als Kennzeichen der Reformpragmatiker (E. Sturm, „Und der Zukunft zugewandt"?, S. 100).

[70] Vgl. Koß, Von der SED zur PDS, S. 189.

[71] Hinck, Eliten in Ostdeutschland, S. 21 f.

Als ideologische Führungsgruppe innerhalb des „Reformer"-Lagers diente lange Zeit eine Reihe von Parteimitgliedern, die sich selbst als „Reformsozialisten" oder „moderne Sozialisten" bezeichneten und denen schon bei der Neuausrichtung der SED-PDS im Winter 1989/90 eine zentrale Rolle zugefallen war.[72] Ihr Kern stammte aus einer kleinen Forschungsgruppe an der Berliner Humboldt-Universität um Rainer Land, Dieter Segert, Rosemarie Will, Dieter Klein und die Brüder André und Michael Brie.[73] Sie hatten sich schon zu DDR-Zeiten unter dem Eindruck der Perestroika einer Reform der SED in Richtung eines „Modernen Sozialismus" verschrieben, nicht nur marxistische, sondern auch bürgerliche Literatur studiert und diese in ihre politischen Weltbilder und Konzepte integriert: Besonders die westlichen Moderne-Theorien, die Wirtschaftstheorie Schumpeters und rechtsstaatliche Theorien beeinflussten ihr Denken.[74] Der Realsozialismus in Europa war für sie an seiner „Stagnation", seiner „Schwarz-Weiß-Malerei" und seiner Tendenz zum „Totalitarismus" gescheitert, wie André Brie im August 1990 ausführte:[75]

> „Der Sozialismus wurde gegen den Kapitalismus definiert, die Plan- gegen die Marktwirtschaft, das Gemein- gegen das Privateigentum, die Diktatur des Proletariats, die sogenannte Volksmacht, gegen die bürgerliche Demokratie und ihren Parlamentarismus, der Warschauer Vertrag und die NVA gegen die Nato und die Bundeswehr usw. usf. Dies hat […] unser Denken in den sozialistischen Staaten verarmen lassen […]."[76]

Die Bundesrepublik nahmen die „Reformsozialisten" dagegen als „eine moderne, evolutionsoffene, d. h. entwicklungsfähige bürgerliche Gesellschaft"[77] wahr, so Dieter Klein, die sich der realsozialistischen als überlegen erwiesen habe.[78] Entsprechend orientierten sie sich in ihren politischen Konzepten in hohem Maße an der „bürgerlichen Gesellschaft des Westens", der allein es gelungen sei, „immer wieder eine effektive politische und soziale Integration auch systemkritischer Kräfte und eine weitreichende Konsensbildung" zu erreichen.[79] Das Ziel war daher ursprünglich, den bestehenden Realsozialismus demokratischer, parlamentarischer, rechtsstaatlicher und marktwirtschaftlicher, in diesem Sinn also westlicher zu machen, und das prägte auch ihr Verhältnis zur bundesdeutschen Gesellschaft nachhaltig.[80]

Allerdings blieb das Verhältnis der „Reformsozialisten" zum Westen nicht widerspruchsfrei. Vor allem teilten sie nicht die Vorstellung eines endgültigen Sieges

---

[72] Vgl. M. Brie, Die PDS – Strategiebildung, S. 32–34 und S. 38; Trömmer, Der verhaltene Gang, S. 93.

[73] Vgl. Land, Eine demokratische DDR?; E. Sturm, „Und der Zukunft zugewandt"?, S. 21–49.

[74] Land/Possekel, Fremde Welten, S. 68–72.

[75] A. Brie, Zur Idee des Sozialismus, S. 18–22.

[76] Ebenda, S. 18.

[77] Dieter Klein, Die bürgerliche Gesellschaft vor der Reform zur überlebensfähigen Gesellschaft. In: links, 1. Juliheft 1990, S. 4–7, hier S. 4.

[78] Dieter Klein, „Steht wirklich Deutschland im Frühlingsflor?" In: Neues Deutschland, 4./5. 8. 1990.

[79] A. Brie, Zur Idee des Sozialismus, S. 22.

[80] Vgl. Land, Eine demokratische DDR?, S. 14–16.

des westlichen Liberalismus über den östlichen Sozialismus.[81] Vielmehr traf die grundsätzlich positive Würdigung westlicher Prinzipien auf eine Ablehnung der realen politischen und sozialen Zustände innerhalb der Bundesrepublik, deren „Modernität von Kapitaldominanz überschattet" werde, wie André Brie es ausdrückte.[82] Diese Kapitaldominanz sollte mithilfe eines „dritten Weges jenseits realsozialistischer und realkapitalistischer Entwicklung" überwunden werden.[83] Dieser Dritte Weg zielte darauf ab, neben dem Privatsektor öffentliche, kommunale und genossenschaftliche Eigentumsformen zu bewahren und auszubauen, und zwar mithilfe von „demokratischen Mehrheiten", wie die „Reformer" betonten.[84]

Für die Vertreterinnen und Vertreter eines solchen Kurses in der PDS bestand daher die Hauptaufgabe der Partei in der Bundesrepublik darin, für eine „Reformierung des Kapitalismus" innerhalb des Kapitalismus einzutreten, wie Gregor Gysi auf einer Klausurtagung des Parteivorstandes im Mai 1990 erklärte.[85] Nach dem 18. März konnte es nur noch darum gehen, „in die Rekapitalisierung unserer Gesellschaft möglichst viele solcher sozialen und demokratischen Elemente einzubringen, die fortschrittliche Ansätze für die Interessenvertretung der Bevölkerung auch unter kapitalistischen Bedingungen einschließen".[86] Zwar sollten „Kriterien künftiger Gesellschaftsstrukturen", d. h. der sozialistischen Gesellschaft, entwickelt werden. Auf dem Weg dahin aber würde sich die Partei darauf zu konzentrieren haben, für „die denkbar demokratischste, ökologischste, sozialste und humanistischste Lösung innerhalb [der bestehenden] Verhältnisse zu streiten".[87] Der Fokus lag auf diesem zweiten Aspekt: „Demokratischer Sozialismus", so Gysi, bedeute nicht, „den Gesamtentwurf einer neuen Gesellschaft zu zeichnen und für dieses Modell die politischen Kräfte zu mobilisieren", sondern „konstruktiv-alternative Politikfähigkeit auf allen Gebieten unter Beweis zu stellen".[88]

„Orthodoxe"

Als innerparteiliche Opposition zum dominanten Reformflügel fungierten die diversen Gruppen, die sich als Repräsentanten einer kommunistischen oder marxistischen Traditionslinie wahrnahmen und dem Kurs der Parteiführung kritisch gegenüberstanden. Als wichtigste dieser Gruppen trat zunächst die am 30. Dezember 1989 gegründete „Kommunistische Plattform" (KPF) in Erscheinung. Zu ihren bekannteren Mitgliedern gehörten die langjährige Volkskammerabgeordnete Ellen

---

[81] Vgl. Dieter Klein, Die bürgerliche Gesellschaft vor der Reform zur überlebensfähigen Gesellschaft. In: links, 1. Juliheft 1990, S. 4–7, hier S. 5.
[82] A. Brie, Zur Idee des Sozialismus, S. 19.
[83] Ebenda, S. 24.
[84] Otfrid Arnold, PDS – pro oder kontra Kapitalismus? In: Disput, 1. Novemberheft 1990, S. 20 f.
[85] Gysi, Rede auf einer Klausurtagung der PDS (12./13. 5. 1990), S. 77; ders., Rede auf der Parteivorstandssitzung, 16. 6. 1990, S. 118.
[86] Gysi, Rede auf einer Klausurtagung der PDS (12./13. 5. 1990), S. 76 f.
[87] Ebenda, S. 83.
[88] Ebenda, S. 85.

Brombacher, der Rechtswissenschaftler Michael Benjamin sowie die bei der „Wende" erst 20-jährige Sahra Wagenknecht, die im Sommer 1990 jenes Philosophiestudium begann, das ihr durch das SED-Regime noch verweigert worden war. Zunächst war die KPF ein Bündnispartner der Gruppe um Gregor Gysi gewesen und hatte ihn bei seinem Vorhaben unterstützt, die SED als Partei zusammenzuhalten, doch entwickelte sich die Plattform schnell zu einer Art Sprachrohr der orthodoxen Kritik.[89] Sie fungierte als Sammelbecken unterschiedlicher kommunistischer Strömungen, vertrat aber mehrheitlich einen orthodox-marxistischen Politikansatz.[90] Als solche berief sie sich zunächst auf die Bolschewiki Wladimir Lenins und suchte die kommunistischen Theorien von den „dogmatischen Verfälschungen" Josef Stalins zu befreien, wie es die Plattform im August 1990 ausdrückte.[91] Die Partei sollte sich demnach auf einen „demokratischen, nicht-stalinistischen Kommunismus" zurückbesinnen.[92] Allerdings wurde diese Linie nicht konsequent durchgehalten und führende KPF-Mitglieder wie Sahra Wagenknecht versuchten bald schon, Stalin zumindest teilweise zu rehabilitieren.[93] Anders als der Reformflügel sah die Kommunistische Plattform in der „Wende" des Jahres 1989 auch keine Chance für einen „modernen Sozialismus", sondern vor allem den Anfang einer „Restauration des Kapitalismus" und berief sich weiterhin auf die „Interessen aller Werktätigen"[94] und die Fortsetzung des „Klassenkampfes".[95]

Neben die KPF trat 1995 das „Marxistische Forum" (MF), das sich ebenfalls gegen den Kurs der Parteiführung richtete und das von früheren DDR-Wissenschaftlern dominiert wurde.[96] Unter der Führung des früheren Rechtswissenschaftsprofessors Uwe-Jens Heuer versuchte das Marxistische Forum zu verhindern, dass die Partei den „Anpassungsforderungen" der Konkurrenzparteien nachgab und sich von marxistischen Positionen verabschiedete. Namentlich bekämpfte das Forum eine „Aufweichung des Oppositionsverständnisses", die „Verabschiedung vom Klassenkampf", die „Ausklammerung der Eigentumsfrage" und eine pauschalisierende „Absage an SED und DDR".[97]

---

[89] Vgl. Neugebauer/Stöss, Die PDS, S. 134; Moreau u. a., Die PDS: Profil, S. 198; Ditfurth, Ostalgie, S. 37 f.

[90] Vgl. Kommunistische Plattform: Selbstverständnis und Ziele. In: links, 2. Augustheft 1990, S. 28 f.; Guentzel, Modernity Socialism, S. 710; dazu ausführlicher Moreau, PDS. Anatomie, S. 384–396.

[91] Kommunistische Plattform: Selbstverständnis und Ziele. In: links, 2. Augustheft 1990, S. 28 f.

[92] Falkner/Huber, Aufschwung PDS, S. 153.

[93] Vgl. Wagenknecht, Marxismus und Opportunismus; dazu auch Falkner/Huber, Aufschwung PDS, S. 153 f.; dazu pointiert Ditfurth, Ostalgie oder linke Alternative, S. 33 und S. 39 f.; siehe auch Kapitel IV.3.4.

[94] Kommunistische Plattform, Selbstverständnis und Ziele. In: links, 2. Augustheft 1990, S. 28 f.

[95] Vgl. Falkner/Huber, Aufschwung PDS, S. 156.

[96] Vgl. Moreau/Schorpp-Grabiak, Man muß so radikal sein, S. 203.

[97] Uwe Jens Heuer, Zur Einführung, S. 8; In großer Sorge. In: Neues Deutschland, 18. 5. 1995. Auch abgedruckt in: Marxistisches Forum, In großer Sorge, S. 13.

„Radikale"

Zu diesen beiden Polen – im Folgenden vereinfacht als „Reformer" und „Orthodoxe" zusammengefasst – kam eine dritte, zahlenmäßig kleine Gruppe, die von
Beobachtern als „radikaler" oder „fundamentalistischer" Flügel der Partei beschrieben wurde.[98] Dieser Flügel setzte sich aus relativ jungen Parteimitgliedern
aus beiden Teilen Deutschlands zusammen, die sich als unorthodoxe Linke verstanden und zum Teil durch trotzkistische, maoistische und andere Minderheiten-
strömungen des Kommunismus inspiriert waren.[99] Sie unterhielten Kontakte zur
autonomen Szene, standen dem bundesrepublikanischen Rechtsstaat kritisch gegenüber und lehnten den Primat des Parlamentarismus ab. Sie waren meist gegen
jede Form der „Verbürgerlichung" und „Sozialdemokratisierung", unterschieden
sich von den „Orthodoxen" aber durch eine ausgesprochen kritische Haltung gegenüber autoritärer Staatlichkeit sowie gegenüber jeder Form der DDR-Nostalgie.[100] Führende Repräsentanten wie die 1971 geborene Angela Marquardt, die bis
1997 dem Parteivorstand und von 1998 bis 2002 dem Bundestag angehörte, hatten
die DDR nur in ihrer Spätphase erlebt, hatten kaum eine emotionale Bindung zu
ihr und forderten, an die realsozialistische Vergangenheit „den gleichen Maßstab
an[zu]setzen wie an die Kritik der bürgerlichen Gesellschaft".[101] Das Politikverständnis dieser Gruppe ähnelte in weiten Teilen dem westdeutscher Linksalterna-
tiver, aus deren Reihen sie auch großen Zulauf erhielt.[102] Aus dieser Präsenz unter
jüngeren und westdeutschen Mitgliedern ergab sich auch die strategische Bedeutung dieser Gruppe innerhalb der Partei.[103] Dennoch blieben ihre Aktivitäten und
Positionen innerparteilich umstritten. Aufsehen erregte vor allem das Verhältnis
zur Gewalt gegen den Staat, die von Vertreterinnen und Vertretern der „Arbeitsgemeinschaft Junge GenossInnen" in der PDS als „Reaktion auf die gewaltausüben-
den Strukturen dieses Systems" rechtfertigt wurde.[104] Dies blieb vor allem in der
Außendarstellung der Partei eine schwere Hypothek.[105]

Innerparteiliche Machtverhältnisse

Mit diesem breit gestreuten innerparteilichen Gruppierungsprofil stand die PDS
mehr als jede andere Partei der untergehenden DDR zwischen Bruch, repräsen-

---

[98] M. Brie, Die PDS – Strategiebildung, S. 34; Moreau/Lang, Linksextremismus, S. 188; Neuge-
bauer/Stöss (Die PDS, S. 139) und E. Sturm („Und der Zukunft zugewandt"?, S. 100) sprechen von „basisdemokratischen Fundamentalisten".
[99] Vgl. Moreau/Lang, Linksextremismus, S. 188.
[100] Vgl. Guentzel, Modernity Socialism, S. 709; Moreau, Was will die PDS?, S. 30 f.; M. Brie, Die
PDS – Strategiebildung, S. 34.
[101] Vgl. Marquardt, Rückwärts in die Zukunft?, S. 111.
[102] Vgl. Moreau/Lang, Linksextremismus, S. 188.
[103] Vgl. M. Brie, Die PDS – Strategiebildung, S. 33.
[104] Aus einem Papier der AG „Junge GenossInnen", zit. n. Falkner/Huber, Aufschwung PDS,
S. 168; zur Gewaltfrage siehe auch Prinz, Die programmatische Entwicklung, S. 209–227.
[105] Siehe hierzu Kapitel IV.3.1.

tiert durch die „Reformer" (und in gewisser Hinsicht auch durch die „Radikalen"), und Kontinuität, repräsentiert durch die „Orthodoxen". Zugleich aber wäre diese innerparteiliche Heterogenität noch zu SED-Zeiten undenkbar gewesen und war nur aufgrund eines deutlichen Bruchs mit den Organisationsprinzipien der früheren Staatspartei möglich. Das neue Parteistatut der PDS verabschiedete sich vom Prinzip des „Demokratischen Zentralismus" und erlaubte den Mitgliedern, Kritik zu üben. Es erschwerte die Möglichkeit des Parteiausschlusses und versuchte, die Kommunikations- und Entscheidungsrichtung, die bisher vom Top-Down-Verfahren geprägt war, umzukehren und so eine Oligarchisierung der Partei zu verhindern.[106] An die Stelle des bisherigen Fraktionsverbots trat ein demonstrativer „Pluralismus", der durch eine Vielzahl neuer Plattformen, Arbeits- und Interessengemeinschaften konstituiert wurde. Die monistische Kaderpartei wurde so zu einer Strömungspartei, die sich nach außen nicht selten zerstritten zeigte und nach innen durch eine eigentümliche Mischung aus Solidarität und gegenseitigen Anfeindungen geprägt war.[107] Auch optisch war die neue Vielfalt sichtbar: Auf Parteitagen mischten sich zwischen die gewohnten grauen Anzüge und Krawatten nun auch Jeansjacken, Strickpullover und Kapuzenpullover und die Führungsgremien wurden deutlich jünger und weiblicher als zu SED-Zeiten.

Angesichts der Heterogenität der zahlreichen Strömungen kann die hohe strategische Kontinuität überraschen, von der die PDS im gesamten Untersuchungszeitraum geprägt war. Die Vielzahl an Strömungen, Plattformen, Interessen- und Arbeitsgemeinschaften in der Partei macht es fast unmöglich, belastbare Angaben über prozentuale Verteilungen zu machen, und auch Führungspersonen in der Partei waren sich der zahlenmäßigen Stärke der innerparteilichen Gruppen nicht sicher.[108] Aufbauend auf einer parteiinternen Mitgliederbefragung vom Juni 1991 kann vermutet werden, dass zu diesem Zeitpunkt etwa gleich große Anteile von je rund einem Viertel der Parteimitglieder eher dem Reformflügel bzw. eher der Orthodoxie zuneigten. Die große Mehrheit der PDS-Basis aber stand irgendwo dazwischen, fühlte sich der Partei emotional verbunden, sah in ihr ihre „politische Heimat" und suchte in ihr Kontinuität zu SED und DDR, die sie prinzipiell positiv erinnerte.[109] Obwohl der Reformflügel also keineswegs eine Mehrheit der Mitgliedschaft repräsentierte, fiel ihm doch vom Sonderparteitag im Dezember 1989 bis zum Aufgehen der PDS in der gesamtdeutschen Linkspartei nahezu ununterbrochen, wenn auch keineswegs unwidersprochen, die strategische Führung der Partei zu, und zwar im Bund ebenso wie in den ostdeutschen Ländern – nur im Westen dominierten „Radikale" und „Orthodoxe".[110] Solange die neue Parteielite

---

[106] Vgl. Gerner, Partei ohne Zukunft?, S. 85–87; Ditfurth, Ostalgie, S. 216.

[107] Vgl. Thieme, Vorreiter wider Willen?, S. 338; Neugebauer/Stöss, Die PDS, S. 137.

[108] Vgl. Neugebauer/Stöss, die PDS, S. 153. Im Jahr 1992 lag die Zahl der Interessen- und Arbeitsgemeinschaften zwischen 26 und 28 (vgl. Fraude, „Reformsozialismus" statt „Realsozialismus"?, S. 65; Gerner, Partei ohne Zukunft?, S. 92); für das Jahr 1994 listet Moreau (Was will die PDS?, S. 26) 31 Arbeitsgemeinschaften.

[109] Vgl. M. Brie, Die PDS – Strategiebildung, S. 32.

[110] Vgl. Guentzel, Modernity Socialism, S. 711; M. Brie, Die PDS – Strategiebildung, S. 35; Barker, From the SED to the PDS, S. 6; dazu auch ausführlich Koß, Durch die Krise zum

Wahlerfolg und zugleich Identität und Kontinuität garantierte, wurde sie von einer Parteimehrheit akzeptiert oder zumindest toleriert.[111]

Diese relative Vormachtstellung des reformorientierten Flügels mochte in gewisser Weise an eine innerparteiliche Kultur des Zentralismus erinnern, wie sie die SED geprägt hatte. Von einem zentralistischen Durchregieren konnte in der PDS aber keine Rede sein.[112] Zwar stellte die Existenz eines strategischen Kerns einen Vorteil dar, passte sie doch zur Funktionslogik der bundesdeutschen Parteiendemokratie, in der kleinen strategischen Netzwerken typischerweise eine zentrale Führungsposition jenseits der offiziellen Parteigremien zukommt.[113] Dass sich dieser Kern aber keineswegs immer mit seinen Konzepten durchsetzen konnte, wird noch zu zeigen sein. Die Folge war, dass die „Reformer" häufig an den Gremien vorbei mit öffentlichen Stellungnahmen vorpreschten, um anschließend in der internen Diskussion wieder zur Hälfte zurück zu rudern oder Kompromisse zu suchen.

Wichtig war dabei, dass mit Gregor Gysi als Parteichef und Vorsitzenden der Bundestagsgruppe sowie André Brie als Wahlkampfleiter, Leiter der Grundsatzkommission und zeitweiligem Stellvertretenden Parteivorsitzenden in den Anfangsjahren zwei dezidierte Vertreter des Reformflügels Schlüsselpositionen in der Bundesführung besetzten und so die Linie vorgeben konnten. Neben Hans Modrow waren die beiden auch die einzigen, die dem Präsidium bzw. dem Parteivorstand[114] vom ersten regulären Parteitag im Februar 1990 bis zum 4. Parteitag 1995 nahezu ununterbrochen angehörten.[115] Vor allem für die Außenwirkung der Partei galt die Gruppe um Brie und Gysi als unverzichtbar.[116] Letzterer blieb auch nach seinem Rücktritt als Parteivorsitzender im Jahr 1993 noch Fraktionschef im Bundestag und spielte auch nach seinem Rückzug im Jahr 2000 noch eine wichtige Rolle. Sein Nachfolger als Fraktionsvorsitzender Roland Claus (2000–2002) galt ebenso als Vertreter des Reformflügels wie die Parteivorsitzenden Lothar Bisky (1993–2000 und 2003–2007) und Gabriele Zimmer (2000–2003) sowie der langjährige Bundesschatzmeister (1991–1997) und Bundesgeschäftsführer (1997–2002) Dietmar Bartsch.[117] Die „Reformer" bildeten somit eine programmatisch und stra-

---

Erfolg?; Baylis, Political Adaptation, S. 148; Neugebauer/Stöss, Die PDS, S. 140–142. Als Ausnahme können die Monate zwischen Oktober 2002 und Juni 2003 angesehen werden (vgl. Kapitel VII.1.1).

[111] Vgl. M. Brie, Die PDS – Strategiebildung, S. 32.

[112] Vgl. Ditfurth, Ostalgie, S. 216.

[113] Vgl. Raschke, Politische Strategie, S. 218–220.

[114] Bis zum Parteitag der PDS im Dezember 1991 amtierte ein Präsidium mit 11 Mitgliedern neben einem 101 Mitglieder umfassenden Parteivorstand. Mit dem neuen Parteistatut wurde das Präsidium abgeschafft und durch einen 16–20 Mitglieder umfassenden Vorstand ersetzt (vgl. Fraude, „Reformsozialismus" statt „Realsozialismus"?, S. 46 und S. 53).

[115] Vgl. Thieme, Eliten und Systemwechsel, S. 255. Brie schied nach Bekanntwerden seiner MfS-Tätigkeit im Herbst 1992 aus dem Parteivorstand aus, wurde aber schon im Juni 1993 wieder in das Gremium gewählt.

[116] Brie, Die PDS – Strategiebildung, S. 35.

[117] Vgl. Patton, Out of the East, S. 31–35; M. Brie, Die PDS – Strategiebildung, S. 30.

tegisch relativ geschlossene Führungsgruppe, dominierten den Parteiapparat und den Bundesvorstand und waren auch in der parlamentarischen Arbeit meist tonangebend.[118]

Demgegenüber fehlten KPF und Marxistischem Forum als Zentren der Partei-Orthodoxie der organisatorische Rückhalt, die zahlenmäßige Stärke und die politische Zielgerichtetheit, um die Vormacht des Reformflügels ernsthaft zu gefährden.[119] In Mecklenburg-Vorpommern beispielsweise erreichte die Plattform über Jahre hinweg kaum mehr als 20 Mitglieder, in Sachsen und Brandenburg noch weniger.[120] Die für die Bundesebene genannten Mitgliederzahlen der KPF gehen weit auseinander, waren aber rückläufig: Den ursprünglich fünfstelligen Mitgliederzahlen standen Mitte der 1990er Jahre noch zwischen 500 und 2000 organisierte Mitglieder (zuzüglich Sympathisanten) gegenüber,[121] während das Marxistische Forum wohl zu keiner Zeit dreistellige Mitgliederzahlen aufweisen konnte.[122] Sahra Wagenknecht, die lange Zeit als einzige Vertreterin der KPF dem Parteivorstand der PDS angehörte, war dort weitgehend isoliert und wurde regelmäßig überstimmt. Allerdings gelang es den „Orthodoxen" immer wieder, Unzufriedenheit an der Parteibasis zu kanalisieren, innerparteilichen Pluralismus einzuklagen und der Führung empfindliche Niederlagen auf Parteitagen beizubringen. Zwar bleibt strittig, ob die Basis tatsächlich den Positionen der Kommunistischen Plattform näher stand als denen der Parteiführung,[123] aber es gab eine Mehrheit in der Partei, die willens war, die orthodoxen Kommunisten unter Berufung auf den innerparteilichen „Pluralismus" zu tolerieren und gegenüber Versuchen zu schützen, sie aus der Partei zu drängen – zumal der Ehrenvorsitzende Hans Modrow seine schützende Hand über sie hielt.[124] Dahinter stand auch eine emotionale Verbun-

---

[118] So auch M. Brie, Die PDS – Strategiebildung, S. 34 f.

[119] Vgl. Oswald, The Party That Came Out of the Cold War, S. 37–39.

[120] Vgl. Heinrich, Die PDS in Mecklenburg-Vorpommern, S. 126; Dietzel, Zur Arbeit der PDS-Landesverbände (Ost), S. 5; Moreau (PDS. Anatomie, S. 395) weicht hiervon ab und geht von 300 Mitgliedern bei Gründung der KPF Mecklenburg-Vorpommern aus.

[121] Vgl. Neugebauer/Stöss, Die PDS, S. 134; Fraude, „Reformsozialismus" statt „Realsozialismus"?, S. 60 f.; Dietzel, Innere Verfaßtheit, S. 5; Moreau/Schorpp-Grabiak, Man muß so radikal sein, S. 193; Moreau u. a., Die PDS: Profil, S. 200; Moreau. Anatomie, S. 395. Das BfV gibt für das Jahr 1999/2000 eine Mitgliederzahl von 2000 an (vgl. Moreau/Schorpp-Grabiak, Man muß so radikal sein, S. 193).

[122] Moreau/Schorpp-Grabiak (Man muß so radikal sein, S. 203) nennen für das Jahr 2001 eine Zahl von 60 Personen. Der Verfassungsschutzbericht 2003 bestätigt diese Zahl (Bundesministerium des Innern [Hrsg.], Verfassungsschutzbericht 2003, S. 263). Den Gründungsaufruf hatten 38 Personen unterschrieben (vgl. „In großer Sorge". In: Neues Deutschland, 18. 5. 1995).

[123] So tendenziell bei Ditfurth, Ostalgie oder linke Alternative, S. 13 und S. 43; ähnlich Gerner, Widerspruch und Stagnation, S. 179.

[124] Vgl. Falkner/Huber, Aufschwung PDS, S. 160 f. und S. 166. Nach Diskussionen um die Rolle der Kommunisten in der Partei musste Lothar Bisky schließlich auf dem Parteitag der PDS im Januar 1995 ausdrücklich feststellen, dass „neben einer sozialdemokratischen" u. a. auch eine „demokratisch-kommunistische Richtung in der PDS" unverzichtbar sei (Lothar Bisky, PDS '95: Solidarisch. Alternativ. Bundesweit. Fünf Jahre PDS: Aufgaben und Herausforderungen. Referat auf dem 4. Parteitag der PDS/1. Tagung. In: Disput, H. 3–4, 1995, S. 4–18, hier S. 9).

denheit: Mochte die Gruppe um Gysi, Bisky und Brie nach rationalen Gesichtspunkten als strategische Führung akzeptiert werden, so stimmte die im Durchschnitt sehr viel ältere Parteibasis[125] kulturell und emotional in hohem Maße mit den Orthodoxen und ihrem Festhalten an der reinen Lehre und am vermeintlich Guten in der DDR überein.[126]

Auch aufgrund dieser Konstellation blieb die Frage, „ob wir Kommunisten oder linke Sozialdemokraten sind",[127] bewusst unbeantwortet. Gerade dieser „Pluralismus", stolz als Gegenmodell zum „Stalinismus" vorgetragen, verhinderte eine klare programmatische Linie.[128] Uneindeutige Formulierungen und Formelkompromisse in programmatischen und strategischen Papieren, ein stetes Kennzeichen der PDS, waren einer Rücksichtnahme der Parteiführung auf die orthodoxe und fundamentalistische Minderheit im Partei-Apparat, aber auch dem Druck seitens einer traditionalistischen Mitgliederbasis geschuldet.[129] Überspitzt formuliert, stellte sich die paradoxale Situation ein, dass es auch der Anspruch war, offen und demokratisch zu sein, der verhinderte, dass sich die Partei konsequent von jenen trennte, die ihre Demokratisierung in letzter Konsequenz ablehnten.

Letztlich aber gelang es den „Reformern" doch vielfach, ihre strategischen Ansprüche durchzusetzen und das Ziel, die PDS als politische Kraft „neben der Sozialdemokratie" zu etablieren, zur Parteilinie zu machen.[130] Vor allem in der hoch umstrittenen Frage des Verhältnisses zum Staat Bundesrepublik verfolgten sie beharrlich ihr Ziel. Von Beginn an wollten sie die Partei nicht auf eine „Kritikerrolle" beschränken, sondern mit einem „politikfähigen Konzept" aufwarten.[131] Führende Mitglieder des Reformflügels glaubten, dass die PDS sich nur als gestaltende Kraft und nur mithilfe westlicher Bündnispartner – Grüne, Sozialdemokraten, Gewerkschaften – dauerhaft behaupten könne.[132] Um aber für diese als „Partner" in Frage zu kommen, werde von der Partei erwartet, dass sie sich „auch öffnet und nicht isoliert bleibt. Darin besteht ja auch eine einmalige große Chance […]", so Gregor Gysi im August 1990.[133] Dabei schrieben sie sich in avantgardistischer Manier auch die edukatorische Aufgabe zu, ihre Partei an die bundesdeutsche Gesellschaft heranzuführen. Wie Rainer Land treffend beobachtet hat, wollten sie an der PDS vollziehen, „was sie eigentlich an der DDR hätten vollziehen wollen: die Umbildung eines totalitären Systems in ein demokratisches – und zwar mit hege-

---

125 Gerner (Partei ohne Zukunft?, S. 128 f.) zufolge lag der Anteil der über 70-Jährigen unter den Parteimitgliedern im Jahr 1991 bei 14 Prozent, der Anteil der über 65-Jährigen im Jahr 1992 bei 35 Prozent.
126 Vgl. Fehrle, Regieren als Überlebensfrage, S. 108.
127 Gysi, Rede auf der Parteivorstandssitzung, 16. 6. 1990, S. 118.
128 Vgl. Thieme, Vorreiter wider Willen?, S. 339 und S. 345.
129 Vgl. Koß, Von der SED zur PDS, S. 184.
130 Gysi, Rede auf einer Klausurtagung der PDS (12./13. 5. 1990), S. 77.
131 Ebenda.
132 ADS, PDS-PV-071: Referat des Genossen Gregor Gysi auf der Parteivorstandssitzung am 9. 8. 1990, S. 10 f. Für Auszüge der Rede siehe auch: Gysi, Wir haben die Pflicht, S. 143.
133 ADS, PDS-PV-071: Referat des Genossen Gregor Gysi auf der Parteivorstandssitzung am 9. 8. 1990, S. 10 f.

monialen Mitteln".[134] André Brie ging dabei noch einen Schritt weiter, machte auch aus seinem Machtanspruch keinen Hehl und ließ schon im Oktober 1990 gegenüber dem Präsidium keinen Zweifel daran, dass die PDS „irgendwann mal wieder" Regierungsverantwortung übernehmen müsse – ohne aber ihren oppositionellen Impetus einzubüßen.[135] Es war dieses doppelte strategische Ziel, Opposition und zugleich integraler Bestandteil des politischen Systems der Bundesrepublik zu sein, das die politische Entwicklung der PDS und ihre ambivalente Position im bundesdeutschen Parteiensystem stets prägen sollte.

2. „Konsens aller Demokraten": Das gesamtdeutsche Parteiensystem im Jahr 1990

Die Position der PDS im Parteiensystem der Bundesrepublik wurde nur zu einem Teil durch die Haltungen und Handlungen ihrer Mitglieder und ihrer Führungsmannschaft bestimmt. Ebenso relevant war die Positionierung der politischen Konkurrenten, war mithin die Entwicklung des deutschen Parteiensystems insgesamt. Von den radikalen Umbrüchen in der DDR und der anschließenden Wiedervereinigung schien die Parteienlandschaft der Bundesrepublik überraschend wenig betroffen. Vielmehr gelang es den etablierten Bonner Parteien schon bei der ersten freien Volkskammerwahl im März 1990, erheblichen Einfluss auf den Wahlkampf zu nehmen und anschließend die bisherigen Blockparteien sowie die neu entstandenen Oppositionsparteien durch Fusionen zu integrieren.[136] Die Ergebnisse der Volkskammerwahl wie auch der ersten gesamtdeutschen Bundestagswahl spiegelten dann auch in struktureller Hinsicht stark das etablierte Parteiensystem der alten Bundesrepublik wider. In Ost wie in West gab es die beiden großen Parteien der Christdemokratie und der Sozialdemokraten und daneben Liberale und Grüne. Einzige größere Ausnahme blieb die PDS, die wider Erwarten mit 66 Sitzen in der Volkskammer und mit 17 Sitzen im ersten gesamtdeutschen Bundestag vertreten war.

Bei genauerem Hinsehen aber beeinflusste das Jahr 1990 den Charakter des Parteiensystems tiefer und nachhaltiger, als es die strukturellen Ähnlichkeiten nahelegen. Mit der Deutschen Einheit war ein prägendes Motiv des bundesdeutschen Parteienwettbewerbs abhanden gekommen: Von der Entscheidung Konrad Adenauers für Westbindung und Wiederaufrüstung über die „Neue Ostpolitik" der Ära Brandt bis hin zum Jahr der deutschen Einheit hatte die Frage des Umgangs mit der deutschen Teilung und insbesondere mit dem Staat jenseits der innerdeut-

134 Land, Waren die Reformsozialisten verhinderte Sozialdemokraten?, S. 246.

135 ADS, PDS-PV-213: André Brie, Rede auf der Beratung des Präsidiums des Parteivorstandes mit den Vorsitzenden der Kreisvorstände der PDS am 28. 10. 1990, S. 24.

136 Zuletzt war es das ostdeutsche Bündnis 90, das 1993 mit den Grünen fusionierte. Zur Entwicklung des Parteiensystems siehe Niedermayer/Stöss, DDR-Regimewandel; Jesse, Das deutsche Parteiensystem; Volkens/Klingemann, Die Entwicklung der deutschen Parteien.

schen Grenze zu einer der bedeutendsten Streitfragen der Bundesrepublik gehört. In gewisser Hinsicht stand die Frage des Umgangs mit der PDS, neben der Frage der Gestaltung der Deutschen Einheit, in Kontinuität dazu und setzte die Deutschlandpolitik in anderer Form fort. Dazu kam, dass mit dem Ende des Ost-West-Konflikts und der deutschen Teilung auch bei den Konkurrenzparteien der PDS eine Kurssuche begann, die, mit Gert-Joachim Glaeßner gesprochen, eine „Neubewertung der normativen Grundlagen der politischen Ordnung" umfasste.[137] Die Präsenz der PDS als „Nachfolgepartei" der kommunistischen SED repräsentierte dabei einen grundsätzlichen Systemkonflikt, der nach dem Untergang des Realsozialismus als weitgehend entschieden galt. Die Frage, wie mit einer solchen Partei umgegangen werden sollte, stellte daher für alle Konkurrenzparteien schon im Jahr 1990 eine Schlüsselfrage dar, auf die nur die wenigsten eindeutige Antworten zu geben vermochten. Dieser Frage soll daher im Folgenden für die einzelnen Strömungen und „Lager"[138] innerhalb des Parteiensystems nachgegangen werden.

2.1 Konkurrenten und Partner? Die PDS und die westdeutsche Linke

Die deutsche Einheit und das Auftauchen der PDS als neue Konkurrenz im Parteiensystem traf die gesamte westdeutsche Linke, von kommunistischen Gruppen über Grüne bis hin zur Sozialdemokratie, in einem Moment der Verunsicherung und der Selbstfindung. Mit dem Ende des Ost-West-Konflikts war die Linke mitsamt ihren traditionellen Begriffen und Symbolen auch „kulturell in die Defensive geraten".[139] War der Glaube an die großen Ideologien des „Kalten Kriegs" in den westlichen Gesellschaften bereits seit Ende der 1970er Jahre am Schwinden gewesen,[140] so wurde diese Entwicklung mit dem Umbruch 1989/90 sprunghaft beschleunigt. Die sozialdemokratischen, sozialistischen, kommunistischen und grünalternativen Parteien und Bewegungen in Europa befanden sich in einem krisenhaften Selbstfindungsprozess zwischen „Selbstvergewisserung, Selbstkritik, Selbstmitleid und Semantikübungen", wie es der sozialdemokratische Theoretiker Peter Glotz beschrieb: „Gibt es den Gegensatz von rechts und links eigentlich noch? Kann man den Begriff Sozialismus noch verwenden, oder ist er endgültig zerstört? [...] Welches neue Zeitalter dämmert jetzt herauf?"[141]

---

137 Glaeßner, Demokratie nach dem Ende des Kommunismus, S. 64.

138 Mit „Lager" ist damit eine vereinfachende Gruppierung in „linke" und „bürgerliche" Parteien gemeint, die primär darstellerischen Zwecken dient, die aber auch mit ähnlichen Positionen in der PDS-Frage korrespondiert.

139 AdsD, Dep. Verheugen, 1/GVAC000066: Johano Strasser, Programmatische Defizite der SPD [Februar 1992].

140 Vgl. Bösch/Gieseke, Der Wandel des Politischen, S. 59.

141 Glotz, Die Linke nach dem Sieg des Westens, S. 50 f. Zur Entwicklung eines „New Revisionism" in den sozialdemokratischen und sozialistischen Parteien Europas siehe Sassoon, One Hundred Years, S. 730–754.

Das Ende der Achtziger in der SPD

Für die SPD stellte der Untergang der kommunistischen Parteiregime im östlichen Europa ihre gesamte außen- und deutschlandpolitische Strategie infrage. Noch in den 1980er Jahren war diese von der Hoffnung auf die Reformfähigkeit des Kommunismus und von einem bewussten Bekenntnis zu Systemreformen im Osten *und* im Westen geprägt gewesen. Nach ihrem bundespolitischen Machtverlust im Jahr 1982 hatte die SPD eine „Zweite Phase der Ostpolitik"[142] begonnen, die sich durch einen kontroversen Dialog mit der kommunistischen Staatspartei in der DDR auszeichnete.[143] Bestes Zeugnis davon war das gemeinsame Dialogpapier mit der SED vom 27. August 1987, in dem sich die SPD zu einer „Zusammenarbeit zwischen Ost und West zum beiderseitigen Nutzen" bekannte und den Kommunismus ausdrücklich als reform- und friedensfähig anerkannte.[144] Dass diese Reform der SED aber ausblieb, führte in der SPD zu Enttäuschungen und auf den Herbst 1989 folgte ein umfassender Richtungswechsel in der Deutschlandpolitik ebenso wie im Umgang mit der SED.[145] Nachdem die DDR-Staatspartei aus Sicht des SPD-Vorsitzenden Hans-Jochen Vogel einen „beispiellosen politischen, aber auch moralischen Zusammenbruch" erlebt hatte,[146] wurden die zuvor stark ausgebauten Parteikontakte binnen weniger Wochen fast gänzlich abgebrochen. Öffentliche Auftritte mit Mitgliedern der SED-PDS sollten zukünftig nur noch in deren Rolle als Staatsfunktionäre stattfinden, Treffen mit dem neuen Parteivorsitzenden Gregor Gysi lehnte Vogel ab.[147] Zwischen Kommunisten und Sozialdemokraten gebe es „keine Gesinnungsgemeinschaft und darum auch keine Kooperationsfähigkeit", wie der stellvertretende SPD-Vorsitzende Johannes Rau erklärte – zumal die Revolution in der DDR „Bittgänge" der Sozialdemokraten wie früher bei Honecker und Krenz überflüssig gemacht habe.[148]

Eine wesentliche Triebfeder dieser Umorientierung war die „Sozialdemokratische Partei der DDR" (SDP/SPD), die sich am 7. Oktober 1989 ohne Zutun aus Bonn als Oppositionspartei begründet hatte und im Dezember 1989 als Schwesterpartei der West-SPD anerkannt wurde.[149] Die ostdeutsche Sozialdemokratie

---

[142] Voigt, Schrittweiser Ausstieg, S. 48.

[143] Siehe dazu Ash, Im Namen Europas, S. 457–501; Potthoff, Die Koalition der Vernunft, S. 47–63; Bredow/Brocke, Das deutschlandpolitische Konzept; Sturm, Uneinig in die Einheit, S. 55–115.

[144] Grundwertekommission beim Parteivorstand der SPD/Akademie für Gesellschaftswissenschaften beim ZK der SED, Der Streit der Ideologien, S. 56 und S. 58; vgl. Sturm, Uneinig in die Einheit, S. 97 f.; Bösch/Gieseke, Der Wandel des Politischen, S. 71.

[145] Siehe hierzu ausführlich D. F. Sturm, Uneinig in die Einheit.

[146] Vogel, Rede des Vorsitzenden, S. 97; siehe hierzu Holzhauser, „Niemals mit der PDS"?, S. 287–293.

[147] AdsD, SPD-Präs.: Protokoll der Präsidiumssitzung am 10. 12. 1989.

[148] Johannes Rau, Interview für den Deutschlandfunk. Presseservice der SPD, 13. 8. 1990, S. 5 f.

[149] Auf dem Berliner Programm-Parteitag am 17. 12. 1989 beschloss die West-SPD, die ostdeutsche Sozialdemokratische Partei stehe „als einzige Partei in der DDR in der Tradition der deutschen Sozialdemokratie" (AdsD, SPD-PV: Beschluß des Parteivorstandes, 17. 12. 1989). Diese Linie wurde bereits auf der Präsidiumssitzung am 10. Dezember vorbereitet (vgl. AdsD, SPD-Präs., Protokoll der Präsidiumssitzung am 10. 12. 1989); zur Gründung der Ost-

schöpfte ihre politische Identität in erster Linie aus der Gegnerschaft zur SED und forderte im Januar 1990 prominent die Auflösung der Staatspartei.[150] Auch nach deren Umbenennung berief sich die Ost-SPD auf einen „Konsens aller Demokraten"[151] und visierte ein „gemeinsames Bündnis aller Parteien gegen die PDS" an.[152] Zugleich orientierte sie sich auf einen ebenso dezidiert westlichen wie marktwirtschaftlichen Kurs, erinnerte an die „Zwangsvereinigung"[153] von SPD und KPD im Jahr 1946 und die Opfer der stalinistischen Säuberungen[154] und versprach dem Wahlvolk, „niemals mit der PDS" zu koalieren.[155]

Unter diesem Einfluss besann sich die deutsche Sozialdemokratie auf einen Antikommunismus und Antitotalitarismus, der sich deutlich vom Dialogkurs der 1980er Jahre absetzte.[156] Ähnlich wie diesem erging es dem neuen „Berliner Programm" der SPD vom Dezember 1989, in dem sich die Partei unter dem Einfluss der „Neuen Linken" noch offensiv zum Ziel eines sozial-ökologischen „Umbaus" von Wirtschaft und Gesellschaft bekannt hatte.[157] Das aber sahen nun viele in der Partei als überholt an, galt es doch nach 1989 nicht, den Kapitalismus sozialistischer, sondern den bisherigen Realsozialismus marktwirtschaftlich zu machen.[158] Für viele in der SPD demonstrierte das Ende der DDR das „Scheitern der Zentralverwaltungswirtschaft in all ihren Varianten"[159] und davon blieb selbst das ureigene Konzept des „Demokratischen Sozialismus" nicht unberührt: Zwar warf man der umbenannten SED vor, mit ihrem neuen Namen „Raub" am geistigen Eigentum der SPD zu begehen.[160] Viele in der SPD verabschiedeten sich aber allzu gerne von diesem Begriff, der nach dem Scheitern des Realsozialismus als „diskreditiert"[161] und als „Hindernis für die Sache" angesehen wurde, wie es die sozialde-

---

SPD vgl. Neugebauer, Von der Sofarunde; D. F. Sturm, Uneinig in die Einheit, S. 117–129; Jäger, Die Überwindung der Teilung, S. 252–268.

[150] Steffen Reiche an den Vorstand der Sozialistischen Einheitspartei Deutschlands – PDS. Christinendorf, 15. 1. 1990. Anlage zu: Presseservice der SPD, 18. 1. 1990.

[151] Vorstand der SPD [der DDR] (Hrsg.), Ja zur deutschen Einheit, [S. 14].

[152] AdsD, SDP/SPD Parteivorstand, 2/SDPA000062: Protokoll der Präsidiumssitzung der SPD der DDR, 2. 4. 1990; vgl. auch AdsD, SDP/SPD Parteivorstand, 2/SDPA000056: Brief des Vorstandes an die Bezirksvorstände mit der Bitte um Weiterleitung an die Kreisvorstände. Berlin, 3. 4. 1990.

[153] Weil es sich bei dem Begriff „Zwangsvereinigung" um einen zeitgenössisch hochumstrittenen Begriff handelt, wird die Bezeichnung in dieser Arbeit ausschließlich als Quellenbegriff in Anführungsstrichen benutzt.

[154] RHG, BW/Herbst 89, SDP 03: „SDP – Warum jetzt SPD?" [Frühjahr 1990].

[155] Vorstand der SPD [der DDR] (Hrsg.), Ja zur deutschen Einheit, [S. 14].

[156] Dies ging mit einer Wiederentdeckung sozialdemokratischer Wurzeln des Totalitarismusansatzes einher, der von der demokratischen Linken noch wenige Jahre zuvor mehrheitlich kritisch betrachtet worden war (vgl. Kailitz, Die politische Deutungskultur im Spiegel des „Historikerstreits", S. 174.)

[157] Vgl. Vorstand der SPD (Hrsg.), Berliner Programm, S. 37–39.

[158] Vgl. Glotz, Die Linke nach dem Sieg des Westens, S. 64; Meyer, The Transformation of German Social Democracy, S. 134 f.; Jun, The Changing SPD, S. 73 f.

[159] Glotz, Die Linke nach dem Sieg des Westens, S. 63.

[160] Grundwertekommission beim Parteivorstand der SPD (Hrsg.), Sozialismus, S. 8.

[161] Ebenda, S. 7.

mokratische Grundwertekommission befand.[162] Stattdessen stellte sich nicht nur
der stellvertretende SPD-Vorsitzende Wolfgang Thierse nun die Frage, ob der Stalinismus nicht doch den Sozialismus „zur Kenntlichkeit gebracht" habe.[163]

Vor allem die sogenannten Modernisierer in der SPD erhielten nun Oberwasser.
Für sie begann mit dem Ende des Realsozialismus eine „neue Epoche"[164], in der
sich die Fragen der Zeit mit „Forderungen nach einer prinzipiell anderen Gesellschaftsordnung"[165] nicht mehr beantworten ließen, wie es in einem Thesenpapier
der „Arbeitsgruppe Parteireform" beim Landesvorstand der nordrhein-westfäli-
schen SPD vom Dezember 1990 hieß. Für die Autorinnen und Autoren, zu denen
der spätere Kanzleramtsminister Bodo Hombach gehörte, ging es um einen „Abschied von alten Lebenslügen".[166] Und dazu gehörte, sich „von ideologischen Altlasten" zu befreien und ein „der Zeit angemessenes, aufgeklärtes Verhältnis zur
Marktwirtschaft" zu entwickeln.[167] Diese Position griff wenige Jahre später die
Grundwertekommission der Partei auf: Es gehe in der heutigen Zeit nicht mehr
um politische „Globalalternativen", sondern um „Akzentverschiebungen", die
durch Symbolwörter vergangener Zeiten wie „Sozialismus", „Liberalismus" und
„Konservatismus" unzutreffend beschrieben würden. In der globalisierten Welt
seien die „Korridore für Alternativen enger" geworden.[168] Die veränderte Denkweise brachte Peter Glotz auf die Formel, auch Linke müssten lieber Vorstand werden wollen als Betriebsrat.[169]

Grüne auf dem Weg ins „System"

Aber nicht nur in der Sozialdemokratie, sondern überall im Westen galt mit dem
Kommunismus des Ostens auch der Sozialismus insgesamt als gescheitert – und
damit auch jede andere Form der Utopie.[170] So sahen das auch viele Grüne. Die
Entwicklungsgeschichte der 1980 gegründeten Partei „Die Grünen" nahm bereits
wesentliche Facetten der Integration der PDS vorweg.[171] Mit Wurzeln in den westlichen K-Gruppen verstanden sich die Grünen anfänglich als Vertretung einer politischen Alternative zu Industriekapitalismus, Parlamentarismus, Antikommunis-

---

[162] Ebenda, S. 22; siehe dazu auch Grebing, Geschichte der deutschen Arbeiterbewegung,
S. 238–242; kritisch dazu auch T. Fichter, Die Partei des Demokratischen Sozialismus, S. 17.

[163] Wolfgang Thierse in Gregor Gysi/Wolfgang Thierse, Reden wir miteinander. Streitgespräch
der Tageszeitung Junge Welt und des ARD-Rundfunks. Dokumentiert in: Gysi, Einspruch,
S. 146–162, Zitat S. 156 f.

[164] AdsD, SPD-LV Berlin: „Arbeitsgruppe Parteireform" beim Landesvorstand der NRW-SPD,
Die Modernisierung der SPD. Düsseldorf, 15. 12. 1990, S. 9.

[165] Ebenda, S. 7.

[166] Ebenda.

[167] Ebenda, S. 5.

[168] Vgl. SPD-Grundwertekommission (Hrsg.), Sozialismus, S. 24.

[169] Glotz, Die Linke nach dem Sieg des Westens, S. 91.

[170] Vgl. Ther, Die neue Ordnung, S. 55.

[171] Siehe hierzu auch Hough/Koß/Olsen, The Left Party, S. 66–83; Holzhauser, Extremisten von
gestern, S. 6–9.

mus und Westbindung.[172] Ihre Konkurrenten sprachen daher in den 1980er Jahren von einer „verdeckten Plattform“ für kommunistische „Systemveränderer“, wie es damals in CDU-Broschüren hieß: Demnach strebten die Grünen einen „Umbau unserer Gesellschaftsordnung“ und die Errichtung einer „Rätedemokratie“ an und mit ihrem kritischen Verhältnis zu USA und NATO gefährdeten sie die „außenpolitischen Grundlagen für unsere Freiheit und unsere Sicherheit“.[173] Die Grünen wollten, so der Vorwurf, eine „Unterwerfung unter den Willen Moskaus“.[174]

Trotz wesentlicher Unterschiede (die Grünen hatten weder ein realsozialistisches Regime errichtet noch sahen sie sich als Teil der kommunistischen Traditionslinie) galt doch: In vielerlei Hinsicht waren die frühen westdeutschen Grünen das gewesen, was die PDS in den 1990er Jahren war, eine linke Antisystempartei. Aber bereits vor dem Jahr 1989/90 befand sich die „Ökopartei“ auf dem Weg hinein ins „System“ und jene „realpolitische“ Strömung erhielt Oberhand, die eine Abkehr vom Sozialismus befürwortete und sich durch das Ende des Realsozialismus darin bestätigt sah.[175] Für die grünen „Realos“ war das sozialistische Projekt endgültig gescheitert und verdiente daher „keine Neuauflage“ mehr, wie der Grünen-Bundessprecher Ralf Fücks im Frühjahr 1990 argumentierte.[176] Teile des „fundamentalistischen“ und des „ökosozialistischen“ Flügels der Grünen reagierten, indem sie der Partei den Rücken kehrten, nicht ohne ihr eine übermäßige Anpassung an das bundesrepublikanische System vorzuwerfen: „In den Grünen gibt es heute nur noch wenig Zustimmung für eine Kritik des Parlamentarismus oder eine Ablehnung von Regierungsbeteiligungen im Rahmen des Kapitalismus“, wie es in der Austrittserklärung einer Gruppe von „Ökosozialisten“ um Rainer Trampert und Thomas Ebermann hieß.[177]

Innerhalb der gesamten westdeutschen Linken setzte sich daher nach dem Ende des Ost-West-Konflikts und dem Scheitern des Realsozialismus eine dezidiert utopie-feindliche, realpolitische Stimmung durch, wonach jeder „-ismus“ seine Glaubwürdigkeit verloren hatte oder gar als Keim einer diktatorischen Entwicklung galt.[178] Vor allem aus Sicht der „Realo“-Grünen lag die Zukunft in ei-

---

[172] So auch die Argumentation der CDU, vgl. CDU-Bundesgeschäftsstelle (Hrsg.), Die Grünen, S. 3; dazu auch Kraatz/Peters, Zwischen Abgrenzung und Annäherung; zu den frühen Grünen siehe Mende, Nicht rechts, nicht links, sondern vorn.

[173] CDU-Bundesgeschäftsstelle (Hrsg.), Die Rotgrünen, Zitate S. 4, S. 6 f., S. 11 und S. 21.

[174] CDU-Bundesgeschäftsstelle (Hrsg.), Die Grünen, S. 18.

[175] Vgl. Dittmar, Das Realo-Fundi-Dispositiv, S. 328; vgl. auch Veen/Hoffmann, Die Grünen, S. 56.

[176] AGG, B.I.3 – BuVo/BGSt, Bundesvorstand [122]: Ralf Fücks, Entwurf für eine deutschlandpolitische Resolution der BDK [Anlage zum Protokoll der BuVo-Sitzung am 26. 3. 1990].

[177] AGG, B.I.3 – BuVo/BGSt, Bundesvorstand [122]: Marianne v. Ilten u. a., Wir verlassen die Grüne Partei. Hamburg, 6.4.90; siehe dazu auch Klein/Falter, Der lange Weg der Grünen, S. 60 f.

[178] Grundwertekommission beim Parteivorstand der SPD (Hrsg.), Sozialismus, S. 28 f.; Wolfgang Thierse, Reden wir miteinander. Streitgespräch der Tageszeitung „Junge Welt“ und des ARD-Rundfunks mit Gregor Gysi. Dokumentiert in: Gysi, Einspruch, S. 146–162, hier S. 156 f.

nem dezidierten Anti-Utopismus, der ganz den Glauben an ein „Ende der Geschichte"[179] atmete, das in den frühen 1990er Jahre beschworen wurde.[180] Vor diesem Hintergrund bekannten sich die Grünen auch zur parlamentarischen Demokratie und ersetzten den ökologischen Antikapitalismus mit einer „kritischen Akzeptanz der Marktwirtschaft".[181] „Die Formulierung von einer Alternative *zum* System wurde durch die politische Alternative *im* System ersetzt."[182]

Die beschriebenen programmatischen Konzeptionen einer „modernen" Sozialdemokratie und einer grünen „Reformpartei", die im Laufe der 1990er Jahre immer dominanter wurden, überlagerten sich in komplexer Weise mit den parteipolitischen Auseinandersetzungen mit der PDS. Argumente gegen die „Nachfolgepartei", die von ihren Gegnern vorgebracht wurden, waren oft so gestaltet, dass sie sich zugleich gegen den linken Flügel der jeweils eigenen Partei richteten. Zugleich wurden eigene programmatische Positionen als diskreditiert erachtet, wenn sie auch von der PDS vertreten wurden. Auf der anderen Seite wurde die Möglichkeit einer Kooperation mit der PDS von linken SPD-Mitgliedern und Grünen stets als Versuch gesehen, die eigene Partei auf einen klareren „linken" Kurs zu bringen und Prozesse der „Anpassung" an den veränderten politischen Zeitgeist zu verhindern. Damit wurde die strategische Frage, ob es ein Bündnis mit der PDS geben könne, nicht nur, aber auch zur Frage, in welche programmatische Richtung sich die gesamtdeutsche Linke entwickeln würde.

Der Blick der PDS auf die westdeutsche Linke im Jahr 1990

Nicht nur die Westlinke, auch die PDS befand sich im Jahr 1990 auf Kurssuche. Während sich aber SPD und Grüne in Abgrenzung zur PDS von ihren Ideen und Leitsätzen der 1980er Jahre sichtlich entfernten, öffnete sich die frühere SED nach Jahrzehntelanger realsozialistischer Industriepolitik und ideologischem Anti-Sozialdemokratismus gerade solchen programmatischen Impulsen aus der westeuropäischen Linken, die für die „Reformsozialisten" als Möglichkeit gesehen wurden, das Projekt eines „modernen Sozialismus" zu verwirklichen: Was SPD-„Modernisierern" und grünen „Realos" nun zunehmend als überholt galt, war für die „Reformer" in der PDS gerade „modern" und „realistisch", nämlich einen „dritten Weg jenseits von stalinistischem Sozialismus und Herrschaft transnationaler Monopole" zu suchen, wie Gregor Gysi auf dem Außerordentlichen Parteitag der SED im Dezember 1989 formulierte.[183] Es galt, die „modernen Errungenschaften" des Westens wie „Wettbewerb" und „Mitbestimmung" zu übernehmen, aber ohne

---

179 Fukuyama, Das Ende der Geschichte.
180 Vgl. Dittmar, Das Realo-Fundi-Dispositiv, S. 351.
181 Ebenda, S. 342 und S. 368–372.
182 Switek, Bündnis 90/Die Grünen, S. 106 f., Zitat S. 107. Vgl. auch Probst, Bündnis 90/Die Grünen.
183 Gysi, Rede auf dem Außerordentlichen Parteitag der SED/PDS am 8. 12. 1989, S. 52; vgl. auch Gysi (Hrsg.), Wir brauchen einen dritten Weg.

die kapitalistischen Realitäten wie „Massenarbeitslosigkeit", „Existenzangst" und „Zweidrittelgesellschaft".[184]

Auf dem Weg dahin entdeckte die Führungsgruppe der PDS nach jahrzehntelanger Unterdrückung in der SED eine sozialdemokratische Traditionslinie wieder, wie schon die Namensgebung vom Dezember 1989 signalisierte. Auch das Berliner Parteiprogramm der West-SPD vom Dezember 1989 galt innerhalb des realpolitischen Flügels der PDS als „modern und fortschrittlich" und den neuen Herausforderungen angemessen, wie es 1991 in einer Analyse Horst Dietzels für den PDS-Vorstand hieß.[185] Mehr noch: Viele in der PDS sahen sich selbst als Sozialdemokraten oder versuchten, den nach dem Zweiten Weltkrieg anvisierten Traum doch noch wahrzumachen, die ideologische Spaltung der Arbeiterbewegung zu überwinden.[186] Die PDS sollte eine Partei werden, die „sozialdemokratische und kommunistische Traditionen vereint"[187] und die zugleich den ökologischen Gedanken übernimmt, der in den 1980er Jahren über den Weg der Umweltbewegung Fuß in den westlichen Gesellschaften gefasst hatte.[188] Dazu passte, dass führende PDS-Repräsentanten zu Beginn des Jahres 1990 keine Gelegenheit ausließen, um mit sozialistischen und sozialdemokratischen Politikern wie François Mitterrand,[189] Bruno Kreisky,[190] Neil Kinnock,[191] Kalevi Sorsa[192] und Schimon Peres[193] zusammenzutreffen und mit ihnen einen Beobachterstatus der PDS in der Sozialistischen Internationale zu diskutieren. Aus Sicht der PDS wäre das einer internationalen Aufwertung gleichgekommen und hätte ihre Orientierung hin zur Sozialdemokratie dokumentiert. Im deutsch-deutschen Kontext wiederum hatte Gysi der SPD schon auf dem Sonderparteitag im Dezember 1989

---

[184] Gysi, Rede auf dem Außerordentlichen Parteitag der SED/PDS am 8. 12. 1989, S. 52.

[185] ADS, PDS-PV-340: Horst Dietzel, Warum eine linke Kraft neben der Sozialdemokratie? Wahlinformation PDS, 23. 11. 1990, S. 2. Dietzel hatte in der DDR über die Jungsozialisten der SPD promoviert und über die internationale Sozialdemokratie habilitiert. Nach 1990 arbeitete er dem Parteivorstand der PDS zu.

[186] ADS, PDS-PV-342: Jochen Weichold/Michael Herms, AG Bündnisarbeit, Information an das Präsidium über die Fortsetzung der 13. Ordentlichen Bundesversammlung der Grünen, 8. bis 9. 6. 1991 in Köln. Berlin, 12. 6. 1991, S. 7. In diesem Sinne entstand im Winter 1989/90 in der PDS auch eine „Sozialdemokratische Plattform" (vgl. Sozialdemokratische Plattform in der SED-PDS. In: Neues Deutschland, 9. 1. 1990).

[187] Manfred Tetzel, Ist Bernstein jetzt zu rehabilitieren? In: Berliner Zeitung, 6. 1. 1990.

[188] Vgl. PDS (Hrsg.), Parteiprogramm 1990, S. 6. Vor allem das PDS-Programm des Jahres 1993 legte großen Wert auf die ökologische Komponente, die dort fester Bestandteil des Sozialismusverständnisses ist (PDS (Hrsg.), Parteiprogramm 1993, S. 2 f., S. 7 f., S. 10 f., S. 13–17, S. 21–25).

[189] ADS, PDS-PV-159: Protokoll der Sitzung des Präsidiums des Parteivorstandes am 8. 2. 1990.

[190] Vgl. Zessin/Schwertner/Schumann, Chronik der PDS, S. 25.

[191] ADS, PDS-PV-342: Bericht über politische Gespräche des Genossen Gysi in London. Vorlage für das Präsidium des Parteivorstandes. Berlin, 15. 4. 1991.

[192] ADS, PDS-PV-206: Kommission Internationale Politik, Information über den Aufenthalt des Genossen Hans Modrow vom 24. bis 26. 9. 1990 in Finnland. Berlin, 1. 10. 1990; ebenda: Festlegungsprotokoll der Sitzung des Präsidiums des Parteivorstandes der PDS, 8. 10. 1990.

[193] Vgl. Zessin/Schwertner/Schumann, Chronik der PDS, S. 47.

ein explizites Angebot zur gegenseitigen „Partnerschaft" unterbreitet.[194] Der „Arbeitskreis Strategie/Analyse" der PDS sprach im Mai 1990 sogar von einer möglichen „Vereinigung" mit der SPD, um das linke Lager zu stärken.[195]

Trotzdem blieb dieser Neuorientierungsprozess hin zur Sozialdemokratie auch innerhalb der PDS prekär. Nicht nur, weil er die kommunistischen Beharrungskräfte unterschätzte, sondern auch weil er selbst nicht widerspruchsfrei blieb. Vielmehr wurde er verbunden mit Attacken auf die reale Politik der westlichen Linken, allen voran auf die SPD. Diese galt in Fortschreibung alter kommunistischer SPD-Perzeptionen als opportunistisch und angepasst, ohne authentischen Veränderungswillen: eher ein „Arzt am Krankenbett des Kapitalismus", als eine Partei, die zu dessen Überwindung beitrage.[196] Die SPD schreibe zwar gute Programme, so Horst Dietzel, taste de facto aber Unternehmerinteressen nicht an, bleibe trotz Forderungen nach Demokratisierung und plebiszitären Elementen „staats- und parlamentsfixiert" und setze ihr Ziel der Wirtschaftsdemokratie nicht um.[197] Auch für Gregor Gysi hatte die SPD mehrheitlich „mit dem Kapital ihren Frieden gemacht, und zwar prinzipiell".[198]

Ganz ähnlich wurden auch die westlichen Grünen gesehen, die auf dem Weg zu einer konservativen Partei seien[199] und in der praktischen Politik „kaum noch den Anspruch der Gesellschaftsreform und -veränderung"[200] aufwiesen, so die verbreitete Wahrnehmung in der PDS. Die West-Grünen hätten sich mit dem Kapitalismus arrangiert und ignorierten die Interdependenz der ökologischen mit der globalen sozialen Frage.[201] Die programmatischen Diskussionen und Entwicklungen bei SPD und Grünen wiederum schienen diese tief sitzenden Ressentiments gegenüber einem vermeintlichen Opportunismus der westlichen Linken zu bestätigen. Sie boten der PDS zudem die Aussicht, eine „systemkritische" Klientel im Westen, die sich „durch SPD und Grüne in zunehmendem Maße nicht

---

194 Gysi, Rede auf dem Außerordentlichen Parteitag der SED/PDS am 17. 12. 1989, S. 332; vgl. auch PDS (Hrsg.), Parteiprogramm 1990, S. 5.

195 ADS, PDS-PV-416: Arbeitskreis Strategie/Analyse, Erste Überlegungen zur Frage der Linken in Europa und Positionen der PDS auf dem Forum der europäischen linken Parteien in Tampere (Diskussionsangebot). Berlin, 9. 5. 1990, S. 4.

196 Sozialdemokratische Plattform in der SED-PDS. In: Neues Deutschland, 9. 1. 1990; siehe hierzu auch: Fraude, „Reformsozialismus" statt „Realsozialismus"?, S. 75–80.

197 ADS, PDS-PV-340: Horst Dietzel, Warum eine linke Kraft neben der Sozialdemokratie? Wahlinformation PDS, 23. 11. 1990, S. 2.

198 Gregor Gysi, Rede auf der Parteivorstandssitzung, 16. 6. 1990. Dokumentiert in: Ders., Einspruch, S. 114–119, hier S. 115; vgl. auch Gysi/Willerding, PDS – Problem und Chance, S. 124.

199 ADS, PDS-PV-121: Sachprotokoll der Tagung des Parteivorstandes am 27. 4. 1992 (Beitrag P. Schott).

200 ADS, PDS-PV-138: Gregor Gysi, Für eine Wiederaneignung der Politik durch die Partei. Die politische Entwicklung der BRD, die Politik und der Platz der PDS in den Auseinandersetzungen bis 1994 (Thesen zu einer Strategie der PDS bis zu den Bundestagswahlen). Vorlage für die Sitzung des Parteivorstandes der PDS am 30. 11. 1992, 30. 11. 1992, S. 2.

201 Gregor Gysi, Rede auf der Parteivorstandssitzung, 16. 6. 1990. Dokumentiert in: Ders., Einspruch, S. 114–119, hier S. 116 f.

mehr vertreten fühlt", als neue eigene Zielgruppe anzusprechen, wie es André Brie formulierte.[202] Auf der Linken, so Horst Dietzel, gebe es genug Raum für eine „konsequent sozialistische Partei", „die nicht Macht-, sondern Sachpolitik" betreibe.[203]

Das Verhalten von SPD und Grünen gegenüber der PDS

Und in der Tat wurde die PDS im Jahr 1990 für einen Teil des linken Milieus in Westdeutschland zu einer Projektionsfläche für eigene Hoffnungen auf eine neue systemkritische Linke. Beispielhaft dafür stand der westdeutsche Musiker Rio Reiser. Lange Zeit ein Aushängeschild der linksalternativen Szene, trat der frühere Sänger der Gruppe „Ton, Steine, Scherben" nach einem Treffen mit Gregor Gysi 1990 der PDS bei, da er darin die neue Heimat für systemkritische Menschen sah.[204] Andere wie der Hamburger Grüne Jürgen Reents hofften, Teile der PDS in ein gesamtdeutsches linkes Bündnisprojekt einbeziehen zu können.[205] Solchen Hoffnungen aber erteilten Mehrheiten sowohl in der SPD als auch bei den Grünen eine Absage. Für die Wahlen des Jahres 1990 schloss die Sozialdemokratie jede Form der Kooperation mit der PDS und explizit auch jedes Tolerierungsmodell aus.[206] Die PDS wurde nun als „gegnerische Organisation" beschrieben, „die sich zu Lasten der SPD stabilisieren wolle", wie es SPD-Bundesgeschäftsführerin Anke Fuchs ausdrückte.[207] Zu diesem Konkurrenzmotiv kamen manifeste historische Belastungen im Verhältnis der beiden Parteien, die 1990 allenthalben aufbrachen. So forderte die SPD nicht nur eine Entschuldigung für die „Zwangsvereinigung" des Jahres 1946,[208] sondern auch die Rückerstattung ihres dadurch verloren gegangenen Vermögens im Wert von etwa einer halben Milliarde Mark.[209] Das Verhältnis zur SPD sei „äußerst gespannt und von politischer Feindschaft gekennzeichnet", hieß es daher in einem PDS-internen Papier vom Sommer 1990.[210] Dazu trug auch bei, dass die „Reformer" in der PDS ihre Hoffnung auf einen Be-

---

[202] ADS, PDS-PV-140: André Brie, Strategie der PDS zu den Wahlen 1994 (Entwurf), vertraulich. Vorlage für den Parteivorstand der PDS zu einer Wahlstrategie 1994. 10. 12. 1992, S. 11.

[203] ADS, PDS-PV-340: Horst Dietzel, Warum eine linke Kraft neben der Sozialdemokratie? Wahlinformation PDS, 23. 11. 1990, S. 2.

[204] Vgl. Henry Bernhard, „Du musst von Gysi acht Millionen verlangen…" In: MDR Online, 4. 1. 2016, URL <http://www.mdr.de/damals/archiv/reiser122.html> (abgerufen am 11. 3. 2019); Er ist doch kein Messias. Interview mit Rio Reiser. In: Berliner Zeitung, 24. 8. 1994.

[205] AGG, B.I.3 – BuVo/BGSt, Bundesvorstand [122]: Jürgen Reents, Brief an Ruth Hammerbacher (zum Mitlesen für andere). WestBerlin, 13.3.90.

[206] AdsD, SPD-Präs.: Protokoll der Telefonkonferenz des Präsidiums am 8. 10. 1990; vgl. auch Holzhauser, „Niemals mit der PDS"?, S. 290–292.

[207] AdsD, SPD-Präs.: Protokoll der Präsidiumssitzung am 11. 6. 1990 (Redebeitrag Anke Fuchs).

[208] Siehe dazu Kapitel III.3.1.

[209] Vgl. Ammer, Von der SED zur PDS, S. 108; Fraude, „Reformsozialismus" statt „Realsozialismus"?, S. 76.

[210] ADS, PDS-PV-316: Kommission Politisches System/Parteien und Bewegungen, Information: Aktuelle Positionen von Parteien und Bewegungen der DDR und BRD. Berlin, 20. 7. 1990, S. 12–16.

obachterstatus in der Sozialistischen Internationale aufgeben mussten – nicht zuletzt wegen der ablehnenden Haltung der SPD.[211]

Weniger eindeutig verhielten sich die West-Grünen, die bemüht waren, sich nicht an antikommunistischen Strategien zu beteiligen, deren Zielscheibe sie in den 1980er Jahren selbst gewesen waren. „Punktuelle Zusammenarbeit" in „Aktionsbündnissen" und auf „Demos" wurde daher ausdrücklich für möglich erklärt. Einem strategischen Bündnis mit der PDS aber erklärten die Grünen auf ihrem Parteitag in Hagen vom 30. März bis 1. April 1990 eine dezidierte Absage.[212] Zum einen habe die ehemalige Staatspartei ihre Vergangenheit nur „ungenügend und unglaubwürdig" aufgearbeitet und verfüge noch immer über einen „starken Block oberflächlich gewendeter Altstalinisten".[213] Und zum anderen sei die PDS noch immer durch eine „platte Schwarz-Weiß-Weltsicht" gekennzeichnet, sodass „der Kapitalismus für alles Schlechte verantwortlich gemacht wird und als das Gute der ‚Sozialismus' angepriesen wird".[214] Damit versuchten sich die Grünen auf eine postideologische Position zu stellen, die sich vom sozialistischen Antikapitalismus und Antiwesternismus der PDS distanzierte. Dies wiederum war ein klarer Sieg für den „Realo"-Flügel der West-Grünen, aus dessen Mitte eine „klare Absage an die PDS" gefordert worden war: Die Grünen dürften nicht zum „Zwischenwirt auf dem Weg zu der seit langem ersehnten Linkspartei des reinen und real nicht befleckbaren Sozialismus" werden, so eine Gruppe um die baden-württembergischen Grünen Uschi Eid, Fritz Kuhn, Rezzo Schlauch und Winfried Kretschmann im Frühjahr 1990.[215]

Die Folge war, dass sich ein Teil des „Linken Forums" der Grünen im Sommer und Herbst 1990 zum Austritt aus der Partei entschied und dafür die „Unvereinbarkeits- und Verteufelungspolitik" gegenüber der PDS als Mitgrund nannte.[216] Die Grünen seien nicht bereit, der früheren SED „die Möglichkeit eines Lernpro-

[211] Hans Modrow gegenüber verwiesen die finnischen Sozialdemokraten in diesem Zusammenhang auf erhebliche Widerstände der deutschen und schwedischen Sozialdemokraten gegen eine Einbeziehung der PDS (ADS, PDS-PV-206: Kommission Internationale Politik, Information über den Aufenthalt des Genossen Hans Modrow vom 24. bis 26. 9. 1990 in Finnland. Berlin, 1. 10. 1990).

[212] AGG, B.II.1 – Die Grünen im Bundestag 1983–1990, 5241 ½: Ludger Volmer, Offener Brief an die Mitglieder der baden-württembergischen Grünen. Antwort auf Winfried Kretschmann, Uschi Eid u. a., undatiert [April/Mai 1990]; vgl. auch Hoffmann, Auf dem Weg in ein neues Bündnis?, S. 16 f.

[213] AGG, B.I.10 – BuVo/BGSt, 1023: Austritte bzw. Übertritte von Mitgliedern der GRÜNEN zur PDS. Erklärung des Bundesvorstandes der GRÜNEN, 11. 9. 1990. In: DIE GRÜNEN Bundesgeschäftsstelle, Dokumentation und Diskussionspapiere zu den Austritten bzw. Übertritten GRÜNER PolitikerInnen. Bonn [Herbst 1990], S. 10 f., Zitat S. 10.

[214] Ebenda.

[215] AGG, B.II.1 – Die Grünen im Bundestag 1983–1990, 5241 ½: Hendrik Auhagen u. a., Offener Brief an die Mitglieder der baden-württembergischen Grünen, undatiert [April/Mai 1990].

[216] AGG, B.I.10 – BuVo/BGSt, 1023: Jürgen Reents, An den Bundesvorstand DIE GRÜNEN, 10. 9. 1990. In: DIE GRÜNEN Bundesgeschäftsstelle (Hrsg.), Dokumentation und Diskussionspapiere zu den Austritten bzw. Übertritten GRÜNER PolitikerInnen. Bonn [Herbst 1990], S. 7.

zesses zuzubilligen, den die vielen sich heute in den GRÜNEN befindlichen Ex-Stalinisten für sich selbst beanspruchen", wie es fast wortgleich in mehreren Austrittsschreiben hieß.[217] Einige Ex-Grüne wie Birgit Arkenstette, Michael Stamm, Jürgen Reents, Ulrich Briefs, Ulla Jelpke, Harald Wolf und Winfried Wolf fanden dann auch selbst ihren Weg in die PDS, wo sie zum Teil beachtliche Karrieren hinlegten und als Pressesprecher (Reents), Bundestagsabgeordnete (Jelpke, Briefs, W. Wolf) und Senatoren (H. Wolf) fungierten.[218] Die bundesweit bekanntesten Repräsentanten der Parteilinken dagegen, Rainer Trampert, Jutta Ditfurth und Thomas Ebermann, sahen in der PDS keine neue politische Heimat, auch wenn sie sich mit ihr solidarisierten: Die Partei werde zum Opfer einer „versuchten Vernichtung" durch „Springer-Presse" und „BRD-SPD", weil sie deren „großdeutsche" Ideologie ablehne.[219]

Aus der SPD wiederum gab es ebenfalls kritische Stimmen zum Abgrenzungskurs gegenüber der PDS,[220] was diese auch zu nutzen versuchte: Gezielt wurden „Einzelpersönlichkeiten" aus der West-SPD angesprochen, um sie von der „Erneuerung" der Partei zu überzeugen.[221] Dazu zählten mit den Parteivorstandsmitgliedern Egon Bahr, Karsten D. Voigt, Peter von Oertzen, Harry Ristock und Susi Möbbeck solche Personen, von denen man sich, in Anschluss an die Dialogpolitik der 1980er Jahre oder aufgrund gemeinsamer sozialistischer Überzeugungen Verständnis und Offenheit erhoffte.[222] Allerdings kam es zunächst kaum zu Übertritten von der SPD zur PDS. Fälle wie die des Münchner IG-Metall-Funktionärs Gerd Elvers, der 29 Jahre SPD-Mitglied gewesen war,[223] blieben Ausnahmen. Das galt auch für den Salzgitterer IG-Metall-Sekretär Bernd Henn, der 1990 die SPD

---

[217] AGG, B.I.10 – BuVo/BGSt, 1023: Birgit Arkenstette, Astrid Geese/Harald Wolf, Gründe für unseren Austritt aus der Alternativen Liste. Berlin, den 10. 9. 1990. In: DIE GRÜNEN Bundesgeschäftsstelle (Hrsg.), Dokumentation und Diskussionspapiere zu den Austritten bzw. Übertritten GRÜNER PolitikerInnen. Bonn [Herbst 1990], S. 6; ähnlich auch: AGG, B.I.10 – BuVo/BGSt, 1023: Dieter Hummel, Rück- und Austrittserklärung [undatiert]. In: DIE GRÜNEN Bundesgeschäftsstelle (Hrsg.), Dokumentation und Diskussionspapiere zu den Austritten bzw. Übertritten GRÜNER PolitikerInnen. Bonn [Herbst 1990], S. 3 f.

[218] AGG, B.I.10 – BuVo/BGSt, 1023: DIE GRÜNEN Bundesgeschäftsstelle (Hrsg.), Dokumentation und Diskussionspapiere zu den Austritten bzw. Übertritten GRÜNER PolitikerInnen. Bonn [Herbst 1990]; vgl. auch Meuche-Mäker, Die PDS im Westen, S. 14; Hoffmann, Auf dem Weg in ein neues Bündnis?.

[219] Radikale Linke, Zur PDS, S. 127.

[220] Vgl. Schmitz, SPD: Opposition findet nicht mehr statt, S. 4 f.; siehe dazu auch Arkenstette u. a., Was bleibt vom Sozialismus?; Redaktion der Zeitschrift spw, Die Heimatlose Linke; Mau u. a., Vertrauen bilden; Rewe, Die PDS.

[221] Vgl. PDS, Eine neue Partei?.

[222] ADS, PDS-PV-189: Parteivorstand der PDS, Präsidium, André Brie/Jochen Willerding, Teilnahme von Vertretern linker und demokratischer Bewegungen und Parteien aus dem Ausland an der Erneuerungskonferenz der Partei des Demokratischen Sozialismus. Vorlage. Berlin, 12. 7. 1990 [Anlage 1: Vorschläge zur Teilnahme an der Erneuerungskonferenz]; zur Konferenz siehe PDS (Hrsg.), Eine neue Partei?.

[223] Vgl. Gerner, Partei ohne Zukunft?, S. 140.

verließ, im Oktober Mitglied der PDS wurde und im Dezember für diese in den Deutschen Bundestag einzog.[224]

Die PDS und das „linksextremistische Spektrum" im Westen

Anstatt der erhofften Massenübertritte aus SPD und Grünen musste die PDS im Westen auf anderes Personal vertrauen. Die „Linke Liste", die im August und September 1990 in der Bundesrepublik als Pendant zur PDS in der DDR entstand, rekrutierte sich vor allem aus heimatlosen Linken sowie aus trotzkistischen, maoistischen und anderen K-Gruppen, die im Jargon des Verfassungsschutzes auch als „linksextremistisches Spektrum" zusammengefasst wurden. In der PDS sahen sie die Chance, ihre politische Isolation zu überwinden.[225] Angesichts der traditionellen Feindschaft mancher dieser Gruppierungen zur SED war dies eine bemerkenswerte Entwicklung.[226] Eine wichtige Rolle beim Aufbau der West-PDS spielten der „Kommunistische Bund" (KB), aber auch die sogenannten „Erneuerer" der DKP um den späteren PDS-Bundesgeschäftsführer Wolfgang Gehrcke. Diese hatten erfolglos versucht, ihre Partei auf einen Perestroika-freundlichen Kurs zu bringen, und suchten nun in der PDS eine neue Heimat.[227] Die DKP selbst als traditionelle „Bruderpartei" der SED stellte keinen bevorzugten Ansprechpartner mehr dar. Auf der einen Seite lehnte sie den „Erneuerungskurs" der PDS als zu „sozialdemokratisch" ab.[228] Auf der anderen Seite hielt die PDS-Führung um Gysi bewusst Distanz, um nicht als „Vehikel"[229] in den Bundestag missbraucht oder zur „Tarnorganisation der DKP"[230] gemacht zu werden, zumal sie jenen „Stalinismus" repräsentierte, den es in der PDS zu überwinden galt. Dass es dennoch Kontakte, gewisse gegenseitige Loyalitäten und DKP-Kandidaturen auf der „Linken Liste" gab, verweist ebenso auf die Ambivalenz des „antistalinistischen Konsenses" der PDS wie auch auf ihre dezidierte Abgrenzung vom westlichen Antikommunismus.[231] Vor allem aber standen dahinter bündnispragmatische Gründe: Um die

---

224 Vgl. Ehemaliger PDS-Abgeordneter wollte zur SPD. In: Hannoversche Allgemeine Zeitung, 11.11.1991.
225 Vgl. Olsen, The PDS in Western Germany, S. 149; Gerner, Partei ohne Zukunft?, S. 139 f.
226 Vgl. Gerber, Nie wieder Deutschland?, S. 31.
227 Vgl. ebenda, S. 118 f.; Gerner, Partei ohne Zukunft?, S. 140; Moreau, PDS. Anatomie, S. 191–198.
228 Vgl. Fraude, „Reformsozialismus" statt „Realsozialismus"?, S. 88.
229 ADS, PDS-PV-092: Reader zur Entwicklung der PDS/Linken Liste in den westlichen Bundesländern für die Parteivorstandstagung am 16./17. 3. 1991. Dort: Stellungnahme Linke Liste/ PDS: Das Personenbündnis, undatiert, S. 15 f.
230 ADS, PDS-PV-071: Referat des Genossen Gregor Gysi auf der Parteivorstandssitzung am 9. 8. 1990, S. 29; vgl. auch Moreau, PDS. Anatomie, S. 185 f., S. 189 und S. 207–210.
231 Siehe dazu Fraude, „Reformsozialismus" statt „Realsozialismus"?, S. 85–91; Moreau, PDS. Anatomie, S. 186–191; zum weiteren Verhältnis DKP–PDS siehe auch Moreau u. a., Die PDS: Profil, S. 230–233.

PDS nach Westen auszudehnen, wurden programmatische Unterschiede in Kauf genommen: eine „gemeinsame Grundstimmung" sollte vorerst ausreichen.[232]

Den Expansionsplänen der PDS nach Westen half das kaum: Mit nur einigen Hundert Mitgliedern – ein Wert, der sich bis Ende der 1990er Jahre auf über 4000 steigerte – führte die PDS in den alten Bundesländern lange Zeit ein Schattendasein.[233] Dennoch wurde sie im Sinne des Minderheitenschutzes in Gremien bewusst überrepräsentiert und stellte gewöhnlich zwischen einem Viertel und einem Drittel des Parteivorstands,[234] und das, obwohl viele in der Parteiführung den Aktivitäten des West-Flügels ausgesprochen kritisch gegenüberstanden und vor einer abschreckenden Wirkung durch „radikale und sektiererische Kräfte" im dortigen Parteiumfeld warnten.[235] Wenn die West-PDS nur aus einer „Sammlung von ‚Resten'" aus DKP, Grünen und anderen linken Gruppen bestünde – was sie lange Zeit tat –, dann wäre das „die sicherste Garantie für ein erneutes Scheitern", wie Wolfgang Gehrcke bereits im Sommer 1990 prophezeite.[236]

2.2 Feinde oder Verbündete?
Die PDS und die Bürgerbewegungen

Wie bereits mit Blick auf West- und Ost-SPD angeklungen ist, waren die Beziehungen zwischen der bundesdeutschen Linken und der PDS eng verzahnt mit dem Verhältnis der früheren Staatspartei zur Bürgerbewegung der DDR. In ihrem Kurs gegenüber der PDS musste nicht nur die Sozialdemokratie Rücksicht auf die früheren DDR-Oppositionellen in ihren Reihen nehmen. Auch die westdeutschen Grünen bemühten sich im Vorfeld der Bundestagswahl 1990 um ein strategisches Bündnis mit den ostdeutschen Bürgerbewegungen, was 1993 schließlich in die Fusion mit dem „Bündnis 90" zur gesamtdeutschen Partei „Bündnis 90/Die Grünen" mündete. Dass dieses Bündnis eine Abgrenzung von der PDS verlangte, lag nahe.

Allerdings waren die Beziehungen zwischen der früheren Staatspartei und der DDR-Opposition deutlich komplexer, als man es vermuten könnte.[237] Zwar waren

---

[232] ADS, PDS-PV-092: Reader zur Entwicklung der PDS/Linken Liste in den westlichen Bundesländern für die Parteivorstandstagung am 16./17. 3. 1991. Dort: Harald Werner, Überlegungen zur Zielgruppenanalyse und Motivationsstruktur des Wählerpotentials in der BRD, 2. 9. 1990, S. 17 f.

[233] Vgl. Gerner, Partei ohne Zukunft?, S. 115; Moreau u. a., Die PDS: Profil, S. 214; Meuche-Mäker, Die PDS im Westen, S. 35 (Tabelle 1).

[234] Vgl. Meuche-Mäker, Die PDS im Westen, S. 31; zum Delegiertenschlüssel für Bundesparteitage siehe Oppelland/Träger, Die Linke, S. 102 f., Tabelle 9.

[235] ADS, PDS-PV-187: Zentrales Wahlbüro des Parteivorstandes der PDS, Information über die Notwendigkeit strategischer Entscheidungen des Parteivorstandes der PDS im Zusammenhang mit der Vorbereitung auf gesamtdeutsche Wahlen. Vorlage für das Präsidium des Parteivorstandes. Berlin, 9. 7. 1990, S. 4.

[236] ADS, PDS-PV-178: Wolfgang Gehrcke, Überlegungen für eine Linkssozialistische Partei in der BRD/in Deutschland/für eine PDS. Überarbeitete Fassung [Sommer 1990], S. 3.

[237] Siehe hierzu auch Trömmer, Der verhaltene Gang; Fraude, „Reformsozialismus" statt „Realsozialismus"?, S. 80–85.

Bürgerbewegung und SED im Herbst 1989 klare Antipoden in der Auseinandersetzung um die Zukunft des DDR-Herrschaftssystems gewesen, es gab aber auch Überschneidungen: Manche SED-Mitglieder waren selbst in der Opposition aktiv und stritten Seite an Seite mit den Bürgerbewegungen gegen den „Stalinismus" der Honecker-SED, für den Erhalt einer sozialistischen DDR und gegen die deutsche Wiedervereinigung.[238] Der Wechsel an der SED-Spitze im Dezember 1989 brachte dann die Fronten zusätzlich durcheinander, hatte der neue Vorsitzende Gysi doch als Anwalt in der Vergangenheit zahlreiche Oppositionelle als Strafverteidiger vertreten und sich damit Ansehen bis weit in die Gruppe der Bürgerbewegungen erworben. Zu seinen Mandantinnen und Mandanten gehörten neben Rudolf Bahro und Robert Havemann auch Jutta Braband und Thomas Klein, die später selbst zur PDS stießen,[239] aber auch Gerd und Ulrike Poppe von der Gruppe „Demokratie Jetzt" oder Bärbel Bohley vom „Neuen Forum".[240] Noch am 4. November hatte Gysi zusammen mit Dissidenten und Oppositionellen wie Stefan Heym, Christa Wolf, Friedrich Schorlemmer und Jens Reich auf dem Alexanderplatz gegen die Staats- und Parteiführung demonstriert. Sie alle suchten ihren „Traum einer reformierten demokratischen und sozialistischen DDR" zu verwirklichen.[241] Und auch der Aufruf „Für unser Land" vom 26. November trug die Unterschrift von Oppositionellen und SED-Mitgliedern, die sich gemeinsam für eine eigenständige reformierte DDR als „sozialistische Alternative zur Bundesrepublik" einsetzten.[242]

Die Spaltung der Bürgerbewegung

Der gemeinsame Protest von SED-Mitgliedern und Oppositionellen für den Erhalt der DDR aber verfehlte nicht nur seine Wirkung bei der Mehrheit der Bevölkerung, die sich in den kommenden Monaten deutlich in Richtung Wiedervereinigung orientierte. Er stieß auch bei Teilen der Oppositionsgruppen auf erhebliche Kritik und zeigte eine sich abzeichnende Spaltung der DDR-Opposition an, die durch die Frage des Umgangs mit der (SED-)PDS noch zusätzlich verschärft wurde. Auf der einen Seite stand ein nach Westen orientierter Flügel, der das politische und ökonomische System der Bundesrepublik als Leitbild übernahm, für die Wie-

---

[238] ADS, PDS-PV-316: Kommission Politisches System/Parteien und Bewegungen, Information: Aktuelle Positionen von Parteien und Bewegungen der DDR und BRD. Berlin, 20. 7. 1990, S. 28; Land/Possekel, Fremde Welten, S. 107–109, S. 114 und S. 175.

[239] Jutta Braband war als Mitglied des Unabhängigen Frauenverbands (UFV) und der Vereinigten Linken (VL) Vertreterin am „Zentralen Runden Tisch" und wurde 1990 auf der Liste der PDS/LL in den Bundestag gewählt. Nach ihrem Bekenntnis zu ihrer Stasi-Tätigkeit im September 1991 gab sie ihr Mandat schließlich zurück. Thomas Klein saß seit März 1990 für die Vereinigte Linke (VL) in der Volkskammer und von Oktober bis Dezember 1990 im Bundestag. Dort war er Mitglied der PDS-Gruppe. Später wurde Klein Mitglied der Historischen Kommission der Partei „Die Linke".

[240] Vgl. König, Gregor Gysi, S. 226–238.

[241] Rödder, Deutschland einig Vaterland, S. 102–104, Zitat S. 104; vgl. auch Trömmer, Der verhaltene Gang, S. 104 f.

[242] Für unser Land. Berlin, 26. 11. 1989. Dokumentiert in: Neues Deutschland, 29. 11. 1989.

dervereinigung eintrat und sich zugleich scharf von der Staatspartei abgrenzte. Dazu gehörten die ostdeutsche Sozialdemokratie ebenso wie der „Demokratische Aufbruch" (DA), der an der Volkskammmerwahl im März als Teil der CDU-geführten „Allianz für Deutschland" antrat und die deutliche Botschaft „Nie wieder Sozialismus in Deutschland" plakatierte.[243] Auf der anderen Seite stand der linke, sozialistische und vereinigungskritische Flügel der DDR-Bürgerbewegung um die kleinen, als SED-nah geltenden Oppositionsgruppen „Vereinigte Linke" (VL) und „Unabhängiger Frauenverband" (UFV).[244] Führende Vertreterinnen und Vertreter wie Jutta Braband, Bernd Gehrke und Thomas Klein warnten gemeinsam mit dem stellvertretenden PDS-Vorsitzenden André Brie vor einem neuen „Antikommunismus" und einer „Verteufelung der PDS". Stattdessen propagierten sie die „Chance eines eigenen Wegs" als Alternative sowohl zum „Stalinismus" als auch zum „Anschluß an das politische und wirtschaftliche System des bundesdeutschen Kapitalismus".[245]

Die verschiedenen Gruppen wiederum, die sich zum Bündnis 90 vereinigten, bewegten sich in der PDS-Frage zwischen diesen beiden Polen von Abgrenzung und Annäherung. Die beiden Volkskammergruppen von PDS und Bündnis 90 (inklusive der DDR-Grünen), die in Opposition zur Regierung de Maizière standen, stimmten sich in einzelnen Fällen auch untereinander ab und kamen zum Teil sogar zu gemeinsamen Sitzungen zusammen wie etwa zur Nominierung Günter Nookes als Oppositionsvertreter im Verwaltungsrat der Treuhandanstalt.[246] Manche Bündnis-Vertreter wie Wolfgang Ullmann kritisierten die „Neuauflage eines antiquierten bürgerlichen Antikommunismus", in dessen Zuge die PDS „antidemokratisch angegriffen" werde, und plädierten für eine Zusammenarbeit in Sachfragen.[247] Auch kam es im außerparlamentarischen Feld des Öfteren zu Kontakten zwischen Mitgliedern der PDS und der Bürgerbewegungen.[248] So trafen sich am 1. Juli 1990 in Berlin Vertreterinnen und Vertreter der PDS, der West-Grünen, der DDR-Opposition sowie linker Splittergruppen aus Westdeutschland zu einem „deutsch-deutschen Aktionsseminar", um „das Verhältnis von gesellschaftlicher Utopie und Parlamentarismus" und „die Formen künftiger deutsch-deutscher Kooperation" zu diskutieren.[249] In der gemeinsamen Abschlusserklärung wurde ein vielfaches „emotionales Unbehagen im Umgang miteinander" eingeräumt, aber

---

[243] Vgl. Küsters, Die Vereinigung, S. 180; U. Schmidt, Transformation einer Volkspartei, S. 57; Trömmer, Der verhaltene Gang, S. 107–109.

[244] Vgl. Trömmer, Der verhaltene Gang, S. 174 f.

[245] RHG, BW/Herbst 89, VL 15: Offener Brief an die Mitglieder der SPD in der DDR. Berlin, 1. 8. 1990. In Auszügen dokumentiert in: Neues Deutschland, 11. 8. 1990.

[246] Vgl. Trömmer, Der verhaltene Gang, S. 207 f.

[247] Wolfgang Ullmann, Gespräch mit Bernhard Maleck, S. 52; vgl auch Ullmann, Demokratie – jetzt oder nie, S. 47; Trömmer, Der verhaltene Gang, S. 208 f.

[248] Vgl. Trömmer, Der verhaltene Gang, vor allem S. 213 f.

[249] ADS, PDS-PV-186: Abschlußerklärung des deutsch-deutschen Aktionsseminars, 1. 7. 1990.

auch eine gemeinsame Basis für einen „Verständigungsprozeß" und für „mögliche gemeinsame Aktivitäten" konstatiert.[250]

Die Diskussionen um eine gemeinsame „Personenliste" im Bundestagswahlkampf 1990

Solche gemeinsamen Aktivitäten fassten vor allem Bärbel Bohley und Klaus Wolfram vom Berliner Neuen Forum ins Auge. Sie sprachen sich gegen „Ausgrenzung"[251] und „Vereinnahmungsängste" und für eine „punktuelle Zusammenarbeit mit der PDS" aus,[252] wofür sie in ihrer eigenen Partei wiederholt kritisiert wurden.[253] Dass es Bohley und Wolfram damit ernst meinten, wurde im Sommer 1990 deutlich, als beide für wenige Wochen die Idee verfolgten, zur Bundestagswahl im Dezember mit einem ostdeutschen „Personenbündnis" anzutreten. Auf dessen Wahlliste sollten neben prominenten Personen aus der Bürgerrechtsbewegung auch einzelne „Persönlichkeiten aus der PDS" kandidieren, ohne aber die Gesamtpartei einzubeziehen oder den Parteinamen der ehemaligen Staatspartei zu nutzen.[254] André Brie zufolge war bereits eine gemeinsame Pressekonferenz für den 16. August anvisiert worden, ebenso seien ein Statut, programmatische Grundlinien und der Name „Die Opposition" vereinbart worden.[255] Eine solche Wahlpartei hätte nicht nur das Überspringen der Fünf-Prozent-Hürde erleichtert. Sie hätte auch einen breiten Bogen von der ehemaligen Anti-SED-Opposition zur Nachfolgerin der SED selbst geschlagen und jene ostdeutschen Strömungen versammelt, die dem politischen System der Bundesrepublik kritisch gegenüberstanden.[256] Zumindest manche der Involvierten verfolgten das dezidierte Ziel, „eine gemeinsame

---

[250] Ebenda. Die Erklärung unterzeichneten neben Rainer Börner von der PDS u. a. auch Reinhard Schult (NFo), Ulrike Poppe (DJ), Michael Stamm (GAL), Volker Ratzmann, Renate Künast (beide AL) sowie Verena Krieger und Hans-Christian Ströbele (beide West-Grüne).

[251] RHG, BW/Herbst 89, Bü 081: Protokoll vom Vierten „Runden Tisch" der alternativen DDR-Gruppen mit den BRD-Grünen". Berlin, 19. 8. 1990 (Beitrag Klaus Wolfram).

[252] RHG, Neues Forum, NFo 122/123: Protokoll des Landessprecherrates, 3. 4. 1990 (Beitrag Bärbel Bohley).

[253] ADS, PDS-PV-316: Kommission Politisches System/Parteien und Bewegungen, Information: Aktuelle Positionen von Parteien und Bewegungen der DDR und BRD. Berlin, 20. 7. 1990, S. 28; RHG, Neues Forum, NFo 122/123: Protokoll des Republiksprecherrats, 22. 8. 1990; vgl. auch Trömmer, Der verhaltene Gang, S. 209–211.

[254] ADS, PDS-PV-071: Referat des Genossen Gregor Gysi auf der Parteivorstandssitzung am 9. 8. 1990, S. 13; Gregor Gysi im Gespräch mit dem Autor, 15. 2. 2007; siehe dazu auch A. Brie, Ich tauche nicht ab, S. 241–244, sowie auf Basis von Zeitzeugengesprächen Trömmer, Der verhaltene Gang, S. 222–227.

[255] A. Brie, Ich tauche nicht ab, S. 242–244; Land/Possekel, Fremde Welten, S. 119.

[256] Zu den Teilnehmerinnen und Teilnehmern gehörten André Brie zufolge Reinhard Schult (NFo), Harald Wolf (AL), Petra Kelly und Gert Bastian (beide West-Grüne). Auch Jens Reich (NFo) und Wolfgang Ullmann (DJ) gehörten Brie zufolge zu den Diskussionspartnern (vgl. A. Brie, Ich tauche nicht ab, S. 242 f.; siehe dazu auch auf Basis von Interviews: Trömmer, Der verhaltene Gang, S. 222–227; Land/Possekel, Fremde Welten, S. 119).

Linke zu initiieren, die wirklich etwas mit 1989 zu tun hat", wie es Klaus Wolfram später formulierte.[257]

Was damit gemeint war, wurde Ende August 1990 im Zusammenhang mit einer Beratung im „Haus der Demokratie" deutlich. Dort kamen auf Einladung des Berliner Neuen Forums unter Führung Wolframs und Bohleys Repräsentanten von Parteien und Bewegungen (PDS, Neues Forum, UFV, DDR-Grüne, VL), aber auch von Gewerkschaften (IG Metall, IG Transport, HBV) und Interessenverbänden (Mieterbund, Behindertenverband, Bauernverband) zusammen, „um über die Möglichkeit der Konstituierung eines Runden Tisches zu beraten", der sich „den sozialen Ängsten der Bevölkerung verpflichtet fühlt". Ziel sei es, so erläuterten Wolfram und Bohley laut PDS-Bericht, politischen Druck zu formieren, um „die sozialen Gefahren" durch die anstehende Vereinigung zu adressieren, ein neues „Solidaritätsgefühl" zu fördern und im Zuge der Einheit „die Interessen der DDR-Bürger" zu vertreten.[258]

Für die Gruppe um Gregor Gysi und André Brie bargen solche gemeinsamen Projekte die Aussicht, die PDS in ein gesamtdeutsches linksalternatives Projekt einzubringen, das von der Reputation der DDR-Opposition und ihrer Aushängeschilder profitieren und die Erneuerung der PDS vorantreiben sollte.[259] In seiner Autobiographie erklärt Gysi lapidar, die von Bohley vorgeschlagene gemeinsame Kandidatur zur Bundestagswahl abgelehnt zu haben.[260] Den Parteivorstandsakten zufolge aber hielt er es im Sommer 1990 für „eine große Chance", durch das neue Bündnis „eine bestimmte Isolation zu brechen".[261] Allerdings gelang es ihm ebenso wenig wie Bärbel Bohley, das Misstrauen zwischen früherer Staatspartei und Opposition zu überwinden. Auf der einen Seite fühlten sich einige Mitglieder des PDS-Präsidiums, die erst am 6. August 1990 in die Überlegungen Gysis eingeweiht wurden, von ihrem Vorsitzenden übergangen. Sie fürchteten, die Gruppe um Bohley könnte einzelne Personen aus der PDS herauslösen und auf diese Weise eine Spaltung der Partei herbeiführen.[262] Das Parteipräsidium forderte daher, die PDS

---

[257] So Klaus Wolfram im Gespräch mit Markus Trömmer, zit. n. Trömmer, Der verhaltene Gang, S. 223; vgl. auch A. Brie, Ich tauche nicht ab, S. 241.

[258] ADS, PDS-PV-199: Kommission Politisches System/Parteien und Bewegungen, Information über eine Beratung im Haus der Demokratie am 24. 8. 1990. Berlin, 27. 8. 1990, S. 3.

[259] ADS, PDS-PV-194: Jochen Willerding an Gregor Gysi, Zur gestrigen Diskussion um einen neuen Bündnisvorschlag (vertraulich). Berlin, 7. 8. 1990.

[260] Gysi, Ein Leben ist zu wenig, S. 185.

[261] ADS, PDS-PV-071: Gregor Gysi, Referat auf der Parteivorstandssitzung am 9. 8. 1990, S. 13.

[262] ADS, PDS-PV-194: Jochen Willerding an Gregor Gysi, Zur gestrigen Diskussion um einen neuen Bündnisvorschlag (vertraulich). Berlin, 7. 8. 1990. Das Protokoll der Präsidiumssitzung verzeichnet dazu nur: „Die Informationen über die politische Situation nach dem Vorschlag zur Durchführung gesamtdeutscher Wahlen am 14. Oktober und nach den Wahlbündnissen der anderen kleinen Parteien und Bewegungen der Volkskammer werden zur Kenntnis genommen. [...] Zur Klärung weiterer Wahlfragen findet am Donnerstag, dem 9. 8. 1990, um 18:00 Uhr eine außerordentliche Sitzung des Parteivorstandes statt." (ADS, PDS-PV-193: Festlegungsprotokoll der 41. Sitzung des Präsidiums des Parteivorstandes der PDS, 6. Aug. 1990). Gregor Gysi deutete die Idee im Gespräch mit dem Autor als Versuch, eine Teilnahme der PDS selbst zu verhindern (Gregor Gysi im Gespräch mit dem Autor, 15. 2. 2017).

müsse „in ihrer Gesamtheit" akzeptiert werden und auf einer Wahlliste zudem jeden zweiten Listenplatz einnehmen.[263]

Das wiederum war für Bohley undenkbar, jedoch fand sie ohnehin im Neuen Forum keine Mehrheit für ihr Projekt.[264] Nachdem dessen Republiksprecherrat erst am 22. August von den Verhandlungen seiner eigenen Führungsriege mit der PDS erfahren hatte, sprach er dem Arbeitsausschuss das Misstrauen aus.[265] Bohley und Wolfram waren innerhalb des Neuen Forums längst durch eine bürgerliche, dezidiert westlich orientierte und ausgesprochen PDS-kritische Strömung um Joachim Gauck und andere majorisiert worden. Für diese stellte die PDS „ein Relikt der Vergangenheit" dar und schied als Partner aus,[266] war doch für den Großteil der DDR-Bürgerbewegung zu dieser Zeit bereits jede Art der Zusammenarbeit mit der früheren SED unvorstellbar geworden.[267] Die Kommunikations- und Verständnisbarrieren – oder mit Andreas Fraude: die „psychologisch-affektive Kluft"– zwischen der früheren Staatspartei und der ehedem unterdrückten Opposition waren zu groß.[268] Und überhaupt hatte sich für die Mehrheit der Bürgerbewegung die Idee eines eigenständigen Entwicklungswegs zwischen DDR-Realsozialismus und westlichem Kapitalismus mit dem Ende der Systemkonkurrenz überlebt. Ein Dritter Weg, „dem sich alleine noch ausgerechnet die gestürzte Diktaturpartei verpflichtet fühlte", konnte „keine politische Option der bürgerrechtlichen Bewegung mehr sein", wie es Martin Sabrow ausdrückte.[269]

PDS und „Bündnis 90"

Das Projekt eines breiten Bündnisses „Die Opposition" war damit gestorben. Stattdessen traten die verbliebenen Parteien der Bürgerbewegung bei der Bundestagswahl im Bündnis mit den DDR-Grünen unter dem Namen „Bündnis 90/Grüne-BürgerInnenbewegungen"[270] an und beriefen sich auf „eine klare politische Ab-

---

263 ADS, PDS-PV-195: Festlegungsprotokoll der 43. Sitzung des Präsidiums des Parteivorstandes der PDS, 13. 8. 1990, S. 1.

264 Vgl. A. Brie, Ich tauche nicht ab, S. 244.

265 Vgl. Kukutz, Chronik der Bürgerbewegung Neues Forum, S. 180 und S. 324.

266 RHG, Neues Forum, NFo 122/123: Protokoll des Landessprecherrates, 6. 6. 1990 (Position Halle).

267 Dies gehörte zum festen Code der Bürgerbewegung: „Wer [...] die Zusammenarbeit mit der PDS nicht grundsätzlich ausschließen wollte, galt bald als Verräter an den Idealen." (Land/ Possekel, Fremde Welten, S. 197).

268 Fraude, „Reformsozialismus" statt „Realsozialismus"?, S. 83.

269 Sabrow, Der vergessene Dritte Weg, S. 12; zur Ideengeschichte „dritter Wege" siehe Gallus/ Jesse, Was sind Dritte Wege?; zu „dritten Wegen" in der DDR-Opposition: Geisel, Auf der Suche.

270 VL und UFV wiederum waren mit Einzelpersonen sowohl auf den Listen der PDS als auch des Bündnisses 90 vertreten und zerfielen in der Folge (vgl. Trömmer, Der verhaltene Gang, S. 229). Die UFV-Mitglieder Petra Bläss und Jutta Braband kandidierten für die Linke Liste/ PDS (vgl. auch RHG, BW/Herbst 89, Bü 081: Protokoll über das Erste Treffen des Koordinierungsrates des „Runden Tisches" am 24. 9. 1990). Auf Landesebene kam es zum Teil zu abweichenden Wahlbündnissen.

grenzung gegenüber der PDS". Diese stelle „keine glaubwürdige Opposition"[271] dar:

„Den Beweis, daß die PDS eine völlig neue Partei ist und ihre Verantwortung für den ‚real existierenden Sozialismus', für Repression und Stasi, für einen unergründlichen Sumpf an Korruption und den Niedergang der DDR wirklich aufgearbeitet hat, ist sie bisher schuldig geblieben."[272]

Zwar bemühte sich das Bündnis 90 in seiner Wahlkampfplattform um Differenzierung: In der PDS gebe es „sowohl Kräfte, die sich die Abarbeitung [sic!] der Geschichte der SED und eine Demokratisierung der Partei zur Aufgabe gemacht haben, als auch solche, die in der ungebrochenen Tradition stalinistischer Machtpolitik stehen". Wegen ihrer „besonderen Pflicht" wurde ihr aber eine klärende Trennung von ihren personellen und ideologischen Altlasten nahegelegt.[273] Bei der Kundgebung des „Runden Tischs von unten" am 4. November 1990 wurde die PDS schließlich auch aus dem Veranstalterkreis gestrichen.[274]

Die Kontakte der PDS zu Teilen der Bürgerbewegung wurden allerdings auch nach der Bundestagswahl 1990 fortgeführt. So kam es im Februar 1991 zu einem gemeinsamen „Politischen Aschermittwoch" Gregor Gysis mit Käthe Woltemath (SPD), Jens Reich (Neues Forum) und Wolfgang Ullmann (Bündnis 90), die allesamt aus der DDR-Bürgerbewegung stammten.[275] Auch standen Bohley und Wolfram mit der PDS in Bezug auf ein Stiftungsprojekt in Kontakt, bei dem sie die finanzielle Unterstützung der Partei benötigten. Ziel der „Solidar-Stiftung e.V." sollte es sein, in einer Zeit „restaurativer" Politik „emanzipatorische, kreative und solidarische Denkansätze" zu verteidigen und entsprechende Projekte zu finanzieren.[276] Zu den Gründungsmitgliedern des Vereins zählten PDS-Mitglieder wie der Volkskammerabgeordnete und Parteivorstand Rainer Börner, aber auch bekannte DDR-Oppositionelle wie Ina Merkel (UFV), Jutta Braband (UFV/VL) und Wolfgang Ullmann (Demokratie Jetzt). PDS-Chef Gregor Gysi wurde ausdrücklich als „Vorsitzende[r] einer demokratischen Partei" adressiert, der die Ziele des Vereins programmatisch „vertraut" seien.[277] Das Präsidium der PDS wiederum sagte seine inhaltliche Unterstützung zu und vereinbarte weitere „Kontakte zur Realisierung" des Projekts, das aus Sicht der PDS eine günstige Gelegenheit bot, die Kontakte zur Bürgerbewegung auch nach der Bundestagswahl zu erhalten und zu intensivieren.[278] Aber nur wenige Wochen nach dieser Zusage ging Bohleys Neues Forum

---

271 RHG, BW/Herbst 89, Bü 081: DJ, IFM, GP (DDR), NF, UFV, VL, Grüne (BRD), Erklärung. Berlin, 19. 8. 1990.
272 Ebenda.
273 RHG, BW/Herbst 89, Bü 081: Die Grünen/Bündnis 90, Wahlplattform. Endgültiger Text Wahlplattform, 29. 8. 1990.
274 Gysi sprach von einem offenen „Versuch der Ausgrenzung" (ADS, PDS-PV-208: Gregor Gysi, An die Mitglieder des „Runden Tisches von unten" und Veranstalter der Kundgebung, 4. 11. 1990 [undatiert]).
275 Zessin/Schwertner/Schumann, Chronik der PDS, S. 44.
276 ADS, PDS-PV-185: SOLIDAR-Stiftung e.V. (in Gründung) an Partei des Demokratischen Sozialismus, Vorstand, z. H. d. Vorsitzenden, Dr. Gregor Gysi. Berlin [undatiert], S. 1.
277 Ebenda, S. 2.
278 ADS, PDS-PV-316: Beschluß des Präsidiums des Parteivorstandes, 4. 3. 1991.

auf Konfrontation und forderte die Auflösung der PDS, die ihre Vergangenheit nicht glaubwürdig aufgearbeitet habe.[279]

Es scheinen vor allem die zahlreichen Skandale in der Finanz- und in der Stasi-Frage gewesen zu sein, die das Verhältnis zwischen PDS und Bürgerbewegten nachhaltig beschädigten. Nicht zuletzt war es der Fall Gysi: Nachdem Bohley und Gerd Poppe Anfang 1992 in ihren Stasi-Akten Berichte eines IM „Notar" gefunden hatten und ihren früheren Anwalt Gysi beschuldigten, ihre vertraulichen Gespräche an die Staatssicherheit weitergegeben zu haben, begann ein Jahre langer, auch juristisch geführter Streit zwischen Bohley und Gysi um die gemeinsame Vergangenheit.[280] Den komplexen Fall Gysi im Einzelnen nachzuzeichnen, würde an dieser Stelle zu weit führen. Jedenfalls blieb es nicht bei den Anschuldigungen Bohleys und Poppes. Auch die Rolle Gysis als Anwalt anderer DDR-Oppositioneller geriet ins Zwielicht und gab Anlass zu Nachforschungen, die bis in die jüngste Vergangenheit andauerten. Die Behörde für die Stasi-Unterlagen kam schon 1995 zu dem Schluss, Gysi habe als Anwalt mandantenbezogene Informationen an das MfS weitergegeben und so mit diesem kooperiert,[281] eine Einschätzung, der sich der Immunitätsausschuss des Bundstages im Mai 1998 anschloss – allerdings gegen die Stimme des FDP-Repräsentanten, der nicht überzeugt war.[282] Gysi selbst wies die Vorwürfe stets zurück und verwies darauf, dass keine handschriftlichen Zeugnisse gefunden wurden.[283] Trotz aller Indizien konnte ein gerichtsfester Nachweis der aufgestellten Behauptungen nicht geführt werden.[284]

Unabhängig davon, ob Gysi nun mit der Stasi kooperiert und – was die vielleicht zentralere Frage ist – ob er dabei gegen die Interessen seiner Mandantinnen und Mandanten verstoßen hatte oder nicht, so trug die wiederkehrende Auseinandersetzung doch erheblich dazu bei, seine Glaubwürdigkeit und die der PDS insgesamt in DDR-oppositionellen Kreisen zu erschüttern. Die alte Frontstellung zwischen Staatspartei und Opposition lebte wieder auf und zeigte sich auf lange Frist

---

279 Vgl. Wolfgang Gast, Vorwärts nimmer – rückwärts immer. In: Die Tageszeitung, 24. 6. 1991; Trömmer, Der verhaltene Gang, S. 234 f.

280 Vgl. Ein Stasi-„Notar" in Gysis Büro. In: Die Tageszeitung, 13. 1. 1992; „In wahnsinniger Todesangst". In: Der Spiegel, 13. 1. 1992, S. 26–33; Gysi: Sie jagen mich. In: Die Tageszeitung, 4. 11. 1994; Bohley gegen Gysi. In: Die Tageszeitung, 2. 6. 1995.

281 Vgl. Der Bundesbeauftragte, Gutachterliche Stellungnahme; siehe auch Stasi-Spitzel wurde man auch ohne Verpflichtungserklärung. Interview mit Marianne Birthler. In: Spiegel Online, 2. 6. 2008, URL <http://www.spiegel.de/politik/deutschland/birthler-ueber-gysi-stasi-spitzel-wurde-man-auch-ohne-verpflichtungserklaerung-a-556771.html> (abgerufen am 11. 3. 2019).

282 Dt. Bundestag, Drs. 13/10893: Bericht des Ausschusses für Wahlprüfung, Immunität und Geschäftsordnung (1. Ausschuß) zu dem Überprüfungsverfahren des Abgeordneten Dr. Gregor Gysi gemäß § 44b Abs. 2 Abgeordnetengesetz, 29. 5. 1998; dazu auch König, Gregor Gysi, S. 210–217; für das FDP-Votum vgl. FDP bekräftigt Zweifel an Gysis Stasi-Tätigkeit. In: Die Welt, 24. 3. 1998.

283 Vgl. Gysi, Das war's, S. 321; ders., Ein Leben ist zu wenig, S. 188 f.

284 Zuletzt stellte die Staatsanwaltschaft Hamburg im Juni 2016 Ermittlungen gegen Gysi wegen Meineids ein; zum Problemkomplex Gysi/MfS siehe König, Gregor Gysi, S. 182–220; Booß, Im goldenen Käfig, S. 484–504.

doch stärker als die vorübergehenden Versuche, sich in Zweckbündnissen gemeinsam gegen die neue Dominanz des Westens zu vereinigen. Auch wenn Teile der früheren DDR-Oppositionellen und des Reformflügels der PDS in vielen Punkten programmatisch und normativ nicht weit auseinanderlagen: Die Narben der Vergangenheit erwiesen sich als tiefer und nachhaltiger.

2.3 Das Ende des „Demokratischen Blocks": PDS, CDU und Liberale

Die Entfremdung zwischen Bohley und ihrem früheren Anwalt Gysi ging in den folgenden Jahren so weit, dass das einstige Aushängeschild des linken Bürgerrechtsflügels im Berliner Wahlkampf des Jahres 2001 gemeinsam mit dem früheren Politbüro-Mitglied Günter Schabowski auf Wahlkampfveranstaltungen von CDU und FDP auftrat, um einen Bürgermeister Gregor Gysi in der Hauptstadt zu verhindern.[285] Bohley war bei weitem nicht die einzige frühere Bürgerrechtlerin, die im wiedervereinten Deutschland ihren Weg ins „bürgerliche" Lager von Union und Freien Demokraten fand.[286] Das war eine bemerkenswerte Entwicklung, schließlich hatten CDU und Liberaldemokraten in der DDR noch bis Dezember 1989 selbst zum „Demokratischen Block" und zur „Nationalen Front" der SED gehört, das Regime mitgetragen und sich auf dessen sozialistische Ideologie berufen.[287] Das Verhältnis der „bürgerlichen Blockparteien" zur PDS war daher äußerst spannungsreich und die demonstrative Abgrenzung von der PDS war bei CDU und LDPD auch eine Distanzierung von der eigenen Rolle in der DDR.

Diese Distanzierung begann seit Sommer 1989. Nach und nach machte sich auch in den „Blockparteien" Unzufriedenheit breit und begann vor allem die Basis das Regime zu hinterfragen. Als erste setzte sich die LDPD für eine Demokratisierung des Sozialismus ein, ohne freilich bereits von seiner Abschaffung zu reden.[288] Die CDU folgte wenig später, ihre Führung bekannte sich aber noch im November 1989 zu einem christlichen Sozialismus.[289] Auch Lothar de Maizière, der im selben Monat zum neuen Parteivorsitzenden der Ost-Union gewählt wurde, verfolgte zunächst die Sprachregelung, „nicht der Sozialismus" sei am Ende, sondern seine „diktatorische Verzerrung".[290]

---

285 Vgl. Ehemaliger SED-Funktionär Schabowski warnt vor der PDS. In: Die Welt, 10. 8. 2001.

286 Siehe dazu Kapitel IV.2.1.

287 Vgl. U. Schmidt, Transformation einer Volkspartei, S. 48; U. Schmidt, Von der Blockpartei zur Volkspartei?, S. 62 f.; Pfau, Aspekte der Entwicklung liberaler Kräfte, S. 106–108.

288 Siehe dazu Pfau, Aspekte der Entwicklung liberaler Kräfte, v. a. S. 106–108.

289 Positionen der CDU zu Gegenwart und Zukunft (Zweiter Entwurf). In: Neue Zeit, 25. 11. 1989; im vorherigen Entwurf der alten Parteiführung war noch von der CDU als „Partei des Sozialismus" die Rede gewesen: Was wir wollen und brauchen: Reformen und Erneuerung – Vertrauen und neue Kraft. Positionen der CDU zu Gegenwart und Zukunft (Entwurf zur Diskussion). In: Neue Zeit, 28. 10. 1989.

290 ACDP, Ost-CDU, 07-011-3933: Manuskript Lothar de Maizière, undatiert [Stellungnahme der CDU zur Regierungserklärung, November 1989], dokumentiert in: Lothar de Maizière,

Mit diesem Profil standen die „bürgerlichen Blockparteien" der DDR in schroffem Gegensatz zu Union und FDP in der Bundesrepublik. Deren Verhältnis zur SED war in ganz besonderer Weise durch eine historische Abgrenzung von jeder Form des Kommunismus und des Sozialismus geprägt. Für das Selbstverständnis von CDU und CSU setzte die emotional aufgeladene Abgrenzung von der PDS jenen Antikommunismus fort, der seit der Nachkriegszeit als „Ausgangspunkt jeder erfolgreichen Mobilisierung" ihrer Wählerschaft fungierte, wie es Franz Walter und Frank Bösch formuliert haben. Demnach vermittelte die Union ihren Wählerinnen und Wählern, „daß die politische Landschaft scharf in zwei Lager getrennt sei: in das freiheitlich-antisozialistische, das für Sicherheit und Fortschritt stehe, und das linke Spektrum, das mit Verfall und Untergang konnotiert wurde. Jede Wahl wurde auf diese Weise zur Schicksalswahl."[291] Zwar spielte die Ablehnung von Kommunismus und Sozialismus auch für die FDP eine traditionell große Rolle, diese hatte jedoch mit der „Neuen Ostpolitik" bereits andere Akzente gesetzt. Die achtziger Jahre standen dann auch für die christlich-liberale Koalition im Zeichen des Pragmatismus. Zwar hielten Union und FDP an ihrer dezidierten ideologischen Abgrenzung vom Kommunismus fest, sie versuchten das aber mit einer realpolitischen Linie in der Deutschlandpolitik zu vereinbaren. An einer Einladung an Erich Honecker hielt auch die Regierung Kohl fest, mit der Vermittlung des „Milliardenkredits" handelte der CSU-Vorsitzende Franz Josef Strauß 1983 sichtlich gegen seine antikommunistische Rhetorik und zu den westdeutschen Politgrößen, die in den 1980er Jahren regelmäßig die SED-Spitze in Ost-Berlin besuchten, gehörten keineswegs nur Sozialdemokraten, sondern auch CDU-Landesfürsten wie Ernst Albrecht und Lothar Späth.[292]

Dennoch betonten beide westdeutschen Regierungsparteien im Umbruch 1989/90 ganz ihre Distanz und Gegnerschaft zum DDR-Regime und zögerten auch zunächst, die kompromittierten „Blockparteien" als Partner anzuerkennen.[293] Zuerst müssten sich diese deutlich sichtbar von der SED-PDS und deren sozialistischer Ideologie distanzieren und nach Westen orientieren. Und das taten sie schließlich auch.[294] Unter ostdeutschen Christ- und Liberaldemokraten gewann im Laufe des Winters 1989/90 die Ansicht Oberhand, dass die ökonomischen Probleme der DDR nicht innerhalb des sozialistischen Systems geheilt werden könnten, sondern nur durch Übernahme des westdeutschen Vorbilds: „Soziale Marktwirtschaft –

Gleichberechtigte Partnerschaft bei Gestaltung der Gesellschaft. In: Neue Zeit, 18. 11. 1989; vgl. M. Richter, Zur Entwicklung der Ost-CDU, S. 126.

[291] F. Walter/Bösch, Das Ende des christdemokratischen Zeitalters?, S. 50 f.

[292] Vgl. D. F. Sturm, Uneinig in die Einheit, S. 75; Conze, Die Suche nach Sicherheit, S. 646–653; siehe dazu ausführlich K.-R. Korte, Deutschlandpolitik; zum Milliardenkredit siehe Möller, Franz Josef Strauß, S. 592–615.

[293] Vgl. Küsters, Die Vereinigung, S. 169–178; Vorländer, Die FDP, S. 113 f.

[294] U. Schmidt, Von der Blockpartei zur Volkspartei?, S. 81; Küsters, Die Vereinigung, S. 173 f.; Pfau, Aspekte der Entwicklung liberaler Kräfte, S. 106–108.

keine sozialistischen Experimente"[295] und „sowenig [...] Staat wie möglich"[296]
lauteten die neuen Slogans. Nach Vorbild der Bonner Koalitionsparteien definierten sich Ost-CDU und LDPD nun als Parteien der „Mitte"[297] und stellten sich
in Anlehnung an ihre West-Pendants auf ein antitotalitäres Fundament: „gegen
jedweden Extremismus"[298] von „rechts und links".[299] An die Stelle des sozialistischen Bekenntnisses trat die Ablehnung von „Sozialismus und Stalinismus",[300]
wobei die beiden Begriffe nun als diktatorische Ideologien gleichgesetzt wurden:
„das steht schon drin bei Marx, daß eine Diktatur aufgebaut wird, und wir haben
sie aufgebaut", wie im Januar 1990 im CDU-Vorstand selbstkritisch argumentiert
wurde.[301]

Wie unsicher diese rhetorischen Absetzbewegungen noch waren, zeigt die Äußerung eines CDU-Vorstandsmitglieds auf der Sitzung vom 5./6. Januar 1990, in
der er die Stasi als die „roten Horden" Gysis bezeichnete und zugleich seine Kollegen bat, ihm „diesen sehr üblen Slogen [sic!]" zu verzeihen.[302] Ähnlich unsicher
verhielten sich Ost-CDU und LDPD auch in der Bündnisfrage: Zwar wurden Allianzen mit der SED-PDS für die Zukunft ausgeschlossen und deren Ablösung in
der Regierung gefordert.[303] „Totale Abgrenzung von der SED-PDS" sollte nun die
Devise sein.[304] Einstweilen aber verblieben Christ- und Liberaldemokraten noch
bis zur Neuwahl im März in der Regierung Modrow, um die „Regierbarkeit unse-
res Landes" zu sichern und keine weitere Destabilisierung zu riskieren, wie beide
Parteien argumentierten.[305] Die westdeutsche Union sprach nichtsdestotrotz von

[295] ACDP, Ost-CDU, 07-011-3134: Wortprotokoll 1. Tagung des Parteivorstandes der CDU am
5. und 6. 1. 1990 in Burgscheidungen, S. 29 (Beitrag Dr. Werner Thomas).
[296] ADL, LDPD, L6-333/1: Stenografisches Protokoll des Außerordentlichen Parteitages, 9. 2.
1990, S. 44 (Rede Kurt Wünsche); vgl. auch ADL, Druckschriftenbestand, D1–4201: „Was
will die LDPD? Ziele der DDR-Liberalen". Erklärung der Liberal-Demokratischen Partei
Deutschlands, 22. 12. 1989, S. 3.
[297] ACDP, Ost-CDU, 07-011-3134: Wortprotokoll 1. Tagung des Parteivorstandes der CDU am
5. und 6. 1. 1990 in Burgscheidungen, S. 68 (Beitrag „Unionsfreund Schmuhl"); vgl. ADL,
Flugblattsammlung, E1–754: „Die Freiheit, die wir meinen". Wahlaufruf zur Volkskammerwahl 1990 des Bundes Freier Demokraten (BFD), undatiert; Pfau, Aspekte der Entwicklung
liberaler Kräfte, S. 109.
[298] ACDP, Ost-CDU, 07-011-3134: Wortprotokoll 1. Tagung des Parteivorstandes der CDU am
5. und 6. 1. 1990 in Burgscheidungen, S. 42 (Beitrag Michael Galley).
[299] Ebenda, S. 50 (Beitrag Gunnar Fischer); ; vgl. ADL, LDPD, L6-333/1: Stenografisches Protokoll des Außerordentlichen Parteitages, 9. 2. 1990, S. 68 (Rede Kurt Wünsche).
[300] ACDP, Ost-CDU, 07-011-3134: Wortprotokoll 1. Tagung des Parteivorstandes der CDU am
5. und 6. 1. 1990 in Burgscheidungen, S. 69 (Beitrag „Unionsfreund Schmuhl").
[301] Ebenda, S. 39 (Beitrag Henning Stoerck); vgl. Pfau, Aspekte der Entwicklung liberaler Kräfte,
S. 109.
[302] ACDP, Ost-CDU, 07-011-3134: Wortprotokoll 1. Tagung des Parteivorstandes der CDU am
5. und 6. 1. 1990 in Burgscheidungen, S. 35 (Beitrag Dr. Peter Wagner).
[303] Ebenda, S. 33; ACDP, Ost-CDU, 07-011-3519: Protokoll der Präsidiumssitzung am 25. 1.
1990 (vertraulich!); CDU stellt sich den notwendigen Aufgaben: In: Neue Zeit, 27. 1. 1990;
ADL, LDPD, L6-333/1: Stenografisches Protokoll des Außerordentlichen Parteitages, 9. 2.
1990, S. 31 und S. 68 (Rede Kurt Wünsche).
[304] ADL, LDPD, L7-108: Forderungen der GO Rodewitz/Spree, 12. 1. 1990.
[305] ACDP, Ost-CDU, 07-011-3135: Protokoll 2. Vorstandssitzung der CDU (Unkorrigiertes
Bandprotokoll), S. 4 (Beitrag Lothar de Maizière); ADL, LDPD, L4-361: Protokoll der 9. Sit-

einer Befreiung aus 40 Jahren „babylonischer Gefangenschaft der SED-Diktatur".[306]

Zum offenen Bruch zwischen der PDS und ihren Regierungspartnern kam es schließlich im Volkskammerwahlkampf 1990. In diesem profilierten sich die CDU-geführte Allianz für Deutschland und der liberale Bund Freier Demokraten als entschiedene Gegner der bisherigen Staatspartei und demonstrierten dies auch rhetorisch.[307] In der Sprache des bundesdeutschen Antitotalitarismus wurde Ministerpräsident Modrow als „SED-Gauleiter"[308] bezeichnet, eine Formulierung, die auch der bayerische Innenminister Edmund Stoiber gerne nutzte.[309] Umgekehrt sah die PDS nun in Ost-CDU und DDR-Liberalen nur noch Filialen der Bonner Regierungsparteien und sprach bald schon von „Anschlußparteien".[310] Vor allem die CDU wurde als Hauptvertreterin „neokonservativer" Großmachtpolitik und „Deutschtümelei" angegangen, die es auf eine „Revanche" für den Kalten Krieg abgesehen habe.[311]

Mit dieser neuen Frontstellung tat sich der CDU-Spitzenkandidat Lothar de Maizière sichtlich schwer.[312] Für ihn war die PDS eine „bunte Mischung": Auf der einen Seite warnte er vor den „Altstalinisten, die nicht umdenken wollen oder können", auf der anderen Seite zollte er den „Idealisten" seinen Respekt, die den „dritten Weg" wollten oder einfach „aus menschlichem Anstand nicht das sinkende Parteischiff verlassen" wollten.[313] Auch verband den CDU-Vorsitzenden de Maizière eine langjährige Freundschaft mit dem PDS-Vorsitzenden Gysi, mit dem er sich den Vorsitz des Anwaltskollegiums der DDR und ein gemeinsames Büro in Ost-Berlin geteilt hatte. Dass er Gysi zu seinem 60. Geburtstag am 2. März – wenige Tage vor der Volkskammerwahl – nicht einlud, bedauerte er später.[314] Ein CDU-Chef aber, der öffentlich mit dem PDS-Chef feierte, galt in den Wahlkämpfen des Jahres 1990 als unmöglich.

---

zung des Zentralvorstandes, 19.1.1990, S. 5–9 (Rede Manfred Gerlach); ADL, LDPD, L6-333/1: Stenografisches Protokoll des Außerordentlichen Parteitags, 9.2.1990, S. 49 (Rede Kurt Wünsche); vgl. auch Thaysen, Der Runde Tisch II, S. 265 f.

[306] Vgl. Küsters, Die Vereinigung, S. 178.

[307] Vgl. ebenda, S. 180; U. Schmidt, Transformation einer Volkspartei, S. 57; vgl. auch ADL, Flugblattsammlung, E1–754: „Die Freiheit, die wir meinen". Wahlaufruf zur Volkskammerwahl 1990 des Bundes Freier Demokraten (BFD), undatiert.

[308] Margit Geßner, Aktuelle Kamera, 14.3.1990, zit. n. Deutsches Rundfunkarchiv Online, URL <http://1989.dra.de/themendossiers/politik/volkskammerwahl-1990.html> (abgerufen am 11.3.2019).

[309] Edmund Stoiber, zit. n. ADS, BT/13.WP-006: Die PDS wird in Bayern verfassungsschutzrechtlich beobachtet. Pressemitteilung des Bayrischen Staatsministerium des Innern, 14.2.1991, vgl. auch Ausdruck von Besatzer-Mentalität. In: Neues Deutschland, 7.1.1991.

[310] ADS, PDS-PV-418: Zur Wahlstrategie der Linken Liste/PDS. Berlin, 25.9.1990, S. 7 f.

[311] Ebenda.

[312] Vgl. „Christ, Wahlkämpfer und Bußprediger". „report" im Gespräch mit Lothar de Maizière. In: Neue Zeit, 2.2.1990.

[313] ACDP, Ost-CDU, 07-011-3135: Protokoll 2. Vorstandssitzung der CDU (unkorrigiertes Bandprotokoll), S. 7 (Beitrag Lothar de Maizière).

[314] Vgl. de Maizière, Ich will, dass meine Kinder nicht mehr lügen müssen, S. 19–22.

2.4 Die Ex-Staatspartei und der „Konsens der Demokraten" im Jahr 1990

Für die PDS gingen Machtverlust und Statusverlust im Jahr 1989/90 Hand in Hand: Binnen weniger Monate verlor sie nicht nur jegliche Macht und fast allen Einfluss. Mit der Erosion ihres Parteiregimes war sie auch moralisch diskreditiert. In beiden Teilen Deutschlands schlug ihr „blanke Wut"[315] entgegen und wurden ihr „vierzig Jahre Mißwirtschaft, Unterdrückung, Massengräber, Mauer und Stacheldraht" vorgeworfen.[316] Auch deshalb hielten es die meisten für eine „Illusion", dass die frühere SED auf kurz oder lang „überhaupt noch eine Rolle spielen werde",[317] wie die SPD-Politikerin Heidemarie Wieczorek-Zeul schon im Dezember 1989 im Präsidium ihrer Partei geäußert hatte.

Unter den Konkurrenten begann nun ein wahrer Abgrenzungswettbewerb: Jeder versuchte, sich selbst möglichst deutlich von der „Nachfolgepartei" zu distanzieren und dem jeweils anderen mangelnde Distanz zu ihr vorzuwerfen. Die Bezugnahme auf die PDS wurde so schon im Jahr 1990 zum taktischen Instrument der politischen Auseinandersetzung zwischen den Konkurrenten.[318] CDU und Liberale standen wegen ihrer Vergangenheit als „Blockparteien" unter Beschuss und wurden als Kräfte des *ancien régime* gebrandmarkt: „Wer bei Honecker Blockflöte gelernt hat, kann in keiner Demokratie die erste Geige spielen", wie es im Volkskammerwahlkampf auf Flugblättern des Bündnis 90 hieß.[319] Die CDU wiederum war bereits seit Beginn des Jahres 1990 dazu übergegangen, im Hinblick auf die kommenden Volkskammerwahlen die Sozialdemokratische Partei der DDR, die sich als neue Hauptkonkurrentin abzeichnete, als „Sammelbecken ehemaliger SED-Mitglieder"[320] anzugreifen und vor einer „stillschweigenden Koalition"[321] zwischen SPD und PDS zu warnen. Zum Teil rekrutierten sich, so die Behauptung, „ganze Orts- und Kreisverbände der SPD" aus der Einheitspartei.[322] Und überhaupt sei die Sozialdemokratische Partei – anders als die früheren „Blockparteien" – bei einer Regierungsübernahme gezwungen, mangels eigener personeller

---

[315] Reinhard Voss, Den Gast aus der DDR traf blanke Wut. In: Frankfurter Rundschau, 27. 8. 1990, auch dokumentiert in: Evangelischer Pressedienst (Hrsg.), „Sozialismus am Ende?", S. 3.

[316] Lüthgen, Werbung für Kommunismus in Evangelischer Akademie?.

[317] AdsD, SPD-Präs.: Protokoll der Präsidiumssitzung am 10. 12. 1989.

[318] Hans-Jochen Vogel, CDU/PDS-Kooperation läuft auf Koalitionsbruch hinaus. Presseservice der SPD, 21. 7. 1990; CDU/CSU-Fraktion, Bohl/Kraus (Hrsg.), Die Wendehals-Partei, S. 11–13.

[319] RHG, BW/Herbst 89, Bü 079: Flugblatt „Wer bei Honecker Blockflöte gelernt hat, kann in keiner Demokratie die erste Geige spielen" [Februar/März 1990]; vgl. auch Schubert, Wahlkampf in Sachsen, S. 125.

[320] ACDP, Ost-CDU, 07-012-3726: Erklärung von CDU-Generalsekretär Martin Kirchner. CDU aktuell, 22. 2. 1990.

[321] ACDP, Ost-CDU, 07-011-3135: Protokoll 2. Vorstandssitzung der CDU (unkorrigiertes Bandprotokoll), S. 8 (Beitrag Lothar de Maizière).

[322] Ebenda, S. 9 (Beitrag Lothar de Maizière).

Ressourcen auf den staatlichen Machtapparat der SED zu vertrauen.[323] Mit anderen Worten: Wer SPD wähle, verlängere die Macht der SED-Genossen. Im Laufe des Wahlkampfes wurden diese Thesen nochmals zugespitzt: SPD und PDS wurden als „PDSPDS" gleichgesetzt und die aus der DDR-Opposition stammende Sozialdemokratie kurzerhand selbst zur „Blockpartei" erklärt.[324]

Die Frage früherer SED-Mitglieder in SPD und CDU

Eine Folge solcher gegenseitiger Anfeindungen der Hauptkonkurrenten SPD und CDU war, dass sich beide umso deutlicher nicht nur von der PDS abgrenzten, sondern sich auch gegenüber bisherigen SED-Mitgliedern abschlossen. Dass die unbelastete Ost-SPD für zahlreiche Sozialistinnen und Sozialisten attraktiv war, ließ sich tatsächlich nicht leugnen, sie wurden von der sozialdemokratischen Parteiführung in Berlin aber keineswegs mit offenen Händen empfangen. Stattdessen forderte der sozialdemokratische Vorstand im Januar 1990 interessierte SED-Mitglieder auf, „in den nächsten Monaten keine Anträge auf Mitgliedschaft in der SPD zu stellen",[325] ehe der Leipziger Parteitag im Februar eine einjährige „Sperrfrist" für solche ehemaligen SED-Mitglieder verhängte, die ihre Partei erst nach dem 7. Oktober 1989 verlassen hatten.[326] Damit trug die SPD unfreiwillig dazu bei, die kriselnde Konkurrentin zu stabilisieren, räumte doch mancher PDS-Politiker später ein, dass er sich auch eine Karriere als Sozialdemokrat hätte vorstellen können.[327] Aber auch die CDU sah sich im Winter 1989/90 mit demselben Problem konfrontiert, wollten doch zahlreiche Mittelständler und Offiziere der Volkspolizei Christdemokraten werden.[328] Die Partei beschloss daher ebenfalls, keine früheren Mitglieder der SED mehr aufzunehmen, die erst nach dem 7. Oktober

---

[323] Ebenda, S. 8 (Beitrag Lothar de Maizière).

[324] Vgl. ACDP, Ost-CDU, 07-011-3809: Siegfried Dübel, Klarer Kurs der CDU führte zum großen Wahlerfolg. In: Gesamtdeutsche Stimme. Forum für deutsche Einheit 134 (Mai 1990), S. 3 f. (Dübel war der erste Vorsitzende der Exil-CDU); ACDP, Ost-CDU, 07-011-3135: Protokoll 2. Vorstandssitzung der CDU (unkorrigiertes Bandprotokoll), S. 9 (Beitrag Lothar de Maizière); „Mit dem Teufel marschiert". In: Der Spiegel, 5. 3. 1990, S. 18–21.

[325] AdsD, SPD KV Rostock, 3/MVAB000015: Erklärung des Vorstands der SPD. Berlin, 21. 1. 1990; zur Aufnahmepraxis: AdsD, SPD KV Rostock, 3/MVAB000015: SPD-Ortsgruppe Reutershagen, Aktennotiz betr. Aufnahmegespräche. Rostock, 1. 2. 1990; ebenda: Gottfried Siegmund an den Stadtvorstand der SPD Rostock. Betr. Informationen und Anfragen an den Vorstand, 1. 2. 1990.

[326] AdsD, SPD-LV MV, 3/MVAB000793: SPD-Rostock, Zur Sache: Die SPD – kein Schwamm für ehemalige SED-Mitglieder. Flugblatt, [Frühjahr 1990]. Diese Beschlusslage wurde im April durch den Ost-SPD-Vorstand nochmals ausdrücklich betont (AdsD, SDP/SPD Parteivorstand, 2/SDPA000056, Brief des Vorstands an die Bezirksvorstände mit der Bitte um Weiterleitung an die Kreisvorstände, Berlin, 3. 4. 1990). Siehe dazu auch Holzhauser, „Niemals mit der PDS"?, S. 293–296.

[327] Gespräche des Autors mit Helmut Holter und André Brie, 15./16. 3. 2017.

[328] Vgl. ACDP, Ost-CDU, 07-011-3616: Parteivorstandssitzung der CDU 21. 5. 1990 (unkorrigierte Bandabschrift), S. 55.

1989 ausgetreten waren, und bereits vollzogene Aufnahmen zu suspendieren.[329] Erst in den folgenden Jahren – und damit zu spät – begannen sowohl SPD als auch CDU diesen Schritt zu bereuen und sich aktiv um das postsozialistische Milieu zu bemühen.[330]

Dramatisierungsstrategie und „Milliardenvermögen"

Die Abgrenzung, mit der die Konkurrenten im Jahr 1990 auf die PDS reagierten, und die ungewohnte Außenseiterrolle der PDS führten in ihren Reihen zu Verwunderung und Verärgerung. Die Partei sah sich als Opfer vermeintlich undemokratischer Methoden von allen Seiten und äußerte ihre Angst, verboten und enteignet zu werden.[331] Als die Volkskammer am 1. Juni ohne Vorankündigung beschloss, die Vermögen der Parteien und Massenorganisationen der DDR einer eigens eingerichteten Kommission zu unterstellen, sprach Gysi öffentlich von einem „Ermächtigungsgesetz", das die Gewaltenteilung handstreichartig ausschalte.[332] Das war bereits Teil einer gezielten Strategie der „Dramatisierung nach außen",[333] mit der einem allzu harten Vorgehen des Staates Einhalt geboten werden sollte: „Wir müssen der Öffentlichkeit der DDR, Europas und der Welt deutlich machen, daß sich hier eine Entwicklung vollzieht, die alle Ängste in Bezug auf die Einigung Deutschlands berechtigt erscheinen läßt", so André Brie in einem Brief an die Präsidiumsmitglieder vom 1. Juni 1990.[334] Neben „medienwirksame[n] und emotional wirksame[n] Aktionen" sollten gezielt europäische Partei- und Regierungschefs wie der Niederländer Wim Kok, der Schwede Ingvar Carlsson und der Italiener Giulio Andreotti, der World-Jewish-Congress sowie „Verbündete" in der DDR kontaktiert werden: Es gehe um nicht weniger als „die Möglichkeit legaler und organisierter Opposition überhaupt".[335]

---

[329] ACDP, Ost-CDU, 07-011-3135: Protokoll 2. Vorstandssitzung der CDU (unkorrigiertes Bandprotokoll), S. 92 f. Neuaufnahmen, die unter Verschweigen einer früheren SED- oder PDS-Mitgliedschaft zustande gekommen waren, wurden für nichtig erklärt. Dieser Beschluss wurde nach der Volkskammerwahl auch auf solche früheren SED-Mitglieder bezogen, die über den Weg einer anderen Partei wie dem „Demokratischen Aufbruch" in die CDU strebten (ACDP, Ost-CDU, 07-011-3616: Protokoll Vorstandssitzung der CDU am 26. 3. 1990 [unkorrigierter Bandmitschnitt], S. 77–79).

[330] Siehe hierzu Kapitel IV.2.

[331] Vgl. etwa zur PDS in der Volkskammer: Tüffers, Die 10. Volkskammer, S. 194 f.

[332] Gregor Gysi, Wir lassen uns weder auflösen noch ausschalten. In: Neues Deutschland, 6. 6. 1990. Für Rolf Schwanitz (SPD) gab es dazu keine Alternative, wenn man Versuche der PDS, Vermögenswerte zu verschieben, minimieren wollte (Rolf Schwanitz im Gespräch mit dem Autor, 12. 2. 2017).

[333] ADS PDS-PV-180: André Brie, Brief an alle Mitglieder des Präsidiums. Berlin, 1. 6. 1990, S. 2.

[334] Ebenda, S. 1 f.

[335] Ebenda. Dazu kamen ein Schreiben an 80 kommunistische, sozialistische und sozialdemokratische Parteien, ein Brief Gysis an die KSZE-Staaten, ein Offener Brief an die Sozialdemokratische Partei sowie an ca. 130 Parteien und Bewegungen weltweit. Auch eine „breite internationale Pressekampagne" sollte in die Wege geleitet werden (vgl. ADS, PDS-PV-181:

Bei dieser Dramatisierungsstrategie spielte der PDS zunächst die Staatsgewalt selbst in die Hände: Als die Berliner Polizei in der Nacht vom 18. Oktober mit etwa 70 bewaffneten Beamten in das Vorstandsgebäude der PDS eindrang, um nach Beweisen für Wirtschaftskriminalität zu suchen, sprach die Partei von „Polizei- und Justizwillkür" und verglich die Aktion mit der Besetzung des KPD-Gebäudes im Jahr 1933.[336] Allerdings verpuffte der Effekt schnell, musste doch nur eine Woche später schon der stellvertretende PDS-Vorsitzende Wolfgang Pohl öffentlich einräumen, dass er tatsächlich versucht hatte, 107 Millionen Mark aus Parteivermögen auf ein russisches Firmenkonto zu überweisen und so außer Landes zu schaffen.[337] Auch wurde bekannt, dass die Partei Darlehen in einer Höhe von mehr als 200 Millionen DM an neu gegründete nahestehende Firmen vergeben hatte.[338] Die Diskussionen um das „Milliardenvermögen"[339] der PDS, die im Jahr 1990 und noch lange danach immer wieder aufflammten, schadeten ihrem öffentlichen Ansehen nachhaltig.[340] Zwar hatte sie bereits vor der Volkskammerwahl etwa die Hälfte ihres auf mehr als sechs Milliarden DDR-Mark geschätzten Vermögens in den Staatshaushalt überführt, ehe die Treuhandanstalt 1991 eine Übertragung aller Gelder der PDS auf ihre Konten veranlasste.[341] Aber auch in der Folge gingen die öffentlichen, politischen und juristischen Auseinandersetzungen um das Vermögen der Partei und ihre Nutzungsrechte weiter.[342] Als 1995 ein Vergleich geschlossen werden konnte,[343] galt die PDS längst als „Partei der Schieber",[344] die „Seilschaften" mit ehemaligen Stasi-Offizieren aufrechterhielt, an ihren Privilegien festhielt und versuchte, die Öffentlichkeit zu betrügen.[345]

Der „Konsens aller Demokraten"

Neben der Finanzfrage ging es im Jahr 1990 vor allem um die Machtfrage: Schon im Volkskammerwahlkampf bestand ein allgemeiner Konsens unter den Konkur-

---

Kommission Internationale Politik/Willerding, Vorlage für das Präsidium des Parteivorstandes, Betrifft: Internationale Aktionen gegen ein Verbot der PDS. Berlin, 7. 6. 1990, S. 3).

[336] ADS, PDS-PV-209: Gegen Polizei- und Justizwillkür. Schwere Provokation gegenüber der PDS [Anlage zum Präsidiumsprotokoll, 19. 10. 1990]; Klaus Wolschner, Nacht- und Nebelaktion. In: Die Tageszeitung, 20. 10. 1990; Falkner/Huber, Aufschwung PDS, S. 139.

[337] Vgl. Klaus Wolschner, PDS-Vize gesteht Millionen-Geschäft. In: Die Tageszeitung, 27. 10. 1990; Falkner/Huber, Aufschwung PDS, S. 139–141; Malycha/Winters, Die SED, S. 385 f.

[338] Vgl. Malycha/Winters, Die SED, S. 388; Falkner/Huber, Aufschwung PDS, S. 142; UKPV, Schlussbericht, S. 34.

[339] „Geschichte noch nicht gelaufen". Interview mit Horst Ehmke. In: Die Tageszeitung, 18. 7. 1990.

[340] Vgl. Falkner/Huber, Aufschwung PDS, S. 135.

[341] Vgl. UKPV, Schlussbericht, S. 30 f.

[342] Siehe dazu Falkner/Huber, Aufschwung PDS, S. 133–149; Neugebauer/Stöss, Die PDS, S. 49–51.

[343] UKPV, Schlussbericht, S. 37; Malycha/Winters, Die SED, S. 389.

[344] Otto Graf Lambsdorff, zit. n. Bonner Blackout nach PDS-Skandal. In: Die Tageszeitung, 30. 10. 1990.

[345] Vgl. Malycha/Winters, Die SED, S. 388.

renten, dass die ehemalige SED auf absehbare Zeit von jeglicher Macht ausgeschlossen bleiben sollte. Das beinhaltete auch, die vielen ehemaligen SED-Funktionäre, NVA-Offiziere und Stasi-Leute, die für die PDS aktiv waren, aus den staatlichen Stellen zu entfernen.[346] Um das zu erreichen, bildeten sich nach den Kommunalwahlen 1990 vielerorts „Große Koalitionen“ aller Parteien unter Ausschluss der PDS, die sich auf den „Konsens aller Demokraten“[347] beriefen. Das Ergebnis war, dass die frühere Staatspartei am Ende des Jahres fast allerorten aus der Regierungsverantwortung verdrängt und in der Folge auch kaum mehr in leitenden Verwaltungspositionen repräsentiert war.[348] Die relative Isolation der PDS, die damit einherging, spiegelte sich auch in der Parteineigung der bundesdeutschen Eliten wider: Quer durch alle soziologischen Elitengruppen – Militär, Wirtschaft, Verwaltung, Wissenschaft, Kultur und Gewerkschaften – war eine Neigung zur PDS noch Mitte der 1990er Jahre quasi nicht feststellbar und auch in den Massenmedien war es nur ein Prozent, das sich dazu bekannte, der PDS zuzuneigen.[349] Aus den gesellschaftlich einflussreichen Führungsgruppen konnte die Partei daher keine Unterstützung erwarten.

Allerdings kann von einer flächendeckenden Ausgrenzung oder Tabuisierung der PDS keine Rede sein. So stellte die Kommission Politisches System der PDS im Juli 1990 fest, dass es durchaus noch „Formen des Dialogs zwischen Untergliederungen und Einzelfunktionären der SPD, der Jusos, der Gewerkschaften mit der PDS“ gebe.[350] Zum Missfallen der SPD-Führung ließen es sich Organisationen wie die Jungsozialisten auch nicht nehmen, öffentliche Diskussionsveranstaltungen mit Gysi zu organisieren und ihn so einem westdeutschen Publikum bekannt zu machen.[351] Und auch seitens der Friedrich-Ebert-Stiftung kam es noch zu Einladungen an PDS-Funktionäre.[352] Die Dialogpolitik von SPD und SED fand hierin eine begrenzte Fortsetzung.

---

346 AdsD, SPD-LV Mecklenburg-Vorpommern, 3/MVAB000154: Protokoll der Landesvorstandssitzung am 7. 5. 1990; vgl. Alternder Wolf. In: Der Spiegel, 30. 5. 1994, S. 40 f.

347 Vorstand der SPD [der DDR] (Hrsg.), Ja zur deutschen Einheit, [S. 14].

348 Vgl. Stude, Personelle Kontinuität, S. 29; Berg/Nagelschmidt/Wollmann, Kommunaler Institutionenwandel, S. 200. Das hielten sogar Teile der PDS selbst für „historisch […] gerecht“ (ADS, BT/12.WP-007: Uwe Jens Rössel, Informationsvorlage für die Sitzung der Abgeordnetengruppe PDS/Linke Liste im Deutschen Bundestag am 21. 4. 1992 […] zum Thema „Kommunalpolitik und zentrale parlamentarische Initiativen“. April 1992, S. 6).

349 Vgl. Geißler, Die Sozialstruktur Deutschlands, S. 129. Unter ostdeutschen Elitenangehörigen dagegen betrug der Anteil der PDS-Zugeneigten Mitte der 1990er Jahre bereits 12 Prozent (vgl. Geißler, Die Sozialstruktur Deutschlands, S. 137).

350 ADS, PDS-PV-316: Kommission Politisches System/Parteien und Bewegungen, Information: Aktuelle Positionen von Parteien und Bewegungen der DDR und BRD. Berlin, 20. 7. 1990, S. 16.

351 Vgl. Krach wegen Gysi-Einladung. In: Frankfurter Allgemeine Zeitung, 1. 8. 1990; Eckhard Fuhr, Irgendwie doch die besseren Menschen. In: Frankfurter Allgemeine Zeitung, 6. 8. 1990.

352 So nahm die PDS etwa im Mai 1990 eine Einladung der Friedrich-Ebert-Stiftung an, mit einem Vertreter an einem Kolloquium über die Friedrich-Wolf-Rezeption in Ost und West teilzunehmen, die im Kurt-Schumacher-Bildungszentrum der Stiftung in Münstereifel stattfinden sollte (ADS, PDS-PV-173: Festlegungsprotokoll der 24. Sitzung des Präsidiums des Parteivorstandes der PDS, 7. 5. 1990, S. 9).

Vor allem aber konnte die PDS im Jahr 1990 von einer gewissen Aufmerksamkeit in der Öffentlichkeit profitieren. In Westdeutschland stieß sie als unbekannte neue Akteurin auf einiges Interesse. So wurde der stellvertretende Parteivorsitzende André Brie durch den Leiter der Evangelischen Akademie Mülheim an der Ruhr, Präses Peter Beier, im Sommer 1990 zu einer Tagung eingeladen, um zur Zukunft des Sozialismus zu sprechen – eine Einladung, die in Kirche und Öffentlichkeit zu einigen Protesten führte.[353] Im gleichen Zeitraum redete Gregor Gysi in überfüllten Hörsälen an westdeutschen Universitäten,[354] traf im bayerischen Tutzing auf Heiner Geißler (CDU) und Peter Glotz (SPD),[355] in einer Talkrunde im öffentlich-rechtlichen „Sender Freies Berlin" (SFB) auf Karl Schiller (SPD) und Elmar Pieroth (CDU)[356] und in Frankfurt am Main auf den SPD-Linken Karsten Voigt und den grünen Vorstandssprecher Christian Ströbele.[357] In einem Streitgespräch Gysis mit dem Ost-SPD-Vorsitzenden Wolfgang Thierse setzte sich dieser dafür ein, den stetigen Dialog zwischen beiden Parteien wieder aufzunehmen.[358] Und über ein Rundfunkgespräch Gysis mit dem Berliner CDU-Spitzenkandidaten Eberhard Diepgen im Oktober 1990 schrieb die linke „Tageszeitung (taz)", Diepgen habe ausgesehen, „als überlege er die ganze Zeit, ob und wohin er den PDS-Chef nach der Sendung zum Bier einladen" könne: „So nett können Feindschaften, kann deutsche Politik sein."[359]

Der „Konsens aller Demokraten" gestaltete sich also von Beginn an ambivalent. Dafür dass die PDS keineswegs zum Objekt einer vollumfänglichen Ächtung wurde, gab es mehrere Gründe. *Erstens* sprachen gegen eine dezidierte Ausgrenzung der PDS die vielfältigen persönlichen Kontakte, die SED-Mitglieder zu Politikerinnen und Politikern aller Couleur unterhielten: zu Funktionären der früheren „Blockparteien" ebenso wie zur Bürgerbewegung. Man kannte sich und vielfach schätzte man sich auch. Auch zahlreiche Repräsentanten der westlichen Bundesrepublik hatten im Zuge der innerdeutschen Kontaktpolitik der 1980er Jahre Staats- und Parteifunktionäre der DDR kennengelernt und manches Vertrauensverhältnis aufgebaut. Dass dies auch nach Ende des SED-Regimes nachwirkte, kann nicht überraschen. In kommunikativer Hinsicht fing die Integration der PDS in der Bundesrepublik also keineswegs bei null an.

<ol start="353">
<li>Präses Beier, ein Vertreter des linken Flügels der Evangelischen Kirche, hatte bereits im Vorfeld für Aufsehen und Empörung innerhalb seiner Landeskirche gesorgt; vgl. Volk, Brief an Präses Peter Beier; Kandler, Nie wieder Sozialismus; zur Kritik siehe die Dokumentation: Evangelischer Pressedienst (Hrsg.), „Sozialismus am Ende?"; außerdem: Peter Hintze: „Kirche darf PDS nicht moralisch aufwerten". In: UiD 25/1990, 23. 8. 1990, S. 10.</li>
<li>Vgl. Krach wegen Gysi-Einladung. In: Frankfurter Allgemeine Zeitung, 1. 8. 1990; Eckhard Fuhr, Irgendwie doch die besseren Menschen. In: Frankfurter Allgemeine Zeitung, 6. 8. 1990; Gysi: Grüne links überholen. In: Die Tageszeitung, 3. 9. 1990; dazu auch Bortfeldt, Von der SED zur PDS, S. 248.</li>
<li>Vgl. „Marx geb' ich nicht auf". In: Der Spiegel, 23. 7. 1990, S. 52–55, hier S. 53.</li>
<li>Vgl. ebenda, S. 53.</li>
<li>Vgl. Linke aller Parteien, vereinigt Euch! In: Die Tageszeitung, 6. 8. 1990.</li>
<li>Gregor Gysi/Wolfgang Thierse, Reden wir miteinander. Streitgespräch der Tageszeitung „Junge Welt" und des ARD-Rundfunks. Dokumentiert in: Gysi, Einspruch, S. 146–162, hier S. 152 f.</li>
<li>André Meier, Diepgen, Gysi und Ozonloch. In: Die Tageszeitung, 19. 10. 1990.</li>
</ol>

Zweitens war da ihre Rolle im Winterhalbjahr 1989/90, als die Partei zwar unter Druck, aber letztlich doch selbsttätig auf einen Teil ihrer Macht verzichtet und sich schließlich auf demokratischen Wege aus der Regierung verabschiedet hatte. Sie war daher auch nicht einfach als Partei der Diktatur diskreditiert, sondern trat mit einem offensiv kommunizierten Erneuerungsanspruch in Erscheinung,[360] der auch von ihrem relativ unbekannten – und damit auch unbelasteten – Führungspersonal repräsentiert wurde. Vor allem auf der bundesdeutschen Linken hielt man es für keineswegs ausgemacht, dass sich die PDS unter der neuen Parteiführung „auf Dauer den Sozialdemokratisierungstendenzen der europäischen Linken" entziehen könne, wie es in einem Thesenpapier der Berliner SPD vom Oktober des Jahres hieß – zumal die Partei erkennbar einen „programmatischen Erneuerungsprozeß" und zumindest theoretisch eine „Hinwendung zu sozialdemokratischen Positionen" vollziehe.[361] Die Entwicklung war also offen.

Dazu kam *drittens* schließlich, dass das antikommunistische Sentiment in der DDR des Jahres 1990 sehr viel weniger ausgeprägt war als in anderen (post-)sozialistischen Gesellschaften. Stattdessen hatte „Linkssein" in großen Teilen der ostdeutschen Bevölkerung nach Jahrzehnten sozialistischer Propaganda noch immer einen positiven Klang, dem auch der Untergang des Realsozialismus nichts anhaben konnte. Das galt im Übrigen auch für weite Kreise Westdeutschlands, wo insbesondere Gregor Gysi von Beginn an großes Interesse und teils sogar Sympathie entgegenschlug.[362]

Als Resultat aus all diesen Faktoren blieb unausgesprochen und unklar, auf welcher normativen Grundlage jener Anti-PDS-Konsens beruhen sollte, auf den sich die Konkurrenzparteien im Jahr 1990 einschworen. Den einen ging es primär um Fragen der „politischen Hygiene": Der demokratische Wandel in Ostdeutschland, so die Vorstellung, könne nur gelingen, wenn die Regierenden der letzten vierzig Jahre von der Macht verdrängt würden. Dass die mitregierenden „Blockparteien" hierbei weitgehend ausgeblendet wurden, zeigt bereits, dass dieses Ziel nicht leicht umzusetzen war. Zudem blieb offen, ob die PDS nach einer gewissen Karenzzeit wieder den Weg zurück in Regierungsverantwortung finden und selbst einmal Teil des „demokratischen Konsenses" werden könne. Formulierungen der Konkurrenten, insbesondere aus der SPD, dass sich die PDS „noch nicht hinreichend erneuert" habe,[363] ließen diese Möglichkeit offen und ermutigten die Partei, ihren „programmatischen Erneuerungsprozeß" fortzusetzen.[364]

---

360 Vgl. PDS, Eine neue Partei?.

361 AdsD, SPD-LV Berlin: Thesen zur Auseinandersetzung mit der PDS beschlossen am 22. 10. 1990 durch den Geschäftsführenden Landesvorstand der Berliner SPD. Anlage zum Protokoll der Sitzung des Landesausschusses, 14. 1. 1991, S. 3.

362 Siehe dazu ausführlich Kapitel IV.4.3.

363 Vorstand der SPD [der DDR] (Hrsg.), Ja zur deutschen Einheit, [S. 14]; vgl. auch AdsD, Dep. Thierse, 1/WTAA000209: Richard Schröder, Die PDS hat ein Wahlprogramm vorgelegt, 10. 2. 1990, S. 6 („Eine wirklich erneuerte Partei ist sie noch nicht. Schade. Wir müssen ihr eine Legislaturperiode Zeit zur Erneuerung geben.").

364 AdsD, SPD-LV Berlin: Thesen zur Auseinandersetzung mit der PDS beschlossen am 22. 10. 1990 durch den Geschäftsführenden Landesvorstand der Berliner SPD. Anlage zum Protokoll der Sitzung des Landesausschusses, 14. 1. 1991, S. 3.

Auf der anderen Seite stand ein deziertes „niemals mit der PDS",[365] das die Partei als „posttotalitäre" Organisation begriff, die schon aufgrund ihrer Vergangenheit als legitime politische Kraft im politischen System der Bundesrepublik ausschied.[366] Dahinter stand das „ungeschriebene Gesetz der alten Bundesrepublik, wonach Parteien mit zweifelhaftem demokratischen Leumund nicht an der Macht beteiligt werden dürfen", wie es der Historiker Heinrich August Winkler später formulierte.[367] Diese Spannung zwischen „noch nicht" und „niemals" blieb im Jahr 1990 noch unaufgelöst, würde die späteren Debatten um die PDS seit Mitte der neunziger Jahre aber nachhaltig prägen.

Und noch eine semantische Entwicklung fällt ins Auge: Indem nämlich die Konkurrenten der PDS vom „demokratischen Konsens" und von den „demokratischen Parteien" sprachen, entrissen sie der ehemaligen SED die Hoheit über den Demokratiebegriff, die diese in vier Jahrzehnten „sozialistischer Demokratie", „Demokratischem Block" und „Demokratischem Zentralismus" ausgeübt hatte. Die Rede vom „Konsens der Demokraten" markierte nun die bisherige Staatspartei unter Berufung auf ein westlich-liberales Demokratieverständnis als „undemokratisch" oder gar „antidemokratisch", ohne dass im Einzelnen geklärt wurde, was denn diesen „demokratischen Konsens" ausmachte. Umgekehrt diente die dezidierte Abgrenzung von der PDS einigen ihrer Konkurrenten, insbesondere den früheren „Blockparteien", als Mittel, um die eigene demokratische Läuterung zu demonstrieren. Der Anti-PDS-Konsens wurde auf diese Weise zum einigenden Band der entstehenden Parteienlandschaft Ostdeutschlands und er erhielt eine antitotalitäre Begründung in der bundesdeutschen Tradition der „wehrhaften Demokratie": Wer den Cordon sanitaire um die PDS aufbrach, so die Konnotation, gefährdete die Stabilität der Demokratie insgesamt. Die relative Isolation der PDS im Parteiensystem wurde so zum Teil einer Politik, die versuchte, das wiedervereinte Deutschland auf den Boden eines erneuerten „antitotalitären Konsenses" zu stellen – ein Vorhaben, das zur selben Zeit auch in der Geschichtspolitik zu beobachten war.

3. „Ostpartei": Die PDS zwischen Vergangenheit und Protest (1990–1994)

Dass die PDS die ersten Jahre nach ihrem Machtverlust überlebte, obwohl sie von den meisten Beobachterinnen und Beobachtern als „Auslaufmodell" angesehen

---

365 Vorstand der SPD [der DDR] (Hrsg.), Ja zur deutschen Einheit, [S. 14].
366 AdsD, SPD LV MV, 3/MVAB000125: Solidarität mit Rudolf Scharping: Für ein klares Nein zur PDS [August 1994]. [Auch dokumentiert in: Juso-Hochschulgruppen (Hrsg.), PDS-Reader II, S. 12–14].
367 Heinrich August Winkler, Das Trugbild von der linken Mehrheit. In: Die Zeit, 1.12.1995.

worden war,[368] ist nicht zu verstehen, wenn man sich nicht das politische Klima Deutschlands in den ersten Jahren nach der Wiedervereinigung bewusst macht. Das Scheitern des Realsozialismus und das Ende der DDR führten im wiedervereinten Deutschland zu einem Aushandlungsprozess darüber, wie der Systemwechsel gestaltet, Gerechtigkeit geschaffen und wie die realsozialistische Vergangenheit erinnert werden sollten. In der offiziellen Geschichts- und Vergangenheitspolitik,[369] wie sie von einer Mehrheit der im Bundestag vertretenen Parteien und einer großen Zahl des wissenschaftlichen Feldes repräsentiert wurde, spielten von Beginn an Parallelen und Vergleiche mit der Aufarbeitung des Nationalsozialismus eine zentrale Rolle. Von großer Bedeutung war dabei, dass sich das aktive Erinnern an die NS-Vergangenheit und an die deutsche Schuld in den Jahrzehnten vor der Wiedervereinigung zum zentralen Paradigma der bundesrepublikanischen Erinnerungskultur entwickelt hatte – und in dieses sollte sich nun auch die Erinnerung an die DDR einreihen.[370] Die westdeutsche Kultur der „Aufarbeitung" sollte fortgesetzt, stabilisiert und zugleich zum Vorbild auch für den Umgang mit der realsozialistischen Herrschaft in Ostdeutschland werden.[371] Man wollte einen „neuen antitotalitären Konsens" begründen,[372] der aber, wie zu zeigen sein wird, für den Umgang mit der PDS ganz eigene Implikationen mit sich brachte und zugleich die bestehende normativ-emotionale Distanz der PDS zum bundesdeutschen System eher befestigte denn abbaute.

3.1 Die PDS und die Vergangenheit

Neuer antitotalitärer Konsens im vereinten Deutschland

Nach der Wiedervereinigung kehrte binnen kurzer Zeit ein Konzept zurück in den Kanon der Leitideen bundesrepublikanischer Politik, das noch im Historikerstreit

---

[368] Vgl. Gerner, Partei ohne Zukunft?; dazu auch Bortfeldt, Die Ostdeutschen und die PDS, S. 1283; Hough, The Fall and Rise of the PDS, S. 32; Bielicki, Die PDS – immer noch ein Auslaufmodell?; Armanski/Graf, Die PDS.

[369] Im Folgenden wird der Begriff Geschichtspolitik für das Handlungs- und Politikfeld benutzt, das sich der öffentlichen Konstruktion von Geschichts- und Identitätsbildern widmet, d. h. „auf dem verschiedene Akteure Geschichte mit ihren spezifischen Interessen befrachten und politisch zu nutzen suchen", indem sie legitimierende, mobilisierende, politisierende und diffamierende Strategien anwenden (Wolfrum, Geschichtspolitik, S. 25 f.). Unter dem spezifischeren Begriff der Vergangenheitspolitik werden im Anschluss an den gängigen Gebrauch in der geschichtswissenschaftlichen Forschung jene Aspekte bezeichnet, die sich im Zusammenhang mit der politischen, administrativen und justiziellen Abwicklung eines früheren Regimes im Rahmen eines Transformationsprozesses vollziehen und in denen es um Fragen der Aufklärung, Sanktionierung, Disqualifizierung und Restitution geht (vgl. Becker, Geschichtspolitik, S. 199; Wolfrum, Geschichtspolitik, S. 32; Lannert, „Vorwärts und nicht vergessen"?, S. 19 f.).

[370] Vgl. Schaarschmidt, Auf dem Weg zu einem neuen antitotalitären Grundkonsens?, S. 29; Assmann, Von kollektiver Gewalt, S. 30–32.

[371] Vgl. Lindenberger, Experts with a Cause, S. 33; Faulenbach, Eine neue Konstellation?, S. 43.

[372] Siehe dazu Schaarschmidt, Auf dem Weg zu einem neuen antitotalitären Grundkonsens?.

wenige Jahre zuvor am Pranger der demokratischen Linken gestanden hatte: die Totalitarismustheorie.[373] Vor allem in der Geschichts- und Vergangenheitspolitik der Bundesrepublik wurde sie in den frühen 1990er Jahren wieder zum dominanten Paradigma: Neue Publikationen widmeten sich der Geschichte und Theorie des Totalitarismus.[374] Neue Forschungsinstitute wie das Dresdner Hannah-Arendt-Institut für Totalitarismusforschung wurden begründet, die sich speziell der vergleichenden Diktaturforschung, der Untersuchung von Kommunismus und Nationalsozialismus und der normativen Extremismusforschung widmeten.[375] Selbst bundesrepublikanische Linksintellektuelle wie Jürgen Habermas, Jürgen Kocka und Hans-Ulrich Wehler sowie Repräsentanten der Achtundsechziger-Bewegung übernahmen nun Begrifflichkeiten der Totalitarismustheorie, gegen die sie zuvor zu Felde gezogen waren, weil sie aus ihrer Sicht ein konservatives Kampfinstrument darstellte.[376] Nach dem Untergang des Kommunismus aber, so Habermas, könne sich „ein antitotalitärer Konsens bilden, der diesen Namen verdient, weil er nicht selektiv", also nicht einseitig gegen links gerichtet sei – schließlich waren Nationalsozialismus und Kommunismus nun gleichermaßen Geschichte geworden.[377]

Auf geschichtspolitischer Ebene wurde also Anfang der 1990er Jahre eine Chance gesehen, die Traditionen des Antitotalitarismus und der Aufarbeitung in der Auseinandersetzung mit der DDR-Vergangenheit zusammenzuführen. Eine starke geschichtspolitische Position nahmen dabei Vertreterinnen und Vertreter von Opfergruppen und der ehemaligen Bürgerrechtsbewegung ein. Unterstützt von westdeutschen Medien und Parteispitzen setzte sich daher eine Deutung der Vergangenheit durch, die auf eine klare Unterscheidung zwischen Tätern und Opfern des SED-Staats abzielte.[378] Entsprechend fokussierte der hegemoniale DDR-Diskurs in hohem Maße auf Aspekte wie Überwachung, Unrecht, Menschenrechtsverletzungen und Verbrechen.[379] Das gilt insbesondere für die Diskussionen der Enquete-Kommission zur „Aufarbeitung von Geschichte und Folgen der SED-Diktatur in Deutschland", die der Bundestag im Jahr 1992 einsetzte.[380] Ihre Arbeit verfolgte unter anderem das Ziel, die Illegitimität nicht nur

---

[373] Vgl. Jarausch, Realer Sozialismus, S. 256; Lindenberger, Experts with a Cause, S. 33–37; Schmeitzner, Thematische Relevanz, S. 17; Faulenbach, Eine neue Konstellation?, S. 43; Scholtz, Die DDR, S. 254.

[374] Vgl. Glaeßner, Kommunismus – Totalitarismus – Demokratie; Jesse (Hrsg.), Totalitarismus im 20. Jahrhundert; Maier (Hrsg.), Totalitarismus und Politische Religionen; Wippermann, Totalitarismustheorien.

[375] Vgl. Lindenberger, Experts with a Cause, S. 32–34; Scholtz, Die DDR, S. 261 f.

[376] Vgl. Kailitz, Die politische Deutungskultur im Spiegel des „Historikerstreits", S. 161–165; Behre, Bewegte Erinnerung, S. 352–355.

[377] Habermas, Die Bedeutung der Aufarbeitung, S. 690; vgl. Kailitz, Die politische Deutungskultur im Spiegel des „Historikerstreits", S. 161.

[378] Vgl. Bösch/Gieseke, Der Wandel des Politischen, S. 73; Scholtz, Die DDR, S. 254.

[379] Vgl. Oppelland, Der Kommunismus in der Geschichtskultur, S. 103 f.; Scholtz, Die DDR, S. 254 f.

[380] Siehe dazu ausführlich Beattie, Playing Politics.

der SED-Herrschaft, sondern auch der DDR als Staat herauszustreichen.[381] Damit folgte der Bundestag einer Tendenz in allen postsozialistischen Gesellschaften, den geschichtspolitischen Umgang mit dem Kommunismus zur Legitimation der neuen Ordnung zu nutzen.[382] Dies sah die übergroße Mehrheit des Bundestages auch als wichtigstes Ergebnis der Kommissionsarbeit, wie eine überfraktionell eingebrachte Entschließung im Juni 1994 feststellte:

„Zu den geistigen Grundlagen einer innerlich gefestigten Demokratie gehört ein von der Gesellschaft getragener antitotalitärer Konsens. […] Die einzige Legitimität, auf die sich staatliche Ordnung berufen kann, ist die auf der Grundlage der Menschenrechte verfassungsmäßige Gewährleistung freiheitlich-demokratischer Verleihung und Kontrolle staatlicher Macht. Diktatur ist und bleibt illegitim."[383]

Das Geschichtsbild der PDS

In dieser Form ging der propagierte antitotalitäre Konsens über die Sphäre der reinen Geschichtspolitik hinaus und erhielt eine parteipolitische Dimension: zum einen weil die Fraktionen des Bundestages eine „Absage an jedwede Form totalitärer Ideologien, Programme, Parteien und Bewegungen" formulierten und so die Geschichte in den Dienst der staatspolitischen Erziehung stellten,[384] zum anderen weil sich die PDS dadurch angegriffen fühlte und sich ausdrücklich dem angestrebten Konsens verweigerte. Sie warf ihren Konkurrenten vor, das Ziel einer „moralischen Vernichtung der DDR" und ihrer Repräsentantinnen und Repräsentanten zu verfolgen.[385] Die PDS werde so zum Objekt einer „Inquisition", mit der die „Sieger" im Ost-West-Konflikt die Verlierer „[a]uf die Anklagebank" setzten und abzuurteilen versuchten.[386] Führende Mitglieder der PDS-Fraktion wie Hans Modrow und der Rechtsexperte Uwe-Jens Heuer lehnten den „totalitarismustheoretischen Konsens" daher rundweg ab und hielten ihn primär für ein antikommunistisches Instrument, um „die Abrechnung mit der DDR und die Ausgrenzung bzw. Bestrafung ihrer Funktionsträger zu begründen und zu legitimieren".[387]

Dessen ungeachtet sprach auch die PDS-Führung von einer kritischen Aufarbeitung der diktatorischen Vergangenheit in der DDR. Die Erinnerung an die Vergangenheit sollte „frei von Apologetik, Schönfärberei und Tabus" geführt werden, wie im November 1990 auf einer Konferenz der Historischen Kommission der

---

381 Vgl. ebenda, S. 11.
382 Vgl. Kopeček, Kommunismus zwischen Geschichtspolitik und Historiographie, S. 17.
383 Dt. Bundestag, Drs. 12/7983: Entschließungsantrag der Fraktionen CDU/CSU, SPD, F.D.P. und der Gruppe Bündnis 90/DIE GRÜNEN zum Bericht der Enquete-Kommission „Aufarbeitung von Geschichte und Folgen der SED-Diktatur in Deutschland", 16. 6. 1994, S. 5.
384 Ebenda; vgl. Beattie, Playing Politics, S. 11.
385 ADS, BT/12.WP-007: Uwe-Jens Heuer/Ekkehard Lieberam/Gerhard Riege, Positionspapier zum Tribunalvorschlag und zur Einsetzung einer Enquetekommission. Vorlage für die 7. Sitzung der Abgeordnetengruppe PDS/LL am 18. 2. 1992, 16. 2. 1992, S. 2.
386 Ebenda, S. 3 f.
387 ADS, BT/12.WP-012: Uwe-Jens Heuer/Hans Modrow, Gründe für die Ablehnung des „totalitarismustheoretischen Konsenses" der Enquetekommission, Mai 1994, S. 1.

Partei zu „Wurzeln, Wirkungen, Folgen" des SED-„Stalinismus" formuliert wurde.[388] Für die „Reformer" in der PDS war eine kritische Auseinandersetzung mit der SED-Vergangenheit schon deshalb notwendig, um einen Rückfall in „stalinistisches" Denken zu verhindern und um dazu beizutragen, eine authentische, nicht-diktatorische Form des Sozialismus zu entwickeln.[389] Gregor Gysi nannte das „Erneuerung ohne Leugnung der Geschichte".[390] Der Anspruch der offenen Selbstkritik hatte allerdings schon auf dem Sonderparteitag im Dezember 1989 zu Unmutsäußerungen aus der Partei geführt, wo eine scharfe Abrechnung mit der Vergangenheit nur bedingt erwünscht war.[391]

Dazu kam, dass sich die meisten Akteure in der PDS weitgehend einig in ihrer Kritik am geschichts- und vergangenheitspolitischen Konsensversuch der Konkurrenten waren: Sie lehnten den Begriff „Unrechtsstaat" für die DDR ab, weil er darauf abziele, „die DDR und Hitlerdeutschland gleichzusetzen". Damit werde nicht nur der „Faschismus" verharmlost, sondern auch „die gesellschaftliche Realität in der DDR" verfälscht, wie der Parteivorstand im November 1994 die bis dahin erfolgten Diskussionen in der Partei zusammenfasste.[392] Dagegen hielt die PDS an der Deutung der DDR als einem legitimen Versuch fest, die faschistische Vergangenheit Deutschlands zu überwinden und eine gerechte Gesellschaft zu errichten.[393] Der realsozialistische Entwicklungsweg sei „historisch wie völkerrechtlich, moralisch wie politisch legitim gewesen".[394]

Diese Deutung verfolgte ganz offenkundig das geschichtspolitische Ziel, die marxistische Utopie von der Herrschaftspraxis des Realsozialismus zu unterscheiden und damit als politische Alternative zum Kapitalismus der Bundesrepublik zu bewahren.[395] Den stalinistischen Momenten stellte die PDS-Führung daher die vermeintlich positiven Ansätze in der Geschichte des europäischen Realsozialismus entgegen, wie sie in den Aufständen 1953 in der DDR, 1956 in Ungarn und den „Prager Frühling" 1968 zum Ausdruck gekommen seien: Von der SED bis zuletzt scharf verurteilt, wurden diese Ereignisse nun als „Korrekturversuche […] zur Erneuerung des Sozialismus" rehabilitiert und sollten so für die PDS als Kern einer positiv-historischen Identitätsbildung fungieren.[396]

Dazu kam, dass das außerhalb der PDS dominante Narrativ von Opfern und Tätern und die Betonung von Staatsterror und ökonomischem Scheitern nicht die

---

388 Höpcke, Zur Eröffnung der Konferenz, S. 5.

389 André Brie, Die PDS und die Aufarbeitung deutscher Geschichte. In: Neues Deutschland, 7./ 8. 3. 1992; A. Brie, Ich tauche nicht ab, S. 186 f.

390 ADS, PDS-PV-071: Referat des Genossen Gregor Gysi auf der Parteivorstandssitzung am 9. 8. 1990, S. 3 f.

391 Vgl. Trömmer, Der verhaltene Gang, S. 93.

392 PDS-Parteivorstand, 10 Thesen, S. 216.

393 Vgl. Lannert, „Vorwärts und nicht vergessen"?, S. 98 f.; Beattie, Playing Politics, S. 95; Hough, The Fall and Rise of the PDS, S. 156.

394 Dt. Bundestag, Plenarprotokoll 12/234 (17. 6. 1994), S. 20449 (Rede Dietmar Keller).

395 Vgl. Oppelland, Der Kommunismus in der Geschichtskultur, S. 109.

396 Schumann, Rede auf dem Außerordentlichen Parteitag der SED/PDS am 16. 12. 1989, S. 188.

Erinnerungen der früheren SED-Mitglieder abbildete. Weder waren sie bereit, sich selbst vorbehaltlos als Täterinnen und Täter zu identifizieren, noch war die DDR für sie nur durch negative Erfahrungen geprägt. Im Gegenteil: Für die meisten in der PDS, anders als für frühere Oppositionelle, war die Vergangenheit im ostdeutschen Staat mit persönlicher Sicherheit und Karrierechancen verbunden gewesen. Die Bundesrepublik dagegen war ihnen stets als Feindbild präsentiert worden: als „Fortsetzer einer faschistischen Vergangenheit", für die exemplarisch ehemalige Nationalsozialisten wie Globke, Oberländer, Filbinger und Kiesinger standen, wie es der PDS-Abgeordnete Dietmar Keller ausdrückte.[397]

Dass diese Bewertung nach 1990 vollständig umgedreht werden sollte – die Bundesrepublik der „richtige" und die DDR der „falsche" deutsche Staat gewesen sein sollte –, das war für die übergroße Mehrheit in der PDS unverständlich, zumal mit der Aufarbeitung der DDR-Geschichte eine nicht zu übersehende Tendenz einherging, die Geschichte der Bundesrepublik zu idealisieren.[398] Die PDS wiederum fungierte als Refugium einer positiven Erinnerung an das Leben in der DDR, das gegen äußere Delegitimierungsversuche abgeschirmt werden sollte und das als Gegenbild zu den Entwicklungen im vereinten Deutschland wach gehalten wurde. Die DDR sei ein „Faktor für den Frieden in Europa" gewesen und habe „soziale Leistungen" garantiert, „die man heute erkämpfen" müsse, so der PDS-Landesvorsitzende in Mecklenburg-Vorpommern Helmut Holter im Februar 1992.[399] Auch deshalb stand die Partei fast trotzig zur sozialistischen Symbolik: Während es außerhalb der Partei vielfältige Bestrebungen gab, die realsozialistischen Ikonen aus dem öffentlichen Bild zu verdrängen, Gedenktafeln für Marx und Engels zu entfernen und Straßen umzubenennen, hielt die PDS an der jährlichen Demonstration zur Berliner Gedenkstätte der Sozialisten fest, die wie schon zu DDR-Zeiten an die Ermordung von Rosa Luxemburg und Karl Liebknecht erinnern sollte.[400]

Wer sich dagegen als PDS-Mitglied für den hegemonialen geschichts- und vergangenheitspolitischen Ansatz der anderen im Bundestag vertretenen Parteien öffnete, wie der Bundestagsabgeordnete Dietmar Keller, wurde schnell zum Außenseiter: Der frühere Kulturminister der Modrow-Regierung gehörte als einziger PDS-Vertreter der Enquete-Kommission an und versuchte dort, ein „höchstmöglich erreichbares Maß an Kompromiss für eine konstruktive Mitarbeit" zu erreichen.[401] Im Bemühen, sich kritisch auch mit seiner persönlichen Verantwortung auseinanderzusetzen, wies Keller auf „totalitäre Strukturen" in der DDR hin, sprach von „Gleichschaltung des gesellschaftlichen Lebens" und „Terror gegen-

---

[397] Keller, Die Machthierarchie, S. 3019.
[398] Bortfeldt, Die Ostdeutschen und die PDS, S. 1285.
[399] ADS, PDS-LV MV, Alt-Sign. 2008-XVII-109: Helmut Holter, Rede auf der Landesbasiskonferenz der PDS Mecklenburg-Vorpommern am 29. 2. 1992 [handschriftlich], S. 10.
[400] Vgl. Sabrow, Sozialismus, S. 202 f.
[401] ADS, BT/12.WP-007: Festlegungsprotokoll der Fraktionssitzung, 19. 5. 1992, S. 3 f.

über politischen Gegnern".[402] Am deutlichsten wurde Keller schließlich in der abschließenden Bundestagssitzung zum Bericht der Enquete-Kommission am 17. Juni 1994, in der er sich wie seine Vorredner Rainer Eppelmann (CDU) und Markus Meckel (SPD) ausdrücklich zum „antitotalitären Konsens" bekannte und sich darüber hinaus „bei den Opfern der SED-Diktatur" entschuldigte.[403] Für Parlamentarier wie den Sozialdemokraten Hartmut Soell war Keller damit ein Beispiel, „daß es auch in der PDS Leute gibt, die über die Vergangenheit nachgedacht haben".[404] In der eigenen Partei dagegen wurde ihm Gleichsetzung der „Hitlerdiktatur" mit der „Diktatur des Proletariats"[405] und Übernahme des gegnerischen Geschichtsbilds vorgeworfen.[406] Im „Neuen Deutschland" blies Keller in zahlreichen Leserbriefen und Wortmeldungen heftiger Wind entgegen.[407] Und schließlich konnte er sich bei der Aufstellung der sächsischen Landesliste für die Bundestagswahl 1994 keinen aussichtsreichen Platz mehr sichern und schied im selben Jahr aus dem Parlament aus.[408]

Reaktionen der Konkurrenten auf den Umgang der PDS mit der Vergangenheit

Während Kellers Rolle Anlass zu Respektsbekundungen gab, wurden die Positionen seiner Partei von den Konkurrenten im Bundestag heftig attackiert. Der PDS wurde vorgeworfen, „Mauer und Grenzregime" herunterzuspielen[409] und „das repressive System des realen Sozialismus" zu verharmlosen.[410] Dabei wurde der Umgang der PDS mit ihrer Vergangenheit als wesentlicher Prüfstein für die beanspruchte demokratische Erneuerung der Partei angesehen – wobei das Urteil fast durchweg negativ ausfiel und bestenfalls auf „halbherziger Revisionismus" lautete.[411] Solche Vorwürfe kamen besonders prominent von sozialdemokratischer Seite, in deren kollektivem Gedächtnis die jahrzehntelange Gegnerschaft zwischen Parteikommunismus und Sozialdemokratie tiefe Narben hinterlassen hatte. Von

---

[402] ADS, BT/12.WP-009: Dietmar Keller, Anregendes und Streitbares für eine Diskussion zum Thema: Diktaturen in Deutschland/„diktatorische Regierungsformen" in Deutschland. Material für die Fraktionssitzung am Dienstag, 10.11.1992. Bonn, 5.11.1992.
[403] Dt. Bundestag, Plenarprotokoll 12/234 (17.6.1994), S. 20448 f. (Rede Dietmar Keller).
[404] Ebenda, S. 20471. (Rede Hartmut Soell).
[405] ADS, BT/12.WP-007: Festlegungsprotokoll der Fraktionssitzung, 19.5.1992, S. 3 f.
[406] Vgl. Keller, In den Mühlen der Ebene, S. 227; ähnlich auch die Kritik der Historischen Kommission der PDS: ADS, BT/12.WP-009: Sprecherrat der Historischen Kommission beim PDS-Bundesvorstand, An die Bundestagsgruppe PDS/Linke Liste. Berlin, den 23.2.1993, S. 4.
[407] Vgl. Falkner/Huber, Aufschwung PDS, S. 37 f.
[408] Vgl. ebenda.
[409] Dt. Bundestag, Drs. 12/7983: Entschließungsantrag der Fraktionen CDU/CSU, SPD, F.D.P. und der Gruppe Bündnis 90/DIE GRÜNEN zum Bericht der Enquete-Kommission „Aufarbeitung von Geschichte und Folgen der SED-Diktatur in Deutschland", 16.6.1994, S. 5.
[410] Dt. Bundestag, Plenarprotokoll 12/234 (17.6.1994), S. 20450 (Rede Gerd Poppe).
[411] Vgl. Eckert/Faulenbach (Hrsg.), Halbherziger Revisionismus.

den vielen Themen, die das berührte – von der Revolution 1918/19 über die „Sozialfaschismus"-These der Weimarer Jahre bis hin zur Nachkriegszeit[412] – spielte ein Thema eine besondere Rolle: die Parteifusion von SPD und KPD zur SED im Jahr 1946, in sozialdemokratischen und westdeutschen Kreisen als „Zwangsvereinigung" gedeutet, und die anschließende Verfolgung von Sozialdemokratinnen und Sozialdemokraten in SBZ und DDR.

In dieser Frage bestand eine deutliche „erinnerungspolitische Kluft"[413] zwischen SPD und PDS, die auch mit geschichtspolitischen Motivationen zusammenhing.[414] Während die Sozialdemokratie ein unzweideutiges Schuldeingeständnis forderte, dass die SED-Gründung ein „Akt diktatorischer Willkür"[415] war, galt es aus PDS-Sicht, die Legitimität der Parteigründung – und damit die eigene historische Wurzel – als Ausfluss einer breiten antifaschistischen Bewegung zu bewahren. Auf diese Weise sollte die eigene historische Legitimität auch gegen Angriffe von außen verteidigt werden.[416] Es habe zwar „beim Zusammenschluß von KPD und SPD zweifellos Zwänge", für den Einzelnen aber „durchaus Spielraum" gegeben, sich einzureihen oder ihr fernzubleiben, so das Urteil der Historischen Kommission der PDS zum 50. Jahrestag der Parteigründung im Jahr 1996.[417] Für viele SPD-Mitglieder, für die die „Zwangsvereinigung" von zentralem identitätsbildendem Stellenwert war, blieben solche Antworten unbefriedigend und belegten die mangelnde demokratische Läuterung der PDS. Auf Diskussionsangebote reagierten viele in der SPD daher unwirsch: Über geschichtliche Fakten müsse man nicht diskutieren[418] und die ignorante Haltung der PDS gebe dazu auch „keine Grundlage", so Wolfgang Thierse in einer Vorlage für das Präsidium seiner Partei.[419]

Während das Thema der „Zwangsvereinigung" in sozialdemokratischen Kreisen eine hervorgehobene Rolle spielte, wurde die PDS von vielen Konservativen,

---

[412] Siehe dazu Schönhoven, Gemeinsame Wurzeln; Eckert/Faulenbach (Hrsg.), Halbherziger Revisionismus.

[413] Schönhoven, Gemeinsame Wurzeln, S. 268.

[414] Schließlich folgen Parteien geschichtspolitisch nicht nur eigenen Erinnerungstraditionen, sondern – eng damit verbunden – auch eigenen Interessen, bei denen es um die Konstruktion kollektiver Identitäten, um politische Sympathiewerbung und um Deutungsmacht geht (vgl. Oppelland, Parteien als geschichtspolitische Akteure, S. 72; Wolfrum, Geschichtspolitik, S. 26).

[415] AdsD, Dep. Thierse, 1/WTAA001723: Thomas Krüger/Peter Strieder, Die Herausforderung annehmen – über einen offensiven Umgang der SPD mit der PDS. Berlin, März 1995. S. 5.

[416] Keller, Die Machthierarchie, S. 3017 f. Siehe dazu auch Beattie, Playing Politics, S. 97–101.

[417] Historische Kommission der PDS, Zum 50. Jahrestag des Zusammenschlusses, S. 49 und S. 54.

[418] AdsD, SPD-KV Wismar, 3/MVWI000036: Rolf Eggert [SPD Wismar] an Hagen Müller [PDS Wismar] [Entwurf], undatiert. Vgl. ebenda: Hagen Müller an Rolf Eggert. Wismar, 15. 3. 1996; Karsten Neumann [PDS Stralsund] an Thomas Haack [SPD Stralsund]. Stralsund, 24. 2. 1996; Thomas Haack an Karsten Neumann. Stralsund, 11. 3. 1996.

[419] AdsD, SPD-Präs.: Wolfgang Thierse, Vorlage für die Sitzung des Präsidiums am 8. 1. 1996 „50. Jahrestag der Zwangsvereinigung"; Wolfgang Thierse, Mitteilung für die Presse. Presseservice der SPD, 12. 12. 1995.

vor allem aus dem Westteil des Landes, zuvorderst für die jahrzehntelange Spaltung des Landes und die Errichtung eines illegitimen Unrechtsregimes in der DDR verantwortlich gemacht. Aus dieser Vergangenheit wurde nicht selten eine generelle Illegitimität der PDS und ihrer Politikvorschläge abgeleitet: „Ausgerechnet jene, die über Jahrzehnte in der DDR die Verantwortung für den brutalen Schießbefehl an den innerdeutschen Grenzen trugen", so der CSU-„Bayernkurier", „möchten nun den demokratischen Parteien und dem Rechtsstaat insgesamt Nachhilfe in Sachen Gerechtigkeit geben. Infamer könnte die Verlogenheit der SED/PDS kaum mehr sein."[420] Die Deutlichkeit, mit der manche in der Union über die SED-Vergangenheit urteilten, kontrastierte jedoch in auffälliger Weise mit der eigenen Haltung gegenüber der Ost-CDU, bei der man forderte, die individuelle „Motivation der Menschen" zu prüfen, statt „alles über einen Kamm zu scheren".[421]

Zu den Debatten um Schuld und Verantwortung der SED kam die Haltung der PDS zur DDR als Staat. Dass die Partei des Demokratischen Sozialismus eine gleichartige Legitimität der DDR und der Bundesrepublik behauptete, erregte die Gemüter vieler Westdeutscher zusätzlich. Wie den Ostdeutschen ihr Staat als das einzig gute Deutschland propagiert worden war, so waren auch die allermeisten Westdeutschen im Bewusstsein sozialisiert worden, im einzig legitimen deutschen Staat gelebt zu haben – und im Gegensatz zur SED-Propaganda schien die westliche Deutung in der Implosion der DDR ihre Bestätigung gefunden zu haben. Aus dieser Sicht hatte, wer die Legitimität der DDR behauptete, „nichts gelernt" und betrieb „Geschichtsfälschung": „Der anständige Teil" der Deutschen habe „einen anderen Weg eingeschlagen" als den des Realsozialismus, so der Unionsabgeordnete Gerhard Reddemann in mehreren hitzigen Zwischenrufen im Bundestag am 17. Juni 1994.[422] Für viele Westdeutsche blieb die PDS die Partei jener, die Deutschland die Einheit und ihren Landsleuten die Freiheit nahmen, sie drangsalierten und „im Mauerstaat einsperrten".[423]

3.2 Die PDS als Milieu- und Interessenpartei

Die PDS als Partei der DDR-„Dienstklasse"

Vor diesem Hintergrund spielten für den Umgang mit der PDS auch gesetzliche, administrative und justizielle Maßnahmen eine Rolle, die das Ziel verfolgten, gewaltsame Akte und Verbrechen des untergegangenen Regimes aufzuklären und so den Prozess der Demokratisierung zu unterstützen. Zu diesen Maßnahmen, die

---

420 Heuchler und Unbelehrbare. In: Bayernkurier, 10. 4. 1993.
421 ACDP, CDU/CSU-Fraktion, 12. WP, 08-012-117/1: Protokoll der Fraktionssitzung am 2. 2. 1993, S. 29 (Wortbeitrag Dorothee Wilms).
422 Dt. Bundestag, Plenarprotokoll 12/234 (17. 6. 1994), S. 20449 (Zwischenruf Gerhard Reddemann während einer Rede Dietmar Kellers).
423 Heuchler und Unbelehrbare. In: Bayernkurier, 10. 4. 1993; vgl. auch Peter Philipps, Punktuelle Dummheit. In: Die Welt, 13. 12. 1993.

von der Forschung auch zusammenfassend als *Transitional Justice* bezeichnet werden,[424] gehörten nach dem Sturz der SED-Herrschaft Entschädigungen für Opfer des Regimes, die Rückgabe von Eigentum an ihre früheren Besitzer sowie Überprüfungen im öffentlichen Dienst.[425] In diesem Zusammenhang fungierte die PDS als Milieu- und Interessenpartei der früheren Dienstklasse der DDR, die sich aus ihrer Sicht ungerechtfertigter Weise auf der Anklagebank wiederfand.[426] Schon im Sommer 1990 hatte sich in der PDS das Selbstverständnis etabliert, innerhalb eines vereinten Deutschlands als „konsequenter Interessenvertreter der DDR-Bürger" aufzutreten und dabei vor allem die vermeintlich „Benachteiligten des übereilten Zusammennagels [sic!] der beiden deutschen Staaten" zu repräsentieren.[427] Auf diese Weise sollte die Herkunft der PDS aus der DDR-Staatspartei von einer Belastung für die Partei in politisches Kapital verwandelt werden. Dass dieser Anspruch mit dem einer konsequenten selbstkritischen Auseinandersetzung mit der Vergangenheit kollidieren musste, lag auf der Hand.

Und in der Tat wuchs die PDS in den ersten Jahren nach der Wiedervereinigung in die Rolle einer Interessenpartei jener „Einheitsverlierer", die sich als Leidtragende der Transformation Ostdeutschlands wahrnahmen – oder wie es die PDS ausdrückte: die den „kolonialistischen Charakter der deutschen Vereinigung spüren bzw. zu spüren bekommen".[428] Dazu zählte die PDS selbst die früheren DDR-Eliten aus dem „ehemaligen Staats- und Parteiapparat" sowie aus der „DDR-Intelligenz",[429] die nach der „Wende" einen beträchtlichen Teil ihrer früheren Privilegien verloren hatten. Mit – je nach Zählweise – bis zu 15 Prozent der ostdeutschen Bevölkerung[430] bildete dieses Milieu eine relevante Wählergruppe, die in den gesamten 1990er Jahren auch der wichtigste und treueste Teil der PDS-Wählerschaft blieb.[431]

In ihrem Selbstverständnis hatten diese Personen ihr Land verloren und lebten nun in einem fremden Staat, in dem sich die maßgeblichen Codes und Normen verändert hatten. Auch konnten und sollten sie im demokratischen und marktwirtschaftlichen Transformationsprozess, der weitgehend nach westlichem Muster vollzogen wurde, keine Rolle spielen. Nur ein verschwindend geringer Anteil früherer „SED-Kader" konnte auch in der Bundesrepublik gesellschaftliche Spitzenpositionen besetzen, von denen sehr viel mehr durch „West-Importe" ausgefüllt

---

[424] Siehe dazu: Appel, Anti-Communist Justice, S. 384 f.; Lindenberger, Experts with a Cause, S. 32 f.; J.-W. Müller, East Germany; H. Welsh, Dealing with the Communist Past, S. 418.
[425] Vgl. Lindenberger, Experts with a Cause, S. 33; siehe auch McAdams, Judging the Past.
[426] Vgl. Hough, The Fall and Rise of the PDS, S. 32.
[427] ADS, PDS-PV-189: Zentrales Wahlbüro, Beschluß des Parteivorstandes zur Vorbereitung gesamtdeutscher Wahlen. Vorlage für das Präsidium des Parteivorstandes, 12. 7. 1990, S. 5.
[428] ADS, PDS-PV-140: André Brie, Strategie der PDS zu den Wahlen 1994 (Entwurf), vertraulich. Vorlage für den Parteivorstand der PDS zu einer Wahlstrategie 1994, 10. 12. 1992, S. 11.
[429] Ebenda, S. 10.
[430] Vgl. Kießling, Politische Kultur und Parteien, S. 120 f.
[431] Vgl. Falter/Klein, Die Wähler bei der Bundestagswahl 1994, S. 25 f.; Schoen/Falter, Die Linkspartei und ihre Wähler, S. 37.

wurden.[432] Zwar gelang vielen Angehörigen der sozialistischen Dienstklasse im Hinblick auf ihren objektiven Status ein sanfter Übergang ins neue System.[433] In zahlreichen Fällen ging der Beitritt der DDR zur Bundesrepublik aber mit einer symbolischen Degradierung der früheren DDR-Eliten einher und sie wurden in ihrer Fachkompetenz, ihrer Karriere, ihrer sozialen Gemeinschaft und ihrer Weltanschauung in Frage gestellt.[434] Während in der Wissenschaft mehr als 80 Prozent des Personals „abgewickelt" wurde, traf es etwa genauso viele Angehörige des Militärs: Nur ein Fünftel der Zeit- und Berufssoldaten der NVA wurde nach 1990 in die Bundeswehr übernommen.[435] Das ermöglichte der PDS, sich selbst als Interessenvertreterin auch der früheren NVA-Angehörigen zu präsentieren – auch wenn sie sich gleichzeitig als antimilitaristisch verstand und sich für die „schrittweise Beseitigung aller Streitkräfte" einsetzte.[436] Auch die teilweise Reduktion von Rentenansprüchen aus Zusatz- und Sonderversorgungssystemen der DDR skandalisierte die PDS als „Rentenstrafrecht"[437] und vertrat damit insbesondere die Interessen früherer Angehöriger der Staatssicherheit, deren Ansprüche auf 70 Prozent reduziert worden waren.[438] Für die PDS waren solche Maßnahmen ein weiterer Beleg für kollektiv organisiertes und aus dem Westen gesteuertes „Vereinigungsunrecht".[439]

Besonders hitzig wurden zudem die juristischen Maßnahmen der Nachwende-Zeit diskutiert, die insbesondere wegen Rechtsbeugung durch die DDR-Justiz, Gewalttaten an der Grenze, MfS-Straftaten und Wahlfälschung eingeleitet wurden.[440] Diese von der DDR-Justiz selbst begonnenen und danach von bundesdeutschen Stellen fortgeführten Verfahren erfüllten die doppelte Funktion, im Rahmen und im Sinne des DDR-Systems verübtes Unrecht auch individuell zu ahnden und zugleich über die Vergangenheit eines Regimes aufzuklären, dessen Rechtspraxis in scharfen Gegensatz zu seiner Rhetorik stand.[441] Die öffentlichkeitswirksamen Verfahren gegen Erich Honecker und Erich Mielke waren dabei nur die Spitze des

---

432 Vgl. Geißler, Die Sozialstruktur Deutschlands, S. 134 f.: Demzufolge wurden 1995 nur 2,7 Prozent der Spitzenpositionen durch Angehörige der ehemaligen DDR-Elite besetzt, aber 40 Prozent von Westdeutschen.

433 Vgl. ebenda, S. 184; Rödder, Deutschland einig Vaterland, S. 345 f.

434 Vgl. Gravier, Entrer dans l'administration; Leonhard, Integration und Gedächtnis, S. 282–283; Berger, Former GDR Historians.

435 Vgl. Geißler, Die Sozialstruktur Deutschlands, S. 185; Leonhard, Integration und Gedächtnis, S. 131.

436 PDS (Hrsg.), Parteiprogramm 1993, S. 23; vgl. Wilke, Die PDS: Partei der Spaltung, S. 85.

437 Kenzler/Schirmer, Rechtspolitik der PDS.

438 Vgl. Ruland, Die gesetzliche Rentenversicherung, S. 481 f. und S. 485.

439 So Uwe-Jens Heuer in der Debatte um die Ziele der Enquetekommission (Dt. Bundestag, Plenarprotokoll 12/93 [20. 5. 1992], S. 7659).

440 Siehe hierzu ausführlich Marxen/Werle/Schäfter, Die Strafverfolgung; Marxen/Werle, Die strafrechtliche Aufarbeitung; Marxen/Werle (Hrsg.), Strafjustiz und DDR-Unrecht (7 Bände); zum Anfang der Aufarbeitung in der späten DDR siehe Bock, Vergangenheitspolitik im Systemwechsel.

441 Vgl. Marxen/Werle/Schäfter, Die Strafverfolgung, S. 57–59; Marxen/Werle, Die strafrechtliche Aufarbeitung, S. 242–247.

Eisbergs.[442] Der eigentliche Fokus der Untersuchungen lag auf der mittleren und unteren Ebene des Staates, auf ehemaligen Richtern und Anwälten, Angehörigen der Staatssicherheit und auf den in „Mauerschützenprozessen" angeklagten Grenzbeamten.[443] Wie die Forschung zum DDR-Unrecht inzwischen herausgearbeitet hat, kam es bei ursprünglich geschätzt 75 000 eingeleiteten Ermittlungsverfahren (ohne Spionage) gegen ungefähr 100 000 Beschuldigte nur bei jedem 133. Beschuldigten zu einer Verurteilung. Häufig spielte dabei das hohe Alter der Beschuldigten eine Rolle, es kam aber auch bei fast jedem dritten Angeklagten zu einem Freispruch, bei Angeklagten in MfS-Verfahren sogar in fast der Hälfte der Fälle. Mehr als 92 Prozent der verhängten Freiheitsstrafen wiederum wurden zur Bewährung ausgesetzt.[444]

Trotzdem sahen viele frühere SED-Mitglieder ihre Vorbehalte gegenüber dem bundesdeutschen Rechtsstaat bestätigt. Wenn der Grenzschützer oder die Stasi-Mitarbeiterin für ihre Tätigkeiten in den Fokus der Ermittlungsbehörden gerieten, Erich Honecker aber aufgrund seines Gesundheitszustandes ohne Verurteilung blieb, so musste der westliche Rechtsstaat ein Schwindel sein, so die verbreitete Wahrnehmung. Und wenn dieser Rechtsstaat sein Funktionieren demonstrierte und zum Verdruss früherer Opfer des DDR-Regimes im Zweifel für die Angeklagten urteilte, so bestätigte dies in den Augen der Angeklagten oder derjenigen, die sich als Mitangeklagte fühlten, gerade die Ungerechtigkeit der Verfahren selbst: „Der Befund erschien paradox: Während Opfer des Regimes das Ausbleiben einer umfassenden strafrechtlichen Sanktionierung kritisierten, sprachen die Kader der PDS von Siegerjustiz", so Christian Lannert.[445]

Dazu kam, dass Gerichte in Teilen einer Argumentation folgten, die zuvor geltendes DDR-Recht relativierte, um auch solche Menschenrechtsverletzungen ahnden zu können, die von diesem gedeckt waren.[446] Dies kam aus Sicht der PDS einer unerhörten „Negierung des Gesetzes im Namen überpositiven Rechts" gleich.[447] Die bundesdeutsche Rechtsprechung bediene sich eines „allgemeinen Rechtsnihilismus", wie er „gerade auch in der Rechtspolitik der SED zum Ausdruck kam", so die Argumentation der PDS-Rechtsexperten Uwe-Jens Heuer, Ekkehard Lieberam und Michael Schumann.[448] Was als rechtsstaatliche Aufarbeitung von Unrecht gedacht war, galt in PDS-Kreisen daher als „Fortsetzung des

---

[442] Vgl. J.-W. Müller, Just another Vergangenheitsbewältigung?, S. 342.

[443] Vgl. J.-W. Müller, East Germany, S. 257; aufgeschlüsselt nach einzelnen Bundesländern: Marxen/Werle/Schäfter, Die Strafverfolgung.

[444] Vgl. Marxen/Werle/Schäfter, Die Strafverfolgung, S. 54 ff.; ähnliche Zahlen (90%) auch bei Marxen/Werle, Die strafrechtliche Aufarbeitung, S. 238.

[445] Lannert, „Vorwärts und nicht vergessen"?, S. 158.

[446] Vgl. J.-W. Müller, East Germany, S. 258; McAdams, Judging the Past, S. 31 f.

[447] ADS, BT/12.WP-006: Uwe-Jens Heuer/Ekkehard Lieberam/Michael Schumann, Demokratie, Rechtsstaat, Verfassungsfragen. Beitrag zur Fraktionssitzung am 22. 10. 1991, S. 2.

[448] ADS, BT/12.WP-008: Uwe-Jens Heuer/Ekkehard Lieberam/Michael Schumann, Der Honecker-Prozeß und wir. Bonn, 18. 9. 1992, S. 5; zu dieser kontroversen Problematik siehe auch Jakobs, Vergangenheitsbewältigung durch Strafrecht?, S. 48–59; Marxen/Werle, Die strafrechtliche Aufarbeitung, S. 250–253.

Kalten Krieges mit juristischen Mitteln", so Lothar Bisky. Es werde eine „neue Ostzone mit rechtlichem Sonderstatus geschaffen".[449]

Die PDS als „Stasi-Partei"

In der medialen Öffentlichkeit bestätigten die Kampagnen der PDS und ihr Auftreten als Interessenvertretung der DDR-Eliten ihr Image als Partei der „Polit-Funktionäre".[450] Dies wurde auch durch das Verhalten der Partei im Umgang mit dem Erbe der DDR-Staatssicherheit gefördert. Das Ministerium für Staatssicherheit (MfS) der DDR wurde im vereinten Deutschland geradezu als Inbegriff staatlichen Unrechts und totalitärer Überwachung in der DDR gesehen.[451] Es war vor allem eine Reihe von Enthüllungen früherer IM-Tätigkeiten, die in den frühen 1990er Jahren den öffentlichen Umgang mit diesem Thema prägten. Nacheinander stolperten eine ganze Reihe ostdeutscher Politikerinnen und Politiker – angefangen mit dem DA-Vorsitzenden Wolfgang Schnur und dem SDP-Vorsitzenden Ibrahim Böhme – über ihre IM-Vergangenheit. Bald gerieten auch staatliche Amtsträger wie der DDR-Ministerpräsident Lothar de Maizière und der brandenburgische Ministerpräsident Manfred Stolpe in die Schlagzeilen.[452] Von den öffentlichkeitswirksamen „Stasi"-Skandalen waren also längst nicht nur PDS-Leute betroffen. Zudem nahmen die Fronten in den Diskussionen um die Stasi-Unterlagen und ihre Öffnung ungewöhnliche Formen an: So setzten sich nicht nur SED-Altkader und ostdeutsche Politiker wie Lothar de Maizière und DDR-Innenminister Peter-Michael Diestel, sondern auch Bonner Politiker wie Bundesinnenminister Wolfgang Schäuble dafür ein, die MfS-Akten zu vernichten. Ihr Argument, gesellschaftlichen Unfrieden durch Denunziantentum und Hetzjagden vermeiden zu wollen, konnte sich gegen die Proteste früherer DDR-Oppositioneller aber nicht durchsetzen.[453] Mit der Öffnung der Stasi-Akten wurde schließlich eine Sonderregelung für die ehemalige DDR geschaffen, die Sperrfristen westlicher Akten nicht tangierte, worin die PDS einen weiteren Beleg für die „Sieger- und teilweise Rachementalität" des Westens sah.[454]

Trotz dieser parteipolitisch komplexen Lage stellte die MfS-Problematik einen Faktor dar, der zur weiteren politischen Isolation der PDS beitrug und ihrer Strategie der „Erneuerung" im Wege stand. Versuche der PDS, eine ostdeutsche Allianz mit der Gruppe Bündnis 90/Die Grünen zu schmieden, die ebenfalls einen selekti-

---

449 Bisky, Begrüßung, S. 9; vgl. auch Heuer/Schumann, Politik und Justiz; siehe dazu auch Lannert, „Vorwärts und nicht vergessen"?, S. 158–162.
450 PDS: Wieviel rote Wölfe stecken im Schafspelz? In: Bild, 29. 6. 1994.
451 Vgl. J.-W. Müller, Just another Vergangenheitsbewältigung?, S. 342; Giesecke, Die Stasi und ihr IM, S. 98–101.
452 Vgl. Giesecke, Die Stasi und ihr IM, S. 102–104; McAdams, Judging the Past, S. 55; Falkner/Huber, Aufschwung PDS, S. 177.
453 Vgl. Becker, Geschichtspolitik, S. 318–320.
454 Dt. Bundestag, Plenarprotokoll 12/57 (14. 11. 1991), S. 4691 (Rede Ulla Jelpke).

ven Umgang der Konkurrenten mit ost- und westdeutschen Akten kritisierte,[455] führten zu energischen Abgrenzungen der Umworbenen, die keinesfalls eine aus ihrer Sicht geschichtsapologetische Haltung der PDS legitimieren wollten. Im Gegenteil sprachen einzelne Bündnis-Abgeordnete wie Konrad Weiß der PDS jede Berechtigung ab, zu Fragen der Staatssicherheit zu sprechen, solange es „in führenden Gremien" der Partei MfS-Leute gebe.[456] Tatsächlich waren es vor allem die hohe MfS-Belastung der PDS und ihr Umgang damit, die ihr öffentlich schadeten. In den ersten Jahren nach der „Wende" musste sich eine ganze Reihe bekannter Politikerinnen und Politiker der PDS zu einer persönlichen MfS-Vergangenheit bekennen – so beispielsweise die Bundestagsabgeordneten Ilja Seifert, Gründungspräsident des Allgemeinen Behindertenverbands in Deutschland, und Jutta Braband, die in der DDR selbst neun Monate lang inhaftiert gewesen war und daher wie kaum eine andere den Erneuerungsanspruch der PDS repräsentierte.[457] Zugleich übten Parteimitglieder interne Kritik an einer zunehmenden „Stagnation und Restauration" in der Partei, wie es 1991 in einem Thesenpapier für den Parteivorstand hieß. Der „Ausgrenzungsdruck" von außen habe in der Partei eine „Schulterschluß-Mentalität" befördert, sodass jede „Selbstkritik und Reue den Geruch von Entsolidarisierung (Dolchstoß)" erhalten habe.[458]

Solcherlei Kritik führte auf dem Parteitag im Juni 1991 zu einem Parteitagsbeschluss, in dem die PDS eine ebenso differenzierte wie kritische Auseinandersetzung mit der „MfS-Problematik" einforderte. Als zentrales Sicherheitsorgan der DDR habe das MfS Bürgerrechte verletzt und „entsetzliches Leid" über viele Bürgerinnen und Bürger gebracht. Dies dürfe aber weder Anlass zu einer „pauschalen Verurteilung und Dämonisierung" noch zu einer „pauschalen Entschuldigung" früherer MfS-Angehöriger geben. Zwar sei die Auseinandersetzung mit der eigenen Vergangenheit grundsätzlich Privatsache, wer sich aber anschicke „für die Partei in exponierter Stellung öffentlich zu wirken", müsse sich zu seiner Vergangenheit bekennen. Letztlich entscheide das nominierende Gremium über das weitere Vorgehen. Das Zeichen sollte ein doppeltes sein: Einerseits bekannte sich die PDS kritisch zu ihrer „Nachfolge-Existenz", zur Transparenz im Umgang mit MfS-

---

[455] ADS, BT/12.WP-006: Protokoll der Fraktionssitzung am 11. 6. 1991.

[456] Dt. Bundestag, Plenarprotokoll 12/31 (13. 6. 1991), S. 2477 (Zwischenfrage Konrad Weiß an Ulla Jelpke).

[457] ADS, BT/12.WP-004: Jutta Braband zur Niederlegung ihres Mandats. Pressedienst PDS/Linke Liste im Bundestag, 20. 2. 1992; Falkner/Huber, Aufschwung PDS, S. 34 f.; zu belasteten Volkskammerabgeordneten siehe Tüffers, Die 10. Volkskammer, S. 295.

[458] ADS, PDS-PV-246: PDS-(Un)Möglichkeiten einer West-Expansion (Die Entscheidung fällt im Osten) [Thesenpapier, vorgelegt auf der Präsidiumssitzung am 22. 4. 1991, ohne Verfasserangabe]. Das Thesenpapier wurde in der vorliegenden Form vom Präsidium der PDS nicht bestätigt, vgl. ADS, PDS-PV-246: Festlegungsprotokoll der Sitzung des Präsidiums des Parteivorstandes der PDS am 22. 4. 1991; vgl. auch Falkner/Huber, Aufschwung PDS, S. 177; König, Gregor Gysi, S. 279 f.; außerdem die Pressemitteilung Ulrich Briefs, in der Briefs seinen Fraktionsaustritt damit begründete, dass die PDS-Gruppe keine „saubere und rigorose Bewältigung der DDR-, SED- und MfS-Vergangenheit" schaffe (ADS, BT/12.WP-004: Ulrich Briefs, Pressemitteilung. Bonn, 19. 12. 1991).

Biographien und zu einer besonderen Verantwortung für die Auseinandersetzung mit der SED-Vergangenheit. Andererseits erklärte sie sich mit jenen solidarisch, „die bereit sind, sich mit ihrer persönlichen Verantwortung auseinanderzusetzen".[459]

Dass diese Bereitschaft aber gerade in führenden Teilen der Partei nur bedingt ausgeprägt war, zeigt der Fall André Brie. Anfang der 1990er Jahre hatte Brie als stellvertretender Parteivorsitzender, Wahlkampfleiter, Landesvorsitzender in Berlin und als enger Vertrauter Gregor Gysis eine Schlüsselstellung in der Partei inne und galt als führender Stratege der PDS. Umso höhere Wellen schlug im Oktober 1992 die Nachricht, dass Brie entgegen der geltenden Beschlusslage seiner Partei eine frühere MfS-Mitarbeit geheim gehalten und dass auch der miteingeweihte Gregor Gysi dazu geschwiegen hatte.[460] In dieser Situation zeigte sich, wie unpopulär der Parteitagsbeschluss des Jahres 1991 gerade in Teilen der Parteiführung war. Zwar legte Brie seine Ämter nieder und Gregor Gysi zog sich kurz darauf vom Parteivorsitz zurück. Auch wurde im Parteivorstand vereinzelte Kritik am Verhalten der beiden geübt.[461] Eine deutliche Mehrheit der Rednerinnen und Redner aber zeigte ihre Solidarität mit den Kritisierten und zog den Parteitagsbeschluss in Frage, weil dieser es nicht vermocht habe, „eine Welle der Selbstentlarvung" zu verhindern, so Michael Schumann.[462] Andere kritisierten die Vorgabe, sich öffentlich zu outen, als „menschenfeindlich" und „stalinistisch".[463] „Wir müssen uns auch hinter unsere Leute stellen", so der Tenor.[464] Die PDS sei eben „bunt und nicht einfarbig zu haben", wie Lothar Bisky beschwor.[465] Wer an dieser Linie Kritik übte, wurde eines „moralischen Rigorismus" bezichtigt, dem es primär um Anbiederung bei den Konkurrenzparteien gehe, wie Gregor Gysi in seinem Rücktrittsschreiben zu verstehen gab: Der kritische Umgang mit der eigenen Biographie sei notwendig, könne aber „nicht der Hauptzweck" der Parteiarbeit sein.[466]

In dieser Art der Reaktion, in der sich der Ruf nach Differenzierung und die Kritik an vorschnellen Urteilen sichtlich mit Selbstrechtfertigungen und Selbstentschuldigungen verbanden, begab sich die PDS auf einen klaren Sonderkurs: In einer Zeit, in der zahlreiche Persönlichkeiten der ostdeutschen Politik über ihre

---

[459] PDS, Zur konsequenten, offenen und öffentlichen Auseinandersetzung der PDS mit der Problematik „Staatssicherheit". In: Disput, 1. Augustheft 1991, S. 10–13.

[460] ADS, PDS-PV-135: Sachprotokoll der Tagung des Parteivorstandes am 26. 10. 1992, S. 2.

[461] Ebenda, S. 4 (Beitrag Sylvia-Yvonne Kaufmann).

[462] Ebenda, S. 4 (Beitrag Michael Schumann).

[463] Ebenda, S. 3 f. (Beitrag Bernd Rump).

[464] Ebenda, S. 7 (Beitrag Kerstin Kaiser). Kerstin Kaiser hatte selbst als IM für die Staatssicherheit gearbeitet, wie später bekannt wurde; vgl. Tina Hildebrandt, Die Grenzen der Schuld. In: Die Zeit, 12. 11. 2009; Thieme, Eliten und Systemwechsel, S. 253.

[465] ADS, PDS-PV-135: Sachprotokoll der Tagung des Parteivorstandes am 26. 10. 1992, S. 9 (Beitrag Lothar Bisky).

[466] ADS, PDS-PV-138: Der Vorsitzende an die Mitglieder des Bundesvorstandes und des Bundesparteirates der PDS. Berlin, 30. 11. 1992. Der Brief ist auch dokumentiert in: Gysi, Das war's, S. 309–312, hier S. 312.

Vergangenheit in der DDR stolperten, führte eine MfS-Belastung in der PDS nicht zwangsläufig zum Karriere-Ende. So auch nicht bei André Brie, der nach seinem Rücktritt von allen Ämtern schon 1993 in den Bundesvorstand zurückkehrte, um für die Partei den Bundestagswahlkampf 1994 zu managen. Ebenso wenig schwächten die bereits angesprochenen Anschuldigungen gegen Gregor Gysi, ebenfalls für die Staatssicherheit tätig gewesen zu sein, dessen innerparteiliche Stellung.[467] Im Gegenteil scheinen sie ihn innerhalb der PDS eher gestärkt zu haben, zumal sich Kritikerinnen und Kritiker dem Vorwurf aussetzten, einen politischen Kreuzzug gegen den PDS-Politiker zu führen.[468] Gysi blieb schließlich auch nach seinem Rückzug vom Parteivorsitz Chef der Bundestagsgruppe und öffentliches Aushängeschild seiner Partei. Dass später auch über die Kontakte seines Nachfolgers Lothar Bisky zur Staatssicherheit gestritten wurde, zeigt, dass die Stasi-Vergangenheit das Spitzenpersonal der PDS immer wieder einholte.[469]

Bei größeren Teilen der ostdeutschen Bevölkerung wiederum führten die öffentlichen Diskussionen um die Stasi inklusive ihrer politischen Instrumentalisierung zu sichtlichen Abwehrreflexen, vor allem wenn sich Westdeutsche mit starker „Urteilsfreude" und überschaubarer „Kenntnisdichte" hervortaten, wie es Jens Gieseke pointiert formuliert hat.[470] Jedenfalls wendete sich eine Mehrheit der Ostdeutschen schnell von der Frage der IM-Belastungen ab, sodass sich in Umfragen in den neuen Ländern seit 1992 stets eine deutliche Mehrheit dafür aussprach, nicht mehr nach der Stasi-Vergangenheit von Personen zu fragen.[471] Dazu passte auch der Fall des PDS-Bürgermeisterkandidaten in Potsdam, Rolf Kutzmutz: Nachdem er wenige Tage vor der Kommunalwahl im Dezember 1993 als früherer „IM Rudolf" enttarnt worden war, erhielt er bei der Bürgermeisterwahl trotzdem 45,3 Prozent der Stimmen im ersten Wahlgang und unterlag in der Stichwahl nur knapp.[472] Trotzdem nährten die ständige Thematisierung und der Umgang mit der MfS-Problematik die Vorbehalte derer, die an der Glaubwürdigkeit der Partei und ihrer „Erneuerung" ohnehin zweifelten, und befestigten das Image der PDS als „Partei der Spitzel".[473] Dagegen vermochten auch jene innerparteilichen Kräfte nichts auszu-

---

[467] Vgl. Oswald, The Party That Came Out of the Cold War, S. 41.

[468] Vgl. die Broschüre der PDS-Abgeordnetengruppe/Bundesvorstand (Hrsg.), Gysi/Gauck; König, Gregor Gysi, S. 2.

[469] Vgl. Matthias Braun, Viel Wirbel um Bisky. In: Die Tageszeitung, 31. 7. 2003. Dabei ging es um Biskys Kontakte zur Hauptverwaltung Auslandsaufklärung des MfS. Bisky räumte offizielle Kontakte zum MfS ein, bestritt aber, sich als IM verpflichtet zu haben (ebenda); vgl. auch Robert Ide/Matthias Meisner, Bisky war als Informant der Stasi registriert. In: Der Tagesspiegel, 30. 7. 2003.

[470] Gieseke, Die Stasi und ihr IM, S. 105; vgl. auch Lannert, „Vorwärts und nicht vergessen"?, S. 167.

[471] Vgl. Gieseke, Die Stasi und ihr IM, S. 106. Im Jahr 1998, auf dem Höhepunkt der Diskussionen um Gysi, sprachen sich sogar mehr als 70 Prozent der Ostdeutschen für einen Schlussstrich in der Stasi-Frage aus (ebenda).

[472] Vgl. E. Sturm, „Und der Zukunft zugewandt"?, S. 87; Bündnis gegen PDS. In: Die Tageszeitung, 9. 12. 1993.

[473] Dt. Bundestag, Plenarprotokoll 14/114 (6. 7. 2000), S. 10907 (Rede Vera Lengsfeld); Wolf Biermann, Und als wir ans Ufer kamen. In: Die Welt, 27. 1. 2001.

richten, die sich gegen die Schulterschluss-Mentalität der Parteiführung wandten, so wie der Berliner Landesverband unter Bries Nachfolgerin Petra Pau, der sich Ende 1992 nochmals nachdrücklich für einen offenen Umgang mit der Vergangenheit aussprach.[474] Immerhin setzten diese Gruppen auf dem Parteitag im Jahr 1993 durch, dass der oben genannte MfS-Beschluss des Jahres 1991 im Sinne der Transparenz auch weiterhin gültig blieb und PDS-Funktionäre ihre Vergangenheit zumindest offenlegen sollten.[475]

3.3 Die PDS als ostdeutsche Protestpartei

In der Politikwissenschaft wurde lange diskutiert, ob es sich bei der PDS in funktionaler Hinsicht um eine Programmpartei, eine Milieu-, eine Protest- oder eine Regionalpartei handelte.[476] Aus historischer Sicht war sie all das zusammen. Während die Loyalität der Partei zu früheren Stasi-Angehörigen dazu beitrug, das ohnehin parteinahe Milieu der „DDR-Dienstklasse" und seine spezifischen Interessen zu repräsentieren, ging die Strategie der PDS deutlich darüber hinaus. Von Beginn an nahm sie für sich in Anspruch, einen Protest gegen die Dominanz „des Westens" im vereinten Deutschland zu verkörpern und zugleich identifizierte sie die eigenen Interessen mit denen der Ostdeutschen insgesamt. Dabei wandt sie sich an alle, die angesichts der rasanten Umbrüche Zukunftsängste hatten, die ihre Arbeit und ihre gesellschaftliche Stellung verloren hatten oder die aus sonstigen Gründen von den Umständen der deutschen Einheit enttäuscht waren – jene also, die im zeitgenössischen Vokabular als die „Verlierer" von Einheit und Transformation bezeichnet wurden.

Die PDS und die „Transformationsverlierer"

Schon die Zeit vor und nach der Volkskammerwahl 1990 war auf Seite der PDS geprägt von einer politischen Ansprache, die soziale Ängste vor den Folgen einer Vereinigung mit der Bundesrepublik adressierte und ein düsteres Zukunftsbild von Massenarbeitslosigkeit, Wohnungsverlust und sozialer Verelendung zeichnete.[477] Diese Strategie war sehr erfolgreich: Entgegen verbreiteter Erwartungen gelang es der Partei im zweiten Halbjahr 1990, nicht nur in den gesamtdeutschen

---

474 Vgl. Falkner/Huber, Aufschwung PDS, S. 180 f.

475 Vgl. Oswald, The Party That Came Out of the Cold War, S. 40; dazu auch Moreau, Was will die PDS?, S. 135–137.

476 Vgl. Koß, Von der SED zur PDS, S. 189; dazu auch Jörs, Postsozialistische Parteien, S. 67–158; Hough, The Fall and Rise of the PDS, S. 13–44.

477 Vgl. Gregor Gysi, Wir lassen uns weder auflösen noch ausschalten. In: Neues Deutschland, 6. 6. 1990; Wir gehen aufrecht in das vereinigte Deutschland! Aufruf des Parteivorstandes zur Aktionswoche der PDS. In: Neues Deutschland, 4. 8. 1990; Soziale Sicherheit nach dem Muster der BRD. In: Neues Deutschland, 8. 9. 1990; dazu auch Ammer, Von der SED zur PDS, S. 112.

Bundestag, sondern auch ins Berliner Abgeordnetenhaus sowie in alle fünf Landtage der neuen Bundesländer einzuziehen, und zwar fast überall mit zweistelligen Stimmenanteilen.[478] Bis 1994 konnte die Partei ihre Stimmenanteile nochmals deutlich steigern und sich in Ostdeutschland als drittstärkste Kraft behaupten.

Das hatte vor allem mit der Transformation der früheren DDR zu tun. Was auf die staatliche Vereinigung folgte, schien aus Sicht vieler die Warnungen der PDS zu bestätigen. Mit der Umwandlung der DDR-Wirtschaft von einer maroden Planwirtschaft in eine Marktwirtschaft nach westlichem Vorbild erlebte Ostdeutschland zwar einen ungekannten Wohlstandssprung, der auch im ostmitteleuropäischen Vergleich einzigartig war. Damit einher gingen aber auch ein Aufwertungs- und Modernisierungsschock sowie eine beispiellose Phase der Deindustrialisierung, Privatisierung und Arbeitslosigkeit.[479] Das wiederum bestätigte die einen, die genau das befürchtet hatten, und desillusionierte die anderen, die sich von der Deutschen Einheit ein neues ökonomisches Wunder und ungekannten Wohlstand versprochen hatten. Im Gegensatz zu den Westdeutschen, die nach dem Zweiten Weltkrieg ein solches Wirtschaftswunder erlebt hatten, entfaltete das „Urerlebnis der Marktwirtschaft" für die Bürgerinnen und Bürger Ostdeutschlands geradezu traumatische Wirkungen und verschaffte den marktkritischen Positionen der PDS einen zusätzlichen Resonanzboden.[480]

Die Umstände der Transformation führten zur Herausbildung sehr unterschiedlicher Wahrnehmungen der Deutschen Einheit. Wie der Soziologe Raj Kollmorgen herausgestrichen hat, versprach der hegemoniale Einheitsdiskurs der frühen 1990er Jahre eine schnelle Angleichung der Lebensverhältnisse zwischen Ost und West durch einen nationalen Kraftakt. Hiergegen wiederum etablierte die PDS einen Gegendiskurs, der gänzlich anders codiert war und die Perspektive der „Einheitsverlierer" stark machte: Demnach war die Einheit durch „Kolonialisierung", „Enteignung" und „Zweitklassigkeit" der Ostdeutschen geprägt.[481] Damit griff die PDS die realen ökonomischen Verwerfungen Ostdeutschlands und die mit ihr einhergehenden sozialen Ungerechtigkeiten auf, lastete sie aber primär der marktwirtschaftlichen Transformationsstrategie der Bundesregierung an und überging die Belastungen der vierzigjährigen realsozialistischen Wirtschaftspolitik. Die „Politik der Herrschenden", so ein vielgebrauchtes Schlagwort, habe im vereinten Deutschland die bestehenden industriellen Strukturen der DDR bewusst zerstört und ziele auf eine „Verwestlichung des Ostens" ab, wie es im Parteiprogramm aus dem Jahr 1993 hieß, mitsamt der westlichen Strukturprobleme wie „Massenarbeitslosigkeit", „Zwei-Drittel-Gesellschaft" und „Naturzerstörung".[482] Auf diese Weise

---

[478] Ausnahmen waren Thüringen mit 9,7 Prozent und Berlin mit 9,2 Prozent (aber über 23 Prozent im Ostteil der Stadt).

[479] Vgl. Rödder, 21.0, S. 202 f.; Bösch, Geteilt und verbunden, S. 35.

[480] Paqué, Die Bilanz, S. 42.

[481] Vgl. Kollmorgen, Diskurse der deutschen Einheit, S. 8 f.

[482] PDS (Hrsg.), Parteiprogramm 1993, S. 5 und S. 11; siehe auch Lannert, „Vorwärts und nicht vergessen"?, S. 138–144.

verband die PDS antikapitalistische und antiwestliche, d. h. politisch-ökonomische und kulturelle Argumente und deutete die Transformation Ostdeutschlands als Kolonialisierung durch ein Kartell westlicher Parteien, westlichen Kapitals und westlicher Kultur. Das nahm die Wahrnehmung jenes Teils der Ostdeutschen auf, der sich als Opfer „des Westens" sah – und zugleich bot es eine Fläche, auf der sich solche Perzeptionen ausbreiten, vertiefen und politisieren konnten.

Mit dieser Argumentation knüpfte die PDS nahtlos an die antiwestliche SED-Propaganda an, machte aber die ökonomischen Strategie- und Verteilungskonflikte, die im Zuge der ökonomischen Transformation Ostdeutschlands auftraten, zum kulturellen Ost-West-Konflikt und sich selbst zur Protestpartei gegen die westdeutsche Dominanz. Insbesondere auch Fragen der Geschichts- und Vergangenheitspolitik wurden in diese Strategie eingebettet: Versuche der historischen und juristischen „Aufarbeitung", die wesentlich von der ostdeutschen Bürgerbewegung und von ostdeutschen Juristen ausgegangen waren,[483] wurden als westlicher Angriff auf die „DDR-Identität" umgedeutet.[484] Dahinter stand ein überkommenes Perzeptionsmuster innerhalb der früheren Staatspartei, die eigenen Interessen mit denen der Bevölkerung gleichzusetzen und abweichende Einstellungen als Komplizenschaft mit dem kapitalistischen Westen zu delegitimieren. So wurden in Anschluss an die Wahrnehmungsmuster des „Kalten Kriegs" inner-ostdeutsche Auseinandersetzungen, wie sie für postsozialistische Gesellschaften typisch waren, als Ost-West-Konflikt re-interpretiert und die PDS wurde in der Eigenwahrnehmung zur Interessenvertretung der „eigentlichen" DDR-Bevölkerung.

Zugleich folgte die Partei damit in Teilen einer zeitgenössisch verbreiteten Tendenz, politische und sozialökonomische Konflikte zu Identitätskonflikten umzudeuten.[485] Um sich als Protestpartei zu profilieren, machte sich die Führung der PDS daran, die ideologische Sprache des Sozialismus in eine scheinbar postideologische Sprache zu übersetzen, die nach dem Ende des Realsozialismus gefragt schien: Man müsse an „die heutigen Probleme […] anders herangehen und eine andere gemeinsame Sprache finden", wie Gregor Gysi forderte.[486] An die Stelle der „Kapitalisten" als Feindbild trat daher verstärkt das der „Herrschenden" und der „etablierten Parteien in Bonn"[487] (ohne dass die antikapitalistische Rhetorik verschwunden wäre) und an die Stelle des „Werktätigen Volkes" trat das „Wir" der Ostdeutschen.[488]

<hr>

483 Vgl. J.-W. Müller, Just another Vergangenheitsbewältigung?, S. 343 f.
484 Vgl. Beattie, Playing Politics, S. 41 f.
485 Vgl. Huntington, Der Kampf der Kulturen, S. 21.
486 ADS, PDS-PV-135: Sachprotokoll der Tagung des Parteivorstandes am 26. 10. 1992, S. 17 (Redebeitrag Gregor Gysi).
487 Gysi, Ingolstädter Manifest, S. 1.
488 Damit schloss die Partei zugleich an eine Tradition „patriotisch"-kommunistischer Rhetorik an (vgl. Kommunistische Partei Deutschlands, Programm zur nationalen Wiedervereinigung).

Trotzdem beanspruchte die PDS für sich, als einzige Partei in der Bundesrepublik nicht „populistisch" zu sein, weil sie als einzige nicht „alles allen" verspreche, sondern auch sage, „wem wir etwas wegnehmen wollen", wie Horst Dietzel und Wolfgang Gehrcke formulierten. Sie sei sogar „anti-populistisch" und stelle sich dem populären Mainstream ihrer Zeit entgegen, wie z. B. dem „Großen Lauschangriff", der Diskussion um den „Wirtschaftsstandort Deutschland" und der „Abschaffung des Asylrechts".[489] In der damals viel diskutierten Asyl- und Ausländerfrage war dies insofern heikel, als man parteiintern durchaus einen „Riß durch die PDS" feststellte.[490] Während sich führende Vertreterinnen und Vertreter der Partei mit Nachdruck zu einer „multikulturellen Gesellschaft"[491] und zur „konsequenten Interessenvertretung aller sozial Schwachen und aller Minderheiten, auch ganz besonders der ausländischen Bürger"[492] bekannten, sah die Stimmung an der Basis anders aus: Dort gebe es durchaus „rassistische und ausländerfeindliche Positionen"[493] und den Versuch, „AusländerInnen in ‚gute' und ‚schlechte' einzuteilen", wie 1992 auf einem Treffen der Bundestagsgruppe mit den Fraktionsvorsitzenden in den Landtagen festgestellt wurde.[494] Allerdings war die Parteiführung um Gregor Gysi nicht gewillt, in dieser Frage umzulenken, und kritisierte im Gegenteil jene Mitglieder, die versuchten, „einer verbreiteten Stimmung in der Bevölkerung partiell zu entsprechen".[495] Stattdessen blieb die offizielle Parteilinie von „Internationalismus" und „Antifaschismus" geprägt und der Kampf gegen jede Art des Faschismus und Rassismus fungierte als „ideologischer Kitt" zwischen den verschiedenen Generationen und Strömungen innerhalb der PDS.[496]

Dennoch blieben ausländerfeindliche Orientierungen innerhalb der sozialistischen Wählerschaft und vordergründige thematische Übereinstimmungen zwischen PDS und rechtsextremen Parteien, etwa in der Europa- oder in der Außenpolitik, noch lange ein Thema der öffentlichen Auseinandersetzung.[497] Gleichsetzungen von PDS und NPD speisten sich dabei nicht nur aus einem totalitarismustheoretischen „Hufeisen"-Denken, wonach sich die politischen Ränder

---

[489] ADS, GYSI-008: Horst Dietzel/Wolfgang Gehrcke, Das fehlende Selbstbewußtsein der SPD. Zu den 28 Thesen der SPD zum selbstbewußten Umgang mit der PDS, undatiert, S. 2 f.

[490] ADS, BT/12.WP-008: Protokollnotizen zum Treffen mit den Vorsitzenen der Landtagsfraktionen der PDS am 4. 9. 1992 in Berlin, S. 3.

[491] ADS, PDS-PV-194: Gregor Gysi, Brief an die GenossInnen der Landes- und Kreisvorstände der PDS. Berlin, 9. 8. 1990, S. 4.

[492] ADS, PDS-PV-060: André Brie zu den Ergebnissen der Volkskammerwahl und zur Vorbereitung der Kommunalwahlen. Referat auf der Parteivorstandssitzung am 31. 3. 1990, S. 12.

[493] ADS, PDS-LV MV, Alt-Sign. 2008-XVII-64: Protokoll der Klausurtagung des Landesvorstandes der PDS Mecklenburg-Vorpommern, 27./28. 6. 1992, S. 2.

[494] ADS, BT/12.WP-008: Protokollnotizen zum Treffen mit den Vorsitzenden der Landtagsfraktionen der PDS am 4. 9. 1992 in Berlin, S. 3; vgl. auch Prinz, Die programmatische Entwicklung, S. 241–243.

[495] ADS, PDS-PV-138: Gregor Gysi, An die Mitglieder des Bundesvorstandes und des Bundesparteirates der PDS. Berlin, 30. 11. 1992, S. 5.

[496] Prinz, Die programmatische Entwicklung, S. 230; hierzu kritisch Peters, Der Antifaschismus der PDS; ders., Antifaschismus und Sozialismus.

[497] Vgl. Prinz, Die programmatische Entwicklung, S. 243–245.

berührten, sondern auch aus der Beobachtung, dass sich die PDS durchaus rhetorischer Strategien bediente, die Politik und Wissenschaft der Zeit mit dem Phänomen „Populismus" verbanden: Dazu gehörte ein manichäischer Dualismus zwischen „Wir" und „Die" ebenso wie ein ausgeprägter Anti-Elitismus und die Behauptung, als einzige politische Kraft den Willen nicht einer bestimmten politischen oder sozialen Klasse, sondern „des Volkes" – in diesem Fall der ostdeutschen Bevölkerung – zu vertreten.[498] In diesem Sinne gerierte sich die PDS wie viele neue Protestparteien als populistische Kraft gegen den herrschenden Konsens.[499] Dazu passten auch vereinzelte Versuche, den verbreiteten Rassismus in der Bevölkerung der Krise Ostdeutschlands und der „Überheblichkeit der Herrschenden im Westen" anzulasten und sich zugleich als Alternative anzubieten.[500]

Hinter ihrer Strategie, sich als Protestbewegung der Ostdeutschen zu profilieren, stand aber auch die Einsicht, dass die „Westausdehnung der PDS fürs erste gescheitert" war, wie André Brie schon im Sommer 1992 einräumen musste.[501] Noch immer verfügte die Partei im Westen nur über 600 Mitglieder und, von einigen Universitätsstädten mit linker Tradition abgesehen, wurde sie von kaum mehr Menschen gewählt.[502] Auch litt die West-PDS unter chronisch unzureichenden Finanzen, mangelnder politischer Erfahrung und einer starken internen Polarisierung.[503] Letztlich gelang es nicht, die „völlig unvereinbaren politisch-kulturellen Erfahrungen und Werte von PDS und West-Linken" zusammenzuführen, wie schon 1991 intern analysiert wurde.[504] Und darüber hinaus fehlte im Westen lange Zeit die politische Nachfrage, wie Claudia Gohde und Udo Wolf noch im Jahr 1996 resigniert feststellen mussten: „Die PDS im Westen ist praktisch unnütz: Als Protestpartei funktionieren nach wie vor die Grünen, als Partei der kommunalpolitischen Verankerung und Partei der kleinen Leute gilt die SPD."[505]

Auch deshalb blieben die bei der Bremer Bürgerschaftswahl 1995 mit einem hohen Kraftaufwand erzielten 2,37 Prozent der Stimmen bis Ende der 1990er Jah-

---

498 Vgl. Canovan, Trust the People; Mudde, The Populist Zeitgeist, S. 543; Hartleb, Populismus und Charisma, S. 149–151; Albertazzi/McDonnell, Introduction, S. 3–7; Spier, Populismus und Modernisierung, S. 37; zuletzt ausführlich J. W. Müller, Was ist Populismus?.

499 Dieses Muster passt im Übrigen auch auf die grünen Parteien der achtziger Jahre; vgl. Mudde, The Populist Zeitgeist, S. 548; March, From Vanguard, S. 66.

500 ADS, PDS-PV-086: André Brie, Referat vor dem Parteivorstand, 14. 12. 1990, S. 7 f.

501 ADS, PDS-PV-130: [André Brie], Die PDS in den Wahlkämpfen 1994. Der Beginn der zentralen Planung. Berlin, 17. 8. 1992; vgl. auch ADS, PDS-PV-131: Sachprotokoll der Klausurtagung des Parteivorstandes am 5./6. 9. 1992 in Kleinmachnow; ADS, PDS-PV-131: Wolfgang Gehrcke, Bilanz der Arbeit seit der 3. Tagung des 2. Parteitages. Berlin, 31. 8. 1992, S. 5; ADS, PDS-PV-246: Michael Pickardt, Warum eigentlich nicht Regionalpartei? Zur aktuellen Lage und den Möglichkeiten der PDS, 4. 3. 1991.

502 Vgl. Hübner/Strohschneider, Lafontaines Linke, S. 41.

503 Vgl. Olsen, The PDS in Western Germany, S. 153 und S. 157.

504 ADS, PDS-PV-246: PDS-(Un)Möglichkeiten einer West-Expansion (Die Entscheidung fällt im Osten) [Thesenpapier, vorgelegt auf der Präsidiumssitzung am 22. 4. 1991, ohne Verfasserangabe].

505 ADS, PDS-LV MV, Alt-Sign. 2008-XVII-442: Claudia Gohde/Udo Wolf, Volkspartei im Osten – Exot im Westen. Referat auf der Strategiekonferenz der PDS, Berlin, 2./3. 11. 1996.

re das mit Abstand beste Ergebnis der PDS bei einer Landtagswahl im Westen, während sie 1997 in Hamburg nur 0,7 Prozent erzielte und bei den meisten westdeutschen Landtagswahlen ganz auf eine Kandidatur verzichtete.[506] Da sich das Scheitern einer schnellen West-Expansion schon in den frühen 1990er Jahren abzeichnete, bot sich für die Partei an, die eingeschlagene Strategie des ostdeutschen Protests zu einer umfassenderen regionalistischen Strategie zu verdichten. Ein solches Vorgehen war auch deswegen attraktiv, weil es an vertraute Muster anknüpfte, hatte doch die SED schon vor 1990 auf der Suche nach einer Ersatzlegitimation darauf gesetzt, Heimatgefühl und Regionalbewusstsein in der Bevölkerung der DDR zu aktivieren.[507] Die Kehrseite dieser neuen Strategie war, dass der Antiwesternismus der PDS-Rhetorik erstens die Aussichten auf eine erfolgreiche Expansion nach Westen weiterhin schmälerte und ihr Image als Partei allein der Ostdeutschen festigte und zweitens beim politischen Gegner und in der kritischen Öffentlichkeit stark negative Reaktionen provozierte. Dass die PDS „die Partei der deutschen Teilung und Spaltung" sei und auch „weiterhin für die Spaltung" arbeite, war in den gesamten 1990er Jahren ein regelmäßiger Vorwurf an ihre Adresse.[508] Diese Kritik war auch deswegen naheliegend, weil sie an gängige Perzeptionen und Vor-Urteile anknüpfte, die sich aufs Neue bestätigt sahen. Im Vorwurf, die Einheit nicht zu wollen, amalgamierten antisozialistische und antikommunistische Motive vom „vaterlandslosen Gesellen" und vom ostdeutschen Kommunismus, der die deutsche Teilung zu verantworten habe, mit aufrichtigen Sorgen um das Zusammenwachsen der beiden Teilgesellschaften. Aus dieser Sicht war die PDS zugleich „Ostpartei (Separatisten!), Regionalpartei (Provinzler!) und Spätkommunismus (Ewiggestrige!)", wie Klaus Naumann im Jahr 1994 treffend beobachtete.[509]

Projekt Ostpartei – Die „Komitees für Gerechtigkeit"

Eine wichtige Rolle bei der Profilierung der PDS als einer ostdeutschen Protest- und Interessenpartei spielten die öffentlichen Diskussionen um die Gründung einer neuen „Ostpartei" im Jahr 1992. Vorausgegangen waren die Berliner Kommunalwahlen im Mai 1992, bei der sich die PDS nach zwei Krisenjahren zurückgemeldet und sich im Ostteil der Stadt, der früheren Hauptstadt der DDR, mit deut-

---

[506] Vgl. Meuche-Mäker, Die PDS im Westen 1990–2005, S. 23 und S. 62.

[507] Vgl. Bösch/Gieseke, Der Wandel des Politischen, S. 59.

[508] ACDP, CDU/CSU-Fraktion, 13. WP, 08-013-016/2: Protokoll der Fraktionssitzung am 26. 5. 1998, S. 3 (Redebeitrag Wolfgang Schäuble). Ähnlich auch Maria Michalik (CDU), zit. n. Grüne kritisieren das Gerechtigkeits-Komitee Gysis und Diestels als „Kopfgeburt". In: Frankfurter Allgemeine Zeitung, 7. 7. 1992; Michael Glos (CSU), zit. n. Mit der PDS koalieren? In: Die Woche, 22. 5. 1998, vgl. auch CDU-Bundesgeschäftsstelle (Hrsg.), Zukunft statt Linksfront, S. 3; aber auch Meckel, Die Programmatik der PDS, S. 20; AdsD, SPD LV MV, 3/MVAB000125: Rolf Schwanitz/Christian Widmaier, Die PDS – antidemokratisch, spalterisch, separatistisch, 7. 4. 1994.

[509] Klaus Naumann, Westpartei PDS. In: Die Tageszeitung, 3. 9. 1994.

lich über dreißig Prozent der Stimmen als stärkste Partei entpuppt hatte. In dieser Situation nutzte Gregor Gysi die Aufmerksamkeit, um in der Bonner Hauptstadtpresse die Idee einer neuen Partei für Ostdeutschland zu lancieren.[510] Als Bündnispartner Gysis galt der Christdemokrat und frühere DDR-Innenminister Peter-Michael Diestel, der unmittelbar zuvor vom Fraktionsvorsitz der CDU im Brandenburger Landtag zurückgetreten war. Vorausgegangen war ein Streit Diestels mit seiner eigenen Partei, aus deren Reihen ihm in der MfS-Diskussion um den Brandenburger Ministerpräsidenten Manfred Stolpe zu viel Verständnis für den Beschuldigten vorgeworfen wurde.[511] Nun hoffte Diestel, den ostdeutschen Sympathieträger Gregor Gysi für eine Neugründung gewinnen zu können – wenn möglich „ohne die PDS“.[512] Freilich war Gysi nur mit der PDS zu haben, was Diestel schließlich in Kauf nahm. Den Überlegungen der beiden Politiker folgte die Initiierung sogenannter „Komitees für Gerechtigkeit“ als Kern einer anvisierten außerparlamentarischen, „überparteilich“ konstituierten Protestbewegung der Ostdeutschen.[513] Führende PDS-Mitglieder wie André Brie hofften damit, das Profil der Partei als Interessenvertreterin der „sozialen und politischen Opfer der Anschlußpolitik“ schärfen zu können.[514] Für Gysi wiederum sollten die Komitees als Keimzelle für eine lagerübergreifende Wahlpartei dienen, die den Sozialisten helfen sollte, ihre relative Isolation zu überwinden.[515]

Trotz der Ausrichtung auf Ostdeutschland und dem Bündnis mit dem Christdemokraten Diestel fand das Projekt die meiste Akzeptanz unter Repräsentanten einer linken Gegenkultur in der Bundesrepublik wie den Liedermachern Franz-Josef Degenhardt und Hannes Wader, dem Kabarettisten Dieter Hildebrandt oder dem Chefredakteur der linken Berliner „Tageszeitung (taz)“ Michael Sontheimer, die allesamt gegen die Politik der Regierung Kohl anschrieben.[516] Die Komitees waren aber kaum dazu geeignet, existierende Vorbehalte gegenüber der PDS im großen Rahmen abzubauen. In westdeutschen Medien wurde heftige Kritik an DDR-Nostalgie und „Ost-Populismus“ geübt.[517] Vor allem aber aus den Reihen

---

[510] Vgl. Falkner/Huber, Aufschwung PDS, S. 18.

[511] Vgl. Matthias Geis, Diestel wirft das Handtuch. In: Die Tageszeitung, 11. 5. 1992.

[512] ADS, PDS-PV-131: Sachprotokoll der Klausurtagung des Parteivorstandes am 5./6. 9. 1992 in Kleinmachnow (Beitrag Gregor Gysis).

[513] Entwurf des Appells zur Gründung von „Komitees für Gerechtigkeit“. Dokumentiert in: Neues Deutschland, 11. 7. 1992.

[514] ADS, PDS-PV-130: [André Brie], Die PDS in den Wahlkämpfen 1994. Der Beginn der zentralen Planung. Berlin, 17. 8. 1992.

[515] ADS, PDS-PV-131: Sachprotokoll der Klausurtagung des Parteivorstandes am 5./6. 9. 1992 in Kleinmachnow (Beitrag Gregor Gysi); Gysi nennt für Sammlungsbewegung auch PDS-eigene Gründe. dpa-Meldung, 27. 7. 1992.

[516] Vgl. Reinhard Mohr, Verein der Wiedergänger. In: Die Tageszeitung, 14. 7. 1992; „Irgendwas anschieben“. Interview mit Dieter Hildebrandt. In: Die Tageszeitung, 18. 7. 1992; W. Gast/ B. Markmeyer, „Operation Gystel“ ab Samstag. In: Die Tageszeitung, 10. 7. 1992.

[517] ADS, PDS-PV-130: Übersicht über Politiker- und Pressestimmen zu den Komitees für Gerechtigkeit (Mitte Juli – Mitte August 92) (Zusammenfassung der Kommentare in taz und FAZ); Reinhard Mohr, Verein der Wiedergänger. In: Die Tageszeitung, 14. 7. 1992; Peter Jochen Winters, Ein neues Betätigungsfeld für die gescheiterten Kommunisten. In: Frankfurter Allgemeine Zeitung, 18. 7. 1992.

der früheren Bürgerbewegung wurde Gysi vorgeworfen, alle Ostdeutschen zu Opfern zu stilisieren, eine vereinfachende Generalkritik am Westen zu üben und die DDR zu glorifizieren.[518] Diestel wiederum erreichten empörte Reaktionen aus seiner eigenen Partei, wo er als kommunistisches „U-Boot" bezeichnet wurde.[519] Auf ihrem Parteitag im Oktober 1992 erklärte die CDU die Mitarbeit in den „Komitees für Gerechtigkeit" für nicht vereinbar mit der Mitgliedschaft in der CDU, ohne dass aber Diestel aus der Partei ausgeschlossen worden wäre.[520] Der außerparlamentarische Charakter des Projekts warf zudem die Frage auf, ob die PDS das parlamentarische System der Bundesrepublik akzeptierte oder nicht vielmehr überwinden wolle,[521] zumal sich manche an kommunistische Bündnispolitik und die „Einheitspartei-Konzeption" der SED erinnert fühlten.[522] Diese Vorbehalte deckten sich mit besorgten PDS-internen Berichten, die örtlichen Komitees würden gegen den Willen der Parteiführung durch die radikal-linke AG Junge GenossInnen oder durch andere PDS-Gruppen vereinnahmt.[523]

Das war nur einer der Gründe, warum das Projekt „Ostpartei" letztlich im Sande verlief. Auch innerhalb der PDS-Führung blieb bis zum Schluss unklar, was die Komitees für Gerechtigkeit sein sollten: eine Partei oder eine außerparlamentarische Bewegung, eine Aktionsplattform für Ostdeutschland oder für die gesamte Republik, eine linke oder eine nicht-linke Bewegung?[524] Dazu kamen Befürchtungen im Parteivorstand, die PDS könne „durch die ‚Ost-Bewegung' wesentliche Momente ihrer [sozialistischen] Identität verlieren".[525] Es zeigte sich, dass ein „Ostpopulismus", der lagerübergreifend mobilisierte und ohne Bezug zum ideologischen Kern der PDS blieb, einstweilen nicht mehrheitsfähig war, zumal nicht in einer Partei, die sich trotz aller rhetorischer Neuausrichtung nach wie vor als sozialistisch begriff und den Anspruch vertrat, sozialistische Politik für ganz Deutschland zu betreiben. Ideologischer Anspruch und Ost-Strategie standen also in einem Spannungsverhältnis. Dazu kam ein spürbar nachlassendes öffentli-

---

[518] ADS, PDS-PV-130: Übersicht über Politiker- und Pressestimmen zu den Komitees für Gerechtigkeit (Mitte Juli – Mitte August 92) (Zusammenfassung der Kommentare Wolfgang Ullmanns, B90, und Reinhard Höppners, SPD Sachsen-Anhalt); vgl. Wolfgang Gast, Bühne für den aufgestauten Frust. In: Die Tageszeitung, 13.7.1992.

[519] Vgl. Angst vor einem Phantom. In: Der Spiegel, 15.6.1992, S. 18–21, Zitat S. 19; vgl. auch Schorlemmer: Indikatoren einer Krise. In: Frankfurter Allgemeine Zeitung, 18.7.1992.

[520] Beschluß Nr. H85. In: CDU-Bundesgeschäftsstelle (Hrsg.), 3. Parteitag, S. 440.

[521] ADS, PDS-PV-130: Übersicht über Politiker- und Pressestimmen zu den Komitees für Gerechtigkeit (Mitte Juli – Mitte August 92) (Zusammenfassung der Kommentare Wolfgang Templins, B90).

[522] Grünen-Sprecher Ludger Volmer, zit. n. Grüne kritisieren das Gerechtigkeits-Komitee Gysis und Diestels als „Kopfgeburt". In: Frankfurter Allgemeine Zeitung, 17.7.1992; vgl. Peter Jochen Winters, Ein neues Betätigungsfeld für die gescheiterten Kommunisten. In: Frankfurter Allgemeine Zeitung, 18.7.1992.

[523] ADS, PDS-PV-129: Sachprotokoll der Tagung des Parteivorstandes am 3.8.1992.

[524] ADS, PDS-PV-131: Sachprotokoll der Klausurtagung des Parteivorstandes am 5./6.9.1992 in Kleinmachnow.

[525] ADS, PDS-PV-126: Sachprotokoll der Tagung des Parteivorstandes am 29.6.1992; vgl. auch ADS, PDS-PV-128: Sachprotokoll der Tagung des Parteivorstandes am 20.7.1992.

ches Interesse an der „Bewegung", die den Sprung zur Massenbewegung nicht schaffte.[526]

Ihre eigentliche Wirkung entfalteten die Diskussionen um die „Ostpartei" an anderer Stelle: Wochenlang diskutierten die bundesdeutschen Medien über das „Phantom"[527] einer ostdeutschen Bewegung und verschafften der PDS und ihrem selbsternannten Anspruch als Partei der Ostdeutschen öffentliche Aufmerksamkeit.[528] Zugleich diffundierten ihre Interpretationsmuster und Schlagworte in eine breitere Öffentlichkeit. So kam es nach schwierigen Verhandlungen zwischen PDS, DGB Mecklenburg-Vorpommern, Mieterverband und Arbeitslosenverband am 3. Oktober 1992 in Schwerin zu einer Kundgebung „gegen Sozialabbau und Fremdenhaß", in der – in typischer PDS-Diktion – zum Protest gegen „Deindustrialisierung", „Massenarbeitslosigkeit", steigende Mieten, „Pogrome und fremdenfeindliche Stimmung" aufgerufen wurde. Zwar trat die PDS offiziell nicht als Mitveranstalterin auf, die Redeliste aber umfasste neben Vertreterinnen und Vertretern von Gewerkschaften, Mieter- und Arbeitslosenverbänden auch drei PDS-Mitglieder, die als „Rechtsanwalt" (Gysi), „MdB" und „UFV"-Mitglied (Christina Schenk) sowie als Vertreterin der „Komitees für Gerechtigkeit" (Christine Ostrowski) angekündigt wurden.[529] Mit dem im Herbst 1993 gegründeten „Ostdeutschen Kuratorium von Verbänden" gelang es der PDS zudem, 77 Organisationen unter einem Dach zu versammeln: Unter dem Vorsitz des CDU-Politikers Diestel und des PDS-Bundestagsabgeordneten Uwe-Jens Heuer vereinten sich darin Arbeitslosen-, Rentner- und Mieterverbände, Kulturinitiativen, Frauenverbände sowie Interessenorganisationen für Datschenbesitzer ebenso wie für frühere NVA- und Stasi-Angehörige.[530] Die PDS stärkte so ihre Präsenz im vorpolitischen Raum der neuen Bundesländer und präsentierte sich als Partei für die Lösung von Alltagsproblemen.

Letztlich war die eingeschlagene Strategie der PDS, sich als Protest- und Interessenpartei für Ostdeutschland zu präsentieren, auch deshalb langfristig erfolgreich, weil sich die politische Kultur eines Großteils der ostdeutschen Bevölkerung auch

---

[526] Vgl. Wolfgang Gast, Altstalinisten bis zum Stasi-Jäger. In: Die Tageszeitung, 7. 12. 1992; Detlef Krell, Im Sommerloch geboren, im Herbstlaub begraben. In: Die Tageszeitung, 22. 10. 1992.

[527] Angst vor einem Phantom. In: Der Spiegel, 15. 6. 1992, S. 18–21.

[528] PDS-Vorstandsmitglied Wolfgang Gehrcke konstatierte daher im August 1992, das öffentliche Bild der Partei habe „eine Korrektur erfahren" und sie werde nun „bei vielen als Vertretung für die Menschen in den östlichen Bundesländern gesehen und in dieser Rolle angenommen." (ADS, PDS-PV-131: Wolfgang Gehrcke, Bilanz der Arbeit seit der 3. Tagung des 2. Parteitages. Berlin, 31. 8. 1992).

[529] ADS, PDS-PV-133: Die Würde des Menschen ist unantastbar. Aufruf zur Kundgebung am 3. 10. 1992 in Schwerin, undatiert; ADS, PDS-PV-130: Bundesgeschäftsführer, Information zum Stand der Aktionsplanung zum 3. Oktober und Konsequenzen für die PDS. Berlin, 13. 8. 1992; ADS, PDS-PV-132: Bundesgeschäftsführer an die Mitglieder des Parteivorstandes. Berlin, 9. 9. 1992. Bei den Rednern handelte es sich um Gregor Gysi, Christine Ostrowski und Christina Schenk.

[530] Vgl. Falkner/Huber, Aufschwung PDS, S. 102.

weiterhin sichtlich von der Westdeutschlands unterschied. So kamen sozialwissenschaftliche Untersuchungen regelmäßig zu dem Ergebnis, dass die Ostdeutschen im Durchschnitt stärker egalitär geprägt waren als die Westdeutschen und eher zu antikapitalistischen Ansichten neigten. Sie befürworteten zwar die Idee der Demokratie, standen aber dem politischen System der Bundesrepublik und ihren Institutionen kritischer und der Idee des Sozialismus positiver gegenüber. Auch hatten sie weniger Vertrauen in die Parteien der Bundesrepublik und neigten eher plebiszitären Ideen zu.[531] Zu welchem Grad dies tatsächlich ein Überhang aus 40 Jahren Realsozialismus war und inwieweit durch die Transformationserfahrungen geprägt, ist schwer zu beziffern. Auch ist unklar, inwiefern die PDS diese Unterschiede weiter befördert hat.

Jedenfalls halfen diese Unterschiede zwischen Ost- und Westdeutschland der PDS dabei, ihren Platz in der postsozialistischen Gesellschaft der früheren DDR zu finden, da ihre politische Deutungskultur deutlich weniger von der ostdeutschen Norm abwich als von der westdeutschen: Während ihre Positionen im Westen als „extremistisch" galten, sah dies ein signifikanter Teil der Ostdeutschen anders.[532] Diese politisch-kulturellen Unterschiede zwischen den beiden Teilgebieten der staatlich vereinigten Bundesrepublik wurden gerade auch im unterschiedlichen politischen Umgang mit der PDS und ihrem Personal deutlich, und zwar nicht nur im außerparlamentarischen Feld, sondern auch auf parlamentarischer Ebene sowie in den Kommunen. Das soll im Folgenden durch einen Blick auf die Entwicklungen im Bundestag, in ostdeutschen Landtagen und auf kommunaler Ebene dargelegt werden.

4. Paria oder „ganz normaler Akteur"? Die PDS in Parlamenten und Kommunen (1990–1994)

Nachdem die Diskussionen um die Komitees für Gerechtigkeit abgeklungen waren, präsentierte die PDS zur Bundestagswahl 1994 keine ganz neue Plattform, sondern eine „offene Liste", auf der nur vereinzelt Parteilose kandidierten: Dazu zählten so unterschiedliche Persönlichkeiten wie der frühere DDR-Bauernpartei-Vorsitzende Günther Maleuda, der frühere Sozialdemokrat und Bismarck-Erbe Heinrich Graf von Einsiedel oder der 1957 aus der SED ausgeschlossene Autor Gerhard Zwerenz. Aus der „Ostpartei" wurde so „Gysis Bunte Truppe", so die Eigenwerbung der PDS.[533] Deren bundesweit prominentestes Mitglied war ohne

---

[531] Vgl. Gerth, Die PDS und die Ostdeutschen, S. 166–175; Krause/Ostner, Einleitung, S. 32 f.; Kroh/Schoen, Politisches Engagement, S. 553; Völkl, Überwiegt die Verdrossenheit oder die Unterstützung?; Falter, Ein Staat, zwei Politikkulturen?; Kießling, Politische Kultur, S. 28–32; Glaab/Korte, Politische Kultur, S. 646–648; Roth, Das Meinungsbild in Ost und West.
[532] Siehe dazu ausführlich Gerth, Die PDS und die Ostdeutschen.
[533] Vgl. Auferstanden aus Ruinen. In: Der Spiegel, 27. 6. 1994, S. 16–19, hier S. 18; Bortfeldt, Die Ostdeutschen und die PDS, S. 1283.

Zweifel der DDR-Schriftsteller Stefan Heym, der als parteiloser Direktkandidat für die PDS im Wahlkreis Berlin-Mitte/Prenzlauer Berg antrat und ihn schließlich gewinnen konnte. Heyms Sieg führte zu bundesweiter Aufmerksamkeit: Als ältestem Abgeordneten im neuen Bundestag fiel ihm der Geschäftsordnung zufolge das Amt des Alterspräsidenten zu, der die konstituierende Sitzung des Bundestages leitet. Sollte also der Vertreter einer als antiparlamentarisch geltenden Partei nun den neu gewählten Bundestag eröffnen?

Um Heym, den früheren Verfolgten des Naziregimes, US-Emigranten und kritischen DDR-Schriftsteller, entspann sich nicht nur eine wochenlange Diskussion, sondern auch ein parlamentarisches Schauspiel, das die ganze Problematik des Umgangs mit der PDS in den ersten Jahren zusammenfasste und auf die Spitze trieb. Zahlreiche Abgeordnete empfanden es als „beschämend und schlimm", dass man „diesen Mann ertragen" müsse, wie es der ostdeutsche CDU-Abgeordnete Paul Krüger formulierte.[534] Vor allem in der Union war Heym ein rotes Tuch: Nicht nur hatte er sich im Wahlkampf als „antifaschistischer Emigrant" bewusst gegen den CDU-„Wehrmachtshauptmann" Alfred Dregger in Szene setzen lassen. Auch nach seiner Wahl ließ er nicht davon ab, gegen das Bonner „Establishment" zu polemisieren.[535] Und zu all dem kamen am Tag vor der konstituierenden Bundestagssitzung Vorwürfe einer MfS-Verstrickung,[536] die nach verbreiteter Meinung aus dem Bundesinnenministerium lanciert worden waren.[537]

Für den Unionsfraktionsvorsitzenden Wolfgang Schäuble war Heyms Alterspräsidentschaft daher „ein ziemliches Unglück […] für unsere parlamentarische Demokratie",[538] das man aber wohl oder übel über sich „ergehen lassen" müsse, „möglichst so lange es erträglich bleibt".[539] Schließlich hatte sich für eine Ände-

---

[534] ACDP, CDU/CSU-Fraktion, 13. WP, 08-013-008/1: Protokoll der Fraktionssitzung am 18. 10. 1994, S. 35 (Zitat Paul Krüger).

[535] Vgl. B. Brunner, Der Alterspräsident, S. 66.

[536] Vgl. Koalitionsfraktionen wollen Präsidiumsplatz für die Grünen. In: Frankfurter Allgemeine Zeitung, 10. 11. 1994; Unterhielt Heym Kontakte zur Stasi? Brief in der Gauck-Behörde entdeckt. In: Frankfurter Allgemeine Zeitung, 11. 11. 1994.

[537] Vgl. Peter Jochen Winters, Polizeibeamte, Minister und das Stasi-Unterlagengesetz. In: Frankfurter Allgemeine Zeitung, 14. 11. 1994; B. Brunner, Der Alterspräsident, S. 69–72. Den Vorwürfen gegen Heym folgten später Ermittlungen der Staatsanwaltschaft Berlin gegen Bundesinnenminister Manfred Kanther (CDU) wegen der unrechtmäßigen Veröffentlichung von Inhalten aus Stasi-Unterlagen, die aber Anfang 1996 eingestellt wurden. In der Presse wurden die Zusammenhänge aber als Intrige aus Unionskreisen interpretiert (vgl. ebenda).

[538] ACDP, CDU/CSU-Fraktion, 13. WP, 08-013-008/1: Protokoll der Fraktionssitzung am 9. 11. 1994, S. 20 (Redebeitrag W. Schäuble).

[539] ACDP, CDU/CSU-Fraktion, 13. WP, 08-013-008/1: Protokoll der Fraktionssitzung am 18. 10. 1994, S. 34 f.; ebenso ACDP, CDU/CSU-Fraktion, 12. WP, 08-012-396/1: Protokoll der Vorstandssitzung, 9. 11. 1994, S. 1. Dem schloss sich ganz nachdrücklich auch Helmut Kohl an: „je stummer, und auch von mir aus versteinert in der Mimik, das sage ich ausdrücklich hinzu, um so besser ist es für uns und unsere Sache. […] [B]itte denken Sie, ich sage das ganz persönlich als Bitte an jeden einzelnen, an das Bild, das entsteht und dann schlucken Sie es halt in Gottes Namen." (ACDP, CDU/CSU-Fraktion, 13. WP, 08-013-008/1: Protokoll der Fraktionssitzung am 9. 11. 1994, S. 21).

rung der Geschäftsordnung im Vorfeld keine Mehrheit gefunden.[540] Der PDS soll-
te nicht noch zusätzliche Aufmerksamkeit verschafft werden, weshalb auch die
Fraktionsführung der FDP ihren Mitgliedern strenge „Selbstdisziplin" verordnete:
Statt die Sitzung unter Protest zu verlassen, sollten die liberalen Bundestagsabgeordneten der Rede lieber von Anfang an fernbleiben, so die Empfehlung.[541] Die
Mitglieder der CDU/CSU-Fraktion dagegen entschlossen sich zu einer anderen
Form des Protests: Als einzige Fraktion verweigerten die Unionsabgeordneten
dem Alterspräsidenten ostentativ die üblichen Respektsbekundungen, blieben bei
seinem Erscheinen im Plenum sitzen und spendeten seiner Rede dann auch keinen Beifall.[542] Einem Alterspräsidenten aus den Reihen der PDS sollte keine parlamentarische Ehrenbezeugung zuteil werden. Dass es dabei weniger um Heyms
Person als um seine Partei ging, zeigte sich im Nachgang: Gegen die Usancen verweigerte Helmut Kohls Regierungssprecher Dieter Vogel die Aufnahme der Alterspräsidentenrede ins amtliche Bulletin der Bundesregierung – mit der Begründung,
dass die Positionen der PDS „in diametralem Gegensatz zu unseren demokratischen Vorstellungen" stünden.[543]

4.1 Die PDS/Linke Liste im ersten gesamtdeutschen Bundestag

Die Episode um Heym zu Beginn des 13. Deutschen Bundestages knüpfte in vielerlei Hinsicht an die Situation in der ersten gesamtdeutschen Legislaturperiode
von 1990 bis 1994 an. Vor allem das Zusammenspiel eines polarisierenden Auftre-
tens durch die Abgeordneten der PDS, Skandalen um ihre Vergangenheit und einer demonstrativen Ausgrenzung durch die Konkurrenten war typisch für das
parlamentarische Debüt der „SED-Nachfolgepartei" im bundesdeutschen Parlament. Im Folgenden soll daher ein Blick auf Klima und Umgang mit der PDS im
12. Deutschen Bundestag geworfen werden, der 1990 zum ersten Mal zusammengekommen war – und vor der Frage stand, wie mit den PDS-Abgeordneten im
Parlament verfahren werden sollte.[544] Von besonderer Bedeutung war die Sache
auch deswegen, weil die Bundestagsgruppe „PDS/Linke Liste", wie sie offiziell
hieß, personell äußerst heterogen zusammengesetzt war: Ihr gehörten einige prominente Repräsentanten des untergegangenen ostdeutschen Staates an wie der
ehemalige Ministerpräsident Hans Modrow, Ex-Kulturminister Dietmar Keller

---

[540] Siehe hierzu auch Pflüger, Ehrenwort, S. 56–59.
[541] ADL, FDP-Fraktion, A49–87: Protokoll der Fraktionssitzung am 9.11.1994, S. 4.
[542] Vgl. B. Brunner, Der Alterspräsident, S. 71. Dieses Vorgehen galt intern als „Kompromiß"
    zwischen „Hardlinern", die einen Auszug der Unionsabgeordneten bevorzugt hatten, und
    jenen, die die Rede ohne Aufsehen „ertragen" wollten (Pflüger, Ehrenwort, S. 57).
[543] Dieter Vogel, zit. n. Vogel bleibt hart: Heym-Rede wird nicht abgedruckt. In: Die Welt, 23.11.
    1994.
[544] Zur Rolle der PDS in der 10. Volkskammer der DDR siehe Tüffers, Die 10. Volkskammer,
    hier v. a. S. 192–199 und S. 298–302.

und die DDR-Staatsrechtler Uwe-Jens Heuer und Gerhard Riege, die in der öffentlichen Wahrnehmung das SED-Erbe nahtlos von der DDR in die Bundesrepublik trugen. Dazu kamen aber auch ehemals sozialdemokratische Gewerkschafter wie Bernd Henn, ehemalige West-Grüne wie Ulrich Briefs und Ulla Jelpke und bürgerbewegte Vertreterinnen des UFV wie Petra Bläss und Jutta Braband, die eine ganz andere Vergangenheit und eine andere politische Kultur repräsentierten.[545]

Fragen der formalen Gleichstellung

Strittig war zunächst der juristische Status der Abgeordneten von PDS/LL und Bündnis 90/Die Grünen. Da beide Gruppen weniger Abgeordnete stellten, als formal zur Fraktionsbildung benötigt wurden, erhielten sie jeweils keinen vollständigen Fraktionsstatus, sondern nur den Status parlamentarischer Gruppen mit begrenzten Rechten. Allerdings konnten die Gruppen genauso wie Fraktionen stimmberechtigte Mitglieder in Ausschüsse entsenden sowie Anträge, Entschließungsanträge, Gesetzentwürfe und Kleine wie Große Anfragen in den Bundestag einbringen. Auf Beschluss des Bundesverfassungsgerichts wurden den Vertreterinnen und Vertretern der Gruppen in den Ausschüssen auch dieselben Rechte zugebilligt wie den Fraktionen.[546] Damit unterschieden sich die Rechte von Fraktionen und Gruppen nur noch graduell. In seinem Urteil hatte das Bundesverfassungsgericht die Fraktionen des Bundestages aber nachdrücklich daran erinnern müssen, dass die Geschäftsordnung dem Ziel folgen solle, „die im Bundestag vertretenen Gruppen zu integrieren und nicht auszugrenzen".[547]

Dass den Gruppen auch ohne Fraktionsstatus privilegierte Rechte eingeräumt wurden,[548] wollten CDU/CSU, SPD und FDP ausdrücklich als Anerkennung für Bündnis 90 verstanden wissen, um dessen „wesentlichen Anteil am Sturz des menschenverachtenden Unrechtsregimes in der alten DDR" zu würdigen, so der CDU-Abgeordnete Friedrich Bohl in der Bundestagsdebatte am 21. Februar 1991.[549] Bedauert wurde dagegen, dass man „leider – ich betone dieses Wort – natürlich auch die Abgeordneten der PDS gleich behandeln" müsse, wie der parlamentarische Geschäftsführer der SPD-Fraktion Peter Struck klarstellte.[550] FDP-Redner Uwe Lühr nannte es daher auch „fast makaber, daß die PDS ihre Gruppenrechte de Luxe ausgerechnet der politischen Einsicht derjenigen zu verdanken hat, die ihre Vorgängerin, die SED, hat prügeln und vertreiben lassen".[551]

---

545 Vgl. Falkner/Huber, Aufschwung PDS, S. 26.
546 Vgl. Kranenpohl, Mächtig oder machtlos?, S. 330.
547 Bundesverfassungsgericht, Urteil, 16.7.1991 [Gruppenstatus PDS/LL]. BVerfGE 84, 304, 332.
548 Siehe dazu Spöhrer, Zwischen Demokratie und Oligarchie, S. 166 f.
549 Dt. Bundestag, Plenarprotokoll 12/9 (21.2.1991), S. 395 (Rede Friedrich Bohl).
550 Ebenda, S. 396 (Rede Peter Struck).
551 Ebenda, S. 398 (Rede Uwe Lühr). In der FDP-Fraktion wurde in dieser Frage das intransigente Verhalten der PDS mit dem konstruktiven Verhalten der Gruppe Bündnis 90/Die Grünen kontrastiert: ADL, FDP-Fraktion, A49–74: Protokoll der Fraktionssitzung am 29.1.1991, S. 1; ebd: Protokoll der Fraktionssitzung am 19.2.1991, S. 1.

Formen der symbolischen Abgrenzung

Die PDS wiederum interpretierte ihren Gruppenstatus keineswegs als Privileg, sondern als politisch motivierte Benachteiligung und als „eindeutige Ausgrenzung"[552] durch die Parlamentsmehrheit. Aus ihrer Sicht reihte sich diese Entscheidung in ein Gesamtbild ein, das von einer Reihe symbolischer Abgrenzungsgesten geprägt war. Schon in der letzten Volkskammer hatte sich die PDS-Fraktion als Opfer von „undemokratischen" Ausgrenzungen durch ihre Konkurrenten empfunden und auf verbale Angriffe häufig mit dem Mittel eines demonstrativen Auszugs aus dem Plenarsaal reagiert.[553] Scharfe Kritik seitens der Konkurrenten wurde dann regelmäßig als „Hetze" und als Verstoß gegen die „politische Kultur" und die „Würde des Parlaments" interpretiert.[554] Und auch im Bundestag sah sich die PDS-Gruppe als „Watschenmann" des Parlaments: „von fast allen Seiten angefeindet, ausgegrenzt, beschimpft und beleidigt", wie es im Januar 1993 in einer Zwischenbilanz der Bundestagsgruppe hieß.[555] Abgrenzungsgesten gegenüber der PDS waren dabei teils verbaler, teils non-verbaler Art. So kam es vor, dass den sozialistischen Abgeordneten durch Abwesenheit bei Reden und Nicht-Grüßen auf den Fluren ihre Position als legitime Mitglieder des Hauses abgestritten werden sollte.[556] Vor allem aber die Plenardebatte als Ort der parlamentarischen Selbstdarstellung gab viel Raum für demonstrative Abgrenzungsakte, wie der Politikwissenschaftler Martin Sebaldt für die Bundestagsdebatten des Jahres 1991 festgestellt hat.[557] Dabei ermittelte er auf 5820 Seiten Plenarprotokoll 494 Akte, die er als verbale „Ausgrenzung" gegenüber Abgeordneten der PDS/LL wertete; davon kam die überwiegende Mehrheit (fast 96 Prozent) von Seiten der Regierungsfraktionen CDU/CSU und FDP.[558]

Solche Akte waren oft Reaktionen auf harsche Kritik der PDS an der Politik der Bundesregierung und wurden in diesem Sinn von der PDS „provoziert":[559] etwa wenn der PDS-Abgeordnete Ulrich Briefs der Bundesregierung vorwarf, sich im Golfkrieg indirekt „am Bombenterror und an Akten des Völkermords" zu beteili-

---

[552] Abgeordnete/r der PDS/LL, zit. n. Kranenpohl, Mächtig oder machtlos?, S. 330.

[553] Vgl. Tüffers, Die 10. Volkskammer, S. 194 f. und S. 298–303.

[554] Vgl. ebenda, S. 194 f. und S. 302 f., dort auch die Zitate.

[555] PDS/Linke Liste im Bundestag (Hrsg.), BundestagsSpiele II, S. 5 (Vorwort).

[556] Vgl. Sebaldt, Stigmatisierung, S. 115 f. und S. 131 f.

[557] Vgl. ebenda. Sebaldt benutzt dabei den ethnomethodologischen Begriff der „Ausgrenzung" und versteht darunter solche Akte, die darauf abzielen, ein Individuum aus einer sozialen Gruppe zu isolieren und die kommunikativen Beziehungen abzuschneiden. Darunter fallen auch solche Akte, die darauf abzielten, „die Gleichberechtigung des Gegenübers im Kommunikationsprozeß zu beseitigen und sich damit im Prozeß des Austausches von Sinndeutungen selbst eine dominierende Position zu verschaffen". Dem stellt Sebaldt solche Sozialisationsmethoden gegenüber, die darauf abzielen, Differenzen zwischen Individuen abzubauen oder zu entproblematisieren (ebenda, S. 114 f.).

[558] Vgl. ebenda, S. 118. Demnach kamen 76,1 Prozent der verbalen Ausgrenzungsakte von der CDU/CSU, 19,6 Prozent von Seiten der FDP-Fraktion, 4,3 Prozent von den Sozialdemokraten und 2 Prozent von B90/Grüne.

[559] Ebenda, S. 118 und S. 122–124.

gen und zugleich „die DDR ökonomisch einfach zugrunde gehen" zu lassen – was von Seiten der Union mit empörten Reaktionen und Zweifeln an der politischen Legitimation Briefs bzw. der PDS quittiert wurde: „Ihr habt gar nichts zu fordern!"[560] Auch Vorwürfe von Seiten der PDS-Abgeordneten bezüglich „undemokratischer" Entwicklungen oder eines Abbaus an Rechtsstaatlichkeit in der Bundesrepublik hatten regelmäßig empörte Zurückweisungen von Seiten der Regierungsfraktionen zur Folge. Nicht zuletzt wurden solche Äußerungen als Angriff auf das Selbstverständnis der Bundesrepublik und als versuchte Relativierung des Unrechts in der DDR bewertet.[561]

Empörte Reaktionen gegenüber der PDS erfüllten aber auch eine strategische Funktion: Durch gezielte Verweise auf die realsozialistische Vergangenheit und auf „40 Jahre Diktatur" wurde die Position der PDS-Abgeordneten in der parlamentarischen Debatte geschwächt. Besonders in Auseinandersetzungen um das Erbe der DDR und die Transformation der ostdeutschen Wirtschaft wurde der PDS so von Abgeordneten der Regierungsparteien das Recht abgesprochen, „sich nach dem wirtschaftlichen Chaos, das nach vierzig Jahren SED-Herrschaft in der ehemaligen DDR hinterlassen wurde, hier als Besserwisser der Nation aufzuführen".[562] Das betraf auch solche PDS-Abgeordnete, die nicht zuvor SED-Mitglieder oder gar Staatsfunktionäre gewesen waren.[563] Vor allem die westdeutschen „Renegaten" Bernd Henn (früher SPD) und Ulrich Briefs (zuvor Grüne) waren häufige Adressaten verbaler Angriffe von Seiten der Konkurrenzfraktionen und wurden zum Teil per Zwischenruf als „Brunnenvergifter"[564] oder „Stasi"[565] tituliert. Für eine strategische Instrumentalisierung spricht auch, dass auf Seiten der CDU/CSU-Fraktion führende Vertreter wie der damalige Fraktionschef Wolfgang Schäuble, der Erste Parlamentarische Geschäftsführer Friedrich Bohl sowie der CSU-Vorsitzende Theodor Waigel mit zu den häufigsten Urhebern von öffentlichen Attacken auf die PDS zählten und so den Ton für ihre Fraktion vorgaben.[566] Im Fall Wolfgang Schäubles kontrastierten seine öffentlichen Abgrenzungsgesten zudem mit einem deutlich kollegialeren Umgang hinter den Kulissen, wo er sich beispielsweise mit dem querschnittsgelähmten PDS-Abgeordneten Ilja Seifert traf, um die Probleme eines Rollstuhlfahrers zu besprechen.[567] Es zeigten sich also durchaus Brüche im Verhältnis von persönlichem Umgang und symbolischer Inszenierung.

---

560 Dt. Bundestag, Plenarprotokoll 12/9 (21. 2. 1991), S. 351 (Zwischenruf Dr. Rose); vgl. auch Sebaldt, Stigmatisierung, S. 124.
561 Vgl. Sebaldt, Stigmatisierung, S. 133.
562 Dt. Bundestag, Plenarprotokoll 12/32 (14. 6. 1991), S. 2512 (Kurzintervention Horst Gibtner), vgl. Sebaldt, Stigmatisierung, S. 125.
563 Vgl. Kranenpohl, Mächtig oder machtlos?, S. 326 f.
564 Dt. Bundestag, Plenarprotokoll 12/34 (20. 6. 1991), S. 2835 (Zwischenruf aus der CDU/CSU-Fraktion während einer Rede Ulrich Briefs); siehe zu den Beispielen auch Sebaldt, Stigmatisierung, S. 129 f.
565 Dt. Bundestag, Plenarprotokoll 12/34 (20. 6. 1991), S. 2835 (Zwischenruf Dietmar Kansy während einer Rede Ulrich Briefs).
566 Vgl. Sebaldt, Stigmatisierung, S. 119; Falkner/Huber, Aufschwung PDS, S. 13–15.
567 Vgl. Falkner/Huber, Aufschwung PDS, S. 19.

Umgekehrt spricht das Vokabular auf Seiten der sozialistischen Abgeordneten auch dafür, dass hier eine gezielte Provokationsstrategie seitens der PDS/LL-Gruppe vorlag oder Polarisierungseffekte zumindest billigend in Kauf genommen wurden. Die PDS sah das Parlament als „Tribüne" zur öffentlichen Darstellung und wusste für das nötige Spektakel zu sorgen.[568] So erreichte der Abgeordnete Gerhard Riege in der Haushaltsdebatte 1991 einen Eklat, als er eine Unterdrückung von Protestbewegungen durch den staatlichen „Apparat" der Bundesrepublik attestierte und einen „heißen Herbst" durch politisch unzufriedene und sozial deklassierte Bürger in Ostdeutschland voraussagte.[569] Damit provozierte Riege, der kurz zuvor als ehemaliger Inoffizieller Mitarbeiter des MfS enttarnt worden war, empörte Reaktionen von Unionsabgeordneten, die seine Rede mit Attributen wie „Stasi-Heini", „Stasi-Bruder" und „Stasi-Bonze" unterbrachen.[570] Rieges Fall gehört zu den traurigsten in der parlamentarischen Geschichte der Bundesrepublik. Nachdem er sich am 15. Februar 1992 das Leben genommen hatte, prangerte die PDS-Bundestagsgruppe in unmissverständlichem Ton das Verhalten der Konkurrenzfraktionen an und machte diese für den Suizid mitverantwortlich. Riege sei Opfer einer medialen und politischen „Hexenjagd" geworden.[571] Zugleich machte sie den Abschiedsbrief des Abgeordneten öffentlich, in dem dieser von seiner „Angst vor dem Hass" sprach, der ihm von Seiten der Abgeordneten im Bundestag entgegengeschlagen sei: „Nur die vollständige Hinrichtung ihres Gegners gestattet es ihnen, die Geschichte umzuschreiben und von allen braunen und schwarzen Flecken zu reinigen", so Riege.[572]

Interfraktionelle Kooperation

Auch im Hinblick auf die parlamentarische Zusammenarbeit spielte die PDS eine Sonderrolle im 12. Bundestag. Anders als in der Legislaturperiode zuvor kam es in der 12. (und auch in der 13. Wahlperiode) zu keiner einzigen gemeinsamen Initiative aller Fraktionen und Gruppen mehr.[573] Damit wurde die PDS-Gruppe in dieser Hinsicht weitaus weniger einbezogen als die Grünen-Fraktion bei ihrem parlamentarischen Debüt in der 10. und 11. Wahlperiode, in der es zu 14 bzw. 33 solcher All-Fraktionen-Initiativen gekommen war.[574] Die PDS selbst vermutete dahinter eine Absprache der übrigen Parlamentsfraktionen, keine gemeinsamen Initiativen mit ihr zu starten.[575] Tatsächlich gab es laut Beteiligten ein interfraktio-

---

[568] Vgl. Tüffers, Die 10. Volskskammer, S. 232.
[569] Dt. Bundestag, Plenarprotokoll 12/14 (13. 3. 1991), S. 840–842 (Rede Gerd Riege).
[570] Ebenda, S. 842 (Zwischenrufe durch Dr. Blank und Johannes Gerster).
[571] AGG, B.II.3, BTG B90/Grüne 1994–1998, 1277 ½: PDS/Linke Liste im Bundestag, Pressemitteilung, 17. 2. 1992.
[572] Gerhard Riege, zit. n. AGG, B.II.3 – BTG B90/Grüne 1994–1998, 1277 ½: PDS/Linke Liste im Bundestag, Pressemitteilung, 17. 2. 1992.
[573] Vgl. Kranenpohl, Konsens im Konflikt?, S. 740, Tabelle 2.
[574] Vgl. ebenda.
[575] Vgl. Kranenpohl, Mächtig oder machtlos?, S. 331.

nelles Einvernehmen, dass die PDS aus Gründen der Glaubwürdigkeit für gemeinsame Initiativen nicht infrage kam, wie der frühere FDP-Fraktionsvorsitzende Wolfgang Gerhardt erklärte:

„Es wurden Absprachen versucht und wir waren [der Ansicht], dass wir bei manchen Anträgen, die wir mit SPD, CDU und Grünen [machten], die PDS auch nicht dabei haben wollten, weil wir gesagt haben: Also die haben jetzt keine Glaubwürdigkeit, einem solchen Antrag beizutreten."[576]

Die PDS/LL-Gruppe reagierte auf ihren Außenseiterstatus, indem sie eine Vielzahl eigener parlamentarischer Initiativen startete und „wahre Papierfluten"[577] verursachte, wie es der Politikwissenschaftler Uwe Kranenpohl ausdrückte. Sie brachte in den 12. Bundestag ganze 662 Kleine und 15 Große Anfragen sowie 112 Anträge ein und zeigte sich damit weitaus aktiver als die FDP-Fraktion oder die Gruppe Bündnis 90/Die Grünen.[578] Mit ihren Aktionen legte die PDS einen Schwerpunkt auf ostdeutsche Themen wie die Arbeit der Treuhand, den Arbeitsplatzabbau in Ostdeutschland und die vermeintliche Diskriminierung von SED-Mitgliedern und MfS-Belasteten. Einen weiteren Schwerpunkt bildeten die Themen Rechtsextremismus und Ausländerfeindlichkeit sowie die Außen- und Sicherheitspolitik, mit denen die Partei versuchte, an den traditionellen kommunistischen Antifaschismus und Antiimperialismus anzuknüpfen und zugleich eine Brücke zu autonomen und anderen linksgerichteten Gruppen Westdeutschlands zu schlagen.[579] Während die PDS/LL-Gruppe bemüht war, sich mit diesen Themen als kritische Opposition zu profilieren, die der gesellschaftlichen Realität im vereinten Deutschland ablehnend gegenüberstand, galten ihre Anträge in den Augen der Konkurrenten oft als „populistischer Mist", der nur Propagandafunktionen erfülle und nicht realistisch umzusetzen sei.[580]

Klimaveränderungen und Umgang hinter den Kulissen

Im Laufe der ersten Legislaturperioden nahmen die demonstrativen Abgrenzungsgesten, vor allem die verbalen Angriffe auf die PDS, jedoch ab. Vor allem in den Ausschüssen, auf Tagungen und Informationsbesuchen und damit fern der öffentlichen Inszenierung des Parlamentsplenums kam es zu entspannteren persönlichen Beziehungen und es stellte sich im alltäglichen Umgang ein gewisser Gewöhnungseffekt ein.[581] PDS-Abgeordnete selbst berichteten von positiven Ent-

---

576 Wolfgang Gerhardt im Gespräch mit dem Autor, 10. 3. 2017.
577 Kranenpohl, Zwischen politischer Nische, S. 260.
578 Die in die Bundesregierung eingebundene FDP-Fraktion brachte in der 12. Wahlperiode 10 Kleine und 11 Große Anfragen sowie 70 Anträge ein. Die ebenfalls oppositionelle Fraktion Bündnis 90/Die Grünen brachte 321 Kleine und 13 Große Anfragen sowie 82 Anträge ein (vgl. ebenda, S. 249, Tabelle 1).
579 Vgl. ebenda, S. 258 f.
580 Abgeordnete/r der PDS/LL, zit. n. Kranenpohl, Mächtig oder machtlos?, S. 334; nahezu gleichlautend Rolf Schwanitz im Gespräch mit dem Autor, 12. 2. 2017.
581 Kranenpohl, Mächtig oder machtlos?, S. 328–330; ähnlich auch – allerdings in Bezug auf die 13. Wahlperiode – Luft, Zwischen WEnde und Ende, S. 257; mit Bezug auf das Abgeordnetenhaus von Berlin: Schöne, Probleme und Chancen, S. 200.

wicklungen und regelmäßigeren Kontakten, wie sie zwischen Parlamentsmitgliedern üblich waren.[582] Auch ließ sich Bundestagspräsidentin Rita Süssmuth im Vorfeld des 55. Jahrestages der Pogromnacht am 9. November 1993 von Gregor Gysi „Empfehlungen“ für ihre Rede im Bundestag übermitteln. Nachdem Gysi eine „Relativierung der Verbrechen des Naziregimes“ durch einen Vergleich mit der DDR kritisiert hatte,[583] verzichtete Süssmuth schließlich auf eine Benennung der DDR als totalitäre Diktatur.[584] Die Perspektive des jüdisch-stämmigen Sozialisten und Ostdeutschen Gysi scheint Berücksichtigung gefunden zu haben.

Zu diesen Entwicklungen trug auch bei, dass sich Abgeordnete der PDS selbst aktiv um Anerkennung durch die Konkurrenz bemühten. Vor allem Gregor Gysi als Vorsitzender der PDS-Gruppe suchte den demonstrativ freundlichen Austausch mit Mitgliedern der anderen Fraktionen, gratulierte, dankte und übersandte Genesungswünsche.[585] Im Gegenzug finden sich in seinen Akten vor allem seit dem Jahr 1992 zahlreiche freundliche Briefe auch von Abgeordneten der SPD oder der Unionsfraktion.[586] Aber auch die bereits genannte Alterspräsidentenrede Stefan Heyms im November 1994 ist ein Beispiel für das zunehmende Bemühen um Anerkennung: Denn entgegen der feindlichen Stimmung unter Konkurrenten und Medien, die Heym im Vorfeld seiner Alterspräsidentschaft entgegengeschlagen war,[587] traf der Inhalt seiner Rede durchaus auf wohlmeinende Reaktionen.[588] Zwar hatte Heym durchaus Strittiges gesagt und mit einer positiven Würdigung der vermeintlichen sozialen Sicherheiten in der DDR für Unruhe auf Seiten der Unionsabgeordneten und für Kritik in der „Frankfurter Allgemeinen Zeitung“ gesorgt.[589] Zugleich

---

[582] Vgl. Falkner/Huber, Aufschwung PDS, S. 19.

[583] ADS, BT/12.WP-011: Gregor Gysi an Rita Süssmuth. Bonn, 8. 11. 1993.

[584] Dt. Bundestag, Plenarprotokoll 12/187 (9. 11. 1993), S. 16187.

[585] ADS, GYSI-077: Gregor Gysi an Hans-Ulrich Klose [SPD], 12. 11. 1991 [Gratulation zum Geburtstag]; Gregor Gysi an Wolfgang Schäuble [CDU], 26. 11. 1991 [Gratulation zur Wahl zum Fraktionsvorsitzenden]; Gregor Gysi an Michael Wollenberger, 24. 1. 1992 [Dank für Geburtstagswünsche]; ADS, GYSI-078: Gregor Gysi an Joseph-Theodor Blank [CDU], 24. 4. 1995 [Empörung über Anschlag auf den Abg.]; Gregor Gysi an Paul Breuer [CDU], 29. 9. 2005 [Empörung über Anschlag auf Wohnhaus].

[586] ADS, GYSI-077: Hans Klein [CSU] an Gregor Gysi, Juli 1991 [Dank für Geburtstagsglückwünsche]; ebenda: Helmuth Becker [SPD] an Gregor Gysi. Bonn, 17. 1. 1992 [Dank für gute Wünsche zum Jahreswechsel: „Ich hoffe, daß wir trotz aller Terminverpflichtungen doch hin und wieder Zeit finden werden, Kontakte zu pflegen."]; ebenda: Konrad Weiß [Gr/B90], Einladung zum 50. Geburtstag am 19. 2. 1992. Bonn, 12. 2. 1992; ebenda: Michael Wonneberger [Vorsitzender der CDU-Landesgruppe Brandenburg] an Gregor Gysi. Bonn, 16. 1. 1992 [Glückwünsche zum Geburtstag „auch im Namen der Landesgruppe"]; ebenda: Horst Gibtner [CDU] an Gregor Gysi. Bonn, 16. 1. 1992 [Glückwünsche zum Geburtstag]; siehe auch ebenda: Rudolf Decker [MdL Baden-Württemberg, CDU] an Gregor Gysi. Böblingen, März 1991 [„mit großer Freude denke ich an unsere gemeinsame Zeit in den Vereinigten Staaten zurück"; Bitte um „Fortsetzung unserer Kontakte", Vermittlung eines Gesprächs mit dem Vertreter der Katholischen Kirche beim Bundestag Paul Bocklet].

[587] Vgl. B. Brunner, Der Alterspräsident, S. 67 f.

[588] Vgl. ebenda, S. 73 f. und S. 77–79.

[589] Dt. Bundestag, Plenarprotokoll 13/1 (10. 11. 1994), S. 2 f. Vgl. Verspielte Chance. In: Frankfurter Allgemeine Zeitung, 11. 11. 1994.

aber bettete der Alterspräsident seine Provokationen – und dies wurde sowohl im Parlament, als auch in den Medien honoriert – in eine Reihe gesamtdeutscher Konsensthemen ein: So erinnerte er respektvoll an den verstorbenen Willy Brandt, die „gewaltlose Revolution vom Herbst 1989" und erntete sogar Zwischenapplaus von Seiten aller Fraktionen (mit Ausnahme der CDU/CSU), als er ein Ende von Rassismus, Antisemitismus wie auch „stalinsche[r] Verfahrensweise" in Deutschland beschwor und damit zwar nicht wörtlich, aber sinngemäß an eine antitotalitäre Konsensbildung anknüpfte.[590] Die „Frankfurter Allgemeine Zeitung" honorierte dann auch, dass er sich rasch „in seine Rolle" gefügt und einen Auftritt hingelegt habe, an dem das Auffälligste das Unauffällige gewesen sei.[591] Indem Heym sich wie ein „normaler" Alterspräsident gerierte, brach er mit der Wahrnehmung seiner Partei als einer „unnormalen" Partei und wurde stattdessen auch wie ein „normaler" Abgeordneter wahrgenommen. Vor diesem Hintergrund erschien in den Medien im Nachhinein nicht die Rede des Alterspräsidenten von der PDS, sondern das Verhalten von Union und Presseamt als respektlos und unwürdig, wurde teils gar als undemokratisch kritisiert, weil es die „normalen" Gepflogenheiten der parlamentarischen Demokratie missachtete.[592]

4.2 Zur Situation der PDS in den Landtagen

In vollständigem Kontrast zu den Diskussionen um den Bundestags-Alterspräsidenten Stefan Heym im Herbst 1994 stehen die Ereignisse im Landtag von Mecklenburg-Vorpommern, wo mit Gerhard Poppei etwa zeitgleich ebenfalls ein PDS-Abgeordneter die Alterspräsidentschaft ausübte. Im Gegensatz zur Bundespolitik löste diese Tatsache im Nordosten keinerlei öffentliche Aufregung aus.[593] Auch im Parlament selbst rief seine Eröffnungsansprache, in der er den modernen Wachstumsglauben ebenso kritisierte wie Waffenlieferungen, keine wahrnehmbare Kritik hervor. Das Protokoll der Plenarsitzung vom 15. November 1994 vermerkt keinerlei Zwischenrufe, sondern allgemeinen Beifall nach Poppeis Rede.[594] Auch die anschließende Wahl des PDS-Abgeordneten Johann Scheringer zum zweiten Vizepräsidenten des Landtages verlief ohne großes Aufsehen und erfolgte ohne Gegenkandidaten. Mit 37 Ja-Stimmen bei 18 Nein-Stimmen und 16 Enthaltungen erreichte der PDS-Kandidat bereits im ersten Wahlgang die absolute Mehrheit.[595] Damit wurde ein PDS-Politiker Vizepräsident des Landtages, der im Jahr des Mauerbaus 1961 als 25-Jähriger aus dem bayerischen Ingolstadt in die DDR übergesie-

---

[590] Dt. Bundestag, Plenarprotokoll 13/1 (10.11.1994), S. 2 f.
[591] Rollenspiel. In: Frankfurter Allgemeine Zeitung, 11.11.1994.
[592] Vgl. B. Brunner, Der Alterspräsident, S. 75 f. Auch der damalige CDU-Abgeordnete Friedbert Pflüger sprach im Nachhinein von einer „völlig unsinnigen und würdelosen Entscheidung" (Pflüger, Ehrenwort, S. 58).
[593] Vgl. B. Brunner, Der Alterspräsident, S. 86–89.
[594] Vgl. Landtag Mecklenburg-Vorpommern, Plenarprotokoll 2/1 (15.11.1994), S. 2 f.
[595] Vgl. ebenda, S. 3 (Wahl Prachtls) und S. 5 (Wahl Scheringers).

delt war, dort bis 1990 eine LPG geleitet hatte und seine Partei bei der Landtagswahl 1994 als Spitzenkandidat ins Rennen geführt hatte. Vor der Wahl Scheringers hatten CDU, SPD und PDS bereits parlamentarischen Konsens demonstriert und gemeinsam einen Antrag zur Weitergeltung der Geschäftsordnung eingebracht.[596]

Formen des Umgangs in ostdeutschen Landtagen

Die Unaufgeregtheit im Landtag von Mecklenburg-Vorpommern war keineswegs eine lokale Ausnahme. Während es in den ersten Legislaturperioden des gesamtdeutschen Bundestages vielfach als Imperativ einer antitotalitären Haltung galt, den PDS-Abgeordneten eine symbolische Gleichstellung mit den übrigen Fraktionen zu versagen, unterschied sich hiervon die Praxis in ostdeutschen Landtagen zum Teil erheblich. Vielfach herrschte in den Ländern der Versuch vor, „ein gutes Miteinander und Füreinander"[597] zu etablieren, wie der mecklenburg-vorpommersche Landtagspräsident Rainer Prachtl (CDU) der oppositionellen PDS bereits in der konstituierenden Sitzung des Jahres 1990 versprochen hatte. Damit schlossen sich die Landtage einer aus der ersten frei gewählten Volkskammer bekannten Konsensorientierung an, welche die Auseinandersetzung weniger stark entlang von Parteigrenzen suchte.[598]

Die PDS wurde zwar nicht in jeder Hinsicht in gemeinsames Handeln der Fraktionen eingebunden, sie wurde aber auch nicht demonstrativ ausgegrenzt. Stattdessen kam es beispielsweise in Mecklenburg-Vorpommern gelegentlich zu gemeinsamen Anträgen aller Fraktionen,[599] beispielsweise zu einem gemeinsamen Entwurf eines Abgeordnetengesetzes und zum Antrag einer Bundesratsinitiative über die Lage der Bauern in den neuen Bundesländern.[600] Zum Teil arbeiteten die beiden Oppositionsfraktionen SPD und LL/PDS zusammen, um die bürgerliche Landesregierung unter Druck zu setzen.[601] Nach der Landtagswahl 1994 verfolgte

---

[596] Vgl. Landtag Mecklenburg-Vorpommern, Plenarprotokoll 2/1 (15. 11. 1994), S. 2.

[597] Landtag Mecklenburg-Vorpommern, Plenarprotokoll 1/1 (26. 10. 1990), S. 11 (Rede Rainer Prachtl).

[598] Vgl. Thumfart, Die politische Integration Ostdeutschlands, S. 153 f.; Tüffers, Die 10. Volkskammer, S. 340.

[599] Vgl. exemplarisch Landtag Mecklenburg-Vorpommern, Drs. 1/87: Antrag der Fraktionen CDU, SPD, LL/PDS und F.D.P. auf Umbenennung des Eingabenausschusses, 12. 12. 1990; Landtag Mecklenburg-Vorpommern, Drs. 1/122: Änderungsantrag der Fraktionen der CDU, SPD, LL/PDS und der F.D.P. zur zweiten Lesung des Gesetzentwurfs der Landesregierung [Hochschulerneuerungsgesetz]. 24. 1. 1991.

[600] Landtag Mecklenburg-Vorpommern, Drs. 1/121: Gesetzentwurf der Fraktionen der CDU, SPD, LL/PDS und F.D.P.: Entwurf eines Ersten Gesetzes zur Änderung des Gesetzes über die Rechtsverhältnisse der Mitglieder des Landtages von Mecklenburg-Vorpommern (Abgeordnetengesetz), 23. 1. 1991; Landtag Mecklenburg-Vorpommern, Drs. 1/123: Antrag der Fraktionen der CDU, SPD, LL/PDS und F.D.P., Einbringen einer Bundesratsinitiative über die Lage der Bauern in den 5 neuen Bundesländern, 23. 1. 1991.

[601] Vgl. Landtag Mecklenburg-Vorpommern, Drs. 1/3076: Antrag der Fraktionen der SPD und LL/PDS: Einsetzung eines Parlamentarischen Untersuchungsausschusses zur Klärung von Sachverhalten im Zusammenhang mit dem Kauf und Betrieb der Deponie Schönberg, 21. 4. 1993.

die PDS zudem vermehrt die Strategie, solche Gesetzesanträge in den Landtag einzubringen, die einen weitgehenden Konsens zwischen den Fraktionen des Landtages abbildeten. Dabei wurden zum Teil Vorhaben der nun regierenden Großen Koalition aufgegriffen und selbst eingebracht. CDU und SPD reagierten darauf regelmäßig, indem sie solche PDS-Anträge mit eigener Mehrheit änderten und ihnen dann in geänderter Form zustimmten.[602] So kam es, dass im Schweriner Landtag schon lange vor der Regierungsbeteiligung der PDS im Jahr 1998 häufiger Konsensentscheidungen aller drei großen Landtagsfraktionen getroffen wurden – eine Tendenz, die auch in anderen ostdeutschen Landtagen zu beobachten war.[603]

Zu Akten symbolischer Abgrenzung von der PDS kam es trotzdem: typischerweise dann, wenn Fragen der Vergangenheit verhandelt wurden und die PDS in den Augen der Konkurrenz allzu offen an die SED anschloss. In Brandenburg etwa war es die Entscheidung der PDS-Fraktion, den letzten SED-Bezirkssekretär Heinz Vietze zum Parlamentarischen Geschäftsführer zu machen, über die sich frühere DDR-Oppositionelle echauffierten.[604] Ein noch häufigerer Anlass für politische Eklats bildete die Stasi-Frage, die allerorten die Gemüter erregte. Als sich beispielsweise die sozialistische Fraktion im sächsischen Landtag weigerte, sich von MfS-belasteten Abgeordneten zu trennen, zu denen auch der eigene Fraktionsvorsitzende Klaus Bartl gehörte,[605] reagierte die dortige CDU-Fraktion, indem sie ankündigte, diese Abgeordneten künftig „wie Luft" zu behandeln, und bei Reden des Fraktionsvorsitzenden regelmäßig das Plenum verließ.[606] Allerdings stellte die Frage des Umgangs mit ehemaligen IMs keineswegs ein alleiniges PDS-Thema dar. Im Schweriner Landtag beispielsweise war es die regierende CDU, die als ehemalige „Blockpartei" von der Opposition wegen MfS-Kontakten ins Visier genommen und sogar von der PDS in diese Richtung angegriffen wurde.[607]

Auch kam es in den ersten Jahren bereits in allen ostdeutschen Landtagen zu einer sichtbaren Entspannung im Verhältnis zwischen PDS und Konkurrenzfraktionen. Dabei spielten die sozialistischen Wahlerfolge eine wichtige Rolle: „Ich kann doch nicht an 38 Prozent der Bevölkerung etwa in Potsdam vorbei", so die

---

602 Vgl. Landtag Mecklenburg-Vorpommern, Plenarprotokoll 2/10 (6. 4. 1995), S. 427–433; Landtag Mecklenburg-Vorpommern, Plenarprotokoll 2/13 (18. 5. 1995), S. 619–624; Landtag Mecklenburg-Vorpommern, Plenarprotokoll 2/31 (24. 1. 1996), S. 1717–1722; Landtag Mecklenburg-Vorpommern, Plenarprotokoll 2/38 (25. 4. 1996), S. 2109–2113.

603 Im Landtag von Brandenburg setzte die PDS zudem auf das Instrument, sich mit einzelnen Abgeordneten an Anträgen von Einzelabgeordneten anderer Fraktionen zu beteiligen (vgl. Falkner/Huber, Aufschwung PDS, S. 52); vgl. auch Landtag Brandenburg, Drs. 1/3098: Entschließungsantrag der Abgeordneten W. Birthler, P.-M. Diestel, S. Lietzmann, M. Schumann und R. Wettstädt [16. 6. 1994].

604 Vgl. Falkner/Huber, Aufschwung PDS, S. 44.

605 Vgl. Spuren im Schnee. In: Der Spiegel, 25. 11. 1991, S. 103–107; Falkner/Huber, Aufschwung PDS, S. 40.

606 CDU-Fraktionschef Herbert Goliasch, zit. n. Spuren im Schnee. In: Der Spiegel, 25. 11. 1991, S. 103–107, hier S. 106.

607 Vgl. Scheele, Die PDS/Linke in Mecklenburg-Vorpommern, S. 110.

Begründung des sozialdemokratischen Landtagspräsidenten von Brandenburg Herbert Knoblich für seine demonstrative Gleichbehandlung der PDS.[608] Zudem fanden Annäherungen in den Landtagen, wie auch im Bundestag, vor allem im persönlichen Kontakt statt – sei es in der parlamentarischen Fußballmannschaft oder auf gemeinsamen Reisen, auf denen einzelne PDS-Abgeordnete als Kollegen wahrgenommen und aus dem Kollektiv PDS-Fraktion herausgelöst wurden.[609] Schnell entwickelte sich eine typische Unterscheidung zwischen der PDS als Partei und einzelnen Abgeordneten, die als umgänglich und vernünftig angesehen wurden. Die Partei blieb vielfach ein Feindbild – ihre Mitglieder, Abgeordneten und Funktionäre aber keineswegs.[610] Selbst der Bündnis-Politiker Günter Nooke – ein profilierter Kritiker der PDS – betonte im April 1994 im Brandenburgischen Landtag, dass es in der Partei „vielleicht auch überparteilich integre Personen" gebe, mit denen man „etwas Vernünftiges" machen könne, „wie zum Beispiel eine Regierung zu bilden", so Nooke. Schließich könne man die Mitglieder der Partei nicht immer „als Aussätzige behandeln": „Die PDS – das sind keine Linksextremisten, wie man das vielleicht bei Rechtsextremisten sagen kann."[611]

Der „Brandenburger Weg"

Ganz offensichtlich war die Gemengelage in den neuen Bundesländern komplexer und die Fronten waren weniger eindeutig, als es in Westdeutschland erschien. Als besonders auch nach ostdeutschen Maßstäben galt allerdings der sogenannte Brandenburger Weg, der auf eine sehr weitgehende Gleichbehandlung und Einbeziehung der PDS in den politischen Prozess abzielte.[612] Grundlage war, dass die märkische PDS von Beginn an einen Kurs der konstruktiven Mitarbeit eingeschlagen hatte.[613] Indem die Partei beispielsweise für die neue Landesverfassung warb und ihr im Parlament zustimmte,[614] präsentierte sie sich als „staatsnahe Volkspartei", wie es der Sozialdemokrat Tilman Fichter umschrieb.[615] Im Gegenzug wurde die PDS auch im alltäglichen parlamentarischen Umgang stärker integriert als in anderen Ländern: So war es im Brandenburgischen Landtag auch keine Seltenheit, dass es zu gemeinsamen Anträgen aller Fraktionen kam,[616] dass

---

608 Herbert Knoblich, zit. n. Falkner/Huber, Aufschwung PDS, S. 55.
609 Vgl. Falkner/Huber, Aufschwung PDS, S. 41 f.
610 Diese Tendenz konnte auch auf kommunaler Ebene beobachtet werden (vgl. Wischermann/ Pollach/Zeuner, Ein nachhaltig anderes Parteiensystem, S. 159).
611 Landtag Brandenburg, Plenarprotokoll 1/91 (13. 4. 1994), S. 7465 (Rede Günter Nooke).
612 Siehe hierzu Stöss, Das Parteiensystem Brandenburgs, S. 187; Dittberner, Brandenburg neu erfinden, S. 5; aus Sicht eines Teilnehmenden: Bisky, Der Brandenburger Weg.
613 Vgl. Lübker/Schüttemeyer, Der Brandenburgische Landtag, S. 181 f.; so auch die Selbst-Deutung der PDS (vgl. Müntz, Von der Opposition in die Koalition, S. 32).
614 Vgl. Müntz, Von der Opposition in die Koalition, S. 37.
615 T. Fichter, Die Partei des Demokratischen Sozialismus, S. 17.
616 Vgl. exemplarisch: Landtag Brandenburg, Drs. 1/285: Antrag der Fraktionen der SPD, CDU, PDS-LL, F.D.P., 19. 6. 1991; Landtag Brandenburg, Drs. 1/1125: Antrag der Fraktionen der SPD, F.D.P., Bündnis 90, CDU, PDS-LL zur Verlängerung des Altersübergangsgeldes bis zum 31. 12. 1992, 24. 6. 1992; Landtag Brandenburg, Drs. 1/2943: Antrag der Fraktionen der SPD,

Ministerinnen und Minister der SPD das Beratungszimmer der PDS-Fraktion besuchten oder sich im Plenum unter die Abgeordneten der PDS mischten, um das Gespräch zu suchen.[617]

Der Umstand, dass mit Manfred Stolpe ein Sozialdemokrat aus der DDR an der Spitze des Landes stand, der einen pragmatischen – oder je nach Sichtweise: problematischen – Umgang mit der Vergangenheit repräsentierte, erleichterte der PDS, diese Rolle einzunehmen. Sie sah zudem die Gelegenheit, dem vorherrschenden geschichtspolitischen Diskurs eine eigene Variante gegenüberzustellen, die mit dem Stichwort der „Nicht-Schwarz-Weiß-Malerei" propagiert wurde.[618] Kritische Stimmen sprachen von „kleiner DDR" und konstatierten einen ausgebliebenen Bruch mit der Vergangenheit.[619]

Vor allem im Zusammenhang mit den Diskussionen um Stolpes Kontakte zur Staatssicherheit kam der PDS eine Schlüsselrolle zu, fiel doch ausgerechnet ihrem Fraktionsvorsitzenden Lothar Bisky die Aufgabe zu, den parlamentarischen Untersuchungsausschuss zu leiten, der sich mit den Kontakten des Ministerpräsidenten zur DDR-Staatssicherheit beschäftigte. Bisky nutzte die Gelegenheit auch, um Gemeinsamkeiten zwischen PDS und SPD zu demonstrieren. Vieles spricht dafür, dass der Untersuchungsausschuss von Bisky dazu genutzt wurde, einen Einstieg in ein Kooperationsmodell mit der SPD zu finden. Denn auch jenseits der Stasi-Frage bot sich die PDS für Stolpe, dem inzwischen die Fraktion von Bündnis 90 die Unterstützung aufgekündigt hatte, als Kooperationspartnerin an: Die PDS wolle die sozialliberale Rumpfregierung Stolpe bis zu Neuwahlen „kritisch und konstruktiv"[620] begleiten und „keine Totalverweigerung" ausüben, so die Sprachregelung.[621] Stolpe wiederum suchte auch mit der PDS-Fraktion das Gespräch, um Konsensmöglichkeiten auszuloten.[622] Bereits in der Landtagssitzung am 13. April 1994 hatte sich die PDS-Fraktion zu einem CDU-Antrag enthalten, der den Rücktritt des Ministerpräsidenten forderte, um nicht den Eindruck einer „Vorverurteilung des Ministerpräsidenten" zu erwecken, wie es offiziell heiß.[623] Kurz darauf wurde der Bericht des Untersuchungsausschusses zur Stasi-Vergangenheit Stolpes mit den Stimmen der Regierungsparteien SPD und FDP sowie denen der PDS angenommen.[624] In der abschließenden Landtagsberatung am 16. Juni 1994 dank-

---

CDU, PDS-LL, F.D.P., BÜNDNIS, Rechtsverordnung über Datenschutz im Sinne des § 28 III Landeskrankenhausgesetz des Landes Brandenburg, 27. 4. 1994; für eine Auflistung der Anträge siehe Bisky, Der Brandenburger Weg, S. 14.

[617] Vgl. Falkner/Huber, Aufschwung PDS, S. 54; Bisky, Der Brandenburger Weg, S. 8.

[618] Falkner/Huber, Aufschwung PDS, S. 48.

[619] Vgl. Stöss, Das Parteiensystem Brandenburgs, S. 187; Dittberner, Brandenburg neu erfinden, S. 5.

[620] Landesgeschäftsführer Lothar Nicht, zit. n. Michael Müller, PDS: Auch für SPD sind die Türen offen. In: Neues Deutschland, 15. 4. 1994.

[621] Vgl. PDS: Keine Totalverweigerung. In: Neues Deutschland, 4. 5. 1994.

[622] Vgl. Stolpe kommt Dienstag zur PDS. In: Neues Deutschland, 28. 4. 1994.

[623] Landtag Brandenburg, Plenarprotokoll 1/91 (13. 4. 1994), S. 7447 (Rede Helmut Markov).

[624] Vgl. Vorerst 5:3 für Stolpe. In: Neues Deutschland, 29. 4. 1994. Die Ausschussvertreterin der PDS Christel Fiebiger gab zwar eine abweichende Meinung „Zum Verhältnis von SED, Staat und Evangelischen Kirchen in der DDR" zu Protokoll, stimmte dem Gesamtbericht des Aus-

te der SPD-Vertreter Reinhart Zarneckow schließlich dem Ausschussvorsitzenden Bisky ausdrücklich dafür, die Untersuchungen „fair geleitet" und „zu einem guten Ende geführt" zu haben – was in diesem Zusammenhang auch hieß, dass ein Sturz des Ministerpräsidenten mit Biskys Hilfe hatte verhindert werden können.[625]

Zu einem offenen Schwur zwischen Landesregierung und PDS-Fraktion kam es zwar nicht, da Stolpe davon absah, wenige Monate vor der regulären Landtagswahl noch einmal eine Vertrauensfrage im Landesparlament zu stellen.[626] Politisch aber manifestierte sich die neue Nähe zwischen den Parteien in der Entschließung „Mit menschlichem Maß die Vergangenheit bewerten", die u. a. vom SPD-Fraktionsvorsitzenden Wolfgang Birthler und vom PDS-Abgeordneten Michael Schumann eingebracht worden war und die vom Landtag mit übergroßer Mehrheit angenommen wurde. Darin wurden alle öffentlichen Stellen dazu aufgefordert, jeden Einzelfall angeblicher MfS-Verbindungen sorgfältig zu prüfen und dabei auch Motive, Umstände, Umfang und Folgen der Zusammenarbeit zu berücksichtigen: Der öffentliche Umgang mit Biographien müsse „der Menschenwürde verpflichtet sein" und „Bagatellvorgänge sollen keine Beachtung finden".[627]

Die Vorgänge im Brandenburger Landtag sind aus drei Gründen interessant: Erstens hatte die PDS dort einen sehr viel größeren Einfluss auf die Vergangenheitspolitik als im Bund. Der „Brandenburger Weg" war damit auch ein Gegenmodell zum hegemonialen Umgang mit der Stasi-Vergangenheit auf Bundesebene. Zweitens kann der „Brandenburger Weg" als Vorläufer für das sehr viel öffentlichkeitswirksamere „Magdeburger Modell" im benachbarten Sachsen-Anhalt gesehen werden, das noch darzustellen sein wird. In beiden Fällen war eine SPD-geführte Landesregierung von der Tolerierung durch die PDS abhängig. Und drittens zeigen die Zusammenhänge in Brandenburg wie auch in anderen Landtagen, dass die parteipolitische Isolation der PDS bereits in den ersten Jahren nach der „Wende" im ostdeutschen Mikrokosmos sehr viel schwächer ausgeprägt war, als es auf der großen Bühne der Bundespolitik erscheinen mochte. Und noch sehr viel weniger isoliert war die PDS schließlich dort, wo sie in den frühen neunziger Jahren für ihre potenziellen Wählerinnen und Wähler besonders sichtbar war: in den Kommunen Ostdeutschlands.

4.3 Die PDS als Kommunalpartei in Ostdeutschland

Jedes „Hofieren der PDS" sei abzulehnen. Als Amtsinhaber „von ‚PDS-Gnaden'" stehe er nicht zur Verfügung; und überhaupt sei klar, „daß die PDS als Partei aus

---

schusses aber zu (vgl. Landtag Brandenburg, Drs. 1/3009: Bericht des Untersuchungsausschusses 1/3, 29. 4. 1994).

[625] Landtag Brandenburg, Plenarprotokoll 1/96 (16. 6. 1994), S. 7845.

[626] Vgl. Falkner/Huber, Aufschwung PDS, S. 49.

[627] Landtag Brandenburg, Drs. 1/3098: Entschließungsantrag der Abgeordneten W. Birthler, P.-M. Diestel, S. Lietzmann, M. Schumann und R. Wettstädt zum Bericht des Untersuchungsausschusses 1/3 (Drucksache 1/3009). 16. 6. 1994.

der „Regierungsverantwortung herauszuhalten ist".[628] Mit diesen Argumenten begründete im Juli 1994 der Sozialdemokrat Joachim Lübbert, warum er auf eine eigene Kandidatur als Oberbürgermeister in der mecklenburg-vorpommerschen Kreisstadt Neubrandenburg verzichtete, schließlich war seine Partei bei der Kommunalwahl mit 23,2 Prozent nur drittstärkste Kraft geworden und hätte nur mithilfe der Sozialisten das Rathaus erobern können. Diese wiederum hatten die Wahl in der einstigen Bezirkshauptstadt mit 32,1 Prozent der Stimmen wie schon im Jahr 1990 deutlich gewonnen, hatten aber dennoch keinerlei Chance auf das Oberbürgermeisteramt, schließlich war keine der konkurrierenden Parteien bereit, vier Jahre nach dem Ende des SED-Regimes einen PDS-Kandidaten ins wichtigste Stadtamt zu wählen. Soweit bekräftigte die Neubrandenburger Kommunalpolitik im Sommer 1994 den angesprochenen parteiübergreifenden „Cordon sanitaire" um die PDS. Im Detail aber waren, wie zu zeigen sein wird, die Zusammenhänge nicht nur in diesem Beispiel, sondern überall in der ostdeutschen Kommunalpolitik sehr viel komplexer und der Anti-PDS-Konsens brüchiger, als es schien.

Die PDS in der Kommunalpolitik Ostdeutschlands

Wie in Neubrandenburg hatten die umfassenden Umstrukturierungsprozesse der frühen 1990er Jahre nahezu überall die PDS von der Macht verdrängt. Zwar spielte die Kommunalpolitik im Institutionengefüge Ostdeutschlands insofern eine Sonderrolle, als sich diese Ebene im Vergleich zur Landes- und Bundesebene durch einen höheren Grad an struktureller und personeller Kontinuität quer durch die Parteien und Institutionen auszeichnete.[629] Aber auch hier bildeten sich nach der Kommunalwahl 1990 vielerorts formelle oder meist informelle „Große Koalitionen" aller in den Räten vertretenen Parteien unter Ausschluss der PDS.[630] In Berlin ergriffen die Parteien nach der Kommunalwahl 1992 sogar besondere Maßnahmen: Da die PDS in fünf Ost-Bezirken stärkste Kraft geworden war und die größte Fraktion laut Landesverfassung automatisch das Bezirksbürgermeisteramt besetzte, schlossen sich die übrigen Fraktionen zu „Zählgemeinschaften" zusammen, um einen „Bezirksbürgermeister der PDS zu verhindern", wie die CDU-Kreisvorsitzenden zugaben.[631] Dass die erstplatzierte PDS in Neubrandenburg keine Chance auf das Oberbürgermeisteramt hatte, passte also ins Schema und war Teil des politischen Systemwechsels.

Zudem litt die Partei in den ersten Jahren nach der „Wende" unter Personalschwund. Von den mehr als 300 Bürgermeisterinnen und Bürgermeistern, die im Mai 1990 entgegen dem landesweiten Trend der PDS angehörten, waren zwei

---

628 AdsD, SPD-LTF MV, 1. WP, Fraktionsvorstand 14. 2. 1992 bis 20. 5. 1994: Joachim Lübbert, „Liebe Genossinnen und Genossen". Neubrandenburg, 14. 7. 1994.
629 Vgl. Berg/Nagelschmidt/Wollmann, Kommunaler Institutionenwandel, S. 12.
630 Stude, Personelle Kontinuität, S. 29.
631 ACDP, CDU-LV Berlin, 03-012-144/2: Protokoll der Sitzung der Kreisvorsitzenden am 9. 8. 1990, S. 3; siehe dazu auch Zotl, Der Umgang mit der PDS.

Jahre später nur noch die Hälfte übrig geblieben. Zudem verlor die Partei eigenen Angaben zufolge durch Mandatsniederlegungen sowie durch Fraktionswechsel in ganz Deutschland annähernd 1000 von 10 000 Mandaten auf Kreis- und Ortsebene – ein Umstand, für den die PDS nicht den schleppenden Fortgang ihrer „Erneuerung", sondern das feindliche Klima verantwortlich machte, dem ihre Mitglieder ausgesetzt seien.[632] Besonders häufig waren die Austritte in Sachsen und Thüringen, während Brandenburg und Mecklenburg-Vorpommern Hochburgen kommunaler Verankerung der PDS waren.[633] Durch anhaltende Erfolge bei Kommunalwahlen – angefangen mit den Wahlen in Berlin 1992 und in Brandenburg 1993 – konnte die Partei schließlich bis 1998 die Zahl der von ihr besetzten Bürgermeisterämter, vor allem in kleineren und mittleren Gemeinden, wieder auf 190 steigern.[634]

Die großen Anti-PDS-Koalitionen des Jahres 1990 und die weitgehende Verdrängung aus kommunalen Ämtern erleichterten es der PDS wiederum, sich in der Opposition neu zu sammeln und zugleich eine bald schon typische Mischung aus Protest und Pragmatismus zu entwickeln. Anknüpfungspunkt der PDS in den Kommunen war dabei – wie auf überkommunaler Ebene auch – die Enttäuschung vieler über die Ergebnisse der Transformation, die man in Protest umzuwandeln suchte: „Entschiedener Widerstand gegen neues Unrecht und Sozialabbau ist notwendig", so hieß es 1992 in einer Informationsvorlage für die Bundestagsgruppe der PDS.[635] Konkret war damit gemeint, dass sich PDS-Mitglieder gezielt „in Mietervereinen, Grundstücksbesitzervereinen, Heimatvereinen u. ä." engagierten und sich für kommunale Wirtschaftsförderung, die Inanspruchnahme von Fördermitteln, für Arbeitsbeschaffungsmaßnahmen unter kommunaler Trägerschaft oder auch für kommunalen Wohnungsbau einsetzten.[636] Zugleich nutzte die Partei die verbreitete Unzufriedenheit mit den politischen Entwicklungen und prangerte das Verhalten der Konkurrenten an: „sie monieren gar, Ironie der Geschichte, ‚Bürokratie und Herzlosigkeit' und versprechen den gläsernen Bürgern der Stasi-Ära ein ‚gläsernes Rathaus'", wie „Der Spiegel" verwundert feststellte.[637]

Ein entscheidender Faktor für den Erfolg der PDS in ostdeutschen Kommunen war, dass ihre Vertreterinnen und Vertreter anders als im Westen der Republik nicht als Repräsentanten des „linksextremistischen" Rands angesehen wurden, sondern zur „Mitte" der postsozialistischen Gesellschaft gehörten. In der früheren Be-

---

632 ADS, BT/12.WP-007: Uwe Jens Rössel, Informationsvorlage für die Sitzung der Abgeordnetengruppe PDS/Linke Liste im Deutschen Bundestag am 21. 4. 1992 […] zum Thema „Kommunalpolitik und zentrale parlamentarische Initiativen". April 1992, S. 4 f.

633 Ebenda, S. 4 f.; vgl. auch ADS, PDS-PV-342: BürgermeisterInnen mit PDS-Mandat, undatiert.

634 Vgl. Probst, Die PDS – von der Staats- zur Regierungspartei, S. 6.

635 ADS, BT/12.WP-007: Uwe Jens Rössel, Informationsvorlage für die Sitzung der Abgeordnetengruppe PDS/Linke Liste im Deutschen Bundestag am 21. 4. 1992 […] zum Thema „Kommunalpolitik und zentrale parlamentarische Initiativen". April 1992, S. 4.

636 Ebenda, S. 6.

637 Vgl. Alternder Wolf. In: Der Spiegel, 30. 5. 1994, S. 40 f.

zirkshauptstadt Neubrandenburg beispielsweise verfügte die Partei über ein festes Stammklientel früherer Parteifunktionäre und Staatsdiener, besaß mit 1200 Mitgliedern dreimal so viele wie CDU und SPD zusammen und organisierte „Wohngebietskinderfeste", „Frauenfeste" und „Polit-Talkshows".[638] Am Beispiel der Hansestadt Rostock hat der Politikwissenschaftler Lothar Probst dargelegt, wie die PDS vor Ort als „Dienstleistungspartei für die kleinen Leute"[639] in Erscheinung trat, mit eigenen Mitgliedern in Mieterinitiativen vertreten war und ihre Unterstützung beim Ausfüllen von Wohngeldanträgen und Widerspruchsbescheiden anbot:

„So berichtet eines der Stadtteilgruppenmitglieder stolz, daß es 250 Unterschriften gegen die Privatisierung von Wohnungen in seinem Stadtteil gesammelt habe. Dabei habe man den Mietern in diesen Häusern erst mal den gesetzlichen Kündigungsschutz erklärt. Die nach wie vor vorhandene Unkenntnis vieler ostdeutscher Bürger und Bürgerinnen mit den rechtlichen Regeln und Bestimmungen des neuen administrativen Systems und die offensichtliche Überforderung der neu eingerichteten Institutionen bei der Rechtsberatung und Verwaltung wird auf diese Art und Weise zum Einfallstor für die populistisch eingefärbte Sozialrhetorik der PDS. Flankiert wird diese ‚beratende' Arbeit durch Materialien, die von der PDS-Fraktion im Landtag von Mecklenburg-Vorpommern herausgegeben und vor Ort verteilt werden. Der ‚Mietbürger' z. B., eine regelmäßig erscheinende Zeitung der Landtagsfraktion, verzichtet auf eine aufdringliche ideologische Berieselung und konzentriert sich statt dessen auf Information, Aufklärung und Hilfestellung in grundlegenden Fragen des Mietrechts."[640]

Aber nicht nur Mieterinnen und Gartenlaubenbesitzer waren eine wichtige Zielgruppe, sondern auch Gewerbetreibende und Selbstständige, die von der PDS mit offenen Gesprächskreisen, mit Positionen gegen hohe Gewerberaummieten und mit Kampagnen gegen die Bevorzugung westlicher Unternehmen umworben wurden.[641] Dazu kam, dass die Partei auf kommunaler Ebene auch die Nähe der Gewerkschaften suchte, um gemeinsame Vorschläge zur Schaffung von Arbeitsplätzen vorzulegen.[642]

Klimaveränderungen in der kommunalen Landschaft

Die PDS selbst sah in der Kommunalpolitik „das entscheidende Politikfeld", auf dem sie sich als Interessenvertreterin der Bürgerinnen und Bürger profilieren und „ihre Politik- und Bündnisfähigkeit unter Beweis stellen" konnte, so die parteiinterne Argumentation: „Wer im Dorf oder einer Stadt vernünftige Politik macht, sozusagen direkt unter den Augen der Menschen, der gilt als kompetent und angesehen."[643] Vor allem hoffte die PDS, dass es auf der örtlichen Ebene leichter als in

---

[638] Ebenda.

[639] Probst, Die PDS – von der Staats- zur Regierungspartei, S. 36.

[640] Ebenda.

[641] Vgl. Probst, Die PDS in Rostock, S. 62; Probst, Die PDS – von der Staats- zur Regierungspartei, S. 42; siehe auch Leuchter, Interview, S. 56.

[642] Vgl. Leuchter, Interview, S. 56. Leuchter war Kreisvorsitzender der PDS in Rostock.

[643] ADS, BT/12.WP-007: Uwe Jens Rössel, Informationsvorlage für die Sitzung der Abgeordnetengruppe PDS/Linke Liste im Deutschen Bundestag am 21. 4. 1992 […] zum Thema „Kommunalpolitik und zentrale parlamentarische Initiativen". April 1992, S. 3. Auch für Gregor Gysi stellte die Arbeit der PDS-Fraktionen in den Kommunen ein Vorbild für die Tätigkeit im Bundestag dar, da sie kompromissbereiter seien als die Bundestagsgruppe und daher eher

der Landes- oder gar Bundespolitik sein würde, Ressentiments abzubauen und Alliierte zu finden.[644] Und in der Tat war die Isolation der PDS auf kommunaler Ebene stets relativ, insbesondere in kleineren Gemeinden, wo häufig ein Politikverständnis dominierte, das noch stärker als in ostdeutschen Landtagen an einem guten „Zusammenspiel" zwischen Mehrheits- und Minderheitsfraktionen interessiert war. Dort war die politische Landschaft mehr durch interpersonale als durch zwischenparteiliche Beziehungen strukturiert und wichtige Entscheidungen wurden oft einstimmig getroffen.[645]

Aber auch in größeren Städten, wo während der ersten Wahlperiode der Grad der Parteipolitisierung zunahm, konnte die PDS ihre Position verbessern. Während die nach der Revolution von 1989 genährte Hoffnung auf ein neues konsensuales Regieren im Stile der „Runden Tische" allerorten enttäuscht wurde, setzten sich im politischen Alltag stärker konkurrenzdemokratische Handlungsmuster durch, wie sie aus dem Westen der Republik bekannt waren.[646] Eine Folge daraus war, dass die gemeinsamen Grundlagen der Anti-PDS-Koalitionen vielerorts schnell aufgebraucht waren. So setzte in zahlreichen ostdeutschen Kommunen etwa zwei Jahre nach den ersten freien Kommunalwahlen 1990 eine ganze Serie von Koalitionsbrüchen ein.[647] Damit verbunden war der Umstand, dass sich das Verhältnis vor allem zwischen Sozial- und Christdemokraten zunehmend verschlechterte und dass die beiden Parteien nicht mehr die frühere SED, sondern sich gegenseitig als Hauptgegner ansahen.[648]

Zu solchen konkurrenzdemokratischen Gegensätzen kam der lange Schatten der DDR-Vergangenheit, der keineswegs nur die PDS von den anderen trennte:

---

dazu in der Lage, die Partei „bündnisfähig" zu machen (ADS, BT/12.WP-006: Protokoll der Fraktionssitzung am 21. 5. 1991).

[644] ADS, BT/12.WP-007: Uwe Jens Rössel, Informationsvorlage für die Sitzung der Abgeordnetengruppe PDS/Linke Liste im Deutschen Bundestag am 21. 4. 1992 [...] zum Thema „Kommunalpolitik und zentrale parlamentarische Initiativen". April 1992, S. 3.

[645] Berg/Nagelschmidt/Wollmann, Kommunaler Institutionenwandel, S. 52–54.

[646] Vgl. ebenda, S. 55.

[647] So berichtete Dietmar Keller in der Sitzung der Bundestagsgruppe am 21. 4. 1992 von einem Aufbrechen regierender Bündnisse von CDU, SPD, FDP und Bürgerbewegungen „in Halle, Schwerin, Neubrandenburg, Dessau, Greifswald und anderswo" (ADS, BT/12.WP-007: Kommunalpolitik und zentrale parlamentarische Initiativen. Bericht von der öffentlichen Sitzung der Abgeordnetengruppe PDS/Linke Liste im Deutschen Bundestag am 21. 4. 1992 im Berliner Reichstag); vgl. auch die Beispiele aus der Stadt Brandenburg sowie aus den Städten Bitterfeld und Wolfen bei Berg/Nagelschmidt/Wollmann, Kommunaler Institutionenwandel.

[648] SPD-Mitglieder beklagten nun vielerorts Probleme, sich in einer Koalition mit der CDU zu profilieren, erst recht im Vergleich zur PDS-Opposition (vgl. AdsD, SPD-LV MV, 3/MVAB000140: SPD Unterbezirk Schwerin: Ergebnisprotokoll der 4. UB-Vorstandssitzung am 7. 4. 1992, S. 2; ebenda: SPD-Kreisverband Stralsund Stadt, Kreisvorstand an die Mitglieder der SPD-Fraktion: Zukünftige Umsetzung sozialdemokratischer Politik in Stralsund, 20. 9. 1993; AdsD, SPD-LV MV, 3/MVAB000793: Kurzprotokoll der konstituierenden Landesparteiratssitzung am 8. 2. 1992; ebenda: Kurzprotokoll der Landesparteiratssitzung am 9. 5. 1992; ebenda: Kurzprotokoll der Landesparteiratssitzung am 2. 10. 1993; AdsD, SPD-KV Rostock, 3/MVAR000034: Protokoll der Kreisvorstandssitzung am 4. 3. 1993; ebenda: Protokoll der Kreisvorstandssitzung am 8. 6. 1993).

Gegenseitige Anschuldigungen, früher für die Staatssicherheit gearbeitet zu haben, und Rücktrittsforderungen wegen zugegebener Stasi-Kontakte gab es auch innerhalb des „demokratischen" Lagers.[649] Dort kam es zu Auseinandersetzungen zwischen erfahrenen „Altpolitikern", die schon zu DDR-Zeiten in einer der „Blockparteien" aktiv gewesen waren, und „Neupolitikern", die erst im Zuge der „Wende" in die Kommunalpolitik gegangen waren.[650] Vor allem viele Mitglieder von SPD und Bündnis 90 empfanden es als Zumutung, frühere Kader der DDR-CDU, die als „Blockflöten" bezeichnet wurden, in exponierten Ämtern und in machtvollen Positionen zu sehen.[651] Die Kräfte der Bürgerbewegung, so ein häufiger Vorwurf, würden zu reinen „Erfüllungsgehilfen degradiert".[652] In den Vertretungen sollten wie zu DDR-Zeiten nur „die Arme gemeinschaftlich gehoben" werden.[653]

Machtpolitische Aufwertung 1993/1994

Solche Spannungen wurden in einigen Kommunen zur Chance für die PDS. Diese erkannte die Möglichkeit, ihre seit 1990 vorherrschende relative Isolation im Parteiensystem zu überwinden und sich den Konkurrenzparteien als alternative Partnerin anzubieten, denn – wie Dietmar Keller im April 1992 vor seiner Bundestagsgruppe festhielt: „Mit dem Aufbrechen regierender Bündnisse zerbricht in der Regel auch ein gegen die PDS gerichtetes Bündnis".[654] So war es auch in Neubrandenburg, wo die Große Koalition unter dem CDU-Oberbürgermeister Klaus-Peter Bolick bereits im Jahr 1992 zerbrochen war, weil sich die Sozialdemokraten nicht ausreichend profilieren konnten und daher rechtzeitig vor der nächsten Wahl „klare Fronten schaffen" wollten.[655] Von diesen klaren Fronten konnte dann nach der Neubrandenburger Kommunalwahl 1994 aber keine Rede sein. Nachdem die PDS erneut stärkste Partei in ihrer Hochburg geworden war, hoffte die drittplatzierte SPD von der Nichtwählbarkeit des Siegers profitieren und den amtierenden

---

[649] AdsD, SPD-LV MV, 3/MVAB000145: SPD Kreisverband Waren: Protokoll KV-Sitzung am 22. 6. 1992; ebenda: Gottfried Timm (MdL), SPD, stellt sich hinter IM. Pressemitteilung der CDU-Fraktion im Landtag Mecklenburg/Vorpommern, 3. 6. 1992; ebenda: SPD-Fraktion Waren: Der Fall des Götz Lohmann, undatiert.

[650] Vgl. Berg/Nagelschmidt/Wollmann, Kommunaler Institutionenwandel, S. 14–18 und S. 38.

[651] AdsD, SPD-LV MV, 3/MVAB000143: SPD KV Hagenow: Protokoll der Erweiterten Kreisvorstandssitzung am 22. 3. 1993. Zumal PDS, CDU und FDP tatsächlich bei der Kommunalwahl 1990 in höherem Maße auf personelle Kontinuität setzten (vgl. Berg/Nagelschmidt/Wollmann, Kommunaler Institutionenwandel, S. 47; Stude, Personelle Kontinuität, S. 156).

[652] AdsD, SPD-LV MV, 3/MVAB000140: SPD Stralsund: Protokoll der Mitgliedervollversammlung am 28. 10. 1991.

[653] Berg/Nagelschmidt/Wollmann, Kommunaler Institutionenwandel, S. 62.

[654] ADS, BT/12.WP-007: Kommunalpolitik und zentrale parlamentarische Initiativen. Bericht von der öffentlichen Sitzung der Abgeordnetengruppe PDS/Linke Liste im Deutschen Bundestag am 21. 4. 1992 im Berliner Reichstag.

[655] AdsD, SPD KV Neubrandenburg, 3/MVNB000007: Protokoll der Vorstandssitzung des Kreisvorstandes Neubrandenburg am 15. 4. 1992, S. 1; vgl. auch ebenda: Arno Behrend an die Genossinnen und Genossen. Neubrandenburg, 4. 3. 1992.

CDU-Oberbürgermeister durch einen eigenen Kandidaten ablösen zu können.[656] Zwar wollte man nicht offen mit der PDS kooperieren – im Zweifel aber, so das sozialdemokratische Kalkül, werde die PDS-Fraktion schon für den Mitte-Links-Kandidaten stimmen. Dass zu dieser Zeit bereits Kontakte zwischen SPD und PDS auf Kreisebene bestanden, sollte die Kooperation erleichtern.[657]

Anders aber als von den Sozialdemokraten erhofft, stellte die städtische PDS für ihre Wahlhilfe Bedingungen: Das Amt der Stadtpräsidentin, der Vorsitzenden des Kommunalparlaments, sollte die Partei symbolisch aufwerten. Im Gegenzug bot man an, den Sozialdemokraten Lübbert mit zu wählen und auf sämtliche Bürger-meister- und Beigeordnetenposten zu verzichten. Die PDS war also einstweilen bereit, machtpolitisches gegen symbolisches Kapital zu tauschen.[658] Von diesem politischen Tauschhandel mit den Herrschenden der Vergangenheit aber wollte die SPD-Basis nichts wissen: Nachdem einige Ortsverbände jede Zusammenarbeit mit der PDS „kategorisch" ausgeschlossen hatten, verzichtete Lübbert auf seine Kandidatur.[659] Doch kam es auf der entscheidenden Sitzung des Stadtparlaments am 7. Juli 1994 auch ohne ihn und trotz Unmuts an der SPD-Basis zur Koopera-tion mit der PDS. Gemeinsam wählten Sozialdemokraten, Grüne und Sozialisten in der Stadtvertretung den parteilosen Gerd zu Jeddeloh zum Oberbürgermeister und die PDS erhielt im Gegenzug Unterstützung von SPD und Grünen bei der Wahl der Stadtpräsidentin.[660] Mit der gewählten Dolores Brunzendorf stand erst-mals seit der „Wende" wieder eine Sozialistin an der Spitze der Stadtvertretung.

Die Neubrandenburger Szene war kein Ausnahmefall, denn auch in anderen Kommunen Ostdeutschlands – vor allem in Brandenburg und in Mecklenburg-Vorpommern – wurde die PDS in den Jahren 1993 und 1994 zur potenziellen Mehrheitsbeschafferin für Bewerberinnen und Bewerber der Konkurrenzpar-teien. In Mecklenburg-Vorpommern wurden 1994 in den Landkreisen Güstrow und Mecklenburg-Strelitz jeweils ein SPD-Bewerber zum Landrat und ein PDS-

---

656 AdsD, SPD-KV Neubrandenburg, 3/MVNB000009: Protokoll der gemeinsamen Sitzung der Fraktion in der Stadtvertreterversammlung mit dem Vorstand des Unterbezirks Neubran-denburg am 30. 6. 1994; ebenda: Protokoll der gemeinsamen Sitzung der SPD in der Stadtver-treterversammlung mit dem Parteirat des Unterbezirks Neubrandenburg am 4. 7. 1994.

657 AdsD, SPD KV Neubrandenburg, 3/MVNB000007: Protokoll der Kreisvorstandssitzung der SPD Neubrandenburg am 25. 6. 1992; dort werden Gespräche zwischen SPD und PDS anläss-lich der Bürgermeisterwahl in der Kleinstadt Friedland beschlossen, um einen „linksorien-tierten Bürgermeister" zu wählen.

658 AdsD, SPD-KV Neubrandenburg, 3/MVNB000009: Protokoll der gemeinsamen Sitzung der Fraktion in der Stadtvertreterversammlung mit dem Vorstand des Unterbezirks Neubran-denburg am 30. 6. 1994; ebenda: Protokoll der gemeinsamen Sitzung der SPD in der Stadtver-treterversammlung mit dem Parteirat des Unterbezirks Neubrandenburg am 4. 7. 1994.

659 AdsD, SPD-KV Neubrandenburg, 3/MVNB000009: Protokoll über die Beratung des SPD-Parteirats Neubrandenburg am 28. 6. 1994.

660 AdsD, SPD-KV Neubrandenburg, 3/MVNB000058: Beschlußprotokoll Konstituierung der Stadtvertretung Neubrandenburg, 7. 7. 1994, S. 3; AdsD, SPD-KV Neubrandenburg, 3/ MVNB000009: Protokoll der gemeinsamen Sitzung der Fraktion in der Stadtvertreterver-sammlung mit dem Vorstand des Unterbezirks Neubrandenburg am 30. 6. 1994.

Mitglied ins Kreistagspräsidentenamt gewählt.[661] Auch in Bad Doberan und Parchim verhalfen jeweils die Stimmen der PDS einem Sozialdemokraten ins Amt.[662] Die CDU warf den Sozialdemokraten daher vor, die frühere SED „politisch hoffähig"[663] zu machen und die „Minimalbasis demokratischer Gemeinsamkeit" zu verlassen.[664] Von Fall zu Fall rechneten aber auch CDU-Leute mit den Stimmen von PDS-Abgeordneten, um sich kommunale Ämter zu sichern.[665] So wurde der christdemokratische Landrat in der Uckermark, Joachim Benthin, ein ehemaliges Mitglied der Blockpartei DBD, 1993 mit Unterstützung der PDS zum Landrat gewählt.[666] Zeitgenössischen Medienberichten zufolge bildeten CDU und PDS in der Stadt Neuenhagen bei Berlin sogar eine Zählgemeinschaft für die Wahl in den Gemeindeausschüssen, nachdem die PDS öffentlich zur Wahl des Christdemokraten Klaus Ahrens zum Bürgermeister aufgerufen hatte.[667] Und auch der Prignitzer Landrat Hans Lange (CDU) verdankte sein Amt 1993 der Unterstützung durch die PDS, nachdem er die vorausgegangenen Kommunalwahlen verloren hatte.[668] Zwar waren solche Kooperationen zwischen CDU und PDS eher in kleineren Kommunen anzutreffen, wo der personale Faktor stärker und der parteipolitische weniger ausgeprägt war als in größeren Städten und auf Kreisebene.[669] Aber auch dort, wo offiziell keinerlei Kontakte gepflegt wurden, sah die Situation in der Praxis zum Teil anders aus und waren Verbindungen auf persönlicher Ebene durchaus verbreitet.[670]

Jedenfalls zeigen diese Beispiele, dass die PDS in Ostdeutschland in den ersten Jahren nach ihrem Machtverlust zunehmend in die taktischen Kalküle ihrer Konkurrenten eingebunden wurde, ohne allerdings bereits zur „normalen Partei" geworden zu sein, die man ganz offen und ohne Hemmungen als politischen Partner adressierte und akzeptierte. Vielmehr galt jede Kooperation mit der „Nachfolgepartei" als anrüchige Ausnahme, die interne Widerstände und öffentliche Empörung hervorrief und daher verdeckt organisiert werden musste.[671] Die PDS wiederum war sich solcher Vorbehalte bewusst, versuchte diese aber schrittweise

---

661 Vgl. PDS als „Königsmacher" in Kommunal-Parlamenten. In: Nordkurier, 8. 7. 1994; Gibst du mir, so geb' ich dir. In: Nordkurier, 8. 7. 1994.

662 Vgl. Klaus Hartung, Zwischen Pest und Cholera. In: Die Zeit, 28. 10. 1994.

663 Peter Hintze, SPD am Scheideweg. In: UiD 39/1993, 9. 12. 1993, S. 5.

664 AdsD, SPD-LV MV, 3/MVAB000125: CDU-Landesgeschäftsstelle Schwerin: Pressemitteilung, 13. 7. 1994.

665 Vgl. Eppelmann: Punktuelle Zusammenarbeit mit PDS vorstellbar. dpa-Meldung, 19. 12. 1993.

666 Vgl. Lob von Honeckers Enkeln. In: Der Spiegel, 7. 4. 1997, S. 46–48, hier S. 46; Martin Klesmann, CDU streitet um das rechte Verhältnis zur PDS. In: Berliner Zeitung, 3. 11. 2001.

667 Vgl. Lob von Honeckers Enkeln. In: Der Spiegel, 7. 4. 1997, S. 46–48, hier S. 47.

668 Vgl. Stude, Personelle Kontinuität, S. 88.

669 Vgl. Pollach/Wischermann/Zeuner, Ein nachhaltig anderes Parteiensystem, S. 155–160.

670 Vgl. ebenda, S. 158 f.

671 Vgl. die Skrupel mancher Bürgermeister- und Landratskandidaten, z. B. in der Stadt Neubrandenburg und im Kreis Mecklenburg-Strelitz, sich von der PDS ins Amt bringen zu lassen (PDS als „Königsmacher" in Kommunal-Parlamenten. In: Nordkurier, 8. 7. 1994; Gibst du mir, so geb' ich dir. In: Nordkurier, 8. 7. 1994).

durch Entgegenkommen abzubauen. Sie suchte ihre starke Position in den Kommunen und Kreisen zu nutzen, um sich als pragmatische Partnerin darzustellen. Dafür unterstützte sie mal eine Bürgermeisterkandidatin der SPD, mal einen CDU-Bewerber zum Landrat und gab sich im Gegenzug mit einer symbolischen Aufwertung in Form des repräsentativen Präsidentenamtes im Stadtparlament oder im Kreistag zufrieden. Die Symbolik war in aller Regel wichtiger – und einflussreiche Exekutivämter waren für die einstige Staatspartei zu dieser Zeit schlicht nicht zu haben.[672]

Das zeigte sich in Neubrandenburg in einer Nebenszene: Nachdem die Kür der sozialistischen Stadtpräsidentin und des parteilosen Oberbürgermeisters gelungen war, kam es bei der anschließenden Wahl der Beigeordneten zu einem ungeplanten Erfolg der Sozialisten: Weil sich CDU, SPD und Grüne gegenseitig blockierten, konnte die PDS überraschend ihre Kandidatin Barbara Borchardt als Beigeordnete durchsetzen. Gegen diesen „Wahlunfall" aber legte der Bürgermeister Einspruch ein und erzwang eine Wiederholung. Dieses Mal konnte sich der CDU-Bewerber Burkhard Räuber gegen die PDS-Kandidatin Borchardt durchsetzen, womit die Große Koalition gegen die PDS de facto wiederhergestellt war.[673] In der Exekutive sollte die PDS vier Jahre nach ihrem Machtverlust bitteschön nicht vertreten sein, schließlich sei man 1989 nicht dafür angetreten, die SED zu entmachten, um ihrer Nachfolgerin nun wieder „Tor und Tür in die Verwaltungen" zu öffnen, wie in der SPD offiziell argumentiert wurde.[674]

5. Zwischenfazit: Die PDS vor dem „Superwahljahr" 1994

Will man den politischen Integrationsstatus der PDS vier Jahre nach ihrem Machtverlust in der DDR bestimmen, so ergibt sich ein ambivalentes Bild. Der Systemwechsel in Ostdeutschland ging mit einer Entmachtung der früheren Staatspartei einher. Auf allen Ebenen bildete sich ein weitgehender medialer und politischer

<hr>

672 Vgl. Haase, Interview, S. 82 (Haase war PDS-Fraktionsgeschäftsführerin in Rostock); Thoralf Cleven, Wismarer Genossen proben den Schweriner Ernstfall. In: Ostsee-Zeitung, 24. 11. 1997.
Noch Ende 1996 besetzte die PDS in ganz Ostdeutschland zwar über 182 Bürgermeisterposten, aber nur zwölf hauptberufliche und auf Kreisebene außerhalb Ostberlins fast keine Dezernenten- und andere Wahlämter (vgl. Günter Pollach, Die PDS auf der Kreisebene, S. 3 f.; Pollach, Die PDS im kommunalen Parteiensystem, S. 197).
673 AdsD, SPD-KV Neubrandenburg, 3/MVNB000058: Beschlußprotokoll Konstituierung der Stadtvertretung Neubrandenburg, 7. 7. 1994, S. 9; AdsD, SPD-KV Neubrandenburg, 3/MVNB000009: Protokoll der Vorstandssitzung des SPD-Kreisverbands Neubrandenburg am 31. 8. 1994, S. 2; AdsD, SPD-KV Neubrandenburg, 3/MVNB000058: Beschlußprotokoll der 2. Sitzung der Stadtvertretung Neubrandenburg am 1. 9. 1994, S. 5 f.
674 AdsD, SPD-LV MV, 3/MVAB000122: Offener Brief an alle Vorsitzenden der Kreisverbände und Ortsvereine. Schwerin, undatiert [Sommer 1994].

Konsens heraus, demzufolge die in PDS umbenannte SED von politischer Verantwortung ferngehalten werden sollte. Dieser Konsens basierte semantisch auf einer Unterscheidung zwischen den „demokratischen" Parteien und der PDS, die anzeigte, dass letztere die Hoheit über die Begriffsbestimmung des „Demokratischen" verloren hatte. Große Aufmerksamkeit kam in diesem Zusammenhang dem Umgang der PDS mit der Vergangenheit zu: Dass die „Nachfolgepartei" der SED auf einer grundsätzlichen Legitimität des Kommunismus und der DDR bestand und sich als Interessenvertretung der früheren Partei- und Staatseliten gerierte, isolierte sie in den politisch-medialen Debatten. Diese folgten in vergangenheits- und geschichtspolitischer Hinsicht weitgehend einem antitotalitären Konsens, der als normative Grundlage des wiedervereinten Deutschland beschworen wurde: Er zielte auf eine Stärkung des freiheitlich-demokratischen Modells der Bundesrepublik durch eine doppelte Abgrenzung von Nationalsozialismus und Realsozialismus ab.

Die PDS selbst fand sich nach der Wiedervereinigung als Außenseiter in einem ihr fremden politischen System wieder und schwankte zwischen Ablehnung und dem Bemühen um Anerkennung. Sie diente in den ersten Jahren als Milieupartei der DDR-Dienstklasse und als Ersatzheimat für alle, die sich in der Bundesrepublik ebenfalls fremd und benachteiligt fühlten: frühere Parteikader, ehemaliges Stasi-Personal, NVA-Angehörige und Grenzschützer sowie all jene, die am Kommunismus als Leitideologie festhielten. Ihnen versprach die PDS Wärme, Anerkennung und Unterstützung in ihrem Kampf gegen das, was sie als westliche Siegerjustiz bezeichnete. Zugleich gelang es der PDS mit einer polarisierenden, dezidiert antiwestlichen Proteststrategie aus ihrem Kernmilieu hinauszuwachsen und auch bei solchen Wählerinnen und Wählern zu reüssieren, die nicht dem SED-nahen Milieu entstammten, sich aber dennoch im Einheitsprozess deklassiert und entmündigt fühlten. Sie wurde so zur selbsternannten Repräsentanz alles Ostdeutschen gegen die „Kolonialisierung" der früheren DDR und gegen deren „Verwestlichung". Was aber ihre Position in der ostdeutschen Wählerschaft stärkte, schadete ihr wiederum in den Augen der gesamtdeutschen Öffentlichkeit. Hier wurden ihre antiwestlichen Positionen vielfach als Fortsetzung der destabilisierenden Rolle gedeutet, die die SED zu Zeiten des Ost-West-Konflikts in der Bundesrepublik zu spielen versucht hatte. Die PDS erschien vielen als ebenso extremistische wie populistische Kraft, die den demokratisch-marktwirtschaftlichen Transformationsprozess in den neuen Ländern und das Zusammenwachsen der beiden deutschen Teilgesellschaften im vereinten Deutschland behinderte und gefährdete.

Allerdings zeigte sich der angestrebte „demokratische Konsens" gegen die PDS an mehreren Stellen brüchig. Auch nach dem Scheitern des Realsozialismus waren in Teilen der politisch-medialen Öffentlichkeit des Westens gewisse Sympathien für Gregor Gysi und das von ihm repräsentierte Projekt eines erneuerten, „demokratischen" Sozialismus nicht zu übersehen. Nicht alle, die vor 1990 den Kontakt zur SED gepflegt oder selbst sozialistische Ideen vertreten hatten, schlossen sich nun antitotalitären und antikommunistischen Deutungsmustern an. Für die allermeisten in Medien und Politik war zwar unstrittig, dass die DDR ein diktatorisches Regime gewesen war, der Parteikommunismus aber war für viele kein Schreckgespenst, das es zu fürchten galt – zumal mit den „Reformern" nun jene die Macht in der PDS übernommen hatten, die zu SED-Zeiten als westliche Hoffnungsträger angesehen worden waren. Daher bestanden schon im Jahr 1990 kommunikative Brücken der PDS zu politischen und medialen Eliten Westdeutschlands. Dem aber standen die Finanzskandale der Partei und ihre Stasi-Belastung entgegen, die ihr Image als unzureichend gewandelte „Nachfolgepartei" festschrieben und ihren Legitimitätsverlust noch beschleunigten.

In den neuen Bundesländern wiederum stellte sich vielfach ein Umgang mit der PDS ein, der sich von dem in der Bundespolitik sichtlich unterschied. Hier beruhte der Anti-PDS-Konsens der ersten Jahre vielfach auf persönlichen Erfahrungen mit dem SED-Regime und der Wahrnehmung, dass ein Machtwechsel in den Institutionen notwendig sei, um den Systemwechsel erfolgreich zu gestalten. Trotz der vielfachen politischen Belastungen in Ostdeutschland aber blieb der dortige Anti-PDS-Konsens des Jahres 1990 offener und er gestaltete sich weniger rigide. Vor allem fehlte ihm die normative Unterfütterung und parteipolitische Polarisierung im Zeichen des Antitotalitarismus und des Antikommunismus, die der bundespolitische Diskurs aufwies. Einmal von der Macht verdrängt, galt die PDS vielen Ostdeutschen als eine Partei unter vielen, die so behandelt werden sollte wie alle anderen, zumal sie vor Ort als bürgernahe Kommunalpartei in der Mitte der postsozialistischen Gesellschaft auftrat. Eine Gleichbehandlung der PDS gebot aber auch das vorherrschende Demokratieverständnis der Ostdeutschen, das sich nach vierzig Jahren Diktatur in hohem Maße nach dem Ideal des politischen Konsenses und der Chancenfairness richtete. Dass sich dies mit der antitotalitären Kultur der wehrhaften Demokratie rieb, war evident. Diese mehrfache Durchlässigkeit des propagierten Anti-PDS-Konsenses in Ost- und in Westdeutschland stellte zusammen mit den Wahlerfolgen der Partei eine wichtige Rahmenbedingung dafür dar, dass sie sich in den Folgejahren weiter etablieren konnte und dass es zu einer lang anhaltenden und erbittert geführten Diskussion um die PDS und ihre Position im politischen System der Bundesrepublik kam.

IV. Die PDS als öffentliches Streitthema (1994–1998)

Mit dem Jahr 1994 wurden die PDS und ihre Integration endgültig zum politischen Streitthema in der Bundesrepublik. Wichtigster Hintergrund dieser Entwicklung waren die relativen Erfolge der Partei bei den Kommunalwahlen in Brandenburg im Dezember 1993 sowie bei den folgenden Landtagswahlen, Europawahlen und Bundestagswahlen im sogenannten Superwahljahr 1994. Insbesondere die Landtagswahlergebnisse in Ostdeutschland, bei denen die Stimmenanteile der PDS von 16,5 Prozent in Sachsen bis zu 22,7 Prozent in Mecklenburg-Vorpommern reichten, führten zu signifikanten Wandlungen im Status der PDS: *Erstens* widerlegten sie die Erwartung vieler, die PDS-Frage werde sich von selbst erledigen. Ob man es wollte oder nicht: Mit der PDS als Regionalpartei in Ostdeutschland musste man auf absehbare Zeit rechnen. *Zweitens* ergab sich daraus deutlicher als zuvor die Frage, ob sich der „Konsens aller Demokraten" gegen die PDS auch in Zukunft aufrechterhalten ließ. Diese Problematik stand endgültig im Raum, als SPD und Grüne nach der Landtagswahl in Sachsen-Anhalt im Juni 1994 erklärten, eine Minderheitsregierung bilden zu wollen, die nach allgemeiner Lesart von der Unterstützung durch die PDS abhängig war. Zum ersten Mal wurde die PDS damit nach einer Wahl in einem Bundesland in die Mehrheitsbildung einbezogen und erhielt ganz offensichtlichen Einfluss auf Regierungshandeln. Dies wiederum löste *drittens* einen bundespolitischen Dauerstreit zwischen den Befürworterinnen und Gegnern dieser machtpolitischen Integration der PDS aus, in dem deutlich wurde, dass sich der relative Anti-PDS-Konsens der ersten Jahre nach der „Wende" 1989/90 auflöste. Dabei ging es um mehr als um Fragen der Machtpolitik. Vielmehr wurden in den Debatten, die in Medien, Wissenschaft und Politik ausgetragen wurden, auch Auseinandersetzungen um das Selbstverständnis der Bundesrepublik geführt. Es ging um die Grenzen des politischen Diskurses und letztlich um den Gestaltwandel der politischen Kultur im vereinigten Deutschland.

1. „Magdeburger Modell" und „Rote Socken": Der Sommer 1994

Im Sommer 1994 bestimmte die PDS so sehr die bundespolitischen Schlagzeilen, dass man denken konnte, die frühere SED stehe unmittelbar vor der Rückkehr zur Macht. Dabei ging es zu keiner Zeit um eine Regierungsbeteiligung, weder in den Kommunen, noch im Land und erst recht nicht im Bund. Und noch dazu gab es, wie gesehen, bereits vor dem Magdeburger „Tabubruch" Präzedenzfälle für begrenzte Kooperationen mit der PDS: Schon nach der Brandenburger Kommunalwahl 1993 hatte es SPD-Bundesgeschäftsführer Günter Verheugen für „vollkommen unsinnig" erklärt, eine „punktuelle Zusammenarbeit" mit der PDS kategorisch auszuschließen.[1] Und im Land Brandenburg regierte seit dem Zerbrechen der sogenannten Ampel-Koalition im März 1994 eine sozialliberale Minderheitsregierung unter Manfred Stolpe mithilfe wechselnder Mehrheiten, was bereits öffentlich als „Öffnung für die ‚roten Socken‘" bezeichnet worden war.[2] Allerdings handelte es sich hier nur um eine Übergangsregierung, in der die Rolle der PDS unklar blieb. Auch änderte dies nicht die offizielle Haltung der SPD zur PDS. Noch in einem Thesenpapier vom 26. April 1994 stellten die sechs Landesgeschäftsführer der ostdeutschen SPD unmissverständlich fest, dass die PDS „weder auf Bundes- noch auf Landesebene für die Bildung einer Regierung" in Frage komme, da sie sich „in keiner Weise hinreichend erneuert" habe.[3] Der SPD-Vorsitzende Rudolf Scharping untermauerte diesen Kurs: Die PDS sei eine extremistische Partei, „die in einem gewissermaßen verharmlosenden Gewand dahergeht und trotzdem der bruchlose Nachfolger der alten SED ist".[4] Allerdings zeigte die Tatsache, dass solche Klarstellungen geboten schienen, dass sich im Parteiensystem etwas bewegte und dass der Anti-PDS-Konsens des Jahres 1990 nicht mehr selbstverständlich war.

1.1 Die Tolerierung in Sachsen-Anhalt: Entstehung und Hintergründe

Während sich die SPD nach außen hin von der PDS abgrenzte, diskutierten die Grünen bereits im Frühjahr 1994 kontrovers über ihre Haltung zur Konkurrentin, konnten sich vorerst aber auf keine gemeinsame Linie einigen.[5] Noch hofften SPD und Grüne, bei der Landtagswahl in Sachsen-Anhalt am 26. Juni 1994, der letzten vor der Bundestagswahl, auch ohne die PDS eine Mehrheit im Landtag zu erhalten und so ein Zeichen für einen Machtwechsel nach der Bundestagswahl im September setzen zu können. Erst als die gewünschte rot-grüne Option bei der Wahl keine eigene Mehrheit erreichte und stattdessen die CDU stärkste Partei wurde, suchten der Fraktionsvorsitzende von Bündnis 90/Die Grünen im Landtag Hans-Jochen Tschiche sowie die Landesspitze der SPD um ihren Vorsitzenden Rüdiger Fikentscher und den Spitzenkandidaten Reinhard Höppner nach Alternativen, um eine Große Koalition unter Führung der CDU abzuwenden.[6]

Am Tag nach der Wahl informierte Reinhard Höppner schließlich die Bundes-SPD und die bundespolitische Öffentlichkeit über die Entscheidung seines Lan-

---

1   Günter Verheugen, zit. n. „Mit der PDS wird es keine politischen Bündnisse geben". In: Frankfurter Allgemeine Zeitung, 12. 12. 1993; vgl. auch SPD will sich früheren SED-Mitgliedern öffnen. In: Der Tagesspiegel, 21. 12. 1993.
2   Gorholt, An wechselnden Mehrheiten führt kein Weg vorbei, S. 114.
3   Hartung u. a., Zukunftsgestaltung und Bürgerdialog, S. 8.
4   Rudolf Scharping, Interview im Südwestfunk. Presseservice der SPD 277/94, 26. 4. 1994, S. 3.
5   AGG, B.I.10 – BuVo/BGSt [2488 1/8]: Protokoll der Sitzung des Bundesvorstandes am 25./ 26. 4. 1994.
6   Vgl. Höppner, Acht unbequeme Jahre, S. 14 f.; Tschiche, Nun machen sie man, S. 186. Noch am Wahlabend waren die Stimmen aus der SPD in Richtung einer Großen Koalition gegangen (vgl. Plöhn, Die Landtagswahl in Sachsen-Anhalt, S. 227).

desverbands, eine Minderheitsregierung mit Bündnis 90/Die Grünen anzustreben. Dies entspreche dem Willen der Basis.[7] Ein solches Modell hatte seine historischen Vorläufer in der Geschichte der Beziehungen zwischen SPD und Grünen: Bereits nach der Hamburger Bürgerschaftswahl 1982 hatte die ökosozialistisch dominierte Grün-Alternative Liste (GAL) der SPD ein Tolerierungsangebot unterbreitet und den SPD-Minderheitssenat bis zu vorgezogenen Neuwahlen gestützt.[8] 1983 wählten die Grünen im hessischen Landtag den Sozialdemokraten Holger Börner zum Ministerpräsidenten, ohne Teil einer formellen Koalition zu sein und Minister in der Landesregierung zu stellen – erst Ende 1985 trat mit Joschka Fischer ein Grüner in das Kabinett Börner ein.[9] Es war der Auftakt für eine ganze Reihe rot-grüner Koalitionsregierungen in den 1990er Jahren. Eine ähnliche Konstellation schien sich nun auch in Sachsen-Anhalt unter Einschluss der PDS anzubahnen, zumal der PDS-Fraktionsvorsitzende Roland Claus ein solches „Tolerierungsmodell“ bereits Anfang 1994 ins Spiel gebracht und dieses Angebot auch im Wahlkampf wiederholt hatte.[10]

Dass dieser Fall eintrat, hatte nicht nur taktische und machtpragmatische Hintergründe. In der Eigenwahrnehmung und Außendarstellung der Handelnden in Sachsen-Anhalt kamen Motive zum Tragen, die sehr viel mit den Umbruchsprozessen zu tun hatten, die nach dem Ende des Realsozialismus in Ostdeutschland einsetzten. Die ersten Jahre der postsozialistischen Transformation hatten eine äußerst schmerzliche Bilanz hinterlassen. So war allein in Sachsen-Anhalt im Zuge von Privatisierungen und Deindustrialisierung seit 1989 im Saldo jeder fünfte Arbeitsplatz abgebaut worden.[11] Dazu kamen Gefühle der Ohnmacht, die eine kritische Stimmung gegenüber dem politischen „Establishment“ aus dem Westen und einen milderen Blick auf die DDR-Vergangenheit auch außerhalb der PDS begünstigten. Selbst von Repräsentanten der früheren Bürgerbewegungen wie dem SPD-Spitzenkandidaten Reinhard Höppner, im Jahr 1990 Vizepräsident der frei gewählten Volkskammer, wurde in diesem Zusammenhang an die „alte Solidarität in der DDR“ erinnert und über die „Ellbogenmentalität“ im vereinten Deutschland geklagt.[12]

Für Ernüchterung hatten aber nicht nur die wirtschaftlichen und soziokulturellen Folgen der Einheit gesorgt, sondern auch die ersten Erfahrungen mit einer parteipolitisch organisierten Konkurrenzdemokratie. Ähnlich wie in vielen Kommunen wurde auch in der Landespolitik Sachsen-Anhalts Enttäuschung darüber geäußert, dass sich die Hoffnung auf ein konsensuales Regieren im Stil der „run-

---

[7] AdsD, SPD-Präs.: Protokoll der Präsidiumssitzung am 27. 6. 1994; Höppner, Acht unbequeme Jahre, S. 23 f.

[8] Vgl. Markovits/Gorski, Grün schlägt Rot, S. 298–300.

[9] Vgl. ebenda, S. 308–310.

[10] Vgl. Plöhn, Die Landtagswahl in Sachsen-Anhalt, S. 227; Koniczek, Strategische Interaktionen, S. 119; Thomas, Regierungspraxis von Minderheitsregierungen, S. 23

[11] Vgl. Thomas, Regierungspraxis von Minderheitsregierungen, S. 20.

[12] Klaus Hartung, Ein Meister des Konsenses. In: Die Zeit, 22. 7. 1994; vgl. auch Höppner, Die DDR war ein Raum, S. 21.

den Tische" nicht realisieren ließ.[13] Zumal aus den Wahlen des Jahres 1989/90 nicht die Parteien der Bürgerbewegung, sondern die beiden früheren „Blockparteien" CDU und FDP als Sieger hervorgegangen waren und sich danach in zahlreiche Skandale verstrickt hatten: In vier Jahren hatte das Land drei verschiedene Ministerpräsidenten aus den Reihen der CDU gesehen.[14]

Erst vor diesem Hintergrund wird erklärlich, warum die Spitzen des sich abzeichnenden rot-grünen Bündnisses in Magdeburg nun vermehrt die konkordanzdemokratischen Erfahrungen des „runden Tisches" zitierten und das anvisierte rot-grüne Bündnis ausgerechnet in die Tradition der „Wende" des Jahres 1989/90 stellten.[15] Die Rede vom „Reformbündnis" war daher nicht ausschließlich politische Rhetorik, um ein umstrittenes Koalitionsmodell zu rechtfertigen, sondern brachte aus Sicht der rot-grünen Koalitionäre auch die Hoffnung eines Neuanfangs ohne Regierungsbeteiligung der früheren „Blockparteien" zum Ausdruck – selbst wenn dafür die Hilfe der „SED-Nachfolgepartei" benötigt wurde.[16] Die Führungen von SPD und Bündnisgrünen in Sachsen-Anhalt aber wollten die PDS in diesem Zusammenhang nicht primär als Partei der früheren Unterdrücker sehen, sondern als potenzielle Bündnispartnerin gegen die christlich-liberale Regierungskoalition und das westliche „Establishment". Für diese Wahrnehmung stand vor allem der grüne Fraktionschef Tschiche: Dieser gehörte zu jenen DDR-Oppositionellen, die sich zuvorderst für einen demokratischen Sozialismus in der DDR eingesetzt und nach eigener Aussage „gute Kontakte zu dem kritischen Teil innerhalb der damaligen SED" gepflegt hatten.[17] Für Tschiche waren PDS-Abgeordnete vor allem „ostdeutsche Sozialisten",[18] die „den Traum vom Sozialismus mit menschlichem Antlitz" weiterträumten.[19]

Freilich war diese politisch-kulturelle Öffnung gegenüber der PDS nur die eine Seite. Sie war, wenn man so will, notwendige, aber nicht hinreichende Bedingung für das „Magdeburger Modell". Denn noch im Dezember 1993 hatte Reinhard Höppner nach dem Rücktritt von CDU-Ministerpräsident Werner Münch eine eigene Kandidatur im Landtag mit dem Argument abgelehnt, mit einer Minderheitsregierung nicht auf die Stimmen der PDS angewiesen sein zu wollen.[20] Auch im Wahlkampf hatte er jede Zusammenarbeit mit der Partei nach der Wahl ausgeschlossen.[21] Was die Entscheidung für das Magdeburger Regierungsmodell letzt-

---

13 Höppner, Acht unbequeme Jahre, S. 15.
14 Vgl. Koniczek, Strategische Interaktionen, S. 112 f.; zur Wahrnehmung der CDU in den Reihen der SPD und der Bürgerbewegung siehe auch Höppner, Acht unbequeme Jahre, S. 40 f.; Land/Possekel, Fremde Welten, S. 169.
15 Vgl. Thomas, Regierungspraxis von Minderheitsregierungen, S. 26 f.
16 Vgl. Höppner, Interview [Landtagsreport], S. 3.
17 Tschiche, Nun machen Sie man, S. 146 und S. 189.
18 Ebenda, S. 189.
19 „Alles neu sortieren". Interview mit Hans-Jochen Tschiche. In: Der Spiegel, 19. 9. 1994, S. 26–28, Zitat S. 26.
20 Vgl. Eberhard Löblich, Plötzlich Lust auf die Macht. In: Die Tageszeitung, 29. 6. 1994.
21 Vgl. PDS-Sieg treibt SPD in Große Koalition. In: Die Tageszeitung, 17. 6. 1994; Plöhn, Die Landtagswahl in Sachsen-Anhalt, S. 227.

lich bestimmte, waren daher primär machtpolitische und wahltaktische Erwägungen, gerade im Zusammenhang mit der Bundespolitik: Von einem rot-grünen „Reformbündnis“ in Magdeburg, so die Sprachregelung, sollte ein Zeichen an die Wählerschaft in der ganzen Bundesrepublik ausgehen, „daß andere politische Optionen, Alternativen gegenüber der jetzigen Regierung, möglich und durchsetzbar sind“, wie es der stellvertretende SPD-Vorsitzende Wolfgang Thierse ausdrückte.[22] Aus diesem Grund hatte das umstrittene Modell auch sehr einflussreiche Fürsprecher im Westen. Zu ihnen gehörten die beiden sozialdemokratischen Ministerpräsidenten Oskar Lafontaine und Gerhard Schröder, die mit Parteichef Scharping eine „Troika“ im Wahlkampf bildeten. Für Lafontaine sollte eine rot-grüne Minderheitsregierung in Sachsen-Anhalt eine „Signalwirkung für den Bundestagswahlkampf“ haben und Schröder sprach sich sogar für eine gezielte „Integrationsstrategie“ im Umgang mit der PDS aus, um deren Protestpotenzial einzudämmen.[23]

Vor diesem Hintergrund verhielten sich die Spitzen von SPD und Grünen im Bund und im Land nicht anders als viele ihrer Parteigliederungen in ostdeutschen Kreisen und Kommunen: Sie banden die PDS in die eigenen machtpolitischen Überlegungen ein und statteten sie so mit Einflusspotenzial und symbolischem Kapital aus. Zwar betonte die Sozialdemokratie, auf wechselnde Mehrheiten zu setzen und keinesfalls Absprachen mit der PDS einzugehen – die kommende Regierung werde „auf jeden Fall nicht von der PDS abhängig sein“, so die Erklärung des SPD-Bundesgeschäftsführers Günter Verheugen.[24] Die Grünen in Sachsen-Anhalt aber räumten von Beginn an ein, sich mit der Minderheitsregierung vornehmlich auf die Stimmen der sozialistischen Fraktion stützen zu wollen.[25] Und auch der am 21. Juli im dritten Wahlgang zum Ministerpräsidenten gewählte Reinhard Höppner räumte später ein, in der Unterstützung der PDS die „Geschäftsgrundlage“ seiner rot-grünen Minderheitsregierung gesehen zu haben.[26] Er bediente sich daher der bereits skizzierten Unterscheidung zwischen der Partei und ihren Mitgliedern: Mit der PDS werde es keine Gespräche geben, mit ihren demokratisch gewählten Abgeordneten aber sehr wohl.[27] Der Anti-PDS-Konsens wurde faktisch aufgelöst, ohne aber die Partei auch symbolisch als Partnerin anzuerkennen.

---

[22] Interview mit dem stellvertretenden SPD-Vorsitzenden Wolfgang Thierse. In: Die Tageszeitung, 30. 6. 1994. Mit dem selben Argument unterstützte der Bundesvorstand der Grünen die Pläne des Landesverbands Sachsen-Anhalt: um Akzente zu setzen für eine „Reformpolitik in Ostdeutschland“ und eine „Große Koalition zu verhindern“ (AGG, B.I.10 – BuVo/BGSt [2488 1/8]: Protokoll der Sitzung des Bundesvorstandes am 28. 7. 1994.).

[23] AdsD, SPD-Präs., Protokoll der Präsidiumssitzung am 27. 6. 1994; vgl. Holzhauser, „Niemals mit der PDS“?, S. 299.

[24] Erklärung des Bundesgeschäftsführers der SPD Günter Verheugen am 27. 6. 1994. In: Vorstand der SPD (Hrsg.): Jahrbuch 1993/94, S. 425; AdsD, SPD-Präs.: Mitteilung für die Presse, 27. 6. 1994. Anlage zum Protokoll der Präsidiumssitzung am 27. 6. 1994.

[25] Vgl. SPD setzt auf Rot-Grün. In: Die Tageszeitung, 29. 6. 1994.

[26] Höppner, Interview [Landtagsreport], S. 3; vgl. auch Bahr/Höppner, Die SPD und die Linke, S. 64 f.; Höppner, Acht unbequeme Jahre, S. 21; Tschiche, Nun machen Sie man, S. 187.

[27] „Das muß die Union akzeptieren“. Interview mit Reinhard Höppner. In: Der Spiegel, 4. 7. 1994, S. 30

1.2 Öffentliche Reaktionen auf den Magdeburger „Tabubruch"

Die Vehemenz, mit der öffentlich beteuert wurde, der PDS keinesfalls Einfluss auf die Landespolitik zu gewähren, hat viel mit den öffentlichen Reaktionen zu tun, die auf die rot-grüne Entscheidung in Sachsen-Anhalt folgten. Das Votum für die Minderheitsregierung war von Beginn an ein bundespolitisches Thema und hier kam es zu einem regelrechten Aufschrei der Empörung quer durch alle Parteien und politischen Lager. Vor allem aus westdeutschen Tageszeitungen kam ein gleichlautendes Echo: Die SPD kündige die „Gemeinsamkeit der Demokraten" zugunsten einer linken „Einheitsfront"[28] auf und begehe nicht weniger als einen politischen „Amoklauf".[29] Schließlich sei es „unakzeptabel, daß eine anti-demokratische Partei im Hintergrund die Regierungsfäden zieht".[30] Noch deutlicher fielen die Reaktionen aus der bürgerlichen Regierungskoalition in Bonn aus. Dass Rot-Grün auf die Unterstützung durch die PDS spekuliere, sei „ein unglaublicher Skandal in der deutschen Politik", so Wolfgang Schäuble vor der CDU/CSU-Fraktion.[31] Helmut Kohl sprach von einem historischen Ereignis, das „die Achse der Republik" verschiebe.[32] Sich „mit diesen Leuten zu verbrüdern", sei nichts weniger als eine „Kampfansage für [sic!] die Demokratie".[33] Und auch aus der FDP wurde an die „Zwangsvereinigung" von SPD und PDS und das Erbe der Bürgerbewegung erinnert, das nun verraten werde.[34] Sollte das Beispiel Schule machen, dass die „Regierungsbildung von den politischen Rändern bestimmt wird", so argumentierte das FDP-Präsidium, dann „würde unser Land nach innen destabilisiert und nach außen sorgfältig aufgebautes Vertrauen zerstört".[35]

In diesen Reaktionen zeigte sich ein fest verinnerlichter Antikommunismus als Grundcharakteristikum bürgerlicher Politik in Deutschland. Auch im vereinten Deutschland gehörte es zu den unumstößlichen Glaubenssätzen in Union und FDP, dass es „einer der Garanten der politischen Stabilität der Bundesrepublik" sei, „sowohl den Rechts- als auch den Linksradikalismus entschieden und kompromißlos zu bekämpfen".[36] Denn, wie Helmut Kohl ausführte: „auch als eine Minderheit können Extremisten demokratische Mehrheitsbildungen blockieren und vernünftige Weichenstellungen für die Zukunft unmöglich machen".[37] Diese

---

28 Einheitsfront de luxe. In: Frankfurter Allgemeine Zeitung, 29. 6. 1994.

29 Rot-Grün von Gnaden der PDS? In: Süddeutsche Zeitung, 29. 6. 1994.

30 Markus Kratzer, Die Spielregeln verletzt. In: Rhein-Zeitung, 29. 6. 1994.

31 ACDP, CDU/CSU-Fraktion, 12. WP, 08-012-127/2: Protokoll der Fraktionssitzung am 28. 6. 1994, S. 5. (Wortbeitrag Wolfgang Schäuble).

32 ACDP, CDU/CSU-Fraktion, 12. WP, 08-012-127/2: Protokoll der Sondersitzung der Fraktion am 22. 7. 1994, S. 17 und S. 18 (Wortbeitrag Helmut Kohl).

33 Ebenda, S. 15 (Wortbeitrag Helmut Kohl).

34 Otto Graf Lambsdorff, Soll Deutschland den Weg der PDSPD gehen? Beitrag für die Passauer Neue Presse. Fdk 171/94, 28. 7. 1994.

35 F.D.P.-Präsidium: Politische Schlüsselrolle der PDS nicht zulassen. Fdk 150/94, 11. 7. 1994.

36 CDU-Bundesgeschäftsstelle (Hrsg.), Nie wieder Sozialismus?, S. 2.

37 Kohl, Bericht des Vorsitzenden, S. 32.

Position war durch das Auftreten der „Republikaner“ und anderer nationalistischer Parteien und durch ausländerfeindlich motivierte Gewalttaten zu Beginn der 1990er Jahre eher noch bestärkt worden.[38] Entsprechend sahen bürgerliche Kräfte in der Aufwertung der PDS durch die Sozialdemokratie den gesamten antitotalitären Grundkonsens der Bundesrepublik in Gefahr. Die SPD riskiere, so Schäuble, „die letzte demokratische Rücksicht und Verantwortlichkeit fallenzulassen“: „Die Zusammenarbeit mit radikalen Kräften, die der Demokratie nicht Stabilität, sondern Unsicherheit verleihen, ist eine Grenze, die man nicht überschreiten darf, wenn man in der Gemeinsamkeit der Demokraten bleiben will.“[39] Auch deshalb erinnerte Helmut Kohl in der PDS-Frage wiederholt an Kurt Schumachers Diktum von den „rotlackierte[n] Faschisten“: Es gebe „keine bessere Belegstelle als ihn, er hat mehr bezahlt als viele andere in der deutschen Politik, in seinem Leben mit fast 10 Jahren Konzentrationslager“.[40]

Dazu passte, dass der Machtgewinn der PDS nun allenthalben mit dem Aufstieg des Nationalsozialismus verglichen wurde und damit an das Ende Weimars und den Beginn der totalitären Diktatur in Deutschland erinnerte.[41] Als vehemente Verfechterin dieser Interpretation betätigte sich die „Bild“, die ausführlich die Kritiker der Zusammenarbeit mit der PDS zu Wort kommen ließ, um vor dem „[g]efährliche[n] Flirt“[42] von SPD und PDS zu warnen. So warf Bundespostminister Wolfgang Bötsch (CSU) in einem Interview mit der Zeitung Reinhard Höppner und der SPD vor, „die Demokratie verraten“ zu haben, da er die „Erben Honeckers zu stillen Teilhabern der Regierungsmacht“ erhoben habe. Vor allem die Wählerinnen und Wähler in Westdeutschland verstünden nicht, „daß sie Millionen und Abermillionen Steuergelder in den Osten pumpen sollen, um dort die Politabenteuer der an die Macht gekommenen Enkel Honeckers zu finanzieren“.[43] Diese Deutung unterstützte die Bild-Zeitung mit eigenen Artikeln, die das Spitzenpersonal der PDS als „rote Wölfe […] im Schafspelz“, als „Wahlfälscher“ (Hans Modrow), „Stasi-Spitzel“ (André Brie) und „Pleite-Ökonomin“ (Ex-DDR-Wirtschaftsministerin Christa Luft) vorstellten.[44] Und auch aus der Privatwirtschaft kamen wiederholt Warnungen vor dem „Magdeburger Modell“ und der PDS, die

---

[38] So hieß es in einem CDU-Parteitagsbeschluss, Oktober 1992, zum Umgang mit „radikalen“ Parteien: „Die CDU lehnt jede Vereinbarung über eine politische Zusammenarbeit und jede Koalition mit links- und rechtsradikalen Parteien ab, wie z. B. mit der PDS, DVU, den Republikanern oder ähnlichen Gruppierungen. Ein Verstoß gegen diesen Grundsatz ist mit den Zielen und der Mitgliedschaft in der CDU unvereinbar.“ (Beschluß Nr. H81. In: CDU-Bundesgeschäftsstelle [Hrsg.], 3. Parteitag, S. 440).

[39] ACDP, CDU/CSU-Fraktion, 12. WP, 08-012-127/2: Protokoll der Fraktionssitzung am 28. 6. 1994, S. 7 (Wortbeitrag Wolfgang Schäuble).

[40] ACDP, CDU/CSU-Fraktion, 12. WP, 08-012-127/2: Protokoll der Sondersitzung der Fraktion am 22. 7. 1994, S. 16 (Wortbeitrag Helmut Kohl).

[41] Siehe dazu Volmert, Die Alt-Parteien außer Fassung.

[42] SPD & PDS: Gefährlicher Flirt. In: Bild, 28. 6. 1994.

[43] CSU-Bötsch: PDS heißt „Partei der Schurken“. Interview mit Wolfgang Bötsch. In: Bild, 23. 7. 1994.

[44] PDS: Wieviel rote Wölfe stecken im Schafspelz? In: Bild, 29. 6. 1994.

laut BDI-Präsident Tyll Necker „mit der Marktwirtschaft auf Kriegsfuß" stehe.[45] Auch könne dadurch die Hilfsbereitschaft der Westdeutschen für den Osten geschwächt werden, so der Präsident des Bundesverbandes der Deutschen Industrie.[46]

1.3 Die „Rote Socken"-Kampagne im Bundestagswahlkampf 1994

Hinter solchen Argumenten und versteckten Drohungen verbarg sich natürlich nicht nur die Angst um Stabilität und Wohlstand. Die Reaktionen der christlich-liberalen Regierungsparteien wiesen eine offensichtliche taktische Dimension auf, die angesichts der machtpolitischen Konsequenzen nicht verwundern kann. Schon seit der Volkskammerwahl 1990 hatte die Union die Tabuisierung der PDS dazu genutzt, um in Kontinuität zu ihren antikommunistischen Wahlkämpfen aus Zeiten der alten Bundesrepublik zugleich auch die Sozialdemokratie zu treffen. So sollten potenzielle linke Mehrheiten, die dem Führungsanspruch der Union gefährlich werden konnten, verhindert werden. Die SPD müsse „ständig […] gezwungen werden, zur Frage der PDS klar Stellung zu nehmen", wie es dazu in der Berliner Landes-CDU hieß.[47] Mithilfe einer „Angstkampagne",[48] so eine intern benutzte Formulierung, sollte immer wieder vor der PDS und einer linken Mehrheit gewarnt werden.[49]

Auch für das Wahljahr 1994 hatte die Unionsstrategie bereits lange vor der Magdeburger Entscheidung vorgesehen, „eventuelle Annäherungen zwischen PDS und SPD zu attackieren" und die Bundestagswahl zur „Richtungsentscheidung" zwischen einer „Koalition der Mitte" und einer „Linksfront" zu machen.[50] Hierfür war der Magdeburger Tabubruch natürlich eine Steilvorlage. Im Bundestagswahlkampf, versprach Wolfgang Schäuble, würden die Fronten eindeutiger, die Auseinandersetzungen „fröhlicher", „härter" und „entscheidend wichtiger",[51] denn

---

[45] Tyll Necker, zit. n. BDI-Präsident warnt vor PDS-Tolerierung. In: Neues Deutschland, 19. 7. 1994.

[46] Vgl. ebenda; Reinhard Höppner erinnerte sich später an „erhebliche Bedenken" seitens der sachsen-anhaltinischen Wirtschaftsvertreter, die vor abschreckenden Wirkungen an mögliche Investoren warnten, ihre Sorgen aber nicht nur gegenüber der PDS, sondern auch gegenüber den Grünen zeigten (Höppner, Acht unbequeme Jahre, S. 26 f.).

[47] ACDP, CDU-LV Berlin, 03-012-144/2: Strategierunde, 11. 7. 1990, S. 3 (Zitat Klaus Landowsky); vgl. auch ebenda: 1. Sitzung der Wahlprogramm-Kommission am 16. 7. 1990, S. 2 und S. 4; ebenda: Protokollvermerk 1. Sitzung der Wahlkampfkommission am 1. 7. 1990, S. 2.

[48] ACDP, CDU-LV Berlin, 03-012-144/2: Protokoll der 2. Sitzung der Wahlkampfkommission am 17. 8. 1990, S. 3 (Beitrag Adler).

[49] Ebenda S. 1; ACDP, CDU-LV Berlin, 03-012-144/2: Strategierunde, 11. 7. 1990, S. 2.

[50] CDU-Strategiepapier, Januar 1994, zit. n. H. Müller, Stimmungsumschwung, S. 174. Herbert Müller war 1994 Leiter der Grundsatz- und Planungsabteilung der Bundesgeschäftsstelle der CDU Bonn und damit in der Wahlkampfplanung der Union aktiv. Das Zitat findet sich auch in: CDU-Bundesgeschäftsstelle (Hrsg.), Deutschland erneuern, S. 12.

[51] ACDP, CDU/CSU-Fraktion, 12. WP, 08-012-127/2: Protokoll der Fraktionssitzung am 28. 6. 1994, S. 9 (Wortbeitrag Wolfgang Schäuble).

auch im Bund steuere die PDS mit SPD und Grünen auf ein „Volksfrontbündnis" zu: „Und welchen Kurs Deutschland nehmen würde, wenn eine Bundesregierung von einer Zusammenarbeit mit der PDS abhängig gemacht wird, das will ich mir noch nicht einmal im Alptraum nachts ausmalen", so Schäuble vor seiner Fraktion.[52]

Vor diesem Hintergrund erinnerte die Kampagne der Union in hohem Maße an Wahlkämpfe aus Zeiten der alten Bundesrepublik. Zum Symbol dafür wurde die sogenannte „Rote Socken"-Kampagne des Konrad-Adenauer-Hauses. Das namensgebende Plakatmotiv zeigte eine rote Socke an einer Wäscheleine mit dem Slogan „Auf in die Zukunft… aber nicht auf roten Socken!" (Abb. 1). Das Motiv der roten Socken war vor allem in den Medien bereits seit Jahren virulent gewesen, wenn es um die PDS ging,[53] und knüpfte an die bekannte Spottbezeichnung für Kommunisten und SED-Mitglieder an.[54] Mit der Plakatkampagne im Bundestagswahlkampf 1994 suchte die CDU offensichtlich, diese Bezeichnung für die PDS zu aktivieren und per Assoziation auch auf SPD und Grüne zu übertragen. Zwar richtete sie sich nominell gegen die „PDS-Gefahr von links", zugleich wurde aber auf das „Magdeburger Kooperationsmodell" verwiesen.[55] Dazu passt auch, dass die gesamte Kampagne unter dem Slogan „Zukunft statt Linksfront" stand, eine Wendung, die Assoziationen an frühere westdeutsche Kampagnen wie „Freiheit oder Sozialismus",[56] aber auch an die Begriffe der „Nationalen Front" und der „Volksfront" weckte.[57]

Vor allem die Anspielung auf die „Volksfront" wurde in Unionskreisen, aber auch in vielen Medien benutzt, um die Zusammenarbeit zwischen SPD, Grünen und PDS zu thematisieren und zu skandalisieren.[58] Dass sich dieser Begriff ursprünglich auf die in den 1930er Jahren geschlossenen Bündnisse zwischen kommunistischen Parteien und nicht-kommunistischen Linken gegen die drohende Gefahr des Faschismus richtete, wurde dabei kaum thematisiert.[59] Ganz offensichtlich zielte die „Rote Socken"-Kampagne hauptsächlich auf den Westen der Republik ab, wo in der mittleren und älteren Generation viele den „erbitterten

---

[52] Ebenda.

[53] Vgl. Horst Ohligschläger/Thomas Pflaum, Stadt auf roten Socken. In: Focus, 17. 1. 1994.

[54] Vgl. Wolf, Sprache in der DDR, S. 194.

[55] Vgl. CDU-Bundesgeschäftsstelle (Hrsg.), Zukunft statt Linksfront, S. 3.

[56] Siehe dazu Petersen, Helmut Kohls Wahlkämpfe, S. 202; Holtz-Bacha, Wahlwerbung als politische Kultur, S. 122.

[57] Vgl. CDU-Bundesgeschäftsstelle (Hrsg.), Zukunft statt Linksfront.

[58] ACDP, CDU/CSU-Fraktion, 12. WP, 08-012-127/1: Protokoll der Fraktionssitzung am 14. 6. 1994, S. 27 (Wortbeitrag W. Schäuble); ACDP, CDU/CSU-Fraktion, 12. WP, 08-012-127/1: Protokoll der Fraktionssitzung am 21. 6. 1994, S. 3 (Wortbeitrag W. Schäuble); ACDP, CDU/ CSU-Fraktion, 12. WP, 08-012-127/2: Protokoll der Fraktionssitzung am 28. 6. 1994, S. 9 (Wortbeitrag W. Schäuble); ACDP, CDU/CSU-Fraktion, 12. WP, 08-012-396/1: Protokoll der Fraktionsvorstandssitzung, 20. 6. 1994 (Wortbeitrag BM Spranger); siehe auch Thomas Linke, Mit dem Holzhammer. In: Handelsblatt, 14. 12. 1993 (dort Zitat Erwin Huber, CSU); SPD: Wir wollen keine Volksfront. In: Frankfurter Allgemeine Zeitung, 30. 6. 1994.

[59] Vgl. Ziemer/Schultze, Volksfront, S. 696.

Abb. 1: „Rote Socken", CDU-Plakat, im Bundestagswahlkampf 1994
(ACDP, Plakatsammlung, 10-001-4003)

Kampf in den Betrieben gegen die Kommunisten noch in Erinnerung" hatten, wie Kohl es ausdrückte.[60] Es ging daher nicht nur darum, die eigene Stammwählerschaft zu mobilisieren, sondern auch potenzielle Wählerinnen und Wähler der SPD im Westen zu verunsichern – was nach Ansicht zeitgenössischer Demoskopen auch gelang.[61]

Wenn es um öffentliche Aufmerksamkeit ging, dann war die „Rote Socken"-Kampagne ein voller Erfolg. Wochenlang diskutierten die Medien über die Wahlkampfaktionen der Unionsparteien und Umfrageinstitute wie das Allensbacher Institut für Demoskopie suggerierten, eine „Minderheitsregierung unter Duldung der PDS" stehe auch für den Bund zur Debatte, was den Ergebnissen zufolge im Juli 1994 zwei Drittel der Westdeutschen, aber nur ein Drittel der Ostdeutschen „nicht gut" gefunden hätten.[62] Dabei wirkte die Unionskampagne in vielerlei Hinsicht polarisierend. Einige eher konservative Medien unterstützten die eingeschlagene Richtung und kritisierten die Plakatkampagne der CDU allenfalls als zu milde: Das Motiv der roten Socke wirke angesichts der realen Gefahr geradezu „läppisch oder niedlich, sicherlich aber nicht gefährlich" und spiele so der PDS-Strategie in die Hände, von ihrer Vergangenheit als „Unterdrückerpartei" abzulenken, so die „Frankfurter Allgemeine Zeitung".[63] Als „PR-Arbeit für die PDS"[64] galt die Kampagne auch in eher linksliberalen Medien, hier aber aus anderen Gründen. Vor allem die antikommunistische Stoßrichtung wirkte für viele als „dümmlich"[65] und anachronistisch, weil sie nach dem Ende des Ost-West-Konflikts nicht mehr glaubwürdig sei: Die „Rote Socken"-Kampagne wiederhole „das alte Adenauer-Muster", so „Die Zeit", und richte „großen politischen Flurschaden" an.[66] Sie lasse „den ollen Marx" auferstehen, nachdem er fünf Jahre lang „wie verschollen" gewesen sei.[67]

Hinter solchen Reaktionen stand eine verbreitete Ansicht im linksliberalen Milieu, dass es Zeit sei, die parteipolitischen Auseinandersetzungen im Zeichen des Antikommunismus, die die alte Bundesrepublik gerade in Wahlkampfzeiten geprägt hatten, endgültig zu beenden. Aus dieser Sicht wirkte die vermeintlich ideologische PDS ebenso aus der Zeit gefallen wie die Gegenreaktionen aus dem Unionslager. Die antitotalitäre Botschaft der Union, dass die Gefahr von links ebenso groß sei wie die von rechts, wurde schlichtweg nicht geglaubt – es zeigte sich, dass

---

[60] ACDP, CDU/CSU-Fraktion, 12. WP, 08-012-127/2: Protokoll der Sondersitzung der Fraktion am 22.7.1994, S. 16 (Wortbeitrag Helmut Kohl).

[61] Vgl. Köcher, Auf einer Woge der Euphorie, S. 21; dagegen differenzierter Feist, Wählerstimmungen und Wahlentscheidung.

[62] Noelle-Neumann/Köcher (Hrsg.), Allensbacher Jahrbuch der Demoskopie 1993–1997, S. 852 f.

[63] Hintzes Socken. In: Frankfurter Allgemeine Zeitung, 26.7.1994.

[64] Wolfgang Ebert, Rohrkrepierer. In: Die Zeit, 26.8.1994.

[65] Heribert Prantl, Kühl kalkulierte Gnade und Barmherzigkeit. In: Süddeutsche Zeitung, 22.7.1994.

[66] Gunter Hofmann, Eine Predigt von den Socken. In: Die Zeit, 5.8.1994.

[67] Wolfgang Ebert, Rohrkrepierer. In: Die Zeit, 26.8.1994; vgl. auch: Dümmlicher Beigeschmack. In: Frankfurter Allgemeine Zeitung, 20.7.1994.

sich der antitotalitäre Konsens der alten Bundesrepublik, erst recht nach dem Ende des Realsozialismus, auf parteipolitischer Ebene nicht mehr so einfach revitalisieren ließ. Für viele Zeitgenossen war die „Zeit der ‚Freiheit statt Sozialismus'-Wahlkämpfe" ebenso vorbei wie die Zeit des Kommunismus und der DDR.[68]

2. Die PDS auf dem Weg zur Regierungspartei: Parteipolitische Debatten und Entwicklungen

Die Debatten um das „Magdeburger Modell" und die „Rote Socken"-Kampagne im Sommer 1994 waren nur der Auftakt für eine Diskussion, die in den kommenden Jahren die Bundespolitik prägen sollte und die im Jahr 1998 schließlich in der erstmaligen Beteiligung der PDS an einer Landesregierung in Mecklenburg-Vorpommern resultierte. Die Jahre 1994–1998 waren davon geprägt, dass der ohnehin fragile Anti-PDS-Konsens endgültig zerbrach und neuen Allianzen und Auseinandersetzungen Platz machte. Allerdings verlief, wie im Folgenden gezeigt werden soll, die Bruchstelle nicht einfach zwischen den politischen Lagern, sondern quer durch diese: Die PDS-Frage spaltete alle politischen Parteien und die unterschiedlichen Antworten waren durch viele Faktoren geprägt: durch taktische Überlegungen und strategische Erwägungen, durch Ungleichheiten und Ungleichzeitigkeiten zwischen Ost und West, aber in hohem Maße auch durch unterschiedliche politisch-kulturelle Traditionen, Generationenerfahrungen und durch divergente Wahrnehmungen der PDS und ihrer politischen Ziele.

2.1 Diskussionen in der SPD und bei Bündnis 90/ Die Grünen

Das „Magdeburger Modell" traf im Sommer 1994 nicht nur auf Ablehnung in der Presse und seitens der bürgerlichen Parteien. Es war von Beginn an auch innerhalb von SPD und Grünen umstritten. Schon in unmittelbarer Reaktion auf die Enscheidung, in Sachsen-Anhalt eine Minderheitsregierung anzustreben, äußerten sich führende SPD-Politiker wie Johannes Rau, Hans-Ulrich Klose und Gerd Andres ablehnend und warnten vor negativen Auswirkungen auf die Wahlchancen in Westdeutschland: Eine Kooperation mit einer als kommunistisch wahrgenommenen Partei könne die SPD im Westen empfindlich an Stimmen kosten, so die Befürchtung.[69] Ein Anruf Raus bei Reinhard Höppner am Dienstag nach der Wahl blieb aber folgenlos.[70] Daneben waren es vor allem Vertreterinnen und Vertreter der DDR-Bürgerbewegung innerhalb von SPD und Bündnis 90/Die Grünen wie

---

[68] Heribert Prantl, Ein Wahlkampf auf Biegen und Brechen. In: Süddeutsche Zeitung, 30. 6. 1994.
[69] AdsD, SPD-Präs.: Protokoll der Präsidiumssitzung am 27. 6. 1994; AdsD, SPD-BTF, 12. WP, 2/BTFL000120: Protokoll der Sitzung der SPD-Bundestagsfraktion am 28. 6. 1994, S. 2.
[70] Vgl. Höppner, Acht unbequeme Jahre, S. 21.

Gunter Weißgerber, Markus Meckel, Angelika Barbe und Werner Schulz, die interne und öffentliche Kritik an den Ereignissen in Magdeburg übten und ihrer Angst Ausdruck verliehen, „die PDS könne durch eine Minderheitenregierung hoffähig gemacht werden".[71] Und auch in der SPD Sachsen-Anhalts stimmten viele dem Vorhaben Höppners nur deswegen zu, weil sie hofften, das Szenario einer Minderheitsregierung mithilfe der PDS als taktisches Druckmittel gegen die CDU instrumentalisieren, am Ende aber doch eine Große Koalition durchsetzen zu können.[72]

Die geballte Kritik aus der eigenen Partei veranlasste die Führung der SPD zu betonen, dass die Variante einer PDS-tolerierten Minderheitsregierung im Bund keinesfalls in Frage komme.[73] „Bonn ist nicht Weimar, aber Bonn ist auch nicht Magdeburg", so Peter Glotz.[74] Demgegenüber versuchte sich die PDS dadurch zu profilieren, dass sie die Versicherungen der SPD-Spitze konterkarierte, indem sie Rudolf Scharping wiederholt gegen dessen Willen öffentliche Angebote machte, ihn gegebenenfalls bei der Kanzlerwahl zu unterstützen, und so mit dem von der Union gezeichneten Szenario einer rot-rot-grünen Mehrheit im Bund flirtete.[75] Auch wegen solcher unliebsamer Angebote versuchte Scharping, öffentliche Zeichen der Abgrenzung von der PDS zu setzen. Auf einem Treffen der ostdeutschen Landes- und Fraktionsvorsitzenden der SPD im August 1994 drängte er schließlich auf die Verabschiedung einer gemeinsamen „Dresdner Erklärung", mit der die Diskussionen zwei Monate nach der Landtagswahl in Sachsen-Anhalt beendet werden sollten: „Es bleibt dabei: Die PDS ist ein politischer Konkurrent und Gegner der SPD. Eine Zusammenarbeit mit ihr kommt für uns nicht in Frage."[76] Die „Dresdner Erklärung" der SPD half aber nicht, die Diskussionen in der Partei dauerhaft einzuhegen. Dafür waren die Positionen zu unterschiedlich und sie reflektierten nicht nur unterschiedliche taktische und strategische Herangehensweisen, sondern auch sehr verschiedene Sozialisationen und Grundhaltungen im Umgang mit Vergangenheit und Gegenwart.

[71] AdsD, SPD-BTF, 12. WP, 2/BTFL000120: Protokoll der Sitzung der SPD-Bundestagsfraktion am 28. 6. 1994, S. 1 (Zitat Wortbeitrag Markus Meckel); vgl. auch AdsD, SPD-Parteivorstand: Protokoll der Parteivorstandssitzung am 4. 7. 1994; Stephan Hilsberg, Knallhart bekämpfen. In: Die Tageszeitung, 27. 6. 1994; „Das ist abenteuerlich". Interview mit Werner Schulz. In: Focus, 4. 7. 1994.

[72] AdsD, SPD-LV ST, 3/SANH000026: Protokoll der Sitzung des Landesparteirates am 2. 7. 1994 in Magdeburg.

[73] AdsD, SPD-Präs., Protokoll der Präsidiumssitzung am 4. 7. 1994; dort auch die Anlage: Mitteilung für die Presse, 4. 7. 1994; AdsD, SPD-Präs., Protokoll der Präsidiumssitzung am 11. 7. 1994.

[74] Peter Glotz, Magdeburg ist nicht Bonn. In: Die Zeit, 8. 7. 1994.

[75] Vgl. „Links von der Union Mehrheiten suchen". Interview mit Gregor Gysi. In: Berliner Zeitung, 30. 6. 1994; siehe auch Neugebauer/Stöss, Die PDS, S. 257.

[76] Die Chancen der Einheit endlich nutzen. Dresdner Erklärung des SPD-Parteivorsitzenden Rudolf Scharping und der ostdeutschen Landes- und Fraktionsvorsitzenden. In: Sozialdemokratischer Pressedienst 49/154, 12. 8. 1994, S. 5 f.

Positionen der PDS-Gegner in der SPD

Auf der Seite jener in der SPD, die eine Zusammenarbeit mit der PDS dezidiert ausschlossen, stand eine Gruppe von Mitgliedern der SDP-Gründergruppe im Osten und eher konservativen Sozialdemokraten aus dem Westen.[77] Diese PDS-kritische Koalition innerhalb der SPD wurde im Sommer 1994 mit einem Aufruf „Für ein klares Nein zur PDS" sichtbar.[78] Verfasst von den SDP-Gründern Martin Gutzeit und Stephan Hilsberg und dem Berliner Historiker Heinrich August Winkler, wurde die Erklärung sowohl von ostdeutschen Sozialdemokraten wie Markus Meckel, Angelika Barbe, Rolf Schwanitz und Richard Schröder unterzeichnet als auch von westdeutschen wie Hermann Rappe, Gerd Andres und Anke Fuchs, die dem „rechten" Parteiflügel der SPD zugerechnet wurden.[79]

Abgesehen von dieser – im sozialdemokratischen Spektrum eher konservativen – Orientierung war auch eine generationelle Prägung sichtbar: Etwas vereinfacht ausgedrückt handelte es sich um eine Koalition zweier sozialdemokratischer Generationsgruppen. Zum einen war dies eine Gruppe westdeutscher SPD-Mitglieder, die in den 1920er und 1930er Jahren geboren waren.[80] In etwa entsprach das jener Generation, die Helmut Schelsky als „skeptische Generation"[81] bezeichnet hat – und skeptisch waren sie auch gegenüber der PDS. Die Angehörigen dieser Generation konnten sich noch an den Nationalsozialismus oder zumindest an das Kriegsende 1945 erinnern, sie hatten also die Gefahren des Totalitarismus erlebt und waren in dieser Hinsicht besonders aufmerksam.[82] Die PDS repräsentierte für sie vor allem das Erbe jener stalinistischen Partei, die Sozialdemokraten verfolgt, den Aufstand des Jahres 1953 niedergeschlagen und den Ostdeutschen die Freiheit verweigert hatte. Die Bundesrepublik dagegen war für sie jener Staat, der die Deutschen erstmals erfolgreich „nach Westen" und damit zur liberalen Demokratie geführt hatte.[83] Ihren politischen Aufstieg in der SPD hatte diese Generation zur Hochzeit des „Kalten Kriegs" und in der Zeit nach der „Godesberger Wende" des Jahres 1959 erlebt, was ihr Denken nachhaltig prägte: Ihr Leitbild war nicht der Marxismus, sondern die westliche, marktwirtschaftliche Ordnung der Nach-

---

77 Siehe hierzu auch Holzhauser, „Niemals mit der PDS"?, S. 301 f.; zur Frage des Umgangs der SPD mit der PDS siehe auch Hough/Grix, The PDS and the SPD's Dilemma; Raschke, Selbstblockade oder Opposition?; Jesse, SPD and PDS Relationships; ders., Die koalitionspolitische Haltung; Hirscher, Das Verhältnis von SPD, PDS und Bündnis 90/Die Grünen; ders., Kooperationsformen der Oppositionsparteien; ders., Jenseits der Neuen Mitte; Hoffmann, Auf dem Weg in ein neues Bündnis?; Neugebauer, Zur Akzeptanz der PDS in der politischen Konkurrenz; Hoffmann/Neu, Getrennt agieren, vereint maschieren?.

78 AdsD, SPD LV MV, 3/MVAB000125: Solidarität mit Rudolf Scharping: Für ein klares Nein zur PDS [August 1994]. [Auch abgedruckt in: Juso-Hochschulgruppen (Hrsg.), PDS-Reader II, S. 12–14].

79 Ebenda.

80 Dazu gehörten Hermann Rappe (*1929), Johannes Rau (*1931), Hans-Ulrich Klose (*1937), Anke Fuchs (*1937) und Heinrich August Winkler (*1938).

81 Vgl. Schelsky, Die skeptische Generation.

82 Vgl. Moses, Die 45er, S. 246.

83 Vgl. Winkler, Der lange Weg nach Westen.

kriegsjahrzehnte.[84] Dafür stand der Begriff Godesberg, auf den Vertreterinnen und Vertreter dieser Gruppe auch in der Auseinandersetzung mit der PDS Bezug nahmen: „Für ‚Godesberger‘ Sozialdemokraten“, so Winkler, sei „innerhalb der Linken, wie Gysi sie anpeilt, kein Platz“.[85]

Diese Orientierung verband die westdeutschen „45er“ mit den ostdeutschen „89ern“, also der Gründergeneration der Sozialdemokratie in der DDR.[86] In den 1950er Jahren geboren, hatten diese die West-SPD nicht als sozialistische Klassenpartei, sondern vor allem als pragmatische Volkspartei der Nach-Godesberg-Ära kennen- und schätzen gelernt. Die linksideologischen Prägungen der 1970er Jahre dagegen hatten die ostdeutschen Sozialdemokraten im Gegensatz zu vielen ihrer sozialdemokratischen Altersgenossen aus dem Westen nicht erfahren und auch im Vergleich zu anderen ostdeutschen Oppositionsgruppen orientierten sie sich viel eher an westlichen Wirtschafs- und Demokratievorstellungen als an sozialistischen Ideen.[87] Vor allem aber erlebten sie als Angehörige der DDR-Opposition das SED-Regime als totalitären Apparat, woraus sie ihre ursprüngliche politische Motivation zogen. Das wirkte sich deutlich auf ihr Verhältnis zur PDS aus.[88]

Daher stellten die Vertreterinnen und Vertreter dieser beiden SPD-internen Generationsgruppen ihre PDS-Kritik auf den Boden eines dezidiert antitotalitären Wertegefüges. Wichtigstes Kriterium politischer Legitimität bildete demnach der „Konsens der Demokraten“: Nur wer diesen uneingeschränkt bejahe, so der ostdeutsche Sozialdemokrat Richard Schröder, komme als legitime „demokratische Partei“ in Frage.[89] Demgegenüber wurde die PDS als „posttotalitäre Partei“ in der „Tradition der KPD“ wahrgenommen, die ihre „totalitäre Vergangenheit“[90] nicht aufgearbeitet habe und die noch immer kommunistische Ziele verfolge: Sie gebärde sich, so Stephan Hilsberg, zwar demokratisch, lehne aber „die bestehende bundesdeutsche Demokratie im vereinigten Deutschland als unzulänglich“ ab.[91] Dass diese Gruppe von einer eher konservativen, dezidiert westlichen Grundposition aus argumentierte, zeigt sich auch darin, dass Heinrich August Winkler das Bekenntnis der PDS zum „Kampf um gesellschaftliche Veränderungen“ anprangerte und als Absage an die „Wertgrundlagen der westlichen, repräsentativen Demokratie“ interpretierte.[92] Was damit gemeint war, brachte Winkler mit Blick auf Parla-

---

[84] Diese Beobachtung hat Paul Nolte auch für den Historiker Hans-Ulrich Wehler (*1931) gemacht, der sich durch eine ebenso sozialdemokratisch wie antikommunistische Orientierung auszeichnete (vgl. P. Nolte, Hans-Ulrich Wehler, S. 51).

[85] Heinrich August Winkler, Von den eigenen Sünden ablenken. In: Die Zeit, 11. 11. 1994.

[86] Dazu zählten z. B. Markus Meckel (*1952), Martin Gutzeit (*1952), Stephan Hilsberg (*1956), Angelika Barbe (*1951) und Rolf Schwanitz (*1959).

[87] Vgl. D. F. Sturm, Uneinig in die Einheit, S. 134 f.

[88] Vgl. Holzhauser, „Niemals mit der PDS“?, S. 301.

[89] Richard Schröder, Hemmungslos populistisch. In: Die Zeit, 15. 7. 1994.

[90] AdsD, SPD LV MV, 3/MVAB000125: Solidarität mit Rudolf Scharping: Für ein klares Nein zur PDS [August 1994].

[91] Hilsberg, Die Auseinandersetzung mit der PDS, S. 31; vgl. auch ders., Strategien gegen die PDS, S. 921.

[92] Heinrich August Winkler, Von den eigenen Sünden ablenken. In: Die Zeit, 11. 11. 1994.

mentarismus, Marktwirtschaft und Westbindung zum Ausdruck: Die PDS lehne die NATO ab, setze die Marktwirtschaft mit „Profit und Kapitalverwertung" gleich und fordere „so viele plebiszitäre und ,rätedemokratische' Gegengewichte zur repräsentativen Demokratie, daß am Ende ein anderes System herauskäme".[93] Damit grenze sich die Partei selbst aus, statt dass sie ausgegrenzt werde.[94] Für diese Gruppe innerhalb der SPD offenbarte sich die PDS also gerade durch ihre Opposition zum bundesrepublikanischen Generalkonsens als Partei außerhalb des „Verfassungsbogen[s]".[95] Und vor allem, so Stephan Hilsberg, fehle von der PDS ein unmissverständliches „Bekenntnis zur Bundesrepublik als Staat".[96]

Diese Deutung der PDS war nur zum Teil eine Reaktion auf ihre aktuelle Programmatik und Ausrichtung. Eine wichtige Rolle spielte nämlich nicht zuletzt die Geschichte der Partei. Als wichtiges Indiz dafür, dass die PDS es mit einer demokratischen Erneuerung nicht ernst meine, galt die Präsenz bekennender Kommunisten in der Partei. Wer nämlich „solche Strömungen in seiner Partei duldet", so der sächsische SPD-Bundestagsabgeordnete Rolf Schwanitz im April 1994, „und sich von ihnen nicht nachdrücklich distanziert, kann nicht als 100%ig demokratisch eingestuft werden".[97] Dieser Vorbehalt stützte sich ganz wesentlich auf die bereits genannten historischen Erfahrungen der Sozialdemokratie mit dem Kommunismus, die deutlich nachwirkten. Entsprechend argumentierte auch der „Arbeitskreis verfolgter Sozialdemokraten" gegen jegliche Annäherung zwischen beiden Parteien: Wer das wolle, könne auch „sein Parteibuch bei der PDS [...] beantragen".[98] Es ging aber nicht nur um die „Zwangsvereinigung" und die Verfolgung von Sozialdemokraten in der DDR, sondern auch um die Rolle der Kommunistischen Partei in der Weimarer Republik, die mit ihrer undemokratischen Politik entscheidend dazu beigetragen habe, „daß in Deutschland die extremste Erscheinungsform des Faschismus an die Macht kam", so Heinrich August Winkler, der bekanntlich den Großteil seiner akademischen Karriere der Geschichte der Weimarer Republik gewidmet hatte.[99] Die PDS als Partei in der Traditionslinie der KPD erschien so schon aus historischen Gründen als „Gefahr für die Stabilität der Demokratie".[100]

---

93 Heinrich August Winkler, Das Trugbild von der linken Mehrheit. In: Die Zeit, 1. 12. 1995.
94 Ebenda; vgl. auch AdsD, SPD LV MV, 3/MVAB000125: Solidarität mit Rudolf Scharping: Für ein klares Nein zur PDS [August 1994].
95 AdsD, SPD-Präs.: Protokoll der Präsidiumssitzung am 11. 7. 1994 (Beitrag Rudolf Scharping); Rudolf Scharping, Interview für das Flensburger Tageblatt. Presseservice der SPD, 13. 7. 1994.
96 Hilsberg, Die Auseinandersetzung mit der PDS, S. 41.
97 Schwanitz/Widmaier, Die PDS, S. 52; vgl. auch AdsD, SPD LV MV, 3/MVAB000125: Solidarität mit Rudolf Scharping: Für ein klares Nein zur PDS [August 1994].
98 AdsD, SPD-LV MV, 3/MVAB000635: Arbeitskreise Demokratischer Widerstandskämpfer, Verfolgte Sozialdemokraten im SPD-Landesverband Sachsen, Pressemitteilung, 21. 2. 1996; vgl. ebenda: Arbeitskreis verfolgte Sozialdemokraten im Landesverband Sachsen, Absage an die PDS. Pressemitteilung, undatiert.
99 Heinrich August Winkler, Von den eigenen Sünden ablenken. In: Die Zeit, 11. 11. 1994.
100 Hilsberg, Die Auseinandersetzung mit der PDS, S. 28.

Die beschriebene Koalition aus westdeutschen „45ern" und ostdeutschen „89ern" stand für eine Haltung, die in der SPD weit verbreitet war und die der Parteivorstandsmitarbeiter und Leiter des Wissenschaftsforums Klaus-Jürgen Scherer im März 1995 auf einer Konferenz in Tutzing als „gesinnungsethischen" oder „moralischen" Ansatz beschrieb.[101] Dieser orientierte sich an einer restriktiv-wehrhaften Demokratie, die sich von ihren Feinden abschirmen und diese bekämpfen müsse. Demnach kam keinerlei Kooperation mit einer Partei in Frage, die dem politischen System der Bundesrepublik normativ indifferent, distanziert oder gar feindlich gegenüberstand und die bekennende Kommunisten in ihren Reihen duldete. Wertintegration auf Seiten der PDS, d. h. die vollständige Adaption eines westlich-liberalen Wertekanons, wurde als Voraussetzung für jede andere Form der Integration gesehen. Als strategische Implikation für den Umgang mit der PDS folgte daraus eine „exklusive Strategie" mit dem Ziel, die PDS „außer Konkurrenz [zu] stellen", so Scherer: „PDS-Wahlergebnissen im Kern die Legitimation absprechen; den Verfassungsschutz auf die PDS ansetzen; Wahlrechtsänderungen [...]; Anti-PDS-Bündnisse [...]; Diskriminierung von Kontakten (z. B. keine gemeinsamen Podiumsgespräche) usw."[102]

Positionen der Integrationsstrategen in der SPD

Allerdings beschrieb Scherer in Tutzing noch eine zweite Form des Umgangs mit der PDS, die sich signifikant von der ersten unterschied und die er als „verantwortungsethische[n]" bzw. „politisch-pragmatischen" Ansatz bezeichnete.[103] Im Gegensatz zum „gesinnungsethischen" ging der „verantwortungsethische" Ansatz nicht von den Gefahren für die Demokratie aus, sondern von der Attraktivität und Formungskraft des demokratischen Systems, das in der Lage sei, auch seine Gegnerinnen und Kritiker zu integrieren und an die Demokratie heranzuführen. Wertintegration wurde demnach nicht als Voraussetzung, sondern als Folge machtpolitischer Integration verstanden, weshalb dieser Ansatz auch zur legitimatorischen Grundlage dessen wurde, was als „Integrations-" und „Entzauberungsstrategie" bezeichnet wurde.

Ähnlich wie die Kooperationsgegner verbanden auch die Integrationsstrategen in der SPD grundsätzliche, demokratietheoretische Argumente mit taktisch-strategischen Motiven. Für den brandenburgischen SPD-Geschäftsführer Martin Gorholt beispielsweise, der ursprünglich aus Westfalen stammte, war der Eindruck ausschlaggebend, dass sich die Bevölkerung Ostdeutschlands für die „Detailanalyse, welche stalinistischen Ecken und Kanten" die PDS habe, schlichtweg nicht inte-

---

[101] AdsD, Dep. Thierse, 1/WTAA001646: Klaus-Jürgen Scherer, Überlegungen zur Auseinandersetzung der Sozialdemokratie mit der PDS. Beitrag für die Konferenz „Die PDS und ihre Bedeutung in der Parteienlandschaft des vereinigten Deutschland" 17. und 18. 3. 1995 in der Akademie für Politische Bildung Tutzing, 18. 3. 1995, S. 8.
[102] Ebenda.
[103] Ebenda.

ressiere.[104] Im Gegenteil beförere die Ausgrenzung der Partei eine „negative Integration" und stärke sie, ohne zur Klärung ihrer Widersprüche beizutragen, so Klaus-Jürgen Scherer.[105] Reinhard Höppner brachte dies auf die Formel: „Der Kommunismus im Osten ist so mausetot, daß es noch nicht mal mehr einen Antikommunismus gibt."[106] Zugleich wurde angezweifelt, dass die vorgetragene Beschreibung der PDS als extremistisch-kommunistische Partei und als Gefahr für die Demokratie die Wirklichkeit zutreffend abbilde. Für viele in der SPD, die vor Ort, in Kommunen und Ländern mit PDS-Abgeordneten zu tun hatten, schien es sich eher um ein medial reproduziertes Zerrbild aus Zeiten des Ost-West-Konflikts zu handeln, das aber mit der Situation in Ostdeutschland wenig zu tun hatte.[107]

Diesem Bild stellten sie eine Interpretation entgegen, die den Kommunismus in der PDS als „Minderheitenposition" bezeichnete.[108] Demnach habe die Partei die „Ideologie des Sowjetmarxismus blitzschnell durch den ideologiefernen Gysi-Pragmatismus ersetzt", aber wisse noch nicht, ob sie lieber „Protestpartei der Ostdeutschen" oder „staatsnahe Volkspartei" sein wolle, wie es der SPD-Vorstandsreferent Tilman Fichter deutete.[109] Als besonders erfolgreiche Formel zur Beschreibung der PDS etablierte sich in der SPD eine Beschreibung, die bald schon topischen Charakter annahm: die PDS als „Partei im Wandel".[110] Zwar zogen die Integrationsstrategen in der SPD nicht in Zweifel, dass die Sozialisten „immer noch nicht im Westen angekommen" seien.[111] Sie identifizierten aber signifikante „Anpassungsprozesse"[112], „Lernprozesse"[113] bzw. „Klärungsprozesse"[114] in

---

[104] Gorholt, An wechselnden Mehrheiten führt kein Weg vorbei, S. 114.

[105] AdsD, Dep. Thierse, 1/WTAA001646: Klaus-Jürgen Scherer, Überlegungen zur Auseinandersetzung der Sozialdemokratie mit der PDS. Beitrag für die Konferenz „Die PDS und ihre Bedeutung in der Parteienlandschaft des vereinigten Deutschland" 17. und 18. 3. 1995 in der Akademie für Politische Bildung Tutzing, 18. 3. 1995, S. 10.

[106] „Die PDS muß erst ihre inneren Verhältnisse geklärt haben." Interview mit Reinhard Höppner. In: Stuttgarter Zeitung, 28. 11. 1995.

[107] AdsD, SPD-LV MV, 3/MVAB000122: Nikolaus Voss, Nachdenken über den Umgang der SPD mit der PDS, undatiert [1994/95]; AdsD, Dep. Thierse, 1/WTAA001723: Thomas Krüger/ Peter Strieder, Die Herausforderung annehmen – über einen offensiven Umgang der SPD mit der PDS. Berlin, März 1995, S. 2; „CDU und PDS müßten in Berlin eine Koalition eingehen". Interview mit Reinhard Höppner. In: Süddeutsche Zeitung, 31. 10. 1995.

[108] AdsD, SPD LV MV, 3/MVAB000162: Erich Küchenhoff, Vorlage an den SPD-Parteirat zur Sitzung am 6. 12. 1994, 22. 11. 1994.

[109] T. Fichter, Die Partei des Demokratischen Sozialismus, S. 16 f.

[110] AdsD, SPD LV MV, 3/MVAB000635: Steffen Reiche, „Es wird keinen SPD-Bundeskanzler geben, der auf PDS-Unterstützung angewiesen ist!" Pressemitteilung, 11. 11. 1996.

[111] Ebenda.

[112] T. Fichter, Die Partei des Demokratischen Sozialismus, S. 17.

[113] AdsD, Dep. Thierse, 1/WTAA001653: Walter Zöller, Vermerk für Wolfgang Thierse. Betr. 2. Tagung des 4. Bundesparteitages der PDS, 29. 1. 1996, S. 2; vgl. auch AdsD, SPD-KV Neubrandenburg, 3/MVNB000013: Harald Ringstorff, Rede des SPD-Landesvorsitzenden auf dem SPD-Kreisparteitag Neubrandenburg am 13. 3. 1999, S. 5.

[114] AdsD, Dep. Thierse, 1/WTAA001646: Klaus-Jürgen Scherer, Überlegungen zur Auseinandersetzung der Sozialdemokratie mit der PDS. Beitrag für die Konferenz „Die PDS und ihre

der Partei, die – so die Wahrnehmung – Anlass zur Hoffnung gaben, dass sie sich in eine auch nach westlich-liberalen Vorstellungen demokratische Partei verwandeln könnte.[115] Die Repräsentanten der „Partei im Wandel"-These maßen die PDS also an denselben politischen Legitimitätskriterien, dem bundesrepublikanischen Generalkonsens aus Parlamentarismus, Marktwirtschaft, Westbindung und Antitotalitarismus. Sie legten diesen westlichen Konsens aber flexibler aus und gestanden seinen Gegnern ein größeres Entwicklungspotenzial zu, als es die Gruppe um Winkler, Hilsberg und Gutzeit tat. Vor allem setzten sie Hoffnungen in eine „neue Generation von PDS-Mitgliedern", die mit der Vergangenheit vorbehaltloser und offener umgehen könne als die älteren Funktionäre.[116]

Die Integrationsstrategen in der SPD begnügten sich aber nicht damit, einen möglichen Entwicklungsprozess in der PDS abzuwarten. Stattdessen zielten sie darauf ab, dass eine Partei, deren demokratischer Leumund (noch) als zweifelhaft eingeschätzt wurde, gezielt an die bundesdeutsche Demokratie herangeführt werden könne und dass die Einbindung in Verantwortung diesen Prozess unterstützen und beschleunigen könne. Solange die Möglichkeit eines Lernprozesses in der PDS bestand, durfte die SPD demnach einer Zusammenarbeit nicht ausweichen, so die Logik.[117] Die „SED-Nachfolgepartei" sollte so gewissermaßen zur Demokratie erzogen und zu einer kooperationsfähigen Partei domestiziert werden – denn, wie Klaus-Jürgen Scherer argumentierte: „Das (Mit-) Regieren fördert immer die allmähliche Integration einer oppositionellen Partei und entzaubert den Protest – dies ist nicht zuletzt Erfahrung des Umganges der SPD mit den Grünen aus den 80er Jahren."[118] Ihm erschien die PDS daher als „postkommunistisches Lernprojekt Richtung Reformpolitik und westliche Demokratie".[119]

Die Vertreterinnen und Vertreter eines integrationsstrategischen Ansatzes in der SPD kamen sowohl aus Ostdeutschland als auch aus dem Westen und ähnlich wie ihre innerparteilichen Gegenspieler handelte es sich um eine Koalition sehr unterschiedlicher Personengruppen mit sehr unterschiedlichen Sozialisationen und Grundhaltungen. Während die dezidierten PDS-Gegner in der SPD ihr Machtzentrum in der Bundestagsfraktion hatten, kamen die Fürsprecher einer Integrationsstrategie vor allem aus den ostdeutschen SPD-Landesverbänden. Dazu ge-

---

Bedeutung in der Parteienlandschaft des vereinigten Deutschland" 17. und 18. 3. 1995 in der Akademie für Politische Bildung Tutzing, 18. 3. 1995, S. 9.

[115] Vgl. AdsD, Dep. Thierse, 1/WTAA001653: Walter Zöller, Vermerk für Wolfgang Thierse. Betr. 2. Tagung des 4. Bundesparteitages der PDS, 29. 1. 1996, S. 2.

[116] AdsD, Dep. Thierse, 1/WTAA001725: Walter Zöller, Vermerk für Wolfgang Thierse, Betr.: Überlegungen zum Verhältnis SPD-PDS. Berlin, 5. 2. 1997.

[117] AdsD, SPD-LV Mecklenburg-Vorpommern, 3/MVAB000635: Steffen Reiche, „Es wird keinen SPD-Bundeskanzler geben, der auf PDS-Unterstützung angewiesen ist!" Pressemitteilung der SPD Brandenburg. Potsdam, 11. 11. 1996.

[118] AdsD, Dep. Thierse, 1/WTAA001646: Klaus-Jürgen Scherer, Überlegungen zur Auseinandersetzung der Sozialdemokratie mit der PDS. Beitrag für die Konferenz „Die PDS und ihre Bedeutung in der Parteienlandschaft des vereinigten Deutschland" 17. und 18. 3. 1995 in der Akademie für Politische Bildung Tutzing, 18. 3. 1995, S. 9.

[119] K.-J. Scherer, Die SPD und die PDS, S. 184.

hörten die beiden Ministerpräsidenten Reinhard Höppner (Sachsen-Anhalt) und
Manfred Stolpe (Brandenburg) sowie die Landesvorsitzenden Steffen Reiche (ebenfalls Brandenburg) und Harald Ringstorff (Mecklenburg-Vorpommern). Als „Wen-
depragmatiker"[120] sahen sie in der PDS nicht nur demokratische Potenziale für eine
konstruktive Politik, sondern auch für SPD-geführte Mehrheiten in den neuen Ländern.[121] Wenn man von einem Verschwinden der PDS auf absehbare Zeit nicht ausgehen konnte, so ihre Denkweise, dann sollte man ihre Präsenz im eigenen Interesse
nutzen. Eine Ausgrenzung der PDS dagegen erschwere nur die „praktische Politik"
der ostdeutschen Sozialdemokratie, da eine „Zusammenarbeit in irgend einer Weise" unausweichlich sei, so Manfred Stolpe.[122] Und dass eine solche Zusammenarbeit
möglich und gangbar war, schien sich in den ostdeutschen Kommunen zu zeigen:
Dort übernehme die PDS bereits „demokratische Mitverantwortung", achte „die
Normen und Regeln der freiheitlichen parlamentarischen Ordnung" und sei selbst
„Träger des Transformationsprozesses", so Steffen Reiche im November 1996.[123]

Unterstützt wurden die ostdeutschen „Pragmatiker" von solchen westdeutschen
Sozialdemokraten, die im Umfeld der Studentenbewegung und der „Neuen Linken" politisch sozialisiert worden waren. Diese Gruppe stellte das generationale
Gegenbild zur Koalition der „45er" und „89er" dar. Es handelte sich vor allem
um Vertreterinnen und Vertreter der westdeutschen „68er"-Generation, darunter
auch politische Schwergewichte wie Oskar Lafontaine, Henning Voscherau und
Gerhard Schröder, die den Sozialisten gegenüber keine Berührungsängste aufwiesen.[124] Die „68er" hatten im Allgemeinen wenig Sympathie für ostdeutschen Protest und DDR-Nostalgie. Aber sie wiesen eine sozialisatorische Prägung bei den
Jusos der 1970er Jahre auf, die in Sachen Ideologiegehalt und Systemkritik der
Haltung der PDS nicht unähnlich war.[125] Aus ihrer eigenen Erfahrung heraus stellte ein linkes systemkritisches Denken allenfalls eine lässliche Jugendsünde dar.[126]
Schließlich hatten die „68er" selbst gezeigt, dass der Marsch durch die Institutionen aus noch so gläubigen Marxisten reformorientierte Ministerinnen, Landes-
chefs und Wirtschaftsführer machen konnte. Und dass dies auch mit der PDS pas-
sieren würde, schien aus dieser Sicht mehr als wahrscheinlich.

---

[120] F. Walter/Dürr/Schmidtke, Die SPD in Sachsen und Thüringen, S. 37.

[121] „Mit der PDS rechnen". Interview mit Manfred Stolpe. In: Der Spiegel, 5. 12. 1994, S. 24–27,
Zitat S. 26. Vgl. auch Falsche Freunde. In: Der Spiegel, 15. 8. 1994, S. 20–22.

[122] AdsD, SPD-Parteivorstand, Protokoll der Parteivorstandssitzung am 5. 12. 1994 (Wortbeitrag
Manfred Stolpe).

[123] AdsD, SPD-LV Mecklenburg-Vorpommern, 3/MVAB000635: Steffen Reiche, „Es wird keinen SPD-Bundeskanzler geben, der auf PDS-Unterstützung angewiesen ist!" Pressemitteilung der SPD Brandenburg. Potsdam, 11. 11. 1996; vgl. auch Bogisch, Die PDS, S. 357.

[124] Vgl. Holzhauser, „Niemals mit der PDS"?, S. 289 f. und S. 299 f. Neben Oskar Lafontaine
(*1943), Gerhard Schröder (*1944) und Henning Voscherau (*1941) gehörten dazu auch die
Parteilinken Christoph Zöpel (*1943) und Gernot Erler (*1944), die sich für eine Öffnung
zur PDS aussprachen (AdsD, SPD-Präs.: Protokoll der Präsidiumssitzung am 4. 7. 1994;
AdsD, SPD-BTF [22.914], Sitzungsprotokoll der SPD-Bundestagsfraktion am 21. 11. 1995).

[125] Vgl. Lösche/Walter, Die SPD, S. 117; Schultz, Sozialdemokratie und Kommunismus, S. 183 f.

[126] Dafür spricht auch, dass sich Gerhard Schröder als Ministerpräsident um eine Wiedereinstel-
lung entlassener Kommunisten bemühte (vgl. Rigoll, Staatsschutz, S. 476).

Bei den sozialdemokratischen „68ern" ging es in der PDS-Frage also sehr viel mehr um politisch-kulturelle Erfahrungshorizonte als um programmatische Übereinstimmungen. Zwar zeichneten sich bereits Differenzen zwischen sozialdemokratischen „Modernisierern" und „Traditionalisten" in der Bewertung der PDS ab und einige Parteilinke propagierten aus dezidiert programmatischen Gründen eine „Kultur der Kooperation" und eine „Sammlung aller Reformkräfte".[127] Politiker wie Gerhard Schröder und Henning Voscherau aber gehörten Mitte der 1990er Jahre zweifellos zu den profiliertesten „Modernisierern" ihrer Partei und unterstützten dennoch einen integrativen Kurs gegenüber der PDS. Insofern repräsentierten sie gleich zweierlei: zum einen jene Abkehr vom rigiden Antikommunismus der frühen Bundesrepublik, der in konservativen Kreisen vielfach als „Erosion des antitotalitären Grundkonsenses" beschrieben wurde; zum anderen die in den 1990er Jahren vorherrschende Vorstellung, dass „postideologische" Politik pragmatisch und flexibel sein müsse. Das antitotalitäre Axiom der gleichartigen Gefahr von links und rechts und die „plumpe Stigmatisierung" der PDS waren für sie in erster Linie konservative Propaganda aus dem Kalten Krieg, die aus der Zeit gefallen war.[128] Die PDS-Frage stellte für sie keine grundsätzliche, sondern eine machtpragmatische und parteienstrategische Frage dar und aus dieser Sicht war die Anerkennung der Partei als politisch kooperationsfähige Kraft wünschenswert.

Die beschriebene Konstellation innerhalb der sozialdemokratischen Debatte um die PDS kann als prototypisch für den gesamten bundesdeutschen Diskurs der 1990er Jahre angesehen werden, in dem sich strategische Interessen, generationenspezifische Erfahrungen, ideologische Weltbilder und Differenzen zwischen Ost- und Westdeutschen in komplexer Weise zu unterschiedlichen Einstellungen und Haltungen gegenüber der PDS und ihrer politischen Integration verbanden. Natürlich gab es Ausnahmen und Überschneidungen, aber in der Tendenz galt doch, dass westdeutsche „68er" anders auf die PDS blickten als Vertreterinnen und Vertreter einer älteren Generation, die noch antikommunistisch sozialisiert worden war. Wer wiederum in Ostdeutschland regelmäßig mit PDS-Leuten in Kontakt kam oder gar um politische Mehrheiten rang, urteilte meist anders als politisch Aktive und Medienschaffende in Bonn, Hamburg, München oder Frankfurt am Main. Und zugleich war die PDS-Frage bei vielen Ostdeutschen mit sehr viel stärkeren und mit anderen Emotionen verbunden, als das bei Westdeutschen der Fall war, insbesondere wenn sie zu den Leidtragenden des SED-Regimes gehört hatten.

Diskussionen bei Bündnis 90/Die Grünen

Die dargestellten Unterschiede im Umgang mit der PDS zeigten sich auch in der Partei „Bündnis 90/Die Grünen", die 1993 durch Fusion der Grünen mit dem ost-

---

127 Susi Möbbeck und Thomas Westphal, zit. nach: Streit in der SPD über den Umgang mit der PDS. In: Frankfurter Allgemeine Zeitung, 31. 10. 1994. Entsprechend auch Westphal im Parteivorstand (AdsD, SPD-Präs.: Protokoll der Präsidiumssitzung am 4. 7. 1994).
128 Lafontaine, Das Herz schlägt links, S. 75.

deutschen Bündnis 90 hervorgegangen war. Die bündnisgrünen Diskussionen wiesen in der PDS-Frage große Ähnlichkeiten zu den Auseinandersetzungen innerhalb der SPD auf. Zwar waren die West-Grünen besonders stark durch die „68er“-Generation geprägt und es bestand kein „Godesberger“ Flügel wie in der Sozialdemokratie. Dafür aber gab es bei den gesamtdeutschen Bündnisgrünen einen bedeutenden ostdeutschen Bürgerrechtsflügel, dessen Haltung zur PDS wie gesehen schon die Bündnisverhandlungen des Jahres 1990 maßgeblich geprägt hatte. Wie die „89er“ in der SPD betonten auch die bürgerbewegten Teile der Grünen die totalitäre Unterdrückung des Individuums im Kommunismus. Die Akzeptanz „stalinistischer“ Strömungen in der PDS musste daher für sie grundsätzliche Zweifel an deren – auch moralischer – Glaubwürdigkeit hervorrufen, zumal die Auseinandersetzung der PDS „mit der totalitären Vergangenheit“ als „Lackmustest für die Ernsthaftigkeit demokratischer Politik“ angesehen wurde.[129] Hinter solchen Positionen standen für den Großteil der Bürgerrechts-Grünen prinzipielle, biographisch und moralisch begründete Motive: Die PDS blieb für sie die Partei ehemaliger „Politbüromitglieder, Bezirksleitungssekretäre und IM's“ und daher grundsätzlich „nicht bündnisfähig“, so die Position Marianne Birthlers, die stellvertretend für einen Großteil des Bündnis 90 stand.[130]

Freilich kam zu diesen moralisch-biographischen Gründen auch eine programmatische Distanz zur PDS, vor allem bei den Wortführerinnen und Wortführern der ostdeutschen Bündnisgrünen. Sehr viel stärker als die westdeutschen Grünen orientierten sie sich am Generalkonsens der Bundesrepublik und legten der PDS zur Last, das westliche System aus Marktwirtschaft und Parlamentarismus nicht verstanden und akzeptiert zu haben. Außerparlamentarischer Kampf und systemoppositionelle Forderungen – lange Zeit Kennzeichen der West-Grünen – galten vielen ostdeutschen Bündnisgrünen als Zeichen mangelnder Demokratiefähigkeit, stellte aus ihrer Sicht doch die Bundesrepublik im Vergleich zur DDR das ohne Zweifel demokratischere, freiheitlichere und gerechtere System dar.[131]

Die Vereinigung von westdeutschen Grünen und ostdeutschem Bündnis 90 unterstützte daher letztlich auch in der PDS-Frage die Hegemonie des „realpolitischen“ über den linken Parteiflügel und die Entwicklung der Grünen zu einer „ökologischen Reformpartei“,[132] die seit den späten 1980er Jahren nacheinander

---

129 So die Kritik von Seiten mehrerer ostdeutscher Grünen-Politiker: AGG, B.II.3 – BTG B90/ Grüne 1994–1998, 1277 ½: Marianne Birthler u. a., Reformpolitik verlangt Klarheit. Für Mehrheiten jenseits von CDU und PDS. Berlin, 14. 1. 1997, S. 5; ähnlich auch: AGG, B.I.10 – BuVo/BGSt, [1023]: Marianne Birthler, Zum Verhältnis von Bündnis 90/Die Grünen zur PDS. Thesen, 25. 4. 1994, S. 1.
130 AGG, B.I.10 – BuVo/BGSt, [1023]: Marianne Birthler, Zum Verhältnis von Bündnis 90/Die Grünen zur PDS. Thesen, 25. 4. 1994, S. 1.
131 AGG, B.I.10 – BuVo/BGSt, [1023]: Gerhard Wien/Martin Berger, Thesen zur PDS. Erfurt, 21. 4. 1994, S. 1; AGG, B.II.3 – BTG B90/Grüne 1994–1998, 1277 ½: Marianne Birthler u. a., Reformpolitik verlangt Klarheit. Für Mehrheiten jenseits von CDU und PDS. Berlin, 14. 1. 1997.
132 Vgl. Mende, Von der Anti-Parteien-Partei.

systemoppositionelle, ökosozialistische – und später auch radikalpazifistische Ideen – aus der Partei verdrängte und sich stärker hin zur „politischen Mitte" der Bundesrepublik orientierte. Dazu gehörte auch, dass unter westdeutschen „Realo"-Grünen nach 1990 eine ganz eigene Hinwendung zum Antitotalitarismus stattfand. Bestes Beispiel dafür ist der frühere Studentenführer Daniel Cohn-Bendit, der nach 1989 eine antitotalitäre Einstellung zur Pflicht freiheitlichen Denkens erklärte: „Wer vom Totalitarismus schweigt, sollte auch nicht über die Freiheit reden."[133] Cohn-Bendit stand stellvertretend für jene „68er", die ihre Hinwendung zum Antitotalitarismus als selbstkritischen „Lernprozess" verstanden und diesen auch von der PDS verlangten.[134] Vom konservativen Antitotalitarismus unterschied sich diese Spielart aber dadurch, dass sie einen solchen Lernprozess für realistisch hielt und dass sie nicht nur den Sozialismus der PDS, sondern auch die antikommunistischen Kampagnen der Union als „Zitate aus einer alten Zeit" und als Reminiszenzen an ein „alte[s] links-rechts-Schema" auffasste, das es zu überwinden galt.[135]

Berührungsängste zur PDS bestanden keine, aber auch keine Sympathien. Dass Cohn-Bendit später selbst eine rot-rot-grüne Koalition in Berlin befürworten würde, war mit dieser postideologisch-flexiblen Interpretation des Antitotalitarismus durchaus vereinbar, wenn es half, die PDS „zu entmystifizieren".[136] Einstweilen aber bot die PDS-Frage für führende „Realos" wie Joschka Fischer die Möglichkeit, die Grünen durch eine dezidierte Bezugnahme auf den „bundesrepublikanischen Verfassungsbogen" als etablierte und gereifte Partei zu präsentieren und die Rolle des „Schmuddelkinds" an die PDS weiterzureichen.[137] Die PDS müsse sich – so wie die Grünen – von „linksradikalen Positionen" und „altstalinistischen Personen" trennen, einen „realistischen Kurs" einschlagen und darüber hinaus ein „glaubwürdiges Schuldbekenntnis für SED-Diktatur und Stasi-Unterdrückung" ableisten, so Fischer im Juli 1996.[138] Um für die Grünen koalitionsfähig zu werden, müsse die PDS „aus demokratischer Überzeugung in der Bundesrepublik ankommen".[139]

Diese Argumentation freilich, die 1997 zur offiziellen Linie der grünen Bundestagsfraktion wurde,[140] stieß auf Kritik vom linken Parteiflügel. Allen voran Vor-

---

[133] Cohn-Bendit, Wer vom Totalitarismus schweigt; vgl. auch Kraushaar, Linke Geisterfahrer; Kailitz, Die politische Deutungskultur im Spiegel des „Historikerstreits", S. 165.

[134] Siehe dazu auch Behre, Bewegte Erinnerung, S. 352–355.

[135] Jochen Grabler, Die Freiheit diesseits der Utopie. In: Die Tageszeitung, 24. 11. 1994.

[136] „Für Rot-Rot-Grün!" Interview mit Daniel Cohn-Bendit. In: Die Tageszeitung, 23. 10. 2001.

[137] Dafür, dass dies gelang, spricht ein Vergleich der fast gleichlautenden Abgrenzungsbeschlüsse der CDU-Parteitage in Bremen 1989 und in Düsseldorf 1992: Hatte die CDU 1989 noch die Grünen als nicht-kooperationswürdig benannt, so fiel dieser Platz 1992 der PDS zu (vgl. CDU-Bundesgeschäftsstelle [Hrsg.], 37. Bundesparteitag, S. 455; Beschluß Nr. H81. In: CDU-Bundesgeschäftsstelle [Hrsg.], 3. Parteitag, S. 440).

[138] Joschka Fischer, Ohne wirkliche Erneuerung ist die PDS nicht koalitionsfähig. In: Leipziger Volkszeitung, 27. 7. 1996.

[139] „Die Lust am Verändern". Interview mit Joschka Fischer. In: Der Spiegel, 19. 8. 1996, S. 52–55, hier S. 55.

[140] AGG, B.I.10 – BuVo/BGSt, Handakte Monika Broß [1345]: Bundestagsfraktion Bündnis 90/Die Grünen, Wörlitzer Erklärung, 10. 1. 1997. Darin schloss die Fraktion „eine Zusammenar-

standssprecher Jürgen Trittin fühlte sich an „jene Unvereinbarkeitsbeschlüsse" erinnert, „die SPD und Gewerkschaften früher gegen Grüne anstrebten".[141] Dass die „Anerkennung des demokratischen Rechtsstaates" als Vorbedingung von Koalitionen diente, empfand Trittin, der in den 1970er Jahren selbst Mitglied einer maoistischen K-Gruppe gewesen war, als „witzig, gerade von Grünen".[142] Auch andere Grüne aus dem Westen solidarisierten sich mit der PDS gegen Ungleichbehandlungen. So schlugen beispielsweise im Februar 1995 die beiden westdeutschen Bundestagsabgeordneten Kristin Heyne und Oswald Metzger eine Einladung Helmut Kohls ins Kanzleramt aus, die an alle Haushaltsexpertinnen und -experten der Bundestagsfraktionen ergangen war, um gegen die Nichtberücksichtigung der PDS zu demonstrieren: Die Grünen dürften sich nicht an der Diskriminierung einer Minderheit beteiligen.[143] In solchen Solidaritätsadressen wirkten die Ausgrenzungserfahrungen der West-Grünen deutlich nach. Ihre ostdeutsche Fraktionskollegin Antje Hermenau wiederum nahm die Einladung an – sich mit der PDS zu solidarisieren, sei, „als ob die Maus dem Elefanten ihre Badehose anbietet".[144]

Auch kam es in der Grünen-Fraktion zum Streit, als eine Mehrheit der Fraktion trotz Stasi-Anschuldigungen gegen Gregor Gysi und sehr zum Missfallen des Bürgerrechtsflügels für die Aufnahme des PDS-Politikers in den Gemeinsamen Ausschuss von Bundestag und Bundesrat stimmte.[145] Für Parteilinke wie Ludger Volmer sollte es einen „Schlussstrich" in den Debatten um die DDR-Vergangenheit geben.[146] Dies wiederum hielten ostdeutsche Grüne für linken „Opportunismus, genährt aus dem alten Traum von der ‚Einheit der Linken', unaufgearbeiteter Verbundenheit mit dem Realsozialismus und fragwürdiger Rücksichtnahme auf ostdeutsche Gefühle", wie eine Gruppe ostdeutscher Bündnisgrüner um Marianne Birthler, Gerd Poppe und Werner Schulz kritisierte; die Grünen müssten sich endlich vom „Lagerdenken" vergangener Zeiten befreien.[147]

Ähnlich wie in der SPD ging es auch bei den Grünen in der PDS-Frage um strategische Erwägungen. So kritisierten die Berliner Jochen Esser, Willi Brüggen

---

beit mit der PDS – sei es in einer Koalition oder in Form einer Tolerierung" für die kommende Bundestagswahl aus und legte vier Kriterien für eine Zusammenarbeit fest: 1) Aufarbeitung der „historischen Schuld aus der SED-Nachfolge"; 2) „Auseinandersetzung mit der Stasiverwicklung"; 3) „Anerkennung des demokratischen Rechtsstaates"; 4) „Trennung von Alt- und Poststalinisten" (ebenda).

[141] Einladung an die „Erfurter" zum Dialog. Interview mit Jürgen Trittin. In: Der Freitag, 17. 1. 1997; vgl. auch Jürgen Trittin: „Die ‚Wörlitzer Erklärung' taugt nicht". In: Frankfurter Rundschau, 14. 1. 1997.

[142] Einladung an die „Erfurter" zum Dialog. Interview mit Jürgen Trittin. In: Der Freitag, 17. 1. 1997.

[143] Vgl. Christiane Schlötzer-Scotland, Maus sagen – Macht meinen. In: Süddeutsche Zeitung, 22. 2. 1995.

[144] Vgl. ebenda.

[145] Vgl. ebenda; Hofmann, Auf dem Weg in ein neues Bündnis?, S. 22.

[146] Vgl. Erben der Revolution. In: Der Spiegel, 6. 2. 1995, S. 24.

[147] AGG, B.II.3 – BTG B90/Grüne 1994–1998, 1277 ½: Marianne Birthler u. a., Reformpolitik verlangt Klarheit. Für Mehrheiten jenseits von CDU und PDS. Berlin, 14. 1. 1997, S. 2.

und Andreas Schulze den Einfluss der „moralpolitischen Ikonen"[148] aus der Bürgerbewegung und warfen ihrer Partei vor, sich durch die PDS die Rolle der „Oppositions- und Antipartei" streitig machen zu lassen. Stattdessen befürworteten sie eine Enttabuisierung der PDS: „Da rot-grüne Mehrheiten nicht in Sicht sind, bedeutet das: Wir müssen über irgendeine Form der Regierungszusammenarbeit mit der PDS nachdenken."[149] Die Parallelen zur Integrationsstrategie der SPD waren deutlich: Eine Koalition mit der PDS werde in der Partei „Ausdifferenzierungsprozesse" in Gang setzen zwischen der „Milieuschutzpolitik der Altkader" einerseits und „reformorientierten Kräften" andererseits. Mit letzteren könne man „eine dauerhafte Reformmehrheit begründen", so Brüggen, Esser und Schulze.[150] Unterstützt wurden solche Überlegungen nicht nur durch linke West-Grüne, sondern auch durch die Überbleibsel jenes Flügels der DDR-Opposition, der – wie Hans-Jochen Tschiche – den Sozialismus nicht hatte abschaffen wollen, sondern auch weiterhin kapitalismuskritische Positionen vertrat.[151] In einigen ostdeutschen Landesverbänden bestanden daher auch relativ gute Beziehungen zur PDS, die aufgrund der geringen Stärke der Grünen in Ostdeutschland aber nur eine marginale Rolle spielten[152] – mit der Ausnahme Sachsen-Anhalts, wo beide Fraktionen zwischen 1994 und 1998 in Form des „Magdeburger Modells" kooperierten.[153]

Auch weil die innerparteiliche Meinungslage zur PDS höchst unübersichtlich war, setzte sich innerhalb der Bundespartei der Grünen zur Mitte der neunziger Jahre hin ein realpolitischer Kurs durch, der versuchte, zwischen den unterschiedlichen Gruppen, Strategien und Zielvorstellungen zu manövrieren. Kooperationen mit der PDS sollten damit nur im Bund ausscheiden: „Auf der Bundesebene auf keinen Fall, in die Entscheidungen der Landesverbände mischen wir uns nicht ein."[154] Teilen des Bürgerrechtsflügels wiederum war dieser Kurs zu weich: Ende 1996 verließ mit Vera Lengsfeld eine prominente Vertreterin einer rigiden Anti-

---

[148] AGG, B.II.2 – BTG B90/Grüne 1990–1994, 226: Willi Brüggen/Jochen Esser/Andreas Schulze, Für einen reformpolitischen Neuanfang in Berlin. Thesen zum Umgang mit der PDS. [Berlin 1994].

[149] Ebenda.

[150] Ebenda.

[151] Vgl. Tschiche, Nun machen Sie man, S. 146; vgl. auch Schroedter, Die Auseinandersetzungen, S. 202.

[152] Vgl. Dietzel, Zur Arbeit der PDS-Landesverbände (Ost), S. 8. In Mecklenburg-Vorpommern nahm der Grünen-Landessprecher Klaus-Dieter Feige 1997 sowohl am Bundes- als auch am Landesparteitag der PDS teil (AdsD, SPD-LV MV, 3/MVAB000634: Nikolaus Voss, Bericht zum PDS-Bundesparteitag in Schwerin, 19. 1. 1997; AdsD, SPD-LV MV, 3/MVAB000636: Nikolaus Voss, Bericht zum PDS-Landesparteitag in Neustrelitz, 21./22. 6. 1997).

[153] Horst Dietzel zufolge kam es dabei auch vor, dass die mitregierende Grünen-Fraktion die PDS bat, „Dinge anzuschieben, die die Bündnisgrünen als Koalitionspartner der SPD nicht anschieben wollen". Allerdings wurden innerhalb der Grünen-Fraktion sehr unterschiedliche Haltungen zur PDS identifiziert (Dietzel, Zur Arbeit der PDS-Landesverbände [Ost], S. 21).

[154] So die Kritik von Seiten mehrerer ostdeutscher Grünen-Politiker: AGG, B.II.3 – BTG B90/ Grüne 1994–1998, 1277 ½: Marianne Birthler u. a., Reformpolitik verlangt Klarheit. Für Mehrheiten jenseits von CDU und PDS. Berlin, 14. 1. 1997, S. 9.

PDS-Haltung die Partei mit der Begründung, sich nicht „von der PDS die Steigbügel zur Macht halten" lassen zu wollen. Die „bündnisgrüne Anbiederung" verrate das, „wofür die DDR-Opposition stand".[155] Gemeinsam mit Günter Nooke, Ehrhart und Hildigund Neubert sowie der Sozialdemokratin Angelika Barbe schloss sie sich schließlich der CDU an, mit der Begründung, dass die Unionsparteien als einzige „jegliche Machtbeteiligung der PDS ablehnen und daran festhalten".[156]

2.2 Diskussionen im „bürgerlichen Lager"

Dass sich die früheren Bürgerrechtlerinnen und Bürgerrechtler aus dem Bündnis 90 der CDU anschlossen, um ihre Abgrenzung von der PDS zu demonstrieren, mochte vielleicht auf den ersten Blick überraschen. Der Parteiwechsel zeigt aber die Bedeutung der PDS-Frage für diese Gruppe von Politikerinnen und Politikern an und sie war auch insofern naheliegend, als Mitte der 1990er Jahre die Unionsparteien ebenso wie ihr liberaler Koalitionspartner im Bund in keinerlei Verdacht standen, eine Zusammenarbeit mit der PDS anzustreben. Dies war schon alleine deswegen kein Thema, weil weder Union noch FDP nennenswerte programmatische Gemeinsamkeiten mit der PDS aufwiesen. Dennoch kam es, wie zu zeigen sein wird, in den folgenden Jahren auch innerhalb des „bürgerlichen Lagers" zu internen und öffentlichen Diskussionen um den richtigen Umgang mit der PDS, in denen sich signifikante Unterschiede und Veränderungen in der Wahrnehmung der Partei abzeichneten.

Die Strategie der FDP

Diese Diskussionen entzündeten sich zuallererst an der „Rote Socken"-Kampagne der Union und ihrer antikommunistischen Motivik. Unter Liberalen wurde diese distanziert-kritisch gesehen. So beklagte der FDP-Generalsekretär Werner Hoyer öffentlich, die Unionskampagne trage nicht dazu bei, sich politisch mit der PDS auseinanderzusetzen.[157] Wer die Sozialisten „als hochgefährlichen Staatsfeind" behandle, treibe ihnen erst recht Wählerinnen und Wähler zu, wie Hoyer schon Ende 1993 argumentiert hatte.[158] Es ging hier also um Fragen der Tonlage und der Zielgerichtetheit der Kampagnen gegen die PDS, nicht um deren generelle Linie. In

---

[155] Vera Lengsfeld, „… deshalb werde ich der CDU beitreten". Dokumentiert in: Frankfurter Allgemeine Zeitung, 18. 12. 1996; vgl. auch Hirscher, Kooperationsformen, S. 17 f.

[156] Ebenda; vgl. auch DDR-Bürgerrechtler erklären ihren Beitritt zur CDU. In: Frankfurter Allgemeine Zeitung, 18. 12. 1996.

[157] Werner Hoyer im Interview mit der Leipziger Volkszeitung. Fdk 188/94, 17. 8. 1994.

[158] „Ein Verbot der PDS wäre abwegig". In: Frankfurter Allgemeine Zeitung, 14. 12. 1993; vgl. auch FDP-Lühr: Die PDS nicht ausgrenzen! In: Bild, 22. 11. 1995; ADS, PDS-PV-338, Kommission Politisches System – Parteien und Bewegungen, Informationen über Entwicklungen und Positionen der Liberalen. Berlin, 3. 9. 1990.

der taktischen Grundrichtung nämlich, Attacken auf die PDS mit solchen auf die Sozialdemokratie zu verbinden, unterstützten große Teile der FDP durchaus die Unionskampagne. Vor allem der Ehrenvorsitzende Graf Lambsdorff sprach wiederholt von der „PDSPD", die „wild entschlossen und machthungrig" sei.[159] Die Nähe zwischen beiden Parteien bestätige, „daß die SPD schon immer ein gebrochenes Verhältnis zum Privateigentum hatte".[160] Die „PDSPD" wurde so zum Prototyp des sozialistischen, antibürgerlichen Feindbilds stilisiert.

Das entsprach auch der inhaltlichen Wahrnehmung der PDS innerhalb der liberalen Partei. Für diese war die sozialistische Partei ein „natürlicher" Gegenspieler.[161] Zwar war in der FDP ein deutliches Bemühen sichtbar, die PDS, gemäß dem eigenen Ideal einer liberalen Einstellung, nicht gänzlich anders zu behandeln als andere politische Parteien und sie keinesfalls zu diskriminieren. Programmatisch aber trennten beide Parteien Welten: Schon 1990 hatte die Bundesgeschäftsstelle der FDP in einer Kurzstudie festgestellt, dass das sozialistische und antikapitalistische Programm der PDS auf eine „Wiederherstellung sozialistischer Verhältnisse" gerichtet und insofern „antirepräsentativ, fundamentalistisch und freiheitsfeindlich" sei. Die Partei habe ihre Vergangenheit noch nicht aufgearbeitet und schüre Misstrauen gegenüber der neuen Marktwirtschaft.[162] Auch danach blieb von liberaler Seite neben der Geschichtspolitik die Distanz der PDS zum Bonner Konsens der Hauptkritikpunkt: Deren Wirtschaftspolitik sei mit sozialer Marktwirtschaft nicht vereinbar, in der Außenpolitik wolle sie Deutschland isolieren und die Bundesrepublik sei ihr zentrales Feindbild: „Wer die PDS hoffähig macht, leistet einer anderen Republik Vorschub."[163] In der Auseinandersetzung im Sommer und Herbst 1994 unterschied sich die Strategie der FDP daher allenfalls in Nuancen und Tonlagen von der Unionskampagne. Ihrem wirtschaftspolitischen Profil gemäß fokussierte die FDP noch stärker als CDU und CSU auf die Gefahr, die von der PDS für die marktwirtschaftliche Ordnung ausgehe: „Der wirtschaftliche Aufschwung in Sachsen-Anhalt wird leiden, Investoren werden abgeschreckt."[164] Allerdings spielten die Liberalen, obwohl Regierungspartei im Bund, in den Auseinandersetzungen um die PDS eine deutlich untergeordnete Rolle, war die FDP doch im Wahljahr 1994 aus sämtlichen ostdeutschen Landtagen ausgeschieden und kam daher kaum in den Debatten um Wählerkonkurrenz und Koalitionsmodelle vor, auf die sich die PDS-Frage nach 1994 zunehmend verengte.

---

[159] Graf Lambsdorff im Interview mit der Thüringer Allgemeinen. Fdk 166/94, 21. 7. 1994; vgl. auch Graf Lambsdorff im Interview mit „Wirtschaft & Markt – das ostdeutsche Magazin für Unternehmer". Fdk 153/94, 12. 7. 1994, S. 5.

[160] Graf Lambsdorff im Interview mit „Wirtschaft & Markt – das ostdeutsche Magazin für Unternehmer". Fdk 153/94, 12. 7. 1994, S. 5.

[161] Wolfgang Gerhardt im Gespräch mit dem Autor, 10. 3. 2017.

[162] Cornela Schmalz-Jacobsen (Hrsg.), F.D.P. contra PDS: Argumente statt Polemik. Eine Kurzstudie der F.D.P.-Bundesgeschäftsstelle. Fdk 314/90, 2. 11. 1990, S. 9 f.

[163] ADL, FDP-Bundespartei, ÜP 20/2015–257: Werner Hoyer, Vorwort. In: F.D.P.-Bundesgeschäftsstelle (Hrsg.), Feindbild: Bundesrepublik. Eine kritische Studie zum Programm der PDS für die Bundestagswahl am 16. Oktober 1994. Bonn, September 1994, S. 2–4.

[164] Hoyer: Das ist keine Regierung, sondern ein Versuch. Fdk 167/94, 22. 7. 1994.

Diskussionen in der CDU

Für die CDU-Führung wiederum galt die „Rote Socken"-Kampagne im Jahr 1994 als voller Erfolg, vor allem weil sie die Sozialdemokraten gespalten hatte.[165] Diese positive Einschätzung des Adenauer-Hauses aber war parteiintern durchaus umstritten. Vor allem in den ostdeutschen Landesverbänden stieß die Strategie der Bonner Parteiführung im Umgang mit der PDS auf Kritik. Ausgerechnet die CDU Sachsen-Anhalts, die durch die Zusammenarbeit von Rot-Grün und PDS aus der Regierung verdrängt worden war, weigerte sich im Bundestagswahlkampf 1994, die „Rote Socken"-Plakate der Bundespartei zu verwenden, und verwahrte sich gegen die Instrumentalisierung der PDS-Frage mithilfe geschichtspolitischer Motive, die vor allem auf den Westen zugeschnitten waren: „Wir müssen das Problem PDS als ein Problem ihrer aktuellen Politik verstehen und nicht als ein Problem der Vergangenheitsbewältigung", so der abgewählte Ministerpräsident Christoph Bergner.[166]

Das hatte auch damit zu tun, dass die ostdeutsche Vergangenheit sehr viel komplexer war, als man es im Konrad-Adenauer-Haus sah. Zwar nutzten auch die christdemokratischen Landesverbände im Osten die suggestive Wirkung historischer Symbole: Statt einer roten Socke plakatierte die CDU in Mecklenburg-Vorpommern ein Motiv, das auf das SED-Emblem und den berühmten Handschlag zwischen den SED-Gründern Wilhelm Pieck und Otto Grotewohl anspielte und damit einen neuerlichen Pakt zwischen Kommunismus und Sozialdemokratie suggerierte.[167] Was im Westen die Volksfront, war im Osten der Handschlag. Die Argumentation mit der DDR-Diktatur aber fiel der ostdeutschen Union deutlich schwerer als der westdeutschen. Dies zeigte sich in der konstituierenden Landtagssitzung in Sachsen-Anhalt am 21. Juli 1994, in der die Geschichtspolitik von der anderen Seite bemüht wurde: Nachdem der Grüne Hans-Jochen Tschiche in der Debatte die Vergangenheit der ehemaligen „Blockparteien" thematisiert hatte, um ihnen machtpolitischen Opportunismus vorzuwerfen und so das eigene Projekt als Neuanfang aus den Reihen der Bürgerbewegungen zu legitimieren, zeigte sich die CDU ungewohnt defensiv: Das sei schon lange her.[168]

Auch wegen dieser Debattenlage in Ostdeutschland bezweifelten große Teile der CDU in den neuen Ländern, dass die Wahlkampfrezepte und die Bildsprache der alten Bundesrepublik, die auf eine internalisierte Abneigung gegen den Kommunismus und seine Traditionen setzten, im postsozialistischen Osten der Republik

---

[165] Vgl. CDU-Bundesgeschäftsstelle (Hrsg.), Deutschland erneuern, S. 11 f.; H. Müller, Stimmungsumschwung.

[166] Nicht erpreßbar. Interview mit Christoph Bergner. In: Die Zeit, 29. 6. 1994.

[167] AdsD, SPD-LV MV, 3/MVAB000125: CDU-Landesverband Mecklenburg-Vorpommern (Hrsg.), „NEIN – Zukunft ohne Linksfront!" Warum man sich seine Mehrheiten nicht mit der PDS suchen darf. Schwerin 1994 (Cover); vgl. auch „Händedruck" statt „rote Socke". In: Frankfurter Allgemeine Zeitung, 29. 7. 1994; „Einzigartige Geschichtsfälschung. In: Frankfurter Allgemeine Zeitung, 3. 8. 1994.

[168] Vgl. Landtag von Sachsen-Anhalt, Plenarprotokoll 2/1 (21. 7. 1994), S. 23.

fruchten würden. Dem lagen auch zeitgenössische demoskopische Untersuchungen zugrunde, die regelmäßig eine sehr unterschiedliche Wahrnehmung der PDS in Ost- und in Westdeutschland diagnostizierten: Demnach wurde die PDS Mitte der 1990er Jahre von weniger als einem Sechstel der Westdeutschen als „demokratische" Partei angesehen und von der Hälfte als „große" oder „sehr große Gefahr" wahrgenommen. In Ostdeutschland dagegen zeichneten dieselben Umfragen ein gegenteiliges Bild und zählten mehr als 50 Prozent, die die PDS für „demokratisch" und nicht „extremistisch" hielten, aber weniger als ein Fünftel, das eine von der Partei ausgehende „Gefahr" erkennen konnte.[169] Nach Ansicht von Matthias Jung und Dieter Roth von der „Forschungsgruppe Wahlen" herrschte im Osten ein mehrheitlicher Wunsch vor, „die PDS als ganz normale Partei behandelt zu sehen".[170] Damit hing auch die eher negative Wirkung zusammen, die der „Rote Socken"-Kampagne in Ostdeutschland zugeschrieben wurde.[171] Demnach wurden, so die zeitgenössische Interpretation der Umfragedaten, Angriffe auf die PDS aus Westdeutschland vielfach als Angriff auf Ostdeutschland als Ganzes verstanden – selbst von solchen Bürgerinnen und Bürgern, die nicht bei der PDS ihr Kreuz machten.[172]

CDU-Funktionäre in den neuen Bundesländern beklagten daher auch eine „Mißachtung ostdeutscher Befindlichkeiten"[173] durch die Bonner Parteizentrale und vermuteten, dass eine „rhetorische Fixierung" auf die PDS sich in den neuen Ländern sogar „kontraproduktiv" auswirke und in erster Linie den Sozialisten zu Gute komme statt ihnen zu schaden.[174] Während die PDS für die Bonner CDU-Zentrale als radikale Kraft am fernen linken Rand erschien, mit der man nichts gemein hatte, stellte die Partei für die ostdeutsche Union eine unmittelbare Konkurrenz um dieselben Wählerkreise dar. Hier galten viele PDS-Sympathisanten als „CDU-Wähler von morgen", die trotz allem „bürgerlich und konservativ" eingestellt seien und sich mehr als alles andere „Stabilität, Sicherheit und Ordnung" wünschten.[175]

---

[169] AdsD, Dep. Verheugen, 1/GVAC000048: Ursula Feist, „Magdeburg heizte den Wahlkampf an". Thesen und Datenmaterial zur Analyse des Bundestagswahlkampfs 1994. Aus Anlaß einer Podiumsdiskussion in der Berliner Vertretung in Bonn am 19. 10. 1994, hier S. 11; vgl. auch Feist, Wählerstimmungen und Wahlentscheidung, S. 71; Noelle-Neumann/Köcher (Hrsg.), Allensbacher Jahrbuch für Demoskopie 1993–1997, S. 880 f.; Köcher, Auf einer Woge der Euphorie, S. 21.

[170] Jung/Roth, Kohls knappster Sieg, S. 14.

[171] Vgl. AdsD, Dep. Verheugen, 1/GVAC000048: Ursula Feist, „Magdeburg heizte den Wahlkampf an". Thesen und Datenmaterial zur Analyse des Bundestagswahlkampfs 1994. Aus Anlaß einer Podiumsdiskussion in der Berliner Vertretung in Bonn am 19. 10. 1994, S. 11.

[172] Ebenda; vgl. auch Feist, Wählerstimmungen und Wahlentscheidung, S. 71.

[173] Vogel klagt über Mißachtung ostdeutscher Befindlichkeiten. In: Frankfurter Allgemeine Zeitung, 20. 8. 1994.

[174] AdsD, Dep. Thierse, 1/WTAA001624: Paul Krüger, 14 Thesen zum Ost-Profil der CDU. Januar 1996.

[175] Elmar Pieroth, PDS-Anhänger heute, CDU-Wähler morgen. In: Der Tagesspiegel, 26. 10. 1995.

Aber nicht nur unter einer taktischen Perspektive, sondern auch vor dem Hintergrund persönlicher Erfahrungen mit SED und PDS wehrten sich ostdeutsche CDU-Mitglieder (wie auch Liberale) – vor allem jene, die schon vor 1989 einer „Blockpartei" angehört hatten – gegen eine allzu plakative Stigmatisierung der Sozialisten. Diese seien „keine Menschenfresser" und mit Gysi würde er sich zu jeder Podiumsdiskussion einlassen, „um mich mit ihm über die besseren politischen Alternativen zu streiten", so der frühere Bundesminister Günter Krause.[176] Aus all diesen Gründen ergab sich in der ostdeutschen Union vielfach der Wunsch, die vermeintliche Stigmatisierung der PDS zu beenden. Stattdessen sollte sie als eine Konkurrenzpartei wie jede andere behandelt werden, mit der es zwar „kein gemeinsames politisches Vorgehen" geben könne, durchaus aber „Abstimmungen in der Sache", so der brandenburgische CDU-Fraktionsvorsitzende Peter Wagner.[177]

Als Vertreter einer solchen „Versachlichung" des Umgangs mit der PDS profilierte sich seit Mitte der 1990er Jahre vor allem der bereits angesprochene sachsen-anhaltische CDU-Fraktionschef Christoph Bergner, der auch nicht mit Kritik an der Bonner Parteizentrale sparte. In der Bundesführung seiner Partei gebe es noch „erheblichen Vermittlungsbedarf", um klarzumachen, dass zum Wettbewerb mit der PDS auch eine sachpolitische Auseinandersetzung mit der Partei gehöre.[178] Der Verweis auf die kommunistische Vergangenheit und die „unrühmliche Entstehungs- und Vorgeschichte der PDS" dagegen könne in der ostdeutschen Bevölkerung nicht zum gewünschten Erfolg führen.[179] Selbst in der Zusammenarbeit von Rot-Grün und PDS, die ihn in Sachsen-Anhalt das Ministerpräsidentenamt gekostet hatte, konnte Bergner kein grundsätzliches Problem erkennen: Wenn sich eine klare parlamentarische Mehrheit unter Einschluss der PDS zusammenfinde, dann könne er darin „keine Verletzung des Demokratieprinzips sehen"; dem könne „keiner, der den Wählerwillen akzeptiert, widersprechen".[180] Mit dieser indirekten Anerkennung der PDS als einer legitimen politischen Kraft brach Bergner mit der in seiner Partei dominanten Interpretation, wonach jede Kooperation mit einer postkommunistischen Partei wie der PDS als per se illegitim und als Bruch des antitotalitären Konsenses galt. Dieses antitotalitäre Argumentationsmuster wies auch der (aus dem Westen stammende) sächsische Ministerpräsident Kurt Biedenkopf als unbrauchbar für den Osten zurück: Die PDS mit der NSDAP zu verglei-

---

[176] Günter Krause, zit. n. FDP-Lühr: Die PDS nicht ausgrenzen! In: Bild, 22. 11. 1995. In ähnlicher Weise hatte auch der spätere Bundesminister Rainer Ortleb (FDP) schon 1990 offen von seiner Wertschätzung für pragmatische PDS-Mitglieder berichtet (vgl. ADS, PDS-PV-338, Kommission Politisches System – Parteien und Bewegungen, Informationen über Entwicklungen und Positionen der Liberalen. Berlin, 3. 9. 1990, S. 3 f.).

[177] Ost-Fraktionschefs für verstärkte Auseinandersetzung mit PDS. dpa-Meldung, 6. 11. 1995; vgl. auch die Äußerungen Nobert Ottos in: FDP-Lühr: Die PDS nicht ausgrenzen! In: Bild, 22. 11. 1995.

[178] Christoph Bergner, zit. n. Ost-Fraktionschefs für verstärkte Auseinandersetzung mit PDS. dpa-Meldung, 6. 11. 1995.

[179] Bergner: Alte Peitsche bringt nichts mehr. In: Mitteldeutsche Zeitung, 31. 10. 1995.

[180] Bergner, Interview [Landtagsreport], S. 24.

chen zeuge von einem „Zustand der Ignoranz"[181] gegenüber den Verhältnissen in Ostdeutschland.[182]

Gegen diese verbreitete Stimmung in den neuen Bundesländern sah sich die Bundesführung der CDU unter der Führung von Helmut Kohl, Wolfgang Schäuble und Generalsekretär Peter Hintze gezwungen, die offizielle Parteistrategie im Umgang mit der PDS auch in den eigenen Reihen zu verteidigen.[183] Der Nordrhein-Westfale Hintze hatte sich schon im Jahr 1990 empört gegen jede „moralische Aufwertung" der PDS durch kirchliche Kreise ausgesprochen.[184] Nun warnte er seine ostdeutschen Kolleginnen und Kollegen in aller Deutlichkeit, nicht auf den Versuch der Sozialisten hereinzufallen, „ihren eigentlichen Charakter zu verschleiern und sich als Anwalt der Menschen, als Protestpartei, als irgendeine Kraft im demokratischen Spektrum aufzuspielen".[185] Für die Bonner CDU-Führung stand die Illegitimität der PDS außer Frage. Sie stand wie einst die SED stellvertretend für alle Verbrechen, die je im Namen des Kommunismus begangen wurden: Die DDR, so Wolfgang Schäuble, sei ein „Gefängnis auf Lebenszeit" gewesen und die SED „die Partei der Gefängniswärter".[186] Für Helmut Kohl, der politisch in der Adenauer-Ära sozialisiert worden war, galt die PDS als „geistige Nachfolgeorganisation der SED", die noch immer ebenso die „deutsche Teilung", „Mauer und Schießbefehl", „Bautzen und Waldheim" verteidige wie das „Archipel Gulag".[187] Aus diesem Grund fiel es Kohl auch schwer, die Haltung vieler Ostdeutscher zur PDS zu verstehen. Er sah darin eine Folge von „vier Jahrzehnten Propaganda", die „mentale Unterschiede" hervorgebracht habe, ließ aber keinen Zweifel daran, dass er seine eigene Perspektive für die richtige hielt: Es gehe schließlich um eine „Grundsatzfrage der deutschen Politik", die eine der „massivsten Konsequenzen der deutschen Nachkriegspolitik" haben könne.[188]

In Abgrenzung dazu suchten viele in der ostdeutschen CDU eher in der Zeit nach 1990 nach Gründen für die Wahlerfolge der PDS, um davon ausgehend Gegenstrategien entwickeln zu können. In einem vieldiskutierten Diskussionspapier vom Januar 1996 bot die CDU-Fraktion im mecklenburg-vorpommerschen Land-

---

181 Kurt Biedenkopf, zit. n. Prof. Dr. Kurt Biedenkopf, Ministerpräsident des Freistaates Sachsen zum Umgang mit der PDS. DLF Informationen am Morgen, 3.1.1995. In: Fernseh-/Hörfunkspiegel Inland II, 3.11.1995, S. 5f. (Zitate S. 6).
182 Vgl. Prof. Dr. Kurt Biedenkopf, Ministerpräsident des Freistaates Sachsen, zu Fragen im Zusammenhang mit der diskutierten Annäherung zwischen SPD und PDS. ZDF Bonn Direkt, 26.11.1995. In: Fernseh-/Hörfunkspiegel Inland I, 27.11.1995, S. 8f., hier S. 8.
183 ACDP, CDU/CSU-Fraktion, 12. WP, 08-012-127/2: Protokoll der Fraktionssitzung am 28.6.1994, S. 6.
184 Peter Hintze: „Kirche darf PDS nicht moralisch aufwerten". In: UiD 25/1990, 23.8.1990, S. 10.
185 ACDP, CDU/CSU-Fraktion, 12. WP, 08-012-127/2: Protokoll der Fraktionssitzung am 28.6.1994, S. 15 (Wortbeitrag Peter Hintze).
186 Ebenda, S. 6f. (Wortbeitrag Wolfgang Schäuble).
187 ACDP, CDU/CSU-Fraktion, 12. WP, 08-012-127/2: Protokoll der Sondersitzung der Fraktion am 22.7.1994, S. 14 (Wortbeitrag Helmut Kohl).
188 Ebenda, S. 13f. und S. 16.

tag unter Führung von Eckhardt Rehberg schließlich einen Erklärungsansatz, der marktliberale, staatskritische und wertkonservative Argumente mischte und die PDS als Symptom eines mangelnden Wertekonsenses in beiden Teilen des Landes interpretierte: Während sich in Westdeutschland die sozialstaatliche „Wohlstandsspirale" in die Höhe getrieben habe und den Gedanken der Eigenverantwortung gefährde, habe sich parallel dazu ein Teil der Bevölkerung Ostdeutschlands in „Ostalgie" geflüchtet, „in der die scheinbaren Vorteile der ehemaligen DDR hervorgehoben" würden. Noch immer sehnten sich viele Menschen im postsozialistischen Raum „nach der alten Ordnung der geregelten Rundumversorgung" zurück.[189] Die PDS nutze dies aus und instrumentalisiere mit ihrem „Populismus" die „Sorgen und Ängste der Menschen".[190] Daher, so die Schlussfolgerung Rehbergs, müsse die CDU stärker sachpolitisch argumentieren und vor den Folgen eines möglichen Machtgewinns durch die PDS für die Finanz-, Wirtschafts- und Innenpolitik warnen: vor einem Abbau der inneren Sicherheit, der Verhinderung infrastruktureller Projekte, der Verstaatlichung von Wirtschaftsbetrieben, vor einer ungebremsten Einwanderung, vor Überschuldung und vor Abgabenerhöhungen. Eine „Politik der verhärteten Fronten" dagegen und der „unnötigen Polarisierung" spalte die Gesellschaft und müsse „ebenso wie dogmatisches Lager- und Schubladendenken der Vergangenheit angehören".[191]

In der CDU bestanden also ebenfalls zwei unterschiedliche Wahrnehmungen der PDS: Die Bonner Parteizentrale sah die „SED-Nachfolgepartei" primär im Zusammenhang mit der SED-Vergangenheit und mit dem antitotalitären Konsens der Bundesrepublik. Entsprechend wurde sie zur Gefahr für die Demokratie erklärt, sodass sich jedes Gespräch und jede Kooperation mit ihr verbot. Diese Position wurde auch von der bayerischen CSU geteilt, die immer wieder mit besonders scharfen Attacken auf die PDS in Erscheinung trat und wiederholt ein Parteiverbot forderte.[192] Dagegen dominierte in ostdeutscher Perspektive die Wahrnehmung der PDS als einer Protestpartei mit einem „populistischen Charakter"[193] und mit rückwärtsgewandten politischen Konzepten, die „überdimensionierte Erwartungen der Menschen an Politik und Staat" schüre, wie es in der CDU Sachsen-Anhalts hieß.[194] Trotzdem wurde die PDS aus dieser Perspektive als ebenso demokratisch legitimiert und legitim angesehen wie andere Parteien. Eine polarisierende Abgrenzung dagegen wurde für gestrig erklärt.

---

[189] CDU-Fraktion im Landtag Mecklenburg-Vorpommern (Hrsg.), Identitätsgewinn im Aufbau Ost, S. 7 f.
[190] Ebenda, S. 28.
[191] Ebenda.
[192] Siehe dazu Kapitel IV.3.2.
[193] ACDP, CDU-LV ST, 03-058-009/2: Konferenz der Vorsitzenden der CDU-Fraktion in den Landtagen der Neuen Länder. Wörlitz, 18. 3. 1996, S. 2.
[194] ACDP, CDU-LV ST, 03-058-009/2: Protokoll der Landesfachausschußsitzung „Bundes- und Europaangelegenheiten" am 2. 7. 1998, S. 1.

2.3 Auf dem Weg zu „Rot-Rot" in Mecklenburg-Vorpommern

Die Auseinandersetzungen im „bürgerlichen Lager" um den richtigen Umgang mit der PDS trugen nicht unwesentlich dazu bei, die Annäherungstendenzen auf der Linken zu erleichtern, die sich seit 1994 abzeichneten. Je weniger geschlossen die CDU hinter der Losung stand, dass sich mit der PDS jedes Gespräch verbot und jede Zusammenarbeit mit der Partei die bundesdeutsche Demokratie gefährde, desto leichter fiel es auch SPD und Grünen, dieses Gespräch und diese Zusammenarbeit zu suchen. Vor allem in der Sozialdemokratie machten in den vier Jahren zwischen 1994 und 1998 jene Gruppen entscheidenden Boden gut, die eine Integrationsstrategie gegenüber der PDS befürworteten. Umgekehrt verbreitete sich in der PDS die Einschätzung, dass die Partei sich in der Bundesrepublik nur behaupten könne, wenn sie bereit sei, ihre grundsätzliche Systemkritik hintanzustellen und Regierungsverantwortung zu übernehmen. Das Ergebnis war am Ende dieser vier Jahre die erste „rot-rote" Regierungskoalition in Mecklenburg-Vorpommern. Der Weg dahin war aber keineswegs ein geradliniger und die Hürden, die sich dabei auftaten, geben Aufschluss darüber, in welcher Art und Weise die Integration der PDS auf einer machtpolitischen Ebene voranschritt und wovon sie angetrieben wurde.

Die PDS in Mecklenburg-Vorpommern

Die PDS Mecklenburg-Vorpommerns schien auf den ersten Blick keineswegs prädestiniert für eine Einbindung in Regierungsverantwortung. Im Vergleich zur nationalen Ebene, wo mit Gregor Gysi und André Brie reformorientierte Sozialisten von außerhalb des SED-Apparats die Führung der Partei übernommen hatten, war die Nordost-PDS durch eine größere personelle Kontinuität geprägt.[195] Die beiden ersten Vorsitzenden des Landesverbandes Jürgen Zelm, der 1991 nach MfS-Vorwürfen zurücktreten musste, und sein Nachfolger Helmut Holter hatten beide bereits in der DDR eine Parteikarriere eingeschlagen.[196] Dies gilt auch für andere Mitglieder der Landesparteiführung wie den langjährigen Parlamentarischen Geschäftsführer der Landtagsfraktion Arnold Schoenenburg, der bis 1989 Mitarbeiter des ZK der SED gewesen war. Lothar Probst beschrieb diese im Landesverband dominante Gruppe als „Mitglieder der zweiten Reihe der Dienstleistungsklasse der alten DDR", die durch die Brüche des Jahres 1989/90 schneller als erwartet in die erste Reihe der Partei nachgerückt waren.[197]

---

[195] Heinrich, Die PDS in Mecklenburg-Vorpommern, S. 116 f.
[196] Jürgen Zelm war Erster Sekretär der FDJ-Bezirksleitung und Mitglied des Sekretariats der SED-Bezirksleitung Neubrandenburg gewesen. Nach MfS-Vorwürfen trat er Ende Mai 1991 von seinem Amt als Landesvorsitzender zurück. Ihm folgte Helmut Holter, der nach einem Studium an der Parteihochschule der KPdSU in Moskau ebenfalls in der SED-Bezirksleitung Neubrandenburg tätig gewesen war.
[197] Probst, Die PDS – von der Staats- zur Regierungspartei, S. 29.

Angehörige dieser Gruppe fühlten sich auch nach 1990 noch der DDR verbunden und standen der Bundesrepublik in vielerlei Hinsicht kritisch oder offen ablehnend gegenüber, wie der Abgeordnete Schoenenburg auch öffentlich zu Protokoll gab.[198] Ähnliche Äußerungen sind auch von Landeschef Helmut Holter überliefert: In Reden stellte er die PDS als Repräsentantin einer „DDR-Identität" und als Partei für „Opposition und Widerstand" dar, die „für eine tiefgreifende Gesellschaftsreform" eintrete.[199] Die DDR habe eine „leistungsfähige Volkswirtschaft" hervorgebracht, so Holter, die nach 1990 durch „sinnlose Privatisierung" und „kompromißlose Rekapitalisierung" zerstört worden sei. Statt einer „Vergötterung der Kräfte des Marktes" das Wort zu reden, müsse „gesellschaftliche Regulierung" mit einer „volkswirtschaftlichen Rahmenplanung" verknüpft werden.[200] Und als er von einem regionalen Radiosender aufgefordert wurde, den Satz zu vervollständigen: „Wer mir sagt, das Staatswesen der Bundesrepublik gehöre abgeschafft, dem sage ich …", antwortete Holter instinktiv mit den Worten „er hat recht".[201]

Trotzdem gehörten Persönlichkeiten wie Helmut Holter zu einem Politikertypus, der sich in der Realpolitik schnell auf eine pragmatische Position stellte und bereit war, das „Abenteuer des bürgerlichen Parlamentarismus"[202] anzunehmen. Der Landesvorsitzende wollte im vereinten Deutschland nicht „am Rand" stehen, sondern „auf dem Spielfeld".[203] Um sich auf die neue Rolle in einem neuen politischen System vorzubereiten und dessen Strukturen zu erlernen, nahm er daher an Lehrgängen der liberalen Friedrich-Naumann-Stiftung und anderer westlicher Organisationen teil.[204] In der Bundesrepublik erkannte er bald schon die „neuen Möglichkeiten für Mensch und Gesellschaft", „mehr Konsumtionsmöglichkeiten" und „politische Rechte"[205]: „Parteiendemokratie und parlamentarische Demokratie stellen einen Gewinn [im] Vergleich zum politischen System der DDR dar. Auch wenn wir den Parlamentarismus kritisieren, er bietet die Möglichkeiten, Demokratie auszuleben", so Holter im Herbst 1994.[206]

Von dieser Position aus entwickelte sich Holter zum Vorkämpfer einer Integrationspolitik, deren Ziel er klar definierte: Die PDS wolle zwar „Stachel im Fleisch

---

[198] Vgl. Sabine Rückert, Die Einheiz-Partei. In: Die Zeit, 24. 6. 1994.

[199] ADS, PDS-LV MV, Alt-Sign. 2008-XVII-49+2008-XVII-50: Helmut Holter, Referat 3. Tagung des 3. LPT der PDS MV [Schwerin, 26./27. 3. 1994], S. 1 und S. 6.

[200] Ebenda, S. 14 f. und S. 18.

[201] Zit. n. „Stehe zu spontaner Antwort". Interview mit Helmut Holter. In: Nordkurier, 24. 6. 1994.

[202] ADS, PDS-LV MV, Alt-Sign. 2008-XVII-49+2008-XVII-50: Helmut Holter, Referat 3. Tagung des 3. LPT der PDS MV [Schwerin, 26./27. 3. 1994], S. 40.

[203] Helmut Holter im Gespräch mit dem Autor, 15. 3. 2017.

[204] Ebenda.

[205] ADS, PDS-LV MV, Alt-Sign. 2008-XVII-49+2008-XVII-50: Helmut Holter, Referat 3. Tagung des 3. Landesparteitages der PDS MV [Schwerin, 26./27. 3. 1994], S. 12.

[206] ADS, PDS-LV MV, Alt-Sign. 2008-XVII-51: Helmut Holter, „Zu den Ergebnissen der Wahlen '94 und zur weiteren Politik der PDS." Referat auf der Außerordentlichen (4.) Tagung des 3. Landesparteitages der PDS Mecklenburg-Vorpommern. Schwerin, 3. 10. 1994, S. 30.

der Konservativen dieser Gesellschaft" sein, aber „fremd wollen wir nicht sein".[207]
Damit verbunden war auch, dass die Führung der Landespartei schon früh über
eine mögliche Rückkehr in die Regierung nachdachte und der SPD schon während
der ersten Legislaturperiode wiederholt Angebote zur möglichen Kooperation unterbreitete.[208] Was darin auch zum Ausdruck kam, war eine staatsnahe Tradition
der PDS im Nordosten, die sich durch einen hohen Anteil früherer DDR-Eliten
auszeichnete: In der SED darauf vorbereitet, staatliche Macht auszuüben, verfolgten führende Persönlichkeiten in der Nordost-PDS früher als anderswo das Ziel,
auch im neuen Staat Positionen zu besetzen und so an die Macht zurückzukehren.[209]

Unterstützt wurde dieser Kurs durch die schwache Präsenz der organisierten Orthodoxie innerhalb der Landespartei: Mit kaum mehr als 20 eingeschriebenen Mitgliedern war die Kommunistische Plattform in Mecklenburg-Vorpommern wenig
präsent.[210] Stattdessen bestanden in diesem Bundesland einflussreiche Gruppen wie
der „Offene Kreis Selbständiger" oder der Facharbeitskreis „Mittelstandspolitik",
die für eine pragmatische und insofern auch postindustriell-marktwirtschaftliche
Wirtschaftspolitik eintraten.[211] Entsprechend früh wurde die Förderung klein- und
mittelständischer Unternehmen zu einem wichtigen Programmpunkt der Nordost-
PDS,[212] und Helmut Holter forderte, „die Rolle des Marktes" auch für den demokratischen Sozialismus „als zwingend" anzuerkennen.[213] Zugleich aber bot die Partei
mit Forderungen nach einem Grundrecht auf Arbeit, der Errichtung eines öffentlichen Beschäftigungssektors und einer „Umverteilung von Arbeit" staatliche Lösungen für die Massenarbeitslosigkeit im Land an und zielte damit vor allem auf Lang-
zeitarbeitslose und ihre Familien.[214] Die Landespartei suchte damit diejenigen, die
mit den Folgen der Systemtransformation haderten, ebenso anzusprechen wie diejenigen, die sich nach 1990 erfolgreich eine neue Existenz aufgebaut hatten.

Die Strategie der SPD in Mecklenburg-Vorpommern und Gespräche 1994

Dass die PDS in Mecklenburg-Vorpommern bald schon für mögliche Kooperationsmodelle in Frage kam, lag nicht nur an diesem Profil, sondern auch an den lan-

---

[207] ADS, PDS-LV MV, Alt-Sign. 2008-XVII-338: Helmut Holter, Rede auf dem Parchimer Parteitag der PDS Mecklenburg-Vorpommern (4. Tagung des 4. Landesparteitages), 15./16. 2.
1997, S. 1.
[208] Vgl. Scheele, Die PDS/Linke in Mecklenburg-Vorpommern, S. 109 f. und S. 118–120.
[209] Diesen Kurs gab bereits der Landesvorsitzende Jürgen Zelm im Oktober 1990 vor: Die PDS
werde „nicht blockieren, sondern konstruktiv mitarbeiten". (Zit. n. Scheele, Die PDS/Linke
in Mecklenburg-Vorpommern, S. 81).
[210] Vgl. Heinrich, Die PDS in Mecklenburg-Vorpommern, dort S. 126. Zu den Machtverhältnissen siehe auch Koß, Durch die Krise zum Erfolg?, S. 133–135.
[211] Vgl. Heinrich, Die PDS in Mecklenburg-Vorpommern, S. 126.
[212] Vgl. ebenda, S. 128.
[213] ADS, PDS-LV MV, Alt-Sign. 2008-XVII-109: Helmut Holter, Rede auf der Landesbasiskonferenz der PDS Mecklenburg-Vorpommern am 29. 2. 1992 [handschriftlich], S. 13.
[214] Vgl. Scheele, Die PDS/Linke in Mecklenburg-Vorpommern, S. 116.

despolitischen Entwicklungen der ersten Jahre nach der „Wende", die in vielem denen Sachsen-Anhalts glichen. Ein zunächst konsensorientiertes Klima war einer zunehmend konfrontativen Auseinandersetzung zwischen der CDU/FDP-Regierung und der Opposition gewichen.[215] Dazu kamen zum einen ökonomische Krisen und Kontroversen um die Zukunft der wichtigen Werftindustrie, zum anderen innerparteiliche Konflikte in der CDU, in der vor allem die Vergangenheit als „Blockpartei" eine Rolle spielte.[216] Angesichts dieser Konstellation hatte die Landes-SPD unter Führung Harald Ringstorffs schon während der ersten Legislaturperiode Möglichkeiten diskutiert, die CDU aus der Regierung zu verdrängen.[217] Dabei wurde auch festgestellt, dass eine Zusammenarbeit mit der PDS auf bestimmten Sachgebieten möglich sei.[218] Für das Wahljahr 1994 konzipierte die Spitze der Landes-SPD um Ringstorff und Landesgeschäftsführer Nikolaus Voss schließlich eine Strategie, die ganz den Zielen Integration, Domestizierung und „Entzauberung" der PDS gewidmet war. Zum einen wollte die Nordost-SPD selbst in DDR-nostalgische Wählermilieus eindringen und passte entsprechend ihre Sprachformeln an: Man müsse „auch positive Aspekte der DDR [...] herausheben", wie es in einem Thesenpapier des Landesgeschäftsführers vom Januar 1994 hieß.[219] Zum anderen wurde darüber nachgedacht, ob „die PDS dauerhaft als linker Koalitionspartner der SPD ausgeschlossen" bleiben könne.[220]

Der neuen Linie entsprechend gab Harald Ringstorff schon nach den Kommunalwahlen im Juni 1994 das Motto aus, mit allen Parteien Gespräche zu führen und keine „pauschale Diskriminierung der PDS-Mitglieder" zu betreiben.[221] Nach der Landtagswahl im Oktober 1994 kam es dann auch auf Landesebene zu offiziellen Gesprächen zwischen beiden Parteien über mögliche Kooperationsmodelle. Nachdem die Wahlen ein Dreifraktionenparlament aus SPD, CDU und PDS hervorgebracht hatten, erschien vielen in der Landes-SPD, allen voran dem Vorsitzenden, eine Kooperation mit der PDS nach Vorbild des „Magdeburger Modells" attraktiver zu sein als eine Große Koalition unter CDU-Führung. Daher entschlossen sich die SPD-Gremien in Mecklenburg-Vorpommern, Gespräche sowohl mit

---

[215] Vgl. Grabow, Das Parteiensystem Mecklenburg-Vorpommerns, S. 267; Koniczek, Strategische Interaktionen, S. 297.

[216] Vgl. Grabow, Das Parteiensystem Mecklenburg-Vorpommerns, S. 267 f.; Scheele, Die PDS/Linke in Mecklenburg-Vorpommern, S. 110.

[217] Vgl. den Bericht über die Landesvorstandssitzung am 16. 3. 1992: AdsD, SPD KV Rostock, 3/MVAR000034: SPD-Unterbezirk Hansestadt Rostock/Rostock-Land, Protokoll der Vorstandssitzung am 17. 3. 1992.

[218] Vgl. den Bericht von Siegfried Friese laut AdsD, SPD-KV Wismar, 3/MVWI000050: Protokoll der Vorstandssitzung des Kreisverbands Wismar am 8. 4. 1991, S. 1 f.

[219] AdsD, SPD-LV MV, 3/MVAB000155: Nikolaus Voss, Thesen zur Wahlkampfstrategie der PDS. Arbeitspapier zur Klausurtagung in Neukloster am 14./15. 1. 1994.

[220] Ebenda; siehe dazu auch Holzhauser, „Niemals mit der PDS"?, S. 300 f.

[221] AdsD, SPD-KV Neubrandenburg, 3/MVNB000005: Kurzprotokoll der erweiterten Sitzung des Landesvorstandes am 15. 6. 1994.

der Union als auch mit der PDS aufzunehmen.[222] In einem Vier-Augen-Gespräch loteten die Parteichefs Ringstorff und Holter erstmals Möglichkeiten einer Zusammenarbeit ihrer Parteien aus.[223] Die Bereitschaft der Sozialdemokratie im Nordosten, mit der PDS zu reden, führte wiederum zu energischem Widerspruch aus Bonn, wo der SPD-Parteivorsitzende Rudolf Scharping erklärte, alles tun zu wollen, „um jede Form der Zusammenarbeit mit der PDS zu verhindern".[224] Die Debatten vom Sommer 1994 sollten sich keinesfalls wiederholen.

Die Schweriner Landes-SPD reagierte, indem sie die PDS mit einem Katalog von „Notwendigen Klarstellungen"[225] konfrontierte, die von dieser zu leisten seien, ehe es zu weiteren Gesprächen kommen könne. Dieser Katalog war eines der ersten Dokumente, das versuchte, den „Konsens der Demokraten" zu definieren und die Kriterien deutlich zu machen, an denen sich die „Erneuerung" der PDS aus sozialdemokratischer Sicht messen lassen musste: Erstens seien Grundrechte, Gewaltenteilung und repräsentative Demokratie als „Grundlagen aller Politik" anzuerkennen. Vor allem müsse sich die PDS vorbehaltlos auf den Boden des existierenden Parlamentarismus stellen. Zweitens erwarteten die Sozialdemokraten von der PDS deutliche geschichtspolitische Zugeständnisse – namentlich eine Entschuldigung für die politischen Verfolgungen und eine „öffentliche Erklärung, daß die Zwangsvereinigung von SPD und KPD zur SED im Jahre 1946 Unrecht war".[226] Und drittens verlangte die SPD ein klares Bekenntnis der PDS zum antitotalitären bzw. antiextremistischen Grundkonsens der Bundesrepublik, wonach „Kräfte, die die o. g. Grundrechte und Grundsätze nicht anerkennen, wie die Kommunistische Plattform, Anarchisten u. ä. Gruppen" keinen Einfluss auf die Landespolitik bekommen sollten. Die PDS sollte sich endgültig vom Kommunismus lossagen und anerkennen, dass parlamentarische Demokratie und Kommunismus „unvereinbar" seien.[227] Parlamentarische Demokratie, Antitotalitarismus und eine entsprechende geschichtspolitische Positionierung wurden demnach als wichtigste Voraussetzungen für eine politische Zusammenarbeit benannt. Würde die PDS diese anerkennen, hätte sie ihr Eintrittsbillet in die Regierung gelöst.

Den PDS-Landesvorsitzenden Holter brachte dies in eine Verlegenheitssituation. Zwar warb er in seiner eigenen Partei dafür, sich auf eine Zusammenarbeit mit der SPD einzulassen, um die Wahl eines CDU-Ministerpräsidenten zu verhindern.[228] Ein Tolerierungsmodell nach Magdeburger Vorbild gebe der Partei „die

---

222 AdsD, SPD-LV MV, 3/MVAB000155: Kurzprotokoll der Landesvorstandssitzung am 17. 10. 1994; AdsD, SPD-LV MV, 3/MVAB000793: Siegfried Friese/J. Köhler: Presseerklärung, 22. 10. 1994; ebenda: Kurzprotokoll der Landesparteiratssitzung am 22. 10. 1994.

223 Helmut Holter im Gespräch mit dem Autor, 15. 3. 2017.

224 AdsD, SPD-BTF, 12. WP, 2/BTFL000125: Protokoll der Sitzung der SPD-Bundestagsfraktion am 18. 10. 1994, dort S. 11; vgl. auch Werz, Die SPD in Mecklenburg-Vorpommern, S. 86.

225 AdsD, SPD-LV MV, 3/MVAB000155: Notwendige Klarstellungen, 25. 10. 1994.

226 Ebenda.

227 Ebenda.

228 ADS, PDS-LV MV, Alt-Sign. 2008-XVII-51: Helmut Holter, „Zu den Ergebnissen der Wahlen '94 und zur weiteren Politik der PDS". Referat auf der Außerordentlichen (4.) Tagung des

Chance, ihre Oppositionsrolle wahrzunehmen und dabei aktiv die Landespolitik mitzugestalten"[229] – eine paradoxale Wendung, die typisch war für das zwiespältige Verhältnis der PDS zur Frage von Regierungsbeteiligungen. An die Adresse der SPD gerichtet, warb Holter wiederum dafür, „mehr Demokratie zu wagen",[230] „endlich europäische Normalität" zu vollziehen und der PDS als Partei links der Sozialdemokratie „eine anerkannte gleichberechtigte Rolle in der Politik" zuzuerkennen.[231] Allerdings musste der PDS-Landeschef auch Rücksicht auf seine DDR-nostalgische Klientel und auf die vielen Parteimitglieder nehmen, die eine Regierungsbeteiligung innerhalb des kapitalistischen Systems ablehnten, und sich keinesfalls von der SPD auf einen Kriterienkatalog festlegen lassen wollten.

In einer gemeinsamen Antwort auf den sozialdemokratischen Forderungskatalog suchten Holter und der PDS-Fraktionsvorsitzende im Landtag Johann Scheringer daher eine Kompromisslösung: Sie erkannten vorbehaltlos die verfassungsmäßigen und rechtsstaatlichen Grundlagen der Bundesrepublik an und räumten ein, dass die „Nichtbeachtung von Grundrechten" und die „diktatorische Machtausübung" eine „wesentliche Ursache für die Fehlentwicklung und den Untergang der DDR" gewesen seien.[232] Auch äußerten sie Bedauern für „Repressalien und Verbrechen" der SED-Führung, kritisierten aber den Begriff der „Zwangsvereinigung", der aus ihrer Sicht die Existenz der SED auf einen illegitimen Gewaltakt zurückgeführt hätte. Stattdessen betonte man das „Streben sehr vieler Mitglieder der beiden Parteien nach Gemeinsamkeit und organisatorischer Einheit als Lehre aus dem Faschismus" – über das Wort „Zwangsvereinigung" dagegen müsse man „unter Hinzuziehung von Historikern" diskutieren.[233] Schließlich erklärte die PDS kommunistische und demokratische Gesinnungen für miteinander vereinbar und zog damit den innerparteilichen „Pluralismus" einem Einreihen in den antitotalitären Konsens der Konkurrenzparteien vor.[234]

In dieser Form blieb die Antwort der PDS vieldeutig: Einerseits relativierte die Partei ihr Bekenntnis zu den verfassungsmäßigen Grundlagen der Bundesrepublik, indem sie es ablehnte, sich von kommunistischen Kräften zu distanzieren, die diese Gundlagen ablehnten. Andererseits verwies Helmut Holter auf die Beispiele jener kommunistischen Parteien in West- und Osteuropa, die sich demokratisch gewandelt hätten, und deutete damit einen möglichen Weg der PDS hin zur „demokratischen Mitte" an.[235] Die SPD nahm die Antwort auf ihren Forderungskata-

<hr>

3. Landesparteitages der PDS Mecklenburg-Vorpommern. Schwerin, 23. 10. 1994, S. 2 und S. 14.

[229] Ebenda, S. 15.

[230] Ebenda, S. 2.

[231] Ebenda, S. 4.

[232] AdsD, SPD-LV MV, 3/MVAB000123: Erklärung des PDS-Landesvorsitzenden, Helmut Holter, und des Vorsitzenden der PDS-Fraktion im Landtag Mecklenburg-Vorpommern, Johann Scheringer. Schwerin, 27. 10. 1994.

[233] Ebenda.

[234] Ebenda.

[235] Vgl. Die SPD geht auf die PDS zu. In: Frankfurter Allgemeine Zeitung, 27. 10. 1994.

log zum Anlass, die Gespräche abzubrechen, weil ihre Fragen „nur ungenügend beantwortet" worden seien.[236] Stattdessen bildete sie eine Große Koalition mit der CDU. Gleichwohl wurde das Zusammentreffen von SPD- und PDS-Vertretern übereinstimmend als „Grundlage für einen längerfristigen Dialog" beider Parteien gewertet[237] und Harald Ringstorff warb öffentlich für eine „neue politische Kultur" im Umgang mit der sozialistischen Konkurrentin.[238]

Strategische Neuausrichtung der Bundes-SPD unter Oskar Lafontaine

Mit dieser Orientierung stand die Landes-SPD in Mecklenburg-Vorpommern in offenem Widerspruch zur eigenen Parteiführung im Bund, die im Dezember 1994 nochmals per Vorstandsbeschluss untermauerte, dass es keine „Bündnisstrategie gegenüber der PDS" und keine „Koalitionen auf Landes- und Bundesebene" geben dürfe. Allerdings wurden erstmals „normale parlamentarische Kontakte" befürwortet.[239] Zu einer strategischen Neuausrichtung der SPD kam es dann im November 1995, nachdem Rudolf Scharping durch Oskar Lafontaine als Parteivorsitzender abgelöst worden war.[240] Mit Lafontaine trat ein entschiedener Befürworter eines pragmatischen und integrativen Umgangs mit der PDS an die Spitze der SPD.[241] Er war überzeugt, dass die „Stigmatisierung" der sozialistischen Konkurrenz die strategischen Möglichkeiten der SPD über Gebühr einschränke und daher vor allem der Union nutze.[242] Nach seiner Wahl propagierte der neue Vorsitzende daher eine schärfere Konfrontation mit CDU und CSU und gab das Motto aus, mit der PDS selbstbewusster und weniger ängstlich umzugehen.[243] In einem vielbeachteten „Spiegel"-Interview sprach Lafontaine nun von einer potenziellen „Mehrheit für das linke Lager" und sandte damit ein Signal zum Strategiewechsel auch gegenüber der PDS aus.[244] Weitere Zeichen ließen nicht lange auf sich warten: Schon kurz danach trafen sich Lafontaine und sein Stellvertreter Wolfgang

---

[236] AdsD, SPD-KV Neubrandenburg, 3/MVNB000005: Kurzprotokoll der Kreisgeschäftsführerkonferenz der SPD Mecklenburg-Vorpommern am 26. 10. 1994, S. 2 (Wortbeitrag Landesgeschäftsführer N. Voss); vgl. Große Koalition in Sicht. In: Ostsee-Zeitung, 27. 10. 1994.

[237] Thoralf Cleven/Wilfried Erdmann, PDS überspringt SPD-Hürden nicht. In: Ostsee-Zeitung, 27. 10. 1994.

[238] Harald Ringstorff, zit. n. Werz, Die SPD in Mecklenburg-Vorpommern, S. 88.

[239] Beschluss des Parteivorstands. In: Presseservice der SPD 910/94, 5. 12. 1994. Der Vergleich der endgültigen Erklärung mit der ursprünglichen Vorlage der Parteiführung zeigt aber, dass die Kritikerinnen und Kritiker der Exklusionsstrategie eine Reihe zentraler Änderungen durchsetzen konnten. Ein vorgesehener Passus, der jede „Zusammenarbeit" und „gemeinsame politische Initiativen" der SPD mit der PDS ausschloss, wurde ersatzlos gestrichen (AdsD, SPD-PV: Vorlage für die Parteivorstandssitzung am 5. 12. 1994).

[240] Siehe hierzu auch Holzhauser, „Niemals mit der PDS"?, S. 302–307.

[241] Vgl. ebenda, S. 299 und S. 304.

[242] Lafontaine, Das Herz schlägt links, S. 75.

[243] AdsD, SPD-Parteivorstand, Protokoll der Parteivorstandssitzung am 17. 11. 1995.

[244] „Eine Mehrheit für das linke Lager". Interview mit Oskar Lafontaine. In: Der Spiegel, 20. 11. 1995, S. 29–32, Zitat S. 32; dazu auch Brückom, Jenseits des Magdeburger Modells, S. 181.

Thierse mit dem Vorsitzenden der PDS-Bundestagsgruppe Gregor Gysi,[245] worauf ein wahrer „Reigen von Gesprächen"[246] ostdeutscher SPD-Größen mit prominenten PDS-Vertretern folgte.[247] Der parteipolitische Bann gegen die PDS war damit auch symbolisch gebrochen und die Ende 1989 abgebrochene Dialogpolitik erlebte eine Renaissance.

Unter Lafontaines Führung als Parteichef deutete sich in der SPD eine Strategie an, die zwischen Bundes- und Länderebene unterschied und die „Dresdner Erklärung" de facto außer Kraft setzte. Zwar blieb eine Koalition auf Bundesebene ausgeschlossen, schließlich besitze die PDS kein „demokratisches Mandat durch und für die Bürgerinnen und Bürger der ganzen Bundesrepublik", wie der stellvertretende Parteivorsitzende Thierse formulierte; in Ostdeutschland aber könne die SPD „einer Zusammenarbeit mit der PDS nicht ausweichen".[248] Dem entsprach, dass Lafontaine und Gysi in Kontakt blieben und dabei laut Gysi auch mögliche Kooperationen auf Landesebene besprachen.[249] In Sachsen-Anhalt wiederum gingen die Verantwortlichen nun dazu über, ihre Minderheitsregierung offen als „Modell" für andere Länder zu empfehlen.[250] Es wurde nun als Musterbeispiel eines typisch ostdeutschen dialogorientierten Regierungsstils mit pragmatischen Problemlösungen beworben, der sich von der konfrontativen parteipolitischen Auseinandersetzung im Westen unterscheide: „Anders als im Westen" würden in Sachsen-Anhalt keine „Parteikriege" geführt, so Reinhard Höppner.[251] In Magdeburg habe „die politische Vernunft gegenüber ideologischen Vorurteilen gesiegt".[252] Damit versuchte er, seine Regierung nicht als Ausdruck eines ideologischen Linksbündnisses, sondern eines postideologischen Denkens zu präsentieren, das in die Zeit zu passen schien. Selbst eine Regierungskoalition mit der PDS schloss Höppner auf Dauer nicht mehr aus, schließlich könne man „Gespräche mit keiner der demokratischen Parteien, die zur Wahl angetreten sind, ausschließen". Er erwarte sogar von ihnen, dass sie bereit seien, „Regierungsverantwortung zu übernehmen".[253]

245 Vgl. Nach der Ausgrenzung die Umarmung. In: Süddeutsche Zeitung, 30. 11. 1995. Zum Inhalt des Gesprächs siehe Gysi, Ein Blick zurück, S. 370.

246 Auch Stolpe trifft PDS-Gruppenchef Gysi. In: Süddeutsche Zeitung, 22. 11. 1995.

247 Dazu gehörten unter anderem ein Treffen Gysis mit Harald Ringstorff sowie eines mit Manfred Stolpe Ende des Jahres 1995 (vgl. „Man sollte nie nie sagen". Interview mit Harald Ringstorff. In: Die Welt, 17. 11. 1995; Stolpe erwartet heftigen Streit mit der PDS. In: Süddeutsche Zeitung, 29. 12. 1995).

248 AdsD, SPD-LV MV, 3/MVAB000635: Wolfgang Thierse, Gesichtspunkte für eine Verständigung der ostdeutschen Sozialdemokraten zum Thema „Umgang mit der PDS", undatiert; vgl. „SPD kann Zusammenarbeit mit der PDS im Osten nicht ausweichen". Das Strategiepapier des Vizevorsitzenden Thierse. Frankfurter Rundschau, 19. 12. 1996; vgl. auch AdsD, SPD-LV MV, 3/MVAB000635: „Es wird keinen SPD-Bundeskanzler geben, der auf PDS-Unterstützung angewiesen ist!" Pressemitteilung der SPD Brandenburg. Potsdam, 11. 11. 1996.

249 Vgl. Gysi, Ein Blick zurück, S. 371.

250 Höppner, Interview [Landtagsreport], S. 15.

251 Ebenda, S. 9 f.

252 Tschiche, Interview [Landtagsreport], S. 69.

253 Ebenda, S. 14 f.

Von der Kontaktpolitik zur Koalitionsbildung in Mecklenburg-Vorpommern

In diese Richtung gingen auch die Entwicklungen in Mecklenburg-Vorpommern. Wichtige Impulse kamen von der kommunalen Ebene: Die bereits beschriebene Wahlhilfe der PDS für sozialdemokratische Kandidaten in einigen Städten und Kreisen nach der Kommunalwahl 1994 entpuppte sich dabei als Vorleistung für engere Beziehungen zwischen den beiden Parteien. In Neubrandenburg beispielsweise trafen sich Politikerinnen und Politiker von SPD und PDS nach der gemeinsamen Wahl des Oberbürgermeisters im Jahr 1994 regelmäßig zu Gesprächen, um politische Positionen auszutauschen und miteinander abzustimmen, ohne dass dies zu sichtbaren innerparteilichen Widerständen geführt hätte.[254] An diesen Treffen nahm mit Joachim Lübbert auch jener Sozialdemokrat teil, der sich 1994 noch geweigert hatte, sich mithilfe der PDS zum Oberbürgermeister wählen zu lassen.[255]

Einen ähnlichen Weg schlugen SPD und PDS in der Hansestadt Wismar ein. In der sozialdemokratischen Hochburg dominierten solche Personen in der SPD, die als besonders PDS-kritisch galten.[256] Nachdem die SPD-Fraktion aber durch Spaltungen ihre absolute Mehrheit in der Wismarer Bürgerschaft eingebüßt hatte,[257] sprach sich Bürgermeisterin Rosemarie Wilcken für eine Zusammenarbeit mit der PDS auf kommunaler Ebene aus: „Eine Schule zu bauen oder für einen Bebauungsplan stimmen, das mache ich sehr gern mit der PDS."[258] Nach längeren Gesprächsphasen und gemeinsamen Grillabenden[259] vereinbarten beide Parteien

---

[254] AdsD, SPD-KV Wismar, 3/MVWI000029: Protokoll der Sitzung der Kreisgeschäftsführer der SPD Mecklenburg-Vorpommern am 6.12.1995, S. 1; AdsD, SPD-KV Neubrandenburg, 3/MVNB000011: Protokoll der Kreisvorstandssitzung der SPD Neubrandenburg am 24.1.1996, S. 2; Protokoll der Kreisvorstandssitzung der SPD Neubrandenburg am 6.3.1996, S. 2; Arno Behrend an H. Zimmermann/J. Lübbert. Neubrandenburg, 24.7.1996; Protokoll der Fraktionssitzung der SPD-Fraktion in der Stadtvertretung Neubrandenburg am 28.10.1996; AdsD, SPD-KV Neubrandenburg, 3/MVANB000012: Protokoll der Fraktionssitzung der SPD in der Stadtvertretung Neubrandenburg am 3.3.1997; Protokoll der Vorstandssitzung des Kreisverbands Neubrandenburg am 28.4.1997; Protokoll der Vorstandssitzung des Kreisverbands Neubrandenburg am 29.5.1997; Protokoll der Fraktionssitzung der SPD in der Stadtvertretung Neubrandenburg am 20.10.1997.

[255] AdsD, SPD-KV Neubrandenburg, 3/MVNB000011: Protokoll der Kreisvorstandssitzung der SPD Neubrandenburg am 24.1.1996.

[256] Sowohl Bürgermeisterin Rosemarie Wilcken als auch Unterbezirkschef Rolf Eggert sprachen sich auf Landesebene gegen jede Kooperation mit der PDS aus (AdsD, SPD-KV Wismar, 3/MVWI000038: Protokoll der außerordentlichen Vorstandssitzung des Unterbezirks Hansestadt Wismar am 19.10.1994, S. 3 f.; ebenda: Protokoll der Vorstandssitzung des Unterbezirks Hansestadt Wismar am 29.4.1996, S. 2; AdsD, SPD-KV Wismar, 3/MVWI000038: Protokoll der Vorstandssitzung des Unterbezirks Hansestadt Wismar am 26.8.1996, S. 2 f.).

[257] Bekommt die PDS den Stuhl des Stadtpräsidenten? In: Ostsee-Zeitung, 16.12.1995.

[258] Für Sozialdemokraten gibt es Wichtigeres als die PDS. Interview mit Rosemarie Wilcken. In: Ostsee-Zeitung, 14.12.1995.

[259] Thoralf Cleven, Wismarer Genossen proben den Schweriner Ernstfall. In: Ostsee-Zeitung, 24.11.1997.

schließlich eine „nüchterne Partnerschaft"[260] und unterzeichneten ein „Protokoll […] unterhalb eines Koalitionsvertrages".[261] Der Wismarer PDS-Kreisvorsitzende Lutz wollte dies als „Vorlaufmodell" für eine mögliche Koalition auf Landesebene verstanden wissen.[262]

Und in der Tat spiegelten sich die kommunalen Entwicklungen auch auf der mecklenburg-vorpommerschen Landesebene wider: Auch dort kam es im Anschluss an die Kontakte vom Herbst 1994 zu regelmäßigen „Sachgesprächen" auf parlamentarischer und außerparlamentarischer Ebene, bei denen Repräsentanten der Koalitionspartei SPD mit solchen der Oppositionspartei PDS zusammenkamen, um über Themen wie Wirtschaftspolitik, „Opfer und Versöhnung" oder das „Kulturerbe der DDR" zu sprechen.[263] Bei einem Gespräch Helmut Holters mit Harald Ringstorff im März 1996 einigten sich beide auf eine Zusammenarbeit bei „Sachthemen" und auf regelmäßige Gespräche im Zweimonatsrhythmus.[264] Zuvor hatte sich Ringstorff schon mit Gregor Gysi getroffen, der die Kontaktpolitik auf diese Weise unterstützte.[265] Solche informellen Gesprächsrunden trugen dazu bei, persönliches Vertrauen zu schaffen und Ressentiments abzubauen.[266] Vor allem aber wurden Möglichkeiten für zukünftige Kooperationen und Koalitionen ausgelotet.[267] Kommunikative Kontakte sollten Voraussetzung für eine machtpolitische Integration der PDS sein.

Die Koalitionsoption auf Landesebene wurde im Frühjahr 1996 schließlich früher ein Thema als gedacht. Nachdem es im März zu Gesprächen zwischen SPD- und PDS-Vertretern über ein neues Schulgesetz gekommen war, beschloss der SPD-Fraktionsvorstand Anfang April, einen eigenen Antrag in den Landtag einzubringen und ihn notfalls auch mit der PDS gegen den Koalitionspartner CDU durchzusetzen.[268] Ob man damit schon einen Koalitionsbruch provozieren wollte, bleibt unklar. Zur endgültigen Belastungsprobe für die Große Koalition kam es dann jedenfalls wenige Tage später über die Frage der Werftenkrise. Nachdem die christdemokratische Finanzministerin Bärbel Kleedehn in dieser Angelegenheit

260 Thomas Beyer (SPD), zit. n. H. Hoffmann, SPD und PDS vereinbarten Schmusekurs. In: Ostsee-Zeitung, 11. 11. 1997.
261 Thoralf Cleven, Wismarer Genossen proben den Schweriner Ernstfall. In: Ostsee-Zeitung, 24. 11. 1997.
262 Lutz, PDS, zit. n. Thoralf Cleven, Wismarer Genossen proben den Schweriner Ernstfall. In: Ostsee-Zeitung, 24. 11. 1997.
263 Vgl. AdsD, SPD-KV Wismar, 3/MVWI000029: Protokoll der Sitzung der Kreisgeschäftsführer der SPD Mecklenburg-Vorpommern am 22. 2. 1995, S. 4 (Bericht aus LV).
264 Vgl. AdsD, SPD KV Neubrandenburg, 3/MVNB000011: Kreisverband Neubrandenburg, Protokoll der Kreisvorstandssitzung am 6. 3. 1996, S. 2; vgl. auch Koniczek, Strategische Interaktionen, S. 300.
265 Vgl. Für Sozialdemokraten gibt es Wichtigeres als die PDS. Interview mit Rosemarie Wilcken. In: Ostsee-Zeitung, 14. 12. 1995; Werz, Die SPD in Mecklenburg-Vorpommern, S. 88.
266 Vgl. Koniczek, Strategische Interaktionen, S. 308.
267 Helmut Holter im Gespräch mit dem Autor, 15. 3. 2017.
268 AdsD, SPD-LTF MV, 2. WP: Protokoll der Fraktionssitzung am 19. 3. 1996; Protokoll der Fraktionssitzung am 2. 4. 1996.

das Vertrauen der Sozialdemokraten eingebüßt hatte, forderten die Fraktionen von SPD und PDS gemeinsam den Rücktritt der CDU-Ministerin.[269] Die Große Koalition in Schwerin stand damit vor dem Aus. Wie aus dem Protokoll der SPD-Landesvorstandssitzung vom 17. April 1996 hervorgeht, wurde auf sozialdemokratischer Seite erwogen, eine Minderheitsregierung zu bilden, um rechtzeitig vor der Landtagswahl im Jahr 1998 Akzeptanz für eine gemeinsame Koalition mit der PDS zu schaffen.[270]

Zu einer solchen Variante ließ auch der PDS-Landesvorstand seine Bereitschaft erkennen.[271] Aus dessen Sicht war ein Tolerierungsmodell deshalb günstig, weil man so Einfluss auf die Regierung erhalten hätte, ohne formell einer Koalition anzugehören, denn eine solche Regierungsbeteiligung war zu dieser Zeit in der PDS noch stark umstritten. Allerdings gelang es dem SPD-Landesvorsitzenden Ringstorff nicht, Einigkeit in seiner eigenen Partei herzustellen. Deutlicher Widerspruch kam nicht nur aus mehreren Parteigliederungen sowie aus Teilen der Landtagsfraktion,[272] sondern abermals aus dem Bund, wo der stellvertretende SPD-Vorsitzende Johannes Rau sogar mit seinem Rücktritt von allen Ämtern drohte, sollten SPD und PDS im Nordosten künftig zusammenarbeiten.[273] Für Lafontaines Öffnungsstrategie kam die Schweriner Regierungskrise sichtlich zu früh.[274] Nachdem Bundesgeschäftsführer Franz Müntefering persönlich nach Schwerin gereist war, um die Position der Bundes-SPD deutlich zu machen, musste Ringstorff schließlich nachgeben und einer Fortsetzung der Koalition mit der CDU zustimmen.[275]

[269] AdsD, SPD-LTF MV, 2. WP: Antrag der SPD-Fraktion. Presseinformation Landtagsfraktion Mecklenburg-Vorpommern. Schwerin, 15. 4. 1996; AdsD, SPD-KV Wismar, 3/MVWI000038: Harald Ringstorff, Liebe Genossinnen und Genossen, liebe Freunde. Schwerin, Anfang Mai 1996, S. 2. Auslöser der Krise war ein Treffen der Landesfinanzministerin Kleedehn (CDU) mit Vertretern des Bundesfinanzministeriums und der Treuhand-Nachfolgeanstalt BvS, in dem die Ministerin für das Land Mecklenburg-Vorpommern zustimmte, ein Drittel der Sanierungskosten für die angeschlagenen Vulkan-Schiffswerften im Land zu übernehmen (AdsD, SPD-KV Wismar, 3/MVWI000038: Harald Ringstorff, Liebe Genossinnen und Genossen, liebe Freunde. Schwerin, Anfang Mai 1996, S. 1 f.).

[270] AdsD, SPD-LV MV, 3/MVAB000156: Beschlußprotokoll der Sondersitzung des Landesvorstands am 17. 4. 1996 (dort v. a. Redebeiträge Christian Reinke und Peter Deutschland).

[271] ADS, PDS MV, Alt-Sign. 2008-XVII-377: Erklärung des Landesvorstandes der PDS Mecklenburg-Vorpommern. Teterow, 19. 4. 1996.

[272] AdsD, SPD-KV Wismar, 3/MVWI000029: Beschlußprotokoll der Sitzung der Kreisgeschäftsführer der SPD Mecklenburg-Vorpommern am 22. 4. 1996; AdsD, SPD-LV MV, 3/MVAB000156: Beschlußprotokoll der Sondersitzung des Landesvorstandes am 17. 4. 1996; Beschlußprotokoll der Sondersitzung des Landesvorstands am 23. 4. 1996; Beschlußprotokoll Sondersitzung des SPD-Landesvorstandes gemeinsam mit der SPD-Landtagsfraktion, 26. 4. 1996.

[273] So der Bericht Ringstorffs im Landesvorstand: AdsD, SPD-LV MV, 3/MVAB000156: Beschlußprotokoll der Sondersitzung des Landesvorstands am 23. 4. 1996; ähnlich auch AdsD, SPD-Präs.: Protokoll der Präsidiumssitzung am 22. 4. 1996.

[274] So die Darstellung Harald Ringstorffs (AdsD, SPD-KV Wismar, 3/MVWI000038: Harald Ringstorff, Liebe Genossinnen und Genossen, liebe Freunde. Schwerin, Anfang Mai 1996, S. 3).

[275] Ebenda, S. 3 f.

Die Diskussionen im Herbst 1994 und im Frühjahr 1996 führten aber dazu, dass sich die Öffentlichkeit an den Gedanken einer baldigen rot-roten Kooperation in Mecklenburg-Vorpommern gewöhnte.[276] Diese schien nur noch eine Frage der Zeit zu sein. In der Folge setzten sich in den Landesparteien von SPD und PDS jene Kräfte durch, die aktiv und offen für eine rot-rote Regierungsbildung nach der Wahl 1998 eintraten. In der SPD-Landesspitze wurde nun argumentiert, dass sich die PDS „als aktive Gestaltungskraft etabliert" habe. Sie sei in Ostdeutschland akzeptiert, betreibe auf kommunaler Ebene „Realpolitik" und kooperiere mit allen anderen Parteien, so Landesgeschäftsführer Nikolaus Voss.[277] Die Geschichtspolitik der PDS dagegen erschien nun zweitrangig,[278] und auch über ihre Demokratie- und Koalitionsfähigkeit sollte von sozialdemokratischer Seite nicht mehr öffentlich gesprochen werden.[279] In ihrer „Kühlungsborner Erklärung" vom November 1996 hielt die Landes-SPD die Koalitionsfrage daher bewusst offen.[280]

Auch der PDS-Landesvorsitzende Holter brachte seine Partei über erhebliche innerparteiliche Widerstände hinweg auf den Weg der Regierungsbeteiligung.[281] Man sei bereit für „Reformarbeit im Kapitalismus, die gleichzeitig Arbeit für den Sozialismus ist", so die dialektische Losung.[282] Zwar zweifelten führende Parteimitglieder, ob eine solche Politik mit der Sozialdemokratie machbar sei.[283] Und vor allem am linken Parteiflügel gab es viele, die eine Übernahme von Regierungsverantwortung innerhalb des kapitalistischen Systems grundsätzlich ausschlossen. Für Sahra Wagenknecht etwa bedeutete Regierungsbeteiligung den „Anfang vom Ende einer einflußreichen PDS", weil sie dafür nicht gewählt worden sei. Die „Hegemonie konservativer Politik" würde nicht gebrochen, sondern gestärkt, wenn die einzige echte Oppositionspartei zum Kapitalismus „in seine Umsetzung eingebunden" würde.[284]

Der regierungskritische Flügel der PDS stand aber auf verlorenem Posten. Von der Bundesführung der Partei hatte Holter keinen Widerstand zu erwarten. Schon 1995 hatte Gregor Gysi öffentlich einen Strategiewechsel angemahnt. Für die Er-

---

[276] Siehe zu den Diskussionen und Strategiedebatten auch Werz, Die SPD in Mecklenburg-Vorpommern, S. 88–92.

[277] AdsD, SPD-LV MV, 3/MVAB000635: Nikolaus Voss, Stichworte zum Thema „Wie gehen wir politisch mit der PDS um?" Sprechzettel für das PDS-Seminar 12.–14. 3. 1996 in Berlin-Spandau.

[278] Ebenda.

[279] AdsD, SPD-LV Mecklenburg-Vorpommern, 3/MVAB000156: Beschlußprotokoll der Landesvorstandssitzung am 10. 8. 1996.

[280] Kühlungsborner Erklärung, zit. n. Vorstand der SPD (Hrsg.), Jahrbuch 1997/98, S. 83.

[281] ADS, PDS-LV MV, Alt-Sign. 2008-XVII-338: Generaldebatte 4. Tagung des 4. Landesparteitages in Parchim am 15./16. 2. 1997.

[282] ADS, PDS-LV MV, Alt-Sign. 2008-XVII-338: Helmut Holter, Rede zur Einbringung des Leitantrages [auf dem Parchimer Parteitag der PDS Mecklenburg-Vorpommern (4. Tagung des 4. Landesparteitages). 15./16. 2. 1997], S. 2.

[283] ADS, PDS-LV MV, Alt-Sign. 2008-XVII-338: Generaldebatte 4. Tagung des 4. Landesparteitages in Parchim am 15./16. 2. 1997.

[284] Wagenknecht, Kommunisten heute, S. 2.

neuerung der PDS sei die Oppositionsrolle unverzichtbar gewesen, auf Dauer aber
könne man eine Regierungsbeteiligung mit SPD und Grünen nicht ausschließen:
„Wenn es eine Mehrheit links von der Union gibt, wird den drei Parteien gar nichts
anderes übrigbleiben, als sie irgendwann zu nutzen."[285] Für eine solche Regierungsbeteiligung setzte sich auch der PDS-Bundesvorsitzende Lothar Bisky ein,
der an die „Verantwortung der sozialistisch-kommunistischen Linken im Kampf
gegen neoliberale Politik" appellierte.[286] Für die „Reformer" war Schwerin eine
„historische Chance", die „Politikfähigkeit" der Partei zu beweisen, ein Beispiel
für weitere Länder zu geben und der PDS einen Einfluss auch im Bundesrat zu
verschaffen, wie Helmut Holter herausstrich.[287] Es ging darum, „dass der gesellschaftliche Stellenwert der PDS ein anderer wird" und dass sie von der Sozialdemokratie „als gleichberechtigter Partner anerkannt wird".[288] Dagegen könne
eine „Verweigerungshaltung [...] in ein fundamentalistisches Aus führen".[289] Der
Bundesparteitag in Schwerin machte dann auch im Januar 1997 den Weg für Regierungsbeteiligungen frei, wenn dadurch „ein Höchstmaß an gesellschaftlichen
Veränderungen im Sinne der politischen Zielstellung der PDS erreicht werden"
könne.[290]

Regierungsbildung 1998

Vor diesem Hintergrund kam die rot-rote Regierungsbildung in Mecklenburg-
Vorpommern nach der Landtagswahl 1998 nicht mehr überraschend. Anders als
1994 und 1996 sprachen sich nun in der Landes-SPD alle relevanten Gremien inklusive einer Mehrheit der Kreisverbände für eine Zusammenarbeit mit der PDS
aus.[291] Zudem wurden einer „rot-roten" Koalition auch aus Bonn keine Steine
mehr in den Weg gelegt.[292] Noch nach der Landtagswahl in Sachsen-Anhalt im
Frühjahr 1998 hatte der Kanzlerkandidat Gerhard Schröder aus wahltaktischen
Gründen versucht, eine Fortsetzung des „Magdeburger Modells" zu verhindern,
und stattdessen auf eine Große Koalition gedrängt. Unter „bundespolitischen Ge-

---

[285] In der Bredouille. Interview mit Gregor Gysi. In: Die Zeit, 24. 11. 1995.

[286] ADS, PDS-LV MV, Alt-Sign. 2008-XVII-338: Lothar Bisky, Rede auf dem Landesparteitag
der PDS Mecklenburg-Vorpommern am 13. 12. 1997 (Entwurf), S. 6.

[287] ADS, PDS-LV MV, Alt-Sign. 2008-XVII-348: Redekonzeption Helmut Holter, Landesvorsitzender der PDS M-V, auf der Außerordentlichen 5. Tagung des allgemeinen Landesparteitages am 10. 10. 1998 in Sternberg, S. 2 und S. 4.

[288] Helmut Holter im Gespräch mit dem Autor, 15. 3. 2017.

[289] ADS, PDS-LV MV, Alt-Sign. 2008-XVII-348: Redekonzeption Helmut Holter, Landesvorsitzender der PDS M-V, auf der Außerordentlichen 5. Tagung des allgemeinen Landesparteitages am 10. 10. 1998 in Sternberg, S. 4.

[290] Grundsätze und Ziele der PDS bei den Wahlen 1998/99. Beschluß der 1. Tagung des 5. Parteitages der PDS. In: Disput, H. 1, 1997, S. 16–18, Zitat S. 18.

[291] Vgl. AdsD, SPD-KV Wismar, 3/MVWI000030: Protokoll der Sitzung der Kreisgeschäftsführer der SPD Mecklenburg-Vorpommern am 14. 10. 1998, S. 1 f.; AdsD, SPD-KV Wismar, 3/
MVWI000030: J. Seewald an Harald Ringstorff. Wismar, 6. 11. 1998.

[292] Vgl. Koniczek, Strategische Interaktionen, S. 302.

sichtspunkten" sollte ein Lagerwahlkampf unbedingt vermieden werden.[293] Gegen den Willen der Bonner „Baracke" aber und sehr zu Schröders Verärgerung hatte sich der Landesverband gegen eine Koalition mit der CDU ausgesprochen und sich stattdessen mit der PDS auf eine Fortsetzung des Tolerierungsmodells geeinigt.[294] Die PDS hatte sich als Partner bewährt. Nach der Bundestagswahl und der Landtagswahl in Mecklenburg-Vorpommern im Herbst 1998 führte der Parteivorsitzende Oskar Lafontaine schließlich eine Entscheidung im Parteivorstand der SPD herbei, die formal noch immer geltende Beschlusslage aus dem Jahr 1994 de facto zu revidieren und den Landesverbänden mögliche Kooperationen mit der PDS auch offiziell freizustellen.[295] Fortan lautete die Sprachregelung: „Keine Zusammenarbeit im Bundestag, vor Ort entscheiden die Landesverbände über eine eventuelle Zusammenarbeit. Im Bundesrat wird man mit Landesregierungen reden müssen, nicht mit Parteien."[296]

Die PDS Mecklenburg-Vorpommerns wiederum betonte zwar ihre „grundsätzlich oppositionelle Position zu den kapitalistisch bestimmten gesellschaftlichen Prozessen". Einem Regierungseintritt aber sollte dies nicht im Weg stehen – schließlich sah man darin einen „Schritt zu politischer Normalität im Umgang mit und im Wirken einer linkssozialistischen Partei".[297] „Normalität" schien wichtiger als Opposition. Den ausgehandelten Koalitionsvertrag nahm der PDS-Landesparteitag am 31. Oktober 1998 mit 100 Stimmen und nur sechs Gegenstimmen an.[298] Und dies, obwohl die Landes-PDS sich im Anschluss an den Vierpunktekatalog der SPD vom Dezember 1994 doch noch symbolisch von ihrem kommunistischen Flügel hatte abgrenzen und einräumen müssen, „daß politische Kräfte, die Grundgesetz und Landesverfassung nicht anerkennen, keinen Einfluß auf die Politik des Landes Mecklenburg-Vorpommern bekommen dürfen".[299] Aus Sicht Helmut Holters sollten damit in erster Linie jene beruhigt werden, „die Angst haben: jetzt gibt es wieder eine kommunistische Diktatur".[300] Stattdessen verpflichteten sich beide Parteien „den politischen Extremismus" zu bekämpfen,[301] auch wenn die „Priori-

---

[293] AdsD, SPD-Präs.: Protokoll der Präsidiumssitzung am 27. 4. 1998, S. 3. Auch Oskar Lafontaine schloss sich dieser Strategie mit Blick auf die Bundestagswahl an, um „eine tragfähige Regierung" mit der CDU zu bilden (ebenda).

[294] AdsD, PV: Protokoll der Parteivorstandssitzung am 11. 5. 1998, S. 3; siehe dazu auch Koniczek, Strategische Interaktionen, S. 122–129; aus Sicht des Ministerpräsidenten: Höppner, Acht unbequeme Jahre, S. 92–107.

[295] AdsD, SPD-Präs.: Protokoll der Präsidiumssitzung am 1. 3. 1999, S. 5.

[296] AdsD, SPD-PR: Protokoll des Parteirates am 8. 3. 1999, S. 9 (Wortbeitrag Ottmar Schreiner).

[297] ADS, PDS-LV MV, Alt-Sign. 2008-XVII-348: Landesverband der PDS Mecklenburg-Vorpommern – Landesparteirat, Stellungnahme zur Gesprächsführung des Landesvorstandes der PDS MV mit der SPD MV [3. 10. 1998], S. 1 f.

[298] ADS, PDS-LV MV, Alt-Sign. 2008-XVII-349: Beschluß der 2. Außerordentlichen Tagung des 5. allgemeinen Landesparteitages der PDS M-V. 31. 10. 1998: Abstimmung zum Koalitionsvertrag zwischen SPD und PDS.

[299] ADS, PDS-LV MV, Alt-Sign. 2008-XVII-560: Koalitionsvereinbarung Mecklenburg-Vorpommern, 3. WP, undatiert, S. 2.

[300] Helmut Holter im Gespräch mit dem Autor, 15. 3. 2017.

[301] ADS, PDS-LV MV, Alt-Sign. 2008-XVII-560: Koalitionsvereinbarung Mecklenburg-Vorpommern, 3. WP, undatiert, S. 3.

tät" auf der „Zurückdrängung von rechtsextremem, neofaschistischem und ausländerfeindlichem Gedankengut" liegen sollte.[302]

Aus Sicht der sozialdemokratischen Landesführung galt der Forderungskatalog von 1994 damit als erfüllt,[303] ohne dass sich die PDS zu Einzelheiten wie der „Zwangsvereinigung" bekannt oder explizit mit dem „Kommunismus" gebrochen hätte, wie 1994 noch verlangt. Stattdessen wurde die Koalition nun in eine Rhetorik der „Versöhnung" und „Normalisierung" gekleidet, die deutlich vom antitotalitären Modell der Geschichts- und Vergangenheitspolitik abwich. „Ziel der Aufarbeitung" sollte es sein, „Brücken zu bauen" und keinen auszuschließen.[304] Der „Tabubruch"[305] einer PDS-Regierungsbeteiligung wurde so zum Akt der Versöhnung mit dem DDR-Erbe stilisiert: „Wir werden in Mecklenburg-Vorpommern ein anderes Klima schaffen, wir wollen versöhnen statt spalten", so Ringstorff.[306] Zudem versuchte der neue Ministerpräsident Zweifel an der demokratischen Zuverlässigkeit seines neuen Koalitionspartners zu zerstreuen und verkaufte seine Regierung daher als Koalition zweier im Kern sozialdemokratischer Parteien: Die PDS habe sich „gewandelt" und wolle nach Wegen suchen, „dem Kapitalismus ein menschlicheres Antlitz" zu verleihen, ein Vorhaben, das „auch nötig" sei.[307]

„Ein Stück Normalität"?

Mit ihrer zunehmenden Integration in die machtpolitischen und parteistrategischen Erwägungen der konkurrierenden Parteien veränderte sich die Position der PDS im politischen System der Bundesrepublik in entscheidender Weise. War sie bis dahin parteiübergreifend als koalitionsunfähig angesehen worden, sodass jegliche Kontakte zur PDS und jegliche Kooperationsmodelle als potenziell anrüchig galten, so zeigte die Koalitionsbildung in Mecklenburg-Vorpommern mit dem Segen der Bundes-SPD, dass sich diese Situation geändert hatte. Zumindest unterhalb der Bundesebene und zumindest von Seiten der Sozialdemokratie war die PDS in den Kreis der als regierungsfähig angesehen Parteien erhoben worden. Voraussetzung dafür waren die Wahlerfolge der PDS auf der einen, ihre Bereitschaft zur Regierungsbeteiligung auf der anderen Seite. Beides stattete die Partei mit beträchtlichem machtpolitischen Kapital aus: Ohne die PDS konnte Harald Ringstorff nicht Ministerpräsident werden. Am Beispiel Mecklenburg-Vorpommerns zeigte sich zugleich, dass es dazu nicht nur der gegenseitigen Vertrauensbildung durch persönliche Gespräche bedurfte, sondern auch einer Reihe sym-

---

[302] Ebenda, S. 26.
[303] Vgl. Werz, Die SPD in Mecklenburg-Vorpommern, S. 94.
[304] ADS, PDS-LV MV, Alt-Sign. 2008-XVII-560: Koalitionsvereinbarung Mecklenburg-Vorpommern, 3. WP, undatiert, S. 2.
[305] Thomas Hoppe, Tabubruch. In: Ostsee-Zeitung, 12. 10. 1998.
[306] „In Ostdeutschland muß man manches anders machen". Interview mit Harald Ringstorff. In: Süddeutsche Zeitung, 9. 11. 1998.
[307] Ebenda.

bolischer Vorleistungen von Seiten der PDS, die sich gleichermaßen an den Koalitionspartner und an die politische Öffentlichkeit richteten: Die Partei musste sich zumindest deklamatorisch zur parlamentarischen Demokratie der Bundesrepublik bekennen und sich von verfassungsfeindlichen Gruppen distanzieren, ehe sie Regierungsämter übernehmen konnte. Damit wurde der Versuch unternommen, die sich einstellenden machtpolitischen Entwicklungen auf Landesebene auch auf einer diskursiven Ebene in der bundesweiten Öffentlichkeit zu verankern und legitimatorisch abzusichern. Der Versuch Harald Ringstorffs, seine Koalition als „ein Stück Normalität"[308] zu verkaufen, war daher weniger Feststellung einer neuen Wirklichkeit, als ein Beitrag dazu, diese Realität zu schaffen, oder genauer: die neuen machtpolitischen Tatsachen auch diskursiv zur Normalität zu machen.

3. Verfassungsfeinde? Die PDS und die konstitutionelle Ordnung

Dass diese Umcodierung im PDS-Diskurs keine einfache Aufgabe war, zeigte sich nicht nur in den dargestellten Auseinandersetzungen innerhalb der politischen Parteien. Vielmehr hing die Akzeptanz der PDS als Regierungspartei auch von anderen Akteuren der öffentlichen Meinungsbildung ab, die seit Mitte der 1990er Jahre verstärkt über den Charakter der Partei und ihr Verhältnis zum politischen System der Bundesrepublik zu diskutieren begannen. Bis dahin hatte in der bundespolitischen Öffentlichkeit die Annahme, dass es sich bei der PDS um keine „demokratische" Partei im Sinne des bundesrepublikanischen Konsenses handele, weitgehend unhinterfragt Gültigkeit besessen. In dem Moment aber, in dem die Wahlerfolge anhielten und die Partei zu einem machtpolitischen Faktor wurde, begann eine nachholende Debatte darüber, ob eine solche Aufwertung legitim und mit der politisch-kulturellen Tradition der westlichen Demokratie kompatibel sei. Um diese Diskussionen zu verstehen, soll daher im Folgenden die Perspektive auf die PDS selbst und ihre Haltung zum bundesdeutschen Staat gelenkt werden. Es soll nach dem Verhältnis der Partei zur bundesrepublikanischen Demokratie gefragt werden und vor allem danach, wie dieses Verhältnis in der politischen Öffentlichkeit interpretiert wurde.

3.1 Die Haltung der PDS zu Rechtsstaat und Parlamentarismus

Der Rechtsstaat und die Gewaltfrage

Seit ihrer Entstehung aus der SED zeichnete sich die PDS durch eine sehr ambivalente Einstellung gegenüber dem Staat Bundesrepublik und seinen Institutionen

---

[308] Ebenda; vgl. auch Werz, Tabubruch, S. 277.

aus.[309] Dabei brachten auch die unterschiedlichen Teilgruppen der Partei sehr unterschiedliche Erfahrungen und damit verbunden sehr diverse Rechts- und Demokratieverständnisse mit. Wer beispielsweise wie einige Vertreterinnen und Vertreter des sogenannten Reformflügels schon zu Zeiten der SED-Herrschaft Kritik an fehlender Rechtsstaatlichkeit in der DDR geübt hatte, der blickte naturgemäß positiver auf den westlichen Staat als jene, die aus der linken Gegenkultur der Bundesrepublik kamen und in Auseinandersetzungen mit der Staatsgewalt sozialisiert worden waren.[310] Wiederum eine andere Perspektive nahmen jene PDS-Mitglieder ein, die in der DDR den besseren deutschen Staat gesehen hatten, der trotz Missbräuchen rechtsstaatliche Grundlagen besessen habe.

Wie gegensätzlich und oft auch widersprüchlich die Positionen waren, kann anhand der Auseinandersetzungen in der sozialistischen Bundestagsgruppe dargestellt werden, die insbesondere in der ersten gesamtdeutschen Legislaturperiode zu sehr ungewöhnlichen Allianzen führten. Interessanterweise standen Vertreterinnen und Vertreter der sozialistischen DDR-Opposition wie Jutta Braband und Thomas Klein dem Rechts- und Verfassungsstaat Bundesrepublik und insbesondere dem staatlichen Gewaltmonopol kritischer gegenüber als DDR-Staatsrechtler wie Gerd Riege und Uwe-Jens Heuer.[311] Der bekennende Marxist Heuer lehnte zwar den Begriff „Unrechtsstaat" für die DDR ab, räumte aber ein, dass sie „große Bereiche politischer Rechtlosigkeit, Entmündigung und Demütigung" erlaubt habe, was er auf eine mangelnde Rechtsbindung der Politik zurückführte.[312] Dieselbe Tendenz machte er in der Bundesrepublik aus, deren Rechtsstaatlichkeit er in Frage stellte: Besonders störte ihn eine justizielle Aufarbeitung des SED-Regimes „im Namen überpositiven Rechts",[313] das für ihn einer „nachträglichen Aufhebung von DDR-Recht"[314] gleichkam. Die „Erfahrungen der DDR", so Heuer und sein Fraktionskollege Gerd Riege, lehrten, „gegenüber jedem Angriff auf das positive Recht im Namen höherer Werte mißtrauisch zu sein".[315] Aus dieser positivistischen Rechtsposition folgte für die beiden aber nicht nur eine grundsätzliche Verteidigung der DDR, sondern ebenso, dass die Rechtslage in der Bundesrepublik und die staatlichen Institutionen zu achten und Gewaltakte gegen Institutionen der Bundesrepublik zu verurteilen seien.[316] Gemeinsam mit dem westdeutschen IG-Metaller Bernd Henn stellten sie sich damit de facto auf die Seite der „bürgerlich-demokratischen Verfassungsordnung".[317] Das entsprach im Ergebnis der Po-

---

[309] Vgl. Prinz, Die programmatische Entwicklung, S. 186 f.

[310] Vgl. Land/Possekel, Fremde Welten, S. 72; Prinz, Die programmatische Entwicklung, S. 140 f.

[311] Vgl. Prinz, Die programmatische Entwicklung, S. 294 f.

[312] Heuer, Rechtsstaat und Unrechtsstaat, S. 92 f.

[313] ADS, BT/12.WP-006: Uwe-Jens Heuer/Ekkehard Lieberam/Gerhard Riege, Demokratie, Rechtsstaat, Verfassungsfragen. Beitrag zur Fraktionssitzung am 22. 10. 1991.

[314] Heuer, Rechtsstaat und Unrechtsstaat, S. 94.

[315] ADS, BT/12.WP-006: Uwe-Jens Heuer/Ekkehard Lieberam/Gerhard Riege, Demokratie, Rechtsstaat, Verfassungsfragen. Beitrag zur Fraktionssitzung am 22. 10. 1991.

[316] Ebenda.

[317] ADS, BT/12.WP-004: Pressemitteilung des Abgeordneten Henn zur Situation in der Abgeordnetengruppe PDS/LL. Bonn, 17. 10. 1991; ADS, BT/12.WP-006: Uwe-Jens Heuer/Ekke-

sition der „reformsozialistischen" Strömung in der PDS, die den Rechtsstaat als wichtigen Vorzug der bürgerlichen Ordnung gegenüber dem Realsozialismus ansah.[318]

Hiergegen stellten sich die früheren DDR-Oppositionellen Braband und Klein, die ebenso wie einige ihrer Kolleginnen und Kollegen aus der Westlinken den bundesdeutschen Rechtsstaat als Herrschaftsinstrument des Kapitals ansahen und daraus ein prinzipielles „Recht auf Widerstand" gegen den Staat ableiteten.[319] Auch die Kommunistische Plattform lehnte „Gewaltanwendung mit dem Ziel sozialer Veränderungen" nicht grundsätzlich ab und berief sich auf das verfassungsmäßige Widerstandsrecht gemäß Artikel 20 Absatz 4 des Grundgesetzes, um sich vor der „rechts- und verfassungswidrigen Gewaltanwendung durch die Herrschenden" zu schützen, die Linke auf Demonstrationen und im außerparlamentarischen Kampf bedrohte.[320]

In der Außenwahrnehmung bestätigte dieser Streit alle Vorbehalte gegenüber der PDS: Während den DDR-Staatsrechtlern um Heuer und Riege vorgeworfen wurde, durch Parallelisierung von DDR und BRD und Kritik am bundesdeutschen Rechtsstaat „den grundlegenden Unterschied von Diktatur und Demokratie zu verwischen" und so die DDR-Diktatur zu legitimieren,[321] führte die Solidarität eines Teils der Partei mit militanten und gewaltbereiten Gruppen zu ebenso großer Kritik von innerhalb und außerhalb der PDS.[322] Wie die Grünen in den 1980er Jahren galt auch die PDS so lange als gefährlich, wie aus ihren Reihen Gewalt gegen den Staat gerechtfertigt wurde.[323]

Parlamentarismus als Kernelement bundesdeutscher Demokratie

Neben der Gewaltfrage war es vor allem die Haltung der PDS zur parlamentarischen Form der Demokratie, die aus zeitgenössischer Sicht ein zentrales Kriterium

---

hard Lieberam/Gerhard Riege, Demokratie, Rechtsstaat, Verfassungsfragen. Beitrag zur Fraktionssitzung am 22. 10. 1991; vgl. auch Ehemaliger PDS-Abgeordneter wollte zur SPD. In: Hannoversche Allgemeine, 11. 11. 1991.

[318] Vgl. Prinz, Die programmatische Entwicklung, S. 140.

[319] ADS, BT/12.WP-006: Jutta Braband/Thomas Klein/Vera Vordenbäumen/Udo Wolf, Rechtsstaat und Demokratie, 20. 10. 1991; siehe zu diesem Streit auch Falkner/Huber, Aufschwung PDS, S. 29; und aus der Sicht eines Beteiligten: Heuer, Im Streit, S. 208 f.; außerdem Prinz, Die programmatische Entwicklung, S. 189.

[320] Benjamin, Gedanken, S. 14.

[321] Exemplarisch: Meckel, Die Programmatik der PDS, S. 16.

[322] Vgl. Falkner/Huber, Aufschwung PDS, S. 168 f.

[323] Vgl. beispielsweise Meckel, Die Programmatik der PDS, S. 21; AdsD, SPV-LV MV, 3/ MVAB000635: Stephan Hilsberg, Zum Umgang der SPD mit der PDS. „Auseinandersetzung, Aufklärung, Abgrenzung", 12. 3. 1996; CDU-Bundesgeschäftsstelle (Hrsg.), Die Partei des demokratischen Sozialismus, S. 18; Bayerisches Staatsministerium des Innern (Hrsg.), Verfassungsschutzbericht Bayern 1992, S. 79; für Kritik aus der PDS: AdsD, Dep. Thierse, 1/ WTAA001656: Christine Ostrowski/Ronald Weckesser, Brief aus Sachsen. Für einen eigenen Weg statt „links von der SPD". Dresden, 7. 5. 1996, S. 2; für Kritik an den Grünen vgl. CDU/ CSU-Fraktion, Seiters/Bösch (Hrsg.), Grüne und Gewalt.

für die Beurteilung der Partei darstellte. Die Bedeutung dieses Themas resultierte vor allem aus den historischen Erfahrungen mit dem Kommunismus, hatte sich doch die KPD nach dem Ersten Weltkrieg gerade durch ihre Ablehnung der bürgerlich-parlamentarischen Demokratie ausgezeichnet und zu den dezidierten Gegnern des Weimarer Staates gehört.[324] Dessen „bürgerlich-formale Demokratie" galt ihr als „trügerische Losung" der „Gegenrevolution", die in Wirklichkeit einer „Diktatur der Bourgeoisie" gleichkam, wie es Clara Zetkin schon im Dezember 1918 ausgedrückt hatte.[325] Dazu kam, dass, wie bereits dargestellt, die parlamentarische Demokratie nach dem Zweiten Weltkrieg zu einem wesentlichen Teil des bundesrepublikanischen Selbstverständnisses und der westdeutschen Demokratiekonzeption geworden war. Parlamentarische Demokratie wurde dabei nicht nur als bürgerlich-liberales Gegenmodell zur kommunistischen „Volksdemokratie" bzw. zur Parteidiktatur im Osten des Landes verstanden. Sie wurde in der Bundesrepublik vielfach als Inbegriff liberaler Demokratie aufgefasst und damit auch in Abgrenzung zu anderen, plebiszitären Demokratieformen in Stellung gebracht, die als zumindest potenziell illiberal galten. Zum Teil wirkten hierbei anti-plebiszitäre Traditionen nach, die bis ins Deutsche Reich zurückgingen.[326] Vor allem aber waren in der Bundesrepublik die direktdemokratischen Elemente der Weimarer Reichsverfassung zum Negativbild konstruiert worden, das – so die „herrschende Lehre" in Politik-, Geschichts- und Rechtswissenschaft – wesentlich zu ihrem Untergang beigetragen habe. Damit hatte Theodor Heuss' Auffassung Oberhand gewonnen, wonach Plebiszite als „Prämie für jeden Demagogen"[327] wirkten und dazu genutzt werden konnten, nicht nur die parlamentarische Demokratie, sondern die Demokratie insgesamt auszuhöhlen und auszuschalten.[328] Diese typisch bundesrepublikanische Auffassung, die in anderen europäischen Ländern so nicht vorherrschte, wurde auch dadurch verstärkt, dass es historisch neben der NSDAP gerade kommunistische und andere antiparlamentarische Parteien waren, die sich eines direktdemokratischen Gestus bedient hatten und damit versuchten, das Plebiszit gegen parlamentarische Mehrheitsentscheidungen ins Spiel zu bringen.[329]

Trotzdem waren seit den 1960er Jahren auch in Westdeutschland vermehrt gesellschaftliche Ansprüche laut geworden, den Bürgerinnen und Bürgern mehr Mitentscheidungs- und Kontrollmöglichkeiten zu verleihen, als das die repräsentativ-parlamentarische Demokratie tat.[330] Ausdruck dieser Ansprüche war nicht nur die Parlamentarismuskritik der Achtundsechziger und später der Neuen Linken und der Grünen. Wie Andreas Wirsching gezeigt hat, begann das gesamte „Weimarer Argument" gegen die direkte Demokratie seit den 1980er Jahren zu

---

[324] Siehe dazu Weber, Kommunismus in Deutschland, v. a. S. 74–139.

[325] Zetkin, Um Schein und Sein, S. 62 und S. 68.

[326] Vgl. Otto, Auf dem Weg in die plebiszitäre Willkür?, S. 198 f.

[327] Heuss, Rede in der 3. Plenarsitzung des Parlamentarischen Rats, S. 111.

[328] Vgl. Wirsching, Konstruktion und Erosion.

[329] Vgl. Otto, Auf dem Weg in die plebiszitäre Willkür?, S. 196 f.; Kössler, Abschied von der Revolution, S. 197 und S. 441.

[330] Siehe P. Nolte, Von der repräsentativen zur multiplen Demokratie.

erodieren.[331] Das 1989 verabschiedete „Berliner Programm" der SPD kann daher auch als Dokument eines demokratischen Reformdiskurses gelesen werden, der sich darum bemühte, einer wahrgenommenen Entfremdung der Parteien und Parlamente von der Wählerschaft Abhilfe zu schaffen.[332] Ähnliche Ansätze vertraten auch jene Kräfte aus Ost- und Westdeutschland, die sich im Zuge der Revolution in der DDR für eine neue gesamtdeutsche Verfassung einsetzten. Einer dieser Akteure war das im Juni 1990 gebildete „Kuratorium für einen demokratisch verfassten Bund deutscher Länder", dem knapp 200 Persönlichkeiten aus Politik, Wissenschaft und Kultur angehörten, darunter Wolf Biermann, Marianne Birthler, Bärbel Bohley, Jürgen Habermas, Otto Schily und Günter Grass.[333]

Demokratieverständnis und Parlamentarismuskritik der PDS

Die Führungsgruppe in der PDS wiederum nahm diese Ansätze auf und verband sie mit korporatistischen und rätesozialistischen Ideen. So forderte Gregor Gysi im Mai 1990, „Strukturen der direkten, unmittelbaren Demokratie" wie „Bürgerbewegungen und -komitees, Runde Tische, aber auch [...] Volksbefragungen, Bürgerbegehren und -entscheide" in die Verfassung zu integrieren.[334] Rainer Börner, der Leiter der Kommission Politisches System des Parteivorstandes, schlug vor, neben dem gewählten Parlament „eine Art Räteparlament" einzuführen, das „Bürgerbewegungen, Parteien, Organisationen und Verbände [...] unabhängig von ihrem ‚Wahlerfolg'" vertreten und zu einer dauerhaften „Erweiterung der Parlamente" führen sollte.[335]

Diese Forderungen waren nicht nur der Versuch, sich zeitgenössischen Reformdebatten anzuschließen. Auch waren sie Ausdruck eines kritischen Verhältnisses der PDS zur parlamentarischen Ordnung des Grundgesetzes. Zwar bestand aus Sicht der „reformsozialistischen" Führungsgruppe der PDS ein fester Zusammenhang zwischen sozialistischen und demokratischen Prinzipien: Sozialismus und Demokratie – verstanden als „Wettbewerb um die besten Lösungen für gesellschaftliche Probleme"[336] – gehörten untrennbar zusammen. Ein neuer, echter Sozialismus war daher nur auf „modernen" demokratischen Grundlagen wie Gewaltenteilung und Parteienkonkurrenz aufzubauen und ohne diese Prinzipien nicht zu denken.[337] Dennoch blieben die verschiedenen Strömungen der Partei einer skeptischen Perspektive auf die bürgerlich-parlamentarische Demokratie verhaftet, in der ein traditioneller kommunistischer Antiparlamentarismus nachhallte:

---

[331] Vgl. Wirsching, Konstruktion und Erosion, S. 348–352.
[332] Vgl. Otto, Auf dem Weg in die plebiszitäre Willkür?, S. 197.
[333] Siehe hierzu ausführlich Banditt, Das Kuratorium für einen demokratisch verfassten Bund.
[334] ADS, PDS-PV-061: Entwurf Referat Gregor Gysi auf der Klausurtagung des Parteivorstandes am 12./13. 5. 1990, S. 34.
[335] Börner, Parlament und Runder Tisch, S. 128.
[336] Politikwissenschaftler W. W., zit. n. Land/Possekel, Fremde Welten, S. 48.
[337] Land/Possekel, Fremde Welten, S. 71 f.

Für viele PDS-Mitglieder blieb die parlamentarische Demokratie letztlich eine „verkappte Form der Herrschaft des Kapitals".[338]

Die Kritik, die aus der PDS am Parlamentarismus geübt wurde, war allerdings sehr unterschiedlicher Art. Zum Teil war sie Resultat einer fehlenden Erfahrung mit der Konkurrenzdemokratie und mit der Funktion einer parlamentarischen Opposition. Wie Bettina Tüffers für die letzte Volkskammer dargelegt hat, sah sich die PDS auch selbst in einem Lernprozess und musste ihre Rolle fern der exekutiven Macht erst noch finden.[339] Das Gefühl der Ohnmacht in der Opposition beeinflusste auch sichtlich ihr Parlamentarismus-Bild: Entsprechend kritisierten führende Parteivertreter eine allzu große Dominanz der Regierungen über das Parlament sowie die parteiförmige Organisation und Argumentationskultur im Bundestag, die als Mangel „demokratischer Kultur" verstanden wurde.[340] Allerdings wurde auch allgemeiner eine Kartellisierung der politischen Herrschaft und ihrer Abtrennung von den Interessen der Bevölkerung empfunden, sodass Parteien und Parlament als „Instrumente der ökonomisch Herrschenden" und nicht der eigentlichen Volksmeinung angesehen wurden.[341] Da in der Öffentlichkeit oft ein Defizit an freier politischer Information herrsche, so der Vorwurf, nutzten politische Führer die parlamentarische Demokratie geschickt „zur Tarnung demagogischer Meinungsmanipulation" und träten damit „ebenso wie stalinistische ‚Führer'" auf.[342] Dass solche Worte aus dem Mund früherer SED-Funktionäre zu Kritik einluden, liegt auf der Hand.

Was hier mitschwang, war eine Perzeption der bürgerlichen Demokratie, die auf ein Fortwirken rousseauistischer Vorstellungen der Identität von Regierenden und Regierten hindeutete, wie sie in der DDR propagandistisch gepflegt wurden.[343] Solche Interpretationsmuster waren aber auch innerhalb der westeuropäischen Linken verbreitet und nicht per se illegitim. Eine Übermacht der Exekutive und Instrumentalisierung des Parlaments zum reinen Akklamationsorgan und „Transmissionsriemen der Entscheidungen politischer Oligarchien" – das hatte der westdeutsche Politikwissenschaftler Johannes Agnoli dem bürgerlichen Parlamentarismus schon 1968 zugeschrieben.[344] Zugleich wurde diese marxistische

---

[338] So das Ergebnis unter 350 Rostocker PDS-Mitgliedern im Jahr 1995, wonach knapp 50 Prozent der Befragten die repräsentative Demokratie für eine „verkappte Form der Herrschaft des Kapitals" hielten und nur sechs Prozent für die beste Staatsform (Probst, Die PDS – von der Staats- zur Regierungspartei, S. 25 f.).

[339] Vgl. Tüffers, Die 10. Volkskammer, S. 194.

[340] ADS, BT/12.WP-006: Protokoll der Fraktionssitzung, 18. 6. 1991, S. 3 (Wortbeitrag G. Riege); Kranenpohl, Mächtig oder machtlos?, S. 324.

[341] ADS, BT/12.WP-006: Uwe-Jens Heuer/Ekkehard Lieberam/Gerhard Riege, Demokratie, Rechtsstaat, Verfassungsfragen. Beitrag zur Fraktionssitzung am 22. 10. 1991, S. 1; ADS, BT/12.WP-004: Die Abgeordneten der PDS, der PDS/Linke Liste, VertreterInnen der Vereinigten Linke des Unabhängigen Frauenverbandes und Parteilose: Linke im Bundestag. Bonn o. J. (Wortbeitrag G. Gysi).

[342] Börner, Parlament und Runder Tisch, S. 128 f.; ADS, PDS-PV-071: Referat des Genossen Gregor Gysi auf der Parteivorstandssitzung am 9. 8. 1990, S. 15.

[343] Thumfart, Führungsgruppen und die politische Integration, S. 9 f.

[344] Agnoli, Die Transformation der Demokratie, hier v. a. S. 59–68, Zitat S. 68.

Demokratiekritik seit den 1980er und 1990er Jahren durch eine neue, weniger scharfe Form der Kritik abgelöst, die mit ganz ähnlichen Motiven, aber vom Boden der liberalen Demokratie aus eine Erosion der demokratischen Entscheidungsgewalt beklagte.[345] Schon 1983 hatte der italienische Philosoph Norberto Bobbio auf die „nicht eingehaltenen Versprechen" der „realen" repräsentativen Demokratie hingewiesen, die es eben trotz aller Leistungen nicht vermocht habe, politische, technokratische und ökonomische Oligarchien zu beenden und effektiv zu demokratisieren.[346] In den 1980er Jahren war zudem regelmäßig davon die Rede, die Parteien hätten sich „den Staat zur Beute" gemacht,[347] eine Kritik, die von der Politikwissenschaft der 1990er Jahre in die vieldiskutierte „Kartellparteithese" überführt wurde, wonach die „Mainstream"-Parteien den Staat kolonisiert und ein Kartell zur Verfolgung von Eigeninteressen gebildet hätten.[348] Nach dem Ende des Ost-West-Konflikts wurden solche Motive fester Bestandteil der Debatten um den Zustand der westlichen Demokratien im „neoliberalen" Zeitalter, den der britische Politikwissenschaftler Colin Crouch schließlich mit dem Begriff der „Post-Demokratie" belegte.[349]

In diesen Diskussionen wurde vielfach ein nicht-egalitärer Output demokratischer Politik als Defekt demokratischer Institutionen interpretiert. Dies wiederum wurde auf den Einfluss nicht-demokratisch legitimierter Kräfte, v. a. ökonomischer Interessengruppen, sowie auf strukturelle Ökonomisierungstendenzen zurückgeführt.[350] Insofern muss die Parlamentarismuskritik der PDS auch als Kind ihrer Zeit gesehen werden: Auf der politischen Linken blieb auch nach 1990 ein kritischer Blick auf die Defizite des Parlamentarismus bestehen – ein geschlossenes Gegenmodell aber war abhanden gekommen. Allerdings blieb im Fall der PDS lange Zeit unklar, ob es sich bei den genannten Kritikpunkten um generelle „Konstruktionsfehler dieser Demokratie"[351] handelte, sodass nur Lösungen infrage kamen, die auf eine Überwindung bzw. Abschaffung der repräsentativen Demokratie hinausliefen, oder ob es hierfür auch systemimmanente Lösungen geben könne. Die Kommunistische Plattform beispielsweise präferierte ein imperatives Mandat in Form einer „basisdemokratischen Kontrolle über alle Parlamentarier".[352] Den „Reformern" dagegen galt die spezifische Form der bürgerlich-parlamentarischen Demokratie als „notwendige, aber nicht hinreichende Bedingung für soziale Gerechtigkeit und freie Entfaltung des Individuums".[353]

---

345 Vgl. P. Nolte, Von der repräsentativen zur multiplen Demokratie, S. 7.
346 Bobbio, Die Zukunft der Demokratie.
347 Wirsching, Abschied, Provisorium, S. 200.
348 Vgl. Katz/Mair, Changing Models.
349 Crouch, Coping with Post-Democracy; ders., Postdemokratie; vgl. auch Jörke, Auf dem Weg zur Postdemokratie; Nonhoff (Hrsg.), Diskurs – radikale Demokratie – Hegemonie.
350 Vgl. zeitgenössisch Streeck, Einleitung; dazu auch Leendertz, Zeitbögen, S. 210.
351 PDS-Abgeordnete/r, zit. n. Uwe Kranenpohl, Mächtig oder machtlos?, S. 324.
352 ADS, PDS-PV-204: Diskussionsangebot der Zentralen Koordinierungsgruppe der Kommunistischen Plattform der PDS an alle Kommunisten. Zu grundsätzlichen programmatischen und politischen Fragen, undatiert, S. 3.
353 Börner, Parlament und Runder Tisch, S. 127.

In der Praxis wiederum einigten sich alle Gruppen in der PDS auf eine zunächst instrumentell verstandene Mitwirkung im System. Zum einen schrieb sich die PDS eine parlamentarische Kontroll- und Korrektivfunktion zu; weil sie sich als einzige echte Opposition verstand, müsse sie die Regierung unter Druck setzen: „Damit sie nicht hinter dem Tarnmantel angeblicher Sachzwänge die sozialen und politischen Rechte der BürgerInnen beschneidet", wie Gregor Gysi formulierte.[354] Zum anderen warb Gysi dafür, die „Möglichkeiten und Mittel" des Parlaments zur öffentlichen Darstellung und zur Netzwerkbildung zu nutzen:

„Die internationale Position der PDS und auch die ‚innerdeutsche' hängt nicht unwesentlich mit den Mitgliedern im [Bundestag] zusammen. Den Sprung, einen Vorsitzenden einer sozialistischen Partei einzuladen, können viele nicht vollziehen. Ein Mitglied des [Bundestages], das ist etwas ganz anderes, etwas ‚unpolitisches', das ist eben legitim, wie an den Beispielen ÖTV, HBV und anderer Gewerkschaften sowie Verbänden ersichtlich ist."[355]

Zudem veränderte sich, wie noch zu zeigen sein wird, die Haltung vor allem der Funktionäre der PDS zur parlamentarischen Demokratie in dem Maße, in dem sie in deren Funktions- und Machtstrukturen eingebunden wurden.[356] Mochte das grundsätzliche Bekenntnis zum Parlamentarismus anfänglich noch Strategie sein – das lässt sich weder belegen noch widerlegen –, so wurde es zunehmend durch Erfahrungen und Gewöhnungsprozesse untermauert. Dessen ungeachtet blieb die Beteuerung, „kein Anhänger des Parlamentarismus"[357] zu sein, lange Zeit eine Art Konsensformel in der PDS: parlamentarisches Handeln ja, aber „ohne daß wir den Parlamentarismus verabsolutieren".[358] Wiederholt sah sich die PDS-Führung für ihre parlamentarische Arbeit der innerparteilichen Kritik ausgesetzt, sich dem „Scheißparlamentarismus" – und damit einem kulturell feindlichen und für undemokratisch befundenen System – verschrieben zu haben.[359] Noch im Sommer 1996 bescheinigte daher André Brie seiner Partei, „ein positives Verhältnis zur parlamentarischen Demokratie und zum Grundgesetz" erst noch finden zu müssen.[360]

---

354 ADS, BT/12.WP-004: Die Abgeordneten der PDS, der PDS/Linke Liste, VertreterInnen der Vereinigten Linken des Unabhängigen Frauenverbandes und Parteilose: Linke im Bundestag. Bonn o. J. (Beitrag G. Gysi).
355 ADS; PDS-PV-131: Sachprotokoll der Klausurtagung des Parteivorstandes am 5./6. 9. 1992 in Kleinmachnow (Wortbeitrag Gregor Gysi). Diese instrumentelle Parlamentarismus-Perzeption teilten auch die orthodoxen Mitglieder der Kommunistischen Plattform, die Parlamentsarbeit zur „Sicherung der Rechte der Werktätigen" befürwortete, aber „jede Verselbständigung parlamentarischer Arbeit" ablehnte (ADS, PDS-PV-204: Diskussionsangebot der Zentralen Koordinierungsgruppe der Kommunistischen Plattform der PDS an alle Kommunisten. Zu grundsätzlichen programmatischen und politischen Fragen, undatiert, S. 3).
356 Siehe hierzu Kapitel VI.3.
357 ADS, PDS-PV-131: Sachprotokoll der Klausurtagung des Parteivorstandes am 5./6. 9. 1992 in Kleinmachnow (Wortbeitrag PV-Mitglied Tügel).
358 ADS, PDS-PV-090: Rede André Brie auf der Tagung des Parteivorstandes der PDS am 16./ 17. 2. 1991, S. 20.
359 ADS, PDS-PV-131: Sachprotokoll der Klausurtagung des Parteivorstandes am 5./6. 9. 1992 in Kleinmachnow (Wortbeitrag Gregor Gysi).
360 „Die SPD hätte uns gern als As im Ärmel". Interview mit André Brie. In: Stern 32/1996, 1. 8. 1996; dazu auch A. Brie, Ankommen in der Bundesrepublik.

3.2 Verfassungsfragen und Verbotsdiskussionen

Auch wenn der Parlamentarismus in der PDS zweifelsohne keinen guten Ruf genoss, so blieb er doch ein wichtiger begrifflicher Bezugspunkt der parteiinternen Diskussion. Zu keiner Zeit trat eine Mehrheit oder auch nur eine signifikante Minderheit der Partei offen dafür ein, die parlamentarische Demokratie als Ganzes abzuschaffen. Vielmehr griff man zu sprachlich offenen Formulierungen, die unterschiedlich interpretiert werden konnten. Einer dieser vielbenutzten Formeln bediente sich der ehemalige Sozialdemokrat Bernd Henn, wenn er „Veränderungen von Staat, Wirtschaft und Gesellschaft im Sinne von mehr Demokratie" forderte, „aber ausgehend von den verfassungsmäßigen und rechtlichen Möglichkeiten des Staates, in dem wir leben".[361] Der Kommunist Michael Benjamin sprach von einem Demokratieverständnis, das „parlamentarische Formen" umfasse, sich jedoch keineswegs in ihnen erschöpfe.[362] Auch die Formel vom „Ausbau der parlamentarischen Demokratie" und ihrer „Verbindung mit plebiszitären und anderen Formen der unmittelbaren Demokratie" blieb letztlich vieldeutig.[363] In solche Formulierungen konnte genauso gut der Wunsch nach einer systemimmanenten Ergänzung der parlamentarischen Demokratie hineininterpretiert werden wie der Wille, sie außer Kraft zu setzen.

Aus Mund und Feder einer postdiktatorischen Partei wie der PDS lag die zweite Alternative näher, wie sich an den Reaktionen auf die Parlamentarismuskritik und die verfassungspolitischen Vorschläge der PDS zeigen sollte. In ihnen schien es, als hätten sich die vielfältigen Demokratisierungsforderungen, wie sie von der bundesrepublikanischen Linken der 1980er Jahre vorgetragen worden waren, mit dem Sieg der westlich-liberalen Demokratie über den östlichen Realsozialismus vollständig erledigt. Entsprechend bescheiden fielen auch die Verfassungsreformen aus, auf die sich die Parteien des Bundestages im Nachgang der Wiedervereinigung letztlich einigen konnten.[364] Vor diesem Hintergrund trafen Forderungen der „SED-Nachfolgepartei" nach einer grundlegenden „Demokratisierung der Verfassungsordnung"[365] – was ja ein Demokratiedefizit in der Ordnung des Grundgesetzes selbst insinuierte – auf Unverständnis und mehrten das Misstrauen in Bezug auf die eigentlichen Motive der Partei – zumal diese mit historisch aufgeladenen Begriffen wie „Räteparlament"[366] operierte. Überhaupt half der Partei ihre geschichtspolitische Positionierung nicht, Vertrauen aufzubauen. Im Gegenteil: Dass sie nach wie vor an der „Verratsthese" festhielt, wonach die Sozialdemo-

---

361 ADS, BT/12.WP-004: Bernd Henn, Presseerklärung des Abgeordneten Henn zur Situation in der Abgeordnetengruppe PDS/LL. Bonn, 17. 10. 1991.
362 Benjamin, Gedanken, S. 13.
363 ADS, BT/12.WP-006: Uwe Jens Heuer/Ekkehard Lieberam/Gerhard Riege, Demokratie, Rechtsstaat, Verfassungsfragen. Beitrag zur Fraktionssitzung am 22. 10. 1991, S. 3.
364 Vgl. Wehner, Die etwas andere Art, S. 173.
365 ADS, BT/12.WP-006: Uwe-Jens Heuer/Ekkehard Lieberam/Gerhard Riege, Demokratie, Rechtsstaat, Verfassungsfragen. Beitrag zur Fraktionssitzung am 22. 10. 1991, S. 3.
366 Börner, Parlament und Runder Tisch, S. 128.

kratie 1918/19 die Revolution verraten habe,[367] schürte Misstrauen. Wenn die PDS die parlamentarische Orientierung der Weimarer Sozialdemokratie als Verrat ansah, wieso sollte dann ihr eigenes Bekenntnis zur parlamentarischen Demokratie des Grundgesetzes glaubwürdig sein?

Der PDS-Verfassungsentwurf 1994

Besonders deutlich wurde diese Diskurslage in der Diskussion um den PDS-Verfassungsentwurf, den diese im Sommer 1994 vorlegte. Dieser baute auf dem Verfassungsvorschlag auf, den das bereits erwähnte „Kuratorium für einen demokratisch verfassten Bund deutscher Länder" im Juli 1991 mit Unterstützung von SPD und Grünen vorgelegt hatte.[368] Als sich abgezeichnet hatte, dass die PDS an der von Bundestag und Bundesrat eingesetzten „Gemeinsamen Verfassungskommission" (GVK) nicht mit eigenen Vollmitgliedern beteiligt würde, beschloss der PDS-Parteivorstand, am Entwurf des Kuratoriums eigenständig weiterzuarbeiten und ihn als Grundlage für einen eigenen Alternativvorschlag zu den Ergebnissen der GVK zu nutzen.[369] Der Verfassungsentwurf der PDS sollte schließlich als „Diskussionsangebot an die Parteibasis und an alle Linkskräfte" dienen und ein „Feld für eine solche Verständigung über ein mittelfristiges Reformprojekt" bieten.[370] Sozialpolitische und andere Verfassungsforderungen, „die latent von großen Teilen der Bevölkerung befürwortet werden", so die Einschätzung der PDS-Rechtsexperten Uwe-Jens Heuer und Ekkehard Lieberam, sollten ein „Ausgangspunkt von Massenbewegungen" in Ostdeutschland sein.[371] Damit war das Projekt von Beginn an nicht auf Kompatibilität mit der politischen Kultur der Bundesrepublik oder auf praktische Umsetzbarkeit im Einvernehmen mit anderen politischen Kräften ausgerichtet (an der diese am wenigsten interessiert waren), sondern zielte auf Maximalforderungen ab.

Gemessen an diesen Zielen muss der Verfassungsentwurf als Fehlschlag bewertet werden und zeigt, dass nicht alle in der PDS über ein ausgeprägtes populistisches Gespür verfügten: Eine Massenbewegung war durch einen sperrigen Verfassungstext jedenfalls nicht zu entfachen. Stattdessen lieferte die Partei der politischen Konkurrenz pünktlich zum Wahljahr 1994 reichlich Material, das als Beweis ihrer Verfassungsfeindlichkeit interpretiert wurde. Von den vielen Vorschlägen der PDS seien jene herausgegriffen, die zeitgenössisch am meisten für Kritik sorgten. Das waren in erster Linie solche, die sich auf das parlamentarische

---

367 Vgl. Schönhoven, Gemeinsame Wurzeln, S. 264 f.
368 Vgl. Kuratorium, Eine Verfassung für Deutschland; vgl. auch Banditt, Das Kuratorium für einen demokratisch verfassten Bund.
369 ADS, BT/12.WP-006: Festlegungen aus der Sitzung der Abgeordnetengruppe, 24. 9. 1991, S. 2 f.; vgl. auch ADS, BT/12.WP-006: Protokoll der Fraktionssitzung, 18. 6. 1991, S. 3.
370 ADS BT/12.WP-008: Uwe-Jens Heuer/Ekkehard Lieberam, Zur weiteren Politik der PDS/LL in der Verfassungsfrage [Vorlage]. Bonn, 1. 6. 1992, S. 3.
371 Ebenda.

System der Bundesrepublik bezogen. Dabei entsprach die von der PDS vorgeschlagene Einführung direktdemokratischer Elemente durch Volksentscheide und Volksbegehren[372] zunächst einer weitverbreiteten Stimmung gerade in Ostdeutschland.[373] Auch die SPD trat in ihrem Programm für die Bundestagswahl 1994 „für eine Verfassungsänderung zur Stärkung unmittelbarer Bürgerbeteiligung durch Volksinitiative, Volksbegehren und Volksentscheid" ein, obwohl dieses Ziel in der SPD alles andere als unumstritten war.[374] Was am PDS-Entwurf aber als hochproblematisch angesehen wurde, war das Fehlen eines Quorums, das eine Mindestbeteiligung festgelegt hätte. Dies wiederum könne „sich von einer kleinen, aktionistischen Minderheit […] zur Erringung eines überdimensionalen Einflusses" ausnutzen lassen, wie der ostdeutsche Sozialdemokrat Stephan Hilsberg warnte.[375] Auch sein ostdeutscher Parteifreund Rolf Schwanitz befürchtete eine „Schwächung der parlamentarischen Institutionen" und wertete dies als „Schwächung der Demokratie" insgesamt.[376]

Noch deutlicher wurde die geballte Skepsis, die die gesamtdeutsche Öffentlichkeit gegenüber der demokratischen Gesinnung der PDS hegte, in den Reaktionen auf deren Vorschlag, neben Bundesrat und Bundestag eine Reihe von Wirtschafts-, Sozial-, Umwelt- und Frauenräten zu installieren. Diese sollten nach PDS-Vorstellung triparitätisch von Landtagen, Bundestag und Interessenverbänden (Gewerkschaften, Unternehmerverbänden, Umweltorganisationen, Frauenverbände) bestellt und mit einem Gesetzesinitiativrecht ausgestattet werden.[377] Solche tendenziell korporatistischen Elemente waren im Grunde nichts fremdes in „bürgerlichen" Demokratien, sondern waren aus den Verfassungen der Weimarer Republik von 1919, der Italienischen Republik von 1948 und der Fünften Französischen Republik von 1958 bekannt.[378] Die Idee neuer korporatistischer

---

372 Dt. Bundestag, Drs. 12/6570: Gesetzentwurf der Abgeordneten Dr. Uwe-Jens Heuer, Dr. Gregor Gysi und der Gruppe der PDS/Linke Liste: Entwurf eines Gesetzes über die Annahme einer neuen Verfassung nach Artikel 146 des Grundgesetzes, 12. 1. 1994, S. 25 f. (Art. 119).

373 Thumfart, Führungsgruppen und die politische Integration, S. 9 f.

374 SPD-Parteivorstand (Hrsg.), Reformen für Deutschland. Das Regierungsprogramm der SPD. Bonn 1994, S. 58; vgl. Otto, Auf dem Weg in die plebiszitäre Willkür?.

375 AdsD, SPD-LV MV, 3/MVAB000635: Stephan Hilsberg, Zum Umgang der SPD mit der PDS, 12. 3. 1996.

376 Schwanitz/Widmaier, Die PDS, S. 56. Ähnlich grundsätzlich war auch die Kritik Richard Schröders, der der PDS vorwarf, dass sie keine „primär repräsentative Demokratie" wolle (R. Schröder, SED, PDS und die Republik, S. 918).

377 Dt. Bundestag, Drs. 12/6570: Gesetzentwurf der Abgeordneten Dr. Uwe-Jens Heuer, Dr. Gregor Gysi und der Gruppe der PDS/Linke Liste: Entwurf eines Gesetzes über die Annahme einer neuen Verfassung nach Artikel 146 des Grundgesetzes, 12. 1. 1994, S. 20 (Art. 91 und 92). Darüber hinaus schlug die PDS nun vor, vorübergehend bis zur „Herstellung gleichwertiger sozialer und wirtschaftlicher Lebensverhältnisse zwischen dem Beitrittsgebiet und den alten Bundesländern" eine „Ostdeutsche Kammer" einzuführen, die durch die „Bürger im Beitrittsgebiet" gewählt werden und zu „Angelegenheiten des Beitrittsgebietes" mit Vetorecht ausgestattet werden sollte (ebenda, S. 34, Art. 159).

378 In der Weimarer Verfassung war ein Reichswirtschaftsrat mit Initiativrecht vorgesehen, die Italienische Verfassung von 1948 kennt einen Nationalen Wirtschafts- und Arbeitsrat, die Französische Verfassung von 1958 einen Wirtschafts- und Sozialrat. Norberto Bobbio sprach

Gremien mit parlamentarischen Initiativ- oder Beratungsrechten war zudem im Berliner Programm der SPD ebenso enthalten wie im Kuratoriumsvorschlag des Jahres 1991.[379] Die PDS aber spitzte ihre Vorschläge in der Außenkommunikation noch einmal zu und richtete sie gegen Parlamente und Parteien: So kritisierte Gregor Gysi in seinem kurze Zeit später veröffentlichten „Ingolstädter Manifest", dass „Parteien und Bürokratien" die (nicht weiter benannten) „Betroffenen" und „Schwachen" oft ohnmächtig ließen, weswegen es einer Vertretung der „sozialen Kräfte" bedürfe.[380] Daher erhob er vom Verfassungsentwurf seiner Partei abweichende und weitergehende Forderungen: Es müsse eine korporatistisch zusammengesetzte „Kammer der sozialen Bewegungen" eingerichtet werden, die als Gegengewicht zum „Bundestag der Parteien" fungieren und in der „Gewerkschaften und Unternehmer, Umwelt- und Mieterverbände" sowie weitere Nichtregierungsorganisationen Gesetzesinitiativrecht, Vetorecht und ein Mitbestimmungsrecht beim Haushalt erhalten sollten.[381]

Kurz- und längerfristige Wirkungen der Verfassungsdebatte

Im folgenden Bundestagswahlkampf 1994 waren die PDS-Verfassungsvorschläge eine leichte Vorlage für die Konkurrenz: Nun zeige sich „das wahre Gesicht der PDS", so der Tenor der Reaktionen.[382] Die CDU-Bundesgeschäftsstelle sah den Beweis, dass „die freiheitlichen und parlamentarischen Grundlagen unserer Verfassung nach dem Willen der PDS in einem Würgegriff von ‚Räten' erstickt und außer Kraft gesetzt werden sollen".[383] Auch für Teile der SPD lief der Verfassungsentwurf der Konkurrentin auf ein System hinaus, in dem „die Macht der Volksvertretung durch eine Vielfalt von nicht demokratisch legitimierten Räten ausgehöhlt wird".[384] „Rätegedanken", „Relativierung der Stellung parlamentarischer Repräsentation" und eine „ständige Verwischung der Grenzen zwischen den Gewalten" seien unübersehbar und zeigten, dass die PDS auf dem Stand der KPD von vor

in diesem Zusammenhang vom Prinzip der „organischen Repräsentanz" (Bobbio, Die Zukunft der Demokratie, S. 44–46).

[379] Vgl. Vorstand der SPD (Hrsg.), Berliner Programm, S. 42; Kuratorium, Eine Verfassung für Deutschland, S. 171 f. (Art. 53 b). Dem Berliner Programm zufolge sollten „Wirtschafts- und Sozialausschüsse" aus Vertretern von Gewerkschaften, Arbeitgebern sowie Vertretern von Verbraucher- und Umweltverbänden gebildet werden, die „Informations-, Beratungs- und Initiativrechte gegenüber Parlamenten, Regierungen und Verwaltungen" auf allen staatlichen Ebenen erhalten sollten. Der Kuratoriumsvorschlag enthielt einen „Ökologischen Rat" mit Beratungsfunktion.

[380] Gysi, Ingolstädter Manifest, S. 8.

[381] Ebenda.

[382] ACDP, CDU/CSU-Fraktion, 12. WP, 08-012-348/2: Vorlage zur CDU-Fraktionsvorsitzendenkonferenz Neue Länder am 13./14. 4. 1994.

[383] CDU-Bundesgeschäftsstelle (Hrsg.), 10 Gründe, S. 2 f.

[384] AdsD, SPD LV MV, 3/MVAB000125: Solidarität mit Rudolf Scharping. Für ein klares Nein zur PDS [August 1994].

1933 gefangen sei.[385] Die Formel „parlamentarische Demokratie plus ‚Räte‘", so Richard Schröder, laufe auf „eine Version des Faustrechts" hinaus und dokumentiere ein „Defizit an demokratischen Kenntnissen" bei der PDS. Offensichtlich habe die PDS noch den „Lernprozess" vor sich, der die SPD einst „zu Godesberg geführt" habe.[386]

Die vorgetragene Kritik an den Verfassungsvorschlägen der PDS prägte auf Jahre hinaus ihr öffentliches Bild als tendenziell verfassungsfeindliche Partei, deren Bekenntnis zum Parlamentarismus „nur vorgeschoben" sei,[387] wie die unionsnahen Politikwissenschaftler Patrick Moreau und Jürgen P. Lang urteilten: Die Partei fordere „starke plebiszitäre Elemente", um „das System von innen her aufzubrechen", und strebe in Wahrheit „eine Art Rätesystem" an.[388] Entsprechend sei zu erwarten, „daß sie ihre demokratischen Attitüden schnell wieder aufgibt, hat sie einmal die Transformation der Gesellschaft erreicht".[389] Lang und Moreau waren mit dieser Deutung extrem erfolgreich.[390] Noch im Jahr 2006 vertrat der Oldenburger Politologe Wolfgang Rudzio in der siebten Auflage seiner „Einführung in das politische System der Bundesrepublik", einem Lehrbuch an vielen deutschen Universitäten, die Position, die PDS-Vorschläge liefen darauf hinaus, „das Parlament durch Entscheidungs- und Einspruchsrechte von Räten […], durch soziale Grundrechte sowie durch eine entscheidende Rolle des ‚außerparlamentarischen Kampfes‘ möglicherweise [!] auszuhebeln".[391] Deutlicher wurde der Historiker Gerd Wehner: Der Vorschlag der PDS sei die „Verfassung eines Rätestaats".[392]

Verbotsdiskussionen

Angesichts dieser Diskurslage kann es nicht überraschen, dass es auf Bundesebene immer wieder zu öffentlichen Diskussionen um ein Verbot der PDS als verfassungsfeindliche Partei kam. Solche Forderungen kamen allen voran aus den Unionsparteien und hier wiederum schwerpunktmäßig von der bayerischen CSU. Bereits seit 1990 hatte die Regierungspartei im Freistaat gefordert, die PDS wegen ihrer personellen und rechtlichen Kontinuität zur SED flächendeckend durch die Verfassungsschutzbehörden beobachten zu lassen, um Material für ein späteres

---

385 AdsD, Dep. Thierse, 1/WTAA001646: Walter Zöller, Vermerk für Wolfgang Thierse, 27. 11. 1995.

386 R. Schröder, Integrieren? Nein!, S. 22 f.

387 Moreau/Lang, Linksextremismus, S. 206. Noch im Jahr 2003 kritisierte Jürgen P. Lang, auch für die „Reformer" in der PDS sei der Parlamentarismus „in keinem Fall […] demokratienotwendig" (J. P. Lang, Ist die PDS eine demokratische Partei?, S. 69).

388 Moreau/Lang, Linksextremismus, S. 206.

389 Ebenda, S. 208.

390 Vgl. auch die ausführliche kritische Analyse der PDS-Verfassungspolitik bei Neu, Das Janusgesicht der PDS, S. 168–184.

391 Rudzio, Das politische System, S. 136.

392 Wehner, Die etwas andere Art, S. 174.

Verbotsverfahren zu sammeln.[393] Damit konnte sich Bayern bundesweit aber nicht durchsetzen.[394] Zwar berichtete das „Neue Deutschland" vereinzelt über Diskussionen innerhalb des Bundesinnenministeriums, die PDS verbieten zu lassen.[395] Angesichts ihrer Mitwirkung am „Runden Tisch" und ihrer Machtabgabe auf demokratischem Weg galt ein Verbotsverfahren aber weder als verhältnismäßig noch als notwendig,[396] zumal in den Anfangsjahren nach der Deutschen Einheit noch die verbreitete Erwartung vorherrschte, das „Problem" PDS werde sich auf absehbare Zeit von selbst erledigen. Auch äußerte sich der Bundesverfassungsschutz zunächst noch zurückhaltend und stellte sich auf die Position, dass die PDS – als „Partei im Umbruch" – noch nicht abschließend beurteilt werden könne, wie es im Verfassungsschutzbericht 1991 hieß.[397]

Zu größeren öffentlichen Diskussionen über ein mögliches Verbot der PDS kam es erst in dem Moment, in dem sich herausstellte, dass die Partei mit ihren Wahlerfolgen eine nennenswerte Unterstützung aufweisen konnte und zumindest mittelfristig nicht von alleine verschwinden würde. Es war vor allem der Erfolg der Partei bei der Brandenburger Kommunalwahl im Dezember 1993, der Forderungen nach einem PDS-Verbot zurück aufs Tapet brachte. Bayerns Innenminister Günther Beckstein visierte, unterstützt durch den Parteivorsitzenden Theo Waigel, ein Verbot noch vor der Bundestagswahl 1994 an und begründete dies mit der angeblichen Verfassungsfeindlichkeit der Partei.[398] Im Gegensatz zu den Republikanern sei er bei der PDS sicher, so Beckstein im Juni 1994, dass sich genug Anhaltspunkte einer Verfassungsfeindlichkeit finden ließen, um ein Verbot zu erreichen; schließlich beherberge die Partei bekennende Kommunisten und „Wahlfälscher" wie Hans Modrow.[399] Dass diese Äußerungen im zeitlichen Kontext des „Magdeburger Modells" in Sachsen-Anhalt geäußert wurden, unterstreicht, dass Verbotsforderungen immer auch ein taktisches Mittel im Kampf zwischen den Großparteien darstellten.[400]

---

[393] Vgl. Altlast. In: Neues Deutschland, 27. 12. 1990; Verfassungsschutz soll PDS beobachten. In: Neues Deutschland, 5. 12. 1991; Günther Prütting, Altkommunisten im Klassenkampf. In: Focus, 20. 12. 1993.

[394] Vgl. Falkner/Huber, Aufschwung PDS, S. 172 f.

[395] Vgl. Droht der PDS Verbot? In: Neues Deutschland, 17. 4. 1991; Ulrich Sander, Bajuwarisches. In: Neues Deutschland, 24. 5. 1991; siehe auch die Kritik des linken Juristen Axel Azzola, Wer will die PDS warum verbieten? In: Neues Deutschland, 5. 9. 1991.

[396] So Rolf Schwanitz im Gespräch mit dem Autor, 12. 2. 2017.

[397] Bundesministerium des Innern (Hrsg.), Verfassungsschutzbericht 1991, S. 53.

[398] Vgl. Streit um die PDS vor Stichwahl. In: Frankfurter Allgemeine Sonntagszeitung, 19. 12. 1993; Günther Prütting, Altkommunisten im Klassenkampf. In: Focus, 20. 12. 1993.

[399] „Die Republikaner muß man gewinnen, die PDS verbieten." Interview mit Günther Beckstein. In: Neues Deutschland, 23. 6. 1994.

[400] Schließlich hatte es der SPD-Bundesgeschäftsführer Verheugen kurz zuvor als „vollkommen unsinnig" bezeichnet, eine „punktuelle Zusammenarbeit" mit der PDS in den Kommunen auszuschließen, und damit indirekt das Szenario neuer linker Mehrheiten in Ostdeutschland skizziert („Mit der PDS wird es keine politischen Bündnisse geben". Interview mit Günter Verheugen. In: Frankfurter Allgemeine Zeitung, 12. 12. 1993; vgl. auch SPD will sich früheren SED-Mitgliedern öffnen. In: Tagesspiegel, 21. 12. 1993).

Im Unterschied zur CSU aber lehnten die übrigen Parteien des Bundestages ein Verbot der PDS mit unterschiedlichen Argumenten ab: *Erstens* gab es juristische Bedenken, ob ein Verbotsverfahren erfolgreich sein würde. Der CDU-Fraktionsvorsitzende Wolfgang Schäuble sah zwar einen „politischen Radikalismus oder Extremismus" der PDS als gegeben an, konnte aber nicht sehen, dass die Partei „mit grundgesetzwidrigen Mitteln die Verfassungsordnung beseitigen" wollte.[401] Auch die Fraktionsvorsitzenden der CDU in den ostdeutschen Landtagen kamen auf einer Tagung im März 1994 zu dem nicht ganz widerspruchsfreien Ergebnis, die PDS strebe zwar sichtlich den „Umbau des freiheitlich-demokratischen Rechtsstaats zu einer Republik nach altkommunistischem Muster" an. Es sei aber zweifelhaft, ob man der PDS insgesamt aktive verfassungsfeindliche Bestrebungen nachweisen könne, die geeignet seien, den „Bestand der Bundesrepublik Deutschland zu gefährden".[402]

Zweitens herrschten nicht nur Zweifel an der Machbarkeit, sondern auch an der Zweckmäßigkeit eines Parteiverbots. Viele fürchteten einen Solidarisierungseffekt und eine „Märtyrisierung" der PDS und warnten davor, die kommunistischen Kräfte im Verbotsfall in den Untergrund zu treiben.[403] Stattdessen müsse man mit politischen Argumenten auf die Gefahr von links reagieren.[404] *Drittens* wiederum fehlte für ein Verbot der PDS der gesellschaftliche Rückhalt. So sprachen sich in zeitgenössischen Umfragen mehr Befragte gegen als für ein Verbot der PDS aus und selbst ihre Beobachtung durch die Verfassungsschutzbehörden hielt im August 1994 – zur Zeit der „Rote Socken"-Kampagne – nur etwas mehr als ein Drittel für notwendig.[405] Auch der sachsen-anhaltische CDU-Chef Christoph Bergner hielt es für ein „Armutszeugnis für die demokratische Streitkultur", ein Verbot der PDS zu fordern.[406] Dieser mangelnde Rückhalt für ein Parteiverbot unterschied die Zeit nach dem Ende des Ost-West-Konflikts deutlich von der Hochphase des Antikommunismus in den 1950er Jahren: Die PDS-Debatten der 1990er Jahre waren auch deswegen kein „1950s Revival".[407]

---

[401] Wolfgang Schäuble, zit. n. „Schäuble weist Spekulationen über Rücktritt von Kohl zurück. dpa-Meldung, 22. 12. 1993.

[402] ACDP, CDU/CSU-Fraktion, 12. WP, 08-012-348/2: Ergebnisprotokoll über die Konferenz der CDU-Fraktionsvorsitzenden der Neuen Länder am 13. und 14. 3. 1994 in Berlin.

[403] ACDP, CDU/CSU-Fraktion, 12. WP, 08-012-348/2: Vorlage zur CDU-Fraktionsvorsitzendenkonferenz Neue Länder am 13./14. 3. 1994 [TOP 4]; vgl. ACDP, CDU/CSU-Fraktion, 12. WP, 08-012-348/2: Ergebnisprotokoll über die Konferenz der CDU-Fraktionsvorsitzenden der Neuen Länder am 13. und 14. 3. 1994 in Berlin.

[404] Vgl. „Warnung vor Verbot der PDS." In: Die Welt, 13. 12. 1993; Verbot politisch völlig falsch. In: Neues Deutschland, 14. 12. 1993; „Kanzler gegen Verbot der PDS." In: Frankfurter Rundschau, 17. 12. 1993; „Bürgerrechtler sehen plumpe Wahlkampftaktik." In: Frankfurter Rundschau, 15. 12. 1993.

[405] Vgl. Noelle-Neumann/Köcher (Hrsg.), Allensbacher Jahrbuch der Demoskopie 1993–1997, S. 798 und S. 881. Demnach sprachen sich im Januar 1994 33 Prozent der Befragten für und 39 Prozent gegen ein PDS-Verbot aus.

[406] Christoph Bergner, zit. n. „Bergner lehnt Verbot der PDS entschieden ab." In: Der Tagesspiegel, 27. 12. 1993.

[407] Beattie, A 1950s Revival.

Dazu kommt noch ein *viertes* Motiv. Der Verlauf der Verbotsdiskussionen legt nahe, dass die Bedrohung, die von der PDS tatsächlich für die Verfassungsordnung der Bundesrepublik ausging, entgegen der öffentlichkeitswirksamen Warnungen aus den Parteizentralen zu keinem Punkt für so groß erachtet wurde, dass ein Verbotsverfahren eine ernsthafte Rolle gespielt hätte. Die PDS war Mitte der 1990er Jahre längst in die taktischen Überlegungen der Konkurrenz miteinbezogen und spielte insofern eine gewisse Rolle im politischen System. Der Versuch, einen „Cordon sanitaire" um die PDS zu ziehen, war bereits gescheitert, ehe die Verbotsdiskussionen richtig Fahrt aufnahmen. Zum einen entwickelte sich die Partei zumindest für Teile der SPD und der Grünen (und in manchen Kommunen auch für die CDU) zu einem potenziellen Bündnispartner. Zum anderen konnten die Unionsparteien auf einer taktischen Ebene vom Ruch der PDS als einer verfassungsfeindlichen Partei profitieren, insofern die Assoziation von SPD und Grünen mit Verfassungsfeinden politisch instrumentalisiert werden konnte. In dem Moment, in dem sich diese Konstellation einstellte, war aber die Verbotsoption obsolet, da von einem PDS-Verbot kaum jemand unmittelbar profitiert hätte.

3.3 Blick der Behörden: Die PDS und der Verfassungsschutz

Auch wenn also ein Verbot der PDS zu keinem Zeitpunkt imminent war, so blieb der Verdacht, es handele sich um eine verfassungsfeindliche Partei, Teil der politischen Auseinandersetzung und seine Äußerung erfüllte meist die Funktion, eine Wahl der PDS und noch mehr eine Kooperation mit ihr als staatsgefährdenden Akt zu tabuisieren. Es wäre aber verkürzt, nur die taktischen Dimensionen der Verbotsdiskussionen in den Blick zu nehmen. Vielmehr wurde auch von Seiten der politikwissenschaftlichen Forschung und der Verfassungsschutzbehörden immer wieder auf verfassungsfeindliche Tendenzen innerhalb der PDS hingewiesen. Zwar lassen sich solche Argumente nicht als unpolitisch interpretieren – bewegten sich doch auch wissenschaftliche und behördliche Analysen in einem politischen Diskursraum und waren nicht über jeden Verdacht der Parteilichkeit erhaben.[408] Aus diesen Analysen können aber einige der Kriterien herausgearbeitet werden, die an die PDS und ihre mögliche Wandlung zu einer verfassungskonformen Partei im Untersuchungszeitraum angelegt wurden. Dies soll im Folgenden am Beispiel der Verfassungsschutzdiskussionen nachgezeichnet werden, die auch eine – mal mehr, mal weniger – wichtige Rolle in den öffentlichen Debatten spielten. Dabei soll an dieser Stelle keine Geschichte der Beobachtungspraxis der PDS

---

[408] Vgl. Backes, „Sonderweg" Verfassungsschutz?, S. 28 f. Auch die Vertreter von Verfassungsschutzbehörden griffen immer wieder in die öffentlichen Diskussionen ein, etwa wenn BfV-Präsident Peter Frisch die PDS 1997 in einem Interview mit der Berliner Zeitung mit der 1952 verbotenen „Sozialistischen Reichspartei" verglich und damit zumindest indirekt eine Verfassungsfeindlichkeit suggerierte („Die Beobachtung der PDS ist notwendig". Interview mit Peter Frisch. In: Berliner Zeitung, 10. 5. 1997).

durch die Verfassungsschutzbehörden geschrieben, sondern nur ausschnitthaft auf einige Argumente und Argumentationsstrukturen hingewiesen werden, die in den öffentlichen Debatten um die Partei prägend waren und somit ihre Integration in das politische System tangierten.

Die Haltung des Bundesamtes für Verfassungsschutz zur PDS

Die Verfassungsschutzbehörden der Bundesrepublik waren fest in der antitotalitären Tradition der Bundesrepublik verankert. Als solche waren sie Ausdruck einer spezifisch bundesrepublikanischen Konzeption streitbarer Demokratie.[409] Ihnen kam unter anderem die Aufgabe zu, Informationen über verfassungsfeindliche Gruppen zu sammeln und in den Verfassungsschutzberichten öffentlich zu machen. Darunter fielen neben gewalttätigen auch gewaltlose „Bestrebungen, die gegen die freiheitliche demokratische Grundordnung [...] gerichtet sind",[410] wie es das Gesetz formulierte, auch wenn diese auf legalem Wege verfolgt wurden und nur einzelne Bestandteile der sogenannten FdGO umfassten.[411] Zwar war es unstrittig, dass einer Partei schon dadurch erhebliche Nachteile entstehen konnten, dass sie im Verfassungsschutzbericht geführt und als „verfassungsfeindlich" oder „extremistisch" bezeichnet wurde, dies wurde vom Bundesverfassungsgericht aber im Sinne der streitbaren Demokratie für zulässig erklärt.[412]

Bei der Auseinandersetzung des Vefassungsschutzes mit der PDS muss zudem die historische Dimension berücksichtigt werden, war dieser doch selbst ein Produkt des Kalten Kriegs: Schon die Gründung des Kölner Bundesamtes für Verfassungsschutz (BfV) im Jahr 1950 war nicht zuletzt eine Reaktion auf kommunistische Agententätigkeiten im Westen gewesen.[413] Die Beobachtung und Abwehr kommunistischer Aktionen in der Bundesrepublik bildete dann auch von Beginn an den Schwerpunkt der Verfassungsschutzarbeit, ehe in den 1970er Jahren das Milieu der Neuen Linken und des Linksterrorismus als neue Gefahrenbilder hinzukamen.[414] Dass eine Partei mit kommunistischen Wurzeln, diktatorischer Vergangenheit und mit systemkritischen Grundpositionen ein Thema für die Verfassungsschutzbehörden war, kann vor diesem Hintergrund nicht überraschen – zumal die SED aufgrund ihrer Einflusstätigkeit in der Bundesrepublik ständiges Beobachtungsobjekt der westlichen Behörden gewesen war.[415]

Entsprechend stand auch die PDS im Visier der Verfassungsschutzämter. In seinem Bericht für das Jahr 1991 sah das Kölner Bundesamt „Verdachtsmomente,

---

[409] Vgl. Flümann, Streitbare Demokratie, S. 341–349. Für die Debatte um den Verfassungsschutz siehe Lange/Lanfer (Hrsg.), Verfassungsschutz.

[410] BVerfSchG, § 3 Abs. 1 Nr. 1.

[411] Vgl. Flümann, Streitbare Demokratie, S. 338 f.

[412] Vgl. ebenda, S. 343.

[413] Vgl. Goschler/Wala, Keine neue Gestapo, S. 29 f.

[414] Ebenda, S. 91 f., S. 122–125 und S. 282–291.

[415] Backes, Probleme der Beobachtungs- und Berichtspraxis, S. 223.

daß von der PDS verfassungsfeindliche Bestrebungen ausgehen".[416] Diesen Verdacht stützte das Amt auf drei Argumente, die in den Folgejahren nicht nur die Perspektive des BfV, sondern auch die öffentlichen Debatte um die PDS prägen sollten: Erstens wurde auf die juristische und personelle Kontinuität zwischen der „totalitären" SED und der PDS hingewiesen. Unter anderem sei die Partei von früheren Stasileuten „durchsetzt".[417] Zweitens erregten die personellen und organisatorischen Verbindungen der Partei zu solchen Organisationen in Westdeutschland Verdacht, die bereits zuvor im Fokus der Verfassungsschutzbehörden gestanden hatten: allen voran die westdeutsche DKP und andere K-Gruppen.[418] Die PDS erschien vor diesem Hintergrund als Kristallisationspunkt der „linksextremistischen Szene". Drittens ergaben sich für das BfV aus der Existenz einer „Kommunistischen Plattform" in der PDS begründete Verdachtsmomente der Verfassungsfeindlichkeit.[419] Solange sie über eine Kommunistische Plattform verfüge, so BfV-Präsident Peter Frisch in einem späteren Interview, könne die PDS nicht als „echt demokratische Partei" angesehen werden.[420]

Zu diesen Verdachtsmomenten kam seit dem Verfassungsschutzbericht 1992 noch ein viertes, das sich auf die Wirtschaftsordnung der Bundesrepublik bezog: Die PDS stehe erklärtermaßen jenen offen, die „der kapitalistischen Gesellschaft Widerstand entgegensetzen wollen".[421] Dieser Punkt war zwar insofern strittig, als das Grundgesetz selbst – nach Lesart auch konservativer Juristen – „auf jede ausdrückliche wirtschaftspolitische Programmatik" verzichtete.[422] Der Bundesverfassungsschutz aber deutete das Ziel einer „Überwindung des Kapitalismus"[423] als „abwertende Grundposition", die „die freiheitlich demokratische Grundordnung der Bundesrepublik" insgesamt umfasse.[424] In den Verfassungsschutzberichten wurde daher regelmäßig bemerkt, dass die PDS die „Überwindung des bestehenden Wirtschafts- und Gesellschaftssystems" anstrebe.[425]

Aus diesen genannten Verdachtsmomenten festigte sich im Laufe der 1990er Jahre die Überzeugung, dass die PDS „nach wie vor die freiheitliche demokratische Grundordnung überwinden" wolle.[426] Diese Bewertung stellte eine Konstante in den Berichten des Bundesamtes für Verfassungsschutz dar und blieb weitgehend unbeeinflusst von Änderungen in der medialen und politischen Wahrneh-

---

[416] Bundesministerium des Innern (Hrsg.), Verfassungsschutzbericht 1991, S. 53.
[417] Ebenda.
[418] Bundesministerium des Innern (Hrsg.), Verfassungsschutzbericht 1990, S. 48 f.; vgl. auch Falkner/Huber, Aufschwung PDS, S. 174.
[419] Bundesministerium des Innern (Hrsg.), Verfassungsschutzbericht 1991, S. 53.
[420] „Die Beobachtung der PDS ist notwendig". Interview mit Peter Frisch. In: Berliner Zeitung, 10.5.1997.
[421] Bundesministerium des Innern (Hrsg.), Verfassungsschutzbericht 1992, S. 50 f.
[422] Papier, Wirtschaftsordnung, S. 4.
[423] PDS (Hrsg.), Parteiprogramm 2003, S. 34.
[424] Bundesministerium des Innern (Hrsg.), Verfassungsschutzbericht 2003, S. 133 f.
[425] ADS, BT/13.WP-006: Bundesamt für Verfassungsschutz (Hrsg.), „Partei des Demokratischen Sozialismus" (PDS). Entwicklung seit 1994. Sommer 1998, S. 12.
[426] Ebenda, S. 3.

mung der Partei. Auch nach dem Aufstieg der PDS zur Regierungspartnerin der SPD in Mecklenburg-Vorpommern hielt der Bundesverfassungsschutz, der dem nun SPD-geführten Bundesinnenministerium unterstand, sowohl an der Beobachtung der PDS als auch an seiner kritischen Einschätzung fest.[427] Zwar stelle sich die PDS nicht mehr als „klassische revolutionär-marxistische Partei" dar und habe sich „dem demokratischen politischen Diskussionsstil" angepasst, so der Verfassungsschutzbericht 1998. Auch beteilige sich die Partei auf allen Ebenen an der parlamentarischen Arbeit. Zugleich aber hegte der Verfassungsschutz erhebliche Zweifel an der Glaubwürdigkeit und Aufrichtigkeit dieses Wandels.[428]

Diese Zweifel lagen zum Teil in der Kommunikationsstruktur der verfassungsschutzseitigen Auseinandersetzung mit der PDS begründet. Denn hier traf eine Kultur des Misstrauens auf eine Kultur des Uneindeutigen: Während auf der Seite des Verfassungsschutzes eine mehr als skeptische Grundhaltung gegenüber der PDS dominierte, bediente sich die Partei selbst einer Sprache, die geradezu zum Zweifel und zur Skepsis einlud, weil sie versuchte, die unterschiedlichen Haltungen in der Partei durch Formelkompromisse und doppelbödiges Sprechen auszutarieren. In der Konsequenz bedienten sich führende PDS-Mitglieder in ihrer Kritik an der „kapitalistischen Gesellschaft" systematisch zweideutiger und interpretationsbedürftiger Formulierungen, die wiederum vom Verfassungsschutz im Zweifel ebenso systematisch gegen die PDS und als Indiz für eine Gegnerschaft zur „freiheitlich-demokratischen Grundordnung" ausgelegt wurden.

Dass es dabei zu manch zweifelhafter Auslegung des PDS-Programms durch die Kölner Behörde kam, lässt sich anhand einer Ausarbeitung des Bundesamtes für Verfassungsschutz zur PDS vom Sommer 1998 nachvollziehen, die dem Vorsitzenden der Parlamentarischen Kontrollkommission sowie dem Vorsitzenden des Innenausschusses des Bundestages zugänglich gemacht wurde.[429] Darin wurde das im Parteiprogramm verankerte Ziel, die gegenwärtige „Gesellschaftsstruktur demokratisch zu überwinden",[430] als Versuch gewertet, „das politische System als Ganzes abzuschaffen".[431] Wenn wiederum eine Autorengruppe um André und Michael Brie in einem Programmkommentar von einer notwendigen „Veränderung des politischen Systems" sprach und dabei auf das Vorbild der direktdemokratischen Instrumente in der bayerischem Landesverfassung verwies,[432] las der Bundesverfassungsschutz dies als Forderung nach einer „Abschaffung des politischen Systems" der Bundesrepublik (und überging die Referenz auf die bayerische

---

[427] Vgl. Daniel Friedrich Sturm, Der Verfassungsschutz und die PDS. In: Die Welt, 6. 11. 1999; Bundesministerium des Innern (Hrsg.), Verfassungsschutzbericht 2003, S. 133 f.

[428] Bundesministerium des Innern (Hrsg.), Verfassungsschutzbericht 1998, S. 119.

[429] ADS, BT/13.WP-006: Rieband (Bundesministerium des Innern) an Mark Holzberger (Büro MdB Jelkpe). Bonn, 21. 9. 1998.

[430] PDS (Hrsg.), Parteiprogramm 1993, S. 3.

[431] ADS, BT/13.WP-006: Bundesamt für Verfassungsschutz (Hrsg.), „Partei des Demokratischen Sozialismus" (PDS). Entwicklung seit 1994. Sommer 1998, S. 9.

[432] A. Brie u. a., Zur Programmatik der Partei, S. 94–96 (der Verweis auf Bayern: S. 96).

Verfassung).[433] Da die PDS „keine grundsätzliche Verweigerungshaltung gegenüber dem Staat und seinen demokratischen Institutionen" an den Tag lege, wolle sie die Demokratie offensichtlich „für ihre – über das parlamentarische System hinausgehenden – politischen Ziele ausnutzen".[434] Und eine Bekundung Lothar Biskys, dass die PDS in ihrer Mehrheit „eindeutig auf Positionen des Grundgesetzes"[435] stehe, wurde vom Bundesamt so gelesen, „daß die Partei das Grundgesetz nicht als Ganzes, sondern nur bestimmte – im Sinne der Zielsetzung der PDS nicht hinderliche bzw. förderliche – Inhalte des Grundgesetzes" akzeptiere.[436]

Wie aus solchen Einschätzungen deutlich wird, begnügte sich das BfV nicht damit, antiparlamentarische und gewaltlegitimierende Positionen aufzuzeigen, wie sie ganz offen von parteiinternen Gruppierungen wie der Kommunistischen Plattform, dem Marxistischen Forum oder der AG Junge GenossInnen vertreten wurden. Vielmehr unternahm die Behörde den Versuch, nachzuweisen, „daß auch die ‚Reformer' in der PDS offensichtlich eine grundlegend andere Gesellschaftsordnung anstreben", wie das Bundesamt in seiner Einschätzung darlegte.[437] Für das Verständnis dieser Einschätzungen müssen die historischen Erfahrungen berücksichtigt werden, wobei die umstrittene antikommunistische Tradition des Amtes die eine Seite darstellt. Das andere ist die Geschichte des Parteikommunismus in Deutschland, der sich auch nach dem Zweiten Weltkrieg einer vermeintlich parlamentarischen Sprache bedient und Freiheitsrechte eingefordert hatte, um dann auf dem Boden der DDR ein diktatorisches Regime zu errichten.[438] Auch wenn zentrale programmatische Begriffe wie der des „Widerstandes" keine exklusiv kommunistischen Kampfbegriffe waren, sondern noch in den 1990er Jahren zur Rhetorik des Deutschen Gewerkschaftsbundes zählten,[439] so blieben solche Termini aus Sicht des Verfassungsschutzes verdächtig, erst recht aus dem Mund und aus der Feder einer postkommunistischen Partei.[440]

Dazu kamen aber auch unterschiedliche Haltungen zum Verhältnis zwischen Verfassungs- und Gesellschaftsordnung. Aus einer antiextremistischen Perspektive waren in über vierzig Jahren Demokratie und Marktwirtschaft so eng zusammengewachsen, dass Kritik am einen schnell als Gegnerschaft zum anderen verstanden wurde. Dieser Auslegung gemäß stellte die marktwirtschaftliche Ordnung das „Gegenstück zur freiheitlichen politischen und gesellschaftlichen Ausgestaltung des Grundgesetzes"[441] dar und jedes sozialistische Klassendenken galt als

---

[433] ADS, BT/13.WP-006: Bundesamt für Verfassungsschutz (Hrsg.), „Partei des Demokratischen Sozialismus" (PDS). Entwicklung seit 1994. Sommer 1998, S. 20.

[434] Ebenda, S. 15.

[435] Wieder Feuer unterm Dach? Interview mit Lothar Bisky. In: Neues Deutschland, 3.8.1996.

[436] ADS, BT/13.WP-006: Bundesamt für Verfassungsschutz (Hrsg.), „Partei des Demokratischen Sozialismus" (PDS). Entwicklung seit 1994. Sommer 1998, S. 16 f.

[437] Ebenda, S. 21.

[438] Vgl. Weber, Die DDR, S. 6 und S. 19; Staritz, Kommunistische Partei Deutschlands, S. 1682 f.

[439] Vgl. DGB, Aufruf für Arbeit und soziale Gerechtigkeit. In: Die Quelle 6/1996, S. 10.

[440] PDS (Hrsg.), Parteiprogramm 1993, S. 5, S. 9, S. 11, S. 20 und S. 25.

[441] Peters, Antifaschismus und Sozialismus, S. 319.

Ausdruck eines „antipluralistischen Interessenmonismus".[442] Diese Position spiegelte sich auch in den Verfassungsschutzberichten wider. Der Schutz des Grundgesetzes umfasste diesem extensiven Verständnis nach den Schutz der gesamten Wirtschafts- und Gesellschaftsordnung. Das Selbstverständnis der PDS als „Opposition in und zur Gesellschaft der Bundesrepublik" gab demnach Anlass zum Zweifel an der Verfassungsmäßigkeit der PDS, da sich die Struktur der bundesrepublikanischen Gesellschaft „auf dem Boden der freiheitlichen demokratischen Grundordnung entwickelt" habe, so der Verfassungsschutzbericht 1998.[443] Wer die Gesellschaftsordnung der Bundesrepublik ablehne, lehne also auch ihre Verfassungsordnung ab und strebe – so die eingängige Sprachformel – in eine „andere Republik".[444] Dass sich PDS-interne Gruppen wie die Kommunistische Plattform tatsächlich auf die Offenheit des Grundgesetzes für abweichende Gesellschaftsordnungen beriefen („Dem Grundgesetz widerspricht unser Streben nach Übrwindung der Kapitalherrschaft keinesfalls"[445]), bestärkte aus Sicht der Verfassungsschützer nur ihr Urteil.

Während also der Bundesverfassungsschutz das Grundgesetz als Garanten einer demokratischen Gesellschaft ansah und zugleich jede Kritik an der kapitalistischen Gesellschaftsordnung als verfassungsfeindliche Tendenz wertete,[446] wirkten im postkommunistischen Denken alte sozialistische Denkmuster weiter, wonach Gesellschaftsordnung zuallererst Kapitalismus und Klassengesellschaft meinte. Aus sozialistischer Sicht konnte daher nicht das Grundgesetz echte Demokratie garantieren, sondern nur eine Überwindung der Klassengegensätze. Dazu Helmut Holter:

„Ich habe Fundamentalopposition als Kritik und Ablehnung der gesellschaftlichen Verhältnisse verstanden. Ein Westdeutscher hat Fundamentalopposition immer als Opposition zum bestehenden Staat verstanden. Das sind für mich zwei verschiedene Begrifflichkeiten. [Aber] damals war für mich diese Trennung noch nicht eindeutig klar."[447]

Unterschiedliche Akzente auf Länderebene

Von der Beobachtungspraxis und den Einschätzungen des Kölner Bundesamtes für Verfassungsschutz unterschieden sich die der verschiedenen Landesämter zum Teil erheblich. Solche Unterschiede schienen teils mit der politischen Ausrichtung der jeweiligen Landesregierung, teils aber auch mit dem Charakter des jeweiligen

---

442 J. P. Lang, Ist die PDS eine demokratische Partei?, S. 51.
443 Bundesministerium des Innern (Hrsg.), Verfassungsschutzbericht 1998, S. 125.
444 Ebenda, S. 126.
445 Benjamin, Gedanken, S. 13.
446 Auch deshalb strich der Verfassungsschutzbericht 1998 heraus, dass die PDS darauf verzichte, klarzustellen, „daß mit den ‚herrschenden Verhältnissen'", denen die PDS den Kampf ansagte, „nicht die Verfassungs- und Rechtsordnung gemeint sei". (Bundesministerium des Innern [Hrsg.], Verfassungsschutzbericht 1998, S. 123). Dies kritisierte auch André Brie an seiner eigenen Partei (A. Brie, Ankommen in der Bundesrepublik, S. 1163).
447 Helmut Holter im Gespräch mit dem Autor, 15. 3. 2017.

PDS-Landesverbands zusammenzuhängen.[448] Zwar neigten Eckhard Jesse zufolge unionsgeführte Länder eher zur Beobachtung als SPD-geführte, eine Regel stellte das aber nicht dar.[449] Während das Bundesamt nur offen zugängliche Materialien zur PDS nutzte, griffen einzelne Landesbehörden auch zu nachrichtendienstlichen Mitteln, wobei Klarheit über die genaue Praxis nur schwer zu gewinnen ist.[450]

Am schärfsten urteilte der Verfassungsschutz im CSU-regierten Bayern, der die PDS seit Anfang 1991 beobachtete.[451] Als Ergebnis dieser Beobachtungen stellte die Behörde unmissverständlich fest, dass die PDS zweifelsfrei „nicht auf dem Boden des Grundgesetzes" stehe.[452] Hergeleitet wurde dieses Urteil wesentlich aus dem Bekenntnis der Partei zum Marxismus und zu „grundlegenden gesellschaftlichen Veränderungen", sodass eine „kommunistische Intention der PDS" deutlich erkennbar sei.[453] Zudem zeichne sich die Partei durch ein fragwürdiges Verhältnis zur Gewalt aus, wobei der Verfassungsschutz des Freistaates Aufrufe zu zivilem Ungehorsam und Eierwürfe nannte.[454] In anderen westdeutschen Verfassungsschutzberichten tauchte die PDS lange nur kursorisch auf (und in Schleswig-Holstein gar nicht), wobei sich die Intensität der Beobachtung gegen Ende der 1990er Jahre mit steigender Relevanz der Partei im Bund eher zu erhöhen als abzuschwächen schien.[455] Zu einem Politikum erster Güte wurde ihre Beobachtung im einstmals geteilten Berlin, das die gesamten 1990er Jahre über von einer Großen Koalition regiert wurde.[456] Dort wurden zeitweise bis zu sieben Untergruppierungen der PDS beobachtet, teils auch mit nachrichtendienstlichen Mitteln.[457] Zu heftiger Kritik an der Beobachtungspraxis kam es, nachdem im März 1995 ein 271 Seiten

[448] So widmete das Landesamt für Verfassungsschutz Nordrhein-Westfalen in einem 1995 publizierten Bericht über „Extremistische Parteien und Gruppierungen in NRW" der PDS ein ganzes Kapitel und zeichnete darin das Bild einer von „extremistischen Splittergruppen der dogmatischen Neuen Linken" unterwanderten West-PDS, die sich damit aber deutlich von den Landesverbänden in Ostdeutschland unterscheide (Innenministerium NRW/Verfassungsschutz [Hrsg.], Superwahljahr 1994/95, S. 111 f.).

[449] Jesse, Ist die Beobachtung der Partei DIE LINKE durch den Verfassungsschutz rechtens?, S. 58.

[450] Vgl. ebenda, S. 58 f.

[451] Vgl. Bayern macht mit Brief an Kanther weiter Druck für PDS-Verbot. dpa-Meldung, 29. 12. 1993; dazu auch Jesse, Ist die Beobachtung der Partei DIE LINKE durch den Verfassungsschutz rechtens?, S. 58 f.

[452] Bayerisches Staatsministerium des Innern (Hrsg.), Verfassungsschutzbericht Bayern 1992, S. 77.

[453] Ebenda, S. 74 f.

[454] Ebenda, S. 79.

[455] Vgl. Jesse/Lang, Die Linke – eine gescheiterte Partei?, S. 304–309.

[456] Teile der PDS weiter unter Beobachtung. In: Berliner Zeitung, 19. 5. 1995; Berlin: Geheimdossier über PDS substanzlos. In: Neues Deutschland, 10. 3. 1995.

[457] Dies waren die Kommunistische Plattform, der Bund westdeutscher Kommunisten, die AG Junge GenossInnen und die AG Autonome. Eberhard Diepgen schloss dabei auch eine Beobachtung mithilfe von V-Leuten nicht aus (vgl. PDS seit Januar im Geheimdienst-Visier. In: Neues Deutschland, 19. 5. 1995; Verfassungsschutz hat PDS weiter im Auge. In: Neues Deutschland, 23. 8. 1995; Christine Richter, Sieben PDS-Gruppierungen werden beobachtet. In: Berliner Zeitung, 22. 11. 1996; Jesse/Lang, DIE LINKE – eine gescheiterte Partei?, S. 311).

langes Dossier des Berliner Verfassungsschutzes über die Tätigkeiten der PDS bekannt geworden war. In diesem Kontext kritisierte der Berliner FDP-Abgeordnete Rolf-Peter Lange wie einige andere die Unverhältnismäßigkeit der Ausgaben für eine Sammlung von PDS-Zitaten, von denen, so Lange, einige „auch US-Präsident Bill Clinton hätte sagen können".[458]

Im Vergleich dazu zeichneten die Verfassungsschutzbehörden in den meisten Ländern Ostdeutschlands ein gänzlich anderes Bild von der PDS als die Behörden in Köln, München oder Berlin. Zeitweise schien sich ein wahrer „Ost-West-Konflikt" in den Verfassungsschutzämtern abzuzeichnen.[459] So wurde die ostdeutsche PDS im Februar 1995 nur in Thüringen als Landespartei überwacht, in Sachsen, Mecklenburg-Vorpommern und Sachsen-Anhalt dagegen nur die Kommunistische Plattform.[460] In Brandenburger Verfassungsschutzberichten tauchte der Name PDS oder der einer ihrer Strömungen gar nicht auf.[461] Auch hierin spiegelte sich der besondere „Brandenburger Weg" wider. Der zuständige Präsident des Potsdamer Landesamtes für Verfassungsschutz Wolfgang Pfaff nahm auch öffentlich eine klare Gegenposition zum Kölner Bundesamt ein und bezeichnete dessen Beurteilungen als „krause Verschwörungstheorien".[462]

Pfaff, in den siebziger Jahren in der hessischen Staatskanzlei tätig und von 1979 bis 1991 bei der Bundesanwaltschaft in Karlsruhe mit Terrorismusabwehr beschäftigt, vertrat eine ganz andere Sicht auf die PDS, die er vor allem als pragmatische Partei in den Kommunen wahrnahm und weder für „linksextremistisch" noch für „verfassungsfeindlich" hielt.[463] Zwar seien „[e]inzelne Äußerungen aus dem KPF-Bereich [...] jenseits des verfassungsmäßigen Rubikons anzusiedeln", „insgesamt" aber gehöre die Partei sowohl organisatorisch als auch programmatisch „zum demokratischen Spektrum".[464] Pfaff ging sogar so weit, der PDS eine demokratische Vorbildrolle zu konstatieren, da die Fraktion im Landtag als einzige ihre Sitzungen öffentlich abhalte und auch von den anderen Parteien dafür anerkannt werde. Gesellschaftspolitisch übe die Brandenburger PDS eine „integrative Funktion" aus, „indem sie die Unzufriedenheit vieler aufsaugt und kanalisiert".[465] Im Jahr 1995 kam es sogar zu einem Treffen des Brandenburger Verfassungsschutzpräsidenten

---

458 Rolf-Peter Lange, zit. n. Teile der PDS weiter unter Beobachtung. In: Berliner Zeitung, 19. 5. 1995.

459 Vgl. Christoph Seils, Schielender Blick. In: Die Woche, 20. 11. 1998.

460 Vgl. Keine neue PDS-Überwachung. In: Neues Deutschland, 4. 2. 1995; PDS seit Januar im Geheimdienst-Visier. In: Neues Deutschland, 19. 5. 1995; vgl. auch Verfassungsschutz hat PDS weiter im Auge. In: Neues Deutschland, 23. 8. 1995; Jesse/Lang, DIE LINKE – eine gescheiterte Partei?, S. 312–315.

461 Vgl. Ministerium des Innern des Landes Brandenburg (Hrsg.), Verfassungsschutzberichte 1993–1998; vgl. auch Jesse/Lang, DIE LINKE – eine gescheiterte Partei?, S. 315.

462 „Krause Theorien". Interview mit Wolfgang Pfaff. In: Der Spiegel, 4. 3. 1996, S. 50.

463 „Ich halte die PDS in Brandenburg nicht für linksextremistisch oder verfassungsfeindlich". Interview mit Wolfgang Pfaff. In: Kölner Stadt-Anzeiger, 10. 8. 1994.

464 „Stigmatisiert und geächtet". Interview mit Wolfgang Paff. In: Der Spiegel, 24. 7. 1995, S. 18.

465 „Ich halte die PDS in Brandenburg nicht für linksextremistisch oder verfassungsfeindlich". Interview mit Wolfgang Pfaff. In: Kölner Stadt-Anzeiger, 10. 8. 1994.

mit dem Vorsitzenden der PDS-Bundestagsgruppe Gregor Gysi.[466] Auf Kritik von
Seiten der CDU reagierte die Behördensprecherin mit Verweis auf die Rolle der
PDS als „Partei im demokratischen Spektrum".[467]

Mit dem bereits zitierten Peter Frisch, bis 1996 Vizepräsident und danach Präsident des Bundesverfassungsschutzes, und seinem Brandenburger Kollegen Wolfgang Pfaff trafen zwei Verfassungsschützer aufeinander, die, obwohl beide SPD-
Mitglied, aus dem Westen und etwa gleich alt, zwei sehr gegensätzliche politische
Kulturen der alten Bundesrepublik im Umgang mit linker Systemkritik repräsentierten: Während Frisch, Jahrgang 1935, bereits in den 1970er Jahren als Mitarbeiter des Bundesinnenministeriums den sogenannten Extremistenbeschluss verteidigt und sich damit früh als Vertreter einer harten Haltung gegenüber potenziellen
Systemfeinden von links wie rechts profiliert hatte,[468] erlebte der aus Südhessen
stammende Pfaff, ein Jahr älter als Frisch, im eigenen Parteibezirk in den 1970er
Jahren eine linke Sozialdemokratie, die selbst über das Ziel der „Systemüberwin-
dung" stritt und die er in Teilen als „entschieden radikaler" als die PDS in Erinnerung hatte.[469] Wenn aber in Hessen-Süd der „Systemwechsel" ausgeblieben sei, so
argumentierte Pfaff, dann sei auch im Umgang mit der PDS Gelassenheit angesagt – zumal „Änderungen im demokratischen System", wie von der PDS angestrebt, noch nicht automatisch verfassungsfeindlich seien.[470] Frisch und das BfV
standen also für die Kultur der deutlichen Abgrenzung von jeder Form des Extremismus, während Pfaff für die Kultur der Integration und Domestizierung durch
Einbindung in den Staat stand. Die beiden Verfassungsschutzpräsidenten hatten
aber auch sichtlich zwei unterschiedliche Parteien vor Augen: Hier die PDS, die in
Westdeutschland den Kontakt zu kommunistischen und autonomen Milieus suchte und von Personal dominiert wurde, das traditionell von den Verfassungsschutzbehörden beobachtet wurde; dort die im Landtag verankerte Partei, die für die
Landesverfassung warb, zeitweise eine sozialliberale Minderheitsregierung stützte
und als potenzielle Regierungspartei galt.

3.4 Antitotalitarismus vs. Antistalinismus

Angesichts der dargestellten Konflikte zwischen der Partei und den Verfassungsschutzbehörden, vor allem dem Bundesverfassungsschutz, kann es nicht verwundern, dass die PDS, schon aus Eigeninteresse, zu den energischsten öffentlichen
Kritikern nicht nur der Verfassungsschutzpraxis, sondern auch der zugrundelie-
genden Konzepte einer „wehrhaften Demokratie" und eines „antitotalitären Kon-

---

466 Verfassungsschutz hat PDS weiter im Auge. In: Neues Deutschland, 23. 8. 1995; Verfassungs-
    schutz steht zu Gysi-Treff. In: Neues Deutschland, 23. 8. 1995.
467 Helga Wanke, zit. n. Verfassungsschutz steht zu Gysi-Treff. In: Neues Deutschland, 23. 8.
    1995.
468 Vgl. Frisch, Extremistenbeschluß.
469 „Krause Theorien". Interview mit Wolfgang Pfaff. In: Der Spiegel, 4. 3. 1996, S. 50.
470 Ebenda.

senses" gehörte.[471] In kaum einem Punkt kam die ausgeprägte Skepsis gegenüber dem Demokratiemodell der Bundesrepublik und seinen politisch-kulturellen Traditionen so sehr zum Ausdruck wie in dieser Frage. Auch für jene in der PDS, die den Verfassungsstaat Bundesrepublik schätzten und gegen Fundamentalkritik verteidigten, stellte die bundesrepublikanische Kultur der „streitbaren" oder „wehrhaften Demokratie" ein Feindbild dar und wurde als „demokratiefeindlich" bekämpft.[472]

Die Haltung der PDS zur „wehrhaften Demokratie"

Noch während ihrer Regierungszeit in Mecklenburg-Vorpommern arbeitete die dortige PDS auf eine Abschaffung des Verfassungsschutzes hin mit der Begründung, die Verfassungsschutzbehörden seien ein Relikt des Kalten Kriegs und Ausdruck eines obrigkeitsstaatlichen Denkens, „wonach der Bürger das Sicherheitsrisiko und der ‚Vater' Staat […] der Beschützer vor solchen ‚Feinden' ist".[473] Für einige in der PDS scheinen dabei tatsächlich die Erfahrungen mit dem Staat DDR, der seine Bürger überwachte und als potenzielle Feinde wahrnahm, eine abschreckende Rolle gespielt zu haben. In diesem Fall war die Ablehnung der „wehrhaften Demokratie" tatsächlich ein „demokratischer Lernprozess", der aber nicht gleichbedeutend war mit einer Annäherung an den politischen Konsens der Bundesrepublik. So sprach sich beispielsweise die Fraktionsvorsitzende in Mecklenburg-Vorpommern Angelika Gramkow dafür aus, auch gegen rechtsextreme Bestrebungen ausschließlich auf Bildungsangebote zu setzen und auf nachrichtendienstliche Mittel zu verzichten, weil eine solche Überwachung ganz generell „in einer Demokratie ein untaugliches Mittel" darstelle.[474]

Viele in der PDS aber lehnten gar nicht die Idee eines Staates ab, der sich mit repressiven Mitteln gegen seine Feinde schützte – schließlich unterstützte die Partei auch ein Verbotsverfahren gegen die NPD.[475] Vielmehr sahen sie sich als Opfer eines einseitigen antikommunistischen Angriffs seitens der bundesrepublikanischen Behörden, die kritische Kräfte auf der Linken als Verfassungsfeinde diskriminieren und so mundtot machen wollten, so der Vorwurf.[476] Der Staat blicke scharf nach links und sei auf dem rechten Auge blind. Dies galt es aus PDS-Sicht umzukehren, wie sich ebenfalls im PDS-Verfassungsentwurf des Jahres 1994 zeig-

---

471 Vgl. Prinz, Die programmatische Entwicklung, S. 189 f.
472 ADS, PDS-LV MV, Alt-Sign. 2008-XVII-339+2002-XVII-340 bis -342: PDS im Landtag, Persönliche Sicherheit in Mecklenburg-Vorpommern. Schwerin, November 1997, S. 20.
473 Ebenda; vgl. auch AdsD, SPD-LTF MV, 3. WP: Angelika Gramkow, Offener Brief an den Innenminister des Landes Mecklenburg-Vorpommern, Dr. Timm, 9. 12. 1999.
474 AdsD, SPD-LTF MV, 3. WP: Angelika Gramkow, Offener Brief an den Innenminister des Landes Mecklenburg-Vorpommern, Dr. Timm, 9. 12. 1999.
475 Vgl. Peters, Der Antifaschismus der PDS, S. 128.
476 Dt. Bundestag, Drs. 12/6570: Gesetzentwurf der Abgeordneten Dr. Uwe-Jens Heuer, Dr. Gregor Gysi und der Gruppe der PDS/Linke Liste: Entwurf eines Gesetzes über die Annahme einer neuen Verfassung nach Artikel 146 des Grundgesetzes, 12. 1. 1994, S. 42.

te: Demnach sollten die alliierten Entnazifizierungsvorschriften der Nachkriegszeit fortgelten,[477] frühere Funktionsträger der DDR aber vor strafrechtlichen, dis-
ziplinarischen oder sozialrechtlichen Maßnahmen geschützt werden.[478] Auch sah
der Entwurf ein Verbot für „[n]ationalsozialistische, rassistische und antisemiti-
sche Parteien" und Vereinigungen vor,[479] begründete dies aber nicht mit Verweis
auf die „freiheitliche demokratische Grundordnung".[480] Eine wehrhafte Demokratie sollte demnach bestehen bleiben, aber nicht im Sinne eines Antitotalitarismus, der linke und rechte Systemfeinde tendenziell gleichsetzte, sondern auf Basis
einer antifaschistischen Grundorientierung, die den Hauptgegner der Demokratie
auf der rechten Seite sah. Kritikerinnen und Kritiker sahen darin wiederum einen
grundlegenden Systemwechsel und ein Einfallstor für Versuche, „eine kommunistische Diktatur" zu errichten.[481]

Der „antistalinistische Konsens" der PDS

Unabhängig davon, ob die intensive Beobachtung der PDS durch einzelne Verfassungsschutzbehörden gerechtfertigt war oder nicht – oder die Nicht-Beobachtung
durch andere Landesämter richtig oder leichtfertig: Weitgehend unstrittig ist, dass
der strenge Blick des Verfassungsschutzes, dort wo er denn streng war, das beförderte, was innerhalb und außerhalb der PDS als „Wagenburgmentalität"[482] bezeichnet wurde. Die Funktionäre und Mitglieder der Partei fühlten sich von allen
Seiten angegriffen und rückten zusammen. Auch so erklärt sich, warum selbst
jene, die sich mit dem demokratischen Sozialismus, nicht mit dem Kommunismus
identifizierten, immerzu öffentliche Forderungen zurückwiesen, sich von den
kommunistischen Kräften in der eigenen Partei zu trennen und so ihre demokratische Läuterung zu beweisen.[483] Während hinter solchen Forderungen das antitotalitäre oder genauer: antikommunistische Axiom eines Kommunismus stand,
der *per definitionem* nicht demokratisch sein konnte – das schien die Geschichte
bewiesen zu haben –,[484] berief sich die PDS auf das Gegenkonzept eines „antistalinistischen Konsenses", der „kommunistische" Positionen so lange zuließ, wie sie
nicht „stalinistisch" und diesem Verständnis nach nicht undemokratisch waren.

---

477 Ebenda, S. 35 (Art. 167).
478 Ebenda, S. 34 f. (Art. 160).
479 Ebenda, S. 9 (Art. 27 und 28).
480 Ein solcher expliziter Verweis auf die FdGO fehlte auch im Kuratoriumsentwurf (vgl. Kuratorium, Eine Verfassung für Deutschland, S. 134 [Art. 21]).
481 Horst Eylmann, Das wahre Gesicht. In: Die Zeit, 22. 7. 1994; vgl. auch Bayerisches Staatsministerium des Innern (Hrsg.), Verfassungsschutzbericht Bayern 1992, S. 78.
482 In der SPD weiter Meinungsstreit über die PDS. In: Frankfurter Allgemeine Zeitung, 7. 12.
  1994; Klaus Hartung, Die PDS schielt nach der Macht. In: Die Zeit, 17. 1. 1997.
483 Vgl. exemplarisch Lothar Bisky, PDS '95: Solidarisch. Alternativ. Bundesweit. Fünf Jahre
  PDS: Aufgaben und Herausforderungen. Referat auf dem 4. Parteitag der PDS/1. Tagung. In:
  Disput, H. 3–4, 1995, S. 4–18, hier S. 9.
484 Vgl. Dowe, Einführung in die Thematik, S. 8; Meckel, Die Programmatik der PDS, S. 15;
  dazu auch W. Müller, Gab es in Deutschland einen demokratischen Kommunismus?.

Was die meisten Konkurrenten für denkunmöglich hielten – einen „demokratischen Kommunismus" –, das war für die PDS Teil des innerparteilichen „Pluralismus". Dem Antitotalitarismus stellte sie den Antistalinismus entgegen.

Umso problematischer musste den „Reformern" in der Partei erscheinen, dass der „antistalinistische Konsens" innerhalb der Wagenburg zu bröckeln begann. Das wurde in einem Artikel deutlich, den die damals 23-jährige Sahra Wagenknecht schon im Herbst 1992 veröffentlichte. Darin verteidigte Wagenknecht, Vertreterin der Kommunistischen Plattform im Parteivorstand, die „beeindruckende" Modernisierungspolitik Stalins und Ulbrichts als „einzig mögliche Form eines realisierten Sozialismus". Nicht der „Stalinismus", so Wagenknecht, sondern der „Opportunismus" ihrer Nachfolger habe sich als „tödlich für die gewesene sozialistische Gesellschaftsordnung" erwiesen: „Nicht die marxistisch-leninistische Traditionslinie scheiterte, sondern [...] die Bernsteins und Kautskys, die der reformistischen Sozialdemokratie."[485]

Das war das genaue Gegenteil von dem, was die neue Parteiführung im Dezember 1989 als „antistalinistischen Konsens" proklamiert hatte. Wagenknechts Aufsatz war daher nicht nur ein Generalangriff auf die vermeintlich „revisionistische" Parteiführung um Gysi und Brie, sondern auch auf deren Konzept einer demokratisch-sozialistischen Reformpartei. Das Grundverständnis der „Reformsozialisten", dass ein echter Sozialismus nur auf Grundlage westlicher „Basisinstitutionen" wie Rechtsstaat und Demokratie aufgebaut werden könne, war zur Disposition gestellt. Entsprechend deutlich antworteten die angegriffenen: André Brie warf Wagenknecht öffentlich vor, die „Durchsetzung einer primitiven, menschenverachtenden stalinistischen Ideologie" anzustreben.[486] Vorstandsmitglied Klaus Steinitz nannte Wagenknechts Thesen im Parteivorstand „das Schlimmste, was ich seit langem gelesen habe".[487] Und Gregor Gysi sah es als eine „Grundfrage" an, sich von „Nichtdemokratie und Terror" abzugrenzen, und forderte einen Vorstandsbeschluss, zumal Wagenknecht dem politischen Gegner Material für ein Verbotsverfahren in die Hände spiele und damit die Existenz der Partei riskiere.[488] Der Parteivorstand erklärte schließlich mit 11 : 1 Stimmen Wagenknechts „positive Haltung zum Stalinismusmodell" für unvereinbar mit den Positionen der Partei und entband die Inkriminierte mit 8 : 2 Stimmen (bei zwei Enthaltungen) ihrer Funktion als Verantwortliche für Organisation und Auswertung der Programmdiskussion.[489]

Trotz dieser Rüge: Die Öffentlichkeit hatte den Beweis, dass es verfassungsfeindliche Positionen in der PDS und innerhalb des PDS-Vorstandes gab – und dass

---

485 Wagenknecht, Marxismus und Opportunismus, S. 22; siehe dazu auch Wagenknecht, Antisozialistische Strategien, v. a. S. 7–9.
486 ADS, PDS-PV-137: André Brie, Also zurück zu Stalin? Eine Auseinandersetzung mit ideologischen Positionen Sahra Wagenknechts, 16. 11. 1992, S. 1.
487 ADS, PDS-PV-138: Auszug aus dem Sachprotokoll zur Sondersitzung des Parteivorstandes am 30. 11. 1992, S. 3.
488 Ebenda, S. 4 f.
489 Ebenda, S. 5 f.

Führungsmitglieder wie Gysi, Bisky und Brie sich zwar davon abgrenzten, sich aber offenkundig nicht trauten, die „stalinistische" Minderheit in der Parteiführung vollends zu entmachten oder gar auszuschließen. Erst nach dem Wahljahr 1994 wagte die Gruppe um Gysi die offene Auseinandersetzung mit dem Wagenknecht-Flügel.[490] Auf ihr Drängen hin erklärte der Parteitag der PDS im Januar 1995 „stalinistische Auffassungen" für unvereinbar mit der Parteimitgliedschaft und definierte diese als „Sozialismusvorstellungen mit diktatorischem, antiemanzipatorischem, antidemokratischem, illiberalem und zentralistischem Charakter".[491] Gregor Gysi erreichte zudem mit eigenen Rücktrittsdrohungen, dass Sahra Wagenknecht aus dem Vorstand ausscheiden musste.[492] In diesen Zusammenhang passt auch, dass sich der Parteivorsitzende Bisky nun ausdrücklich positiv auf die viel kritisierte Entschuldigung für die Opfer der SED bezog, die Dietmar Keller am 17. Juni 1994 im Bundestag ausgesprochen hatte.[493]

Vielen Außenstehenden aber ging das nicht weit genug. Angesichts eines ambitionierten Thesenpapiers vom Dezember 1994, in dem der Parteivorstand den „Bruch mit der zentralistischen, demokratiefeindlichen Politik der SED" für unwiderruflich erklärte,[494] hatten im Vorfeld des Parteitages hohe Erwartungen geherrscht. „Der Spiegel" hatte den Parteivorsitzenden Bisky sogar zum „heimlichen Sozi"[495] und „Brandt-Verehrer"[496] stilisiert, der den Parteitag zum „Godesberg für die PDS" machen und die ehemals kommunistische Partei demokratisieren werde.[497] Bisky erschien als Wiedergänger des Ex- und Antikommunisten Herbert Wehner, der – so das Bild – seiner Partei einst den Marxismus ausgetrieben hatte.[498] Umso schwerer wog, dass der Parteitag der PDS keineswegs mit dem erwarteten Bruch mit dem kommunistischen Flügel endete: Vielmehr bestand die Parteimehrheit darauf, die Absage an den „Stalinismus" mit einer gleichermaßen symbolischen Absage an jede Form des Antikommunismus zu verbinden.[499] Auf Druck der Basis hin bekannte sich die Partei daher offiziell zu „demokratisch-

---

490 Vgl. Richtungskampf in der PDS. In: Frankfurter Allgemeine Zeitung, 18.1.1995; Evelyn Roll, Ein Fegefeuer der etwas anderen Art. In: Süddeutsche Zeitung, 30.1.1995.
491 Sozialismus ist Weg, Methode, Wertorientierung und Ziel. Beschluss des 4. Parteitags der PDS/1. Tagung. In: Disput, H. 3–4, 1995, S. 26–28, hier S. 27; vgl. Prinz, Die programmatische Entwicklung, S. 291.
492 Vgl. Evelyn Roll, Ein Fegefeuer der etwas anderen Art. In: Süddeutsche Zeitung, 30.1.1995.
493 Lothar Bisky, PDS '95: Solidarisch. Alternativ. Bundesweit. Fünf Jahre PDS: Aufgaben und Herausforderungen. Referat auf dem 4. Parteitag der PDS/1. Tagung. In: Disput, H. 3–4, 1995, S. 4–18, hier S. 5.
494 PDS-Parteivorstand, 10 Thesen, S. 215.
495 Wir von gestern. In: Der Spiegel, 26.12.1994, S. 28–30, Zitat S. 29.
496 Stalins Geist. In: Der Spiegel, 23.1.1995, S. 27–29, Zitat S. 28.
497 Wir von gestern. In: Der Spiegel, 26.12.1994, S. 28–30, Zitat S. 29.
498 Vgl. ebenda.
499 Zunächst war sogar der Versuch der Kommunisten erfolgreich, antikommunistische Auffassungen für unvereinbar mit der Mitgliedschaft in der PDS zu erklären. Auf energisches Drängen Gregor Gysis hin wurde dieser Beschluss aber wieder revidiert und durch eine weichere Formulierung ersetzt (vgl. Evelyn Roll, Ein Fegefeuer der etwas anderen Art. In: Süddeutsche Zeitung, 30.1.1995).

kommunistische[n] Positionen" in ihren Reihen.[500] Damit wurde ein Bruch mit dem kommunistischen Flügel vermieden und die Frontstellung der Partei zum antitotalitären Konsens der Konkurrenzparteien abermals betont. Manche in der PDS deuteten dies im Nachhinein als innerparteilichen Kompromiss, mit dem der Parteispitze die strategische Führung um den Preis programmatischer Unklarheit überantwortet worden sei – oder wie Dietmar Keller es ausdrückte: Die DDR-Funktionärselite behielt ihre „Wärmestube" – aber nicht das Recht, „die Reformentwicklung in Frage zu stellen".[501]

Nach außen hin aber stand ein anderer Eindruck: Gemessen an den hohen Erwartungen im Vorfeld erkannte Michael Schwelien in der „Zeit" nun „[k]eine Spur von Erneuerung" mehr.[502] Offensichtlich seien die Reformkräfte doch zu schwach, die „alten Apparatschiks" zu stark und die Parteispaltung daher kaum noch aufzuhalten, so Heribert Prantl in der „Süddeutschen Zeitung".[503] Das Grundproblem machte seine Kollegin Evelyn Roll deutlich, aus deren Sicht die Absage der PDS an den Antikommunismus und ihr Bekenntnis zur Demokratie schlichtweg unvereinbar waren.[504] Fast schon zurückhaltend blieb dagegen die „Frankfurter Allgemeine Zeitung": Die PDS bleibe eben „eine in sich widersprüchliche Partei".[505] Aber auch diesem Eindruck wohnte – in einer längeren Frist – eine dialektische Wendung inne. Neben der Demonstration, dass es in der PDS orthodoxe Kommunisten gab, die nicht zu entmachten waren, trug der Parteitag in der öffentlichen Wahrnehmung auch dazu bei, dass die Richtungskämpfe in der Partei nun deutlicher als zuvor mit Personen verbunden wurden: Auf der einen Seite standen Gregor Gysi und Lothar Bisky als heimliche Sozialdemokraten da, die sich im Kampf für die Demokratisierung der Partei aufrieben, so das verbreitete Narrativ zumindest im linksliberalen Teil der Medienöffentlichkeit.[506] Damit boten sie sich als heimliche Sympathieträger eines linksliberalen Publikums auch im Westen an. Dem gegenübergestellt wurde Sahra Wagenknecht als „schöne Kommunistin",[507] die ihrerseits zum „Liebling der Kameras"[508] aufstieg und sich als innerparteiliche Oppositionsführerin zu inszenieren wusste. Mit dieser klaren Frontstellung der vergleichsweise progressiven „Reformer" gegen die rückwärtsgewandten „Orthodoxen", so die Rollenverteilung in den Medien, differenzierte sich das Bild vom „Phänomen PDS": Während vor allem der linksliberale Teil der Medienöffentlichkeit begann, sich stärker als zuvor für die Prozesse innerhalb der

---

[500] Sozialismus ist Weg, Methode, Wertorientierung und Ziel. Beschluss des 4. Parteitags der PDS/1. Tagung. In: Disput, H. 3–4, 1995, S. 26–28, hier S. 27.
[501] Dietmar Keller, „Die Machtfrage stellen". Interview mit Stefan Berg. In: Der Spiegel, 17. 4. 2000, S. 24–25, Zitat S. 24.
[502] Michael Schwelien, Keine Spur von Erneuerung. In: Die Zeit, 3. 2. 1995.
[503] Heribert Prantl, Der Anfang, Ende der PDS. In: Süddeutsche Zeitung, 30. 1. 1995.
[504] Evelyn Roll, Ein Fegefeuer der etwas anderen Art. In: Süddeutsche Zeitung, 30. 1. 1995.
[505] Gegenläufige Strömungen. In: Frankfurter Allgemeine Zeitung, 30. 1. 1995.
[506] Vgl. Evelyn Roll, Ein Fegefeuer der etwas anderen Art. In: Süddeutsche Zeitung, 30. 1. 1995.
[507] Ebenda; vgl. auch: Nein zur „schönen Sahra". In: Bild, 31. 1. 1995.
[508] Michael Schwelien, Keine Spur von Erneuerung. In: Die Zeit, 3. 2. 1995.

Partei zu interessieren, wurden die führenden Persönlichkeiten der PDS, allen voran Gregor Gysi, zu bundesweit bekannten Medienstars.

4. Die PDS als „Phänomen": Medien, Öffentlichkeit und neue Images

Mit den sich intensivierenden Debatten um die PDS, die Mitte der 1990er Jahre in den politischen Parteien und zwischen den Verfassungsschutzbehörden geführt wurden, ging auch eine verstärkte Aufmerksamkeit in den Medien des Landes einher. Dabei spiegelten die Printmedien sowie die audiovisuellen Medien, hier insbesondere das Fernsehen, keineswegs nur die parteipolitischen und wissenschaftlichen Debatten wider. Vielmehr spielten sie eine eigenständige Rolle bei der Konstruktion politischer Sinndeutungen und trugen erheblich dazu bei, der PDS eine bestimmte Position im politischen System zuzuweisen. Dabei ließen sich wissenschaftlicher, medialer und politischer Diskurs um die PDS seit Mitte der 1990er Jahre kaum mehr trennen und waren in hohem Maße miteinander verflochten. Es wurden verschiedene öffentliche Images kreiert, die eine sich verschiebende Wahrnehmung der PDS in der Öffentlichkeit anzeigten. Die Partei selbst wiederum spielte in diesem Zusammenhang keineswegs eine passive Rolle, sondern entwickelte früh eine eigene Medienstrategie, die darauf ausgerichtet war, sich selbst in einem ihr fremden, stark westlich geprägten Mediensystem zu präsentieren. In der Folge soll daher dargestellt werden, wie sich die PDS als medialer Akteur verhielt und inwiefern dies die öffentlichen Wahrnehmungen der Partei beeinflusste. Dabei soll insbesondere auch auf die Bedeutung übergeordneter Entwicklungen im politisch-medialen Raum geachtet werden, die zeitgenössisch unter den Schlagworten der „Entertainisierung"[509], „Medialisierung"[510] und „Entideologisierung"[511] des Politischen verhandelt wurden.

4.1 Medienstrategie und Selbstdarstellung der PDS

Der Blick auf die PDS in den gesamtdeutschen Medien und ihre Rolle in der Öffentlichkeit waren stark von den Umstrukturierungen auf dem deutschen Medienmarkt zu Beginn der 1990er Jahre betroffen. Im Bereich von Rundfunk und Fernsehen hatten die Westmedien bereits zu DDR-Zeiten einen wesentlichen Einfluss auf die Bevölkerung Ostdeutschlands ausgeübt und so als „kommunikative Brücke

---

[509] Vgl. Holtz-Bacha, Entertainisierung der Politik; Dörner, Politainment.
[510] Vgl. Mazzoleni/Schulz, Mediatization; Sarcinelli, Politische Kommunikation, S. 157, S. 238 und S. 334.
[511] Vgl. Decker, Parteiendemokratie, S. 49 f.; W. Schulz, Wahlkampf, S. 378.

in den Westen" fungiert.[512] Nach 1990 wurden schließlich das duale System auf die neuen Bundesländer übertragen und zahlreiche westdeutsche Journalisten und Seiteneinsteiger in verantwortliche Positionen gebracht.[513] Auf dem Pressemarkt wiederum behielten zwar die früheren SED-Bezirkszeitungen ihre starke Stellung, mit Ausnahme des Zentralorgans „Neues Deutschland" aber gingen sie in den Besitz westdeutscher Verlage über und änderten damit auch ihr inhaltliches Profil.[514]

Für die PDS bedeutete das unterschiedliche mediale Nutzungsverhalten in Ost und West, dass sie für ihre Wahlchancen in den neuen Ländern weniger auf die Meinung der westdeutschen Presse angewiesen war als auf die der Regionalzeitungen Ostdeutschlands. Dies kam ihr deswegen entgegen, weil Letztere häufig eine spezifisch ostdeutsche Perspektive auf wichtige Themen einnahmen und mitunter auch Schuldzuweisungen an „den Westen" artikulierten, die denen der PDS nicht unähnlich waren.[515] Der spezifische Duktus der PDS-Rhetorik fand so in einigen ostdeutschen Medien ein Echo. Zugleich aber konnte auch die Partei nicht unabhängig von den großen bundesdeutschen Leitmedien agieren: Einerseits wollte sie sich selbst nach Westen ausdehnen, wofür gerade ihr negatives Image in den dortigen Medien lange Zeit ein wesentliches Hindernis darstellte. Andererseits richtete sich auch das Verhalten der Konkurrenzparteien gegenüber der PDS, vor allem in den westdeutschen Parteizentralen, sehr viel eher nach „Spiegel", „Bild", „FAZ" und „Süddeutscher Zeitung" als nach „Neuem Deutschland" und „Junger Welt".

Die PDS reagierte auf diese Situation mit einer Medienstrategie, die zunächst vor allem das Ziel verfolgte, „daß wir in die Medien kommen".[516] Aufmerksamkeit war vorerst alles. Dafür reichte es für den Parteivorsitzenden Gysi nicht nur, „unsere eigenen Medien" zur Verbreitung zu nutzen, allen voran das „Neue Deutschland". Vielmehr müsse man erreichen, „daß auch bürgerliche und PDS-feindliche Medien über sie berichten müssen".[517] Gysi war sicher, dass Medienpräsenz und gute mediale Performance im „Zeitalter des Fernsehens" unerlässlich seien, um die PDS bundesweit darzustellen und die These von der eigenen Erneuerung auch symbolisch zu repräsentieren. Dazu sollte sich die Partei „auf die Gegebenheiten einer kapitalistischen modernen Industriegesellschaft" einstellen, als deren Bestandteil die Medien aufgefasst wurden.[518] Es wurden sogar Psychologen engagiert, um Politikerinnen und Politikern der PDS dabei zu helfen, „die notwendige Sicher-

---

512 Bösch/Classen, Bridge over Troubled Water?, S. 476; vgl. auch Thumfart, Die politische Integration Ostdeutschlands, S. 683 f.
513 Vgl. Thumfart, Die politische Integration Ostdeutschlands, S. 689–705.
514 Schneider/Stürzebecher, Wenn das Blatt sich wendet, S. 37–44 und S. 71–73; Thumfart, Die politische Integration Ostdeutschlands, S. 684–688; Bösch/Classen, Bridge over Troubled Water?, S. 477–480.
515 Vgl. Bösch/Classen, Bridge over Troubled Water?, S. 481.
516 ADS, PDS-PV-061: Entwurf Referat Gregor Gysis auf der Klausurtagung des Parteivorstandes am 12./13. 5. 1990, S. 38.
517 Ebenda, S. 37.
518 Ebenda, S. 39.

heit und Lockerheit im öffentlichen Auftreten" zu gewinnen, wie der Vorsitzende seiner Partei schon im Mai 1990 klarmachte.[519]

Mit diesem Streben nach einem locker-professionellen Image war auch eine neue Werbe- und Symbolsprache verbunden, der sich die PDS seit dem Frühjahr 1990 bediente und die bewusst mit der als bieder empfundenen und durch die Geschichte belasteten SED-Ikonographie brach.[520] An die Stelle des traditionellen SED-Symbols trat die schlichte, serifenfreie und kursiv gesetzte Abkürzung „PDS", die Dynamik und Modernität symbolisieren sollte. Das reduzierte Schwarz-Weiß-Schema mit roten Akzenten und die schwarzen Lettern auf weißem Grund, die in den PDS-Wahlmaterialien der 1990er Jahre dominierten, brachen sichtlich mit sozialistischem Kitsch, suggerierten einfache Entscheidungen und erinnerten optisch an die Gestaltung westlicher Boulevard-Zeitungen wie der „Bild". Auch bediente sich die PDS statt eines sozialistischen Appells an die werktätige Bevölkerung nun einfacher Botschaften wie „Zeichen setzen!"[521], „Kohl muß weg!"[522] und „Der Osten wählt rot"[523] sowie unkonventioneller Slogans wie „don't worry take Gysi!", den sie bereits 1990 auf Aufkleber drucken ließ.[524]

Dass sich gerade die frühere Staatspartei der DDR nun an englischen Slogans versuchte, entbehrte nicht einer gewissen Ironie. Die Anglizismen und popkulturellen Referenzen signalisierten aber im Ostdeutschland der „Nachwendezeit" einen Bruch mit der realsozialistischen Tradition und wurden als Zeichen der Moderne interpretiert: „Nun, im neuen Ost-Deutschland, ist Englisch schick und als Sprache der Marktwirtschaft ohnehin gefragt", wie „Der Spiegel" im Mai 1990 feststellte.[525] Auch mit Wahlwerbespots im Stil eines Musikvideos suchte die Partei in Zeiten des Musikfernsehens – 1993 wurde mit VIVA der erste deutsche Musiksender als Konkurrent zu MTV Europe gegründet – Anschluss an die westliche Moderne.[526] Dazu passt, dass die Partei auf Plakaten mit provozierenden Motiven wie einem ausgestreckten Mittelfinger und mit dezidiert jugendsprachlichen Begriffen wie „cool" und „geil" experimentierte, die ihr ein frisches Image verschaffen und sie als ebenso neue wie systemkritische Kraft darstellen sollten.[527] Besonders prägend für den Wahlkampfstil der Partei wurde die zur Schau getragene Ironie, die mit dem Image des Schmuddelkinds spielte: „Trau'n Sie sich doch mal, es sieht ja

---

[519] Ebenda; vgl. Tüffers, Die 10. Volkskammer, S. 249.
[520] Vgl. Bortfeldt, Von der SED zur PDS, S. 186.
[521] PDS, „Zeichen setzen!". Wahlplakat zur Bundestagswahl 1998.
[522] PDS, „Kohl muß weg! Arbeit muß her!" Wahlplakat zur Bundestagswahl 1998.
[523] PDS, „Der Osten wählt rot". Wahlplakat zur Bundestagswahl 1998.
[524] Vgl. Auf den wings der fantasy. In: Der Spiegel, 7. 5. 1990, S. 278–280, hier S. 280; Bortfeldt, Von der SED zur PDS, S. 187.
[525] Vgl. Auf den wings der fantasy. In: Der Spiegel, 7. 5. 1990, S. 278–280, hier S. 280.
[526] PDS, Wahlspot zur Europawahl 1994; vgl. Holtz-Bacha, Wahlwerbung als politische Kultur, S. 139.
[527] PDS, „Zeichen setzen!". Wahlplakat zur Bundestagswahl 1998; vgl. Holtz-Bacha, Wahlwerbung als politische Kultur, S. 147.

keiner", zwinkerte Gysi am Ende eines TV-Spots zur Europawahl 1994 in die Kamera und inszenierte die PDS-Wahl damit zum Tabubruch und zur Mutprobe.[528]

Zu einer „aggressiv-ironischen" Kampagne hatte die Hamburger Agentur „Max.Medienkontor" der PDS schon im Vorfeld der Volkskammerwahlen 1990 geraten: Die aus dem Westen geplanten Kampagnen der Konkurrenzparteien könnten „nicht bierernst und nur redlich gekontert werden".[529] Die Folge waren eventhafte Wahlkampfmethoden – so zum Beispiel ein Fallschirmsprung Gregor Gysis im Volkskammerwahlkampf 1990[530] –, wie sie von anderen Parteien erst um die Jahrtausendwende genutzt wurden. Angesichts der Vergangenheit der PDS als Partei einer bürokratisch-autoritären Diktatur war ein solcher „Spaßwahlkampf" aber ein Balanceakt, der leicht nach hinten losgehen und als Zynismus interpretiert werden konnte. Die politische Formensprache der Partei mit ihrer Mischung aus Dramatisierung, Provokation und Lockerheit blieb daher auch nicht immer widerspruchsfrei, zumal sie sich mit unterschiedlichen Methoden an unterschiedliche Zielgruppen richtete.[531] Dazu gehörte auch, dass die PDS in ihren Wahlmaterialien ihre historischen Brüche selbst thematisierte: Auf einem Flugblatt aus dem Jahr 1990 stellte die Partei selbst die Frage „PDS neu?" und zeigte dabei in einer Collage einen lachenden, braungebrannten und in lässiger Pose eine Zigarette haltenden Gysi, der deutlich mit den schwarz-weiß gehaltenen Bildern Ulbrichts, Honeckers und Krenz' kontrastierte: Die Bildsprache schien wie selbstverständlich die Antwort auf die Frage zu geben: Die PDS des „coolen" Intellektuellen Gysi hatte schon rein äußerlich nichts gemein mit der grauen SED von gestern.[532] Zugleich aber – darauf hat die Soziologin Ludgera Vogt hingewiesen – ist das Bild symptomatisch für die bewusste Ambivalenz, mit der die Bild- und auch die Wortsprache der PDS hantierte, um unterschiedliche Personenkreise anzusprechen. Demnach konnte das Publikum die Collage auch ganz anders lesen: Auch bei allen vordergründigen Imagewandeln blieb die SED in Form der PDS bestehen und stand selbstbewusst zu ihrer Vergangenheit.[533] Die Kehrseite dieser bewussten Ambivalenz war freilich ein anhaltendes Misstrauen vor allem in Westdeutschland, das die Partei stets begleiten sollte.

Zudem brach die Partei ihren ironischen Wahlkampfstil immer wieder, um auf „das Spektakuläre"[534] zu setzen und Aufmerksamkeit zu erzeugen. Dabei nahm

---

[528] PDS, Wahlspot zur Europawahl 1994; vgl. Holtz-Bacha, Wahlwerbung als politische Kultur, S. 143. Dieser Slogan wurde 1998 in der Version „Geben Sie sich 'nen Ruck" wiederaufgenommen (vgl. M. G. Müller, Parteienwerbung im Bundestagswahlkampf 1998, S. 256).

[529] ADS, PDS-PV-416: Max.Medienkontor, Überlegungen zur Wahlkampfführung der SED/PDS zur Volkskammerwahl 1990. Hamburg [Anfang 1990].

[530] Vgl. Bortfeldt, Von der SED zur PDS, S. 186.

[531] Vgl. Keil, Wahlkampfkommunikation in Wahlanzeigen, S. 313; Jarren/Bode, Ereignis- und Medienmanagement politischer Parteien, S. 79.

[532] Vgl. ausführlich Vogt, Das Kreuz der Vergangenheit.

[533] Vgl. ebenda, S. 357–359.

[534] ADS, PDS-PV-061: Entwurf Referat Gregor Gysis auf der Klausurtagung des Parteivorstandes am 12./13. 5. 1990, S. 37.

sich die frühere Staatspartei ein Vorbild an Nicht-Regierungs-Organisationen wie Greenpeace, die mit provokanten Aktionen in den 1980er und 1990er Jahren Aufmerksamkeitserfolge feierten.[535] So stieg Gregor Gysi im November 1997 öffentlichkeitswirksam auf das Dach des Palasts der Republik in Berlin, um ein Transparent gegen dessen geplanten Abriss zu entrollen.[536] Auch wenn es um ihr Vermögen ging, suchte die PDS, wie bereits gesehen, die öffentlichkeitswirksame „Dramatisierung", um auf sich aufmerksam zu machen.[537] Dazu gehörten auch radikale Methoden wie ein „Hungerstreik", mit dem die Partei Ende 1994 auf eine Steuerforderung des Landes Berlin über 67 Millionen D-Mark reagierte.[538] In der bundesdeutschen Öffentlichkeit stieß diese Aktion auf ein gemischtes Echo. Obwohl in manchen linken Medien bald die „politisch dubiose Aktion" der Finanzbehörden in den Fokus geriet, sodass die PDS tatsächlich als Opfer erschien,[539] empfanden es viele Beobachterinnen und Beobachter als geschmacklosen Zynismus, dass sich die umbenannte SED als Opfer und die Bundesrepublik als Staat darstellte, der sie mit undemokratischen Mitteln bekämpfte[540] – zumal die Protestaktion des Hungerstreiks nicht nur der Formensprache internationaler Befreiungsbewegungen entlehnt war, sondern auch Assoziationen an die terroristische RAF-Vergangenheit weckte.[541]

4.2 Mediale Ausgrenzung der PDS?

Zu ihrer Empörungsstrategie gehörte auch, dass von der PDS und ihr nahestehenden Personen immer wieder von einer „Diskriminierung" in der Öffentlichkeit berichtet wurde: Die PDS werde in den öffentlich-rechtlichen Medien systematisch ignoriert und von der Presse als Auslaufmodell abgekanzelt.[542] In der öffent-

---

[535] Ebenda, S. 36.

[536] Vgl. Rettungsaktion für den Palast und Gysi. In: Neues Deutschland, 22. 11. 1997; Patton, Out of the East, S. 87.

[537] ADS PDS-PV-180: André Brie an alle Mitglieder des Präsidiums. Berlin, 1. 6. 1990, S. 2.

[538] Vgl. Kommt heute der Kuckuck ans gesamte Eigentum der PDS? In: Neues Deutschland, 1. 12. 1994. Die Forderung bezog sich auf eine Steuerschuld aus dem Verkauf von Immobilien im ersten Halbjahr 1990. Zu den Hintergründen siehe Oswald, The Party That Came Out of the Cold War, S. 68–71.

[539] Tödliche Hungerkur für die PDS? In: Die Tageszeitung, 2. 12. 1994. Nach einem Beschluss des Verwaltungsgerichts musste die Steuerforderung schließlich auch ausgesetzt werden (vgl. Streit um PDS-Steuern ist vorerst beigelegt. In: Neues Deutschland, 9. 12. 1994; Steuerstreit schwelt weiter. In: Süddeutsche Zeitung, 10. 12. 1994; Bescheid ausgesetzt. In: Die Tageszeitung, 13. 12. 1994).

[540] Vgl. Das Bubenstück der PDS. In: Süddeutsche Zeitung, 1. 12. 1994; Kerstin Müller, Schluß mit der Quarantäne. In: Bonner Rundschau, 2. 12. 1994; Peter Hintze, Angemaßte Märtyrerrolle. In: Bonner Rundschau, 2. 12. 1994.

[541] Vgl. Norbert Robers, Leerer Magen für volle Kasse. In: Focus, 5. 12. 1994.

[542] ADS, PDS-PV-124: André Brie, Erklärung für die Pressekonferenz und die Sitzung des Parteivorstandes der PDS am 25.5. [undatiert], S. 3; Reents, Medienblockade, S. 23; „Engholm ließ Gysi aus Talkshow ausladen". Pressedienst der PDS/Linke Liste im Bundestag, 16. 1. 1992; „Es gibt keinen ‚Allparteien-Gipfel'". Pressedienst der PDS/Linke Liste im Bundestag, 5. 2. 1993; Falkner/Huber, Aufschwung PDS, S. 221–223.

lichen Berichterstattung werde ein „enger Bannkreis"[543] um die Partei gezogen und sie werde Opfer einer „ständigen Hetzkampagne" und gar einer „Vernichtungskampagne" seitens der politisch-medialen Eliten der Bundesrepublik.[544] Zu einem gewissen Grad basierte die These von der Benachteiligung der PDS auf realen Gegebenheiten. Wie zeitgenössische Analysen wiederholt zeigten, erreichte die PDS in der Tat meist weniger Medienpräsenz als ihre direkten Konkurrenten. Demnach kam die Partei im Bundestagswahlkampf 1990 in den wichtigsten Nachrichtensendungen „Tagesschau" (ARD) und „heute" (ZDF) fast gar nicht vor und wurde nur ein einziges Mal im Wortlaut zitiert: Als der PDS-Funktionär Karl-Heinz Kaufmann seine Rolle beim Versuch erklären musste, Gelder der Partei auf Auslandskonten zu verschieben.[545] Dieses Muster traf im Grundsatz auch auf spätere Wahlen zu.[546] Auch in überregionalen Printmedien blieb die Aufmerksamkeit für die PDS bis zur Bundestagswahl 1998 auf niedrigem Niveau.[547] Sie entsprach allerdings in etwa ihren Wähleranteilen oder lag sogar darüber.[548] Dass die Partei medial so wenig vorkam, lag daher in erster Linie an ihrer faktischen Nicht-Präsenz im Westen des Landes. Dagegen hatten die für die bundesdeutsche Medienöffentlichkeit überraschenden Wahlerfolge der PDS in Ostdeutschland im Jahr 1994 zur Folge, dass der Partei punktuell verstärkte Aufmerksamkeit quer durch alle Medien zukam.[549] Zu gewissen Zeiten stand die PDS sehr stark im Zentrum der medialen Berichterstattung und war Objekt erregter Diskussionen.[550]

Besonders deutlich ist der Befund der zeitgenössischen Medienforschung, wonach die PDS in überregionalen Zeitungskommentaren stets kritischer beurteilt wurde als die übrigen im Bundestag vertretenen Parteien und somit „das schwarze Schaf" der überregionalen Presse darstellte.[551] Dies entsprach auch den persönlichen Einstellungen der meisten Journalistinnen und Journalisten, die in den 1990er Jahren in Befragungen die PDS deutlich negativer bewerteten als alle anderen im Bundestag vertretenen Parteien, wenn auch nicht ganz so negativ wie die rechtsgerichteten Republikaner.[552] Allerdings gab es Abweichungen von diesem

---

[543] ADS, PDS-PV-252: PDS in Sachsen-Anhalt, Erklärung aus aktuellem Anlaß: Für demokratische Mitbestimmung in Sachsen-Anhalt. Gegen Ausgrenzung und Selbstisolation der PDS. Magdeburg, April 1991, S. 1 f.

[544] ADS, PDS-PV-213: André Brie, Rede auf der Beratung des Präsidiums des Parteivorstandes mit den Vorsitzenden der Kreisvorstände der PDS am 28. 10. 1990, S. 8.

[545] Vgl. Schönbach/Semetko, Medienberichterstattung und Parteienwerbung, S. 334 und S. 336 (Tabelle 6).

[546] Siehe dazu Jandura, Politische Chancengleichheit; vgl. auch Krüger/Zapf-Schramm, Fernsehwahlkampf 1998, S. 225 (Tabelle 4), S. 232 (Tabelle 7) und S. 233 (Tabelle 8).

[547] Vgl. Jandura, Politische Chancengleichheit, S. 149 f.

[548] Vgl. Eilders, Bilder der Parteien in den Medien, S. 157–159; Lüter, Politische Profilbildung jenseits der Parteien?, S. 176–178; Friedrichsen, Im Zweifel für die Angeklagten, S. 58 f.

[549] Vgl. Friedrichsen, Im Zweifel für die Angeklagten, S. 57.

[550] Vgl. Jandura, Publizistische Chancengleichheit in der Wahlkampfberichterstattung?, S. 193.

[551] Lüter, Politische Profilbildung jenseits der Parteien?, S. 181; vgl. auch Eilders, Bilder der Parteien in den Medien, S. 159 f.

[552] Vgl. Schneider/Schönbach/Stürzebecher, Journalisten im vereinigten Deutschland, S. 377 (Tabelle 14): Bei der Gruppe der Journalisten in Westdeutschland erhielt die PDS die Wertung –3,0, die Republikaner –4,3 und die restlichen Parteien zwischen –0,9 und +0,2.

Muster: Vor allem in der linksliberalen, sozialdemokratisch orientierten „Frankfurter Rundschau" und noch stärker in der linksalternativen Berliner „Tageszeitung (taz)" erhielt die PDS früher als anderswo Zuspruch auch von westdeutschen Redaktionen.[553] Auch in einzelnen ostdeutschen Zeitungen wie der „Berliner Zeitung" oder der Zeitschrift „Super Illu" schlug der PDS zwar eine negative, aber weniger ausprägt kritische Kommentierung entgegen – eine generell positivere Berichterstattung in Ostdeutschland konnte aber nicht festgestellt werden.[554] Am wohlwollendsten wurde dort über die PDS berichtet, wo sie regierte: So erschienen dem Medienwissenschaftler Olaf Jandura zufolge in Regionalzeitungen aus Landeshauptstädten, in denen die PDS direkt oder indirekt mitregierte, mehr positive als negative Berichte über die Partei, was freilich sowohl mit der vergleichsweise pragmatischen Regierungspolitik der PDS vor Ort als auch mit einem geneigten Verhalten der Redaktionen gegenüber der jeweiligen Landesregierung begründet sein kann.[555]

Wenig überraschend ist wiederum, dass der PDS vor allem in den konservativen Tageszeitungen „FAZ" und „Welt" ein eisiger Hauch entgegenwehte: Zeitgenössischen Untersuchungen zufolge waren dort um die 95 Prozent aller Kommentierungen der Partei negativ.[556] Auch wurde sie kaum in ihren inhaltlichen Positionen wahrgenommen,[557] sondern als spezifisch ostdeutsches „Phänomen PDS" diskutiert.[558] Sie erschien noch bis weit in die 1990er Jahre hinein als „single-issue Ostpartei, die vornehmlich mit sich selbst und ihren Außenbeziehungen beschäftigt ist und der darüber hinaus lediglich in Bezug auf vereinigungsspezifische Themen eine gewisse Relevanz zukommt", wie die Kommunikationswissenschaftlerin Christiane Eilders feststellte.[559] Ähnlich wie in den 1980er Jahren bei den Grünen, die weitgehend auf die Themen „Frieden" und „Umwelt" reduziert worden waren und so ein Expertenimage für diese Themen entwickeln konnten, half eine selektive Wahrnehmung der PDS in den Medien auch dabei, einen festen Wahrnehmungsrahmen als Partei für Themen der Wiedervereinigung festzuschreiben und zu reproduzieren.[560] Mit Abstrichen zeigte sich eine Entwicklung, wie sie in den 1980er Jahren auch bei den Grünen konstatiert wurde: Zunächst weitgehend ignoriert, wurde die Partei später als Ein-Themen-Partei dargestellt und erst nach ein paar Jahren auch sachpolitisch ernster genommen.[561] Angesichts der spezifisch

---

[553] Vgl. Eilders, Bilder der Parteien in den Medien, S. 160; Lüter, Politische Profilbildung jenseits der Parteien?, S. 180 f.

[554] Vgl. Jandura, Politische Chancengleichheit, S. 146 und S. 150–152.

[555] Vgl. ebenda, S. 151.

[556] Vgl. Lüter, Politische Profilbildung jenseits der Parteien?, S. 180 f.; Eilders, Bilder der Parteien in den Medien, S. 159 f.

[557] Vgl. Eilders, Bilder der Parteien in den Medien, S. 159 f.

[558] Ebenda, S. 161; vgl. auch Stiehler/Marr, Totgesagte leben länger.

[559] Eilders, Bilder der Parteien in den Medien, S. 164; vgl. auch Friedrichsen, Im Zweifel für die Angeklagten, S. 60.

[560] Siehe dazu auch Knoche u. a., Nicht-Veränderung als langfristige Medienwirkung, S. 132.

[561] Vgl. Hansen/Schmid/Scherer, Erstens: ignorieren, zweitens: diffamieren, drittens: umarmen?, S. 369.

ostdeutschen Verankerung und der diktatorischen Vergangenheit der PDS aber blieben Vorbehalte ihr gegenüber vor allem in westdeutschen Redaktionen sehr viel hartnäckiger als gegenüber den Grünen bestehen: Wie noch zu zeigen sein wird, gelang es der PDS erst Ende der 1990er Jahre, ihre Akzeptanz in westlichen Medien auf bescheidenes Niveau zu erhöhen.

Darüber hinaus reflektierte die vor allem in den Anfangsjahren geäußerte Klage über eine mediale Ausgrenzung der PDS zum Teil auch den Umstand, dass sich die frühere SED, die in der DDR auf ihr treu ergebene Blätter vertrauen konnte, erst noch an Kritik aus den Medien gewöhnen musste. Vor allem von den einstigen SED-Blättern und von früheren DDR-Journalisten erwartete man im Karl-Liebknecht-Haus anfänglich noch, wenn schon nicht Zuspruch, so doch wenigstens Zurückhaltung: André Brie hielt es für besonders „bemerkenswert", dass sich ausgerechnet die ostdeutsche „Super Illu" unter dem früheren ADN-Journalisten Klaus Taubert „heute aktiv an diesen Dingen gegen die PDS" beteilige – schließlich habe Taubert doch einst auf zahlreichen Bildern fest hinter Honecker gestanden.[562] Um dies zu rationalisieren, konstruierten führende PDS-Politiker Parallelen zwischen der alten SED-Führung um Honecker und den „neuen Herrschenden" der Bundesrepublik, die – so der Vorwurf – ebenfalls auf Opportunismus und die Ausschaltung von Kritik setzten.[563] So formte sich aus der Perspektive der PDS ein ihr scheinbar feindlich gesinntes Kartell in Politik und Medien. Das wiederum bestärkte die Vorbehalte gegenüber dem westlichen System, die in den neunziger Jahren in der gesamten „Nachfolgepartei" virulent waren.

4.3 Gysi und die „Talkshow-Republik": Persönlichkeit und Medien

Von einer „Medienblockade"[564] gegen die PDS freilich konnte schon deswegen nicht die Rede sein, weil gerade ihr öffentliches Aushängeschild Gregor Gysi im Laufe der 1990er Jahre zu einem medialen Star aufstieg, wie es damals nur wenige in der Bundesrepublik gab. Wie kaum ein anderer stand Gysi für die seinerzeit viel diskutierte „Medialisierung" der Politik. Dabei stellten sich zwei widersprüchliche Effekte ein, die in ihrer genauen Wirkung aber nur schwer zu bemessen sind. Zum einen zog die geballte Medienpräsenz Gysis die PDS mit und half, die Partei in der Öffentlichkeit darzustellen. Ohne ihren bekanntesten Politiker wäre der Aufstieg der PDS in den 1990er Jahren kaum denkbar gewesen. Zum anderen kontrastierte seine persönliche Akzeptanz in der medialen Öffentlichkeit lange Zeit mit dem negativen Image seiner Partei; Gysi und die PDS waren nicht dasselbe. Und ein dritter Effekt betraf Gysis eigenes Image in den Medien, das anfänglich keineswegs

---

562 ADS, PDS-PV-213: André Brie, Rede auf der Beratung des Präsidiums des Parteivorstandes mit den Vorsitzenden der Kreisvorstände der PDS am 28. 10. 1990, S. 9–11.
563 Ebenda.
564 Reents, Medienblockade, S. 23.

bruchlos war: vielmehr herrschte zunächst Misstrauen, das aufgrund der immer wiederkehrenden Stasi-Vorwürfe auch niemals ganz verloren ging.

Das Misstrauens-Narrativ: Gysi als „Drahtzieher"

Vor allem zu Beginn seiner Amtszeit als Parteivorsitzender dominierte diese Misstrauenshaltung westlicher Medien gegenüber dem neuen Parteichef, zumal dieser in der Parteikrise im Januar 1990 darum bemüht war, von der Macht der Staatspartei zu retten, was noch zu retten war. In dieser Situation erschien am 15. Januar ein ikonischer „Spiegel"-Titel, der den neuen Vorsitzenden der SED-PDS für einen größeren Teil der Leserschaft mutmaßlich erst bekannt machte. Gysi war dabei auf der Titelseite mit Mütze und rotem Schal im Stile des früheren KPD-Vorsitzenden Ernst Thälmann zu sehen (Abb. 2).[565] In dieser Tradition wurde er als strategisch denkender, sinister wirkender und vor allem an der Macht interessierter kommunistischer Parteiführer inszeniert, und diese Wirkung wurde vor allem durch die Bildunterschrift „Der Drahtzieher" unterstrichen – eine Bezeichnung, die Assoziationen mit antisemitischen Darstellungen der Zwischenkriegszeit evozierte.[566] In der Hausmitteilung beschrieb „Der Spiegel" selbst die Szenerie und präsentierte ein alternatives, von Monika Zucht aufgenommenes Foto, das Gysi als Magier mit Zylinder zeigt: „der Trickser, die neue SED-Macht aus dem Hut zaubernd".[567] Passend zu beiden Motiven vom Trickser und Drahtzieher ging es in der Titelgeschichte um die ungebrochene Macht der SED – „ob mit oder ohne tarnenden Zusatz PDS" –, die an ihrem Eigentum festhalte, sich nicht zwischen Plan- und Marktwirtschaft entscheiden könne und die Staatssicherheit weiterhin gegen Oppositionelle einsetze.[568] Der „forensisch begabte Anwalt" Gysi, dem die „biedere Schiebermütze als Tarnkappe dient", ziehe als ihr Chef die Drähte, spönne die Fäden und plane seine Winkelzüge.[569]

Aus solchen Wurzeln speiste sich eine bald schon topische Darstellung Gregor Gysis als intellektueller Parteiführer, sinistrer Advokat und „geschickter Demagoge",[570] der sich durch „Schläue", „rhetorischen Witz" und „Selbstdarstellungsfähigkeit" auszeichne.[571] Diese Interpretationsfolie prägte im gesamten Untersuchungszeitraum vor allem die Beschreibung in konservativen Medien und bestärkte das Image der PDS als einer nicht-vertrauenswürdigen Kraft: „Der Wolf frißt Kreide, aber er kann das Jagen nicht lassen", wie es Christoph Minhoff im

---

565 Titelbild Der Spiegel, 15. 1. 1990.

566 Vgl. Der Drahtzieher. Plakat des „Völkischen Blocks" zur Reichstagswahl 1924.

567 Hausmitteilung. In: Der Spiegel, 15. 1. 1990, S. 3.

568 Erst Mitleid, dann zuschlagen. In: Der Spiegel, 15. 1. 1990, S. 19–28.

569 Ebenda, S. 19 f. und S. 25. Auf neun Textseiten wurde Gysi viermal mit dem Attribut „Advokat" und siebenmal als „Anwalt" bezeichnet.

570 Ralf Georg Reuth, Aalglatt und abgebrüht. In: Focus, 28. 11. 1994.

571 Eckhard Fuhr, Irgendwie doch die besseren Menschen. In: Frankfurter Allgemeine Zeitung, 6. 8. 1990.

Abb. 2: Titelmotiv „Der Drahtzieher"
© DER SPIEGEL 3/1990

August 1990 im „Bayernkurier" ausdrückte.[572] In diese Wahrnehmung passten sich später auch bruchlos die bereits beschriebenen Anschuldigungen ein, Gysi habe als IM „Notar" für die Staatssicherheit gearbeitet.[573]

---

[572] Christoph Minhoff, Neue Töne, alte Ziele. In: Bayernkurier, 4. 8. 1990.
[573] Siehe hierzu Kapitel III.2.2.

Gysis Aufstieg zum Medienstar

In deutlichem Kontrast dazu wiederum standen die zahlreich dokumentierten Sympathiebekundungen für Gregor Gysi quer durch alle politischen Lager. Wo der PDS-Vormann auftrat, stellte sich schnell ein Überraschungseffekt ein: Art und Auftreten des letzten SED-Vorsitzenden passten mit den gängigen Klischees vom kommunistischen Ideologen oder Apparatschik kaum zusammen. Vielmehr punktete Gysi, der einer Familie mit umfangreichem kulturellen Kapital entstammte, gerade auch in westlich-bürgerlichen Kreisen „durch seine intelligente, kultivierte und kosmopolitische Art [...], so etwas hatte man von einem ehemaligen Kommunisten nicht erwartet", wie der Politologe Jürgen W. Falter in der Rückschau auf Gysis Medienauftritte feststellte.[574] Viele erlebten den PDS-Politiker als „intelligent und witzig" und als Mann, dem keineswegs „die Schlechtigkeit aus jedem seiner Knopflöcher herausschaute", wie Wolfgang Schäuble im Jahr 1994 formulierte.[575] Gysis „Mischung aus durchaus ‚westlicher' Medienrhetorik und dem originären Ossi-Touch", so Reinhard Mohr, schien bestens geeignet, nicht nur die ostdeutsche Wählerschaft, sondern auch eine gesamtdeutsche und stark westlich geprägte Elite in Medien und Politik anzusprechen.[576]

Vor allem aber war und blieb Gregor Gysi ein Liebling der Unterhaltungsmedien, was er durch häufige Auftritte förderte. So wurde der PDS-Fraktionsvorsitzende zu einem regelmäßigen Gast in den zunehmend wichtigen und zahlreichen Talksendungen des Landes. Was der Partei an Aufmerksamkeit in den klassischen Nachrichtenmedien fehlte, machte ihr bundesweit bekanntester Politiker durch seine Fernsehpräsenz wieder wett: „Gysi kennt jeder, der abends auf der Suche nach Entspannung und Unterhaltung durch Talk-Shows zappt", wie es Hugo Müller-Vogg 1998 in der „Frankfurter Allgemeinen Sonntagszeitung" formulierte.[577] Dabei profitierte Gysi mehr als jeder andere Politiker von einer Entwicklung im bundesdeutschen Medienmarkt, die mit der gestiegenen Bedeutung des privaten Rundfunks und der Tendenz zu unterhaltenden Medienformaten zusammenhing und die zeitgenössisch, nicht ohne Überzeichnung, als „Entertainisierung" oder „Talkshowisierung" der Politik beschrieben wurde.[578] Gysi wurde zum „Talkshowbaron".[579]

In den Anfangsjahren war es vor allem das noch junge deutsche Privatfernsehen, das dem sozialistischen Politiker eine Millionenbühne bot – und zwar aus

---

[574] Jürgen W. Falter, zit. n. Politiker bedauern den Abschied von Sabine Christiansen. In: welt. de, 22. 6. 2007, URL <https://www.welt.de/fernsehen/article966408/Politiker-bedauern-den-Abschied-von-Sabine-Christiansen.html> (abgerufen am 11. 3. 2019).

[575] Schäuble, Und der Zukunft zugewandt, S. 243.

[576] Reinhard Mohr, Linker Katzenjammer – ein Jahr nach der Revolution. In: Die Tageszeitung, 2. 10. 1990.

[577] Hugo Müller-Vogg, Gysis Strategie. In: Frankfurter Allgemeine Sonntagszeitung, 15. 3. 1998.

[578] Vgl. Holtz-Bacha, Entertainisierung der Politik; Dörner, Politainment; Tenscher, Talkshowisierung als Element; vgl. auch Sarcinelli, Politische Kommunikation in Deutschland, S. 238.

[579] Andreas Spannbauer, Direktor im Wahlkampfzirkus. In: Die Tageszeitung, 8. 9. 2001.

primär kommerziellen Interessen: Gysi garantierte Quote.[580] So zählte „Die Welt"
im Oktober 1999 alleine fünfzehn Auftritte in der „Sat.1"-Sendung „Talk im
Turm", die seit 1990 unter der Leitung von Erich Böhme, später von Stefan Aust
jeden Sonntagabend auf Sendung gegangen war. Damit sei Gysi der am häufigsten
eingeladene Gast in der Sendung gewesen.[581] Der PDS-Politiker trat auch in privaten Unterhaltungssendungen wie „7 Tage – 7 Köpfe" und „Gottschalk Late Night"
auf.[582] Aber auch in öffentlich-rechtlichen Talksendungen fand keineswegs ein
PDS-Boykott statt: Schon 1993 war Gysi in der ARD-Sendung „Boulevard Bio" zu
Gast,[583] allein im Jahr 1999 trat er dreimal in der ARD-Sendung „Sabine Christiansen" auf,[584] und auch in anderen öffentlich-rechtlichen Talksendungen wie
„Beckmann",[585] „Johannes B. Kerner"[586] und „Berlin Mitte"[587] war Gysi zu sehen.

Dabei entwickelte sich der PDS-Politiker zum geradezu „idealen Vertreter der
Sabine-Christiansen-Gesellschaft", wie sein Biograf Jens König die medial-politi-
schen Entwicklungen dieser Zeit beschrieb: Obwohl er eine sozialistische Partei
vertrat, passten seine ironische und selbstironische Art der politischen Rhetorik
und Darstellung sehr gut in den vermeintlich unideologischen Zeitgeist der 1990er
Jahre, in denen nach zeitgenössischer Vorstellung an die Stelle der Partei-Ideologie
die unparteiische Vernunft getreten war.[588] Allerdings konnte der PDS-Politiker,
mehr als andere seiner Kolleginnen und Kollegen, mithilfe gezielter Redestrategien
jede unpolitisch erscheinende Plauderei in politische Agitation verwandeln.[589] Dafür standen auch seine Auftritte in der erfolgreichen „Sat.1"-Late-Night-Sendung
von Harald Schmidt, in der Gysi alleine zwischen 1996 und 2002 fünf Mal auftrat.
Dabei brachte er nicht nur dem Moderator das Melken einer Kuh bei (eine Anspielung auf Gysis Ausbildung zum Facharbeiter für Rinderzucht), sondern sorgte auch
mit Polemiken gegen die Haushalts- und Steuerpolitik der Bundesregierung für
zustimmenden Beifall des Kölner Studiopublikums.[590]

---

[580] So auch die Darstellung Gregor Gysis selbst, der sich auf den Sat.1-Moderator Erich Böhme
beruft (vgl. Gysi, Der Übersetzungskünstler, S. 86).
[581] Vgl. Ansgar Graw, Gregor Gysi auf allen Kanälen. In: Die Welt, 20. 10. 1999.
[582] Vgl. ebenda.
[583] Vgl. Bußkamp, Politiker im Fernsehtalk, S. 73.
[584] Vgl. Dörner, Power Talks, S. 251; vgl. auch Bergsdorf, SPD/PDS zwischen Dichtung und
Wahrheit, S. 41.
[585] Vgl. Bußkamp, Politiker im Fernsehtalk, S. 73.
[586] Vgl. ebenda.
[587] In der ZDF-Sendung „Berlin Mitte" erschien Gregor Gysi nach Auskunft des ZDF-Pro-
grammarchivs alleine in den Jahren 1999–2002 sechsmal, wobei es dabei dreimal um die
Wahl und Regierungsbildung in Berlin 2001 ging.
[588] König, Gregor Gysi, S. 321.
[589] Vgl. Bußkamp, Politiker im Fernsehtalk, S. 151 und S. 135. Zu Gysis Strategien gehörte dabei,
dass er sich Redeanteile erkämpfte, Zwischenfragen stellte, aktiv Themenwechsel herbeiführ-
te und so selbst Moderatorfunktionen übernahm.
[590] „Harald-Schmidt-Show" (Sat.1), 13. 9. 1996.

Die PDS als Teil des medial konstruierten legitimen Diskurses

Aber nicht nur Gregor Gysi, auch andere PDS-Mitglieder wie Lothar Bisky, Hans Modrow, Dietmar Bartsch und Angela Marquardt gehörten am Ende der 1990er Jahre zu den regelmäßigen Gästen in den politischen Talksendungen des Landes.[591] In vielen dieser Sendungen stellte die PDS-Frage selbst, das heißt die Problematik ihrer Integration, das Hauptthema dar. Schon im November 1995 stellte Kurt Biedenkopf fest: „Die deutschen Fernseh-Talkshows haben ein neues Mode-Thema: Der Umgang der demokratischen Parteien mit der PDS."[592] Seither trugen Talk-Sendungen regelmäßig Titel wie „Gysi geht: Was ist die PDS noch ohne ihn?"[593], „Neues Deutschland: PDS vor der Nase, Kohl im Nacken?"[594], „Roter Teppich für Rote Socken"[595], „Berlin sieht rot – Sozialisten auf dem Vormarsch"[596]. Die mediale Verarbeitung zeigte dabei zweierlei: wie strittig das Thema PDS auch noch am Ende der 1990er Jahre blieb, aber auch wie sehr die Partei ein selbstverständlicher Teil der bundesdeutschen Mediendemokratie geworden war. Indem führende PDS-Mitglieder regelmäßig in politischen Talksendungen auftraten, wurde ihnen ein symbolischer Platz als berechtigte Teilnehmer an den medialen Diskussionen eingeräumt.[597]

Aus Sicht der Medienmacher garantierte die PDS auch deshalb Quote, weil sie Meinungsvielfalt und Streit in die Sendungen brachte: Da sie bei vielen vermeintlichen Konsensthemen der Innen- und Außenpolitik abweichende Positionen bezog, garantierte ihre Präsenz, dass Meinungen medial repräsentiert wurden, die von Konkurrenzparteien nicht dargestellt wurden, die aber zugleich – im Gegensatz zu NPD-Positionen beispielsweise – noch als Teil des so definierten „legitimen Diskurses" angesehen wurden.[598] Zugleich konnte man sich darauf verlassen, dass allein die Präsenz und erst recht die Tabu brechenden Äußerungen des PDS-Personals von der Konkurrenz als Provokation empfunden wurden und regelmäßig, wenn nicht zu Eklats, dann zu lebhaften Auseinandersetzungen und – echter oder gespielter – Empörung führten. Auch auf diese Weise trug die Medienpräsenz der PDS zur Emotionalisierung und „Entertainisierung" der Politik bei.

Aus Gysis Sicht waren es daher auch gerade die Medien, die der Strategie der politischen Konkurrenzparteien einen Strich durch die Rechnung machten, die PDS mit Parteien des rechten Randes gleichzusetzen und entsprechend zu marginalisieren.[599] Während Republikaner und NPD tabuisiert blieben, gehörte Gysi

---

591 Vgl. Dörner, Politainment, S. 142 f.; ders., Power Talks, S. 251 f.
592 Kurt Biedenkopf, Wir müssen uns mit den Defiziten befassen, die die PDS anspricht. In: Leipziger Volkszeitung, 25./26. 11. 1995.
593 „Sabine Christiansen" (ARD), 24. 6. 2001; vgl. Kusebauch, Die politische Talkshow, S. 18.
594 „Talk in Berlin" (n-tv), 24. 6. 2001; vgl. Kusebauch, Die politische Talkshow, S. 15.
595 „Berlin Mitte" (ZDF), 21. 10. 1999 (Auskunft ZDF-Programmarchiv).
596 „Berlin Mitte" (ZDF), 6. 12. 2002 (Auskunft ZDF-Programmarchiv).
597 Vgl. Dörner, Politainment, S. 142 f.
598 Dörner, Power Talks, S. 251 f.
599 Gespräch des Autors mit Gregor Gysi, 15. 2. 2017.

zum medialen „Establishment". Dass der PDS-Politiker im Januar 2003 schließlich im „Mitteldeutschen Rundfunk" (MDR) zusammen mit dem früheren christdemokratischen Ministerpräsidenten und *Jenoptik*-Manager Lothar Späth seine erste eigene (wenn auch kurzlebige) Talksendung erhielt, war insofern nicht nur der als „ostalgisch" verschrienen Ausrichtung des MDR geschuldet,[600] sondern zeigte durchaus auch an, dass Gregor Gysi längst zur politisch-medialen Landschaft gehörte – auch wenn die Entscheidung der Verantwortlichen damals noch öffentliche Proteste auslöste.[601]

Grenzen der medialen Selbstvermarktung

Die geballte Präsenz ihres öffentlichen Aushängeschilds in den West-Medien half der PDS allerdings lange Zeit nicht, sich auch für westdeutsche Wählerkreise attraktiv zu machen. Zumal Gregor Gysi lange Zeit der Einzige blieb, „der die kulturelle Barriere in den Westen überwinden konnte", so Jens König.[602] Seine mediale Wirkung ließen im Gegenteil andere Persönlichkeiten der PDS eher als blasse Nebenfiguren erscheinen: Die 2000 zur Parteivorsitzenden gewählte Gabriele Zimmer wurde öffentlich als „Zonen-Gabi" verspottet;[603] die junge und umstrittene Sprecherin der Kommunistischen Plattform Sahra Wagenknecht belächelte man lange nur als schönes „Maskottchen" des kommunistischen Flügels;[604] und der auch bundespolitisch präsente Landesvorsitzende und Arbeitsminister in Mecklenburg-Vorpommern Helmut Holter erschien vielen als Inbegriff des sozialistischen Parteikaders im grauen Anzug.[605] Personen wie Holter hatten es ungleich schwerer als Gysi, gegen das Misstrauen der bundesdeutschen Medien anzukämpfen. Wenn der Schweriner Arbeitsminister im Fernsehen auftrat, begegnete ihm nicht selten eine offen konfrontative, häufig im Verhör- und Überführungston vorgetragene Fragehaltung: Als er im November 1998 in der Sendung „Talk im Turm" zu Gast war, sprach ihn Moderator Stefan Aust schon bei der Begrüßung mehrfach auf die „Leute" an, die Holter „mitgebracht" und im Studio als Claqueure platziert habe. Obwohl es zu dieser Zeit zum Standard der Sendung gehörte, dass den Parteien gleich große Kontingente für eigene Anhängerinnen und Anhänger zur Verfügung standen,[606] wurde der PDS-Politiker auf diese Weise schon zu Beginn der Sendung mit früheren SED-Inszenierungen in Verbindung gebracht, ohne dass Holter zum damaligen Zeitpunkt in der Lage gewesen wäre, diese konfrontative Bloßstellung souverän zu kontern.[607]

---

[600] Vgl. Bösch/Classen, Bridge over Troubled Water?, S. 486.
[601] Vgl. Kathrin König, Fantasievolle Zeiten. In: Berliner Zeitung, 20. 1. 2003.
[602] König, Gregor Gysi, S. 283.
[603] Toralf Staudt, Zonen-Gabi. In: Die Zeit, 18. 5. 2000.
[604] Toralf Staudt, Auf dem Weg zur CSU des Ostens. In: Die Zeit, 19. 10. 2000.
[605] Gunther Latsch, „Spekulanten in der Tinte". In: Der Spiegel, 10. 9. 2001, S. 36 f.
[606] Vgl. Günther Bähr, Kollektiv in der Kulisse. In: Focus, 23. 11. 1998.
[607] „Talk im Turm" (Sat.1), 8. 11. 1998.

Angesichts der relativen Blässe anderer Persönlichkeiten aus der PDS-Führung war es für die Partei zeitweise durchaus nützlich, dass sie in westdeutschen Medien vielfach auf ihr populäres Aushängeschild reduziert wurde. Im „Spiegel" beispielsweise blieben Gysi und die PDS synonym. So sprach das Magazin regelmäßig von der „Gysi-Partei",[608] den „Gysi-Genossen"[609] oder von der „Gysi-Truppe".[610] Auch wenn der bekannteste PDS-Politiker selbst im Kontext nicht in Erscheinung trat, waren PDS-Mitglieder eben „Gysis Leute"[611] und ihre Partei die „Partei Gregor Gysis".[612] Diese wiederum unterstützte die Gleichsetzung aktiv mit, indem sie in ihrer Außenkommunikation stark auf Personalisierung setzte und ihr öffentliches Aushängeschild ins Zentrum der Kampagnen rückte.[613] PDS-Stimme sollte

---

[608] Vgl. Salto in die Mottenkiste. In: Der Spiegel, 26. 3. 1990, S. 60–66, hier S. 60; Durch die Hintertür. In: Der Spiegel, 23. 7. 1990, S. 51 f., hier S. 51; Piraten von links. In: Der Spiegel, 13. 8. 1990, S. 30 f., hier S. 31; Kader mit Promis. In: Der Spiegel, 1. 10. 1990, S. 57–60, hier S. 57; Gysi legt Finanzen offen. In: Der Spiegel, 12. 11. 1990, S. 16; Zuviel Rotlicht macht braun. In: Der Spiegel, 26. 11. 1990, S. 154–166, hier S. 166; Immer hinterher. In: Der Spiegel, 20. 5. 1991, S. 111–114, hier S. 111; Glatte Wende. In: Der Spiegel, 14. 10. 1991, S. 71–73, hier S. 73; Ende der Bescheidenheit. In: Der Spiegel, 28. 10. 1991, S. 22; Regieren mit der PDS? In: Der Spiegel, 4. 7. 1994, S. 24–28, hier S. 24; Socken und Menschen. In: Der Spiegel, 25. 7. 1994, S. 26–28, hier S. 28; Falsche Freunde. In: Der Spiegel, 15. 8. 1994, S. 20–22, hier S. 21; Heiliger Ernst. In: Der Spiegel, 22. 8. 1994, S. 32; Wilde Sau. In: Der Spiegel, 10. 10. 1994, S. 23 f., hier S. 23; Claus Christian Malzahn, „Wo bin ick nu jelandet?" In: Der Spiegel, 24. 10. 1994, S. 28–31, hier S. 29; Kühle Logik. In: Der Spiegel, 5. 12. 1994, S. 22 f., hier S. 22; 500 000 Postkarten. In: Der Spiegel, 20. 3. 1995, S. 33; Flüche über das Volk. In: Der Spiegel, 6. 11. 1995, S. 41–46, hier S. 46; Schnell ans Meer. In: Der Spiegel, 20. 11. 1995, S. 50 f., hier S. 51; Roter Steuermann. In: Der Spiegel, 12. 2. 1996, S. 49–53, hier S. 53; Mann mit zwei Gesichtern. In: Der Spiegel, 3. 6. 1996, S. 32 f., hier S. 33; Ran an die Ureinwohner. In: Der Spiegel, 24. 8. 1998, S. 34 f., hier S. 35; „Opposition von links". In: Der Spiegel, 5. 10. 1998, S. 46 f., hier S. 47; Wie weiter mit der PDS? In: Der Spiegel, 14. 12. 1998, S. 20; Stefan Berg u. a., Das rote Gespenst. In: Der Spiegel, 8. 3. 1999, S. 22–33, hier S. 29 und S. 32; Stefan Berg, „Schnauze halten". In: Der Spiegel, 9. 7. 2001, S. 30–34, hier S. 31; Annett Conrad/Caroline Schmidt, Rothäute und Bernhardiner. In: Der Spiegel, 12. 8. 2002, S. 64 f., hier S. 65.

[609] Falsche Freunde. In: Der Spiegel, 15. 8. 1994, S. 20–22, hier S. 21; Wilde Sau. In: Der Spiegel, 10. 10. 1994, S. 23 f., hier S. 24.

[610] Unheimlich weit entfernt. In: Der Spiegel, 22. 4. 1991, S. 91–94, hier S. 91; Selbst schuld. In: Der Spiegel, 30. 9. 1991, S. 28 f., hier S. 29; Schlau gemacht. In: Der Spiegel, 1. 6. 1992, S. 34 f., hier S. 34; Jürgen Reents. In: Der Spiegel, 1. 3. 1993, S. 254; Fragemeister PDS. In: Der Spiegel, 3. 1. 1994, S. 37; Auferstanden aus Ruinen. In: Der Spiegel, 27. 6. 1994, S. 16–19, hier S. 17; Gefährliche Erbschaft. In: Der Spiegel, 8. 8. 1994, S. 30–32, hier S. 32; Falsche Freunde. In: Der Spiegel, 15. 8. 1994, S. 20–22, hier S. 20; Vorwärts und vergessen. In: Der Spiegel, 26. 9. 1994, S. 23–25, hier S. 23; Wilde Sau. In: Der Spiegel, 10. 10. 1994, S. 23 f., hier S. 24; PDS will Millionen. In: Der Spiegel, 21. 11. 1994, S. 61; Kühle Logik. In: Der Spiegel, 5. 12. 1994, S. 22 f., hier S. 22; Erben der Revolution. In: Der Spiegel, 6. 2. 1995, S. 24; Grüße von Margot. In: Der Spiegel, 27. 2. 1995, S. 32; „Die einzige Ostpartei". In: Der Spiegel, 30. 10. 1995, S. 22–25, hier S. 22; Flüche über das Volk. In: Der Spiegel, 6. 11. 1995, S. 41–46, hier S. 41; Schnell ans Meer. In: Der Spiegel, 20. 11. 1995, S. 50 f., hier S. 50; Ran an die Ureinwohner. In: Der Spiegel, 24. 8. 1998, S. 34 f., hier S. 34.

[611] Auferstanden aus Ruinen. In: Der Spiegel, 27. 6. 1994, S. 16–19, hier S. 17.

[612] Regieren mit der PDS? In: Der Spiegel, 4. 7. 1994, S. 24–28, hier S. 24.

[613] Eine Ausnahme stellten die PDS-Wahlanzeigen in Zeitungen und Zeitschriften dar, die für die Bundestagswahlen 1990–1998 nur einen geringen Personalisierungsgrad aufwiesen (vgl. Keil, Wahlkampfkommunikation in Wahlanzeigen, S. 313).

„Gysi-Stimme" sein.[614] Selbst nach seinem Rücktritt als Berliner Wirtschaftssenator im Juli 2002 blieb er im Zentrum der medialen Berichterstattung über die PDS.[615] Die Kehrseite war, dass die Partei in den Augen vieler vor allem in Westdeutschland ein „Gysi-Wahlverein" blieb, der weitgehend vom Publikumserfolg seines Vorsitzenden abhängig schien.[616] Zugleich wurde die große Differenz der Akzeptanz zwischen der Partei und ihrem Vormann deutlich: Als Gregor Gysi bereits in nahezu allen gesellschaftlichen Kreisen salonfähig geworden war, galt seine Partei noch lange nicht als satisfaktionsfähig: Nur vor diesem Hintergrund konnte der Berliner FDP-Vorsitzende Günter Rexrodt im Jahr 2001 öffentlich äußern, sich eine Unterstützung Gysis als Regierenden Bürgermeister vorstellen zu können, aber nicht die irgendeines anderen PDS-Kandidaten.[617]

4.4 Regionale „Volkspartei"? Öffentliche Images im Wandel

Neben der medialen Fokussierung auf die Person Gregor Gysi war es die Reduktion der PDS auf ihr Image als ostdeutsche Regionalpartei, die ihr öffentliches Bild nachhaltig beeinflusste. Zwar wurde die Partei das Etikett der „SED-Nachfolgepartei" bis zu ihrer abermaligen Umbenennung im Jahr 2005 nicht los.[618] Mit dem Image der Regionalpartei Ost aber trat ein anderer Aspekt zunehmend in den Vordergrund der öffentlichen Aufmerksamkeit.

„Vertretungslücke Ost"

Zur Mitte der 1990er Jahre hin nahm das Thema „Deutsche Einheit" verstärkt die Form eines Krisendiskurses an und Kritik am Management der Einheit und am Verhältnis zwischen Ost- und Westdeutschen, wie sie von der PDS vorgetragen wurde, hörte man immer öfter auch aus den Konkurrenzparteien.[619] Vor allem die beschriebene Debatte um die Begründung einer neuen „Ost-Partei" im Jahr 1992 hatte wesentlich zu dieser Entwicklung beigetragen.[620] In der Folge klagten Ostdeutsche in allen Parteien über Arroganz der westdeutschen Parteizentralen und forderten eine höhere Aufmerksamkeit für die Probleme der „Deutschen Ein-

---

614 Vgl. M. G. Müller, Parteienwerbung im Bundestagswahlkampf 1998, S. 256; vgl. Holtz-Bacha, Wahlwerbung als politische Kultur, S. 139.

615 Vgl. Gysi-Show bringt die PDS auf die Medienbühne zurück. In: Medien Tenor Forschungsbericht 118 (2002), S. 10 f.

616 Vogt, Das Kreuz der Vergangenheit, S. 346. Das konstatierte Heinrich Bortfeldt schon für das Jahr 1990 (Bortfeldt, Von der SED zur PDS, S. 248).

617 Günter Rexrodt, zit. n. Sabine Beikler, Projekt Neuwahlen: Günter und sein Beifahrer aus dem Osten. In: Der Tagesspiegel, 1. 6. 2001.

618 Siehe hierzu Kapitel VII.2.

619 Vgl. auch die Einsetzung eines Untersuchungsausschusses zur Treuhandpolitik im Jahr 1993 (Falkner/Huber, Aufschwung PDS, S. 25).

620 Siehe hierzu Kapitel III.3.3.

heit".[621] Es verbreitete sich die Ansicht, dass die PDS – wenn auch mit zweifelhaften Methoden – ein Problem thematisierte, das von den übrigen politischen Kräften vernachlässigt worden sei: Wenn so viele Ostdeutsche die Partei ihrer früheren Unterdrücker wählten, so die verbreitete Wahrnehmung, musste offenkundig etwas im Zusammenhang der „Deutschen Einheit" schiefgelaufen sein. Als wissenschaftliche These formulierte dies 1993 die Duisburger Politologin Heidrun Abromeit: Sie sah den inneren Einigungsprozess Deutschlands dadurch erschwert, dass es in Institutionen, Parteien und Organisationen eine „nahezu totale Dominanz des Westens"[622] und daher eine ostdeutsche „Vertretungslücke" gebe. Logische Folge sei der „Aufbau eines eigenen Vertretungssystems, namentlich einer eigenen Partei (mit mutmaßlich ‚populistischen' Zügen)".[623] Ohne die PDS explizit zu nennen, wurde die Rolle der Partei hier durch die Modalitäten des Einigungsprozesses begründet und in gewisser Weise – so konnte man den Aufsatz lesen – legitimiert.

Schnell fand die These von der „Vertretungslücke Ost" Eingang in die Strategiedebatten im Umfeld der PDS,[624] aber auch in die wissenschaftlichen und medialen Diskussionen außerhalb der Partei.[625] Vor allem in der linksliberalen Öffentlichkeit wurde die PDS verstärkt als „Symptomträger" und „Erzeugnis einer Vereinigungskrise" gedeutet, über die nicht mehr länger geschwiegen werden sollte.[626] Zugleich wurde die PDS in Teilen der westdeutschen Presse als Zeichen einer neuen Realität gewertet, in der sie sich als ostdeutsche „Regionalpartei" etabliert habe: „Das politische System des neuen Deutschlands hat eine Ost-Komponente bekommen", so die „Frankfurter Rundschau" im Dezember 1993, und diese werde sich so lange halten, wie es in Ostdeutschland Nachfrage nach der Konstruktion oder Artikulation einer spezifischen „Ost-Identität" gebe.[627] Vor allem aus westdeutscher Sicht wurden so die PDS und ihre Erfolge zum Sinnbild einer spezifisch ostdeutschen politischen Kultur und eines unerwartet zutage tretenden „ostdeutschen Wir- und Selbstbewußtseins".[628]

Auch in der Politikwissenschaft wurden nun den extremismustheoretisch fundierten Untersuchungen zur PDS solche Studien zur Seite gestellt, die nach der

---

621 Vgl. Falkner/Huber, Aufschwung PDS, S. 24 f.

622 Abromeit, Die Vertretungslücke, S. 288.

623 Ebenda, S. 291.

624 Vgl. AdsD, SPD-LV MV, 3/MVAB000125: Klaus-Jürgen Scherer, Symposium zur Auseinandersetzung der SPD mit der PDS. Bonn, 2. 12. 1994, S. 10 f. (Zusammenfassung des Beitrags von Rolf Reißig); M. Brie, Die PDS – Strategiebildung, S. 16–20; M. Brie, PDS ante portas, S. 937.

625 Vgl. Koch-Baumgarten, Postkommunisten im Spagat, S. 864; Bortfeldt, Die Ostdeutschen und die PDS; Klaus Naumann, Westpartei PDS. In: Die Tageszeitung, 3. 9. 1994; Ralph Hammerthaler, Auf tönernen Füßen. In: Süddeutsche Zeitung, 30. 11. 1994; Thomas Ahbe, Zuweilen grob zugepackt. In: Berliner Zeitung, 18. 7. 1998.

626 Klaus Naumann, Westpartei PDS. In: Die Tageszeitung, 3. 9. 1994.

627 Axel Vornbäumen, Die Ostkomponente namens PDS. In: Frankfurter Rundschau, 21. 12. 1993.

628 Bortfeldt, Die Ostdeutschen und die PDS, S. 1285.

Position und Funktion der PDS im Parteiensystem fragten.[629] Hier mehrte sich die Interpretation der PDS als einer „Regionalpartei", deren Erfolg sich vor allem aus ihrem Image als „einzige wirksame Interessenvertretung" des Ostens herleite.[630] Damit war zwar noch nichts über die Verfassungstreue der Partei gesagt. Die neue Perspektive verlagerte aber den Fokus von der Frage nach der Position der PDS *zur* Demokratie auf die Frage nach ihren Funktionen und Leistungen *innerhalb* der Demokratie oder gar *für* die Demokratie. Aus dieser Perspektive wurden der Partei nun vermehrt spezifische Repräsentations-, Integrations- und Korrektiv-Funktionen im Transformationsprozess zugeschrieben. Demnach diene die PDS im Parteiensystem als „Ansprechpartner für das antiwestliche Potential im Osten", als Repräsentantin der „vernachlässigten Interessen, Ziele und Werte" und als Indikator für „Art und Ausmaß der Unzufriedenheit", wie die Berliner Politikwissenschaftler Gero Neugebauer und Richard Stöss im Jahr 1996 in einer umfangreichen Studie zur PDS argumentierten. Und mehr noch: „Sie zwingt die übrigen Parteien, ihre Politik gegebenenfalls zu überdenken und zu korrigieren."[631]

„CSU des Ostens"? Die Deutung der PDS als regionale „Volkspartei"

Mit dieser Deutung der PDS als „Wärmestube des Ostens"[632] und Brückenbauer in den neuen Staat korrespondierte die beschriebene Tendenz der überregionalen Medien, die PDS zur Ein-Themen-Partei zu stilisieren, die vor allem im Kontext mit Fragen der deutschen Einheit thematisiert wurde.[633] Dies hatte den Nebeneffekt, dass eine starke Assoziation zwischen den Themen Ostdeutschland und PDS entstand und ihre Selbstinszenierung als Interessenpartei „der Ostdeutschen" subkutan ins öffentliche Meinungsbild einsickerte: Indem man die PDS als Ostpartei behandelte, machte man sie dazu.

Seit Mitte der 1990er Jahre erschien kaum ein überregionaler Artikel über die PDS, in dem nicht Bezug auf ihren Status als „Ostpartei"[634] oder als „Regionalpartei"[635] genommen wurde. Damit wurde in der öffentlichen Auseinandersetzung

629 Vgl. Neugebauer/Stöss, Die PDS; Koch-Baumgarten, Postkommunisten im Spagat.
630 Vogt, Das Kreuz der Vergangenheit, S. 349; vgl. Hough, Made in Eastern Germany; Hough/
 Koß, A Regional(ist) Party in Denial?; Patton, Germany's Party of Democratic Socialism;
 Kießling, Politische Kultur und Parteien, S. 123; Hirscher, Jenseits der Neuen Mitte, S. 35;
 Stöss/Neugebauer, Die SPD und die Bundestagswahl 1998, S. 46; McKay, The Wall in the
 Ballot Boxes, S. 277 f.; zuletzt Hepburn/Hough, Regionalist Parties.
631 Neugebauer/Stöss, Die PDS, S. 286; so auch Neller/Thaidigsmann, Das Vertretenheitsgefühl,
 S. 423.
632 Dürr, Abschied von der inneren Einheit, S. 1353.
633 Vgl. Eilders, Bilder der Parteien, S. 164; Friedrichsen, Im Zweifel für die Angeklagten, S. 60.
634 Vgl. beispielsweise Das Gespenst der DDR. In: Der Spiegel, 4. 7. 1994, S. 29 und S. 30; Sabine
 Rückert, Die Einheiz-Partei. In: Die Zeit, 24. 6. 1994; Dürr, Überleben lernen von der PDS;
 Rüdiger Soldt, Die Vorboten eines politischen Klimawechsels. In: Die Welt, 9. 8. 2000.
635 Vgl. Axel Vornbäumen, Die Ostkomponente namens PDS. In: Frankfurter Rundschau,
 21. 12. 1993; „Das ist nur der Anfang". In: Der Spiegel, 23. 12. 1996, S. 26–32, hier S. 29.

auch der totalitarismustheoretische Vergleich mit der NSDAP zunehmend durch andere Vergleiche abgelöst: War mit der Bezeichnung „Ossi-BHE" – eine Anspielung auf die Vertriebenenpartei der 1950er Jahre – noch die Erwartung verbunden, dass die PDS als Single-Issue-Partei langfristig verschwinden werde,[636] so entfaltete die Bezeichnung der PDS als „CSU des Ostens",[637] die seit Mitte der 1990er Jahre vermehrt auftauchte, eine andere Wirkung: Der Vergleich mit der bayerischen Volkspartei suggerierte eine Dauerhaftigkeit und stellte die PDS in einen demokratischen statt totalitären Kontext, weshalb die CSU solche Vergleiche auch als „Beleidigung" zurückwies – schließlich baue die PDS auf einer „Verbrecherorganisation" auf.[638]

Ähnlich gelagert war die Bezeichnung „Volkspartei" – ein Begriff, mit dem die PDS nach ihren Wahlerfolgen Mitte der 1990er Jahre vermehrt in Zusammenhang gebracht wurde.[639] Dabei ging es zum einen um die parteiensoziologische Feststellung, dass die PDS Merkmale einer Volkspartei aufwies, insofern sie in ihrer Wählerschaft verschiedene gesellschaftliche Gruppen integrierte.[640] Zum anderen aber war der Begriff der „Volkspartei" über seinen analytischen Wert hinaus auch normativ aufgeladen und eng mit der politischen Kultur der Bundesrepublik und der Erfolgsgeschichte ihrer großen, staatstragenden Integrationsparteien CDU/ CSU und SPD verbunden: Der Anspruch, Volkspartei zu sein, war stets auch Legitimationsinstrument und grenzte die so beschriebenen Parteien von jenen Kräften ab, die gegen den Grundkonsens der Bonner Demokratie opponierten.[641]

Vor allem innerhalb der PDS und in der ihr nahestehenden Forschung wurde der traditionell positiv konnotierte „Volkspartei"-Begriff aufgegriffen,[642] zumal er sich in der innerparteilichen Strategiedebatte eignete: So traten die sächsische PDS-Politikerin Christine Ostrowski und ihr Kollege Ronald Weckesser im Mai 1996 mit einem kontroversen „Brief aus Sachsen" an die Öffentlichkeit, in dem sie die Perspektive einer pragmatischen, sozialliberal orientierten Regionalpartei

---

636 Dazu Jörs, Postsozialistische Parteien, S. 130 f.; Patton, Out of the East, S. 14–27.
637 Toralf Staud, Auf dem Weg zur CSU des Ostens. In: Die Zeit, 19. 10. 2000; Annette Ramelsberger, Die CSU des Ostens. In: Süddeutsche Zeitung, 19. 10. 2000; P. Thompson, The PDS: „CSU des Ostens?"; sinngemäß auch: Das Gespenst der DDR. In: Der Spiegel, 4. 7. 1994, S. 29; McKay, The Wall in the Ballot Box, S. 278; im Konjunktiv („Die PDS könnte die CSU des Ostens sein"): Küpper, Mit der PDS in die deutsche Einheit?, S. 57; für einen detaillierten Vergleich der regionalistischen Strategien von CSU und PDS siehe: Hepburn/Hough, Regionalist Parties; dazu kritisch: Wilke/Prinz, Abwahl eines Modells, S. 24 f.; „Die PDS wird nie die CSU des Ostens". In: Berliner Zeitung, 20. 10. 1995.
638 CSU-Landesguppenchef Michael Glos, zit. n. Martin S. Lambeck, Suche der Union nach dem richtigen Kurs gegenüber der PDS. In: Die Welt, 24. 11. 1995.
639 Vgl. McKay, The Wall in the Ballot Box, S. 278; Hough, The Fall and Rise of the PDS, S. 34; ders., The PDS and the Concept.
640 W. C. Thompson, The Party of Democratic Socialism, S. 446; vgl. Arzheimer/Klein, Die Wähler der REP und der PDS, S. 57; Hough, The PDS and the Concept of the Catch-all Party.
641 Vgl. Bendel, Volkspartei, S. 696; Neugebauer, Die PDS zwischen Kontinuität und Aufbruch, S. 45 f.
642 Vgl. Falkner/Huber, Aufschwung PDS, S. 104 und S. 107 f.; Brie/Herzig/Koch (Hrsg.), Die PDS.

aufzeigten: Da die Westausdehnung „objektiv gescheitert" sei, solle sich die PDS auf den Osten konzentrieren und sich dort als „ostdeutsche Volkspartei" profilieren: Statt autonome Gruppen zu unterstützen und den Kapitalismus zu bekämpfen, solle die PDS das staatliche Gewaltmonopol schützen, eine „Normalisierung in der Eigentumsfrage" vornehmen, den bürgerlichen „Wunsch nach eigenem Häuschen oder Eigentumswohnung" anerkennen und sich um die Interessen kleiner und mittelständischer Unternehmen kümmern.[643]

Die Bezeichnung der PDS als „Volkspartei" war daher stets auch mit der Perspektive einer weniger ideologischen und eben für alle Schichten wählbaren Partei verbunden. Dazu passte die öffentliche Aufmerksamkeit, die dem im Oktober 1994 gegründeten PDS-nahen „Offenen Wirtschaftsverband von Klein- und mittelständischen Unternehmen, Freiberuflern und Selbständigen" (OWUS) zuteil wurde, der sich unter dem Vorsitz der früheren DDR-Wirtschaftsministerin Christa Luft für mittelständische und Unternehmerinteressen in der Partei einsetzte. Den „Spiegel" veranlasste die Vereinsgründung zur ebenso plakativen wie überzogenen Feststellung, die PDS sei „eigentlich eine Unternehmerpartei", da jeder fünfte Funktionär der Partei selbständig sei.[644] Der Selfmade-Unternehmer und die Firmengründerin aus dem Osten, die entgegen aller (vor allem westdeutscher) Erwartungen sozialistisch wählten, wurden danach zum viel zitierten Topos in den bundesdeutschen Medien.[645]

Vor diesem Hintergrund wurde die PDS für Teile der Konkurrenzparteien zu einem Vorbild für erfolgreiche Interessenartikulation, pragmatische Basispolitik und längerfristige Wählerbindung in den neuen Bundesländern: So äußerte sich der Geschäftsführer der brandenburgischen SPD, der Westfale Martin Gorholt, bereits im Mai 1994 anerkennend über die PDS, die „wichtige, im Osten Deutschlands vorhandene Befindlichkeiten" aufgreife.[646] Der SDP-Mitbegründer Hans-Jürgen Misselwitz sah die PDS auch als Vorbild darin, den Ostdeutschen eine „linke, moralisch-akzentuierte Identifikation" anzubieten und ihnen eine „psychologische Aufwertung" zukommen zu lassen.[647] Aber auch für manche in der CDU war

---

[643] AdsD, Dep. Thierse, 1/WTAA001656: Christine Ostrowski/Ronald Weckesser, Brief aus Sachsen. Für einen eigenen Weg statt „links von der SPD". Dresden, 7.5.1996; vgl. dazu Bortfeldt, Die PDS: Auf dem Weg an die Macht?, S. 281 f.

[644] Links angelehnt. In: Der Spiegel, 31.10.1994, S. 132 f., Zitat S. 132.

[645] Vgl. beispielsweise Linke Kapitalisten. In: Die Zeit, 7.10.1994; Links angelehnt. In: Der Spiegel, 31.10.1994, S. 132 f.; Martin Nix u. a., Der Schatz der Arbeiterklasse. In: Der Spiegel, 10.12.2001, S. 40–56, hier S. 52; Christoph Seils, Postsozialistische Selfmade-Kapitalisten. In: Berliner Zeitung, 22.6.1996; schon vorher: Ralf Neubauer, Die Realos übernehmen. In: Die Zeit, 15.7.1994.

[646] Gorholt, An wechselnden Mehrheiten führt kein Weg vorbei, S. 114.

[647] AdsD, Dep. Thierse, 1/WTAA001645: Hans-Jürgen Misselwitz, Thesenpapier. Politische Bestandsaufnahme zum Wahljahr 1994 in Brandenburg [Winter 1993/1994], Zitate S. 1 und S. 4. Auch der mecklenburg-vorpommersche SPD-Geschäftsführer Nikolaus Voss formulierte anerkennend, dass die PDS als einzige „ostdeutsche Regionalpartei das gesellschaftspolitische Feld der ‚Ostidentität' und der ‚Ostthemen' besetzt" habe (AdsD, SPD-LV MV, 3/MVAB000635: Nikolaus Voss, Stichworte zum Thema „Wie gehen wir politisch mit der PDS um?" Sprechzettel für das PDS-Seminar 12.–14.3.1996 in Berlin-Spandau).

die PDS eine Partei, die als Ansprechpartnerin für die „täglichen Sorgen" der „Leute im Osten" diene und von der man einiges lernen könne, wie es der rheinland-pfälzische Christdemokrat Christoph Böhr im Oktober 1998 ausdrückte.[648] Am Ende sprach selbst der CDU-Politiker Christoph Bergner 1999 von der PDS als einer „modernen linken Volkspartei"[649] und, wie demoskopische Untersuchungen zeigten, entwickelte sich die PDS zur selben Zeit auch nach Ansicht einer relativen Mehrheit der Westdeutschen mehr als jede andere politische Kraft zum „Anwalt für den Osten".[650]

„Ostalgie": Veränderungen im geschichtspolitischen Diskurs

Während sich die Wahrnehmungen der PDS und ihre öffentlichen Images veränderten, wandelten sich auch der geschichtspolitische Diskurs und seine mediale Verhandlung. Die Anfang der 1990er Jahre hegemoniale antitotalitäre Deutung der DDR-Vergangenheit war in den „neuen Bundesländern" zu keiner Zeit populär gewesen. Vielmehr empfanden viele Ostdeutsche die offizielle Geschichtspolitik, die auf die Illegitimität des Staates DDR abzielte, als versuchte Entwertung auch ihrer persönlichen Biographien,[651] eine Deutung, die die PDS nachdrücklich unterstützte. Schon 1994 konstatierte Heinrich Bortfeldt deswegen: „Die vereinfachte Gegenüberstellung von westdeutscher Geschichte als unbefleckte ‚Erfolgsstory' und ostdeutscher SED-Diktatur wird von der ostdeutschen Bevölkerung schon längst nicht mehr akzeptiert."[652] Dieser Eindruck wurde tendenziell auch durch sozialwissenschaftliche Untersuchungen gestützt, wonach seit Mitte der 1990er Jahre mindestens ein Drittel der Ostdeutschen mehr gute als schlechte Seiten an der DDR fand.[653] Auf der Suche nach Gründen hierfür wurde auch von wissenschaftlicher Seite Kritik an einer Bezugnahme auf die DDR-Vergangenheit geübt, die aus politischen Gründen die negativen Seiten der DDR übertreibe und all jenen die Urteilsfähigkeit abspreche, die „im früheren System mitgemacht haben oder mit ihm auch Hoffnung verbanden".[654] Viele Ostdeutsche, so die verbrei-

---

[648] „Wir können von der PDS lernen". Interview mit Christoph Böhr. In: Focus, 26. 10. 1998.

[649] Christoph Bergner, zit. n. Bergner nennt die PDS „moderne linke Volkspartei". In: Die Welt, 2. 10. 1999; vgl. auch Klaus Hartung, Partei des beliebigen Sozialismus. In: Die Zeit, 7. 10. 1999; Eberhard Löblich, Die PDS in Magdeburg freut sich über Äußerungen der CDU. In: Der Tagesspiegel, 7. 10. 1999; Günter Nooke, Ist die PDS eine Volkspartei? In: Die Welt, 8. 10. 1999.

[650] Köcher (Hrsg.), Allensbacher Jahrbuch der Demoskopie 2003–2009, S. 260; vgl. auch Noelle-Neumann/Köcher (Hrsg.), Allensbacher Jahrbuch der Demoskopie 1998–2002, S. 729. Die entsprechende Frage lautete: „Welche Partei setzt sich am meisten für Ostdeutschland ein, ich meine damit, daß Ostdeutschland weiter unterstützt wird?" (ebenda). Im Jahr 2001 stimmten demnach auch 24 Prozent der Westdeutschen der Aussage zu, dass nur die PDS die ostdeutschen Interessen vertrete (ebenda).

[651] Vgl. Lindenberger, Experts with a Cause, S. 35.

[652] Bortfeldt, Die Ostdeutschen und die PDS, S. 1285.

[653] Vgl. Neller/Thaidigsmann, Das Vertretenheitsgefühl, S. 426.

[654] Fritze, Irritationen, S. 6.

tete Deutung, wehrten sich gegen diese einseitige Geschichtsdeutung durch eine trotzige Rückbesinnung auf eben diese Vergangenheit.[655]

Diese trotzige Rückbesinnung kam vor allem in einer populär-kulturellen und stärker alltagsbezogenen Erinnerung an die DDR zum Ausdruck. Sie wies nicht zu übersehende nostalgische Elemente auf, insofern sie eine grundsätzlich positive Erinnerung an die Vergangenheit im ostdeutschen Staat mit der weitgehenden Ausblendung oder gar Verklärung ihrer negativen Aspekte verband.[656] Nach dem Motto „Es war nicht alles schlecht!" erschien die DDR im Rückblick vielen als nicht mehr so unerträglich, wie das noch Anfang der 1990er Jahre empfunden worden war.[657] Stattdessen kam es nun zu einem Revival nostalgisch angepriesener DDR-Produkte[658] und zu einer Serie erfolgreicher Spielfilme, die den Alltag in der DDR darstellten und dabei auf satirische Art zwischen „Kritik und Kult" changierten.[659] Bei dieser auch als „Ostalgie" bezeichneten Bezugnahme auf die Vergangenheit handelte es sich um ein äußerst komplexes Phänomen, bei dem es nicht primär darum ging, das Alte – erst recht nicht das politische System des Realsozialismus – in Gänze wiederhaben zu wollen, sondern vor allem darum, eine spezifische ostdeutsche Identität anzuerkennen und die selektiven positiven Alltagserinnerungen an das Leben in der DDR in der Gegenwart zu integrieren. Dass dabei meist negative Aspekte nostalgisch verbrämt und jene ausgeblendet wurden, die den Preis für vermeintliche „Errungenschaften" der DDR zahlten, gehörte dazu.[660] Typisch war dabei, dass Symbole des Regimes aus ihrem politischen Zusammenhang gelöst und als Teil des Alltags erinnert und ironisiert wurden – so beispielsweise auf karnevalesken „Ostalgie-Partys", auf denen inmitten von Parteifähnchen und Uniformen DDR-Schlager und Arbeiterlieder gehört und sozialistische Parteireden persifliert wurden.[661]

Die PDS wiederum profitierte sowohl von der „Ostalgie"-Welle als auch von der damit verbundenen Fragmentierung des öffentlich-medialen Einheitsdiskurses wie keine andere politische Formation.[662] Zwar blieb sie im westdeutsch dominierten hegemonialen Diskurs ein Fremdkörper und wurde geradezu als Inbegriff ostdeutscher Alterität angesehen. Es gelang ihr aber, sich in dieser Nische einzurichten und den medialen Diskurs Ostdeutschlands mit ihren Themen zu domi-

---

[655] Vgl. ebenda; Neller, DDR-Nostalgie, S. 44–49.
[656] Zur Definition siehe Neller, DDR-Nostalgie, S. 25, S. 43 und S. 83.
[657] Vgl. Lannert, „Vorwärts und nicht vergessen"?, S. 95; Langenbacher, The Mastered Past?, S. 55 f.; Ahbe, Ostalgie, S. 36.
[658] Vgl. Ahbe, Ostalgie, S. 47.
[659] Vgl. Ziegengeist, DDR-(N)Ostalgie.
[660] Vgl. Lindenberger, Experts with a Cause, S. 39; Bortfeldt, Die Ostdeutschen und die PDS, S. 1285; Lannert, „Vorwärts und nicht vergessen"?, S. 95; Neller/Thaidigsmann, Das Vertretenheitsgefühl, S. 425; zur DDR-Nostalgie bzw. „Ostalgie" siehe dazu ausführlich Ahbe, Ostalgie; Neller, DDR-Nostalgie; Berdahl, (N)Ostalgie; Fritze, Irritationen. Zudem kann postsozialistische Nostalgie auch als Indikator von Unzufriedenheit mit dem Output des demokratischen Systems angesehen werden (vgl. Ekman/Linde, Communist Nostalgia).
[661] Vgl. Ahbe, Ostalgie, S. 43–45.
[662] Vgl. Neller/Thaidigsmann, Das Vertretenheitsgefühl, S. 431–439.

nieren. Mehr noch: Über ihren Vormann Gregor Gysi spielte sie in der medialen Arena mit dieser Alterität und trat einem staunenden westdeutschen Publikum gegenüber als Vermittlerin ostdeutscher Kultur auf, obwohl sie stets nur einen Teilausschnitt dieser Kultur zu repräsentieren vermochte.[663] Je verbreiteter zudem die „Ostalgie" zum massenmedial verhandelten Phänomen der Popkultur wurde, das mit seiner Ironie und ideologischen Unbestimmtheit gerade auch im Westen rezipiert wurde,[664] desto leichter fiel es der PDS, mit ihren positiven Vergangenheitsnarrativen durchzudringen. So konnte Gregor Gysi dann auch in Harald Schmidts Fernsehsendung in einem mit DDR-Flaggen und FDJ-Uniformen dekorierten Kölner Studio Platz nehmen und zum Amüsement des Publikums mit dem Gastgeber über das Leben in der DDR plaudern: „Es war natürlich nicht immer alles ganz so lustig; anderes war vielleicht auch noch lustiger."[665]

5. Die PDS und der Kapitalismus: Wirtschaftspolitik und Gewerkschaftsbeziehungen

Wie die vorangegangenen Ausführungen nahelegen, spricht einiges dafür, die DDR-Nostalgie in weiten Teilen der ostdeutschen Bevölkerung und die gesamtdeutsche „Ostalgie"-Welle der späten 1990er Jahre als Gegenreaktion auf eine stark antitotalitäre Diskursformation zu Beginn des Jahrzehnts zu interpretieren, die letztlich auch der PDS half, ihr Image als Relikt eines totalitären Regimes zu differenzieren. Es stellte sich heraus, so die hier entwickelte Deutung, dass ein allzu kämpferischer und als ideologisch empfundener Antitotalitarismus und Antikommunismus sowohl auf geschichtspolitischer Ebene als auch im parteipolitischen Umgang auf Dauer nicht mit dem Diktum vom „postideologischen Zeitalter" zusammenpasste, das nach dem Ende des Realsozialismus dominant wurde. Im Schatten dieser ideologiefeindlichen Stimmung der 1990er Jahre aber breitete sich in anderer Hinsicht eine neue Weltanschauung aus, die sich lange den Schein des Unideologischen zu geben vermochte: die des „Neoliberalismus".

Mit diesem umstrittenen Begriff war schon in der zeitgenössischen Debatte ein Phänomen gemeint, das viele gesellschaftliche Felder zu durchdringen vermochte. Dabei ging es nicht um ein kohärentes politisches Programm, sondern um ein vielschichtiges Modernisierungsparadigma, das eine „Neuorganisation der Beziehungen zwischen Staat, Wirtschaft, Gesellschaft und Individuum" zum Inhalt hatte, wie es Ariane Leendertz aus historischer Perspektive beschrieben hat.[666] Gemein war allen Teilphänomenen, dass sie den Markt zur zentralen Argumentati-

---

[663] Siehe dazu Kollmorgen, Diskurse der deutschen Einheit; ders./Hans, Der verlorene Osten, S. 125 f. und S. 136 f.
[664] Vgl. Neller, DDR-Nostalgie, S. 49.
[665] Gregor Gysi im Gespräch mit Harald Schmidt, „Harald-Schmidt-Show" (Sat.1), 13. 9. 1996 (Zitat Minute 0:49–0:53).
[666] Vgl. Leendertz, Zeitbögen, S. 217.

onsfigur politisch-gesellschaftlichen Denkens machten und dass sie das Idealbild freier Märkte und rational agierender Akteure mit einem individualistisch-materialistischen Menschenbild verbanden.[667] Dieses Modernisierungsparadigma lag auch den politökonomischen Wandlungsprozessen zugrunde, die in den 1990er Jahren in den postsozialistischen Gesellschaften Ostmitteleuropas inklusive der früheren DDR einsetzten und die Philipp Ther als „neoliberale Transformation" bezeichnet hat.[668] Grundgedanke dieser Transformationsstrategie war Ther zufolge die Überzeugung, dass Demokratie und freie Marktwirtschaft fest miteinander verbunden seien und voneinander abhingen.[669] In seiner wirtschaftspolitischen Dimension folgte diese Strategie dem 1989 verkündeten „Washington Consensus" von IWF und Weltbank, der einen starken Fokus auf Liberalisierung, Deregulierung und Privatisierung legte, um leistungsfähige, möglichst ungebundene Marktwirtschaften hervorzubringen.[670]

Die marktwirtschaftliche Umgestaltung der früheren DDR folgte diesem Muster nur bedingt: Der deutsche „Aufbau Ost als Nachbau West"[671] orientierte sich in hohem Maße am etablierten Modell der westdeutschen „sozialen Marktwirtschaft" und schlug eine wohlfahrtsstaatlich abgefederte Transformationsstrategie ein.[672] In gewisser Weise aber trugen die Veränderungen der ökonomischen Struktur Ostdeutschlands, die auf die „Schocktherapie" der Wirtschafts- und Währungsunion folgten, und ihre Begründungen sehr wohl Züge des von Ther beschriebenen Transformationspfades. Wie zuletzt Marcus Böick gezeigt hat, basierte insbesondere die Politik der Treuhandanstalt auf einem unbedingten Privatisierungsprimat und einer Markteuphorie, die möglichst schnelle und umfassende Privatisierungen zum Selbstzweck werden ließ.[673] Die damit verbundenen Massenentlassungen sowie die Ausbreitung atypischer Arbeitsformen wurden längst nicht nur als pragmatische Notwendigkeiten begründet, sondern in einen Diskurs eingebettet, der an Werte wie Eigenverantwortung, Selbsthilfe und Flexibilität appellierte, die es in einer modernen Marktwirtschaft brauche.[674]

Dazu kam die verbreitete Ansicht in großen Teilen der deutschen Politik und Publizistik, dass die Wiedervereinigung endgültig zu einer „Krise des Sozialstaats" geführt habe und dringende Reformen am wohlfahrtsstaatlichen Modell der Bun-

---

[667] Vgl. Ther, Neoliberalsimus; Springer, An Introduction to Neoliberalism, S. 2; Davies, The Limits of Neoliberalismus, S. 8; Rödder, 21.0, S. 108 f.

[668] Ther, Die neue Ordnung, S. 31.

[669] Ebenda, S. 15.

[670] Ebenda, S. 23.

[671] Kollmorgen, Diskurse der deutschen Einheit, S. 8; Busch/Kühn/Steinitz, Entwicklung und Schrumpfung, S. 71.

[672] Siehe dazu ausführlich Ritter, Der Preis der deutschen Einheit.

[673] Vgl. Böick, Die Treuhand. Böick nennt die Treuhand ein sich „verselbständigendes, marktwirtschaftliches Ausnahmeregime" (S. 724) mit „Privatisierungsimperativ" (S. 220), betont aber stärker die kurzfristig-situative Dimension und die Anknüpfungspunkte an die „Wirtschaftswunderzeit" (S. 726).

[674] Vgl. Holzhauser, Neoliberalismus und Nostalgie, S. 594; Ther, Die neue Ordnung, S. 301–303.

desrepublik notwendig mache.[675] Der Sozialstaat „fördere eine Anspruchsinfla-
tion der Bürger, überfordere das staatliche Leistungsvermögen und untergrabe
Selbsthilfepotenziale", wie Hans Günter Hockerts die zeitgenössische Kritik zusammengefasst hat.[676] Auf diese Weise folgte der ostdeutschen Transformation
eine gesamtdeutsche Debatte um die „Modernisierung" des traditionellen (west-)
deutschen Wohlfahrtsstaatsmodells, die der PDS wiederum neue Möglichkeiten
der Profilierung und der Netzwerkbildung eröffnete. Das betraf insbesondere die
Beziehungen der PDS zu den Gewerkschaften und den gewerkschaftsnahen Milieus: In deren Haltung zur „Nachfolgepartei" kam das Spannungsverhältnis von antitotalitärer Überzeugung und dem gemeinsamen Kampf gegen eine „neoliberale"
Diskurshoheit deutlich zum Ausdruck – mit sehr langfristigen Folgen für die Integrationsbemühungen der PDS insbesondere im Westen der Republik.

5.1 Die PDS und die Gewerkschaften

Das Leitbild der deutschen Gewerkschaftsbewegung der Nachkriegszeit, die „Einheitsgewerkschaft", gab von Beginn an ein schwieriges Verhältnis zwischen Gewerkschaften und Parteien links der Sozialdemokratie vor. Denn neben dem Ziel,
die organisierte Arbeiterschaft möglichst breit abzubilden, versuchte die Einheitsgewerkschaft zugleich, solche „radikalen" Elemente einzudämmen, die einen Rückfall zur politischen Richtungsgewerkschaft der Zwischenkriegszeit herbeizuführen
drohten. Im Klima des Kalten Kriegs und in Abwehr kommunistischer Mobilisie-
rungsversuche aus der DDR hatte der DGB die Frage, wie mit „Radikalen" umzugehen sei, primär unter antitotalitären Vorzeichen beantwortet: Nach einem anfänglich integrativen Kurs setzte der Gewerkschaftsbund seit 1950 bis in die frühen
1970er Jahre hinein auf eine antikommunistische Politik, die mit einer weitgehenden Entmachtung kommunistischer Gewerkschafter in den Orts- und Bezirkslei-
tungen einherging.[677] Programmatisch gründete sich die dominierende Koalition
aus sozial- und christdemokratischen Gewerkschaftern auf ein Selbstverständnis,
das im Düsseldorfer DGB-Programm von 1963 seinen Ausdruck fand. Demnach
sah sich der Gewerkschaftsbund nicht (mehr) als Akteur im Klassenkampf, sondern als Interessenvertretung der Arbeitnehmer innerhalb der konsenskapitalisti-
schen Ordnung der sozialen Marktwirtschaft.[678] Die klassenkämpferischen kommunistischen Gewerkschaftsmitglieder standen demnach nicht auf dem Boden des
DGB-Programms.

Zugleich aber gestaltete sich der Antikommunismus in den Gewerkschaften
stets differenzierter als in anderen Teilen der Gesellschaft und setzte auf eine mög-

---

[675] Ritter, Der Preis der deutschen Einheit (vgl. den Untertitel „Wiedervereinigung und die Krise
des Sozialstaats"); Bösch, Geteilt und verbunden, S. 35 f.
[676] Hockerts, Der deutsche Sozialstaat, S. 350.
[677] Vgl. Wilke, Einheitsgewerkschaft, S. 79–82; Kößler, Grenzen der Demokratie, S. 245–247.
[678] Vgl. Angster, Konsenskapitalismus, S. 12 f.

lichst breite Integration der engagierten kommunistischen Gewerkschafter, nicht auf deren Ausschluss. Solange auf allzu deutliche parteipolitische Agitation verzichtet wurde, fanden auch Kommunisten ihren Platz im DGB und seinen Einzelgewerkschaften.[679] 1971 strich der DGB schließlich den aktiven Kampf gegen den Kommunismus aus der Satzung[680] und verpflichtete sich 1973 stattdessen auf eine – begrifflich vagere – „Abgrenzung gegen politische Extremisten".[681] Gegenüber Mitgliedern der 1968 begründeten DKP sowie der Westberliner SEW aber wurde Toleranz geübt, weil sie die „freiheitlich-demokratische Grundordnung der Bundesrepublik" nominell respektierten und damit nach Ansicht des DGB keine Beweise für eine Verfassungswidrigkeit vorlagen.[682] Im Schutz dieser relativen Toleranz erstarkte schließlich wieder ein kapitalismuskritischer sogenannter Bewegungsflügel,[683] der sich in Opposition zum antikommunistischen Flügel des DGB positionierte.[684] Nach 1989 fanden einige Vertreterinnen und Vertreter dieses Flügels den Weg in die PDS, in der sie eine neue Heimat für kommunistische Gewerkschaftspositionen sahen: so zum Beispiel der ehemalige Chefredakteur der IG-Metall-Zeitschrift „Metall" Jakob Moneta, der Mitherausgeber der linksgewerkschaftlichen Zeitschrift „Sozialismus" Joachim Bischoff sowie Harald Werner, der für seinen Gorbatschow-freundlichen Kurs als Hauptamtlicher der DKP abgesetzt worden war und in der PDS das Amt des gewerkschaftspolitischen Sprechers übernahm.[685]

Gerade in gewerkschaftsnahen Intellektuellenkreisen stieß die PDS auf Interesse. Der Berliner Soziologe Fritz Vilmar, ehemaliger Mitarbeiter der IG Metall und bis 1984 Mitglied der SPD-Grundwertekommission, beschied der PDS schon im November 1990, ein „wichtiger Partner in dem linken politischen Diskussionszusammenhang" werden zu können.[686] Ihm ging es vor allem um gemeinsame Konzepte wie „Rahmenplanung", „Investitionsplanung" und „Kontrolle wirtschaftlicher Macht", um aus der „Konzern- bzw. Kartell-Wirtschaft" erst wieder eine funktionsfähige Marktwirtschaft zu machen, so Vilmars Deutung.[687] Damit wurde die PDS vor allem für jene linken Gewerkschaftsmitglieder interessant, die Bündnispartner außerhalb der SPD suchten, um ihre Konzepte der „Wirtschaftsdemokratie", ein Schlüsselbegriff im Berliner Programm der Sozialdemokraten,[688] auf einer breiteren politischen Basis durchzusetzen. Zugleich sollten die sozialdemo-

<hr>

679 Vgl. Kößler, Grenzen der Demokratie, S. 247 f.
680 Vgl. Wilke, Einheitsgewerkschaft, S. 92–95.
681 Beschluss des DGB-Bundesvorstandes, 3. 10. 1973, zit. n. ebenda, S. 107 (Anm. 241).
682 Vetter/Frister, Die Unvereinbarkeitsbeschlüsse, S. 14.
683 Siehe dazu ausführlich Wilke, Einheitsgewerkschaft, v. a. Kap. IV und Kap. V.
684 Vgl. ebenda, Kap. V.5.
685 Vgl. Hübner/Strohschneider, Lafontaines Linke, S. 128.
686 Fritz Vilmar, Das Konzept der Wirtschaftsdemokratie und die programmatischen Defizite der PDS. In: Disput, 2. Novemberheft 1990, S. 15–19, hier S. 15.
687 Ebenda, S. 16–18.
688 Vorstand der SPD (Hrsg.), Berliner Programm, S. 41–44.

kratischen Parteieliten von links unter Druck gesetzt werden: Die PDS sollte als
„Stachel im Fleisch der Volksparteien" auftreten, wie Vilmar es ausdrückte.[689]

Reaktionen der Gewerkschaften auf die PDS

Ein Massenübertritt zur PDS war damit aber nicht verbunden. Dies hing zu einem
Großteil an lebensweltlichen und politisch-kulturellen Differenzen sowie an der
Vergangenheit der PDS als Staatspartei, die in der DDR keine freien Gewerkschaf-
ten toleriert hatte.[690] Nach dem Zusammenbruch des SED-kontrollierten FDGB
im Jahr 1989/90 fiel es der PDS zunächst schwer, die Beziehungen zu den neu
aufgebauten Gewerkschaften zu ordnen und einzuordnen. Vor allem haderte die
Partei zunächst damit, eine kohärente Gewerkschaftspolitik zu entwickeln.[691]
Zwar akzeptierte sie im Gegensatz zur SED die Unabhängigkeit der Arbeitnehmer-
vertretungen und übernahm schnell zentrale Gewerkschaftsforderungen wie die
Verkürzung der Wochen- und Lebensarbeitszeit.[692] Abgesehen davon aber vermochte es die PDS zu keiner Zeit, mithilfe ihrer Gewerkschaftspolitik zu einer
soziologischen Arbeiterpartei zu werden.[693] Ihre Mitglieder zeichnete ein grundsätzlich „positives, aber theoretisches Verhältnis zu den Gewerkschaften" aus, wie
Harald Werner selbst kritisierte.[694] Zwar gab es durchaus gewerkschaftliche Aktivitäten der PDS in Ostdeutschland, die zentral zuständige „AG Betriebe und Gewerkschaften" und die von ihr organisierten „Gewerkschaftspolitischen Konferenzen" aber wurden durch eine kleine Gruppe westdeutscher Funktionäre dominiert
und spielten zunächst auch in der Partei selbst eine untergeordnete Rolle.[695]

Dazu kamen aber auch erhebliche Vorbehalte aus den westlichen Gewerkschaftsführungen gegenüber der PDS. Ein offenes Bekenntnis zur Partei konnte in
Gewerkschaftskreisen mit persönlichen Nachteilen verbunden sein: Als beispielsweise der Salzgitterer IG-Metall-Sekretär Bernd Henn im Jahr 1990 die SPD in
Richtung PDS verließ, weil er in seiner alten Partei keine Zukunft mehr für „linkssozialdemokratische Positionen"[696] sah, und danach für die PDS in den Deutschen

---

[689] Fritz Vilmar, Das Konzept der Wirtschaftsdemokratie und die programmatischen Defizite
der PDS. In: Disput, 2. Novemberheft 1990, S. 15–19, hier S. 15 f.; zum Thema Wirtschaftsdemokratie und PDS siehe Werner (Hrsg.), Wirtschaftsdemokratie.

[690] Vgl. Scharrer, Der Aufbau einer freien Gewerkschaft, S. 15–24.

[691] Vgl. H. Schäfer, PDS und Gewerkschaften, S. 85; Harald Werner, PDS und Gewerkschaften.
In: Disput, H. 14, 1995, S. 17 f.; siehe dazu ausführlich: Neugebauer/Reister, PDS und Gewerkschaften.

[692] Vgl. H. Schäfer, PDS und Gewerkschaften, S. 85.

[693] Vgl. Gibowski, Demokratischer (Neu-)Beginn, S. 13 f.; Schmitt, Wählt der Osten anders?,
S. 99; Neugebauer/Reister, PDS und Gewerkschaften, S. 19.

[694] Harald Werner, PDS und Gewerkschaften. In: Disput, H. 14, 1995, S. 17–18, Zitat S. 17.

[695] Vgl. Neugebauer/Reister, PDS und Gewerkschaften, S. 58–63.

[696] ADS, BT/12.WP-004: Bernd Henn an Gregor Gysi. Betr.: Austritt aus der PDS und Austritt
aus der Abgeordnetengruppe PDS/Linke Liste. Bonn, 21. 10. 1991. Der Brief wurde danach
im „Neuen Deutschland" veröffentlicht: Bernd Henn, Zwei unterschiedliche Politikkonzepte.
In: Neues Deutschland, 23. 10. 1991.

Bundestag einzog, betrieb die örtliche IG Metall seine Ablösung als Gewerkschaftssekretär.[697] Ähnlich erging es dem Berliner HBV-Landesvorsitzenden Manfred Müller, der 1994 erst kurz nach seiner Wahl in den DGB-Landesbezirksvorstand seine Bundestagskandidatur für die PDS erklärte, was zu heftigen Verstimmungen in seiner Gewerkschaft führte.[698] Müller musste schließlich seinen Gewerkschaftsposten aufgeben und verlor auch seine Position als Aufsichtsrat bei der städtischen Wohnbaugesellschaft.[699]

Allerdings half der Einzug der PDS in den Bundestag, zumindest formelle Beziehungen zu den Gewerkschaften aufzubauen. Wie alle im Bonner Parlament vertretenen Parteien erhielt auch die PDS die Möglichkeit, an Gewerkschaftstagen der großen Organisationen wie ÖTV, IG Metall oder IG Medien teilzunehmen und dort einen sogenannten Parteiabend zu veranstalten.[700] Das entsprach dem parteiübergreifenden Selbstverständnis der Gewerkschaften. Bei den traditionell linksgerichteten Organisationen HBV und IG Medien erhielt Gregor Gysi sogar schon 1992 die Gelegenheit, mit einem eigenen Redebeitrag aufzutreten.[701] Umgekehrt schickten Gewerkschaften wie die ÖTV, die Deutsche Postgewerkschaft, die Gewerkschaft der Polizei sowie die IG Medien auch Beobachter auf PDS-Parteitage.[702] Demonstrativ hatte schon 1990 der stellvertretende IG-Medien-Vorsitzende Detlef Hensche betont, dass auch PDS-Mitglieder Platz in der Einheitsgewerkschaft haben müssten.[703] Im Mai 1993 war mit Michael Schwemmle dann erstmals ein Vorstandssekretär der Deutschen Postgewerkschaft zu Gast bei der PDS-Abgeordnetengruppe, um sich dort über die von beiden Seiten kritisierte Privatisierung der Post auszutauschen.[704]

---

697 Vgl. Ehemaliger PDS-Abgeordneter wollte zur SPD. In: Hannoversche Allgemeine, 11. 11. 1991.
698 AdsD, SPD-LV Berlin: Offener Brief an den Vorsitzenden der HBV Berlin, Kollegen Manfred Müller. Berlin, Februar 1994; ebenda: Erhard Neubert an Manfred Müller. Berlin, 7. 2. 1994; siehe auch ebenda: Manfred Müller an die Mitglieder der Fach- und Personengruppenvorstände an die Betriebsräte und Vertrauensleute. Berlin, 7. 2. 1994; Die Voraussetzung hieß Stefan Heym. Interview mit Manfred Müller. In: Die Tageszeitung, 8. 2. 1994; PDS-Kandidatur Manfred Müllers beunruhigt HBV. In: Die Tageszeitung, 7. 2. 1994; Severin Weiland, Keine Unvereinbarkeit. In: Die Tageszeitung, 23. 2. 1994; ders., „Perversion" eines Gewerkschafters. In: Die Tageszeitung, 28. 2. 1994.
699 Vgl. HBV-Bezirkschef Müller: Vorsitz ruht. In: Die Tageszeitung, 10. 2. 1994; Severin Weiland, Keine Unvereinbarkeit. In: Die Tageszeitung, 23. 2. 1994; HBV-Chef fliegt auch WIR-Aufsichtsrat. In: Die Tageszeitung, 7. 6. 1994; Marlies Emmerich, Führungswechsel bei der HBV. In: Berliner Zeitung, 15. 10. 1994.
700 ADS, BT/12.WP-008: Heide Knake-Werner, Marlies Deneke, Schlußfolgerungen aus der Teilnahme an den Gewerkschaftstagen von ÖTV, IG Metall, IG Medien und HBV. Vorlage für die Sitzung der Abgeordnetengruppe PDS/LL am 10. 11. 1992. Bonn, 9. 11. 1992; vgl. Moreau, Was will die PDS?, S. 37.
701 ADS, BT/12.WP-008: Heide Knake-Werner, Marlies Deneke, Schlußfolgerungen aus der Teilnahme an den Gewerkschaftstagen von ÖTV, IG Metall, IG Medien und HBV. Vorlage für die Sitzung der Abgeordnetengruppe PDS/LL am 10. 11. 1992. Bonn, 9. 11. 1992.
702 ADS, BT/12.WP-008: Wolfgang Gehrcke, Diskussionsgrundlage für eine Einschätzung der Ergebnisse des 3. Parteitages der PDS. Berlin, 4. 2. 1993, S. 1.
703 Vgl. Hensche, Rede beim Außerordentlichen Gewerkschaftstag, S. 795.
704 ADS, BT/12.WP-010: Festlegungsprotokoll der Sitzung der Abgeordnetengruppe PDS/LL am 11. 5. 1993, S. 3.

Allerdings blieben die Beziehungen zu den Gewerkschaften aus Sicht der PDS-Bundestagsgruppe prekär. Man vermisste eine „kontinuierliche Zusammenarbeit" und klagte über eine verbreitete „Abgrenzung der Gewerkschaften von der PDS".[705] War diese Abgrenzung zum Teil Folge der Gewerkschaftspolitik der SED, so schlossen die Argumente zugleich an die westdeutsche Tradition der antitotalitären Einheitsgewerkschaft an.[706] Vor allem die IG Chemie trat durchweg PDS-kritisch auf, nachdem sie schon im September 1990 ihre Absage an „Bündnisse oder Aktionseinheiten mit Kommunisten" betont hatte:

> „Dies betrifft auch die PDS und ihre Ableger. Die Ergebnisse von über 40 Jahren Kommunismus in der DDR sind katastrophal […]. Wir werden nicht zulassen, daß diese Kräfte nunmehr ein neues Betätigungsfeld hier suchen, um ihre reaktionäre, gegen die Menschen gerichtete Politik im neuen Gewand fortzusetzen."[707]

Zu kontroversen öffentlichen Auseinandersetzungen innerhalb des DGB um die Position zur PDS kam es aber erst im Wahljahr 1994 im Zuge der Diskussionen um PDS-Wahlerfolge, Koalitionsmodelle und Gegenkampagnen. Erstmals durfte Gregor Gysi – am Vortag des 17. Juni und eine Woche vor der Landtagswahl in Sachsen-Anhalt – ein Grußwort auf einem Bundeskongreß des DGB halten. Im Vorfeld war es zu Querelen um die Frage gekommen, ob Gysi wie Vertreter aller anderen im Bundestag vertretenen Parteien sprechen dürfe oder nicht.[708] Sein erst kurzfristig auf die Tagesordnung gesetztes Grußwort führte schließlich zu Protesten eines Teils der Delegierten, vor allem aus den Industriegewerkschaften Chemie, Bergbau und Energie sowie Bau, die Gysis Rede mit einem Auszug aus dem Saal quittierten.[709]

In der Folge ging der DGB während des Bundestagswahlkampfs 1994 sichtlich auf Distanz zur PDS. In einem kritischen Vergleich der Parteien und ihrer Wahlprogramme, der unmittelbar vor der Bundestagswahl 1994 in der DGB-Funktionärszeitschrift „Die Quelle" erschien, kam die PDS als einzige im Bundestag vertretene Partei nicht vor, da nur solche Parteien berücksichtigt wurden, „die für eine Regierungsbildung in Betracht kommen", wie ausdrücklich begründet wurde.[710] Stattdessen legte die Grundsatzabteilung des DGB eine eigene ausführlichere Analyse des PDS-Wahlprogramms vor, in der zwar eingeräumt wurde, dass die

---

705 ADS, BT/12.WP-007: Vorstand der Abgeordnetengruppe PDS/LL im Deutschen Bundestag, Zur Halbjahresbilanz der PDS/Linken Liste, 22. 6. 1992, S. 5.

706 Vgl. Rainer Eppelmann, Kein Applaus für linksextreme Kräfte. In: Focus, 26. 9. 1994.

707 IG Chemie-Papier-Keramik, Initiativ-Entschließung, S. 788; vgl. auch Faulenbach, Die deutsche Vereinigung und die Gewerkschaften, S. 177.

708 Vgl. Scharping: Investitionen müssen belohnt werden. In: Süddeutsche Zeitung, 17. 6. 1994; Rappe, Im Interview, S. 18. Die PDS sprach von einer zwischenzeitigen Ausladung, die aber offenbar wieder aufgehoben wurde (vgl. DGB-Kongreß fordert Sabbatjahre für mehr Jobs. In: Die Tageszeitung, 17. 6. 1994; Demokratie mit „kleinen" Fehlern. In: Neues Deutschland, 13. 6. 1994).

709 Vgl. Scharping: Investitionen müssen belohnt werden. In: Süddeutsche Zeitung, 17. 6. 1994; Rappe, Im Interview, S. 18. Das „Neue Deutschland" sprach von ca. 80 Delegierten (vgl. DGB-Kongreß legt Beschäftigungspakt vor. In: Neues Deutschland, 17. 6. 1994).

710 Die DGB-Kritik. In: Die Quelle 10/1994, S. 10 f.

PDS manche „wünschenswerte soziale, wirtschaftliche und rechtliche Verbesserung" vorschlage. Trotzdem sei die Partei aber „in ihren Grundlagen abzulehnen".[711] Dafür wurden drei Kritikpunkte geltend gemacht:

Erstens hielten die Autoren die Vorschläge der PDS für weder finanzierbar noch umsetzbar und daher für „im Kern populistisch".[712] Die Steuererhöhungs- und Umverteilungsforderungen der PDS seien schädlich für Wachstum und Beschäftigung und daher nichts weiter als „linksradikale Programmatik", die auf den Einfluss der „zahlreichen westdeutschen ‚Alt'-Linken im Parteivorstand" zurückzuführen sei.[713] Zweitens sah die DGB-Grundsatzabteilung im PDS-Programm zu viel Staat und zu wenig Orientierung auf individuelles „Selbstengagement und eigene Beteiligung": Dem Staat werde „für die Regulierung des wirtschaftlichen und gesellschaftlichen Lebens eine sehr starke Rolle zugewiesen", was vor allem in den neuen Bundesländern eine zu große Anspruchshaltung an den Sozialstaat fördere. Es wurde daher gefolgert, dass sich die PDS „auf die Mitgestaltung in der sozialen Marktwirtschaft nicht grundsätzlich einstellen, sondern an einem zentralwirtschaftlichen Alternativmodell festhalten" wolle.[714] Die PDS ziele „auf die grundsätzliche Durchbrechung von Prinzipien der sozialen Marktwirtschaft, während der DGB auf deren Regulierungsfähigkeit und den Ausbau ihrer sozialen Komponenten setzt", so das Papier.[715]

Während diese Positionen einen marktwirtschaftlichen Modernisierungsdiskurs auch innerhalb des DGB widerspiegelten, der noch darzustellen sein wird, lehnte die DGB-Grundsatzabteilung drittens auch die Demokratievorstellungen der PDS ab: Deren Forderung nach einer Einbeziehung gesellschaftlicher Gruppen in die Gesetzgebung laufe darauf hinaus, „an die Stelle demokratischer Mehrheitsentscheidungen die Entscheidungsbefugnis aufgrund von Betroffenheit" zu rücken und auf diesem Weg „Gruppeninteressen auch gegen Mehrheiten durchdrücken zu können". Die PDS versuche damit, eine „Politisierung der Gewerkschaften" herbeizuführen, was offenkundig als Verstoß gegen das Ideal der Einheitsgewerkschaft interpretiert wurde.[716] In diesen Einschätzungen kamen die historischen Erfahrungen der Gewerkschaften mit dem Kommunismus zum Vorschein, die in hohem Maße nachwirkten. Für die gewerkschaftlichen Kritiker der PDS wie den südwestdeutschen IG-Chemie-Funktionär Jürgen Walter folgte aus der Geschichte eindeutig, „welche Gefahr Kommunisten für die freien Gewerkschaften darstellen". Die PDS galt als kommunistische Partei, die den gewerkschaftsfeindlichen „Zwangsstaat" DDR noch „nicht überwunden habe".[717] Gerade

---

[711] DGB-Grundsatzabteilung (Hrsg.), Anmerkungen, S. 81 und S. 83; siehe dazu auch die Analyse bei: Neugebauer/Reister, PDS und Gewerkschaften, S. 41–44.
[712] DGB-Grundsatzabteilung (Hrsg.), Anmerkungen, S. 81.
[713] Ebenda, S. 84–86.
[714] Ebenda, S. 85 f.
[715] Ebenda, S. 81.
[716] Ebenda, S. 85.
[717] J. Walter, Zusammenarbeit mit der PDS, S. 3; vgl. auch Weber, Anmerkungen zum historischen Zwiespalt; Meier, Die Partei mit den zwei Gesichtern; ders., PDS und Verfassung.

auch der prononcierte Antikapitalismus der Partei spielte in diesem Zusammenhang eine wichtige Rolle, weil er dem gewerkschaftlich dominanten Ideal einer sozialen Marktwirtschaft widersprach und in eine überwunden geglaubte Zeit der Systemauseinandersetzung und der Spaltung der Gewerkschaftsbewegung zurückzuführen drohte.[718]

Allerdings wurde diese ablehnende Haltung zur PDS in einigen ostdeutschen DGB-Verbänden nicht geteilt. Dort war die Partei in den ersten Jahren nach der Vereinigung für die Gewerkschaften zum wichtigen Bündnispartner in einer schwierigen Umgebung aufgestiegen.[719] Dazu gehörte, dass 1998 mehr als die Hälfte der ostdeutschen Industriebeschäftigten ohne Tarifbindung arbeitete, weil privatisierte Unternehmen aus tariflichen Bindungen ausgestiegen waren, von Arbeitslosigkeit bedrohte Arbeitnehmerinnen und Arbeitnehmer Zurückhaltung übten oder neu gegründete Unternehmen außertarifliche Vereinbarungen schlossen.[720] In dieser Situation waren die im Osten schwachen Gewerkschaften auf jede Unterstützung angewiesen, die sie bekommen konnten, gerade auch von der PDS, die rund ein Viertel der Gewerkschaftsmitglieder in Ostdeutschland zu ihrer Wählerschaft zählen konnte.[721]

Unmittelbar nach der Bundestagswahl 1994 erschien in der DGB-Zeitschrift „Die Quelle" ein Artikel, in dem unter dem Titel „Nicht ausgrenzen" ausführlich über die Verhältnisse in Ostdeutschland informiert wurde. Darin wurde die ablehnende Haltung des DGB-Vorsitzenden in Sachsen-Anhalt, Jürgen Weißbach, gegenüber einer „Tabuisierung" der PDS zitiert und auf die langjährigen „streitbaren Kontakte" zwischen DGB und PDS in diesem Bundesland hingewiesen.[722] Ähnlich äußerte sich sein Thüringer Amtskollege Frank Spieth, der auf die konstruktive Zusammenarbeit mit der PDS bei der Einreichung eines Volksbegehrens für ein Aufbaugesetz verwies. Aufgrund ihrer Stärke sei es „in den neuen Ländern politisch nicht zu verantworten", die PDS auszugrenzen.[723] Und auch der DGB-Vorsitzende in Mecklenburg-Vorpommern, Peter Deutschland, der ebenso wie Weißbach und Spieth aus dem Westen nach Ostdeutschland gekommen war, um die dortige Gewerkschaftsorganisation aufzubauen, setzte sich für eine „Versachlichung" der Auseinandersetzung ein, schließlich sei es „Fakt", dass 40 Prozent der Gewerkschaftsmitglieder in seinem Land PDS wählten.[724] Gerade sein DGB-Bezirk unterhielt seit Jahren ein gutes Verhältnis zur Partei[725] und Deutschland

[718] Vgl. J. Walter, Zusammenarbeit mit der PDS; Meier, Die Partei mit den zwei Gesichtern.
[719] Vgl. Neugebauer/Reister, PDS und Gewerkschaften, S. 74 f.
[720] Vgl. Paqué, Die Bilanz, S. 149–151.
[721] Vgl. Neugebauer/Reister, PDS und Gewerkschaften, S. 19.
[722] Jürgen Weißbach, zit. n. Nicht ausgrenzen. In: Die Quelle 11/1994, S. 15.
[723] Frank Spieth, zit. n. Nicht ausgrenzen. In: Die Quelle 11/1994, S. 15.
[724] Peter Deutschland, zit. n. Nicht ausgrenzen. In: Die Quelle 11/1994, S. 15.
[725] So auch Helmut Holter im Gespräch mit dem Autor, 15. 3. 2017; AdsD, SPD KV Rostock, 3/MVAR000034: SPD-Unterbezirk Hansestadt Rostock/Rostock-Land, Vorstandssitzung am 23. 3. 1993; ebenda: SPD-Unterbezirk Hansestadt Rostock/Rostock-Land, Vorstandssitzung am 6. 4. 1993; ebenda: SPD-Unterbezirk Hansestadt Rostock/Rostock-Land, Protokoll der erweiterten Vorstandssitzung am 13. 4. 1993.

selbst war regelmäßig Gast auf Landesparteitagen der PDS, wo er sich ein Bild von der PDS als einer „normale[n] Partei" machte, mit der zu rechnen sei, wie er im Februar 1997 zitiert wurde.[726]

5.2 Alte und neue Leitbilder in der Wirtschaftspolitik

Dass sich ostdeutsche Gewerkschaftsführungen durch einen anderen Blick auf die PDS auszeichneten als die in Westdeutschland, hatte also zum einen mit der Präsenz von PDS-Mitgliedern in den dortigen Arbeitnehmerverbänden zu tun, zum anderen mit dem wirtschaftlichen Strukturwandel, der im Zeichen von Privatisierung und Deindustrialisierung, hoher Arbeitslosigkeit, verbreiteter Niedriglohnarbeit sowie geringer Tarifbindung stand.[727] Insofern spielte sich das, was sich seit 2005 schließlich auf Bundesebene und im Westen vollziehen sollte, in Ostdeutschland bereits vorher ab: Gewerkschaften und PDS wurden politische Bündnispartner im Kampf gegen den „Neoliberalismus". Zugleich rückten damit auch die wirtschaftspolitischen Positionen der PDS zunehmend in den Fokus, nicht zuletzt ihr Verhältnis zur „sozialen Marktwirtschaft" der Bundesrepublik. Dies hing zum einen mit der hohen Bedeutung zusammen, die diesem Konzept für das Selbstverständnis der Bundesrepublik zukam. Zum anderen zeigte sich darin die Valenz des Themas Wirtschafts- und Sozialpolitik in den Diskussionen der 1990er und frühen 2000er Jahre: Wenn die PDS in den Debatten um Massenarbeitslosigkeit und die Zukunftsfähigkeit des bundesdeutschen Sozialstaats mitreden und gehört werden wollte – und wenn sie auch unter westdeutschen, nicht-kommunistischen Gewerkschaftern Anklang finden wollte, dann musste sie ein Verhältnis zum bundesdeutschen Kapitalismusmodell entwickeln, das über reine Antisystem-Rhetorik hinausging.

Der wirtschaftspolitische Kern der PDS: Antikapitalismus und „Dritter Weg"

Die Wirtschaftspolitik der PDS glich lange Zeit einer Suche, die zu manchem Widerspruch und zu mancher Unklarheit führte. Ausgangspunkt war das Scheitern der realsozialistischen Planwirtschaft, die nach 1989 als ökonomisches Zukunftsmodell ausschied. Das sahen zumindest die „Reformer" so, die stattdessen einen „dritten Weg jenseits von stalinistischem Sozialismus und Herrschaft transnationaler Monopole" propagierten, wie es Gregor Gysi auf dem Außerordentlichen

---

[726] AdsD, SPD-LV MV, 3/MVAB000634: Thomas Freund, Bericht, Landesparteitag der PDS Mecklenburg-Vorpommern in Parchim, 15. und 16. 2. 1997, 16. 2. 1997; dazu auch AdsD, SPD-LV MV, 3/MVAB000634: Nikolaus Voss, PDS-Bundesparteitag 17.–19. 1. 1997 in Schwerin „Sozial, solidarisch, alternativ". Schwerin, 19. 1. 1997.

[727] Vgl. Rödder, 21.0, S. 203–205; ders., Deutschland einig Vaterland, S. 341–345; Busch/Kühn/ Steinitz, Entwicklung und Schrumpfung, S. 82–84; Paqué, Die Bilanz, S. 148–150.

Parteitag der SED im Dezember 1989 als Ziel seiner Partei formuliert hatte.[728] Für Gysi zeichneten sich die westeuropäischen Gesellschaften im Vergleich zum Realsozialismus durch ihre „modernen Errungenschaften" wie Wettbewerb und Mitbestimmung aus.[729] Auch Hans Modrow sprach von „Unternehmergeist", „Eigenverantwortung" und „Leistungsprinzip", die es in einem reformierten Sozialismus zu stärken gelte.[730] Allerdings verbanden sie die rhetorische Bezugnahme auf marktwirtschaftliche Elemente mit einem dezidiert negativen Blick auf die Ergebnisse der kapitalistischen Ordnung des Westens: Jeder noch so gelungene Versuch kapitalistischen Wirtschaftens finde seine Grenze „an den strategischen Machtinteressen kapitalistischer Monopole", so Gysi.[731] Die Partei begann also bereits Ende 1989, Begriffe wie „Marktwirtschaft" und „Wettbewerb" positiv zu wenden, blieb aber bei ihrer deutlichen Ablehnung des westlichen „Kapitalismus". In ihrem Programm des Jahres 1990 sprach sie sich daher für eine Marktwirtschaft aus, in der „Regulierung durch den Markt" (!) und „strategische Wirtschaftssteuerung des Staates" miteinander verbunden werden sollten.[732]

Dieser ideologische „Balanceakt"[733] war zu großen Teilen der akuten Krise der DDR-Wirtschaft geschuldet, die ein realsozialistisches Weiter-So ausschloss. Zudem spielten auch wahltaktische Motive eine Rolle, da die anstehenden Neuwahlen kaum ohne Bezugnahme auf das konkurrierende West-System und seine Wohlstandsversprechen erfolgreich zu bestreiten sein würden.[734] Mit dem Verschwinden der DDR und der Übernahme des westlichen Systems aber setzte sich in der PDS wieder ein stärker marktkritischer Duktus durch, der wesentlich durch die neue Rolle der Partei bedingt war. Sie musste sich in ihrem Selbstverständnis nun verstärkt „zum Kapitalismus verhalten, und zwar anders, als wir das zu einer Zeit konnten, als wir darüber nachdachten, welche positiven Erfahrungen vom Kapitalismus für unser System zu übernehmen seien – dieses System gibt es nicht mehr", wie Parteichef Gregor Gysi und Präsidiumsmitglied Jochen Willerding im Sommer 1990 ausführten.[735] Mit der verlorenen Volkskammerwahl und der sich abzeichnenden Deutschen Einheit war daher auch die Vorstellung vom „Dritten Weg" obsolet geworden: Die bundesrepublikanische Ordnung würde auf absehbare Zeit – so Gysi und Willerding – „Kapitalismus pur" bleiben.[736]

Im PDS-Programm des Jahres 1993 tauchte der Begriff „Markt" dann auch durchweg in negativer Form auf: als Zwangsmechanismus, dem Einhalt geboten

---

728   Gysi, Rede auf dem Außerordentlichen Parteitag der SED/PDS am 8. 12. 1989, S. 52; vgl. auch Gysi (Hrsg.), Wir brauchen einen dritten Weg.

729   Gysi, Rede auf dem Außerordentlichen Parteitag der SED/PDS am 8. 12. 1989, S. 52.

730   Hans Modrow, Diese Regierung wird eine Regierung des Volkes und der Arbeit sein. In: Neues Deutschland, 18./19. 11. 1989; vgl. auch Fraude, „Reformsozialismus" statt „Realsozialismus"?, S. 41.

731   Gysi, Rede auf dem Außerordentlichen Parteitag der SED/PDS am 8. 12. 1989, S. 52.

732   Partei des Demokratischen Sozialismus, Programm 1990, S. 9.

733   Winkler, Der lange Weg nach Westen, Bd. 2, S. 531.

734   Fraude, „Reformsozialismus" statt „Realsozialismus"?, S. 43.

735   Gysi/Willerding, PDS – Problem und Chance, S. 124.

736   Ebenda.

werden müsse.[737] Man ging davon aus, dass der westliche Kapitalismus in Zukunft noch unsozialer werde, weil er mit dem Wegfall der DDR sein antikapitalistisches „Korrektiv" verloren habe und nun „nicht mehr demokratischer und sozialer" als die DDR sein müsse.[738] Vor diesem Hintergrund wertete die PDS auch den Prozess der marktwirtschaftlichen Transformation Ostdeutschlands als Teil einer zielgerichteten „neokonservativen" Umbaustrategie des Kapitalismus. Nicht nur die Ostdeutschen, auch die Menschen im Westen erlebten „täglich eine Debatte um die Rücknahme sozialer Leistungen", so André Brie im August 1992.[739] Der „Anschluß Ostdeutschlands an die BRD" werde dazu benutzt, „die seit langem laufende neokonservative Umgestaltung des sozialen Systems zu beschleunigen und die bereits erkämpften sozialen Rechte weiter abzubauen", wie es wenig später in einem gemeinsamen Papier des PDS-Vorstandes und der Bundestagsgruppe hieß.[740]

Strategisch erfüllte diese Haltung die Funktion, die unterschiedlichen Parteiflügel durch ein gemeinsames Feindbild zu einen. In seltener Eintracht suchten alle Gruppierungen in der Partei Anschluss an die Kritik der westlichen Linken am „Neoliberalismus", der in der PDS bis zur Mitte der 1990er Jahre noch meist unter dem Namen „Neokonservatismus" firmierte: Mit der Agitation gegen „das kapitalistische Marktwirtschaftssystem in seiner neokonservativen Variante"[741] konnte die Partei jene erfassen, die sich gegen Kapitalismus und Marktwirtschaft in jeglicher Variante richteten, aber auch jene, die weiterhin einem wie auch immer gearteten „Dritten Weg" anhingen.

Auf dem Weg zu Keynes – der westliche Konsenskapitalismus als „geringeres Übel"

Um allen Gruppen gerecht zu werden, definierte die PDS ihre Idee vom Sozialismus in allgemeiner Form als „Wertesystem, in dem Freiheit, Gleichheit und Solidarität, menschliche Emanzipation, soziale Gerechtigkeit, Erhalt der Natur und Frieden untrennbar verbunden sind"[742] – eine offene Formulierung, die sich stark an die des Berliner Programms der SPD anlehnte.[743] Was das genau hieß, blieb strittig: Einig sei man sich zwar, „daß die Dominanz des privatkapitalistischen Eigentums" überwunden werden müsse, wie es im Parteiprogramm 1993 hieß, über

---

[737] Vgl. PDS (Hrsg.), Parteiprogramm 1993.

[738] Gysi, Rede auf der Parteivorstandssitzung, 16. 6. 1990, S. 117.

[739] ADS, PDS-PV-130: André Brie, Die PDS in den Wahlkämpfen 1994. Der Beginn der zentralen Planung. Berlin, 17. 8. 1992.

[740] ADS, PDS-PV-133: PDS-Parteivorstand/PDS-Linke Liste im Bundestag, Kurswechsel – Ost. Zwei Jahre verfehlte Einheitspolitik korrigieren [Oktober 1992], S. 2.

[741] ADS, PDS-PV-086: André Brie, Referat vor Parteivorstand am 14. 12. 1990, unkorrigiert, S. 5.

[742] PDS (Hrsg.), Parteiprogramm 1993, S. 8.

[743] Vgl. Vorstand der SPD (Hrsg.), Berliner Programm, S. 9: Dort heißt es: „Freiheit, Gerechtigkeit und Solidarität sind die Grundwerte des Demokratischen Sozialismus […]. Die Sozialdemokratie erstrebt eine Gesellschaft, in der jeder Mensch seine Persönlichkeit in Freiheit entfalten und verantwortlich am politischen, wirtschaftlichen und kulturellen Leben mitwirken kann."

den Umfang und den Weg dahin gebe es aber „[u]nterschiedliche Auffassungen".[744]
Während die einen weiter auf Vergesellschaftung des Eigentums bestanden, orientierte sich ein anderer Teil der Partei an linkssozialdemokratischen Rezepten; man
setzte auf staatliche Regulierung und „wirtschaftsdemokratische" Mitbestimmung
der Arbeitnehmerinnen und Arbeitnehmer und schloss an die Ansätze einer sozial-
ökologischen Transformation an, die in den 1980er Jahren innerhalb der westdeutschen Linken diskutiert worden waren.[745] Damit sollten die ideologischen „Leer-
stellen" gefüllt werden, die der Marxismus-Leninismus hinterlassen hatte.[746]

Die ökonomische Lage und die Struktur des wirtschaftspolitischen Diskurses
zu Beginn der 1990er Jahre ließen jedoch wenig Raum für großangelegte transfor-
mative Strategien. Statt über den wohlfahrtsstaatlichen Kapitalismus in konkreter
Form hinauszudenken, galt es aus Sicht der strategischen Führungseliten in der
PDS einstweilen, die drohende Umgestaltung der bundesrepublikanischen Wirtschaftsordnung in eine noch unsozialere Richtung abzuwehren. Diese defensive
Diskursstruktur wurde zum Ausgangspunkt für eine bemerkenswerte wirtschaftspolitische Entwicklung am Reformflügel der PDS. Vor allem unter den „modernen
Sozialisten"[747] entwickelte sich aus der Kritik der kapitalistischen Entwicklung im
vereinten Deutschland eine positive Anerkennung dessen, was es zu verteidigen
galt: Und das war nicht eben der Realsozialismus der DDR, sondern das konsenskapitalistische Modell der alten Bundesrepublik. Dabei ging es nur zum Teil um
das „geringere Übel". Vielmehr hatte das westliche Modell für die „modernen Sozialisten" von jeher als Kontrastfolie für die Missstände des Realsozialismus fungiert. Für sie hatte sich die „moderne bürgerliche Gesellschaft des Westens" im
Gegensatz zum gescheiterten Realsozialismus als „in beträchtlichem Maße ent-
wicklungs-, reform- und innovationsfähig erwiesen".[748] Dort sei, so André Brie,
die „bloße Unterordnung der Arbeiterklasse unter das Kapital [...] überwunden
worden", indem „Mechanismen zur Herstellung eines relativ breiten Interessen-
konsensus" etabliert worden seien.[749]

Auf diesem Fundament baute die wirtschaftspolitische Diskussion am Reformflügel der PDS nach 1990 auf. Dort wurden keynesianische Theorien gelesen, wirtschaftspolitische Strategiepapiere verfasst und entsprechende Positionen in die
innerparteiliche Diskussion eingebracht.[750] Insbesondere die keynesianisch geprägten 1970er Jahre, mit Bernd Faulenbach das „sozialdemokratische Jahrzehnt"
der Bundesrepublik,[751] erschienen in diesen Analysen als positives Gegenbild zum

---

[744] PDS (Hrsg.), Parteiprogramm 1993, S. 8.

[745] Vgl. Gerner, Partei ohne Zukunft?, S. 240 f.; Prinz, Die programmatische Entwicklung, S. 14.

[746] So die Einschätzung Thomas Falkners, des Leiters des Bereichs Strategie und Grundsatz-
fragen beim Parteivorstand der PDS (Falkner, Parteienidentität, S. 232).

[747] Siehe hierzu auch Land, Moderner Sozialismus; Guentzel, Modernity Socialism; Prinz, Die
programmatische Entwicklung, S. 139–143.

[748] A. Brie, Zur Idee des Sozialismus, S. 22.

[749] Ebenda, S. 14.

[750] André Brie im Gespräch mit dem Autor, 16. 3. 2017.

[751] Vgl. Faulenbach, Die Siebzigerjahre; ders., Das sozialdemokratische Jahrzehnt.

„neokonservativen" Kapitalismus der 1990er Jahre. Zwar habe in der alten Bundesrepublik insgesamt „keine gerechte Vermögensverteilung" geherrscht, die Bevölkerung aber habe am gesellschaftlichen Reichtum „über Lohnzuwächse und verbesserte soziale Standards" partizipieren können.[752] Es gelte daher, an die „Stärken des Wirtschaftsstandortes Deutschland" anzuknüpfen und diese unter sich wandelnden Bedingungen zu erhalten, wie die „Arbeitsgemeinschaft Wirtschaftspolitik" beim Parteivorstand der PDS im Jahr 1993 formulierte. Die Auflistung dieser Stärken wiederum beschrieb genau jenes „Modell Deutschland", wie es seit den 1970er Jahren in westdeutschen Diskussionen aufschien: hohe Produktivität, sektorale Vielfalt, entwickelte Infrastruktur, soziale Konsensbildung und Konfliktvermeidung, hohe Forschungsausgaben und hohe Löhne.[753]

Das keynesianische Programm bot sich für Vertreterinnen und Vertreter eines „reformistischen" Kurses in der PDS wie selbstverständlich an: die Annahme, dass Marktprozesse durch staatliche Eingriffe stabilisiert werden müssten und gesteuert werden könnten; der Gedanke, dass der Staat die primären Verteilungseffekte des Marktes durch Umverteilung abmildern und selbst öffentliche Güter zur Verfügung stellen müsse[754] – das alles konnte so mancher in der PDS ohne zu zögern unterschreiben: Man ging von einem starken Staat als eigenständigem Wirtschaftsakteur aus, folgte dabei aber der Einsicht, dass eine staatlich regulierte Marktwirtschaft mit einem starken Wohlfahrtsstaat der realsozialistischen Planwirtschaft in vielerlei Hinsicht überlegen sei.[755] Zwar hielt die PDS am Anspruch einer sozialistischen Systemveränderung fest: Es könne nicht die „Aufgabe einer linken Oppositionspartei […] sein, eine eigene geschlossene Konzeption einer kapitalistischen Alternative zum fordistischen Modell zu entwickeln", so die genannte „Arbeitsgemeinschaft Wirtschaftspolitik".[756] In den Auseinandersetzungen um die Zukunft des deutschen Wirtschaftsmodells aber, die in den 1990er Jahren geführt wurden, schlug sich die Parteiführung offen auf die Seite derer, die eine „Demontage des keynesianisch geprägten Wohlfahrtsstaates" im Namen einer „marktradikale[n] Wirtschaftspolitik" und „Angebotsökonomie" zurückwiesen.[757]

---

752 ADS, BT/12.WP-010: Udo Weinrich/Rainer Kotschi, Hinweise/Anregungen zur haushaltspolitischen Debatte. Vorlage für die Sitzung der Abgeordnetengruppe PDS/LL am 7. 9. 1993. Bonn, 6. 9. 1993.

753 ADS, BT/12.WP-011: Arbeitsgemeinschaft „Wirtschaftspolitik" beim Parteivorstand der PDS, Thesen zur Standortdiskussion [Herbst 1993]; zum „Modell Deutschland" siehe Rödder, Das Modell Deutschland, v. a. S. 345 f.; vgl. auch Albert, Capitalisme contre capitalisme.

754 Vgl. Plumpe, Wirtschaftskrisen, S. 22; Judt, Geschichte Europas, S. 400; Nachtwey, Marktsozialdemokratie, S. 95 f. und S. 100.

755 Zur diesbezüglichen Position der PDS-Reformer vgl. PDS (Hrsg.), Parteiprogramm 1990, S. 8 f.; A. Brie, Zur Idee des Sozialismus, S. 22; Guentzel, Modernity Socialism, S. 715.

756 ADS, BT/12.WP-011: Arbeitsgemeinschaft „Wirtschaftspolitik" beim Parteivorstand der PDS, Thesen zur Standortdiskussion [Herbst 1993], S. 9.

757 Ebenda, S. 1, S. 4 und S. 8.

„Gesellschaftsvertrag" statt „Klassenkampf"

Im Kontext dieser Entwicklung muss auch das „Plädoyer für einen neuen Gesellschaftsvertrag" gelesen werden, das Gregor Gysi im Bundestagswahlkampf 1994 als „Ingolstädter Manifest" vorlegte.[758] Dass das Papier nach der oberbayerischen Industriestadt benannt war, deutete das Ziel an, sich mit den eigenen Positionen auch in einem westlichen Industriearbeitermilieu zu verankern.[759] Entsprechend bediente sich der Text der Rhetorik westlich-keynesianischer Wirtschaftspolitik: Als Schlüsselbegriffe fungierten „Markt", „Nachfrage", „Regulation" und „Gestaltung".[760] Aber auch der „aufgeklärte" und „verantwortungsvolle" Unternehmer wurde beschworen und als entscheidend für die Gestaltung einer gerechten Wirtschaftsordnung beschrieben.[761] Die Zukunft könne „nicht in einer staatssozialistischen Zerschlagung der Institutionen des Marktes" liegen, sondern nur in einem „Wandel in der Regulation von Markt, Staat und Zivilgesellschaft", so Gysi.[762]

Mit dieser Motivik und der Forderung nach einem neuen Gesellschaftsvertrag eröffnete der PDS-Spitzenkandidat bewusst eine rhetorische Alternative zum „Klassenkampf" und schloss an Diskussionen innerhalb der westlichen Linken an, die in den 1990er Jahren allenthalben einen „neuen Gesellschaftsvertrag" als Alternative zum sogenannten Neoliberalismus forderten.[763] Dabei schwang stets die idealisierte Vorstellung mit, dass es in den westeuropäischen Nachkriegsjahrzehnten einen erfolgreichen, aber nun aufgekündigten „alten Gesellschaftsvertrag" gegeben habe, eine Art erfolgreichen „Klassenkompromiß".[764] Damit war das gemeint, was nach Jean Fourastié und Eric Hobsbawm auch als „Trente Glorieuses" und als „Golden Age" des westlichen Kapitalismus beschrieben wurde: eine Blütephase des westlichen Konsenskapitalismus, in dem eine vermeintliche Einheit von Demokratie, Wohlstand und Marktwirtschaft erreicht worden sei.[765] Dieses Narrativ nahm auch Gregor Gysi auf:

> „Wo geschichtlich Gewerkschaften, aufgeklärte Unternehmer, Wissenschaftlerinnen und Wissenschaftler [...] und Politikerinnen und Politiker mit humanen Visionen und einem pragmatischen Blick für neue Chancen antraten, konnte in Krisen der Weg in die Armut, die Reaktion und den Krieg versperrt werden. Sozialstaat, soziale Einhegung des kapitalistischen Marktes, New Deal waren einmal erfolgreich gegen den sozial verantwortungslosen Staat, gegen die absolute Macht des Kapitals auf dem Arbeitsmarkt und gegen die Ideologie der Ungestaltbarkeit der Marktwirtschaft angetreten."[766]

---

[758] Gysi, Ingolstädter Manifest; siehe auch Werner, Anmerkungen über Gesellschaftsvertrag.

[759] Vgl. Neugebauer/Reister, PDS und Gewerkschaften, S. 36.

[760] Gysi, Ingolstädter Manifest.

[761] Ebenda, S. 4, S. 8 und S. 11.

[762] Ebenda, S. 4 und S. 11.

[763] Vgl. Fischer, Für einen neuen Gesellschaftsvertrag; aber auch Dahrendorf, Ein neuer Gesellschaftsvertrag.

[764] Deppe, Ein neuer Gesellschaftsvertrag, S. 173; Fischer, Für einen neuen Gesellschaftsvertrag, S. 12.

[765] Vgl. Hobsbawm, Age of Extremes, v. a. S. 281–286; Fourastié, Les Trente glorieuses; dazu Leendertz, Zeitbögen, S. 207–210; Reitmayer, Nach dem Boom, S. 13; Schlemmer, Der diskrete Charme, S. 7; Rödder, 21.0, S. 47 und S. 53.

[766] Gysi, Ingolstädter Manifest, S. 4.

Mit solchen Darlegungen versuchte Gysi, seine Partei darauf einzuschwören, dass Markt und Kapitalismus nicht „stereotyp gleichgesetzt" werden sollten: Den Markt brauche es, um Effizienz und Qualität zu garantieren.[767] Im Konkreten bot er ein „bewährtes Instrumentarium" linker Wirtschaftspolitik an, wie es in den 1970er und 1980er Jahren innerhalb der westlichen Linken und zum Teil darüber hinaus vertreten wurde: „Stimulierung der Massennachfrage", „Übergang zur 35-Stunden-Woche", volkswirtschaftliche „Rahmenplanung", „soziale[r] und ökologische[r] Umbau".[768] Auch die Forderung nach einer „Demokratisierung und Humanisierung der Arbeitswelt", nach „Arbeitszeitverkürzungen", und einer „flexiblere[n] Arbeitszeitgestaltung"[769] nahm klassische Stichworte des bundesrepublikanischen Arbeitsreformdiskurses der 1970er und 1980er Jahre auf, die zum Teil sogar in den Sozialausschüssen der CDU diskutiert worden waren.[770]

Die Wählerschaft im Westen ließ sich davon nicht beeindrucken: Bei der Bundestagswahl 1994 half das Ingolstädter Manifest der PDS nicht, im größeren Stil in westliche Wählermilieus einzudringen. Nur in den Stadtstaaten Hamburg, Bremen sowie im Westen Berlins erreichte die Partei überhaupt mehr als zwei Prozent der Stimmen.[771] Dennoch gingen die Ansätze aus Sicht der Parteiführung in die richtige Richtung und wurden weiterverfolgt: In seinen „10 Thesen" griff der Vorstand der PDS nach der Wahl das Schlagwort vom „neuen Gesellschaftsvertrag" wieder auf und forderte einen sozialen „Reformaufbruch".[772] Das Wahlkampfkonzept der „Reformer" sollte offizielle Parteiposition werden. Vielen kritischen Kräften in der Partei ging diese revisionistische Abkehr vom Marxismus aber zu weit. Der Antikapitalismus der Partei wandle sich zur harmlosen Kapitalismuskritik, so der Vorwurf.[773] Führungsmitglieder der Kommunistischen Plattform hielten die vermeintlichen „Vorteile" der „bürgerlichen Ordnung" für eine reine Chimäre.[774] Und mit dem Marxistischen Forum begründete sich in der Folge eine neue Gruppierung im Kampf gegen die „Aufweichung des Oppositionsverständnisses": Die PDS dürfe sich nicht vom Klassenkampf verabschieden und die Eigentumsfrage zugunsten eines „illusionären Gesellschaftsvertrages" ausklammern.[775] Wenn die Partei die „Kernbestimmung des Sozialismus als Gemeinwirtschaft auf Basis des Gemeineigentums [...] durch einen ethisch bestimmten Sozialismus" ersetze, dann bleibe vom Sozialismus „nur noch das Etikett" übrig. Dann gehe es nicht

---

[767] Gysi, Regierung gibt es genug, S. 89.

[768] Ebenda, S. 90–93.

[769] Ebenda, S. 92 f.; vgl. auch: PDS-Wahlbüro (Hrsg.), Opposition gegen Sozialabbau; ADS, PDS-PV-133: PDS-Parteivorstand/PDS-Linke Liste im Bundestag, Kurswechsel – Ost. Zwei Jahre verfehlte Einheitspolitik korrigieren [Oktober 1992], S. 1 und S. 4.

[770] Vgl. Kipp, Die Forderung; Kleinöder, Humanisierung der Arbeit.

[771] Vgl. Falter/Klein, Die Wähler der PDS bei der Bundestagswahl 1994, S. 23 (Abb. 1) und S. 25 (Abb. 3).

[772] PDS-Parteivorstand, 10 Thesen, S. 211 f..

[773] Vgl. Prinz, Die programmatische Entwicklung, S. 141 f. und S. 159.

[774] Brombacher u. a., Zu Aspekten, [S. 3].

[775] Heuer, Zur Einführung, S. 8.

mehr um Antikapitalismus, sondern nur noch um die Reparatur von „Defiziten" des Kapitalismus, so der Tenor der Partei-Orthodoxie.[776] Diese „Richtungsänderung" aber sei „unbegründet, leichtfertig und gefährlich. [...] Der Weg der Anpassung führt in jedem Fall in die Überflüssigkeit, ins Nichts."[777]

Der parteiinterne Widerstand war so groß, dass der PDS-Vorstand schließlich im Januar 1995 – vorerst – auf den Begriff des Gesellschaftsvertrags verzichten musste. Dennoch setzte er einen Parteitagsbeschluss durch, der die revisionistische Grundlinie stützte und den Begriff der „Liberalität" als Kennzeichen des Sozialismusverständnisses der PDS einführte. Zwar stehe die Partei weiterhin „in prinzipieller Opposition zu den herrschenden gesellschaftlichen Verhältnissen in der Bundesrepublik". Das bedeute aber nicht, „daß wir die existierenden zivilisatorischen, demokratischen und sozialen Errungenschaften der Entwicklung in der Bundesrepublik Deutschland nicht anerkennen und nutzen würden. Im Gegenteil."[778]

Die Verschiebung des wirtschaftspolitischen Konsenses in den 1990er Jahren

Auch wenn Kommunistische Plattform und Marxistisches Forum der Parteiführung eine Anpassung an den kapitalistischen Konsens vorwarfen, so war das nur die halbe Wahrheit. Denn mit dem „Modell Deutschland" entdeckte sie einen Konsens, der Mitte der neunziger Jahre längst keiner mehr war. Vielmehr war das sozial-ökonomische Modell der Bundesrepublik für viele in eine schwere Krise geraten.[779] Veränderte Anforderungsprofile am Arbeitsmarkt und eine weiter ansteigende Sockelarbeitslosigkeit, wachsende Staatsschulden und vor allem die zunehmende ökonomische Globalisierung lenkten die wirtschaftspolitische Debatte in der Bundesrepublik in Richtung eines Krisen- und Reformdiskurses. Nicht zuletzt die kapitalistischen Transformationen im postsozialistischen Europa spielten hierbei eine wichtige Rolle, da sie aus zeitgenössischer Sicht Druck auf die westlichen Wohlfahrtsstaaten ausübten, sich ihrerseits anzupassen. Nicht nur Bundeskanzler Kohl sah mit den Wirtschaftsreformen in Ostmitteleuropa „neue attraktive Standorte entstehen", mit denen Deutschland nur mithalten könne, wenn es „überfällige Korrekturen" an seinem Sozialstaats- und Wirtschaftsmodell vornehme. Schließlich lasse sich Deutschland „nicht als kollektiver Freizeitpark organisieren".[780] In der politischen Öffentlichkeit entstand eine Grundsatzdebatte über

---

[776] Jung, Heinz, Marktwirtschaftliche Moderne oder kapitalistische Klassengesellschaft, S. 16.

[777] In großer Sorge. In: Neues Deutschland, 18.5.1995. Auch dokumentiert in: Marxistisches Forum, In großer Sorge, S. 13.

[778] Sozialismus ist Weg, Methode, Wertorientierung und Ziel. Beschluß des 4. Parteitags der PDS. Dokumentiert in: Disput, H. 3–4, 1995, S. 26–28, hier S. 27.

[779] Vgl. Grebing, Geschichte der deutschen Arbeiterbewegung, S. 243; Glaab/Sesselmeier, Experimentierfeld Deutschland, S. 25.

[780] Dt. Bundestag, Plenarprotokoll 12/149 (25.3.1993), S. 12726f. (Rede H. Kohl).

die Bedeutung von Wirtschaft und Unternehmertum, den „Standort Deutschland" und die Reformen, die nötig wären, um die „Wettbewerbsfähigkeit" der Bundesrepublik in einer globalisierten Welt zu erhalten.[781]

In dieser Auseinandersetzung, die quer durch alle gesellschaftlichen Gruppen ging, standen sich zwei Positionen gegenüber, wie sie prototypisch durch den DGB-Chef Dieter Schulte und seine Stellvertreterin Ursula Engelen-Kefer vertreten wurden: Auf der einen Seite standen die „Modernisierer", die wie Schulte eine Anpassung an die „veränderten globalen Rahmenbedingungen" forderten.[782] Mit der Globalisierung schwänden die Möglichkeiten der Nationalstaaten, „Konjunkturen zu steuern", und werde „nationalstaatliche Beschäftigungspolitik allein wirkungslos".[783] Da zudem „Verteilungsspielräume enger und Verteilungskämpfe härter" würden, müssten die „Ressourcen des Sozialstaats durch Prävention geschont, Leistungen effizienter erbracht und Teilhaberechte neu definiert werden", so Schulte Anfang 1996.[784] Auch die von der DGB-Grundsatzabteilung 1995 veröffentlichten Programmthesen beriefen sich auf die „Standortkonkurrenz" und warnten vor einem Verlust nationaler „Wettbewerbsfähigkeit" durch übermäßige sozialstaatliche Arrangements.[785] Für die Anhänger dieses „Modernisierungs"-Kurses galt nicht nur der Sozialismus, sondern auch das westliche „Investitionslenkungsmodell der siebziger Jahre" als gescheitert, wie der Leiter der DGB-Grundsatzabteilung Friedel Heße 1996 formulierte.[786] Seine Anhänger galten als „Traditionalisten […] mit überholtem Vokabular"[787] und ihre linkskeynesianischen Positionen als Gefahr für die bundesdeutsche „Reformpolitik"[788] und für die „internationale Wettbewerbsfähigkeit des Standortes Deutschland".[789]

Auf der anderen Seite stand Schultes Stellvertreterin im DGB-Vorsitz, Ursula Engelen-Kefer, repräsentativ für jene, die den neuen Kurs ablehnten und an einer keynesianischen Wirtschaftspolitik festhielten. Sie sprachen sich für eine stärkere Binnenmarktorientierung, steuerliche Umverteilung, eine Verkürzung der Regelarbeitszeit sowie eine „Ausweitung und Verstetigung öffentlich geförderter Beschäftigung" zur Bekämpfung der Massenarbeitslosigkeit aus.[790] Zugleich kritisierten sie „Verbeugungen vor dem vorherrschenden neoliberalen Diskurs der ‚Standortsicherung', des ‚Sozialleistungsmißbrauchs' und des ‚schlanken Staates'"[791] und sie warn-

---

781 Vgl. Meteling, Nationale Standortsemantiken, S. 208.

782 Schulte, Reformjahr 1996 – ein Ausblick, S. 9.

783 Ebenda, S. 7.

784 Ebenda, S. 9. Siehe dazu auch DGB-Grundsatzabteilung (Hrsg.), Thesen zur programmatischen Debatte.

785 Vgl. DGB-Grundsatzabteilung (Hrsg.), Thesen zur programmatischen Debatte, S. 88 und S. 91 f.

786 Heße, Zukunftsvisionen, S. 514.

787 Wunder, Das Dilemma eines neuen Grundsatzprogramms, S. 504.

788 J. Walter, Zusammenarbeit mit der PDS, S. 3 f.

789 Meier, PDS und Verfassung, S. 17.

790 Engelen-Kefer, Weiterentwicklung und Reform, S. 117 und S. 123 f.

791 Fichter u. a., Programm der Beliebigkeit, S. 255; als Antwort darauf siehe Uellenberg-van Dawen, Stärkt den DGB.

ten vor einem Angriff auf die Soziale Marktwirtschaft und vor dem Gang „in eine andere Republik".[792]

An dieser Stelle erkannte die PDS-Führung die Gelegenheit, sich in die Diskussion einzuschalten. In einer Stellungnahme zu den DGB-Programmthesen kritisierte der PDS-Vorstand die „Modernisierer" von einer klassisch keynesianischen Position aus und forderte den DGB dazu auf, sich mehr „für eine Stärkung des Binnenmarktes" einzusetzen, statt die „neokonservative Argumentation" von Wirtschaft und Bundesregierung zu übernehmen.[793] Mit diesen Positionen gerierte sich die PDS weniger als antiwestliche Antisystempartei, denn als Verteidigerin des westlichen Konsenskapitalismus gegen jedes „neokonservative Umbaukonzept".[794] Lothar Bisky sprach davon, den „von den Gewerkschaften erkämpften Klassenkompromiß" zu verteidigen und die „neokonservativen Konzeptionen der Systemveränderung" abzuwehren.[795] Und Gregor Gysi warnte explizit vor einem „Systembruch" von rechts:

„Nach dem Ende des Systemgegensatzes scheinen die Herrschenden entschlossen, nun auch der Sozialstaatlichkeit ein Ende zu setzen. Die Politik der Bundesrepublik zielt auf einen Bruch mit dem sozialstaatlich regulierten Kapitalismus und führt in eine andere Republik."[796]

„Den Marsch in eine andere Republik stoppen" – jahrelang als Schlagwort gegen die Partei benutzt[797] – wurde nun zum Motto der PDS selbst.[798]

Parteipolitische Reaktionen

Dass sich die PDS damit auf neues Terrain begab, blieb in einer linksliberalen und gewerkschaftsnahen Teilöffentlichkeit nicht unbemerkt: Die PDS besetze Positionen, „die die Sozialdemokraten geräumt haben", ließ sich der Bremer Ökonom Rudolf Hickel bereits im Juli 1994 zitieren.[799] Das trug aber nicht eben dazu bei, ihre Überzeugungskraft in der breiten Öffentlichkeit zu mehren. Im Gegenteil:

---

[792] N. Reuter, Wirtschaftspolitik zwischen Binnen- und Weltmarkt, S. 389.

[793] PDS-Parteivorstand, Stellungnahme zu den Thesen, S. 102 und S. 104.

[794] Ebenda, S. 98.

[795] ADS, BT/13.WP-005: Lothar Bisky, Stellungnahme zum Entwurf eines neuen DGB-Grundsatzprogramms (Entwurf für den Parteivorstand). 5. 5. 1996, S. 6.

[796] Gysi, Für eine soziale und solidarische Gesellschaft, S. 1.

[797] ACDP, CDU/CSU-Fraktion, 13. WP, 08-013-008/1: Protokoll der Fraktionssitzung am 18. 10. 1994, S. 24 (Wortbeitrag H. Kohl); ACDP, CDU-LV ST, 03-058-009/2: Konferenz der Vorsitzenden der CDU-Fraktionen in den Landtagen der Neuen Länder. Wörlitz, 18. 3. 1996, S. 2; Wir brauchen keine andere Republik. Berliner Erklärung. Dokumentiert in: Die Tageszeitung, 20. 1. 1997; Bundesministerium des Innern (Hrsg.), Verfassungsschutzbericht 1998, S. 126; Glos: CDU gegenüber PDS wie „Kaninchen vor der Schlange". In: Welt am Sonntag, 28. 1. 1996; Mit der PDS koalieren? In: Die Woche, 22. 5. 1998; PDS will die Rentenreform zusammen mit der CDU verhindern. In: Die Welt, 7. 11. 2000.

[798] Gabriele Zimmer, Für einen politischen Richtungswechsel. Aus dem Referat der Landesvorsitzenden auf dem Landesparteitag der PDS Thüringen. Weimar 14./15. 12. 1996. In: PDS-Pressedienst, 10. 1. 1997.

[799] Rudolf Hickel, zit. n. Ralf Neubauer, Die Realos übernehmen. In: Die Zeit, 15. 7. 1994.

Dass die „SED-Nachfolgepartei" solche Positionen übernahm, zeigte aus Sicht vieler, wie überholt sie waren – und dass sich die PDS wiederum überholter Rezepte bediente, bestätigte ihr Image als reaktionäre Kraft der Staatswirtschaft. Mit Voranschreiten des Reformdiskurses galten Instrumente staatlicher Umverteilung und Regulierung zunehmend als Relikte sozialistischen Denkens, die „kaum in eine Marktwirtschaft" passten: PDS-Forderungen nach Mietpreisbindungen, öffentlich geförderter Beschäftigung, nach Investitionslenkung und Vermögensbesteuerung galten Mitte der 1990er Jahre vielen als Beleg, dass in der Partei noch immer der „Glaube an den allmächtigen Staat" vorherrschend sei, wie Ralf Neubauer in der „Zeit" kritisierte.[800]

Dies war auch das beherrschende Thema in der sachpolitischen Auseinandersetzung mit der PDS, die nun in der ostdeutschen CDU geführt wurde. Statt die Abgrenzung über die Demokratiefrage zu suchen, wie das die Bundesführung der Union tat, ging es den ostdeutschen Landesverbänden primär darum, die wirtschaftspolitischen Vorstellungen der PDS als „populistisch" und „demagogisch" zu entlarven, weil sie den Staat mit übermäßigen Kosten und unbezahlbaren Forderungen überlasteten, wie der parlamentarische Geschäftsführer der Schweriner CDU-Landtagsfraktion Lorenz Caffier im Februar 1997 analysierte.[801] Die Vorstellung, der Staat könne im Sinne des Gemeinwohls regulierend in Wirtschaftsprozesse eingreifen, sei „obsolet" und bereits in der Vergangenheit gescheitert – und zwar nicht nur im Realsozialismus der DDR, sondern auch im Konsenskapitalismus Schwedens. Wer wie die PDS so tue, als seien in der Marktwirtschaft „spekulative Bewegungen" prägend und als würden Risiken sozialisiert, offenbare „Verständnisdefizite" und handle „bewußt populistisch". Ein solches wirtschaftspolitisches Denken sei fern von jedem realistischen Verständnis von Kapitalmärkten am Ausgang des 20. Jahrhunderts und Ausdruck ideologischer „Regulierungssucht".[802] In ähnlicher Weise kritisierte auch der sächsische Ministerpräsident Kurt Biedenkopf, die Vorstellungen der PDS überforderten den freiheitlichen Staat: „Ich habe noch niemanden aus der PDS gehört, der an die Bürger appelliert hat, die Probleme selbst zu lösen."[803] Was sich hier abzeichnete, war eine Kritik an der PDS von einer weniger antitotalitären als wohlfahrtsstaatskritischen Position aus, wie sie in der CDU der 1990er Jahre auf dem Vormarsch war.[804]

---

[800] Ebenda.
[801] ADS, PDS-LV MV, Alt-Sign. 2008-XVII-338: Lorenz Caffier, PDS will allgegenwärtigen Staat wieder reaktivieren. Presseinformation der CDU-Fraktion im Landtag Mecklenburg-Vorpommern 26/1997, 14. 2. 1997, Anlage: Bewertung Antrag an den 4. Landesparteitag der PDS „Für eine andere Wirtschafts- und Beschäftigungspolitik in Mecklenburg-Vorpommern", eingereicht durch den Landesvorstand der PDS.
[802] Ebenda.
[803] Kurt Biedenkopf, zit. n. Kurt Biedenkopf, Manfred Stolpe, Wolfgang Thierse, Christoph Bergner zum Umgang mit der PDS nach deren Erfolgen bei der Berliner Abgeordnetenhauswahl (Statements im Rahmen eiens Berichts von Johann Michael Möller und Klaus Brodbeck über die PDS in Ost-Berlin). ZDF-Frontal, 1. 11. 1995. In: Fernseh- und Hörfunkspiegel, 2. 11. 1995.
[804] Vgl. auch CDU-Fraktion im Landtag Mecklenburg-Vorpommern (Hrsg.), Identitätsgewinn im Aufbau Ost, v. a. S. 7 f. und S. 28.

Ähnliche Positionen wurden auch von vielen Grünen vertreten. Dort sah man die PDS von jeher als „traditionelle Wachstumspartei linkssozialdemokratischer Variante",[805] die einem gescheiterten keynesianischen „Verteilungssozialismus" anhänge.[806] Ein solcher wohlfahrtsstaatlicher „Neo-Paternalismus" sei insbesondere im ostdeutschen Transformationsprozess schädlich, weil er „die in der DDR gewachsene Haltung des Versorgt-Werden-Wollens" reproduziere, wie Marianne Birthler argumentierte.[807] Die von der PDS vertretenen Rezepte seien die „Mittel der Vergangenheit", so Gerhard Wien und Martin Berger: „etatistisch", „staatssozialistisch" und „protektionistisch" – und daher „nicht vereinbar mit dem emanzipatorischen und ökologischen Ansatz von Bündnis 90/Die Grünen".[808]

Aber nicht nur am wirtschaftsliberalen Flügel der CDU und bei Teilen der postfordistischen Grünen, sondern bis weit hinein in die Sozialdemokratie galten staatliche Regulierungs- und Umverteilungsforderungen – obwohl auch vom linken SPD-Flügel erhoben –, als „unzeitgemäß-niveaulos" und als „klassenkämpferische" Position von gestern, wie der SPD-Vorstandsmitarbeiter Klaus-Jürgen Scherer argumentierte.[809] Dass die PDS mit ihrem „Ringen um ‚Transformation', direkte Demokratie, Umverteilung und auf den Staat orientierten Lösungen eher an Juso- und SPD-Parteitage der frühen siebziger Jahre" erinnere,[810] war daher nicht als Kompliment an die Adresse der PDS gemeint, sondern galt als Ausweis einer ewiggestrigen „Realitätsverweigerung".[811] Scherer sah die „Gefahr, in einem sozialdemokratischen Traditionalismus von Anfang der 1970er Jahre zu verharren". Es möge zwar schwerfallen, „zehn Jahre nach dem Systemwechsel nicht endlich am Status Quo festhalten zu können. Aber wir befinden uns mitten in einer Zeitenwende."[812]

Vor diesem Hintergrund wurde der argumentative Kampf gegen die PDS auf der politischen Linken und in Gewerkschaftskreisen zunehmend als Auseinander-

---

[805] AGG, A – Fischer, Joschka, 162: Austritte bzw. Übertritte von Mitgliedern der GRÜNEN zur PDS. Die Grünen, Pressedienst Nr. 182/90, 11. 9. 1990.

[806] AGG, B.I.3 – BuVo/BGSt, Bundesvorstand [122]: Renate Damus, Entwurf einer Stellungnahme des Bundesvorstandes, die als Brief an alle MitgliederInnen der grünen Partei verschickt wird. Die Wahlniederlage und die Suche nach den Grünen: Zur Zukunft der Partei DIE GRÜNEN und was wir deshalb wie ändern müssen. [Anlage zum Protokoll der BuVo-Sitzung, 17./18.12.90.

[807] AGG, B.I.10 BuVo/BGSt, [1023]: Marianne Birthler, Zum Verhältnis von Bündnis 90/Die Grünen zur PDS. Thesen, 25. 4. 1994, S. 3; vgl. auch Hofmann, Auf dem Weg in ein neues Bündnis?, S. 31.

[808] AGG, B.I.10 – BuVo/BGSt, [1023]: Gerhard Wien/Martin Berger, Thesen zur PDS. Erfurt, 21. 4. 1994, S. 1 f.

[809] AdsD, Dep. Thierse, 1/WTAA001657: Klaus-Jürgen Scherer, Vermerk betr. 5. Parteitag der PDS, 3.–5. 4. 1998 in Rostock. Berlin, 5. 4. 1998, S. 2.

[810] AdsD, SPD LV MV, 3/MVAB000125: Klaus-Jürgen Scherer, Die 2. Tagung des 4. Parteitages der PDS 27./28. 1. 1996 in Magdeburg. Eine erste Einschätzung. Vermerk für Franz Müntefering über Bernd Schoppe, 29. 1. 1996, S. 4.

[811] AdsD, SPD-LV MV, 3/MVAB000636: Klaus-Jürgen Scherer, Einschätzung des Programms der PDS zur Bundestagswahl 1998. Berlin, 27. 1. 1998.

[812] K.-J. Scherer, Kann Politik die ostdeutschen Erwartungshaltungen erfüllen?, S. 55 f.

setzung der „Modernisierer" mit den „Traditionalisten" um die richtige Antwort auf Globalisierung und Arbeitslosigkeit geführt: Die Forderung nach einem öffentlichen Beschäftigungssektor, die PDS und SPD-Linke teilten,[813] wurde von anderen Sozialdemokraten als „Nordkorea mit etwas Zivilgesellschaft" bezeichnet.[814] Der sächsische Bundestagsabgeordnete Rolf Schwanitz sah in der von vielen Linken geforderten Aufnahme eines Grundrechts auf Arbeit und Wohnung in das Grundgesetz einen Weg zur „postkommunistischen Zwangswirtschaft",[815] und auch ein Sozialdemokrat wie Reinhard Höppner, der selbst mit PDS-Tolerierung regierte, stand den wirtschaftspolitischen Rezepten seines inoffiziellen Regierungspartners äußerst kritisch gegenüber: Dessen Forderung nach gesetzlichen Mietpreisbindungen habe „mit marktwirtschaftlichen Verhältnissen nichts zu tun": „Ich denke, daß da die Bevormundung des Bürgers durch den Staat an vielen Stellen bei der PDS doch noch durchkommt."[816]

Selbst die PDS blieb gegenüber jenem Reformdiskurs nicht immun, der sich Mitte der 1990er Jahre als neuer Konsens einstellte. So gründete sich 1996 eine „Arbeitsgruppe zur Vorbereitung der Mittelständischen Konferenz der PDS Sachsens", deren Forderungen nahtlos an den hegemonialen Reform- und Standortdiskurs dieser Jahre anknüpften.[817] In einem im Mai 1996 vorgelegten Thesenpapier forderte die Arbeitsgruppe explizit „schmerzhafte Reformen", einen „Kurs der sozialen Marktwirtschaft" und eine „Verbesserung der Wettbewerbsfähigkeit der einheimischen Unternehmen". Dafür müssten die „Belastung mit Steuern, Sozialkosten und Bürokratieüberwälzungen" für den Mittelstand gesenkt, von „starren Tarifmodellen" Abschied genommen und auch solche Vereinbarungen zwischen Arbeitgebern und Arbeitsuchenden ermöglicht werden, die vom Tarifvertrag abwichen. Selbst vor der Forderung eines Niedriglohnsektors und umfassender Arbeitszeit-Flexibilisierungen machte das Papier nicht Halt, um zusätzliche Beschäftigung zu schaffen und die Kapazitäten der Unternehmen „marktgerechter nutzen" zu können.[818] Die „Berliner Zeitung" kommentierte, das Papier stelle „[a]lle Errungenschaften des Sozialstaates [...] zur Disposition".[819] Wären nicht zugleich auch der Unterschied „zwischen Großunternehmen und KMU" betont

---

813 AdsD, SPD-LTF MV, 2. WP, Klausurtagungen 1995–1996: Warener Kreis, Für eine Offensive der Sozialdemokratie in Mecklenburg-Vorpommern. Waren (Müritz), August 1996, S. 4; ebenda: Gottfried Timm, Standort und Strategie der SPD in Mecklenburg-Vorpommern – ein Thesen- und Diskussionspapier. August 1996, S. 8. In der SPD wurde dabei typischerweise vom „öffentlich geförderten Arbeitsmarkt" gesprochen.
814 AdsD, Dep. Thierse, 1/WTAA001657: Klaus-Jürgen Scherer, Vermerk betr. 5. Parteitag der PDS, 3.–5. 4. 1998 in Rostock. Berlin, 5. 4. 1998, S. 2.
815 Schwanitz/Widmaier, Die PDS, S. 55.
816 Reinhard Höppner zum Parteitag der PDS. In: DLF Informationen am Morgen, 30. 1. 1995, zit. n. Fernseh-/Hörfunkspiegel Inland II, 30. 1. 1995, S. 3 f., Zitat S. 3.
817 ADS, PDS-LV MV, Alt-Sign. 2008-XVII-377: AG zur Vorbereitung der Mittelständischen Konferenz der PDS Sachsens, Thesen zur Mittelstandskonferenz [am 31. 5. 1996] der PDS in Sachsen, undatiert.
818 Ebenda.
819 Christoph Seils, Postsozialistische Selfmade-Kapitalisten. In: Berliner Zeitung, 22. 6. 1996.

und das „Großkapital" angeprangert worden, dann hätte das Thesenpapier auch aus der Feder der Liberalen stammen können.[820]

5.3 Teil einer Bewegung? Linke Netzwerkbildung

In der Gesamt-PDS blieben solche Forderungen Seltenheit, auch wenn es Annäherungen an den als neoliberal kritisierten Reformdiskurs in den Folgejahren vermehrt auch innerhalb der Partei gab, wie noch zu zeigen sein wird.[821] Einstweilen aber sah sich die PDS als Gegenkraft zu diesen Tendenzen und als solche bot sie mit ihren wirtschaftspolitischen Positionen zunehmend Anknüpfungspunkte für all jene in DGB, SPD und Bündnis 90/Die Grünen, die sich innerhalb der gesamtdeutschen Debatte majorisiert fühlten. Viele von ihnen suchten Kontakt zur PDS und sahen in ihr schon bald eine Bündnispartnerin im Kampf gegen das, was sie als „neoliberale Hegemonie" verstanden.

Linke Kontaktpolitik

Die linksozialdemokratische Zeitschrift „spw" hatte sich bereits 1990 aktiv und ausführlich mit der PDS auseinandergesetzt und gehörte wesentlich zu den Unterstützern einer rot-rot-grünen Perspektive. Über deren Herausgeber Thomas Westphal, der von 1993 bis 1995 zugleich als Juso-Vorsitzender fungierte, intensivierten sich auch die Kontakte zur SPD-Jugend.[822] Bereits seit 1995 hatte sich fern der großen Öffentlichkeit ein sogenannter Crossover-Prozeß als Diskussionsforum von Mitgliedern des linken SPD-Flügels, der Grünen und der PDS herausgebildet, das von den parteinahen Theoriezeitschriften „spw", „Andere Zeiten" und „Utopie kreativ" getragen wurde. Zum Teilnehmerkreis gehörten neben André Brie und seinem Bruder Michael, Dieter Klein, Horst Dietzel und Wolfgang Gehrcke von der PDS auch die spätere Bundesvorsitzende der Grünen, Claudia Roth, die spätere sozialdemokratische Bundesministerin Edelgard Bulmahn und der Sprecher des „Frankfurter Kreises" der SPD-Linken, Detlev von Larcher. Um das gemeinsame Ziel zu erreichen, dem „Neoliberalismus" einen „ökologisch-solidarischen New Deal" entgegenzustellen, strebte das Crossover-Netzwerk die „Formierung

---

820 ADS, PDS-LV MV, Alt-Sign. 2008-XVII-377: AG zur Vorbereitung der Mittelständischen Konferenz der PDS Sachsens, Thesen zur Mittelstandskonferenz [am 31. 5. 1996] der PDS in Sachsen, undatiert. Ähnliche Positionen wurden auch von der PDS-nahen Mittelstandsvereinigung OWUS vertreten, die für eine Senkung der Lohnnebenkosten und wirksame Steuerentlastungen eintrat (vgl. Bortfeldt, Die PDS: Auf dem Weg an die Macht?, S. 283).

821 Vgl. den Wahlkampf in Berlin 2001 (Kapitel VI.4.2).

822 So organisierten „spw" und Jusos am 12. 6. 1997 gemeinsam eine Veranstaltung „Politikwechsel in Deutschland 98", zu deren geladenen Gästen ein Jahr vor der Bundestgswahl auch Gregor Gysi gehörte (vgl. Moreau u. a., Die PDS: Profil, S. 31).

eines fortschrittlichen Reformbündnisses" an, wie es der Koordinierungskreis formulierte.[823]

Parallel dazu bildeten sich am linken Flügel der SPD nach und nach Vereinigungen und Gesprächskreise, die eine dezidiert linkssozialdemokratische Agenda mit der bündnisstrategischen Forderung verbanden, sich gegenüber der PDS zu öffnen. Jetzt wurde die PDS-Frage in der SPD tatsächlich zu einer programmatischen Richtungsfrage. So gründete sich Anfang 1995 der „Warener Kreis" der SPD-Linken in Mecklenburg-Vorpommern, unterstützt durch prominente Bundespolitiker wie Detlev von Larcher und Eckart Kuhlwein von der Parlamentarischen Linken der Bundestagsfraktion.[824] Übergeordnetes Ziel des Warener Kreises war es, dem Berliner Programm der SPD in der Realpolitik Geltung zu verschaffen.[825] Um das durchzusetzen, sollte auch mit der PDS zusammengearbeitet werden:

„Für uns ist die PDS eine sozialistische Regionalpartei links von der SPD, die sich den Reformkräften zur Unterstützung anbietet. [...] Wir sind davon überzeugt, daß sich der Reformflügel in der PDS durchsetzen wird und wir diesen Prozeß der Demokratisierung der PDS durch Einbinden in Verantwortung fördern müssen."[826]

Auch nahmen nun häufiger Vertreterinnen und Vertreter der sozialdemokratischen und gewerkschaftlichen Linken aus dem Westen Einladungen aus der Bundestagsgruppe der PDS an, um über Themen der wirtschafts- und sozialpolitischen Zukunftsgestaltung zu diskutieren. Zu den Gästen gehörten der ehemalige sozialdemokratische Chefökonom der „Kreditanstalt für Wiederaufbau" (KfW) und langjährige Ministerialdirektor im Bundeswirtschaftsministerium, Wilhelm Hankel, sowie die Vorsitzenden der IG Medien, Detlef Hensche, und der IG Bauen-Agrar-Umwelt, Klaus Wiesehügel, die über wirtschafts- und gewerkschaftspolitische Themen sprachen.[827] Der gewerkschaftspolitische Sprecher der PDS, Harald Werner, konstatierte daher Ende 1996, dass sich „unsere Kontakte zu den Gewerkschaftsvorständen auf allen Ebenen ausgeweitet und vertieft haben".[828]

Die Erfurter Erklärung 1997

Sichtbarster Ausdruck eines sich verändernden Standings der PDS innerhalb der gesamtdeutschen Linken war die sogenannte Erfurter Erklärung, die am 9. Januar

---

[823] Crossover (Hrsg.), Zur Politik zurück (Zitate Vorwort, S. 8); Crossover, Für einen radikalreformerischen Neuanfang. Konferenz der Zeitschriften „Andere Zeiten", „spw", „Utopie kreativ". In: PDS-Pressdienst, 8. 12. 1995; vgl. Moreau u. a., Die PDS: Profil, S. 28 f.; vgl. auch Hübner/Strohschneider, Lafontaines Linke, S. 54; Strohschneider, Linke Mehrheit?, S. 17–20; Meuche-Mäker, Die PDS im Westen, S. 24 f.

[824] Vgl. AdsD, SPD-KV Wismar, 3/MVWI000029: Protokoll der Sitzung der Kreisgeschäftsführer der SPD Mecklenburg-Vorpommern am 22. 2. 1995, S. 5; ADS, PDS-LV MV, Alt.Sign. 2008-XVII-72: Grundsätze der Sozialdemokratischen Linken in Mecklenburg-Vorpommern. Thesen des Warener Kreises. Ludwigslust, 21. 10. 1995, S. 1.

[825] Ebenda, S. 3.

[826] Ebenda.

[827] ADS, BT/13.WP-021: Protokoll der 1. Sitzung der Abgeordnetengruppe am 14. 1. 1997; vgl. Moreau u. a., Die PDS: Profil, S. 134.

[828] ADS, BT/13.WP-021: Protokoll der Fraktionssitzung der PDS-Bundestagsgruppe am 3. 12. 1996, S. 7 (Bericht H. Werner).

1997 auf zwei Pressekonferenzen in Berlin und Erfurt vorgestellt wurde.[829] Die von 37 west- und ostdeutschen Persönlichkeiten aus Politik, Kunst und Wissenschaft unterzeichnete Erklärung formulierte einen scharfen und emphatischen Angriff auf die Regierung Kohl und auf die „Einfluß-Reichen" in der Bundesrepublik. Ihnen wurde vorgeworfen, einen „Kalte[n] Krieg gegen den Sozialstaat" zu führen und die Einheit für den „massivsten Umverteilungsprozeß von unten nach oben seit Bestehen der Bundesrepublik" zu missbrauchen. Als Gegenmodell wurden traditionelle Forderungen der alt-bundesrepublikanischen Linken aufgegriffen: Von einer Verkürzung der Arbeitszeit über eine ökologische Steuerreform bis hin zu Steuererhöhungen für größere Vermögen, Erbschaften und Spekulationsgewinne.[830] Was die Erklärung aber für die PDS und ihre Integrationsbemühungen so wichtig machte, war weniger ihr Inhalt als die Tatsache, dass sie im Text explizit als Bestandteil eines linken Lagers angesprochen wurde, das bei der Bundestagswahl 1998 einen Macht- und Politikwechsel herbeiführen sollte: Es dürfe kein „Nichtberührungsgebot" geben.[831]

Wer die Erklärung unterzeichnete, ergriff also offen Partei für ein Bündnis mit der PDS. Das taten einige einflussreiche Gewerkschaftsrepräsentanten wie der Thüringer DGB-Landesvorsitzende Frank Spieth, IG-Metall-Vorstand Horst Schmitthenner, GdED-Bezirksvorstand Matthias Freitag und der GHK-Bundesvorsitzende Gisbert Schlemmer.[832] Zu den Initiatorinnen und Erstunterzeichnern gehörten zudem frühere DDR-Oppositionelle wie Friedrich Schorlemmer, Edelbert Richter, Daniela Dahn und der letzte DDR-Kulturminister Herbert Schirmer sowie Intellektuelle, Künstler und Wissenschaftler aus beiden Teilen der Republik wie Günter Grass, Frank Castorf, Elmar Altvater, Stefan Heym, Walter Jens, Peter von Oertzen, Ulrich Plenzdorf und Eckart Spoo.[833] Symbolisch wurde die Erfurter Erklärung daher auch in eine ost-westliche Tradition zivilgesellschaftlichen Widerstands gestellt, der die „Erfahrung von 1968" und den „Geist von 1989" verbinden sollte.[834] Dessen ungeachtet atmete die Erklärung vor allem die Luft der altbundesrepublikanischen Linken, war „in ihrem Kern ein zutiefst linkssozialdemokratisches bzw.

---

[829] Bis hierher und nicht weiter! Erfurter Erklärung. Erfurt/Berlin, 9.1.1997. Dokumentiert in: Die Tageszeitung, 10.1.1997; siehe dazu D'Antonio, Letzter Kampf; Hubble, The PDS in Erfurt.

[830] Bis hierher und nicht weiter! Erfurter Erklärung. Erfurt/Berlin, 9.1.1997. Dokumentiert in: Die Tageszeitung, 10.1.1997.

[831] Ebenda.

[832] Vgl. D'Antonio, Letzter Kampf, S. 357 f. Laut Patrick Moreau (alias Peter Christian Segall) gehörten zu den Unterzeichnerinnen und Unterzeichnern zudem die Vorsitzenden der IG Medien, Detlef Hensche, der GEW, Eva-Maria Stange, und der HBV, Monika Mönig-Raane, sowie mehrere Landesvorsitzende der HBV und der IG Medien aus West- wie auch aus Ostdeutschland. Demnach machten die von ihnen vertretenen Gewerkschaften zu dieser Zeit etwa 1,5 der 8,5 DGB-Mitglieder aus (Segall, „Transmissionsriemen" der Postkommunisten?, S. 20 f. und S. 28).

[833] Vgl. D'Antonio, Letzter Kampf, S. 357 f.

[834] Bis hierher und nicht weiter! Erfurter Erklärung. Erfurt/Berlin, 9.1.1997. Dokumentiert in: Die Tageszeitung, 10.1.1997.

alternativ-friedensbewegtes Projekt aus der zu Ende gehenden Bonner Ära", so der Politikwissenschaftler Oliver d'Antonio.[835]

Angesichts der Bedeutung für die Integrationsbemühungen der PDS-Führung fällt auf, dass die Partei im Initiatorenkreis nicht vertreten war – mit Ausnahme des parteilosen Bundestagsabgeordneten Gerhard Zwerenz und des früheren PDS-Abgeordneten Stefan Heym, die beide als Schriftsteller und nicht als Parteipolitiker unterzeichneten. Dennoch gab es Verbindungen: Als Kontaktadresse war der Erfurter „Kulturverein Mauernbrechen e.V." benannt, dem der Thüringer Landesvorsitzende der Gewerkschaft „Handel, Banken und Versicherungen" (HBV) Bodo Ramelow vorsaß.[836] Der damals parteilose Ramelow war 1990 von Mittelhessen nach Thüringen gewechselt und dort Landesvorsitzender seiner Gewerkschaft geworden. Seit Mitte der neunziger Jahre bewegte er sich im PDS-Umfeld, zog für diese 1999 in den Thüringer Landtag ein und wurde 2014 schließlich als erster Linkspartei-Politiker Ministerpräsident eines deutschen Bundeslandes.[837] Dass an der Entstehung der Erfurter Erklärung auch führende Vorstandsmitglieder der PDS beteiligt waren, galt schon damals als offenes Geheimnis.[838] Deren Interesse an dem Projekt zeigte sich dann auch in zahlreichen Podiumsdiskussionen und Folgekampagnen, an denen Führungsmitglieder der Partei wie André Brie teilnahmen. Zudem durfte Ramelow die Erfurter Erklärung auf dem Schweriner PDS-Parteitag im Januar 1997 persönlich vorstellen.[839] Für Petra Pau galt Erfurt dann auch als „Basis für eine weitere Vertiefung der Kontakte zu Kirchen, Gewerkschaften etc.".[840]

Die Ziele der Erfurter Erklärung gingen in den öffentlichen Debatten dann weitgehend unter und das dominierende Thema in Medien und Parteipolitik war die Rolle der PDS. Kritik kam dabei nicht nur von Helmut Kohl, der „eklatante Vaterlandsverräter" am Werk sah und zum Gegenangriff aufrief.[841] Wer den Aufruf unterzeichnete, hatte sich aus Unionssicht durch seine Assoziation mit der PDS diskreditiert, wie eine Broschüre der ostdeutschen CDU-Landesverbände darlegte: Für sich betrachtet seien die „links-keynesianisch" einzuordnenden Forderungen der Erklärung zwar akzeptabel, durch den „Kontext der Kampagne" aber, die den Autoren als „Tarnunternehmen" der PDS galt, erhielten sie eine „systemüberwindende" Gesamtqualität.[842] Die Erklärung wurde daher als Versuch einer „Kon-

---

835 D'Antonio, Letzter Kampf, S. 369.

836 Vgl. D'Antonio, Letzter Kampf, S. 357.

837 Zum Werdegang Ramelows, Vorwürfen der DKP-Nähe in den 1980er Jahren und seiner Auseinandersetzung mit dem Verfassungsschutz siehe Segall, „Transmissionsriemen" der Postkommunisten?, S. 23; Wogawa, Die Akte Ramelow.

838 Vgl. Ditfurth, Ostalgie, S. 223; dies bestätigte auch André Brie im Gespräch mit dem Autor, 16. 3. 2017.

839 Siehe hierzu Ditfurth, Ostalgie, S. 223–226.

840 ADS, BT/13.WP-010: Protokoll der Fraktionssitzung, 24. 2. 1997, TOP Öffentlichkeitsarbeit, S. 8.

841 Kohl, Berichte zur Lage 1989–1998, S. 820 f.; zur Kritik ausführlich: Spoo, Für eine soziale Demokratie.

842 Moreau u. a., Verdeckte Verführung, S. 17 und S. 24.

terrevolution"[843] und als „Weg zu einer anderen Republik"[844] interpretiert. So sahen das auch die früheren DDR-Oppositionellen Ehrhart Neubert und Vera Lengsfeld, die gemeinsam mit dem Berliner Politologen Manfred Wilke eine Gegenerklärung veröffentlichten. Darin wurde das Erfurter Manifest als „Weißwaschaktion der PDS" interpretiert, die letztlich den „sozialen Bürgerkrieg" propagiere. Es zeige, dass die Alternative „Freiheit oder Sozialismus" noch immer ihre Berechtigung habe.[845]

Während die Union einheitlich ablehnend reagierte, entwickelte sich die Erfurter Erklärung innerhalb des Mitte-Links-Lagers zum Streitthema. Das lag vor allem daran, dass die Unterschrift allgemein als Bekenntnis zu einer rot-rot-grünen Strategie im Bund interpretiert wurde. Die grüne Bundestagsfraktion, die unter der Führung von Joschka Fischer und Kerstin Müller gerade auf einer Klausurtagung im sachsen-anhaltischen Wörlitz zusammengekommen war, reagierte binnen weniger Stunden, indem sie, offenbar ohne Abstimmung mit der Parteiführung, eine Erklärung zur Erklärung verabschiedete: Darin wurde im Hinblick auf die kommenden Bundestagswahlen „eine Zusammenarbeit mit der PDS – sei es in einer Koalition oder in Form einer Tolerierung" – ausdrücklich ausgeschlossen.[846] Der Bundesvorstand der Partei stimmte dem zwar nachträglich zu,[847] Vorstandssprecher Jürgen Trittin aber reagierte ungehalten: Mit einem solchen „Abgrenzungsbeschluß" mache man sich selbst „unglaubwürdig" und springe über das „Stöckchen", das „CDU-Pfarrer Hintze" hinhalte.[848]

Noch mehr als bei den Grünen entwickelte sich die Erfurter Erklärung zum „Spalter-Thema" für die SPD, wie der Bundestagsabgeordnete Reinhard Weis nach einem Treffen der ostdeutschen Mitglieder seiner Fraktion formulierte.[849] In der Sozialdemokratie nämlich stieß die Erklärung durchaus auf Resonanz und Zustimmung, beispielsweise der brandenburgischen Sozialministerin Regine Hildebrandt, der Juso-Bundesvorsitzenden Andrea Nahles oder des thüringischen SPD-Spitzenkandidaten Richard Dewes, der damit auch eine indirekte Koalitionsaussage für die Landtagswahl 1999 tätigte.[850] Auch das „Mansfelder Forum" der „Sozialdemokratischen Linken in Sachsen-Anhalt", zu dem der damalige Parlamentarische

---

[843] Ebenda, S. 22.

[844] Ebenda, S. 3.

[845] Wir brauchen keine andere Republik. Berliner Erklärung. Dokumentiert in: Die Tageszeitung, 20. 1. 1997; vgl. D'Antonio, Letzter Kampf, S. 360 f.

[846] AGG, B.I.10 – BuVo/BGSt, Handakte Monika Broß [1345]: Bundestagsfraktion Bündnis 90/ Die Grünen, Wörlitzer Erklärung, 10. 1. 1997.

[847] AGG, B.I.10 – BuVo/BGSt, Handakte Monika Broß [1345]: Beschluss des Bundesvorstandes. Grüne Bundesvorstand, Presseservice 7/97, 14. 1. 1997.

[848] Jürgen Trittin: „Die ‚Wörlitzer Erklärung' taugt nicht". In: Frankfurter Rundschau, 14. 1. 1997; vgl. auch Nicola Brüning, „Klebt wie Kaugummi". In: Focus, 20. 1. 1997.

[849] AdsD, Dep. Thierse, 1/WTAA001725: Reinhard Weis (Landesgruppe der Sechs in der SPD-Bundestagsfraktion) an Detlev von Larcher. Bonn, 20. 3. 1997; hierzu auch Oswald, The Party, S. 103 f.

[850] Vgl. Moreau u. a., Die PDS: Profil, S. 38; Wogawa, Die Akte Ramelow, S. 87; D'Antonio, Letzter Kampf, S. 360; Ditfurth, Ostalgie oder linke Alternative, S. 224.

Geschäftsführer der SPD-Landtagsfraktion Jens Bullerjahn und der Landesverkehrsminister Jürgen Heyer gehörten, signalisierte seine Unterstützung für die Erklärung und seine Bereitschaft, „mit allen anderen linken Kräften zusammenzuarbeiten". Ziel müssten die „grundlegende Erneuerung und Modernisierung aller staatlichen Gewalten" und eine „gerechtere Verteilung der Einkommen und Güter" sein.[851] Dagegen lehnte Reinhard Weis im Namen der ostdeutschen Bundestagsabgeordneten der SPD eine linke Lagerstrategie ab und forderte Zurückhaltung.[852]

Trotz vielfacher Zustimmung zur Erfurter Erklärung zeigten die Diskussionen doch, dass die Inklusion der PDS in eine gesamtdeutsche linke Bewegung einstweilen Wunschdenken blieb. Der öffentliche Aufruf zur Zusammenarbeit provozierte vor allem bei den potenziellen Bündnispartnern SPD und Grüne Abgrenzungsreflexe, da er sie zu spalten drohte. Zudem waren die Positionen, die der PDS und der westdeutschen Linken gemein waren, in der Öffentlichkeit keineswegs mehrheitsfähig, sondern selbst umstritten. Trotzdem hatte die Erfurter Bewegung zwischenzeitig durchaus Bedeutung gewonnen und bei einer Großdemonstration in Berlin im Juni 1998 Zehntausende Menschen versammelt.[853] Die PDS zeigte sich zufrieden mit der Entwicklung und sprach von einer „Aufforderung" an die eigene Adresse, auf die reagiert werden müsse. Insbesondere die Gewerkschaftskontakte könnten weiter vertieft werden.[854] Das gelang in den Folgejahren auch.[855] An den „Gewerkschaftspolitischen Konferenzen" der PDS nahmen zunehmend einflussreiche Persönlichkeiten wie der ehemalige IG-Medien-Vorsitzende Detlef Hensche, der berlin-brandenburgische DGB-Bezirksvorsitzende Dieter Scholz sowie Gewerkschaftsfunktionäre aus ÖTV, HBV, IG Medien und IG Metall teil.[856] Damit zeichnete sich bereits um die Jahrtausendwende ein gesamt-

---

[851] AdsD, Dep. Thierse, 1/WTAA001691: Grundsätze der Sozialdemokratischen Linken in Sachsen-Anhalt. Thesen des Mansfelder Forums. Eisleben im März 1997.

[852] AdsD, Dep. Thierse, 1/WTAA001725: Reinhard Weis (Landesgruppe der Sechs in der SPD-Bundestagsfraktion) an Detlev von Larcher. Bonn, 20. 3. 1997.

[853] Die „taz" sprach von bis zu 40 000 Menschen, Hübner/Strohschneider von 150 000 (Hübner/Strohschneider, Lafontaines Linke, S. 57; Jeannette Goddar, Alt und jung für eine andere Politik. In: Die Tageszeitung, 22. 6. 1998).

[854] ADS, BT/13.WP-010: Protokoll der Fraktionssitzung in Berlin am 24. 2. 1997, TOP Öffentlichkeitsarbeit, S. 8 (Zitat Petra Pau).

[855] So gelang es, im „Bündnis für sozio-ökonomische Reformpolitik" ein Kontaktforum zu initiieren, das ostdeutsche Sozialisten und westdeutsche Sozialdemokraten zusammenführen sollte. Zu ihnen gehörten neben der DDR-Wirtschaftsministerin und PDS-Abgeordneten Christa Luft auch die damalige Juso-Vorsitzende Andrea Nahles, die Ökonomen Rudolf Hickel und Jörg Huffschmid sowie die Vorstandsmitglieder der IG Metall Rudolf Kuda und Horst Schmitthenner, Letzterer als Leiter des Gesprächskreises (vgl. den Abriss aus der Gesprächskreisliste zum Bündnis für sozio-ökonomische Reformpolitik. Abgedruckt in: Segall, „Transmissionsriemen" der Postkommunisten?, S. 30).

[856] ADS, BT/14.WP-0005: Nichts mehr verteilen? Verteilungspolitik im Shareholder-Kapitalismus. 8. Gewerkschaftspolitische Konferenz, 23. bis 24. 11. 2001. Mannheim, Stadthaus N1 [Broschüre]; Verweigerung oder kritische Mitarbeit? In: PDS-Pressedienst, 11. 6. 1999. Zum Teilnehmerkreis der Gewerkschaftspolitischen Konferenz am 5./6. 6. 1999 gehörten der Bremer Wirtschaftswissenschaftler Jörg Huffschmid, der ÖTV-Landesvorsitzende in Bayern,

deutsches gewerkschaftsnahes Netzwerk ab, das enge Kontakte zur PDS unterhielt. Dazu gehörten mit dem Ökonomen Axel Troost und dem baden-württembergischen HBV-Sekretär Bernd Riexinger auch solche Personen, die später in der WASG bzw. in der gesamtdeutschen Linkspartei eine wichtige Rolle spielen würden.[857]

6. Zwischenfazit: Der Streit um die PDS zwischen Antikommunismus und Postideologie

Zwischen 1994 und 1998 löste sich der Anti-PDS-Konsens der frühen neunziger Jahre auf und die PDS stieg binnen kurzer Zeit zur Regierungspartei in Ostdeutschland auf. Begleitet wurde dieser Wandel von einem Streit in allen politischen Parteien, in den Medien und selbst in den Verfassungsschutzbehörden, um was für eine Art von Partei es sich bei der PDS handelte. Die einen sahen in ihr eine extremistische Kraft und wollten sie um jeden Preis von der Macht fernhalten; die anderen erkannten eine „Partei im Wandel" und glaubten, ihre Entradikalisierung durch Einbindung unterstützen und sie ganz nebenbei „entzaubern" zu können. Isolieren und Bekämpfen oder Integrieren und Domestizieren lauteten die Alternativen.

Beide Positionen waren mit unterschiedlichen Machtinteressen verbunden: Als extremistische Partei, mit der sich jede Zusammenarbeit verbot, schadete die PDS vor allem der SPD, die in ihr einen Konkurrenten, aber keinen Bündnispartner hatte. Das wusste auch die CDU. Und umgekehrt bot eine kooperationsfähige PDS den Sozialdemokraten eine Möglichkeit, eine strukturelle linke Mehrheit zu nutzen. Es ging aber um mehr als reine Machtarithmetik, denn hinter beiden Positionen standen unterschiedliche Perspektiven und Wahrnehmungen: Die einen blickten aus einer antitotalitären Perspektive auf die PDS und hatten dabei die Geschichte der kommunistischen Diktaturen vor Augen. Sie fokussierten insbesondere auf die Programmatik und die Rolle der orthodoxen und radikalen Strömungen in der Partei. Aus dieser Perspektive konnte man Mitte der neunziger Jahre eine Partei sehen, die sich auf die Traditionslinie des Kommunismus berief und sich selbst als Opposition zur kapitalistischen Gesellschaft der Bundesrepublik definierte. In großen Teilen hegte die PDS Vorbehalte gegenüber dem bundesdeutschen Parlamentarismus und Rechtsstaat, sie nahm den antitotalitären Staat

Michael Wendl, der Leiter der Abteilung Sozialpolitik beim Vorstand der IG Metall, Hans-Jürgen Urban, das Landesvorstandsmitglied der HBV Berlin Gerd Julius, das Hauptvorstandsmitglied der IG Medien Peter Venus sowie der Betriebsratsvorsitzende der Daimler-Benz Aerospace AG (DASA) Uwe Neuhaus (ebenda).

[857] ADS, BT/14.WP-0005: Nichts mehr verteilen? Verteilungspolitik im Shareholder-Kapitalismus. 8. Gewerkschaftspolitische Konferenz, 23. bis 24.11.2001. Mannheim, Stadthaus N1 [Broschüre]; siehe dazu auch Hübner/Strohschneider, Lafontaines Linke, S. 128.

als Gegner wahr und sie schwor, der kapitalistischen Gesellschaftsordnung „Widerstand" zu leisten.

Allerdings war diese Deutung der PDS längst nicht mehr die einzige. Die andere Perspektive war bestimmt von einem Blick in die Parlamente und Kommunen Ostdeutschlands, wo man keine Partei am radikalen Rand der Gesellschaft sehen konnte, sondern eine politische Kraft, die in vielerlei Hinsicht ostdeutsche Normalität repräsentierte und sich darum bemühte, mit den etablierten politischen Kräften zusammenarbeiten zu können. Anders als in Westdeutschland waren aktive Mitglieder der PDS und der Konkurrenzparteien oft nur am Parteibuch zu unterscheiden, und eine polarisierende Abgrenzung von der PDS wurde von vielen Ostdeuten als Angriff auf die eigene Identität wahrgenommen. Auch daran scheiterte der Anti-PDS-Konsens der frühen neunziger Jahre.

Mit diesem lösten sich aber keinesfalls die politisch-kulturellen Leitvorstellungen auf, auf die sich der „Konsens der Demokraten" stützte. Bei der Beurteilung der PDS wirkten antitotalitäre Normen fort und das deutungskulturelle Modell des Westens blieb der zentrale Maßstab. Das zeigte sich nicht nur in den Verfassungsschutzberichten, sondern auch an den vielfach genutzten diskursiven Strategien auf allen Seiten, die machtpolitische Aufwertung der PDS als Ausnahmefall zu deklarieren oder durch indirekte Kooperationsmodelle zu camouflieren. Die PDS war längst noch keine Partei wie jede andere. Auch jene, die eine machtpolitische Integration der Partei befürworteten, operierten mit Bezug auf den bundesrepublikanischen Generalkonsens: Sie forderten von der PDS, sich zur Demokratie zu bekennen, den Markt anzuerkennen und sich von antidemokratischen Elementen zu distanzieren. Auch wenn die Reaktionen der PDS nach außen wie Lippenbekenntnisse wirken mochten, so zeigte der innerparteiliche Streit doch, dass mehr dahinterstand. Die ständigen Warnungen des orthodoxen Parteiflügels an die „Reformer", die marxistische Seele der Partei nicht auf dem Altar der politischen Integration zu opfern, waren nicht unberechtigt. Die PDS war tatsächlich eine Partei im Wandel.

Genauso wandelte sich aber auch die politische Umwelt. Dass die PDS ihre Isolation im Laufe der neunziger Jahre aufbrechen konnte, hatte auch damit zu tun, dass sie in hohem Maße von Veränderungen in der politisch-medialen Landschaft profitierte. Vor allem Gregor Gysi wurde zum Musterbeispiel zeitgenössischer Medientrends wie der „Entertainisierung" und „Talkshowisierung" des Politischen: sein professionelles und unterhaltsames Auftreten, gepaart mit einem ironisch gebrochenen bürgerlichen Habitus, erfüllte alle zeitgenössischen Anforderungen an „moderne" Kommunikation und half der PDS an entscheidender Stelle: Die Selbst-Deutungsangebote der PDS als Interessenvertretung der Ostdeutschen, als Vertreterin eines östlichen Heimatgefühls, als „Volkspartei" und „ganz normale" Kraft fanden so Eingang in die öffentlichen Diskurse.

Gemeinsamer Hintergrund dieser Entwicklungen war eine Kultur des „Postideologischen", die im Jahrzehnt nach dem Ende des Ost-West-Konflikts zu einem hegemonialen Wahrnehmungsrahmen wurde. Was unter Ideologieverdacht stand, wurde abgelehnt und galt als unzeitgemäß. Das traf die PDS in negativer Weise:

Als sozialistische Partei repräsentierte sie wie keine andere eine als überholt erachtete, „ideologische" und „etatistische" Weltsicht. Paradoxerweise gelang es der Partei aber, aus eben diesem Phänomen Nutzen zu ziehen: indirekt, indem sie mit ihrer Kritik an „neokonservativen" bzw. „neoliberalen" Entwicklungen für all jene in Gewerkschaften und Sozialdemokratie zum potenziellen Bündnispartner wurde, die dasselbe Feindbild pflegten; aber auch direkt, indem das selbstironische mediale Auftreten Gregor Gysis von vielen als der Zeit angemessen befunden wurde. Vor allem jedoch galt ein kämpferischer Antikommunismus als ebenso ideologisch und überholt wie der Kommunismus selbst. Das waren ältere Entwicklungen, die sich in der alten Bundesrepublik schon seit den 1970er Jahren abgezeichnet hatten – sie wurden durch das Ende des Ost-West-Konflikts und das Diktum des Postideologischen aber nachhaltig bestärkt. Diese Entwicklungen würden schließlich in den kommenden Jahren zu einem Prozess beitragen, der von den Zeitgenossen als „Normalisierung" der PDS verstanden wurde und der ihre Integration in das politische System der Bundesrepublik entscheidend vorantrieb.

V. Sonderfall oder Normalität? Die PDS-Frage in europäischer Perspektive

Die in der Dauerdebatte um die PDS immer wieder aufscheinenden Befürchtungen, die politische Integration der Partei könne zu einer „Erosion" des antitotalitären Konsenses in der Bundesrepublik führen und diese nachhaltig zum Negativen hin verändern, kontrastieren in auffälliger Weise mit einem anderen Schlüsselbegriff, der in den Debatten dieser Jahre allenthalben benutzt wurde: dem der „Normalisierung". Dieser Begriff erhielt zu keiner Zeit eine klar umrissene Definition. Vielmehr konnte er, in unterschiedlichen Kontexten und von unterschiedlichen Gruppen verwendet, sehr unterschiedliches bedeuten und sehr unterschiedliche Normalitätsvorstellungen zum Ausdruck bringen. Die PDS selbst erhoffte sich eine zunehmende Akzeptanz seitens ihrer Konkurrenten und seitens der bundesdeutschen Medien. Diese, so die Hoffnung vor allem der Führungsgruppe der Partei, würden ihr Verhalten gegenüber der PDS „normalisieren" und sie als legitime politische Kraft anerkennen.[1] Dem stand die vielfach geäußerte Erwartung von außen gegenüber, dass sich die PDS selbst zu einer „normalen" Partei entwickeln müsse, wenn sie sich etablieren wolle. Und dies wiederum, eine Etablierung und „Normalisierung" der PDS, war aus Sicht der Opfer der SED und anderer Gegner der Partei gerade das, was es zu verhindern galt. Dazu kam die Frage, was der Maßstab für den ersehnten „Normalzustand" sein sollte: War es die alte Bundesrepublik, in der es lange Zeit keine mit der PDS vergleichbare Partei gegeben hatte, oder waren es die vielen europäischen Länder, in denen kommunistische und linkssozialistische Parteien seit langem zu den politischen Systemen gehörten? War die PDS mit diesen Parteien tatsächlich vergleichbar oder handelte es sich vielmehr um einen deutschen Sonderfall? Und nicht zuletzt: Gab es im europäischen Maßstab so etwas, wie postsozialistische „Normalität"?

Die Frage nach der „Normalität" ist nicht zu beantworten, ohne die Tatsache in den Blick zu nehmen, dass die PDS keineswegs die einzige Partei aus der kommunistischen Traditionslinie war, die nach 1990 um ihren Platz im politischen System der Demokratie rang. Insbesondere die „postkommunistischen Nachfolgeparteien", so der akademische Sammelbegriff für die aus den früheren Staatsparteien hervorgegangenen Formationen im östlichen Europa, erregten in den 1990er Jahren auch in der deutschen Debatte Aufmerksamkeit. Vielfach fungierte ihre Entwicklung als Maßstab für die Beurteilung der PDS, wobei die Schlussfolgerungen sehr unterschiedlich waren. Aber auch im westlichen Europa veränderte sich die politische Linke nach dem Ende des Ost-West-Konflikts nachhaltig und die kommunistischen Parteien entwickelten sich in verschiedene Richtungen. An dieser Stelle sollen daher zwei Fragen beantwortet werden, die mit dem Blick nach außen stets

---

[1] AGG, B.I.10 – BuVo/BGSt [2051]: Carola Freundl/Harald Wolf, Vor der Kür kommt die Pflicht. Arbeitspapier zu den politischen Aufgaben der PDS-Fraktion bis 2004, 22. 1. 2001, S. 2.

verbunden waren: Welche Rolle spielte der internationale Vergleich in den Debatten um die PDS und ihre politische Integration und inwiefern war die Partei tatsächlich mit den anderen postkommunistischen Parteien im östlichen und im westlichen Europa vergleichbar? War die PDS-Frage also ein deutscher Sonderfall oder war sie europäische „Normalität"?

1. Was heißt „Normalität"? Der postkommunistische Vergleich in der PDS-Debatte

Die 1990er Jahre hatten für die gesamte kommunistische Weltbewegung mit einem existentiellen Einschnitt begonnen. Die Systemfrage schien entschieden, das Scheitern des historischen Kommunismus trat offen zutage. Nicht nur in Deutschland, sondern in ganz Europa setzte eine Phase der verstärkten Auseinandersetzung mit „Verbrechen, Terror, Unterdrückung" ein – so der Untertitel des wenige Jahre später von Stéphane Courtois herausgegebenen „Schwarzbuch des Kommunismus", das eine düstere Gesamtbilanz von 80 Jahren Kommunismus zog.[2] In den meisten Ländern des östlichen Europas wurden die kommunistischen Staatsparteien durch freie Wahlen von der Macht verdrängt und schienen ihren Kredit auf immer verspielt zu haben. Auch in Westeuropa beförderte der Umbruch jener Jahre die bereits seit den 1980er Jahren schwelende Krise der kommunistischen Linken.[3] Unter diesen Voraussetzungen herrschte auf dem ganzen Kontinent die Erwartung, dass das Ende des Kommunismus auch zu einem Ende der Parteien führen würde, die sich auf ihn beriefen. Nicht nur die PDS, auch ihre früheren „Bruderparteien" in West- und Osteuropa galten als „Auslaufmodelle".

Bald aber zeigte sich, dass sich diese Erwartungen ebenso wenig erfüllten wie die an ein baldiges Ende der PDS. Vor allem in den ostmitteleuropäischen Staaten, deren Transformationsprozesse auch in den westlichen Öffentlichkeiten aufmerksam verfolgt wurden, stellte sich eine gegenläufige Entwicklung ein. Mitte der 1990er Jahre blickte der Westen staunend und verunsichert auf eine Welle von Wahlerfolgen früherer kommunistischer Parteien im östlichen Europa, die auf eine Transformationskrise in den postsozialistischen Staaten hindeuteten. Die Hoffnungen des Umbruchs von 1989 waren demnach einer verbreiteten Unzufriedenheit mit den Härten vor allem der wirtschaftlichen Transformation gewichen und bereiteten den neuen Parteien schwere Niederlagen.[4] Während die Erfolge der ehemaligen Kommunisten bei den litauischen Parlaments- und Präsidentschaftswahlen 1992/93 im Westen noch von wenigen zur Kenntnis genommen wurden, erregten die Postkommunisten Polens größere Aufmerksamkeit: Nach-

---

2 Courtois u. a., Das Schwarzbuch des Kommunismus.
3 Vgl. Botella/Ramiro, The Crisis, S. 243 f.
4 Philipp Ther sprach in diesem Zusammenhang von einer ersten großen „Transformationskrise" im postsozialistischen Raum (Ther, Die neue Ordnung, S. 90).

dem sie bei der Parlamentswahl 1993 stärkste Kraft geworden und in die Regierung zurückgekehrt waren, setzte sich bei der Präsidentschaftswahl 1995 völlig überraschend ihr Kandidat Aleksander Kwaśniewski, ein früherer kommunistischer Minister, gegen Lech Wałęsa, den Helden der Solidarność, durch und wurde ins einflussreiche Amt des Staatspräsidenten gewählt. Ähnliche Entwicklungen brachten die Wahlen in Ungarn (1994), Bulgarien (1994/95) und in der Slowakei (1998) mit sich.[5]

Die überraschenden Comebacks der früheren Kommunisten führten nicht nur zu einer intensiven politikwissenschaftlichen Diskussion über die Entwicklungswege der osteuropäischen „Nachfolgeparteien", in denen insbesondere nach Unterschieden und Gründen für ihren Wahlerfolg gefragt wurde. Auch in den politisch-medialen Diskussionen der Bundesrepublik wurden diese Parteien verschiedentlich thematisiert, nicht selten mit direkter Bezugnahme auf die PDS. So kommentierte beispielsweise „Der Spiegel" vom 1. August 1994 die „Rote Socken"-Kampagne der CDU mit dem Hinweis auf den Umgang der Union mit anderen ehemaligen Kommunisten:

„Kaum ein Bonner Regent regte sich auf, als in Polen und Ungarn, den Vorreiter-Ländern des Reformprozesses, die zu demokratischen Sozialisten mutierten kommunistischen Kader an die Regierungsmacht zurückkehrten – diesmal in freien Wahlen und in Budapest sogar mit absoluter Mehrheit. Michail Gorbatschow, Boris Jelzin, Ungarns Gyula Horn sind Postkommunisten und gleichwohl hochgeehrt am Hofe Kohl. Die alten Feindbilder sind vergilbt, nur gegenüber den SED-Erben werden sie verbissen gepflegt."[6]

Beachtet man, dass sich die Wahlerfolge der früheren Kommunisten in den östlichen Nachbarländern etwa zur selben Zeit abspielten wie die Debatten um Stimmengewinne der PDS, um das sogenannte Magdeburger Modell und die Frage von Isolation und Integration der „SED-Nachfolgepartei", so können solche Verweise nicht überraschen. Gerade im linksliberalen Teil der Öffentlichkeit waren Vergleiche des PDS-Spitzenpersonals mit ehemaligen kommunistischen Funktionären im Ausland Legion. Nicht nur Michail Gorbatschow galt in der Bundesrepublik als Held der Wiedervereinigung, Ehrenbürger Berlins und als Freund des Bundeskanzlers. Auch der frühere kommunistische Außenminister Gyula Horn genoss im Westen einen ausgezeichneten Ruf und wurde nicht selten zu den „Helden des Übergangs"[7] gezählt, hatte er doch im Sommer 1989 die Öffnung der Grenze nach

---

5 Die Beispiele Litauens und Bulgariens spielten in den zeitgenössischen Debatten um die PDS keine Rolle und werden in diesem Zusammenhang ausgeklammert; für die litauischen Postkommunisten siehe Clark/Tucker, Lithuania beyond; Janusauskiené, The Metamorphosis; Krupavicius, The Left-Wing Parties; für Bulgarien Murer, The Romanian PDSR. Ähnliches gilt für die slowakischen Postkommunisten, die sich ebenfalls in eine sozialdemokratische Richtung entwickelten und 1998 als Juniorpartner der Christdemokraten Regierungspartei wurden (siehe dazu Fisher, The Troubled Evolution; Rybár/Deegan-Krause, Slovakia's Communist Successor Parties; Grzymała-Busse, The Programmatic Turnaround).

6 Schlechte Poesie. In: Der Spiegel, 1. 8. 1994, S. 23–25, hier S. 24.

7 Matthias Rüb, Ungarns Ministerpräsident Gyula Horn wendet den Blick, nicht den Hals. In: Frankfurter Allgemeine Zeitung, 22. 10. 1994; ders., Zäh und lernfähig. In: Frankfurter Allgemeine Zeitung, 16. 7. 1994.

Österreich verkündet und damit wesentlich zur Krise und zum Niedergang des SED-Regimes beigetragen.[8] Für diese Rolle hatte Horn 1990 den Karlspreis der Stadt Aachen und das Bundesverdienstkreuz erhalten. Seither standen seine „Reformkommunisten",[9] so die zeitgenössische Terminologie, auch in bürgerlichen Kreisen Deutschlands und Westeuropas für einen vorbildlichen Entwicklungsweg vom Kommunismus zur Demokratie.

Der Vergleich der PDS mit diesen „Reformkommunisten" konnte in den zeitgenössischen Debatten aber sehr unterschiedliche Funktionen erfüllen. Häufig wurde er von der PDS selbst genutzt, die damit versuchte, ihr Stigma loszuwerden und in ihren Reformbemühungen anerkannt zu werden. Dass der Kanzler „lauter Reformkommunisten als gute Freunde"[10] habe, war daher ein häufiger Hinweis von Seiten des PDS-Vorsitzenden Lothar Bisky, um damit auf die Ungleichbehandlung seiner Partei hinzuweisen: Während ehemalige sowjetische Führer und Politbüro-Mitglieder wie Gorbatschow und Jelzin als Ehrenmänner galten, wurde die PDS, in der die frühere SED-Führung keine Rolle mehr spielte, angefeindet, so das Argument: „Nur im eigenen Lande will die Union die Linkssozialisten partout nicht respektieren."[11] Ähnlich lautete es auch in der „Erfurter Erklärung" vom Januar 1997: „Der Kanzler versichert Reformsozialisten in Osteuropa seiner Freundschaft. Im Inneren der Republik sind Reformsozialisten für ihn der böse Feind [...]. Das Gut-Böse-Schema aus der Zeit der Systemkonfrontation kann das Vollenden der Einheit nicht leisten."[12]

Auch Repräsentanten konkurrierender Parteien wie der Grüne Joschka Fischer thematisierten die Popularität früherer sowjetischer Parteiführer in Deutschland und wiesen auf deren Rolle im kommunistischen Regime hin: „Ich möchte nicht wissen, wie viele Wahlen Herr Gorbatschow gefälscht hat. Ich möchte auch nicht wissen, wie viele Wahlen Herr Jelzin gefälscht hat [...]", so der Grünen-Fraktionsvorsitzende im Juni 1994.[13] Er habe außerdem auch „nie verstanden, warum Gyula Horn den Karlspreis bekommt und Hans Modrow ein Verfahren, warum Herr Gorbatschow quasi zum Ehrenbürger der Bundesrepublik erklärt wurde und Herr Modrow zum Aussätzigen", so Fischer. „Die Gysis, die Modrows, auch die Wolfs im Sicherheitsapparat, waren Bestandteile der friedlichen Wende 1989, die von der Bürgerbewegung mit großem Mut erkämpft wurde".[14]

Die Zitate Biskys und Fischers haben miteinander gemein, dass sie auf einer Parallelisierung oder Gleichsetzung beruhen: Versuche, der PDS ihre Legitimität

---

[8] Vgl. Rödder, Uneinig in die Einheit, S. 74 f.

[9] ACDP, CDU/CSU-Fraktion, 12. WP, 08-012-127/2: Protokoll der Sondersitzung der Fraktion am 22. 7. 1994, S. 17 (Redebeitrag Helmut Kohl).

[10] „Volk zu den Waffen". Streitgespräch zwischen Lothar Bisky und Jörg Schönbohm. In: Der Spiegel, 20. 1. 1997, S. 56–61, hier S. 60 (Zitat Bisky).

[11] Ebenda.

[12] Bis hierher und nicht weiter! Erfurter Erklärung. Erfurt/Berlin, 9. 1. 1997. Dokumentiert in: Die Tageszeitung, 10. 1. 1997.

[13] Den Kaiser vom Pferd holen. Interview mit Joschka Fischer. In: Die Woche, 23. 6. 1994.

[14] Ebenda.

aufgrund ihrer Vergangenheit abzustreiten, wurden mit Verweis auf die Vergangenheit anderer „Reformsozialisten" oder „Reformkommunisten" angezweifelt. Damit erfüllten sie eine klare diskursstrategische Funktion, indem sie helfen sollten, die PDS selbst bzw. Kooperationen mit der Partei wie in Sachsen-Anhalt zu legitimieren und zugleich das Verhalten Helmut Kohls und seiner Partei gegenüber der PDS als unehrlich und opportunistisch zu disqualifizieren. Diese reagierten, indem sie die Gleichsetzung der „SED-Nachfolgepartei" und ihres Führungspersonals mit den genannten osteuropäischen Staats- und Regierungschefs zurückwiesen und stattdessen die Unterschiede herausstrichen. Es gebe „eine ganz andere Entwicklung im linksradikalen Themenbereich in anderen Ländern", so Helmut Kohl am 22. Juli 1994 vor der CDU/CSU-Fraktion – einen Tag nach der Wahl Reinhard Höppners zum Ministerpräsidenten von Sachsen-Anhalt.[15] Im Gegensatz zu den „Reformkommunisten" in Ungarn, aber auch im Gegensatz zu Gorbatschows Perestroika-Politik, stehe die PDS „in der Identität [...] zu jenen, die bis zuletzt das kommunistische Terrorregime erhalten wollten", so Kohl weiter.[16] Während die Gleichsetzung der PDS mit anderen Postkommunisten Europas also der Integration der Partei Vorschub leisten sollte, begründete Kohl, warum er im Innern die PDS in die Nähe von Staatsfeinden rückte, den Ministerpräsidenten Horn oder den Staatspräsidenten Jelzin aber mit allen Ehren empfing. Dies wurde also nicht mit der verschiedenartigen Logik der Innen- und Außenpolitik begründet, sondern damit, dass die PDS und ihre Mitglieder fundamental anders seien als die übrigen reformkommunistischen Parteien und Persönlichkeiten Europas.

Dazwischen lag eine dritte Variante des Vergleichs, die ebenfalls auf einer Unterscheidung der PDS von anderen mittel- und osteuropäischen Postkommunisten beruhte, aber eine potenzielle Entwicklung aufzuzeigen suchte. Vor allem Befürworter einer Integrationsstrategie im Umgang mit der PDS innerhalb der SPD nutzten den internationalen Vergleich in dieser Weise. Dazu gehörte Egon Bahr, der als einer der wenigen in der SPD sogar offen für eine Fusion zwischen SPD und PDS eintrat.[17] Für Bahr demonstrierte die Entwicklung anderer ehemaliger Kommunisten in Europa das Potenzial der PDS und unterstützte daher die „Partei-im-Wandel"-These. Wenn Horn und Gorbatschow, der frühere „Papst der Kommunisten", heute Sozialdemokraten geworden seien, dann liege diese Entwicklung doch auch für die deutschen Kommunisten nahe und müsse aktiv unterstützt werden: „Warum machen wir nur den Deutschen die Wandlung so schwer?

---

[15] ACDP, CDU/CSU-Fraktion, 12. WP, 08-012-127/2: Protokoll der Sondersitzung der Fraktion am 22. 7. 1994, S. 16 (Redebeitrag Helmut Kohl).

[16] Ebenda, S. 17.

[17] Für Egon Bahr waren die Kommunisten der „Bruder, der schrecklich in die Irre gegangen war". (Egon Bahr: Zu meiner Zeit, S. 559). Nach der „Wende" 1989/90 glaubte er den Grund für die Spaltung der Arbeiterbewegung überwunden und empfand es daher als zwangsläufig, dass auch die frühere SED unter der Führung der parteiinternen „Reformer" sich früher oder später der Sozialdemokratie annähern müsste. Für die SPD gelte es daher, sich diesen Entwicklungen nicht zu verschließen und die Perspektive einer Wiedervereinigung der Arbeiterbewegung aufrechtzuerhalten (ebenda, S. 562).

Überall haben Kommunisten angefangen, den Weg zurück zur Sozialdemokratie, zu einem demokratischen Sozialismus zu gehen."[18]

2. Europas Kommunisten nach dem Ende des Ost-West-Konflikts

Die diskursstrategischen Funktionen dieser Vergleiche herauszustreichen ist das eine. Das andere ist die Frage, auf welcher Grundlage sie basierten: Inwiefern waren sie gerechtfertigt und was genau war damit jeweils gemeint? Anders gefragt: Wer hatte recht? Diejenigen, die die PDS mit den übrigen Postkommunisten Europas gleichsetzten, oder jene, die auf signifikante Unterschiede verwiesen? Diesen Fragen soll im Folgenden mit Blick auf zwei postkommunistische Parteien im östlichen Europa nachgegangen werden, die, wie bereits angesprochen, in der bundesdeutschen Öffentlichkeit am stärksten im Fokus standen und wiederholt als Vergleichsfolie zur PDS genutzt wurden: der „Ungarischen Sozialistischen Partei" (MSZP) Gyula Horns und der „Sozialdemokratie der Republik Polen" (SdRP) Aleksander Kwaśniewskis.

2.1 Musterschüler der Transformation? Postkommunisten im östlichen Europa

Die postkommunistischen Parteien Polens und Ungarns hatten auf den ersten Blick vieles gemein mit der PDS: Wie die „SED-Nachfolgepartei" waren auch MSZP und SdRP 1989/90 aus den kommunistischen Staatsparteien hervorgegangen und wie diese versuchten sie, ihre „Erneuerung" durch die Bezugnahme auf sozialdemokratische Begrifflichkeiten zu untermauern. Den Anfang hatte bereits im Oktober 1989 die ungarische MSZMP gemacht, die sich auf ihrem XIV. Parteitag auflöste und unter Führung ihres Reformflügels als „Ungarische Sozialistische Partei" (MSZP) neugründete. Denselben Schritt vollzog die kommunistische PZPR im Januar 1990 und gründete sich als „Sozialdemokratische Partei der Republik Polen" (SdRP) neu, trat ab 1991 aber als „Bund der Demokratischen Linken" (SLD) zu Wahlen an.[19] Obwohl diese Parteien, anders als die PDS, formal Neugründungen waren, fungierten sie doch als Rechtsnachfolger der kommunistischen Vorgängerorganisationen, behielten zumindest Teile des Parteivermögens, der Mitgliederbasis und des Parteiapparats, und sie wurden in der Öffentlichkeit ihrer Länder und in der internationalen Forschung auch als „Nachfolgeparteien"

---

[18] „Ich will unser Blut zurück". Interview mit Egon Bahr. In: Der Spiegel, 24. 10. 1994, S. 44–47, hier S. 44.

[19] Vgl. K.-O. Lang, Postkommunistische Nachfolgeparteien, S. 55–58 und S. 133–135; Bastian, Four-Way-Street, S. 160.

angesehen – zumal ihre Führungspersönlichkeiten allesamt aus der kommunistischen Parteinomenklatura stammten.[20]

Dennoch galten die Postkommunisten Polens und Ungarns in der Bundesrepublik wie in der gesamten westlichen Öffentlichkeit bald schon als Musterbeispiele einer gelungenen Transformation von einer kommunistischen Staatspartei in eine „geläuterte" Mitte-Links-Formation. Das sah auch die Sozialistische Internationale so, der Dachverband der internationalen Sozialdemokratie, der beide Parteien 1996 in die eigene Organisation und damit in die Familie des linken Mainstreams aufnahm.[21] Den deutschen Postkommunisten dagegen war das, wie bereits dargestellt, verwehrt geblieben.[22] Wie die internationale Postkommunismusforschung herausgestrichen hat, war diese unterschiedliche Behandlung der PDS und ihrer früheren „Bruderparteien" in Ungarn und Polen aber keineswegs willkürlich, sondern reflektierte tatsächlich abweichende Profile und unterschiedliche Entwicklungswege.[23]

Fragt man danach, was diese Parteien von der PDS unterschied, dann landet man bei dem, was in dieser Arbeit als westlicher Konsens eingeführt worden ist. Das in der Deutungskultur des Westens hegemoniale Modell der liberalen Demokratie, der freien Marktwirtschaft und der Orientierung nach Westewn wurde nach dem Ende des Ost-West-Konflikts nicht nur im vereinten Deutschland zum Maßstab legitimer politischer Entwicklungen, sondern auch zum Vorbild für die neuen Demokratien in den postsozialistischen Transformationsstaaten. Auch dort, vor allem im östlichen Mitteleuropa und im Baltikum, stellte sich nach 1989 ein ebenso parlamentarisch-demokratischer wie marktwirtschaftlicher und prowestlicher Elitenkonsens ein.[24] Wenn die zeitgenössische Transformationsforschung daher im Fall der postkommunistischen Parteien in Ungarn und Polen von „reformierten" „Nachfolgeparteien" sprach, dann meinte sie damit eine Annäherung an diesen Konsens. Das kam auch in der Bezeichnung „Social Democratic Euro-Atlanticists" zum Ausdruck, die Joan Barth Urban für die maßgeblichen postkommunistischen Parteien Polens, Ungarns und einiger anderer Länder des östlichen Europas vorgeschlagen hat.[25] Was diese also wesentlich von der PDS unterschied, war ihre Adaption des westlichen Demokratie- und Wirtschaftsmodells, ihre Orientierung hin zum europäisch-transatlantischen Bündnissystem und ihre Distanzierung vom Kommunismus. Kurz: Ihr Weg nach Westen.

---

[20] Vgl. K.-O. Lang, Postkommunistische Nachfolgeparteien, S. 16, S. 55 und S. 134 f.; Bingen, Die polnische Sozialdemokratie, S. 7; Curry, Poland's Ex-Communists, S. 36 f.; Morlang, Hungary, S. 64.
[21] Racz, The Socialist-Left Oppositon, S. 661; ders., The Hungarian Socialists, S. 320 und S. 327; Bauer, Changing Cleavage Structure, S. 342.
[22] Siehe Kapitel III.2.1.
[23] Vgl. Kitschelt, Constraints and Opportunities, S. 32 f.
[24] Vgl. Wirsching, Der Preis der Freiheit, S. 87 f. und S. 94 f.
[25] Urban, The Post-Communist Left, S. 251.

Postkommunisten und die „demokratische Läuterung"

Das zeigte sich zuallererst in der Demokratiefrage. Während Zweifel an der Demokratiefähigkeit der PDS im gesamten Untersuchungszeitraum virulent blieben, gelang es den postkommunistischen Parteien Polens und Ungarns, vor allem im westlichen Ausland Vertrauen in die Aufrichtigkeit ihrer demokratischen Läuterung zu schaffen. Für einen Teil der zeitgenössischen Postkommunismusforschung lagen die Unterschiede bereits im Realsozialismus begründet: Für den Politikwissenschaftler Herbert Kitschelt repräsentierten die kommunistischen Regime Polens und vor allem Ungarns eine im Vergleich weniger autoritäre, stärker auf Konsens ausgerichtete Form des Kommunismus, als ihn die SED-Herrschaft in der DDR darstellte.[26] Das war im Fall Polens weniger deutlich als im ungarischen Fall, wo es schon lange vor 1990 Prozesse der Ent-Ideologisierung gegeben hatte, die mit gewissen, eng begrenzten Freiheiten für Oppositionelle innerhalb und außerhalb der regierenden Partei einhergegangen waren.[27] Was man in der SED in den 1980er Jahren allenfalls in der Theorie diskutieren konnte, das wurde in Ungarn umgesetzt. Dazu kam, dass die kommunistischen Staatsparteien Polens und Ungarns im Demokratisierungsprozess ihrer Länder eine im Vergleich zur PDS aktivere Rolle spielten, indem sie selbst einen konsensorientierten Übergang zur Demokratie zu gestalten suchten.[28] Auch das war am Beispiel Ungarns am deutlichsten zu sehen: Dort wurde das Ende des kommunistischen Regimes seit 1988 aus der Mitte der Kommunistischen Partei selbst in die Wege geleitet, wo sogenannte Reformkommunisten nacheinander die Parteiführung unter János Kádár stürzten, Oppositionsgruppen zuließen und den Übergang zum Mehrparteiensystem billigten.[29] Die postkommunistische Parteiführung in Ungarn hatte aus dieser Perspektive schon vor und während der „Wende" ihre Wandlung zu Demokraten vollzogen.[30]

Allerdings sollten die Unterschiede im Übergang zur Demokratie nicht überschätzt werden, denn bei genauerem Hinsehen relativiert sich vieles: Auch die ungarischen und polnischen Parteien beriefen sich anfänglich noch auf eine gesamtsozialistische Tradition und besaßen traditionell-kommunistische Parteiflügel,[31] und umgekehrt waren es in der PDS keineswegs die reformresistenten „Apparatschiks" der Honecker-Ära, die Anfang der 1990er Jahre die Führung der Partei innehatten, sondern die reformorientierten Kräfte, die für eine Demokratisierung

---

[26] Vgl. Kitschelt u. a., Post-Communist Party Systems, S. 21–31; Kitschelt, Constraints and Opportunities, S. 17–19; Ishiyama/Bozóki, An Unfinished Story, S. 427.

[27] Vgl. Ishiyama, The Sickle or the Rose?, S. 302 f.; Judt, Die Geschichte Europas, S. 699.

[28] Vgl. Wirsching, Der Preis der Freiheit, S. 107.

[29] Vgl. Judt, Die Geschichte Europas, S. 700 f.; Ziblatt, The Adaptation, S. 125; Grzymała-Busse, Redeeming the Communist Past, S. 107–111; K.-O. Lang, Postkommunistische Nachfolgeparteien, S. 127–132; Hauszmann, Die Ungarische Sozialistische Arbeiterpartei, S. 113–118.

[30] Vgl. Horns Verdienste. In: Frankfurter Allgemeine Zeitung, 11. 5. 1994.

[31] Vgl. K.-O. Lang, Postkommunistische Nachfolgeparteien, S. 136; Bingen, Die polnische Sozialdemokratie, S. 9 f.; Racz, The Socialist-Left Opposition, S. 648.

der DDR eingetreten waren. Konnte man im Januar 1990 vom früheren Rechtsanwalt Gregor Gysi wirklich weniger demokratischen Reformwillen erwarten als von einem Gyula Horn oder einem Aleksander Kwaśniewski, die noch zu Zeiten der kommunistischen Diktatur als Minister Regierungsverantwortung innegehabt hatten? Im Vegleich zu den politischen Quereinsteigern, die im Dezember 1989 an die Spitze der SED traten, waren die Führungspersönlichkeiten der MSZP und der SdRP/SLD tatsächlich Altkader der vorangegangenen Parteiregime.[32]

Was da schon schwerer wiegt im Vergleich zwischen SdRP/SLD, MSZP und PDS, ist ein anderer Faktor: nämlich die unterschiedliche Entwicklung während der 1990er Jahre – und diese hatte viel damit zu tun, dass die Postkommunisten Polens und Ungarns bereits früh in die Regierungsverantwortung zurückkehrten. Während nämlich die Konkurrenten der PDS in den frühen 1990er Jahren vor einer Rückkehr der früheren Kommunisten an die Macht warnten und darin eine Gefahr für die Demokratie sahen, hatten die postkommunistischen Parteien Polens und Ungarns die Chance, ihre Loyalität zur neuen Demokratie ganz praktisch als Regierungsparteien unter Beweis zu stellen. Dank ihrer organisatorischen Schlagkraft und loyalen Anhängerschaften und aufgrund der Unzufriedenheit großer Bevölkerungsteile mit dem Reformkurs der bürgerlichen Regierungen gelang es ihnen, schon nach wenigen Jahren wieder Regierungspartei zu werden.[33] Während die PDS gerade erst damit begann, über ihre Regierungsbereitschaft zu streiten, kehrte die polnische SdRP/SLD bereits 1993 im Bündnis mit einer ihrer früheren Satellitenparteien an die Macht zurück, ehe die ungarische MSZP im Jahr 1994 eine Große Koalition der „Versöhnung" mit der liberalen SZDSZ, einer früheren Dissidentenpartei, schloss.[34]

Dass die an die Macht zurückgekehrten früheren Staatsparteien die neuen parlamentarischen und rechtsstaatlichen Systeme akzeptierten und zu festigen suchten, wurde auch in Deutschland als Ausweis demokratischer Läuterung wahrgenommen: Die früheren Kommunisten in Ostmitteleuropa, so die „Frankfurter Allgemeine Zeitung" Ende 1995, seien demokratisch legitimiert, respektierten Menschen- und Bürgerrechte ebenso wie Privateigentum, parlamentarische Demokratie und den liberalen Rechtsstaat.[35] Die im Jahr 1997 unter der postkommunistischen Regierung verabschiedete neue Verfassung Polens stärkte sogar das parlamentarische Prinzip, verbot Parteien, die sich auf die „totalitären Methoden" des Kommunismus beriefen, und fand dafür Anerkennung im Ausland.[36] Dass solche Parteien an der Macht nicht versuchten, den Parlamentarismus auszuhöhlen und kommu-

---

[32] Vgl. Curry, Poland's Ex-Communists, S. 46 f.; Jörs, Postsozialistische Parteien, S. 274 f.; Ziblatt, The Adaptation, S. 134.

[33] Vgl. Bastian, Four-Way-Street, S. 159.

[34] Vgl. Matthias Rüb, Versöhnung in Ungarn. In: Frankfurter Allgemeine Zeitung, 15. 7. 1994.

[35] Die Kommunisten in Mittel- und Osteuropa – was ist aus ihnen geworden? In: Frankfurter Allgemeine Zeitung, 22. 12. 1995.

[36] Vgl. Polen hat sich eine neue Verfassung gegeben. In: Frankfurter Allgemeine Zeitung, 27. 5. 1997; Michael Ludwig, Wie schlimm war die Vergangenheit? In: Frankfurter Allgemeine Zeitung, 6. 5. 1998.

nistische Regime zu begründen, war vor dem historischen Erfahrungshintergrund der Nachkriegszeit tatsächlich nicht selbstverständlich – ebenso wenig wie die Tatsache, dass sie die Macht auch wieder auf demokratischem Wege abgaben: die polnische SdRP/SLD nach ihrer Wahlniederlage 1997, die ungarische MSZP ein Jahr später.[37] Die Postkommunisten Polens und Ungarns schlugen damit einen Weg ein, den die PDS erst noch vor sich hatte: An die Macht zurückgekehrt, offenbarten die „Nachfolgeparteien", dass sie keine echte Gefahr für die neuen postsozialistischen Systeme darstellten.

Die „demokratische Läuterung" der Postkommunisten musste aber nicht zwingend auch einen innerparteilichen Pluralismus widerspiegeln. Im Gegenteil: Es spricht vieles dafür, dass es neben der politischen Erfahrung der Parteikader der hohe Grad an Zentralismus und der vergleichsweise geringe Grad an innerparteilichem Pluralismus war, der es den postkommunistischen Parteiführungen in Polen und Ungarn ermöglichte, ihre Reformbemühungen relativ ungestört durch innerparteiliche Kritik voranzutreiben. Während die „Reformer" in der PDS immer wieder Rücksicht auf die Parteibasis und den kommunistischen Flügel nehmen mussten, agierten die politisch erfahrenen Parteieliten ihrer Bruderparteien weitgehend autonom davon.[38] Die Parteiführung der polnischen Postkommunisten beispielsweise schrieb auch nach der „Wende" die Parteiprogramme alleine, traf strategische Entscheidungen und bestimmte maßgeblich über die Besetzung von Wahllisten und Parteiämtern.[39] Zwar galten die innerparteilichen Strukturen der ungarischen Postkommunisten als weithin demokratisch, allerdings machte sich nach der Rückkehr an die Regierung 1994 innerparteiliche Kritik an der Entscheidungsfindung der Regierung Horn breit, die sich in ihrem Handeln kaum mehr durch die Parteigremien beeinflussen, geschweige denn kontrollieren ließ.[40] Die Verwestlichung der Postkommunisten ging nicht in jeder Hinsicht mit ihrer Demokratisierung einher.

Der Weg nach Westen: NATO, Europa und die Wirtschaftspolitik

Für die Beurteilung der Postkommunisten war in den neunziger Jahren aber auch gar nicht alleine die Demokratiefrage maßgeblich. Mindestens ebenso wichtig für die internationale Wahrnehmung war die unterschiedliche Haltung der postkommunistischen Parteien Polens, Ungarns und Deutschlands zum Westen und seinen Institutionen. In außen- und sicherheitspolitischen Fragen unterschieden sich die drei Parteien am deutlichsten voneinander. Während sich die PDS durch eine dezidiert antiwestliche Rhetorik und, wie im Einzelnen noch zu zeigen sein wird, durch einen ausgesprochen EU- und NATO-kritischen Kurs zu profilieren suchte,

---

37 Vgl. Michael Ludwig, Ein normales Land. In: Frankfurter Allgemeine Zeitung, 24. 9. 1997.
38 Vgl. Grzymała-Busse, The Programmatic Turnaround.
39 Vgl. ebenda, S. 56; Markowski, The Polish SLD, S. 58 f.; Curry, Poland's Ex-Communists, S. 48–50.
40 Vgl. Morlang, Hungary, S. 82.

folgten die regierenden Ex-Kommunisten in Warschau und Budapest einer anderen Logik: Da sie erkannten, dass es im außen- und sicherheitspolitischen Interesse ihrer Länder lag, bei den westlichen Institutionen Schutz (nicht zuletzt vor Russland) und Unterstützung (im Transformationsprozess) zu suchen, hielten auch die postkommunistischen Regierungen am pro-westlichen Kurs ihrer bürgerlichen Vorgängerregierungen fest und strebten die Aufnahme ihrer Länder in EU und NATO an.[41] Es waren schließlich postkommunistische Regierungen in Warschau und Budapest, denen 1997 in Madrid die Aufnahme ihrer Länder in die transatlantische Verteidigungsgemeinschaft in Aussicht gestellt wurde. Vor diesem Hintergrund wirkte die antiwestliche Politik der PDS umso stärker als Relikt eines alten Denkens, das die Postkommunisten in den östlichen Nachbarländern, so schien es, überwunden hatten.

Diese unterschiedliche Haltung zu den westlichen Institutionen korrespondierte mit den jeweiligen wirtschaftspolitischen Profilen. Zwar verstanden sich anfänglich alle postkommunistischen Parteien Europas – inklusive der polnischen und ungarischen Nachfolgeorganisationen – als sozialistische Parteien, die gegen die Privatisierungspolitik der Mitte-Rechts-Regierungen opponierten und „dritte Wege" mit starken staatlichen Umverteilungsmechanismen bevorzugten.[42] Auch profilierten sie sich wie die PDS mit weitreichenden wohlfahrtsstaatlichen Versprechungen und konnten damit unzufriedene Wählergruppen mobilisieren.[43] Aber auch das änderte sich dort, wo die ehemaligen Kommunisten Regierungsverantwortung übernahmen. Was in Deutschland der Regierung Kohl zufiel und von der PDS energisch bekämpft wurde, das mussten in Ungarn und Polen die früheren Kommunisten fortan selbst leisten: die Gestaltung der marktwirtschaftlichen Transformation. Konkret hieß dies, die eingeschlagene monetaristisch-liberale Reformpolitik der Vorgängerregierungen als „alternativlos" fortzusetzen.[44]

Während ihrer Regierungszeit 1993–1997 wurde das Programm der polnischen Postkommunisten nachweislich marktwirtschaftlicher und zunehmend kritisch gegenüber staatlichen Eingriffen und wohlfahrtsstaatlicher Umverteilung: Die SLD-geführte Regierung hielt an den marktliberalen Reformen der Vorgängerkabinette fest, unterstützte Privatisierungen und reduzierte die sozialstaatlichen Ausgaben.[45] Auch die ungarische MSZP beschränkte den Zugang zu sozialstaatlichen Leistungen, implementierte eine auf Konsolidierung ausgerichtete Wirtschafts- und Finanzpolitik und stellte ihr Programm unter das zeitgenössisch

---

[41] Vgl. Racz, The Hungarian Socialists, S. 333; Morlang, Hungary, S. 73 f.; Grzymała-Busse, Redeeming the Communist Past, S. 166 f.; Curry, Poland's Ex-Communists, S. 40 und S. 52 f.

[42] Vgl. Timmermann, A Dilemma, S. 181; Ziblatt, The Adaptation, S. 133; Racz, The Socialist-Left Opposition, S. 652 und S. 656.

[43] Timmermann, A Dilemma, S. 177; vgl. auch Kommunisten in Mittel- und Osteuropa – was ist aus ihnen geworden? In: Frankfurter Allgemeine Zeitung, 22. 12. 1995.

[44] Vgl. Bozóki, The Hungarian Socialists, S. 102–104; Markowski, The Polish SLD, S. 66 f.

[45] Vgl. Grzymała-Busse, The Programmatic Turnaround, S. 61; Curry, Poland's Ex-Communists, S. 52.

populäre Schlagwort der „Modernisierung".[46] Gerade die ökonomische Krisensituation und die Abhängigkeit der neuen Demokratien von westlichen Investitionen und Unterstützung durch den Internationalen Währungsfonds spielte hierbei eine wichtige Rolle: „Einen radikalen Kurswechsel konnten sie sich schlicht nicht leisten", so Philipp Ther.[47] Das sah auch Gyula Horn so: „Ohne Privatisierung gibt es keine Marktwirtschaft und ohne Marktwirtschaft keinen Anschluß an Europa", so der ungarische Ministerpräsident im Januar 1995.[48]

Yuppies und Manager: Habitus und Politikstile

Im ungarischen und im polnischen Fall war die neue Wirtschaftspolitik aber nicht nur Ergebnis äußerer Erwartungen und Rahmenbedingungen, sondern auch Folge eines anderen Selbstverständnisses und eines anderen Politikstils: Im Vergleich zur PDS, die an einer sozialistischen Tradition festhielt und nach theoretisch-programmatischen Begründungen ihrer Politik suchte, gerierten sich sowohl die polnischen als auch die ungarischen „Nachfolgeparteien" als weithin unideologische Management-Parteien, in denen pragmatische Technokraten und „überzeugte Marktwirtschaftler" am Werk waren.[49] Sehr viel besser als der PDS gelang es ihnen, ihre Vergangenheit im realsozialistischen Regime zu entpolitisieren und als Ausweis ihrer administrativen Erfahrung und Expertise zu verkaufen.[50] Während die PDS auf der Suche nach dritten Wegen blieb und sie irgendwo zwischen sozialistischen Transformationskonzepten und keynesianischer Marktwirtschaft fand, verabschiedeten sich die postkommunistischen Parteieliten in den Nachbarländern weitgehend kompromisslos von solchen vermeintlichen „Illusionen".[51] Ihre Führungsgruppen verstanden sich nicht als sozialistische Ideologen oder Kämpfer gegen den Neoliberalismus und auch nicht primär als Agenten ihrer Mitglieder oder ihrer Wählerinnen und Wähler, die auf eine Änderung der Reformdynamik gehofft hatten. Ihre Aufgabe sahen sie zuallererst darin, die eingeleitete marktwirtschaftliche Transformation ihrer Länder zu einem erfolgreichen Abschluss zu bringen, unabhängig davon, ob das dem Wählerwillen entsprach.

Mit diesem Profil erfüllten sie die Erwartungshaltung vieler Zeitgenossen an eine „moderne", „postideologische" Politik und sie setzten einen Standard, wie

---

[46] Vgl. Grzymała-Busse, Redeeming the Communist Past, S. 261; Morlang, Hungary, S. 78–80; Bozóki, The Hungarian Socialists, S. 103–106.

[47] Ther, Die neue Ordnung, S. 92; vgl. auch Baylis, Political Adaptation, S. 149; Tavits/Letki, When Left is Right, S. 555 f.

[48] Gyula Horn, zit. n. Georg Paul Hefty, „Die Privatisierung muß einen Mittelstand hervorbringen". In: Frankfurter Allgemeine Zeitung, 28. 1. 1995.

[49] Matthias Rüb, Zäh und Lernfähig. In: Frankfurter Allgemeine Zeitung, 16. 7. 1994; „Die Betonköpfe sind alle weg". Interview mit Aleksander Kwaśniewski. In: Der Spiegel, 27. 11. 1995, S. 154–157, hier S. 154 f.; vgl. Ziblatt, The Adaptation, S. 134 f.; Grzymała-Busse, Redeeming the Communist Past, S. 218; Bingen, Die polnische Sozialdemokratie, S. 7 f.

[50] Vgl. Ziblatt, The Adaptation, S. 134; Grzymała-Busse, The Programmatic Turnaround, S. 61.

[51] Vgl. Ther, Die neue Ordnung, S. 92 f.

frühere Kommunisten sein mussten, um als „reformiert" angesehen zu werden. Ihre flexible Programmatik und ihr marktwirtschaftlicher Kurs galten im Westen als zeitgemäß, realistisch und als „Streben nach Normalität".[52] Ihr Modernisierungsverständnis stand dem der PDS-Führung sehr viel ferner als dem der „neuen Sozialdemokratie", wie sie sich in Westeuropa gerade im Zuge des Wahlerfolgs von Tony Blair in Großbritannien auszubreiten begann.[53] Und auch habituell konnte so mancher Postkommunist mit den jungen Sunnyboys der westlichen Politik konkurrieren: Während in Deutschland Gregor Gysis intellektueller Witz für Staunen sorgte, erinnerte Aleksander Kwaśniewski erstrecht nicht an einen kommunistischen Apparatschik, sondern eher schon an einen westlichen „Yuppie" – oder, wie Helga Hirsch in der FAZ beobachtete, einen „Star wie aus der Denver-Serie: jung, modebewußt, eloquent, schlagfertig.[…] Ein Mann nach westlichem Zuschnitt".[54] Dass solcherlei Äußerlichkeiten wirkten, weil sie westlichen Beobachtern einen gemeinsamen, liberalen Wertehorizont suggerierten, erkannten auch schon die Zeitgenossen. Denn wie Andrzej Szczypiorski fragte: „Welcher Yuppie auf der ganzen Welt träumt schon vom Kommunismus?"[55]

Die Last der Vergangenheit

Der Schein konnte aber trügen. Denn nicht in jeder Hinsicht konnten die postkommunistischen Parteien Ungarns und Polens nach westlichem Maßstab als Musterschüler der Transformation gelten. Überraschenderweise spielte die Frage des Umgangs mit der diktatorischen Vergangenheit für ihre positive Beurteilung in internationaler Perspektive nur eine untergeordnete Rolle. Dass die ehemals kommunistischen Parteien die Demokratie beibehielten, keine sozialistische Planwirtschaft errichteten, sondern im Gegenteil die liberale Transformation der Wirtschaft fortsetzten, war aus westlicher Sicht als Ausweis ihrer Wandlung wichtiger als Deklarationen zur Vergangenheit. In den nationalen Diskursen dagegen blieb diese Frage ein wichtiger langfristiger Faktor für Akzeptanz und Erfolg des parteipolitischen Postkommunismus. Obwohl – und gerade weil – die juristische Aufarbeitung der Vergangenheit in Polen und Ungarn im internationalen Vergleich relativ ambivalent blieb,[56] stellte die Frage des politischen Umgangs mit der kommunistischen Vergangenheit eine zentrale Streitfrage dar: „Die Schattengeister der Vergangenheit ließen sich nicht vertreiben."[57]

Dabei fällt auf, dass das für die deutsche PDS so typische Muster einer selektiven Verklärung der sozialen Verhältnisse im Realsozialismus und das Eintreten gegen

---

[52] Michael Ludwig, Streben nach Normalität. In: Frankfurter Allgemeine Zeitung, 11. 2. 1997.

[53] Vgl. Bozóki, The Hungarian Socialists, S. 108–110.

[54] Helga Hirsch, Ein Freund des Volkes. In: Frankfurter Allgemeine Magazin, 13. 12. 1996.

[55] Andrzej Szczypiorski, Nach dem Elektriker. In: Frankfurter Allgemeine Zeitung, 27. 11. 1995.

[56] Vgl. Welsh, Dealing with the Communist Past, S. 418; Wirsching, Der Preis der Freiheit, S. 107 und S. 111–113.

[57] Vgl. Wirsching, Der Preis der Freiheit, S. 108.

antitotalitäre Delegitimierungsversuche der realsozialistischen Ordnung zu den typischen Strategien postkommunistischer Parteien im ganzen östlichen Europa gehörte.[58] Nahezu überall wurden die vermeintlich positiven Seiten des Realsozialismus den neuen Unsicherheiten der postsozialistischen Transformation gegenübergestellt.[59] Die Aufarbeitung der Vergangenheit und die Gestaltung der Zukunft waren zwei verschiedene Dinge. Das galt auch für Polen, wo die programmatische Verwestlichung der SdRP/SLD keineswegs mit einer entsprechenden Anpassung des Geschichtsbildes einherging. Im Vergleich zu Deutschland gehörte Polen zu jenen Ländern, in denen – unter dem Schlagwort des „dicken Strichs" – eine eher zurückhaltende „Aufarbeitung" der Vergangenheit stattfand. Das war auch ein Preis für den konsensualen Übergang zur Demokratie gewesen.[60] Der „dicke Strich" war aber vor allem im Solidarność-Lager umstritten und konnte nicht verhindern, dass es in den gesamten 1990er Jahren zu quälenden, sich über viele Jahre hinziehenden Debatten um die Vergangenheit, um die Rolle des Geheimdienstes, um „Lustrationen" und „Dekommunisierung" der polnischen Gesellschaft kam.[61]

Die SdRP/SLD reagierte auf diese Situation ganz ähnlich wie die PDS: mit einer Mischung aus symbolischen Konzessionen und demonstrativer Distanz zum antitotalitären Geschichtsbild ihrer Konkurrenten. Vor allem etablierte sie sich als Repräsentanz der alten Eliten sowie all jener, die die positiven „Errungenschaften der Volksrepublik" priesen und verklärend auf die Vergangenheit zurückblickten.[62] Zwar verurteilte die Partei die stalinistischen Verbrechen, lehnte wie die PDS aber eine Bewertung der kommunistischen Herrschaft als Unrechtsregime ab, sprach lieber von „nationalen Dramen"[63] und verteidigte die Handlungen des kommunistischen Regimes mit Verweis auf die historischen Umstände.[64] Ähnlich wie führende Persönlichkeiten in der PDS sprach auch der polnische Präsident Kwaśniewski lieber von „Versöhnung"[65] als von den Verbrechen der Vergangenheit. Obwohl er sich gerne von den „Betonköpfen" seiner Partei distanzierte, war die kritische Auseinandersetzung mit der Vergangenheit für ihn zweitrangig und nur bedingt sinnvoll, weil sie den Einstellungen der eigenen Klientel widersprach: „Wir würden nur unnütz Zeit verschwenden."[66] Auch in dieser Hinsicht war er ein unideologischer Pragmatiker.

---

[58] Vgl. Todorova, Introduction, S. 6.

[59] Vgl. Timmermann, A Dilemma, S. 177.

[60] Vgl. Wirsching, Der Preis der Freiheit, S. 107; Zybura, Der Kommunismus und die Polen, S. 54–56.

[61] Vgl. Wirsching, Der Preis der Freiheit, S. 111 f.; Bingen, Die polnische Sozialdemokratie, S. 21.

[62] Jörs, Postsozialistische Parteien, S. 218–225, Zitat S. 220.

[63] So der SLD-Parteivorsitzende Józef Oleksy, zit. n. Michael Ludwig, Streben nach Normalität. In: Frankfurter Allgemeine Zeitung, 11. 2. 1997.

[64] Vgl. Grzymała-Busse, Redeeming the Communist Past, S. 105; Bingen, Die polnische Sozialdemokratie, S. 11 f.

[65] „Die Betonköpfe sind alle weg". Interview mit Aleksander Kwaśniewski. In: Der Spiegel, 27. 11. 1995, S. 154–157, hier S. 155.

[66] Ebenda, S. 154; vgl. auch den SLD-Slogan „Lasst uns zur Normalität zurückkehren – wir gewinnen die Zukunft", zit. n. Curry, Poland's Ex-Communists, S. 54.

Dazu kam, dass die polnische SdRP/SLD noch lange nach 1990 mit Korruptions- und Spionagevorwürfen gegen ihre höchsten Repräsentanten zu kämpfen hatte.[67] Die Parallelen zu den Stasi- und Finanzskandalen der PDS sind evident. Ähnlich wie diese reagierten auch die polnischen Postkommunisten auf solche Affären, indem sie sich hinter die Inkriminierten stellten: So wie Gregor Gysis Stellung in der Partei durch die wiederkehrenden MfS-Anschuldigungen nicht in Mitleidenschaft gezogen wurde, hielt auch die SdRP/SLD zu ihrem Ministerpräsidenten Józef Oleksy, dem Spionage für den russischen Geheimdienst vorgeworfen wurde. Zwar musste Oleksy 1996 als Regierungschef zurücktreten, er wurde aber stattdessen zum Vorsitzenden seiner Partei gewählt.[68] Für Kritik in Polen sorgte auch die Besetzung staatlicher Posten mit ehemaligen kommunistischen Parteifunktionären, Regierungsmitgliedern, Generälen, Diplomaten und Staatsanwälten, die insbesondere durch ihre Rolle während des Kriegszustands in den achtziger Jahren belastet waren.[69]

Dies alles trug dazu bei, die Segmentierung des polnischen Parteiensystems noch weiter zu vertiefen: Noch lange blieb der politische Wettbewerb in Polen geprägt durch eine Spaltung in ein heterogenes postkommunistisches Lager und ein noch diverseres antikommunistisches Solidarność-Lager.[70] Kooperation über die Lagergrenzen hinweg gab es ausschließlich auf kommunaler Ebene, im Sejm dagegen blieb der SdRP/SLD der Zugang zu relevanten Positionen und angemessener Repräsentation in Ausschüssen zunächst verwehrt.[71] Aus dem Solidarność-Lager wurde ihr (ähnlich wie der PDS durch ihre Konkurrenten) die moralische Legitimität als Volksvertreterin abgesprochen.[72] Auch nach dem Sieg der Postkommunisten bei der Parlamentswahl 1993 verweigerten ihnen die Parteien der früheren Dissidentenbewegung jede Zusammenarbeit.[73] Erst Ende der 1990er Jahre gelang es der postkommunistischen Partei, Bündnisse mit einem Teil des linken Solidarność-Flügels zu schließen und die politische Segmentierung im Land ein Stück weit zu verringern[74] – ohne dass dies die vergangenheits- und geschichtspolitischen Debatten hätte beenden können.[75]

Das gelang auch der postkommunistischen MSZP in Ungarn nicht, obwohl deren Führung schon früh eine dezidiert selbstkritische Haltung gegenüber der Vergangenheit eingenommen hatte: Schon 1989 entschuldigte sie sich für die mit Zwang herbeigeführte Vereinigung mit der sozialdemokratischen Partei nach dem Zweiten Weltkrieg, die Unterdrückung des Aufstandes von 1956 sowie die Auf-

---

[67] Vgl. Bingen, Die polnische Sozialdemokratie, S. 18 f. und S. 24.
[68] Vgl. ebenda, S. 10 und S. 18 f.; Curry, Poland's Ex-Communists, S. 47.
[69] Vgl. Bingen, Die polnische Sozialdemokratie, S. 19.
[70] Vgl. Grzymała-Busse, Redeeming the Communist Past, S. 233 f. und S. 250–252.
[71] Vgl. ebenda, S. 251 f.; Curry, Poland's Ex-Communists, S. 36–38.
[72] Vgl. Jörs, Postsozialistische Parteien, S. 218 f., Zitat S. 219.
[73] Vgl. Grzymała-Busse, Redeeming the Communist Past, S. 253.
[74] Vgl. ebenda, S. 255; Curry, Poland's Ex-Communists, S. 44.
[75] Vgl. Wirsching, Der Preis der Freiheit, S. 112 f.

rechterhaltung der kommunistischen Diktatur unter János Kádár.[76] Diese vergleichsweise klare und selbstkritische Haltung trug einerseits zum guten Ruf der MSZP im westlichen Ausland bei, andererseits aber auch dazu, dass die Partei früher Bündnisse mit Kräften des antikommunistischen Lagers schließen konnte als ihre Bruderparteien in Polen oder Deutschland.[77] Dennoch blieb die Vergangenheit der MSZP ein belastendes Thema für die Partei. Der im Westen geschätzte Karlspreisträger Gyula Horn musste sich in Ungarn selbst Angriffen auf seine Integrität erwehren, bei denen es um seine Mitgliedschaft in der kommunistischen Miliz und seine Rolle bei der Niederschlagung des Aufstandes im Jahr 1956 ging. Nicht anders erging es im Jahr 2002 Horns Nachfolger Péter Medgyessy, nachdem dessen Vergangenheit bei der ungarischen Staatssicherheit bekannt geworden war.[78]

Ähnlich wie in Ostdeutschland aber schienen sich große Teile der Wählerschaft in Polen und Ungarn lange Zeit wenig für die Vergangenheit der früheren Staatsparteien zu interessieren und reagierten bestenfalls indifferent auf die gegenseitigen Vorwürfe der politischen Parteien. Trotzdem blieb die jüngere Zeitgeschichte noch lange eine Ressource parteipolitischer Konfrontation. Noch in den Jahrzehnten nach der Jahrtausendwende mobilisierten die nationalkonservativen Kräfte in beiden Ländern, insbesondere die Fidesz-Partei in Ungarn und die PiS-Partei in Polen, gegen echte und vermeintliche kommunistische Kontinuitäten. Allerdings schienen die Fronten nun verkehrt: Wo sich frühere Kommunisten als liberale und europäisch orientierte Reformer hervortaten, nahmen sich ihre Gegner auf der politischen Rechten ihrer Themen an und traten mit eben jenem Antiliberalismus, Antiwesternismus und Antikapitalismus auf, den die früheren Kommunisten ad acta gelegt hatten.[79]

Gemeinsamkeiten und Unterschiede postkommunistischer Entwicklungen im östlichen Europa

Stellte der Entwicklungsweg der deutschen PDS also, wie im zeitgenössischen Integrationsdiskurs vielfach suggeriert, eine internationale Ausnahme dar, weil sie anders als ihre früheren Bruderparteien im östlichen Europa keinen dezidierten Bruch mit der kommunistischen Vergangenheit vollzog? Das muss in mehrfacher Hinsicht relativiert werden. In den neunziger Jahren war die Aufmerksamkeit der Zeitgenossen in hohem Maße auf die Haltung der postkommunistischen Parteien

[76] Vgl. Grzymała-Busse, Redeeming the Communist Past, S. 113 f.
[77] Vgl. Kiss, The Misuses of Manipulation, S. 928 f.
[78] Zu beiden Fällen ebenda, S. 932–936.
[79] Vgl. Druckman/Roberts, Communist Successor Parties, S. 10 und S. 22; Bozóki, The Hungarian Socialists, S. 107 f.; zur Entwicklung der polnischen und ungarischen Parteiensysteme und Cleavage-Strukturen siehe Bauer, Changing Cleavage Structure; Kitschelt u. a., Post-Communist Party Systems; Szabó, From a Suppressed Anti-Communist Dissident Movement; Jasiewicz, The (Not Always Sweet) Uses; ders., The Past Is Never Dead; Zybura, Der Kommunismus und die Polen, S. 54; Kiss, Of the Past Let Us Make a Clean Slate.

zur politisch-ökonomischen Transformation ihrer Länder gerichtet. In diesen Zusammenhängen spielten die Parteien in Ungarn und Polen tatsächlich eine andere Rolle als die PDS, insofern sie sich als pro-europäische und ökonomisch liberale Kräfte aufstellten, die den eingeschlagenen Transformationspfad als „alternativlos" ansahen und fortsetzten. Sie waren „in vielem das schiere Gegenteil der Partei Biskys und Gysis", so Heinrich August Winkler: „Sie sind prowestlich; sie bejahen die Marktwirtschaft und haben keine Probleme mit der repräsentativen Demokratie."[80] Erst später vollzog die PDS in den Landesregierungen Mecklenburg-Vorpommerns und Berlins manches von dem nach, was die Postkommunisten Ungarns und Polens vorgemacht hatten. Fragen der Vergangenheitspolitik dagegen, die in der bundesdeutschen Debatte eine wichtige Rolle spielten, schienen in diesem Zusammenhang in der internationalen Wahrnehmung weniger relevant zu sein. Blickt man aber auf die postsozialistischen Gesellschaften selbst, dann müssen die Anfeindungen, denen die PDS in Deutschland aufgrund ihrer Vergangenheit lange Zeit ausgesetzt war, als typische Muster postsozialistischer Gesellschaften angesehen werden. Dasselbe gilt für die Bitterkeit, die ihr Wiederaufstieg zur Macht bei den früheren Oppositionellen und Opfern der Diktatur auslöste.

Vor allem aber stellte das ungarisch-polnische Entwicklungsmodell keineswegs die europäische Norm dar, als die es im bundesdeutschen Diskurs oft erschien. Vielmehr schlugen die verschiedenen postkommunistischen Parteien sehr unterschiedliche Entwicklungswege ein, und verglichen mit manchen von ihnen wirkte die PDS keineswegs mehr so radikal und antiwestlich.[81] Schon ein flüchtiger Blick in die Tschechische Republik oder nach Russland zeigt, dass die Sozialdemokratisierung früherer Kommunisten im östlichen Europa keineswegs alternativlos war und dass sie dort, wo sie einem besonders feindlichen Klima seitens ihrer Konkurrenten ausgesetzt waren, umso nachhaltiger als antiwestliche und nationalistische Protest- und Milieuparteien reüssieren konnten.[82] In den bundesdeutschen Debatten der neunziger Jahre spielten solche Unterschiede innerhalb der postkommunistischen Entwicklung aber kaum eine Rolle. Und noch weniger wurde auf die unterschiedlichen Entwicklungen innerhalb der kommunistischen Parteienfamilie in Westeuropa geblickt, die für das Verständnis der PDS mindestens genauso maßgeblich waren wie die Wege der postkommunistischen Parteien im östlichen Teil des Kontinents.

---

[80] Heinrich August Winkler, Sonderweg nach Weimar. In: Frankfurter Allgemeine Zeitung, 16. 5. 1998.

[81] Für eine Typologie siehe: Ishiyama, A Typology; Kuzio, Comparative Perspectives; Olsen, Germany's PDS, S. 43–45.

[82] Vgl. Timmermann, A Dilemma, S. 180; Olsen, Germany's PDS, S. 43 f.; Ishiyama, Historical legacies; zur Kooperation von Postkommunisten mit Nationalisten siehe auch ders., Strange Bedfellows; zu Tschechien Handl, Die Kommunistische Partei, ders., Die Tschechische Kommunistische Partei; Hanley, The Communist Party; Hough/Handl, The Post-Communist Left; Kopeček/Pšeja, Czech Social Democracy; K.-O. Lang, Die tschechischen Kommunisten; zu Russland siehe Holzhauser/Kalashnikov, Communist Successors and Narratives of the Past; Flikke, Patriotic Left-Centrism; March, For Victory?; ders., The Pragmatic Radicalism; Pasynkova, The Communist Party; Sakwa, Left or Right?; ders., The Russian KPRF.

2.2 Relikte des Kalten Kriegs? Die postkommunistische Linke in Westeuropa

Wenn im deutschen PDS-Diskurs der neunziger Jahre überhaupt Bezug auf kommunistische und postkommunistische Parteien Westeuropas[83] genommen wurde, dann dominierte auch in dieser Hinsicht die Erwartung an eine Verwestlichung qua Sozialdemokratisierung: Für die meisten Beobachterinnen und Beobachter in der Bundesrepublik blieb die dauerhafte Präsenz einer kommunistischen Partei eine Ausnahme, die auf kurz oder lang verschwinden würde, ihre Sozialdemokratisierung dagegen war die wünschenswerte Norm.[84] Dass die PDS aber eine solche Entwicklung vermied und weiterhin engen Kontakt zu kommunistischen Parteien Westeuropas hielt, schien ihre Lernunwilligkeit zu unterstreichen.[85] Aus Sicht der PDS wiederum stellte sich die Lage anders dar. Wenn deren Führungspersonal von „europäischer Normalität" sprach, dann hatte es sichtlich anderes im Auge als die Entwicklungen in Polen oder Ungarn. Vielmehr fällt auf, wie aufmerksam der Blick der ostdeutschen Postkommunisten nach Westen gerichtet war, in jene europäischen Demokratien, in denen kommunistische Parteien seit jeher zu den etablierten Kräften im politischen System gehörten. Es ging den Führungspersönlichkeiten der PDS um die Frage, welchen Platz systemkritische Parteien innerhalb der westlichen Demokratie einnehmen konnten, doch die Antworten auf diese Frage veränderten sich nach 1990 ebenso, wie sich die kommunistischen Parteien Europas wandelten. Aus diesem Umstand ergibt sich eine These, die im Folgenden genauer dargelegt werden soll: Wer die Integration der PDS verstehen will und wer ergründen will, was die politische Führung der Partei mit dem Ziel verband, im Westen „anzukommen", der muss die Entwicklung anderer kommunistischer und postkommunistischer Parteien im westlichen Europa verstehen.

Westeuropäische Kommunisten vor 1990

Die kommunistischen Parteien Westeuropas nahmen in den Nachkriegsjahrzehnten sehr unterschiedliche Positionen in ihren jeweiligen Gesellschaften ein. In Staaten wie Großbritannien und auch der Bundesrepublik vollständig marginalisiert, gehörten sie in Nordeuropa oft zu den kleineren Parteien mit parlamentarischer Präsenz, während sie wiederum in einigen südeuropäischen Ländern wie

---

[83] Westeuropa wird im Folgenden in einem politischen Sinn verstanden und meint die liberalen Demokratien des südlichen, westlichen und nördlichen Europa inklusive der parlamentarischen Demokratien Skandinaviens.

[84] Vgl. Spier/Wirries, Ausnahmeerscheinung oder Normalität?, S. 71.

[85] Für Kontakte nach Westeuropa vgl. Zessin/Schwertner/Schumann, Chronik der PDS, S. 88, S. 101, S. 135, S. 147, S. 160, S. 165, S. 170, S. 178 f., S. 205, S. 363 und S. 444 (PCF); S. 176 und S. 179 (PRC); S. 77, S. 87, S. 106, S. 184, S. 190, S. 247 (KPÖ); S. 81 (KP Belgiens); S. 91 (Partei der Arbeit der Schweiz); S. 100, S. 178 (KP Luxemburgs); S. 266 (Finnischer Linksbund); außerdem Geiger, Verfassungsschutzrelevante Aspekte, S. 33 f.; Leclercq/Platone, A Painful Moulting, S. 142 f.; Bell, The French Communist Party, S. 27 f.; Hudson, The New European Left, S. 100.

Italien und Frankreich, aber auch in Finnland, zu den politischen Schwergewichten zählten: Ausgestattet mit der Reputation als Patrioten und antifaschistische Widerstandskämpfer stiegen sie dort nach dem Zweiten Weltkrieg zur jeweils stärksten Kraft der Linken auf, gehörten zunächst Konsensregierungen mit sozialistischen und bürgerlichen Kräften an und waren an der Ausarbeitung demokratischer Verfassungen beteiligt.[86]

Mit dem Beginn des Kalten Kriegs wurden die Kommunisten dann überall in Westeuropa aus der Regierung verdrängt und als Anti-System-Parteien bekämpft.[87] Ähnlich wie in der Bundesrepublik nahm dieser westliche Antitotalitarismus aber seit den 1970er Jahren in zahlreichen Ländern neue, weniger rigide Formen an und es kam auch auf kommunistischer Seite zu Öffnungsprozessen. In Italien, Spanien und Schweden begannen sich kommunistische Parteien im Zuge des sogenannten Eurokommunismus vom Sowjetmodell zu distanzieren und sich den repräsentativ-demokratischen Modellen des Westens anzunähern.[88] Zugleich wurde der Konsens gegen sie durchlässig: Die schwedische „Vänsterpartiet Kommunisterna" hielt schon zu Zeiten des Ost-West-Konflikts regelmäßig sozialdemokratische Minderheitsregierungen im Amt und wurde damit Teil eines linken Lagers.[89] Die Italienische Kommunistische Partei regierte in zahlreichen Regionen mit, stellte seit 1976 den Parlamentspräsidenten und tolerierte im Rahmen des „compromesso storico" der 1970er Jahre zeitweise christdemokratische Minderheitsregierungen.[90] Und der französischen KP gelang es sogar schon 1981, obwohl weiterhin moskautreu, als Teil der Koalition François Mitterrands in die nationale Regierungsverantwortung aufzusteigen.[91] Die großen kommunistischen Parteien Europas hatten damit ihre politische Isolation bereits überwunden, ehe der „Eiserne Vorhang" mit den Umbrüchen Ende der achtziger Jahre fiel.

Westeuropäische Kommunisten nach 1990

Trotz dieser Entwicklungen stellte der Untergang des Sowjetkommunismus auch für die kommunistischen Parteien Westeuropas ein einschneidendes Ereignis dar. Mit dem Ende des Ost-West-Konflikts verschärfte sich die bereits in den 1980er Jahren einsetzende Identitätskrise der kommunistischen Linken und führte zu signifikanten Wandlungen.[92] Für einige wenige von ihnen erwies sich der „Eurokommunismus" als „Durchgangsstadium zur Sozialdemokratisierung".[93] Als mus-

---

[86] Vgl. Sassoon, One Hundred Years, S. 102–106.
[87] Vgl. Strøm/Budge/Laver, Constraints, S. 317.
[88] Vgl. Timmermann, A Dilemma, S. 184 f.; Wilson, After the Deluge, S. 268 f.; Di Palma, Der Eurokommunismus, S. 236 f.; Koß, Close to, but Still Out of, Government, S. 106; Henningsen, Die Linke in Schweden, S. 187; Spier/Wirries, Ausnahmeerscheinung oder Normalität?, S. 75.
[89] Vgl. Koß, Close to, but Still Out of, Government, S. 106.
[90] Vgl. Newell, Between a Rock and a Hard Place, S. 53.
[91] Vgl. Wilson, After the Deluge, S. 274; Bell, The French Communist Party, S. 35.
[92] Vgl. Botella/Ramiro, The Crisis, S. 243 f.
[93] Ein Fossil. In: Frankfurter Allgemeine Zeitung, 30. 9. 1993.

tergültig galt in diesem Zusammenhang die Wandlung der Italienischen Kommunistischen Partei, die sich nach dem Ende des Ost-West-Konflikts endgültig vom Kommunismus lossagte und sich als „Partei der Linksdemokraten" in eine sozialdemokratische Partei westlicher Prägung transformierte.[94] Im bundesdeutschen Diskurs galt das italienische Beispiel neben dem ungarischen und dem polnischen als Maßstab auch für die PDS: Wenn sie sich, so der SPD-Vorsitzende Björn Engholm Anfang 1993, ein Beispiel an der Bruderpartei in Italien nähme und sich „in eine moderne sozialistische Partei mit sehr liberalen Grundzügen" verwandelte, dann könne man mit dieser Partei auch „fruchtbarer" streiten.[95]

Nimmt man die westeuropäische Entwicklung insgesamt in den Blick, dann blieb das italienische Beispiel aber die Ausnahme. Während sich manche kommunistische Parteien mit grünen und anderen linken Gruppen zu heterogenen Bündnissen zusammenschlossen, so zum Beispiel in den Niederlanden, blieben andere, insbesondere an der südlichen Peripherie, der reinen Lehre treu und verfolgten auch weiterhin einen orthodoxen Kurs.[96] Am häufigsten war auch hier die Mischung aus mehreren Elementen: Die Ambivalenz und die inneren Widersprüche, die für die PDS so prägend waren, stellten im westeuropäischen Vergleich keine Ausnahme, sondern die Regel dar. Dennoch schälte sich seit Mitte der 1990er Jahre eine heterogene Parteienfamilie heraus, die sich in mehreren europäischen Organisationen mit wechselnder Zusammensetzung zusammenfand.[97] Was zeichnete diese heterogene Parteienfamilie also aus? Auch das kann anhand zweier Parteien skizziert werden, die in der Diskussion um den Integrationskurs der PDS eine wichtige Rolle spielten: die Französische Kommunistische Partei (PCF) und die schwedische Vänsterpartiet („Linkspartei").

Die kommunistische Vergangenheit

In Bezug auf die kommunistische Identität und Vergangenheit dominierte die Ambivalenz. Die Französische Kommunistische Partei beispielsweise galt im bundesdeutschen Diskurs als „Fossil" des Ost-West-Konflikts, da sie im Gegensatz zu den italienischen Kommunisten eine sozialdemokratische Erneuerung ablehnte und dem kommunistischen Erbe, inklusive der Symbolik von Hammer und Sichel, treu blieb.[98] Allerdings kamen auch die französischen Kommunisten nicht umhin,

---

[94] Vgl. Timmermann, Die sozialistischen und sozialdemokratischen Parteien, S. 197; Baccetti, After PCI, S. 36–38.

[95] Miteinander reden muß man so oder so. Interview mit Björn Engholm. In: Neues Deutschland, 1.2.1993.

[96] Vgl. Botella/Ramiro, The Crisis, S. 247–253; Wirries/Spier, Ausnahmeerscheinung oder Normalität?, S. 75–80.

[97] Dazu gehören die 1995 gegründete Fraktion der Vereinten Europäischen Linken/Nordische Grüne Linke (GUE/NGL) im Europäischen Parlament, das 1991 gegründete Forum der Neuen Europäischen Linken (NELF) und die 2004 gegründete Europäischen Linkspartei (EL) (vgl. Moreau, Die kommunistischen und post-kommunistischen Parteien, S. 55–58.)

[98] Ein Fossil. In: Frankfurter Allgemeine Zeitung, 30.9.1993; vgl. Spier/Wirries, Ausnahmeerscheinung oder Normalität?, S. 94 f.

sich zu den neuen Gegebenheiten zu verhalten. Die unter ihrem Nationalen Sekretär Robert Hue seit 1994 eingeleitete Strategie der „mutation" war darauf ausgerichtet, sich vom „stalinistischen" Kommunismus zu distanzieren, ohne die in Frankreich traditionsreiche kommunistische Identität aufzugeben. Hue sprach daher relativ offen von den „crimes" und der „cruauté" des Stalinismus: „les millions de victimes, l'horreur des camps, la monstruosité des procès, un régime criminel".[99] Da sich die französischen Kommunisten aber dafür nicht selbst verantwortlich fühlten, lag eine solche Distanzierung nahe, auch wenn sie innerparteilich keineswegs unumstritten war. Zugleich versuchte Hue das, was Patrick Moreau als „Historisierung des Kommunismus" bezeichnet hat und was ein typisches Muster kommunistischer Parteien in Westeuropa darstellte: „Da die Verbrechen des sowjetischen Kommunismus nicht zu leugnen waren, wurden sie von allen kommunistischen/postkommunistischen Parteien partiell anerkannt", zugleich aber als Pervertierung der kommunistischen Ideale interpretiert oder relativiert.[100] Die kommunistische Identität sollte bewahrt werden.

Im Vergleich zur „mutation" der französischen Kommunisten fiel der Bruch der schwedischen Vänsterpartiet mit der Vergangenheit deutlicher aus: Die Partei verabschiedete sich vom Kommunismus als Ziel, strich jeden Bezug zu ihm aus dem Parteinamen und trennte sich von kommunistischer Symbolik: Als Parteisymbol diente stattdessen die rote Nelke, das Erkennungszeichen der sozialistischen Bewegung. Von einer antitotalitären Orientierung im westlichen Sinne konnte aber nicht die Rede sein: Auch weiterhin wurden bekennende Kommunisten in der Partei geduldet und noch im Jahr 2004 kam es deshalb zu Diskussionen in der schwedischen Öffentlichkeit über den neuen Parteivorsitzenden der Vänsterpartiet Lars Ohly, der sich selbst als „Kommunist" bezeichnete und gewisse „Einschränkungen demokratischer Freiheitsrechte" im „Interesse der Arbeiterklasse" verteidigte.[101] Auch deswegen konnte die Partei ihr Image als kommunistische Partei in der schwedischen Öffentlichkeit niemals vollständig loswerden.[102]

Die postkommunistische Linke und der westliche „Neoliberalsimus"

Eine ähnliche Ambivalenz zeichnete die Haltung der westeuropäischen Linksparteien in der Wirtschaftspolitik aus. Auch in dieser Hinsicht war der Versuch der PDS typisch, einen nur schemenhaft umrissenen „dritten Weg" zwischen Zentral-

---

[99] Hue, Communisme: la mutation, S. 97.

[100] Moreau, Die kommunistischen und post-kommunistischen Parteien, S. 48 f.

[101] Zit. n. Spier/Wirries, Ausnahmeerscheinung oder Normalität?, S. 86; vgl. Koß, Close to, but Still Out of, Government, S. 116 f.; B. Steiner, Communists we are no longer, S. 64; Keith, Party Organisation, S. 134; Arter, Communists we are no longer, S. 17 f.

[102] Auch die Öffnung der Sozialdemokraten und Grünen für eine formale Koalition mit der Linkspartei vor der Parlamentswahl 2010 führte – ganz ähnlich wie in Deutschland – zu energischen Auseinandersetzungen um die Rolle der Linkspartei (vgl. Bengtsson, Die schwedische Sozialdemokratie, S. 9 f. und S. 13 f.).

verwaltungswirtschaft und Kapitalismus zu finden. Für den PCF-Sekretär Hue war sowohl das „modèle soviétique" einer etatistischen Kollektivwirtschaft gescheitert als auch das „modèle social-démocrate", das versuchte, den Kapitalismus zu regulieren, statt ihn zu überwinden[103] – und erst recht galt das für die „ultraliberale" Version der „tout-privatisation", die zum neuen Feindbild ersten Ranges avancierte.[104] In der schwedischen Vänsterpartiet dagegen lässt sich jene Hinwendung zum keynesianischen Konsenskapitalismus identifizieren, die auch in Teilen der PDS stattfand. Unter ihrer populären Parteivorsitzenden Gudrun Schyman, einer in Sachen Medienpräsenz ähnlich versierten Politikerin wie Gregor Gysi, präsentierte sich die Vänsterpartiet als Verteidigerin des schwedischen Wohlfahrtsstaatsmodells („folkhemmet") und einer keynesianischen Wirtschafts- und Arbeitsmarktpolitik gegen die „neoliberalen" Reformen der sozialdemokratischen Regierungen der 1990er Jahre.[105] Das Ziel wurde mit dem Begriff der „sozialistischen Marktwirtschaft" umrissen.[106]

In der Außen- und Sicherheitspolitik wiederum blieben die meisten westeuropäischen Linksparteien ähnlich wie die PDS dezidiert antiwestlich geprägt, wobei sich Kritik am „Neoliberalismus" der Europäischen Union und an der US-dominierten Weltordnung zu einem doppelten Feindbild verbanden. So sprachen sich beim Herbsttreffen der „Neuen Europäischen Linken" im Oktober 1996 17 Parteien unter Einschluss der PDS gegen die europäische Währungsunion und für eine stärkere soziale Dimension der EU aus.[107] Im folgenden Juli verabschiedeten 18 kommunistische und sozialistische Parteien aus Westeuropa in Madrid eine Abschlusserklärung, in der sie sich gegen den „Neoliberalismus" und gegen Privatisierungen, für die Verteidigung von Sozialstaat und öffentlichem Sektor sowie „gegen die Stärkung und Erweiterung der NATO" aussprachen.[108]

Im Gegensatz zu den postkommunistischen Parteien Ungarns oder Polens blieben die gewandelten Linksparteien Westeuropas in ihrem Selbstverständnis also kapitalismus- und systemkritische Parteien.[109] Sie befanden sich in den Debatten der 1990er und 2000er Jahre, in denen es um Reformen des Wohlfahrtsstaats und eine neue Weltordnung ging, aber in einer auffallend defensiven Diskurssituation: Ganz wie die PDS legten sie ihr Hauptaugenmerk nicht mehr darauf, konkrete Alternativen zu den bestehenden Systemen zu formulieren. Die klare Alternative

---

[103] Hue, Communisme: la mutation, S. 168.
[104] Hue, Communisme un noveau projet, S. 268. Er sprach zugleich vom „Scheitern etatistischer Konzepte" (ebenda).
[105] Vgl. Henning Süssner, Schweden: Langer Marsch in die Koalition, S. 67 f.; B. Steiner, Communists we are no longer, S. 67 f.; Keith, Party Organisation, S. 108–134; Koß, Close to, but Still Out of, Government, S. 109–114; Spier/Wirries, Ausnahmeerscheinung oder Normalität?, S. 85 f.; Arter, Communsists we are no longer, S. 12.
[106] Arter, Communsists we are no longer, S. 11 f.
[107] Vgl. Zessin/Schwertner/Schumann, Chronik der PDS, S. 418.
[108] Wir müssen Europa verändern. Gemeinsame Abschlußerklärung des Treffens progressiver und linker Kräfte Europas (Madrid, 5.–6. 7. 1997). Madrid, 5. 7. 1997. In: PDS-Pressedienst, 18. 7. 1997.
[109] Siehe dazu Jesse/Thieme, Extremismus in den EU-Staaten im Vergleich.

war mit dem Scheitern des Sowjetkommunismus abhandengekommen. Vielmehr versuchten sie den perzipierten Angriff des „Neoliberalismus" auf die bestehenden Wohlfahrtsstaaten abzuwehren und Protest dagegen zu mobilisieren. Demnach spielten sie auf diskursiver Ebene eine eher systemkonservierende denn systemüberwindende Rolle.[110]

„Gezähmtes Protestventil": Die gesellschaftliche Rolle der westlichen Kommunisten

Auch in anderer Hinsicht waren viele der kommunistischen und postkommunistischen Linksparteien Westeuropas keine typischen Anti-System-Parteien mehr.[111] Statt der bürgerlichen Demokratie den Kampf anzusagen, versuchten sie vielmehr, innerhalb des Systems der parlamentarischen Demokratie für ihre Belange einzutreten, sich also „immanent zu den demokratischen Ordnungen ihrer Länder" zu stellen, wie die Extremismusforscher Eckhard Jesse und Tom Thieme formulierten.[112] An die Stelle kommunistischer, systemtranszendierender Theorien trat vielfach eine vereinfachende, plakative Wähleransprache, wie sie auch bei der PDS zu finden war. Als Prototyp dieser Entwicklung gilt die „Socialistische Partij" der Niederlande: Ehemals eine maoistische Partei, erfand sie sich in den 1990er Jahren als unorthodoxe linke Protestpartei neu, die ein linkssozialdemokratisches Programm mit populistischen Kommunikationsstrategien verband.[113] Zugleich waren die meisten Linksparteien Westeuropas zu Regierungsbündnissen mit sozialdemokratischen Parteien und teils auch mit bürgerlichen Kräften bereit[114] – selbst wenn das einen Verlust des eigenen Profils bedeutete: So gehörte die Kommunistische Partei Frankreichs zwischen 1997 und 2002 der Regierung der „Gauche plurielle" unter der Führung des Sozialisten Lionel Jospin an, die unter anderem die Privatisierung großer Unternehmen, die Senkung von Einkommens- und Unternehmenssteuern sowie die Beteiligung Frankreichs am Kosovo- und am Afghanis-

---

[110] Vgl. auch European Left Party, Athens Declaration.

[111] Sie waren vielmehr gespalten zwischen systemfeindlichen und systemkonformen Gruppen (vgl. Leclercq/Platone, A Painful Moulting, S. 143 f.; Hudson, The New European Left, S. 100; Koß, Close to, but Still Out of, Government, S. 107).

[112] Jesse/Thieme, Extremismus in den EU-Staaten im Vergleich, S. 464; ähnlich auch Moreau, Die kommunistischen und post-kommunistischen Parteien, S. 55.

[113] Vgl. March, Parteien links der Sozialdemokratie, S. 3 f.; siehe auch Keith, Party Organisation, S. 78–80 und S. 95–102.

[114] Vgl. die breite italienische Mitte-Links-Regierung Romano Prodis (2006–2008) sowie die gemeinsame Regierungskoalition der finnischen Konservativen mit der postkommunistischen „Linksallianz" unter Ministerpräsident Katainen (2011–2014). Zu den kommunistischen und ex-kommunistischen Parteien Europas, die als Teil einer Regierungskoalition oder einer Tolerierungskoalition bis heute auf nationaler Ebene gouvernementale Verantwortung übernommen haben, gehören neben PCF und Vänsterpartiet die spanischen und portugiesischen Kommunisten, die aus verschiedenen K-Gruppen entstandene „Einheitsliste" in Dänemark, die italienische „Partei der kommunistischen Wiedergründung" (PRC) , die griechische „Syriza" sowie die zyprische „AKEL". Für Einzelfallbeispiele siehe Olsen/Koß/Hough (Hrsg.), Left Parties in National Governments.

tankrieg verantwortete.[115] Und auch die schwedische Vänsterpartiet hielt zwischen 1998 und 2006 eine sozialdemokratische Minderheitsregierung unter Göran Persson im Amt, die, obwohl formal neutral, den „Krieg gegen den Terror" unterstützte und zudem die Kooperation auch mit bürgerlichen Kräften suchte.[116] Auch in dieser Hinsicht dominierte also die Ambivalenz.

In den Parteiensystemen Westeuropas kam diesen Parteien eine Rolle zu, die Patrick Moreau mit der eigenwilligen Metapher des „gezähmten Protestventils" umschrieb: „Die KPen waren in Regierungsbündnissen und anderen Koalitionen gefangen. Sie spielten dieses Spiel mit und dienten dazu, soziale Spannungen und Konflikte zu kontrollieren und zu integrieren."[117] Es stellte sich demnach eine Art Arbeitsteilung zwischen sozialdemokratischen und (post)kommunistischen Kräften ein: Während Kapitalismuskritik, sozialistische Zielvorstellungen und Kritik am Westen und an der NATO, aber auch linkskeynesianische Orientierungen, in den sozialdemokratischen Parteien zu Minderheitspositionen wurden oder gar nicht mehr artikuliert wurden, übernahmen die Parteien des linken Randes zum Teil die Funktion, solche, durchaus heterogene Positionen zu repräsentieren. Insofern war der Wandlungsprozess der kommunistischen und postkommunistischen Linken auch eine Reaktion auf die Veränderungen der europäischen Mitte-Links-Parteien im Zeichen der „neuen Sozialdemokratie".[118] Gleichzeitig waren die Linksparteien, dort wo sie mitregierten, damit beschäftigt, ihre beiden Funktionen als Regierungs- und Protestparteien zu balancieren, was zu innerparteilichen Kämpfen, Wahlniederlagen und Versuchen der populistischen Reprofilierung führte. Damit versuchten sie auch, ihre „tribunizische Funktion" im Parteiensystem gegen die neuen nationalistischen, rassistischen und einwanderungsfeindlichen Parteien auf der Rechten zu behaupten, die vielfach um dieselben Wählermilieus buhlten.[119]

Blickt man also auf die Entwicklung anderer kommunistischer und postkommunistischer Parteien Westeuropas, dann findet man vieles von dem wieder, was den Integrationsprozess der PDS im wiedervereinten Deutschland auszeichnete. Das betrifft insbesondere die Ambivalenz zwischen Altem und Neuem, zwischen

---

[115] Vgl. Hudson, The New European Left, S. 121 f.
[116] Vgl. Koß, Close to, but Still Out of, Government, S. 110 und S. 113 f. Auch die italienische PRC stützte von 1996 bis 1998 eine Mitte-Links-Regierung unter Führung des liberalen Wirtschaftsprofessors Romano Prodi und trat 2006 mit eigenen Ministern und Staatssekretären in dessen zweite Regierung ein. In dieser Zeit trug sie nicht nur die weitere Stationierung italienischen Militärs in Afghanistan, sondern auch die Entsendung weiterer Truppen in den Libanon mit (vgl. Hudson, The New European Left, S. 112; Albertazzi/McDonnell/Newell, Di lotta e di governo, S. 479).
[117] Vgl. Moreau, Die kommunistischen und post-kommunistischen Parteien, S. 48–50.
[118] Zur Wandlung der europäischen Sozialdemokratie in den 1990er und 2000er Jahren siehe Kitschelt, The Transformation; Sassoon (Hrsg.), Looking Left; Nachtwey, Marktsozialdemokratie; Bonoli/Powell (Hrsg.), Social Democratic Party Policies; Turowski, Sozialdemokratische Reformdiskurse.
[119] Vgl. Leclercq/Platone, A Painful Moulting, S. 134 und S. 142; Wilson, After the Deluge, S. 276 f.; Koß, Close to, but Still Out of, Government, S 115.

Markt und Plan, das Schwanken zwischen dem Anspruch, Fundamentalopposition zu sein, und dem Willen, Regierungsverantwortung zu übernehmen und „mitzuspielen". Insofern folgte die zunehmende Einbindung der PDS in Mitte-Links-Bündnisse, wie sie zwischen 1994 und 1998 zunächst in Magdeburg und dann in Schwerin begann, tatsächlich einem Muster, das aus westeuropäischen Demokratien wie Schweden, Frankreich und Italien bekannt war. Auch deswegen stellten die westeuropäischen Parteien links der Sozialdemokratie für die Parteistrategen innerhalb der PDS eine wichtige Orientierungsgröße dar. In ihrem Streben nach „europäischer Normalität" blickte die PDS häufig mehr nach Westen als nach Osten.

3. Zwischenfazit: Die PDS zwischen Ost und West

Was meinte also die PDS, wenn sie in den Debatten der 1990er Jahre von „europäischer Normalität" sprach? Auch in dieser Hinsicht war die PDS eine heterogene Partei: Die Kommunistische Plattform tendierte ganz anderen Rollenbildern zu als solche PDS-Mitglieder wie Christine Ostrowski und Ronald Weckesser, die sich 1996 mit ihrem bereits erwähnten „Brief aus Sachsen" für eine sozialliberal und unideologisch auftretende „Volkspartei" ausgesprochen hatten.[120] Für die Führungsgruppe im Parteivorstand wiederum war es weder das Modell der postideologischen „Nachfolgeparteien" Ungarns und Polens noch das der kommunistischen Orthodoxie, dem sie nacheiferten, sondern das der postkommunistischen Linksparteien Westeuropas, die sich nach 1990 in unterschiedlicher Art und Intensität zu „erneuern" versuchten, ohne zu sozialdemokratischen Parteien zu werden. Man mag zu dieser Form der „Erneuerung" stehen wie man will und sie war in vielem widersprüchlich; innerhalb der postkommunistischen Parteienfamilie der 1990er Jahre aber stellte dieser Mittelweg zwischen kommunistischer Orthodoxie und sozialdemokratischem Reformismus einen eigenständigen und vielfach eingeschlagenen Entwicklungspfad dar, der die ehemals kommunistischen Kaderparteien in pluralistische, linkssozialistische, aber systemkritische Formationen transformierte. Aus Sicht der Führungsgruppe in der PDS stellte das Festhalten an sozialistischen Zielen, an einer systemkritischen Rhetorik und an NATO-kritischen Positionen keinen generellen Widerspruch zur eigenen Integrationsstrategie dar. Die Partei sollte um Mehrheiten ringen und sich wo nötig anpassen. Sie sollte sich aber davor hüten, „als regierungsträchtige Volkspartei ohne sozialistischen Anspruch in der BRD ankommen zu wollen", so Petra Pau auf einer Strategiekonferenz im November 1996.[121] Stattdessen war das Ziel, in-

---

[120] AdsD, Dep. Thierse, 1/WTAA001656: Christine Ostrowski/Ronald Weckesser, Brief aus Sachsen. Für einen eigenen Weg statt „links von der SPD". Dresden, 7. 5. 1996; vgl. dazu Bortfeldt, Die PDS: Auf dem Weg an die Macht?, S. 281 f.
[121] ADS, PDS-LV MV, Alt-Sign. 2008-XVII-442: Petra Pau, „Selbstverständnis der PDS: Ostdeutsche Volkspartei – Linkspartei – sozialistische Partei – sozialistische Volkspartei?" Referat auf der Strategiekonferez der PDS, Berlin, 2./3. 11. 1996, S. 7.

nerhalb von Mitte-Links-Bündnissen als Korrektiv von Sozialdemokraten und Grünen zu fungieren: „Nur wenn die SPD und die Grünen auch von links unter Druck geraten, gibt es Reformen", so das viel wiederholte Diktum der Parteiführung.[122]

Im Wissen, dass diese Rolle zu unangenehmen Kompromissen führen müsse, war diese Option zugleich innerparteilich hochumstritten. In der parteiinternen Auseinandersetzung um mögliche rot-rote Koalitionen verwies Lothar Bisky daher Ende 1997 ausdrücklich auf die jüngsten Regierungsbeteiligungen der französischen Kommunisten, die „Verantwortung [...] im Kampf gegen neoliberale Politik" übernommen hätten: auch wenn „nicht alle Blütenträume in Erfüllung" gingen, so Bisky, dann sei es doch besser, „die Rechten", also die konservativen Kräfte, aus der Regierung fernzuhalten, als „unbefleckt" zu bleiben.[123] Die PDS in Sachsen-Anhalt wiederum nahm sich die Erfahrungen der schwedischen Vänsterpartiet mit der Tolerierung sozialdemokratischer Minderheitsregierungen zum Vorbild des eigenen Tolerierungsmodells.[124] Und für Gregor Gysi war es nicht nur diese machtpolitische Perspektive, die ihn reizte, sondern noch stärker die Akzeptanz, die sich Kommunisten in Italien schon zu Zeiten des Ost-West-Konflikts bis weit ins bürgerliche Lager hinein erarbeitet hatten: Gegenüber seiner Bundestagsfraktion wies er daher im Jahr 1999, in der Hochphase der „Normalisierung" seiner Partei im Bund, auf das Beispiel des italienischen KP-Generalsekretärs Enrico Berlinguer hin, der 1984, auf dem Sterbebett liegend, „mit völliger Selbstverständlichkeit" Besuch durch den italienischen Staatspräsidenten erhalten habe: „In Deutschland wäre das ein undenkbarer Vorgang. Aber was daran bemerkenswert ist, es hätte dem Präsidenten in Italien niemand verziehen, wenn er es nicht getan hätte, und zwar nicht nur die Kommunistinnen und Kommunisten nicht, sondern die Gesamtgesellschaft nicht", so Gysis These.[125] Diese Akzeptanz, so war ersichtlich, wollte auch Gysi erreichen. Er wollte dazugehören.

Nach außen hin wiederum nutzten Politikerinnen und Politiker der PDS regelmäßig den Verweis auf andere westeuropäische Länder als diskursstrategisches Mittel, um eben diese Akzeptanz kommunistischer Kräfte zur Norm zu erklären: Dass es „eine demokratische Partei links von der Sozialdemokratie" gebe, sei eine „westeuropäische Normalität", die es auch in Deutschland zu verwirklichen gelte, so das stete Diktum.[126] Nur in Deutschland werde an einer Ausgrenzung der

---

[122] Gysi, Nur wenn die SPD.

[123] ADS, PDS-LV MV, Alt-Sign. 2008-XVII-339+2008-XVII-340 bis -342: Lothar Bisky, Rede auf dem Landesparteitag der PDS Mecklenburg-Vorpommern am 13. 12. 1997 (Entwurf), S. 6.

[124] Vgl. Sitte, Interview [Landtagsreport], S. 56.

[125] ADS, BT/14.WP-0111: Referat Dr. Gregor Gysi auf der Klausur der Bundestagsfraktion der PDS. 20. 10. 1999. Gysi scheint sich auf den damaligen Staatspräsidenten Sandro Pertini bezogen zu haben, der aber nicht, wie von Gysi dargestellt, Konservativer, sondern Mitglied der Sozialistischen Partei war.

[126] ADS, PDS-LV MV, Alt-Sign. 2008-XVII-49+2008-XVII-50: Helmut Holter, Referat 3. Tagung des 3. LPT der PDS M/V, [März 1994], S. 6; ADS, PDS-LV MV, Alt-Sign. 2008-XVII-51: Helmut Holter, „Zu den Ergebnissen der Wahlen '94 und zur weiteren Politik der PDS."

(post)kommunistischen Linken festgehalten. Das war eine ganz eigene, postkommunistische Sonderwegsthese. Was für Gysi als anzustrebende Normalität galt, sah ein Großteil der politischen und medialen Eliten der Bundesrepublik freilich anders: „Dass neben SPD und Grünen für eine weitere Partei der politischen Linken im bundesdeutschen Parteiensystem dauerhaft Platz sein könnte, erschien vielen Beobachtern aufgrund der […] Erfahrungen der westdeutschen Nachkriegsgeschichte unplausibel", so Tim Spier und Clemens Wirries.[127] Von außen dominierte daher die Erwartung, dass die „Normalisierung" der PDS, so wie in Ungarn, Polen und Italien, einer Sozialdemokratisierung gleichkommen müsse: Die PDS müsse „ihre bisher identitätsstiftenden Ressentiments aufgeben und sich mit der gesamtdeutschen Republik versöhnen", wie „Die Zeit" formulierte.[128] Dazu gehörte nach vorherrschender Ansicht vor allem, „die muffigen Sozialismusvorstellungen" hinter sich zu lassen.[129] Die Integrationsstrategen in der PDS wiederum hielten eine vollständige Sozialdemokratisierung für ihr sicheres Ende, erkannten aber, dass es ohne Anpassungen nicht gehen werde. Dennoch hofften sie, dass die PDS auch als systemkritische, „linkssozialistische" Partei, so die bevorzugte Sprachregelung,[130] Akzeptanz finden und Regierungspartei werden könne. Diese beiden unterschiedlichen Erwartungshaltungen sollten insbesondere die Jahre nach der Bundestagswahl 1998 in hohem Maße prägen, in der die wahrgenommene Entwicklung der PDS vielfach mit dem Begriff der „Normalisierung" beschrieben wurde.

Referat auf der Außerordentlichen (4.) Tagung des 3. Landesparteitages der PDS Mecklenburg-Vorpommern. Schwerin, 23. 10. 1994, S. 4; Salonfähig werden wir nebenbei. Interview mit Gregor Gysi. In: Wochenpost, 28. 7. 1994.

[127] Spier/Wirries, Ausnahmeerscheinung oder Normalität?, S. 72.

[128] Toralf Staud, Auf dem Weg zur CSU des Ostens. In: Die Zeit, 19. 10. 2000.

[129] Toralf Staud, Zonen-Gabi. In: Die Zeit, 18. 5. 2000.

[130] ADS, BT/14.WP-0150: Helmut Holter, Die PDS als Zukunftspartei. Gerecht, sozial, nachhaltig – alternativ. Folgerungen für die Sozialisten im Norden und Forderungen an die Bundespartei. Schwerin im November 1999; ADS, PDS-LV MV, Alt-Sign. 2008-XVII-348: Landesparteirat der PDS Mecklenburg-Vorpommern, Stellungnahme zur Gesprächsführung des Landesvorstandes der PDS MV mit der SPD MV, undatiert [Beratung am 3. 10. 1998], S. 2; „Volk zu den Waffen". Streitgespräch zwischen Lothar Bisky und Jörg Schönbohm. In: Der Spiegel, 20. 1. 1997, S. 56–61, hier S. 60 f. (Zitat Bisky).

VI. Auf dem Weg der „Normalisierung"
(1998–2002)

Der Herbst 1998 wurde zu einer wichtigen Zäsur in der Integrationsgeschichte der PDS. Mit ihm änderten sich die Rahmenbedingungen entscheidend: Der Erfolg bei der Bundestagswahl 1998 mit 5,1 Prozent der Stimmen bundesweit hatte zur Folge, dass die PDS erstmals vollen Fraktionsstatus im Bundestag und damit alle Rechte einer parlamentarischen Fraktion genoss. Mit dem Eintritt in die Landesregierung in Schwerin war die PDS zudem auch offiziell in die Regierungsverantwortung aufgestiegen, was ihr in Sachsen-Anhalt noch verwehrt geblieben war. Das brachte ihr nicht nur neue Machtpositionen, sondern änderte auch die Wahrnehmungen der Partei und den Diskurs um ihre Integration. Für viele ging es mittlerweile weniger um die Frage, ob, sondern wann die ehemalige SED eine „normale" politische Partei werden würde. Und das schloss ein, dass „die PDS als eine mögliche Koalitionspartei unter anderen sich am Wettbewerb um die politische Macht auch im Bund beteiligen wird", so der Politikwissenschaftler Lothar Probst.[1] Als Vorbild zitierte Probst das Beispiel der Grünen, die mit ihrer Regierungsbeteiligung im Bund 1998 endgültig etabliert und integriert waren: „Als Antisystempartei gestartet, haben sich die Grünen dank der disziplinierenden Kraft demokratischer Institutionen schrittweise in das politische System integriert. […] Die PDS steht vor einer ähnlichen Entwicklung."[2]

Die Rede von der „Normalisierung" nahm nach der Bundestagswahl 1998 aber noch eine weitere Bedeutung an: „Normalisierung" stand zugleich für ein verbreitetes Gefühl, dass die ideologischen Auseinandersetzungen des Ost-West-Konflikts, aber auch die Kämpfe der Kohl-Ära ausgedient hätten und dass nun „eine andere Zeit" beginne: das Ende der „alten Bundesrepublik".[3] Sinnbildlich für diesen vielfach perzipierten, im Grunde durch Medien konstruierten „Epochenwechsel" stand der anstehende Regierungsumzug von Bonn nach Berlin, womit die PDS auch lokal von der Peripherie ins Zentrum rückte: Die „Bonner" wurde zur „Berliner Republik". Verstärkt wurde diese Wahrnehmung einer Zeitenwende durch den Machtwechsel im Kanzleramt von Helmut Kohl zu Gerhard Schröder, der zugleich als Generationenwechsel galt: Mit Rot-Grün bildeten nun erstmals Angehörige der „68er"-Generation eine Bundesregierung und brachten damit ihren „Marsch durch die Institutionen" zum Abschluss.[4] All dies schien die Hoffnungen der PDS-Führung zu bestätigen.

---

[1] Lothar Probst, Die PDS bahnt sich den Weg an die Macht. In: Die Welt, 5. 4. 2000.
[2] Ebenda.
[3] „Eine andere Zeit". In: Der Spiegel, 29. 9. 1998, S. 7–11, hier S. 7.
[4] Vgl. Wolfrum, Rot-Grün an der Macht, S. 57.

1. Rot und Rot-Grün: Die PDS und der bundespolitische Machtwechsel 1998

1.1 „Andere Zeit", „Neue Mitte" und „Berliner Republik": Gefühlte Zäsuren

Dass sich die PDS viel vom Macht- und Generationenwechsel in der Bundesregierung versprach, lag auch daran, dass die „68er", wie schon dargestellt, gegenüber der PDS die wenigsten Berührungsängste zeigten. Rot-Grün im Bund, so konnte man im Karl-Liebknecht-Haus hoffen, würde daher zu einem für die PDS insgesamt freundlicheren Klima in der Republik führen, kamen doch mit den früheren Juso-Vorsitzenden Gerhard Schröder und Heidemarie Wieczorek-Zeul, dem ehemaligen Kommunisten Jürgen Trittin, dem aus der „Sponti"-Szene stammenden Joschka Fischer und dem früheren RAF-Anwalt Otto Schily gleich mehrere Personen mit einer prononciert linken Vergangenheit an die Macht. Die Aufmerksamkeit für die neue Koalition in Bonn lenkte zudem von der neuen rot-roten Regierung in Schwerin ab und erlaubte dieser einen vergleichsweise unaufgeregten Start. Im Schatten der Bundespolitik kam es auch in Magdeburg zu einer Neuerung: Nachdem die Bundes-SPD Koalitionen mit der PDS auch offiziell erlaubt hatte, wurde die im April 1998 erneuerte Zusammenarbeit zwischen der SPD-Minderheitsregierung und der PDS-Fraktion im Landtag von Sachsen-Anhalt im Frühjahr 1999 nach fünf Jahren erstmals in Form einer schriftlichen Tolerierungsvereinbarung kodifiziert und in die Nähe einer offiziellen Koalition gerückt.[5] Die SPD in Sachsen-Anhalt stand damit auch offiziell zur Zusammenarbeit mit der PDS.

Strategiewechsel im Konrad-Adenauer-Haus

Aber nicht nur in der Sozialdemokratie, auch in der Union bekamen nach der Bundestagswahl 1998 jene Oberwasser, die sich schon länger für eine „Versachlichung" des Umgangs mit der PDS einsetzten. Trotz einer zunehmenden parteiinternen Skepsis hatte die CDU im vorangegangenen Bundestagswahlkampf noch einmal auf eine Lagerstrategie gesetzt, die auf eine Polarisierung zwischen der „Mitte" und „Rot-Rot-Grün" abzielte.[6] Eine zentrale Rolle spielte dabei die an die „Rote Socken"-Kampagne des Jahres 1994 angelehnte „Rote Hände"-Kampagne des Adenauer-Hauses: Das namensgebende Plakat zeigte einen Händedruck und spielte damit auf das Parteiemblem der SED und den Handschlag zwischen Otto Grotewohl und Wilhelm Pieck im Jahr 1946 an (Abb. 3). Dabei standen die Slogans „Wir sind bereit / SPD / PDS" und „Aufpassen Deutschland!"[7] Anders als

---

[5] Vgl. Hirscher, Jenseits der Neuen Mitte, S. 8; Höppner, Acht unbequeme Jahre, S. 130–132.
[6] Vgl. M. G. Müller, Parteienwerbung im Bundestagswahlkampf 1998, S. 255.
[7] Vgl. ebenda, S. 254 und S. 259.

Abb. 3: Handschlag SPD/PDS auf einem CDU-Wahlplakat aus dem Jahr 1998
(ACDP, Plakatsammlung, 10-001-5001)

1994 aber schien die Lagerstrategie der Union diesmal ins Leere zu laufen: Weder konnte man verhindern, dass Rot-Grün eine gemeinsame Mehrheit bekam, noch dass die PDS die Fünf-Prozent-Hürde übersprang.

Die im November 1998 inthronisierte neue CDU-Führung unter Wolfgang Schäuble und Angela Merkel nahm dies zum Anlass für einen Strategiewechsel im Umgang mit der PDS. Dieser konnte sich auch auf zeitgenössische Forschungsbefunde stützen: Der Antitotalitarismus westdeutscher Couleur blieb auf dem Boden der ehemaligen DDR wirkungslos und „die PDS für fast ein Drittel der Ostdeutschen im Kern zwar immer noch eine kommunistische, aber eben auch eine demokratische Partei, die nicht abgelehnt wird" – so eine Studie der Konrad-Adenauer-Stiftung.[8] Zumindest mit Blick auf die ostdeutsche Wählerschaft schien die Errichtung eines neuen antitotalitären Konsenses, der auf die Unvereinbarkeit von Demokratie und Kommunismus abzielte, gescheitert. Vor diesem Hintergrund mussten Angriffe auf die PDS wegen ihrer kommunistischen Vergangenheit und Ideologie mit hoher Wahrscheinlichkeit ins Leere laufen. Statt die PDS zu attackieren und sie auf diese Weise zu stärken, wollte die CDU nun verstärkt um ihre Wählerklientel werben. Die Devise lautete daher, nicht mehr primär „die Kommunisten von 1989" bekämpfen zu wollen, sondern „eine veränderte und differenzierte PDS" von heute.[9]

Als öffentliche Symbolfigur des veränderten Kurses fungierte CDU-Generalsekretärin Angela Merkel. In der DDR selbst Mitglied der FDJ und später des „Demokratischen Aufbruchs", wollte Merkel auf einen anderen „Erfahrungswert"[10] setzen als ihre Vorgänger und stärker mit den vielen Wählerinnen und Wählern der Sozialisten „ins Gespräch" kommen, wie sie es formulierte.[11] Im Umgang mit der PDS als Partei setzte die CDU nun auf eine andere Tonlage und auf das Motto: „Klare Auseinandersetzung mit der PDS in der Sache, aber nicht zu schablonenartig."[12] Die PDS wurde nun vornehmlich als Partei beschrieben, die durch ihre populistischen Versprechungen einen klaren Blick auf das Erreichte verstelle und das Zusammenwachsen der beiden Teile Deutschlands behindere: Sie wolle, „dass die Deutsche Einheit nicht besonders gut gelingt",[13] und versuche daher, „den Menschen einzureden, dass alles viel besser sein könnte, wenn man nur eine andere Politik machte", so Merkel.[14] Das Motiv, die PDS als Gefahr für die demokratische Ordnung darzustellen, trat dagegen in den Hintergrund. Die Partei stehe

---

[8] W. Brunner, 10 Jahre nach dem Mauerfall, S. 7.

[9] Volker Rühe, zit. n. „Lengsfeld: De Maizière redet Unsinn." In: Die Welt, 26.10.1999.

[10] Interview mit Angela Merkel. In: Deutschlandfunk, 15.11.1998, URL <http://www.deutschlandfunk.de/merkel.694.de.html?dram:article_id=60215> (abgerufen am 11.3.2019).

[11] Interview mit Angela Merkel. In: Deutschlandfunk, 21.11.1999, URL <http://www.deutschlandfunk.de/merkel.694.de.html?dram:article_id=59989> (abgerufen am 11.3.2019).

[12] Interview mit Angela Merkel. In: Deutschlandfunk, 15.11.1998, URL <http://www.deutschlandfunk.de/merkel.694.de.html?dram:article_id=60215> (abgerufen am 11.3.2019).

[13] „Berlin Mitte" (ZDF), 21.10.1999 (Zitat Angela Merkel).

[14] Interview mit Angela Merkel. In: Deutschlandfunk, 21.11.1999, URL <http://www.deutschlandfunk.de/merkel.694.de.html?dram:article_id=59989> (abgerufen am 11.3.2019).

zwar, so die CDU-Generalsekretärin, in der Eigentumsfrage und in der Frage der repräsentativen Demokratie „nicht auf der Ebene des Grundgesetzes", weshalb es auch „keine Absprachen" mit ihr geben werde.[15] Man müsse mit ihr aber „auch inhaltlich diskutieren" – dann werde man schon die Unterschiede zwischen den Parteien sehen.[16] Auch wurden punktuelle Kooperationen von CDU und PDS auf kommunaler Ebene, wie sie seit Jahren bestanden, für unvermeidlich erklärt und damit auch offiziell lizensiert.[17]

Neue Diskussionen im Frühjahr 1999

Dennoch war der Umgang der Konkurrenz mit der PDS nicht mit einem Mal von Gelassenheit geprägt. Schon im Frühjahr 1999 begann plötzlich wieder eine hektische bundespolitische Debatte über die Rolle der Partei, die mit ihrer neuen Stellung im Bund zu tun hatte. Auslöser war der Fehlstart, den die rot-grüne Bundesregierung nach verbreiteter Ansicht hingelegt hatte. Mit der Niederlage der SPD bei der hessischen Landtagswahl im Februar 1999 verlor Rot-Grün die Mehrheit im Bundesrat. Das wiederum katapultierte die PDS in eine neue bundespolitische Schlüsselposition und damit zurück ins Zentrum der öffentlichen Aufmerksamkeit: Als Regierungspartei in Mecklenburg-Vorpommern wurde sie nun im Bund zum Zünglein an der Waage und auch nach den Plänen der SPD-Führung um Oskar Lafontaine zur Mehrheitsbeschafferin im Bundesrat.[18] Bekanntlich hatte dieser die PDS schon im Herbst 1995 zum linken Lager gerechnet. Dass die PDS im fernen Schwerin mitregierte, war aus Sicht der noch in Bonn stationierten Hauptstadtpresse das eine. Dass sie aber Einfluss auf die Bundespolitik erhalten sollte, war von ganz anderem Gewicht. Lafontaines Linie war daher sowohl in der medialen Öffentlichkeit als auch in der Sozialdemokratie umstritten. Als SPD-Bundesgeschäftsführer Ottmar Schreiner in dieser Situation auch noch öffentlich die „Dresdner Erklärung" des Jahres 1994 für überholt erklärte – was de facto der Lage entsprach –, kam es zum offenen Streit in der SPD-Führung über die PDS-Frage.[19] Bundeskanzler Schröder warnte nun vor dem Eindruck, „wir würden Gesetze an die PDS anpassen",[20] und sah sich gezwungen, vor der Bundestagsfraktion klarzustellen, dass es aufgrund der „prinzipiellen Unterschiede" zwischen bei-

---

[15] Interview mit Angela Merkel. In: Deutschlandfunk, 15. 11. 1998, URL <http://www.deutschlandfunk.de/merkel.694.de.html?dram:article_id=60215> (abgerufen am 11. 3. 2019).

[16] „Berlin Mitte" (ZDF), 21. 10. 1999 (Zitat Angela Merkel).

[17] Vgl. Martin S. Lambeck, Lafontaines PDS-Kurs umstritten. In: Die Welt, 4. 3. 1999.

[18] Vgl. Stefan Berg u. a., Das rote Gespenst. In: Der Spiegel, 8. 3. 1999, S. 22–33, hier S. 22 f. In der Parteiratssitzung am 8. 3. 1999 verteidigte Bundesgeschäftsführer Ottmar Schreiner eine Öffnung gegenüber der PDS damit, dass „angesichts der bevorstehenden [...] Abstimmungen im Bundesrat" jetzt der Zeitpunkt für eine Debatte über den Umgang mit der PDS gekommen sei (AdsD, SPD-PR: Protokoll der Parteiratssitzung am 8. 3. 1999, S. 9).

[19] AdsD, SPD-Präs.: Protokoll der Präsidiumssitzung am 1. 3. 1999; vgl. auch Martin S. Lambeck, Lafontaines PDS-Kurs umstritten. In: Die Welt, 4. 3. 1999.

[20] AdsD, SPD-PR: Protokoll der Parteiratssitzung am 8. 3. 1999, S. 4. Vgl. auch Stefan Berg u. a., Das rote Gespenst. In: Der Spiegel, 8. 3. 1999, S. 22–33, hier S. 23 f.

den Parteien „keine politisch organisierte Zusammenarbeit mit der PDS" geben dürfe.[21] Was damit gemeint war, blieb abermals unbestimmt.

Die zurückgekehrte PDS-Debatte hatte aber nicht nur mit der neuen Situation im Bundesrat zu tun. Vielmehr bezog sie ihre Dynamik aus einer programmatischen Richtungsdebatte innerhalb der SPD und der rot-grünen Bundesregierung, die sich seit Wochen verstärkte und die sich mit der PDS-Frage überlagerte. Genauer gesagt: Die Frage einer Zusammenarbeit mit der PDS wurde nun zur Stellvertreterfrage im SPD-internen Macht- und Richtungskampf zwischen Parteichef Oskar Lafontaine und Bundeskanzler Gerhard Schröder. Während der eine als Bundesfinanzminister für den Versuch einer neokeynesianischen Finanzpolitik und einer Regulierung der Finanzmärkte stand, den „neoliberalen Mainstream" zum Gegner erklärte und dafür von der britischen „Sun" zum „gefährlichsten Mann Europas" erklärt wurde,[22] galt der andere als Postideologe *par excellence*. Lafontaine stand für die „alte", Schröder für eine „modernisierte" Sozialdemokratie der „neuen Mitte".[23] Dass sich diese innersozialdemokratische Richtungsfrage mit der PDS-Frage verband, zeigte sich darin, dass sich bereits zur Jahreswende aus dem PDS-kritischen Flügel der SPD ein Arbeitskreis gebildet hatte, der sich den Namen „Neue Mitte" gab: die PDS-Frage sei – so der Tenor – eine programmatische und vor allem eine wirtschaftspolitische Richtungsfrage. Für jeden, der für eine „moderne" Sozialdemokratie und für eine Modernisierung des Landes im Sinne Gerhard Schröders eintrat, sollte demnach klar sein, so die Logik, dass die PDS kein politischer Partner sein konnte.[24]

Die mediale Öffentlichkeit griff das gerne auf. Nach wenigen Monaten rot-grüner Regierung hatte sich die anfängliche Euphorie in der Hauptstadtpresse ins Gegenteil verkehrt.[25] Die neue Zeit galt nun nicht mehr so sehr als hoffnungsvoller Aufbruch, sondern als risikobehafteter Umbruch: Mit dem Ende der Ära Kohl nach 16 Jahren, der Ernennung früherer Kommunisten zu Regierungsmitgliedern und dem Umzug von Bundestag und Bundesregierung in die Mitte Berlins, die auch architektonisch vom Sozialismus geprägt war, stellte sich ein alarmistischer Ton in der medialen Kommentierung ein. Die PDS-Frage galt nun als eine von mehreren Variablen in einer Auseinandersetzung, in der sich das weitere Schicksal der Republik entscheiden würde; und mehr denn je wurde die Zusammenarbeit mit der PDS in Ländern und Bundesrat von Teilen der Politik und der Medien zum symbolischen Rückfall ins sozialistische Gestern stilisiert: Der neokeynesianische Versuch Lafontaines verband sich mit der PDS-Frage zum „Phantom einer

---

21 AdsD, SPD-BTF [52.232]: Beschlußprotokoll der Sitzung der SPD-Bundestagsfraktion am 2. 3. 1999, S. 3 f. (Zitat Gerhard Schröder, ebenda, S. 4).

22 Vgl. „Der gefährlichste Mann Europas". In: Berliner Zeitung, 26. 11. 1998; Wolfrum, Rot-Grün an der Macht, S. 110.

23 Vgl. Herbert, Geschichte Deutschlands, S. 1231–1236; Wolfrum, Rot-Grün an der Macht, S. 110–127.

24 AdsD, SPD-Präs.: Protokoll der Präsidiumssitzung am 18. 1. 1999; vgl. Olaf Opitz/Stefan Schmitz, Zweifel am Entzaubern. In: Focus, 18. 1. 1999.

25 Vgl. Wolfrum, Rot-Grün an der Macht, S. 58–63.

kapitalistisch aufgemöbelten DDR",[26] in der „sozialdemokratisches und postsozialistisches Versorgungsdenken und Staatsverständnis"[27] vorherrschend seien, wie „Der Spiegel" kommentierte: „Die Berliner Republik – ein bürokratisch gesteuerter Wohlfahrts- und Beglückungsstaat?"[28]

Ganz offensichtlich diente nun die Assoziation mit der PDS einem Teil der medialen und politischen Akteure dazu, den Bundesfinanzminister Lafontaine und seine als gestrig geltenden nachfrageorientierten Rezepte zu bekämpfen. Das spätere Bündnis Lafontaines mit der Partei Gregor Gysis wurde auf diese Weise schon im Frühjahr 1999 antizipiert, sechs Jahre vor der Bildung des Wahlbündnisses zwischen beiden Politikern. Es verwundert daher nicht, dass die Diskussion um die PDS mit dem Rücktritt Oskar Lafontaines im März 1999 schnell wieder abklang. Unter Schröder, der nun auch den SPD-Vorsitz übernahm, verlor die Frage der Zusammenarbeit mit der PDS schnell an ideologischem Zündstoff. Sie wurde von der Richtungsfrage wieder zur reinen Machtfrage. Zwar betonte Schröder, die „PDS-Debatte dürfe nicht dazu führen, daß wir programmatische Gemeinsamkeiten feststellen".[29] Im Zweifel schreckte er aber nicht davor zurück, die Sozialisten in seine machttaktischen Kalküle einzubeziehen, um sich Mehrheiten für seine Politik zu sichern.[30]

1.2 Alte und neue Sozialdemokratie? Zum „Godesberg der PDS"

Für die machtpolitische Integration der PDS bot Lafontaines Rücktritt also Chancen. Das galt auch in anderer Hinsicht: Aus Perspektive von PDS-Bundesgeschäftsführer Dietmar Bartsch war er eine „strategische Zäsur", auch für die eigene Partei.[31] In der SPD habe sich ein Bruch zwischen den Vertreterinnen und Vertretern eines linken und denen eines „neoliberalen Kurses" vollzogen, der auf eine „Revision ihres Berliner Programms" hinauslaufe, so Bartsch Ende April 1999. Für die PDS ergebe sich zwar einerseits die Gefahr, dass die SPD dauerhaft als Kooperationspartner wegfalle, andererseits aber die Möglichkeit, „verstärkt Ansprechpartner von außerparlamentarischen Kräften wie von enttäuschten Anhängern von SPD und Bündnisgrünen zu sein". Dazu müsse die PDS ihren eigenen „Gestaltungsanspruch" deutlich machen.[32]

---

[26] Stefan Berg u. a., Das rote Gespenst. In: Der Spiegel, 8. 3. 1999, S. 22–33, hier S. 24.
[27] Ebenda, S. 33.
[28] Ebenda, S. 24.
[29] AdsD, SPD-PV: Protokoll des Parteirats am 8. 3. 1999, S. 4.
[30] Siehe hierzu ausführlich Kapitel VI.3.2.
[31] ADS, GYSI-097: Dietmar Bartsch, Zusammenfassung von Einschätzungen und Positionen der PDS zur aktuellen politischen Lage. Berlin, 22. 4. 1999.
[32] Ebenda.

„Schröder-Blair-Papier" und Gysis „Zwölf Thesen"

Vor diesem Hintergrund muss auch die Reaktion der PDS auf das gemeinsame
Grundsatzpapier „Der Weg nach vorne für Europas Sozialdemokraten" interpretiert werden, das im Juni 1999 durch Gerhard Schröder und den britischen Pre-
mierminister und Labour-Chef Tony Blair vorgestellt wurde. Als Manifest einer
„modernen" Sozialdemokratie mit einem „modernen, marktwirtschaftlichen
Ansatz"[33] übte das „Schröder-Blair-Papier" scharfe Kritik an einer alten, „ideologischen" und zu sehr an Verteilungsgleichheit orientierten Sozialdemokratie.
Diese habe zu sehr auf Nachfragepolitik, deficit spending und staatliche Steuerung gesetzt, die Stärken des Marktes unterschätzt und den Faktor Arbeit durch
immer höhere Kosten belastet. Die „moderne" Sozialdemokratie dagegen sei an-
gehalten, eine „notwendige Kürzung der staatlichen Ausgaben" einzuleiten und
im öffentlichen Sektor „schlechte Leistungen auszumerzen".[34] Anstelle einer „Renaissance [...] massiver staatlicher Intervention im Stile der siebziger Jahre" wolle
die neue Sozialdemokratie eine „neue angebotsorientierte Agenda" formulieren.[35]
Dazu gehöre, „Investitionen in Humankapital" zu fördern, Unternehmenssteuern
sowie „die Kosten der Arbeit für die Arbeitgeber" zu senken und die Kapitalmärk-
te zu öffnen.[36] Der Sozialstaat solle von einem „Sicherheitsnetz aus Ansprüchen
in ein Sprungbrett in die Eigenverantwortung" verwandelt werden, indem ein „ge-
strafftes und modernisiertes Steuer- und Sozialleistungssystem" geschaffen und
ein „Sektor mit niedrigen Löhnen" gefördert werden sollten.[37] Letztlich sollte der
Staat „weniger kontrollieren als herausfordern" und ein „einwandfreies Spiel der
Marktkräfte" ermöglichen, statt die „Steuerungsfunktion von Märkten" zu behindern, wie es in dem Papier explizit hieß.[38]

Mit diesen für sozialdemokratische Ohren ungewöhnlichen Worten knüpfte
das Papier in den zentralen Punkten an das Konzept des „Third Way" des englischen Soziologen Anthony Giddens an. Dessen „Dritter Weg" war ein gänzlich
anderer, als ihn die PDS anvisierte, ging es dem Briten doch um einen Mittelweg
zwischen der „alten" keynesianischen Sozialdemokratie und dem „Neoliberalismus" Margaret Thatchers, der als Antwort auf Globalisierungs-, Entideologisie-
rungs- und Individualisierungstendenzen der Gesellschaft verstanden wurde.[39]
Mit dieser Ausrichtung sorgte das Papier für Zustimmung von Seiten der FDP,[40]
aber für erhebliche Kritik innerhalb der bundesdeutschen Linken, vor allem in

---

[33] G. Schröder/Blair, Der Weg nach vorne, S. 15.

[34] Ebenda, S. 15 f.

[35] Ebenda, S. 17.

[36] Ebenda, S. 14, S. 18 f. und S. 22.

[37] Ebenda, S. 23–25.

[38] Ebenda, S. 12 und S. 15–17. Zur damit verbundenen Neuausrichtung der Sozialdemokratie
siehe auch: Giddens, Der dritte Weg; Hombach, Aufbruch; aus politikwissenschaftlicher Perspektive: Kitschelt, The Transformation of European Social Democracy; Meyer, The Transformation of German Social Democracy.

[39] Giddens, Der Dritte Weg.

[40] Westerwelle: F.D.P. unterstützt Schröder bei Blair-Kurs. Fdk 143/99, 9. 6. 1999.

den Gewerkschaften: So bemerkte der IG-Medien-Vorsitzende Detlef Hensche lakonisch, „dass den Gewerkschaften der traditionelle politische Bündnispartner abhanden" gekommen sei.[41] Und der Publizist und IG-Metall-Funktionär Wolfgang Storz sprach vom Versuch Schröders, „die Sozialdemokratie mit ihren Werten und Traditionen abzuwickeln".[42]

In dieser Situation sah die Gruppe der „Reformsozialisten" an der PDS-Spitze eine einmalige Gelegenheit zur Profilierung der eigenen Partei. Mit Gerry Woop, André und Michael Brie, Rainer Land, Horst Dietzel, Dieter Klein, Thomas Falkner und Wolfgang Gehrcke formulierten einige der führenden Strategen und Theoretiker der Partei, eine „notwendige Antwort auf Gerhard Schröder und Tony Blair".[43] So lautete der Untertitel der „Zwölf Thesen", die im August 1999 unter der offiziellen Autorenschaft Gregor Gysis veröffentlicht wurden. Zentrale Botschaft des Papiers sollte die eines „freiheitlichen, modernen und demokratischen Sozialismus" sein.[44] Damit galt es, die PDS vom Etikett des „Unmodernen" und Freiheitsgefährdenden zu befreien und sie für sozialdemokratische, kirchliche und gewerkschaftliche Kreise interessant zu machen, die das Konzept des „Third Way" ablehnten.[45] Ohne große Umschweife präsentierte das Papier daher die PDS als Sachwalterin der „alten" Sozialdemokratie gegen die „Sozialdemokratie der neuen Mitte".[46] Es verteidigte ausdrücklich die Errungenschaften des „sozialdemokratischen Zeitalters"[47] wie Vollbeschäftigung, steigende Arbeitseinkommen, umfassende Sozialleistungen und eine „Ausweitung partizipatorischer Möglichkeiten" wie der betrieblichen Mitbestimmung.[48] Gescheitert sei dagegen der „staatssozialistische Versuch, [...] Wettbewerb und Evolution durch planmäßige Steuerung und zentrale Verwaltung der Ressourcen" zu ersetzen.[49]

Wie bereits im Ingolstädter Manifest 1994, aber noch dezidierter, propagierten die Zwölf Thesen zudem einen „neuen Gesellschaftsvertrag"[50] als Bündnis zwischen gestaltendem Staat und „zivilgesellschaftliche[r] Selbstorganisation".[51] Damit knüpfte das Papier an zeitgenössische kommunitaristische Diskurse an, die auch im Umfeld der neuen Sozialdemokratie virulent waren,[52] verlieh ihnen aber einen dezidiert wirtschaftskritischen Einschlag: Statt „der Wirtschaft als Magd zu

---

[41] Hensche, Dritte (Ab-)Wege, S. 475.
[42] Storz, Medien und Dritter Weg, S. 480.
[43] ADS, GYSI-098: Gerry Woop an Gregor Gysi, Gegenpapier zum Schröder/Blair-Papier. Bonn, 5.7.1999.
[44] Gysi, Gerechtigkeit ist modern, S. 1.
[45] Vgl. Gysi spricht von Umdenken. In: Frankfurter Allgemeine Sonntagszeitung, 1.8.1999; Mit Thesen „für einen modernen Sozialismus" wirbt die PDS um enttäuschte Sozialdemokraten. In: Frankfurter Allgemeine Zeitung, 4.8.1999.
[46] Gysi, Gerechtigkeit ist modern, S. 6.
[47] Ebenda, S. 6.
[48] Ebenda, S. 3 f.
[49] Ebenda, S. 2.
[50] Ebenda, S. 7.
[51] Ebenda, S. 10.
[52] Vgl. Wolfrum, Rot-Grün an der Macht, S. 199–203; Rödder, 21.0, S. 248 f.

dienen",[53] müsse die Politik die Wirtschaft wieder auf das „Gemeinwohl"[54] verpflichten und die „Verfügungsmacht über Kapitaleigentum" dort einschränken, „wo sie dem Gemeinwohlinteresse zuwider läuft".[55] Nicht zufällig lehnten sich diese Formulierungen abermals eng an das – zu diesem Zeitpunkt noch immer gültige – Berliner Programm der SPD an, das marktwirtschaftliches Handeln an das Kriterium der „Gemeinwohlinteressen" band und die „Herrschaftsmacht des Kapitals" zu beschränken suchte.[56] Das Thesenpapier ging sogar so weit, die „Errungenschaften der sozialen Marktwirtschaft"[57] zu loben und die PDS zu deren Verteidigerin zu stilisieren.

Die Autoren der Zwölf Thesen versuchten offensichtlich, die Rolle der „alten Sozialdemokratie" für sich zu beanspruchen, von der sich der SPD-Vorsitzende gerade öffentlich distanzierte.[58] Dass sie dabei die sozialdemokratisch geprägte Bundesrepublik der 1970er Jahre zum Hort sozialer Gerechtigkeit verklärten, war ein Nebeneffekt, den sie gerne in Kauf nahmen. Verbunden wurde diese symbolische Bezugnahme auf die sozialdemokratische Tradition der alten Bundesrepublik aber erstmals mit vorsichtigen Annäherungen an den marktwirtschaftlichen und wohlfahrtsstaatlichen Reformdiskurs jener Zeit. So sprach das Papier davon, dass eine Reihe öffentlicher Dienstleistungen „durch staatseigene Betriebe in ihrer bisherigen Form offensichtlich nicht effizient gewährleistet werden" könnten. In diesen Fällen müsse nach „neuen Wegen zwischen Staats- und Privatwirtschaft" gesucht werden, wie es gewohnt vieldeutig hieß.[59] Auch wurde argumentiert, dass die gesetzliche Rente für „Bezieher höherer und hoher Einkommen" keine Sicherung des Lebensstandards leisten müsse: „Dafür können diese privat aufkommen."[60]

Auf diese Version eines „modernen Sozialismus" reagierte die deutsche Öffentlichkeit sichtlich irritiert. Auf der einen Seite wurde das Gysi-Papier von vielen als Zeichen eines Reifeprozesses interpretiert. Die PDS streife „langsam die Haut der grundsätzlichen Utopie" ab und nähere sich der SPD programmatisch an, so der brandenburgische SPD-Minister Alwin Ziel. Lediglich ihre Parolen seien „wortradikaler als unsere".[61] Auch „Der Spiegel" sah „viel fürs sozialdemokratische Gemüt" und deutete die Anklänge an den Reformdiskurs jener Jahre als „Einsicht ins Notwendige und Machbare", auch wenn noch hie und da „das marxistische

---

[53] Gysi, Gerechtigkeit ist modern, S. 8.
[54] Ebenda, S. 9.
[55] Ebenda, S. 1.
[56] Vorstand der SPD (Hrsg.), Berliner Programm, S. 41 und S. 43; vgl. dort auch S. 34: „Wirtschaft hat dem Gemeinwohl zu dienen."
[57] Gysi, Gerechtigkeit ist modern, S. 4.
[58] So auch die Einschätzung André Bries im Gespräch mit dem Autor, 16.3.2017.
[59] Gysi, Gerechtigkeit ist modern, S. 21.
[60] Ebenda, S. 24.
[61] Ziel, Die Starken helfen sich schon selber, S. 6; vgl. auch Ness, Soziale Gerechtigkeit als Kernpunkt.

Kauderwelsch längst verstaubter Juso-Pamphlete" durchscheine.[62] Selbst profilierte Kritikerinnen und Kritiker der PDS wie der konservative Politologe Patrick Moreau (alias Peter Christian Segall) und seine Kollegin Rita Schorpp-Grabiak gestanden Gysi zu, die „Stärken der Marktwirtschaft und des technischen Fortschritts" erkannt und in eine „synkretische Synthese" zusammengebunden zu haben; teils sei das Papier sogar nicht frei von „neo-liberalen Positionen" (!), etwa in Form eines neuen Steuermodells oder eines Privatisierungsprogramms.[63]

Auf der anderen Seite standen jene, die Gysis Thesen im Sinne bekannter Interpretationsrahmen deuteten. So erkannte die ostdeutsche CDU-Abgeordnete Vera Lengsfeld in den Worten von der „politischen Steuerung" und der „bewussten Gesellschaftsgestaltung" vornehmlich die alte „Planwirtschaft von vorgestern" und Ideen aus der „kommunistische[n] Mottenkiste" wieder. Dass Gysi gegen den „Neoliberalismus" polemisiere, zeige, dass er weder Ludwig Erhard noch die Zeichen der Zeit verstanden habe: „Nach 1989 müssen die durch Planwirtschaft ruinierten Billiglohnländer Osteuropas den marktwirtschaftlichen Bedingungen angepasst und nicht umgekehrt die Marktwirtschaften in ein Planwirtschaftskorsett gezwungen werden", so Lengsfeld.[64] Zudem war die Einschätzung verbreitet, dass es sich bei dem Thesenpapier um ein rein taktisches Manöver handele: Gysi trete zwar als „Wolf im Schafspelz" auf, um enttäuschte SPD-Linke anzulocken, er verharre in Wahrheit aber im Vorgestern, so Hans-Jörg Heims in der „Süddeutschen Zeitung": „Denn die PDS hat eine Geschichte und ein Programm, in dem das Ziel formuliert ist, die ‚Profitdominanz des Kapitalismus' zu überwinden. Das stößt ab."[65]

Die PDS und der „rheinische Kapitalismus"

Die Sozialdemokratisierung der ostdeutschen PDS vollzog sich mehr und mehr vor den Augen der bundesdeutschen Öffentlichkeit, doch noch war völlig unklar, wie glaubwürdig und wie nachhaltig sie war. Während sich Außenstehende uneinig waren, was von Gysis Thesen zu halten war, hegten dessen Kritiker innerhalb der PDS keinerlei Zweifel daran, dass es dem Fraktionsvorsitzenden ernst damit war, die Partei zu einer „besseren" SPD umzubauen.[66] Sie kannten die „Reformer" hinter Gysi und wussten, wohin die Reise gehen sollte. Ihnen galten die Zwölf Thesen nicht als Gegenentwurf zum Schröder-Blair-Papier, sondern geradezu als „Schröder-Blair-Papier der PDS"; schließlich lasse die Fraktionsführung das Ziel des Sozialismus zugunsten eines „modernisierten Kapitalismus" fallen, ohne dass

---

[62] Florian Gless/Almut Hielscher/Andreas Wassermann, Der Eiertanz der PDS. In: Der Spiegel, 16. 8. 1999, S. 56–58, hier S. 58; vgl. auch Gysis Wettbewerbssozialismus. In: Der Spiegel, 2. 8. 1999, S. 18.

[63] Segall/Schorpp-Grabiak, Programmdebatte und Organisationsdiskussion, S. 13.

[64] Vera Lengsfeld, Gysis kommunistische Mottenkiste. In: Süddeutsche Zeitung, 16. 8. 1999.

[65] Hans-Jörg Heims, Gysis Schafspelz. In: Süddeutsche Zeitung, 3. 8. 1999.

[66] Vgl. Neugebauer, Die PDS zwischen Kontinuität und Aufbruch, S. 41.

es dazu eine innerparteiliche Debatte oder Autorisierung gegeben habe.[67] Mit bei-
dem hatten sie recht: Abermals waren die „Reformer" an den Parteigremien vorbei
vorgeprescht, um die Basis und innerparteiliche Gegner vor vollendete Tatsachen
zu stellen. Und in der Tat stellte Gysis Papier das Gegenmodell und Pendant zugleich zum „Third Way" dar, indem es versuchte, quasi im Alleingang überkom-
mene Vorstellungen der Linken im Zeichen des zeitgenössischen Begriffs der
„Moderne" neu zu interpretieren.[68] Ebenso wenig wie das Schröder-Blair-Papier
spiegelte das Gysi-Papier einen innerparteilichen Konsens wider und ebenso wie
dieses erfüllte es eine offenkundige instrumentelle Funktion, in die Wählerschaft
der Konkurrenz einzudringen – was von PDS-Seite auch genau so kommuniziert
wurde.[69]

Genau wie das Schröder-Blair-Papier erwiesen sich Gysis Thesen aber langfristig
als paradigmatisches Dokument: Sie führten die bereits dargestellte wirtschaftspolitische Entwicklung in Richtung einer neokeynesianisch inspirierten, linkssozialdemokratischen Programmatik auf einen vorläufigen Höhepunkt, gleichzeitig aber
wiesen sie mit ihren Anklängen an den zeitgenössischen Reformdiskurs darüber
hinaus. Auf dem Münsteraner Parteitag im April vertrat die PDS diesen Anspruch
dann auch ganz offiziell. Semantisch passend zum verbreiteten Anti-Amerikanis-
mus in der Partei und in bewusster Anlehnung an die Kapitalismustypologie des
französischen Ökonomen Michel Albert[70] erklärte sich die Partei zur Verteidigerin
des wohlfahrtskapitalistischen Wirtschaftsmodells der alten Bundesrepublik gegen
dessen vermeintliche Amerikanisierung:

„Wir wollen nicht, dass der von rücksichtsloser Konkurrenz und Privatisierungen der sozialen
Risiken gekennzeichnete Typ des ‚angelsächsischen Kapitalismus' den ‚rheinischen Kapitalismus'
West- und Nordeuropas ersetzt. Dem werden wir unseren Widerstand entgegenstellen."[71]

Der Programmentwurf des Jahres 2001

Als Plädoyer für den sogenannten „rheinischen Kapitalismus" wollte Dieter Klein
schließlich auch den von ihm mitausgearbeiteten Entwurf für ein neues Parteiprogramm verstanden wissen, der im April 2001 vom Parteivorstand vorgestellt
wurde.[72] Klein und seine Mitautoren André und Michael Brie hatten den Entwurf
bewusst als „Bruch in der Programmatik und Politik" der PDS konzipiert. Das

---

[67] Vgl. PDS Hamburg, Spiegel-Leser wissen mehr … In: PDS-Pressedienst, 13. 8. 1999.

[68] In Bezug auf die gesamte programmatische Neuorientierung der PDS-Führung vgl. Toralf
Staud, Ankunft im Modernen. In: Die Zeit, 6. 4. 2000.

[69] Vgl. Gysi spricht von Umdenken. In: Frankfurter Allgemeine Sonntagszeitung, 1. 8. 1999; Mit
Thesen „für einen modernen Sozialismus" wirbt die PDS um enttäuschte Sozialdemokraten.
In: Frankfurter Allgemeine Zeitung, 4. 8. 1999.

[70] Vgl. Albert, Capitalisme contre capitalisme.

[71] Politische Erklärung des Münsteraner Parteitages der PDS. In: Disput, H. 4, 2000, S. 19 f., hier
S. 19.

[72] Dieter Klein, zit. n. Sozialismus als Sowohl-als-auch? In: Der Freitag, 13. 7. 2001; vgl. Programmentwurf der PDS balanciert Marktwirtschaft und Sozialismus. In: Frankfurter Allgemeine Zeitung, 28. 4. 2001.

neue Programm werde die Partei „in ihrer demokratischen Fähigkeit zur Zusammenarbeit mit anderen politischen Kräften" erkennbar machen, so André Brie.[73] Entsprechend enthielt der Entwurf ein konkretes Bündnisangebot an die SPD und unterstrich dieses auch semantisch: Erneut war die Rede von den „Errungenschaften der sozialen Marktwirtschaft"; „Unternehmertum und betriebswirtschaftliches Gewinninteresse" wurden als „wichtige Bedingungen von Innovation und Effizienz" anerkannt und Privateigentum als eine schützenswerte „Grundlage freier Selbstbestimmung" bezeichnet.[74] Auch geschichtspolitisch schlug der Entwurf ungewohnte Töne an und sprach von den „Verbrechen", die im Namen des Kommunismus und Sozialismus begangen worden waren, von den „Gewinne[n]" der Wiedervereinigung für die Ostdeutschen und von einer „Ablehnung jeder Diktatur und jedes Versuches, mit totalitären Mitteln Fortschritt zu befördern".[75]

Das wirkte. Hatten Gysis Zwölf Thesen noch gemischte Reaktionen und viel Skepsis hervorgerufen, so war das öffentliche Urteil über den Programmentwurf relativ eindeutig: Parteiinterne Kritiker und linksliberale Medien sprachen einmütig vom „Godesberg"[76] der PDS und stellten den Entwurf damit in die Tradition des sozialdemokratischen Reformismus. So wie sich die SPD in der alten Bundesrepublik einst regierungsfähig gemacht hatte, so insinuierte der Vergleich, mache sich die PDS nun in der neuen Bundesrepublik regierungsfähig. Thomas Meyer, Mitglied der SPD-Grundwertekommission, bescheinigte der PDS daher auch, programmatisch „in der Demokratie angekommen"[77] zu sein. Der Historiker Stefan Wolle, sonst ein entschiedener PDS-Kritiker, sah im „Weg der PDS in die Normalität" die „Anziehungskraft der liberalen Mitte" bestätigt.[78] Und der konservative Dresdner Politikwissenschaftler Werner J. Patzelt bezeichnete die PDS sogar ausdrücklich als „Partei des Verfassungsbogens", die als „Partner in der Bewahrung und Förderung des Grundkonsenses unserer freiheitlichen demokratischen Ordnung" fungieren könne.[79] Auf dem Weg zur „ganz normalen bundesdeutschen Partei" sei die PDS „fast schon ans Ziel gekommen".[80]

---

[73] André Brie, Ein Bruch in der Programmatik und Politik, aber kein Bruch in der Entwicklung der PDS, 27. 4. 2001. In: PDS-Pressedienst, 4. 5. 2001. Nach Aussage von Gabi Zimmer arbeiteten an dem Entwurf zudem Roland Claus, Dietmar Bartsch, Gregor Gysi, Lothar Bisky sowie einige Landesvorsitzende (vgl. W. Schulz, PDS-Programmentwurf, S. 556).
[74] Programm der Partei des Demokratischen Sozialismus – Entwurf. In: PDS-Pressedienst, 27. 4. 2001.
[75] Ebenda.
[76] Winfried Wolf, zit. n. Susanne Scheerer, Oberhalb der Schmerzgrenze. In: faz.net, 27. 4. 2001, <http://www.faz.net/aktuell/politik/analyse-oberhalb-der-schmerzgrenze-121070.html> (abgerufen am 11. 3. 2019); Die PDS schleicht nach Godesberg. In: Süddeutsche Zeitung, 28. 4. 2001; vgl. auch W. Schulz, PDS-Programmentwurf; Philip Grassmann, Die PDS entdeckt die Vorteile des Kapitalismus. In: Süddeutsche Zeitung, 28. 4. 2001; kritisch dazu: Neu, Ist die PDS auf dem Weg nach „Godesberg"?.
[77] Thomas Meyer, Auf halbem Wege stecken geblieben. In: Kölner Stadt-Anzeiger, 4. 10. 2001.
[78] Wolle, Seifenblasen der Geschichte, S. 728 und S. 730.
[79] Patzelt, Die PDS nach 2000, S. 16.
[80] Ebenda, S. 26.

1.3 Symbolfragen: Umgang und Debatten im Bundestag

Die veränderte Position, die der PDS um die Jahrtausendwende im politischen System der Bundesrepublik zukam, äußerte sich auch symbolisch im Bundestag. Hier ging es ebenfalls um die Frage, ob die PDS als ganz „normale" Fraktion wie jede andere behandelt werden sollte oder nicht. Eine zentrale Rolle spielten dabei nicht nur Fragen des persönlichen Umgangs und der demonstrativen Abgrenzung. Es ging immer auch um direkte und indirekte parlamentarische Kooperationen, wie sie in ostdeutschen Landtagen längst gängig waren: Konnte man Anträgen der PDS zustimmen, wenn das inhaltlich geboten schien? War sie in gemeinsame fraktionsübergreifende Initiativen einzubinden? Standen ihr Ämter im Bundestagspräsidium oder an der Spitze parlamentarischer Ausschüsse zu? Hatte die Antwort darauf im ersten gesamtdeutschen Bundestag noch eindeutig „Nein" gelautet, so begann sich der Umgang mit der PDS-Fraktion vor der Jahrtausendwende deutlich zu verändern.

Entwicklungen im 13. Bundestag

Bereits im 13. Deutschen Bundestag hatten sich „Nuancen und Lockerungen im Atmosphärischen" angedeutet, wie die PDS-Gruppe im Sommer 1996 festgestellt hatte.[81] Besonders das Zeichen einer „Normalisierung", das im Herbst 1995 vom neuen SPD-Vorsitzenden Oskar Lafontaine ausgesandt worden war, führte auch im Bundestag zu Diskussionen. Wolfgang Thierse sprach nun vom „Wunsch der PDS nach fairem Umgang", den es zu respektieren gelte.[82] Und auch die Führung der SPD-Bundestagsfraktion versprach im November 1995, die „Tabuisierung" der PDS im Bundestag zu beenden, wie der Vorsitzende der „Querschnittsgruppe Deutsche Einheit" in der SPD-Fraktion Rolf Schwanitz formulierte.[83] Schwanitz brachte daher am 11. Dezember 1995 eine Vorlage in den geschäftsführenden Fraktionsvorstand ein, in der es hieß, die PDS solle in Zukunft als „gleichberechtigter Teil des Parlaments" anerkannt werden. Ihre Aktivitäten seien „in der gleichen Art und Weise zu behandeln, wie die Aktivitäten anderer mit uns konkurrierender Teile des Parlaments".[84]

Im Gegensatz zur Parteiführung um Lafontaine ging es der SPD-Fraktionsspitze unter Rudolf Scharping aber keineswegs um Kooperation, sondern um eine besser informierte Konfrontation mit der Konkurrenz. Man zielte darauf ab, „PDS-

---

[81] ADS, BT/13.WP-028: Parlamentarische Geschäftsführung, Entwurf: Zuarbeit zu „Erfahrungen der zweijährigen Arbeit der Bundestagsgruppe – Schlußfolgerungen für die parlamentarische und außerparlamentarische Arbeit in der 2. Hälfte der Legislaturperiode" – für die Klausur am 5./6. 9. 1996, 14. 8. 1996.

[82] „Kein Koalitionsbruch im Osten". Interview mit Wolfgang Thierse. In: Die Zeit, 1. 12. 1995.

[83] AdsD, Dep. Thierse, 1/WTAA001724: Rolf Schwanitz, Vorlage für die GFV-Sitzung am 27. 11. 1995 zum TOP „Umgang mit der PDS", 23. 11. 1995.

[84] AdsD, Dep. Thierse, 1/WTAA001724: Rolf Schwanitz, Vorlage für die GFV-Sitzung am 11. 12. 1995 zum Thema „Umgang mit der PDS", undatiert.

Anträge etc. nicht weiter zu ignorieren, sondern zukünftig zu beachten und gegebenenfalls auch etwas zu tun", wie es in der Fraktion hieß.[85] Referenten sollten künftig PDS-Anträge bewerten und entscheiden, ob diese sich „mit sozialdemokratischen Vorstellungen decken" oder nicht.[86] Als Reaktion sollten dann Hintergrundgespräche und Pressemitteilungen eingeleitet werden, um zielgerichtet und „öffentlichkeitswirksam" auf die „parlamentarischen Defizite der PDS" hinzuweisen.[87] Auf Nachfrage aus der Fraktion machte Schwanitz aber unmissverständlich und zum Unmut einiger Fraktionsmitglieder deutlich, dass auch weiterhin PDS-Anträgen, die sich mit SPD-Forderungen deckten, „[a]uf keinen Fall [...] zugestimmt" werden dürfe.[88]

Dies wiederum erschien vielen in der SPD-Fraktion als „Blödsinn".[89] Schließlich war die PDS-Gruppe dazu übergegangen, sozialdemokratische und grüne Programmpunkte in eigenen Anträgen in den Bundestag einzubringen, um auf diese Weise „die Position der beiden anderen Oppositionsparteien [zu] testen", wie die Parlamentarische Geschäftsführung der PDS es nannte.[90] In diesen Fällen zog es die SPD-Fraktion meist vor, sich bei Abstimmungen über PDS-Anträge, die sozialdemokratische Positionen zum Teil oder vollständig widerspiegelten, der Stimme zu enthalten.[91] In Einzelfällen gab es aber Ausnahmen, ohne dass ein klares Muster erkennbar wurde: So stimmte die SPD mal einem Änderungsantrag der PDS zum Haushaltsplan der Bundesregierung zu,[92] mal einem PDS-Antrag zum Mehrbedarf der Sozialhilfe in den neuen Bundesländern.[93] Auch in den Ausschüssen kam es in einzelnen Fällen zu gemeinsamem Stimmverhalten.[94]

---

[85] AdsD, Dep. Thierse, 1/WTAA001724: WW, Vermerk betr.: Umgang mit der PDS; Vorstellung der GFV-Vorlage durch Schwanitz, 8. 2. 1996.

[86] AdsD, Dep. Thierse, 1/WTAA001724: Rolf Schwanitz: Vorlage für die GFV-Sitzung am 27. 11. 1995 zum TOP „Umgang mit der PDS", 23. 11. 1995.

[87] Ebenda.

[88] AdsD, Dep. Thierse, 1/WTAA001724: WW, Vermerk betr.: Umgang mit der PDS; Vorstellung der GFV-Vorlage durch Schwanitz, 8. 2. 1996.

[89] Ebenda.

[90] ADS, BT/13.WP-028: Parlamentarische Geschäftsführung, Entwurf: Zuarbeit zu „Erfahrungen der zweijährigen Arbeit der Bundestagsgruppe – Schlußfolgerungen für die parlamentarische und außerparlamentarische Arbeit in der 2. Hälfte der Legislaturperiode" – für die Klausur am 5./6. 9. 1996, 14. 8. 1996.

[91] Rolf Schwanitz erinnerte sich später so, dass es in den Details in der Regel Formulierungen gab, die eine Nicht-Zustimmung rechtfertigten (Gespräch des Autors mit Rolf Schwanitz, 12. 2. 2017).

[92] Vgl. ADS, BT/13.WP-021: Parlamentarische Geschäftsführung, Abstimmungsverhalten in der Sitzungswoche, 25.11.–29. 11. 1996. Bonn, 16. 12. 1996; außerdem Dt. Bundestag, Plenarprotokoll 13/142 (28. 11. 1996), S. 12924.

[93] Dt. Bundestag, Drs. 13/275: Antrag der Abgeordneten Dr. Heidi-Knake-Werner und der weiteren Abgeordneten der PDS: Mehrbedarf der Sozialhilfe in den neuen Bundesländern, 24. 1. 1995; vgl. Dt. Bundestag, Plenarprotokoll 13/89 (29. 2. 1996), S. 7876.

[94] Vgl. ADS, BT/13.WP-025: IuD-Stelle, Sitzungswoche, 8. bis 12. 12. 1997, undatiert; außerdem Dt. Bundestag, Drs. 13/9364: Beschlußempfehlung und Bericht des Ausschusses für Verkehr (15. Ausschuß) zu dem Antrag der Abgeordneten Dr. Winfried Wolf, Dr. Dagmar Enkelmann, Dr. Gregor Gysi und der Gruppe der PDS – Drs. 13/5164 – Aufstellung eines Bundesverkehrswegeplans für eine Politik der Verkehrswende, 8. 12. 1997. Demnach stimmte die SPD dem

Die Bündnisgrünen dagegen, die dem Bundestag nach der Wahl 1994 wieder in Fraktionsstärke angehörten, kooperierten häufiger mit der PDS. Vor allem der Bereich Asyl- und Ausländerpolitik bildete ein Feld, auf dem Grüne und Sozialisten häufig Übereinstimmung demonstrierten. PDS-Anträge, denen die Grünen zustimmten, betrafen dabei Leistungen für Asylbewerber, Ausländerrechte, Abschiebung, Bürgerkriegsflüchtlinge, Fremdenfeindlichkeit und Antisemitismus.[95] Auch auf dem Gebiet der Umweltpolitik sowie im Bereich der Außen- und Sicherheitspolitik kam es in der 13. Wahlperiode des Bundestages punktuell zu Kooperationen zwischen der Fraktion von Bündnis 90/Grüne und der PDS-Gruppe im Bundestag, sodass die Grünen einem Antrag der PDS auf Abschaffung der Wehrpflicht ebenso zustimmten wie Anträgen zum Endlager Morsleben (Sachsen-Anhalt) oder zum Transrapid.[96]

In der PDS-Gruppe wurde jede noch so kleine Verhaltensänderung der anderen Fraktionen äußerst aufmerksam zur Kenntnis genommen und systematisch eruiert. Allerdings musste sie im August 1996 feststellen, dass das eigentliche Ziel einer gegenseitigen „Abstimmung" der Oppositionsfraktionen oder gar eines gemeinsamen Vorgehens in dieser Legislaturperiode wohl nicht mehr zu erreichen sein werde.[97] Bis 1998 blieben gemeinsame Anträge der Oppositionsfraktionen unter Einschluss der PDS tabu. Stattdessen kam es häufiger zu überfraktionellen Anträgen der übrigen Fraktionen, denen die PDS zustimmte, ohne aber als Mitantragsteller geführt zu werden.[98] Gerade diese symbolische Aufwertung sollte der Partei noch verwehrt bleiben.

<hr>

Antrag der PDS im Haushaltsausschuss, im Bauausschuss sowie im Verkehrsausschuss, nicht aber im Umweltausschuss zu.

[95] Vgl. ADS, BT/13.WP-019: Protokoll der PDS-Fraktionssitzung am 27. 2. 1996, S. 1; Dt. Bundestag, Drs. 13/3727: Änderungsantrag der Abgeordneten Dr. Ruth Fuchs, Dr. Heidi Knake-Werner und der Gruppe der PDS zur zweiten Beratung des Gesetzesentwurfs – Drs.n 13/2746, 13/3475, 13/3720, 13/3728 – Entwurf eines Ersten Gesetzes zur Änderung des Asylbewerberleistungsgesetzes und anderer Gesetze, 7. 2. 1996; Dt. Bundestag, Plenarprotokoll 13/86 (8. 2. 1996), S. 7586–7595; ADS, BT/13.WP-021: Parlamentarische Geschäftsführung, Abstimmungen in Sitzungswoche 7.–11. 10. 1996, 14. 10. 1996; ebenda: Parlamentarische Geschäftsführung, Abstimmungsverhalten in der Sitzungswoche, 11.11.–15. 11. 1996. Bonn, 21. 11. 1996; ebenda: Parlamentarische Geschäftsführung, Abstimmungsverhalten in der Sitzungswoche, 25.11.–29. 11. 1996. Bonn, 16. 12. 1996.

[96] Vgl. ADS, BT/13.WP-021: Parlamentarische Geschäftsführung, Abstimmungsverhalten in der Sitzungswoche, 4.11.–8. 11. 1996. Bonn, 18. 11. 1996; ADS, BT/13.WP-021: Parlamentarische Geschäftsführung, Abstimmungsverhalten in der Sitzungswoche, 25.11.–29. 11. 1996. Bonn, 16. 12. 1996.

[97] ADS, BT/13.WP-028: Parlamentarische Geschäftsführung, Entwurf: Zuarbeit zu „Erfahrungen der zweijährigen Arbeit der Bundestagsgruppe – Schlußfolgerungen für die parlamentarische und außerparlamentarische Arbeit in der 2. Hälfte der Legislaturperiode" – für die Klausur am 5./6. 9. 1996, 14. 8. 1996.

[98] Vgl. ADS, BT/13.WP-021: Parlamentarische Geschäftsführung, Abstimmungsverhalten in der Sitzungswoche, 2.12.–6. 12. 1996. Bonn, 18. 12. 1996. Es handelt sich dabei um: Dt. Bundestag, Drs. 13/6413: Entschließungsantrag der Fraktionen CDU/CSU, SPD, Bündnis 90/Die Grünen und F.D.P. zur Abgabe einer Erklärung der Bundesregierung zur Menschenrechtspolitik in den Auswärtigen Beziehungen, 4. 12. 1996; Drs. 13/6417, 5. 12. 1996 und Drs. 13/6418, 5. 12. 1996.

Die PDS im 14. Bundestag

Erst der Beginn der 14. Wahlperiode war für die PDS durch eine stärkere symbolische Integration im Bundestag geprägt. Der dank ihres guten Wahlergebnisses erreichte volle Fraktionsstatus wurde von keiner der konkurrierenden Fraktionen angezweifelt. Im Gegenteil versuchte die Unionsführung in der konstituierenden Sitzung des Bundestages am 26. Oktober 1998, einen Eklat wie den um die Rede Stefan Heyms im Jahr 1994 zu vermeiden – obwohl die PDS mit Fred Gebhardt erneut den Alterspräsidenten stellte. Der langjährige hessische Landtagsabgeordnete war erst wenige Monate zuvor im Alter von 70 Jahren aus der SPD ausgetreten, um für die PDS zu kandidieren. Nun hielt er eine Alterspräsidentenrede, die dezidiert versuchte, die kommunistischen und antikommunistischen Traditionen Deutschlands zusammenzuführen: Er erinnerte an die Kommunistin Clara Zetkin als Alterspräsidentin und nannte sie in einem Atemzug mit Ludwig Erhard, Konrad Adenauer und Willy Brandt.[99] Er warnte vor einer Arroganz des Westens gegenüber den Ostdeutschen und mahnte, die Geschichte der DDR auch als „gemeinsame Geschichte" zu verstehen: Zwar habe es in der DDR „Unrecht, Verletzung von Menschenrechten und einen Mangel an Demokratie gegeben", aber auch „soziale und kulturelle Leistungen" – und auch im Westen habe nicht nur „Wohlfahrt und Gerechtigkeit das Leben bestimmt".[100]

Hatten solche und ähnliche Formulierungen Anfang der 1990er Jahre noch empörte Reaktionen provoziert, so erhielt Gebhardts Rede laut Plenarprotokoll nicht nur von der PDS, sondern auch von SPD und Grünen sowie von einzelnen Abgeordneten der Unionsparteien und der FDP Beifall.[101] Im neuen Bundestag hatten sich die politisch-kulturellen Gewichte sichtlich verschoben. Als der Unionsabgeordnete Hans-Peter Repnik feststellte, dass es mit der PDS nun eine Fraktion im Bundestag gebe, „die nicht zweifelsfrei auf dem Boden des Grundgesetzes steht" und daher „das demokratische Grundvertrauen in alle Fraktionen" beeinträchtige, erntete er von SPD und Grünen laut Protokoll amüsiertes Lachen.[102] Auf der anderen Seite ermahnte der neue Bundestagspräsident Wolfgang Thierse (SPD) angesichts zunehmender Erfolge rechtsextremistischer Parteien alle Fraktionen des Bundestags, „die Gegner der Demokratie abzuwehren und in ihre Schranken zu verweisen", fügte aber einschränkend hinzu, dass „linker Extremismus in Deutschland kaum gewalttätige Wirksamkeit" zeige.[103]

Ähnlich wie in der Alterspräsidentenfrage verhielten sich die Abgeordneten auch in der symbolisch wichtigen Vizepräsidentenfrage. Da der PDS als Fraktion nun erstmals nominell ein eigener Posten zustand, der aber nur per Mehrheitsbeschluss des Bundestages besetzt werden konnte, präsentierte sie mit Petra Bläss

---

99 Dt. Bundestag, Plenarprotokoll 14/1 (26. 10. 1998), S. 1 (Rede Fred Gebhardt).
100 Ebenda, S. 3.
101 Ebenda, S. 4.
102 Ebenda, S. 10 (Rede Hans-Peter Repnik).
103 Ebenda, S. 8 (Rede Wolfgang Thierse).

bewusst eine Kandidatin, die auch für die Konkurrenz als wählbar galt: Als Mitbe-
gründerin des regimekritischen Unabhängigen Frauenverbandes (UFV) stand ihr
Name für den linken Flügel der DDR-Opposition, sodass sich in der SPD-Fraktion
auch ein profilierter PDS-Kritiker wie Stephan Hilsberg ausdrücklich für eine
Wahl der Kandidatin aussprach.[104] In einer Kampfabstimmung gegen die Unions-
kandidatin Michaela Geiger konnte sich Bläss schließlich mit 355 zu 285 Stimmen
bei 19 Enthaltungen klar durchsetzen.[105] Erstmals wurden Sitzungen des Deutschen Bundestages fortan von einem PDS-Mitglied geleitet. Das Gleiche galt für
den Petitionsausschuss des Parlaments, an dessen Spitze die Abgeordnete Heidemarie Lüth gewählt wurde. Es handelte sich um den ersten Ausschuss-Vorsitz eines PDS-Mitglieds im Bundestag.

Auf einer technischen Ebene, auf der es nicht um Inhalte, sondern um parlamentarisches Procedere ging, steuerten schließlich alle Fraktionen inklusive der
Unionsfraktion auf einen kooperativen Umgang mit der PDS um. So brachten
Union, PDS und die übrigen Fraktionen des Bundestages in derselben konstituierenden Sitzung erstmals überhaupt einen gemeinsamen Geschäftsordnungsantrag
ein.[106] Am 9. November und am 18. Januar folgten drei weitere gemeinsame Anträge technischer Art, die keine öffentliche Aufmerksamkeit erregten.[107] Vorsich-
tige Überlegungen der CDU/CSU-Fraktionsführung, die eingeleitete „Normalisierung" von der technischen Ebene auf bestimmte politische Kooperationen
auszuweiten, scheiterten jedoch: Einem fraktionsübergreifenden Antrag zugunsten der Sturmopfer in Mittelamerika, der auch einen Schuldenschnitt einschloss,
erteilte die Unionsfraktion eine Absage, obwohl sie den Antrag zuvor mitverhan-
delt hatte. Begründet wurde der Rückzieher ausdrücklich damit, dass die PDS, so
CSU-Generalsekretär Bernd Protzner, „noch lange nicht eine den anderen demokratischen Parteien gleiche Partei" sei.[108] Vor allem der bayerische Teil der Union

---

104 AdsD, SPD-BTF [52.232]: Beschlußprotokoll der Sitzung der SPD-Bundestagsfraktion am
26. 10. 1998, S. 2; AdsD, Dep. Verheugen, 1/GVAC000069: SPD-Fraktion im Deutschen Bundestag: Protokoll der Sitzung des Fraktionsvorstands am 15. 10. 1998, S. 3. Auch die Union
wollte ihre Ablehnung nicht als Gegnerschaft zur Kandidatin als Person, sondern zu ihrer
Partei verstanden wissen (vgl. Dt. Bundestag, Plenarprotokoll 14/1 [26. 10. 1998], S. 10).

105 Dt. Bundestag, Plenarprotokoll 14/1 (26. 10. 1998), S. 18. Nach Bekanntgabe des Ergebnisses
gab es laut Plenarprotokoll Beifall bei SPD, Bündnis 90/Die Grüne und PDS (ebenda).

106 Dt. Bundestag, Drs. 14/1: Antrag der Fraktionen SPD, CDU/CSU, Bündnis 90/Die Grünen,
F.D.P. und PDS, Weitergeltung von Geschäftsordnungsrecht, 26. 10. 1998.

107 Zum Berechnungsverfahren der Stellenanteile der Fraktionen, zur Einsetzung von Ausschüssen und zur Überweisung früherer Vorlagen vgl. Dt. Bundestag, Drs. 14/21: Antrag der Fraktionen SPD, CDU/CSU, Bündnis 90/Die Grünen, F.D.P. und PDS, Bestimmung des Verfah-
rens für die Berechnung der Stellenanteile der Fraktionen, 9. 11. 1998; Dt. Bundestag, Drs.
14/22: Antrag der Fraktionen SPD, CDU/CSU, Bündnis 90/Die Grünen, F.D.P. und PDS, Einsetzung von Ausschüssen, 9. 11. 1998; Dt. Bundestag, Drs. 14/272: Antrag der Fraktionen
SPD, CDU/CSU, Bündnis 90/Die Grünen, F.D.P. und PDS, Erneute Überweisung von Vorlagen aus früheren Wahlperioden. Bonn, 18. 1. 1999.

108 Bernd Protzner, zit. n. „Keine Annäherung". In: Stern, 26. 11. 1998. In der Folge nahm auch
die rot-grüne Koalition von der Zusammenarbeit Abstand und kündigte den fraktionsübergreifenden Antrag auf, obwohl die FDP einen fraktionsübergreifenden Antrag als „Signal der
Solidarität" befürwortete (vgl. Dt. Bundestag, Plenarprotokoll 14/8 (19. 11. 1998), hier S. 437).

wandte sich entschieden dagegen, die „linksradikale" PDS zum gleichberechtigten Diskussionspartner aufzuwerten.[109] Eine „inhaltliche Auseinandersetzung" dürfe keinesfalls den Eindruck erwecken, „als würde jetzt auch die Union die PDS als demokratisch legitimierten Gesprächspartner annehmen". Es gebe nur eine Strategie „gegenüber extremistischen Parteien wie der PDS", so der bayerische Staatskanzleichef Erwin Huber im November 1999: „strikte Ablehnung und Bekämpfung".[110]

Antifaschismus statt Antitotalitarismus?

Dennoch schritt die „Normalisierung" im Bundestag voran. Im April 2000 gelang es der PDS erstmals, zusammen mit allen anderen Fraktionen – einschließlich der Unionsfraktion – Antragstellerin eines überfraktionellen Gesetzentwurfs zu werden. Dass es dabei um die Errichtung einer Stiftung „Erinnerung, Verantwortung und Zukunft" zur Zahlung von Ausgleichsleistungen an ehemalige NS-Zwangsarbeiter ging, verweist auf den Konsenscharakter, der dem Umgang mit der nationalsozialistischen Vergangenheit in der politischen Kultur des wiedervereinten Deutschlands zukam.[111] Aufgrund der nationalen Bedeutung dieses Themas und der internationalen Aufmerksamkeit – seit Jahren drohten in den USA Sammelklagen und Boykotte gegen deutsche Unternehmen – hatten die Parteien des Bundestages ein Interesse daran, in dieser Hinsicht größtmögliche Übereinstimmung zu demonstrieren.[112] Dafür war man zehn Jahre nach Ende der DDR auch bereit, die PDS in das gemeinsame Gedenken einzubinden. Mit Ulla Jelpke gehörte dem Stiftungskuratorium schließlich auch eine Vertreterin der PDS-Fraktion an.[113] Ebenfalls im Frühjahr 2000 gründeten die Bundesministerien des Innern und der Justiz ein „Bündnis für Demokratie und Toleranz – gegen Extremismus und Gewalt", an dem sich alle Fraktionen des Bundestages inklusive der PDS beteiligten.[114] Und auch außerhalb des Parlaments wurde die PDS in gemeinsame Aktionen eingebunden wie in eine Großkundgebung für Menschlichkeit und Toleranz am 9. November 2000 in Berlin.[115]

[109] Thomas Goppel, zit. n. Lengsfeld: „De Maizière redet Unsinn". In: Die Welt, 26. 10. 1999.

[110] Erwin Huber, Eine gefährliche und überflüssige Randdiskussion. In: Frankfurter Allgemeine Zeitung, 3. 11. 1999.

[111] Dt. Bundestag, Drs. 14/3206: Gesetzentwurf der Abgeordneten Bernd Reuter u. a., 13. 4. 2000; vgl. auch Dt. Bundestag, Drs. 14/3790: Entschließungsantrag der Fraktionen SPD, Bündnis 90/Die Grünen, F.D.P. und PDS zu dem Gesetzentwurf der Abgeordneten Bernd Reuter u. a., 4. 7. 2000; Dt. Bundestag, Drs. 14/6158: Antrag der Fraktionen SPD, CDU/CSU, Bündnis 90/Die Grünen, F.D.P. und PDS, Feststellung ausreichender Rechtssicherheit für deutsche Unternehmen nach § 17 Abs. 2 des Gesetzes zur Errichtung einer Stiftung „Erinnerung, Verantwortung und Zukunft", 29. 5. 2001.

[112] Vgl. Siefken, Parlamentarische Kontrolle, S. 349–352.

[113] Vgl. ebenda, S. 361, Abb. 97.

[114] Vgl. Dt. Bundestag, Plenarprotokoll 14/162 (30. 3. 2001), S. 15820; dazu auch Peters, Der Antifaschismus der PDS, S. 128.

[115] AdsD, SPD-PV, Protokoll der Sitzung des Parteivorstandes am 30. 10. 2000, S. 2.

Das war auch eine Anerkennung der führenden Rolle der Partei im außerparlamentarischen Kampf gegen Rechtsextremismus, vor allem in Ostdeutschland. Dort stand sie bei Aufzügen der NPD und anderer fremdenfeindlicher Gruppierungen regelmäßig auf der Seite der Gegendemonstranten und engagierte sich in zivilgesellschaftlichen Bündnissen.[116] Allerdings bestanden auch weiterhin erhebliche Vorbehalte vor allem in Reihen der Unionsparteien, die PDS in Maßnahmen gegen Rechtsextremismus einzubinden, da es keine „antifaschistische Front" mit der PDS geben solle.[117] An dieser Frage war bereits im Frühjahr 1998 der Versuch gescheitert, das „Magdeburger Modell" in Sachsen-Anhalt durch eine Große Koalition zu ersetzen: CDU und SPD konnten sich nicht einigen, die PDS in gemeinsame Aktionen gegen Rechtsextremismus einzubeziehen.[118] Spürbar war dies auch im Frühjahr 2001 bei der Debatte um einen gemeinsamen Antrag „Gegen Rechtsextremismus, Fremdenfeindlichkeit, Antisemitismus und Gewalt", den SPD, Grüne, FDP und PDS in den Bundestag eingebracht hatten.[119] Die Unionsfraktion lehnte den Antrag als einzige ab, weil sie darin den Kampf gegen den Linksextremismus vermisste und „unter diesen Bedingungen" keinen gemeinsamen Antrag mit der PDS unterstützen wollte.[120]

Wie die Plenardebatte zeigte, war die Frage des Umgangs mit der PDS aufs engste verbunden mit der Frage, auf welcher normativen Grundlage die politische Kultur der „Berliner Republik" im Kampf gegen „extremistische" Kräfte stehen sollte. Die PDS machte klar, wofür sie stand: Der „Begriff Antifaschismus" solle „aus dem Verfassungsschutzbericht herausgenommen und in den gesellschaftlichen Wertekanon aufgenommen" werden, so der PDS-Redner Roland Claus in der Plenardebatte am 30. März 2001.[121] Demgegenüber bestanden SPD, Grüne und FDP auf den Begriff „Rechtsextremismus", der nahelegte, dass es auch einen „Linksextremismus" gab – auch wenn es auf der rechten Seite „ein besonders gravierendes [...] Problem" gebe, so der Sozialdemokrat Sebastian Edathy.[122] Unionsabgeordnete wiederum nahmen dies als Angriff auf die normativen Grundlagen der Republik wahr: Für Günter Nooke ging es um eine Reinwaschung alles Linken und

---

[116] Hierzu kritisch Peters, Der Antifaschismus der PDS; Prinz, Die programmatische Entwicklung, S. 229–302.

[117] Vgl. für den Thüringer Landtag: Linck, Wie ein Landtag laufen lernte, S. 218.

[118] Während die Magdeburger Sozialdemokraten eine gemeinsame Erklärung von SPD, PDS und CDU gegen Rechtsextremismus verlangten, verweigerte die CDU-Fraktion eine solche „antifaschistische" Erklärung in Zusammenarbeit mit der PDS und forderte stattdessen eine „antiextremistische" Stellungnahme, die sich gleichermaßen gegen links- und rechtsextremistische Strömungen richtete (vgl. Koniczek, Strategische Interaktionen, S. 124; aus Sicht des Ministerpräsidenten: Höppner, Acht unbequeme Jahre, S. 102–104).

[119] Dt. Bundestag, Drs. 14/5456: Antrag der Fraktionen SPD, Bündnis 90/Die Grünen, F.D.P. und PDS: Gegen Rechtsextremismus, Fremdenfeindlichkeit, Antisemitismus und Gewalt, 6.3.2001.

[120] Dt. Bundestag, Plenarprotokoll 14/162 (30.3.2001), S. 15803 (Rede Sebastian Edathy), S. 15806 (Rede Wolfgang Schäuble) und S. 15818 (Rede Günter Nooke).

[121] Ebenda, S. 15812 (Rede Roland Claus).

[122] Ebenda, S. 15803 (Rede Sebastian Edathy).

eine Verdammung alles Rechten: Mit ihrem „Kampf gegen Rechts", so der Vorwurf, konstruierten Rot-Grün und die PDS gemeinsam das Linkssein zum einzig
Guten, wo doch sowohl die SED als auch die „1968er" die Nähe von Sozialismus
und Diktatur gezeigt hätten.[123] SPD und Grüne wiederum konterten, die Union
schließe sich selbst aus dem „Konsens der Demokraten" aus – zu dem die PDS
nun offenbar gezählt wurde.[124]

Offensichtlich ging es hierbei weniger um die PDS, sondern vielmehr um einen
„Kulturkampf um die Deutung von 1968", den auch Edgar Wolfrum in geschichtspolitischen Debatten um die Jahrtausendwende diagnostiziert.[125] Mit dieser Auseinandersetzung, die an die Deutungskämpfe der 1980er Jahre um die „Erosion"
des antitotalitären Konsenses anknüpften, warf das „Jahrhundert der Extreme"
noch einmal seine Schatten auf die „Berliner Republik". Aber anders als in den
Debatten der 1990er Jahre stand die PDS plötzlich nicht mehr außen vor: Vielmehr
wurde das Schlagwort vom „Konsens der Demokraten" neu definiert und sollte
die Sozialisten nun miteinschließen. Es wurde aus seinem antitotalitären Diskurs-
kontext gelöst und zum Schlagwort „gegen rechts". Im Kampf der „linken" „68er"
gegen den wahrgenommenen Angriff von „rechts" standen Schröder, Fischer und
Gysi auf derselben Seite und die PDS wurde auch diskursiv zum Teil einer gesamtdeutschen Linken gemacht, zu der sie die gesamten 1990er Jahre über nicht gehört
hatte.

2. „Anti-Kriegs-Partei": Kosovokrieg und sicherheitspolitische Debatten 1999/2000

Quer zu den dargestellten Entwicklungen lagen die Debatten um die Außen- und
Sicherheitspolitik der Bundesrepublik. Während die PDS in den Symboldebatten
um das Erbe von „Achtundsechzig" als Teil des linken Lagers wahrgenommen
wurde, verliefen die Fronten in der Frage von Krieg und Frieden anders: Auf keinem Feld distanzierte sich die PDS um die Jahrtausendwende so deutlich vom
allgemeinen Konsens ihrer Konkurrenten: Während sich dieser in den 1990er Jahren zugunsten einer aktiveren Rolle Deutschlands in der Welt bei gleichzeitiger
Intensivierung der europäischen Integrationsbemühungen bewegte, stellte sich die
PDS in deutlichen Kontrast dazu und lehnte ein „weltweites militärisches Engagement" der Bundesrepublik, wie es im zeitgenössischen Sprachgebrauch hieß,[126]
durchweg ab. Die Sozialisten interpretierten dies als „Weltmachtstreben" und

---

[123] Vgl. ebenda, S. 15815–15818 (Rede Günter Nooke).
[124] Ebenda, S. 15804 (Rede Sebastian Edathy) und S. 15808 (Annelie Buntenbach).
[125] Wolfrum, Rot-Grün an der Macht, S. 646–654.
[126] „Es gibt keine Fischer-Doktrin". Interview mit Joschka Fischer. In: Der Spiegel, 18. 10. 1999,
S. 34–38, Zitat S. 38 (Frage der Interviewer Jürgen Hogrefe und Paul Lersch).

warnten vor einem kapitalistisch-faschistischen Deutschland: „Wir wollen kein viertes Reich, das die NATO verstärkt", so Gregor Gysi schon im Januar 1990.[127]

Das vereinte Deutschland schien in ihrer Wahrnehmung solche Befürchtungen zu bestätigen. Die angebliche „Militarisierung" der deutschen Außenpolitik sei ein radikaler Bruch mit den „Selbstverständlichkeiten der alten Bundesrepublik".[128] Stattdessen forderte die Partei die Auflösung des transatlantischen Bündnisses zugunsten eines weltweiten Sicherheitssystems auf Basis der KSZE oder einer demokratisch reformierten UN – womit Russland eine deutlich gewichtigere Rolle zugekommen wäre.[129] Hinter diesen Argumenten verbargen sich unterschiedliche Haltungen in außenpolitischen Fragen, die sich vielfach miteinander vermischten: erstens eine tief verinnerlichte Skepsis, oft auch offene Ablehnung der westlichen Institutionen, die in ihrer rhetorischen Schärfe an antiwestliche Motive der SED-Propaganda anschloss; zweitens prinzipiell-pazifistische Forderungen nach genereller Gewaltlosigkeit in den internationalen Beziehungen; und drittens eine dezidiert internationalistische, an UN und Völkerrecht orientierte Position, die an frühere Konzeptionen der SED-„Reformer" anschloss.[130]

Diese Argumentationsstruktur, die zwischen antiwestlichen Ressentiments und Internationalismus changierte, kennzeichnete auch die PDS-Haltung in europapolitischen Fragen: Hier nahm die Partei eine EU-kritische Haltung ein, die der Skepsis vieler Ostdeutscher entsprach. Hinter ihren Äußerungen verbargen sich aber sowohl solche Positionen, die auf eine generelle Ablehnung der EU als „kapitalistisches Projekt" hinausliefen, als auch solche, die europäische Integration als „kategorische[n] Imperativ" einer internationalistischen Einstellung ansahen, wie auf einer Klausur der PDS-Bundestagsgruppe im Mai 1997 analysiert wurde. Letzteren ging der wahrgenommene Pfad der (west)europäischen Integration, basierend auf Währungsstabilität, Angebotsorientierung und ökonomischer Integration, in die falsche Richtung, da er zu wenig die Sozialpolitik und die Einbeziehung Osteuropas berücksichtige.[131] Auch in Bezug auf die Europäische Währungsunion argumentierte die Partei differenziert, unterstützte zwar eine gemeinsame Währung im Grundsatz, lehnte die Konvergenzkriterien aber ab und stimmte als einzige Partei im Bundestag geschlossen gegen den „Euro".[132] Nach außen blieben ihre inhaltlichen Nuancierungen aber weitgehend unbemerkt und die Partei sendete

---

[127] ADS, PDS-PV-050: Stenografische Niederschrift der Tagung des Parteivorstandes der SED-PDS am 6. 1. 1990 (Rede Gregor Gysi), S. 18; vgl. auch PDS (Hrsg.), Parteiprogramm 1993, S. 5.

[128] Grundsätze und Ziele der PDS bei den Wahlen 1998/99. Beschluß des Bundesvorstandes der PDS vom 10. 6. 1996. In: PDS-Pressedienst, 14. 6. 1996.

[129] PDS (Hrsg.), Parteiprogramm 1993, S. 23.

[130] ADS, PDS-PV-092: Michael Nelken, der Golfkrieg und die Politik(un)fähigkeit der PDS [1991]; vgl. A. Brie/Wallraf, Überlegungen zur außenpolitischen Interessenlage, S. 176 f.

[131] ADS, BT/13.WP-028: Bereich I, Zur Klausur der PDS Bundestagsgruppe am 5. und 6. 5. 1997. Diskussionspapier für die Positionsbestimmung zur Währungsunion, 23. 4. 1997, S. 2.

[132] Vgl. Hough, The Fall and Rise of the PDS, S. 177.

stattdessen ein kategorisches „Nein" – weil das einfach mehr Stimmen einbrachte, wie André Brie den PDS-Bundestagsabgeordneten im Februar 1997 empfahl.[133]

Entsprechend kritisch waren die Reaktionen der Konkurrenzparteien und eines Großteils der medialen Öffentlichkeit auf solche außenpolitischen Positionen. Dort wurde die ablehnende Haltung der PDS zum euro-atlantischen Bündnissystem als Nachweis eines unverantwortlichen Denkens und ihrer „separatistischen Tendenz" gedeutet, da hieraus eine Isolation Deutschlands erwachse.[134] Eine solche Isolation aber wurde von den meisten Beobachtern als verhängnisvoller „Sonderweg" angesehen,[135] der zugleich die politisch-kulturelle Westorientierung Deutschlands revidiere. Dies führe im Ergebnis zu einer Situation wie „vor 60 Jahren", d. h. in die Zeit des Nationalsozialismus, so der Sozialdemokrat Rolf Schwanitz im April 1994 mit Blick auf einen NATO-Austritt der Bundesrepublik.[136] Solche Äußerungen unterstrichen einmal mehr den zentralen Stellenwert, der dem westlichen Bündnis für die Sicherheit und die politische Identität der Bundesrepublik auch nach dem Ende des Ost-West-Konflikts zukam. Rund ein Jahrzehnt nach den Nachrüstungsdebatten der 1980er Jahre ging es darum, antiwestliche und NATO-kritische Tendenzen nicht nur von Seite der PDS, sondern innerhalb der gesamten deutschen Linken einzuhegen und zurückzudrängen. Die Kritik an den außen- und sicherheitspolitischen Positionen der PDS war daher auch gegen jene Kreise in der Bundesrepublik gerichtet, die an der Rolle von NATO und Bundesrepublik in einer sich wandelnden Welt zweifelten. Diese Struktur der Auseinandersetzung zeigte sich am nachdrücklichsten im Kosovokonflikt des Jahres 1999, in dem die außenpolitischen Positionen der PDS erstmals deutlich in den Fokus der Öffentlichkeit gerieten.

2.1 „Fünfte Kolonne": Die PDS und der Kosovokrieg 1999

Am 24. März 1999 begann unter Beteiligung der Bundeswehr ein Luftkrieg der NATO gegen die Bundesrepublik Jugoslawien. Erklärtes Ziel war es, die Menschenrechtsverletzungen des jugoslawischen Regimes unter dem Serben Slobodan Milošević zu stoppen und „eine humanitäre Katastrophe dort zu verhindern", wie Kanzler Schröder im Bundestag erklärte.[137] Der Kosovokonflikt war einer von mehreren ethnischen Konflikten, die in den 1990er Jahren den Zerfall des Vielvöl-

---

133 ADS, BT/13.WP-010: Protokoll der Fraktionssitzung in Berlin am 24. 2. 1997, TOP Öffentlichkeitsarbeit, S. 6.

134 AdsD, SPD LV MV, 3/MVAB000125: Rolf Schwanitz/Christian Widmaier, Die PDS – antidemokratisch, spalterisch, separatistisch, 7. 4. 1994, S. 10; vgl. auch Heinrich August Winkler, Das Trugbild von der linken Mehrheit. In: Die Zeit, 1. 12. 1995.

135 AdsD, Dep. Thierse, 1/WTAA001727: Richard Schröder, nein heißt nein. In: vorwärts Forum 2/97, S. 19.

136 AdsD, SPD LV MV, 3/MVAB000125: Rolf Schwanitz/Christian Widmaier, Die PDS – antidemokratisch, spalterisch, separatistisch, 7. 4. 1994, S. 10.

137 Dt. Bundestag, Plenarprotokoll 14/31 (26. 3. 1999), S. 2571 (Rede Schröder).

kerstaats Jugoslawien begleiteten. Die Bundesrepublik hatte sich in diesen Konflikten schon früher als andere westliche Staaten auf die Seite der nach Unabhängigkeit strebenden Teilrepubliken und damit gegen Milošević gestellt.[138] Für die NATO wiederum war die Internationalisierung des Jugoslawien-Konflikts Teil eines Neufindungsprozesses nach Ende des Kalten Kriegs, in dem sich die Allianz „von einem Defensivbündnis zu einer Interventionsallianz mit globaler Reichweite" verwandelte, so der Politologe Johannes Varwick.[139]

Das zeigte sich auch im Fall des Kosovo: In der mehrheitlich albanisch bewohnten serbischen Provinz eskalierten 1998 die kriegerischen Auseinandersetzungen zwischen der separatistischen albanischen Befreiungsarmee UÇK und der serbischen Zentralregierung; es kam zu Menschenrechtsverletzungen vor allem von serbischen Einheiten, die eine Massenflucht albanischer Kosovaren auslösten.[140] Laut Schätzungen des UN-Flüchtlingshilfswerks waren bis März 1999 bereits mehr als 400 000 Einwohner des Kosovo aus ihren Wohnungen vertrieben worden.[141] Während die UNO in Resolutionen zu Verhandlungen aufrief, drohten USA und NATO mit Militärschlägen gegen serbische Ziele, um Milošević zu einem Ende seiner Gewalt zu zwingen.[142] Im Zuge von Friedensgesprächen im Februar 1999 im französischen Rambouillet wurde der jugoslawischen Regierung schließlich ein Vertragsentwurf vorgelegt, der unter anderem eine NATO-Verwaltung des Kosovo und die Stationierung einer 28 000 Mann starken NATO-Truppe auf dem Staatsgebiet der Bundesrepublik Jugoslawien vorsah.[143] Als Milošević seine Unterschrift verweigerte, begann die Allianz am 24. März 1999 mit Luftschlägen gegen Jugoslawien.[144]

Der Einsatz der transatlantischen Allianz war von Beginn an verfassungs- und völkerrechtlich umstritten.[145] Aufgrund der ablehnenden Haltung der Veto-Mächte Russland und China lag für den Einsatz kein UN-Mandat vor.[146] NATO und deutsche Bundesregierung beriefen sich vielmehr auf eine Art „Nothilfe" zugunsten der albanischen Minderheit im Kosovo, um ihren Verstoß gegen die Souveränität Jugoslawiens zu legitimieren.[147] Im Grunde standen sich damit das völ-

---

138 Vgl. Sundhausen, Jugoslawien und seine Nachfolgestaaten, S. 318–322.

139 Varwick, Die NATO, S. 141; siehe auch Hilz, Deutsche Außenpolitik, S. 118–120.

140 Vgl. Sundhausen, Jugoslawien und seine Nachfolgestaaten, S. 370 f.

141 Vgl. Petritsch/Kaser/Pichler, Kosovo Kosova, S. 345; Roberts, NATO's 'Humanitarian War', S. 113.

142 Vgl. Sundhausen, Jugoslawien und seine Nachfolgestaaten, S. 372; Henriksen, NATO's Gamble, S. 141–143 und S. 148 f.

143 Vgl. Herring, From Rambouillet to the Kosovo Accords, S. 226; Wolfrum, Rot-Grün an der Macht, S. 70.

144 Die Serbische Nationalversammlung unterbreitete am 23.3. einen Gegenvorschlag, in dem sie das Prinzip einer Autonomie für Kosovo akzeptierte, aber eine Präsenz fremder Truppen ablehnte. Der Vorschlag wurde jedoch von der NATO nicht berücksichtigt (vgl. Herring, From Rambouillet to the Kosovo Accords, S. 227).

145 Vgl. „Einladung zum Mißbrauch". Interview mit Erhard Denninger. In: Der Spiegel, 29.3. 1999, S. 222; Hilz, Deutsche Außenpolitik, S. 121 f.

146 Vgl. Wolfrum, Rot-Grün an der Macht, S. 64 f.; Hilz, Deutsche Außenpolitik, S. 121.

147 Vgl. Wolfrum, Rot-Grün an der Macht, S. 72.

kerrechtliche Prinzip der territorialen Integrität und Souveränität auf der einen und der Schutz der Menschenrechte auf der anderen Seite gegenüber.[148] Dieses Dilemma bildete sich in der stark moralisch aufgeladenen bundesdeutschen Diskussion ab, in der zwei Imperative miteinander konkurrierten: „Nie wieder Krieg" und „Nie wieder Völkermord". Zugleich ging es für die Bundesregierung um die Wahl zwischen Westbindung und militärischer Zurückhaltung, zwei zentralen Bestandteilen des außenpolitischen Konsenses der alten Bundesrepublik: Gerhard Schröder entschied sich zugunsten der Westbindung als „Staatsräson" der Bundesrepublik und schloss eine Nichtbeteiligung aus: einen solchen „Sonderweg" dürfe es nicht mehr geben.[149]

Dahinter standen Veränderungen im militärpolitischen Selbstverständnis der Bundesrepublik: Dem Imperativ militärischer Zurückhaltung der alten Bundesrepublik stand seit geraumer Zeit der Eindruck entgegen, dass sich ein vereinigtes und souveränes Deutschland im Sinne seiner Bündnisverpflichtungen nicht mehr länger auf eine solche Position zurückziehen könne.[150] Nach ersten UN-Einsätzen in Kambodscha und Somalia hatte sich die Bundeswehr bereits seit 1992 im Rahmen von UN- und NATO-Einsätzen auch auf dem Balkan engagiert, ehe das Bundesverfassungsgericht 1994 sogenannte „Out-of-Area"-Einsätze der Bundeswehr außerhalb des NATO-Gebiets zu friedenserhaltenden Zwecken auch verfassungsrechtlich ermöglichte.[151] Für die sicherheitspolitische Kultur der Bundesrepublik war dies eine einschneidende Entscheidung.[152]

Gerade innerhalb der rot-grünen Koalition, die über einen starken pazifistischen Flügel verfügte, wurde diese Neuorientierung zur Zerreißprobe. Für die politische Linke war die Beteiligung deutscher Soldaten an einem Luftkrieg auf dem Balkan ein tiefgreifender politisch-kultureller Bruch. Als der Bundestag bereits am 16. Oktober 1998 – ein halbes Jahr vor Kriegsbeginn – mit klarer Mehrheit beschlossen hatte, sich unter Umständen an einer militärischen Lösung des Konflikts zu beteiligen, hatten neben den PDS-Abgeordneten auch 28 sozialdemokratische (21 Nein-Stimmen und acht Enthaltungen) und 17 grüne (neun Nein-Stimmen und acht Enthaltungen) Abgeordnete ihre Zustimmung verweigert.[153] Erst 1997 hatte die SPD überhaupt den Weg für eine deutsche Beteiligung an Kampfeinsätzen im Ausland freigemacht – sofern ein Mandat der Vereinten Nationen vorlag.[154] Noch stärker waren die Widerstände innerhalb der Grünen, deren innerparteiliche Auseinandersetzungen schließlich auf der Bielefelder Bundesdelegiertenkonferenz vom 13. Mai 1999 in einem Farbbeutelwurf auf Außenminister

---

[148] Vgl. Sundhausen, Jugoslawien und seine Nachfolgestaaten, S. 375 f.
[149] Dt. Bundestag, Plenarprotokoll 14/32 (15. 4. 1999), S. 2622.
[150] Bundeskanzler Schröder stellte daher auch intern klar, dass Deutschland nicht alleine über seine Außenpolitik entscheiden könne (vgl. Wolfrum, Rot-Grün an der Macht, S. 88).
[151] Vgl. Conze, Die Suche nach Sicherheit, S. 876–879; Hilz, Deutsche Außenpolitik, S. 116 f.
[152] Vgl. Willinger/Larose, No Future, S. 485.
[153] Dt. Bundestag, Plenarprotokoll 13/248 (16. 10. 1998), S. 23163.
[154] Vgl. Wolfrum, Rot-Grün an der Macht, S. 65.

Joschka Fischer kulminierten.[155] Dennoch entschieden sich die Grünen schließlich dafür, den Militäreinsatz mitzutragen. Die Gründe dafür waren vielfältig: Verhinderung eines Massenmords an den Kosovo-Albanern, westliche Bündnistreue und nicht zuletzt Erhalt der Koalition.[156]

Die Haltung der PDS in der Kosovofrage

Die PDS blieb also die einzige Bundestagsfraktion, die sich geschlossen gegen den NATO-Einsatz aussprach. Schon im Dezember 1998 hatte die Partei die amerikanisch-britischen Luftschläge gegen den Irak als illegal bezeichnet; sie seien „nicht durch das Völkerrecht und nicht durch einen UNO-Sicherheitsratsbeschluß" gedeckt.[157] Genauso argumentierte die PDS auch in der Kosovo-Frage: Weil weder ein Fall von Selbstverteidigung noch ein Beschluss des UN-Sicherheitsrates vorliege, handele es sich um einen „Angriffskrieg und keinen Verteidigungskrieg"[158] und damit um einen „klare[n] Verfassungs- und Völkerrechtsbruch" durch NATO und Bundesregierung, so Gregor Gysi im Bundestag.[159] Das „Gewaltmonopol" des UN-Sicherheitsrates werde bewusst ausgehebelt.[160] Die humanitäre Begründung des Kriegs sei zudem höchst selektiv, wenn Jugoslawien wegen Menschenrechtsverletzungen angegriffen werde, die Türkei aber trotz ihrer Kurdenpolitik NATO-Mitglied bleiben könne.[161] Das Verhalten der NATO beseitige die „Ordnung, die nach 1945 in der UN-Charta festgelegt worden" sei,[162] und unterminiere die Autorität der Vereinten Nationen:

„Was glauben Sie denn, wie wenig Rücksicht andere Staaten in Zukunft auf die UN-Charta nehmen werden, wenn die NATO und auch die Bundesrepublik Deutschland erst einmal bewiesen haben, daß sie bereit sind, die UN-Charta zu ignorieren und dennoch militärisch aktiv werden, und zwar in Form eines Krieges!"[163]

Öffentliche Auseinandersetzungen um die PDS-Position

Was die PDS in der Kosovo-Frage öffentlich isolierte, war aber weniger ihre inhaltliche Argumentation. Zweifel an der Rechtmäßigkeit und am Sinn der NATO-Intervention wurden von vielen Seiten vorgetragen: Von der „Woche" bis zur „Bild", vom deutschen Friedensforscher Ernst-Otto Czempiel bis hin zu Altkanz-

---

[155] Vgl. ebenda, S. 76–82.
[156] Vgl. ebenda, S. 82.
[157] Wolfgang Gehrcke/Heidi Lippmann-Kasten, Bundesregierung solidarisch mit USA. In: PDS-Pressedienst, 23. 12. 1998.
[158] Dt. Bundestag, Plenarprotokoll 14/30 (25. 3. 1999), S. 2427 (Rede Gregor Gysi).
[159] Dt. Bundestag, Plenarprotokoll 14/31 (26. 3. 1999), S. 2588 (Rede Gregor Gysi).
[160] Vgl. Dt. Bundestag, Plenarprotokoll 13/248 (16. 10. 1998), S. 23146 (Rede Gregor Gysi).
[161] Dt. Bundestag, Plenarprotokoll 14/30 (25. 3. 1999), S. 2428 (Rede Gregor Gysi).
[162] Dt. Bundestag, Plenarprotokoll 14/31 (26. 3. 1999), S. 2588 (Rede Gregor Gysi); vgl. auch Dt. Bundestag, Plenarprotokoll 13/248 (16. 10. 1998), S. 23147 (Rede Gregor Gysi).
[163] Dt. Bundestag, Plenarprotokoll 14/30 (25. 3. 1999), S. 2427 (Rede Gregor Gysi).

ler Helmut Schmidt.[164] Auch Politikerinnen und Politiker der bürgerlichen Opposition wie die Liberale Sabine Leutheusser-Schnarrenberger und der CDU-Bundestagsabgeordnete Willy Wimmer zählten zu den Gegnern des NATO-Einsatzes.[165] Der Hauptvorwurf lautete dabei, das Argument einer notwendigen humanitären Intervention könne im Kern beliebig angewandt werden, zumal die einzig mögliche überparteiliche Instanz, die UNO, wegen der ablehnenden Haltung der Vetomacht Russland übergangen wurde. So argumentierte am 16. Oktober 1998 auch der Liberale Burkhard Hirsch unter Beifall der PDS im Bundestag.[166] Zudem wurde von vielen kritisiert, dass zu wenig Rücksicht auf den russischen Präsidenten Jelzin genommen werde, der schon allein aus innenpolitischen Gründen keine Zustimmung zu einem UN-Mandat geben konnte.[167]

Vor allem in den rot-grünen Regierungsfraktionen teilten nicht wenige die Haltung der PDS, weil sie der traditionellen Argumentationslinie der westdeutschen Linken entsprach: So kritisierten auch SPD-Abgeordnete wiederholt den NATO-Einsatz im Kosovo als „falsch, völkerrechtswidrig und einseitig".[168] Es sei ein „Angriffskrieg, der Serbien ein Diktat der NATO aufzwingen" wolle, so der Abgeordnete Konrad Kunick am 25. März.[169] Auch die von der transatlantischen Allianz angestrebte „Free Market Economy" sei mit den politischen Vorstellungen der SPD nicht vereinbar, wie die Parteilinke Sigrid Skarpelis-Sperk ausführte.[170] Insofern war die PDS argumentativ keineswegs isoliert, sondern erhielt im Gegenteil die „einmalige Gelegenheit, an die parlamentarisch verwaisten pazifistischen Traditionen der west- und ostdeutschen Friedensbewegung anzuknüpfen und so eine Möglichkeit zu erhalten, in Teilen der westdeutschen Wählerschaft Fuß zu fassen", wie der Sozialdemokrat Karsten D. Voigt später zusammenfasste.[171] Diese Gelegenheit sei „umso günstiger, weil sich die pazifistischen Traditionen der deutschen Friedensbewegung mit bestehenden antiwestlichen und antikapitalistischen Ressentiments ihrer ostdeutschen Stammwählerschaft bestens verbinden" ließen.[172] Die PDS drohte aus Sicht von SPD und Grünen also, kriegskritische Wählerkreise sowohl im Osten als auch innerhalb der westlichen Linken zu binden, zumal ihre

---

[164] Vgl. Wolfrum, Rot-Grün an der Macht, S. 72–74.

[165] Vgl. ebenda, S. 89.

[166] Vgl. Dt. Bundestag, Plenarprotokoll 13/248 (16. 10. 1998), S. 23159 f.

[167] Vgl. Wolfrum, Rot-Grün an der Macht, S. 75.

[168] AdsD, SPD-BTF [52.232]: Beschlußprotokoll der Sondersitzung der SPD-Bundestagsfraktion am 25. 3. 1999, S. 2 (Beitrag Konrad Gilges).

[169] Ebenda, S. 4 (Beitrag Konrad Kunick); vgl. auch ebenda: Beschlußprotokoll der Sondersitzung der SPD-Bundestagsfraktion am 14. 4. 1999, S. 4 (Hermann Scheer „gegen die Dominanz der NATO").

[170] AdsD, SPD-BTF [52.232]: Beschlußprotokoll der Sondersitzung der SPD-Bundestagsfraktion am 14. 4. 1999, S. 4 (Beitrag Sigrid Skarpelis-Sperk).

[171] Voigt, Friedenspolitik als antiwestliche Integrationsideologie, S. 462.

[172] Ebenda. Daher machten sich auch ostdeutsche Politiker wie Manfred Stolpe im Hinblick auf die anstehenden Wahlen in Ostdeutschland und die dortigen politisch-kulturellen „Besonderheiten" Sorgen: Dort fehle eine „emotionale Nähe zur NATO" (AdsD, Präsidium: Protokoll der Präsidiumssitzung am 26. 4. 1999, S. 3).

Haltung „im Bereich der Friedensbewegung auf große Resonanz" stieß, wie der Bundesvorstand der Grünen aufmerksam zur Kenntnis nahm.[173] Auch diese Konkurrenz erklärt die Polarisierung der Debatte.

Dazu kam, dass die „antimilitaristische" PDS-Position unter einem ganz offensichtlichen Defizit an Glaubwürdigkeit litt, weil die Partei noch immer mit der Militärpolitik der SED assoziiert wurde.[174] Dass sich die PDS hinter das friedensbewegte Schlagwort „Nie wieder Krieg!"[175] stellte und „in Pazifismus macht"[176], wie „Der Spiegel" spottete, musste in den Augen vieler aufgesetzt wirken: Sie geriere sich „zugleich als Hort des Pazifismus und Anwältin der Mauerschützen".[177] Und dass sich friedensbewegte Grüne und SPD-Abgeordnete durch Mitglieder der ehemaligen Staatspartei als Kriegstreiber bezeichnen lassen mussten, führte zu weiteren Verstimmungen. „Ausgerechnet Sie"[178] lautete daher der häufige Vorwurf an die PDS. NATO-Kritik von ihrer Seite stand von Vornherein unter dem Verdacht der strategischen Instrumentalisierung und des fortgesetzten Kalten Kriegs, zumal der Vorwurf der „Kriegstreiberei" an die sozialdemokratische Adresse zum klassischen Repertoire kommunistischer Propaganda gehörte. Unter diesen Umständen erschien die „Friedenspolitik" der PDS eher als „antiwestliche Integrationsideologie".[179]

Genährt wurden solche Einschätzungen durch die starke Emotionalisierung und rhetorische Schärfe gegen die westliche Seite, die von Anfang an konstitutiv für die Haltung der PDS in der Kosovofrage war. Schon im Zusammenhang mit früheren Militäreinsätzen im Nahen Osten hatten PDS-Politiker von „Bombenterror" und „Lynchjustiz" durch den Westen gesprochen.[180] Diese Linie wurde auch im Kosovo-Kontext fortgesetzt: Im Landtag von Mecklenburg-Vorpommern steigerte sich der stellvertretende Ministerpräsident Helmut Holter in eine Anklage gegen die rot-grüne Bundesregierung: Diese beteilige sich an einem „Angriffskrieg", der primär dem Zweck diene, die NATO zur „erste[n] Ordnungsmacht" in der Welt zu machen und „ökonomische Ziele der USA durchzusetzen". Die Rede kulminierte im Vorwurf, die Bundesregierung mache Deutschland zur „Aus-

173 AGG, B.I.10 – BuVo/BGSt, [2488 2/8]: Protokoll der Bundesvorstandssitzung am 19. 4. 1999.
174 Auf dieses Glaubwürdigkeitsproblem eines PDS-Pazifismus hatte Michael Nelken intern schon im Zuge des Golfkriegs im Jahr 1991 hingewiesen (ADS, PDS-PV-092: Michael Nelken, der Golfkrieg und die Politik(un)fähigkeit der PDS. [1991]).
175 Sylvia-Yvonne Kaufmann/Wolfgang Gehrcke, Nein zum Krieg! In: PDS-Pressedienst, 26. 3. 1999.
176 Jürgen Hogrefe u. a., „Aus freier Überzeugung". In: Der Spiegel, 19. 4. 1999, S. 22–32, hier S. 23.
177 Stefan Berg/Horand Knaup/Andreas Stuppe, Elefanten und Eisbären. In: Der Spiegel, 18. 10. 1999, S. 112–114, hier S. 112.
178 Dt. Bundestag, Plenarprotokoll 13/248 (16. 10. 1998), S. 23150 (Rede Michael Glos) und S. 23160 (Zwischenrufe Michael Glos und Joachim Hörster).
179 Voigt, Friedenspolitik als antiwestliche Integrationsideologie.
180 Dt. Bundestag, Plenarprotokoll 12/9 (21. 2. 1991), S. 351 (Rede Ulrich Briefs zum Golfkrieg); Lothar Bisky/Gregor Gysi, Angriff richtet sich primär gegen UNO. In: PDS-Pressedienst, 23. 12. 1998 (zum anglo-amerikanischen Lufteinsatz gegen den Irak).

gangsbasis für einen Bombenterror".[181] Mit diesem Schlagwort knüpfte Holter
nahtlos an die antiwestliche SED-Propaganda an, in der etwa die alliierten Luftangriffe auf Dresden im Februar 1945 als anglo-amerikanischer „Terrorangriff" galten.[182] Dass es sich dabei nicht um ein Versehen handelte, zeigt sich darin, dass
auch andere Politikerinnen und Politiker der PDS Assoziationen mit der Bombar-
dierung Dresdens evozierten oder Mitglieder der Bundesregierung als „Bomben-
mörder" bezeichneten.[183]

Quer durch alle Parteiflügel zeigte sich die PDS überzeugt, dass USA und NATO
mit dem Krieg gegen Jugoslawien unlautere Ziele verfolgten. Die humanitären
Motive der Bundesregierung wurden in keiner Weise ernst genommen und als
reine Schutzbehauptung aufgefasst, um weitergehende Interessen zu verschleiern.
So beschuldigten die PDS-Politikerin Sylvia-Yvonne Kaufmann und ihr Kollege
Wolfgang Gehrcke die in Rambouillet verhandelnden Repräsentanten des Westens, die Möglichkeiten einer nicht-militärischen Lösung mittels OSZE und UNO
mutwillig „in den Wind geschlagen" zu haben und den Kosovokonflikt als Einfallstor für eine künftige „militärische Interventionspolitik" zu nutzen.[184] In einem
Papier für den Parteivorstand wurde den USA vorgeworfen, die Menschenrechts-
frage zu instrumentalisieren, um die eigene Einflusszone auszudehnen und die
Profite amerikanischer Rüstungsunternehmen zu mehren.[185] Und Hans Modrow
behauptete, Jugoslawien werde angegriffen, weil es sich einem „erpresserischen
und völkerrechtswidrigen Ultimatum" nicht beugen wolle. Die NATO trete „das
gesamte internationale Recht mit Füßen" und setze an seine Stelle „brutale Willkür
und das Recht des Stärkeren".[186] Er wagte – in deutlichem Anschluss an antiwestliche SED-Propaganda – gar den Vergleich zwischen NATO und Hitler-Deutsch-
land:

„Seit dem Münchner Abkommen von 1937 [sic!] hat es kein schamloseres Diktat gegenüber
einem souveränen europäischen Staat gegeben. Seit dem Überfall Hitlerdeutschlands auf Polen,
Westeuropa und auf die Sowjetunion hat es auf dem europäischen Kontinent keine brutalere
Verletzung aller grundlegenden Normen des internationalen Rechtes gegeben."[187]

Vergleiche der Menschenrechtsverletzungen durch das serbische Regime mit den
Untaten des Nationalsozialismus wies die PDS hingegen entschieden zurück: sie

---

[181] Landtag Mecklenburg-Vorpommern, Plenarprotokoll 3/17 (15. 4. 1999), S. 700 f.
[182] Vgl. Margalit, Der Luftangriff auf Dresden; Bozic, Der ferne Westen, S. 67.
[183] Diether Dehm über Joschka Fischer, zit. n. Unterlassungsklage gegen Fischer. In: PDS-Pressedienst, 16. 4. 1999; vgl. Wir bestehen auf dem Völkerrecht. In: PDS-Pressedienst, 31. 3. 1999
  (Wiedergabe einer Erklärung von Christine Ostrowski); siehe auch: Deutschland jetzt Basis
  für Bombenterror. In: Neues Deutschland, 6. 4. 1999.
[184] Sylvia-Yvonne Kaufmann/Wolfgang Gehrcke, Nein zum Krieg! In: PDS-Pressedienst, 26. 3.
  1999.
[185] ADS, GYSI-097: Zusammenfassung von Einschätzungen und Positionen der PDS zur aktuellen politischen Lage. Berlin, 22. 4. 1999.
[186] Hans Modrow, Hände weg von Jugoslawien! Erklärung, 16. 3. 1999. In: PDS-Pressedienst,
  26. 3. 1999.
[187] Wir bestehen auf dem Völkerrecht. In: PDS-Pressedienst, 31. 3. 1999 (Wiedergabe einer Erklärung von Hans Modrow).

würden „die Verbrechen Nazi-Deutschlands" relativieren.[188] Zwar blieben Verurteilungen Miloševićs und seiner Vergehen gegen die albanische Minderheit nicht aus,[189] die PDS-Argumentation räumte ihnen aber nur eine untergeordnete Rolle ein und relativierte sie zum Teil auch.[190] Statt auf die ermordeten oder vertriebenen Kosovo-Albaner fokussierte die PDS auf die Frage der völkerrechtlichen Legitimation und auf das Leiden der serbischen Zivilbevölkerung durch die Luftangriffe der NATO.[191] Als Kriegsverursacher galt nicht Milošević, sondern die NATO. Darin manifestierten sich auch unterschiedliche politisch-kulturelle Sozialisationen: Während die Aufarbeitung von Holocaust und Völkermord im politisch-kulturellen Selbstverständnis der Bundesrepublik seit Jahrzehnten eine zunehmend wichtige Rolle eingenommen hatte und insofern Joschka Fischers Diktum „Nie wieder Auschwitz"[192] begründete, fokussierte die DDR-Propaganda bei der Erinnerung an den Zweiten Weltkrieg vornehmlich auf den Aspekt des Angriffskriegs auf die Sowjetunion, den kommunistischen Widerstand und das Kriegsleiden der Zivilbevölkerung.[193] Entsprechend bestimmte auch jetzt nicht der Völkermord, sondern der Krieg den Blick der PDS auf den Kosovokonflikt – zumal Gregor Gysi die Beweislage für Menschenrechtsverletzungen durch serbische Truppen als mangelhaft kritisierte und seine Zweifel erst nach einer eigenen Reise in albanische Flüchtlingslager ablegte.[194]

Die Serbien-Reise Gregor Gysis

Vor diesem Hintergrund musste die Position der PDS vielen als zynische Anwaltschaft für den serbischen Diktator und dessen Menschenrechtsverletzungen gel-

---

188 Zum Jugoslawienkrieg. Beschluß des Parteivorstandes, 26. 4. 1999. In: PDS-Pressedienst, 26. 4. 1999.

189 ADS, GYSI-097: Zusammenfassung von Einschätzungen und Positionen der PDS zur aktuellen politischen Lage. Berlin, 22. April 1999; vgl. Dt. Bundestag, Plenarprotokoll 14/30 (25. 3. 1999), S. 2428 (Rede Gregor Gysi); Landtag Mecklenburg-Vorpommern, Plenarprotokoll 3/17 (15. 4. 1999), S. 700 (Rede Helmut Holter).

190 Wir bestehen auf dem Völkerrecht. Der Kriegsbeginn und die Reaktionen der PDS (Auswahl). In: PDS-Pressedienst, 31. 3. 1999. Dort heißt es u. a.: „Egal, wie man Milosevic und seine Politik beurteilt" und „Milosevic, der eine hohe, aber nicht die alleinige Verantwortung für die eingetretene Situation trägt".

191 So auch die Einschätzung von Hans-Jörg Heims, Das pazifistische Gesicht der PDS. In: Süddeutsche Zeitung, 30. 3. 1999; vgl. auch König, Gregor Gysi, S. 316. Kritik daran äußerte auch André Brie: „Erschreckende Passivität". Interview mit André Brie. In: Der Spiegel, 19. 4. 1999, S. 20.

192 So Joschka Fischer auf der Bundesdelegiertenversammlung der Grünen am 13. 5. 1999: „[…] nie wieder Krieg, nie wieder Auschwitz, nie wieder Völkermord, nie wieder Faschismus. Beides gehört bei mir zusammen" (zit. n. Wolfrum, Rot-Grün an der Macht, S. 77).

193 Vgl. Küchler, DDR-Geschichtsbilder, S. 32; Jahn, Nie wieder Krieg, S. 15; Danyel, Die Opfer- und Verfolgtenperspektive.

194 Dt. Bundestag, Plenarprotokoll 14/32 (15. 4. 1999), S. 2636 (Rede Gregor Gysi); vgl. Albert Funk, Sterile Aufgeregtheit um Gysis Belgrad-Fahrt. In: Der Tagesspiegel, 18. 4. 1999; Jens König, Lieber Slobo, bitte mach' bald Frieden! In: Die Tageszeitung, 29. 4. 1999.

ten.[195] Diese Wahrnehmung unterstützte vor allem die Reise Gregor Gysis nach Jugoslawien Mitte April 1999, auf der er unter anderem mit dem jugoslawischen Präsidenten zusammentraf, um ihm einen eigenen „PDS-Friedensplan" vorzulegen. Der Plan sah einen unverzüglichen Waffenstillstand und die Aufnahme von Friedensverhandlungen unter Hoheit der Vereinten Nationen vor. Jugoslawien sollte freiwillig eine UN-Friedenstruppe anfordern.[196] Was Gysi mit seiner Reise bezweckte, ist schwer zu beurteilen. Dass der Fraktionschef einer deutschen Oppositionspartei ernsthaft meinte, den serbischen Diktator quasi im Alleingang zu einer Verhandlungslösung bewegen zu können, ist kaum zu glauben, auch wenn Gysis Biograf Jens König genau dies tut: Gysis Hybris habe ihn getrieben und er habe sich von Milošević unfreiwillig instrumentalisieren lassen.[197] Auch Wolfgang Gehrcke und André Brie hielten später an der Version fest, Gysi sei tatsächlich im Glauben nach Belgrad gereist, „es hänge von ihm ab"[198]: „Wir wären schon gern die Friedensbringer gewesen".[199]

Gysis Belgrad-Reise war jedenfalls kein Schnellschuss, sondern Teil einer Art sozialistischer Nebenaußenpolitik. Dazu gehörten auch mehrere Reisen, die Gysi und sein Fraktionsvize Gehrcke im Vorfeld nach Paris, Rom, Moskau und Athen unternommen hatten, um mit hochrangigen Partei- und Regierungsvertretern wie dem postkommunistischen italienischen Ministerpräsidenten Massimo d'Alema zusammenzutreffen. Von diesen Reisen kehrte Gysi offenbar ernüchtert zurück, weil es ihm nicht gelungen war, ein europäisches Bündnis gegen die NATO-Strategie zu schmieden.[200] Die PDS erhob trotzdem den Anspruch, als einzige Partei in Deutschland über „ein gangbares Ausstiegsszenario" aus dem Krieg zu verfügen und sah sich sogar in der Tradition Willy Brandts und seiner „Neuen Ostpolitik".[201] Es sei die „Aufgabe der Opposition, das Ausscheiden aus dem Krieg und die Nachkriegslösungen – auch international – vorzubereiten".[202] Dazu kam, dass auch die Bundesregierung zur gleichen Zeit eine Friedensinitiative startete.[203] Im besten Fall hätte Jugoslawien einem Waffenstillstand und einer internationalen

---

[195] Vgl. Hans-Jörg Heims, Das pazifistische Gesicht der PDS. In: Süddeutsche Zeitung, 30. 3. 1999; Jürgen Hogrefe u. a., „Aus freier Überzeugung". In: Der Spiegel, 19. 4. 1999, S. 22–32, hier S. 23; Fischer, Die rot-grünen Jahre, S. 197.

[196] Vgl. PDS legt Entwurf eines Friedensplans vor. In: PDS-Pressedienst, 8. 4. 1999; Gysi, Ein Blick zurück, S. 206; König, Gregor Gysi, S. 312.

[197] König, Gregor Gysi, S. 311–319. Gysi selbst leugnete im Nachhinein, sich ernsthafte Hoffnungen auf einen Erfolg gemacht zu haben. Er habe schlicht das Gesprächsangebot nicht ausschlagen können (Gysi, Ein Blick zurück, S. 223).

[198] André Brie, zit. n. König, Gregor Gysi, S. 318.

[199] Wolfgang Gehrcke, zit. n. ebenda.

[200] Vgl. Gysi, Ein Blick zurück, S. 206–212.

[201] ADS, GYSI-097: Zusammenfassung von Einschätzungen und Positionen der PDS zur aktuellen politischen Lage. Berlin, 22. April 1999. Das Papier verschickte Bundesgeschäftsführer Dietmar Bartsch als „Grundlage für unsere Beratung" an die Parteivorstandsmitglieder (ebenda).

[202] Ebenda

[203] Vgl. Wolfrum, Rot-Grün an der Macht, S. 97.

Friedenstruppe zugestimmt und die PDS hätte das kurzerhand als eigenen Erfolg verbucht.

Dieser Erfolg aber blieb aus. Milošević war von Gysis Friedensplan unbeeindruckt und in der bundesweiten Öffentlichkeit traf die Reise auf breite Ablehnung: Inmitten eines Kriegs, an dem auch deutsche Soldaten beteiligt waren, traf ein führender deutscher Oppositionspolitiker mit dem Feind zusammen. Damit ging Gysi für viele einen Schritt zu weit und evozierte eine ganze Reihe historischer Vergleiche: Vor allem von Seiten der CDU wurde Gysi nun im Anschluss an den Topos vom vaterlandslosen Gesellen ein „Verrat nationaler Interessen" vorgeworfen.[204] Aber auch die Regierungskoalition reagierte scharf: Im Bundestag nannte der grüne Außenminister Fischer den PDS-Politiker einen „Weißwäscher der Politik eines neuen Faschismus".[205] Und Gerhard Schröder warnte Gysis Partei, nicht „zur fünften Kolonne Belgrads zu werden".[206] Damit griff er das historische Schlagwort von der „fünften Kolonne" auf, das Heiner Geißler im Zusammenhang mit der Nachrüstungsdebatte der frühen 1980er Jahre noch an die SPD-Adresse gerichtet und damit empörte Reaktionen ausgelöst hatte.[207] Auch in den bundesdeutschen Medien wurde Gysis Reise bestenfalls als Blamage,[208] meist aber als opportunistisch bewertet.[209]

Die Folgen des Kosovokriegs für die PDS

Gysis Milošević-Besuch wurde tatsächlich zum Menetekel für die Kosovo-Strategie der PDS. Auch wer dem Friedensmotiv der PDS Sympathien entgegenbrachte, dem ging das „Händeschütteln mit dem Diktator in Belgrad [...] dann doch zu weit", so Hans-Jörg Heims in der „Süddeutschen Zeitung".[210] Zu sehr bestätigte Gysi damit das Image der PDS als einer postdiktatorischen Partei mit einem zweifelhaften Verhältnis zur Demokratie. Und zu unglaubwürdig waren danach die Beteuerungen, sich keinesfalls mit dem „nationalistischen" serbischen Regime zu solidarisieren.[211] Die Bilanz der Kampagne gegen den Kosovokrieg blieb daher zwiespältig. Auf der Habenseite stand eine gestiegene öffentliche Aufmerksamkeit für die Position der PDS: Erstmals wurde sie in größerem Umfang überhaupt als

---

204 Landtag Mecklenburg-Vorpommern, Plenarprotokoll 3/17 (15. 4. 1999), S. 695 f.
205 Dt. Bundestag, Plenarprotokoll 14/32 (15. 4. 1999), S. 2638 (Rede Joschka Fischer).
206 Ebenda, S. 2621 (Rede Gerhard Schröder).
207 Heiner Geißler, zit. n. „Der schlimmste Hetzer in diesem Land". In: Der Spiegel, 20. 5. 1985, S. 28–30, hier S. 29, vgl. auch die Debatte im Bundestagsplenum, Dt. Bundestag, Plenarprotokoll 22. 11. 1983. Plenarprotokoll 10/36, hier S. 2471, S. 2490, S. 2503, S. 2512, S. 2543 und S. 2575.
208 Vgl. Feindberührung. In: Die Tageszeitung, 16. 4. 1999.
209 Jürgen Hogrefe u. a., „Aus freier Überzeugung". In: Der Spiegel, 19. 4. 1999, S. 22–32, hier S. 23.
210 Hans-Jörg Heims, Gysis Schafspelz. In: Süddeutsche Zeitung, 3. 8. 1999.
211 ADS, GYSI-097: Zusammenfassung von Einschätzungen und Positionen der PDS zur aktuellen politischen Lage. Berlin, 22. April 1999.

politische Kraft mit außenpolitischem Profil wahrgenommen.[212] Zudem traten binnen weniger Wochen Hunderte neue Mitglieder in die Partei ein.[213] Bei den Wahlen des Jahres 1999 schien die Antikriegshaltung der PDS zusätzliche Stimmen vor allem in Ostdeutschland einzubringen, sodass sie bei der Europawahl im Juni 1999 1,1 Prozentpunkte zulegen konnte und erstmals Vertreter nach Straßburg und Brüssel entsandte. Auch gelang es ihr, die westdeutsche Theologin Uta Ranke-Heinemann, Tochter des früheren Bundespräsidenten Gustav Heinemann, als eigene Kandidatin bei der Bundespräsidentenwahl zu präsentieren und so einen kleinen Mediencoup zu landen.

Alles in allem aber zeigte die Kampagne der PDS gegen den Kosovokrieg im Westen nur bescheidene Wirkung. Das zeigt ein Aufruf von 23 westdeutschen Politikerinnen und Politikern zur Wahl der PDS bei der Europawahl im Juni 1999: Mit Ausnahme Ranke-Heinemanns fehlten bundesweit bekannte Persönlichkeiten gänzlich. Die Unterzeichnenden stammten vor allem aus der Kommunalpolitik sowie aus Wissenschaft und Friedensinitiativen. Bei einigen von ihnen handelte es sich um ehemalige Grüne.[214] Deren Botschaft mit dem Titel „Wir bedauern: diesmal PDS" las sich nicht gerade als leidenschaftlicher Aufruf: „Die PDS hat noch viel Lernbedarf. Wir würden lieber anders wählen [...]. Aber diesmal ist diese Stimme der einzige Weg, der ein Zeichen setzt und den Wahlzettel zum Denkzettel macht."[215]

2.2 „Reformprobe": Die gescheiterte Neuausrichtung der PDS-Außenpolitik im Jahr 2000

Die Folgen des Kosovokriegs für die politische Integration der PDS sind eher in der langen Frist zu suchen. Auf Dauer legte die Partei den Grundstein für einen neuen Grad an Akzeptanz in jenem westdeutschen Milieu, das sich als dezidiert links und pazifistisch verstand, oftmals ausgesprochen USA- und NATO-kritisch eingestellt war und diese Positionen in den rot-grünen Koalitionsparteien nicht mehr wiedererkannte. So gesehen war eine radikal-pazifistische und antiwestliche Position, wie sie die PDS im Kosovokrieg vertrat, nützlich. Auf der anderen Seite aber konnte aus den geführten Debatten auch der gegenteilige Schluss gezogen werden, dass eine kompromisslose Ablehnung von Militäreinsätzen auf Dauer unglaubwürdig sei. Das war Gysis Lehre aus dem Kosovokonflikt: Seine Partei müsse die „Realität [...] zu Kenntnis nehmen",[216] dass es Völkermorde und andere Men-

---

[212] Siehe z. B. Hans-Jörg Heims, Das pazifistische Gesicht der PDS. In: Süddeutsche Zeitung, 30. 3. 1999.

[213] Vgl. Die Schäden der PDS. In: Süddeutsche Zeitung, 10. 4. 1999.

[214] Vgl. Wir bedauern: diesmal PDS. Aufruf zur Europawahl, 4. 6. 1999. Abgedruckt in: PDS-Pressedienst, 11. 6. 1999.

[215] Ebenda.

[216] ADS BT/14.WP-0111: Gregor Gysi, Zum Verhältnis der PDS und ihrer Bundestagsfraktion zum Einsatz von VN-Truppen in Krisenregionen (Diskussionspapier zur Vorbereitung der Klausur der Bundestagsfraktion im Oktober 1999), S. 1.

schenrechtsverletzungen gebe, denen nur durch die internationale Gemeinschaft Einhalt geboten werden könne, so Gysi im Herbst 1999. Er hielt es auf Dauer für unglaubwürdig, die Partei zur kompromisslosen Friedenspartei zu stilisieren, wo doch die meisten den Militarismus innerhalb des sozialistischen Staatensystems stets mitgetragen hatten.[217]

Gysi und einige seiner Mitstreiter wagten daher einen Vorstoß, von der kompromisslosen Linie in der Sicherheitspolitik abzurücken, ohne die für die Partei so zentrale Gegnerschaft zur NATO aufzugeben: Wenn die PDS im Kosovokrieg das Gewaltmonopol der Vereinten Nationen gegen die „NATO-Aggression" ins Feld geführt und eine UN-Friedenstruppe vorgeschlagen habe, dann müsse sie diese Position auch konsequent ernst nehmen.[218] Daher sollten die Vereinten Nationen anstelle der transatlantischen Allianz zum Kristallisationspunkt einer neuen Weltordnung werden. Dazu müsse die UN auch mit schlagkräftigen militärischen Interventionseinheiten ausgestattet werden, so Gysis Vorstellung.[219] Für mögliche rot-rot-grüne Bündnisse auf Bundesebene hätte eine solche internationalistische Positionierung deutlich mehr Spielräume gelassen als eine Ablehnung jeglicher Militärinterventionen, ohne freilich die PDS auf die Westbindung innerhalb der bestehenden NATO-Strukturen festzulegen. Das transatlantische Bündnis blieb auch weiterhin ein Feindbild.

Der Parteitag in Münster als Niederlage der „Reformer"

Der Vorstoß erregte viel öffentliches Interesse. Gespannt blickten daher Öffentlichkeit und Medien auf den Parteitag der PDS in Münster im April 2000. Dass dieser erstmals im Westen stattfand, erhöhte die öffentliche Erwartungshaltung. In der westfälischen Universitätsstadt, so wurde im Vorfeld gemutmaßt, werde demonstriert, dass die Partei im Westen angekommen sei.[220] Dies war auch der Plan der Mehrheit im PDS-Vorstand: Der Parteitag sollte nicht nur ein neues Parteiprogramm auf den Weg bringen, sondern auch die Position der „Reformer" zu UN-mandatierten Militäreinsätzen absegnen. Dem Vorstandsantrag zufolge sollte die PDS fortan den Einsatz von UN-Truppen – nicht aber den Einsatz der Bundeswehr – „im Ausnahmefall" für legitim erachten, um Aggressionen zu stoppen und Völkermorde zu beenden.[221] Kommuniziert wurde dies als „erste Nagelprobe" für

---

[217] Gysi, Ein Blick zurück, S. 304; vgl. Prinz, Die programmatische Entwicklung der PDS, S. 224.

[218] ADS BT/14.WP-0111: Gregor Gysi, Zum Verhältnis der PDS und ihrer Bundestagsfraktion zum Einsatz von VN-Truppen in Krisenregionen (Diskussionspapier zur Vorbereitung der Klausur der Bundestagsfraktion im Oktober 1999), S. 1.

[219] Ebenda, S. 12.

[220] So auch die öffentliche Einschätzung vor dem Parteitag, vgl. Johannes Leithäuser, Der PDS steht ein Grundsatzstreit bevor. In: Frankfurter Allgemeine Zeitung, 6.4.2000.

[221] Positionen der PDS zur internationalen Krisen- und Konfliktbewältigung. Antrag des Parteivorstandes der PDS an die 3. Tagung des 6. Parteitages. In: PDS-Pressedienst, 18.2.2000. Vgl. auch Gregor Gysi, An die Delegierten der 3. Tagung des 6. Parteitages der PDS. Berlin, 6.3.2000. Abgedruckt in: PDS-Pressedienst, 17.3.2000.

eine „realistische und mehrheitsfähige" Politik der PDS, wie es in deren Pressedienst vorab hieß.[222] Dieses Narrativ entwickelte im Vorfeld des Parteitages eine große mediale Wirkung, sodass die Hamburger „Zeit" eine „Ankunft im Modernen" antizipierte.[223] Dass auch die vom Vorstand eingebrachte Position in zentralen Punkten intransigent blieb, jegliche Auslandseinsätze der Bundeswehr ausschloss und der NATO „imperiale Anmaßung" vorwarf,[224] wurde dagegen ausgeblendet. Die noch ein Jahr zuvor im Zusammenhang mit dem Kosovokrieg wahrnehmbare Isolation der PDS hatte der Partei in der öffentlichen Anerkennung offenbar weniger geschadet, als es zu vermuten gewesen wäre. Vielmehr hatte das Verhalten der Grünen im Kosovokrieg die öffentliche Erwartung geschürt, dass radikalpazifistische Positionen angesichts der neuen Weltlage auf kurz oder lang nicht mehr zu halten sein würden. Abermals wurde der Weg der Grünen als vorbildhaft für die Entwicklung der „SED-Nachfolgepartei" angesehen.

In der PDS selbst aber weckte gerade diese Erwartung von außen, gepaart mit dem Narrativ von der Ankunft in der Realpolitik, Gegenkräfte. Bereits im Vorfeld hatten die Pläne der Parteiführung für erhebliche Kritik von Seiten des linken Parteiflügels gesorgt, der gegen die Parteiführung mobil machte. Was in Richtung westlicher Medien als Modernisierung verkauft wurde, galt in Teilen der PDS als Einstieg in die militärische Logik – schließlich hatten auch Grüne und SPD zunächst UN-Kampfeinsätze zugestanden und dann doch den Kosovokrieg ohne UN-Mandat mitgetragen.[225] Auch zeigte sich, dass Gysis Vertrauen in die Vereinten Nationen von großen Teilen der PDS nicht geteilt wurde: Parteilinke sprachen vom militärischen „Menschenrechtsimperialismus", der unter keinen Umständen – auch nicht mit UN-Mandat – menschenrechtsgemäße Zustände herstellen könne.[226] Zudem habe sich gezeigt, dass auch der Sicherheitsrat „mehr und mehr von den USA und der NATO instrumentalisiert" werde.[227] Im Zweifelsfall würde „massiver ökonomischer Druck" durch die USA ausgeübt, um die Zustimmung des Sicherheitsrates zu erzwingen – eine Interpretation, die mit dem russischen Veto in der Kosovofrage kaum zusammenpasste.[228]

---

222 6. Parteitag in Münster vor mehreren schwerwiegenden Entscheidungen. In: PDS-Pressedienst, 7. 4. 2000.

223 Toralf Staud, Ankunft im Modernen. In: Die Zeit, 6. 4. 2000.

224 Michael Schumann, Es geht um Verteidigung der UN-Charta! Nicht um Plädoyer für Kampfeinsätze! Erster Einführungsbeitrag zur Diskussion und Beschlussfassung zu friedenspolitischen Positionen der PDS. In: Disput, H. 4, 2000, S. 24–26, hier S. 26.

225 ADS, BT/14.WP-0111: Sylvia-Yvonne Kaufmann, Zum Verhältnis der PDS und ihrer Bundestagsfraktion zum Einsatz von VN-Truppen in Krisenregionen (Diskussionspapier zur Vorbereitung der Klausur der Bundestagsfraktion im Oktober 1999), S. 2.

226 ADS, BT/14.WP-0111: Gregor Schirmer, Zu Kapitel VII der Charta der VN, 20. 10. 1999, S. 4.

227 Ebenda, S. 2.

228 ADS, BT/14.WP-0111: Sylvia-Yvonne Kaufmann, Zum Verhältnis der PDS und ihrer Bundestagsfraktion zum Einsatz von VN-Truppen in Krisenregionen (Diskussionspapier zur Vorbereitung der Klausur der Bundestagsfraktion im Oktober 1999), S. 5. Zur Diskussion siehe auch: Sibylle Neumann, An der konkreten Ausgestaltung der PDS-Positionen arbeiten. Von der friedenspolitischen Konferenz am 25. 3. 2000 in Bautzen. In: PDS-Pressedienst, 31. 3. 2000.

Offensichtlich gelang es der PDS-Führung um Gysi nicht mehr, das über Jahre hinweg selbst mitgesäte Misstrauen gegenüber der amerikanisch dominierten Weltordnung und die damit verbundenen Emotionen in der Partei wieder einzufangen, zumal sich dieses Misstrauen aus einer jahrzehntelangen USA-kritischen Sozialisation sowohl in der SED als auch in der westdeutschen Friedensbewegung speiste. Das zeigte sich schließlich auf dem Münsteraner Parteitag ganz offen: Der vom Parteivorstand eingebrachte Antrag wurde von einer überraschend deutlichen Mehrheit von zwei Dritteln der Delegierten zurückgewiesen und stattdessen durch eine unmissverständliche Absage an jegliche Form der Militärintervention ersetzt.[229] Den Ausschlag dazu hatte nach allgemeiner Einschätzung eine emotionale Rede der stellvertretenden Parteivorsitzenden Sylvia-Yvonne Kaufmann gegeben, die sich gegen die Mehrheit ihrer Vorstandskollegen stellte.[230] Diese reagierten geschockt auf ihre unerwartete Niederlage. Nachdem Lothar Bisky schon zum Auftakt des Parteitages sein Ausscheiden aus dem Parteivorsitz angekündigt hatte,[231] erklärte auch ein sichtlich verbitterter Gysi seinen Rücktritt vom Vorsitz der Bundestagsfraktion.[232] Zwar verkaufte er die Entscheidung des Parteitages gegen den Willen der Führungsgruppe nicht ohne Selbstironie als Zeichen der demokratischen Wandlung der Partei, die sich von der Parteiführung emanzipiert habe.[233] Er plädierte aber dafür, den Platz der Partei in der Gesellschaft der Bundesrepublik anzunehmen und weiter Brücken zu Gewerkschaften, ökonomischen Eliten und Konkurrenten zu bauen statt sie einzureißen.[234]

Mediale und politische Reaktionen auf den Parteitag in Münster

Die bundesdeutsche Presse reagierte ähnlich irritiert wie die unterlegene PDS-Führung und konnte sich gerade nach deren Niederlage gewisser Sympathien für die gescheiterte Parteielite nicht erwehren: In fast schon elegischen Artikeln schilderte Johannes Leithäuser in der „Frankfurter Allgemeinen" Gysi als gescheiterten „Sisyphus", den seine Partei überrollt habe.[235] Die „pragmatischen Schrittmacher

---

229 Nein zu UN-Militäreinsätzen – Internationale Krisen und Konflikte friedlich lösen. Beschluss der 3. Tagung des 6. Parteitages. In: Disput, H. 4, 2000, S. 32–33. Vgl. auch PDS: Schlappe für die Reformer um Gysi. In: Frankfurter Allgemeine Zeitung, 9. 4. 2000; Die PDS in einer Führungskrise. In: Frankfurter Allgemeine Zeitung, 10. 4. 2000.

230 Sylvia-Yvonne Kaufmann, Der eigentliche politische Konflikt ist ein Rechts- und Wertekonflikt. Rede auf dem Münsteraner Parteitag, 7. bis 9. 4. 2000. Dokumentiert in: Disput, H. 4, 2000, S. 27–29; vgl. Elgin R. Förster, Wie vor dem Aufbruch in ein lawinengefährdetes Gebiet. Gerede, Gefühle, Gedanken. Eindrücke in der Halle Münsterland. In: Disput, H. 4, 2000, S. 69; Ein Triumph voller Tränen. In: Neues Deutschland, 10. 4. 2000.

231 Lothar Bisky, Weiter für das „magische Dreieck": Opposition, Mitgestaltung, Widerstand! Rede des Vorsitzenden der PDS. In: Disput, H. 4, 2000, S. 5–16, hier S. 5.

232 Gregor Gysi, Lasst unser Motto nach diesem Parteitag lauten: PDS – jetzt erst recht! In: Disput, H. 4, 2000, S. 59–66, hier S. 59.

233 Ebenda, S. 60 f.

234 Ebenda, S. 64 f.

235 Johannes Leithäuser, Am Sonntag um elf Uhr hat die PDS ihren Halt, ihr Markenzeichen und ihre Zuversicht verloren. In: Frankfurter Allgemeine Zeitung, 10. 4. 2000.

der PDS" seien offensichtlich „Gefangene der orthodoxen Strömungen" und die
Partei habe ihre „Reformprobe" nicht bestanden.[236] Auch die „Süddeutsche Zeitung" sprach von einem „wichtigen Test", der aufgrund von „Blockierern" in der
Partei „nicht bestanden" worden sei. So werde es die Parteielite „nicht schaffen,
die PDS bis zum Jahr 2002 für eine mögliche Regierungsbeteiligung im Bund fit
zu machen".[237] So kritisch sich die Medien zur Entscheidung des Parteitages stellten: Die von den „Reformern" übernommenen Narrative, Bilder und Redewendungen von der verpassten Chance und von der Katastrophe für die Partei zeigten
zugleich, wie stark sich in der medialen Beobachtung die Erwartung an eine
schrittweise „Normalisierung" der PDS durchgesetzt hatte.[238]

Die Konkurrenzparteien wiederum witterten nach Münster eine Abenddämmerung in der PDS. Die lange erwartete Erosion der Partei, ihre Spaltung in „Reformer" und „Blockierer" schien vor der Tür zu stehen. Das sozialdemokratische
Parteipräsidium stellte sich daher erwartungsvoll darauf ein, „die Offenheit der
SPD im Hinblick auf die Wählerinnen und Wähler der PDS deutlich zu machen".[239] Schließlich, so Franz Müntefering, werde die PDS „zu einer Partei der
Sektierer".[240] Aus der sozialdemokratischen Bundestagsfraktion, namentlich von
den ostdeutschen Abgeordneten Mathias Schubert und Gunter Weißgerber, kamen zudem Einladungen an Gysi und andere PDS-Politiker, zur SPD überzuwechseln.[241] Dass diese selbst in vielen Fragen, allen voran in der Außenpolitik, eine
Position vertraten, die wenig zum Kurs der rot-grünen Regierung passte, schien
dabei keine Rolle mehr zu spielen. Vielmehr galten in der Öffentlichkeit gerade
Personen wie Gysi, Brie und Bartsch ebenso wie viele Politikerinnen und Politiker
der Partei in Ländern und Kommunen längst als „verkappte Sozialdemokraten" in
der falschen Partei.[242]

Auf der anderen Seite hatten sich die Auseinandersetzungen um den Kosovokrieg und um die außenpolitische Position der PDS auch negativ auf ihr Verhältnis
zur SPD in Ostdeutschland ausgewirkt. Vor allem während der Diskussionen im
Frühjahr 1999 hatte sich die PDS-Führung selbst von der Sozialdemokratie distanziert und mit Konsequenzen für die Landesregierungen in Schwerin und Magdeburg gedroht.[243] Nach einem Treffen am 17. April 1999 hatten auch die Parlamentarischen Geschäftsführer der PDS-Fraktionen in den ostdeutschen Landtagen

---

[236] Johannes Leithäuser, Gysi am Gummiband. In: Frankfurter Allgemeine Zeitung, 10. 4. 2000.

[237] Das Fiasko der PDS-Reformer. In: Süddeutsche Zeitung, 10. 4. 2000.

[238] Vgl. auch Elgin R. Förster, Wie vor dem Aufbruch in ein lawinengefährdetes Gebiet. Gerede,
Gefühle, Gedanken. Eindrücke in der Halle Münsterland. In: Disput, H. 4, 2000, S. 69.

[239] AdsD, SPD-Präsidium: Protokoll der Präsidiumssitzung am 10. 4. 2000, S. 2 (Beitrag Gerhard
Schröder).

[240] Ebenda, S. 3 (Beitrag Franz Müntefering).

[241] Vgl. Gysi: Ich bin Sozialist. In: Frankfurter Allgemeine Sonntagszeitung, 16. 4. 2000; Gysi will
nicht in die SPD eintreten. In: Frankfurter Allgemeine Zeitung, 17. 4. 2000.

[242] Klaus Hartung, Die PDS schielt nach der Macht. In: Die Zeit, 17. 1. 1997; vgl. auch Höppner,
Interview [Landtagsreport], S. 13.

[243] Vgl. PDS fordert Nein zu Angriffen. In: Süddeutsche Zeitung, 13. 4. 1999.

von einer „schweren Belastung für das Verhältnis der PDS zur SPD" gesprochen, sodass „über die Fortsetzung von Koalitionen bzw. Tolerierungsmodellen mit der SPD ernsthaft nachgedacht und ergebnisoffen diskutiert werden" müsse.[244] Für die rot-rote Regierungskoalition in Schwerin war das aber keine echte Bedrohung. Zwar suchte sich auch die dortige PDS durch eine konfrontative und im Ton radikalpazifistische Positionierung vom sozialdemokratischen Koalitionspartner abzusetzen.[245] Letztlich waren aber alle relevanten Personen um Schadensbegrenzung bemüht und versuchten, die außenpolitischen Gegensätze einfach „auszublenden", wie sich Helmut Holter später erinnerte.[246] Das Protokoll des Koalitionsgespräches vom 13. April 1999 verzeichnete daher auch vieldeutig „Einigkeit, daß die unterschiedlichen Auffassungen zwischen den Koalitionspartnern respektiert werden".[247]

3. „Systemtragende Kraft": Die rot-rote Regierung in Mecklenburg-Vorpommern und ihre Rolle im Bundesrat

Die rot-rote Krisenstrategie während des Kosovokriegs war symptomatisch für das Verhältnis zwischen SPD und PDS in der Landesregierung Mecklenburg-Vorpommerns. Nach den ersten Monaten gemeinsamen Regierens war keiner der Partner gewillt, die Koalition wieder zu beenden. Gerade die Spitzen der PDS in Land und Bund hielten die neue Regierungsbeteiligung für eminent wichtig. Dass die Partei in Schwerin eine Ministerin und zwei Minister stellte und damit auch im Bundesrat vertreten war, hatte wesentliche Auswirkungen auf ihren bundespolitischen Integrationsprozess. Zum einen veränderte die Regierungsbeteiligung weiterhin die öffentliche Meinung über die PDS, deren kooperationsbereites Verhalten in der Landespolitik sowie im Bundesrat signalisierte, dass sie ein verlässlicher Partner sein konnte und sich relativ nahtlos in das politische Institutionengefüge der Bundesrepublik einfügte. Zum anderen veränderte dies, wie im Folgenden zu zeigen

---

244 Über Zusammenarbeit mit SPD ernsthaft nachdenken. In: PDS-Pressedienst, 23. 4. 1999.

245 Am deutlichsten zeigte sich dies in einer hitzigen Plenarsitzung des Landtages am 15. 4. 1999, in der sich die Rednerinnen und Redner der PDS durch scharfe Attacken auf den Koalitionspartner hervortaten und Helmut Holter vom „Bombenterror" sprach (Landtag Mecklenburg-Vorpommern, Plenarprotokoll 3/17 [15. 4. 1999], S. 700 f.). Dabei ging es um einen Resolutionsantrag dreier PDS-Abgeordneter, die „völkerrechtswidrigen Kriegshandlungen der NATO" und die „massenhaften Menschenrechtsverletzungen im Kosovo" zu verurteilen und den „Angriffskrieg der NATO sofort zu beenden" (Landtag Mecklenburg-Vorpommern, Drs. 3/292: Antrag der Abgeordneten Monty Schädel, Annegrit Koburger und Heike Lorenz, Fraktion der PDS: Krieg in Jugoslawien sofort beenden, 31. 3. 1999).

246 Helmut Holter im Gespräch mit dem Autor, 15. 3. 2017; vgl. auch die Rede Volker Schlotmanns im Landtag Mecklenburg-Vorpommern, Plenarprotokoll 3/17 (15. 4. 1999), S. 704.

247 AdsD, SPD-LTF MV, 3. WP: Ergebnisprotokoll des dritten Koalitionsgespräches am 13. und 27. 4. 1999, S. 1 f.

sein wird, auch die Partei selbst und ihre Sicht auf die bundesdeutsche Demokratie. Ein beträchtlicher Teil der PDS empfand sich selbst zunehmend als Teil der Bundesrepublik und ihres politischen Systems.

3.1 „Prima Klima"? Die SPD/PDS-Regierung in Mecklenburg-Vorpommern

Die aufgeheizten Diskussionen um eine mögliche rot-rote Regierung in Mecklenburg-Vorpommern, die seit Mitte der 1990er Jahre geführt worden waren, hatten nach der Regierungsbildung Anfang November 1998 schnell einer neuen Nüchternheit Platz gemacht.[248] Die Bilanzen nach dem ersten Regierungsjahr – leicht zurückgehende Arbeitslosenraten, ein Aufschwung im Tourismussektor und sinkende öffentliche Ausgaben –, schienen die Befürchtungen eines Wirtschaftseinbruchs durch sozialistische Staatswirtschaft nicht zu bestätigen.[249] Allerdings vermochte auch die Regierungsbeteiligung der PDS in Mecklenburg-Vorpommern nicht, verbreitete Zweifel an ihrer Aufrichtigkeit und ihrer inneren Wandlung völlig zu zerstreuen. Das betraf besonders die Vergangenheit der PDS. Die von Ministerpräsident Ringstorff propagierte Kultur der „Versöhnung" wurde als Versuch eines Schlussstrichs interpretiert.[250] In dieses Bild passte, dass Überprüfungen der Landtagsabgeordneten auf Stasi-Verbindungen nur noch auf freiwilliger Basis durchgeführt werden sollten, obwohl es gerade in der sozialistischen Fraktion zu wiederholten Affären um Stasi-Verbindungen gekommen war.[251] Auch im PDS-geführten Arbeitsministerium kam es zu einem Skandal um die MfS-Vergangenheit eines Referatsleiters und dessen Geschäfte nach der „Wende". Diese Affäre, über die alleine „Der Spiegel" sieben Wochen lang in jeder Ausgabe berichtete,[252] unterstrich das Image der PDS als einer Partei, die Gelder veruntreute und frühere Stasi-Leute protegierte. Dabei half auch nicht, dass der zuständige Minister Holter, für die Medien ohnehin ein Inbegriff des sozialistischen Parteikaders,[253] die fortgesetzte Tätigkeit eben jenes Referatsleiters Ronald Klinger als politisches Signal für einen menschlicheren Umgang mit DDR-Biographien zu rechtfertigen suchte.[254]

---

248 Vgl. Olsen, Seeing Red, S. 573.

249 Vgl. ebenda, S. 568.

250 Vgl. ebenda.

251 Vgl. ADS, PDS-LV MV, Alt-Sign. 2008-XVII-560: Koalitionsvereinbarung Mecklenburg-Vorpommern, 3. WP, undatiert, S. 24; Andreas Frost, Rot-rot in Meck-Pomm: Prima-Klima-Club. In: Der Tagesspiegel, 29. 10. 2000; Gerner, Die SPD-PDS Regierungskoalition, S. 101; Olsen, Seeing Red, S. 569.

252 Vgl. Gunther Latsch, Böser Schein. In: Der Spiegel, 13. 8. 2001, S. 60; Hilfe aus dem Ministerium. In: Der Spiegel, 20. 8. 2001, S. 17; Gunther Latsch, Biotop der Schieber. In: Der Spiegel, 27. 8. 2001, S. 72–74; ders., Hässliches Detail. In: Der Spiegel, 3. 9. 2001, S. 34; ders., „Spekulanten in der Tinte". In: Der Spiegel, 10. 9. 2001, S. 36 f.; Chaos im Amt. In: Der Spiegel, 15. 9. 2001, S. 37; Gunther Latsch, Frühe Warnung. In: Der Spiegel, 24. 9. 2001, S. 68.

253 Gunther Latsch, „Spekulanten in der Tinte". In: Der Spiegel, 10. 9. 2001, S. 36–37.

254 Vgl. Keine Entlassung im Arbeitsministerium. In: Neues Deutschland, 15. 11. 2001; Plötzliche Wendung in einer Personalfrage. In: Neues Deutschland, 16. 11. 2001.

Veränderte Eigenwahrnehmung der PDS
in Mecklenburg-Vorpommern

Trotz der hohen öffentlichen Aufmerksamkeit aber waren die Folgen dieser Affären überschaubar und gefährdeten die Koalition zu keiner Zeit.[255] Während bundesweite Blätter wie „Der Spiegel“ aufmerksam blieben und gerne über Skandale berichteten, galt Rot-Rot in den regionalen Medien schnell als „Prima-Klima-Club“,[256] der sich nach außen durch eine harmonische Arbeitsatmosphäre von der vergangenen Großen Koalition unterscheide.[257] Die Akten der Landesparteien und die Protokolle der Koalitionsgespräche zeichnen indes ein anderes Bild. Die Koalition war in ihrem Inneren geprägt von permanenten Auseinandersetzungen, die auf fundamental unterschiedliche Vorstellungen der beiden Regierungsparteien hinwiesen, „was Politik im bürgerlichen Staat leisten könne“, wie es im Koalitionsprotokoll vom 4. April 2000 hieß.[258]

Ziel der Landes-SPD unter Harald Ringstorff war – so ihr Selbstverständnis – zuallererst eine „vernünftige Sachpolitik“.[259] „Politik sei immer nur die Kunst des Möglichen“, so der Ministerpräsident.[260] In der Wirtschafts- und Sozialpolitik, belehrte er seinen Koalitionspartner, sei ein „reiner Keynesianismus“ nicht mehr gangbar,[261] und in der Haushaltspolitik drängte er auf eine Konsolidierungspolitik als „Voraussetzung für weitere gemeinsame Legislaturperioden dieser Regierungskoalition“.[262] Die PDS wiederum fand sich in der Landesregierung schnell desillusioniert ob der begrenzten Umsetzbarkeit politischer Veränderungsansprüche, von „utopische[n] Wunschvorstellungen“ ganz zu schweigen, wie es in einer lakonischen Bilanz des Parlamentarischen Fraktionsgeschäftsführers Arnold Schoenenburg vom März 2000 hieß.[263] So musste die Partei in der Bildungspolitik ihre Hoffnung auf eine umfassende Schulreform begraben,[264] und auch der im Koalitionsvertrag vereinbarte Aufbau eines öffentlich geförderten Beschäftigungssektors,

---

255 Zwar wurde der Staatssekretär im Ministerium entlassen, Holter selbst konnte sich aber als Minister im Amt halten (vgl. Keine Entlassung im Arbeitsministerium. In: Neues Deutschland, 15. 11. 2001; Plötzliche Wendung in einer Personalfrage. In: Neues Deutschland, 16. 11. 2001).

256 Norbert F. Pötzl, „Allens bliwwt bi'n Ollen. In: Der Spiegel, 9. 10. 2000; Andreas Frost, Rot-rot in Meck-Pomm: Prima-Klima-Club. In: Der Tagesspiegel, 29. 10. 2000. Die Opposition sprach dagegen von „Friedhofsruhe“, vgl. Werz, Die rot-rote Koalition, S. 8.

257 Vgl. Berg/Koch, Die Mitte-Links-Koalition, S. 212.

258 AdsD, SPD-LTF MV, 3.WP: Ergebnisprotokoll des zehnten Koalitionsgespräches am 4. 4. 2000, S. 5.

259 Ebenda, S. 1 (Redebeitrag H. Ringstorff).

260 AdsD, SPD-LTF MV, 3.WP: Ergebnisprotokoll des achten Koalitionsgespräches am 25.1.und 8. 2. 2000, S. 3 (Redebeitrag H. Ringstorff).

261 AdsD, SPD-LTF MV, 3.WP: Ergebnisprotokoll des siebzehnten Koalitionsgespräches am 13. 3. 2001, S. 4 (Redebeiträge H. Ringstorff).

262 AdsD, SPD-LTF MV, 3.WP: Ergebnisprotokoll des zehnten Koalitionsgespräches am 4. 4. 2000, S. 5 (Redebeitrag H. Ringstorff).

263 AdsD, SPD-LTF MV, 3.WP: Arnold Schoenenburg, Ein Jahr und vier Monate SPD-PDS-Regierungskoalition – Einschätzung und Schlussfolgerungen, 3. 3. 2000, S. 3.

264 Vgl. Olsen, Seeing Red, S. 571 f.

ein weiteres Kernthema der PDS, wurde nie wirklich Regierungspraxis.[265] Schoenenburg äußerte sich daher nach anderthalb Jahren Regierung enttäuscht, dass nicht Wechsel, sondern Kontinuität „das Bestimmende" in der Regierung sei: „Neue Politikinhalte, ein neuer Politikstil [...] haben sich bisher nicht eindeutig durchsetzen können."[266] Auch ihre Forderung nach einer Abschaffung der Verfassungsschutz-Abteilung im Innenministerium musste die PDS aufgeben: Da eine Auflösung mit der SPD nicht machbar war, drängte sie darauf, die Aktivitäten des Verfassungsschutzes „vor allem gegen ‚Rechts'" zu konzentrieren.[267] Eine Reform im Jahr 2000 schließlich sollte die Transparenz des Verfassungsschutzes und der Parlamentarischen Kontrollkommission erhöhen.[268] Die Beobachtung der PDS wiederum wurde eingestellt.[269]

Der allgemeinen Ernüchterung wiederum folgte ein Wandel im Selbstverständnis der regierenden PDS. Vor allem der Landesvorsitzende Helmut Holter verfolgte das Ziel, die Partei auch in ihrem Selbstbild in der Bundesrepublik zu verankern: „Wer sich nicht als Teil dieser Gesellschaft versteht, wird ihr keine Impulse zur Veränderung und Entwicklung geben können", so Holter im Juni 2000.[270] Im Status der „Regierungspartei"[271] sahen er und die Partei- und Fraktionsspitzen vor allem die „Chance" zu zeigen, dass die PDS „strikt auf dem Boden des Grundgesetzes steht und eine realistische Politik betreiben kann", wie die sozialistische Landtagsfraktion nach einem Jahr Koalition bilanzierte.[272] Auch die Gegner der PDS im Westen müssten sich dann ernsthafter mit der Partei auseinandersetzen und verstehen, „daß wir längst in einer neuen Republik angekommen sind".[273] Die

---

[265] Während die PDS darin den Einstieg in eine staatlich geförderte sozialistische Beschäftigungspolitik sah, hielt der Ministerpräsident diesen Ansatz für „nicht produktiv" und fokussierte vielmehr darauf, Arbeitslose auf den „1. Arbeitsmarkt" zu vermitteln und „Existenzgründungen" zu fördern, „anstatt die ABM vornehmlich als Unterbringungsstation zu betrachten" (AdsD, SPD-LTF MV, 3.WP: Ergebnisprotokoll des siebzehnten Koalitionsgespräches am 13.3.2001, S. 2f. [Redebeiträge H. Ringstorff]); vgl. auch Grabow, Das Parteiensystem, S. 271; zur Koalitionsvereinbarung: ADS, PDS-LV MV, Alt-Sign. 2008-XVII-560: Koalitionsvereinbarung Mecklenburg-Vorpommern, 3. WP, undatiert, S. 4.
[266] AdsD, SPD-LTF MV, 3.WP: Arnold Schoenenburg, Ein Jahr und vier Monate SPD-PDS-Regierungskoalition – Einschätzung und Schlussfolgerungen, 3.3.2000, S. 1.
[267] AdsD, SPD-LTF MV, 3. WP: Ergebnisprotokoll des fünften Koalitionsgespräches am 29.6.1999, S. 4.
[268] Vgl. „Modernstes Landesgesetz": PDS im Nordosten freundet sich mit Verfassungsschutz an. In: Der Tagesspiegel, 26.9.2000.
[269] AdsD, SPD-LTF MV, 3. WP: Ergebnisprotokoll des fünfzehnten Koalitionsgespräches am 5.12.2000, S. 1; vgl. Jesse/Lang, DIE LINKE – eine gescheiterte Partei?, S. 314.
[270] ADS, PDS-LV MV, Alt-Sign. 2008-XVII-560: Helmut Holter, ... aber Lichtjahre liegen vor uns. 10 Jahre PDS Mecklenburg-Vorpommern. Rede zur Podiumsveranstaltung „PDS – Schwieriges und offenes Projekt". Rostock, 17.6.2000, S. 3.
[271] Ebenda, S. 2.
[272] ADS, GYSI-008: PDS-Fraktion, „Ein Jahr rot/rot". Bilanz und Schlussfolgerungen, 18.10.1999, S. 1; vgl. auch ADS, PDS-LV MV, Alt-Sign. 2008-XVII-560: Helmut Holter, Einige Überlegungen als Landesvorsitzender, stellv. MP und Minister für Arbeit und Bau, 8.10.1998, S. 2.
[273] ADS, PDS-LV MV, Alt-Sign. 2008-XVII-560: Helmut Holter, Einige Überlegungen als Landesvorsitzender, stellv. MP und Minister für Arbeit und Bau, 8.10.1998, S. 5; ähnlich auch

Beteiligung an der Regierung wurde so zum „Wert an sich", wie Holter in der Koalitionsrunde einräumte.[274]

Teil dieser Strategie war es auch, die Regierungsbeteiligung zur Ausbildung neuer gesellschaftlicher Netzwerke zu nutzen und so die eigene machtpolitische Integration in prestigeträchtige kommunikative Kontakte umzusetzen. So richtete Helmut Holter als Arbeitsminister im Frühjahr 2000 eine „Denkwerkstatt 2020" ein, die in überparteilicher Runde über diverse politische Zukunftsfragen diskutieren sollte. Zum Teilnehmerkreis gehörten unter anderem die PDS-Bundestagsabgeordnete Angela Marquardt, der Unternehmer Detlef Hegemann, der Deutsche-Bank-Manager Edgar Most, der Christdemokrat Warnfried Dettling und der SPD-Linke Johano Strasser. Dazu kamen der Historiker und Ex-Kommunist Wolfgang Leonhard, die Ökonomen Günter Schmid und Rudolf Hickel sowie der Sozialwissenschaftler Claus Offe. Als Coups galten die Verpflichtung des früheren christdemokratischen Bundesarbeitsministers Norbert Blüm und der früheren DDR-Bürgerrechtlerin Ulrike Poppe.[275] Damit gelang es Holter, einen Bogen vom CDU-Arbeitnehmerflügel bis zum regierungskritischen Flügel der PDS und von der Deutschen Bank bis zu gewerkschaftsnahen Kreisen zu schlagen.

Auf diesem Weg verwandelte die PDS im Nordosten Einfluss auf Regierungsebene in soziale Anerkennung und nutzte sie zur weiteren Netzwerkbildung. Daraus wiederum folgte eine begrenzte Wertintegration. Um „vom Schmuddelkind zur mitbestimmenden und gestaltenden Kraft"[276] zu werden, waren die politisch Verantwortlichen in der Partei nämlich auch dazu bereit, das eigene Oppositionsverständnis anzupassen und an die Tradition der SED als staatstragende Regierungspartei anzuknüpfen – auch wenn der Staat nun ein ganz anderer war. Diese Entwicklung reflektierte auch eine gemeinsame „Einschätzung der Arbeit der PDS in der Regierungskoalition", die der parlamentarische Fraktionsgeschäftsführer Arnold Schoenenburg und Umweltminister Wolfgang Methling im Mai 2002 vorlegten. Darin zweifelten die Autoren, ob es wirklich gelungen sei, den versprochenen „politischen Richtungswechsel in überzeugende Ergebnisse praktischer Politik umzusetzen". Schließlich habe es „nicht in allen Bereichen eine neue Politik" gegeben. Stattdessen habe sich gezeigt, „dass isolierte Versuche aus den Ländern" keinen generellen Politikwechsel herbeiführen.[277] Dessen ungeachtet betonten

mit Blick auf das „Magdeburger Modell": Diether Dehm, Das Magdeburger Modell schafft Akzeptanz und Entdämonisierung. Rede auf der Hauptversammlung der PDS Magdeburg am 17. 7. 1999. In: PDS-Pressedienst, 13. 8. 1999.

274 AdsD, SPD-LTF MV, 3.WP: Ergebnisprotokoll des zehnten Koalitionsgespräches am 4. 4. 2000, S. 3 (Redebeitrag H. Holter).

275 Vgl. Denkwerkstatt 2020, Pressemitteilung, 7. 4. 2000; Wolfgang Rex, Blüm neben Marquardt. In: Neues Deutschland, 7. 4. 2000.

276 ADS, PDS-LV MV, Alt-Sign. 2008-XVII-560: Helmut Holter, … aber Lichtjahre liegen vor uns. 10 Jahre PDS Mecklenburg-Vorpommern. Rede zur Podiumsveranstaltung „PDS – Schwieriges und offenes Projekt". Rostock, 17. 6. 2000, S. 2.

277 ADS, PDS-LV MV, Alt.-Sign. 2008-XVII-396: Arnold Schoenenburg/Wolfgang Methling, Einschätzung der Arbeit der PDS in der Regierungskoalition, 8. 5. 2002, S. 2 f.

Schoenenburg und Methling, dass die Partei „neben ihrer Politikfähigkeit auch Regierungsfähigkeit unter Beweis gestellt" habe; die Regierungsbeteiligung habe „wesentlich dazu beigetragen, dass die PDS (nicht nur in Mecklenburg-Vorpommern) aus der strengen politischen Isolation herausgekommen" sei.[278] Das Papier kulminierte in der Feststellung, die PDS werde „als systemtragende Kraft von immer mehr gesellschaftlichen Kräften, Verbänden, Gewerkschaften, Vereinen, ja auch den Kirchen, akzeptiert".[279] Das Sein bestimmte auch hier das Bewusstsein. Die Regierungsbeteiligung zeigte, „dass das System eher und stärker die Partei veränderte als umgekehrt".[280] Die mitregierende Landes-PDS war eine „systemtragende Kraft"[281] geworden.

Parlamentarisierungstendenzen in der PDS

Damit folgte zumindest die PDS-Spitze in Mecklenburg-Vorpommern den Forderungen André Bries, der seine Partei immer wieder zu einem „Ankommen in der Bundesrepublik"[282] aufgefordert hatte: „Wir müssen endlich in der Bundesrepublik ankommen. Wir müssen ein positives Verhältnis zur parlamentarischen Demokratie und zum Grundgesetz finden", so Brie im Sommer 1996.[283] In einem gemeinsamen Strategiepapier mit dem Parteivorsitzenden Lothar Bisky hatte Brie schon Anfang 1995 ausdrücklich für die „freiheitlich-demokratische Grundordnung" geworben und damit bewusst eine Vokabel benutzt, die als Terminus des Verfassungsschutzes in PDS-Kreisen einen eher zweifelhaften Ruf genoss.[284] Auch wenn sich Brie damit nicht nur Freunde in seiner Partei machte, so blieb das eingeforderte Umdenken nicht aus. Vor allem in der politischen Praxis, in Parlamenten und Regierungen, passte sich die PDS nach und nach dem parlamentarischen System an.[285]

Schon in der Legislaturperiode 1994–1998 hatte sich die scharfe Haltung der Parteifunktionäre gegenüber dem Parlamentarismus der Bundesrepublik deutlich abgeschwächt. Vor allem wurden die umstrittenen Pläne zur Einführung neuer

---

[278] Ebenda, S. 1.

[279] Ebenda, S. 8; vgl. auch ADS, PDS-LV MV, Alt-Sign. 2008-XVII-396: K. Neumann, Synopse Wahlprogramm der PDS Mecklenburg-Vorpommern: Arbeit und Lebensperspektiven. Für ein selbstbewusstes Land. Stand: 17. 4. 2002; T. Koch, (Wie) Ist die Regierungsbeteiligung der PDS bekommen?, S. 116.

[280] Oppelland/Träger, Die Linke, S. 68.

[281] ADS, PDS-LV MV, Alt.-Sign. 2008-XVII-396: Arnold Schoenenburg/Wolfgang Methling, Einschätzung der Arbeit der PDS in der Regierungskoalition, 8. 5. 2002, S. 8.

[282] A. Brie, Ankommen in der Bundesrepublik.

[283] „Die SPD hätte uns gern als As im Ärmel". Interview mit André Brie. In: Stern 32/1996, 1. 8. 1996; vgl. auch A. Brie, Ankommen in der Bundesrepublik.

[284] Lothar Bisky/André Brie, „Deutschland braucht eine neosozialistische Alternative". Auszüge aus einem Strategiepapier. In: Frankfurter Rundschau, 20. 2. 1995.

[285] Laut Peter-Christian Segall und Rita Schorpp-Grabiak hatte sich die PDS-Fraktion im Bundestag „seit 1998 zu einem Macht- und Organisationszentrum gewandelt, das die Partei fast völlig beherrscht". (Segall/Schorpp-Grabiak, Der 7. PDS-Parteitag, S. 93).

Kammern und Räte aufgegeben.[286] Was die parteiinterne „AG Parlamentsreform"
stattdessen vorschlug, versprach – neben der Einführung direktdemokratischer
Elemente – eine „Stärkung der Rechte der Parlamente gegenüber den Regierungen".[287] Zwar forderte die PDS weiterhin im Ton der Parteien- und Elitenkritik
Volksentscheide ohne Beteiligungsquoren, ferner die Abschaffung von Abgeord-
netenprivilegien, des Fraktionszwangs und von Diätenerhöhungen.[288] Dort, wo
die PDS aber an der Macht partizipierte, gab sie sich mit deutlich weniger zufrieden: So verwies die PDS-Fraktionsvorsitzende im Landtag von Sachsen-Anhalt,
Petra Sitte, stolz darauf, das dortige Modell einer Minderheitsregierung habe einen
„Demokratiegewinn durch die Stärkung des Parlaments" erbracht: Anstatt in Parteizentralen und Koalitionsausschüssen würden politische Fragen in Magdeburg
im Parlament selbst ausgetragen und entschieden.[289] Damit werde das parlamentarische System deliberativer, weniger „hausbacken" und ein bisschen mehr wie
die politischen Systeme Skandinaviens, wie Sitte herausstrich.[290]

Die Frage des Demokratiegewinns war freilich Ansichtssache. Die Führung der
Landespartei in Sachsen-Anhalt fühlte sich jedenfalls nicht immer in die demokratische Entscheidungsfindung eingebunden und sah sich häufig durch die Landtagsfraktion vor vollendete Tatsachen gestellt.[291] In Schwerin wiederum, wo die
PDS im Gegensatz zu Magdeburg nicht nur Teil der parlamentarischen Mehrheit,
sondern auch der Regierung war, konnte von deliberativen Regierungsformen erst
recht keine Rede sein. Vielmehr hatte die neue Rolle der PDS als Regierungspartei
zur Folge, dass sich der Landesverband nicht nur durch die Fraktion, sondern auch
durch die Ministerriege entmachtet fühlte.[292] In der Landes-PDS führte diese Annäherung an die Praxis des westdeutschen Parlamentarismus zu heftigen Konflikten, die aber stets zugunsten des Regierungsflügels entschieden werden konnten.[293] Was in der PDS freilich als Demokratieproblem aufgefasst wurde, galt für
Außenstehende als „Zeichen der zunehmenden Reife der PDS"[294] und sogar als
„Indiz der Demokratisierung", weil „die Mechanismen und Prinzipien ‚des Sys-

---

286 Vgl. ADS, BT/13.WP-011: Protokoll der 3. Beratung der AG Parlamentsreform am 6. 3. 1997,
   S. 2; vgl. auch Lang, Ist die PDS eine demokratische Partei?, S. 72.
287 ADS, BT/13.WP-011: Zuarbeit zum Protokoll der Beratung der PGF der Landtagsfraktionen
   der PDS und der Bundestagsgruppe, TOP 3 Arbeit der AG „Parlamentsreform", 23. 11. 1996,
   S. 1.
288 ADS, BT/13.WP-011: Parlamentsreform in der Bundesrepublik Deutschland. Acht-Punkte-
   Programm der PDS. Winterscheid b. Bonn, 3. 9. 1997.
289 Vgl. Sitte, Interview [Landtagsreport], S. 54.
290 Vgl. ebenda, S. 56.
291 Vgl. Dietzel, Zur Arbeit der PDS-Landesverbände (Ost), S. 20.
292 ADS, PDS-LV MV, Alt-Sign. 2008-XVII-392: Sachprotokoll der Tagung des Landesvorstandes am 21. 7. 2000, S. 1; vgl. auch ADS, PDS-LV MV, Alt.-Sign. 2008-XVII-396: Arnold
   Schoenenburg/Wolfgang Methling, Einschätzung der Arbeit der PDS in der Regierungskoalition, 8. 5. 2002, S. 7; vgl. auch Berg/Koch, Die Mitte-Links-Koalition, S. 200.
293 Berg/Koch, Die Mitte-Links-Koalition, S. 200 f.; für ähnliche Entwicklungen in Brandenburg
   siehe Neugebauer, Die PDS in Brandenburg – wohin des Wegs?, S. 55 f.
294 Segall/Schorpp-Grabiak, Der 7. PDS-Parteitag, S. 95.

tems' anerkannt" würden, wie die konservativen Politologen Peter-Christian Segall (alias Patrick Moreau), Rita Schorpp-Grabiak und Jürgen P. Lang argumentierten.[295] Damit werde, so Lang, der innerparteiliche Widerspruch zwischen fundamentaloppositionellem Anspruch und parlamentarischer Politik „mehr und mehr zugunsten der ‚Realpolitik' eingeebnet".[296]

SPD und PDS als strategische Partner

Ein weiteres Ergebnis von vier Jahren Rot-Rot in Schwerin war, dass sich SPD und PDS im Nordosten nicht nur als Teil einer Regierungskoalition verstanden, sondern als Partner eines strategischen Bündnisses, das auch außerhalb von Landesregierung und Landtag zusammenarbeitete. Das zeigte sich bei den Kommunalwahlen: Schon nach dem Sieg der oppositionellen CDU bei den Kommunalwahlen 1999 trat Innenminister Gottfried Timm (SPD) dafür ein, bei den kommenden erstmaligen Direktwahlen der Landräte und Bürgermeister im Land bereits im Vorfeld Absprachen zu treffen, was auch die PDS „als gemeinsames strategisches Ziel" begrüßte.[297] Als Resultat wurden im Mai 2001 zwei PDS-Bewerberinnen in Rügen und Ostvorpommern zu Landräten gewählt, nachdem sich die Koalitionsparteien „gegenseitige Unterstützung" für die kommunalen Stichwahlen zugesagt hatten.[298]

Auch vereinbarten die Landesspitzen von SPD und PDS schon lange vor Ablauf der vierjährigen Legislaturperiode eine Fortsetzung der Zusammenarbeit über die Landtagswahl 2002 hinaus. Die gemeinsame Verabschiedung eines Doppelhaushalts für die Jahre 2002 und 2003 interpretierten sie als „Koalitionsaussage vor der Wahl".[299] Die PDS begründete das mit dem übergeordneten Ziel, „weiter an gesellschaftlicher Akzeptanz zu gewinnen, den Weg der Aussöhnung fortzusetzen und sich als moderne und sozial verantwortungsvolle Regierungspartei zu profilieren", wie es in einem Thesenpapier vom August 2002 hieß.[300] Daher waren

---

[295] J. P. Lang, Ist die PDS eine demokratische Partei?, S. 158.

[296] Ebenda.

[297] AdsD, SPD-LTF MV, 3. WP: Ergebnisprotokoll des fünften Koalitionsgespräches am 29. 6. 1999, S. 2.

[298] Vgl. AdsD, SPD-LTF MV, 3. WP: Ergebnisprotokoll des achtzehnten Koalitionsgespräches am 8. 5. 2001, S. 1 f.; vgl. Heinrich, Die Direktwahlen in Ostvorpommern. In Rügen erhielt die PDS-Kandidatin Kerstin Kassner aber erst in der Stichwahl die Unterstützung der SPD (vgl. ebenda, S. 81 f.).

[299] AdsD, SPD-LTF MV, 3. WP: Ergebnisprotokoll des fünfzehnten Koalitionsgespräches am 5. 12. 2000, S. 3 f. (Redebeitrag G. Timm), vgl. auch ebenda: Ergebnisprotokoll des sechzehnten Koalitionsgespräches am 23. 1. 2001, S. 2 f. Diese Frage war im PDS-Landesvorstand stark umstritten: vgl. ADS, PDS-LV MV, Alt.-Sign. 2008-XVII-391: Protokoll der Klausurtagung des Landesvorstandes am 13. 5. 2000, S. 1; ebenda: Konstantin Brandt an alle Mitglieder des LV und ständige Gäste. E-Mail, 4. 6. 2000.

[300] ADS, PDS-LV MV, Alt-Sign. 2008-XVII-396: Entwurf Thesen zu den politischen Schwerpunkten 2002–2006 in Mecklenburg-Vorpommern. Fassung, 20. 8. 2002, S. 1. Zudem müsse die „Gefahr einer Umkehrung zu neokonservativer Politik" gebannt werden (ebenda).

PDS-Landtagsfraktion und Parteispitze auch bereit, sehr zum Verdruss eines Teils der Parteimitglieder, missliebige Entscheidungen mitzutragen, um das übergeordnete Ziel zu erreichen, sich selbst die Akzeptanz als regierungsfähige Partei zu sichern.

3.2 Machtfragen: Die PDS im Bundesrat

Die SPD war sich der ungleichen Machtbalance in der Schweriner Koalition bewusst und setzte genau darauf. Schon zu Beginn der rot-roten Regierung hatte Harald Ringstorff seine Erwartung geäußert, dass die PDS „wesentliche Reformvorhaben der neuen Bundesregierung mit unterstützen" und sich so in den rot-grünen Block im Bundesrat einordnen werde.[301] Nach dem Verlust seiner rot-grünen Mehrheit im Bundesrat im Frühjahr 1999 nahm Bundeskanzler Gerhard Schröder diese Erwartung gerne auf; er argumentierte pragmatisch: Natürlich werde mit dem rot-rot regierten Mecklenburg-Vorpommern verhandelt, schließlich agierten im Bundesrat „nicht Parteien, sondern Regierungen".[302] Faktisch aber wurde die PDS damit zum „Zünglein an der Waage" und zur Mehrheitsbeschafferin für rot-grüne Projekte.[303] Die machtpolitische Aufwertung blieb aber in erster Linie symbolischer Art, weil die PDS nahezu keinen inhaltlichen Einfluss auf die Bundespolitik erhielt und mehr als einmal auch solchen Gesetzen glaubte zustimmen zu müssen, die ihrer politischen Programmatik zuwiderliefen.

Die Steuerreform 2000

Ein Beispiel dafür war die rot-grüne Steuerreform, die am 14. Juli 2000 im Bundesrat verabschiedet wurde. Das Reformkonzept des sozialdemokratischen Bundesfinanzministers Hans Eichel entsprach im Kern dem, was die PDS und andere linke Kräfte als „neoliberale" Finanz- und Wirtschaftspolitik ablehnten: Der Spitzensteuersatz sollte von 53 auf 45 Prozent, die Körperschaftssteuer auf 25 Prozent gesenkt werden, während den Kapitalgesellschaften ermöglicht werden sollte, ihre Inlandsbeteiligungen künftig steuerfrei zu veräußern.[304] Die Reform galt damit vor allem der Verbesserung der ökonomischen „Wettbewerbsfähigkeit" und sollte dafür Kapitalgesellschaften und die Bezieherinnen und Bezieher hoher Einkommen entlasten, während Konsumsteuern und Sozialbeiträge weiter anstiegen.[305] Das wiederum kritisierte die Schweriner PDS-Fraktionsvorsitzende Angelika Gramkow in deutlichen Worten als „unsozial", weil dadurch die Umverteilung von

---

301 „In Ostdeutschland muß man manches anders machen". Interview mit Harald Ringstorff. In: Süddeutsche Zeitung, 9. 11. 1998.
302 AdsD, SPD-PR: Protokoll des Parteirats am 8. 3. 1999, S. 4.
303 Helmut Holter im Gespräch mit dem Autor, 15. 3. 2017.
304 Vgl. Wolfrum, Rot-Grün an der Macht, S. 519. Im Vermittlungsausschuss wurde der Spitzensteuersatz schließlich sogar auf 42 Prozent abgesenkt (vgl. Egle, Deutschland, S. 169).
305 Vgl. Egle, Deutschland, S. 168 f.

unten nach oben weiter verstärkt werde.[306] Passend dazu votierte die PDS-Fraktion im Landtag auf ihrer Sitzung am 11. Juli 2000, drei Tage vor der Bundesratsabstimmung, für eine Nichtzustimmung.[307] Dennoch hielt der stellvertretende Ministerpräsident Helmut Holter eine Neubewertung durch seine Fraktion offen.[308] Er forderte die Bundesregierung zu Verhandlungen auf und stellte explizit die Ja-Stimme im Bundesrat in Aussicht, wenn das Land für seine Steuerausfälle kompensiert werde.[309] Zusätzliche Beihilfen des Bundes sollten die Handlungsfähigkeit der Landesregierung sichern. Einfluss auf Grundrichtung und inhaltliche Ausgestaltung des Gesetzes selbst scheint der PDS-Minister aber nicht beansprucht zu haben.

In der Schweriner Koalitionsrunde vom 11. Juli 2000 nahm der sozialdemokratische Ministerpräsident Ringstorff diesen Ball auf und drängte auf ein „Ja" seines Landes, indem er die Zukunft von Rot-Rot als strategisches Projekt unmittelbar an die Zustimmung seiner Regierung zur Steuerreform des Bundes knüpfte: Mit Blick auf künftige Entwicklungen in Sachsen-Anhalt und Brandenburg stehe auch die Zukunft rot-roter Koalitionen generell zur Disposition. Es gehe um die Frage, ob das Koalitionsmodell – und damit vor allem die PDS – „in der real existierenden BRD angekommen" sei.[310] Explizit drohte er mit „ernsthafte[n] Konsequenzen für die weitere Zukunft der rot-roten Koalition", sollte die PDS die Zustimmung zur Steuerreform verweigern.[311] Das wirkte. Nach einem mehrtägigen Verhandlungsmarathon, in dem der Ministerpräsident der PDS-Landtagsfraktion auch persönlich seine Aufwartung gemacht hatte,[312] entschied die Fraktion in der Nacht vor der Bundesratsentscheidung am 14. Juli 2000 mit 12 : 6 Stimmen bei einer Enthaltung, Holter das Mandat für eine Zustimmung zur Steuerreform zu erteilen.[313] In der Bundesratssitzung stimmte Mecklenburg-Vorpommern der rotgrünen Steuerreform schließlich zu. Die Landes-PDS begründete dies mit der Logik des „kleineren Übels": Die PDS lehne den Inhalt der Reform zwar weiterhin ab, man habe aber verhindern müssen, dass sich die rot-grüne Koalition im Bund mit der Union auf einen Spitzensteuersatz unterhalb von 40 Prozent einige.[314]

Die von der SPD aufgebaute Drohkulisse hatte vor allem deswegen gewirkt, weil auch die Schweriner PDS nicht geschlossen aufgetreten war: Während die Fraktionsvorsitzende Angelika Gramkow das „Nein" der PDS-Abgeordneten betont

---

[306] So die Fraktionsvorsitzende Angelika Gramkow, vgl. Schweriner PDS droht weiter mit Ablehnung der Steuerreform. dpa-Meldung, 10. 7. 2000.

[307] So die Aussage Holters in der Koalitionsrunde: AdsD, SPD-LTF MV, 3. WP: Ergebnisprotokoll des zwölften Koalitionsgespräches am 11. 7. 2000, S. 2.

[308] Ebenda; vgl. Christoph Seils, Triumph der Pragmatiker. In: Berliner Zeitung, 15. 7. 2000.

[309] Vgl. Schweriner PDS droht weiter mit Ablehnung der Steuerreform. dpa-Meldung, 10. 7. 2000.

[310] AdsD, SPD-LTF MV, 3. WP: Ergebnisprotokoll des zwölften Koalitionsgespräches am 11. 7. 2000, S. 1 f.

[311] Ebenda, S. 3.

[312] Ebenda; vgl. auch Christoph Seils, Triumph der Pragmatiker. In: Berliner Zeitung, 15. 7. 2000.

[313] ADS, PDS LV, Alt-Sign. 2008-XVII-392: Arnold Schoenenburg, Brief an die Genossinnen und Genossen, 14. 7. 2000.

[314] Ebenda.

hatte, war der stellvertretende Ministerpräsident Helmut Holter stets um ein kompromissbereites Auftreten bemüht. Dabei wurde er auch von der Bundesführung der PDS unterstützt, die persönlich auf Landtagsabgeordnete einredete, um eine Zustimmung zu erreichen.[315] Holter und der Parteispitze im Bund war „die rot-rote Koalition wichtiger, als hier in diesen Fragen recht zu behalten", wie er später erklärte.[316] Die Landesparteigremien der PDS, namentlich Landesvorstand und Landesparteirat, wiederum spielten im Vergleich zu Fraktion und Ministerriege eine deutlich untergeordnete Rolle und beschwerten sich im Nachhinein, nicht ausreichend in die Entscheidungsfindung eingebunden worden zu sein.[317] Auch darin zeigte sich, dass sich das Gewicht deutlich von der Partei hin zur Fraktion und in die Regierung verlagert hatte.

Ein weiterer Grund für die Zustimmung der PDS zur Steuerreform kam hinzu: Für ihre Kooperation im Bundesrat wurde die Partei durch eine bundespolitische Aufwertung belohnt. So hatte Bundeskanzler Schröder am Donnerstag vor der Bundesratsabstimmung den PDS-Minister Holter persönlich zu sich ins Kanzleramt geladen, um ihn zur Zustimmung zu bewegen.[318] Holter gelang es dabei, dem Kanzler die Zusicherung abzuringen, bei sogenannten Konsensgesprächen künftig auch die Parteispitze der PDS einzubinden. Schröders Diktum, dass mit der PDS als Partei nicht verhandelt werde, war damit hinfällig. Die Landes-PDS wiederum hob dieses Zugeständnis als großen Erfolg für den „bundespolitischen Stellenwert der PDS" hervor.[319] Im Verhältnis zwischen politischer Integration und programmatischer Profilierung legte die Partei damit den Primat deutlich auf Integration und Einbindung und ließ sich die Zustimmung zu einer Steuerreform abkaufen, die sie selbst als „unsozial" kritisiert hatte. Die Partei sei nun ein Machtfaktor, ließ sich Gabriele Zimmer, die designierte Nachfolgerin Lothar Biskys als PDS-Vorsitzende, zitieren.[320]

Die Rentenreform 2001

Für die Integrationspolitik der PDS-Führung war die rot-rote Zustimmung zur Steuerreform ein durchschlagender Erfolg. Aus Sicht von SPD und Grünen zeigte das Verhalten der PDS bei der Steuerreform, dass diese sich als Mehrheitsbeschaffer rot-grüner Projekte anbot und für diese Rolle auch bereit war, unliebsame Entscheidungen mitzutragen. Aus dieser Sicht erwies sie sich als vernünftige real-

---

315 Vgl. Christoph Seils, Triumph der Pragmatiker. In: Berliner Zeitung, 15. 7. 2000.

316 Helmut Holter im Gespräch mit dem Autor, 15. 3. 2017.

317 Vgl. ADS, PDS LV, Alt-Sign. 2008-XVII-392: Sachprotokoll der Tagung des Landesvorstandes am 21. 7. 2000.

318 AdsD, SPD-Präs.: Protokoll der Präsidiumssitzung, 17. 7. 2000, S. 2; vgl. Christoph Seils, Triumph der Pragmatiker. In: Berliner Zeitung, 15. 7. 2000; Christoph Seils, Die Normalisierung. In: Die Woche, 20. 7. 2000.

319 ADS, PDS LV, Alt-Sign. 2008-XVII-392: Arnold Schoenenburg, Brief an die Genossinnen und Genossen, 14. 7. 2000.

320 Gabriele Zimmer, zit. n. Christoph Seils, Triumph der Pragmatiker. In: Berliner Zeitung, 15. 7. 2000.

politische Kraft. Zudem war mit der Entscheidung vom 13. und 14. Juli die Machtverteilung innerhalb der Schweriner Koalition deutlich geworden, in der die SPD für alle sichtbar am längeren Hebel saß. Entsprechend optimistisch war die Sozialdemokratie daher, auch bei der anstehenden Rentenreform, dem nächsten großen Projekt der Bundesregierung, auf die Unterstützung Mecklenburg-Vorpommerns im Bundesrat zählen zu können.[321] Die Verhandlungen um dieses umstrittene Projekt, das Experten als sozialpolitischen Paradigmenwechsel ansahen,[322] zogen sich aber lange hin. Mit der privat finanzierten sogenannten Riester-Rente sollte de facto eine Teilprivatisierung der Rente herbeigeführt werden, was zahlreichen Widerstand aus verschiedenen Richtungen mobilisierte.[323] Vor allem die Gewerkschaften und Sozialverbände, aber auch der linke SPD-Flügel standen der geplanten Reform kritisch gegenüber, da sie ein deutliches Absinken des Rentenniveaus, eine relative Schlechterstellung Geringverdienender und einen Bruch mit dem System der gesetzlichen Rentenversicherung hin zur privaten Altersvorsorge befürchteten.[324]

In diesem Konflikt verfolgte die PDS nun eine doppelte Strategie: Einerseits war die neue Spitze im Bund um die Parteivorsitzende Gabi Zimmer und den Nachfolger Gysis als Fraktionschef im Bundestag, Roland Claus, darum bemüht, die Kontinuitätslinie zur Politik ihrer Vorgänger zu betonen und sich als offizielle Verhandlungspartner der rot-grünen Bundesregierung in Szene zu setzen.[325] Entsprechend wichtig war es der Parteispitze, dass der Weg der Kooperation nun nicht mehr durch die Hintertür und über die Schweriner Koalition, sondern ganz öffentlich und auf parteioffizieller Ebene über ein Gespräch zwischen PDS-Bundesspitze und rot-grüner Regierung gesucht wurde.[326] Andererseits wollte die Partei im Gegensatz zur Steuerreform hart bleiben und so nicht nur die eigene Parteiklientel bedienen, sondern sich auch als „Türöffner" für Positionen von linken SPD-Mitgliedern, Gewerkschaften und Sozialverbänden profilieren, wie der Fraktionsvorstand im Vorfeld eines Gesprächs mit dem Kanzler im Oktober 2000 herausstrich.[327] Nach

---

[321] Vgl. AdsD, SPD-Präs.: Protokoll der Präsidiumssitzung, 17. 7. 2000, S. 2.

[322] Vgl. M. G. Schmidt, Rot-grüne Sozialpolitik. Schmidt spricht von einer „Pfadabweichung" (S. 247) und (als Zitat) von einem „Paradigmenwechsel" (S. 248).

[323] Vgl. Egle, Deutschland, S. 185.

[324] Vgl. ebenda, S. 187; Wolfrum, Rot-Grün an der Macht, S. 206.

[325] Vgl. ADS, BT/14.WP-0184: Reiner Oschmann, Oktober 2000: Die Fraktion im Medienecho, 2. 11. 2000, S. 1.

[326] Vgl. Dietmar Bartsch, PDS fordert Beteiligung an Rentengesprächen, 28. 9. 2000. In: PDS-Pressedienst Nr. 40, 5. 10. 2000. Dazu wurde der Termin eines Gesprächs mit Bundesminister Walter Riester am 23. 10. 2000 im Voraus in einem Hintergrundgespräch mit Pressevertretern „quasi-exklusiv" lanciert, sodass – wie sich die PDS im Nachhinein freute – nicht nur das „Neue Deutschland", sondern auch die FAZ und die „Berliner Zeitung" den Termin prominent auf Seite 1, die WELT auf Seite 2 ankündigten (vgl. ADS, BT/14.WP-0184: Reiner Oschmann, Oktober 2000: Die Fraktion im Medienecho, 2. 11. 2000, S. 2).

[327] ADS, BT/14.WP-0184: Festlegungen der Klausur des Vorstandes, 20. 10. 2000 (Ort. Akademie Schmöckwitz), 23. 10. 2000, S. 1. Im Entwurf dazu hatte es noch geheißen, die PDS wolle als „Vertreterin linker Sozialdemokratie" fungieren (ADS, BT/14.WP-0181: Entwurf Festlegungen der Klausur des Vorstandes, 20. 10. 2000 (Ort. Akademie Schmöckwitz), 23. 10. 2000, S. 1).

dem öffentlichkeitswirksamen Treffen mit anschließender Pressekonferenz betonte die PDS die „unterschiedlichen Auffassungen zum Ansatz der Rentenreform".[328] Im Gegensatz zur rot-grünen Koalition – und trotz anders auslegbaren Andeutungen in Gysis Zwölf-Thesen-Papier – lehnte die PDS eine kapitalbezogene Altersvorsorge ab.[329]

Anders als bei der Steuerreform und trotz wiederholter Treffen zwischen Kanzler und PDS-Spitze misslangen die Versuche der Bundesregierung, die PDS erneut zu einer Zustimmung zur eigenen Reform zu bewegen. Dabei ging es letztlich im Bundesrat gar nicht um den Kern der Rentenreform, die nicht zustimmungspflichtig war, sondern um ein Begleitgesetz, das Ansprüche von Arbeitnehmerinnen und Arbeitnehmern auf staatliche Zuschüsse regeln sollte. Dieses Begleitgesetz empfand auch ein Teil der PDS als zustimmungswürdig.[330] Zudem versuchte Gerhard Schröder am Sonntag vor der Bundesratsabstimmung, den eigentlich aus allen Ämtern ausgeschiedenen Gregor Gysi als Verbündeten zu gewinnen.[331] Gysi zufolge versprach der Kanzler, die PDS für ihre Zustimmung zum Begleitgesetz mit einer gemeinsamen Regierungskommission zu entlohnen, die sich spezifisch ostdeutschen Fragen des Rentenrechts zuwenden sollte.[332] Damit hätte Schröder, wie Gysi hoffte, die besondere „Ost-Kompetenz" der PDS öffentlich anerkannt und diese erneut symbolisch aufgewertet.[333] Im anschließenden Gespräch mit der PDS-Spitze in der Dahlemer Dienstvilla des Kanzlers konnten Schröder und Gysi ihren Handel aber nicht durchsetzen.[334] Der neue PDS-Fraktionsvorsitzende Roland Claus fühlte sich durch das Vorpreschen seines Amtsvorgängers sichtlich düpiert und fürchtete zudem, den Eindruck des politischen Opportunismus zu vertiefen, der durch die Zustimmung zur Steuerreform bereits aufgekommen war. Er blieb daher bei seiner ablehnenden Haltung.[335] In der SPD-Präsidiumssitzung am Folgetag zeigte sich Schröder zwar noch zuversichtlich, dass es eine Chance zur Einigung bei der Rente gebe. Man werde sich dafür auch mit Positionen der PDS auseinandersetzen.[336] Ein finales Gespräch des Schweriner Arbeitsministers Holter mit Bundesarbeitsminister Walter Riester am 8. Mai aber endete ohne offizielle Einigung.[337]

---

328 ADS, BT/14.WP-0063: Beschlußprotokoll der 51. Fraktionssitzung am 24. 10. 2000, S. 2.
329 Vgl. Koniczek, Strategische Interaktionen, S. 344.
330 Vgl. Gysi, Was nun?, S. 14.
331 Vgl. König, Gregor Gysi, S. 341; Koniczek, Strategische Interaktionen, S. 361–363.
332 Vgl. Gysi, Was nun?, S. 15–17.
333 Vgl. ebenda, S. 17.
334 Vgl. ebenda, S. 14–17; König, Gregor Gysi, S. 341; Rentenreform: Schröder kann PDS nicht umstimmen. In: Der Tagesspiegel, 7. 5. 2001; PDS bleibt hart. In: faz.net, 7. 5. 2001, URL <http://www.faz.net/aktuell/politik/rentenreform-pds-bleibt-hart-120352.html> (abgerufen am 11. 3. 2019).
335 Vgl. Gysi, Was nun?, S. 14 und S. 17; Koniczek, Strategische Interaktionen, S. 363.
336 AdsD, SPD-Präs., Protokoll der Sitzung des SPD-Präsidiums am 7. 5. 2001, S. 2 und S. 7.
337 AdsD, SPD-LTF MV, 3. WP: Ergebnisprotokoll des achtzehnten Koalitionsgesprächs am 8. 5. 2001, S. 2. Bei dem Treffen ging es offiziell um die Sicherung und Schaffung von Arbeitsplätzen in Mecklenburg-Vorpommern. Ministerpräsident Ringstorff wies den Koalitionspartner aber im Vorfeld darauf hin, „dass Entgegenkommen des Bundes nur zu erwarten sei, wenn auch die Landesregierung den Bund bei Reformvorhaben unterstützt" (vgl. ebenda; dort

Wie es scheint, entschloss sich die SPD in dieser Situation zum kalkulierten Risiko. Trotz der ablehnenden Haltung der Bundes- und Landes-PDS setzte sich Ministerpräsident Harald Ringstorff in der entscheidenden Bundesratssitzung am 11. Mai 2001 über seinen Koalitionspartner hinweg, stimmte für das Land eigenmächtig dem rot-grünen Altersvermögensgesetz zu und riskierte damit einen Koalitionsbruch in Schwerin.[338] Öffentlich wurde darüber spekuliert, der Bundeskanzler habe Ringstorff zu diesem Schritt gedrängt, um die Machtverhältnisse in der rot-roten Koalition klarzustellen.[339] Diese Deutung wird durch das Protokoll der SPD-Präsidiumssitzung am 14. Mai gestützt, in der Schröder erklärte, man habe nicht akzeptieren können, „dass die PDS hier eine Doppelstrategie verfolge und auf der einen Seite Regierungsverantwortung übernehme und auf der anderen Seite diese Verantwortung wiederum ignoriere".[340] Das klang, als sei die PDS bereits Teil der Bundesregierung geworden.

Ringstorff wiederum stellte sein Verhalten dem Koalitionspartner in Schwerin gegenüber als unbeabsichtigten „Blackout" dar.[341] Die PDS protestierte und stellte die Koalition zur Disposition.[342] Sie war aber nicht mehrheitlich zum Koalitionsbruch entschlossen.[343] Minister Holter drohte zwar seinen Rücktritt an,[344] warnte aber gleichzeitig vor überstürzten Entscheidungen, da man nach einem Bruch der Koalition „womöglich auf Jahre" als „regierungs- und politikunfähig abgestempelt" würde.[345] Auch der Vorsitzende der Bundestagsfraktion Roland Claus forderte eine „gute Balance zwischen Besonnenheit und Konsequenz".[346] Nach einer Woche Koalitionskrise beschloss der Landesvorstand der PDS schließlich am 17. Mai 2001 (mit elf zu zwei Stimmen bei einer Enthaltung[347]) die Fortführung der Schweriner Koalition.[348] Der Preis für die SPD fiel gering aus: Harald Ringstorff musste vor die versammelten Landesgremien der PDS treten und erklären, den Koalitionsvertrag künftig achten und umsetzen zu wollen.[349]

---

auch die Anlage: PDS-Fraktion Landtag M-V, Beschluss. Vorlage für den Koalitionsausschuss am 8. 5. 2001. Positionen der PDS zur Sicherung und Schaffung von Arbeitsplätzen in M-V, 2. 5. 2001).

[338] Vgl. Bundesrat, Plenarprotokoll 763 (11. 5. 2001), S. 232; siehe auch Koniczek, Strategische Interaktionen, S. 343 f.

[339] Vgl. Werz, Die rot-rote Koalition, S. 17.

[340] AdsD, SPD-Präs., Protokoll der Sitzung des SPD-Präsidiums am 14. 5. 2001, S. 2.

[341] Helmut Holter im Gespräch mit dem Autor, 15. 3. 2017.

[342] Vgl. Koniczek, Strategische Interaktionen, S. 345 f.; Nach Ringstorffs Alleingang: Rot-rot in Schwerin hängt am seidenen Faden. In: Spiegel Online, 13. 5. 2001, URL <http://www.spiegel.de/politik/deutschland/nach-ringstorffs-alleingang-rot-rot-in-schwerin-haengt-am-seidenen-faden-a-133654.html> (abgerufen am 11. 3. 2019).

[343] Vgl. Koniczek, Strategische Interaktionen, S. 347–353.

[344] Helmut Holter im Gespräch mit dem Autor, 15. 3. 2017.

[345] ADS, PDS-LV MV, Alt-Sign. 2008-XVII-377: Helmut Holter, Brief an die Genossinnen und Genossen. Schwerin, 22. 5. 2001, S. 1; vgl. auch Koniczek, Strategische Interaktionen, S. 369 f.

[346] Roland Claus, zit. n. Koalitionskrise in Schwerin hält an. In: Handelsblatt, 14. 5. 2001.

[347] Vgl. Koniczek, Strategische Interaktionen, S. 352.

[348] ADS, PDS-LV MV, Alt-Sign. 2008-XVII-377: Beschluss des Landesvorstandes der PDS Mecklenburg-Vorpommern, 17. 5. 2001. Pressemitteilung.

[349] Helmut Holter im Gespräch mit dem Autor, 15. 3. 2017; ADS, PDS-LV MV, Alt-Sign. 2008-XVII-377: Beschluss des Landesvorstandes der PDS Mecklenburg-Vorpommern, 17. 5. 2001.

Das Zuwanderungsgesetz 2002

Die Rentenreform blieb nicht das letzte rot-grüne Gesetz, über das mit der PDS verhandelt wurde, um eine Mehrheit im Bundesrat zu erzielen. Auch das Zuwanderungsgesetz der Bundesregierung wurde am 22. März 2002 im Bundesrat mit den Stimmen der Schweriner Koalition verabschiedet, später aber vom Bundesverfassungsgericht wieder annulliert, nachdem es einen Eklat um die Stimme der Großen Koalition in Brandenburg gegeben hatte.[350] Begründet wurde die Zustimmung der Landes-PDS erneut mit dem „Spannungsbogen zwischen Opposition und Regierung", in dem sich die Partei in Schwerin befinde und dem sie Rechnung tragen müsse.[351] In der umstrittenen Bundesratssitzung erhielt das rot-grüne Zuwanderungsgesetz nicht nur die Stimme der rot-roten Landesregierung von Mecklenburg-Vorpommern, sondern auch die der neuen Koalition in Berlin, wo die PDS seit Januar 2002 als Koalitionspartner der SPD mitregierte. Die Senatsbeteiligung der „SED-Nachfolgepartei" in der einstmals geteilten „Frontstadt des Kalten Krieges", von der PDS selbst als entscheidender Schritt zur bundespolitischen Akzeptanz angesehen, war die Folge eines Jahre andauernden schrittweisen Integrationsprozesses in der Stadtpolitik. Dieser spiegelte einige Kernaspekte der Integration auf Bundesebene wider und soll daher im Folgenden näher beleuchtet werden. Besondere Aufmerksamkeit wird dabei auf das Zusammenspiel machtpolitischer Überlegungen, sachpolitischer Annäherungen und öffentlicher Symbolpolitik gelegt, das für den Integrationsprozess der PDS symptomatisch war.

4. Das späte Ende der Teilung? Auf dem Weg zu „Rot-Rot" in Berlin

„Ihr Völker der Welt, ihr Völker in Amerika, in England, in Frankreich, in Italien! Schaut auf diese Stadt und erkennt, daß ihr diese Stadt und dieses Volk nicht preisgeben dürft und nicht preisgeben könnt! Es gibt nur eine Möglichkeit für uns alle: gemeinsam so lange zusammenzustehen, bis dieser Kampf gewonnen, bis dieser Kampf endlich durch den Sieg über die Feinde, durch den Sieg über die Macht der Finsternis besiegelt ist."[352]

Die Rede, die der Ex-Kommunist und SPD-Kandidat für das Amt des Berliner Oberbürgermeisters Ernst Reuter am 9. September 1948 während der Blockade

---

Pressemitteilung. Zudem stellte das Bundesministerium die Einsetzung einer gemeinsamen Arbeitsgruppe von Bund und Land in Aussicht, um über die Überleitung in der DDR erworbener Rentenansprüche zu verhandeln (ADS, PDS-LV MV, Alt-Sign. 2008-XVII-377: Beschluss des Landesvorstandes der PDS Mecklenburg-Vorpommern, 17. 5. 2001. Pressemitteilung; AdsD, SPD-LTF MV, 3. WP: Ergebnisprotokoll des zwanzigsten Koalitionsgespräches am 19. 9. 2001. Entwurf, S. 2).

[350] Vgl. Bundesrat, Plenarprotokoll 774 (22. 3. 2002), S. 171 f.; Wolfrum, Rot-Grün an der Macht, S. 189 f.

[351] ADS, PDS-LV MV, Alt-Sign. 2008-XVII-400: Katina Schubert, Sofortinformation Zuwanderungsgesetz im Bundesrat. Stand: 20. 3. 2002, 12.30 Uhr, S. 2.

[352] E. Reuter, Rede auf der Protestkundgebung, S. 479.

Berlins durch die Sowjetunion vor dem Berliner Reichstagsgebäude hielt, ging in die deutsche Geschichte ein. Es war *das* Dokument des Widerstands Berlins gegen die Bedrohung des Kommunismus. Wie keine andere Stadt stand das geteilte Berlin für die Spaltung Europas und wie keine andere symbolisierte Berlin als „Frontstadt des Kalten Kriegs" die Bedeutung eines kämpferischen Antikommunismus und Antitotalitarismus für die politische Kultur des Westens und insbesondere der Bundesrepublik. Es war daher umso bemerkenswerter, dass 53 Jahre später ausgerechnet Reuters Sohn Edzard, der ehemalige Vorstandsvorsitzende der Daimler-Benz AG, im Dezember 2001 dafür warb, einem anderen Ex-Kommunisten „eine Chance" in der Regierungsverantwortung zu geben: dem PDS-Bürgermeisterkandidaten Gregor Gysi. Dazu gebe es „keine Alternative". „Das mit Erich Honecker ist zehn Jahre her, seitdem hat sich die PDS gewandelt. Man sollte nicht alles verteufeln, was früher mal mit dem Kommunismus zu tun hatte", so Reuters Begründung.[353] Für andere war diese Logik Ausdruck von Geschichtsvergessenheit und Zynismus: Die „amerikanischen Freunde würden es nicht verstehen, warum sie in Berlin so lange die Freiheit verteidigten, wenn jetzt die Kommunisten mit regieren sollen",[354] so der abgewählte Regierende Bürgermeister Eberhard Diepgen (CDU) in nicht weniger historisch aufgeladenen Tönen.

Während sich die PDS-Frage nach der Jahrtausendwende im Modus der „Normalität" verloren zu haben schien, wurde sie in Berlin abermals zur Schicksalsfrage erklärt, die über die Zukunft der Stadt und der Republik mitentscheide. Es ging, so der Eindruck, der auf allen Seiten vermittelt wurde, um die historisch-symbolische Deutungshoheit über den Kommunismus, die kommunistische Vergangenheit und den Platz des Postkommunismus in Gegenwart und Zukunft – schließlich schickten sich Gysi und seine Partei an, an der Seite von Reuters SPD in der wiedervereinten Bundeshauptstadt an die Macht zurückzukehren – ein Schritt, der 1990 noch undenkbar gewesen wäre.

4.1 Die Berliner PDS zwischen Ausgrenzung und Integration

Wie in anderen Bundesländern galt auch für die Berliner Landespolitik lange Zeit die Devise: „PDS außen vor auch bei der Mehrheitsbildung".[355] Insbesondere die Berliner CDU, die von Persönlichkeiten wie Eberhard Diepgen und Klaus-Rüdiger Landowsky angeführt wurde, verkörperte traditionell eine „Fronthaltung gegen

---

[353] „Gysi eine Chance geben". Interview mit Edzard Reuter. In: Der Spiegel, 10. 12. 2001, S. 24.
[354] Eberhard Diepgen, zit. n. Unionsspitze greift zum Jahrestag des Mauerbaus SPD und PDS an. dpa-Meldung, 12. 8. 2001.
[355] Eberhard Diepgen im Gespräch mit dem Autor, 17. 3. 2017. Wie Eberhard Diepgen berichtete, spielte noch bei der Bezirksreform vom 1. Januar 2001 die Überlegung eine Rolle, mit dem Zuschnitt der neuen Grenzen die Wahrscheinlichkeit sozialistischer Mehrheiten in den Bezirken zu minimieren (ebenda).

den Osten und die DDR"[356] und warnte auch nach 1990 regelmäßig vor der „PDS Gefahr"[357] und vor einer „linken Mehrheit" in der Stadt.[358] Aber auch die Berliner Sozialdemokratie blickte als Partei Ernst Reuters und Willy Brandts auf eine lange antikommunistische Tradition zurück und hielt auf Landesebene demonstrative Distanz zur PDS. Noch vor der Abgeordnetenhauswahl 1999 schloss sie jede Zusammenarbeit mit der PDS aus und begründete dies mit der Geschichte: Es werde „keine Koalition, keine Duldung, keine Zusammenarbeit mit der PDS geben", schließlich habe in Berlin die Mauer gestanden, so der Spitzenkandidat Walter Momper im Frühjahr 1999.[359]

Annäherungstendenzen zwischen PDS, SPD und Grünen

Die Isolation der PDS wurde seit der zweiten Hälfte der neunziger Jahre aber auch in Berlin durchlässig. Das lag allem voran an der starken Verankerung der PDS im Osten der Stadt, wo zahlreiche Angehörige des früheren DDR-Regimes wohnten. Dort war und blieb die „SED-Nachfolgepartei" eine Macht und stieg schon bei der Abgeordnetenhauswahl 1995 mit mehr als 36 Prozent zur stärksten Partei vor CDU und SPD auf. Zudem führten die besonderen Bestimmungen der Berliner Verfassung dazu, dass die PDS dank ihrer Stärke in den Ost-Berliner Bezirken automatisch in den Bezirksämtern vertreten war und damit schon nach der Kommunalwahl 1992 exekutive Verantwortung übernahm.[360] Von da war der Weg zu kommunalen Kooperationen nicht mehr weit und seit 1995 kam es auch zu Absprachen zwischen PDS, SPD und Grünen, die sich gegenseitig bei der Wahl der Bezirksämter unterstützten.[361] Als Ergebnis arbeiteten diese Parteien schon vor der Wahl 1999 in sechs Ost-Bezirken in der Verwaltung zusammen.[362] Seit Anfang 2001 regierten SPD, Grüne und PDS dann auch gemeinsam den neuen Ost-West-Bezirk Friedrichshain-Kreuzberg unter der parteilosen Bezirksbürgermeisterin Bärbel Grygier, einer ehemaligen DDR-Radiomoderatorin, die von der PDS nominiert worden war.[363]

---

356 Schuller, Zwischen Kaltem Krieg und neuer Republik, S. 103.

357 ACDP, CDU-LV Berlin, 03-012-144/2: Protokoll der 2. Sitzung der Wahlkampfkommission am 17. 8. 1990, S. 1.

358 ACDP, CDU-LV Berlin, 03-012-144/2: Strategierunde, 11. 7. 1990, S. 2.

359 Spitzenkandidat Walter Momper, zit. n. Brigitte Grunert, Berliner SPD verärgert über PDS-Debatte der Bundespartei. In: Der Tagesspiegel, 1. 3. 1999; vgl. auch: PDS bietet SPD Tolerierung eines rot-grünen Minderheitssenates an. dpa-Meldung, 6. 11. 1995; Weder Koalition noch Kooperation. In: Neues Deutschland, 8. 3. 1999; Thomas, Regierungspraxis von Minderheitsregierungen, S. 81.

360 Vgl. Koß, Durch die Krise zum Erfolg?, S. 136 f.

361 Vgl. ebenda S. 137.

362 Mechthild Henneke/Karin Schmidl, SPD-Bürgermeister: Keine Zusammenarbeit auf Landesebene. In: Berliner Zeitung, 2. 3. 1999.

363 Vgl. Andreas Molitor/Peter Müller/Stefan Willeke, Der Staat frisst seine Revolutionäre. In: Die Zeit, 21. 6. 2001.

Eine wichtige Rolle spielte auch das Profil der Berliner PDS, die sich in der einstigen Hauptstadt der DDR durch eine besondere Affinität zur Macht auszeichnete. Angeführt wurde die Partei durch sozialistische „Reformer" aus dem Osten (wie den Landesvorsitzenden André Brie und Petra Pau) und linkslibertäre Ex-Grüne aus dem Westen (wie den Brüdern Harald und Udo Wolf), die auf zahlreichen Politikfeldern programmatische Übereinstimmungen mit den Konkurrenzparteien im Mitte-Links-Lager aufwiesen.[364] Schon 1990 hatte es daher Angebote seitens der PDS gegeben, gegebenenfalls einen rot-grünen Minderheitssenat zu stützen und auch vor der Abgeordnetenhauswahl 1995 wurde diese Offerte wiederholt.[365] Gerade die traditionell weit links stehenden Berliner Grünen schlossen solche Modelle auch nicht grundsätzlich aus[366] und kooperierten im Abgeordnetenhaus bei bestimmten Themen mit der PDS, etwa wenn es um das gemeinsame Ziel ging, den Berliner Verfassungsschutz abzubauen.[367] Insbesondere die Spitzenkandidatin für die Abgeordnetenhauswahl 1995 Sibyll Klotz, ein ehemaliges Mitglied der SED und des Unabhängigen Frauenverbands,[368] galt als Befürworterin einer strategischen Offenheit gegenüber der PDS,[369] während die Fraktionsvorsitzenden Renate Künast und Wolfgang Wieland zur Vorsicht mahnten und dabei die ablehnende Position des Bürgerrechtsflügels im Auge hatten.[370]

Seit Mitte der neunziger Jahre wurde auch in der Berliner SPD Kritik am „Rigorismus" der Parteiführung in der PDS-Frage geübt. Die SPD müsse aufhören, die Auseinandersetzung mit der PDS in den „Kategorien des Kalten Krieges" zu führen, und stattdessen zu einer „normalen Zusammenarbeit" bereit sein, wie der damalige Lichtenberger Kreisvorsitzende Thomas Krüger und der Kreuzberger Bezirksbürgermeister Peter Strieder schon im Frühjahr 1995 forderten.[371] Vor allem die Große Koalition mit der CDU war in der Berliner SPD zunehmend unpopulär und stand schließlich nach der Abgeordnetenhauswahl 1999 ernsthaft zur

---

[364] Vgl. Koß, Durch die Krise zum Erfolg?, S. 135 f.

[365] Vgl. Hoffmann, Auf dem Weg in ein neues Bündnis?, S. 31; PDS-Landesvorstand Berlin (Hrsg.), PDS '95, S. 4.

[366] Vgl. Eine typisch bündnisgrüne Konferenz. In: Neues Deutschland, 10. 4. 1995; Almuth Nehring, Die Mogelei um eine PDS-Tolerierung. In: Neues Deutschland, 5. 5. 1995; dies., Ost-Frau brachte Bündnisgrüne aus der Fassung. In: Neues Deutschland, 22. 5. 1995; Hoffmann, Auf dem Weg in ein neues Bündnis?, S. 34 f.

[367] Vgl. Berlin: Geheimdossier über PDS substanzlos. In: Neues Deutschland, 3. 10. 1995; Schöne, Probleme und Chancen, S. 198; Dietzel, Zur Arbeit der PDS-Landesverbände (Ost), S. 21.

[368] Vgl. Almuth Nehring, Ost-Frau brachte Bündnisgrüne aus der Fassung. In: Neues Deutschland, 22. 5. 1995.

[369] Vgl. Grüne Überraschung. In: Berliner Zeitung, 22. 5. 1995; Hoffmann, Auf dem Weg in ein neues Bündnis?, S. 26.

[370] Vgl. Macht um jeden Preis? Interview mit Renate Künast. In: Neues Deutschland, 8. 4. 1995; Eine typisch bündnisgrüne Konferenz. In: Neues Deutschland, 10. 4. 1995; siehe dazu auch Hoffmann, Auf dem Weg in ein neues Bündnis?, S. 28–31.

[371] AdsD, Dep. Thierse, 1/WTAA001723: Thomas Krüger/Peter Strieder, Die Herausforderung annehmen – über den offensiven Umgang der SPD mit der PDS. Berlin, März 1995, S. 2 und S. 4.

Disposition.[372] Nachdem die Sozialdemokraten bei der Wahl nur 22,4 Prozent der Stimmen erhalten hatten, kam es zwar noch einmal zu einer Neuauflage der Großen Koalition, aber nur nach sehr schwierigen Verhandlungen und gegen heftige Widerstände in der SPD.[373] Dahinter stand der verbreitete Eindruck, dass die Sozialdemokratische Partei in der Großen Koalition nur verlieren könne: Während CDU und PDS sich in den beiden Teilen der Stadt zu je hegemonialen Volksparteien entwickelt hätten, werde die SPD nur noch als „Verwalterin des Sparzwangs" wahrgenommen, so die einmütigen Pressekommentare.[374] Zugleich zeigten Umfragen, dass der Gedanke an eine Koalition mit der PDS immer weniger Wählerinnen und Wähler abschreckte, sodass sich im Herbst 1999 im Ostteil der Stadt 60 Prozent, im Westen immerhin 20 Prozent der Befragten eine Regierungsbeteiligung der PDS wünschten.[375]

Entspannungsstrategie der Berliner CDU

Ein wichtiger Impuls für den Aufstieg der PDS in den Berliner Senat ging aber ausgerechnet von der CDU aus. Diese hatte seit Mitte der 1990er Jahre ihre konfrontative Lagerstrategie gegenüber der PDS nach und nach modifiziert. Wie in anderen ostdeutschen Bundesländern war die antikommunistische Tonlage der CDU auch im Osten Berlins auf Widerstand gestoßen.[376] Für den Erfolg im Ostteil müsse man auch „andere Worte für Kommunismus finden", lautete ein häufiger Vorwurf an die Adresse der Parteiführung.[377] Vor allem das Ergebnis der Berliner Abgeordnetenhauswahl 1995 schien dies zu bestätigen: Während die CDU im Westen der Stadt 45,4 Prozent der Stimmen erreichte, lag sie im Ostteil mit zweistelligen Prozentpunkten hinter der PDS und hatte keine Chance, in die dortigen SED-nahen und DDR-nostalgischen Milieus einzudringen. Wahlsoziologisch blieb die Stadt geteilt.

---

[372] Vgl. Brigitte Grunert, Berliner SPD verärgert über PDS-Debatte der Bundespartei. In: Der Tagesspiegel, 1. 3. 1999; vgl. auch AdsD, SPD-Präs.: Protokoll der Präsidiumssitzung am 19. 4. 1999, S. 2 f.: In der Sitzung berichteten die Vertreter der Berliner SPD, Walter Momper und Peter Strieder, von heftigem Unmut in der Partei über eine mögliche Fortsetzung der Großen Koalition. Gerhard Schröder dagegen ließ keinen Zweifel an seiner Präferenz für eine Große Koalition und seiner Ablehnung einer rot-grünen Koalitionsaussage, da dadurch die PDS-Diskussion wieder eröffnet werde.

[373] Vgl. ACDP, CDU-LV Berlin, 03-012-222/1: Kurzprotokoll Sitzung des Landesvorstandes der CDU Berlin am 29. 11. 1999; AdsD, SPD-Fraktion Berlin: Protokoll der außerordentlichen Fraktionssitzung am 15. 11. 1999.

[374] Barbara Junge, Alte Rezepte für die neue Stadt. Die SPD bleibt in Berlin im Abseits. In: Die Tageszeitung, 11. 10. 1999; vgl. auch Johann Michael Möller, Diepgens Auftrag. In: Die Welt, 11. 10. 1999; Evelyn Roll: Berlin bleibt Berlin. In: Süddeutsche Zeitung, 11. 10. 1999.

[375] Vgl. ACDP, CDU-LV Berlin, 03-012-222/1: Hans-Joachim Veen u. a., Die Abgeordnetenhauswahl in Berlin, 10. 10. 1999. Zusammenfassung – Ergebnis – Bestimmungsgründe der Wahlentscheidung – Tabellen. Sankt Augustin, 11. 10. 1999, S. 6.

[376] ACDP, CDU-LV Berlin, 03-012-565/3: Kurzprotokoll über die Sitzung des Landesvorstandes der CDU Berlin am 21. 8. 1995, S. 2 (Martin Federlein).

[377] Ebenda, S. 2 (Volker Hassemer).

Seither begannen immer mehr Berliner Christdemokraten, sich vom antikommunistischen Kurs der Vergangenheit zu lösen. Den Anfang machte der Berliner Senator Elmar Pieroth, ein Unternehmer aus Rheinland-Pfalz, der nach 1990 in der PDS-Hochburg Hellersdorf kandidierte. Um seine potenzielle Wählerschaft kennenzulernen, erfand Pieroth das Wahlkampf-Mittel der „Wohnzimmergespräche". Bei diesem Format besuchte er Bürgerinnen und Bürger zuhause, debattierte unter anderem mit der Berliner PDS-Vorsitzenden Petra Pau und ließ sich mit ihr auch gemeinsam auf dem Sofa fotografieren.[378] Um die Wählerklientel der PDS zu erreichen, war er sogar bereit, sich ihr sprachlich anzunähern: Die „pauschalen Angriffe auf die Vergangenheit" müssten endlich aufhören[379] – es könne nicht sein, daß „60 Millionen West-Richter über 17 Millionen Ost-Angeklagte urteilen".[380] Aber auch gegenüber der PDS als Partei schlug der Christdemokrat ungewohnte Töne an: Er zweifelte an, dass die PDS überhaupt noch eine kommunistische Partei sei, und setzte sich für eine „differenzierte Betrachtungsweise" ein. Dass seine Gegenkandidatin Pau früher „als SED-Kader Junge Pioniere ausgebildet" habe, mache sie „noch nicht zur Kommunistin", so Pieroth im November 1995.[381]

In der Berliner CDU machte Pieroths Beispiel Schule. Bald warb auch der Regierende Bürgermeister Eberhard Diepgen gezielt um kleinbürgerlich-wertkonservative PDS-Wähler,[382] und selbst ein ausgewiesener Antikommunist wie Innensenator Jörg Schönbohm warnte im September 1997 davor, die PDS und ihre Wähler zu verteufeln.[383] Das Ziel war klar: Eine verbale Abrüstung gegenüber der Partei sollte letztlich dazu dienen, in deren Wählerschaft einzudringen und ihre Hegemonie in postsozialistischen Milieus aufzubrechen. „In die PDS hineingehen" war nun das Motto.[384] Besondere Aufmerksamkeit erregte die Entspannungsstrategie der Berliner CDU im Umgang mit der PDS durch ein Streitgespräch, das der Berliner Fraktionschef Klaus Landowsky im März 2000 mit Gregor Gysi im Berliner „Tagesspiegel" führte. Darin warb Landowsky, ein ähnlich ausgewiesener Antikommunist wie Jörg Schönbohm und ein „rotes Tuch" in der PDS,[385] für eine

---

[378] Vgl. Thomas Helmut Schwarz, Elmar Pieroth tritt im roten Osten an. In: Berliner Zeitung, 28. 3. 1995; Gefühl und Hertie. In: Der Spiegel, 4. 12. 1995, S. 101–104.

[379] CDU streitet um „Rote Socken"-Kampagne. In: Morgenpost, 26. 8. 1996.

[380] Elmar Pieroth, zit. n. CDU streitet um „Rote Socken"-Kampagne. In: Morgenpost, 26. 8. 1996.

[381] „Die sollen hier ihre Heimat finden". Interview mit Elmar Pieroth. In: Die Tageszeitung (taz), 6. 11. 1995.

[382] Vgl. Konrad Schuller, Nicht nur geduldet, sondern auch umworben. In: Frankfurter Allgemeine Zeitung, 21. 10. 1998.

[383] Christine Richter, Schönbohm kritisiert Umgang mit PDS. In: Berliner Zeitung, 1. 9. 1997; Jens Stiller, Schönbohm verkauft keine roten Socken. In: Berliner Zeitung, 1. 9. 1997.

[384] ACDP, CDU-LV Berlin, 03-012-222/1: Kurzprotokoll über die Klausurtagung der CDU Berlin am 14. 3. 1998, S. 3 (Martin Federlein); vgl. ebenda (Klaus Landowsky).

[385] Noch im Frühjahr 1997 war Landowsky von der Berliner PDS-Landesvorsitzenden Petra Pau für einen Anschlag vor dem Marzahner PDS-Wahlkreisbüro mitverantwortlich gemacht worden, nachdem er eine umstrittene Rede im Abgeordnetenhaus gehalten hatte (vgl. Abgeordnetenhaus von Berlin, Plenarprotokoll 13/24 (27. 2. 1997), S. 1776; Buchhändler vor Gysis

„neue Kultur des Umgangs miteinander". Das „entideologisierte Zeitalter" mache es möglich, dass es in Deutschland wie in anderen europäischen Gesellschaften auch eine sozialistische Partei auf der Linken gebe. Daher solle die CDU sich künftig mit der PDS nicht mehr „in einer dumpfen Rote-Socken-Kampagne", sondern argumentativ auseinandersetzen.[386]

„Normalisierung" der PDS als landespolitische Tendenz

Die neuen Töne aus den Konkurrenzparteien nahm die Führung der Berliner PDS aufmerksam zur Kenntnis. In einem Arbeitspapier vom 22. Januar 2001 stellten die beiden Fraktionsvorsitzenden im Berliner Abgeordnetenhaus Carola Freundl und Harald Wolf fest, dass seit der Berlinwahl 1999 „einiges in Bewegung geraten" sei: Mehrfraktionenanträge unter Einschluss der PDS, früher undenkbar, seien mittlerweile selbstverständlich geworden. Auch die Wahl einer Verfassungsrichterin auf Vorschlag der PDS mit Stimmen aus allen Parteien sei Ausdruck einer „Normalisierung der politischen Haltung der anderen Parteien gegenüber der PDS."[387] Die darin sichtbare „Auflösung des Lagerdenkens"[388] erhöhe die Chance, dass die Partei auch im Westen an Akzeptanz gewinne.[389] Aber vor allem für das Verhältnis zwischen PDS und Sozialdemokraten hatten die neuen Signale aus der CDU „eine richtiggehend befreiende Wirkung", so Freundl und Wolf. Wer mit der PDS reden wolle, könne fortan auf Klaus Landowsky verweisen.[390]

Eine Regierungsbeteiligung der PDS in der Bundeshauptstadt wurde damit tatsächlich denkbar, zumal die neue Führung der Berliner SPD um den Landesvorsitzenden Peter Strieder und den Fraktionsvorsitzenden Klaus Wowereit nach der Wahlniederlage 1999 an einer „Strategie zur Überwindung der großen Koalition" arbeitete, in die auch die PDS einbezogen wurde.[391] Dazu gehörte ein Treffen Peter Strieders mit Gregor Gysi ebenso wie die Pflege älterer Netzwerke: Strieder und Harald Wolf kannten sich schon seit den 1980er Jahren, in denen sie gemeinsame Treffen von SPD und AL-Mitgliedern veranstaltet hatten.[392] Zudem kam es seit 2000 zu regelmäßigen Treffen Wolfs mit der Grünen-Fraktionsvorsitzenden Klotz, dem stellvertretenden SPD-Fraktionsvorsitzenden Klaus Uwe Benneter und dem DGB-Bezirksvorsitzenden Dieter Scholz, der wiederum auch an gewerkschaftspo-

---

Büro angeschossen. In: Berliner Zeitung, 20. 2. 1997; „Der Verfassungsschutz wird mißbraucht". Interview mit Petra Pau. In: Berliner Zeitung, 22. 3. 1997).

386 „Wir haben eine gemeinsame Verantwortung". Streitgespräch zwischen Klaus Landowsky und Gregor Gysi. In: Der Tagesspiegel, 12. 3. 2000; vgl. auch Klaus Hartung, Das Schloss kommt! In: Die Zeit, 23. 3. 2000.

387 AGG, B.I.10 – BuVo/BGSt [2051]: Carola Freundl/Harald Wolf, Vor der Kür kommt die Pflicht. Arbeitspapier zu den politischen Aufgaben der PDS-Fraktion bis 2004, 22. 1. 2001, S. 1.

388 Ebenda, S. 2.

389 Ebenda, S. 3.

390 Ebenda.

391 Peter Strieder, zit. n. Koniczek, Strategische Interaktionen, S. 53.

392 Wolf, Rot-Rot in Berlin, S. 53.

litischen Veranstaltungen der PDS teilnahm.[393] Bei diesen Treffen rot-rot-grüner Führungspersönlichkeiten der Berliner Politik wurde ausdrücklich auch die „Möglichkeit einer künftigen Regierungsmehrheit links von der Union" diskutiert, wie Wolf später berichtete.[394] Wie zuvor in Mecklenburg-Vorpommern bereiteten kommunikative Verbindungen eine spätere machtpolitische Kooperation vor.[395]

4.2 Berliner Tolerierungsmodell und PDS-Wahlkampf 2001

Der Bruch der Großen Koalition

Mit der Berliner Bankenaffäre wurde diese Alternative schließlich früher virulent als gedacht. Abermals war es der CDU-Fraktionsvorsitzenden Klaus Landowsky, der die rot-rote Option unfreiwillig katalysierte. Bereits im Januar 2001 war es zu Gerüchten über „Putschpläne" der Berliner SPD-Spitze gekommen: Der Landesvorsitzende Peter Strieder plane, Verfehlungen um Landowsky und die Berliner Landesbank zu nutzen, um die Große Koalition zugunsten einer Zusammenarbeit mit PDS und Grünen aufzukündigen.[396] Dabei ging es um unsaubere Geschäfte der landeseigenen Bankgesellschaft, die in den Folgemonaten zu einer veritablen Großaffäre führten.[397] Ende Februar sprachen sich dann die Berliner Grünen auf einer Delegiertenkonferenz für eine gemeinsame Regierungsbildung mit SPD und PDS aus, um nach zehn Jahren die CDU im Senat abzulösen.[398] Bis es dazu kam, dauerte es aber noch einige Wochen.

Ende Mai 2001 schaltete sich dann auch die FDP ein. Bei einem Treffen in einem Berliner Restaurant einigten sich der Landesvorsitzende Günter Rexrodt und der Bundesvorsitzende Guido Westerwelle mit Gregor Gysi auf eine konzertierte Aktion, um vorzeitige Neuwahlen in der Stadt herbeizuführen.[399] In der Folge gingen Rexrodt und die PDS-Landesvorsitzende Petra Pau gemeinsam auf die Straße, um für ein entsprechendes Volksbegehren zu werben. Die schon seit 1995 außerparlamentarischen Berliner Liberalen nahmen bei der PDS Nachhilfe in Sachen außerparlamentarischer Opposition, so Petra Pau im Rückblick, und trugen so ihrerseits zu deren Aufwertung bei.[400]

---

[393] ADS, BT/14.WP-0005: Nichts mehr verteilen? Verteilungspolitik im Shareholder-Kapitalismus. 8. Gewerkschaftspolitische Konferenz, 23. bis 24.11.2001. Mannheim, Stadthaus N1 [Broschüre].

[394] Wolf, Rot-Rot in Berlin, S. 53.

[395] Vgl. auch Koniczek, Strategische Interaktionen, S. 418–420.

[396] Vgl. Thomas Holl/Martin Lutz, Strieders Putschpläne belasten Koalition. In: Die Welt, 29.1. 2001.

[397] Siehe dazu Hoff, Vom Tabubruch zum Politikwechsel?, S. 305–307.

[398] Vgl. Thorkit Treichel/Gilbert Schomaker, Berlins Grüne wollen mit SPD und PDS eine Regierung bilden. In: Berliner Zeitung, 26.2.2001.

[399] Sabine Beikler, Projekt Neuwahlen: Günter und sein Beifahrer aus dem Osten. In: Der Tagesspiegel, 1.6.2001; Wolf, Rot-Rot in Berlin, S. 62.

[400] Petra Pau im Gespräch mit dem Autor, 16.3.2017; vgl. auch Pau, Gottlose Type, S. 29; Reißig, Mitregieren in Berlin, S. 12.

Erst jetzt entschied sich auch die Berliner Sozialdemokratie endgültig, die lang-jährige Große Koalition zu beenden.[401] SPD-Fraktionschef Klaus Wowereit er-klärte im Juni 2001, mithilfe von Grünen und PDS ein Misstrauensvotum gegen Eberhard Diepgen und vorgezogene Neuwahlen anstreben zu wollen.[402] Nach sei-ner Wahl zum Regierenden Bürgermeister bildete Wowereit nach dem Vorbild des „Magdeburger Modells" einen rot-grünen Minderheitssenat, der bis zu Neuwah-len von der PDS gestützt werden sollte.[403] Das Bündnis gründete der neue Bürger-meister auf etablierte integrationsstrategische Argumente: Erstens werde die PDS „von weiten Teilen der Bevölkerung akzeptiert und gewählt". Zweitens stehe nach dem Ende des Kalten Kriegs ein „angstfreier Umgang" mit der Partei auf der Ta-gesordnung, zumal dort, wo die PDS auf Bezirksebene bereits mitregierte, auch kein Chaos ausgebrochen sei. Und drittens habe sich die Konkurrentin bereits „ver-ändert" und habe weiterhin „die Chance, sich zu reformieren", so Wowereit.[404] Die SPD schloss daher auch eine Wiederauflage der Großen Koalition aus, weil die CDU „nicht regierungsfähig"[405] sei, ließ aber eine Koalition mit der PDS nach der Wahl offen: Schließlich handele es sich um eine demokratisch gewählte Partei, wie Franz Müntefering erklärte.[406]

Die PDS-Frage als Hauptthema des Wahlkampfs

Damit war das überragende Thema des Berliner Wahlkampfs gesetzt. Wie stark die PDS noch immer polarisierte, zeigte sich in den Fernsehtalkshows im Juni 2001, die eine mögliche Regierungsbeteiligung in der Hauptstadt schon meist in den Sendungstiteln thematisierten: „Neues Deutschland: PDS vor der Nase, Kohl im Nacken?"[407]; „Berlin sieht rot – Rückt die Republik nach links?"[408]; „Berlin-Krise: Kommen die Kommunisten an die Macht?"[409] Die Berlin-Wahl wurde so zum medialen Großereignis und erneut stand die PDS-Frage im Zentrum der Auf-merksamkeit, wie „Der Spiegel" vermerkte:

„Tatsächlich wird, was in den Provinz-Hauptstädten Magdeburg und Schwerin noch als länd-liche Verirrung gelten mochte, in der symbolträchtigen Hauptstadt zu einem Signal für den kom-

---

[401] Laut Klaus Wowereit bestand dazu schon seit einiger Zeit Einvernehmen mit dem Kanzler-amt, das der Berliner SPD „freie Hand" gegeben habe (Wowereit/Schumacher, … und das ist auch gut so, S. 173).

[402] Vgl. „Die Deppen der Nation". Interview mit Klaus Wowereit. In: Der Spiegel, 11. 6. 2001, S. 94 f.

[403] Vgl. Koniczek, Strategische Interaktionen, S. 410 f.

[404] „Die Deppen der Nation". Interview mit Klaus Wowereit. In: Der Spiegel, 11. 6. 2001, S. 94 f., Zitat S. 94.

[405] SPD-Landesverband Berlin (Hrsg.), Verantwortung für Berlin, S. 9.

[406] Vgl. AdsD, SPD-PR: Protokoll der Sitzung des SPD-Parteirates am 11. 6. 2001, S. 12.

[407] „Sabine Christiansen" (ARD), 24. 6. 2001, vgl. Kusebauch, Die politische Talkshow in Deutschland, S. 18.

[408] „Berlin Mitte" (ZDF), 14. 6. 2001, vgl. ebenda.

[409] „Talk in Berlin" (n-tv), 10. 6. 2001, vgl. ebenda.

menden Bundestagswahlkampf: Rot-rote Bündnisse sollen nicht länger als unanständig gelten. Die Einheit erreicht eine neue politische Qualität."[410]

Die Berliner PDS wiederum ließ keinen Zweifel an ihrer Regierungsbereitschaft: „Die PDS will Verantwortung übernehmen und politisch gestalten" – und zwar als „Regierungspartei", wie sie sich im Wahlprogramm festlegte.[411] Um dies zu erreichen, stellte die Partei ihren Wahlkampf vollständig unter das Leitthema der eigenen Verantwortlichkeit und Regierungsfähigkeit. Die Partei habe sich in den Berliner Bezirken seit Jahren als verantwortungsvolle Kraft etabliert.[412] Wie die meisten Wahlkämpfe in Ostdeutschland, so lag auch die Berliner Kampagne vollständig in den Händen des Reformflügels, der der Wahl eine „ungeheure symbolische Bedeutung" vor allem für die bundespolitische Entwicklung der Partei beimaß: „Was in Berlin möglich ist, ist auf Bundesebene erst recht möglich."[413] Schon allein die „unerhörte Medienaufmerksamkeit", so hoffte Wahlkampfmanager André Brie, trage „zur Normalisierung der PDS auch im Bild der Westdeutschen bei".[414] Was es darüber hinaus brauchte, um die politisch-kulturelle Spaltung der Stadt zu überwinden und die PDS im Westen akzeptabel zu machen, hatten die Fraktionsvorsitzenden Freundl und Wolf bereits im Januar 2001 dargelegt: Zum einen müsse die Auseinandersetzung mit der SED-Vergangenheit fortgesetzt werden, um die „kritische Haltung der Partei zum realen Sozialismus dauerhaft im öffentlichen Bewusstsein [zu] verankern".[415] Und zum anderen sahen es Freundl und Wolf als notwendig an, das Image der PDS als Vertreterin einer sozialistischen Staatswirtschaft loszuwerden.[416] „Bußfertigkeit plus Wirtschaftskompetenz ist Koalitionsfähigkeit",[417] wie „Der Spiegel" zusammenfasste.

Wirtschaftspolitische Wahlkampfstrategie der PDS

Für dieses Konzept wiederum gab es keinen geeigneteren Kandidaten als Gregor Gysi. Seit seinem Rückzug von der Fraktionsspitze im Vorjahr immer wieder als möglicher Spitzenkandidat für die Hauptstadt genannt, wurde Gysi schließlich in vollmundigem Ton als „Bürgermeisterkandidat" der Berliner PDS präsentiert.[418] Als solcher setzte er die Linie Wolfs und Freundls fort und nutzte die Kampagne

---

[410] Wolfgang Bayer u. a., „Es brodelt, zischt und knallt". In: Der Spiegel, 11. 6. 2001, S. 90–104, Zitat S. 91.
[411] PDS-Landesvorstand Berlin (Hrsg.), Miteinander für Berlin, S. 2.
[412] Ebenda.
[413] A. Brie/Flierl, Wir verteidigen eine Partei, S. 942.
[414] Ebenda, S. 943.
[415] AGG, B.I.10 – BuVo/BGSt [2051]: Carola Freundl/Harald Wolf, Vor der Kür kommt die Pflicht. Arbeitspapier zu den politischen Aufgaben der PDS-Fraktion bis 2004, 22. 1. 2001, S. 3.
[416] Ebenda, S. 4.
[417] Stefan Berg, Ganz schön heftig. In: Der Spiegel, 23. 4. 2001, S. 36.
[418] Wolf, Rot-Rot in Berlin, S. 71. Vgl. auch Stefan Berg/Henryk Hielscher, „Den Kalten Krieg beenden". In: Der Spiegel, 25. 9. 2000, S. 32–34.

als Testfall für die quasi-sozialdemokratische Neuausrichtung seiner Partei. Schon seit Mitte der 1990er Jahre hatte die Berliner PDS ihre Forderung nach einer „Ausweitung des öffentlichen Eigentums an Grund und Boden"[419] zurückgestellt und sich stattdessen auf das Ziel „Haushaltskonsolidierung" eingeschworen.[420] Daran anknüpfend bemühte sich Gysis Team im Wahlkampf um ein möglichst gemäßigtes Profil und verzichtete weitgehend auf Positionen, die in der breiteren Öffentlichkeit polarisieren konnten. Die PDS sollte künftig nicht mehr als Partei der Staatswirtschaft, sondern der Marktwirtschaft gelten, so das gemeinsame Ziel. Zunächst sollte es einen Kassensturz geben.[421] Danach waren laut Wahlprogramm der Berliner „Subventionsdschungel" zu durchforsten, die Landesfinanzen zu sanieren und die Personal- und Verwaltungskosten zu senken.[422] „Die Rechnung könnte lauten: Zehn gehen in Ruhestand, drei bis vier werden eingestellt, sechs bis sieben Stellen gespart", so Gysis Formel.[423] Mit der Forderung nach Privatisierungen, weil das Land zu viele Beteiligungen habe, brach der Bürgermeisterkandidat ein weiteres linkes Tabu und nahm dabei selbst die Verkehrsinfrastruktur nicht aus, sofern das Land hier noch ein gewisses Maß an Einfluss behalte.[424] Auch die Terminologie seines Wahlkampfs stand ganz im Zeichen der Zeit und unterschied sich nur in Nuancen von dem, was die PDS an den Konkurrenten als „neoliberal" kritisierte: So stritt Gysi gegen „Filz" und für Entbürokratisierung, für ein investitionsfreundliches Klima und neue Motivationsanreize in der öffentlichen Verwaltung.[425] In einem Streitgespräch mit dem FDP-Vorsitzenden Guido Westerwelle setzte sich Gysi für die Teilprivatisierung der Berliner Landesbank ein und konstatierte kokett, aber nicht unzutreffend, „partielle Übereinstimmungen" mit den Liberalen.[426]

Dass es bei diesem Kurs nicht nur darum ging, haushaltspolitischen Sachzwängen in der verschuldeten Stadt Rechnung zu tragen, sondern auch darum, Vorbehalte im Westen und in bürgerlichen Kreisen abzubauen, zeigt die Wahlkampfrede Gysis in der Nikolaikirche am 17. September 2001. Darin zeichnete er das Bild einer weltoffenen bürgerlichen Metropole, bedauerte das Fehlen eines tatkräftigen und finanzstarken Bürgertums und beschwor stattdessen Berlin als „Standort für Wagemut".[427] Damit hoffte Gysi auch, den stellvertretenden PDS-Vorsitzenden

---

419 PDS-Landesvorstand Berlin (Hrsg.), PDS '95, S. 15.

420 Das war auch der SPD aufgefallen: AdsD, Dep. Thierse, 1/WTAA001646: Walter Zöller, Vermerk für Wolfgang Thierse. Betr. Landesparteitag der Berliner PDS am 9./10.12.1995 im Rathaus Weißensee, 11.12.1995.

421 Vgl. PDS-Landesvorstand Berlin (Hrsg.), Miteinander für Berlin, S. 1.

422 Ebenda, S. 3; Wolf, Rot-Rot in Berlin, S. 75.

423 „Wir müssen eine Stadt werden, da gehört die PDS dazu". Interview mit Gregor Gysi. In: Berliner Zeitung, 16.8.2001.

424 Ebenda.

425 Vgl. Gysi, Was nun?, S. 28.

426 Vgl. „Wenn Schröder fragt …", „… laufen Sie nicht davon". Streitgespräch zwischen Gregor Gysi und Guido Westerwelle. In: Die Woche, 13.7.2001.

427 Gregor Gysi, Politik für das Neue Berlin. Innere Einheit durch gemeinsame Zukunft. Rede in der Nikolaikirche am 17.9.2001. In: PDS-Pressedienst, 21.9.2001.

Diether Dehm zu übertönen: Dieser hatte es kurz zuvor öffentlich als „Fernziel"
seiner Partei bezeichnet, „Konzerne wie Daimler-Chrysler, BMW und Großban-
ken wie die Deutsche Bank zu vergesellschaften",[428] und damit nicht nur den Zorn
Gysis provoziert, sondern auch den Widerspruch des Schweriner Arbeitsministers
Helmut Holter, der versuchte, den Münchner Automobilhersteller BMW zur Errichtung eines neuen Produktionsstandorts in Mecklenburg-Vorpommern zu bewegen.[429]

Geschichtspolitische Initiativen der PDS vor und während des Wahlkampfs

Das Bemühen um zeitgemäße Töne in der Wirtschaftspolitik war das eine Mittel,
mit dem Vorbehalte gegenüber der PDS in der bundesweiten und in der West-
Berliner Öffentlichkeit abgebaut werden sollten. Das andere war eine demonstrative Annäherung an die geschichtspolitischen Positionen des Westens. Angesichts
der Relevanz der Vergangenheit für die Identitätsbildung der Partei waren diese
Maßnahmen innerparteilich besonders umstritten. Dennoch suchten die Spitzen
der PDS im Bund und in Berlin mit einer Serie geschichtspolitischer Erklärungen
ihre Ankunft in der bundesrepublikanischen Gesellschaft zu verdeutlichen, Akzeptanz im Westen zu schaffen und Angriffe auf die SED-Vergangenheit zu neu-
tralisieren.[430] Die frühere Staatspartei sollte als „demokratisch geläuterte" Kraft
erkennbar werden, die ihre „sozialdemokratischen Wurzeln" wieder entdeckte
und „zu einem humanistischen Sozialismus zurück gefunden" habe, wie Gregor
Gysi es im Wahlkampf formulierte.[431]

Diese Signale richteten sich vor allem an die Adresse der Sozialdemokratie, die
in den historischen Belastungen zwischen beiden Parteien und im Erbe des Kalten
Kriegs besonders schwerwiegende Hindernisse auf dem Weg zu einer Zusammenarbeit sah.[432] Es war daher auch eine Erklärung zur umstrittenen Gründung der
SED, mit der schon im April 2001, inmitten der Koalitionskrise zwischen SPD
und CDU, der Auftakt gemacht worden war.[433] Gemeinsam erklärten die PDS-
Bundesvorsitzende Gabriele Zimmer und die Berliner Landeschefin Petra Pau,
dass „Gründung und Formierung der SED [...] auch mit politischen Täuschun-
gen, Zwängen und Repressionen vollzogen" worden seien. Es habe sich um eine
„mit Zwang einhergehende Vereinigung" gehandelt. Ähnlich verklausuliert sprachen sich die beiden Politikerinnen auch dafür aus, in die 1989 erfolgte Entschul-

---

[428] Diether Dehm, zit. n. Stephan Haselsberger/Martin Lutz, Vermauert. In: Die Welt, 15. 6.
    2001.
[429] Vgl. ebenda.
[430] So auch André Brie im Gespräch mit dem Autor, 16. 3. 2017.
[431] Gregor Gysi, Politik für das Neue Berlin. Innere Einheit durch gemeinsame Zukunft. Rede
    in der Nikolaikirche am 17. 9. 2001. In: PDS-Pressedienst, 21. 9. 2001.
[432] Vgl. Koniczek, Strategische Interaktionen, S. 425.
[433] Siehe dazu Pau, Gottlose Type, S. 118.

digung beim „Volk der DDR" auch „die Vereinigung von KPD und SPD" einzubeziehen.[434]

In der Gesamtschau war die Erklärung alles andere als ein einseitiges Schuldeingeständnis, zumal auch eine Reihe von „Handlungen" der Sozialdemokratie aufgelistet wurden, „mit denen sie der deutschen Linken Schaden zugefügt" habe.[435] Auch handelte es sich weder um ein offizielles Dokument des Bundesvorstandes noch des Berliner Landsvorstandes, geschweige denn der Gesamt-Partei. Und dennoch wirkte das Papier als Türöffner für eine rot-rote Zusammenarbeit in Berlin.[436] Zahlreiche Zeitungen meldeten vorab, die PDS habe die „Zwangsvereinigung" anerkannt und sich dafür entschuldigt.[437] Zeitgenössische Analysen verzeichneten einen Aufschwung der Partei in der medialen Bewertung.[438] Vor allem aber von sozialdemokratischer Seite wurde das Papier „emotional als bedeutsam"[439] angesehen, so die Bundesministerin Heidemarie Wieczorek-Zeul. SPD-Generalsekretär Franz Müntefering ließ sich zitieren, die „angedeutete Entschuldigung" sei „ebenso spät wie nötig",[440] und sprach vor dem Parteivorstand anerkennend von einem „Schritt in die richtige Richtung", der „Gewicht bei der weiteren Entwicklung in Deutschland" erlangen könne.[441] Vor allem aber hielt es Müntefering „unter taktischen Gesichtspunkten für vernünftig, die agierenden Personen auch positiv anzusprechen", um den eingeleiteten Prozess in der PDS zu unterstützen.[442] Kritik an der taktischen Funktion der Entschuldigung sowie an einer als

---

[434] Gabriele Zimmer/Petra Pau, Vor 55 Jahren: gewollt und verfolgt. Geschichte lässt sich nicht aufrechnen. Erklärung, 18. 4. 2001. In: PDS-Pressedienst, 20. 4. 2001.

[435] Ebenda.

[436] So räumte auch die PDS-Landesvorsitzende Pau ein, dass ihr SPD-Kollege Peter Strieder eine Entschuldigung gefordert hatte (vgl. Entschuldigung für Zwangsvereinigung. In: Frankfurter Allgemeine Zeitung, 19. 4. 2001).

[437] Vgl. Matthias Meisner, 55 Jahre nach der SED-Gründung: PDS entschuldigt sich für Zwangsvereinigung SPD-KPD. In: Der Tagesspiegel, 17. 4. 2001; PDS entschuldigt sich für Zwangsvereinigung von KPD und SPD. In: Die Welt, 18. 4. 2001. Die „Frankfurter Allgemeine Zeitung" sprach von einer „verklausulierten" Entschuldigung der PDS, hob aber anerkennend hervor, dass diese in mündlicher Form ausführlicher erläutert worden sei (Entschuldigung für Zwangsvereinigung. In: Frankfurter Allgemeine Zeitung, 19. 4. 2001). Marion Gräfin Dönhoff erkannte in der Erklärung zudem ein Zeichen, dass zumindest ein Teil der PDS erkannt habe, „dass eine Partei, die begangene Fehler nicht zugeben und aus Erfahrung nicht lernen kann, in der demokratischen Welt nicht überleben wird". (Marion Gräfin Dönhoff, Entschuldigung. In: Die Zeit, 3. 5. 2001).

[438] Vgl. Für die Medien offenbar nur Steigbügelhalter. In: Medien-Tenor Forschungsbericht 120 (2002), S. 12 f.

[439] AdsD, SPD-PV: Protokoll der Parteivorstandssitzung am 23. 4. 2001 (Beitrag H. Wieczorek-Zeul).

[440] Franz Müntefering, zit. n. Tissy Bruns/Stephan Haselberger, Tschuldigung! In: Die Welt, 19. 4. 2001; vgl. dort auch weitere Zitate von Walter Momper (wichtiger Schritt zur „Normalisierung" und „Koalitionsfähigkeit") und Klaus Wowereit („überfällige[r], aber begrüßenswerte[r]" Schritt).

[441] AdsD, SPD-PV: Protokoll der Parteivorstandssitzung am 23. 4. 2001 (Beitrag F. Müntefering).

[442] AdsD, SPD-Präs.: Protokoll der Präsidiumssitzung am 30. 4. 2001 (Beitrag F. Münterfering).

halbherzig angesehenen Form blieb zwar nicht aus, dominierte aber keineswegs die öffentlichen Reaktionen.[443]

Nachdem die Erklärung Paus und Zimmers noch vor der Entscheidung zu Neuwahlen veröffentlicht worden war, konnte die Kampagnenführung der PDS darauf aufbauen. Aber auch nach diesen „Vorleistungen"[444] blieb der Berliner Wahlkampf historisch aufgeladen. Das lag nicht zuletzt am Mauerbau, der sich in diesem Jahr zum 40. Mal jährte. Die PDS-Führung sah sich unter diesen Bedingungen veranlasst, eine eigene Erklärung auch zu diesem historischen Ereignis abzugeben. Anders als im Fall der „Zwangsvereinigung" entglitt der PDS aber die Regie über dieses Thema, als im Juni 2001 eine Äußerung des stellvertretenden Parteivorsitzenden Peter Porsch über den Bau der Berliner Mauer öffentliches Aufsehen erregte. In einem Aufsatz hatte Porsch ausgeführt, dass die Mauer zwar langfristig negative Wirkungen gezeitigt habe, dass ihr Bau im Jahr 1961 aber als „letztes Mittel der Konsolidierung" in einem weltpolitisch brisanten Klima „den Frieden in Europa und der Welt erhalten" habe.[445] Damit wusste sich Porsch mit der Historischen Kommission beim Parteivorstand der PDS einig, die den Mauerbau ebenfalls als Beitrag „zur Stabilisierung der weltpolitischen Lage und zur Friedenssicherung" verstand.[446] Als Porschs Satz zur friedenserhaltenden Wirkung der Mauer bekannt wurde, zog er empörte Reaktionen seitens der Konkurrenz, aber auch in der medialen Öffentlichkeit nach sich: Angesichts der historischen Belastungen und der offensichtlichen Ambivalenzen im postkommunistischen Geschichtsbild drehte sich die Stimmung wieder deutlich gegen die Partei, deren Verständnis von Demokratie und Freiheit abermals in Zweifel gezogen wurde.[447]

Für die PDS-Führung war daher Schadensbegrenzung angesagt: Binnen weniger Stunden wurde eine Erklärung Porschs veröffentlicht, dass selbstverständlich „die Opfer der Mauer durch nichts zu rechtfertigen" seien.[448] Auch vom Urteil der eigenen Historischen Kommission distanzierte sich der Parteivorstand und veröffentlichte im Juli nach monatelangen Debatten eine eigene Erklärung zum Mauerbau: Darin nahm er die Thesen der Historischen Kommission „mit Interes-

---

[443] Vgl. Holger Kulick, PDS: Halbherzige Entschuldigung für Zwangsvereinigung. In: Spiegel Online, 18.4.2001, URL <http://www.spiegel.de/politik/deutschland/pds-halbherzige-entschuldigung-fuer-zwangsvereinigung-a-128878.html> (abgerufen am 11.3.2019); Christian Semler, Öffentliche Buße in Schrumpfform. In: Die Tageszeitung, 19.4.2001; Richard Schroeder, Bedauern 2. Klasse. In: Die Zeit, 26.4.2001.

[444] Petra Pau im Gespräch mit dem Autor, 16.3.2017.

[445] Porsch, Freizügigkeit ist die Lehre, S. 11; vgl. auch „Niemand wäre geholfen, wenn wir uns für die Mauer entschuldigten". In: Die Welt, 15.6.2001.

[446] Historische Kommission beim Parteivorstand der PDS, Erklärung zum 40. Jahrestag des Baus der Berliner Mauer. In: PDS-Pressedienst, 6.7.2001.

[447] Vgl. Für die Medien offenbar nur Steigbügelhalter. In: Medien-Tenor Forschungsbericht 120 (2002), S. 12 f.; PDS zieht Wut der Parteien auf sich. In: faz.net, 13.6.2001, URL <http://www.faz.net/aktuell/politik/mauerbau-pds-zieht-wut-der-parteien-auf-sich-122183.html> (abgerufen am 11.3.2019).

[448] Opfer der Mauer durch nichts zu rechtfertigen – deshalb Lehren ziehen. In: PDS-Pressedienst, 22.6.2001.

se [...] zur Kenntnis", schlug aber deutlich andere Töne an und äußerte sein Bedauern für „das von der SED als der dafür verantwortlichen politischen Kraft ausgegangene Unrecht". Der Mauerbau wurde scharf verurteilt, das „inhumane Grenzregime" und die Toten an den Grenzen der DDR als „Kainsmal der DDR und des Ostblocks" bezeichnet. Dies könne auch durch keinen Verweis auf historische Umstände oder den höheren Zweck gerechtfertigt werden.[449] Selbst die Bewertung der DDR fiel äußerst kritisch aus: „Ein Staat, der sein Volk einsperrt, ist weder demokratisch noch sozialistisch."[450]

Rückkehr der CDU zum Lagerwahlkampf

Der geschichtspolitischen Strategie der PDS, die eigene demokratische Läuterung zu demonstrieren, stand eine dezidierte Gegenstrategie von Seiten der CDU gegenüber. Im Wahlkampf sagte sich die Union wieder von ihrem Entspannungskurs los und kehrte stattdessen zu einer klassischen Lagerstrategie zurück, die im Stile der alten Bundesrepublik als Auseinandersetzung zwischen Freiheit und Sozialismus geführt wurde. Schon vor der Abwahl Eberhard Diepgens hatte der CDU-Fraktionschef im Abgeordnetenhaus Frank Steffel vor dem Kommunismus als „Gefahr für Freiheit, Individualität, Verantwortung des Einzelnen, Demokratie und soziale Marktwirtschaft" gewarnt und damit das Hauptmotiv für den folgenden Wahlkampf ausgegeben.[451] In einer Wahlkampfbroschüre nannte die CDU „5 gute Gründe, warum die PDS in keine Regierung gehört" und verknüpfte darin bekannte antikommunistische Motive mit wirtschaftspolitischen Kritikpunkten: Die PDS stehe nicht für „Freiheit und Demokratie", sondern wolle „die parlamentarische Demokratie [...] abschaffen". Sie halte an der „Strategie der Verstaatlichung" fest und vertreibe Investoren und Unternehmen. Ihre Kritik am „neoliberalen Kapitalismus" zeige, dass sie „in realitätsferner ideologischer Erstarrung" verharre. Noch immer wolle die PDS „ein anderes, ein sozialistisches Deutschland".[452]

Dazu kamen zahlreiche Verweise auf die SED-Vergangenheit. Ein eigenes Kapitel war Gregor Gysi und seinem Verhältnis zur Stasi gewidmet, aber auch seiner Beziehung zur PDS: Gysis vermeintlich moderate Positionen seien nicht repräsentativ für die Gesamtpartei.[453] CDU-Spitzenkandidat Steffel initiierte einen Gesprächskreis „Innere Einheit", dem frühere DDR-Oppositionelle wie Bärbel Bohley und Wolfgang Templin ebenso angehörten wie der ehemalige SED-Funktionär Günter Schabowski, der als Kronzeuge gegen die PDS auftrat und gerade in

---

449 Die PDS hat sich vom Stalinismus der SED unwiderruflich befreit. Erklärung des Parteivorstandes der PDS zum 13. 8. 2001. In: PDS-Pressedienst, 6. 7. 2001.
450 Ebenda.
451 Abgeordnetenhaus von Berlin, Plenarprotokoll 14/28 (14. 6. 2001), S. 1585 (Rede Steffel); vgl. auch Harald Bergsdorf, Wer frisst wen?, S. 66.
452 CDU-Bundesgeschäftsstelle (Hrsg.), Die PDS – Fakten und Hintergründe.
453 Ebenda.

DDR-nostalgischen Kreisen ein zweifelhaftes Image genoss.[454] Einen ersten Höhepunkt der CDU-Kampagne stellte der 40. Jahrestag des Mauerbaus am 13. August dar, den die Union zu Angriffen auf die PDS nutzte. In einer Veranstaltung am Checkpoint Charly sprachen die Bundesvorsitzende Angela Merkel und der bayerische Ministerpräsident und CSU-Chef Edmund Stoiber von einem Verrat an den Idealen der Politik und einer Verhöhnung der Opfer der SED.[455] Auf einer Veranstaltung anlässlich des 3. Oktober versprach Merkel unter tosendem Applaus, es nicht zuzulassen, „dass die alten Kommunisten und ihre Nachfolger Berlin regieren".[456] Und Frank Steffel warnte davor, dass Berlin neben Peking und Havanna die „dritte sozialistische Hauptstadt" der Welt werden könne.[457]

Neu war im Vergleich zu den 1990er Jahren aber, dass der vermeintliche Rückfall in den „Kalte[n] Krieg",[458] wie „Die Zeit" kommentierte, auf wenig positive Resonanz in den Medien stieß. Zwar gelang es, die angesprochenen Themen auf die öffentliche Agenda zu setzen und Unterstützung in der „Bild"-Zeitung zu finden, wo Helmut Kohl unter der Überschrift „Die PDS hat nichts aus der Geschichte gelernt" ein ganzseitiges Interview zum 40. Jahrestag des Mauerbaus gab.[459] Aber schon die „Welt" bediente sich eines ironischen Tons, der auf den Inszenierungscharakter der Kampagne verwies: etwa wenn Guido Heinen unter der Überschrift „Nostalgie und Wahlkampf" von einer CDU-Veranstaltung zum 3. Oktober berichtete: Es sei „vieles noch wie früher" gewesen: „Der Feind steht links", der „Kanzler der Einheit" sorge sich um den „Konsens der Demokraten" und Berlin sei „zu seinem letzten Kampf um die Freiheit angetreten".[460]

Auf deutlichere Kritik wiederum stieß die Kampagne der CDU in anderen Leitmedien: So sprach die „Süddeutsche Zeitung" vom „abgenudelten Stück über Freiheit oder Sozialismus, in dem der PDS-Wähler nur in der Rolle des ewigen Kommunisten vorkommt".[461] Auch der „FAZ"-Journalist Majid Sattar kritisierte den Kurs der CDU-Führung: Diese übergehe, dass es auf der einen Seite „Blockparteien gab, die das Regime mitgetragen haben", und dass es auf der anderen Seite „in den Reihen der PDS viele gibt, die ihren Irrweg bereuen".[462] Dass die Zeit des Antikommunismus vorbei sei, war auch die Haltung der FDP, die sich an der plakativen Anti-PDS-Kampagne der Union nicht beteiligen wollte. Öffentlich warn-

---

[454] AGG, B.I.10 – BuVo/BGSt, [2051]: Medien- und Gegnerbeobachtung, 3.8. bis 10.8. [2001].

[455] Vgl. Unionsspitze greift zum Jahrestag des Mauerbaus SPD und PDS an. dpa-Meldung, 12. 8. 2001.

[456] Angela Merkel, zit. n. Guido Heinen, Nostalgie und Wahlkampf auf dem Wittenbergplatz. In: Die Welt, 4. 10. 2001.

[457] Frank Steffel, zit. n. ebenda.

[458] Andreas Molitor/Peter Müller/Stefan Willeke, Der Staat frisst seine Revolutionäre. In: Die Zeit, 21. 6. 2001.

[459] „Die PDS hat nichts aus der Geschichte gelernt." Interview mit Helmut Kohl. In: Bild, 13. 8. 2001.

[460] Guido Heinen, Nostalgie und Wahlkampf auf dem Wittenbergplatz. In: Die Welt, 4. 10. 2001.

[461] Constanze von Bullion, Wahl-Verwandtschaften. In: Süddeutsche Zeitung, 10. 8. 2001.

[462] Majid Sattar, Lautes Gedenken. In: faz.net, 13. 8. 2001, URL <http://www.faz.net/aktuell/politik/mauerbau-lautes-gedenken-128520.html> (abgerufen am 11. 3. 2019).

te der Parteivorsitzende Guido Westerwelle davor, die PDS „in dieser flachen Form" zu bekämpfen: „Wer behauptet, Gysi will auf roten Socken eine neue Mauer in Berlin bauen, der [...] wird die breite bürgerliche Mitte damit nicht gewinnen."[463]

Dazu kamen vermehrt Medienberichte, die versuchten, die Symbolkämpfe zwischen CDU und PDS als reine Wahlkampftaktik zu decouvrieren: Öffentlich warnten Gysi und Steffel voreinander und führten juristische Auseinandersetzungen[464] und hinter den Kulissen tranken sie miteinander Wein und lästerten im Duz-Ton über politische Freunde und Gegner, wie Journalisten zu berichten wussten.[465] „Der Spiegel" zitierte CDU-Landesminister, die einer Regierungsbeteiligung der PDS positive Seiten für die „Vollendung der Einheit" der Stadt abgewinnen konnten.[466] Zu diesem Bild passte auch, dass Altkanzler Helmut Kohl nun öffentlich vor Gysi warnte – dieser sei „kein Demokrat"[467] –, sich hinter den Kulissen aber längst mit diesem getroffen hatte und sich auch sonst recht zwanglos mit ihm unterhielt.[468] Und schließlich war es nur wenige Wochen nach der Wahl ausgerechnet der Berliner CDU-Generalsekretär Joachim Zeller, der sich mithilfe eines schriftlich fixierten Bündnisses mit Grünen und PDS seine Wiederwahl zum Bezirksbürgermeister in Berlin-Mitte sicherte.[469] Die antikommunistische Abgrenzung schien zwölf Jahre nach dem Mauerfall nur noch Kulisse zu sein: „Da haben wir's. Alles nur Show."[470]

---

463 „Wenn Schröder fragt…", „…laufen Sie nicht davon". Streitgespräch zwischen Gregor Gysi und Guido Westerwelle. In: Die Woche, 13.7.2001.

464 Frank Steffel und sein CDU-Kollege Bernhard Vogel mussten Unterlassungserklärungen unterschreiben, Gysi nicht mehr als Stasi-IM zu bezeichnen (vgl. Holger Kulick, CDU-Kandidat Steffen muss vor Gysi kuschen. In: Spiegel Online, 26.6.2001, URL <http://www.spiegel.de/politik/deutschland/unterlassungserklaerung-cdu-kandidat-steffel-muss-vor-gysi-kuschen-a-141880.html> [abgerufen am 11.3.2019]).

465 Holger Kulick, Und sie vertragen sich doch. In: Spiegel Online, 13.7.2001, URL <http://www.spiegel.de/politik/deutschland/cdu-und-pds-und-sie-vertragen-sich-doch-a-144851.html> (abgerufen am 11.3.2019); Reinhard Mohr, Die glorreichen Fünf. In: Der Spiegel, 16.7.2001, S. 103; Robin Alexander, Lauter schöne Männer hier. In: Die Tageszeitung, 14.7.2001; Ansgar Graw, Bärbel Schäfer und die Kandidaten. In: Die Welt, 14.7.2001; zum Verhältnis Gysi-Steffel siehe auch Gysi, Was nun?, S. 33 f.

466 Vgl. Wolfgang Bayer u.a., „Es brodelt, zischt und knallt". In: Der Spiegel, 11.6.2001, S. 90–104, hier S. 95 f.

467 „Die PDS hat nichts aus der Geschichte gelernt." Interview mit Helmut Kohl. In: Bild, 13.8.2001.

468 ADS, GYSI-005: Gregor Gysi an Helmut Kohl, Berlin, 30.11.2000; ebenda: Helmut Kohl an Gregor Gysi, Berlin, 7.12.2000; vgl. Gysi, Ein Blick zurück, S. 354–356; Patton, Out of the East, S. 102.

469 Vgl. Uwe Aulich, Dreier-Bündnis stellt die SPD ins Abseits. In: Berliner Zeitung, 23.11.2001; Christine Richter, Neue Qualität der Zusammenarbeit. In: Berliner Zeitung, 23.11.2001; „Bürgermeister geht vor Generalsekretär". Interview mit Joachim Zeller. In: Berliner Zeitung, 22.11.2001; Hugo Müller-Vogg, Berlins CDU hat die PDS hoffähig gemacht. In: Welt am Sonntag, 1.6.2003.

470 Sabine Deckwerth, Freund trifft Feind. In: Berliner Zeitung, 11.12.2001.

4.3 Afghanistankrieg und Antikriegs-Kampagne

Es war letztlich weder die Wirtschafts-, noch die Geschichtspolitik und auch kein spezifisch landespolitisches Thema, das kurz vor der Wahl im Herbst 2001 die Schlagzeilen bestimmte und den Sprung der PDS in den Berliner Senat fast noch verhindert hätte. Es war der „Krieg gegen den Terror". Als am 11. September 2001 drei entführte Passagierflugzeuge in die beiden Türme des World Trade Center in New York und in das Pentagon in Arlington gesteuert wurden, schien das alles zu verändern. Auch im Berliner Wahlkampf und den folgenden Koalitionsverhandlungen war dies zu spüren. In der direkten Folge der Anschläge sah es zunächst noch so aus, als indentifiziere sich die PDS erstmals auch in außenpolitischer Hinsicht mit dem Konsens der Bundesrepublik. In der Bundestagssitzung am 12. September versicherte der PDS-Fraktionsvorsitzende Roland Claus den USA die „Solidarität über Parteigrenzen hinweg" – im Namen einer Partei, „die sich bekanntlich oftmals kritisch zur Politik der USA verhält, die aber diese Kritik weder heute noch früher als Antiamerikanismus verstanden hat", wie Claus versicherte.[471] Für seine Solidaritätsbekundung erhielt er laut Protokoll Beifall im ganzen Haus – für einen PDS-Redner ein seltenes Erlebnis.[472] Auch beteiligte sich die PDS an einem Solidaritätsaufruf aller Parteien an die USA, in dem es hieß: „Jetzt müssen alle Demokraten zusammenstehen, um den Frieden und die Freiheit in dieser Welt zu verteidigen und gemeinsam entschlossen den Terror zu bekämpfen."[473]

Diese Eintracht hielt nicht lange. Bereits in der Folgewoche warnte der PDS-Fraktionschef im Bundestagsplenum vor einem „globalisierten Krieg" gegen den Terror, der nicht gewonnen werden könne.[474] „Staatliche Unterstützung für Terror" müsse stattdessen „mit politischen und ökonomischen Mitteln geächtet" werden, zum Beispiel durch Restriktionen für Rüstungsexporte. Es müsse möglich sein, „vor einer Spirale der Gewalt zu warnen, ohne des Antiamerikanismus verdächtig zu werden", schließlich sei es weder „unsolidarisch" noch „antiamerikanisch", sondern vielmehr die „Verantwortung der NATO-Verbündeten", kritische Nachfragen hinsichtlich Ziel und Exit-Strategie eines Militäreinsatzes zu stellen.[475] Für seine Rede erhielt Claus an mehreren Stellen Beifall von einzelnen Abgeordneten von SPD und Grünen, aber auch viel Widerspruch.[476] CSU-Landesgruppenchef Michael Glos zum Beispiel sah in den kritischen Ausführungen des PDS-Fraktionsvorsitzenden einen Verstoß gegen die „Gemeinsamkeit der Demokraten" und forderte Kanzler Schröder auf, Claus aus der Informationsrunde der Frak-

---

471 Dt. Bundestag, Plenarprotokoll 14/186 (12. 9. 2001), S. 18296 (Rede Roland Claus).
472 Ebenda.
473 Solidaritätsaufruf, zit. n. Christine Richter, Tausende werden zur Kundgebung erwartet. In: Berliner Zeitung, 14. 9. 2001.
474 Dt. Bundestag, Plenarprotokoll 14/187 (19. 9. 2001), S. 18315 (Rede Roland Claus).
475 Ebenda, S. 18316 (Rede Roland Claus).
476 Ebenda, S. 18315 f.

tionsvorsitzenden im Kanzleramt auszuschließen.[477] Wer sich abgrenzte, sollte ausgegrenzt bleiben.

Diese Position übernahm schließlich auch der Bundeskanzler. Nachdem am Sonntag, dem 7. Oktober 2001, mit der „Operation Enduring Freedom" ein internationaler Militäreinsatz in Afghanistan begonnen hatte, informierte Schröder die Vorsitzenden der im Bundestag vertretenen Parteien – mit Ausnahme der PDS: „wegen deren politischer Positionierung über die unmittelbar bevorstehenden Angriffe", wie der Bundeskanzler erklärte.[478] Zu diesem Ausschluss hatte die PDS aber selbst beigetragen: Seit Wochen war die Parteispitze damit beschäftigt, einen allzu offenen Antiamerikanismus in der Partei einzuhegen und sich von „unverzeihlichen Entgleisungen"[479] zu distanzieren. Eine Erklärung des als besonders radikal bekannten Hamburger PDS-Verbands, der die globale Interessenpolitik der USA selbst für die „Gegenreaktionen" verantwortlich machte,[480] rief die Parteiführung auf den Plan: „Bei lediglich einer Enthaltung stellte der Parteivorstand fest, dass eine solche Geisteshaltung in der PDS keinen Platz haben darf", so die Parteivorsitzende.[481]

Allerdings ging die US-kritische Profilierung keineswegs alleine vom radikalen Parteiflügel aus. Auch Vertreterinnen und Vertreter des Reformflügels stimmten in diesen Chor ein und verfolgten offensichtlich das Ziel, die PDS sowohl für USA-kritische Kreise in Ost-Berlin als auch für pazifistische und anti-amerikanische Linke im Westen der Stadt attraktiv zu machen.[482] Gregor Gysi versuchte daher den Spagat, seinen auf Regierungsfähigkeit und Annäherung an den Westen ausgerichteten Wahlkampf mit Spitzen gegen die Sicherheitspolitik der USA zu garnieren. So betonte er den „geschichtlichen Beitrag" der USA zur „Verteidigung der Zivilisation" im Ost-West-Konflikt, warnte im selben Atemzug aber in anklagendem Ton davor, auf den Terrorismus mit „Massenmord als Gegenreaktion" zu antworten.[483] Ihren Bundesparteitag in Dresden Anfang Oktober – zwei Wochen vor der Berliner Abgeordnetenhauswahl – stellte die PDS schließlich unter das Motto von Krieg und Frieden und erhob in einem Parteitagsbeschluss schwere

---

477 Ebenda, S. 18319 (Rede Michael Glos).

478 AdsD, SPD-Präs.: Protokoll der Präsidiumssitzung am 8. 10. 2001, S. 2.

479 Gabi Zimmer, An die Delegierten des 7. Parteitages der PDS und die Landes- und Kreisvorsitzenden der PDS. Brief, 18. 9. 2001. In: PDS-Pressedienst, 21. 9. 2001.

480 PDS Landesverband Hamburg, Nur Frieden schafft Frieden. Zum Hamburger Landesverband siehe Hübner/Strohschneider, Lafontaines Linke, S. 45 f.; für anti-amerikanische Töne vgl. auch Erika Baum u. a., In der PDS gegen den Krieg. Erklärung der Kommunistischen Plattform, 10. 10. 2001. In: PDS-Pressedienst, 1. 11. 2001.

481 Gabi Zimmer, An die Delegierten des 7. Parteitages der PDS und die Landes- und Kreisvorsitzenden der PDS. Brief, 18. 9. 2001. In: PDS-Pressedienst, 21. 9. 2001.

482 Entsprechend scharf wurde die Konkurrenzsituation zwischen beiden Parteien auch in der Wahlkampfführung der Grünen erlebt, die um ihr Klientel im Westen der Stadt fürchteten (AGG, B.I.10 – BuVo/BGSt [2051]: Marcus R. Becher, Konkurrenzsituation der Grünen zur Berlinwahl am 21. 10. 2001 und Vorschläge für grüne Angriffe. Vorlage. Stand: 28. 9. 2001).

483 Gregor Gysi, Politik für das Neue Berlin. Innere Einheit durch gemeinsame Zukunft. Rede in der Nikolaikirche am 17. 9. 2001. In: PDS-Pressedienst, 21. 9. 2001.

Vorwürfe gegen die US-Administration: Diese nutze die NATO „als militärisches Instrument ihrer globalen Interessenpolitik" und provoziere damit selbst terroristische Akte: „Solange die Regierungen der USA die Verantwortung nicht teilen und ihr Land zu einer unilateralen Weltherrschaft verdammen, werden die Vereinigten Staaten mehr noch als andere Ziel des globalen Terrorismus sein."[484]

4.4 „Rot-Rot" in der Hauptstadt: Koalitionsbildung und Reaktionen

Im Endspurt des Berliner Wahlkampfs schien die verstärkte Polarisierung entlang des Themas Krieg der PDS zu nutzen. Während die SPD bei der Abgeordnetenhauswahl am 21. Oktober 2001 stärkste Kraft in Gesamt-Berlin wurde, vereinte die PDS im Osten der Stadt fast jede zweite abgegebene Stimme auf sich und erreichte auch im Westen erstmals einen Stimmanteil von sieben Prozent. Was ihr aber an den Wahlurnen half, eine deutliche Profilierung als Antikriegspartei, wurde nach der Wahl zur Belastung für mögliche Koalitionsgespräche. In der Frage der Regierungsbildung in Berlin sei seine eigene Position klar, ließ Gerhard Schröder das SPD-Präsidium bereits am Tag nach der Wahl wissen.[485] Auf immensen Druck aus dem Kanzleramt hin leitete die Berliner SPD daher zunächst Verhandlungen über eine „Ampelkoalition" mit Grünen und Liberalen ein, was offiziell mit der ablehnenden Haltung der PDS zur Afghanistanpolitik der Bundesregierung begründet wurde.[486] Die PDS sei noch nicht in der Bundesrepublik angekommen.[487]

Koalitionsbildung und Koalitionsvertrag

In der Berliner Landespolitik aber sahen das viele anders. In der dortigen SPD hatten sich die relevanten Akteure nach einem halben Jahr Tolerierung an eine Zusammenarbeit mit der PDS gewöhnt und sich mit dem Gedanken einer rot-roten Koalition angefreundet. Diese hielt der Regierende Bürgermeister Klaus Wowereit auch für „leichter zu organisieren" als eine Koalition mit Grünen und Liberalen, wie er das SPD-Präsidium wissen ließ.[488] Unterstützt wurde er darin durch den Berliner DGB-Bezirksvorsitzenden Dieter Scholz, der öffentlich vor ei-

---

484 PDS (Hrsg.), Dresdener Appell, S. 7.
485 AdsD, SPD-Präs., Protokoll der SPD-Parteivorstandssitzung am 22. 10. 2001, S. 2; vgl. auch Reißig, Mitregieren in Berlin, S. 13; Werner Kolhof, Ein paar Telefonate. In: Berliner Zeitung, 31. 10. 2001; Koniczek, Strategische Interaktionen, S. 415; Schöllgen, Gerhard Schröder, S. 558; Wowereit/Schumacher, … und das ist auch gut so, S. 205 f.
486 Vgl. Peter Strieder, „Wir haben im Kanzleramt nicht nachgefragt". Interview. In: Berliner Zeitung, 31. 10. 2001.
487 Vgl. Christine Richter, Der Kanzler spricht ein Machtwort. In: Berliner Zeitung, 30. 10. 2001.
488 AdsD, SPD-Präs.: Protokoll der Präsidiumssitzung am 5. 11. 2001, S. 3.

ner Regierungsbeteiligung der FDP, nicht aber der PDS warnte.[489] Jetzt machten sich die bereits dargelegten Kontakte der PDS zu Scholz bezahlt. Als die Verhandlungen über eine „Ampelkoalition" schließlich nach sechs Wochen, offiziell wegen steuerpolitischer Gegensätze der Verhandlungspartner, abgebrochen wurden – die Liberalen lehnten die Einführung einer Motorbootsteuer ab –,[490] schlugen SPD und PDS den Kurs einer gemeinsamen Koalition ein. Auch in der SPD-Bundesführung galt Rot-Rot nun als alternativlos.[491]

Um die weiterhin bestehenden gesellschaftlichen und SPD-internen Vorbehalte abzubauen, entschieden sich die Koalitionspartner schließlich, die Präambel zur Koalitionsvereinbarung zu nutzen, um das neue Bündnis in der Hauptstadt symbolisch auf den Boden des bundesrepublikanischen Konsenses zu stellen. Es sollte demonstriert werden, dass die PDS auch normativ auf dem Boden des gesamtdeutschen Staates stand. Ausdrücklich wurde festgehalten, dass Berlin nicht nur historisch, sondern auch als Bundeshauptstadt besondere Verpflichtungen für die internationalen Bindungen der Bundesrepublik besitze, zu denen explizit die Einbindung in die „westliche Wertegemeinschaft", die Vereinten Nationen und das nordatlantische Bündnis gezählt wurden.[492] Mit der PDS würde es also keine NATO-feindliche Politik des Berliner Senats geben, so die Botschaft: Berlin bleibe Teil des Westens. Angesichts des Afghanistankriegs und der politischen Positionierung der PDS in dieser Frage war dies ein ebenso überraschendes, wie – aus SPD-Sicht – notwendiges Bekenntnis zur Westbindung der Bundesrepublik.

Und auch in geschichtspolitischer Hinsicht machte die Berliner PDS deutliche Zugeständnisse und kam Forderungen nach einer umfassenden Entschuldigung für ihre Vergangenheit so nahe wie nie. Die Mauer wurde nun als „Symbol für Totalitarismus und Menschenverachtung" bezeichnet, womit die Koalitionäre den umstrittenen Totalitarismusbegriff aufgriffen.[493] Auch das delikate Thema der SED-Gründung wurde adressiert: Während die Sozialdemokratie zugestand, dass es nach 1945 „in Teilen der Mitgliedschaft von SPD und KPD" einen „Wunsch nach Vereinigung" gegeben habe, so akzeptierte die PDS erstmals überhaupt den umstrittenen Begriff der „Zwangsvereinigung" und gestand ein, dass die KPD-Führung von Beginn an beabsichtigt habe, „alles sozialdemokratische Gedankengut aus der SED zu verbannen".[494] Die SED trage „eine bleibende Schuld" für Ver-

---

489 Vgl. Christine Richter, Unternehmen fordern SPD zur Ampelkoalition auf. In: Berliner Zeitung, 26. 10. 2001.

490 „Die Berliner hätten uns in der Luft zerrissen." Interview mit Günter Rexrodt. In: Berliner Zeitung, 5. 12. 2001; Wolf, Rot-Rot in Berlin, S. 79.

491 „Peter Struck äußert keine Sympathie für eine Koalition mit der PDS in Berlin, sieht hierzu aber keine realistischen Alternativen." AdsD, SPD-BTF [50.565]: Beschlußprotokoll der Sitzung des Fraktionsvorstandes am Montag, den 10. 12. 2001, S. 3; vgl. auch Thorkit Treichel/ Hartmut Augustin/Christine Richter, Der lachende Vierte ist die PDS. In: Berliner Zeitung, 5. 12. 2001.

492 SPD-Landesverband Berlin/PDS-Landesverband Berlin (Hrsg.), Koalitionsvereinbarung, S. 5.

493 Ebenda, S. 4.

494 Ebenda.

folgung, Inhaftierung und Hinrichtungen Andersdenkender, „die gewaltsame Niederschlagung des Volksaufstandes in der DDR am 17. Juni 1953, den Mauerbau und zahlreiche Menschenrechtsverletzungen, mithin für das Fehlen grundlegender demokratischer und Freiheitsrechte in der DDR".[495]

Welchen Stellenwert hatte dieses Bekenntnis zur historischen Schuld? Die Spitze der Berliner PDS stellte sich offensiv hinter die Formulierungen in der Präambel zum Koalitionsvertrag: Diese seien „kein lausiger Kompromiss", sondern „unser Wille" gewesen, so der junge Berliner Landesvorsitzende Stefan Liebich.[496] Von einem innerparteilichen Konsens aber konnte keine Rede sein. Schon der Vorstoß von Petra Pau und Gabi Zimmer im Frühjahr hatte im parteieigenen „Neuen Deutschland" wochenlang Protestbriefe empörter PDS-Mitglieder ausgelöst,[497] und auch die Präambel des Koalitionsvertrages führte zu scharfem Widerstand aus der Partei: Aus den Reihen der Kommunistischen Plattform wurde eine „einseitige Schuldzuweisung" kritisiert; es werde deutlich, „daß die PDS-Führung zu den Grundfragen der deutschen Entwicklung seit 1945 jetzt grundsätzlich die gleichen Auffassungen vertritt wie die SPD (und die anderen etablierten Parteien)."[498] Auch Jürgen Hofmann, Sprecher der Historischen Kommission beim Parteivorstand der PDS, beklagte, dass „offensichtlich das Geschichtsverständnis des Koalitionspartners die Feder geführt" habe.[499] Das Festhalten an der strittigen Präamel verstärkte in diesem Zusammenhang nur die Vorbehalte der Partei-Orthodoxie gegenüber den Sozialdemokratisierungstendenzen der Parteiführung.[500] Allerdings konnte sich diese abermals gegen die innerparteilichen Kritiker durchsetzen: Auf ihrem Landesparteitag am 12. Januar 2002 stimmte die Berliner PDS mit über 83 Prozent der Stimmen für den Koalitionsvertrag und die Regierungsbeteiligung in der Hauptsstadt.[501]

---

[495] Ebenda. Als Gegenleistung stimmte die Berliner SPD der Errichtung eines Denkmals für Rosa Luxemburg in der Berliner Mitte zu, womit die neue Koalition auch an die sozialistische Traditionslinie anzuschließen suchte (vgl. ebenda, S. 81).

[496] Stefan Liebich, Nicht das Wünschenswerte, aber doch das Bestmögliche für Berlin. Rede auf der Außerordentlichen Tagung des 8. Parteitages am 12. 1. 2002. In: PDS-Pressedienst, 17. 1. 2002; vgl. auch Wolf, Rot-Rot in Berlin, S. 87.

[497] Vgl. z. B. Heinz Scheidhauer u. a., „Entschuldigt" haben sich schon über zwei Millionen Ausgetretene. In: Neues Deutschland, 27. 4. 2001; Rudolf Härtl/Kurt Zinke, Wer wie ich 1946 dabei gewesen ist… In: Neues Deutschland, 27. 4. 2001; Klaus Hurreimann, Gut, dass sie's nicht erleben. In: Neues Deutschland, 17. 5. 2001; Egon Eismann, „Zwangsbesinnung" wäre in der Tat nützlich. In: Neues Deutschland, 9. 5. 2001; für die wenigen Stimmen, die den Schritt der Parteiführung verteidigten, siehe z. B. Richard Ackner, Ein sachliches, fundiertes und differenziertes Papier. In: Neues Deutschland, 24. 4. 2001; Elisabeth Jastrow, Häme ist fehl am Platz. In: Neues Deutschland, 10. 5. 2001.

[498] Karl, Historische Wahrheit – ein politischer Selbstbedienungsladen?, S. 19 f.

[499] Präambel als rotes Tuch? Interview mit Jürgen Hofmann. In: Neues Deutschland, 31. 1. 2002.

[500] Stefan Liebich, Nicht das Wünschenswerte, aber doch das Bestmögliche für Berlin. Rede auf der Außerordentlichen Tagung des 8. Parteitages am 12. 1. 2002. In: PDS-Pressedienst, 17. 1. 2002; vgl. auch Wolf, Rot-Rot in Berlin, S. 87.

[501] Vgl. Reißig, Mitregieren in Berlin, S. 14; Koniczek, Strategische Interaktionen, S. 427.

Öffentliche Reaktionen auf „Rot-Rot" in Berlin

Auch der Landesparteitag der SPD sprach sich mit deutlicher Mehrheit von fast 80 Prozent für die Koalition mit der PDS aus.[502] Am 17. Januar wurden schließlich die neuen Senatorinnen und Senatoren gewählt, wobei die drei PDS-Mitglieder Gregor Gysi, Thomas Flierl und Heidi Knake-Werner (anders als SPD-Stadtentwicklungssenator Peter Strieder) jeweils schon im ersten Wahlgang eine Mehrheit erhielten.[503] Die erste rot-rote Koalition in Berlin war gebildet. Angesichts der historischen Hintergründe und der bundespolitischen Symbolwirkung blieb öffentliche Empörung über die rot-rote Koalitionsbildung in Berlin nicht aus. Mehr als 100 SPD-Mitglieder, vor allem aus dem Ostteil der Stadt, erklärten ihren Austritt aus der Partei, weil sie das Erbe der Bürgerbewegung verraten sahen.[504] Auch in der konservativen Presse und allem voran in den Zeitungen des Axel-Springer-Verlags war die Koalitionsbildung äußerst kritisch begleitet worden. Stellvertretend sei der konservative Historiker Michael Stürmer zitiert, der in der „Bild" von einem „Schlag ins Gesicht" der USA sprach, die „Berlin 50 Jahre lang vor dem kommunistischen Regime im Ostteil Deutschlands beschützt" hätten.[505] Auch der Publizist Claus Detjen zog ein resignatives Resümee: Nun räche sich, dass die PDS nicht konsequent geächtet worden sei. Rot-Rot sei die Folge einer „naiv gestimmten Öffentlichkeit des Westens", die „Politik vorwiegend in Talkshows" konsumiere und die PDS konsequent verharmlost habe: nun erhalte sie die Politik, „die sie verdient".[506]

Eine Mehrheit der medialen Kommentierungen aber stellte sich auf die Position, dass die Zeit ideologischer Polarisierung vorbei sei. Stattdessen wünschten sich viele im politischen Berlin „mehr Gelassenheit" und die „toten Geister des Kalten Krieges" in der „politischen Mottenkiste" zu belassen, wie der Chefredakteur des „Deutschlandfunks" Rainer Burchardt formulierte.[507] Eine gewisse Rolle spielte dabei auch, dass die Demoskopie in der Bevölkerung keine massive Ablehnung der PDS mehr konstatierte: In der Woche nach der Wahl verzeichnete das Meinungsforschungsinstitut Forsa 44 Prozent der Berliner Befragten, die sich für eine „Ampelkoalition" aussprachen, und 43 Prozent, die eine Regierungsbeteili-

---

[502] Vgl. Koniczek, Strategische Interaktionen, S. 427.

[503] Vgl. Christine Richter/Tobias Miller, Fehlstart für Rot-Rot: Strieder fällt im ersten Wahlgang durch. In: Berliner Zeitung, 18. 1. 2002.

[504] Vgl. Susanne Amann, Am Ende der Kompromissfähigkeit. In: Die Tageszeitung, 26. 1. 2002.

[505] Michael Stürmer, zit. n. Wie verändern SPD und Kommunisten unsere Hauptstadt? In: Bild, 21. 12. 2001; vgl. auch das dortige Zitat von Lothar Loewe, ehemals ARD-Korrespondent in Washington, Moskau und Ost-Berlin; außerdem: Herbert Kremp, Rot-rote Heirat aus Liebe. In: Bild, 21. 12. 2001; Wie viel SED steckt noch in der PDS? In: Bild, 7. 12. 2001.

[506] Detjen, Die PDS als Problem des Westens, S. 59 und S. 62.

[507] Rainer Burchardt, Rot-rote Koalition in Berlin. Kommentar. In: Deutschlandfunk, 8. 1. 2002.

gung der PDS bevorzugten.[508] Dabei wurden im Westteil der Stadt immerhin 31 Prozent gezählt, die eine PDS-Beteiligung befürworteten.[509]

Auch Warnungen des ehemaligen BDI-Präsidenten Hans-Olaf Henkel und des Einzelhandels-Präsidenten Hermann Franzen, die neue Koalition werde die „Wachstumschancen Berlins zerstören", „Investoren vergraulen",[510] und einen „Rückfall in die wirtschaftspolitische Steinzeit" vollziehen,[511] entwickelten keine Durchschlagskraft. Zwar spielte der wirtschaftspolitische Vorwurf geschickt mit tradierten Wahrnehmungen staatssozialistischen Wirtschaftens. Die Beteuerungen Gysis im Wahlkampf waren aber nicht ohne Wirkung geblieben, sodass von einer geschlossenen Front der Unternehmerverbände nicht die Rede sein konnte; aus der Immobilienwirtschaft etwa, wo man bereits Erfahrungen mit Stadtbauräten der PDS gemacht hatte, kamen eher entspannte Signale.[512] Und auf der linksliberalen Seite der medialen Öffentlichkeit glaubte ohnehin keiner, dass mit einem Senator Gysi und der pragmatischen Berliner PDS-Führung ein Rückfall in den Sozialismus vor der Tür stehe: Erwartet wurde vielmehr „eine Mischung aus Norbert Blüms und Lafontaines Ideen […], ein Gemisch aus Sozialromantik, Gutmenschentum und Ordnungspolitik", so Brigitte Fehrle in der „Berliner Zeitung".[513] Angesichts eines Koalitionsvertrags, der in hohem Maße auf fiskalische „Konsolidierungsanstrengungen" und Privatisierungen setzte, um die überschuldete Stadt zu sanieren,[514] war aber auch dies nicht ausgemacht, wie Stephan Hebel in der „Frankfurter Rundschau" erkannte: Die „Entzauberung der PDS" sei so erfolgreich gewesen, dass sich die Partei nun auch ihrer „längst sozialdemokratischen Lehre" entledige: „Eine Partei, die sich so umstandslos ins angestaubte West-Ambiente fügt, wird den Rückwärtsgang in den Realsozialismus sicher nicht einschalten." Die PDS sei „im Club der Weitermacher nun endgültig angekommen".[515]

---

[508] Vgl. Peter Neumann, Fast jeder zweite Berliner will die Ampelkoalition. In: Berliner Zeitung, 27. 10. 2001. Dabei zählte das Institut 24 Prozent für eine Koalition aus SPD, PDS und Grünen und 19 Prozent für eine SPD/PDS-Regierung.

[509] Vgl. Peter Neumann, Fast jeder zweite Berliner will die Ampelkoalition. In: Berliner Zeitung, 27. 10. 2001.

[510] Hans-Olaf Henkel, zit. n. Wie verändern SPD und Kommunisten unsere Hauptstadt? In: Bild, 21. 12. 2001.

[511] Hermann Franzen, zit. n. Rot-Rot in Berlin! Was hat Kanzler Schröder mit der PDS vor? In: Bild, 6. 12. 2001.

[512] Vgl. Gunda Wöbken-Ekert, „Sonst gehen wir unter". In: Berliner Zeitung, 27. 10. 2001.

[513] Brigitte Fehrle, Der Ankömmling. In: Berliner Zeitung, 10. 1. 2002.

[514] SPD-Landesverband Berlin/PDS-Landesverband Berlin (Hrsg.), Koalitionsvereinbarung, S. 63–65.

[515] Stephan Hebel, Rosa-Rosa. In: Frankfurter Rundschau, 21. 12. 2001.

5. Zwischenfazit: Möglichkeiten und Grenzen der „Normalisierung"

Zwischen der Jahrtausendwende und dem Jahr 2002, so muss man rückblickend konstatieren, hatte die PDS einen vorläufigen Höhepunkt ihrer politischen Akzeptanz durch Konkurrenzparteien, Medien und Wissenschaft erreicht. Selbst langjährige Kritiker aus den unionsnahen Stiftungen hielten sie nun für eine „Regierungspartei im Wartestand", die von ihrer Festlegung auf die Oppositionsrolle Abschied genommen habe.[516] Die PDS wirke im politischen System mit und werde „von fast allen anderen etablierten Parteien als rationaler politischer Akteur angesehen".[517] Das PDS-Tabu war damit auch in der Bundespolitik gebrochen: „Die Zeit der Ausgrenzung ist vorbei", so Christoph Seils in der „Woche".[518] Dies zeigte sich auch auf der Symbolebene: An Gysis Verabschiedung vom Fraktionsvorsitz im Oktober 2000 nahmen unter anderem der FDP-Vorsitzende Guido Westerwelle und der SPD-Generalsekretär Franz Müntefering teil,[519] ehe sich am Folgetag Gerhard Schröder öffentlich mit dem scheidenden PDS-Vorsitzenden Lothar Bisky zu einem „privaten" Mittagessen traf und ein geplantes Treffen mit Biskys designierter Nachfolgerin Gabi Zimmer ankündigte.[520] Im selben Monat diskutierten auf dem PDS-eigenen „Forum 2000 plus" Gregor Gysi und Christa Luft mit dem Chefvolkswirt der Deutschen Bank Norbert Walter sowie mit Lothar Späth, dem Vorstandsvorsitzenden der Jenoptik AG. Das Gespräch der letzten SED-Wirtschaftsministerin Luft mit dem früheren CDU-Ministerpräsidenten Späth stieß dabei auf Kritik im „Neuen Deutschland", denn „eines fand nicht statt: Streit."[521] Und auf dem DGB-Kongreß im Juni 2002 fand sich der neue Gewerkschaftsvorsitzende Michael Sommer öffentlich auf dem Parteiabend der PDS ein, um mit ihr zu diskutieren. „Dies ist ein Novum", stellte der PDS-Fraktionsvorstand zufrieden fest.[522]

Vor allem auf parteistrategischer Ebene galt die PDS nicht mehr als der Außenseiter früherer Jahre. Im Verhältnis zur SPD, das für die Partei von besonderer Bedeutung war, schien nach den Auseinandersetzungen der 1990er Jahre eine „unheimliche Normalität" eingekehrt.[523] Nach der Zustimmung der PDS zur rotgrünen Steuerreform im Jahr 2000 nahm die SPD eine Neubewertung der Beziehungen vor: Es gehe nun um eine „Normalisierung der Verhältnisse", wie Franz Müntefering intern wie öffentlich wissen ließ.[524] Da die PDS einen Machtfaktor

---

[516] Neu, SPD und PDS auf Bundesebene, S. 4 f., Zitat S. 5.

[517] Segall/Schorpp-Grabiak, Der 7. PDS-Parteitag, S. 90.

[518] Vgl. Christoph Seils: Die Normalisierung. In: Die Woche, 20. 7. 2000.

[519] Vgl. Armin Fuhrer, Rote Socken kommen in Mode. In: Die Welt, 9. 10. 2000.

[520] Vgl. ebenda; „Rote Socken stinken nicht". In: Focus, 16. 10. 2000.

[521] Christoph Nütz, Investitionen in Köpfe statt in Beton fördern. In: Neues Deutschland, 9. 10. 2000.

[522] ADS, BT/14.WP-0233: Kurzprotokoll der Fraktionsvorstandssitzung am 3. 6. 2002, S. 2.

[523] Vgl. Christoph Seils: Die Normalisierung. In: Die Woche, 20. 7. 2000.

[524] AdsD, SPD-PV, Protokoll der Klausurtagung des Parteivorstandes am 9. 10. 2000 in Berlin, S. 9.

in Ostdeutschland darstelle, komme es nun darauf an, dass sie sich „von der Systemopposition weg" und hin zu einer „Reformpartei" entwickele.[525] Das war für Müntefering auch wichtiger, als die Vergangenheit: Es gehe ihm darum, „was heute mit ihr politisch möglich ist. Es ist für mich weniger die Frage, wie das vor zehn Jahren war".[526] Aus dem in den 1990er Jahren verkündeten „antitotalitären Konsens" war binnen weniger Jahre ein „postideologischer" Konsens geworden, der sich durch einen hohen Grad an Pragmatimus und Flexibilität, teils auch Opportunismus auf allen Seiten auszeichnete. „Die roten Socken stinken nicht mehr", kommentierte SPD-Sprecher Michael Donnermeyer die neue Lage.[527]

Eine erhebliche Rolle für die gestiegene Akzeptanz der PDS spielten indes ihre Regierungsbeteiligungen auf Landesebene. Wo die Partei an der Macht teilhatte, in Magdeburg, Schwerin und in Berlin, war von Revolution und Systembruch nicht mehr viel zu spüren. Stattdessen war mancher Parteifunktionär zufrieden, sich ganz in der Tradition der SED als Mitglied einer „staatstragenden Partei" fühlen zu können.[528] Entsprechend pragmatisch und koalitionsorientiert verhielt man sich und trug am Kabinettstisch, im Landesparlament und im Bundesrat auch solche Entscheidungen mit, die der eigenen Ideologie und Programmatik zuwiderliefen. Aus der machtpolitischen Integration der PDS folgte daher eine zunehmende Anerkennung im öffentlichen Diskurs und – zumindest in Teilen der Partei – eine zunehmende Wertintegration im politischen System der Bundesrepublik. Anders gesagt: Die PDS passte sich an. Damit erfüllte die Partei die Erwartungen der Öffentlichkeit an eine zeitgemäße, „unideologische" Politik. Und wo sie dies nicht tat, allem voran in der Außen- und Sicherheitspolitik, blieb sie relativ isoliert.

Diese Entwicklung machte sich nicht in erster Linie an Einzelpersonen wie Gregor Gysi und Lothar Bisky fest. So wichtig sie für die Außenwahrnehmung der Partei und als Integrationsfiguren auch waren: Die Gruppe derer, die ihren Kurs unterstützten, war sehr viel größer. Nur so war die PDS in der Lage, die Niederlage der Parteiführung auf dem Münsteraner Parteitag im April 2000 und den Abgang der Führung Gysi/Bisky vergessen zu machen, die noch im Frühjahr 2000 als nahes Ende der PDS bewertet worden waren. Entgegen der zeitgenössischen Erwartungen und mancher Darstellung in der Forschung hatte die PDS nach dem Rücktritt ihrer langjährigen Frontmänner keineswegs an Akzeptanz verloren.[529] Das galt längst nicht nur für die politischen Eliten. Glaubt man Umfragen, dann war im Juli 2001 nur noch ein Fünftel der Befragten in Westdeutschland der Meinung, dass man die PDS „politisch bekämpfen" müsse. Dagegen sprachen sich fast ein Drittel der West- und zwei Drittel der ostdeutschen Befragten dafür aus, mit der

[525] Die PDS als möglicher Koalitionspartner der SPD? Interview mit Franz Müntefering. In: Deutschlandfunk, 11. 10. 2000, URL <http://www.deutschlandfunk.de/die-pds-als-moeglicher-koalitionspartner-der-spd.694.de.html?dram:article_id=59831> (abgerufen am 11. 3. 2019).
[526] Vgl. ebenda.
[527] Michael Donnermeyer, zit. n. Armin Fuhrer, Rote Socken sind in Mode. In: Die Welt, 9. 10. 2000; „Rote Socken stinken nicht". In: Focus, 16. 10. 2000.
[528] Vgl. König, Gregor Gysi, S. 286.
[529] So beispielsweise Görtemaker, Berliner Republik, S. 166 f.

PDS zu „verhandeln" oder gar „zusammen[zu]arbeiten".[530] Das war die demoskopische Grundlage aller rot-roten Regierungen. Man hatte sich an die PDS gewöhnt und sie hatte an Abschreckungspotenzial eingebüßt.

Mochten aber die meisten Ostdeutschen und auch einige Westdeutsche mittlerweile akzeptieren oder zumindest hinnehmen, dass es die PDS als „Ostpartei" gab und dass sie dort eine gewisse Rolle spielte, so blieb diese relative Akzeptanz doch eng an ihren Status als Regionalpartei gebunden. Im Westen blieb die Partei ein exterritoriales Phänomen. Noch immer glaubte nur jede(r) sechste Westdeutsche, jemanden zu kennen, der die PDS gut fand.[531] Wie marginal die West-PDS um die Jahrtausendwende noch immer war, zeigt sich in dem Umstand, dass sie ein Ergebnis von 3,4 Prozent bei der Frankfurter Kommunalwahl 1999 als Zeichen einer „Erfolgsgeschichte" und knappe sieben Prozent bei der Kommunalwahl in Tübingen als „Sensationsergebnis" feierte.[532] In der Tat konnte sie bei den fünf westdeutschen Landtagswahlen, an denen sie seit 1998 teilnahm, von solchen Ergebnissen jenseits der 3-Prozent-Marke nur träumen.[533] Zwar nahmen aktive PDS-Mitglieder im Westen um die Jahrtausendwende einen gewissen „Normalisierungsprozess" im Verhältnis zu ihren Konkurrenten wahr und wurden wütende Anfeindungen und „SED"-Rufe im Straßenwahlkampf seltener.[534] Die Integrationsfortschritte im Westen vollzogen sich aber auf äußerst niedrigem Niveau: „Hier und da trat mal ein sozialdemokratischer oder grüner Kommunalabgeordneter zur PDS über […]", so die PDS-nahen Autoren Wolfgang Hübner und Tom Strohschneider, in der Fläche aber blieb die PDS im Westen „eine völlig fremde Partei".[535]

Zudem galt die Partei auf Bundesebene weiterhin als nicht-koalitionsfähig. Indem die lange Zeit dominante Frage ihrer Verfassungstreue und Demokratiefähigkeit in den Hintergrund geriet, rückten nun verstärkt zwei Politikfelder in den Fokus, in denen die PDS weiterhin eine Sonderrolle spielte: die Außen- und Sicherheitspolitik zum einen und die Wirtschafts- und Sozialpolitik zum anderen. Es ging nicht mehr um den Bestand der Republik, es ging um Verlässlichkeit und „Modernität". Vor allem die Sozialdemokratie forderte von der PDS, ihre Gegnerschaft zur NATO aufzugeben und die Bedingungen des modernen Kapitalismus zu akzeptieren, wie SPD-Generalsekretär Müntefering es formulierte:

„Ich habe den Eindruck, die PDS lebt immer noch in der Vorstellung, sie könnte mit einer scheinbar großen sozialen Gerechtigkeit möglichst viel verteilen und glaubt, das sei linke Politik,

---

530 Noelle-Neumann/Köcher (Hrsg.), Allensbacher Jahrbuch für Demoskopie 1998–2002, S. 741.

531 Ebenda.

532 Diether Dehm, Massiver Auftrieb der West-PDS. Presseerklärung, 1. 11. 1999. In: PDS-Pressedienst, 5. 11. 1999.

533 Die PDS erreichte nur 2,9 Prozent in Bremen, 0,8 Prozent im Saarland, 1,4 Prozent in Schleswig-Holstein, 1,1 Prozent in Nordrhein-Westfalen und 0,4 Prozent in Hamburg (vgl. Neugebauer/Stöss, Die PDS in Not, S. 130).

534 Vgl. Olsen, The PDS in Western Germany, S. 163 und S. 165.

535 Hübner/Strohschneider, Lafontaines Linke, S. 42 und S. 47.

ohne aber auch die Bedingungen der Wertschöpfung des Erwirtschaftens des Geldes denn auch zu akzeptieren. Sie will die positiven Ergebnisse der kapitalistischen Gesellschaft – um es mal mit deren Worten zu sagen – nicht, aber sie will das, was ausgegeben werden kann, bzw. das, was an Positivem dabei herauskommt, selber in Anspruch nehmen. Und da sehe ich immer noch eine Inkonsequenz."[536]

Auch im vermeintlich „postideologischen Zeitalter" blieben Westbindung und soziale Marktwirtschaft die Richtschnur, an der sich jede Partei orientieren musste, die als regierungsfähig anerkannt werden wollte. Was das genau hieß, hatte sich zur Jahrtausendwende hin aber verändert: Es galt nun, die Beteiligung Deutschlands an Auslandseinsätzen zu akzeptieren und sich von einer staatlichen Umverteilungspolitik zu distanzieren – beides Themen, bei denen sich die PDS außerhalb des bundespolitischen Konsenses bewegte. Dieser hatte sich im Laufe der 1990er Jahre deutlich verschoben: Nach dem Endes des Ost-West-Konflikts war die traditionelle militärische Zurückhaltung der Bundesrepublik zunehmend Forderungen nach einer Übernahme „militärischer Verantwortung" gewichen; unter Rot-Grün beteiligte sich die Bundesrepublik schließlich an militärischen Einsätzen im Kosovo, in Afghanistan und anderswo. Und auch das „Modell Deutschland", das nun einige in der PDS – wenn auch längst nicht alle – als neues Leitmodell entdeckten, war in der Krise und galt als untauglich, die Herausforderungen des 21. Jahrhunderts zu meistern.

Das größte Problem für die PDS war aber ein anderes: Mit dem von den führenden Parteistrategen verfolgten Ziel, in der Bundesrepublik „anzukommen", stellte sich immer auch die Frage nach der Funktion der PDS im Parteiensystem: Inwiefern war eine solche Partei für jene akzeptabel, die gar nicht ankommen wollten? Mit der Übernahme von Regierungsverantwortung wurde die PDS zum Teil des Systems, gegen das sie lange erfolgreich Protest formuliert und mobilisiert hatte. Ohne Protest aber, von dem die PDS lebte, drohte sie überflüssig zu werden. Die Logik der parteipolitischen Integration und die des Wahlerfolgs waren sichtlich verschieden. Wie prekär die Integration der Partei blieb und wie nahe Höhepunkte und Abgründe lagen, zeigte sich schließlich bei der Bundestagswahl 2002.

---

[536] Die PDS als möglicher Koalitionspartner der SPD? Interview mit Franz Müntefering. In: Deutschlandfunk, 11. 10. 2000, URL <http://www.deutschlandfunk.de/die-pds-als-moeglicher-koalitionspartner-der-spd.694.de.html?dram:article_id=59831> (abgerufen am 11. 3. 2019).

VII. West-Expansion und Repolarisierung (2002–2005)

Im Jahr 2002 lagen für die PDS Integrationserfolg und Misserfolg nahe beieinander. War die PDS noch im Januar zur Regierungspartei in Berlin aufgestiegen, so musste sie im Herbst dieses Jahres ihre bis dahin größte Wahlniederlage erdulden und schied als Fraktion aus dem Bundestag aus. Die Folge war eine existenzielle Krise, die das „Projekt PDS" an den Rand des Scheiterns führte. Wenige konnten sich zu dieser Zeit vorstellen, dass am Ende der Legislaturperiode im Bund der bis dahin größte Integrationserfolg der PDS stehen würde: die Expansion nach Westen. Diese knüpfte zwar in vielerlei Hinsicht an die bis dahin beschrittenen Pfade der Integration an, war aber nur nach abermaligen Krisen und Häutungen möglich und mit Oskar Lafontaine und der WASG traten Akteure in den Vordergrund, die bis dahin nur am Rande eine Rolle für die Integration der PDS gespielt hatten. Schließlich stand die Partei in der bundesdeutschen Öffentlichkeit abermals im Fokus einer politischen Debatte, die von vielen als entscheidend für die Zukunft der Republik angesehen wurde.

1. Krise und Selbstsuche: Die PDS zwischen Integrationsfalle und Protest

1.1 Krisenzustand: Die PDS nach der Wahlniederlage 2002

Schon vor der Bundestagswahl 2002 mehrten sich die Zeichen, dass sich die PDS-Erfolge der Vorjahre nicht einfach fortsetzen würden. Zwar konnte die Partei bei der Landtagswahl in Sachsen-Anhalt im April 2002 ihr prozentuales Ergebnis sogar auf 20,4 Prozent der Stimmen steigern, auf Seite der SPD stand dem aber ein Minus von fast 16 Prozentpunkten gegenüber, sodass die Partner des „Magdeburger Modells" nach acht Jahren ihre gemeinsame Mehrheit an CDU und FDP verloren. Dazu kam die „Bonusmeilen-Affäre", die im Rücktritt Gregor Gysis vom Amt des Berliner Wirtschaftssenators endete. Gysis Comeback nach seinem Rücktritt vom Fraktionsvorsitz hatte sich als kurzes Intermezzo erwiesen. Damit verlor die Partei nicht nur ihr langjähriges Zugpferd, auch schien Gysis zweiter Rückzug binnen zwei Jahren jene zu bestätigen, die nicht glaubten, dass es die Partei ernst meinte mit dem Regieren oder dass sich Gysis Kurs als „roter Wirtschaftsliberaler" auf Dauer durchsetzen könne, wie Susanne Scheerer in der FAZ kommentierte: „Durchgehalten hat er gerade Mal ein halbes Jahr. Kaum zu glauben, dass der zugegebenermaßen dünnhäutige, aber launige Mann bloß wegen ein paar privat kassierter Bonusmeilen den Hut genommen hat."[1]

---

[1] Susanne Scheerer, Die Launen des Gekränkten. In: faz.net, 1. 8. 2002, URL <http://www.faz.net/aktuell/politik/gysi-ruecktritt-die-launen-des-gekraenkten-171838.html> (abgerufen am 11. 3. 2019).

Bei der Landtagswahl in Mecklenburg-Vorpommern im September 2002 folgte ein ähnlich zwiespältiges Ergebnis wie in Sachsen-Anhalt, nur mit umgekehrten Vorzeichen: Hier verlor die PDS acht Prozentpunkte gegenüber dem Ergebnis von 1998, konnte dank fast so hoher Gewinne auf Seite der SPD aber die rot-rote Regierung fortsetzen. Überschattet wurde die Landtagswahl aber durch die zeitgleich stattfindende Wahl zum Deutschen Bundestag. Hatte die Partei vor der Wahl ursprünglich den dritten Platz im Bund angestrebt,[2] so scheiterte sie tatsächlich an der Fünf-Prozent-Hürde und zog mit nur zwei direkt gewählten Abgeordneten aus dem Osten Berlins ins bundesdeutsche Parlament ein. Erstmals nach zwölf Jahren gab es damit keine PDS-Gruppe und keine sozialistische Fraktion mehr im Deutschen Bundestag. Die Partei schien tatsächlich „entzaubert".

Gründe für die Wahlniederlage

Zur Niederlage der PDS bei der Bundestagswahl 2002 trugen eine ganze Reihe von Faktoren bei.[3] Gysis Rückzug aus der ersten Reihe wog umso schwerer, als es dem neuen Vierergespann aus Parteichefin Gabriele Zimmer, ihrer Stellvertreterin Petra Pau, Fraktionschef Roland Claus und Bundesgeschäftsführer Dietmar Bartsch an der nötigen bundesweiten Ausstrahlung fehlte, um den Verlust ihres bekanntesten Politikers aufzufangen. Dazu kamen weitere Umstände, die die PDS an den Rand der öffentlichen Aufmerksamkeit drängten: eine starke Polarisierung zwischen den beiden Kanzlerkandidaten Gerhard Schröder und Edmund Stoiber, das energische Auftreten des Bundeskanzlers im Zusammenhang mit dem Elb-Hochwasser im August 2002, seine in der Bevölkerung populäre Absage an einen möglichen Irak-Krieg sowie seine stärkere rhetorische Hinwendung zum Kampf gegen den „Neoliberalismus". Schröder gelang es, potenzielle Wählerinnen und Wähler der PDS zu binden, indem er sich in mancher Hinsicht an deren Rhetorik annäherte.[4]

Von Bedeutung war aber auch, dass sich die PDS nach ihrem Integrationsschub der Vorjahre und ihrer gestiegenen Akzeptanz in der bundesdeutschen Öffentlichkeit sichtlich schwertat mit ihrer neuen Rolle. Mit bundesweit zwei Landrats-, vier Oberbürgermeister- und weiteren 23 hauptamtlichen Bürgermeisterposten, mit mehr als 1600 sonstigen kommunalen Mandaten und mit Regierungsmitgliedern in zwei Bundesländern konnte die PDS keine Außenseiterrolle mehr für sich in Anspruch nehmen.[5] Dazu kam, dass die Partei zwar im Zuge des Afghanistankriegs versuchte hatte, sich auf Bundesebene als entschiedene Gegnerin der rot-

---

2 Vgl. Nur Gerechtigkeit sichert Zukunft. Wahlstrategie der PDS 2001/2002. Beschluss des Parteivorstandes, 5. 5. 2001. In: PDS-Pressedienst, 11. 5. 2001; Neugebauer/Stöss, Die PDS in Not, S. 134.
3 Siehe hierzu insbesondere Neugebauer/Stöss, Die PDS in Not; Stöss/Neugebauer, Mit einem blauen Auge, S. 77–83.
4 Zum Wahlkampf siehe Stöss/Neugebauer, Mit einem blauen Auge, S. 22–33.
5 Vgl. Stöss/Neugebauer, Mit einem blauen Auge, S. 63.

grünen Politik zu profilieren, zugleich aber eine Beteiligung an einem Mitte-Links-Bündnis nicht prinzipiell ausschloss. Im Gegenteil signalisierte die PDS in der Endphase des Wahlkampfs ihre Bereitschaft, „Schröder zum Kanzler zu wählen", um Edmund Stoiber als Regierungschef zu verhindern.[6] Im Sinne der langjährig verfolgten Integrationsstrategie war das nur logisch, hätte eine Regierungsbeteiligung der Partei im Bund doch ihr symbolisches und machtpolitisches Kapital gestärkt. Die strategische Ausrichtung auf eine mögliche Machtbeteiligung blockierte aber ihre Möglichkeiten, sich als Protestpartei gegen die Politik der Bundesregierung oder gegen die Parteien „des Westens" zu profilieren, wie sie das in vorangegangenen Wahlkämpfen getan hatte. Das hatte PDS-Pressesprecher Reiner Oschmann schon zu Beginn des Wahljahres kritisiert: Der Wahlkampf erhöhe den „Zwang zu provokanten, knappen, auch populistischen Botschaften", die Bereitschaft hierzu sei in der Partei aber „unterentwickelt". Dies sei „menschlich sympathisch", aber „medial nachteilig".[7]

Betrachtet man die Wahlniederlage im Herbst 2002 im Zusammenhang mit dem Integrationsprozess der PDS, dann ergibt sich ein zwiespältiges Bild. Das schwache Abschneiden bei der Bundestagswahl muss auch als Folge ihrer relativ gestiegenen Akzeptanz in der politischen Öffentlichkeit gesehen werden: In dem Moment, in dem die Partei nicht mehr in starkem Maße polarisierte, keine öffentlichen Debatten mehr erzeugte und auch nicht mehr als Protestpartei gegen die anderen auftreten konnte, verlor sie an Durchschlagskraft und Attraktivität. Ohne den öffentlichen Affront fehlte ihr die Aufmerksamkeit. Ihre vermeintliche Ankunft in der Bundesrepublik drohte sie für diejenigen unattraktiv zu machen, die in der Bundesrepublik nicht angekommen waren oder nicht ankommen wollten. Schon einige Monate vor der Wahl in Land und Bund hatten die Koalitionäre in Mecklenburg-Vorpommern erkannt, dass die Profilierung „als systemtragende Kraft" auch ein Risiko in sich berge: „Die Kehrseite der Medaille ist die Tatsache, dass die PDS zunehmend die Bevölkerungsschichten verliert, die dieser Gesellschaft kritisch gegenüberstehen, eine gesellschaftliche Oppositionskraft suchen."[8] In der Landes-PDS wurde daher über eine zunehmende „Lethargie" geklagt.[9]

Auch medial spielte die PDS nur noch eine untergeordnete Rolle.[10] Selbst die „Bild"-Zeitung verzichtete gänzlich auf eine Kampagne gegen die Partei und ignorierte sie weitestgehend.[11] Auch verzichtete die Union nach den Erfahrungen im

---

[6] Die andere Politik wählen: PDS. Wahlaufruf zur Bundestagswahl 2002. In: PDS-Pressedienst, 22. 8. 2002.

[7] ADS, BT/14.WP-0223: Reiner Oschmann, Januar 2002: Fraktion im Medienecho, 3. 2. 2002.

[8] ADS, PDS-LV MV, Alt.-Sign. 2008-XVII-396: Arnold Schoenenburg/Wolfgang Methling, Einschätzung der Arbeit der PDS in der Regierungskoalition, 8. 5. 2002, S. 8.

[9] ADS, PDS-LV MV, Alt.-Sign. 2008-XVII-396: Protokoll der Sitzung des Landesparteirates am 6. 6. 2002, S. 1.

[10] Für das Fernsehen vgl. Krüger/Zapf-Schramm, Wahlberichterstattung. Demnach kamen etwa die beiden Spitzenkandidaten Roland Claus und Gabriele Zimmer zusammengerechnet etwa halb so oft in den großen TV-Sendern zu Wort wie Grünen-Spitzenkandidat Joschka Fischer alleine (ebenda, S. 620).

[11] Vgl. Eilders u. a., Themenprofile der Parteien, S. 90.

Berliner Wahlkampf 2001 auf eine Wiederauflage der „Rote Socken"-Kampagne und konzentrierte sich stattdessen auf die SPD als Hauptgegner.[12] In Mecklenburg-Vorpommern war der Landes- und Fraktionsvorsitzende der CDU Eckhardt Rehberg schon während der vorangegangenen Legislaturperiode von einer Konfrontations- zu einer Entspannungstaktik übergegangen.[13] Signal dafür war ein Beitrag Rehbergs zum 10-jährigen Bestehen der Nordost-PDS im Juli 2000, den er unter dem Titel „Die PDS gehört zum Alltag in unserem Land" in der PDS-Zeitung „Offenes Blatt" veröffentlichte: Die PDS habe „einen Teil unserer DDR-Vergangenheit mit in den Landtag" getragen, sich aber zugleich um die Menschen gekümmert, „die ihre Probleme mit der neuen Demokratie hatten", und er selbst wolle „sehr intensive Gespräche mit einzelnen PDS-Abgeordneten […] nicht missen". In der Regierung werde sich nun zeigen, ob der „scharfe Populismus" der Partei nun einem „Lernprozess" weiche: „Die rosaroten Zeiten sind vorbei."[14] Das war eher die freundliche Aufforderung zum Sachstreit als ein Frontalangriff.[15]

Auch wenn alles auf einen Akzeptanzschub der PDS hindeutete, so offenbarten sowohl die Wahlergebnisse vom Herbst 2002 als auch die Reaktionen den prekären Status der PDS im politischen System. Auch weiterhin hing ihre Akzeptanz in hohem Maße von politischen Opportunitäten ab und vor allem übertrug sie sich nicht in Wählerstimmen im Westen: Obwohl sie sich als kompromisslose Antikriegspartei profiliert und auf enttäuschte Linke und Gewerkschaftsmitglieder im Westen zugegangen war, konnte sich die PDS nicht als Alternative empfehlen und schnitt in Westdeutschland mit 1,1 Prozent der Stimmen noch schlechter ab als 1998. Bei Arbeiterinnen und Arbeitern, Angestellten sowie Gewerkschaftsmitgliedern musste sie sogar bundesweit Einbußen hinnehmen.[16] Auf die Frage, ob es die PDS tatsächlich als zweite sozialdemokratische Partei brauchte, antworteten die Wählerinnen und Wähler im Jahr 2002 mit Nein. Und genauso sah das auch die SPD: Wolfgang Thierse erkannte „die große Chance, die PDS nachhaltig klein zu halten"[17] und lud deren Anhänger ein, in die SPD zu kommen.[18] Harald Ringstorff sah sich in seiner Entzauberungsstrategie bestätigt, da der Regierungspartner in Schwerin „klar an Zustimmung verloren" habe.[19] Und das brandenburgische SPD-Magazin „Perspektive 21" erschien im Dezember 2002 unter dem Titel „Das Ende der Nachwendezeit. PDS am Ende?".[20]

---

[12] Vgl. Neugebauer/Stöss, Die PDS in Not, S. 138 f.; M. G. Müller, Parteienwerbung im Bundestagswahlkampf 2002, S. 631.

[13] Vgl. Berg/Koch, Die Mitte-Links-Koalition, S. 238 f.

[14] Rehberg, Die PDS gehört zum Alltag.

[15] Entsprechend wurde die PDS im CDU-Wahlprogramm für die Landtagswahl 2002 überhaupt nicht genannt. Stattdessen wurde kollektiv von der „Landesregierung" gesprochen (vgl. CDU Mecklenburg-Vorpommern, Ein neuer Wille).

[16] Vgl. Neugebauer/Stöss, Die PDS in Not, S. 145.

[17] AdsD, SPD-Präs.: Protokoll der Präsidiumssitzung am 23. 9. 2002, S. 2.

[18] AdsD, SPD-Präs.: Protokoll der Präsidiumssitzung am 14. 10. 2002, S. 6.

[19] AdsD, SPD-Präs.: Protokoll der Präsidiumssitzung am 23. 9. 2002, S. 2.

[20] SPD-Landesverband Brandenburg (Hrsg.), Ende der Nachwendezeit.

Parteikrise und Intermezzo an der Parteispitze

Auch innerhalb der PDS führte die Wahlniederlage zu heftigen Debatten und Krisendiskussionen. Nun brachen lange schwelende Konflikte zwischen denen auf, die ganz auf Integration ins politische System setzten, und denen, die dadurch einen programmatischen Profilverlust befürchteten und sich bewusst als Alternative „zum System" positionierten. Immer wieder hatte die Führungsgruppe in der Vergangenheit über eine mangelnde Loyalität und Kompromissfähigkeit innerhalb der Partei geklagt.[21] Dieser Vorwurf richtete sich offensichtlich nicht an die pragmatischen Ost-Verbände, sondern an den kleinen, aber lautstarken Flügel in Westdeutschland. Ein Zeichen für die parteiinternen Spannungen war der höhnisch gemeinte Beifall, den die Delegierten des Hamburger Landesverbands auf dem Münsteraner Parteitag im April 2000 für die Rücktrittsankündigung Gregor Gysis gespendet hatten.[22] Nach der Wahlniederlage vom Herbst 2002 kam es dann zum offenen Konflikt. Auf dem Geraer Parteitag im Oktober konnte sich die amtierende Parteivorsitzende Gabi Zimmer nur mit Hilfe der Westverbände und der Kommunistischen Plattform gegen ihren Herausforderer Roland Claus durchsetzen.[23] Zuvor hatte sich Zimmer auf die Oppositionsrolle der Partei berufen, eine „[b]edingungslose Regierungsbeteiligung" als „Opportunismus" kritisiert und sich von jeder Sozialdemokratisierungstendenz distanziert: „Eine zweite sozialdemokratische Partei wird in Deutschland nicht gebraucht."[24] Mit Diether Dehm als stellvertretendem Parteivorsitzenden und Uwe Hiksch als Bundesgeschäftsführer zogen zudem zwei Westdeutsche in Schlüsselpositionen ein, die vom linken SPD-Flügel gekommen waren und dem Integrationskurs der bisherigen Parteiführung kritisch gegenüberstanden. Zudem gehörten dem neuen Vorstand kaum noch prominente Repräsentanten des Reformflügels an.[25] Erstmals in der Parteigeschichte schienen die „Reformer" nicht nur geschwächt, sondern auf Bundesebene entmachtet.

Diese reagierten geschockt und sahen die Partei auf dem Weg zurück zu einer sozialistischen „Sekte".[26] Ihre verbalen Angriffe auf die neue Parteiführung klangen nicht viel anders als das, was sie sich selbst früher von außen hatten anhören

---

[21] Ernsthafte Politisierung der Vorstandstätigkeit beginnen. Von der Klausurtagung des Parteivorstandes der PDS am 5.7. in Berlin. In: PDS-Pressedienst, 9. 7. 1999; vgl. auch Koß, Durch die Krise zum Erfolg?, S. 148; Stöss/Neugebauer, Mit einem blauen Auge, S. 70.

[22] Gregor Gysi, Lasst unser Motto nach diesem Parteitag lauten: PDS – jetzt erst recht! In: Disput, H. 4, 2000, S. 59–66, hier S. 59.

[23] Vgl. Gode Japs/André Hatting, PDS-Parteitag in Gera. In: Deutschlandfunk, 13. 10. 2002, URL <http://www.deutschlandfunk.de/pds-parteitag-in-gera.724.de.html?dram:article_id=97479> (abgerufen am 11. 3. 2019).

[24] Gabriele Zimmer, Kein „Weiter so": Zukunft durch Erneuerung. Rede auf dem Geraer Parteitag am 12. und 13. 10. 2002. In: Disput, H. 10, 2002, S. 6–15, hier S. 12.

[25] Vgl. Übersicht zu den Wahlen. In: Disput, H. 10, 2002, S. 29.

[26] Helmut Holter, zit. n. Gode Japs/André Hatting, PDS-Parteitag in Gera. In: Deutschlandfunk, 13. 10. 2002, URL <http://www.deutschlandfunk.de/pds-parteitag-in-gera.724.de.html?dram:article_id=97479> (abgerufen am 11. 3. 2019).

müssen: Der bis zum Parteitag amtierende Grundsatzreferent beim Parteivorstand Thomas Falkner sah „totalitäre Verhaltensmuster" in der Partei wieder auf dem Vormarsch.[27] Der bisherige Bundesgeschäftsführer Dietmar Bartsch, einer der profiliertesten Vertreter eines pragmatischen Integrationskurses, verließ die Politik vorübergehend und wurde Unternehmensberater.[28] André Brie – jahrelang Vordenker und Aushängeschild einer reformorientierten PDS – erwog ernsthaft, die Partei zu verlassen,[29] und auch Gregor Gysi sendete öffentliche Signale in diese Richtung.[30] In seinem im Sommer 2003 erschienenen Buch „Was nun?", das von SPD-Generalsekretär Olaf Scholz vorgestellt wurde,[31] ging Gysi scharf mit der „dogmatischen" Linken ins Gericht: Deren „Tendenz zur Entindividualisierung" sei undemokratisch und diktatorisch.[32] Würde sie einmal die Macht in der Gesellschaft erlangen, werde sie jeden „Pluralismus" begraben und alles versuchen, um die Macht zu sichern.[33] Hatte Gysi stets die demokratische Läuterung seiner Partei demonstrieren wollen, so schien er diese nun selbst abzuschreiben. Die PDS war sichtlich in „Agonie" verfallen.[34] Der Integrationskurs schien gescheitert.

1.2 Rückkehr zum Protest: Hartz-Reformen und Gegen-Kampagnen

Trotz der akuten Parteikrise nach der Bundestagswahl 2002 konnte eine Spaltung der PDS mit großer Mühe abgehalten werden, auch weil die neue Parteiführung ihre Macht nicht konsolidieren konnte. Während sich die Spitze um Gabi Zimmer, Uwe Hiksch und Diether Dehm nach nur wenigen Monaten im Amt öffentlich zerstritt, führten die selbstbewussten ostdeutschen Landesverbände weitgehend autonom vom Bundesvorstand ihren bisherigen Kurs fort.[35] Jenseits der Bundesspitze blieb die strategische Führung in der Hand der „Reformer", die überdies erstmals begannen, sich ebenfalls in innerparteilichen Strukturen zu organisieren.[36] Von dieser Basis aus gelang es ihnen schon im Sommer 2003, die Führung der PDS zurückzuerobern: Nachdem es im Parteivorstand zu gegenseitigen Blockaden und Differenzen in der Sozialpolitik gekommen war, gingen die Landesvorsitzenden der Ost-Verbände Anfang Mai in die Offensive und forderten auf

---

27 Falkner, Sozialisten im Abseits?, S. 22.
28 Vgl. Dietmar Bartsch, Vortrag an der Universität Mainz, 10. 5. 2017; Dietmar Bartsch – Partei-stratege und Pragmatiker. In: welt.de, 23. 5. 2012, URL <https://www.welt.de/newsticker/dpa_nt/infoline_nt/thema_nt/article106368959/Dietmar-Bartsch-Parteistratege-und-Pragmatiker.html> (abgerufen am 11. 3. 2019).
29 André Brie im Gespräch mit dem Autor, 17. 3. 2017.
30 Vgl. Toralf Staud, Operation Gysi. In: Die Zeit, 3. 7. 2003.
31 Vgl. Brigitte Fehrle, Was nun?, Herr Scholz? In: Berliner Zeitung, 21. 8. 2003.
32 Gysi, Was nun?, S. 182.
33 Ebenda, S. 184–186.
34 Lorenz, Techniker der kalten Fusion, S. 284.
35 Vgl. Koß, Durch die Krise zum Erfolg?, S. 149.
36 Vgl. Oppelland/Träger, Die Linke, S. 117.

einem Krisentreffen geschlossen den Rücktritt des gewählten Vorstandes und die Einberufung eines Sonderparteitages.[37] Als Verantwortliche für die Parteikrise machten sie insbesondere die Westdeutschen Hiksch und Dehm aus, denen Gregor Gysi öffentlich „Scharlatanerie" und „Politikunfähigkeit" vorwarf.[38] Mit dem anschließenden Rückzug Gabriele Zimmers und der Rückkehr Lothar Biskys ins Amt des Parteivorsitzenden im Juni 2003 war das Intermezzo des linken Parteiflügels an der Spitze der PDS schnell wieder beendet.[39]

Ein „Weiter so" sollte es aber nicht geben. In der Zwischenzeit nämlich hatte die Parteikrise bei Teilen des Reformflügels ein Nachdenken über die Niederlage bei der Bundestagswahl und über den weiteren Weg der Partei befördert. Ergebnis waren eine selbstkritische Bilanz und eine strategische Korrektur: Die PDS habe sich „zu Tode gesiegt".[40] Sie sei von ihrem „basisdemokratisch orientierten Politikverständnis" abgekommen und habe sich zu sehr „parlamentarisch bzw. verwaltungsorganisatorisch geprägter Herangehensweisen" verschrieben, hieß es nun auch aus dem reformorientierten Teil der Partei.[41] Sie habe nicht mehr die „Sprache der ‚kleinen Leute'" gesprochen und habe ihre Rolle als Protestpartei eingebüßt: „Die Straße wird nicht besetzt, öffentlicher Protest und öffentliche Diskussion werden nicht symbolträchtig inszeniert", wie es in einer strategischen Analyse der parteinahen Rosa-Luxemburg-Stiftung hieß.[42] Anders formuliert: Die Partei war bereits zu „normal" geworden.

Parteiprogramm 2003 und der Protest gegen den „Neoliberalismus"

Als Konsequenz wurde geschlussfolgert, dass die Integrationsdynamik der vergangenen Jahre, die offensichtlich zur Integrationsfalle zu werden drohte, durchbrochen werden musste. Es galt, die Parlamentarisierung der Partei durch eine Betonung außerparlamentarischer Aktivitäten auszugleichen und die Art und Weise, wie die PDS um Anerkennung bei ihren Konkurrenten suchte, zumindest zu modifizieren. Die Brüder Brie empfahlen ihrer Partei, das Bündnis „mit anderen linken sozialen Kräften" zu suchen, namentlich mit „linken GewerkschaftlerInnen, der Friedensbewegung und der globalisierungskritischen Bewegung".[43] Zudem

---

[37] Vgl. Wolfgang Hübner, PDS-Landesvorsitzende Ost wollen neue Parteispitze. In: Neues Deutschland, 3. 5. 2003; Krisentreffen von PDS-Politikern in Berlin. In: Neues Deutschland, 2. 5. 2003; Toralf Staud, Auf, auf zum Gefecht! In: Die Zeit, 8. 5. 2003.
[38] „Schluss mit der Scharlatanerie". Interview mit Gregor Gysi. In: Neues Deutschland, 8. 5. 2003.
[39] Lorenz, Techniker der kalten Fusion, S. 284.
[40] Dietmar Bartsch, zit. n. Sandra Brunner/Dominic Heilig/Benjamin Hoff, Um den kleinsten gemeinsamen Nenner geht es nicht. Das „Forum Zweite Erneuerung". In: Disput, H. 3, 2003, S. 24.
[41] A. Brie/M. Brie/Chrapa, Für eine moderne sozialistische Partei, S. 3.
[42] Ebenda, S. 5.
[43] M. Brie, Ist die PDS noch zu retten?, S. 2 f.; vgl auch A. Brie, Strategische Konsequenzen, S. 1086 f.

müsse die „Protestfähigkeit" der Partei wieder gestärkt werden: „Dies schließt Regierungsbeteiligung (auch perspektivisch auf der Bundesebene) nicht prinzipiell aus, ordnet sie aber der gesellschaftlichen Opposition gegenüber dem Neoliberalismus in seinen verschiedenen Spielarten unter."[44] Die modifizierte Parteistrategie sollte also dahin gehen, eine machtpolitische Integration in Regierungsämter hintanzustellen und kommunikative Integration in gesellschaftliche Bündnisse nach vorne zu rücken.

Eine solche Rückkehr zum Protest sollte nach dem Willen der neu-alten Parteiführung aber keineswegs eine Rückkehr zur kommunistischen Orthodoxie, zum Fundamentalismus oder zum Realsozialismus bedeuten. Das zeigte sich am lange debattierten neuen Parteiprogramm, das im Oktober 2003 schließlich mit fast 90 Prozent Zustimmung verabschiedet wurde.[45] Im Vergleich zum öffentlich gelobten und intern umstrittenen Entwurf des Jahres 2001 las sich das Programm wieder kämpferischer, ohne dessen Grundzüge zu revidieren.[46] Der Kapitalismus wurde darin nicht zum Feind erklärt, sondern in gewohnter Dialektik zur Ressource für Wachstum, Produktivität, Wissenszuwachs und Internationalisierung, die für einen „sozialen und ökologischen Umbau der gesellschaftlichen Verhältnisse" nutzbar gemacht werden könne.[47] Mit solchen Formulierungen war das „Chemnitzer Programm" sichtlich das Resultat des seit Mitte der 1990er Jahre eingeleiteten Annäherungsprozesseses an den altbundesrepublikanischen Konsens eines wohlfahrtsstaatlich abgesicherten und politisch regulierten Kapitalismus. Und in Publizistik und Wissenschaft lasen das auch viele so: Das Programm vollziehe den lange erwarteten „Bruch mit der prinzipiellen Oppositionsrolle"[48] und den „Abschied vom Sozialismus als Gesellschaftsordnung".[49]

Wenn aber die Parteimehrheit den „rheinischen Kapitalismus" akzeptierte, dann offenbarte das Programm auch, worauf sich der Protest der PDS künftig

[44] A. Brie/M. Brie/Chrapa, Für eine moderne sozialistische Partei, S. 11.

[45] Zum Erarbeitungsprozess des neuen Programms siehe Prinz, Die programmatische Entwicklung, S. 100–123; Stöss/Neugebauer, Mit einem blauen Auge, S. 68–75.

[46] Das Programm verband eine Würdigung unternehmerischer Interessen mit Forderungen nach „gesellschaftliche[r] Kontrolle" durch „sozialstaatliche Regulierung" und „demokratische Mitbestimmung". Privatisierungen staatlichen Eigentums wurden nicht generell abgelehnt, zugleich aber an der „Möglichkeit von Vergesellschaftung von Grund und Boden, Naturschätzen und Produktionsmitteln" festgehalten (PDS [Hrsg.], Parteiprogramm 2003, S. 3–5).

[47] Ebenda, S. 9.

[48] Zwei Jahre zu spät. In: Die Zeit, 23.10.2003; vgl. auch Philip Grassmann, Ein Angebot an Unzufriedene. In: Süddeutsche Zeitung, 27.10.2003; PDS will neues Programm. In: Frankfurter Allgemeine Sonntagszeitung, 26.10.2003; Neues Programm: PDS im Kapitalismus angekommen. In: Spiegel Online, 26.10.2003, <http://www.spiegel.de/politik/deutschland/neues-programm-pds-im-kapitalismus-angekommen-a-271458.html> (abgerufen am 11.3.2019); ähnlich auch: Die PDS mit neuem Programm. In: Frankfurter Allgemeine Zeitung, 27.10.2003; „Konsequent antikapitalistisch". In: Frankfurter Allgemeine Zeitung, 27.10.2003.

[49] Koß, Durch die Krise zum Erfolg?, S. 150. Für die FAS schien die Partei „ganz normal" werden zu wollen (vgl. Mechthild Küpper, Die PDS will ganz normal werden. In: Frankfurter Allgemeine Sonntagszeitung, 26.10.2003).

beziehen sollte: auf die „geistige und politische Hegemonie der neoliberalen Ideologie und Politik".[50] Darunter verstand man eine finanzkapitalistische „Gegenreform", die den einstigen „Kompromiss zwischen den Kapitalinteressen und den Interessen der organisierten Arbeiterbewegung" aufgekündigt habe.[51] Der Systembruch ging dieser Lesart nach vom Neoliberalismus aus. Er war es, gegen den nach dem Willen des Mitautors Dieter Klein „[g]esellschaftliche Opposition" organisiert werden sollte.[52] Die PDS wurde damit endgültig zur Protestpartei gegen den Neoliberalismus.

Hartz-Reformen und Agenda 2010

Für die angestrebte Profilierung als Protestbewegung gegen den Neoliberalismus benötigte die PDS ein konkretes Thema und sie fand es in den Vorschlägen der „Hartz-Kommission" und in der „Agenda 2010" der rot-grünen Bundesregierung. Bereits im August 2002, einen Monat vor der Bundestagswahl, waren im Französischen Dom in Berlin die Reformvorschläge einer Kommission „Moderne Dienstleistungen am Arbeitsmarkt" unter der Leitung des VW-Personalvorstandes Peter Hartz vorgestellt worden und die rot-grüne Bundesregierung machte sich nach der Wahl ans Werk, die Vorschläge in Gesetzgebung zu überführen. Was folgte, war nach Ansicht Edgar Wolfrums ein „Paradigmenwechsel in der deutschen Sozialstaatlichkeit".[53] Mit den „Hartz-Reformen" wurden die Bezugsdauer des Arbeitslosengelds I von 32 auf zwölf Monate verringert, Sozial- und Arbeitslosenhilfe auf Sozialhilfeniveau zusammengelegt, der Kündigungsschutz flexibilisiert, Leiharbeit aufgewertet und die Zumutbarkeitskriterien für die Aufnahme von Arbeit verschärft, sodass auch unter Tariflohnniveau entlohnte Jobs als zumutbar gelten sollten. Damit wurde das doppelte Ziel verfolgt, Erwerbslose in Arbeit zu bringen und zugleich die hohen Kosten für den Sozialstaat zu senken.[54]

Das sozialpolitische Programm der Hartz-Reformen und der Agenda 2010 schloss unmittelbar an das Ziel an, den Sozialstaat vom „Sicherheitsnetz aus Ansprüchen in ein Sprungbrett in die Eigenverantwortung" zu verwandeln, wie es bereits das Schröder-Blair-Papier formuliert hatte.[55] Damit folgte das Programm dem Paradigma der Aktivierung und Responsibilisierung des Individuums, das, so die Idee, aus der Passivität in die Aktivität befördert werden sollte.[56] Das Menschenbild, das darin sichtbar wurde, war das des autonomen Subjekts, das zugleich

---

[50] PDS (Hrsg.), Parteiprogramm 2003, S. 32.
[51] Ebenda, S. 6.
[52] Dieter Klein, zit. n. Sandra Brunner/Dominic Heilig/Benjamin Hoff, Um den kleinsten gemeinsamen Nenner geht es nicht. Das „Forum Zweite Erneuerung". In: Disput, H. 3, 2003, S. 24.
[53] Wolfrum, Rot-Grün an der Macht, S. 544.
[54] Vgl. ebenda, S. 544–546; Egle, Deutschland, S. 178–182.
[55] G. Schröder/Blair, Der Weg nach vorne, S. 23.
[56] Vgl. Leendertz, Zeitbögen, S. 214.

ein Recht *auf* und eine Pflicht *zur* Eigenverantwortung hat.[57] Aus Sicht der PDS wiederum stellte die Agenda 2010 den Inbegriff des zum Feindbild erklärten „neoliberalen" Zeitgeistes dar, der – mit der Begrifflichkeit Antonio Gramscis – die „kulturell-geistige Hegemonie" erobert habe, wie es in einer Veröffentlichung der Rosa-Luxemburg-Stiftung hieß, für die Michael Chrapa gemeinsam mit André und Michael Brie verantwortlich zeichnete.[58] Die Reformen nähmen leichtfertig eine „Zunahme sozialer Polarisierung, Unsicherheit und Druck" in Kauf und gingen, so der Vorwurf, „auf Kosten der unteren Gruppen der Gesellschaft".[59] Es gehe letztlich um „soziale Deregulierung, Flexibilisierung der Arbeit, weitere Privatisierung nicht zuletzt öffentlicher Dienstleistungen und Daseinsvorsorge".[60] Auch Helmut Holter kritisierte, dass mit den Hartz-Gesetzen das Risiko der Arbeitslosigkeit „durch den Rückgriff auf persönliche Rücklagen privatisiert" werde und Arbeitslose in „Niedrigstlohnarbeit" gedrängt würden: „Gefragt ist nur noch, wer billig, flexibel und mobil ist." Ziel sei eine „Zurichtung der Gesellschaft zu einem Funktionselement des Marktes".[61]

Diese Interpretation war in der PDS weitgehend unstrittig und passte sowohl zur antikapitalistischen Gefühlslage der Basis als auch zu den keynesianischen Wendungen der Partei-Elite. Dazu gehörte auch, dass die PDS in der Debatte um die Agenda 2010 und die Hartz-Reformen der rot-grünen Regierung eine strukturell konservative Position einnahm, die den Kampf um den Erhalt des bestehenden Sozialstaats ins Zentrum stellte. Es gehe darum, eine „Zerschlagung der Sozialstrukturen" und eine Zerstörung des etablierten bundesdeutschen Sozialstaats zu verhindern.[62] Zudem gehe die Methode, wachsenden Zwang auf Arbeitslose auszuüben, an den Problemen Ostdeutschlands vorbei und unterstelle, „dass es den Ostdeutschen am Arbeitswillen mangelt – es mangelt an Arbeitsplätzen".[63] Als Alternative schlug die PDS ein Programm vor, das linkskeynesianische Züge trug und auf wohlfahrtsstaatliche Ausgaben setzte: öffentliche Investitionen in Infrastruktur, Schaffung eines steuerfinanzierten Beschäftigungssektors und Frühverrentungsprogramme für ältere Arbeitslose.[64]

---

[57] Vgl. Ther, Die neue Ordnung, S. 285; Nachtwey, Marktsozialdemokratie, S. 226.

[58] A. Brie/M. Brie/Chrapa, Für eine moderne sozialistische Partei, S. 10; zur Begrifflichkeit Gramscis siehe Barfuss/Jehle, Antonio Gramsci, v. a. S. 24–35; Leggewie, Kulturelle Hegemonie.

[59] A. Brie/M. Brie/Chrapa, Für eine moderne sozialistische Partei, S. 9.

[60] Ebenda, S. 10.

[61] ADS, PDS-LV MV, Alt-Sign. 2008-XVII-563: Helmut Holter, Hartz – statt Marktentlastung Belastung der Arbeitslosen. Pressemitteilung des Ministeriums für Arbeit, Bau und Landesentwicklung Mecklenburg-Vorpommern, 12. 12. 2002, S. 2–4.

[62] ADS, PDS-LV MV, Alt-Sign. 2008-XVII-401: PDS Mecklenburg-Vorpommern, LAG „Soziales", An Mitglieder des Bundesvorstandes und der Landtagsfraktion der PDS MV: Mit eigenem beschäftigungspolitischem Programm Profil beweisen, 25. 8. 2002, S. 2.

[63] ADS, PDS-LV MV, Alt-Sign. 2008-XVII-563: Helmut Holter, Hartz – statt Marktentlastung Belastung der Arbeitslosen. Pressemitteilung des Ministeriums für Arbeit, Bau und Landesentwicklung Mecklenburg-Vorpommern, 12. 12. 2002, S. 2.

[64] ADS, PDS-LV MV, Alt-Sign. 2008-XVII-563: Lothar Bisky/Helmut Holter/Harald Wolf, Sofortmaßnahmen für aktive Beschäftigungspolitik. Pressemitteilung des Ministeriums für Arbeit, Bau und Landesentwicklung Mecklenburg-Vorpommern, 11. 8. 2003, S. 2.

Proteste und „Montagsdemonstrationen"

Dass diese Vorschläge nicht neu waren und auch keinerlei Aussicht auf Realisierung hatten, spielte nur eine Nebenrolle. Wichtiger war, dass sich führende Strategen in der PDS von der Agenda 2010 neue Bündnismöglichkeiten erhofften: Eine dezidierte Anti-Agenda-Kampagne sollte der Partei „bundespolitisch einen sehr eigenständigen Gebrauchswert" verschaffen.[65] Anvisiert wurde ein breites Protestbündnis mit linken Sozialdemokraten, Gewerkschaftsmitgliedern und Globalisierungskritikern sowie Sozialverbänden, DDR-Oppositionellen und anderen aufgebrachten Bürgerinnen und Bürgern. Dieses Protestbündnis wurde schließlich in Gestalt der sogenannten Montagsdemonstrationen gegen die Hartz-Reformen Realität, die bis Sommer 2004 zu einem bundesweiten Massenprotest mit Schwerpunkt in Ostdeutschland anwuchsen.[66] Woche für Woche versammelten sich Tausende von Menschen auf den Straßen, um gegen die rot-grünen Reformen zu demonstrieren, aber auch um ihrem Frust über die „etablierte Politik" Ausdruck zu verleihen.[67] Die PDS erklärte sich zum „Teil des gesellschaftlichen Protestes"[68] und unterstützte die Demonstrationen mit ihrer Kampagne „Agenda 2010 – das ist Armut per Gesetz" und mit dem Programm „Agenda Sozial".[69]

Semantisch griff die PDS nun wieder auf das Protestvokabular zurück, das sie sich in den ersten Jahren nach der Wiedervereinigung angeeignet hatte: Auf Wahlplakate druckte sie die Botschaft „Es reicht!"[70]. Lautstark wurden SPD und Grüne als „Räuber und Betrüger"[71] kritisiert und die gesellschaftlichen „Trennungslinien [...] zwischen unten und oben"[72] betont. „Massenproteste" bezeichnete die PDS als „einzige Chance", um das „politische Kartell" der anderen Parteien zu einer Abkehr von Hartz IV zu bewegen.[73] Die „politische Klasse"[74] und die „Superreichen"[75] wurden dabei in Opposition zum „wir" der Protestierenden gesetzt. Zugleich interpretierte die Partei die sogenannten Montagsdemonstrationen als „Ausdruck eines wachsenden demokratischen Selbstbewusstseins" der Ostdeutschen.[76] Auch profilierte sie sich wieder als „Partei für den Alltag" und assistierte beim Ausfüllen von Hartz-IV-Fragebögen.[77]

[65] A. Brie/M. Brie/Chrapa, Für eine moderne sozialistische Partei, S. 10.

[66] Wolfrum, Rot-Grün an der Macht, S. 566.

[67] Vgl. ebenda, S. 572.

[68] Lothar Bisky, PDS-Politik, das war und ist Widerstand gegen Agenda 2010 und Hartz-Gesetze. Rede auf der Landeskonferenz der PDS Sachsen am 16.10.2004 in Plauen. In: PDS-Pressedienst, 22.10.2004.

[69] Vgl. Nachtwey/Spier, Günstige Gelegenheit?, S. 65.

[70] PDS, „Es reicht!". Wahlplakat zur Europawahl 2004.

[71] Dagmar Enkelmann, Rot-Grün geht unter Räuber und Betrüger. In: PDS-Pressedienst, 6.8.2004.

[72] Parteivorstand der PDS, Protest lohnt sich! In: PDS-Pressedienst, 24.9.2004.

[73] Rosemarie Hein/Wulf Gallert, Massenproteste als einzige Chance. In: PDS-Pressedienst, 13.8.2004; vgl. auch Peter Porsch, Soziale Grausamkeiten bleiben. In: PDS-Pressedienst, 20.8.2004.

[74] Parteivorstand der PDS, Protest lohnt sich! In: PDS-Pressedienst, 24.9.2004.

[75] Petra Pau, Der Kanzler hat Recht – im Prinzip. In: PDS-Pressedienst, 24.9.2004.

[76] Rolf Kutzmutz, Über 130 000 Montagsdemonstranten. In: PDS-Pressedienst, 27.8.2004.

[77] Stefan Berg u.a., Die große Hartz-Hysterie. In: Der Spiegel, 9.8.2004, S. 22–26, hier S. 24 (Zitat: Maritta Böttcher).

Widerspruchsfrei blieb diese Proteststrategie aber nicht. Dass sich ausgerechnet die „SED-Nachfolgepartei" zur Anführerin der neuen „Montagsdemonstrationen" aufschwang, erschien vielen als „Treppenwitz".[78] Allerdings riefen auch frühere DDR-Oppositionelle wie Christian Führer, Christian Noack und Sebastian Pflugbeil zu Demonstrationen gegen Hartz IV auf und wehrten sich gegen Versuche, „den jetzt Demonstrierenden die Berechtigung abzusprechen, die Tradition montäglicher Demonstrationen nun gegen den Sozialabbau der rot-grünen Bundesregierung wieder aufnehmen zu dürfen."[79] Die Tradition der Montagsdemonstrationen war aber nicht das einzige Problem für die PDS: Auch mit dem Regierungskurs in Berlin und Schwerin, wo sich die Landesverbände bereits den Ruf von „Manchester-Sozialisten" eingehandelt hatten,[80] kollidierte die Anti-Agenda-Kampagne sichtlich: „Denn dort, wo die Postkommunisten mitregieren […], betreiben sie genau jenen Sozialabbau mit, den ihre Funktionäre und Anhänger auf der Straße kritisieren," wie „Der Spiegel" bemerkte.[81] In Mecklenburg-Vorpommern war es sogar ausgerechnet Arbeitsminister Helmut Holter, der auf Landesebene für die Umsetzung der Hartz-Reformen zuständig war.[82] Der PDS-Politiker verfolgte daher eine „Doppelstrategie", die aus „Protest und Beratung, Koordinierung und Umsetzung" bestehen sollte.[83] Die Versuche des PDS-Landesvorstands, Holter aus dieser Verantwortung zu nehmen, scheiterten aber an der Weigerung des sozialdemokratischen Ministerpräsidenten, der die PDS gezielt in die Mithaftung für die rot-grüne Reform nahm.[84]

In einer ähnlichen Situation sah sich auch die Bundesführung der Partei, die den Spagat versuchte, den Protest gegen die Agenda 2010 anzuführen und sich trotzdem als aktive und konstruktive Kraft mit bundespolitischem Einfluss zu präsentieren. So lobte Lothar Bisky im Juli 2004 nach einem Treffen des Bundeskanzlers mit Vertreterinnen und Vertretern der ostdeutschen Bundesländer das Versprechen Schröders, für bestimmte Regionen mit hoher Arbeitslosenquote auch weiterhin staatliche Arbeitsbeschaffungsmaßnahmen und Lohnzuschüsse zu er-

---

[78] Wolfgang Labuhn, „Volksfront" – Kanzler weist Vorwürfe zurück. Deutschland-Radio Berlin, OrtsZeit vom 16. 8. 2004, URL <http://www.deutschlandradio.de/archiv/dlr/sendungen/kommentar_dlr/294364/index.html> (abgerufen am 11. 3. 2019); so auch Wolfrum, Rot-Grün an der Macht, S. 566.

[79] Ansorg u. a., Wir protestieren gegen Hartz IV. Vgl. auch Stefan Berg u. a., Die große Hartz-Hysterie. In: Der Spiegel, 9. 8. 2004, S. 22–26, hier S. 22.

[80] Stefan Berg/Gunther Latsch, Scheinheiliger Spagat. In: Der Spiegel, 6. 9. 2004, S. 40.

[81] Ebenda.

[82] ADS, PDS-LV MV, Alt-Sign. 2008-XVII-401: Peter Ritter an die Parteivorsitzende, die Mitglieder des Parteivorstandes, die PDS-Landesvorsitzenden Ost, die PDS-LandessprecherInnen West, 16. 10. 2002; ebenda: Barbara Borchardt, Arbeitsgruppe zur „Umsetzung des Hartz-Konzeptes". Antrag an den PDS Landesvorstand Mecklenburg-Vorpommern am 8. 10. 2002. Klein-Vielen, 7. 10. 2002.

[83] ADS, PDS-LV MV, Alt-Sign. 2008-XVII-408: Protokoll der Klausur des Landesvorstandes am 13./14. 8. 2004, S. 1.

[84] ADS, PDS-LV MV, Alt-Sign. 2008-XVII-406: Ministerpräsident Harald Ringstorff an PDS-Landesvorsitzenden Peter Ritter. Schwerin, 27. 7. 2004, S. 2.

möglichen: Der Kanzler habe auf Druck der Sozialisten hin dem Einstieg in den lange geforderten öffentlichen Beschäftigungssektor zugestimmt, es seien „Positionen der PDS wohl zum ersten Mal in einem so großen Umfang Realität in der Bundesrepublik geworden".[85] Zum Anti-Agenda-Kurs passte diese Äußerung nicht. Integrations- und Proteststrategie standen offensichtlich im Konflikt miteinander. Kurz darauf schon musste Bisky dann auch intern einräumen, dass „diese erste Bewertung meinerseits wohl doch mehr vom Wunsch als Vater des Gedankens getragen war".[86] Mit dem bisherigen Kurs, sich durch Kooperationsbereitschaft als vernünftiger Partner zu empfehlen und so die eigene Integration in das Parteiensystem zu befördern, war in dieser Situation nicht viel auszurichten. Der Spagat zwischen Regierung und Protest wirkte sich aber auch erschwerend auf die Versuche der Partei aus, bundesweit neue Verbündete aus Gewerkschaften und linker Sozialdemokratie zu gewinnen, wie sich bald zeigte. Dennoch bot der Protest gegen die „Agenda 2010" die Möglichkeit, eben solche Partner auf dem Boden der „alten" Bundesrepublik zu gewinnen und die PDS endlich nach Westen zu führen.

2. „Neue Linkspartei"? Die PDS auf dem Weg nach Westen

2.1 „Im Westen was Neues"[87]: Das Bündnis mit Lafontaine und der WASG

Die rot-grünen Reformen der Agenda 2010 waren in vielerlei Hinsicht eine späte Folge der Diskussionen um die Zukunftsfähigkeit des deutschen Wohlfahrtsstaats und des gesamten deutschen Wirtschaftsmodells, wie sie in den 1990er Jahren geführt worden waren. Frank Bösch hat in dieser Hinsicht von einer „versetzten Transformation"[88] gesprochen: Veränderungen der ökonomischen Struktur, die in ähnlicher Weise in den 1990er Jahren bereits in Ostdeutschland stattgefunden hatten, erreichten nun auch den Westen der Republik; atypische Arbeitsformen, Leiharbeit und geringfügige Beschäftigung drohten sich nun auch in den alten Bundesländern auszubreiten, inklusive der damit verbundenen Debatten um sozi-

---

85 Lothar Bisky, Wir bleiben dabei: Hartz IV muss weg. Erklärung, 13. 7. 2004. In: PDS-Pressedienst, 15. 7. 2004. Gegenüber parteiinternen Kritikern verteidigte Bisky sich, er habe Rücksicht auf den mecklenburg-vorpommerschen Minister Wolfgang Methling nehmen müssen, der an dem Treffen mit dem Bundeskanzler teilgenommen hatte. ADS, PDS-LV MV, Alt-Sign. 2008-XVII-408: Lothar Bisky an Jörg Böhm, undatiert [Juli 2004]; dazu auch Jens Schneider, „Alter Wein, neue Schläuche". In: Süddeutsche Zeitung, 14. 7. 2004.
86 ADS, PDS-LV MV, Alt-Sign. 2008-XVII-408: Lothar Bisky an Jörg Böhm, undatiert [Juli 2004].
87 Vgl. Nachtwey, Im Westen was Neues.
88 Bösch, Geteilt und verbunden, S. 34.

ale Ungleichheit und Gerechtigkeit.[89] In gewisser Weise wurde damit auch dazu beigetragen, den innerdeutschen Gegensatz zwischen Ost und West abzubauen: zum einen, weil die Ostdeutschen im innerdeutschen Diskurs nun verstärkt als besonders flexibel und als „Avantgarde" der postindustriellen Gesellschaft gepriesen wurden, zum anderen, weil sich soziale Unzufriedenheit und Protest, die in den 1990er Jahren noch das Klischee vom „Jammerossi" geprägt hatten, nun in der ganzen Bundesrepublik zu zeigen begannen – mit langfristigen Folgen für das Parteiensystem der Bundesrepublik.[90]

Spaltung der Sozialdemokratie

Dass die Reformpolitik zu einer Umstrukturierung des Parteiensystems führen würde, erschien schon damals vielen als unausweichlich. Schon seit den achtziger, vor allem aber seit den späten neunziger Jahren war der elektorale Rückhalt der Sozialdemokratie in der Arbeiterschaft und unter Arbeitslosen deutlich zurückgegangen.[91] Zugleich waren die SPD-internen Konflikte zwischen „Traditionalisten" und „Modernisierern" in der Regierungszeit Gerhard Schröders zugunsten der zweiten Gruppe entschieden worden: Nach dem Abgang Oskar Lafontaines errangen jene die Oberhand, die mit Blick auf die flexiblen Wählergruppen der „neuen Mitte" und die wahrgenommene Krise des „Modells Deutschland" das Konzept einer „modernen Sozialdemokratie" verfolgten. Sie erachteten keynesianische Konzepte für gescheitert, schrieben dem Markt eine grundsätzlich überlegene Rolle gegenüber staatlicher Intervention zu und versuchten in der Sozialpolitik in erster Linie, die „employability" des Einzelnen auf dem Arbeitsmarkt zu erhöhen statt ihn gegen den Arbeitsmarkt abzusichern.[92] Aus „politics against markets"[93] wurde „politics within markets".[94] Dieser Reformlogik hatte auch der linke SPD-Flügel nichts entgegenzusetzen. Zum einen fehlte ihm nach dem Rückzug Lafontaines eine profilierte Führungsfigur, zum anderen erkannte auch die „Parlamentarische Linke" in der SPD-Fraktion einen grundsätzlichen Reformbedarf an.[95] Die Argumente der SPD-Führung – „Reformen seien notwendig, um den Sozialstaat zu retten; die neoliberale Opposition wolle viel weiter gehen; die neue Zeit erfordere einen Mentalitätswandel" – ließen eine umfassende Reform „alternativlos" erscheinen,[96] zumal sich die SPD auf zeitgenössische Umfragen verließ, wonach

---

[89] Vgl. ebenda, S. 35 f.; zur Entwicklung der Beschäftigungstypen siehe Ludwig-Mayerhofer, Arbeitsmarkt, S. 305–310; Keller/Seifert, Atypische Beschäftigungsverhältnisse.
[90] Vgl. Ther, Die neue Ordnung, S. 299–301.
[91] Vgl. Nachtwey/Spier, Günstige Gelegenheit?, S. 23 f. und S. 30.
[92] Vgl. Seeleib-Kaiser, Neubeginn oder Ende der Sozialdemokratie?, S. 490.
[93] Esping-Andersen, Politics against Markets.
[94] Mielke, Wähler im Wartestand, S. 10; vgl. auch Nachtwey/Spier, Günstige Gelegenheit?, S. 36 f.
[95] Vgl. Wolfrum, Rot-Grün an der Macht, S. 553–556.
[96] Ebenda, S. 550.

auch eine Mehrheit der Bevölkerung Reformen am sozialstaatlichen Modell für notwendig erachtete.[97]

Unter diesen Voraussetzungen verlagerten sich Kritik und Opposition zu den Hartz-Reformen auf den außerparlamentarischen Bereich. An der Basis, in der SPD-Wählerschaft und in den Gewerkschaften wurde das Narrativ der Alternativlosigkeit angezweifelt. Dort sahen viele in der Reform eine „gigantische Umverteilung von Belastungen, Risiken und Erfolgschancen" zuungunsten der sozial Schwachen, so der Mainzer Politologe und Sozialdemokrat Gerd Mielke.[98] Zugleich gingen große Teile der Gewerkschaften auf Konfrontationskurs zur SPD und suchten das Aktionsbündnis mit globalisierungskritischen Kräften, Arbeitslosenverbänden und diversen linken Gruppierungen – inklusive der PDS.[99] Mit anderen Worten: Ein Teil des sozialdemokratischen Kernmilieus fand sich in der Politik der rot-grünen Regierung nicht mehr wieder und suchte nach Möglichkeiten, dies sichtbar zu machen.[100] Dies bestätigte auch die Meinungsforschung, die im Frühjahr 2004 ein Potenzial von 10 bis 15 Prozent für eine neue Linkspartei ausmachte.[101] Für eine solche „Gegen-SPD" spekulierte „Der Spiegel" bereits über Oskar Lafontaine und Gregor Gysi als mögliche Zugpferde.[102]

Dass in dieser Situation kein massenhafter Wechsel zur PDS stattfand und stattdessen im „Superwahljahr" 2004 die Gründung einer neuen „Linkspartei" jenseits der SPD zum Diskussionsthema in der bundesdeutschen Öffentlichkeit wurde, verweist darauf, dass es der PDS nicht gelungen war, sich in Westdeutschland als akzeptable Alternative zu etablieren. Die „SED-Nachfolgepartei" zu wählen, blieb für Alt-Bundesbürger undenkbar. Als ostdeutsche Regionalpartei allerdings wurde die PDS als natürlicher Bündnispartner für eine neue „linke (Protest)-Partei"[103] angesehen, die sich im Übrigen auch „populistischer" Strategien bedienen müsse, damit „ein dynamischer, plebiszitär unterfütterter Reformismus" wirksam werde, wie die Göttinger Politologen Franz Walter und Tim Spier prognostizierten.[104] Die Idee eines neuen gesamtdeutschen Linksbündnisses unter Einschluss der PDS war damit bereits im Geiste geboren. Sie blieb aber vorerst ein reines „Medienprodukt".[105]

---

[97] Vgl. Glaab/Sesselmeier, Experimentierfeld Deutschland, S. 19 und S. 22 f. Allerdings waren zugleich deutliche Grenzen der Reformbereitschaft zu erkennen (ebenda).

[98] Mielke, Wähler im Wartestand, S. 12.

[99] Vgl. Nachtwey/Spier, Günstige Gelegenheit?, S. 63 f.

[100] Vgl. Mielke, Wähler im Wartestand.

[101] Markus Feldenkirchen/Roland Nelles, Linkes Schnäppchen. In: Der Spiegel, 22. 3. 2004, S. 44–46, hier S. 46.

[102] Ebenda, S. 44 und S. 46.

[103] Mielke, Wähler im Wartestand, S. 18.

[104] F. Walter/Spier, Viel Lärm um nichts?, S. 337.

[105] Lothar Bisky, Ich bitte euch, das Vorhaben einer neuen Linken in Deutschland engagiert zu unterstützen. Brief an die Mitglieder, Sympathisantinnen und Sympathisanten der PDS, 24. 6. 2005. In: PDS-Pressedienst, 1. 7. 2005.

Die Gründung der WASG

Zu diesem Zeitpunkt hatten sich in Westdeutschland bereits zwei politische Vereine im Protest gegen die Arbeitsmarktpolitik der rot-grünen Bundesregierung gegründet: die „Wahlalternative" und die „Initiative Arbeit & soziale Gerechtigkeit" (ASG), die sich wiederum im Juli 2004 zur WASG vereinten.[106] Die am 5. März 2004 im Berliner DGB-Bundeshaus gegründete Wahlalternative wurde dominiert von gewerkschaftlich orientierten Intellektuellen und Publizisten.[107] Sie stammten aus dem Umfeld der linkssozialdemokratischen Zeitschrift „Sozialismus", der „Abteilung Wirtschaftspolitik" beim Bundesvorstand der Vereinigten Dienstleistungsgewerkschaft (ver.di) sowie der sogenannten Memorandum-Gruppe, einer Arbeitsgruppe nachfrageorientierter Ökonomen, die jährlich „Gegengutachten" zu den Gutachten des Sachverständigenrats der „Wirtschaftsweisen" herausgab.[108] Initiatoren und Mitorganisatoren des Gründungstreffens waren Ralf Krämer, Axel Troost und Joachim Bischoff.[109] Ein ähnliches Profil wies auch die etwa zeitgleich entstandene ASG auf, die aber ihr Zentrum in Süddeutschland hatte und von sozialdemokratischen IG-Metall-Funktionären wie Klaus Ernst und Thomas Händel geprägt wurde.[110] Fast alle Mitglieder des WASG-Gründerkreises konnten eine Vergangenheit in der SPD vorweisen, der sie mehrheitlich in der euphorischen Reformphase der 1970er Jahre beigetreten waren. Entsprechend waren viele von ihnen einer sozialdemokratisch geprägten Wohlfahrtsstaatsidee verpflichtet, auf die sich seit geraumer Zeit auch Teile der PDS-Führung beriefen.[111]

Was WASG- und PDS-Mitglieder einte, war die Sehnsucht nach dem starken, absichernden Wohlfahrtsstaat.[112] Allerdings lag ein Bündnis zwischen beiden Parteien noch in weiter Ferne und es bestanden zahlreiche gegenseitige Vorbehalte. Im westdeutschen Gewerkschaftsmilieu, dem die WASG entstammte, wurde die PDS von vielen noch immer als „ausländische Partei" ohne Verankerung in den alten Bundesländern wahrgenommen.[113] Vor allem die Gewerkschaftsfunktionäre aus der IG Metall waren noch stark der SPD verbunden und suchten sich von „linkssektiererischen" Kreisen abzugrenzen.[114] Aus dieser Sicht stellte die sozialistische Orientierung der PDS ein Problem dar. Seine Partei sehe sich „als Alternative im System", während die Sozialisten „in Richtung einer Systemalternative" strebten, so der nordrheinwestfälische Theologe und WASG-Spitzenkandidat Jür-

---

[106] Zur Chronologie siehe Zeittafel zur Geschichte der WASG.

[107] Heunemann, Die Erfindung, S. 12 f.

[108] Vgl. Meves, Die Wahlalternative, S. 24; Jesse/Lang, DIE LINKE – eine gescheiterte Partei?, S. 83; zur „Memorandum"-Gruppe siehe Schanetzky, Die große Ernüchterung, S. 193–203.

[109] Vgl. Heunemann, Die Erfindung, S. 12 f.; Vollmer, Arbeit & Soziale Gerechtigkeit, S. 64.

[110] Vgl. Heunemann, Die Erfindung, S. 13.

[111] Vgl. Nachtwey, Im Westen was Neues, S. 166 und S. 172.

[112] Micus, Stärkung des Zentrums, S. 216.

[113] Ralf Krämer, zit. n. Nachtwey, Im Westen was Neues, S. 165; vgl. auch Krämer, Für eine wahlpolitische Alternative 2006 (1. Aufruf), S. 236; Lorenz, Techniker der kalten Fusion, S. 293.

[114] Vollmer, Arbeit & Soziale Gerechtigkeit, S. 72.

gen Klute.[115] Umgekehrt befürchteten Teile der PDS, eine mögliche Zusammenarbeit mit der linksgewerkschaftlichen WASG könne zu einer weiteren Sozialdemokratisierung ihrer Partei beitragen.[116]

Diese gegenseitige Wahrnehmung bildete jedoch nur einen Teil der Wirklichkeit ab. Denn in ihrer Heterogenität waren sich WASG und PDS gar nicht so unähnlich. Der Politikwissenschaftler Matthias Micus sprach treffend von einer „Uneindeutigkeit der Differenzen" zwischen beiden Parteien.[117] Denn die WASG war keineswegs eine rein sozialdemokratische Partei, sondern sammelte zahlreiche heimatlose Linke im Westen auf. Dazu zählte unter anderem ein rund 500 Mitglieder starker trotzkistischer Flügel, der sich in der „Sozialistischen Alternative – Voran" (SAV) organisierte.[118] Auch waren die Initiatoren der WASG in ihrer Mehrheit keineswegs, wie oft behauptet, antikommunistische Gewerkschafter, die von der PDS nichts wissen wollten.[119] Vielmehr gehörten einige von ihnen eben jenem Personenkreis an, zu dem die PDS seit Mitte der 1990er Jahre bereits Kontakte etabliert hatte. Dazu zählte der Ex-Kommunist Axel Troost von der Wahlalternative ebenso wie der Hamburger Ökonomie-Professor und ASG-Mitgründer Herbert Schui.[120] Andere Gründungsmitglieder der WASG hatten sogar selbst eine Vergangenheit in der PDS vorzuweisen: Der frühere Sozialdemokrat Ralf Krämer, bis 1996 Mitglied im SPD-Landesvorstand Nordrhein-Westfalen,[121] war Chefredakteur des sozialistischen Theorieorgans „Sozialistische Politik und Wirtschaft" (spw), das bereits 1990 interessiert die künftigen Beziehungen zur PDS thematisiert hatte.[122] Nach seinem Austritt aus der SPD im Jahr 1999 war Krämer schließlich selbst in die PDS eingetreten.[123] Joachim Bischoff wiederum, Mitherausgeber der linksgewerkschaftlichen Zeitschrift „Sozialismus", war schon 1990 Mitbegründer der Hamburger „Linken Liste" gewesen, ehe er 2000 in den PDS-Bundesvorstand gewählt worden war. Im Arbeitsausschuss der Wahlalternative stellten aktive oder ehemalige PDS-Mitglieder sogar eine Mehrheit und auch dem zehnköpfigen erweiterten Bundesvorstand der vereinigten WASG gehörten mit Joachim Bischoff und Helge Meves zwei PDS-Mitglieder an.[124]

---

[115] Jürgen Klute, zit. n. Vollmer, Arbeit & Soziale Gerechtigkeit – Die Wahlalternative (WASG). Entstehung, Geschichte und Bilanz. Baden-Baden 2013 (Parteien und Wahlen; 5), S. 103.

[116] Vgl. Micus, Stärkung des Zentrums, S. 220 f.

[117] Ebenda, S. 195–197.

[118] Vgl. Vollmer, Arbeit & Soziale Gerechtigkeit, S. 75 f.

[119] Vgl. ebenda, S. 63 und S. 72 f.

[120] ADS, BT/14.WP-0005: Nichts mehr verteilen? Verteilungspolitik im Shareholder-Kapitalismus. 8. Gewerkschaftspolitische Konferenz, 23. bis 24. 11. 2001. Mannheim, Stadthaus N1 [Broschüre]; vgl. Prinz, Die programmatische Entwicklung, S 63.

[121] Vgl. persönliche Homepage Ralf Krämers, URL <http://www.ralfkraemer.de/person/vita> (abgerufen am 11. 3. 2019).

[122] Vgl. Nachtwey, Im Westen was Neues, S. 170.

[123] Vgl. Heunemann, Die Erfindung, S. 85.

[124] Vgl. Nachtwey, Im Westen was Neues, S. 172; Vollmer, Arbeit & Soziale Gerechtigkeit, S. 68. Auch der frühere PDS-Bundesgeschäftsführer Uwe Hiksch unterstützte Wahlalternative und ASG beim Aufbau ihrer Organisationen (vgl. ebenda, S. 72). Für eine Liste der Vorstandsmitglieder siehe Zeittafel zur Geschichte der WASG, S. 220.

Für diese Personen war die PDS keineswegs zu sozialistisch, sondern bereits zu angepasst. Sie warfen ihr eine zu große Distanz zu den sozialen Bewegungen und eine Fixierung auf die parlamentarische Präsenz und „aufs Mitregieren" vor.[125] Und auch wenn es um „neoliberale" Politik ging, dann war die PDS aus Perspektive vieler in der WASG nicht Lösung, sondern „Teil des Problems".[126] Vor allem mit ihrer Regierungspolitik in Berlin und Mecklenburg-Vorpommern habe sich die PDS „zusätzlich desavouiert", so Ralf Krämer.[127] Diese Kritik aus der WASG lag quer zu den Wahrnehmungen der PDS als einer systemüberwindenden, kommunistisch inspirierten Kraft. Die WASG war daher von Beginn an nicht nur eine linke „Ausgründung der SPD",[128] sondern auch eine Gegengründung zur PDS, der „bestimmte Anpassungstendenzen an die neoliberale Entwicklung" vorgeworfen wurden.[129]

Umgekehrt standen führende Persönlichkeiten in der PDS der westdeutschen Konkurrentin zunächst distanziert oder offen ablehnend gegenüber. Sie befürchteten eine Zersplitterung der politischen Linken und sahen in der WASG eine geradezu fundamentalistische Partei voller unrealistischer Forderungen.[130] Dazu kam, dass sich die PDS mit einem Stimmenanteil von 6,1 Prozent bei der Europawahl am 13. Juni 2004 wieder aus eigener Kraft stabilisiert zu haben schien. Die Existenzkrise nach der Bundestagswahl 2002 war sichtlich überstanden. Zur WASG äußerte sich die PDS-Führung daher zurückhaltend und sprach unverbindlich von einem Dialog- und Kooperationspartner.[131] Gregor Gysi dagegen, der zu dieser Zeit keine offizielle Funktion in der Partei ausfüllte, sah im Ergebnis der Europawahl, bei der die PDS abermals auf die neuen Bundesländer beschränkt geblieben war, einen weiteren Beleg für die „mangelnde Akzeptanz im Westen". Er setzte einen resignierten Schlussstrich unter das lange verfolgte Projekt der Westausdehnung aus eigener Kraft: Die PDS werde von enttäuschten SPD- und Grünen-Anhängern nicht angenommen und brauche daher eine „Partnerpartei" auf dem Boden der alten Bundesrepublik. Aber auch Gysi blieb skeptisch, ob die WASG jene „Linkspartei im Westen" sein könne, die man benötigte. Dafür brauche es ein

---

125 Krämer, Für eine wahlpolitische Alternative 2006 (1. Aufruf), S. 236; vgl. Heunemann, Die Erfindung, S. 58; Micus, Stärkung des Zentrums, S. 196.

126 Leverkusener Erklärung, zit. n. Heunemann, Die Erfindung, S. 58; vgl. auch Nachtwey, Im Westen was Neues, S. 172.

127 Krämer, Für eine wahlpolitische Alternative 2006 (1. Aufruf), S. 236; vgl. auch Heunemann, Die Erfindung, S. 18; Vollmer, Arbeit & Soziale Gerechtigkeit, S. 80.

128 Schoen/Falter, Die Linkspartei und ihre Wähler, S. 37.

129 Meves, Die Wahlalternative, S. 24; vgl. auch Robin Alexander, Links und links gesellt sich ungern. In: Die Tageszeitung, 26. 5. 2005.

130 Vgl. Rolf Kutzmutz, PDS ist offen für einen Dialog mit der Wahlalternative. In: PDS-Pressedienst, 26. 11. 2004; Behrend, Eine Geschichte der PDS, S. 160; Weichold, Von der Gründung der WASG, S. 68; Heunemann, Die Erfindung, S. 61.

131 „Wir prüfen die Verfassungswidrigkeit intensiv." Interview mit Lothar Bisky. In: Die Welt, 19. 7. 2004; vgl. auch Rolf Kutzmutz, Offen für Kooperation mit Wahlalternative. In: PDS-Pressedienst, 7. 1. 2005.

westdeutsches Zugpferd und für diese Rolle kam für ihn nur einer infrage: Oskar Lafontaine.[132]

Der benötigte Partner im Westen: Oskar Lafontaine

Oskar Lafontaine war nach wie vor einer der bekanntesten, aber auch umstrittensten Sozialdemokraten des Landes. Lange als einer der sogenannten „Enkel Willy Brandts"[133] und selbst als „Modernisierer"[134] angesehen, führte der saarländische Ministerpräsident die SPD im Jahr 1990 als Kanzlerkandidat in die Bundestagswahl, hatte mit seiner Skepsis gegenüber der Wiedervereinigung aber keine Chance gegen Helmut Kohl. Als SPD-Vorsitzender setzte er dann seit 1995, wie dargestellt, auf eine strategische Öffnung seiner Partei zur PDS, ehe er nach der Bundestagswahl 1998 damit scheiterte, als Bundesfinanzminister ein linkskeynesianisches Reformprogramm durchzusetzen.[135] Nach seinem Rücktritt von Ministeramt und SPD-Vorsitz im März 1999 entwickelte sich Lafontaine über Jahre hinweg zum prominentesten Kritiker des SPD-Kurses unter Gerhard Schröder und knüpfte Kontakte zu linken außerparlamentarischen Netzwerken wie der 1998 gegründeten globalisierungskritischen Bewegung „attac", die sich für eine internationale Regulierung von Finanztransaktionen einsetzte.[136] Auch pflegte Lafontaine seine Kontakte zu Gregor Gysi weiter, was wiederholt zu öffentlichen Spekulationen über eine politische Kooperation der beiden führte.[137]

Angeheizt wurden solche Gerüchte auch dadurch, dass Lafontaine an seiner Sympathie für die ehemalige Staatspartei keinen Zweifel ließ. Je kritischer er gegenüber seiner eigenen Partei auftrat, desto günstiger schien das Licht, in das er die PDS hüllte.[138] Damit festigte der frühere SPD-Vorsitzende in der bundesdeutschen Öffentlichkeit sein zweifelhaftes Image als „unsicherer Kantonist",[139] konnte aber auch dazu beitragen, Gysi und seine Partei in bestimmten westdeutschen Milieus salonfähig zu machen – zumal er die PDS im September 2003 als „eine

---

[132] „Also, wenn ich was zu sagen hätte in der PDS." Interview mit Gregor Gysi. In: Berliner Zeitung, 21. 8. 2004.

[133] Vgl. Micus, Die Enkel Willy Brandts.

[134] Zur zeitgenössischen Debatte um Lafontaines Positionen in der Wirtschafts- und Arbeitsmarktpolitik siehe Lafontaine, Das Lied vom Teilen; Hofschen (Hrsg.), Lafontaine, SPD und Gewerkschaften.

[135] Vgl. Wolfrum, Rot-Grün an der Macht, S. 110–127.

[136] Vgl. Hübner/Strohschneider, Lafontaines Linke, S. 146.

[137] Vgl. Gysi, Ein Blick zurück, S. 373 f. So drang beispielsweise im Sommer 2000 die Nachricht eines privaten Treffens zwischen den beiden Politikern in Saarbrücken an die Öffentlichkeit. PDS-Fraktionssprecher Reiner Oschmann sah sich gezwungen, Spekulationen entgegenzutreten, dabei werde über die Gründung einer neuen gemeinsamen Partei nachgedacht. Es habe sich um einen rein privaten Termin gehandelt (vgl. ebenda; Gysi und Lafontaine wollen keine neue Partei gründen. In: Die Welt, 1. 7. 2000).

[138] ADS, GYSI-005: Oskar Lafontaine, Einführung. Pressekonferenz zum Erscheinen des neuen Buches von Gregor Gysi „Ein Blick zurück, ein Schritt nach vorn" in der Berliner Pressekonferenz. Berlin, 15. 3. 2001.

[139] Weichold, Von der Gründung der WASG, S. 82.

sozialdemokratische Partei" adelte: Die Partei Gregor Gysis stehe „an der Spitze des wirtschaftlichen Sachverstandes in der Bundesrepublik" und sei daher „reif für die [...] Fusion mit der SPD", so Lafontaine.[140] Auch aus der PDS waren immer wieder Überlegungen nach außen gedrungen, zusammen mit Lafontaine eine linke „Einheitspartei" zu begründen.[141] Dazu passte auch der offene Brief, mit dem Gregor Gysi und André Brie im Bundestagswahlkampf 2002 für Aufsehen sorgten, indem sie an die „gemeinsame Wurzel in der Sozialdemokratie August Bebels und Wilhelm Liebknechts" erinnerten und inhaltliche Gemeinsamkeiten wie die Ablehnung von Auslandseinsätzen der Bundeswehr und die Besteuerung internationaler Devisenumsätze („Tobin-Steuer") herausstellten.[142]

Gemeinsame politische Projekte waren damit bereits genannt. Aber erst mit dem Beginn der Protestwelle gegen die Agenda 2010 und mit der Formierung der WASG in Westdeutschland sah Lafontaine die Zeit für ein politisches Comeback gekommen.[143] Mit einer Rede auf der Leipziger „Montagsdemonstration" am 30. August 2004 versuchte er, sich an die Spitze der Protestbewegung gegen Hartz IV zu stellen. Vor 60 000 Menschen sprach Lafontaine – damals noch Mitglied der SPD – von einer Gefährdung der Demokratie durch arrogante Entscheidungen der Eliten und erntete dafür regen Zuspruch durch die aufgeheizte Menge.[144] Die Anti-Agenda-Bewegung hatte ihren „Volkstribun"[145] gefunden. Was noch fehlte, war eine Partei, denn in der WASG alleine sah Lafontaine keine ausreichende Basis. Im März 2005 trat er schließlich mit einer neuen „Streitschrift" an die Öffentlichkeit, in der er die Gründung einer neuen politischen Partei skizzierte, um die „Umverteilung von unten nach oben" zu beenden. Zwar bescheinigte er der PDS abermals „ein sozialdemokratisches Programm", glaubte aber nicht, dass diese die Aufgabe (alleine) übernehmen könne, weil sie noch immer ein Glaubwürdigkeitsproblem in Westdeutschland habe.[146] Dass dem so war, zeigte sich bei der Landtagswahl in Nordrhein-Westfalen am 22. Mai 2005: Dort spielte die PDS mit 0,9 Prozent faktisch keine Rolle, während auch die junge WASG mit 2,2 Prozent keine Chance auf einen Einzug in den Landtag hatte.

In dieser Situation war es Bundeskanzler Gerhard Schröder, der seinem alten Rivalen Lafontaine unfreiwillig behilflich wurde. Denn mit seiner Ankündigung, vorgezogene Neuwahlen anzustreben, hielt er den sich andeutenden Bündnisprozess zwischen PDS und WASG nicht wie erhofft auf, sondern beschleunigte ihn

---

[140] Oskar Lafontaine, Die PDS ist reif für die Fusion mit der SPD. In: Welt am Sonntag, 14. 9. 2003; vgl. auch Lafontaine, Politik für alle, S. 169.

[141] Falkner/Christoffers, Mut zur linken Mitte, S. 4 f.

[142] „Wir möchten uns für einen linken Aufbruch engagieren". Brief von Gregor Gysi und André Brie an Oskar Lafontaine. In: Neues Deutschland, 4. 9. 2002.

[143] Vgl. Schmeißt SPD Oskar raus? In: Bild, 10. 8. 2004; Vollmer, Arbeit & Soziale Gerechtigkeit, S. 99.

[144] Vgl. Wolfrum, Rot-Grün an der Macht, S. 572.

[145] Den hatten Franz Walter und Tim Spier kurz zuvor noch vermisst, vgl. F. Walter/Spier, Viel Lärm um nichts?, S. 337.

[146] Lafontaine, Politik für alle, S. 169.

im Gegenteil.[147] In mehrfacher Hinsicht, mit seiner Reformpolitik ebenso wie mit der Ausrufung von Neuwahlen, war Schröder daher ungewollter „Geburtshelfer" der gesamtdeutschen Linkspartei.[148] Zwei Tage nach Schröders Entscheidung kündigte Lafontaine sein Comeback an, unter der Bedingung, dass es zu einer linken „Sammlungsbewegung" komme, die „Sozialdemokraten, Gewerkschafter, PDS und WASG" umfassen solle.[149] Damit gelang es ihm, Widerstände aus beiden Parteien zu umgehen. Druck von außen und sachpolitische Erwägungen waren letztlich entscheidend dafür, dass es zum angestrebten Bündnis kam.[150] Allerdings wurde damit von Beginn an ein längerfristiges Projekt verbunden: Am Ende der Bündnisverhandlungen zwischen PDS und WASG bestand Einigkeit darüber, nicht nur gemeinsam zur Bundestagswahl anzutreten, sondern sich binnen zwei Jahren zu einer neuen Partei zu vereinigen.[151] Der Weg zur gesamtdeutschen Linkspartei war damit eingeschlagen und die Führung dahin sollten die beiden Spitzenkandidaten übernehmen: der frühere SPD-Vorsitzende Oskar Lafontaine und der langjährige PDS-Vormann Gregor Gysi.[152]

Namensfragen und Symbolpolitik

Um das Wahlbündnis perfekt zu machen, musste sich die PDS ein weiteres Mal symbolisch von ihrer parteikommunistischen Vergangenheit distanzieren: Noch während des Wahlkampfes benannte sich die „Partei des Demokratischen Sozialismus" in „Linkspartei.PDS" um und verzichtete damit im Parteinamen auf die umstrittene „Sozialismus"-Vokabel. Zudem galt das Kürzel „PDS" nur noch als „Zusatzbezeichnung" und wurde in einigen westdeutschen Ländern gar nicht mehr genutzt.[153] Dies hatte mehrere Gründe: Zum einen wurde aus juristischen Erwägungen keine neue Wahlpartei begründet, sondern PDS-Listen für Unabhängige und für Mitglieder der WASG geöffnet. Formal traten Lafontaine und die WASG-Leute also für die PDS an, die sich im Gegenzug eine neue formale Identität gab, um den Vorbehalten ihres neuen Partners entgegenzukommen.[154] Zum anderen sollten auch solche Wählerinnen und Wähler insbesondere in Westdeutschland erreicht werden, die „vor der Wahl einer Liste der PDS zurückscheuen", wie der PDS-Vorstand offen einräumte.[155] Dabei ging es um mehr als eine Formalie: Lo-

---

147 Vgl. Wolfrum, Rot-Grün an der Macht, S. 687.
148 Dietmar Bartsch, Vortrag an der Universität Mainz, 10. 5. 2017.
149 „Die Regierung hat versagt!". In: Bild, 25. 5. 2005.
150 So auch André Brie, Der Lafontainismus. In: Der Spiegel, 8. 6. 2009, S. 40 f., hier S. 40.
151 Vgl. WASG/PDS, Kooperationsabkommen I [9. 6. 2005]; WASG/PDS, Kooperationsabkommen II [4. 8. 2005]; Gesprächsergebnis von PDS und WASG. In: PDS-Pressedienst, 1. 7. 2005.
152 Vgl. Lafontaine schickt Parteibuch zurück. In: Bild, 31. 5. 2005; Vollmer, Arbeit & Soziale Gerechtigkeit, S. 126.
153 Vgl. Änderung des Statuts. Beschluss der außerordentlichen Tagung des 9. Parteitages am 17. 7. 2005 in Berlin. In: PDS-Pressedienst, 22. 7. 2005.
154 Stand der Verhandlungen und Namensfrage. Information zur Beratung des Parteivorstandes am 22. 6. 2005. In: PDS-Pressedienst, 1. 7. 2005.
155 Ebenda.

thar Bisky zufolge wären die Verhandlungen zwischen PDS und WASG fast an dieser Frage gescheitert, weil sich viele PDS-Mitglieder mit dem neuen Namen nicht identifizieren konnten und auf ihre sozialistische Identität und den damit verbundenen programmatischen Anspruch bestanden.[156] Nicht zuletzt stand mit dem Kürzel PDS die postkommunistische Ersatz-Heimat zur Disposition. Wie schon im Winter 1989/90, als sich die SED zunächst in PDS-SED und anschließend in PDS umbenannte, erfolgte die Neuordnung der Partei also zögerlich und per Kompromiss.

Dies zeigte sich auch in anderen Bereichen. So verzichtete das Wahlprogramm weitgehend auf sozialistische Reminiszenzen und berief sich stattdessen auf die Tradition Willy Brandts.[157] Dass dies von der SPD als Anmaßung empfunden wurde, verstand sich von selbst, zumal der Ehrenvorsitzende im Jahr 1990 noch selbst vor einem „Hineinstolpern in eine Zusammenarbeit" mit der PDS gewarnt hatte.[158] Oskar Lafontaine wiederum verneigte sich auf dem PDS-Parteitag am 27. August 2005 vor dem früheren DDR-Regierungschef Hans Modrow, erinnerte an frühere Treffen der „alten Partner" in den 1980er Jahren und stellte ihn als Kämpfer gegen die „Verkrustungen des Stalinismus" in eine Reihe mit Michail Gorbatschow.[159] Seine Rede garnierte Lafontaine zudem mit einer bunten Auswahl von Zitaten, die von den sozialistischen Ikonen Karl Marx und Rosa Luxemburg über den linken Antikommunisten Albert Camus bis hin zum liberalen Urvater Adam Smith (!) reichten. Lafontaine präsentierte das neue Bündnis als Lehre aus den „Irrungen des Stalinismus" und als einmaliges historisches Ereignis einer „freiwilligen Vereinigung einer demokratischen sozialistischen Linken in Deutschland".[160] Als Anspielung auf die „Zwangsvereinigung" war das subtil genug, um seine neuen Verbündeten nicht zu verärgern. Zugleich grenzte er sich nicht nur vom vermeintlich neoliberalen, sondern auch vom außenpolitischen Konsens der Konkurrenten ab und machte auch vor antiwestlichen Ressentiments nicht halt: So kritisierte Lafontaine die militärische Zusammenarbeit mit den Vereinigten Staaten und forderte „endlich die volle Souveränität" der Bundesrepublik.[161] Als Höhepunkt inszenierte er die symbolträchtige Umarmung mit Hans Modrow[162] – die in der Presse

---

156 Lothar Bisky, Ich bitte euch, das Vorhaben einer neuen Linken in Deutschland engagiert zu unterstützen. Brief an die Mitglieder, Sympathisantinnen und Sympathisanten der PDS, 24. 6. 2005. In: PDS-Pressedienst, 1. 7. 2005; Zur Zusammenarbeit von PDS und WASG. Erklärungen und Stellungnahmen. In: PDS-Pressedienst, 1. 7. 2005; vgl. Weichold, Von der Gründung der WASG, S. 90 f.

157 Parteivorstand Die Linkspartei.PDS (Hrsg.), Für eine neue soziale Idee, S. 22. Der Begriff „Sozialismus" kommt im Wahlprogramm nur an einer Stelle im Vorwort vor: „Dem demokratischen Sozialismus verpflichtet, streiten wir für eine bessere Gesellschaft." (S. 6)

158 AdsD, SPD-PV: Protokoll der Parteivorstandssitzung am 19. 3. 1990; vgl. Henry Schmidt, Würde sich Brandt im Grabe umdrehen? In: PDS-Pressedienst, 8. 7. 2005.

159 Oskar Lafontaine, … im Zweifel auf der Seite der Schwachen. In: Pressedienst der Linkspartei.PDS, 2. 9. 2005.

160 Ebenda.

161 Ebenda.

162 Wolfgang Hübner/Uwe Kalbe, „Das ist ein historisches Datum". In: Neues Deutschland, 29. 8. 2005.

sogleich als sozialistischer „Bruderkuss“ interpretiert wurde.[163] Und auch Gysi bediente diese ost-westliche Versöhnungssymbolik und stilisierte das neue Wahlbündnis zum „historischen“ Bruch mit der antikommunistischen Tradition der alten Bundesrepublik: Endlich gebe es die lange angestrebte „Chance, Deutschland europäisch zu normalisieren, indem eine Partei links von der Sozialdemokratie sich zum akzeptierten politischen Bestandteil ganz Deutschlands [...] entwickeln kann“.[164]

An Mut zur selbstbewussten Inszenierung fehlte es dem neuen Bündnis also nicht. Stattdessen erhob man von Beginn an den Anspruch, „Kristallisationskern einer neuen Linken in Deutschland“ zu sein,[165] und meldete mit der Kurzbezeichnung „Die Linke“ einen Alleinvertretungsanspruch für linke Positionen in Deutschland an. Angesichts dieser Ambition kann es überraschen, wie schnell der neue Name in der bundesdeutschen Öffentlichkeit akzeptiert wurde. In Wahrheit war der Begriff der „neuen Linkspartei“ schon als Name für ein mögliches Wahlbündnis der WASG mit der PDS benutzt worden, noch ehe ein solches überhaupt feststand.[166] Unverzüglich übernahmen dann die bundesdeutschen Medien die Selbstbezeichnung der PDS als „neue Linkspartei“,[167] auch wenn die Partei formal nur einen erneuten Namenswechsel vollzogen hatte. Dagegen verschwand die Vokabel „SED-Nachfolgepartei“ weitgehend aus dem politischen Diskurs – und auch die Rede von der „ehemaligen SED“ wirkte nach dem zweiten Namenswechsel nur noch bemüht, wie in der „Frankfurter Allgemeinen Zeitung“ bemerkt wurde.[168] Bis dahin waren diese Umschreibungen so häufig gewesen, dass sie fast zum Synonym für die PDS geworden waren.[169] Sie wiesen auf das Faktum hin, dass die PDS

---

[163] Vgl. Bruderkuss mit Oskar. In: stern.de, 28. 8. 2005, <http://www.stern.de/politik/deutschland/linkspartei-bruderkuss-mit-oskar-3295958.html> (abgerufen am 11. 3. 2019).

[164] Gregor Gysi, Wir sind dabei, eine wirkliche Linkskraft für ganz Deutschland zu organisieren. Rede auf der außerordentlichen Tagung des 9. Parteitages am 17. 7. 2005 in Berlin. In: PDS-Pressedienst, 22. 7. 2005.

[165] Lothar Bisky, „Die Linkspartei.“ – neue Perspektiven. Rede vor der Presse am 22. 6. 2005. In: PDS-Pressedienst, 1. 7. 2005.

[166] Vgl. Dritte im Bunde: BILD. In: Die Tageszeitung, 25. 5. 2005; Keine neue Linkspartei. In: Bild, 1. 6. 2005; Lafontaine flirtet mit der neuen Linkspartei. In: Frankfurter Allgemeine Zeitung, 23. 4. 2005.

[167] Vermasseln Gysi und Lafontaine Merkel den Sieg? In: Bild, 11. 6. 2005; Linkspartei schon bei 11 Prozent! In: Bild, 25. 6. 2005; Robin Alexander/Klaus Jansen, Links ist klar. Mehr nicht. In: Die Tageszeitung, 11. 6. 2005.

[168] Matthias Alexander, Ausgezehrt. In: Frankfurter Allgemeine Zeitung, 3. 8. 2005.

[169] Vgl. beispielsweise die Erwähnungen des Begriffs „SED-Nachfolgepartei“ im „Spiegel“ der Jahre 1991–1994 sowie 2003–2004: Linke Exoten. In: Der Spiegel, 25. 3. 1991, S. 33; Neues Maueropfer. In: Der Spiegel, 24. 2. 1992, S. 36 f., hier S. 36; Noch immer Kommunist. In: Der Spiegel, 15. 6. 1992, S. 68–70, hier S. 68; Partei für den Alltag. In: Der Spiegel, 13. 12. 1993, S. 70–76, hier S. 70; Milde Unperson. In: Der Spiegel, 7. 2. 1994, S. 32 f., hier S. 32; Regieren mit der PDS? In: Der Spiegel, 4. 7. 1994, S. 24–28, hier S. 27; Das Gespenst der DDR. In: Der Spiegel, 4. 7. 1994, S. 28–33, hier S. 28; Stefan Berg/Steffen Winter, Clash der Kulturen. In: Der Spiegel, 12. 5. 2003, S. 32; Angst vor Dehm. In: Der Spiegel, 23. 6. 2003, S. 19; Georg Bönisch, „Monetäre Schleimspuren“. In: Der Spiegel, 29. 9. 2003, S. 46–49, hier S. 46; Stefan Berg u. a., Fegefeuer des Volkszorns. In: Der Spiegel, 30. 8. 2004, S. 20–26, hier S. 26; Stefan Berg u. a., „Das ist wie Schattenboxen“. In: Der Spiegel, 13. 9. 2004, S. 42 f., hier S. 42.

aus der SED entstanden war, und stellten damit eine Assoziation der Partei mit ihrer diktatorischen Vergangenheit her. Im Sommer 2005 aber machten sie schlagartig Platz für Neubildungen wie „vereinte Linke"[170], „Linksbündnis"[171] und „neue Linke".[172] Dass solche Neubenennungen auch neue Images und Assoziationen produzieren würden, war abzusehen.

Dazu trug auch bei, dass auf dem Linkspartei-Ticket für die Bundestagswahl zahlreiche Persönlichkeiten des öffentlichen Lebens antraten, die nicht der PDS angehörten und nicht mit dem ostdeutschen Kommunismus früherer Zeiten assoziiert wurden (auch wenn viele von ihnen schon länger in Kontakt zur PDS gestanden hatten). Dazu gehörten Gewerkschafterinnen und Gewerkschafter wie Sabine Zimmermann aus Sachsen, Frank Spieth aus Thüringen, Werner Dreibus aus Hessen und Alexander Ulrich aus Rheinland-Pfalz,[173] aber auch Persönlichkeiten wie der frühere Bundesrichter Wolfgang Nešković, der die Grünen aufgrund ihrer außen- und sicherheitspolitischen Positionen verlassen hatte.[174] Dazu kamen sozialdemokratische Gefolgsleute Oskar Lafontaines wie der langjährige SPD-Landesvorsitzende in Baden-Württemberg Ulrich Maurer, der 1994 dem Schattenkabinett Rudolf Scharpings angehört hatte.[175] Dass Persönlichkeiten wie der Bundesrichter Nešković, der Sozialdemokrat Maurer oder auch der bekannte SPD-Linke Peter von Oertzen, der im März 2005 der WASG beigetreten war,[176] die frühere PDS als „seriöse Alternative" adelten, um Sozialstaat und Bürgerrechte zu erhalten, wirkte weit über das Kernmilieu der PDS hinaus.[177] Vor diesem Hintergrund erschien es auch zweitrangig, dass zugleich insgesamt elf von 302 Listenkandidaten von der orthodox-kommunistischen DKP kamen.[178] Wichtiger für die Außenwirkung war, dass die WASG bereits in ihrem Aufbau nennenswerte Unterstützung aus dem gewerkschaftlichen „Mittelbau" erhalten hatte und daher in der Öffentlichkeit als linkssozialdemokratische Gründung angesehen wurde.[179] Selbst der Bundesverfas-

---

[170] Martin Klingst, Nein und immer wieder nein. In: Die Zeit, 14. 7. 2005.

[171] Richard Rother, Berlin bietet gute Chancen. In: Die Tageszeitung, 11. 6. 2005; Treten Gysi und Lafontaine zusammen an? In: Zeit Online, 24. 5. 2005, URL <http://www.zeit.de/2005/ 21/Lafontaine/komplettansicht> (abgerufen am 11. 3. 2019); Steffen Richter, Wenn Nichtwähler wählen gehen. In: Zeit Online, 12. 7. 2005, URL <http://www.zeit.de/2005/28/ nichtwaehler> (abgerufen am 11. 3. 2019).

[172] Aufstand mit Mittagspause. In: Süddeutsche Zeitung, 20. 6. 2005; Lafontaine tritt an. In: Zeit Online, 10. 6. 2005, URL <http://www.zeit.de/2005/24/pdswasg> (abgerufen am 11. 3. 2019). Laut Online-Heftarchiv des „Spiegel" kam der Begriff „Nachfolgepartei" im ganzen Jahr 2005, in dem die Partei stark in der Aufmerksamkeit stand, nur drei Mal vor und im Jahr 2006 nur noch ein einziges Mal.

[173] Vgl. Vollmer, Arbeit & Soziale Gerechtigkeit, S. 146; Heunemann, Die Erfindung, S. 77.

[174] Vgl. Heunemann, Die Erfindung, S. 78.

[175] Vgl. Lorenz, Techniker der kalten Fusion, S. 311 f.

[176] Vgl. Weichold, Von der Gründung der WASG, S. 60.

[177] „Das Sozialstaatsprinzip wird zurzeit verletzt". Interview mit Wolfgang Neskovic. In: Deutschlandfunk, 26. 7. 2005, URL <http://www.deutschlandfunk.de/das-sozialstaatsprinzip-wird-zurzeit-verletzt.694.de.html?dram:article_id=62374> (abgerufen am 11. 3. 2019).

[178] Vollmer, Arbeit & Soziale Gerechtigkeit, S. 148.

[179] Vgl. Nachtwey/Spier, Günstige Gelegenheit?, S. 64.

sungsschutz sprach – trotz der trotzkistischen Elemente – von einer „nichtextremistischen Partei“.[180]

2.2 Populismus und Nostalgie: Öffentliche Wahrnehmungen des Linksbündnisses

Die gestiegene Akzeptanz in einer breiteren Öffentlichkeit, die das neue Wahlbündnis in erster Linie den gewerkschaftlichen und sozialdemokratischen Wurzeln der WASG zu verdanken hatte, schützte freilich nicht vor unliebsamen historischen Vergleichen. Wie gesehen, war das Spiel mit historischen Assoziationen ein stetes Motiv in der politischen Auseinandersetzung um die PDS und ihre Stellung in der Bundesrepublik gewesen. In den Jahren 2004/2005 ging es aber nicht in erster Linie um die Geschichte der realsozialistischen Diktatur, Mauer und Stacheldraht. Stattdessen drängte sich, ganz in bundesrepublikanischer Tradition, ein anderer Vergleich auf: der mit der Weimarer Republik.

Berlin, Weimar und der neue Populismus

Der Vergleich mit der ersten deutschen Demokratie hatte, wie gesehen, schon in den 1990er Jahren eine Rolle in den Debatten um die PDS gespielt: Die topische Warnung, dass Bonn bzw. Berlin nicht Weimar werden dürften, war stets auch Ausdruck einer Furcht, dass „extreme“ Parteien zur Zersplitterung des Parteiensystems beitragen, die Stabilität der Demokratie gefährden und einer neuen totalitären Entwicklung Vorschub leisten könnten. Glaubte man einigen Medienbeiträgen in den Jahren 2004 und 2005, dann kehrte mit den Massendemonstrationen gegen die Agenda 2010 und der Entstehung einer neuen Partei links der Sozialdemokratie die Geschichte Weimars abermals zurück.[181] Empörte „Schröder muss weg!“-Sprechchöre und „Wir sind das Volk“-Rufe von Demonstrierenden,[182] eine „Mischung aus Ressentiments und blankem Hass gegen Wessis, Demokratie und ‚die da oben‘“[183] – all das bestärkte vor allem in westdeutschen Augen die Befürchtung, die Stabilität der Bonner Republik sei endgültig einem „neuen Weimar“ gewichen, in dem die Wut auf die demokratischen Eliten wuchs und die politischen Ränder rechts und links gestärkt wurden.[184] Auch nahmen publizistische Beobachter bei den Protestierenden ein „[g]estörtes Verhältnis zur Demokratie“[185] wahr, konstatierten eine „radikalisierte Sprache des Hasses“ und fühlten sich an die „Endphase der Weimarer Republik“ erinnert, „als die Menschen sich verhexen

---

[180] Bundesministerium des Innern (Hrsg.), Verfassungsschutzbericht 2005, S. 137.
[181] Vgl. Wolfrum, Rot-Grün an der Macht, S. 573.
[182] Ebenda, S. 572.
[183] Stefan Berg u. a., Fegefeuer des Volkszorns. In: Der Spiegel, 30. 8. 2004, S. 20–26, hier S. 21.
[184] Wolfrum, Rot-Grün an der Macht, S. 572 f.
[185] Stefan Berg u. a., Fegefeuer des Volkszorns. In: Der Spiegel, 30. 8. 2004, S. 20–26, hier S. 20.

ließen von radikalen Straßen- und Bierkellerrednern", so Markus Feldenkirchen im „Spiegel".[186] Abermals schien es um die Demokratie zu gehen. Vor diesem Hintergrund wurde nun auch die PDS in der Medienberichterstattung wieder als eine Gefahr für die Stabilität der Republik gedeutet.[187] Mit ihren Attacken auf die Regierung nehme die Parteiführung billigend eine „Beschädigung der demokratischen Kultur" in Kauf und reihe sich in „eine neue, wenn auch unerklärte nationale Front" ein, in der „Skinheads, PDS-Mitglieder und Arbeitslose" nebeneinander hermarschierten, wie „Der Spiegel" alarmiert beobachtete.[188] Die „Grenzen zwischen beiden Lagern" seien „ohnehin fließend": „,Hartz IV – nicht mit mir' propagieren die Rechten, ,Hartz IV – Armut per Gesetz' plakatiert die PDS."[189]

Eine zentrale Rolle kam nun der Deutung der Linkspartei.PDS als einer „populistischen" Kraft zu. Wie gesehen, war diese Einschätzung nicht neu – aber erst jetzt, wo nicht mehr die SED-Vergangenheit im Vordergrund stand, wurde sie auch zur bestimmenden Deutung in einem größeren Teil der medialen, politischen und wissenschaftlichen Öffentlichkeit.[190] Mit Oskar Lafontaine stand nun ein Mann an der Spitze, der sich nach vorherrschender Wahrnehmung schamlos als „Populist"[191] und „Demagoge"[192] gerierte. Und in der Tat konnte man zu dieser Einschätzung kommen. Den Dialektiker Gysi jedenfalls stellte Lafontaine in Sachen Deutlichkeit der Sprache leicht in den Schatten. Die Reformen der Bundesregierung waren für ihn „Schwachsinn"[193] und „Schandgesetze"[194], er polemisierte gegen die „Eliten"[195] und deren „Wahlbetrug"[196], behauptete, „das Volk" sei im Parlament nicht mehr vertreten[197] und die Abgeordneten stattdessen „Handlanger

---

186 Markus Feldenkirchen, Der rote Panther. In: Der Spiegel, 4. 7. 2005, S. 43–46, Zitat S. 45.

187 Vgl. Hansen/Schmid/Scherer, Erstens: ignorieren, zweitens: diffamieren, drittens: umarmen?, S. 375 f.

188 Stefan Berg u. a., Fegefeuer des Volkszorns. In: Der Spiegel, 30. 8. 2004, S. 20–26, hier S. 21 und S. 23.

189 Ebenda, S. 23.

190 Vgl. Decker, Germany: Right-Wing Populist Failures; ders./Hartleb, Populismus auf schwierigem Terrain; Hartleb, Die PDS als erstarkter bundespolitischer Faktor; ders., Populismus und Charisma. Hough/Koß, Populism Personified or Reinvigorated Reformers?; Mayer, Linkspopulismus als Herausforderung; Bergsdorf, Populisten und Extremisten; schon 2003: Neu, Die PDS: eine populistische Partei?.

191 Stefan Reinecke, Die Arroganz der Macht. In: Die Tageszeitung, 6. 7. 2005.

192 Arne Boecker, Des Redners bunte Truppe. In: Süddeutsche Zeitung, 16. 6. 2005.

193 Oskar Lafontaine, zit. n. Tom Strohschneider, Erst Buh, dann Beifall für Lafontaine. In: Neues Deutschland, 4. 7. 2005.

194 Oskar Lafontaine, zit. n. Arne Boecker, Des Redners bunte Truppe. In: Süddeutsche Zeitung, 16. 6. 2005; vgl. auch Michael Bartsch, Oskars Heimkehr zu Karl Marx. In: Die Tageszeitung, 16. 6. 2005; Hübner/Strohschneider, Lafontaines Linke, S. 168.

195 Lafontaine, Politik für alle, S. 244.

196 „Diese SPD ist nur noch Hülle". Interview mit Oskar Lafontaine. In: Süddeutsche Zeitung, 16. 6. 2005.

197 Vgl. Tom Strohschneider, Erst Buh, dann Beifall für Lafontaine. In: Neues Deutschland, 4. 7. 2005; Hübner/Strohschneider, Lafontaines Linke, S. 170; Weichold, Von der Gründung der WASG, S. 95.

der Wirtschaft"[198]. Lafontaines skandalisierende Freund-Feind-Rhetorik und sein Selbstanspruch als alleiniger Vertreter des Volkes gegen die vermeintlich korrupten Eliten passten auf jede gängige „Populismus"-Definition.[199] Er inszenierte sich als Vertreter der „von den etablierten Parteien enttäuschten" Nichtwählerinnen und Nichtwähler und präsentierte das Linksbündnis als „das Kontrastprogramm zur Berliner Allparteien-Koalition des Sozialabbaus".[200] Als zentrales Feindbild im Wahlkampf fungierte dabei der „All-Parteien-Neoliberalismus".[201]

Vor allem in westdeutschen Medien wie dem „Spiegel" stießen solche polarisierenden, skandalisierenden und pauschalisierenden Töne auf Befremden:

> „In jedem zweiten Satz baut [Oskar Lafontaine] das Wort ‚Volk' ein, denn er vertritt es, das geknechtete, das von Schröder und den anderen ‚Täuschern' und ‚Verdummern' entrechtete Volk. Er spricht für die große Mehrheit, dem eine dreiste Minderheit ihren Willen aufzwängt, ihre ‚sozialen Schweinereien'. So redet er wirklich. Es klingt wie eine Mischung aus Verfolgungswahn und Größenwahn."[202]

Solche Beobachtungen weckten aber nicht nur historische Erinnerungen an die Zwischenkriegszeit. Sie evozierten auch Assoziationen mit den vielen Parteien, die seit den 1980er Jahren in ganz Europa mit meist einwanderungskritischen bis offen rassistischen Motiven Erfolge hatten feiern können.[203] Im Jahr 2005 waren diese hochaktuell: Im April 2005 hatte der Österreicher Jörg Haider gerade eine neue „freiheitliche" Partei gegründet, nachdem seine FPÖ bereits seit fünf Jahren in Wien mitregiert hatte. Der Franzose Jean-Marie Le Pen hatte bei der Präsidentschaftswahl 2002 die Stichwahl erreicht und bei der niederländischen Parlamentswahl im selben Jahr hatte die islamfeindliche Partei des im Wahlkampf ermordeten Publizisten Pim Fortuyn aus dem Stand die zweitmeisten Stimmen auf sich vereint. So unterschiedlich diese Phänomene waren, so sehr schienen sie für eine neue Welle, einen „populistischen Zeitgeist" zu stehen, wie es der Politikwissenschaftler Cas Mudde nannte.[204] In Deutschland dagegen war der vielfach erwartete bundespolitische Erfolg einer solchen Partei auf der Rechten bis dahin ausgeblieben. Nun aber schien es vielen so, als werde diese Lücke von links geschlossen.[205]

---

[198] Oskar Lafontaine, zit. n. Michael Bartsch, Oskars Heimkehr zu Karl Marx. In: Die Tageszeitung, 16. 6. 2005; auch zitiert bei Hübner/Strohschneider, Lafontaines Linke, S. 168.

[199] Vgl. ausführlich J. W. Müller, Was ist Populismus?; Jörke/Selk, Theorien des Populismus; zeitgenössisch Canovan, Trust the People; Mudde, The Populist Zeitgeist, S. 543; Hartleb, Populismus und Charisma, S. 149–151; Albertazzi/McDonnell, Introduction, S. 3–7; Spier, Populismus und Modernisierung, S. 37.

[200] „Die Regierung hat versagt!" Interview mit Oskar Lafontaine. In: Bild, 25. 5. 2005.

[201] „Diese SPD ist nur noch Hülle". Interview mit Oskar Lafontaine. In: Süddeutsche Zeitung, 16. 6. 2005.

[202] Markus Feldenkirchen, Der rote Panther. In: Der Spiegel, 4. 7. 2005, S. 43–46, Zitat S. 45.

[203] Siehe Hartleb, Populismus und Charisma, S. 147.

[204] Mudde, The Populist Zeitgeist.

[205] Vgl. Decker, Germany: Right-Wing Populist Failures, S. 131–134; Sebastian Fischer/Horand Knaup, Drift nach links. In: Der Spiegel, 27. 6. 2005, S. 38–41, hier S. 39–41. Dass es mit den niederländischen Sozialisten und anderen sozialen Protestparteien in Europa zahlreiche Vorbilder auf der Linken gab, spielte dagegen im deutschen Diskurs keine Rolle (vgl. March, Parteien links der Sozialdemokratie; ders., From Vanguard; Mudde, The Populist Zeitgeist,

Dazu passte, dass der Spitzenkandidat Lafontaine auch mit Schlagwörtern und Versatzstücken operierte, die aus dem völkischen Vokabular der Zwischenkriegszeit ebenso bekannt waren wie aus der fremdenfeindlichen Rhetorik des neuen europäischen Rechtspopulismus: Bereits in seinem im März 2005 erschienenen Buch „Politik für alle" sorgte Lafontaine sich um die „kulturelle Identität" Europas durch eine drohende muslimische Bevölkerungsmehrheit[206] und kritisierte eine „forcierte Zuwanderung" nach Deutschland, die von den „oberen Zehntausend" betrieben werde, „um das deutsche Lohnniveau zu drücken".[207] Auch forderte er, der Staat müsse zuerst „für diejenigen sorgen, die seine Bürger sind".[208] Im Wahlkampf führte er diese Linie fort und bezeichnete es auf einer Veranstaltung am 14. Juni 2005 in Chemnitz als Pflicht des Staates, „zu verhindern, dass Familienväter und Frauen arbeitslos werden, weil Fremdarbeiter ihnen zu Billiglöhnen die Arbeitsplätze wegnehmen".[209]

Das mediale Echo war verheerend: Lafontaine erschien als deutscher Jörg Haider,[210] als ein Politiker, der die Westbindung der Bundesrepublik auch in kultureller Hinsicht in Frage stellte: „Antiamerikanismus, Israel-Obsession, Gemeinschaftsideologie, Geschimpfe gegen gierige ‚Eliten' – alles inklusive im Angebot des Spitzenkandidaten."[211] In den Medien regte sich Abscheu gegen eine „Melange aus national und sozial", die Deutschland nie gutgetan habe.[212] Offensichtlich brach Lafontaines Rhetorik mit den Codes des politischen Diskurses: Seine „unappetitliche"[213] Sprache und sein Versuch, Unterstützung an den politischen Rändern zu finden,[214] trafen auf die dezidierte Ablehnung sowohl einer liberalen Linken, die sich als westlich, kosmopolitisch und antinational verstand, als auch einer Bürgerlichkeit, die auf Distinktion gegenüber den politischen und sozialen Rändern Wert legte. In der Kritik an Lafontaine verbanden sich antitotalitäre mit anti-

S. 549 f.; als Ausnahme zu diesem Befund: Werner A. Perger, Kommunisten, die selbst Berlusconi mag. In: Die Zeit, 16. 6. 2005).

[206] Vgl. Lafontaine, Politik für alle, S. 199 f.

[207] Ebenda, S. 243.

[208] Ebenda.

[209] Oskar Lafontaine in einer Rede in Chemnitz am 14. 6. 2005, zit. n. Matthias Meisner, Die NPD lobt Lafontaine. In: Der Tagesspiegel, 18. 6. 2005; Lafontaine will Spitzenkandidat der WASG werden. In: Spiegel Online, 16. 6. 2005, URL <http://www.spiegel.de/politik/deutschland/linkspartei-lafontaine-will-spitzenkandidat-der-wasg-werden-a-360716.html> (abgerufen am 11. 3. 2019).

[210] Vgl. Jörg Lau, Oskar Haider. In: Die Zeit, 23. 6. 2005; Cohn-Bendit: Lafontaine ist wie Haider. In: Der Tagesspiegel, 7. 7. 2005; Fischer vergleicht Lafontaine mit Haider. In: faz.net, 7.7. 2005, <http://www.faz.net/aktuell/politik/linksbuendnis-fischer-vergleicht-lafontaine-mit-haider-1254171.html#/elections> (abgerufen am 11. 3. 2019).

[211] Ebenda.

[212] Romanus Otte, „…weil Fremdarbeiter ihnen zu Billiglöhnen die Arbeitsplätze wegnehmen". In: Welt am Sonntag, 19. 6. 2005.

[213] Ebenda.

[214] Robert Leicht, Links denken – rechts wählen. In: Zeit Online, 20. 7. 2005, URL <http://www.zeit.de/2005/29/leicht_050718> (abgerufen am 11. 3. 2019).

faschistischen Überzeugungen und nicht zuletzt mit dem pluralen und weltoffenen Selbstverständnis der politischen Öffentlichkeit.[215]

Aber auch in der Linkspartei wurde erhebliche Kritik an Lafontaines Spiel mit „ausländerfeindlichen Ressentiments"[216] geübt, wie es die stellvertretende Parteivorsitzende Katja Kipping ausdrückte.[217] Lafontaines Strategie rieb sich nicht nur mit dem sozialistischen Internationalismus, sondern auch mit dem antifaschistischen Selbstverständnis der Partei. Die Berliner Petra Pau und Udo Wolf forderten Lafontaine deshalb auf, „jede Form von Wahlkampf auf dem Rücken von Migrantinnen und Migranten zu unterlassen".[218] Der „Stempel ‚Fremdarbeiter'" sei „inhuman", schüre Ängste und bediene „rechte Klischees". Er sei daher „mit dem PDS-Programm nicht vereinbar", so Pau.[219] Was sich hier abzeichnete, war ein Konflikt zwischen der Reformelite der bisherigen PDS und ihrem neuen Vormann, der die parteiinternen Auseinandersetzungen in der gesamtdeutschen Linkspartei fortan sehr viel stärker prägen würde als die zwischen „Reformern" und „Orthodoxen" in der PDS: nun standen sich gemäßigte, regierungswillige Pragmatiker und radikale Populisten in der Partei gegenüber.

Rückkehr antikommunistischer Motive in der Wahlkampfführung

Trotz solcher Distanzierungsversuche hielt die Linkspartei an ihrem zugkräftigen Spitzenkandidaten fest und musste sich daher auch für dessen Aussagen in Haftung nehmen lassen. Die Rede von der „rückwärts gewandten, linkspopulistischen Partei"[220] wurde nun zum Hauptangriffspunkt des politischen Gegners und Lafontaines „Fremdarbeiter"-Rede zur Folie, vor der das gesamte Programm der Linkspartei interpretiert wurde: Deren keynesianische Wirtschaftspolitik und ihre Globalisierungs- und Neoliberalismus-Kritik wurden nun gleichermaßen als Ausweis eines „neuen Linksnationalismus"[221] herangezogen und damit als illegitim markiert.[222] Entsprechend galt die Linkspartei bei den Konkurrenzparteien als Sammelbecken von „strukturkonservativen Querulanten" und „zornigen alten Männern",[223] die „auf der Suche nach der verlorenen Zeit" seien.[224] Damit ließen

---

[215] Siehe dazu Rödder, 21.0, S. 116–126.

[216] „Lafontaines Äußerung ist einfach daneben". Interview mit Katja Kipping. In: Die Tageszeitung, 17. 6. 2005. Vgl. auch „Wir müssen eine Altherrenpartei verhindern". Interview mit Katina Schubert. In: Die Tageszeitung, 30. 7. 2005.

[217] Vgl. PDS über ihr Zugpferd Lafontaine verärgert. In: Süddeutsche Zeitung, 17. 6. 2005.

[218] Udo Wolf, zit. n. Zur Zusammenarbeit von PDS und WASG. Erklärungen und Stellungnahmen. In: PDS-Pressedienst, 1. 7. 2005.

[219] Pau, Mein Konflikt mit Oskar Lafontaine.

[220] Deutscher Bundestag, Plenarprotokoll 15/185, 1. 7. 2005, S. 17467 (Rede Gerhard Schröder).

[221] Astrid Geisler, Die Fremdenfeinde abholen. In: Die Tageszeitung, 13. 7. 2005; differenzierter: Robin Alexander, Wo der Daumen rechts ist. In: Die Tageszeitung, 25. 6. 2005.

[222] Frithjof Schmidt (B90/Grüne), zit. n. Martin Teigeler, Parteien gegen neue Linke. In: Die Tageszeitung, 19. 7. 2005.

[223] Ute Vogt (SPD), zit. n. Langfristig keine Koalition mit Linkspartei. In: Frankfurter Allgemeine Zeitung, 5. 8. 2005.

[224] Guido Westerwelle im Interview mit dem „Rheinischen Merkur". Fdk 267/2005, 11. 8. 2005.

sich auch solche ehemaligen Sozialdemokraten und Gewerkschaftsmitglieder auf den Linkspartei-Listen angehen, die mit Begriffen wie „Kommunismus" und „Extremismus" nicht belegt werden konnten.

Derweil versuchten CDU und FDP, die benannte Angriffslinie durch antikommunistische Töne zu untermauern. Da die Partei aus dem Osten erstmals überhaupt auch im Westen zu reüssieren drohte, schien eine solche Abgrenzungsstrategie wieder Erfolg zu versprechen. So sprach FDP-Generalsekretär Dirk Niebel von einem „Sammelbecken für politisch Frustrierte" und – in Anspielung an die kommunistische Abkürzung „ML" (Marxismus-Leninismus) – von der „PDS m. L., also mit Lafontaine".[225] Auch warnte er vor einer rot-rot-grünen Regierung und stellte dazu ein Postkarten-Motiv vor, das zwei rote neben einer grünen Socke zeigte und damit auf die „Rote Socken"-Kampagne der CDU aus dem Wahlkampf 1994 anspielte.[226] Zwar war diese Linie innerparteilich umstritten und die Partei beeilte sich, zu beteuern, dass „keine ‚Rote-Socken-Kampagne' geplant" sei.[227] Guido Westerwelle und Rainer Brüderle aber griffen die Worte von der angeblich drohenden „Linksfront"[228] oder „Volksfront"[229] ebenso wieder auf wie CSU-Generalsekretär Markus Söder.[230] Auch versuchte die Union, das Wahlvolk an die Kontinuität der Linkspartei mit SED und PDS zu erinnern.[231] Dazu gehörte der Begriff der „lackierten PDS"[232], mit dem CSU-Chef Edmund Stoiber an das Schumacher-Zitat von den „rotlackierten Faschisten" anspielte, das Helmut Kohl im Wahlkampf 1994 benutzt hatte.

Unterstützt wurde dieser Kurs abermals durch die „Bild". Mit Blick auf DKP-Mitglieder auf Linkspartei-Listen deckte die Zeitung „[d]as wahre Gesicht der Linkspartei" auf und warnte: „Wer Gysi und Lafo wählt, bekommt Hammer und Sichel!"[233] Solche Enthüllungsgeschichten aber spielten in den politisch-medialen Diskussionen um die „neue Linkspartei" nicht mehr die Hauptrolle. Eine geschlossene Front war keineswegs auszumachen. Auch die „Bild" tat sich schwer, eine klare Linie zu finden, hatte sie sich doch anfänglich selbst als Geburtshelfer der Linkspartei betätigt: Früh hatte die Zeitung ausführlich über das geplante Bündnis

---

225 „Steuererhöhung ist das völlig falsche Signal". Interview mit Dirk Niebel. In: Deutschlandfunk, 25. 7. 2005, URL <http://www.deutschlandfunk.de/steuererhoehung-ist-das-voellig-falsche-signal.694.de.html?dram:article_id=62372> (abgerufen am 11. 3. 2019).
226 Rimscha, Keine Rote-Socken-Kampagne.
227 Ebenda; so auch Wolfgang Gerhardt im Gespräch mit dem Autor, 10. 3. 2017.
228 Guido Westerwelle im Interview für „Die Welt". Fdk 237/2005, 15. 7. 2005.
229 „Dank Kirchhof dreht sich der Wahlkampf um ein Sachthema". Interview mit Rainer Brüderle. In: Deutschlandfunk, 12. 9. 2005, URL <http://www.deutschlandfunk.de/dank-kirchhof-dreht-sich-der-wahlkampf-um-ein-sachthema.694.de.html?dram:article_id=62515> (abgerufen am 11. 3. 2019).
230 Markus Söder, zit. n. CSU warnt vor „neuer Volksfront". In: Frankfurter Allgemeine Zeitung, 21. 7. 2005.
231 CDU-Bundesgeschäftsstelle (Hrsg.), Die Linkspartei ist die alte PDS.
232 „Sie hetzen die Menschen auf". Streitgespräch zwischen Edmund Stoiber und Oskar Lafontaine. In: Der Spiegel, 29. 8. 2005, S. 26–34, hier S. 26.
233 Das wahre Gesicht der Linkspartei. In: Bild, 29. 8. 2005.

um ihren früheren Kolumnisten Lafontaine berichtet, es ihren Leserinnen und Lesern als neue Kraft präsentiert und regelmäßig in großen Überschriften neue Umfragerekorde verkündet.[234] Lafontaine und die „Bild“-Zeitung hatten sich als Brüder im Geiste gegen eine angeblich überbordende „Political Correctness“[235] in der Republik verstanden. Erst mit näher rückendem Wahldatum verstärkten sich die Gegentendenzen und wurde der aufgebaute linke Heros wieder dekonstruiert, zum Überläufer und „Linkspopulisten“ stilisiert,[236] der sich nicht ernsthaft für Arbeitslose einsetze und dessen soziale Versprechen als „Lügen“ bezeichnet wurden.[237] Ob die „Bild“-Leserschaft diese Wendung geschlossen mitvollzog, ist fraglich.

Deutungskämpfe um die neue Linkspartei

In der wechselhaften Linie der „Bild“ spiegelte sich auch der Umstand wider, dass längst ein politisch-medialer Deutungskampf um das Bündnis Gysi-Lafontaine entbrannt war. Dieser war eng verbunden mit der Einordnung der Agenda 2010 und des Reformkurses der Regierung Schröder sowie genereller mit der Frage, in welche Richtung sich das Land entwickeln sollte. Interessant dabei war, dass beide Deutungen vom traditionellen Konsens der Bundesrepublik aus argumentierten und sich wie zwei Versionen der bundesdeutschen Erfolgsgeschichte lasen. Jene, die den Reformkurs der Regierung Schröder positiv bewerteten, fürchteten dessen Revision durch den Druck von links. Gegenüber der wahrgenommenen Notwendigkeit wohlfahrtsstaatlicher Reformen galt die Wahlallianz aus WASG und PDS als „Bündnis der Gestrigen mit den Vorgestrigen“, der „Besitzstandswahrer und Realitätsverweigerer“.[238] Die Bündnispartner wurden als „Retrolinke“ angesehen, die „nicht verstanden haben, dass der Sozialstaat umgebaut werden muss“[239] und stattdessen „auf dem Feld des populistischen Budenzaubers“ agierten.[240]

Wie die PDS der 1990er Jahre zum Symptom einer nicht verstandenen ostdeutschen DDR-Nostalgie erklärt worden war, so sahen mediale Beobachter nun die Linkspartei als Ausdruck „einer allergischen Abwehrreaktion weiter Teile der Bevölkerung, die sich gegen alles richtet, was nach Reform riecht“.[241] Die Mehrheit der Deutschen changiere „zwischen Zukunftsangst, Selbstmitleid und mentaler

---

[234] Vermasseln Gysi und Lafontaine Merkel den Sieg? In: Bild, 11. 6. 2005; Linkspartei schon bei 11 Prozent! In: Bild, 25. 6. 2005; PDS heißt jetzt „Die Linkspartei“. In: Bild, 18. 7. 2005.

[235] Franz Josef Wagner, Lieber Oskar Lafontaine. In: Bild, 19. 7. 2005.

[236] Kritik an Lafontaine. In: Bild, 1. 7. 2005; vgl. auch Georg Streier, Sie springt über Oskars Stöckchen. In: Bild, 23. 6. 2005.

[237] Die 5 Lügen der Linkspartei. In: Bild, 20. 7. 2005; Lafontaine verhinderte Spende für Arbeitslose. In: Bild, 14. 9. 2005.

[238] Martin Klingst, Nein und immer wieder nein. In: Die Zeit, 14. 7. 2005.

[239] Frank Drieschner, Ach, wären sie doch links! In: Die Zeit, 16. 6. 2005.

[240] Matthias Geis, Links, zwo, drei. In: Die Zeit, 30. 6. 2006; Steffen Richter, Wenn Nichtwähler wählen gehen. In: Zeit Online, 12. 7. 2005, URL <http://www.zeit.de/2005/28/nichtwaehler> (abgerufen am 11. 3. 2019).

[241] Stefan Berg u. a., Duell im Schatten. In: Der Spiegel, 25. 7. 2005, S. 18–28, hier S. 19.

Erstarrung".[242] Ein „übellauniger Zeitgeist" trage die neue „Anti-Reform-Allianz" und sei „der Nährboden, auf dem Populisten wie Lafontaine oder Gysi gedeihen können".[243] Wer wie der Wirtschaftssoziologe Joseph Huber glaubte, dass der bundesdeutsche Sozialstaat „aufgrund seiner hypertrophen Ausgestaltung heute genauso am Ende" sei wie zuvor schon der ostdeutsche Staatssozialismus, dem musste auch die Linkspartei als „DDR light" erscheinen: „mehr Steuern, Sozialleistungen, Subventionen und Staatsschulden [...]. Dann sähe es bald in ganz Deutschland so aus wie in der DDR zu deren Ende."[244] Entsprechend wurden auch Lafontaine und Gysi zu „zwei Neinsagern vom Dienst"[245] und zu Antipoden des bundesrepublikanischen Konsenses stilisiert:

> „Gregor Gysi und vor allem Oskar Lafontaine sind von Berufs wegen anti – gegen den Kapitalismus, die Globalisierung, die Integration Europas, gegen ‚Fremdarbeiter‘, gegen offene Märkte, Amerika und die Agenda 2010. Sie waren auch gegen eine Beteiligung Deutschlands am Kosovo-Krieg. Das allein beweist schon die Isoliertheit der neuen Partner."[246]

Anders als zehn Jahre zuvor stießen diese Interpretationsschemata aber auf breite Kritik nicht nur im Osten, sondern auch in der westdeutschen Öffentlichkeit. So wandte sich der Journalist Mathias Greffrath in der „Zeit" gegen eine „Stigmatisierung der ‚Linkspartei‘ als extremismusverdächtige, unhippe Loser-Bewegung". Es handle sich um eine „argumentfreie Ausgrenzungsrhetorik" einer politisch-medialen Klasse, die ihr „Klasseninteresse" gegen eine „neue sozialdemokratische Partei" verteidige.[247] Es drang nun eine Gegeninterpretation zur Deutung der Linkspartei als einer Partei der Ewiggestrigen vor. Demnach erschien die neue Linke als potenzieller „Gewinn" für die Demokratie, da sie den Wählerinnen und Wählern eine wohlfahrtstaatsfreundliche Alternative anbiete.[248] Mit der Linkspartei erhielten die „Modernisierungsverlierer [...] endlich eine parlamentarische Vertretung, das ist für die deutsche Demokratie nicht das Schlechteste", so Jens König in der „Tageszeitung".[249] Ähnlich sah das auch der frühere CDU-Generalsekretär Heiner Geißler: „In groben Umrissen" beantworte die Linkspartei zentrale Fragen, auf welche die beiden Volksparteien „keine Antwort geben", wie die Frage nach dem Wirtschaftssystem der Zukunft und der humanen Gestaltung der Globalisierung.[250] Dazu passte die Interpretationsfigur der Ersatz-SPD, die der Göttinger Parteienforscher Franz Walter etablierte: Die Linkspartei erfülle die Funktion, klassisch sozialdemokratische Milieus zu versammeln, von denen sich die SPD mit ihrer Regierungspolitik „wertemäßig entfernt" habe. Sie fülle damit

---

[242] Ebenda, S. 20.
[243] Ebenda.
[244] Joseph Huber, Unsere kleine West-DDR. In: Frankfurter Allgemeine Sonntagszeitung, 31. 7. 2005.
[245] Martin Klingst, Nein und immer wieder nein. In: Die Zeit, 14. 7. 2005.
[246] Ebenda.
[247] Mathias Greffrath, Was heißt links? In: Die Zeit, 14. 7. 2005.
[248] Vgl. Martin Klingst, Nein und immer wieder nein. In: Die Zeit, 14. 7. 2005.
[249] Jens König, Bloß keine Angst vor Gysi & Co. In: Die Tageszeitung, 29. 8. 2005.
[250] Heiner Geißler, zit. n. Gunter Hofmann, Gebt mir einen Balkon! In: Die Zeit, 11. 8. 2005.

eine Repräsentationslücke aus: „Wo alle, zumindest rhetorisch, für Deregulierung sind, vertritt sie alle, die Regulierung wollen.“[251] Statt einer „Vertretungslücke Ost“ wurde nun eine „Vertretungslücke Links“ ausgemacht.

Der Deutungskampf um die Linkspartei war daher mehr als eine Frage unterschiedlicher Perspektiven auf die Partei. Im Kern ging es um eine wirtschaftspolitische Auseinandersetzung zwischen jenen, die angebotsorientierte Reformen befürworteten, um die Wettbewerbsfähigkeit der Bundesrepublik zu verbessern, und jenen, die keynesianische, auf Regulierung des Marktes ausgerichtete Gegenrezepte präferierten. Dies zeigte sich immer dann, wenn inhaltlich diskutiert wurde, etwa in Streitgesprächen zwischen Edmund Stoiber und Oskar Lafontaine oder zwischen dem FDP-Politiker Karl-Heinz Paqué und dem WASG-Kandidaten Klaus Ernst.[252] Dazu passte auch, dass die Linkspartei nun von großen Teilen der deutschen Gewerkschaftsbewegung als Partnerin anerkannt wurde – und zwar im Osten wie im Westen der Republik. Am deutlichsten zeigten die DGB-Vorsitzenden in den neuen Bundesländern ihre Offenheit für die Linkspartei und trafen im Juli und im September – und damit mitten im Bundestagswahlkampf – mit den Fraktionsvorsitzenden der Landtage zu gemeinsamen Beratungen zusammen, um Themen wie Mitbestimmung, Mindestlohn und Nachfragepolitik zu besprechen.[253]

Ebenfalls im September unterschrieben bundesweit mehr als 1000 Gewerkschaftsmitglieder, vor allem aus der Vereinigten Dienstleistungsgewerkschaft ver.di und der IG Metall, einen Wahlaufruf „Wir wählen links“: Darin wurde eine „Zusammenarbeit von Linkspartei.PDS und WASG“ unterstützt, um „Druck für soziale Alternativen“ zu entwickeln.[254] Und mit Frank Bsirske, Jürgen Peters und Michael Sommer, den Bundesvorsitzenden von ver.di, IG-Metall und DGB, äußerten sich drei der mächtigsten Gewerkschafter des Landes während des Wahlkampfs positiv über „das Linksbündnis“[255] und bescheinigten ihm, eine „demokratische“ Kraft zu sein.[256] Der Sozialdemokrat Peters verweigerte sogar 13 Tage vor der Bundestagswahl eine Wahlempfehlung für die SPD und konstatierte statt-

---

251 „Die SPD kann sich bei Lafontaine bedanken“. Interview mit Franz Walter. In: Die Tageszeitung, 7. 7. 2005; vgl. auch Gunter Hofmann, Gebt mir einen Balkon! In: Die Zeit, 11. 8. 2005; Nachtwey/Spier, Günstige Gelegenheit?.

252 Vgl. „Sie hetzen die Menschen auf“. Streitgespräch zwischen Edmund Stoiber und Oskar Lafontaine. In: Der Spiegel, 29. 8. 2005, S. 26–34; Mehr Staat! Mehr Markt. Streitgespräch zwischen Karl-Heinz Paqué und Klaus Ernst. In: Die Zeit, 25. 8. 2005.

253 Vgl. Harald Wolf, Treffen mit DGB-Chefs der neuen Länder. In: PDS-Pressedienst, 8. 7. 2005; Treffen mit DGB-Chefs Ost. In: Pressedienst der Linkspartei.PDS, 16. 9. 2005.

254 Wir wählen links! Gewerkschafterinnen und Gewerkschafter wählen links. Abgedruckt in: Unsere Zeit, 2. 9. 2005; die FAZ sprach von 2000 Gewerkschaftern, vor allem aus der IG Metall (Gewerkschafter rufen zur Wahl der Linkspartei auf. In: Frankfurter Allgemeine Zeitung, 15. 9. 2005).

255 „Rot-Grün hat geschwächelt“. Interview mit Frank Bsirske, in: Welt am Sonntag, 24. 7. 2005.

256 Ebenda; „Bei Merkel weiß man, woran man ist“. Interview mit Michael Sommer. In: Welt am Sonntag, 7. 8. 2005; „Mehrheit links der Mitte“. Interview mit Jürgen Peters. In: Der Spiegel, 5. 9. 2005, S. 60 f.

dessen im „Spiegel" inhaltliche Übereinstimmungen mit der Linkspartei: Wenn die SPD „trotz aller Warnungen einen falschen Weg immer weiter verfolgt", dürfe sie sich nicht wundern, „wenn sich eine neue politische Kraft bildet, die die berechtigten Interessen großer Bevölkerungsgruppen zu ihrer Sache macht".[257] Das konnte als Aufruf verstanden werden, dieses Mal Linkspartei zu wählen. Der IG-Metall-Vorsitzende sprach sich auch offen für eine Koalition aus SPD, Grünen und Linkspartei aus, weil grundsätzlich „jede gewählte demokratische Partei mit jeder anderen" koalitionsfähig sein müsse.[258] Ganz offensichtlich ging es darum, die Linkspartei als einflussreichen Akteur aufzubauen, der Druck für eine andere Sozialpolitik ausüben konnte.

Auf energischen Widerstand stießen diese Bemühungen in jenem Teil der Gewerkschaften, der die rot-grünen Reformen unterstützte. So bezeichnete der frühere DGB-Vorsitzende Dieter Schulte die Äußerungen des IG-Metall-Chefs als „Irrweg"; die neue Linkspartei sei nicht regierungswillig, sondern wolle „ideologische Schlachten austragen".[259] Auch in diesen innergewerkschaftlichen Auseinandersetzungen spielten weder die SED-Vergangenheit der PDS noch die „paar Altstalinisten"[260] in der Linkspartei eine hervorgehobene Rolle. Vielmehr ging es primär um ihre Regierungsfähigkeit und ihre wirtschaftspolitischen Konzepte.[261] Wer keine Aussicht auf eine Regierungsbeteiligung habe, könne auch kein starker Partner der Gewerkschaften sein, so der Tenor.[262] Und der IG-BCE-Vorsitzende Hubertus Schmoldt kritisierte, in Übereinstimmung mit Wirtschaftsvertretern,[263] die „Linkspartei" vertrete nichts als „Politikrezepte der siebziger Jahre". Damit lasse sich in einer global konkurrierenden Volkswirtschaft „keine vernünftige Zukunft" mehr gestalten.[264]

Diese wirtschaftspolitische Auseinandersetzung war Teil eines größeren Dissens in der Frage, welche Entwicklung das Land nehmen solle: Für die einen musste sich die Republik bewegen, musste der bundesrepublikanische Basiskonsens neu gefüllt und „modernisiert" werden. Keynesianische Umverteilung, globalisierungskritische Diskurse, Antikriegsrhetorik und das Wort vom „Fremdarbeiter" verbanden sich zu einem Deutungskomplex, der als nationalistische Ideologie und als ewiggestriger Illusionismus codiert wurde. Im Diskurs fiel der Linkspartei nun

---

257 „Mehrheit links der Mitte". Interview mit Jürgen Peters. In: Der Spiegel, 5. 9. 2005, S. 60 f., Zitat S. 60.

258 Ebenda, S. 61.

259 Dieter Schulte, zit. n. IG Metall-Chef wegen Nähe zur Linkspartei gerügt. In: Berliner Zeitung, 12. 9. 2005.

260 „Bei Merkel weiß man, woran man ist". Interview mit Michael Sommer. In: Welt am Sonntag, 7. 8. 2005.

261 Vgl. Georg Meck, Partei oder Programm – das ist die Frage. In: Frankfurter Allgemeine Sonntagszeitung, 28. 8. 2005.

262 Vgl. Gewerkschafter blasen zum Angriff auf die Linkspartei. In: Frankfurter Allgemeine Zeitung, 27. 8. 2005.

263 Vgl. Wirtschaft warnt vor Linkspartei. In: Frankfurter Allgemeine Zeitung, 6. 8. 2005.

264 „Alle Einkünfte offen legen." Interview mit Hubertus Schmoldt. In: Die Welt, 6. 8. 2005. Vgl. auch Schmoldt, Der Mensch im Mittelpunkt, S. 14.

nicht mehr die Rolle des Gefährders der bestehenden Ordnung zu, sondern die des Bremsers: Außer der Linkspartei, so die „Frankfurter Allgemeine Zeitung", glaube niemand mehr ernsthaft daran, „daß die Zukunft des Landes weiterhin mit kleineren Drehungen an den Stellschrauben des Sozial- und Steuerstaates zu gewinnen sei".[265] Veränderung musste her und die Linkspartei stand dem entgegen.

Für die anderen wiederum war es eben jener bundesrepublikanische Basiskonsens, der durch allzu viele Reformen zu schwinden schien und den es daher gegenüber einer als „neoliberal" angesehenen Modernisierungsideologie zu erhalten galt. In diesem Interpretationsrahmen war die Linkspartei ein Hort derer, die sich nach Ruhe und Sicherheit sehnten, aber ahnten, „daß mit Rot-Grün tatsächlich das Ende der alten Bundesrepublik eingeläutet wurde".[266] Demgemäß erschien auch Oskar Lafontaine manchem Beobachter in erster Linie als Nostalgiker des westlichen Wohlfahrtsstaats, dessen Thesen irgendwo „zwischen Karl Schiller und Ludwig Erhard" lägen, so Robin Alexander. „Lafontaine bekommt Applaus, weil er an bessere Tage erinnert: an die Bonner Republik. Das Westdeutschland, das 1989 zu Ende ging. Ein Land, dessen Verteilungskämpfe um Zuwächse geführt wurden. Ein Land, das keine Kriege führte."[267] Der ironische „Witz", der darin lag, war nicht zu übersehen: „Die SED-Nachfolgepartei als mäßigende Kraft auf einem Kreuzzug für die gute alte BRD."[268]

3. Zwischenfazit und Ausblick: Die gesamtdeutsche Linkspartei

Das Jahr 2005 gab der Integrationsgeschichte der PDS abermals eine neue Wendung. Nach 15 Jahren deutscher Einheit begann die bis dahin ausgebliebene Expansion der Sozialisten nach Westen. Erstmals gelang es der PDS, die sich nun „Linkspartei" nannte und seit 2007 „Die Linke", in westdeutsche Wählermilieus einzudringen. Sie erreichte bei der Bundestagswahl 2005 bundesweit 8,7 Prozent der Stimmen und kratzte im Westen erstmals an der Fünf-Prozent-Marke. Besonders reüssieren konnte sie in klassisch sozialdemokratischen Wählergruppen: in der Arbeiterschaft, bei gewerkschaftlich Organisierten, Arbeitslosen sowie in den 1950er-Geburtsjahrgängen, also jenen, die in den 1970er Jahren – im Westen das „sozialdemokratische Jahrzehnt" – sozialisiert worden waren.[269] Bis zum Jahr 2010 übersprang „Die Linke" bei elf von zwölf Landtagswahlen die Fünf-Prozent-

---

265 Worum es geht. In: Frankfurter Allgemeine Zeitung, 5. 9. 2005.
266 Thomas Schmid, Der ideologische Abendstern. In: Frankfurter Allgemeine Zeitung, 16. 8. 2005.
267 Robin Alexander, Der letzte Bundesbürger. In: Die Tageszeitung, 13. 7. 2005.
268 Ebenda.
269 Vgl. Schoen/Falter, Die Linkspartei und ihre Wähler, S. 37 f.; F. Walter, Eliten oder Unterschichten?, S. 334; Nachtwey/Spier, Günstige Gelegenheit?, S. 27–36.

Hürde, zog in sieben westdeutsche Landtage ein und erhielt bei der Bundestagswahl 2009 fast zwölf Prozent der Stimmen im Bund und mehr als acht Prozent in Westdeutschland.[270]

Aus eigener Kraft hatte es die PDS allerdings nicht vermocht, die tief sitzenden Vorbehalte gegenüber der „SED-Nachfolgepartei" abzubauen und das westliche Elektorat von der eigenen demokratischen Läuterung zu überzeugen. Es bedurfte eines Partners, der nicht im Ruch stand, die marktwirtschaftliche Demokratie in eine planwirtschaftliche Diktatur zu verwandeln, der nicht als Partei der DDR galt und der stattdessen in den gesellschaftlichen Netzwerken des Westen verwurzelt und verankert war. Westliche Gewerkschaftsfunktionäre, enttäuschte SPD-Mitglieder und Ex-Grüne stellten eben diese Verbündeten dar, wobei der kaum verhehlten Unterstützung durch einen Teil der Gewerkschaften und der Publizistik besondere Bedeutung zukam. Allerdings entstand dieses Bündnis, so die hier verfolgte These, nicht aus dem Nichts, sondern war ein Erfolg der Integrationspolitik der PDS, die diese seit den neunziger Jahren verfolgt hatte. Voraussetzung waren die kommunikativen Brücken nach Westen, die aus den gewerkschaftlichen Netzwerken der Vorjahre, aber auch aus den persönlichen Beziehungen etwa zwischen Gregor Gysi und Oskar Lafontaine resultierten. Zudem beruhte das Bündnis der PDS mit westdeutschen Gewerkschafts- und SPD-Linken keineswegs auf einer radikal-sozialistischen Agenda, sondern war nur dadurch möglich, dass sich die PDS im Vorfeld entradikalisiert und linkskeynesianischen Ideen geöffnet hatte. Nur weil maßgebliche Personen in der PDS tatsächlich so dachten und sprachen, wie Sozialdemokraten in den 1970er und 1980er Jahren das getan hatten, wurden sie für ehemalige SPD-Mitglieder wie Lafontaine, Ernst und Händel als Bündnispartner akzeptabel. Trotz mancher Gegensätze im Detail: Ein sichtbarer programmatischer Graben zwischen PDS und WASG bestand nicht.

Zugleich war für die Etablierung der Linkspartei auch im Westen eine spezifische Situation nötig, wie sie die sozialen Proteste um die Agenda-Politik der rotgrünen Bundesregierung darstellten. Dass die Reform des deutschen Wohlfahrtsstaats von allen Fraktionen des Bundestages als alternativlos angesehen wurde, schuf Nachfrage nach einer außerparlamentarischen Alternative.[271] Hierfür bot sich das Bündnis aus PDS und WASG an. Wer für die Fortführung des keynesianischen Wohlfahrtsstaatsmodells eintrat und die Agenda-Reformen ablehnte, der fühlte sich von SPD und Grünen immer weniger repräsentiert. Viele von ihnen fanden in der Linkspartei eine neue Heimat. Diese Konstellation wiederum führte zu einer Neuordnung der politischen Debatte. Einerseits gelang es der PDS, aus dem Wahrnehmungsrahmen der posttotalitären „Nachfolgepartei" auszubrechen und auch in westdeutschen Kreisen Beachtung als linke Sozialstaatspartei zu finden. Andererseits führten die polarisierende Sprache der Partei, ihr populistischer

---

270 Vgl. Jesse/Lang, DIE LINKE – eine gescheiterte Partei?, S. 234. Das waren – als erstes westdeutsches Bundesland – Bremen 2007, Hessen 2008 und 2009, Niedersachsen 2008, Hamburg 2008, Saarland 2009, Schleswig-Holstein 2009 und Nordrhein-Westfalen 2010.

271 Siehe dazu Nachtwey/Spier, Günstige Gelegenheit?, hier v. a. S. 17 f.

Kampagnenstil und ihre scheinbare Reformfeindlichkeit dazu, dass die relative Integration der PDS auf Ebene der politischen Eliten, ihre Einbindung in Regierungsbündnisse und ihre relative Akzeptanz als „normale" Partei wieder zur Disposition standen.

Die Etablierung der Linkspartei als gesamtdeutsche Kraft blieb damit noch lange ein bundespolitisches Streitthema. Zum Teil kehrten zwischen 2005 und 2009 die Debatten und Symbole der 1990er Jahre zurück – nur dass es nun nicht mehr um die PDS in Ostdeutschland ging, sondern um „Die Linke" im Westen. Die CDU warnte nun wieder vor einem „Links-Block" mit den „Kommunisten" und versuchte so, an antikommunistische Traditionen im Westen der Republik anzuschließen.[272] Das galt auch für die SPD, die jede Kooperation mit der Linkspartei im Westen ausschloss und auf „Mauer", „Stacheldraht" und „Schießbefehl" verwies.[273] Das antitotalitäre Erbe der Bundesrepublik lebte sichtlich fort und verband sich mit taktischen Motiven: Dass es auch darum ging, die Etablierung eines neuen Konkurrenten in den alten Bundesländern zu verhindern, indem man ihn tabuisierte, räumte der SPD-Vorsitzende Kurt Beck nach seinem Rücktritt selbst ein.[274] Dazu passte auch eine Sprache, die Distanz und Nicht-Anerkennung signalisierte: Die „sogenannte Linkspartei" galt als Partei der „Populisten",[275] die „auf parasitäre Art und Weise" die SPD schwächen wolle.[276]

Der fortgesetzte Streit um die Linkspartei war aber bei weitem nicht nur eine Frage von Außenwahrnehmungen und Machtpolitik. Auch wenn die WASG die Sozialdemokratisierung der PDS voranzutreiben schien, so war das Bild in Wahrheit komplexer. Zum einen kamen seit 2005 nicht nur sozialdemokratische Gewerkschafter in die Partei, sondern auch andere linke Gruppen, die deutlich radikaler auftraten als die braven Parteifunktionäre im Osten. Mit scharfen Angriffen auf politische Gegner, aber auch mit radikalen Forderungen wie einer Verstaatlichung der Energiewirtschaft, erregten sie die Aufmerksamkeit des politischen Gegners, nicht selten aber auch den Zorn der ostdeutschen „Reformer".[277] Zum anderen erhielt die Partei mit Oskar Lafontaine einen neuen Vormann, der nicht

---

[272] Vgl. Michael Schieben, Die Nerven liegen blank. In: Zeit Online, 24.1.2008, URL <http://www.zeit.de/online/2008/05/wahlkampf-schluss/komplettansicht> (abgerufen am 11.3.2019).

[273] Kurt Beck auf dem Zukunftskongress der SPD, zit. n. Björn Hengst, Kumpel Kurt zieht in den Kampf. In: Spiegel Online, 26.6.2007, URL <http://www.spiegel.de/politik/deutschland/spd-chef-beck-kumpel-kurt-zieht-in-den-kampf-a-490757.html> (abgerufen am 11.3.2019).

[274] Vgl. Beck, Ein Sozialdemokrat, S. 204; hierzu auch Raschke, Zerfallsphase, S. 80.

[275] „Ein Kanzlerkandidat muss standhaft sein". Interview mit Kurt Beck. In: tagesspiegel.de, 25.8.2007, URL <http://www.tagesspiegel.de/politik/spd-chef-kurt-beck-ein-kanzlerkandidat-muss-standfest-sein/1023504.html> (abgerufen am 11.3.2019); vgl. auch Jens König, Wie Kurt Beck seine Partei fesselt. In: Die Tageszeitung, 30.1.2008.

[276] SPD-Fraktionschef Peter Struck, zit. n. Beck will 35 Prozent plus x. In: Spiegel Online, 15.7.2007, URL <http://www.spiegel.de/politik/deutschland/bundestagswahl-beck-will-35-prozent-plus-x-a-494554-amp.html> (abgerufen am 11.3.2019).

[277] Vgl. Niedermayer, Koalitionsbildung im Fünfparteiensystem, S. 347.

auf Integration und Anpassung setzte, sondern ganz auf Polarisierung und Abgrenzung, gerade von der SPD. Das war von den ostdeutschen „Reformern" bewusst in Kauf genommen worden, weil sie ebenfalls glaubten, sich nach Jahren der Entradikalisierung durch populistische Strategien wieder profilieren zu müssen. Ihr auf Pragmatismus und Anpassung ausgerichteter Integrationspfad aber stand zur Disposition, und mit den „Lafontainisten" erhielten sie einen ebenbürtigen innerparteilichen Gegenpol. Dass an deren Spitze der (frühere) westdeutsche Sozialdemokrat Oskar Lafontaine und die (frühere) ostdeutsche Kommunistin Sahra Wagenknecht standen, verwies auf die Synkretismen in der neuen Partei, die noch heterogener und zudem innerparteilich zerstrittener wirkte, als es die PDS jemals gewesen war.[278]

Dennoch spricht einiges dafür, dass der Integrationspfad, den die PDS in den 1990er und frühen 2000er Jahren beschritten hatte, nach 2005 nicht einfach endete. Von einer Isolation der Linkspartei konnte weder auf parteipolitischer noch auf gesellschaftlicher Ebene mehr eine Rede sein. Im Gegenteil: An den Wahlurnen war die Partei so erfolgreich wie nie. In Ostdeutschland galt „Die Linke" weiterhin als „Volkspartei", die in Berlin und seit 2009 auch in Brandenburg mitregierte. Und auch im Westen wurde sie, allen Abgrenzungsversuchen zum Trotz, als Mehrheitsbeschafferin eingebunden, wenn dies nötig war: Die hessische Sozialdemokratin Andrea Ypsilanti scheiterte im Jahr 2008 noch damit, eine rot-grüne Minderheitsregierung mithilfe der Linkspartei zu etablieren.[279] Das hatte aber nur zum Teil mit dem „Extremismus" der Linken zu tun[280] und viel mit programmatischen Gegensätzen und Grabenkämpfen in der eigenen Partei, wo Ypsilantis linkssozialdemokratischer Kurs polarisierte.[281] Hannelore Kraft dagegen war 2010 erfolgreicher und ließ ihre Landesregierung zwei Jahre lang durch die Linksfraktion stützen, ehe sie sich ihrer durch Neuwahl entledigte.[282] Ähnlich wie zuvor im Osten begann die machtpolitische Integration der Partei im Westen mit umstrittenen Tolerierungsmodellen.

---

278 Vgl. André Brie, Der Lafontainismus. In: Der Spiegel, 8. 6. 2009, S. 40 f.

279 Siehe dazu ausführlich und auf Grundlage gründlicher journalistischer Recherchen: Zastrow, Die Vier.

280 Die Begründung lautete, die Linkspartei sei „eine in Teilen linksextreme Partei", habe ein „gespaltenes bis ablehnendes Verhältnis zur parlamentarischen Demokratie und Rechtsstaatlichkeit und ein problematisches Gesellschafts- und Geschichtsverständnis". Erklärung von Carmen Everts. Dokumentiert in: faz.net, 3. 11. 2008, URL <http://www.faz.net/aktuell/politik/die-vier/im-wortlaut-die-erklaerungen-der-vier-abgeordneten-1725582.html> (abgerufen am 11. 3. 2019); Carmen Everts, SPD darf den Linken-Populismus nicht tolerieren. In: welt.de, 9. 1. 2009, URL <https://www.welt.de/politik/article2994201/SPD-darf-den-Linken-Populismus-nicht-tolerieren.html> (abgerufen am 11. 3. 2019).

281 Vgl. Matthias Bartsch u. a., Die Schlacht am Main. In: Der Spiegel, 21. 1. 2008, S. 22–26; Clement warnt vor Wahl von Andrea Ypsilanti. In: welt.de, 19. 1. 2008, URL <https://www.welt.de/politik/article1571459/Clement-warnt-vor-Wahl-von-Andrea-Ypsilanti.html> (abgerufen am 11. 3. 2019); dazu ausführlich auch Zastrow, Die Vier.

282 Auch bei der Bundespräsidentenwahl 2009 warb die SPD-Bewerberin Gesine Schwan um die Stimmen der Linkspartei (vgl. Egle, Im Schatten der Linkspartei, S. 105).

Vergleicht man wiederum die Diskussionen, die um die gesamtdeutsche Linkspartei geführt wurden, mit denen um die PDS in den 1990er Jahren, dann fallen drei Dinge auf: Erstens verlor die Demokratiefrage nachhaltig an Gewicht. Auch wenn die Linkspartei nach wie vor ihre Kritikerinnen und Gegner hatte, nicht zuletzt in der normativen Extremismusforschung und in Verfassungsschutzkreisen, so war sie doch keine „typische Anti-System-Partei" mehr, weil von ihr real „keine systemgefährdende Wirkung" ausging, wie der Politikwissenschaftler Christoph Egle formulierte.[283] Zweitens spielte die SED-Vergangenheit auch weiterhin in den öffentlichen Auseinandersetzungen ein Rolle – vor allem in den Debatten um den Begriff des „Unrechtsstaats".[284] Sie tauchte aber immer nur sporadisch auf und verlor insgesamt an Relevanz. Das hatte auch mit dem Spitzenpersonal der Linken zu tun, das sich zu größeren Teilen aus Westdeutschen oder aus einer jüngeren Generation Ostdeutscher rekrutierte, die kaum mit der SED-Vergangenheit assoziiert wurden. Und drittens ging die Expansion der Partei nach Westen damit einher, dass sie ihren Status als Single-Issue-Partei für Vereinigungsthemen nach und nach einbüßte und verstärkt mit gesamtdeutschen Sachthemen assoziiert wurde, in denen sie Positionen links von Sozialdemokratie und Grünen bezog, vor allem in der Wirtschafts- und Sozialpolitik sowie in außen- und sicherheitspolitischen Fragen. Die Debatten um die gesamtdeutsche Linkspartei und ihre politischen Konzepte unterschieden sich insofern nicht mehr signifikant von den Diskussionen, die in anderen westeuropäischen Demokratien um die dortigen kommunistischen und postkommunistischen Linksparteien geführt wurden: Im Mittelpunkt stand der Streit um sachpolitische Konzepte und verlässliche Politik, um Militäreinsätze, Bündnisverpflichtungen, Besteuerung, Regulierung und soziale Gerechtigkeit. Es ging aber nicht mehr um die Wahl zwischen BRD und DDR, West und Ost, Demokratie und Diktatur.

---

[283] Egle, Im Schatten der Linkspartei, S. 104. Für Eckhard Jesse blieb die Partei eine „im Kern extremistische", aber „halb systemloyale Gruppierung" (Jesse, Die koalitionspolitische Haltung der SPD, S. 243; vgl. auch Boldt, Die PDS – eine antidemokratische Partei?; Jesse/Lang, DIE LINKE – der smarte Extremismus; Peters, Antifaschismus und Sozialismus; ders., Der Antifaschismus der PDS).

[284] So kam es in Thüringen während der Sondierungsgespräche mit SPD und Grünen im Jahr 2009 und 2014 jeweils zu Debatten um den Begriff des „Unrechtsstaats", den die Linkspartei aber letztlich anerkannte. Demnach sei die DDR „eine Diktatur, kein Rechtsstaat" und „in der Konsequenz ein Unrechtsstaat" gewesen (DIE LINKE, SPD, Bündnis 90/Die Grünen Thüringen, Die Würde des Menschen ist unantastbar" [2009]; DIE LINKE, SPD, Bündnis 90/ Die Grünen Thüringen, Die Würde des Menschen ist unantastbar [2014]). In der Linkspartei blieb diese Formulierung hochumstritten (vgl. Gysi sieht DDR nicht als Unrechtsstaat. In: Zeit Online, 30. 9. 2014, URL <http://www.zeit.de/politik/deutschland/2014-09/gysi-ddr-unrechtsstaat-sonderungen-thueringen> [abgerufen am 11. 3. 2019]; Jan Fleischauer, Niemand hat die Absicht, von einem Unrechtsstaat zu sprechen. In: Spiegel Online, 30. 9. 2014, URL <http://www.spiegel.de/politik/deutschland/ddr-linkspartei-debattiert-ueber-unrechts staat-a-994615.html> [abgerufen am 11. 3. 2019]).

VIII. Resümee

Als Gregor Gysi nach seiner Niederlage auf dem Münsteraner Parteitag der PDS im April 2000 erstmals seinen Rückzug aus der Bundespolitik ankündigte, schrieb er seiner Partei eine Mahnung ins Stammbuch: sich nicht zu isolieren. In der bundesdeutschen Gesellschaft gebe es genug, was es zu verteidigen gelte. Die Partei müsse auch weiterhin Brücken nach Westdeutschland bauen, mit dem Chef der Deutschen Bank ebenso diskutieren wie mit dem „Kalten Krieger". Denn gerade diese Kontakte seien „Ausdruck des Grades der Akzeptanz, den die PDS in dieser Gesellschaft inzwischen als demokratisch-sozialistische Partei gefunden" habe.[1] Gysis Worte brachten den Willen der „Reformer" an der Parteispitze zum Ausdruck, sich und ihre Partei auch über manche Widerstände hinweg in der Bundesrepublik zu behaupten, Akzeptanz auch unter ihren Eliten zu finden – in ihr „anzukommen". Zehn Jahre später war ihnen das in Teilen tatsächlich gelungen, wie der „taz"-Journalist Stefan Reinecke im Januar 2010 feststellte: „Im Osten ist die PDS eine Partei des Ankommens, die ihre Klientel auf dem Weg in die westliche Demokratie begleitet hat. […] Im Westen ist raison d'être der Linkspartei indes genau das Gegenteil. Dort will sie weitenteils Dissidenz markieren."[2]

Beide Zitate verweisen auf einen Zusammenhang, der den Integrationsprozess der PDS stets prägte: Den Weg in die demokratisch-kapitalistische Gesellschaft mussten die Partei und ihre Mitglieder selbst zurücklegen. Aber nicht alle von ihnen verfolgten das Ziel, sich in dieser Gesellschaft einzurichten. Die PDS changierte zwischen dem Wunsch nach Akzeptanz und dem Willen zur Dissidenz, der Bereitschaft sich anzupassen und der Befürchtung, darüber ihr Profil und ihren Veränderungswillen zu verlieren. Aber auch nicht alle in der Bundesrepublik waren bereit, ihr den Weg hinein in die Gesellschaft zu ebnen. Hier stand Offenheit neben Ausgrenzung. Im Nachhinein hat sich viel von der Aufgeregtheit der zeitgenössischen Debatte als überzogen herausgestellt. Die bundesdeutsche Demokratie hat die Integration der PDS überlebt und diese war zu keiner Zeit jene Gefahr, für die sie viele hielten. In Wahrheit war ihr politisches Führungspersonal weniger darauf bedacht, das System zu stürzen, als einen eigenen Platz in diesem System zu finden. Und die parteiinternen Gegengruppen zogen meist zähneknirschend mit. Damit unterscheidet sich die „Nachfolgepartei" von den vielen rechtsextremen Parteien, die sich im Laufe der bundesdeutschen Geschichte gegründet, radikalisiert und wieder aufgelöst haben. Und sie unterscheidet sich von ihren kommunistischen Vorläufern, die von der „Diktatur des Proletariats" redeten und die Diktatur der Partei anstrebten.

Die Integrationsgeschichte der PDS ist daher auch ein Erfolg für das politische System der Bundesrepublik. Dass die „Nachfolgepartei" der SED so weitgehend

---

[1] Gregor Gysi, Lasst unser Motto nach diesem Parteitag lauten: PDS – jetzt erst recht! In: Disput, H. 4, 2000, S. 59–66, hier S. 63–65 (Zitat S. 65).
[2] Stefan Reinecke, Ein Gerücht geht um. In: taz.de, 11.1.2010, URL <https://www.taz.de/Debatte-Linkspartei/!5149711/> (abgerufen am 11.3.2019).

integriert werden konnte, dass der Regimewechsel in Ostdeutschland letztlich ohne dauerhaft virulente Systemopposition blieb, ist vor dem Hintergrund der Erfahrungen der Weimarer Republik keine Selbstverständlichkeit und verweist auf die Fähigkeit der westlichen Ordnung, auch jene einzubeziehen und zu domestizieren, die ihr kritisch gegenüberstehen.[3] Dass man damit den früheren DDR-Eliten und den „Einheitsverlierern" eine Brücke in den neuen gesamtdeutschen Staat bauen konnte, haben schon viele Zeitgenossen beobachtet – auch wenn bis heute fraglich bleibt, ob es der Partei tatsächlich überall gelungen ist, auch ihre Wählerinnen und Wähler mit dem bundesdeutschen System auszusöhnen.

Integration als Adaption?

Nimmt man dem Bild des Weges in die bundesdeutsche Demokratie seine normative Emphase, dann lässt sich auch nüchterner von einer Anpassung der PDS an das politische System der Bundesrepublik sprechen. Integration hieß vielfach Adaption. In dieser Hinsicht war die Integration der PDS in das politische System der Bundesrepublik keineswegs einzigartig. Vielmehr folgte sie einem Muster, das bereits die Entwicklung der Nachkriegs-Sozialdemokratie und später der Grünen ausgezeichnet hat. Nur durch Annäherung an den politisch-kulturellen Generalkonsens der Bundesrepublik konnten sie jeweils ihr Stigma überwinden und in den Kreis der „etablierten", als regierungsfähig angesehenen Parteien aufsteigen. Dass sie darüber ihren fundamentalen Veränderungsanspruch aufgeben und sich auf die Spielregeln der bestehenden Ordnung einlassen mussten, gehörte dazu und wurde von den einen als „Verrat" angesehen, von den anderen als „Lernprozess". Demnach waren normative und kulturelle Integration auf der einen Seite die Voraussetzung für jede andere Form der Integration und für Akzeptanz auf der anderen Seite. Die Wahl war: Adaption oder Isolation.

Auf einer hohen Abstraktionsebene ist dieses Integrationsmodell in der Lage, die Integration der PDS zu beschreiben und sogar, was nicht die Sache der Historiographie ist, Voraussagen und Handlungsempfehlungen auszusprechen. Noch besser, und das wiederum ist sehr wohl das Anliegen der Geschichtswissenschaft, vermag dieses Modell die zeitgenössischen Erwartungen an die PDS zu beschreiben und zu erklären. Dass die Logik von Integration durch Adaption schon damals die Vorstellung der Akteure prägte, zeigt die vielfache Bezugnahme auf „Godesberg", den Begriff der „Normalität" und das Bild vom „Ankommen" der PDS in der Bundesrepublik. Und in der Tat hat sich die PDS verändert: Sie söhnte sich mit dem Parlamentarismus aus und übernahm Regierungsverantwortung. Sie akzeptierte, wenn auch nur in Teilen, die Marktwirtschaft und sie musste sich immer wieder zur historischen Schuld der SED erklären, wenn auch oft zögerlich und verklausuliert. Dass die Integration der Linken noch lange ein Streitthema blieb, kann diesem „wenn auch" zugeschrieben werden: der weiterhin demonstrativ zur

---

3 Vgl. Rödder, 21.0, S. 208.

Schau gestellten Systemkritik, ihrer noch immer zwiespältigen Sicht auf die DDR-Vergangenheit und insbesondere ihrer kategorischen Positionierung in der Außen- und Sicherheitspolitik.[4] So gesehen wirkte der Generalkonsens der Bundesrepublik auch im vereinten Deutschland fort und fungiert bis heute als Maßstab für die Integration der Linkspartei.

Was dieses abstrakte Integrationsmodell, das auf eine einseitige Adaptionsleistung abzielt, freilich nicht vermag, ist die Diskussionen um die PDS und die Reaktionen auf sie vollständig zu erklären. Die Adaptionsthese blendet zum einen die Ungleichzeitigkeiten und Asymmetrien zwischen ost- und westdeutscher Entwicklung aus, zum anderen die Eigendynamik der Machtpolitik: Vielfach schritt die Einbindung der Partei in Allianzen und Koalitionen sehr viel schneller voran als ihre normative Integration. So kam es, dass die PDS seit den neunziger Jahren gleichzeitig regieren und opponieren, systemtragende und systemverändernde Kraft sein wollte. Häufig war auch der gegenteilige Effekt zu beobachten; Vorurteile und Abneigungen erwiesen sich als schwer zu überwinden, wurden vielfach auch parteipolitisch instrumentalisiert. Die Integrationsbemühungen der PDS im politischen System waren das eine, die Reaktionen jenes Systems das andere. Dazu kommt, dass das Adaptionsmodell die zahlreichen diskursiven und normativen Verschiebungen innerhalb des bundesrepublikanischen Generalkonsenses selbst unberücksichtigt lässt. Es verschweigt, dass eine Absage an Auslandseinsätze der Bundeswehr noch in den frühen 1990er Jahren keine Radikalposition war und keinen Gegensatz zur Westbindung bedeutete, sondern Konsens der bundesdeutschen Politik; und dass auch die „Volkspartei" SPD sich für einen „demokratischen Sozialismus" und eine „Transformation der Gesellschaft" aussprach, von manch allzu positiver Einschätzung der DDR in der westdeutschen Politik, in den Wissenschaften und in den Medien der 1980er Jahre ganz zu schweigen. Nicht nur die PDS, auch die Bundesrepublik hat sich nach dem Ende des Ost-West-Konflikts verändert.

Ein einseitiger Fokus auf die eingetretenen und ausgebliebenen Wandlungen der PDS erschwert demnach den Blick auf die Veränderungen der politischen Kultur der Bundesrepublik. Nur durch das Zusammenspiel beider Faktoren, so die zentrale These dieser Arbeit, können der Integrationsprozess der PDS und die mit ihm verbundenen Debatten und Diskurse verstanden werden. Dieser Zusammenhang soll resümierend anhand dreier zeitgenössischer Deutungsmuster herausgestellt werden, die in den bundesrepublikanischen Diskussionen um die PDS am Übergang vom 20. ins 21. Jahrhundert miteinander konkurrierten und sich doch ergänzten. Die Argumentationen im PDS-Diskurs verwiesen demnach auf übergeordnete politisch-kulturelle Entwicklungen in der bundesdeutschen Demokratie.

---

[4] Es ging also nicht nur um die Anerkennung des „Verfassungsstaats", sondern um die Anerkennung seiner politisch-kulturellen Grundsätze, zu denen eben auch ein außerkonstitutioneller Faktor wie die Außen- und Sicherheitspolitik zählte.

Der „antitotalitäre Konsens"

Der Niedergang des SED-Regimes, das Ende der DDR und die Auflösung der Sowjetunion wurden in der Bundesrepublik zuallererst als Untergang des Kommunismus und als Sieg des Westens im Konflikt mit dem Osten interpretiert. Die „geglückte Demokratie"[5] der Bundesrepublik stand dem gescheiterten kommunistischen Regime in der DDR gegenüber. Wichtiger noch als die Kategorien Erfolg und Scheitern, die auch in der PDS-Terminologie der „Siegerjustiz" und des „misslungenen" Sozialismus-Versuchs anklangen, war die Kategorie der Legitimität: Hatte die Entspannungs- und Dialogpolitik vor 1989 noch diesen Begriff vermieden oder der DDR gar eine eigene Legitimität zuerkannt, so wurde diese Interpretation nach 1990 revidiert: Als Diktatur waren DDR und SED-Regime per se illegitim. Dass diese antitotalitär begründete Delegitimation auch die „Nachfolgepartei" tangierte, lag nahe. Nun wurde versucht, den in der alten Bundesrepublik strittig gewordenen Antitotalitarismus zu revitalisieren und zur Grundlage des vereinten Deutschlands zu machen. „Auf dem Weg zu einem neuen antitotalitären Grundkonsens"[6] sollte die bundesrepublikanische Erinnerungskultur an den Holocaust verbunden werden mit einer ebenso deutlich konnotierten Erinnerung an die Verbrechen des Kommunismus. Demnach stand das Jahr 1989 für eine demokratische Revolution gegen Kommunismus und Totalitarismus, die eine neue „Gemeinsamkeit der Demokraten" begründen sollte, gerade auch durch Abgrenzung von der postkommunistischen PDS.

Für den Umgang mit der PDS funktionierte der angestrebte „Konsens der Demokraten" aber immer nur bedingt. Von Beginn an wurde er nur unzureichend definiert und begründet. War die PDS wegen der SED-Vergangenheit zu isolieren oder wegen ihrer Haltung zu dieser Vergangenheit? War sie eine Gefahr für die bundesdeutsche Demokratie oder für den Kapitalismus – oder beides? Wie musste die geforderte demokratische Erneuerung der Partei aussehen, damit man von einer verlässlichen demokratischen Partei sprechen konnte? Und war es das primäre Ziel, die PDS und ihre Klientel dauerhaft zu isolieren oder sie so gut wie möglich zu integrieren? In all diesen Fragen war die bundesdeutsche Öffentlichkeit gespalten: Auf der einen Seite standen insbesondere konservative Medien, bürgerliche Parteien und „Godesberger" Sozialdemokraten im Westen sowie die Mehrheit der früheren Bürgerrechtlerinnen und Bürgerrechtler aus dem Osten. Sie sahen in der PDS eine kommunistische Gefahr und wollten sie um jeden Preis von der Macht fernhalten. Für sie war es das ungeschriebene Gesetz des Antitotalitarismus, radikale Parteien von jeglicher Macht fernzuhalten. Die anderen glaubten im Gegenteil, die Entradikalisierung der PDS durch Einbindung unterstützen und sie ganz nebenbei „entzaubern" zu können. Hinter dieser Position standen vor allem westdeutsche Angehörige der „68er"-Generation, der „Neuen Linken" und des linksliberalen Medienspektrums, die sich gegen eine allzu rigide Abgrenzung von der

---

5 Wolfrum, Die geglückte Demokratie.
6 Vgl. Schaarschmidt, Auf dem Weg zu einem neuen antitotalitären Grundkonsens?.

PDS und für einen pragmatischen Umgang mit ihr aussprachen. Die Kämpfe um die vermeintliche Gefahr von links und das, was sie als antikommunistisches Ressentiment wahrnahmen, hatten sie schon in der alten Bundesrepublik ausgefochten. Für sie war der bundesrepublikanische Antikommunismus tot – und zwar nicht erst seit 1989 – und es gab keinen Grund, ihn nach dem Ende des Realsozialismus wiederzubeleben.

Dass beide Positionen mit unterschiedlichen machtpolitischen Interessen einhergingen und von Beginn auf allen Seiten zur parteipolitischen Profilierung genutzt wurden, belastete den antitotalitären „Konsens der Demokraten" im Umgang mit der PDS zusätzlich. Dazu kam, dass er von der postsozialistischen Gesellschaft der früheren DDR nicht mitgetragen wurde: In ihrer Mehrheit sah die ostdeutsche Bevölkerung in der PDS keine undemokratische Partei und fühlte sich im Gegenteil durch westliche Kampagnen eher zur Solidarisierung mit der früheren Staatspartei ermutigt. Dieser gelang es, den gegen sie gerichteten Konsens als westliches Konstrukt zu stigmatisieren, sich selbst als Vertreterin einer ostdeutschen „Normalität" zu inszenieren und sich so eine neue politische Funktion zu verschaffen. Ein „neuer antitotalitärer Konsens" im Umgang mit der PDS war auf diese Weise nicht herzustellen.

Dennoch blieb das antitotalitäre Deutungsmuster für die Interpretation der PDS und für ihre Integration in das politische System wirkmächtig – vor allem in großen Teilen der westdeutschen Bevölkerung. Dass die Partei immer wieder an die SED-Vergangenheit erinnert und zugleich gedrängt wurde, sich dazu selbstkritisch zu positionieren, war dessen sichtbarster Ausdruck. Kaum ein Integrationserfolg der PDS blieb möglich, ohne sich vorher von der Vergangenheit zu distanzieren und die eigene Annäherung an das antitotalitäre Geschichtsbild zu demonstrieren, auch wenn eine „erinnerungspolitische Kluft"[7] bestehen blieb: Symbol dafür wurden die Diskussionen um die Begriffe „Unrechtsstaat" und „Zwangsvereinigung", die immer wieder aufflammten und zum Teil noch heute virulent sind.

Das „postideologische Zeitalter"

Vom antitotalitären Deutungsmuster muss ein zweites zeitgenössisches Interpretationsmuster unterschieden werden, das sich am Besten mit dem Quellenbegriff des „postideologischen Zeitalters" umschreiben lässt. Hinter dieser subjektiven Kategorie der Wirklichkeitsbeschreibung verbarg sich die Deutung des 20. Jahrhunderts als einer Ära der ideologischen Großkonflikte. Dieses von Eric Hobsbawm charakterisierte „Age of Extremes", so die hegemoniale Vorstellung der 1990er Jahre, sei endgültig vorüber und mache nun einem Zeitalter Platz, in dem es zu den Leitvorstellungen des Westens keine Alternative mehr gebe. In besonders emblematischer Weise proklamierte das 1992 der amerikanische Politikwissen-

---

7 Schönhoven, Gemeinsame Wurzeln, S. 268.

schaftler Francis Fukuyama mit seinem hegelianischen „Ende der Geschichte": Mit dem Untergang diktatorischer und planwirtschaftlicher Systeme, so die zentrale These Fukuyamas, sei „nur noch ein politisches Modell mit universellem Anspruch übrig geblieben": das westliche Modell der „liberalen Demokratie" und der „liberalen Wirtschaft".[8]

Diese Vorstellung prägte nicht nur jene, die ohnehin fest auf dem Fundament des Westens standen. Es wirkte auch auf Gruppen, die in der Vergangenheit selbst systemkritische Positionen bezogen hatten. Am deutlichsten zeigte sich das am Beispiel der Grünen, die sich von einer großteils systemkritischen zu einer systembejahenden Partei wandelten und sich in der Auseinandersetzung mit der PDS selbst auf eben jenes Modell des Westens bezogen, das sie lange Zeit kritisiert hatten. Auch dass das 1989 verabschiedete Berliner Programm der SPD mit seinem Bekenntnis zum demokratischen Sozialismus nach kurzer Zeit schon als überholt galt, weist in diese Richtung. Im postideologischen Deutungsmuster war die PDS der frühen neunziger Jahre ein Fremdkörper. Die westliche Marktwirtschaft war ihr lange Zeit nicht mehr als eine moderne Form des kapitalistischen Zwangssystems, die liberale Demokratie in ihrer parlamentarischen Form war für sie eine allenfalls imperfekte Demokratieform, die in Wirklichkeit den Interessen des Kapitals diente. Das transatlantische Bündnissystem, das scheinbar siegreich aus dem Ost-West-Konflikt hervorgegangen war, galt ihr als „imperialistisches" Machtinstrument der USA. Aus postideologischer Sicht erschien die PDS in ihrem Festhalten an der Ideologie des Sozialismus als ein Relikt des 20. Jahrhunderts, das im anbrechenden 21. Jahrhundert keine Zukunft mehr hatte.

Das postideologische und das antitotalitäre Deutungsmuster verbanden sich daher zunächst und bestärkten den alten bundesrepublikanischen Konsens aus Marktwirtschaft, Parlamentarismus, Westbindung und Antitotalitarismus. Schon bald aber gerieten beide Deutungen in Konflikt. Wenn es tatsächlich stimmte, so das implizite Argument vieler, dass die Auseinandersetzungen des Ost-West-Konflikts dem Gestern angehörten, dann musste das *erstens* auch auf antikommunistische Kampagnen zutreffen, die nun ebenfalls als Instrumente der Vergangenheit galten. Und *zweitens* war dann eine „Normalisierung" der PDS über kurz oder lang unausweichlich: Da das liberale Modell gesiegt hatte, würde auch die PDS sich diesem Modell anpassen müssen und früher oder später zu einer Partei westlichen Zuschnitts werden, die Demokratie und Marktwirtschaft akzeptierte. Als Vorbilder dieser Entideologisierung galten nicht nur die SPD der 1950er und 1960er und die Grünen der 1980er und 1990er Jahre, sondern auch die postkommunistischen Parteien Ungarns, Polens und Italiens, die sich nach westlichem Vorbild sozialdemokratisiert und zu unideologisch auftretenden Parteien gewandelt hatten. Aus dieser Deutung folgte Toleranz für die PDS, machtpolitische Einbindung und Domestizierung qua Integration. Dies war das Modell, das sich unterhalb der Bundesebene im Laufe der 1990er Jahre durchsetzte.

---

[8] Fukuyama, Das Ende der Geschichte, S. 13 und S. 79.

Es schien zu wirken: Der Glaube an das Ende der Großideologien war, trotz aller Verweise auf den Sozialismus als „Weg, Methode, Wertorientierung und Ziel",[9] längst auch in die PDS vorgedrungen. Fukuyama hatte so unrecht nicht: Auch für viele in der PDS war der Kommunismus gescheitert, ein universelles Gegenmodell abhandengekommen und das liberale Modell des Westens erschien bei genauerem Hinsehen nicht mehr so feindlich wie erwartet. Im Gegenteil: Politikerinnen und Politiker wie Gregor Gysi und André Brie, Helmut Holter und Petra Pau, Lothar Bisky und Dietmar Bartsch machten es sich zur Aufgabe, ihre Partei selbst auf den Boden des westlichen Modells zu führen und von den Vorzügen der neuen Demokratie und Marktwirtschaft zu überzeugen: Das „Ankommen in der Bundesrepublik" wurde ebenso zu ihrem Ziel wie die Akzeptanz durch die Anderen.

Das war nur zu einem Teil erfolgreich. Es gelang aber immerhin so weit, dass Angriffe auf die PDS als einer undemokratischen oder gar demokratiegefährdenden Partei Anfang der 2000er Jahre nur noch wenig Erfolg hatten. Die antikommunistische Abgrenzung von der PDS und die Skandalisierung ihrer Integration wurden noch in Wahlkampfzeiten genutzt, um Wählerinnen und Wähler zu mobilisieren und linke Regierungsoptionen zu bekämpfen – sie erschienen spätestens seit der zweiten Hälfte der 1990er Jahre aber selbst immer mehr als „ideologische" Relikte des letzten Jahrtausends, als inszenierte Reminiszenzen und nicht mehr als glaubwürdige Akte demokratischer Gegenwehr. Gegen wen auch?, waren doch Führungspersönlichkeiten der PDS wie Gregor Gysi längst Teil des politischen Establishments geworden, mit denen „hinter der Kulisse" ein freundlicher und bisweilen freundschaftlicher Umgang gepflegt wurde. Das postideologische Deutungsmuster hatte demnach eine geradezu paradoxal anmutende Folge: Der Glaube an ein Ende der Ideologien half ausgerechnet jener Partei bei ihrem Bemühen um Anerkennung, die nach 1990 am meisten mit dem Zeitalter der Ideologien assoziiert wurde. Anfang des 21. Jahrhunderts war die PDS innerhalb Ostdeutschlands zu einer als weithin „normal" angesehenen Partei aufgestiegen und war hier in jeglicher Hinsicht – kommunikativ, machtpolitisch, normativ und symbolisch – integriert. Auf Bundesebene wiederum wurde sie als ostdeutsche „Volkspartei" zumindest toleriert. Eines konnte die PDS damit aber nicht erreichen: den Sprung nach Westen.

Die „neoliberale Hegemonie"

An dieser Stelle setzt ein drittes zeitgenössisches Deutungsmuster an. Es entwickelte sich in den Auseinandersetzungen um die PDS zunächst im Windschatten des postideologischen Interpretationsmodells, löste sich aber davon und entwickelte für die Eigenwahrnehmung der PDS und ihre Positionierung in der Bundes-

---

[9] Sozialismus ist Weg, Methode, Wertorientierung und Ziel. Beschluss des 4. Parteitags der PDS/1. Tagung. In: Disput, H. 3–4, 1995, S. 26–28, hier S. 27.

republik große Bedeutung: die Wahrnehmung einer „neoliberalen Hegemonie". Dieses Interpretationsmuster entstammte den Debatten der westlichen Linken, die in der Ära Kohl durchweg einen Angriff der „neoliberalen" Kräfte auf den westlich-keynesianischen Wohlfahrtsstaat befürchteten. Während die neoliberale Wende in der Bundespolitik der 1980er Jahre aber noch ausgeblieben war, änderte sich das seit Mitte der 1990er Jahre: In den Diskussionen um den „Standort Deutschland", um eine Reform des deutschen Wohlfahrtsstaats und die „Modernisierung" wirtschaftspolitischer Instrumentarien sahen sich all jene bestätigt, die vor einer Neoliberalisierung der Politik gewarnt hatten. Dazu passten auch die Modernisierungsdiskurse innerhalb der westlichen Gewerkschaften, die Debatten um eine „neue Sozialdemokratie" und vor allem die rot-grünen Wohlfahrtsstaatsreformen der „Agenda 2010".

„Neoliberale Hegemonie" und „postideologisches Zeitalter" standen nach 1990 in enger Verbindung miteinander: Die Abkehr von den Ideologien des 20. Jahrhunderts wurde in allen etablierten Parteien als Abschied nicht nur von Kommunismus und Realsozialismus gedeutet. Auch die „Politikrezepte der 1970er Jahre" inklusive marktkritischer Rhetorik, wohlfahrtsstaatlicher Umverteilung und keynesianischer Nachfragepolitik wurden nun vielfach als gestrig interpretiert, als „ideologisch". Als „unideologisch" dagegen und damit als „modern" und „zeitgemäß" galten eine stärker angebotsorientierte Wirtschaftspolitik, die auf die Kräfte des Marktes setzte und den „überbordenden Sozialstaat" reformierte.

Hiergegen richtete sich die Kritik der PDS: Sie glaubte, unter dem Deckmantel des Postideologischen in Wahrheit einen neoliberalen Angriff auf den bundesdeutschen Wohlfahrtsstaat zu erkennen. Für die dezidiert antikapitalistischen Kräfte in der Partei bestätigte der Neoliberalismus das eigene Negativbild von der kapitalistischen Gesellschaft. Von den Repräsentanten eines „reformsozialistischen" Kurses wiederum wurde er als Gegenmodell zur sozialstaatlich regulierten Marktwirtschaft verstanden. In Teilen der Partei ging man dazu über, das konsenskapitalistische Modell der Bundesrepublik, den „rheinischen Kapitalismus", vor einer marktradikalen Kapitalismusform in Schutz zu nehmen – und lief damit Gefahr, jenes bundesrepublikanische Modell der Nachkriegsjahrzehnte, vor allem in seiner keynesianischen Form der 1970er Jahre, rückwirkend zum Hort sozialen Ausgleichs und Friedens zu verklären. Zur „Ostalgie" kam eine für die PDS eigenartige und überraschend anmutende „Westalgie".

In dieser Form bildete das anti-neoliberale Interpretationsmuster eine Brücke zwischen Ost und West sowie zwischen der PDS und dem linken Flügel der rotgrünen Koalitionsparteien. Zugleich erlaubte es den Sozialisten, sich dem westlichen Modell anzunähern, ohne die Distanz zu den realen Gegebenheiten der Bundesrepublik aufzugeben: Es wurde nicht mehr die „soziale Marktwirtschaft" abgelehnt, sondern angezweifelt, dass es diese noch gebe. Der Parlamentarismus wurde nicht mehr bekämpft, sondern sollte vor der vermeintlichen Aushöhlung durch ökonomische Lobbygruppen gerettet werden. Und auch in sicherheitspolitischer Hinsicht kombinierte die PDS antiwestliche Traditionen mit der Bezugnahme auf Motive der westlichen Friedensbewegung, bezog sich also mehr auf die Bundesrepublik der 1970er und 1980er Jahre als auf die DDR. Damit fand sie Anschluss an sozialdemokratische, gewerkschaftliche und pazifistische Milieus, die in ihr nicht mehr primär die post-totalitäre „Nachfolgepartei" der SED sahen, sondern einen möglichen Bündnispartner gegen den Neoliberalismus. Und manchen gelang sogar der Brückenschlag ins bürgerliche Lager: Am Ende gab sich selbst Sahra Wagenknecht, in den 1990er Jahren noch das Aushängeschild der Kommunistischen Plattform, als Interpretin der liberalen „Freiburger Schule" und reklamierte deren Erbe kokett für die Linkspartei: Ludwig Erhard wäre heute bei der Linkspartei „am besten aufgehoben".[10]

Zum Durchbruch kam dieses Deutungsmuster der PDS als Reaktion auf den Neoliberalismus schließlich infolge der Agenda-2010-Diskussionen und des Wahlbündnisses mit der WASG bei der Bundestagswahl 2005. In diesen Diskussionen erschien die „neue Linkspartei" nicht mehr als Feind des bestehenden bundesdeutschen Modells, sondern im Gegenteil als Hindernis für seine Reform und Modernisierung. In diesem Kontext standen sich die postideologische und die anti-neoliberale Interpretation gegenüber: Die einen identifizierten die Linkspartei mit einer ideologischen, populistischen und modernisierungsfeindlichen „Politik der Siebziger Jahre" – wobei sich Keynesianismus und Kommunismus zu einem doppelten Negativbild des Etatismus verbanden. Die anderen sahen in ihr eine keynesianische Sozialstaatspartei, die das etablierte Modell der Bundesrepublik verteidige. Die PDS wurde zur Protestpartei gegen den Neoliberalismus, und als solche diente sie auch als Projektionsfläche für enttäuschte Westlinke und Gewerkschaftskreise. Diese Fremd- und Selbstdeutung als „bessere SPD" machte die Partei erstmals in signifikanter Weise anschlussfähig an größere Teile der westdeutschen Gesellschaft.

Die Integration der Linkspartei und die Bundesrepublik im Wandel

Die relative Integration der PDS war also nicht nur das Ergebnis einer Annäherung der Partei an den westlichen Konsens. Sie war auch das Resultat eines mehrdimensionalen politisch-kulturellen Wandels in der Bundesrepublik. *Erstens* markierte das Jahr 1990 die endgültige Delegitimierung von Kommunismus und Staatssozialismus als Alternativen zum westlichen Modell – bis hinein in die PDS selbst. *Zweitens* wirkte der bundesrepublikanische Antitotalitarismus mit seiner traditionell starken antikommunistischen Akzentuierung zwar weiter, wurde als parteipolitische Waffe gegen Links aber zunehmend stumpf. Die „Rote Socken"-Kampagne galt als ebenso gestrig wie die „Roten Socken" selbst. Stattdessen galt es, die PDS durch Integration zu domestizieren und an das westliche Modell heranzuführen. *Drittens* standen die 1990er und frühen 2000er Jahre auch für eine Neudefinition

---

[10] „Wir brauchen Märkte". Interview mit Sahra Wagenknecht. In: Der Spiegel, 31.12.2012, S. 30–32, hier S. 32; siehe dazu ausführlich: Wagenknecht, Freiheit statt Kapitalismus.

des westlichen Konsenses, vor allem in sicherheits- und in wirtschaftspolitischer Hinsicht. Der PDS brachte das neue Integrationsmöglichkeiten in Westdeutschland und zugleich polarisierte sich die politische Debatte aufs Neue. Überall in Europa war es jener als neoliberal firmierende Modernisierungskonsens, der den (früheren) kommunistischen Parteien neue Möglichkeiten der Profilierung gab und wesentlich dazu beitrug, ihren fast sicher geglaubten Untergang zu verhindern. Die Deutungskämpfe um die früheren kommunistischen Parteien wandelten sich dabei grundlegend: Aus dem Systemkampf zwischen West und Ost wurde der Streit um die Ausgestaltung der liberalen Ordnung im Zeichen von Transformation, Globalisierung und Modernisierung.

Die heutige Situation schließt in vielerlei Hinsicht an die der 1990er und 2000er Jahre an. Das „postideologische" Deutungsmodell aber erfuhr im vergangenen Jahrzehnt eine nachhaltige Schwächung. Mit der 2007 einsetzenden Wirtschafts- und Finanzkrise kam es im bundesdeutschen Diskurs abermals zu signifikanten Verschiebungen; die Konstellation der 2000er Jahre, die auf Reformierung des Wohlfahrtstaats und auf eine marktliberale Modernisierung ausgerichtet war, wandelte sich. Etwa ein Vierteljahrhundert, nachdem sich der liberale Kapitalismus weltweit durchgesetzt hatte, wurde Kritik an seinen „Auswüchsen"[11] wieder en vogue. Auch in bürgerlichen Kreisen stellte man sich erneut die Frage nach der Vereinbarkeit von „Kapitalismus und Demokratie".[12] Die Folge waren neue Debatten um Ungleichheit, Umverteilung und Re-Regulierung der Marktwirtschaft.[13] Das neoliberale Modernisierungsparadigma wurde nicht mehr nur von links angezweifelt.[14] Auch Leute wie Heiner Geißler oder der Papst wollten nun „den Kapitalismus reformieren", wie Christian Rath pointiert formulierte.[15] Die Postideologie wurde als Ideologie decouvriert.

Damit ging einher, dass Positionen der Linkspartei, vor allem in der Wirtschafts- und Sozialpolitik, für andere Parteien in der Bundesrepublik anschlussfähig wurden. Im Bundestagswahlkampf 2013 hatten Forderungen nach steuerlicher Umverteilung ebenso wieder Konjunktur wie solche nach einer sogenannten Mietpreisbremse, nach gesetzlichen Mindestlöhnen oder der Wiedereinführung einer Vermögenssteuer.[16] Was wenige Jahre zuvor noch großen Teilen der Öffentlichkeit als vollkommen unrealistisch oder gar staatssozialistisch galt,[17] war nun wieder

---

[11] Kirchen prangern Auswüchse des Kapitalismus an. In: faz.net, 28. 2. 2014, URL <http:// www.faz.net/aktuell/rhein-main/gier-schuld-an-finanzkrise-kirchen-prangern-auswuechse-des-kapitalismus-an-12825899.html> (abgerufen am 11. 3. 2019).

[12] Vgl. Josef Joffe, Zerstört der Kapitalismus die Demokratie? In: Die Zeit, 20. 8. 2009; Tissy Bruns, Was ist dem Kapitalismus die Demokratie wert? In: tagesspiegel.de, 5. 2. 2010, URL <http://www.tagesspiegel.de/politik/finanzkrise-was-ist-dem-kapitalismus-die-demokratie-wert/ 1677532.html> (abgerufen am 11. 3. 2019); Nonnenmacher/Rödder (Hrsg.), Kapitalismus und Demokratie.

[13] Vgl. Rödder, 21.0, S. 72.

[14] Vgl. ebenda, S. 115, zum Begriff ebenda, S. 108 f.

[15] Christian Rath, Ein Fall fürs oberste Gericht. In: Die Tageszeitung, 23. 1. 2012.

[16] Strohschneider, Linke Mehrheit?, S. 33 f.

[17] Vgl. Ralf Neubauer, Die Realos übernehmen. In: Die Zeit, 15. 7. 1994; Reinhard Höppner zum Parteitag der PDS. DLF Informationen am Morgen, 30. 1. 1995. In: Fernseh-/Hörfunkspiegel

Teil der Wahlprogramme von SPD und Grünen. Manches davon wurde nach 2013 sogar von einer unionsgeführten Großen Koalition umgesetzt. Auch das beeinflusste den Blick auf die Linkspartei.

Zudem veränderte sich die Lage der linken Parteien in ganz Europa: In vielen Ländern, vor allem im östlichen Teil des Kontinents, spielten frühere Kommunisten in Konkurrenz zu den nationalistischen Kräften der Rechten nur noch marginale Rollen. In Polen und Ungarn etwa, wo sich die postkommunistischen Parteien in den 1990er Jahren als liberale, pro-westliche Reformparteien hervorgetan hatten, konnten sie immer weniger Wählerinnen und Wähler überzeugen und waren weiter denn je davon entfernt, noch einmal in die Regierung zurückzukehren. Auch in Frankreich, Italien, den Niederlanden und in anderen Ländern Westeuropas verloren die traditionellen Parteien der linken Mitte Stimmen an radikalere Konkurrenzparteien von links wie rechts. Vor allem dort, wo man mit einschneidenden Wirtschafts- und Sozialstaatsreformen begann wie in Griechenland und Spanien, stiegen neue Protestparteien auf, die manches gemein hatten mit der gesamtdeutschen Linkspartei der 2000er Jahre.

In Deutschland dagegen klang die Debatte um die hiesige Linkspartei im dritten Jahrzehnt nach der Wiedervereinigung weitgehend ab. Das hatte damit zu tun, dass das populistische Potenzial der Partei nach dem Rückzug Lafontaines von der Bundesspitze im Jahr 2010 deutlich zurückging,[18] aber auch damit, dass mit Euro, Einwanderung und Integration Themen in den Vordergrund rückten, bei denen die Linkspartei seit jeher gespalten war. Vor allem jedoch rückte mit der „Alternative für Deutschland" (AfD) eine neue politische Partei in den Mittelpunkt der Debatte, die der Linkspartei ihre tribunizische Funktion im Parteiensystem streitig machte. Angesichts des erstarkten Populismus von rechts gewann der „demokratische Konsens" wieder an Bedeutung, und selbst in der Union mehrten sich die Stimmen, die Linke miteinzubeziehen.[19] Nun war es die AfD, die das politische System vor die Integrationsfrage stellte: Wie sollte man mit den Feinden des politischen Konsenses verfahren? Sollte man sie gleichbehandeln oder ausgrenzen, sich ihnen anpassen oder sich abgrenzen? Dass auch die Linkspartei mit diesen Fragen haderte und um ihre Rolle als Sprachrohr der Unzufriedenen und Enttäuschten bangte, war auch ein Preis ihrer fortgeschrittenen Integration in das politische System der Bundesrepublik. Sie war selbst Teil des „Establishments" geworden.

Inland II, 30. 1. 1995, S. 3 f., „Nun mal Schluss mit Umarmung". Streitgespräch zwischen Roland Claus und Christoph Bergner. In: Mitteldeutsche Zeitung, 8. 7. 2002.

[18] Vgl. Decker, Vom Protestphänomen, S. 59.

[19] Vgl. „Ich will einen politischen Neuanfang". Interview mit Ingo Senftleben, in: Berliner Zeitung (Online), 11. 4. 2018, URL <https://www.berliner-zeitung.de/berlin/brandenburg/cdu-chef-ingo-senftleben--ich-will-einen-politischen-neuanfang--30002016> (abgerufen am 11. 3. 2019); Miriam Hollstein, Wo die CDU die Linkspartei sogar lobt. In: Berliner Morgenpost, 5. 8. 2008; „Normalisierung zwischen CDU und Linken". Interview mit Daniel Günther. In: Rheinische Post, 11. 8. 2018.

Abkürzungen

Abs.	Absatz
Art.	Artikel
ACDP	Archiv für Christlich-Demokratische Politik
ADL	Archiv des Liberalismus
ADN	Allgemeiner Deutscher Nachrichtendienst
ADS	Archiv Demokratischer Sozialismus
AdsD	Archiv der sozialen Demokratie
AfD	Alternative für Deutschland
AG	Aktiengesellschaft
AG	Arbeitsgemeinschaft
AGG	Archiv Grünes Gedächtnis
AKEL	Fortschrittspartei des werktätigen Volkes (Zypern) (Anorthotiko Komma Ergazomenou Laou)
AL	Alternative Liste für Demokratie und Umweltschutz Berlin
APO	Außerparlamentarische Opposition
ARD	Arbeitsgemeinschaft der öffentlich-rechtlichen Rundfunkanstalten der Bundesrepublik Deutschland
ASG	Initiative Arbeit & soziale Gerechtigkeit
attac	association pour une taxation des transactions financières pour l'aide aux citoyens
B90	Bündnis 90
BDI	Bundesverband der Deutschen Industrie
BDK	Bundesdelegiertenkonferenz
BFD	Bund Freier Demokraten
BfV	Bundesamt für Verfassungsschutz
BGSt	Bundesgeschäftsstelle
BHE	Bund der Heimatvertriebenen und Entrechteten
BISS	Berlin-Brandenburger Institut für Sozialwissenschaftliche Studien
BMW	Bayerische Motoren Werke
BRD	Bundesrepublik Deutschland
BT	Bundestag
BTF	Bundestagsfraktion
Bü90	Bündnis 90
BuVo	Bundesvorstand
BvG	Bundesverfassungsgericht (Registerkennzeichen)
BVerfGE	Entscheidungen des Bundesverfassungsgerichts
BVerfSchG	Bundesverfassungsschutzgesetz
BvS	Bundesanstalt für vereinigungsbedingte Sonderaufgaben
BW	Bürgerbewegung
CDU	Christlich Demokratische Union Deutschlands
CDU/CSU	CDU/CSU-Fraktion im Deutschen Bundestag
CSU	Christlich-Soziale Union in Bayern

DA	Demokratischer Aufbruch
DBD	Demokratische Bauernpartei Deutschlands
DDR	Deutsche Demokratische Republik
Dep.	Depositum
DGB	Deutscher Gewerkschaftsbund
DJ	Demokratie Jetzt
DKP	Deutsche Kommunistische Partei
DLF	Deutschlandfunk
DM	Deutsche Mark
dpa	Deutsche Presse-Agentur
Drs.	Drucksache
DSU	Deutsche Soziale Union
DVU	Deutsche Volksunion
EL	Partei der Europäischen Linken
epd	Evangelischer Pressedienst
EU	Europäische Union
e.V.	eingetragener Verein
FAS	Frankfurter Allgemeine Sonntagszeitung
FAZ	Frankfurter Allgemeine Zeitung
FDGB	Freier Deutscher Gewerkschaftsbund
FdGO	Freiheitlich-demokratische Grundordnung
Fdk	Freie Demokratische Korrespondenz
FDP	Freie Demokratische Partei
F.D.P.	Freie Demokratische Partei
FDJ	Freie Deutsche Jugend
Fidesz	Bund junger Demokraten (Ungarn) (**Fi**atal **De**mokraták **Sz**övetsége)
FPÖ	Freiheitliche Partei Österreichs
GAL	Grün-Alternative Liste Hamburg
GdED	Gewerkschaft der Eisenbahner Deutschlands
GEW	Gewerkschaft Erziehung und Wissenschaft
GFV	Geschäftsführender Fraktionsvorstand
GHK	Gewerkschaft Holz und Kunststoff
GUE	Gewerkschaft Unterrichtung und Erziehung (DDR)
GUE/NGL	Konföderale Fraktion der Vereinten Europäischen Linken/Nordische Grüne Linke (Gauche Unitaire Européenne/Nordic Green Left)
GVK	Gemeinsame Verfassungskommission
H.	Heft
HBV	Gewerkschaft Handel, Banken und Versicherungen

IG	Industriegewerkschaft
IG BCE	Industriegewerkschaft Bergbau, Chemie, Energie
IM	Inoffizieller Mitarbeiter des Ministeriums für Staatssicherheit der DDR
IWF	Internationaler Währungsfonds
Jusos	Arbeitsgemeinschaft der Jungsozialistinnen und Jungsozialisten in der SPD
KB	Kommunistischer Bund
KfW	Kreditanstalt für Wiederaufbau
KMU	Kleinere und mittlere Unternehmen
KP	Kommunistische Partei
KPD	Kommunistische Partei Deutschlands
KPdSU	Kommunistische Partei der Sowjetunion
KPF	Kommunistische Plattform in der PDS
KPÖ	Kommunistische Partei Österreichs
KPRF	Kommunistische Partei der Russischen Föderation
KSČM	Kommunistische Partei Böhmens und Mährens (Komunistická strana Čech a Moravy)
KSZE	Konferenz über Sicherheit und Zusammenarbeit in Europa
KV	Kreisverband
LAG	Landesarbeitsgemeinschaft
LDPD	Liberal-Demokratische Partei Deutschlands
LL/PDS	Linke Liste/Partei des Demokratischen Sozialismus
LPG	Landwirtschaftliche Produktionsgenossenschaft
LTF	Landtagsfraktion
LV	Landesverband
MdB	Mitglied des Deutschen Bundestages
MdL	Mitglied des Landtages
MDR	Mitteldeutscher Rundfunk
MF	Marxistisches Forum
MfS	Ministerium für Staatssicherheit der DDR
MLPD	Marxistisch-Leninistische Partei Deutschlands
MSI	Movimento Sociale Italiano (Italienische Sozialbewegung)
MSZP	Ungarische Sozialistische Partei (Magyar Szocialista Párt)
MSZMP	Ungarische Sozialistische Arbeiterpartei (Magyar Szocialista Munkáspárt)
MTV	Music Television
MV	Mecklenburg-Vorpommern

NATO	North Atlantic Treaty Organization
NELF	Forum der Neuen Europäischen Linken
NFo	Neues Forum
NPD	Nationaldemokratische Partei Deutschlands
NRW	Nordrhein-Westfalen
NS	Nationalsozialismus
NSDAP	Nationalsozialistische Deutsche Arbeiterpartei
NVA	Nationale Volksarmee
OSZE	Organisation für Sicherheit und Zusammenarbeit in Europa
ÖTV	Gewerkschaft Öffentliche Dienste, Transport und Verkehr
OWUS	Offener Wirtschaftsverband von kleinen und mittelständischen Unternehmen, Freiberuflern und Selbständigen
PCF	Kommunistische Partei Frankreichs (Parti communiste français)
PDS	Partei des Demokratischen Sozialismus
PDS/LL	Partei des Demokratischen Sozialismus/Linke Liste
PGF	Parlamentarische(r) Geschäftsführer(in)
PiS	Recht und Gerechtigkeit (Polen) (Prawo i Sprawiedliwość)
PR	Parteirat
Präs.	Präsidium
PRC	Partei der kommunistischen Wiedergründung (Italien) (Partito della Rifondazione Comunista)
PV	Parteivorstand
PZPR	Polnische Vereinigte Arbeiterpartei (Polska Zjednoczona Partia Robotnicza)
RAF	Rote Armee Fraktion
REP	Die Republikaner
RHG	Archiv der DDR-Opposition der Robert-Havemann-Gesellschaft
SAV	Sozialistische Alternative – Voran
SBZ	Sowjetische Besatzungszone
SDP	Sozialdemokratische Partei in der DDR
SdRP	Sozialdemokratie der Republik Polen (Socjaldemokracja Rzeczypospolitej Polskiej)
SED	Sozialistische Einheitspartei Deutschlands
SEW	Sozialistische Einheitspartei Westberlins
SFB	Sender Freies Berlin
SLD	Bund der Demokratischen Linken (Polen) (Sojusz Lewicy Demokratycznej)
SPD	Sozialdemokratische Partei Deutschlands

SPÖ	Sozialdemokratische (bis 1991 Sozialistische) Partei Österreichs
spw	Sozialistische Politik und Wirtschaft
SRP	Sozialistische Reichspartei
ST	Sachsen-Anhalt
Stasi	Staatssicherheit der DDR
SWF	Südwestfunk
SZDSZ	Bund freier Demokraten (Ungarn) (Szabad Demokraták Szövetsége)
taz	Die Tageszeitung
TOP	Tagesordnungspunkt
TV	Television
UÇK	Befreiungsarmee des Kosovo (Ushtria Çlirimtare e Kosovës)
UFV	Unabhängiger Frauenverband
UiD	Union in Deutschland
UKPV	Unabhängige Kommission zur Überprüfung des Vermögens der Parteien und Massenorganisationen der DDR
UN	United Nations
UNO	United Nations Organization
US	United States
USA	United States of America
ver.di	Vereinte Dienstleistungsgewerkschaft
VIVA	Videoverwertungsanstalt
VL	Vereinigte Linke
VN	Vereinte Nationen
VW	Volkswagen
WASG	Arbeit & soziale Gerechtigkeit – Die Wahlalternative
WP	Wahlperiode
ZDF	Zweites Deutsches Fernsehen
ZK	Zentralkomitee

Quellen und Literatur

Archivquellen

Archiv für Christlich-Demokratische Politik der Konrad-Adenauer-Stiftung, Sankt Augustin (ACDP)

CDU/CSU-Fraktion im Deutschen Bundestag, 12. Wahlperiode, 08–012
CDU/CSU-Fraktion im Deutschen Bundestag, 13. Wahlperiode, 08–013
CDU-Landesverband Berlin, 03–012
CDU-Landesverband Sachsen-Anhalt, 03–058
Ost-CDU: Sekretariat des Hauptvorstandes, 07–011
Ost-CDU: Parteiarbeit, 07–012

Archiv des Liberalismus der Friedrich-Naumann-Stiftung für die Freiheit, Gummersbach (ADL)

Druckschriftenbestand, DL-4201
FDP-Fraktion im Dt. Bundestag, A49 (73; 74; 86–89; 525; 528; 535; 536)
Flugblattsammlung, E1–754
LDPD, Parteitage, L6-333
LDPD-Zentralvorstand, L4-361

Archiv Demokratischer Sozialismus der Rosa-Luxemburg-Stiftung, Berlin (ADS)

Parteivorstand der PDS – Die Ära Gysi (1989 bis 1993), PDS-PV
Die PDS im Deutschen Bundestag (1990 bis 1994), BT/12.WP
Die PDS im Deutschen Bundestag (1994 bis 1998), BT/13.WP
Die PDS im Deutschen Bundestag (1998 bis 2002), BT/14.WP
Dr. Gregor Gysi, MdB (1990 bis 2002), GYSI
Landesverband der PDS Mecklenburg-Vorpommern (1989 bis 2007),
PDS-LV MV *[Alt-Signaturen]*

Archiv der sozialen Demokratie der Friedrich-Ebert-Stiftung, Bonn (AdsD)

Depositum Günter Verheugen, 1/GAVC
Depositum Wolfgang Thierse, 1/WTAA
SPD-Fraktion im Deutschen Bundestag, 12.–14. Wahlperiode, 2/BTFL *[z. T. unerschlossen]*
SPD-Parteivorstand, SPD-PV *[unerschlossen]*
SPD-Präsidium, SPD-Präs. *[unerschlossen]*
SPD-Parteirat, SPD-PR *[unerschlossen]*
Sozialdemokratische Partei in der DDR, SDP/SPD (Vorstand), 2/SDPA
SPD-Landesverband Mecklenburg-Vorpommern, 3/MVAB
SPD-Kreisverband Neubrandenburg, 3/MVNB
SPD-Kreisverband Rostock, 3/MVAR
SPD-Kreisverband Wismar, 3/MVWI

SPD-Landesverband Sachsen-Anhalt, 3/SANH
SPD-Landesverband Berlin *[unerschlossen]*
SPD-Fraktion des Berliner Abgeordnetenhauses *[unerschlossen]*
SPD-Landtagsfraktion Mecklenburg-Vorpommern *[unerschlossen]*

Archiv Grünes Gedächtnis der Heinrich-Böll-Stiftung, Berlin (AGG)

Depositum Joschka Fischer, A – Fischer, Joschka
Bündnis 90/Die Grünen, Bundesvorstand/Bundesgeschäftsstelle
    B.I.1 – BuVo/BGSt
    B.I.2 – BuVo/BGSt
    B.I.3 – BuVo/BGst
    B.I.10 – BuVo/BGSt
Bündnis 90/Die Grünen, Bundestagsfraktion
    B.II.1 – Die Grünen im Bundestag 1983–1990
    B.II.2 – Bundestagsgruppe Bündnis 90/Die Grünen 1990–1994
    B.II.3 – Bündnis 90/Die Grünen, Bundestagsfraktion (1994–1998)
C Berlin II – Fraktion im Abgeordnetenhaus

Archiv der DDR-Opposition der Robert-Havemann-Gesellschaft, Berlin (RHG)

Neues Forum, NFo
Bürgerbewegung ab 1989, BW/Herbst 89
    Bündnis 90, Bü90
    Demokratischer Aufbruch, DA
    Sozialdemokratische Partei der DDR (SDP), SDP
    Vereinigte Linke, VL

Medienquellen

Pressespiegel und Dokumentationen

ACDP-Pressedokumentation der Konrad-Adenauer-Stiftung, Sankt Augustin
Fernseh-/Hörfunkspiegel Inland

Tages- und Wochenpresse (systematisch ausgewertet)

Berliner Zeitung
Bild
Der Spiegel
Der Tagesspiegel
Die Tageszeitung (taz)
Die Welt
Die Zeit
Frankfurter Allgemeine Sonntagszeitung
Frankfurter Allgemeine Zeitung

Neues Deutschland
Süddeutsche Zeitung

Tages- und Wochenpresse (ergänzend einbezogen)

Berliner Morgenpost
Bonner Rundschau
B.Z.
Der Freitag
Die Woche
Focus
Franfurter Allgemeine Magazin
Frankfurter Rundschau
Handelsblatt
Hannoversche Allgemeine Zeitung
Kölner Stadt-Anzeiger
Leipziger Volkszeitung
Mitteldeutsche Zeitung
Neue Zeit
Nordkurier
Ostsee-Zeitung
Rhein-Zeitung
Rheinische Post
Stern
Stuttgarter Zeitung
Welt am Sonntag
Wochenpost

Rundfunk und Onlinemedien

Deutsches Rundfunkarchiv Online
Deutschlandfunk
faz.net
Fernseh-/Hörfunkspiegel Inland
MDR Online
Spiegel Online
stern.de
tagesspiegel.de
welt.de
Zeit Online

Pressemitteilungen und Organisationsmedien

Bayernkurier [Parteizeitung der CSU]
Deutsche Presse-Agentur (dpa)
Die Quelle [Funktionärszeitschrift des DGB]
Disput [Mitgliederzeitschrift der PDS], bis September 1990 Links
Freie demokratische Korrespondenz [Pressedienst der Bundes-FDP]
PDS-Pressedienst (seit 2005 Pressedienst der Linkspartei.PDS)
Pressedienst der PDS/Linke Liste im Bundestag
Presseservice der SPD
Sozialdemokratischer Pressedienst
Union in Deutschland [UiD, Informationsdienst der CDU Deutschlands]

Gespräche und mündliche Quellen

Interviews mit

Dr. André Brie (PDS/Die Linke), 16. März 2017 in Berlin
Eberhard Diepgen (CDU), 17. März 2017 in Berlin
Dr. Wolfgang Gerhardt (FDP), 10. März 2017 in Wiesbaden
Dr. Gregor Gysi (PDS/Die Linke), 15. Februar 2017 in Berlin
Helmut Holter (PDS/Die Linke), 15. März 2017 in Schwerin
Petra Pau (PDS/Die Linke), 16. März 2017 in Berlin
Rolf Schwanitz (SPD), 12. Februar 2017 in Sankt Goar

Vortrag

Dietmar Bartsch (PDS/Die Linke), Vortrag an der Universität Mainz, 10. Mai 2017

Amtliche Dokumente

Parlamentarische Dokumente

Abgeordnetenhaus von Berlin, Plenarprotokolle, 13. und 14. Wahlperiode
Bundesrat, Plenarprotokolle
Deutscher Bundestag, Plenarprotokolle und Drucksachen, 12.–14. Wahlperiode
Landtag Brandenburg, Plenarprotokolle und Drucksachen, 1. Wahlperiode
Landtag Mecklenburg-Vorpommern, Plenarprotokolle und Drucksachen, 1. und 2. Wahlperiode
Landtag Sachsen-Anhalt, Plenarprotokolle, 2. Wahlperiode

Verfassungsschutzberichte

Bayerisches Staatsministerium des Innern (Hrsg.), Verfassungsschutzbericht Bayern 1992. München 1993.
Bundesministerium des Innern (Hrsg.), Verfassungsschutzberichte 1990–2000. Bonn 1991–2001.
Bundesministerium des Innern (Hrsg.), Verfassungsschutzberichte 2001–2005. Berlin 2002–2006.
Innenministerium des Landes Nordrhein-Westfalen – Abteilung Verfassungsschutz (Hrsg.), Superwahljahr 1994/95: Extremistische Parteien und Gruppierungen in NRW. Kandidaturen, Wahlkampf, Ergebnisse, Entwicklungen. Düsseldorf 1995.
Ministerium des Innern des Landes Brandenburg (Hrsg.), Verfassungsschutzberichte 1993–1998. Potsdam 1993–1998.

Gerichtsurteile

Mitglieder des Bundesverfassungsgerichts (Hrsg.), Entscheidungen des Bundesverfassungsgerichts. Tübingen [fortlaufend].

Gesetzestexte

Gesetz über die Zusammenarbeit des Bundes und der Länder in Angelegenheiten des Verfassungsschutzes und über das Bundesamt für Verfassungsschutz (Bundesverfassungsschutzgesetz – BVerfSchG). In: Bundesgesetzblatt 1990, Teil I, S. 2970–2976.

Gutachten der Stasi-Unterlagenbehörde

Der Bundesbeauftragte für die Unterlagen des Staatssicherheitsdienstes der ehemaligen Deutschen Demokratischen Republik, Gutachterliche Stellungnahme zu in der Behörde des Bundesbeauftragten aufgefundenen Unterlagen, die mit Dr. Gregor Gysi im Zusammenhang stehen. Vorgelegt entsprechend dem Auftrag des Deutschen Bundestages, Ausschuß für Wahlprüfung, Immunität und Geschäftsordnung vom 9. Februar 1995. Berlin, 26. Mai 1995.

Parteidokumente, Reden, Selbstzeugnisse und Meinungsbeiträge

Gedruckt

Arbeit & soziale Gerechtigkeit – Die Wahlalternative (WASG)/Partei des Demokratischen Sozialismus (PDS), Kooperationsabkommen I [9. Juni 2005]. In: Troost, Axel/Händel, Thomas (Hrsg.), Von der Sozialstaatspartei zur neuen LINKEN. Eine Geschichte der Wahlalternative für soziale Gerechtigkeit (WASG). Hamburg 2016, S. 279 f.

Arbeit & soziale Gerechtigkeit – Die Wahlalternative/Die Linkspartei. PDS, Kooperationsabkommen II [4. August 2005]. In: Troost, Axel/Händel, Thomas (Hrsg.), Von der Sozialstaatspartei zur neuen LINKEN. Eine Geschichte der Wahlalternative für soziale Gerechtigkeit (WASG). Hamburg 2016, S. 281–284.

Arkenstette, Birgit/von Oertzen, Peter/Schulz, Werner/Willerding, Joachim, Was bleibt vom Sozialismus? In: Zeitschrift für sozialistische Politik und Wirtschaft 51 (1990), S. 12–17.

Bahr, Egon, Zu meiner Zeit. München 1996.

Bahr, Egon/Höppner, Reinhard, Die SPD und die Linke. Einsichten aus West und Ost. Berlin 2010.

Beck, Kurt, Ein Sozialdemokrat. Die Autobiografie. München 2008.

Benjamin, Michael, Gedanken zum Thema „Was wollen Kommunisten heute?". Beitrag zu einem Expertengespräch des Vereins Gesellschaftsanalyse und politische Bildung am 30. Mai 1996 im Karl-Liebknecht-Haus. In: Wortmeldungen der Kommunistischen Plattform der PDS. Berlin, Januar 1997 (Sonderheft der Mitteilungen der Kommunistischen Plattform der PDS; 3), S. 10–14.

Bergner, Christoph, Interview. In: Fraktion der PDS im Landtag Sachsen-Anhalt (Hrsg.), Magdeburg: Modell oder Experiment? Landtagsreport. Magdeburg 1996, S. 16–27.

Bergsdorf, Harald, SPD/PDS zwischen Dichtung und Wahrheit. Zur Verharmlosung kommunistischer Relikte. In: Die Politische Meinung 379 (2001), S. 41–47.

Bergsdorf, Harald, Wer frisst wen? Zur Kooperation zwischen Sozialdemokraten und PDS. In: Die Politische Meinung 388 (2002), S. 66–70.

Bergsdorf, Harald, Populisten und Extremisten im Expertenurteil. Zur neuen Linkspartei und der PDS. In: Die Politische Meinung 429 (2005), S. 19–25.

Bielicki, Jan, Die PDS – immer noch ein Auslaufmodell? In: Neue Gesellschaft, Frankfurter Hefte 41 (1994), H. 11, S. 1008–1011.

Bisky, Lothar, Begrüßung. In: Ders./Heuer, Uwe-Jens/Schumann, Michael (Hrsg.), „Unrechtsstaat"? Politische Justiz und die Aufarbeitung der DDR-Vergangenheit. Hamburg 1994, S. 9.

Bisky, Lothar, Die PDS ist eine aktionsfähige, erfolgreiche linke politische Kraft. In: Beinert, Heinz (Hrsg.), Die PDS – Phönix oder Asche? Eine Partei auf dem Prüfstand. Berlin 1995, S. 89–97.

Bisky, Lothar, Der „Brandenburger Weg". Ansprüche, Realitäten, Sackgassen und Einbahnstraßen. Potsdam 1999.

Bisky, Lothar, Rede auf dem Außerordentlichen Parteitag der SED/PDS am 9. Dezember 1989. In: Hornbogen, Lothar/Nakath, Detlef/Stephan, Gerd-Rüdiger (Hrsg.), Außerordentlicher Parteitag der SED/PDS. Protokoll der Beratungen am 8./9. und 16./17. Dezember 1989 in Berlin. Berlin 1999, S. 142–145.

Bogisch, Frank, Die PDS ist ein ernsthafter politischer Partner. In: Neue Gesellschaft, Frankfurter Hefte 44 (1997), H. 4, S. 357–359.

Börner, Rainer, Parlament und Runder Tisch – Zum Verhältnis von parlamentarischen und außerparlamentarischen Zielen der PDS. In: Gysi, Gregor (Hrsg.), Wir brauchen einen dritten Weg. Selbstverständnis und Programm der PDS. Hamburg 1990, S. 125–131.

Brie, André, Zur Idee des Sozialismus und seinen unterschiedlichen Ausformungen. Referat in der Evangelischen Akademie Mülheim an der Ruhr, 24. August 1990. In: Evangelischer Pressedienst (Hrsg.), „Sozialismus am Ende?" Präses Beier und André Brie, PDS, in Mülheim. Heftiges Pro und Contra um eine Akademietagung. Frankfurt am Main, 10. September 1990 (epd Dokumentation; 37/90), S. 11–28.

Brie, André, Ankommen in der Bundesrepublik. In: Blätter für deutsche und internationale Politik 41 (1996), H. 10, S. 1161–1165.

Brie, André, Ich tauche nicht ab. Selbstzeugnisse und Reflexionen. Berlin 1996.

Brie, André, Strategische Konsequenzen aus den PDS-Wahlkämpfen 2004. In: UTOPIE kreativ 170 (2004), S. 1079–1087.

Brie, André/Brie, Michael/Chrapa, Michael, Für eine moderne sozialistische Partei in Deutschland. Grundprobleme der Erneuerung der PDS (mit einer Anlage von Dieter Klein zu konkreten Reformprojekten). Berlin 2002 (Standpunkte, hrsg. v. d. Rosa-Luxemburg-Stiftung; 7/2002).

Brie, André/Brie, Michael/Dellheim, Judith/Falkner, Thomas/Klein, Dieter/Schumann, Michael/Wittich, Dietmar, Zur Programmatik der Partei des Demokratischen Sozialismus. Ein Kommentar. Berlin 1997.

Brie, André/Brie, Michael/Ettl, Wilfried/Segert, Dieter, Elf Thesen zur Krise der DDR und SED [8. Oktober 1989]. In: Land, Rainer (Hrsg.), Das Umbaupapier (DDR). Argumente gegen die Wiedervereinigung. Berlin 1990 (Rotbuch Taschenbuch; 20), S. 147–156.

Brie, André/Flierl, Thomas, „Wir verteidigen eine Partei, die es noch nicht gibt." Berlin und die Zukunft der PDS. In: Blätter für deutsche und internationale Politik 46 (2001), H. 8, S. 943–954.

Brie, André/Wallraf, Wolfram, Überlegungen zur außenpolitischen Interessenlage der DDR [November 1989]. In: Land, Rainer (Hrsg.), Das Umbaupapier (DDR). Argumente gegen die Wiedervereinigung. Berlin 1990 (Rotbuch Taschenbuch; 20), S. 157–177.

Brie, Michael, Ist die PDS noch zu retten? Analyse und Perspektiven. Mai 2003. Berlin 2003 (Parteien und soziale Bewegungen, Textreihe des Bereichs Politikanalyse der Rosa-Luxemburg-Stiftung).

Brombacher, Ellen/Priemer, Rolf/Stehr, Heinz/Wagenknecht, Sahra, Zu Aspekten des „modernen" Antikommunismus. Essen 1993 (Eigendruck).

Brombacher, Ellen, Zum Sonderparteitag vom Dezember 1989. In: Bisky, Lothar/Czerny, Jochen/Mayer, Herbert/Schumann, Michael (Hrsg.), Die PDS – Herkunft und Selbstverständnis. Eine politisch-historische Debatte. Berlin 1996, S. 147–150.

CDU-Bundesgeschäftsstelle (Hrsg.), Die Rotgrünen. Argumente gegen die rotgrünen Experimente. Bonn [1983].

CDU-Bundesgeschäftsstelle (Hrsg.), Die Grünen. Eine Analyse der öko-marxistischen Radikalopposition. Bonn [1984].

CDU-Bundesgeschäftsstelle (Hrsg.), 37. Bundesparteitag der Christlich Demokratischen Union Deutschlands. Niederschrift. Bremen, 11.–13. September 1989. Bonn 1989.

CDU-Bundesgeschäftsstelle (Hrsg.), 3. Parteitag der Christlich Demokratischen Union Deutschlands. Niederschrift. Düsseldorf, 26.–28. Oktober 1992. Bonn [1992].

CDU-Bundesgeschäftsstelle (Hrsg.), Zukunft statt Linksfront. PDS-Gefahr von links! Bonn [1994].

CDU-Bundesgeschäftsstelle (Hrsg.), Deutschland erneuern – Zukunft sichern. Bericht der Bundesgeschäftsstelle. Anlage zum Bericht des Generalsekretärs für den 6. Parteitag der CDU Deutschlands. Bonn, 28. November 1994.

CDU-Bundesgeschäftsstelle (Hrsg.), Die „Partei des demokratischen Sozialismus" (PDS). Porträt eines trojanischen Pferdes. Bonn 1995 (CDU-Dokumentation; 14/1995).

CDU-Bundesgeschäftsstelle (Hrsg.), Nie wieder Sozialismus? Die Ziele der SED-Fortsetzungspartei. Eine Handreichung zur inhaltlichen Auseinandersetzung mit der PDS. Bonn 1995 (CDU-Dokumentation; 37/1995).

CDU-Bundesgeschäftsstelle (Hrsg.), 10 Gründe, warum die PDS nicht an der Macht beteiligt werden darf. Bonn [1998].

CDU-Bundesgeschäftsstelle (Hrsg.), Die PDS – Fakten, Hintergründe. Was sie will. Was sie macht. Wer sie lenkt. Berlin [2001].

CDU-Bundesgeschäftsstelle (Hrsg.), Die Linkspartei ist die alte PDS – unglaubwürdig, unsozial und rückwärtsgewandt! Rheinbach 2005.

CDU-Fraktion im Landtag von Mecklenburg-Vorpommern (Hrsg.), Identitätsgewinn im Auftrag Ost. Diskussionspapier zur Werte- und Strategiedebatte „CDU 2000" in Mecklenburg-Vorpommern. Schwerin 1996.

CDU-Landesverband Mecklenburg-Vorpommern, Ein neuer Wille fürs Land. Wahlprogramm der CDU MV. Schwerin [2002].

CDU/CSU-Fraktion im Deutschen Bundestag/Seiters, Rudolf/Bötsch, Wolfgang (Hrsg.), Grüne und Gewalt. 2. überarbeitete Auflage. Bonn, 1. Februar 1987.

CDU/CSU-Fraktion im Deutschen Bundestag/Bohl, Friedrich/Kraus, Rudolf (Hrsg.), Die Wendehals-Partei: SPD gegen die Wiedervereinigung. Die Kampagne der SPD gegen die deutsche Einheit und ihre Verbrüderung mit der SED. Bonn 1990.

Christlich-Demokratische Union, Düsseldorfer Leitsätze über Wirtschaftspolitik, Landwirtschaftspolitik, Sozialpolitik, Wohnungsbau. Vom 15. Juli 1949. Frankfurt am Main 1949 (Sonderdruck des Deutschland-Union-Dienstes).

Cohn-Bendit, Daniel, Wer vom Totalitarismus schweigt, sollte auch nicht über die Freiheit reden. Einleitung zu: Wolfgang Kraushaar, Linke Geisterfahrer. Denkanstöße für eine antitotalitäre Linke. Frankfurt am Main 2001, S. 7–18.

Crossover (Hrsg.), Zur Politik zurück. Für einen ökologisch-solidarischen New Deal. Münster 1997.

Dahrendorf, Ralf, Ein neuer Gesellschaftsvertrag. In: Ders., Der moderne soziale Konflikt. Essay zur Politik der Freiheit. Stuttgart 1992, S. 245–296.

Deppe, Frank, Ein neuer Gesellschaftsvertrag. Anmerkungen zu einem transnationalen Krisendiskurs. In: Bierling, Hans-Jürgen/Deppe, Frank (Hrsg.), Entwicklungsprobleme des europäischen Kapitalismus. Marburg 1994 (Studie der Forschungsgruppe Europäische Gemeinschaften; 4), S. 173–195.

Detjen, Claus, Die PDS als Problem des Westens. Zu den unterschätzten Relikten des Sozialismus. In: Die Politische Meinung 388 (2002), S. 59–65.

DGB-Grundsatzabteilung (Hrsg.), Anmerkungen zu Programmatik und Politik der PDS. Düsseldorf, 4. Oktober 1994. In: Neugebauer, Gero/Reister, Hugo, PDS und Gewerkschaften. Bonn 1996, S. 81–86.

DGB-Grundsatzabteilung (Hrsg.), Thesen zur programmatischen Debatte im DGB. In Auszügen in: Neugebauer, Gero/Reister, Hugo, PDS und Gewerkschaften. Bonn 1996, S. 87–97.

Dietzel, Horst, Innere Verfaßtheit und Perspektiven der PDS (Eine Literaturstudie). Berlin 1997 (Studien zur inneren Verfaßtheit der PDS).

Dietzel, Horst, Zur Arbeit der PDS-Landesverbände (Ost). Berlin 1997 (Studien zur inneren Verfaßtheit der PDS).

Ditfurth, Christian von, Ostalgie oder linke Alternative: Meine Reise durch die PDS. Köln 1998.

Engelen-Kefer, Ursula, Weiterentwicklung und Reform. In: Schulte, Dieter (Hrsg.), Erneuerung des Sozialstaates. Köln 1996, S. 113–131.
Evangelischer Pressedienst (Hrsg.), „Sozialismus am Ende?" Präses Beier und André Brie, PDS, in Mülheim. Heftiges Pro und Contra um eine Akademietagung. Frankfurt am Main, 10. September 1990 (epd Dokumentation; 37/90).

Falkner, Thomas, Sozialisten im Abseits? Die Krise der PDS ist mehr als nur eine Krise der PDS. In: Perspektive 21/Brandenburgische Hefte für Wissenschaft & Politik 17 (2002), S. 15–27.
Falkner, Thomas/Christoffers, Ralf, Mut zur linken Mitte. August 2002 (Manuskript).
Fichter, Michael/Hammerbacher, Michaela/Laue, Hauke/Lengfeld, Holger/Zeuner, Bodo, Programm der Beliebigkeit. In: Gewerkschaftliche Monatshefte 47 (1996), H. 4, S. 254–264.
Fichter, Tilman, Die „Partei des Demokratischen Sozialismus" (PDS) [Frühjahr 1994]. In: Juso-Hochschulgruppen (Hrsg.), SPD … Texte … Meinungen … Pressestimmen … zur offensiven Auseinandersetzung mit der PDS. Reader. Mai 1994 [PDS-Reader I], S. 16–23.
Fischer, Joschka, Für einen neuen Gesellschaftsvertrag. Eine politische Antwort auf die globale Revolution. Köln 1998.
Fischer, Joschka, Die rot-grünen Jahre. Deutsche Außenpolitik – vom Kosovo bis zum 11. September. Köln 2007.

Giddens, Anthony, Der dritte Weg. Die Erneuerung der sozialen Demokratie. 2. Auflage. Frankfurt am Main 1999 [Original 1998].
Glotz, Peter, Die Linke nach dem Sieg des Westens. Stuttgart 1992.
Gorholt, Martin, An wechselnden Mehrheiten führt kein Weg vorbei. Interview für die Hochschulzeitung vom Mai 1994. In: Juso-Hochschulgruppen (Hrsg.), SPD … Texte … Meinungen … Pressestimmen … zur offensiven Auseinandersetzung mit der PDS. Reader. Mai 1994 [PDS-Reader I], S. 114
Grundwertekommission beim Parteivorstand der SPD (Hrsg.), „Sozialismus" – Von den Schwierigkeiten im Umgang mit einem Begriff. [Bonn 1994].
Grundwertekommission beim Parteivorstand der SPD/Akademie der Gesellschaftswissenschaften beim ZK der SED, Der Streit der Ideologien und die gemeinsame Sicherheit. In: Friedrich-Ebert-Stiftung, Büro Berlin (Hrsg.), Das verfemte Dokument. Zum 10. Jahrestag des SPD/SED-Papiers „Der Streit der Ideologien und die gemeinsame Sicherheit". Materialien einer Diskussionsveranstaltung der Friedrich-Ebert-Stiftung, Berliner Büro, am 1. Februar 1997 in Berlin. Berlin 1997, S. 53–60.
Gysi, Gregor, Was will die PDS in Deutschland? In: Ders. (Hrsg.), Wir brauchen einen dritten Weg. Selbstverständnis und Programm der PDS. Hamburg 1990, S. 9–26.
Gysi, Gregor (Hrsg.), Wir brauchen einen dritten Weg. Selbstverständnis und Programm der PDS. Hamburg 1990.
Gysi, Gregor, Rede auf einer Klausurtagung der PDS (12./13. Mai 1990). In: Ders., Einspruch! Gespräche, Briefe, Reden. Hrsg. v. Hanno Harnisch und Hannelore Heider. Berlin 1992, S. 75–86.
Gysi, Gregor, Rede auf der Parteivorstandssitzung, 16. Juni 1990. In: Ders., Einspruch! Gespräche, Briefe, Reden. Hrsg. v. Hanno Harnisch und Hannelore Heider. Berlin 1992, S. 114–119.
Gysi, Gregor, Wir haben die Pflicht und die Schuldigkeit zu kämpfen. Aus einer Rede auf der Parteivorstandssitzung der PDS am 9. August 1990. In: Ders., Einspruch! Gespräche, Briefe, Reden. Hrsg. v. Hanno Harnisch und Hannelore Heider. Berlin 1992, S. 142–145.
Gysi, Gregor, Einspruch! Gespräche, Briefe, Reden. Hrsg. v. Harnisch, Hanno/Heider, Hannelore. Berlin 1992.
Gysi, Gregor, Ingolstädter Manifest. Wir – mitten in Europa. Plädoyer für einen neuen Gesellschaftsvertrag. Berlin 1994.
Gysi, Gregor, Regierung gibt es genug. Opposition nicht. Referat auf dem Wahlparteitag der PDS am 13. März 1994. In: Juso-Hochschulgruppen (Hrsg.), SPD … Texte … Meinungen … Pressestimmen … zur offensiven Auseinandersetzung mit der PDS. Reader. Mai 1994 [PDS-Reader I], S. 80–94.
Gysi, Gregor, Nur wenn die SPD und die Grünen auch von links unter Druck geraten, gibt es Reformen. In: Beinert, Heinz (Hrsg.), Die PDS – Phönix oder Asche? Eine Partei auf dem Prüfstand. Berlin 1995, S. 106–113.

Gysi, Gregor, Für eine soziale und solidarische Gesellschaft. Ein soziales Manifest. Schwerin 1997.

Gysi, Gregor, Gerechtigkeit ist modern. Eine notwendige Antwort auf Gerhard Schröder und Tony Blair. Zwölf Thesen für eine Politik des modernen Sozialismus. Berlin 1999.

Gysi, Gregor, Rede auf dem Außerordentlichen Parteitag der SED/PDS am 8. Dezember 1989. In: Hornbogen, Lothar/Nakath, Detlef/Stephan, Gerd-Rüdiger (Hrsg.), Außerordentlicher Parteitag der SED/PDS. Protokoll der Beratungen am 8./9. und 16./17. Dezember 1989 in Berlin. Berlin 1999, S. 51–65.

Gysi, Gregor, Rede auf dem Außerordentlichen Parteitag der SED/PDS am 17. Dezember 1989. In: Hornbogen, Lothar/Nakath, Detlef/Stephan, Gerd-Rüdiger (Hrsg.), Außerordentlicher Parteitag der SED/PDS. Protokoll der Beratungen am 8./9. und 16./17. Dezember 1989 in Berlin. Berlin 1999, S. 309–348.

Gysi, Gregor, Das war's. Noch lange nicht! 3. Auflage. München 2001 [1995], S. 306–315.

Gysi, Gregor, Ein Blick zurück, ein Schritt nach vorn. Hamburg 2001.

Gysi, Gregor, Was nun? Über Deutschlands Zustand und meinen eigenen. 2., durchgesehene Auflage. Hamburg 2003.

Gysi, Gregor, Der Übersetzungskünstler. Interview. In: Bergmann, Jens/Pörksen, Bernhard (Hrsg.), Medienmenschen. Wie man Wirklichkeit inszeniert. Münster 2007, S. 85–94.

Gysi, Gregor, Ein Leben ist zu wenig. Die Autobiographie. Berlin 2017.

Gysi, Gregor/Willerding, Jochen, PDS – Problem und Chance für die Deutsche Linke. In: Lochner, Axel (Hrsg.), Linke Politik in Deutschland. Beiträge aus DDR und BRD. Hamburg 1990, S. 123–130.

Haase, Maren, Interview in Rostock, 22. März 1995. Im Anhang zu: Probst, Lothar, Die PDS – von der Staats- zur Regierungspartei. Eine Studie aus Mecklenburg-Vorpommern. Hamburg 2000 (Politica – Schriftenreihe zur politischen Wissenschaft; 39), S. 71–85.

Habermas, Jürgen, Die Bedeutung der Aufarbeitung der Geschichte der beiden deutschen Diktaturen für den Bestand der Demokratie in Deutschland und Europa. Vortrag in der 76. Sitzung der Enquete-Kommission am 4. Mai 1994. In: Deutscher Bundestag (Hrsg.), Materialien der Enquete-Kommission „Aufarbeitung von Geschichte und Folgen der SED-Diktatur in Deutschland" (12. Wahlperiode des Deutschen Bundestages). Bd. IX: Formen und Ziele der Auseinandersetzung mit den beiden Diktaturen in Deutschland. Baden-Baden/Frankfurt am Main 1995 , S. 686–694.

Hartung, Rudolf/Gorholt, Martin/Voss, Nikolaus/Kätzel, Lutz/Mart, Peter/Pelke, Birgit, Zukunftsgestaltung und Bürgerdialog. 28 Thesen zum selbstbewußten Umgang mit der PDS, 26. 4. 1994. In: Juso-Hochschulgruppen (Hrsg.), SPD … Texte … Meinungen … Pressestimmen … zur offensiven Auseinandersetzung mit der PDS. Reader. Mai 1994 [PDS-Reader I], S. 5–15.

Hensche, Detlef, Rede beim Außerordentlichen Gewerkschaftstag der IG Medien am 25./26. Oktober 1990 in Fellbach. In: Gewerkschaftliche Monatshefte 41 (1990), H. 12, S. 795–798.

Hensche, Detlef, Dritte (Ab-)Wege. Lösung oder Teil des Problems? In: Gewerkschaftliche Monatshefte 50 (1999), H. 7–8, S. 473–479.

Heße, Friedel, Zukunftsvisionen am Ende des alten korporatistischen Modells. In: Gewerkschaftliche Monatshefte 47 (1996), H. 8, S. 508–516.

Heuer, Uwe-Jens, Zur Einführung. In: Marxistisches Forum, In großer Sorge. Was ist, was denkt, was will das Marxistische Forum? [Berlin] 1995, S. 7–12.

Heuer, Uwe-Jens, Rechtsstaat oder Unrechtsstaat. In: Bisky, Lothar/Czerny, Jochen/Mayer, Herbert/Schumann, Michael (Hrsg.), Die PDS – Herkunft und Selbstverständnis. Eine politisch-historische Debatte. Berlin 1996, S. 87–102.

Heuer, Uwe-Jens, Im Streit. Ein Jurist in zwei deutschen Staaten. Baden-Baden 2002.

Heuer, Uwe-Jens/Schumann, Michael, Politik und Justiz in der Auseinandersetzung um die DDR-Geschichte. In: Bisky, Lothar/Heuer-Uwe-Jens/Schumann, Michael (Hrsg.), „Unrechtsstaat"? Politische Justiz und die Aufarbeitung der DDR-Vergangenheit. Hamburg 1994, S. 10–31.

Heuss, Theodor, Rede in der 3. Plenarsitzung des Parlamentarischen Rats am 9. September 1948. In: Deutscher Bundestag/Bundesarchiv (Hrsg.), Der Parlamentarische Rat 1948–1949. Akten und Protokolle. Band 9: Plenum. Bearb. v. Wolfram Werner. München 1996, S. 103–119.

Hilsberg, Stephan, Die Auseinandersetzung mit der PDS, 26. 3. 1994. In: Juso-Hochschulgruppen (Hrsg.), SPD … Texte … Meinungen … Pressestimmen … zur offensiven Auseinandersetzung mit der PDS. Reader. Mai 1994, S. 27–46.

Hilsberg, Stephan, Strategien gegen die PDS. In: Neue Gesellschaft, Frankfurter Hefte 43 (1996), H. 10, S. 921–925.

Historische Kommission beim Parteivorstand der PDS (Hrsg.), Der Stalinismus in der KPD und SED – Wurzeln, Wirkungen, Folgen. Materialien der Konferenz der Historischen Kommission beim Parteivorstand der PDS am 17./18. November 1990. Berlin 1991.

Historische Kommission beim Parteivorstand der PDS, Zum 50. Jahrestag des Zusammenschlusses von KPD und SPD. In: Beiträge zur Geschichte der Arbeiterbewegung 38 (1996), H. 1, S. 44–58.

Hoff, Benjamin-Immanuel, Vom Tabubruch zum Politikwechsel? Rot-rote Perspektiven in der Bundeshauptstadt. In: Blätter für deutsche und internationale Politik 47 (2002), H. 3, S. 304–314.

Hoffmann, Joachim, PDS und Gewerkschaftsbewegung. In: Bisky, Lothar/Czerny, Jochen/Mayer, Herbert/Schumann, Michael (Hrsg.), Die PDS – Herkunft und Selbstverständnis. Eine politisch-historische Debatte. Berlin 1996, S. 255–258.

Hombach, Bodo, Aufbruch. Die Politik der Neuen Mitte. München/Düsseldorf 1998.

Höpcke, Klaus, Zur Eröffnung der Konferenz. In: Historische Kommission beim Parteivorstand der PDS (Hrsg.), Der Stalinismus in der KPD und SED – Wurzeln, Wirkungen, Folgen. Materialien der Konferenz der Historischen Kommission beim Parteivorstand der PDS am 17./18. November 1990. Berlin 1991, S. 5–9.

Höppner, Reinhard, Interview. In: Fraktion der PDS im Landtag Sachsen-Anhalt (Hrsg.), Magdeburg: Modell oder Experiment? Landtagsreport. Magdeburg 1996, S. 3–15.

Höppner, Reinhard, Die DDR war ein Raum, in dem man leben konnte [Anfang 1995]. In: Günter Gaus, Zur Person. Reinhard Höppner/Oskar Lafontaine/Johannes Rau/Berndt Seite/Heide Simonis/Bernhard Vogel/Wolfgang Clement. Berlin 1998, S. 9–28.

Höppner, Reinhard, Acht unbequeme Jahre. Innenansichten des Magdeburger Modells. Halle/Saale 2003.

Hue, Robert, Communisme: la mutation. Paris 1995.

Hue, Robert, Communisme un nouveau projet. Paris 1999.

IG Chemie-Papier-Keramik, Initiativ-Entschließung des 3. Außerordentlichen Gewerkschaftstags am 10. September 1990 in Bonn. In: Gewerkschaftliche Monatshefte 41 (1990), H. 12, S. 787 f.

Jung, Heinz, Marktwirtschaftliche Moderne oder kapitalistische Klassengesellschaft. In: Marxistisches Forum, In großer Sorge. Was ist, was denkt, was will das Marxistische Forum? [Berlin] 1995, S. 15–23.

Juso-Hochschulgruppen (Hrsg.), SPD… Texte… Meinungen…Pressestimmen… zur offensiven Auseinandersetzung mit der PDS. Ein Reader der Juso-Hochschulgruppen – Mai 1994 [PDS-Reader I]. Bonn 1994.

Juso-Hochschulgruppen (Hrsg.), Der PDS-Reader (II). Bonn, September 1994 [PDS-Reader II].

Kandler, Karl-Hermann, „Nie wieder Sozialismus". Kommentar. In: Evangelischer Pressedienst (Hrsg.), „Sozialismus am Ende?" Präses Beier und André Brie, PDS, in Mülheim. Heftiges Pro und Contra um eine Akademietagung. Frankfurt am Main, 10. September 1990 (epd Dokumentation; 37/90), S. 68 f. [Original in: „idea" vom 25. Juni 1990].

Karl, Heinz, Historische Wahrheit – ein politischer Selbstbedienungsladen? In: Mitteilungen der Kommunistischen Plattform, H. 4, 2002, S. 18–22.

Keller, Dietmar, Die Machthierarchie der SED-Diktatur. Vortrag in der 24. Sitzung der Enquete-Kommission am 22. Januar 1993. In: Deutscher Bundestag (Hrsg.), Materialien der Enquete-Kommission „Aufarbeitung von Geschichte und Folgen der SED-Diktatur in Deutschland" (12. Wahlperiode des Deutschen Bundestages). Bd. II/4: Machstrukturen und Entscheidungsmechanismen im SED-Staat und die Frage der Verantwortung. Baden-Baden/Frankfurt am Main 1995, S. 3013–3022.

Keller, Dietmar, In den Mühlen der Ebene. Unzeitgemäße Erinnerungen. Berlin 2012.

Kenzler, Evelyn/Schirmer, Gregor, Rechtspolitik der PDS im Deutschen Bundestag – Rückblick und Ausblick. In: Zeitschrift für Rechtspolitik 32 (1999), H. 3, S. 97–100.

Köcher, Renate (Hrsg.), Allensbacher Jahrbuch der Demoskopie 2003–2009. Berlin/New York 2009.

Kohl, Helmut, Bericht des Vorsitzenden der CDU Deutschlands. In: Christlich Demokratische Union Deutschlands, Bundesgeschäftsstelle (Hrsg.), 3. Parteitag der Christlich Demokratischen Union Deutschlands. Niederschrift. Düsseldorf, 26.–28. Oktober 1992. Bonn [1992], S. 16–35.

Kohl, Helmut, Berichte zur Lage 1989–1998. Der Kanzler und Parteivorsitzende im Bundesvorstand der CDU Deutschland. Bearbeitet von Günter Buchstab und Hans-Otto Kleinmann. Düsseldorf 2012 (Konrad-Adenauer-Stiftung; Forschungen und Quellen zur Zeitgeschichte; 64).

Kommunistische Partei Deutschlands, Programm zur nationalen Wiedervereinigung Deutschlands. Beschlossen vom PV der KPD am 2. November 1952. In: Judick, Günter/Schleifstein, Josef/Steinhaus, Kurt (Hrsg.), KPD 1945–1968. Dokumente. Bd. 1: 1945–1952. Neuss 1989, S. 396–415.

Krämer, Ralf, Für eine wahlpolitische Alternative 2006 (1. Aufruf) [März 2004]. In: Troost, Axel/Händel, Thomas (Hrsg.), Von der Sozialstaatspartei zur neuen LINKEN. Eine Geschichte der Wahlalternative für soziale Gerechtigkeit (WASG). Hamburg 2016, S. 232–239.

Kraushaar, Wolfgang, Linke Geisterfahrer. Denkanstöße für eine antitotalitäre Linke. Mit einer Einleitung von Daniel Cohn-Bendit. Frankfurt am Main 2001.

Kuratorium für einen demokratisch verfaßten Bund deutscher Länder, Eine Verfassung für Deutschland. Verfassungsentwurf in der Fassung vom 29. Juni 1991. In: Guggenberger, Bernd/Preuß, Ulrich K./Ullmann, Wolfgang (Hrsg.), Eine Verfassung für Deutschland. Manifest – Text – Plädoyers. München/Wien 1991, S. 99–299.

Lafontaine, Oskar, „Das Lied vom Teilen". Die Debatte über Arbeit und politischen Neubeginn. Hamburg 1989.

Lafontaine, Oskar, Das Herz schlägt links. München 1999.

Lafontaine, Oskar, Politik für alle. Streitschrift für eine gerechte Gesellschaft. Berlin 2005.

Leuchter, Wolfgang, Interview in Rostock, 5. Oktober 1994. Im Anhang zu: Lothar Probst, Die PDS – von der Staats- zur Regierungspartei. Eine Studie aus Mecklenburg-Vorpommern. Hamburg 2000 (Politica – Schriftenreihe zur politischen Wissenschaft; 39), S. 50–70.

Linck, Joachim, Wie ein Landtag laufen lernte. Erinnerungen eines westdeutschen Aufbauhelfers in Thüringen. Köln/Weimar/Wien 2010.

Luft, Christa, Zwischen WEnde und Ende. Reminiszenzen einer Zeitzeugin. 3., erweiterte Auflage. Berlin 1999.

Lüthgen, Wolfgang, Werbung für Kommunismus in Evangelischer Akademie? PDS-Funktionär als Hauptreferent im „Mülheimer Haus der Bewegung" [Sommer 1990]. In: Evangelischer Pressedienst (Hrsg.), „Sozialismus am Ende?" Präses Beier und André Brie, PDS, in Mülheim. Heftiges Pro und Contra um eine Akademietagung. Frankfurt am Main, 10. September 1990 (epd Dokumentation; 37/90), S. 77 f.

Maizière, Lothar de, Ich will, dass meine Kinder nicht mehr lügen müssen. Meine Geschichte der deutschen Einheit. Unter Mitarbeit von Volker Resing. Mit einem Vorwort von Michail Gorbatschow. Freiburg im Breisgau 2012.

Marquardt, Angela, Rückwärts in die Zukunft? Wenn der Vergangenheitsdebatte das Ziel fehlt. In: Bisky, Lothar/Czerny, Jochen/Mayer, Herbert/Schumann, Michael (Hrsg.), Die PDS – Herkunft und Selbstverständnis. Eine politisch-historische Debatte. Berlin 1996, S. 103–111.

Marxistisches Forum, In großer Sorge. Was ist, was denkt, was will das Marxistische Forum? [Berlin] 1995.

Mau, Heiko/Chung, Carl/Koch, Thomas/Egert, Jürgen, Vertrauen bilden, die Linke stärken. In: Zeitschrift für sozialistische Politik und Wirtschaft 54 (1990), S. 29–31 (ursprünglich erschienen in: Junge Welt vom 8. Juni 1990).

Mayer, Tilman, Linkspopulismus als Herausforderung. Zum demagogischen Abschöpfen von Ressentiments. In: Die Politische Meinung 465 (2008), S. 15–18.

Meckel, Markus, Die Programmatik der PDS. In: Friedrich-Ebert-Stiftung Landesbüro Brandenburg (Hrsg.), Die PDS. Strukturen, Programm, Geschichtsverständnis. Beiträge einer Tagung am 18. Februar 1995 in Potsdam. Potsdam 1995, S. 13–23.

Meier, Kurt, Die Partei mit den zwei Gesichtern. In: IG Chemie-Papier-Keramik, Hauptvorstand (Hrsg.), PDS – (K)ein Partner für die Gewerkschaften? Hannover, Januar 1995 (Bildungsmaterialien der Industriegewerkschaft Chemie-Papier-Keramik), S. 12–14.

Meier, Kurt, PDS und Verfassung. In: IG Chemie-Papier-Keramik, Hauptvorstand (Hrsg.), PDS – (K)ein Partner für die Gewerkschaften? Hannover, Januar 1995 (Bildungsmaterialien der Industriegewerkschaft Chemie-Papier-Keramik), S. 14–17.

Meves, Helge, Die Wahlalternative – eine andere Politik ist möglich. In: Brie, Michael (Hrsg.), Die Linkspartei. Ursprünge, Ziele, Erwartungen. Berlin 2005 (Rosa-Luxemburg-Stiftung, Texte; 23), S. 24–32.

Moreau, Patrick/Wilke, Manfred/Maser, Peter/Hirscher, Gerhard/Gleumes Hermann, Verdeckte Verführung. Die „Erfurter Erklärung“ und die Bündnispolitik der PDS im Wahljahr 1998. Hrsg. v. d. Landesverbänden der CDU in den neuen Bundesländern. [Erfurt 1998].

Müller, Herbert, Stimmungsumschwung. Die Strategie der Union im Wahlkampfjahr 1994. In: Oberreuter, Heinrich (Hrsg.): Parteiensystem am Wendepunkt? Wahlen in der Fernsehdemokratie. München/Landsberg am Lech 1996, S. 165–180.

Nelken, Michael, Schwierigkeiten einer Emanzipation vom Stalinismus. Zur Stalinismusdebatte in der PDS. In: Utopie kreativ 41–65 (1996), S. 41–48.

Ness, Klaus, Soziale Gerechtigkeit als Kernpunkt der Parteienkonkurrenz zwischen SPD und PDS in Ostdeutschland. In: Perspektive 21. Brandenburgische Hefte für Wissenschaft und Politik 8 (1999), S. 59–64.

Neu, Viola, Ist die PDS auf dem Weg nach „Godesberg“? Entwicklung der Programmdebatte. In: Die Politische Meinung 383 (2001), S. 65–70.

Noelle-Neumann, Elisabeth/Köcher, Renate (Hrsg.), Allensbacher Jahrbuch der Demoskopie 1993–1997. München 1997.

Noelle-Neumann, Elisabeth/Köcher, Renate (Hrsg.), Allensbacher Jahrbuch der Demoskopie 1998–2002. München 2002.

Nonnenmacher, Günther/Rödder, Andreas (Hrsg.), Kapitalismus und Demokratie. Vierte Tendenzwende-Konferenz der F.A.Z. am 15. und 16. November 2012 in Berlin. Frankfurt am Main 2013.

Parteivorstand Die Linkspartei.PDS (Hrsg.), Für eine neue soziale Idee. Wahlprogramm zu den Bundestagswahlen 2005. Beschluss der 2. Tagung des 9. Parteitages. Berlin, 27. August 2005.

Pau, Petra, Gottlose Type. Meine unfrisierten Erinnerungen. 2. Auflage. Berlin 2015.

PDS (Hrsg.), Programm Partei des Demokratischen Sozialismus, angenommen auf dem Wahlparteitag der PDS am 25. Februar 1990. [Berlin 1990].

PDS (Hrsg.), Auf dem Weg der Erneuerung. Klausurtagung des Parteivorstandes. Berlin, 12. und 13. Mai 1990. Berlin 1990.

PDS (Hrsg.), Eine neue Partei? Erneuerungskonferenz der PDS. Berlin 8./9. September 1990. [Berlin 1990].

PDS (Hrsg.), Programm der Partei des Demokratischen Sozialismus. Beschlossen von der 1. Tagung des 3. Parteitages der PDS, 29. bis 31. Januar 1993. Berlin 1998.

PDS (Hrsg.), Dresdener Appell. Frieden und Sicherheit in Freiheit und Gerechtigkeit. Beschluss der 2. Tagung des 7. Parteitages am 6. Oktober 2001. Berlin 2001.

PDS (Hrsg.), Programm der Partei des Demokratischen Sozialismus. Beschluss der 2. Tagung des 8. Parteitages der PDS am 25./26. Oktober 2003 in Chemnitz. [Berlin 2003].

PDS-Abgeordnetengruppe im Bundestag/Bundesvorstand der PDS (Hrsg.), Gysi/Gauck. Widerspruch gegen das neue Gutachten. Berlin [1995].

PDS-Landesverband Hamburg, Nur Frieden schafft Frieden oder Sowas kommt von Sowas. Erklärung vom 16. September 2001. In: Mitteilungen der Kommunistischen Plattform der PDS, H. 11, 2001, S. 7.

PDS-Landesvorstand Berlin (Hrsg.), PDS '95: Ein anderes Berlin, eine andere Politik. Programm zu den Berliner Wahlen im Oktober 1995. Beschlossen auf dem Landesparteitag der Berliner PDS am 13./14. Mai 1995. Berlin 1995.

PDS-Landesvorstand Berlin (Hrsg.), Miteinander für Berlin. Programm der PDS Berlin zu den Abgeordnetenhauswahlen am 21. Oktober 2001. Berlin 2001.

PDS-Parteivorstand, 10 Thesen zum weiteren Weg der PDS. Beschluss des Parteivorstandes vom 29. November 1994 als Diskussionsgrundlage für den 4. Parteitag. In: Beinert, Heinz (Hrsg.), Die PDS – Phönix oder Asche? Eine Partei auf dem Prüfstand. Berlin 1995, S. 207–220.

PDS-Parteivorstand, Stellungnahme zu den „Thesen zur programmatischen Debatte im DGB". Verabschiedet am 2. Oktober 1995. In: Neugebauer, Gero/Reister, Hugo, PDS und Gewerkschaften. Bonn 1996, S. 98–110.

PDS/Linke Liste im Bundestag (Hrsg.), BundestagsSpiele II. Ein Lesebuch. Bilanz: Das zweite Jahr im Deutschen Bundestag. Ausgewählt und kommentiert von Dietmar Keller und Matthias Kirchner. Berlin/Bonn, Januar 1993.

PDS-Wahlbüro (Hrsg.), Opposition gegen Sozialabbau und Rechtsruck. Wahlprogramm der PDS 1994. Angenommen auf dem 3. Parteitag der Partei des Demokratischen Sozialismus. 3. Tagung, (Wahlkongreß) Berlin am 13. März 1994. Berlin 1994.

Pflüger, Friedbert, Ehrenwort. Das System Kohl und der Neubeginn. Stuttgart/München 2000.

Porsch, Peter, Freizügigkeit ist die Lehre aus Mauerbau vor 40 Jahren. In: Parlament von Links 2001, H. 6/7, S. 11.

Radikale Linke, Zur PDS. Resolution, beschlossen auf dem Kongreß der Radikalen Linken in Köln am 3. Juni 1990. In: Kongreß der Radikalen Linken. Reden und Diskussionsbeiträge zum Kongreß an Pfingsten 1990 und auf der Demo „Nie wieder Deutschland" am 12. 5. 1990 in Frankfurt am Main. Frankfurt am Main 1990, S. 126 f.

Rappe, Hermann, Im Interview. In: IG Chemie-Papier-Keramik, Hauptvorstand (Hrsg.), PDS – (K)ein Partner für die Gewerkschaften? Hannover, Januar 1995 (Bildungsmaterialien der Industriegewerkschaft Chemie-Papier-Keramik), S. 18 f.

Redaktion der Zeitschrift spw, Die heimatlose Linke. Anmerkungen der Zeitschrift für sozialistische Politik und Wirtschaft-Redaktion zur „Linken Liste/PDS". In: Zeitschrift für sozialistische Politik und Wirtschaft 54 (1990), S. 23–26.

Reents, Jürgen, Medienblockade. In: PDS/Linke Liste im Bundestag (Hrsg.), BundestagsSpiele II. Ein Lesebuch. Bilanz: Das zweite Jahr im Deutschen Bundestag. Ausgewählt und kommentiert von Dietmar Keller und Matthias Kirchner. Berlin/Bonn 1993, S. 23.

Rehberg, Eckhardt, „Die PDS gehört zum Alltag in unserem Land". In: Offenes Blatt 10 (Juli 2000), Sonderausgabe 10 Jahre PDS, S. 14.

Reuter, Ernst, Rede auf der Protestkundgebung vor dem Reichstagsgebäude am 9. September 1948 gegen die Vertreibung der Stadtverordnetenversammlung aus dem Ostsektor. In: Ders., Schriften, Reden. Dritter Band: Artikel, Briefe, Reden 1946 bis 1949. Bearb. v. Hans J. Reichhardt. Berlin 1974, S. 477–479.

Reuter, Norbert, Wirtschaftspolitik zwischen Binnen- und Weltmarkt. In: Gewerkschaftliche Monatshefte 47 (1996), H. 6, S. 384–389.

Rewe, Sandra, Die PDS – Eine neue deutsche Linkspartei? In: Zeitschrift für sozialistische Politik und Wirtschaft 52 (1990), S. 18–20.

Schäfer, Heinz, PDS und Gewerkschaften. In: Marxistische Blätter, H. 4, 1991, S. 85–88.

Schäuble, Wolfgang, Und der Zukunft zugewandt. Berlin 1994.

Scherer, Klaus-Jürgen, Die SPD und die PDS. In: Barker, Peter (Hrsg.), The Party of Democratic Socialism in Germany. Modern Post-Communism or Nostalgic Populism? Amsterdam/Atlanta 1998 (German Monitor; 42), S. 182–193.

Scherer, Klaus-Jürgen, Kann Politik die ostdeutschen Erwartungshaltungen erfüllen? In: Perspektive 21. Brandenburger Hefte für Wissenschaft und Politik 8 (1999), S. 51–58.

Schmid, Carlo, Rede vor dem Parlamentarischen Rat am 8. September 1948. In: Deutscher Bundestag/Bundesarchiv (Hrsg.), Der Parlamentarische Rat 1948–1949. Akten und Protokolle. Band 9: Plenum. Bearb. v. Wolfram Werner. München 1996, S. 20–45.

Schmitz, Ralf, SPD: Opposition findet nicht mehr statt – Bangen vor der PDS? In: Zeitschrift für sozialistische Politik und Wirtschaft 53 (1990), S. 4 f.

Schmoldt, Hubertus, Der Mensch im Mittelpunkt. In: perspektive 21. Brandenburgische Hefte für Wissenschaft und Politik 27 (2005), S. 13–15.

Schröder, Gerhard/Blair, Tony, Der Weg nach vorne für Europas Sozialdemokraten [8. Juni 1999]. In: Perspektive 21. Brandenburgische Hefte für Wissenschaft und Politik 8 (1999), S. 12–26.

Schröder, Richard, Integrieren? Nein! In: IG Chemie-Papier-Keramik, Hauptvorstand (Hrsg.), PDS – (K)ein Partner für die Gewerkschaften? Hannover, Januar 1995 (Bildungsmaterialien der Industriegewerkschaft Chemie-Papier-Keramik), S. 22 f.

Schröder, Richard, SED, PDS und die Republik. In: Neue Gesellschaft, Frankfurter Hefte 43 (1996), H. 10, S. 912–921.

Schröder, Richard, Nein heißt nein. In: vorwärts Forum, H. 2, 1997, S. 19.

Schroedter, Elisabeth, Die Auseinandersetzung von Bündnis 90/Die Grünen mit der PDS. In: Barker, Peter (Hrsg.), The Party of Democratic Socialism in Germany. Modern Post-Communism or Nostalgic Populism? Amsterdam/Atlanta 1998 (German Monitor; 42), S. 194–208.

Schulte, Dieter, Reformjahr 1996 – ein Ausblick. In: Gewerkschaftliche Monatshefte 47 (1996), H. 1, S. 2–16.

Schumann, Michael, Rede auf dem Außerordentlichen Parteitag der SED/PDS am 16. Dezember 1989. In: Hornbogen, Lothar/Nakath, Detlef/Stephan, Gerd-Rüdiger (Hrsg.), Außerordentlicher Parteitag der SED/PDS. Protokoll der Beratungen am 8./9. und 16./17. Dezember 1989 in Berlin. Berlin 1999, S. 178–192.

Schwanitz, Rolf/Widmaier, Christian, Die PDS – antidemokratisch, spalterisch, separatistisch, 7. 4. 1994. In: Juso-Hochschulgruppen (Hrsg.), SPD … Texte … Meinungen … Pressestimmen … zur offensiven Auseinandersetzung mit der PDS. Reader. Mai 1994 [PDS-Reader I], S. 47–64.

Segall, Peter Christian, „Transmissionsriemen“ der Postkommunisten? PDS-Arbeit gegen den Deutschen Gewerkschaftsbund (DGB). Hrsg. v. CDA Thüringen [Erfurt 1999].

Sitte, Petra, Interview. In: Fraktion der PDS im Landtag Sachsen-Anhalt (Hrsg.), Magdeburg: Modell oder Experiment? Landtagsreport. Magdeburg 1996, S. 42–56.

SPD-Landesverband Berlin (Hrsg.), Verantwortung für Berlin. 10 Antworten zur Zukunft der Stadt. Beschlußprotokoll a. o. Landesparteitag am 8. Juli 2001. Wahlprogramm der Berliner SPD für die Wahlen zum Abgeordnetenhaus. Berlin 2001.

SPD-Landesverband Berlin/PDS-Landesverband Berlin (Hrsg.), Koalitionsvereinbarung der Sozialdemokratischen Partei Deutschlands (SPD) Landesverband Berlin und der Partei des Demokratischen Sozialismus (PDS) Landesverband Berlin für die Legislaturperiode 2001–2006. Berlin, 16. Januar 2002.

SPD-Landesverband Brandenburg (Hrsg.), Ende der Nachwendezeit. PDS am Ende? Perspektive 21/Brandenburgische Hefte für Wissenschaft & Politik 17 (2002).

Spoo, Eckart, Für eine soziale Demokratie. In: Mitteilungen der Humanistischen Union e.V. 157 (1997), S. 1–4.

Storz, Wolfgang, Medien und Dritter Weg. In: Gewerkschaftliche Monatshefte 50 (1999), H. 7–8, S. 479–483.

Tschiche, Hans-Jochen, Interview. In: Fraktion der PDS im Landtag Sachsen-Anhalt (Hrsg.), Magdeburg: Modell oder Experiment? Landtagsreport. Magdeburg 1996, S. 57–70.

Tschiche, Hans-Jochen, „Nun machen Sie man, Pastorche!“ Erinnerungen. Halle 1999.

Uellenberg-van Dawen, Wolfgang, Stärkt den DGB – nicht nur auf dem Papier. In: Gewerkschaftliche Monatshefte 47 (1996), H. 5, S. 325–331.

Ullmann, Wolfgang, Demokratie – jetzt oder nie! Perspektiven der Gerechtigkeit. Hrsg. v. Bürger, Wolfgang/Weichenhan, Michael. München 1990.

Ullmann, Wolfgang, Gespräch mit Bernhard Maleck am 21. September 1990. In: Maleck, Wolfgang, Ullmann: „Ich werde nicht schweigen“. Gespräche mit Wolfgang Ullmann. Berlin 1991, S. 12–52.

Unabhängige Kommission zur Überprüfung des Vermögens der Parteien und Massenorganisationen der DDR [UKPV], Schlussbericht. Berlin, 5. Juli 2006.

Vetter, Heinz O./Frister, Erich, Die Unvereinbarkeitsbeschlüsse des Deutschen Gewerkschaftsbundes. Frankfurt a. M. 1977 (DGB, Informationen über extremistische Gruppen; 3).

Vogel, Hans-Jochen, Rede des Vorsitzenden der Sozialdemokratischen Partei Deutschlands am 18. Dezember 1989. Vorstand der SPD, Protokoll vom Programm-Parteitag, Berlin, 18.–20. 12. 1989. Bonn [1990], S. 97–116.

Vogel, Hans-Jochen, Zur Gründung der Sozialdemokratischen Partei in der DDR in Schwante vor 10 Jahren. Rede anläßlich der ersten Präsentation der Wanderausstellung der Friedrich-Ebert-Stiftung „„Wir wollen ein Hoffnungszeichen setzen…' Die Gründung der Sozialdemokratischen Partei in der DDR" am 29. September 1999 im Willy-Brandt-Haus in Berlin. Bonn 1999 (Gesprächskreise Geschichte; 28).

Voigt, Karsten D., Schrittweiser Ausstieg aus dem Rüstungswettlauf. Nach dem Berliner Parteitag der SPD. In: Neue Gesellschaft, Frankfurter Hefte 28 (1980), H. 1, S. 47–51.

Voigt, Karsten D., Friedenspolitik als antiwestliche Integrationsideologie. In: Deutschland Archiv 35 (2002), H. 3, S. 459–463.

Volk, Ernst, Brief an Präses Peter Beier. Mülheim/Mosel, 23. Mai 1990. In: Evangelischer Pressedienst (Hrsg.), „Sozialismus am Ende?" Präses Beier und André Brie, PDS, in Mülheim. Heftiges Pro und Contra um eine Akademietagung. Frankfurt am Main, 10. September 1990 (epd Dokumentation; 37/90), S. 62–67.

Völkischer Block, Der Drahtzieher, Plakat zur Reichstagswahl 1924. In: Friedrich Arnold (Hrsg.), Anschläge. Politische Plakate in Deutschland 1900–1970. Frankfurt am Main/Wien/Zürich 1973, S. 45.

Vorstand der SPD (Hrsg.), Grundsatzprogramm der Sozialdemokratischen Partei Deutschlands. Beschlossen vom Außerordentlichen Parteitag der Sozialdemokratischen Partei Deutschlands in Bad Godesberg vom 13. bis 15. November 1959 [Godesberger Programm]. Bonn 1959.

Vorstand der SPD (Hrsg.), Zum Verhältnis von Sozialdemokratie und Kommunismus. Bonn 1971 (Reihe Parteien; 1).

Vorstand der SPD (Hrsg.), Grundsatzprogramm der Sozialdemokratischen Partei Deutschlands. Beschlossen vom Programm-Parteitag der Sozialdemokratischen Partei Deutschlands am 20. Dezember 1989 in Berlin [Berliner Programm]. Bonn 1990.

Vorstand der SPD (Hrsg.), Jahrbuch der Sozialdemokratischen Partei Deutschlands 1993/94. Bonn 1995.

Vorstand der SPD (Hrsg.), Jahrbuch der Sozialdemokratischen Partei Deutschlands 1997/98. Berlin 1999.

Vorstand der SPD [der DDR] (Hrsg.), Ja zur deutschen Einheit – eine Chance für Europa. Wahlprogramm der SPD zum ersten frei gewählten Parlament der DDR. Berlin 1990.

Wagenknecht, Sahra, Marxismus und Opportunismus – Kämpfe in der Sozialistischen Bewegung gestern und heute. In: Weißenseer Blätter, H. 4, 1992, S. 12–26.

Wagenknecht, Sahra, Antisozialistische Strategien im Zeitalter der Systemauseinandersetzung. Zwei Taktiken im Kampf gegen die sozialistische Welt. Bonn 1995.

Wagenknecht, Sahra, Kommunisten heute. Gedanken vor dem 5. Parteitag der PDS. In: Wortmeldungen der Kommunistischen Plattform der PDS. Berlin, Januar 1997 (Sonderheft der Mitteilungen der Kommunistischen Plattform der PDS; 3), S. 1 f.

Wagenknecht, Sahra, Freiheit statt Kapitalismus. Über vergessene Ideale, die Eurokrise und unsere Zukunft. Erweiterte und aktualisierte Neuausgabe. Frankfurt am Main 2012.

Walter, Jürgen, Zusammenarbeit mit der PDS wäre das Ende der Reformpolitik. In: IG Chemie-Papier-Keramik, Hauptvorstand (Hrsg.), PDS – (K)ein Partner für die Gewerkschaften? Hannover, Januar 1995, S. 3–4.

Weber, Hermann, Anmerkungen zum historischen Zwiespalt zwischen SPD und KPD. In: IG Chemie-Papier-Keramik, Hauptvorstand (Hrsg.), PDS – (K)ein Partner für die Gewerkschaften? Hannover, Januar 1995, S. 6–11.

Werner, Harald, Anmerkungen über Gesellschaftsvertrag, Klassenkompromiß und Wirtschaftsdemokratie am Ende einer Epoche. In: Ders. (Hrsg.), Wirtschaftsdemokratie. Eine alte Antwort neu befragt. Bonn 1994 (Podium Progressiv; 26), S. 50–73.

Werner, Harald (Hrsg.), Wirtschaftsdemokratie. Eine alte Antwort neu befragt. Bonn 1994 (Podium Progressiv; 26), S. 50–73.
Wilke, Manfred/Prinz, Sebastian, Abwahl eines Modells? In: Die politische Meinung 392 (2002), S. 21–27.
Wolf, Harald, Rot-Rot in Berlin. 2002 bis 2011: eine (selbst)kritische Bilanz. Hamburg 2016.
Wolle, Stefan, Seifenblasen der Geschichte. Der Weg der PDS in die Normalität. In: Neue Gesellschaft, Frankfurter Hefte 48 (2001), H. 12, S. 728–731.
Wowereit, Klaus/Schumacher, Hajo, … und das ist auch gut so. Mein Leben für die Politik. Taschenbuchausgabe. München 2009.
Wunder, Dieter, Das Dilemma eines neuen Grundsatzprogramms. In: Gewerkschaftliche Monatshefte 47 (1996), H. 8, S. 503–508.

Zeittafel zur Geschichte der WASG. In: Troost, Axel/Händel, Thomas (Hrsg.), Von der Sozialstaatspartei zur neuen LINKEN. Eine Geschichte der Wahlalternative für soziale Gerechtigkeit (WASG). Hamburg 2016, S. 216–226.
Zessin, Helmut/Schwertner, Edwin/Schumann, Frank, Chronik der PDS. 1989 bis 1997. Berlin 1998.
Zetkin, Clara, Um Schein und Sein voller Demokratie. Aus einem Artikel. Dezember 1918. In: Dies., Ausgewählte Reden und Schriften. Band II: Auswahl aus den Jahren 1918 bis 1923. Berlin 1960, S. 61–70 [ursprünglich in: Frauen-Beilage der „Leipziger Volkszeitung" vom 2. Dezember 1918].
Ziel, Alwin, Die Starken helfen sich schon selber. Interview. In: Perspektive 21. Brandenburger Hefte für Wissenschaft und Politik 8 (1999), S. 4–11.
Zotl, Peter-Rudolf, Der Umgang mit der PDS – am Beispiel der Ostberliner Bezirksverwaltungen. In: Beinert, Heinz (Hrsg.), Die PDS – Phönix oder Asche? Eine Partei auf dem Prüfstand. Berlin 1995, S. 192–199.

Online (jeweils abgerufen am 11. 3. 2019)

Ansorg, Leonore u. a., Wir protestieren gegen Hartz IV. Erklärung von Angehörigen ehemaliger DDR-Oppositionsgruppen. Berlin, 29. August 2004, URL <https://archive.org/details/2004-08-29_Erklaerung-ehemaliger-DDR-Oppositioneller-ggn-Hartz-IV>.

„Berlin Mitte" (ZDF), 21. Oktober 1999, Teil 1, URL <https://www.youtube.com/watch?v=inTBC9k8JCo>.

DIE LINKE, SPD, Bündnis 90/Die Grünen Thüringen, „Die Würde des Menschen ist unantastbar". Zur Aufarbeitung der DDR-Geschichte (Sondierungen 2009), undatiert, URL <http://www.die-linke-thueringen.de/fileadmin/LV_Thueringen/dokumente/Sondierung_2009_Die_Wuerde_des_Menschen_ist_unantastbar.pdf>.
DIE LINKE, SPD, Bündnis 90/Die Grünen Thüringen, „Die Würde des Menschen ist unantastbar". Zur Aufarbeitung der DDR-Geschichte (Sondierungen 2014), 23. 9. 2014, URL <http://www.bodo-ramelow.de/fileadmin/bodoramelow/Dokumente/14-09-23_protokoll-anlage-1.pdf>.

European Left Party, Athens Declaration of the 1st Congress of the European Left Party in Athens (29–30 October 2005). Athen 2005, URL <https://en.wikisource.org/wiki/ Athens_Declaration_of_the_1st_Congress_of_the_European_Left_Party_in_Athens,_2005>.

„Harald-Schmidt-Show" (Sat.1) vom 13. September 1996 [in Ausschnitten], URL <https://www.youtube.com/watch?v=A1aXCkmdcJA>.

Krämer, Ralf, Vita auf der persönlichen Homepage, URL <http://www.ralfkraemer.de/person/vita>.

Pau, Petra, Mein Konflikt mit Oskar Lafontaine. Berlin, 5. Juli 2005, URL <http://www.petrapau.de/pds/dok/050705_an_lafontaine.htm>.

PDS, „Der Osten wählt rot". Wahlplakat zur Bundestagswahl 1998, <https://www.hdg.de/lemo/bestand/objekt/plakat-der-osten-waehlt-rot-pds.html>.

PDS, „Es reicht!", Wahlplakat zur Europawahl 1994, <https://www2.landesarchiv-bw.de/ofs21/bild_zoom/zoom.php?bestand=5546&id=2041040&screenbreite=1440&screenhoehe=874>.

PDS, „Kohl muß weg! Arbeit muß her!". Wahlplakat zur Bundestagswahl 1998, <https://www2.landesarchiv-bw.de/ofs21/bild_zoom/zoom.php?bestand=5546&id=2041018&screenbreite=1440&screenhoehe=874>.

PDS, „Zeichen setzen". Wahlplakat zur Bundestagswahl 1998, <http://www.bpb.de/cache/images/3/149883-1x2-galerie_gross.jpg?6BC74>.

PDS, Wahlspot zur Europawahl 1994, URL <https://www.youtube.com/watch?v=af0Jq4xiagI>.

Rimscha, Robert von, Keine „Rote-Socken-Kampagne" bei der FDP geplant. Pressemitteilung vom 20. Juli 2005, URL <https://www.liberale.de/content/keine-rote-socken-kampagne-bei-der-fdp-geplant>.

„Talk im Turm" (Sat.1), 8. November 1998, URL <https://www.youtube.com/watch?v=f0sY5mSjmeA&t=125s>.

Zeitgenössische Analysen und Forschungsliteratur

Abromeit, Heidrun, Die „Vertretungslücke". Probleme im neuen deutschen Bundesstaat. In: Gegenwartskunde 42 (1993), H. 3, S. 281–292.

Agnoli, Johannes, Die Transformation der Demokratie. In: Agnoli, Johannes/Brücker, Peter, Die Transformation der Demokratie. Unveränderte Neuauflage. Frankfurt am Main 1974 [1968], S. 7–87.

Ahbe, Thomas, Ostalgie. Zum Umgang mit der DDR-Vergangenheit in den 1990er Jahren. Erfurt 2005.

Albert, Michel, Capitalisme contre capitalisme. Paris 1991.

Albertazzi, Daniele/McDonnell, Duncan, Introduction: The Sceptre and the Spectre. In: Dies. (Hrsg.), Twenty-First Century Populism. The Spectre of Western European Democracy. Basingstoke/New York 2008, S. 1–11.

Albertazzi, Daniele/McDonnell, Duncan/Newell, James L., Di lotta e di governo: The Lega Nord and Rifondazione Comunista in Office. In: Party Politics 17 (2001), H. 4, S. 471–487.

Allemann, Fritz René, Bonn ist nicht Weimar. Köln 1956.

Almond, Gabriel/Verba, Sidney, The Civic Culture. Political Attitudes and Democracy in Five Nations. Princeton, New Jersey 1963.

Ammer, Thomas, Von der SED zur PDS – was bleibt? In: Spittmann, Ilse/Helwig, Gisela (Hrsg.), Die DDR auf dem Weg zur Deutschen Einheit. Probleme Perspektiven Offene Fragen. Dreiundzwanzigste Tagung zum Stand der DDR-Forschung in der Bundesrepublik Deutschland 5. bis 8. Juni 1990, S. 103–115.

Angster, Julia, Konsenskapitalismus und Sozialdemokratie. Die Westernisierung von SPD und DGB. München 2003.

Anhut, Reimund/Heitmeyer, Wilhelm, Desintegration, Konflikt und Ethnisierung. Eine Problemanalyse und theoretische Rahmenkonzeption. In: Heitmeyer, Wilhelm/Anhut, Reimund (Hrsg.), Bedrohte Stadtgesellschaft. Soziale Desintegrationsprozesse und ethnisch-kulturelle Konfliktkonstellationen. Weinheim 2000, S. 17–75.

Anweiler, Oskar, Politische Bildung im Ost-West-Konflikt und als Demokratieförderung in Mittel- und Osteuropa. In: Bildung und Erziehung 66 (2013), H. 3, S. 253–261.

Appel, Hilary, Anti-Communist Justice and Founding the Post-Communist Order: Lustration and Restitution in Central Europe. In: East European Politics and Societies 19 (2005), H. 3, S. 379–405.

Armanski, Gerhard/Graf, Ralph, Die PDS – ostdeutsches Auslaufmodell? In: Vorgänge: Zeitschrift für Bürgerrechte und Gesellschaftspolitik 134/35 (1996), H. 2, S. 15–18.

Arter, David, 'Communists we are no longer, Social Democrats we can never be': The Evolution of the Leftist Parties in Finland and Sweden. In: Journal of Communist Studies and Transition Politics 18 (2002), H. 3, S. 1–28.

Arzheimer, Kai/Klein, Markus, Die Wähler der REP und der PDS in West- und Ostdeutschland. In: Jahrbuch Extremismus & Demokratie 9 (1997), S. 39–63.

Ash, Timothy Garton, Im Namen Europas. Deutschland und der geteilte Kontinent. Aus dem Englischen von Yvonne Badal. München/Wien 1993.

Assmann, Aleida, Von kollektiver Gewalt zu gemeinsamer Zukunft. Vier Modelle für den Umgang mit traumatischer Vergangenheit. In: Assmann, Wolfgang R./Kalnein, Albrecht Graf von (Hrsg.), Erinnerung und Gesellschaft. Formen der Aufarbeitung von Diktaturen in Europa. Berlin 2011, S. 25–42.

Baccetti, Carlo, After PCI: Post-Communist and Neo-Communist Parties of the Italian Left after 1989. In: Botella, Joan/Ramiro, Luis (Hrsg.), The Crisis of Communism and Party Change. The Evolution of West European Communist and Post-Communist Parties. Barcelona 2003, S. 33–52.

Backes, Uwe, Probleme der Beobachtungs- und Berichtspraxis der Verfassungsschutzämter – am Beispiel von REP und PDS. In: Bundesamt für Verfassungsschutz (Hrsg.), Bundesamt für Verfassungsschutz. 50 Jahre im Dienst der inneren Sicherheit. Köln 2000, S. 213–231.

Backes, Uwe, Politische Extreme. Eine Wort- und Begriffsgeschichte von der Antike bis in die Gegenwart. Göttingen 2006 (Schriften des Hannah-Arendt-Instituts für Totalitarismusforschung; 31).

Backes, Uwe, „Sonderweg" Verfassungsschutz? Kritik der Fundamentalkritik an der behördlichen Säule „streitbarer Demokratie". In: Lange, Hans-Jürgen/Lanfer, Jens (Hrsg.), Verfassungsschutz. Reformperspektiven zwischen administrativer Effektivität und demokratischer Transparenz. Wiesbaden 2016, S. 21–39.

Backes, Uwe/Jesse, Eckhard, Politischer Extremismus in der Bundesrepublik Deutschland. Bonn 1993 (Schriftenreihe der Bundeszentrale für politische Bildung; 272).

Balz, Hanno, Tagungsbericht Der Antikommunismus in seiner Epoche. Weltanschauung, Bewegung, regierende Partei. 13.11.2014–15.11.2014, Jena. In: H-Soz-Kult 08.01.2015, URL <http://www.hsozkult.de/conferencereport/id/tagungsberichte-5759> (abgerufen am 11.3. 2019).

Banditt, Christopher, Das „Kuratorium für einen demokratisch verfassten Bund deutscher Länder" in der Verfassungsdiskussion der Wiedervereinigung. Deutschland Archiv, 16. Oktober 2014, URL <http://www.bpb.de/geschichte/zeitgeschichte/deutschlandarchiv/193078/das-kuratorium-fuer-einen-demokratisch-verfassten-bund-deutscher-laender> (abgerufen am 11.3.2019).

Barfuss, Thomas/Jehle, Peter, Antonio Gramsci zur Einführung. Hamburg 2014.

Barker, Peter, From the SED to the PDS: Continuity or Renewal? In: Ders. (Hrsg.), The Party of Democratic Socialism in Germany. Modern Post-Communism or Nostalgic Populism? Amsterdam/Atlanta 1998 (German Monitor; 42), S. 1–17.

Barker, Peter (Hrsg.), The Party of Democratic Socialism in Germany. Modern Post-Communism or Nostalgic Populism? Amsterdam/Atlanta 1998 (German Monitor; 42).

Bastian, Jens, Four-Way Street: The PDS vis-à-vis Former Communist Parties in Central and Eastern Europe. In: Barker, Peter (Hrsg.), The Party of Democratic Socialism in Germany. Modern Post-Communism or Nostalgic Populism? Amsterdam/Atlanta 1998 (German Monitor; 42), S. 156–181.

Bauer, Michael, Changing Cleavage Structure and the Communist Successor Parties of the Visegrád Countries. In: Bozóki, András/Ishiyama, John T. (Hrsg.), The Communist Successor Parties of Central and Eastern Europe. Armonk/London 2002, S. 341–366.

Baylis, Thomas A., Political Adaptation in Germany's Post-Communist Party of Democratic Socialism. In: Leftwich Curry, Jane/Urban, Joan Barth (Hrsg.), The Left Transformed in Post-Communist Societies. The Cases of East-Central Europa, Russia, and Ukraine. Lanham u.a. 2003, S. 137–162.

Beattie, Andrew H., Playing Politics with History: The Bundestag Inquiries into East Germany. New York/Oxford 2008 (Studies in Contemporary European History; 4).

Beattie, Andrew H., A 1950s Revival: Cold War Culture in Reunified Germany. In: Vowinckel, Annette/Payk, Marcus M./Lindenberger, Thomas (Hrsg.), Cold War Cultures: Perspectives on Eastern and Western European Societies. New York/Oxford 2012, S. 299–320.

Becker, Manuel, Geschichtspolitik in der „Berliner Republik". Konzeptionen und Kontroversen. Wiesbaden 2013.

Behre, Silja, Bewegte Erinnerung. Deutungskämpfe um „1968" in deutsch-französischer Perspektive. Tübingen 2016.

Behrend, Manfred, Eine Geschichte der PDS. Von der zerbröckelnden Staatspartei zur Linkspartei. Köln 2006.

Bell, David S., The French Communist Party within the Left and Alternative Movements. In: Modern & Contemporary France 12 (2004), H. 1, S. 23–34.

Bendel, Petra, Volkspartei. In: Nohlen, Dieter/Schultze, Rainer-Olaf/Schüttemeyer, Suzanne S. (Hrsg.), Politische Begriffe. München 1998, S. 696–698.

Bengtsson, Hakan A., Die schwedische Sozialdemokratie nach der Wahl 2010. Hintergründe, Strategie und Ergebnisse. Berlin 2010.

Berdahl, Daphne, '(N)Ostalgie' for the Present: Memory, Longing, and East German Things. In: Ethnos 64 (1999), H. 2, S. 192–211.

Berg, Frank/Nagelschmidt, Martin/Wollmann, Hellmuth, Kommunaler Institutionenwandel. Regionale Fallstudien zum ostdeutschen Transformationsprozess. Opladen 1996 (KSPW: Transformationsprozesse; 12).

Berg, Frank/Kirschner, Lutz (Hrsg.), PDS am Scheideweg. Berlin 2001 (Manuskripte 20).

Berg, Frank/Koch, Thomas, Politikwechsel in Mecklenburg-Vorpommern? Die SPD-PDS-Koalition fünfzehn Monate nach ihrem Amtsantritt. Explorationsstudie. [o. O.] 2000 (Texte, hrsg. v. d. Rosa-Luxemburg-Stiftung; 2).

Berg, Frank/Koch, Thomas, Die Mitte-Links-Koalition in Mecklenburg-Vorpommern. Politikfeld- und Parteienanalysen. Berlin, 15. 2. 2001 (BISS e.V., Projekt Akteure und Reformen, Teil II).

Berg-Schlosser, Dirk/Schissler, Jakob, Politische Kultur in Deutschland. Forschungsstand, Methoden und Rahmenbedingungen. In: Dies. (Hrsg.), Politische Kultur in Deutschland. Bilanz und Perspektiven der Forschung. Opladen 1987 (Politische Vierteljahresschrift, Sonderheft 18/1987), S. 11–26.

Berger, Stefan, Former GDR Historians in the Reunified Germany: An Alternative Historical Culture and Its Attempts to Come to Terms with the GDR Past. In: Journal of Contemporary History 38 (2003), H. 1, S. 63–83.

Bergsdorf, Harald, Die neue „Linke". Partei zwischen Kontinuität und Kurswechsel. Bonn 2008.

Bienert, Michael/Creuzberger, Stefan/Hübener, Kristina/Oppermann, Matthias (Hrsg.), Die Berliner Republik. Beiträge zur deutschen Zeitgeschichte seit 1990. Berlin 2013.

Bingen, Dieter, Die polnische Sozialdemokratie (SdRP/SLD): Erbe und Wählerauftrag. Köln 1998 (Berichte des Bundesinstituts für ostwissenschaftliche und internationale Studien; 16/ 1998)

Bobbio, Norberto, Die Zukunft der Demokratie. Aus dem Italienischen von Sophie G. Alf, Friederike Hausmann, Gabriele Huber und Otto Kallscheuer. Berlin 1988.

Bock, Petra, Vergangenheitspolitik im Systemwechsel. Die Politik der Aufklärung, Strafverfolgung, Disqualifizierung und Wiedergutmachung im letzten Jahr der DDR. Berlin 2000.

Böick, Marcus, Die Treuhand. Idee – Praxis – Erfahrung. 1990 – 1994. Göttingen 2018.

Boldt, Christoph, Die PDS – eine antidemokratische Partei? Eine Analyse der Oppositions- und Bundestagsarbeit der 14. Legislaturperiode (1998–2002) aus demokratietheoretischer Sicht. Marburg 2008 (Wissenschaftliche Beiträge aus dem Tectum Verlag, Reihe Politikwissenschaft; 15).

Bonoli, Giuliano/Powell, Martin (Hrsg.), Social Democratic Party Policies in Contemporary Europe. London/New York 2004.

Booß, Christian, Im goldenen Käfig. Zwischen SED, Staatssicherheit, Justizministerium und Mandant – die DDR-Anwälte im politischen Prozess. Göttingen 2017 (Analysen und Dokumente; 48).

Bortfeldt, Heinrich, Von der SED zur PDS. Wandlung zur Demokratie? Bonn 1992.

Bortfeldt, Heinrich, Die Ostdeutschen und die PDS. In: Deutschland Archiv 27 (1994), 12, S. 1283–1287.

Bortfeldt, Heinrich, Die PDS: Auf dem Weg an die Macht? In: German Studies Review 20 (1997), H. 2, S. 279–292.

Bösch, Frank, Integration oder Isolierung. Die Unionsparteien und der rechte Rand. In: Blätter für deutsche und internationale Politik 46 (2001), H. 8, S. 955–964.

Bösch, Frank, Geteilt und verbunden. Perspektiven auf die deutsche Geschichte seit den 1970er Jahren. In: Ders. (Hrsg.), Geteilte Geschichte. Ost- und Westdeutschland 1970–2000. Bonn 2015 (Schriftenreihe der Bundeszentrale für politische Bildung; 1636), S. 7–37.

Bösch, Frank/Classen, Christoph, Bridge over Troubled Water? Deutsch-deutsche Massenmedien. In: Bösch, Frank (Hrsg.), Geteilte Geschichte. Ost- und Westdeutschland 1970–2000. Bonn 2015 (Schriftenreihe der Bundeszentrale für politische Bildung; 1636), S. 449–488.

Bösch, Frank/Gieseke, Jens, Der Wandel des Politischen in Ost und West. In: Bösch, Frank (Hrsg.), Geteilte Geschichte. Ost- und Westdeutschland 1970–2000. Bonn 2015 (Schriftenreihe der Bundeszentrale für politische Bildung; 1636), S. 39–78.

Botella, Joan/Ramiro, Luis, The Crisis of West European Communist Parties and their Change Trajectories: Communists, Post-Communists, Ex-Communists? In: Dies. (Hrsg.), The Crisis of Communism and Party Change. The Evolution of West European Communist and Post-Communist Parties. Barcelona 2003, S. 237–257.

Botella, Joan/Ramiro, Luis (Hrsg.), The Crisis of Communism and Party Change. The Evolution of West European Communist and Post-Communist Parties. Barcelona 2003.

Bozic, Ivo, Der ferne Westen. Ostdeutsche Heimatliebe und Antiamerikanismus in der PDS. In: Hahn, Michael (Hrsg.), Nichts gegen Amerika. Linker Antiamerikanismus und seine lange Geschichte. Hamburg 2003, S. 66–76.

Bozóki, András, The Hungarian Socialists. Technocratic Modernizationism or New Social Democracy? In: Ders./Ishiyama, John T. (Hrsg.), The Communist Successor Parties of Central and Eastern Europe. Armonk/London 2002, S. 89–115.

Bozóki, András/Ishiyama, John T., Introduction and Theoretical Framework. In: Dies. (Hrsg.), The Communist Successor Parties of Central and Eastern Europe. Armonk/London 2002, S. 3–13.

Bozóki, András/Ishiyama, John T. (Hrsg.), The Communist Successor Parties of Central and Eastern Europe. Armonk/London 2002.

Bredow, Wilfried von/Brocke, Rudolf Horst, Das deutschlandpolitische Konzept der SPD. Darstellung, Hintergründe und Problembereiche der Deutschlandpolitik der SPD Mitte der achtziger Jahre. Erlangen o. J. [1986] (Erlanger Beiträge zur Deutschlandpolitik, Bd. 2).

Brie, Michael, PDS ante portas. In: Blätter für deutsche und internationale Politik 39 (1994), H. 8, S. 935–940.

Brie, Michael, Die PDS – Strategiebildung im Spannungsfeld von gesellschaftlichen Konfliktlinien und politischer Identität. In: Ders./Woderich, Rudolf (Hrsg.), Die PDS im Parteiensystem. Berlin 2000 (Schriften, hrsg. v. d. Rosa-Luxemburg-Stiftung; 4), S. 14–51.

Brie, Michael (Hrsg.), Die Linkspartei. Ursprünge, Ziele, Erwartungen. Berlin 2005 (Texte, hrsg. v. d. Rosa-Luxemburg-Stiftung; 23).

Brie, Michael/Herzig, Martin/Koch, Thomas (Hrsg.), Die PDS. Postkommunistische Kaderorganisation, ostdeutscher Traditionsverein oder linke Volkspartei? Empirische Befunde und kontroverse Analysen. Köln 1995 (Neue Kleine Bibliothek; 45).

Brie, Michael/Hildebrandt, Cornelia (Hrsg.), Für ein anderes Europa. Linke Parteien im Aufbruch. Berlin 2005 (Texte, hrsg. v. d. Rosa-Luxemburg-Stiftung; 19).

Brie, Michael/Hildebrandt, Cornelia (Hrsg.), Parteien und Bewegungen. Die Linke im Aufbruch. Berlin 2006 (Texte, hrsg. v. d. Rosa-Luxemburg-Stiftung; 30).

Brie, Michael/Woderich, Rudolf (Hrsg.), Die PDS im Parteiensystem. Berlin 2000 (Schriften, hrsg. v. d. Rosa-Luxemburg-Stiftung; 4).

Brückom, Axel, Jenseits des „Magdeburger Modells". In: Jahrbuch Extremismus & Demokratie 9 (1997), S. 174–187.

Brunner, Benedikt, Der Alterspräsident. Ein Konstituierungsreglement und seine Alternativen. Mit einem Vorwort von Prof. Dr. Eckhard Jesse. Wiesbaden 2012.

Brunner, Wolfram, 10 Jahre nach dem Mauerfall: Die Bewertung der deutschen Einheit und der PDS in Ostdeutschland. Sankt Augustin 1999 (KAS, Analysen und Positionen).

Bukowski, Charles/Racz, Barnabas (Hrsg.), The Return of the Left in Post-Communist States. Current Trends and Future Prospects. Cheltenham/Northampton 1999 (Studies of Communism in Transition).

Busch, Ulrich/Kühn, Wolfgang/Steinitz, Klaus, Entwicklung und Schrumpfung in Ostdeutschland. Probleme im 20. Jahr der Einheit. Hamburg 2009.

Bußkamp, Heike, Politiker im Fernsehtalk. Strategien der medialen Darstellung des Privatlebens von Politikprominenz. Wiesbaden 2002.

Canovan, Margaret, Trust the People! Populism and the Two Faces of Democracy. In: Political Studies 47 (1999), H. 1, S. 2–16.

Capoccia, Giovanni, Defending Democracy: Reactions to Extremism in Inter-War Europe. In: European Journal of Political Research 39 (2001), S. 431–460.

Capoccia, Giovanni, Anti-System Parties. A Conceptual Reassessment. In: Journal of Theoretical Politics 14 (2002), H. 1, S. 9–35.

Clark, Terry D./Tucker, Robin M., Lithuania beyond the Return of the Left. In: Bukowski, Charles/Racz, Barnabas (Hrsg.), The Return of the Left in Post-Communist States. Current Trends and Future Prospects. Cheltenham/Northampton 1999 (Studies of Communism in Transition), S. 35–58.

Classen, Christoph, Qualitative Diskursanalysen in der historischen Medien- und Kommunikationsforschung. In: Arnold, Klaus/Behmer, Markus/Semrad, Bernd (Hrsg.), Kommunikationsgeschichte. Positionen und Werkzeuge. Ein diskursives Hand- und Lehrbuch. Berlin 2008 (Kommunikationsgeschichte; 26), S. 363–382.

Conze, Eckart, Die Suche nach Sicherheit. Eine Geschichte der Bundesrepublik Deutschland von 1949 bis in die Gegenwart. München 2009.

Cornelißen, Christoph, „Vergangenheitsbewältigung" – ein deutscher Sonderweg? In: Hammerstein, Katrin/Mählert, Ulrich/Trappe, Julie/Wolfrum, Edgar (Hrsg.), Aufarbeitung der Diktatur – Diktat der Aufarbeitung? Normierungsprozesse beim Umgang mit diktatorischer Vergangenheit. Göttingen 2009 (Diktaturen und ihre Überwindung im 20. und 21. Jahrhundert; 2), S. 21–36.

Courtois, Stéphane/Werth, Nicolas/Panne, Jean-Louis/Paczkowski, Andrzej/Bartosek, Karel/Margolin, Jean-Louis, Das Schwarzbuch des Kommunismus. Unterdrückung, Verbrechen und Terror. Mit dem Kapitel „Die Aufarbeitung des Sozialismus in der DDR" von Joachim Gauck und Ehrhart Neubert. München/Zürich 1998 [Original: 1997].

Creuzberger, Stefan/Hoffmann, Dierk (Hrsg.), „Geistige Gefahr" und „Immunisierung der Gesellschaft". Antikommunismus und politische Kultur in der frühen Bundesrepublik. München 2014 (Schriftenreihe der Vierteljahrshefte für Zeitgeschichte; Sondernummer).

Crouch, Colin, Postdemokratie. 10. Auflage. Frankfurt am Main 2013 [Original: 2004].

Curry, Jane Leftwich, Poland's Ex-Communists: From Pariahs to Establishment Players. In: Curry, Jane/Urban, Joan Barth (Hrsg.), The Left Transformed in Post-Communist Societies: The Cases of East-Central Europe, Russia and Ukraine. Lanham u. a. 2003, S. 19–60.

Curry, Jane/Urban, Joan Barth (Hrsg.), The Left Transformed in Post-Communist Societies: The Cases of East-Central Europe, Russia and Ukraine. Lanham u. a. 2003, S. 19–60.

Daiber, Birgit/Hildebrandt, Cornelia (Hrsg.), Die Linke in Europa. Analysen linker Parteien und Parteiallianzen. Aufsätze zur politischen Bildung. Berlin 2009 (rls papers).

Dambroth, Rüdiger, Parlamentarische Bündnisbestrebungen von SPD und PDS im Wahljahr 1998. In: Politische Studien 49 (1998), H. 360, S. 28–38.

D'Antonio, Oliver, Letzter Kampf der alten Linken. Die „Erfurter Erklärung". In: Klatt, Johanna/Lorenz, Robert (Hrsg.), Manifeste. Geschichte und Gegenwart des politischen Appells. Bielefeld 2011 (Studien des Göttinger Instituts für Demokratieforschung), S. 347–376.

Danyel, Jürgen, Die Opfer- und Verfolgtenperspektive als Gründungskonsens? Zum Umgang mit der Widerstandstradition und der Schuldfrage in der DDR. In: Ders. (Hrsg.), Die geteilte Vergangenheit. Zum Umgang mit Nationalsozialismus und Widerstand in beiden deutschen Staaten. Berlin 1995 (Zeithistorische Studien; 4), S. 31–46.

Dassen, Alexander, Alter Wein in neuen Schläuchen. Die nach wie vor symbiotische Beziehung von Linkspartei.PDS und den Ostdeutschen. In: Jesse, Eckhard/Niedermeier, Hans-Peter (Hrsg.), Politischer Extremismus und Parteien. Berlin 2007 (Schriftenreihe der Gesellschaft für Deutschlandforschung; 92), S. 45–65.

Davies, William, The Limits of Neoliberalism. Authority, Sovereignty and the Logic of Competition. London 2017.

Decker, Frank, Germany: Right-Wing Populist Failures and Left-Wing Successes. In: Albertazzi, Daniele/McDonnell, Duncan (Hrsg.), Twenty-First Century Populism. The Spectre of Western European Democracy. Basingstoke/New York 2008, S. 119–134.

Decker, Frank, Parteiendemokratie im Wandel. In: Ders./Neu, Viola (Hrsg.), Handbuch der deutschen Parteien. 2., überarbeitete und erweiterte Auflage. Wiesbaden 2013, S. 21–59.

Decker, Frank, Vom Protestphänomen zur politischen Dauererscheinung: Rechts- und Linkspopulismus in Westeuropa. In: Jahrbuch Extremismus & Demokratie 27 (2015), S. 57–72.

Decker, Frank/Hartleb, Florian, Populismus auf schwierigem Terrain. Die rechten und linken Herausfordererparteien in der Bundesrepublik. In: Decker, Frank (Hrsg.), Populismus in Europa. Gefahr für die Demokratie oder nützliches Korrektiv? Bonn 2012 (Schriftenreihe der Bundeszentrale für politische Bildung; 547), S. 191–215.

Denninger, Erhard, Der Schutz der Verfassung. In: Benda, Ernst/Maihofer, Werner/Vogel, Hans-Jochen (Hrsg.), Handbuch des Verfassungsrechts der Bundesrepublik Deutschland. 2. Ausgabe. Berlin/New York 1983, S. 1293–1327.

Di Palma, Francesco, Der Eurokommunismus und seine Rezeption durch die SED (1968–1976). In: Jahrbuch für Historische Kommunismusforschung 2012, S. 233–248.

Dietz, Bernhard/Neumaier, Christopher, Vom Nutzen der Sozialwissenschaften für die Zeitgeschichte. In: Vierteljahrshefte für Zeitgeschichte 60 (2012), H. 2, S. 293–304.

Dittberner, Jürgen, Brandenburg neu erfinden. Betrachtungen der märkischen Parteienlandschaft. In: Perspektive 21. Brandenburger Hefte für Wissenschaft und Politik 13 (2001), S. 5–13.

Dittmar, Frieder, Das Realo-Fundi-Dispositiv. Die Wirtschaftskonzeptionen der Grünen. Marburg 2007.

Doering-Manteuffel, Anselm, Wie westlich sind die Deutschen? Amerikanisierung und Westernisierung im 20. Jahrhundert. Göttingen 1999 (Kleine Reihe V&R; 4017).

Doering-Manteuffel, Anselm, Die deutsche Geschichte in den Zeitbögen des 20. Jahrhunderts. In: Vierteljahrshefte für Zeitgeschichte 62 (2014), H. 3, S. 321–348.

Doering-Manteuffel, Anselm/Raphael, Lutz, Nach dem Boom. Perspektiven auf die Zeitgeschichte seit 1970. Göttingen 2008.

Doering-Manteuffel, Anselm/Raphael, Lutz, Nach dem Boom. Neue Einsichten und Erklärungsversuche. In: Dies./Schlemmer, Thomas (Hrsg.), Vorgeschichte der Gegenwart. Dimensionen des Strukturbruchs nach dem Boom. Göttingen 2016, S. 9–34.

Doerschler, Peter/Banaszak, Lee Ann, Voter Support for the German PDS over Time: Dissatisfaction, Ideology, Losers and East Identity. In: Electoral Studies 26 (2007), S. 359–370.

Dörner, Andreas, Politische Kulturforschung als Cultural Studies. In: Haberl, Othmar Nikola/Korenke, Tobias (Hrsg.), Politische Deutungskulturen. Festschrift für Karl Rohe. Baden-Baden 1999, S. 93–110.

Dörner, Andreas, Politainment. Politik in der medialen Erlebnisgesellschaft. Frankfurt am Main 2001.

Dörner, Andreas, Power Talks. Zur Transformation der politischen Elite in der medialen Erlebnisgesellschaft. In: Hitzler, Ronald/Hornbostel, Stefan/Mohr, Cornelia (Hrsg.), Elitenmacht. Wiesbaden 2004, S. 239–259.

Dörner, Andreas/Vogt, Ludgera, Einleitung: Sprache, Zeichen, Politische Kultur. In: Dies. (Hrsg.), Sprache des Parlaments und Semiotik der Demokratie. Studien zur politischen Kommunikation in der Moderne. Berlin/New York 1995 (Sprache Politik Öffentlichkeit; 6), S. 1–13.

Dowe, Dieter, Einführung in die Thematik. In: Friedrich-Ebert-Stiftung Landesbüro Brandenburg (Hrsg.), Die PDS. Strukturen, Programm, Geschichtsverständnis. Beiträge einer Tagung am 18. Februar 1995 in Potsdam. Potsdam 1995, S. 7–12.

Downs, William M., How Effective Is The Cordon Sanitaire? Lessons from Efforts to Contain the Far Right in Belgium, France, Denmark and Norway. In: Journal für Konflikt- und Gewaltforschung/Journal of Conflict and Violence Research 4 (2002), H. 1, S. 32–51.

Druckman, James N./Roberts, Andrew, Communist Successor Parties and Coalition Formation in Eastern Europe. In: Legislative Studies Quarterly 32 (2007), H. 1, S. 5–30.

Dürr, Tobias, Abschied von der „inneren Einheit". Das Lebensgefühl PDS und der alte Westen. In: Blätter für deutsche und internationale Politik 41 (1996), H. 1, S. 1349–1356.

Dürr, Tobias, Die Linke nach dem Sog der Mitte. Zu den Programmdebatten von SPD, Grünen und PDS in der Ära Schröder. In: Aus Politik und Zeitgeschichte 52 (2002), H. 21, S. 5–12.

Duverger, Maurice, Political Parties: Their Organization and Activity in the Modern State. New York 1954 [1951].

Eckert, Rainer, Demokratischer Sozialismus – „Linksfalle" und Geschichtsbild der PDS. In: perspektiven ds 13 (1996), H. 3, S. 234–241.

Eckert, Rainer/Faulenbach, Bernd (Hrsg.), Halbherziger Revisionismus. Zum postkommunistischen Geschichtsbild der PDS. München/Landsberg am Lech 1996.

Egle, Christoph, Deutschland. In: Merkel, Wolfgang/Egle, Christoph/Henkes, Christian/Ostheim, Tobias/Petring, Alexander, Die Reformfähigkeit der Sozialdemokratie. Herausforderungen und Bilanz der Regierungspolitik in Westeuropa. Wiesbaden 2006, S. 154–196.

Egle, Christoph, Im Schatten der Linkspartei. Die Entwicklung des Parteienwettbewerbs während der 16. Legislaturperiode. In: Ders./Zohlnhöfer, Reimat (Hrsg.), Die zweite Große Koalition. Eine Bilanz der Regierung Merkel 2005–2009. Wiesbaden 2010, S. 99–122.

Eilders, Christiane, Bilder der Parteien in den Medien: Die Darstellung der PDS in überregionalen Pressekommentaren. In: Brie, Michael/Woderich, Rudolf (Hrsg.), Die PDS im Parteiensystem. Berlin 2000 (Schriften, hrsg. v. d. Rosa-Luxemburg-Stiftung; 4), S. 154–166.

Eilders, Christiane/Degenhardt, Kati/Hermann, Patrick/von der Lippe, Monika, Themenprofile der Parteien in den Medien. Ein Vergleich von Selbstdarstellung und medialer Präsentation der Parteien im Bundestagswahlkampf 2002. In: Gellner, Winand/Strohmeier, Gerd (Hrsg.), Repräsentation und Präsentation in der Mediengesellschaft. Baden-Baden 2003 (Politik im Netz, Jahrbuch 2003), S. 83–101.

Ekman, Joakim/Linde, Jonas, Communist Nostalgia and the Consolidation of Democracy in Central and Eastern Europe. In: Journal of Communist Studies and Transition Politics 21 (2005), H. 3, S. 354–374.

Eppelmann, Rainer/Faulenbach, Bernd/Mählert, Ulrich (Hrsg.), Bilanz und Perspektiven der DDR-Forschung. Im Auftrag der Stiftung zur Aufarbeitung der SED-Diktatur. Paderborn u. a. 2003.

Esping-Andersen, Gøsta, Politics against Markets. The Social Democratic Road to Power. Princeton, NJ 1985.

Esser, Hartmut, Soziologie. Spezielle Grundlagen. Band 2: Die Konstruktion der Gesellschaft. Frankfurt am Main 2000.

Everts, Politischer Extremismus. Theorie und Analyse am Beispiel der Parteien REP und PDS. Berlin 2000.

Falkner, Thomas/Huber, Dietmar, Aufschwung PDS. Rote Socken – zurück zur Macht? München 1994.

Falter, Jürgen W., Wahlen 1990. Die demokratische Legitimation für die Deutsche Einheit mit großen Überraschungen. In: Jesse, Eckhard/Mitter, Armin (Hrsg.), Gestaltung der deutschen Einheit. Geschichte – Politik – Gesellschaft (Schriftenreihe der Bundeszentrale für politische Bildung). Bonn 1992, S. 163–188.

Falter, Jürgen W./Klein, Markus, Zwischen Ideologie, Nostalgie und Protest: Die Wähler der PDS bei der Bundestagswahl 1994. In: Hirscher, Gerhard (Hrsg.): Parteiendemokratie zwischen Kontinuität und Wandel. Die deutschen Parteien nach den Wahlen 1994. München 1995, S. 314–345.

Falter, Jürgen W., Ein Staat, zwei Politikkulturen? Politische Einstellungsunterschiede zwischen Ost- und Westdeutschland für Jahre nach der Wiedervereinigung. In: German Studies Review 19 (1996), H. 2, S. 279–301.

Falter, Jürgen W., Das Wahlverhalten in den alten und neuen Bundesländern bei der Bundestagswahl 1994. In: Jesse, Eckhard/Löw, Konrad (Hrsg.), Wahlen in Deutschland. Berlin 1998, S. 223–235.

Falter, Jürgen W./Arzheimer, Kai, Annäherung durch Wandel? Das Wahlverhalten bei der Bundestagswahl 1998 in Ost-West-Perspektive. In: Aus Politik und Zeitgeschichte 48 (1998), H. 52, S. 33–43.

Falter, Jürgen W./Gabriel, Oscar W./Rattinger, Hans (Hrsg.), Wirklich ein Volk? Die politischen Orientierungen von Ost- und Westdeutschen im Vergleich. Opladen 2000.

Falter, Jürgen W./Gabriel, Oskar W./Rattinger, Hans/Schoen, Harald (Hrsg.), Sind wir ein Volk? Ost- und Westdeutschland im Vergleich. München 2006.

Faulenbach, Bernd, Die deutsche Vereinigung und die Gewerkschaften. In: Hemmer, Hans O. (Hrsg.), Bilanz mit Aussichten. Die neue IG Metall an der Schwelle zum 21. Jahrhundert. Opladen/Wiesbaden 1999, S. 167–180.

Faulenbach, Bernd, Die Siebzigerjahre – ein sozialdemokratisches Jahrzehnt? In: Archiv für Sozialgeschichte 44 (2004), S. 1–37.

Faulenbach, Bernd, Die demokratische Linke und die Umwälzung 1989/90. Zur Bedeutung von Totalitarismustheorien in der deutschen Sozialdemokratie. In: Schmeitzner, Mike (Hrsg.), Totalitarismuskritik von links. Deutsche Diskurse im 20. Jahrhundert. Göttingen 2007 (Schriften des Hannah-Arendt-Instituts für Totalitarismusforschung; 34), S. 377–392.

Faulenbach, Bernd, „Antikommunismus" als Problem der Geschichte der Bundesrepublik Deutschland. Skizze über einen ungeklärten Begriff der Nachkriegsepoche. In: Jahrbuch für Historische Kommunismusforschung 2008, S. 231–238.

Faulenbach, Bernd, Eine neue Konstellation? Der Umgang mit zwei Vergangenheiten in Deutschland nach 1989. In: Hammerstein, Katrin/Mählert, Ulrich/Trappe, Julie/Wolfrum, Edgar (Hrsg.), Aufarbeitung der Diktatur – Diktat der Aufarbeitung? Normierungsprozesse beim Umgang mit diktatorischer Vergangenheit. Göttingen 2009 (Diktaturen und ihre Überwindung im 20. und 21. Jahrhundert; 2), S. 37–47.

Faulenbach, Bernd, Zum Selbstverständnis der Sozialdemokratie und anderer linker Parteien in der Geschichte des deutschen Parlamentarismus. In: Drews, Albert (Hrsg.), Die politische Linke in Deutschland. Neue Orientierungen in Parteien und Parlamenten? Rehburg-Loccum 2009, S. 55–68.

Faulenbach, Bernd, Erscheinungsformen des „Antikommunismus". Zur Problematik eines vieldeutigen Begriffs. In: Jahrbuch für Historische Kommunismusforschung 2011, S. 1–13.

Faulenbach, Bernd, Das sozialdemokratische Jahrzehnt. Von der Reformeuphorie zur neuen Unübersichtlichkeit. Die SPD 1969–1982. Bonn 2011.

Fehrle, Brigitte, Regierung als Überlebensfrage: Die PDS. In: Forschungsjournal Neue Soziale Bewegungen 14 (2001), H. 3, S. 105–110.

Feist, Ursula, Wählerstimmungen und Wahlentscheidung 1994. Zeit für einen Wechsel? In: Oberreuter, Heinrich (Hrsg.), Parteiensystem am Wendepunkt? Wahlen in der Fernsehdemokratie. München/Landsberg am Lech 1996, S. 59–76.

Fichter, Michael/Stöss, Richard/Zeuner, Bodo, Das Forschungsprojekt „Gewerkschaften und Rechtsextremismus" – ausgewählte Ergebnisse. In: Bathke, Peter/Spindler, Susanne (Hrsg.), Neoliberalismus und Rechtsextremismus in Europa. Zusammenhänge – Widersprüche – Gegenstrategien. Berlin 2006 (Texte, hrsg. v. d. Rosa-Luxemburg-Stiftung; 29), S. 167–181.

Fisher, Sharon, The Troubled Evolution of Slovakia's Ex-Communists. In: Bozóki, András/Ishiyama, John T. (Hrsg.), The Communist Successor Parties of Central and Eastern Europe. Armonk/London 2002, S. 116–140.

Flikke, Geir, Patriotic Left-Centrism: The Zigzags of the Communist Party of the Russian Federation. In: Europe-Asia Studies 51 (1999), S. 275–298.

Flümann, Gereon, Streitbare Demokratie in Deutschland und den Vereinigten Staaten. Der Staatliche Umgang mit nichtgewalttätigem politischem Extremismus im Vergleich. Wiesbaden 2015.

Fourastié, Jean, Les Trente glorieuses ou la Révolution invisible de 1946 à 1975. Paris 1979.

Fraude, Andreas, „Reformsozialismus" statt „Realsozialismus"? Von der SED zur PDS. Münster/Hamburg 1993 (Osteuropa. Geschichte, Wirtschaft, Politik; 4).

Frei, Norbert, Vergangenheitspolitik in den fünfziger Jahren. In: Loth, Wilfried/Rusinek, Bernd-A. (Hrsg.), Verwandlungspolitik. NS-Eliten in der westdeutschen Gesellschaft. Frankfurt am Main/New York 1998, S. 79–92.

Frei, Norbert/Rigoll, Dominik (Hrsg.), Der Antikommunismus in seiner Epoche. Weltanschauung und Politik in Deutschland, Europa und den USA. Göttingen 2017 (Vorträge und Kolloquien; 21).

Freitag, Jan/Thieme, Tom, Extremismus in Schweden. In: Jesse, Eckhard/Thieme, Tom (Hrsg.), Extremismus in den EU-Staaten. Wiesbaden 2011, S. 329–343.

Friedrich-Ebert-Stiftung Landesbüro Brandenburg/Thumser, Gabriel (Hrsg.), Die PDS. Strukturen, Programm, Geschichtsverständnis. Beiträge einer Tagung am 18. Februar 1995 in Potsdam. Potsdam 1995.

Friedrichsen, Mike, Im Zweifel für die Angeklagten. Zur Wahrnehmung und Akzeptanz von Parteien im Superwahljahr 1994. In: Holtz-Bacha, Christina/Lee Kaid, Lynda (Hrsg.), Wahlen und Wahlkampf in den Medien. Untersuchungen aus dem Wahljahr 1994. Opladen 1996, S. 45–79.

Frisch, Peter, Extremistenbeschluß. Eine Einführung in die Thematik mit Diskussionshinweisen, Argumentationskatalog, Darstellung extremistischer Gruppen und Dokumentation. Opladen 1975.

Fritze, Lothar, Irritationen im deutsch-deutschen Vereinigungsprozeß. In: Aus Politik und Zeitgeschichte 45 (1995), H. 27, S. 3–9.

Fukuyama, Francis, Das Ende der Geschichte. Wo stehen wir? Aus dem Amerikanischen von Helmut Dierlemann, Ute Mihr und Karlheinz Dürr. München 1992.

Funke, Manfred, Extremismus. In: Mickel, Wolfgang W./Zitzlaff, Dietrich (Hrsg.), Handlexikon zur Politikwissenschaft. Bonn 1986 (Schriftenreihe der Bundeszentrale für politische Bildung; 237), S. 132–136.

Funke, Manfred, Totalitarismus, Extremismus, Radikalismus. Sankt Augustin 2008.

Für die Medien offenbar nur Steigbügelhalter. In: Medien Tenor Forschungsbericht 120 (2002), S. 12 f.

Gallus, Alexander/Jesse, Eckhard, Was sind Dritte Wege? Eine vergleichende Bestandsaufnahme. In: Aus Politik und Zeitgeschichte 51 (2001), H. 16–17, S. 6–15.

Gapper, Stuart, The Rise and Fall of Germany's Party of Democratic Socialism. In: German Politics 12 (2003), H. 2, S. 65–85.

Geisel, Christof, Auf der Suche nach einem dritten Weg. Das politische Selbstverständnis der DDR-Opposition in den achtziger Jahren. Berlin 2005.

Geißler, Rainer, Die Sozialstruktur Deutschlands. Zur gesellschaftlichen Entwicklung mit einer Bilanz zur Vereinigung. Mit einem Beitrag von Thomas Meyer. 6. Auflage. Wiesbaden 2011.

Gerber, Jan, Nie wieder Deutschland? Die Linke im Zusammenbruch des „realen Sozialismus". Freiburg 2010.

Gerner, Manfred, Partei ohne Zukunft? Von der SED zur PDS. München 1994.

Gerner, Manfred, Widerspruch und Stagnation in der PDS. Zur Politikfähigkeit der SED-Nachfolgeorganisation. In: Zeitschrift für Politik 45 (1998), H. 2, S. 159–181.

Gerner, Manfred, Die SPD-PDS Regierungskoalition in Mecklenburg-Vorpommern. Nagelprobe für die Regierungsfähigkeit der SED-Nachfolgeorganisation. In: Hirscher, Gerhard/Segall, Peter Christian (Hrsg.), Die PDS: Zustand und Entwicklungsperspektiven. München 2000 (Argumente und Materialien zum Zeitgeschehen, hrsg. v. d. Hanns-Seidel-Stiftung; 20), S. 97–108.

Gerth, Michael, Die PDS und die ostdeutsche Gesellschaft im Transformationsprozess. Wahlerfolg und politisch-kulturelle Kontinuitäten. Hamburg 2003 (Politica. Schriftenreihe zur politischen Wissenschaft, Bd. 55).

Giddens, Anthony, The Constitution of Society. Outline of the Theory of Structuration. First paperback edition. Cambridge 1986.

Giegerich, Bastian, Die NATO. Wiesbaden 2012.

Gieseke, Jens, Die Stasi und ihr IM. In: Sabrow, Martin (Hrsg.), Erinnerungsorte der DDR. München 2009, S. 98–108.

Glaab, Manuela, Politikvermittlung in der Mediendemokratie – Indikator und Faktor politisch-kulturellen Wandels. In: Bayerische Landeszentrale für politische Bildungsarbeit (Hrsg.), Politische Kultur im Prozess der inneren Einheit. München 1999, S. 25–46.

Glaab, Manuela/Korte, Karl Rudolf, Politische Kultur. In: Weidenfeld, Werner/Korte, Karl Rudolf (Hrsg.), Handbuch zur deutschen Einheit 1949–1989–1999. Neuausgabe 1999. Bonn 1999 (Schriftenreihe der Bundeszentrale für politische Bildung; 363), S. 642–650.

Glaab, Manuela/Sesselmeier, Werner, Experimentierfeld Deutschland? Reformstrategien in der Sozialpolitik auf dem Prüfstand. Bonn 2005.

Glaeßner, Gert-Joachim, Demokratie nach dem Ende des Kommunismus. In: Brandenburgische Landeszentrale für politische Bildung (Hrsg.), Die real-existierende postsozialistische Gesellschaft. Chancen und Hindernisse für eine demokratische politische Kultur. Berlin 1994, S. 54–74.

Glaeßner, Gert-Joachim, Kommunismus – Totalitarismus – Demokratie. Studien zu einer säkularen Auseinandersetzung. Frankfurt am Main u. a. 1995 (Berliner Schriften zur Demokratieforschung, Bd. 1).

Görtemaker, Manfred, Die Berliner Republik. Wiedervereinigung und Neuorientierung. Bonn 2009 (Schriftenreihe der Bundeszentrale für politische Bildung; 794).

Goschler, Constantin/Wala, Michael, „Keine neue Gestapo". Das Bundesamt für Verfassungsschutz und die NS-Vergangenheit. Reinbek 2015.

Grabow, Karsten, Das Parteiensystem Mecklenburg-Vorpommerns. In: Jun, Uwe/Haas, Melanie/Niedermayer, Oskar (Hrsg.), Parteien und Parteiensysteme in den deutschen Ländern. Wiesbaden 2008, S. 265–290.

Graf, Rüdiger/Priemel, Kim Christian, Zeitgeschichte in der Welt der Sozialwissenschaften. Legitimität und Originalität einer Disziplin. In: Vierteljahrshefte für Zeitgeschichte 59 (2011), H. 4, S. 479–508.

Gravier, Magali, „Entrer dans l'administration de l'Allemagne unifiée: une approche anthropologique d'un rituel d'intégration (1990–1999). In: Revue française de science politique 53 (2003), H. 3, S. 323–350.

Grebing, Helga, Geschichte der deutschen Arbeiterbewegung. Von der Revolution 1848 bis ins 21. Jahrhundert. Berlin 2007.

Groh, Kathrin, Zwischen Skylla und Charybdis: Die streitbare Demokratie. In: Gusy, Christoph (Hrsg.), Weimars langer Schatten – „Weimar" als Argument nach 1945. Baden-Baden 2003 (Interdisziplinäre Studien zu Recht und Staat; 29), S. 425–454.

Grzymała-Busse, Anna, Redeeming the Communist Past. The Regeneration of Communist Parties in East Central Europe. Cambridge 2002 (Cambridge Studies in Comparative Politics).

Grzymała-Busse, Anna, The Programmatic Turnaround of Communist Successor Parties in East Central Europe, 1989–1998. In: Communist and Post-Communist Studies 35 (2002), S. 51–66.

Guentzel, Ralph P., Modernity Socialism Versus Orthodox Marxism: Ideological Strife in the Party of Democratic Socialism (PDS), 1993–1999. In: The Historian 74 (2012), H. 4, S. 705–724.

Gusy, Christoph, Die „freiheitliche demokratische Grundordnung" in der Rechtsprechung des Bundesverfassungsgerichts. In: Archiv des öffentlichen Rechts 105 (1980), H. 2, S. 279–310.

Gysi-Show bringt die PDS auf die Medienbühne zurück. In: Medien Tenor Forschungsbericht 118 (2002), S. 10 f.

Handl, Vladimir, Die Tschechische Kommunistische Partei. Orthodoxes Fossil oder erfolgreiche neo-kommunistische Protestpartei? Bonn 2002 (Politikinformation Osteuropa, hrsg. v. d. Friedrich-Ebert-Stiftung; 105).

Handl, Vladimir, Die Kommunistische Partei von Böhmen und Mähren und ihre Beziehung zu den Sozialdemokraten. In: Brie, Michael/Hildebrandt, Cornelia (Hrsg.), Für ein anderes Europa. Linke Parteien im Aufbruch. Berlin 2005 (Texte, hrsg. v. d. Rosa-Luxemburg-Stiftung; 19), S. 404–425.

Hanley, Seán, The Communist Party of Bohemia and Moravia after 1989. "Subcultural Party" to Neocommunist Force? In: Bozóki, András/Ishiyama, John T. (Hrsg.), The Communist Successor Parties of Central and Eastern Europe. Armonk/London 2002, S. 141–165.

Hansen, Mareike/Schmid, Hannah/Scherer, Helmut, Erstens: ignorieren, zweitens: diffamieren, drittens: umarmen? Eine inhaltsanalytische Untersuchung der Kommentierung der Linkspartei von 2005 bis 2009. In: Publizistik 55 (2010), S. 365–381.

Hartleb, Florian, Die PDS als erstarkter bundespolitischer Faktor. Linkspopulismus im Zeichen eines sich wandelnden Parteiensystems. In: Möllers, Martin H. W./van Ooyen, Robert Chr. (Hrsg.), Politischer Extremismus. Frankfurt am Main 2007, S. 113–120.

Hartleb, Florian, Populismus und Charisma. Zur elektoralen Erfolgs- und Mißerfolgsformel anhand zweier Beispiele in der bundesdeutschen Parteiendemokratie. In: Jesse, Eckhard/Niedermeier, Hans-Peter (Hrsg.), Politischer Extremismus und Parteien. Berlin 2007 (Schriftenreihe der Gesellschaft für Deutschlandforschung; 92), S. 147–168.

Hauszmann, Janos, Die Ungarische Sozialistische Arbeiterpartei (Magyar Szocialista Munkáspárt/MSZMP) in Ungarn 1956–1997. In. Hirscher, Gerhard (Hrsg.), Kommunistische und postkommunistische Parteien in Osteuropa. Ausgewählte Fallstudien. München 2000 (Argumente und Materialien zum Zeitgeschehen, hrsg. v. d. Hanns-Seidel-Stiftung; 14), S. 103–131.

Heinrich, Gudrun, Die PDS in Mecklenburg-Vorpommern. In: Werz, Nikolaus/Hennecke, Hans Jörg (Hrsg.), Parteien und Politik in Mecklenburg-Vorpommern. München 1999, S. 114–139.

Heinrich, Gudrun, Die Direktwahlen in Ostvorpommern und auf Rügen. In: Universität Rostock, Institut für Politik- und Verwaltungswissenschaften (Hrsg.), Kommunale Direktwahlen in Mecklenburg-Vorpommern. Rostock 2001 (Rostocker Informationen zu Politik und Verwaltung; 15), S. 78–84.

Henningsen, Bernd, Die Linke in Schweden: Geschichte, Programme, Politik. In: Rühle, Hans/Veen, Hans-Joachim (Hrsg.), Sozialistische und kommunistische Parteien in Westeuropa. Band 2: Nordländer. Opladen 1979, S. 123–200.

Henriksen, Dag, NATO's Gamble. Combining Diplomacy and Airpower in the Kosovo Crisis, 1998–1999. Annapolis 2013.

Hepburn, Eva/Hough, Dan, Regionalist Parties and the Mobilization of Territorial Difference in Germany. In: Government and Opposition 47 (2012), H. 1, S. 74–96.

Herbert, Ulrich, Geschichte Deutschlands im 20. Jahrhundert. München 2014.

Herring, Eric, From Rambouillet to the Kosovo Accords: NATO's War against Serbia and Its Aftermath. In: The International Journal of Human Rights 4 (2000), H. 3–4, S. 224–245.

Heunemann, Falk, Die Erfindung der Linkspartei. Die Kooperation der PDS und der WASG zur Bundestagswahl 2005. Saarbrücken 2008.

Hiller, Philipp, WAS Gelingt der PDS? Die Fusion zur Partei DIE LINKE: Geteilte Basis, vereinte Fraktion? Gemeinsamkeiten und Differenzen bei den Einstellungen der Mitglieder sowie der Arbeit der Bundestagsabgeordneten aus der WASG und der Linkspartei.PDS? Hamburg, Diss., 2009.

Hilz, Wolfram, Deutsche Außenpolitik. Stuttgart 2017.

Hinck, Gunnar, Eliten in Ostdeutschland. Warum den Managern der Aufbruch nicht gelingt. Berlin 2007.

Hirscher, Gerhard, Das Verhältnis von SPD, PDS und Bündnis 90/Die Grünen nach den Landtagswahlen vom 24. März 1996. München 1996 (aktuelle analysen, hrsg. v. d. Hanns-Seidel-Stiftung; 5).

Hirscher, Gerhard, Kooperationsformen der Oppositionsparteien. Strategien und Positionen von SPD und Bündnis 90/Die Grünen und ihr Verhältnis zur PDS. München 1997 (aktuelle analysen, hrsg. v. d. Hanns-Seidel-Stiftung; 8).

Hirscher, Gerhard, Das Verhältnis von SPD und Bündnis 90/Die Grünen zur PDS – Von der Konkurrenz über die Tolerierung zur Kooperation? In: Moreau, Patrick u. a., Die PDS: Profil einer antidemokratischen Partei. München 1998 (Politische Studien, hrsg. v. d. Hanns-Seidel-Stiftung, Sonderausgabe), S. 32–51.

Hirscher, Gerhard (Hrsg.), Kommunistische und postkommunistische Parteien in Osteuropa. Ausgewählte Fallstudien. München 2000 (Argumente und Materialen zum Zeitgeschehen, hrsg. v. d. Hanns-Seidel-Stiftung; 14).

Hirscher, Gerhard, Jenseits der „Neuen Mitte": Die Annäherung der PDS an die SPD seit der Bundestagswahl 1998. München 2001 (aktuelle analysen, hrsg. v. d. Hanns-Seidel-Stiftung; 25).

Hobsbawm, Eric J., Age of Extremes. The Short Twentieth Century. 1914–1991. London 1995.

Hockerts, Hans Günter, Der deutsche Sozialstaat. Entfaltung und Gefährdung seit 1945. Bonn 2012 (Schriftenreihe der Bundeszentrale für politische Bildung; 1250).

Hoebink, Heinz, Intoleranz als Bestandsgarantie. Die Bundesrepublik Deutschland als antikommunistisches Bollwerk in der Zeit des Kalten Krieges. In: Lademacher, Horst/Loos, Renate/Groenveld, Simon (Hrsg.), Ablehnung – Duldung – Anerkennung. Toleranz in den Niederlanden und in Deutschland. Ein historischer und aktueller Vergleich. Münster 2004 (Studien zur Geschichte und Kultur Nordwesteuropas; 9), S. 677–687.

Hoeres, Peter, Von der „Tendenzwende" zur „geistig-moralischen Wende". Konstruktion und Kritik konservativer Signaturen in den 1970er und 1980er Jahren. In: Vierteljahrshefte für Zeitgeschichte 61 (2013), H. 1, S. 93–119.

Hoeres, Peter, Gefangen in der analytisch-normativen Westernisierung der Zeitgeschichte. Eine Kritik am Konzept der Zeitbögen. In: Vierteljahrshefte für Zeitgeschichte 63 (2015), H. 3, S. 427–436.

Hoffmann, Jürgen, Auf dem Weg in ein neues Bündnis? B'90/Die Grünen und PDS vor der Berlin-Wahl 1995. Sankt Augustin, August 1995 (Interne Studien, hrsg. v. d. Konrad-Adenauer-Stiftung; 108/1995).

Hoffmann, Jürgen/Neu, Viola, Getrennt agieren, vereint marschieren? Die Diskussion über ein Linksbündnis bei SPD, Grünen und PDS. Sankt Augustin, August 1998 (Interne Studien, hrsg. v. d. Konrad-Adenauer-Stiftung; 162/1998).

Hofschen, Heinz-Gerd (Hrsg.), Lafontaine, SPD und Gewerkschaften. Die Wirtschaftspolitik-Debatte. Köln 1989 (Kleine Bibliothek Politik und Zeitgeschichte; 525).

Holtz-Bacha, Christina, Wahlwerbung als politische Kultur. Parteienspots im Fernsehen 1957–1998. Wiesbaden 2000.

Holtz-Bacha, Christina, Entertainisierung der Politik. In: Zeitschrift für Parlamentsfragen 31 (2000), H. 1, S. 156–166.

Holzhauser, Thorsten, „Niemals mit der PDS"? Zum Umgang der SPD mit der SED-Nachfolgepartei zwischen Ausgrenzungs- und Integrationsstrategie (1990–1998). In: Vierteljahrshefte für Zeitgeschichte 62 (2014), H. 2, S. 285–308.

Holzhauser, Thorsten, Extremisten von gestern – Demokraten von heute? Zum Umgang mit systemfeindlichen Parteien am Beispiel von Grünen und Linkspartei. In: Mitteilungen des Instituts für Parteienrecht und Parteienforschung 24 (2018), S. 5–13.

Holzhauser, Thorsten, Neoliberalismus und Nostalgie. Politische Re-Formationen und die Entstehung der Linkspartei im vereinten Deutschland. In: Geschichte und Gesellschaft 44 (2018), H. 4, S. 586–618.

Holzhauser, Thorsten/Kalashnikov, Antony, Communist Successors and Narratives of the Past: Party Factions in the German PDS and the Russian CPRF, 1990–2005. In: Mrozik Agnieszka/Holubec, Stanislav (Hrsg.), Historical Memory of Central and East European Communism. New York/Abingdon 2018 (Routledge Studies in Cultural History; 59), S. 41–73.

Hough, Dan, SED to PDS – A Case of Continuity through Change? In: Cooke, Paul/Grix, Jonathan, East Germany: Continuity and Change. Amsterdam/Atlanta 2000 (German Monitor; 46), S. 123–132.

Hough, Dan, "Made in Eastern Germany": The PDS and the Articulation of Eastern German Interests. In: German Politics 9 (2000), H. 2, S. 125–148.

Hough, Dan, Societal Transformation and the Creation of a Regional Party: The PDS as a Regional Actor in Eastern Germany. In: Space and Polity 4 (2000), H. 1, S. 57–75.

Hough, Dan, The Fall and Rise of the PDS in Eastern Germany. Edgbaston/Birmingham 2001 (The New Germany in Context).

Hough, Dan, The PDS and the Concept of the Catch-all Party. In: German Politics & Society 20 (2002), H. 4, S. 27–47.

Hough, Dan, Die Linke in Zentraleuropa: Herausforderungen und Möglichkeiten. In: Brie, Michael/Hildebrandt, Cornelia (Hrsg.), Für ein anderes Europa. Linke Parteien im Aufbruch. Berlin 2005 (Texte, hrsg. v. d. Rosa-Luxemburg-Stiftung; 19), S. 384–403.

Hough, Dan, From Pariah to Prospective Partner? The German Left Party's Winding Path towards Government. In: Olsen, Jonathan/Koß, Michael/Hough, Dan (Hrsg.), Left Parties in National Governments. Basingstoke/New York 2010, S. 138–154.

Hough, Dan/Handl, Vladimir, The Post-Communist Left and the European Union. The Czech Communist Party of Bohemia and Moravia (KSCM) and the German Party of Democratic Socialism (PDS). In: Communist and Post-Communist Studies 37 (2004), S. 319–339.
Hough, Dan/Koß, Michael, Populism Personified or Reinvigorated Reformers? The German Left Party in 2009 and beyond. In: German Politics and Society 27 (2009), H. 2, S. 76–91.
Hough, Dan/Koß, Michael, A Regional(ist) Party in Denial? The German PDS and its Arrival in Unified Germany. In: Regional and Federal Studies 19 (2009), H. 4–5, S. 579–593.
Hough, Dan/Koß, Michael/Olsen, Jonathan, The Left Party in Contemporary German Politics. Basingstoke 2007.
Hubble, Nicholas, The PDS in Erfurt and the 'Erfurter Erklärung'. In: Barker, Peter (Hrsg.), The Party of Democratic Socialism in Germany. Modern Post-Communism or Nostalgic Populism? Amsterdam/Atlanta 1998 (German Monitor; 42), S. 78–93.
Hübner, Wolfgang/Strohschneider, Tom, Lafontaines Linke. Ein Rettungsboot für den Sozialismus? Das Buch zur Fusion. Berlin 2007.
Hudson, Kate, The New European Left: A Socialism for the Twenty-First Century? Basingstoke/New York 2012.
Huntington, Samuel P., Der Kampf der Kulturen. The Clash of Civilizations. Die Neugestaltung der Weltpolitik im 21. Jahrhundert. 5. Auflage. München/Wien 1997.

Imbusch, Peter/Rucht, Dieter, Integration und Desintegration in modernen Gesellschaften. In: Heitmeyer, Wilhelm/Imbusch, Peter (Hrsg.), Integrationspotenziale einer modernen Gesellschaft. Wiesbaden 2005, S. 13–71.
Ishiyama, John T., The Sickle or the Rose? Previous Regime Types and the Evolution of the Ex-Communist Parties in Post-Communist Politics. In: Comparative Political Studies 30 (1997), S. 299–330.
Ishiyama, John T., Strange Bedfellows: Explaining Political Cooperation between Communist-Successor Parties and Nationalists in Eastern Europe. In: Nations and Nationalism 4 (1998), S. 61–85.
Ishiyama, John T., Sickles into Roses: The Successor Parties and Democratic Consolidation in Post-Communist Politics. In: Democratization 6 (1999), H. 4, S. 52–73.
Ishiyama, John T., A Typology of Communist Successor Parties. An Overview. In: Bozóki, András/Ishiyama, John T. (Hrsg.), The Communist Successor Parties of Central and Eastern Europe. Armonk/London 2002, S. 271–286.
Ishiyama, John T., Historical Legacies and the Size of the Red-Brown Vote in Post-Communist Politics. In: Communist and Post-Communist Studies 42 (2009), H. 4, S. 485–504.
Ishiyama, John T./Bozóki, András, An Unfinished Story. Toward Explaining the Transformation of the Communist Successor Parties. In: Bozóki, András/Ishiyama, John T. (Hrsg.), The Communist Successor Parties of Central and Eastern Europe. Armonk/London 2002, S. 421–434.

Jäger, Wolfgang, Die Überwindung der Teilung. Der innerdeutsche Prozeß der Vereinigung 1989/90. In Zusammenarbeit mit Michael Walter. Stuttgart 1998 (Geschichte der Deutschen Einheit; 3).
Jahn, Egbert, „Nie wieder Krieg! Nie wieder Völkermord!" Der Kosovo-Konflikt als europäisches Problem. Mannheim, Dezember 1999 (Untersuchungen des FKKS; 23/1999).
Jakobs, Günther, Vergangenheitsbewältigung durch Strafrecht? Zur Leistungsfähigkeit des Strafrechts nach einem politischen Umbruch. In: Battis, Ulrich/Jakobs, Günther/Jesse, Eckhard, Vergangenheitsbewältigung durch Recht. Drei Abhandlungen zu einem deutschen Problem. Hrsg. v. Josef Isensee. Berlin 1992 (Wissenschaftliche Abhandlungen und Reden zur Philosophie, Politik und Geistesgeschichte; 16), S. 37–64.
Jandura, Olaf, Politische Chancengleichheit in der Berichterstattung. Darstellung der PDS in der Medienberichterstattung im Vorfeld der Bundestagswahlen 1998 und 2002. In: Wägenbaur, Thomas (Hrsg.), Medienanalyse. Methoden, Ergebnisse, Grenzen. Baden-Baden 2007 (Schriften zur Medienwirtschaft und zum Medienmanagement; 16), S. 143–157.
Jandura, Olaf, Publizistische Chancengleichheit in der Wahlkampfberichterstattung? Eine Untersuchung zur medialen Repräsentation der im Bundestag vertretenen Parteien. In: Publizistik 56 (2011), S. 181–197.

Janusauskiené, Diana, The Metamorphosis of the Communist Party of Lithuania. In: Bozóki, András/Ishiyama, John T. (Hrsg.), The Communist Successor Parties of Central and Eastern Europe. Armonk/London 2002, S. 224–239.

Jarausch, Konrad H., Realer Sozialismus als Fürsorgediktatur. Zur begrifflichen Einordnung der DDR [1998]. In: Historische Sozialforschung, Supplement 24 (2012), S. 249–272.

Jarren, Otfried/Bode, Markus, Ereignis- und Medienmanagement politischer Parteien. Kommunikationsstrategien im „Superwahljahr 1994". In: Bertelsmann Stiftung (Hrsg.), Politik überzeugend vermitteln. Wahlkampfstrategien in Deutschland und den USA. Gütersloh 1996, S. 65–114.

Jaschke, Hans-Gerd, Facetten des Extremismus – eine Begriffserklärung. In: Dovermann, Ulrich (Hrsg.), Linksextremismus in der Bundesrepublik Deutschland. 2. Auflage. Bonn 2012 (Schriftenreihe der Bundeszentrale für politische Bildung; 1135), S. 13–30.

Jasiewicz, Krzysztof, The (Not Always Sweet) Uses of Opportunism: Post-Communist Political Parties in Poland. In: Communist and Post-Communist Studies 41 (2008), S. 421–442.

Jasiewicz, Krzysztof, "The Past Is Never Dead". Identity, Class and Voting Behavior in Contemporary Poland. In: East Europan Politics and Societies 23 (2009), H. 4, S. 491–508.

Jesse, Eckhard (Hrsg.), Totalitarismus im 20. Jahrhundert. Eine Bilanz der internationalen Forschung. Baden-Baden 1996.

Jesse, Eckhard, SPD and PDS Relationships. In: German Politics 6 (1997), H. 3, S. 89–102.

Jesse, Eckhard, Das deutsche Parteiensystem nach der Vereinigung. In: German Studies Review 21 (1998), H. 1, S. 69–82.

Jesse, Eckhard, „Extremistische Parteien" – Worin besteht der Erkenntnisgewinn? In: Aus Politik und Zeitgeschichte 58 (2008), H. 47, S. 7–11.

Jesse, Eckhard, Der antiextremistische Grundkonsens – Anker der freiheitlichen Demokratie. In: Dagmar Schipanski/Bernhard Vogel (Hrsg.), Dreißig Thesen zur deutschen Einheit. Freiburg 2009, S. 250–260.

Jesse, Eckhard, Die koalitionspolitische Haltung der SPD gegenüber der SED, der PDS, der Linkspartei und der LINKEN. In: Liedhegener, Antonius/Oppelland, Torsten (Hrsg.), Parteiendemokratie in der Bewährung. Festschrift für Karl Schmitt. Baden-Baden 2009 (Jenaer Beiträge zur Politikwissenschaft; 14), S. 243–256.

Jesse, Eckhard, Extremismus in Deutschland. Theoretische und konzeptionelle Überlegungen. In: Ders./Thieme, Tom (Hrsg.), Extremismus in den EU-Staaten. Wiesbaden 2011, S. 83–98.

Jesse, Eckhard, Die LINKE – demokratietheoretische, parteiensystematische und koalitionsstrategische Überlegungen. In: Dovermann, Ulrich (Hrsg.), Linksextremismus in der Bundesrepublik Deutschland. 2. Auflage. Bonn 2012 (Schriftenreihe der Bundeszentrale für politische Bildung; 1135), S. 123–142.

Jesse, Eckhard, Ist die Beobachtung der Partei DIE LINKE durch den Verfassungsschutz rechtens? In: Lange, Hans-Jürgen/Lanfer, Jens (Hrsg.), Verfassungsschutz. Reformperspektiven zwischen administrativer Effektivität und demokratischer Transparenz. Wiesbaden 2016, S. 55–74.

Jesse, Eckhard/Lang, Jürgen P., DIE LINKE – der smarte Extremismus einer deutschen Partei. München 2008.

Jesse, Eckhard/Lang, Jürgen P., DIE LINKE – eine gescheiterte Partei? München 2012.

Jesse, Eckhard/Thieme, Tom, Extremismus in den EU-Staaten. Theoretische und konzeptionelle Überlegungen. In: Dies. (Hrsg.), Extremismus in den EU-Staaten. Wiesbaden 2011, S. 11–32.

Jesse, Eckhard/Thieme, Tom, Extremismus in den EU-Staaten im Vergleich. In: Dies. (Hrsg.), Extremismus in den EU-Staaten. Wiesbaden 2011, S. 431–482.

Jörke, Dirk, Auf dem Weg zur Postdemokratie. In: Leviathan 33 (2005), 4, S. 482–491.

Jörke, Dirk, Theorien des Populismus zur Einführung. Hamburg 2017.

Jörs, Inka, Postsozialistische Parteien. Polnische SLD und ostdeutsche PDS im Vergleich. Wiesbaden 2006.

Judt, Tony, Die Geschichte Europas seit dem Zweiten Weltkrieg. Aus dem Englischen von Matthias Fienbork und Hainer Kober. Bonn 2006 (Schriftenreihe der Bundeszentrale für politische Bildung; 548).

Jun, Uwe, Der Wahlkampf der SPD zur Bundestagswahl 1998. Der Kampf um die „Neue Mitte" als Medieninszenierung. In: Hirscher, Gerhard/Sturm, Roland (Hrsg.), Die Strategie des „Dritten Weges". Legitimation und Praxis sozialdemokratischer Regierungspolitik. München 2001, S. 51–95.

Jun, Uwe, The Changing SPD in the Schröder Era. In: The Journal of Policy History 15 (2003), H. 1, S. 65–93.

Jung, Matthias/Roth, Dieter, Kohls knappster Sieg. Eine Analyse der Bundestagswahl 1994. In: Aus Politik und Zeitgeschichte 44 (1994), H. 51–52, S. 3–15.

Kailitz, Steffen, Die politische Deutungskultur im Spiegel des „Historikerstreits". What's right? What's left? Wiesbaden 2001.

Kailitz, Steffen, Die politische Deutungskultur der Bundesrepublik Deutschland im Spiegel des „Historikerstreits". In: Kailitz, Steffen (Hrsg.), Die Gegenwart der Vergangenheit. Der „Historikerstreit" und die deutsche Geschichtspolitik. Wiesbaden 2008, S. 14–37.

Katz, Richard S./Mair, Peter, Changing Models of Party Organization and Party Democracy. The Emergence of the Cartel Party. In: Party Politics 1 (1995), H. 1, S. 5–28.

Keil, Silke I., Wahlkampfkommunikation in Wahlanzeigen und Wahlprogrammen. Eine vergleichende inhaltsanalytische Untersuchung der von den Bundestagsparteien CDU, CSU, SPD, FDP, B'90/Die Grünen und PDS vorgelegten Wahlanzeigen und Wahlprogrammen in den Bundestagswahlkämpfen 1957–1998. Frankfurt am Main u. a. 2003.

Keith, Daniel James, Party Organisation and Party Adaptation: Western European Communist and Successor Parties. Diss., University of Sussex 2010.

Keller, Berndt/Seifert, Hartmut, Atypische Beschäftigungsverhältnisse. Flexibilität, soziale Sicherheit und Prekarität. In: Dies. (Hrsg.), Atypische Beschäftigung – Flexibilisierung und soziale Risiken, Berlin 2007, S. 11–26.

Kießling, Andreas, Politische Kultur und Parteien im vereinten Deutschland. Determinanten der Entwicklung des Parteiensystems. München 1999 (Schriftenreihe der Forschungsgruppe Deutschland; 11).

Kipp, Anselm, Die Forderung nach einer menschlichen Arbeitswelt in der CDU-Programmatik der 1970er Jahre. In: Historisch-Politische Mitteilungen 23 (2016), S. 159–183.

Kiss, Csilla, The Misuses of Manipulation. The Failure of Transitional Justice in Post-Communist Hungary. In: Europe-Asia Studies 58 (2006), H. 6, S. 925–940.

Kiss, Csilla, "Of the Past Let Us Make a Clean Slate": The Lack of a Left-Wing Narrative and Failure of the Hungarian Left. In: Mrozik Agnieszka/Holubec, Stanislav (Hrsg.), Historical Memory of Central and East European Communism. New York/Abingdon 2018 (Routledge Studies in Cultural History; 59), S. 21–40.

Kitschelt, Herbert, The Transformation of European Social Democracy. Cambridge/New York/Melbourne 1994 (Cambridge Studies in Comparative Politics).

Kitschelt, Herbert, Constraints and Opportunities in the Strategic Conduct of Post-Communist Successor Parties. Regime Legacies as Causal Argument. In: Bozóki, András/Ishiyama, John T. (Hrsg.), The Communist Successor Parties of Central and Eastern Europe. Armonk/London 2002, S. 14–40.

Kitschelt, Herbert/Mansfeldova, Zdenka/Markowski, Radoslaw/Tóka, Gábor, Post-Communist Party Systems. Competition, Representation, and Inter-Party Cooperation. Cambridge 1999.

Klein, Markus/Falter, Jürgen W., Der lange Weg der Grünen. Eine Partei zwischen Protest und Regierung. München 2003.

Kleinert, Hubert, Geschichte des linken Radikalismus in der Bundesrepublik Deutschland 1945–1990. In: Dovermann, Ulrich (Hrsg.), Linksextremismus in der Bundesrepublik Deutschland. 2. Auflage. Bonn 2012 (Schriftenreihe der Bundeszentrale für politische Bildung; 1135), S. 49–94.

Kleinöder, Nina, „Humanisierung der Arbeit". Literaturbericht zum „Forschungsprogramm zur Humanisierung des Arbeitslebens". Düsseldorf 2016 (Hans Böckler Stiftung, Working Paper Forschungsförderung; 008).

Kleßmann, Christoph, Die doppelte Staatsgründung. Deutsche Geschichte 1945–1955. Göttingen 1982.

Knoche, Manfred/Lindgens, Monika/Schabedoth, Eva/Zerdick, Axel, Nicht-Veränderung als langfristige Medienwirkung. Einfluß der Presse auf Vorstellungen und Einstellungen zur Politik der GRÜNEN. In: Schulz, Winfried (Hrsg.), Medienwirkungen. Einflüsse von Presse, Radio und Fernsehen auf Individuum und Gesellschaft. Untersuchungen im Schwerpunktprogramm „Publizistische Medienwirkungen". Weinheim 1992, S. 121–141.

Koch, Thomas, Unternehmer als Klientel der PDS. In: Brie, Michael/Herzig, Martin/Koch, Thomas (Hrsg.), Die PDS. Postkommunistische Kaderorganisation, ostdeutscher Traditionsverein oder linke Volkspartei? Empirische Befunde und kontroverse Analysen. Köln 1995 (Neue Kleine Bibliothek; 45), S. 81–101.

Koch, Thomas, Soziokulturelle Anker von PDS-Wähler-Koalitionen zwischen Oder und Werra. In: Brie, Michael/Woderich, Rudolf (Hrsg.), Die PDS im Parteiensystem. Berlin 2000 (Schriften, hrsg. v. d. Rosa-Luxemburg-Stiftung; 4), S. 208–220.

Koch, Thomas, (Wie) Ist die Regierungsbeteiligung der PDS bekommen? In: Berg, Frank/Kirschner, Lutz (Hrsg.), PDS am Scheideweg. Berlin 2001 (Manuskripte 20), S. 113–130.

Koch-Baumgarten, Sigrid, Postkommunisten im Spagat. Zur Funktion der PDS im Parteiensystem. In: Deutschland Archiv 30 (1997), H. 6, S. 864–878.

Köcher, Renate, Auf einer Woge der Euphorie. Veränderungen der Stimmungslage und des Meinungsklimas im Wahljahr 1994. In: Aus Politik und Zeitgeschichte 44 (1994), H. 51/52, S. 16–21.

Kollmorgen, Raj, Diskurse der deutschen Einheit. In: Aus Politik und Zeitgeschichte 60 (2010), H. 30–31, S. 6–13.

Kollmorgen, Raj/Hans, Torsten, Der verlorene Osten. Massenmediale Diskurse über Ostdeutschland und die deutsche Einheit. In: Kollmorgen, Raj/Koch, Frank Thomas/Dienel, Hans-Liudger (Hrsg.), Diskurse der deutschen Einheit. Kritik und Alternativen. Wiesbaden 2011, S. 107–165.

Koniczek, Constantin, Strategische Interaktionen im Feld des Regierens. Die PDS als Kooperationspartner der SPD auf Landesebene. Baden-Baden 2015 (Studien zum Parlamentarismus; 26).

König, Jens, Gregor Gysi. Eine Biographie. 2. Auflage. Berlin 2005.

Kopeček, Lubomír/Pšeja, Pavel, Czech Social Democracy and its "Cohabitation" with the Communist Party: The Story of a Neglected Affair. In: Communist and Post-Communist Studies 41 (2008), S. 317–338.

Kopeček, Michal, Kommunismus zwischen Geschichtspolitik und Historiographie in Ostmitteleuropa. In: Knigge, Volkhard (Hrsg.), Kommunismusforschung und Erinnerungskulturen in Ostmittel- und Westeuropa. Köln/Wien/Weimar 2013, S. 17–38.

Körner, Klaus, „Die rote Gefahr". Antikommunistische Propaganda in der Bundesrepublik 1950–2000. Hamburg 2003.

Korte, Karl-Rudolf, Deutschlandpolitik in Helmut Kohls Kanzlerschaft. Regierungsstil und Entscheidungen 1982–1989. Stuttgart 1998 (Geschichte der Deutschen Einheit; 1).

Koß, Michael, Durch die Krise zum Erfolg? Die PDS und ihr langer Weg nach Westen. In: Spier, Tim/Butzlaff, Felix/Micus, Matthias/Walter, Franz (Hrsg.), Die Linkspartei. Zeitgemäße Idee oder Bündnis ohne Zukunft? Wiesbaden 2007, S. 117–153.

Koß, Michael, Close to, but Still Out of, Government: The Swedish Vänsterpartiet. In: Olsen, Jonathan/Koß, Michael/Hough, Dan (Hrsg.), Left Parties in National Governments. Basingbroke/New York 2010, S. 105–120.

Koß, Michael, Von der SED zur PDS. Die Partei zwischen Niedergang, Selbstauflösung und Neuanfang. In: Gutzeit, Martin/Heidemeyer, Helge/Tüffers, Bettina (Hrsg.), Opposition und SED in der friedlichen Revolution. Organisationsgeschichte der alten und neuen politischen Gruppen 1989/90. Düsseldorf 2011, S. 181–191.

Kössler, Till, Abschied von der Revolution. Kommunisten und Gesellschaft in Westdeutschland 1945–1968. Düsseldorf 2005 (Beiträge zur Geschichte des Parlamentarismus und der politischen Parteien; Bd. 143).

Kössler, Till, Die Grenzen der Demokratie. Antikommunismus als politische und gesellschaftliche Praxis in der frühen Bundesrepublik. In: Creuzberger, Stefan/Hoffmann, Dierk (Hrsg.), „Geistige Gefahr" und „Immunisierung der Gesellschaft". Antikommunismus und politische Kultur in der frühen Bundesrepublik. München 2014 (Schriftenreihe der Vierteljahrshefte für Zeitgeschichte; Sondernummer), S. 355–369.

Kraatz, Paul/Peters, Tim B., Zwischen Abgrenzung und Annäherung. Das Verhältnis der CDU zu den Grünen 1980–1990. In: Historisch-Politische Mitteilungen 20 (2013), S. 121–146.

Kranenpohl, Uwe, Zwischen politischer Nische und programmatischer Öffnung: kleine Parteien und ihre Bundestagsfraktionen 1949 bis 1994. In: Zeitschrift für Parlamentsfragen 29 (1998), H. 2, S. 244–262.

Kranenpohl, Uwe, Mächtig oder machtlos? Kleine Fraktionen im Deutschen Bundestag 1949 bis 1994. Opladen/Wiesbaden 1999 (Studien zur Sozialwissenschaft; 205).

Kranenpohl, Uwe, Konsens im Konflikt? Inter- und überfraktionelle Initiativen im Deutschen Bundestag. In: Zeitschrift für Parlamentsfragen 32 (2001), H. 5, S. 733–758.

Krause, Peter/Ostner, Ilona, Einleitung: Was zusammengehört … Eine sozialwissenschaftliche Bilanzierung des Vereinigungsprozesses. In: Dies. (Hrsg.), Leben in Ost- und Westdeutschland. Eine sozialwissenschaftliche Bilanz der deutschen Einheit 1990–2010. Frankfurt am Main/New York 2010, S. 11–36.

Kraushaar, Wolfgang, Denkmodelle der 68er-Bewegung. In: Aus Politik und Zeitgeschichte 51 (2001), H. 22–23, S. 14–27.

Krisch, Henry, The Party of Democratic Socialism: Left and East. In: Dalton, Russell J. (Hrsg.), Germans Divided. The 1994 Bundestag Elections and the Evolution of the German Party System. Oxford/Washington, D.C. 1996, S. 109–131.

Kroh, Martin/Schoen, Harald, Politisches Engagement. In: Krause, Peter/Ostner, Ilona (Hrsg.), Leben in Ost- und Westdeutschland. Eine sozialwissenschaftliche Bilanz der deutschen Einheit 1990–2010. Frankfurt am Main/New York 2010, S. 543–555.

Krüger, Udo Michael/Zapf-Schramm, Thomas, Fernsehwahlkampf 1998 in Nachrichten und politischen Informationssendungen. In: Media Perspektiven 30 (1999), H. 5, S. 222–236.

Krüger, Udo Michael/Zapf-Schramm, Thomas, Wahlberichterstattung im öffentlich-rechtlichen und privaten Fernsehen. In: Media Perspektiven 33 (2002), H. 12, S. 610–622.

Krupavicius, Algis, The Left-Wing Parties in Lithuania, 1990–2002. In: Curry, Jane/Urban, Joan Barth (Hrsg.), The Left Transformed in Post-Communist Societies: The Cases of East-Central Europe, Russia and Ukraine. Lanham u. a. 2003, S. 99–135.

Küchler, Stefan, DDR-Geschichtsbilder. Zur Interpretation des Nationalsozialismus, der jüdischen Geschichte und des Holocaust im Geschichtsunterricht der DDR. In: Internationale Schulbuchforschung 22 (2000), H. 1, S. 31–48.

Kukutz, Irena, Chronik der Bürgerbewegung Neues Forum 1989–1990. Mit einem Beitrag von Bärbel Bohley. Berlin 2009.

Küpper, Mechthild, Mit der PDS in die deutsche Einheit? Überlegungen zur Beweglichkeit einer ostdeutschen Partei. In: Heinrich-Böll-Stiftung/Probst, Lothar (Hrsg.), Differenz in der Einheit. Über die kulturellen Unterschiede der Deutschen in Ost und West. 20 Essays, Reden und Gespräche. Berlin 1999, S. 54–64.

Kusebauch, Claudia, Die politische Talkshow in Deutschland. Eine exemplarische Analyse der Talkshows Sabine Christiansen, Berlin Mitte und Talk in Berlin nach dem 11. September 2001. In: Medien- und Kommunikationswissenschaft Halle-Wittenberg (Hrsg.), Studentenwerkstatt I: Fernsehanalysen. Halle (Saale) 2003, S. 1–38.

Küsters, Hans-Jürgen, Die Vereinigung von CDU (Ost) und CDU (West) 1990. In: Historisch-Politische Mitteilungen 18 (2011), S. 167–192.

Küstner, Verena, Linker Terror und rechte Gesinnung im Diskurs der Mitte. Wahrnehmung linker und rechter Extremismen im parlamentarischen Diskurs des Deutschen Bundestages. In: Jesse, Eckhard/Niedermeier, Hans-Peter (Hrsg.), Politischer Extremismus und Parteien. Berlin 2007 (Schriftenreihe der Gesellschaft für Deutschlandforschung; 92), S. 211–230.

Kuzio, Taras, Comparative Perspectives on Communist Successor Parties in Central-Eastern Europe and Eurasia. In: Communist and Post-Communist Studies 41 (2008), S. 397–419.

Land, Rainer, Waren die Reformsozialisten verhinderte Sozialdemokraten? In: Brandenburgische Landeszentrale für politische Bildung (Hrsg.), Die real-existierende postsozialistische Gesellschaft. Chancen und Hindernisse für eine demokratische politische Kultur. Berlin 1994, S. 233–248.

Land, Rainer, Moderner Sozialismus versus Neoliberalismus. In: Das Argument 41 (1999), H. 6, S. 811–826.

Land, Rainer, Eine demokratische DDR? Das Projekt „Moderner Sozialismus". In: Aus Politik und Zeitgeschichte 60 (2010), H. 11, S. 13–19.

Land, Rainer/Possekel, Ralf, Fremde Welten. Die gegensätzliche Deutung der DDR durch SED-Reformer und Bürgerbewegung in den 80er Jahren. Berlin 1998 (Forschungen zur DDR-Gesellschaft).

Landwehr, Achim, Historische Diskursanalyse. 2. Auflage. Frankfurt am Main/New York 2009 (Historische Einführungen; 4).

Lang, Jürgen P., Ist die PDS eine demokratische Partei? Eine extremismustheoretische Untersuchung. Baden-Baden 2003 (Extremismus und Demokratie; 7).

Lang, Jürgen P., Biographisches Porträt: Sahra Wagenknecht. In: Jahrbuch Extremismus & Demokratie 22 (2010), S. 192–203.

Lang, Jürgen P./Moreau, Patrick, PDS. Das Erbe der Diktatur. Grünwald 1994 (Politische Studien, hrsg. v. d. Hanns-Seidel-Stiftung; Sonderdruck 1/1994).

Lang, Kai-Olaf, Die tschechischen Kommunisten in der Offensive. Die KSCM – eine neokommunistische Anti-System-Partei in Ostmitteleuropa. Köln 1999 (Bundesinstitut für ostwissenschaftliche und internationale Studien – Aktuelle Analysen; 55/1999).

Lang, Kai-Olaf, Postkommunistische Nachfolgeparteien im östlichen Mitteleuropa. Erfolgsvoraussetzungen und Entwicklungsdynamiken. Baden-Baden 2009 (SWP Berlin [Hrsg.], Aktuelle Materialien zur Internationalen Politik, Bd. 76).

Lange, Hans-Jürgen/Lanfer, Jens (Hrsg.), Verfassungsschutz. Reformperspektiven zwischen administrativer Effektivität und demokratischer Transparenz. Wiesbaden 2016.

Langenbacher, Eric, The Mastered Past? Collective Memory Trends in Germany since Unification. In: German Politics and Society 28 (2010), H. 1, S. 42–68.

Lannert, Christian, „Vorwärts und nicht vergessen"? Die Vergangenheitspolitik der Partei DIE LINKE und ihrer Vorgängerin PDS. Göttingen 2012 (Diktaturen und ihre Überwindung im 20. und 21. Jahrhundert, Bd. 8).

Laue, Sabine, Parlamentarische Opposition und deutsche Einheit. Zur Problematik „kooperativer Opposition", dargestellt am Beispiel der Beratungen über die Verträge zur deutschen Einheit im Bundestag. Egelsbach/Köln/New York 1992 (Deutsche Hochschulschriften; 429).

Leclercq, Catherine/Platone, François, A Painful Moulting: the "Mutation" of the French Communist Party. In: Botella, Joan/Ramiro, Luis (Hrsg.), The Crisis of Communism and Party Change. The Evolution of West European Communist and Post-Communist Parties. Barcelona 2003, S. 129–153.

Leendertz, Ariane, Zeitbögen, Neoliberalismus und das Ende des Westens, oder: Wie kann man die deutsche Geschichte des 20. Jahrhunderts schreiben? In: Vierteljahrshefte für Zeitgeschichte 65 (2017), H. 2, S. 191–217.

Leggewie, Claus, Kulturelle Hegemonie – Gramsci und die Folgen. In: Leviathan 15 (1987), H. 2, S. 285–304.

Leonhard, Nina, Integration und Gedächtnis. NVA-Offiziere im vereinigten Deutschland. Konstanz/München 2016.

Lindenberger, Thomas, Experts with a Cause: A Future for GDR History beyond Memory Governance and Ostalgie in Unified Germany. In: Todorova, Maria/Dimou, Augusta/Troebst, Stefan (Hrsg.), Remembering Communism. Private and Public Recollections of Lived Experience in Southeast Europe. Budapest/New York 2014 (Leipzig Studies on the History and Culture of East-Central Europe; Bd. 1), S. 29–42.

Link, Werner, Die außenpolitische Staatsräson der Bundesrepublik Deutschland. Überlegungen zur innerstaatlichen Struktur und Perzeption des internationalen Bedingungsfeldes. In: Funke, Manfred/Jacobsen, Hans-Adolf/Knütter, Hans-Helmuth/Schwarz, Hans-Peter (Hrsg.), Demokratie und Diktatur. Geist und Gestalt politischer Herrschaft in Deutschland und Europa. Bonn 1987 (Schriftenreihe der Bundeszentrale für politische Bildung; 250), S. 401–416.

Lipp, Carola, Politische Kultur oder das Politische und Gesellschaftliche in der Kultur. In: Geschichte und Gesellschaft. Sonderheft 16 (1996): Kulturgeschichte Heute, S. 78–110.

Loewenstein, Karl, Militant Democracy and Fundamental Rights, I. In: The American Political Science Review, 31 (Jun. 1937), H. 3, S. 417–432.

Loewenstein, Karl, Militant Democracy and Fundamental Rights, II. In: The American Political Science Review, 31 (Aug. 1937), H. 4, S. 638–658.

Lorenz, Robert, Techniker der „kalten Fusion". Das Führungspersonal der Linkspartei. In: Spier, Tim/Butzlaff, Felix/Micus, Matthias/Walter, Franz (Hrsg.), Die Linkspartei. Zeitgemäße Idee oder Bündnis ohne Zukunft? Wiesbaden 2007, S. 275–323.

Lösche, Peter/Walter, Franz, Die SPD: Klassenpartei – Volkspartei – Quotenpartei. Zur Entwicklung der Sozialdemokratie von Weimar bis zur deutschen Vereinigung. Darmstadt 1992.
Lübker, Malte/Schüttemeyer, Suzanne S., Der Brandenburgische Landtag. In: Mielke, Siegfried/Reutter, Werner (Hrsg.), Landesparlamentarismus. Geschichte – Struktur – Funktionen. 2., durchgesehene und aktualisierte Auflage. Wiesbaden 2012, S. 177–217.
Ludwig-Mayerhofer, Wolfgang, Arbeitsmarkt. Für alle wichtig, für viele unsicherer. In: Hradil, Stefan (Hrsg.), Deutsche Verhältnisse. Eine Sozialkunde. Bonn 2012, S. 289–312.
Lüter, Albrecht, Politische Profilbildung jenseits der Parteien? Redaktionelle Linien in Kommentaren deutscher Qualitätszeitungen. In: Eilders, Christiane/Neidhardt, Friedhelm/Pfetsch, Barbara (Hrsg.), Die Stimme der Medien. Pressekommentare und politische Öffentlichkeit in der Bundesrepublik. Opladen 2004, S. 167–195.

Maier, Hans (Hrsg.), Totalitarismus und Politische Religionen. Paderborn 1996.
Malycha, Andreas/Winters, Peter Jochen, Die SED. Geschichte einer deutschen Partei. München 2009.
Mannewitz, Tom, Alte Bekannte im neuen System: Gründe für die Aufstiege und Niedergänge der mitteleuropäischen Postkommunisten seit 1990. In: Zeitschrift für Vergleichende Politikwissenschaft (2010), H. 4, S. 261–293.
Mannewitz, Tom, Sonderfall Deutschland? Erfolge und Misserfolge der Linken im Licht der Postkommunismus-Forschung. In: Jahrbuch Extremismus & Demokratie 22 (2010), S. 78–100.
Mannewitz, Tom, Linksextremistische Parteien in Europa nach 1990. Ursachen für Wahlerfolge und –misserfolge. Baden-Baden 2012 (Extremismus und Demokratie; 23).
March, Luke, For Victory? The Crises and Dilemmas of the Communist Party of the Russian Federation. In: Europe-Asia Studies 53 (2001), S. 263–290.
March, Luke, The Pragmatic Radicalism of Russia's Communists. In: Curry, Jane/Urban, Joan Barth (Hrsg.), The Left Transformed in Post-Communist Societies: The Cases of East-Central Europe, Russia and Ukraine. Lanham u. a. 2003, S. 163–208.
March, Luke, From Vanguard of the Proletariat to Vox Populi: Left-Populism as a 'Shadow' of Contemporary Socialism. In: SAIS Review of International Affairs 27 (2007), 1, S. 63–77.
March, Luke, Parteien links der Sozialdemokratie in Europa. Vom Marxismus zum Mainstream? Berlin 2008 (Internationale Politikanalyse, hrsg. v. d. Friedrich-Ebert-Stiftung).
Margalit, Gilad, Der Luftangriff auf Dresden. Seine Bedeutung für die Erinnerungspolitik der DDR und für die Herauskristallisierung einer historischen Kriegserinnerung im Westen. In: Düwell, Susanne/Schmidt, Mathias (Hrsg.), Narrative der Shoah. Repräsentationen der Vergangenheit in Historiographie, Kunst und Politik. Paderborn u. a. 2002, S. 189–207.
Marko, Kurt, Antikommunismus. In: Kernig, C.D. (Hrsg.), Sowjetsystem und Demokratische Gesellschaft. Eine vergleichende Enzyklopädie. Bd. I. Freiburg u. a. 1966, Sp. 238–245.
Markovits, Andrei S./Gorski, Philip S., Grün schlägt Rot. Die deutsche Linke nach 1945. [Orig. The German Left]. Aus dem Englischen von Ilse Utz. Hamburg 1997.
Markowski, Radoslaw, The Polish SLD in the 1990s. From Opposition to Incumbents and Back. In: Bozóki, András/Ishiyama, John T. (Hrsg.), The Communist Successor Parties of Central and Eastern Europe. Armonk/London 2002, S. 51–88.
Marxen, Klaus/Werle, Gerhard, Die strafrechtliche Aufarbeitung von DDR-Unrecht. Eine Bilanz. Berlin 1999.
Marxen, Klaus/Werle, Gerhard (Hrsg.), Strafjustiz und DDR-Unrecht. Dokumentation. 7 Bände. Berlin 2000–2009.
Marxen, Klaus/Werle, Gerhard/Schäfter, Petra, Die Strafverfolgung von DDR-Unrecht. Fakten und Zahlen. Berlin 2007.
Mazzoleni, Gianpietro/Schulz, Winfried, „Mediatization" of Politics: A Challenge for Democracy? In: Political Communication 16 (1999), H. 3, S. 247–261.
McAdams, A. James, Judging the Past in Unified Germany. Cambridge 2001.
McKay, Joanna, The Wall in the Ballot Box: The Berlin Election of 1995. In: German Politics 5 (1996), S. 276–291.
Mende, Silke, „Nicht rechts, nicht links, sondern vorn". Eine Geschichte der Gründungsgrünen. München 2011 (Ordnungssysteme; 33).

Mende, Silke, Von der „Anti-Parteien-Partei" zur „ökologischen Reformpartei". Die Grünen und der Wandel des Politischen. In: Archiv für Sozialgeschichte 52 (2012), S. 273–315.

Merlio, Gilbert, Der Kommunismus in der Geschichtskultur Frankreichs. In: Knigge, Volkhard (Hrsg.), Kommunismusforschung und Erinnerungskulturen in Ostmittel- und Westeuropa. Köln/Wien/Weimar 2013, S. 91–101.

Meteling, Wencke, Nationale Standortsemantiken seit den 1970er-Jahren. In: Leendertz, Ariane/ Meteling, Wencke (Hrsg.), Die neue Wirklichkeit. Semantische Neuvermessungen und Politik seit den 1970er-Jahren. Frankfurt am Main/New York 2016 (Schriften aus dem Max-Planck-Institut für Gesellschaftsforschung Köln; 86), S. 207–242.

Meuche-Mäker, Meinhard, Die PDS im Westen 1990–2005. Schlussfolgerungen für eine neue Linke. Berlin 2005 (Texte, hrsg. v. d. Rosa-Luxemburg-Stiftung; 25).

Meyer, Thomas, The Transformation of German Social Democracy. In: Sassoon, Donald (Hrsg.), Looking Left: European Socialism after the Cold War. London/New York/Rom 1997, S. 124–142.

Micus, Matthias, Die „Enkel" Willy Brandts. Aufstieg und Politikstil einer SPD-Generation. Frankfurt am Main/New York 2005 (Campus Forschung; 884).

Micus, Matthias, Stärkung des Zentrums. Perspektiven, Risiken und Chancen des Fusionsprozesses von PDS und WASG. In: Spier, Tim/Butzlaff, Felix/Micus, Matthias/Walter, Franz (Hrsg.), Die Linkspartei. Zeitgemäße Idee oder Bündnis ohne Zukunft? Wiesbaden 2007, S. 185–237.

Mielke, Gerd, Wähler im Wartestand. Entstehungs- und Erfolgschancen einer neuen Linkspartei. In: Forschungsjournal Neue Soziale Bewegungen 17 (2004), H. 2, S. 6–21.

Möller, Horst, Franz Josef Strauß. Herrscher und Rebell. München/Berlin/Zürich 2015.

Moreau, Patrick, PDS. Anatomie einer postkommunistischen Partei. Bonn/Berlin 1992.

Moreau, Patrick, Was will die PDS? In Zusammenarbeit mit Jürgen Lang und Viola Neu. Frankfurt am Main/Berlin 1994.

Moreau, Patrick, Politische Positionierung der PDS – Wandel oder Kontinuität? München 2002.

Moreau, Patrick, Die kommunistischen und post-kommunistischen Parteien Westeuropas: Ein unaufhaltsamer Niedergang? In: Totalitarismus und Demokratie 1 (2004), H. 1, S. 35–62.

Moreau, Patrick/Gleumes, Hermann/Hirscher, Gerhard/Maser, Peter/Wilke, Manfred, Die PDS: Profil einer antidemokratischen Partei. München 1998 (Politische Studien, hrsg. v. d. Hanns-Seidel-Stiftung, Sonderausgabe).

Moreau, Patrick/Lang, Jürgen P., Linksextremismus. Eine unterschätzte Gefahr. Bonn 1996 (Extremismus und Demokratie; 8).

Moreau, Patrick/Schorpp-Grabiak, Rita, „Man muß so radikal sein wie die Wirklichkeit" – Die PDS: eine Bilanz. Baden-Baden 2002 (Extremismus und Demokratie; 4).

Morgenstern, Andreas, Extremismus und Radikalismus. Eine Analyse der Parteien DKP, DVU, PDS und Die Republikaner. In: Jesse, Eckhard/Niedermeier, Hans-Peter (Hrsg.), Politischer Extremismus und Parteien. Berlin 2007 (Schriftenreihe der Gesellschaft für Deutschlandforschung; 92), S. 279–299.

Morlang, Diana, Hungary: Socialists Building Capitalism. In: Curry, Jane/Urban, Joan Barth (Hrsg.), The Left Transformed in Post-Communist Societies: The Cases of East-Central Europe, Russia and Ukraine. Lanham u. a. 2003, S. 61–98.

Mudde, Cas, The Populist Zeitgeist. In: Government and Opposition 39 (2004), H. 4, S. 541–563.

Müller, Jan-Werner, East Germany: Incorporation, Tainted Truth, and the Double Division. In: Barahona de Brito, Alexandra/Gonzalez Enriquez, Carmen/Aguilar, Paloma (Hrsg.), The Politics of Memory: Transitional Justice in Democratizing Societies. Oxford 2001, S. 248–274.

Müller, Jan-Werner, Just another Vergangenheitsbewältigung? The Process of Coming to Terms with the East German Past Revisited. In: Oxford German Studies 38 (2009), H. 3, S. 334–344.

Müller, Jan-Werner, Was ist Populismus? Ein Essay. Bonn 2016 (Schriftenreihe der Bundeszentrale für politische Bildung; 1752).

Müller, Marion G., Parteienwerbung im Bundestagswahlkampf 1998. In: Media Perspektiven 30 (1999), H. 5, S. 251–261.

Müller, Marion G., Parteienwerbung im Bundestagswahlkampf 2002. In: Media Perspektiven 33 (2002), H. 12, S. 629–638.

Müller, Werner, Gab es in Deutschland einen demokratischen Kommunismus? In: Backes, Uwe/ Courtois, Stéphane (Hrsg.), „Ein Gespenst geht um in Europa". Das Erbe kommunistischer Ideologien. Köln/Weimar/Wien 2002 (Schriften des Hannah-Arendt-Instituts für Totalitarismusforschung; 20), S. 323–382.

Müntz, Dieter, Von der Opposition in die Koalition. 20 Jahre Politik der Linken im Brandenburger Landtag. Potsdam 2010.

Murer, Jeffrey Stevenson, The Romanian PDSR and the Bulgarian Socialists in Comparative Perspective. In: Bozóki, András/Ishiyama, John T. (Hrsg.), The Communist Successor Parties of Central and Eastern Europe. Armonk/London 2002, S. 367–396.

Nachtwey, Oliver, Im Westen was Neues. Die Entstehung der Wahlalternative Arbeit & soziale Gerechtigkeit. In: Spier, Tim/Butzlaff, Felix/Micus, Matthias/Walter, Franz (Hrsg.), Die Linkspartei. Zeitgemäße Idee oder Bündnis ohne Zukunft? Wiesbaden 2007, S. 155–183.

Nachtwey, Oliver, Marktsozialdemokratie. Die Transformation von SPD und Labour Party. Wiesbaden 2009.

Nachtwey, Oliver/Spier, Tim, Günstige Gelegenheit? Die sozialen und politischen Entstehungshintergründe der Linkspartei. In: Spier, Tim/Butzlaff, Felix/Micus, Matthias/Walter, Franz (Hrsg.), Die Linkspartei. Zeitgemäße Idee oder Bündnis ohne Zukunft? Wiesbaden 2007, S. 13–69.

Neller, Katja, DDR-Nostalgie. Dimensionen der Orientierungen der Ostdeutschen gegenüber der ehemaligen DDR, ihre Ursachen und politischen Konnotationen. Wiesbaden 2006.

Neller, Katja/Thaidigsmann, S. Isabell, Das Vertretenheitsgefühl der Ostdeutschen durch die PDS: DDR-Nostalgie und andere Erklärungsfaktoren im Vergleich. In: Politische Vierteljahrsschrift 43 (2002), H. 3, S. 420–444.

Neu, Viola, Die PDS 10 Jahre nach dem Fall der Mauer. Sankt Augustin, Oktober 1999 (Analysen und Positionen, hrsg. v. d. Konrad-Adenauer-Stiftung).

Neu, Viola, Am Ende der Hoffnung: Die PDS im Westen. Sankt Augustin 2000 (Zukunftsforum Politik, hrsg. v. d. Konrad-Adenauer-Stiftung; 10).

Neu, Viola, SPD und PDS auf Bundesebene: Koalitionspartner im Wartestand? Sankt Augustin 2001 (Arbeitspapiere, hrsg. v. d. Konrad-Adenauer-Stiftung; 5/2001).

Neu, Viola, Die PDS: eine populistische Partei? In: Werz, Nikolaus (Hrsg.), Populismus. Populisten in Übersee und Europa. Wiesbaden 2003 (Analysen Politik – Gesellschaft – Wirtschaft; 79), S. 263–277.

Neu, Viola, Das Janusgesicht der PDS. Wähler und Partei zwischen Demokratie und Extremismus. Baden-Baden 2004 (Extremismus und Demokratie; 9).

Neugebauer, Gero, Von der „Sofarunde" in die gesamtdeutsche Sozialdemokratie. In: Ders./ Niedbalski, Bernd (Hrsg.), Die SDP/SPD in der DDR 1989–1990. Aus der Bürgerbewegung in die gesamtdeutsche Sozialdemokratie. Text, Chronik und Dokumentation. Berlin 1992 (Berliner Arbeitshefe und Berichte zur sozialwissenschaflichen Forschung; 74), S. 4–18.

Neugebauer, Gero, Hat die PDS bundesweit im Parteiensystem eine Chance? Das deutsche Parteiensystem nach der Wende 1989. Die Ausgangssituation. In: Brie, Michael/Herzig, Martin/ Koch, Thomas (Hrsg.), Die PDS. Postkommunistische Kaderorganisation, ostdeutscher Traditionsverein oder linke Volkspartei? Empirische Befunde und kontroverse Analysen. Köln 1995 (Neue Kleine Bibliothek; 45), S. 39–57.

Neugebauer, Gero, Zur Akzeptanz der PDS in der politischen Konkurrenz. In: Brie, André/ Woderich, Rudolf (Hrsg.): Die PDS im Parteiensystem. Berlin 2000 (Schriften, hrsg. v. d. Rosa-Luxemburg-Stiftung; 4), S. 140–148.

Neugebauer, Gero, Die PDS zwischen Kontinuität und Aufbruch. In: Aus Politik und Zeitgeschichte 50 (2000), H. 5, S. 39–46.

Neugebauer, Gero, Die PDS im Reformschwung? In: Forschungsjournal Neue Soziale Bewegungen 14 (2001), H. 3, S. 96–98.

Neugebauer, Gero, Die PDS in Brandenburg – wohin des Wegs? In: Perspektive 21. Brandenburger Hefte für Wissenschaft und Politik 13 (2001), S. 43–61.

Neugebauer, Gero, Von wahren und falschen Sozialisten. Die PDS inszeniert sich als bessere SPD. In: vorgänge 41 (2002), H. 1, S. 36–40.

Neugebauer, Gero, The Party of Democratic Socialism in Germany: Post-Communists with a New Socialist Identity or as Replacement of Social Democracy? In: Botella, Joan/Ramiro, Luis (Hrsg.), The Crisis of Communism and Party Change. The Evolution of West European Communist and Post-Communist Parties. Barcelona 2003, S. 177–208.

Neugebauer, Gero, Extremismus – Linksextremismus – Rechtsextremismus. Begriffsdefinitionen und Probleme. In: Bundeszentrale für politische Bildung (Hrsg.), Dossier Linksextremismus, 9. 4. 2008. URL <http://www.bpb.de/politik/extremismus/linksextremismus/33591/definitionen-und-probleme> (abgerufen am 11. 3. 2019).

Neugebauer, Gero, „Der Fächer des Bösen – Was wir mit Extremismus alles zu meinen meinen". Eine kurze Befassung mit Begriffen und Thesen. In: Kulturbüro Sachsen e.V. u. a. (Hrsg.), Gibt es Extremismus? Extremismusansatz und Extremismusbegriff in der Auseinandersetzung mit Neonazismus und (anti)demokratischen Einstellungen. Dresden, März 2010, S. 13–18.

Neugebauer, Gero, Von der SED zur PDS und Linkspartei. In: Gieseke, Jens/Wentker, Hermann (Hrsg.), Die Geschichte der SED. Eine Bestandsaufnahme. Berlin 2011, S. 239–265.

Neugebauer, Gero, Von der SED/PDS zur Partei Die LINKE. Oszillieren zwischen Demokratie und Extremismus? In: Dovermann, Ulrich (Hrsg.), Linksextremismus in der Bundesrepublik Deutschland. 2. Auflage. Bonn 2012 (Schriftenreihe der Bundeszentrale für politische Bildung; 1135), S. 95–122.

Neugebauer, Gero/Reister, Hugo, PDS und Gewerkschaften. Bonn 1996, S. 81–86.

Neugebauer, Gero/Stöss, Richard, Die PDS. Geschichte. Organisation. Wähler. Konkurrenten. Opladen 1996 (Analysen Politik – Gesellschaft – Wirtschaft; 54).

Neugebauer, Gero/Stöss, Richard, Die PDS in Not. In: Niedermayer, Oskar (Hrsg.), Die Parteien nach der Bundestagswahl 2002. Opladen 2003, S. 125–158.

Newell, James, Between a Rock and a Hard Place: The Governing Dilemmas of Rifondazione Comunista. In: Olsen, Jonathan/Koß, Michael/Hough, Dan (Hrsg.), Left Parties in National Governments. Basingstoke/New York 2010, S. 52–68.

Niedermayer, Oskar, Grundzüge der Entwicklung des deutschen Parteiensystems. In: Brie, Michael/Woderich, Rudolf (Hrsg.), Die PDS im Parteiensystem. Berlin 2000 (Schriften, hrsg. v. d. Rosa-Luxemburg-Stiftung; 4), S. 78–85.

Niedermayer, Oskar, Die Wählerschaft der Linkspartei.PDS 2005: sozialstruktureller Wandel bei gleich bleibender politischer Positionierung. In: Zeitschrift für Parlamentsfragen 37 (2006), S. 523–538.

Niedermayer, Oskar, Das fluide Fünfparteiensystem nach der Bundestagswahl 2005. In: Ders. (Hrsg.), Die Parteien nach der Bundestagswahl 2005. Wiesbaden 2008, S. 9–35.

Niedermayer, Oskar, Von der Zweiparteiendominanz zum Pluralismus: Die Entwicklung des deutschen Parteiensystems im westeuropäischen Vergleich. In: Politische Vierteljahresschrift 51 (2010), S. 1–13.

Niedermayer, Oskar, Koalitionsbildung im Fünfparteiensystem: Die Landtagswahl in Nordrhein-Westfalen am 9. Mai 2010 und ihre Folgen. In: Gesellschaft. Wirtschaft. Politik. 59 (2010), H. 3, S. 345–354.

Niedermayer, Oskar, Die Entwicklung des bundesdeutschen Parteiensystems. In: Decker, Frank/Neu, Viola (Hrsg.), Handbuch der deutschen Parteien. 2. Auflage. Wiesbaden 2013, S. 111–132.

Niedermayer, Oskar/Stöss, Richard, DDR-Regimewandel, Bürgerorientierung und die Entwicklung des gesamtdeutschen Parteiensystems. In: Dies. (Hrsg.), Parteien und Wähler im Umbruch. Parteiensystem und Wählerverhalten in der ehemaligen DDR und den neuen Bundesländern. Opladen 1994, S. 11–33.

Nolte, Ernst, Antikommunismus. Gestern – heute – morgen? In: Ders., Was ist bürgerlich? und andere Artikel, Abhandlungen, Auseinandersetzungen. Stuttgart 1979, S. 67–87.

Nolte, Paul, Von der repräsentativen zur multiplen Demokratie. In: Aus Politik und Zeitgeschichte 61 (2011), H. 1–2, S. 5–12.

Nolte, Paul, Was ist Demokratie? Geschichte und Gegenwart. Bonn 2012 (Schriftenreihe der Bundeszentrale für politische Bildung; 1251).

Nolte, Paul, Hans-Ulrich Wehler. Historiker und Zeitgenosse. München 2015.

Nonhoff, Martin, Diskurs. In: Göhler, Gerhard/Iser, Matthias/Kerner, Ina (Hrsg.), Politische Theorie. 22 umkämpfte Begriffe zur Einführung. Wiesbaden 2004, S. 65–82.

Nonhoff, Martin (Hrsg.), Diskurs – radikale Demokratie – Hegemonie. Zum politischen Denken von Ernesto Laclau und Chantal Mouffe. Bielefeld 2007.

Olsen, Jonathan, Germany's PDS and Varieties of "Post-Communist" Socialism. In: Problems of Post-Communism 45 (1998), H. 6, S. 42–52.
Olsen, Jonathan, Seeing Red: The SPD-PDS Coalition Government in Mecklenburg-West Pomerania. In: German Studies Review 23 (2000), H. 3, S. 557–580.
Olsen, Jonathan, The Dilemmas of Germany's PDS. In: German Policy Studies/Politikfeldanalyse 2 (2002), H. 2, S. 197–220.
Olsen, Jonathan, The PDS in Western Germany: An Empirical Study of PDS Local Politicians. In: German Politics 11 (2002), H. 1, S. 147–172.
Olsen, Jonathan, The Merger of the PDS and WASG: From Eastern German Regional Party to National Radical Left Party? In: German Politics 16 (2007), H. 2, S. 205–221.
Olsen, Jonathan/Hough, Dan, Don't Think Twice, It's Alright. SPD-Left Party/PDS Coalitions in the Eastern German Länder. In: German Politics and Society 25 (2007), H. 3, S. 1–24.
Olsen, Jonathan/Hough, Dan/Koß, Michael, From Pariahs to Players? Left Parties in National Governments. In: Dies. (Hrsg.), Left Parties in National Governments. Basingbroke/New York 2010, S. 1–15.
Olsen, Jonathan/Koß, Michael/Hough, Dan (Hrsg.), Left Parties in National Governments. Basingbroke/New York 2010.
Oppelland, Torsten, Parteien als geschichtspolitische Akteure. In: Liedhegener, Antonius/Oppelland, Torsten (Hrsg.), Parteiendemokratie in der Bewährung. Festschrift für Karl Schmitt. Baden-Baden 2009 (Jenaer Beiträge zur Politikwissenschaft; 14), S. 57–72.
Oppelland, Torsten, Der Kommunismus in der Geschichtskultur Deutschlands. In: Knigge, Volkhard (Hrsg.), Kommunismusforschung und Erinnerungskulturen in Ostmittel- und Westeuropa. Köln/Wien/Weimar 2013, S. 103–113.
Oppelland, Torsten/Träger, Hendrik, Die Linke. Willensbildung in einer ideologisch zerstrittenen Partei. Baden-Baden 2014 (Die politischen Parteien der Bundesrepublik Deutschland).
Oswald, Franz, The Party of Democratic Socialism: Ex-Communists Entrenched as East German Regional Protest Party. In: Journal of Communist Studies and Transition Politics 12 (1996), H. 2, S. 173–195.
Oswald, Franz, The Party That Came Out of the Cold War. Westport/London 2002.
Otto, Karl A., Auf dem Weg in die plebiszitäre Willkür? Volksbefragung und Volksentscheid im Berliner Programm der SPD. In: Blätter für deutsche und internationale Politik 35 (1990), H. 1, S. 195–206.

Papier, Hans-Jürgen, Wirtschaftsordnung und Grundgesetz. In: Aus Politik und Zeitgeschichte 57 (2007), H. 13, S. 3–9.
Paqué, Karl-Heinz, Die Bilanz. Eine wirtschaftliche Analyse der Deutschen Einheit. München 2009.
Pasynkova, Veronika, The Communist Party in Contemporary Russia: Problems of Transformation. In: Perspectives on European Politics and Society 6 (2005), H. 2, S. 237–247.
Patton, David F., Germany's Party of Democratic Socialism in Comparative Perspective. In: Eastern European Politics and Societies 1998, H. 12, S. 500–526.
Patton, David F., Germany's Left Party.PDS and the 'Vacuum Thesis': From Regional Milieu Party to Left Alternative? In: Journal of Communist Studies and Transition Politics 22 (2006), H. 2, S. 206–227.
Patton, David F., Out of the East: From PDS to Left Party in Unified Germany. Albany 2011.
Patzelt, Werner J., Die PDS nach 2000: Neugeburt oder Fehlgeburt? In: Berg, Frank/Kirschner, Lutz (Hrsg.), PDS am Scheideweg. Berlin, Juni 2001, S. 5–27.
Peters, Tim, Der Antifaschismus der PDS aus antiextremistischer Sicht. Wiesbaden 2006 (Diss., Univ. Chemnitz 2005).
Peters, Tim, Antifaschismus und Sozialismus statt Demokratie und Marktwirtschaft. Extremistische Ansätze in der Gesellschafts- und Wirtschaftspolitik der Linkspartei.PDS. In: Jesse, Eckhard/Niedermeier, Hans-Peter (Hrsg.), Politischer Extremismus und Parteien. Berlin 2007 (Schriftenreihe der Gesellschaft für Deutschlandforschung; 92), S. 301–320.

Petersen, Thomas, Helmut Kohls Wahlkämpfe. In: Jackob, Nikolaus (Hrsg.), Wahlkämpfe in Deutschland. Fallstudien zur Wahlkampfkommunikation 1912–2005. Wiesbaden 2007, S. 194–214.

Peterson, Fabian, Oppositionsstrategie der SPD-Führung im deutschen Einigungsprozeß 1989/1990. Strategische Ohnmacht durch Selbstblockade? Hamburg 1998 (Politica – Schriftenreihe zur politischen Wissenschaft; 35).

Petritsch, Wolfgang/Kaser, Karl/Pichler, Robert, Kosovo Kosova. Mythen, Daten, Fakten. Klagenfurt u. a. 1999.

Pfahl-Traughber, Armin, Wandlung zur Demokratie? Die programmatische Entwicklung der PDS. In: Deutschland Archiv 28 (1995), S. 359–369.

Pfahl-Traughber, Armin, Vergangenheitsbewältigung à la PDS. Zum DDR-Bild in programmatischen Texten. In: perspektiven ds 13 (1996), H. 2, S. 162–167.

Pfahl-Traughber, Armin, Die Partei des Demokratischen Sozialismus (PDS)/DIE LINKE. In: Niedermayer, Oskar (Hrsg.), Handbuch Parteienforschung. Wiesbaden 2013, S. 541–562.

Pfahl-Traughber, Armin, Linksextremismus in Deutschland. Eine kritische Bestandsaufnahme. Wiesbaden 2014.

Pfau, Thomas, Aspekte der Entwicklung liberaler Kräfte in der DDR vom Herbst 1989 bis zum Herbst 1990. In: Niedermayer, Oskar/Stöss, Richard (Hrsg.), Parteien und Wähler im Umbruch. Parteiensystem und Wählerverhalten in der ehemaligen DDR und den neuen Bundesländern. Opladen 1994, S. 105–112.

Phillips, Ann L., Transformation of the SED? The PDS One Year Later. Köln 1991 (Berichte des Bundesinstituts für ostwissenschaftliche Studien; 42/1991).

Phillips, Ann L., Socialism with a New Face? The PDS in Search of Reform. In: East European Politics and Societies 8 (1994), H. 3, S. 495–530.

Plöhn, Jürgen, Die Landtagswahl in Sachsen-Anhalt vom 26. Juni 1994: Die Mehrheitsbildung bleibt dem Landtag überlassen. In: Zeitschrift für Parlamentsfragen 26 (1995), H. 2, S. 215–231.

Plumpe, Werner, Wirtschaftskrisen. Geschichte und Gegenwart. Unter Mitarbeit von Eva J. Dubisch. 2. Auflage. München 2011 (Beck'sche Reihe C.-H.-Beck-Wissen; 2701).

Pollach, Günter, Die PDS auf der Kreisebene in Ostdeutschland. Zusammenfassung wesentlicher Ergebnisse einer gleichnamigen Studie. Berlin 1997 (Studien zur inneren Verfaßtheit der PDS).

Pollach, Günter, Die PDS im kommunalen Parteiensystem. In: Brie, Michael/Woderich, Rudolf (Hrsg.), Die PDS im Parteiensystem. Berlin 2000 (Schriften, hrsg. v. d. Rosa-Luxemburg-Stiftung; 4), S. 194–207.

Pollach, Günter/Wischermann, Jörg/Zeuner, Bodo, Ein nachhaltig anderes Parteiensystem. Profile und Beziehungen in ostdeutschen Kommunen. Ergebnisse einer Befragung von Kommunalpolitikern. Unter Mitarbeit von Norbert Fröhlich und Manfred Leiske. Opladen 2000.

Potthoff, Heinrich, Die „Koalition der Vernunft". Deutschlandpolitik in den 80er Jahren. München 1995.

Prinz, Sebastian, Kontinuität und Wandel einer postkommunistischen Partei. Die programmatische Entwicklung der PDS. In: Jesse, Eckhard/Niedermeier, Hans-Peter (Hrsg.), Politischer Extremismus und Parteien. Berlin 2007 (Schriftenreihe der Gesellschaft für Deutschlandforschung; 92), S. 343–362.

Prinz, Sebastian, Die programmatische Entwicklung der PDS. Kontinuität und Wandel der Politik einer sozialistischen Partei. Wiesbaden 2010.

Probst, Lothar, Die PDS in Rostock: Eine Lokalstudie über die Anatomie einer postkommunistischen Partei. In: Barker, Peter (Hrsg.), The Party of Democratic Socialism in Germany. Modern Post-Communism or Nostalgic Populism? Amsterdam/Atlanta 1998 (German Monitor; 42), S. 54–77.

Probst, Lothar, Die PDS – von der Staats- zur Regierungspartei. Eine Studie aus Mecklenburg-Vorpommern. Hamburg 2000 (Politica – Schriftenreihe zur politischen Wissenschaft; 39).

Probst, Lothar, Stärken, Probleme und Perspektiven der PDS in den neuen Bundesländern. In: Berg, Frank/Kirschner, Lutz (Hrsg.), PDS am Scheideweg. Berlin, Juni 2001, S. 29–38.

Probst, Lothar, Resistance against Modernization? East German Attitudes and Identity in the Transition from Community to Society. In: McFalls, Laurence/Probst, Lothar (Hrsg.), After the GDR. New Perspectives on the Old GDR and the Young Länder. Amsterdam/Atlanta 2001 (German Monitor; 54), S. 209–220.

Probst, Lothar, Bündnis 90/Die Grünen. In: Decker, Frank/Neu, Viola (Hrsg.), Handbuch der deutschen Parteien. 2. Auflage. Wiesbaden 2013, S. 166–179.

Racz, Barnabas, The Socialist-Left Opposition in Post-Communist Hungary. In: Europe-Asia Studies 45 (1993), H. 4, S. 647–670.

Racz, Barnabas, The Hungarian Socialists in Opposition: Stagnation or Renaissance. In: Europe-Asia Studies 52 (2000), H. 2, S. 319–347.

Raschke, Joachim, Die Grünen. Wie sie wurden, was sie sind. Mit Beiträgen von Gudrun Heinrich, Christoph Hohlfeld, Björn Johnsen, Manfred Knoche, Monika Lindgens, Frank Nullmeier, Jürgen Oetting, Peter Raschke, Roland Roth, Helmut Wiesenthal. Köln 1993.

Raschke, Joachim, SPD und PDS. Selbstblockade oder Opposition? In: Blätter für deutsche und internationale Politik 39 (1994), H. 12, S. 1453–1464.

Raschke, Joachim, Zerfallsphase des Schröder-Zyklus. Die SPD 2005–2009. In: Egle, Christoph/Zohlnhöfer, Reimat (Hrsg.), Die zweite Große Koalition. Eine Bilanz der Regierung Merkel 2005–2009. Wiesbaden 2010, S. 69–98.

Reinhardt, Max, Aufstieg und Krise der SPD. Flügel und Repräsentanten einer pluralistischen Volkspartei. Baden-Baden 2011.

Reißig, Rolf, The PDS in the Berlin Red-Red Coalition: Experience and Strategic Implications. Berlin 2004.

Reißig, Rolf, Mitregieren in Berlin. Die PDS auf dem Prüfstand. Berlin 2005 (Texte, hrsg. v. d. Rosa-Luxemburg-Stiftung; 22).

Reitmayer, Morten, Nach dem Boom – eine neue *Belle Époque*? Versuch einer vorläufigen Synthese. In: Ders./Schlemmer, Thomas (Hrsg.), Die Anfänge der Gegenwart. Umbrüche in Westeuropa nach dem Boom. München 2014 (Zeitgeschichte im Gespräch; 17), S. 13–22.

Richter, Michael, Zur Entwicklung der Ost-CDU im Herbst 1989. In: Historisch-Politische Mitteilungen 1 (1994), S. 115–133.

Richter, Michael, Wie Phoenix aus der Asche. Die SED-PDS 1989/90 im Bezirk Dresden. In: Dresdner Hefte 101 (2010), S. 63–75.

Rigoll, Dominik, Staatsschutz in Westdeutschland. Von der Entnazifizierung zur Extremistenabwehr. Göttingen 2013.

Ritter, Gerhard A., Der Preis der deutschen Einheit. Wiedervereinigung und die Krise des Sozialstaats. München 2006.

Roberts, Adam, NATO's 'Humanitarian War' over Kosovo. In: Survival 41 (1999), H. 3, S. 102–123.

Rödder, Andreas, Das „Modell Deutschland" zwischen Erfolgsgeschichte und Verfallsdiagnose. In: Vierteljahrshefte für Zeitgeschichte 54 (2006), H. 3, S. 345–363.

Rödder, Andreas, Deutschland einig Vaterland. Die Geschichte der Wiedervereinigung. München 2009.

Rödder, Andreas, 21.0. Eine kurze Geschichte der Gegenwart. München 2015.

Rohe, Karl, The State Tradition in Germany: Continuities and Changes. In: Berg-Schlosser, Dirk/Rytlewski, Ralf (Hrsg.), Political Culture in Germany. Basingstoke/London 1993, S. 215–231.

Rohe, Karl, Politische Kultur. Zum Verständnis eines theoretischen Konzepts. In: Niedermayer, Oskar/Beyme, Klaus von (Hrsg.), Politische Kultur in Ost- und Westdeutschland. Berlin 1994, S. 1–21.

Rohe, Karl, Politische Kultur und ihre Analyse. In: Dornheim, Andreas/Greiffenhagen, Sylvia (Hrsg.), Identität und politische Kultur. Stuttgart 2003, S. 110–126.

Roth, Dieter, Das Meinungsbild in Ost und West. In: Appel, Reinhard (Hrsg.), Einheit die ich meine. 1990–2000. Eltville am Rhein 2000, S. 202–217.

Rudzio, Wolfgang, Die Erosion der Abgrenzung. Zum Verhältnis zwischen der demokratischen Linken und Kommunisten in der Bundesrepublik Deutschland. Opladen 1988.

Rudzio, Wolfgang, Das politische System der Bundesrepublik Deutschland. 7., aktualisierte und erweiterte Auflage. Wiesbaden 2006.

Ruland, Franz, Die gesetzliche Rentenversicherung im wiedervereinigten Deutschland – Eine Bilanz. In: Bispinck, Reinhard/Bosch, Gerhard/Hofemann, Klaus/Naegele, Gerhard (Hrsg.), Sozialpolitik und Sozialstaat. Festschrift für Gerhard Bäcker. Wiesbaden 2012, S. 479–496.

Rummens, Stefan/Abts, Koen, Defending Democracy. The Concentric Containment of Political Extremism. In: Political Studies 58 (2010), S. 649–665.
Rybár, Marek/Deegan-Krause, Kevin, Slovakia's Communist Successor Parties in Comparative Perspective. In: Communist and Post-Communist Studies 41 (2008), S. 497–519.

Sabrow, Martin, Sozialismus. In: Sabrow, Martin (Hrsg.), Erinnerungsorte der DDR. München 2009, S. 188–204.
Sabrow, Martin, Der vergessene „Dritte Weg". In: Aus Politik und Zeitgeschichte 60 (2010), H. 11, S. 6–13.
Sakwa, Richard, Left or Right? CPRF and the Problem of Democratic Consolidation in Russia. In: The Journal of Communist Studies and Transition Politics 14 (1998), H. 1, S. 128–158.
Sakwa, Richard, The Russian KPRF: The Powerlessness of the Powerful. In: Bozóki, András/Ishiyama, John (Hrsg.), The Communist Successor Parties in Central and Eastern Europe. Armonk/London 2002, S. 240–267.
Sarcinelli, Ulrich, Politische Kommunikation in Deutschland. Medien und Politikvermittlung im demokratischen System. 3., erw. u. überarb. Auflage. Wiesbaden 2011.
Sartori, Giovanni, Parties and Party Systems. A Framework for Analysis. With a new preface by the author and an introduction by Peter Mair. Colchester 2005 [1976].
Sassoon, Donald, One Hundred Years of Socialism. The West European Left in the Twentieth Century. Paperback edition. London 1997.
Sassoon, Donald (Hrsg.), Looking Left: European Socialism after the Cold War. London/New York/Rom 1997.
Satjukow, Silke, Die „Freunde". In: Martin Sabrow (Hrsg.), Erinnerungsorte der DDR. München 2009, S. 55–67.
Schaarschmidt, Thomas, Auf dem Weg zu einem neuen antitotalitären Grundkonsens? Die Erinnerung an die Diktaturvergangenheit und der Übergang zur Demokratie in Deutschland nach 1945 und 1989. In: Großbölting, Thomas/Kollmorgen, Raj/Möbius, Sascha/Schmidt, Rüdiger (Hrsg.), Das Ende des Kommunismus. Die Überwindung der Diktaturen in Europa und ihre Folgen. Essen 2010, S. 29–41.
Schanetzky, Tim, Die große Ernüchterung. Wirtschaftspolitik, Expertise und Gesellschaft in der Bundesrepublik 1966 bis 1982. Berlin 2007 (Wissenskultur und gesellschaftlicher Wandel; 17).
Scharrer, Manfred, Der Aufbau einer freien Gewerkschaft in der DDR 1989/90. ÖTV und FDGB-Gewerkschaften im deutschen Einigungsprozess. Berlin/New York 2011.
Scheele, Christopher, Die PDS/Linke in Mecklenburg-Vorpommern. Norderstedt 2009.
Schelsky, Helmut, Die skeptische Generation. Eine Soziologie der deutschen Jugend. Düsseldorf 1963.
Schildt, Axel, Antikommunismus von Hitler zu Adenauer. In: Frei, Norbert/Rigoll, Dominik, Der Antikommunismus in seiner Epoche. Weltanschauung und Politik in Deutschland, Europa und den USA. Göttingen 2017 (Vorträge und Kolloquien; 21), S. 186–203.
Schlemmer, Thomas, Der diskrete Charme der Unsicherheit. Einleitende Bemerkungen. In: Reitmayer, Morten/Schlemmer, Thomas (Hrsg.), Die Anfänge der Gegenwart. Umbrüche in Westeuropa nach dem Boom. München 2014 (Zeitgeschichte im Gespräch; 17), S. 7–12.
Schmeitzner, Mike, Postkommunistische Geschichtsinterpretationen. Die PDS und die Liquidierung der Ost-SPD 1946. In: Zeitschrift des Forschungsverbundes SED-Staat 11 (2002), S. 82–101.
Schmeitzner, Mike, Thematische Relevanz und Konzeption. In: Ders. (Hrsg.), Totalitarismuskritik von links. Deutsche Diskurse im 20. Jahrhundert. Göttingen 2007 (Schriften des Hannah-Arendt-Instituts für Totalitarismusforschung; 34), S. 9–25.
Schmeitzner, Mike (Hrsg.), Totalitarismuskritik von links. Deutsche Diskurse im 20. Jahrhundert. Göttingen 2007 (Schriften des Hannah-Arendt-Instituts für Totalitarismusforschung; 34).
Schmidt, Manfred G., Rot-grüne Sozialpolitik (1998–2002). In: Egle, Christoph/Ostheim, Tobias/Zohlnhofer, Reimut (Hrsg.), Das rot-grüne Projekt. Eine Bilanz der Regierung Schröder 1998–2002. Wiesbaden 2003, S. 239–258.
Schmidt, Ute, Transformation einer Volkspartei – Die CDU im Prozeß der deutschen Vereinigung. In: Niedermayer, Oskar/Stöss, Richard (Hrsg.), Parteien und Wähler im Umbruch. Par-

teiensystem und Wählerverhalten in der ehemaligen DDR und den neuen Bundesländern. Opladen 1994, S. 37–74.

Schmidt, Ute, Von der Blockpartei zur Volkspartei? Die Ost-CDU im Umbruch 1989–1994. Opladen 1997 (Schriften des Zentralinstituts für sozialwissenschaftliche Forschung der Freien Universität Berlin; 81).

Schmitt, Karl, Wählt der Osten anders? Eine Zwischenbilanz zehn Jahre nach der deutschen Vereinigung. In: Eith, Ulrich/Mielke, Gerd (Hrsg.), Gesellschaftliche Konflikte und Parteiensysteme. Länder- und Regionalstudien. Wiesbaden 2001, S. 96–110.

Schneider, Beate/Schönbach, Klaus/Stürzebecher, Dieter, Journalisten im vereinigten Deutschland. Strukturen, Arbeitsweisen und Einstellungen im Ost-West-Vergleich. In: Publizistik 38 (1993), H. 3, S. 353–382.

Schneider, Beate/Stürzebecher, Dieter, Wenn das Blatt sich wendet. Die Tagespresse in den neuen Bundesländern. Baden-Baden 1998 (Düsseldorfer Kommunikations- und Medienwissenschaftliche Studien; 1).

Schoen, Harald/Falter, Jürgen W., Die Linkspartei und ihre Wähler. In: Aus Politik und Zeitgeschichte 55 (2005), H. 51–52, S. 33–40.

Schöllgen, Gregor, Gerhard Schröder. Die Biographie. München 2015.

Scholtz, Michael F., Die DDR 1949–1990. In: Wolfgang Benz (Hrsg.), Gebhardt. Handbuch der deutschen Geschichte. Band 22. 10. Auflage. Stuttgart 2009, S. 223–554.

Schönbach, Klaus/Semetko, Holli A., Medienberichterstattung und Parteienwerbung im Bundestagswahlkampf 1990. In: Media Perspektiven 25 (1994), H. 7, S. 328–340.

Schöne, Helmar, Probleme und Chancen parlamentarischer Integration. Eine empirische Studie zum Ost-West-Integrationsprozess unter Abgeordneten. Wiesbaden 1999.

Schönhoven, Klaus, Gemeinsame Wurzeln und getrennte Wege. Zum historischen Selbstverständnis von SPD und Linkspartei. In: Jahrbuch für historische Kommunismusforschung 2015, S. 261–269.

Schoon, Steffen, Zwischen „Ostkompetenz" und Entzauberung. Die PDS und ihre Wähler in Mecklenburg-Vorpommern zwischen 1994 und 1998. In: Deutschland Archiv 34 (2001), H. 4, S. 777–784.

Schubert, Thomas, Wahlkampf in Sachsen. Eine qualitative Längsschnittanalyse der Landtagswahlkämpfe 1990–2004. Wiesbaden 2011.

Schuller, Konrad, Zwischen Kaltem Krieg und neuer Republik. Die Berliner CDU auf der Suche nach Identität. In: Dürr, Thomas/Soldt, Rüdiger (Hrsg.), Die CDU nach Kohl. Frankfurt am Main 1998, S. 99–114.

Schultz, Jens, Sozialdemokratie und Kommunismus. Die Auseinandersetzung der SPD mit dem Kommunismus im Zeichen der Neuen Ostpolitik 1969–1974. Diss. Univ. Mannheim 2009.

Schulz, Sarah, Vom Werden der FdGO. Das Verbot der Sozialistischen Reichspartei von 1952. Berlin 2011 (Standpunkte, hrsg. v. d. Rosa-Luxemburg-Stiftung; 7/2011).

Schulz, Winfried, Wahlkampf unter Vierkanalbedingungen. Kampagnenmanagement, Informationsnutzung und Wählerverhalten. In: Media Perspektiven 29 (1998), H. 8, S. 378–390.

Schwan, Gesine, Antikommunismus und Antiamerikanismus in Deutschland. Kontinuität und Wandel nach 1945. Baden-Baden 1999.

Sebaldt, Martin, Stigmatisierung politischer Außenseiter. Zur verbalen Ausgrenzung radikaler Parteien im Deutschen Bundestag. In: Dörner, Andreas/Vogt, Ludgera (Hrsg.), Sprache des Parlaments und Semiotik der Demokratie. Studien zur politischen Kommunikation in der Moderne. Berlin/New York 1995 (Sprache Politik Öffentlichkeit; 6), S. 113–140.

Seeleib-Kaiser, Martin, Neubeginn oder Ende der Sozialdemokratie? Eine Untersuchung zur programmatischen Reform sozialdemokratischer Parteien und ihrer Auswirkung auf die Parteiendifferenzthese. In: Politische Vierteljahresschrift 43 (2002), H. 3, S. 478–496.

Segall, Peter-Christian/Schorpp-Grabiak, Rita, Der 7. PDS-Parteitag. Die erste Tagung in Cottbus: Weg in die Mitte? In: Politische Studien 51 (2000), H. 374, S. 90–114.

Segall, Peter-Christian/Schorpp-Grabiak, Rita, Programmdebatte und Organisationsdiskussion bei der PDS. In: Hirscher, Gerhard/Segall, Peter-Christian (Hrsg.), Die PDS: Zustand und Entwicklungsperspektiven. München 2000 (Argumente und Materialien zum Zeitgeschehen, hrsg. v. d. Hanns-Seidel-Stiftung; 20), S. 7–20.

Segert, Dieter, The PDS. Regional Party or a Second Social-Democratic Party in Germany? In: Bozóki, András/Ishiyama, John T. (Hrsg.), The Communist Successor Parties of Central and Eastern Europe. Armonk/London 2002, S. 166–187.

Seitz, Norbert, Intellektuellenpartei a. D. Die geistige Krise der SPD. In: Blätter für deutsche und internationale Politik 55 (2010), H. 8, S. 95–104.

Siefken, Sven T., Parlamentarische Kontrolle im Wandel. Theorie und Praxis des Deutschen Bundestages. Baden-Baden 2018 (Studien zum Parlamentarismus; 31).

Sontheimer, Kurt, Deutschlands Politische Kultur. München 1990.

Spier, Tim, Populismus und Modernisierung. In: Frank Decker (Hrsg.), Populismus in Europa. Bonn 2006, S. 33–58.

Spier, Tim/Butzlaff, Felix/Micus, Matthias/Walter, Franz (Hrsg.), Die Linkspartei. Zeitgemäße Idee oder Bündnis ohne Zukunft? Wiesbaden 2007.

Spier, Tim/Wirries, Clemens, Ausnahmeerscheinung oder Normalität? Linksparteien in Westeuropa. In: Spier, Tim/Butzlaff, Felix/Micus, Matthias/Walter, Franz (Hrsg.), Die Linkspartei. Zeitgemäße Idee oder Bündnis ohne Zukunft? Wiesbaden 2007, S. 71–116.

Spöhrer, Jochen, Zwischen Demokratie und Oligarchie: Grüne und PDS im Deutschen Bundestag. Baden-Baden 1999 (Nomos Universitätsschriften Politik; 98).

Springer, Simon u. a., An Introduction to Neoliberalism, in: Dies. (Hrsg.), The Handbook of Neoliberalism. New York 2016, S. 1–14.

Staritz, Dietrich, Kommunistische Partei Deutschlands. In: Stöss, Richard (Hrsg.), Parteien-Handbuch. Die Parteien der Bundesrepublik Deutschland 1945–1980. Bd. 2. Opladen 1984 (Schriften des Zentralinstituts für sozialwissenschaftliche Forschung der Freien Universität Berlin; 39), S. 1663–1809.

Steiner, André, Von Plan zu Plan. Eine Wirtschaftsgeschichte der DDR. München 2004.

Steiner, Barbara, „Communists we are no longer, Social Democrats we can never be" – die schwedische Linkspartei Vänsterpartiet. In: Daiber, Birgit/Hildebrandt, Cornelia/Striethorst, Anna (Hrsg.), Von Revolution bis Koalition – Linke Parteien in Europa. Fünfundzwanzig Länderberichte. Berlin 2011, S. 64–72.

Stiehler, Hans-Jörg/Marr, Mirko, „Totgesagte leben länger". Erklärungsmuster der Medien und des Publikums zum Abschneiden der PDS bei den Kommunal- und Europawahlen in Leipzig 1994. In: Holtz-Bacha, Christina/Lee Kaid, Lynda (Hrsg.), Wahlen und Wahlkampf in den Medien. Untersuchungen aus dem Wahljahr 1994. Opladen 1996, S. 119–149.

Stöss, Richard, „Extremistische Parteien" – Worin besteht der Erkenntnisgewinn? In: Aus Politik und Zeitgeschichte 58 (2008), H. 47, S. 3–7.

Stöss, Richard, Wie konnten Postkommunisten erfolgreich bleiben? Das Beispiel der PDS. In: Veen, Hans-Joachim/Mählert, Ulrich/Schlichting, Franz-Josef (Hrsg.): Parteien in jungen Demokratien. Zwischen Fragilität und Stabilisierung in Ostmitteleuropa, Köln u. a. 2008, S. 149–173.

Stöss, Richard, Das Parteiensystem Brandenburgs. In: Jun, Uwe (Hrsg.), Parteien und Parteiensystem in den deutschen Ländern. Wiesbaden 2008, S. 167–191.

Stöss, Richard, Zum „differenzierten Extremismusbegriff" von Eckhard Jesse. In: Gallus, Alexander/Schubert, Thomas/Thieme, Tom (Hrsg.): Deutsche Kontroversen. Festschrift für Eckhard Jesse, Baden-Baden 2013, S. 169–183.

Stöss, Richard/Backes, Uwe/Jaschke, Hans-Gerd, Streitgespräch zum Thema Linksextremismus. In: Dovermann, Ulrich (Hrsg.), Linksextremismus in der Bundesrepublik Deutschland. 2. Auflage. Bonn 2012 (Schriftenreihe der Bundeszentrale für politische Bildung; 1135), S. 291–318.

Stöss, Richard/Fichter, Michael/Zeuner, Bodo, Das Forschungsprojekt „Gewerkschaften und Rechtsextremismus" – ausgewählte Ergebnisse. In: Bathke, Peter/Spindler, Susanne (Hrsg.), Neoliberalismus und Rechtsextremismus in Europa. Zusammenhänge – Widersprüche – Gegenstrategien, Berlin 2006 (Texte, hrsg. v. d. Rosa-Luxemburg-Stiftung; 29), S. 167–181.

Stöss, Richard/Neugebauer, Gero, Die SPD und die Bundestagswahl 1998. Ursachen und Risiken eines historischen Wahlsiegs unter besonderer Berücksichtigung der Verhältnisse in Ostdeutschland. Berlin 1998 (Arbeitshefte aus dem Otto-Stammer-Zentrum; 2).

Stöss, Richard/Neugebauer, Gero, Mit einem blauen Auge davon gekommen. Eine Analyse der Bundestagswahl 2002. Berlin 2002 (Arbeitshefte aus dem Otto-Stammer-Zentrum; 7).

Streeck, Wolfgang, Einleitung: Internationale Wirtschaft, nationale Demokratie? In: Ders. (Hrsg.), Internationale Wirtschaft, nationale Demokratie. Herausforderungen für die Demokratietheorie. Frankfurt am Main/New York 1998 (Schriften des Max-Planck-Instituts für Gesellschaftsforschung, Köln; Sonderband), S. 11–58.

Strohschneider, Tom, Linke Mehrheit? Über Rot-Rot-Grün, politische Bündnisse und Hegemonie. Eine Flugschrift. Hamburg 2014.

Strøm, Kaare/Budge, Ian/Laver, Michael J., Constraints on Cabinet Formation in Parliamentary Democracies. In: American Journal of Political Science 38 (1994), H. 2, S. 303–335.

Stude, Sebastian, Personelle Kontinuität und Elitenaustausch in den brandenburgischen Kommunen zwischen 1990 und 2010. Das Beispiel Landkreis Prignitz mit den Städten Perleberg und Pritzwalk. Gutachten für die Enquete-Kommission des Landtags Brandenburg „Aufarbeitung der Geschichte und Bewältigung von Folgen der SED-Diktatur und des Übergangs in einen demokratischen Rechtsstaat im Land Brandenburg". Berlin, März 2012.

Sturm, Daniel Friedrich, Uneinig in die Einheit. Die Sozialdemokratie und die Vereinigung Deutschlands 1989/90. Bonn 2006 (Willy-Brandt-Studien).

Sturm, Eva, „Und der Zukunft zugewandt"? Eine Untersuchung der „Politikfähigkeit" der PDS. Opladen 2000 (Forschung Politikwissenschaft; 77).

Stykow, Petra, Postsozialismus, Version 1.0. In: Docupedia-Zeitgeschichte vom 22. April 2013, URL <http://docupedia.de/zg/Postsozialismus> (abgerufen am 11. 3. 2019).

Suckut, Siegfried/Staritz, Dietrich, Alte Heimat oder neue Linke? Das SED-Erbe und die PDS-Erben. In: Niedermayer, Oskar/Stöss, Richard (Hrsg.), Parteien und Wähler im Umbruch. Parteiensystem und Wählerverhalten in der ehemaligen DDR und den neuen Bundesländern. Opladen 1994, S. 169–191.

Sundhausen, Holm, Jugoslawien und seine Nachfolgestaaten 1943–2011. Eine ungewöhnliche Geschichte des Gewöhnlichen. Wien/Köln/Weimar 2012.

Süssner, Henning, Schweden: Langer Marsch in die Koalition. In: Daiber, Birgit/Hildebrandt, Cornelia (Hrsg.), Die Linke in Europa. Analysen linker Parteien und Parteiallianzen. Aufsätze zur politischen Bildung. Berlin 2009, S. 66–70.

Switek, Niko, Bündnis 90/Die Grünen. Koalitionsentscheidungen in den Ländern. Baden-Baden 2015.

Szabó, Máté, From a Suppressed Anti-Communist Dissident Movement to a Governing Party: The Transformations of Fidesz in Hungary. In: Corvinus Journal of Sociology and Social Policy 2 (2011), H. 2, S. 47–66.

Tavits, Margit/Letki, Natalia, When Left is Right: Party Ideology and Policy in Post-Communist Europe. In: American Political Science Review 103 (2009), H. 4, S. 555–569.

Tenscher, Jens, Talkshowisierung als Element moderner Politikvermittlung. In: Ders./Schicha, Christian (Hrsg.), Talk auf allen Kanälen. Angebote, Akteure und Nutzer von Fernsehgesprächssendungen. Wiesbaden 2002, S. 55–71.

Thaysen, Uwe, Der Runde Tisch. Oder: Wer war das Volk? Teil I. In: Zeitschrift für Parlamentsfragen 21 (1990), H. 1, S. 71–100.

Thaysen, Uwe, Der Runde Tisch. Oder: Wer war das Volk? Teil II. In: Zeitschrift für Parlamentsfragen 21 (1990), H. 2, S. 257–308.

Ther, Philipp, Die neue Ordnung auf dem alten Kontinent. Eine Geschichte des neoliberalen Europa. 2. Auflage. Berlin 2014.

Ther, Philipp, Neoliberalismus. In: Docupedia-Zeitgeschichte vom 5. Juli 2016, URL <https://docupedia.de/zg/Ther_neoliberalismus_v1_de_2016> (abgerufen am 11. 3. 2019).

Thieme, Tom, Vorreiter wider Willen? Die SED-PDS-Elite und der Systemwechsel in der DDR. In: Zeitschrift für Politik 60 (2013), H. 3, S. 330–347.

Thieme, Tom, Eliten und Systemwechsel. Die Rolle der sozialistischen Parteiführungen im Demokratisierungsprozess. Baden-Baden 2015 (Revolutionen in Geschichte und Gegenwart; 1).

Thomas, Sven, Regierungspraxis von Minderheitsregierungen. Das Beispiel des „Magdeburger Modells". Wiesbaden 2003.

Thompson, Peter, The PDS: "CSU des Ostens?" – Heimat and the Left. In: Taberner, Stuart/Finlay, Frank (Hrsg.), Recasting German Identity. Culture, Politics, and Literature in the Berlin

Republic. Rochester/Woodbridge 2002 (Studies in German Literature, Linguistics, and Culture), S. 123–140.

Thompson, Wayne C., The Party of Democratic Socialism in the New Germany. In: Communist and Post-Communist Studies 29 (1996), H. 4, S. 435–452.

Thumfart, Alexander, Die politische Integration Ostdeutschlands. Frankfurt am Main 2002.

Thumfart, Alexander, Führungsgruppen und die politische Integration Ostdeutschlands. Halle/Wittenberg 2002 (Der Hallesche Graureiher 2002–3).

Tiemann, Guido, Parteiensysteme: Interaktionsmuster und Konsolidierungsgrad. In: Grotz, Florian/Müller-Rommel, Ferdinand (Hrsg.), Regierungssysteme in Mittel- und Osteuropa. Die neuen EU-Staaten im Vergleich. Wiesbaden 2011, S. 127–146.

Timmermann, Heinz, A Dilemma for the Socialist International: The Communist Parties' Successors in East-Central Europe. In: Waller, Michael/Coppieters, Bruno/Deschouwer, Kris (Hrsg.), Social Democracy in a Post-Communist Europe. Ilford/Portland 1994, S. 171–187.

Timmermann, Heinz, Die sozialistischen und sozialdemokratischen Parteien in Ost- und Südosteuropa – Aspekte ihrer Integration in die europäischen Parteienstrukturen. In: perspektiven ds. Zeitschrift für Gesellschaftsanalyse und Reformpolitik 14 (1997), H. 3, S. 189–202.

Todorova, Maria, Introduction: Similar Trajectories Different Memories. In: Dies./Dimou, Augusta/Troebst, Stefan (Hrsg.), Remembering Communism. Private and Public Recollections of Lived Experience in Southeast Europe. Budapest/New York 2014 (Leipzig Studies on the History and Culture of East-Central Europe; 1), S. 1–25.

Trömmer, Markus, Der verhaltene Gang in die deutsche Einheit. Das Verhältnis zwischen den Oppositionsgruppen und der (SED-)PDS im letzten Jahr der DDR. Frankfurt am Main u. a. 2002.

Tüffers, Bettina, Die 10. Volkskammer der DDR. Ein Parlament im Umbruch. Selbstwahrnehmung, Selbstparlamentarisierung, Selbstauflösung. Düsseldorf 2016 (Beiträge zur Geschichte des Parlamentarismus und der politischen Parteien; 173).

Turowski, Jan, Sozialdemokratische Reformdiskurse. Wiesbaden 2010.

Ulrich, Sebastian, Der Weimar-Komplex. Das Scheitern der ersten deutschen Demokratie und die politische Kultur der Bundesrepublik 1945–1959. Göttingen 2009 (Hamburger Beiträge zur Sozial- und Zeitgeschichte; 45).

Urban, Joan Barth, The Post-Communist Left: Divergent Trajectories, Shared Legacies. In: Curry, Jane/Urban, Joan Barth (Hrsg.), The Left Transformed in Post-Communist Societies: The Cases of East-Central Europe, Russia and Ukraine. Lanham u. a. 2003, S. 245–269.

Urban, Joan Barth/Solovei, Valerii D., Russia's Communists at the Crossroads. Boulder 1997.

Van der Brug, Wouter/Fennema, Meindert, Est-ce que le Cordon Sanitaire est Salutaire? In: Van den Broeck, Bob/Foblets, Marie-Claire (Hrsg.), La Faillité de L'intégration. Le Débat Multiculturel en Flandre. Louvain-la-Neuve 2004, S. 199–203.

Van Laak, Dirk, Der widerspenstigen Deutschen Zivilisierung. Zur politischen Kultur einer unpolitischen Gesellschaft. In: Conze, Eckart/Metzler, Gabriele (Hrsg.): 50 Jahre Bundesrepublik Deutschland. Daten und Diskussionen. Stuttgart 1999, S. 297–315.

Van Spanje, Joost/Van der Brug, Wouter, The Party as Pariah: The Exclusion of Anti-Immigration Parties and its Effect on their Ideological Positions. In: West European Politics 30 (2007), H. 5, S. 1022–1040.

Varwick, Johannes, Die NATO. Vom Verteidigungsbündnis zur Weltpolizei? München 2008.

Veen, Hans-Joachim/Hoffmann, Jürgen, Die Grünen zu Beginn der neunziger Jahre. Profil und Defizite einer fast etablierten Partei. Bonn/Berlin 1992.

Vogt, Ludgera, Das Kreuz der Vergangenheit. Zur politischen Werbung der PDS. In: Dörner, Andreas/Vogt, Ludgera (Hrsg.), Sprache des Parlaments und Semiotik der Demokratie. Studien zur politischen Kommunikation in der Moderne. Berlin/New York 1995 (Sprache Politik Öffentlichkeit; 6), S. 340–363.

Volkens, Andrea/Klingemann, Hans-Dieter, Die Entwicklung der deutschen Parteien im Prozeß der Vereinigung. Kontinuitäten und Verschiebungen. In: Jesse, Eckard/Mitter, Armin (Hrsg.), Die Gestaltung der deutschen Einheit. Geschichte – Politik – Gesellschaft. Bonn/Berlin 1992, S. 189–214.

Völkl, Kerstin, Überwiegt die Verdrossenheit oder die Unterstützung? Die Einstellungen der West- und Ostdeutschen zur Demokratie, zu politischen Institutionen und Politikern. In: Falter, Jürgen W./Gabriel, Oskar W./Rattinger, Hans/Schoen, Harald (Hrsg.), Sind wir ein Volk? Ost- und Westdeutschland im Vergleich. München 2006, S. 57–81.

Vollmer, Andreas M., Arbeit und soziale Gerechtigkeit – Die Wahlalternative (WASG). Entstehung, Geschichte und Bilanz. Baden-Baden 2013 (Parteien und Wahlen; 5).

Volmert, Johannes, Die „Alt-Parteien" außer Fassung. Reaktionen und Kampagnen auf die Wahlerfolge der PDS – ein Pressespiegel. In: Brie, Michael/Herzig, Martin/Koch, Thomas (Hrsg.), Die PDS. Postkommunistische Kaderorganisation, ostdeutscher Traditionsverein oder linke Volkspartei? Empirische Befunde und kontroverse Analysen. Köln 1995 (Neue Kleine Bibliothek; 45), S. 162–180.

Vorländer, Hans, Die FDP: Entstehung und Entwicklung. In: Oskar Niedermeyer (Hrsg.), Intermediäre Strukturen in Ostdeutschland. Opladen 1996, S. 113–133.

Wagner, Wolfgang/Schlotter, Peter, Zwischen Multilateralismus und militärischer Zurückhaltung: die Sicherheits- und Verteidigungspolitik Deutschlands. In: Schmidt, Manfred G./Zohlnhöfer, Reimut (Hrsg.), Regieren in der Bundesrepublik Deutschland. Innen- und Außenpolitik seit 1949. Wiesbaden 2006, S. 447–465.

Walter, Franz, Eliten oder Unterschichten? Die Wähler der Linken. In: Spier, Tim/Butzlaff, Felix/Micus, Matthias/Walter, Franz (Hrsg.), Die Linkspartei. Zeitgemäße Idee oder Bündnis ohne Zukunft? Wiesbaden 2007, S. 325–337.

Walter, Franz/Bösch, Frank, Das Ende des christdemokratischen Zeitalters? Zur Zukunft eines Erfolgsmodells. In: Dürr, Thomas/Soldt, Rüdiger (Hrsg.), Die CDU nach Kohl. Frankfurt am Main 1998, S. 46–58.

Walter, Franz/Dürr, Tobias/Schmidtke, Klaus, Die SPD in Sachsen und Thüringen zwischen Hochburg und Diaspora. Untersuchungen auf lokaler Ebene vom Kaiserreich bis zur Gegenwart. Bonn 1993 (Veröffentlichungen des Instituts für Sozialgeschichte e.V., Braunschweig, Bonn).

Walter, Franz/Spier, Tim, Viel Lärm um nichts? Zu den Erfolgsaussichten einer neuen Linkspartei. In: Gewerkschaftliche Monatshefte 55 (2004), H. 6, S. 328–337.

Webb, Adrian, The PDS – a Symbol of Eastern German Identity?. Newcastle 2007.

Weber, Hermann, Kommunismus in Deutschland 1918–1945. Darmstadt 1983 (Erträge der Forschung; 198).

Weber, Hermann, Die DDR 1945–1990. 5. Auflage. München 2012 (Oldenbourg Grundriss der Geschichte; 20).

Wehner, Gerd, Die etwas andere Art einer zukünftigen Verfassung. Ein historischer Beitrag zum Verfassungsentwurf der PDS von 1994. In: Zeitschrift für Politik 47 (2000), H. 2, S. 173–182.

Weichold, Jochen, Von der Gründung der WASG bis zur Bundestagswahl 2005. In: Troost, Axel/Händel, Thomas (Hrsg.), Von der Sozialstaatspartei zur neuen LINKEN. Eine Geschichte der Wahlalternative für soziale Gerechtigkeit (WASG). Hamburg 2016, S. 58–110.

Welsh, Helga A., Dealing with the Communist past: Central and East European Experiences after 1990. In: Europe-Asia Studies 48 (1996), H. 3, S. 413–428.

Welzel, Von der SED zur PDS. Eine doktringebundene Staatspartei auf dem Weg zu einer politischen Partei im Konkurrenzsystem? Mai 1989 bis April 1990. Frankfurt am Main 1992.

Wentker, Hermann, Außenpolitik in engen Grenzen. Die DDR im internationalen System 1949–1989. München 2007 (Quellen und Darstellungen zur Zeitgeschichte; 72).

Wentker, Hermann, Antikommunismus in der frühen Bonner Republik. Dimensionen eines zentralen Elements politischer Kultur im Ost-West-Konflikt. In: Creuzberger, Stefan/Hoffmann, Dierk (Hrsg.), „Geistige Gefahr" und „Immunisierung der Gesellschaft". Antikommunismus und politische Kultur in der frühen Bundesrepublik. München 2014 (Schriftenreihe der Vierteljahrshefte für Zeitgeschichte; Sondernummer), S. 355–369.

Werz, Nikolaus, Die SPD in Mecklenburg-Vorpommern. In: Ders./Hennecke, Hans Jörg (Hrsg.), Parteien und Politik in Mecklenburg-Vorpommern. München 2000, S. 66–113.

Werz, Nikolaus, Vom Tabubruch zur Normalität. Die rot-rote Koalition Mecklenburg-Vorpommerns im deutschen Parteiensystem. In: Villinger, Ingeborg/Riescher, Gisela/Rüland, Jürgen

(Hrsg.), Politik und Verantwortung. Festgabe für Wolfgang Jäger zum 60. Geburtstag. Freiburg im Breisgau 2000, S. 274–278.

Werz, Nikolaus, Die rot-rote Koalition in Mecklenburg-Vorpommern. In: Universität Rostock, Institut für Politik- und Verwaltungswissenschaften (Hrsg.), Kommunale Direktwahlen in Mecklenburg-Vorpommern. Rostock 2001 (Rostocker Informationen zu Politik und Verwaltung; 15), S. 7–22.

Wiegel, Gerd, Total extrem? Zur gegenwärtigen Alltagsdominanz des Extremismusansatzes. In: Hentges, Gudrun/Lösch, Bettina (Hrsg.), Die Vermessung der sozialen Welt. Neoliberalismus – extreme Rechte – Migration im Fokus der Debatte. Wiesbaden 2011, S. 223–233.

Wilke, Manfred, Einheitsgewerkschaft zwischen Demokratie und antifaschistischem Bündnis. Die Diskussion über die Einheitsgewerkschaft im DGB seit 1971. Melle 1985 (Forschungsbericht, hrsg. v. d. Konrad-Adenauer-Stiftung; 46).

Wilke, Manfred, Die PDS: Partei der Spaltung. In: Koschyk, Hartmut/Weiß, Konrad (Hrsg.), Von Erblasten und Seilschaften. Die Folgen der SED-Diktatur und Gefahren für die Demokratie. München/Landsberg am Lech 1996, S. 70–98.

Will, Martin, Ephorale Verfassung. Das Parteiverbot der rechtsextremen SRP von 1952, Thomas Dehlers Rosenburg und die Konstituierung der Bundesrepublik Deutschland. Tübingen 2017.

Wilson, Frank L., After the Deluge: The French Communist Party after the End of Communism. In: German Policy Studies/Politikfeldanalyse 2 (2002), H. 2, S. 259–289.

Winkler, Heinrich August, Der lange Weg nach Westen. Zweiter Band: Deutsche Geschichte vom „Dritten Reich“ bis zur Wiedervereinigung. München 2000.

Winkler, Heinrich August, Weimar, Bonn, Berlin. Zum historischen Ort des Grundgesetzes. In: Vierteljahrshefte für Zeitgeschichte 57 (2009), H. 4, S. 485–496.

Winkler, Heinrich August, Geschichte des Westens. Teil 4: Die Zeit der Gegenwart. München 2015.

Wippermann, Wolfgang, Totalitarismustheorien. Die Entwicklung der Diskussion von den Anfängen bis heute. Darmstadt 1997.

Wippermann, Wolfgang, Heilige Hetzjagd. Eine Ideologiegeschichte des Antikommunismus. Berlin 2012.

Wirsching, Andreas, Konstruktion und Erosion: Weimarer Argumente gegen Volksbegehren und Volksentscheid. In: Gusy, Christoph (Hrsg.), Weimars langer Schatten – „Weimar“ als Argument nach 1945. Baden-Baden 2003 (Interdisziplinäre Studien zu Recht und Staat; 29), S. 335–353.

Wirsching, Andreas, Abschied vom Provisorium. 1982–1990. München 2006.

Wirsching, Andreas, Preis der Freiheit. Geschichte Europas in unserer Zeit. München 2012.

Wirsching, Andreas, Antikommunismus als Querschnittsphänomen politischer Kultur, 1917–1945. In: Creuzberger, Stefan/Hoffmann, Dierk (Hrsg.), „Geistige Gefahr“ und „Immunisierung der Gesellschaft“. Antikommunismus und politische Kultur in der frühen Bundesrepublik. München 2014 (Schriftenreihe der Vierteljahrshefte für Zeitgeschichte; Sondernummer), S. 15–28.

Wogawa, Stefan, Die Akte Ramelow, Ein Abgeordneter im Visier der Geheimdienste. Mit einem Vorwort von Oskar Lafontaine. Berlin 2007.

Wolf, Birgit, Sprache in der DDR. Ein Wörterbuch. Berlin/New York 2000.

Wolfrum, Edgar, Geschichtspolitik in der Bundesrepublik Deutschland. Der Weg zur bundesrepublikanischen Erinnerung 1948–1990. Darmstadt 1999.

Wolfrum, Edgar, Die geglückte Demokratie. Geschichte der Bundesrepublik Deutschland von ihren Anfängen bis zur Gegenwart. Stuttgart 2006.

Wolfrum, Edgar, Rot-Grün an der Macht. Deutschland 1998–2005. München 2013.

Zarusky, Jürgen, Die deutschen Sozialdemokraten und das sowjetische Modell. Ideologische Auseinandersetzung und außenpolitische Konzeptionen 1917–1933. München 1992 (Studien zur Zeitgeschichte; 39).

Zastrow, Volker, Die Vier. Eine Intrige. Berlin 2009.

Zettl, Christian, Die Wähler der Linkspartei.PDS von 1994 bis 2009. Wiesbaden 2014.

Ziblatt, Daniel F., The Adaptation of Ex-Communist Parties to Post-Communist East Central Europe: a Comparative Study of the East German and Hungarian Ex-Communist Parties. In: Communist and Post-Communist Studies 31 (1998), H. 2, S. 119–137.

Ziblatt, Daniel F., Putting Humpty-Dumpty Back Together Again. Communism's Collapse and the Reconstruction of the East German Ex-Communist Party. In: German Politics and Society 16 (1998), H. 1, S. 1–29.

Ziegengeist, Juliane, DDR-(N)Ostalgie in deutschen Nachwende-Spielfilem von 1990 bis 2006. Zwischen Kritik und Kult. In: Jahrbuch für Kommunikationsgeschichte 13 (2001), S. 119–153.

Ziemer, Klaus/Schultze, Rainer-Olaf, Volksfront. In: Nohlen, Dieter/Schultze, Rainer-Olaf/Schüttemeyer, Suzanne S. (Hrsg.), Politische Begriffe. München 1998, S. 696.

Zybura, Mark, Der Kommunismus und die Forschung. In: Knigge, Volkhard (Hrsg.), Kommunismusforschung und Erinnerungskulturen in Ostmittel- und Westeuropa. Köln/Weimar/Wien 2013, S. 49–60.

Personenregister

Bei Fragen zur Produktsicherheit wenden Sie sich bitte an:
If you have any questions regarding product safety,
please contact:

Walter de Gruyter GmbH
Genthiner Straße 13
10785 Berlin
productsafety@degruyterbrill.com